Graumann

Wirtschaftliches Prüfungswesen

Online-Version inklusive!

Stellen Sie dieses Buch jetzt in Ihre „digitale Bibliothek" in der NWB Datenbank und nutzen Sie Ihre Vorteile:

- Ob am Arbeitsplatz, zu Hause oder unterwegs: Die Online-Version dieses Buches können Sie jederzeit und überall da nutzen, wo Sie Zugang zu einem mit dem Internet verbundenen PC haben.
- Die praktischen Recherchefunktionen der NWB Datenbank erleichtern Ihnen die gezielte Suche nach bestimmten Inhalten und Fragestellungen.
- Die Anlage Ihrer persönlichen „digitalen Bibliothek" und deren Nutzung in der NWB Datenbank online ist kostenlos. Sie müssen dazu nicht Abonnent der Datenbank sein.

Ihr Freischaltcode: **CIPWNRHWTWCFSQVKLM**

Graumann, Wirtschaftliches Prüfungswesen

So einfach geht's:

① Rufen Sie im Internet die Seite **www.nwb.de/go/online-buch** auf.
② Geben Sie Ihren Freischaltcode ein und folgen Sie dem Anmeldedialog.
③ Fertig!

Die NWB Datenbank – alle digitalen Inhalte aus unserem Verlagsprogramm in einem System.

NWB Studium Betriebswirtschaft

Wirtschaftliches Prüfungswesen

- ▶ Sämtliche Prozessschritte der Abschlussprüfung
- ▶ Integrierende Darstellung von Berufsrecht und Berufspraxis
- ▶ Kommentierungen der handelsrechtlichen Jahresabschlussvorschriften
- ▶ Kontrollfragen, Übungsaufgaben und über 300 Abbildungen

Von
Professor Dr. Mathias Graumann

3., vollständig überarbeitete Auflage

Kein Produkt ist so gut, dass es nicht noch verbessert werden könnte. Ihre Meinung ist uns wichtig! Was gefällt Ihnen gut? Was können wir in Ihren Augen noch verbessern? Bitte verwenden Sie für Ihr Feedback einfach unser Online-Formular auf:

www.nwb.de/go/feedback_bwl

Als kleines Dankeschön verlosen wir unter allen Teilnehmern einmal pro Quartal ein Buchgeschenk.

ISBN 978-3-482-**61602**-0 (online)
ISBN 978-3-482-**57293**-7 (print)

3., vollständig überarbeitete Auflage 2012

© NWB Verlag GmbH & Co. KG, Herne 2007
  www.nwb.de

Alle Rechte vorbehalten.

Dieses Werk und alle in ihm enthaltenen Beiträge und Abbildungen sind urheberrechtlich geschützt. Mit Ausnahme der gesetzlich zugelassenen Fälle ist eine Verwertung ohne Einwilligung des Verlages unzulässig.

Satz: Griebsch & Rochol Druck GmbH & Co. KG, Hamm
Druck: medienHaus Plump GmbH, Rheinbreitbach

VORWORT ZUR 3. AUFLAGE

Nachdem in der Vorauflage umfangreiche Überarbeitungen des Lehrbuchs im Gefolge des BilMoG vorzunehmen waren, konnte sich bei der Erstellung der vorliegenden Neuauflage auf Einarbeitung weniger Neuregelungen beschränkt werden. Diese bestehen insbesondere in Neufassungen von IDW Prüfungsstandards.

Die vorliegende Auflage basiert auf folgendem Rechtsstand:

- HGB i. d. F. vom 1. März 2011 (vgl. BGBl 2011 Teil I, Nr. 8, S. 288 ff.),
- WPO i. d. F. vom 22. Dezember 2010 (vgl. BGBl 2010 Teil I, Nr. 67, S. 2248 ff.),
- Berufssatzung WP/vBP i. d. F. vom 12. Februar 2010,
- Satzung für Qualitätskontrolle nach § 57c WPO i. d. F. vom 9. Dezember 2009.

Weiterhin wurden Aktualisierungen aller IDW Prüfungsstandards (IDW PS), IDW Prüfungshinweise (IDW PH), IDW Rechnungslegungsstandards (IDW RS) und IDW Rechnungslegungshinweise (IDW RH) bis zum Zeitpunkt der Schlussredaktion berücksichtigt.

In einigen Fällen, in denen Entwürfe von Stellungnahmen mit zu erwartenden gravierenden Änderungen gegenüber den in Kraft befindlichen Verlautbarungen vorlagen, wurden die Entwürfe eingearbeitet.

Für die Zielgruppe, den inhaltlichen Anspruch und die Strukturierung dieses Lehrwerks gelten die entsprechenden Ausführungen im Vorwort zur 2. Auflage unverändert.

Die gesetzlichen Rahmenbedingungen sowie das aktuelle Fachschrifttum sind auf dem Stand der Schlussredaktion vom Januar 2012 berücksichtigt.

Bonn, im Januar 2012 *Mathias Graumann*

VORWORT ZUR 2. AUFLAGE

Die Erstauflage des vorliegenden Lehrbuchs wurde nicht nur dank erfreulicher Resonanz rasch vom Markt aufgenommen, sondern bedurfte aufgrund erheblicher Änderungen der rechtlichen Rahmenbedingungen einer umfassenden Überarbeitung.

Die vorliegende Fassung berücksichtigt folgende Neuerungen gegenüber der 1. Auflage:

- ▶ HGB i. d. F. BilMoG (zugrunde liegende Version der Bundesrats-Drucksache 270/09 vom 27. März 2009 mit amtlicher Begründung)
- ▶ WPO i. d. F. vom 12. Juli 2008 (7. WPO-Novelle),
- ▶ Berufssatzung WP/vBP i. d. F. vom 28. Februar 2008,
- ▶ Satzung für Qualitätskontrolle nach § 57c WPO i. d. F. vom 30. Dezember 2007.

Weiterhin wurden Aktualisierungen aller IDW Prüfungsstandards (IDW PS), IDW Prüfungshinweise (IDW PH) und IDW Rechnungslegungsstandards (IDW RS) bis zum Zeitpunkt der Schlussredaktion, Juli 2009, berücksichtigt.

In einigen Fällen, in denen Entwürfe von Stellungnahmen mit zu erwartenden gravierenden Änderungen gegenüber den in Kraft befindlichen Verlautbarungen vorlagen, wurden die Entwürfe eingearbeitet, so die IDW EPS 203 n. F., IDW EPS 303 n. F. und IDW EPS 314 n. F.

Die inhaltlichen Erweiterungen betreffen insbesondere Verschärfungen der Berufsaufsicht, berufsrechtliche Neuregelungen der Qualitätssicherung und Qualitätskontrolle in Bezug auf kapitalmarktorientierte Unternehmen, Besonderheiten der Prüfungsplanung im Kontext der aktuellen Wirtschafts- und Finanzmarktkrise sowie der Prüfung des rechnungslegungsbezogenen IT-Systems. Das Kapitel V. zur Jahresabschlussprüfung wurde vollständig neu gefasst.

Das vorliegende Lehrbuch richtet sich an Lehrende und fortgeschrittene Studierende an Fachhochschulen und Universitäten mit dem Vertiefungsfach „Wirtschaftsprüfung" sowie an Prüfungsassistenten in der Vorbereitung auf das Berufsexamen. Auch prüfungsnahe Praktiker, sogenannte „preparer", wie z. B. Rechnungsleger oder Steuerberater, sowie „user", wie z. B. Mitarbeiter im Kreditwesen, werden das Werk mit Gewinn lesen.

Die Abhandlung will eine geschlossene Gesamtdarstellung sowohl der rechtlichen Rahmenbedingungen des Prüferberufs und der Abschlussprüfung als auch des Ablaufs des Prüfungsprozesses liefern. Hierbei werden Vorkenntnisse im Rechnungswesen vorausgesetzt, insbesondere der Vorschriften des Dritten Buchs HGB (§§ 238 ff. HGB).

Eingangs werden der Berufsweg zum Wirtschaftsprüfer sowie Grundzüge des Berufsrechts des Wirtschaftsprüfers dargestellt. Daran anschließend erfolgt eine Kurzkommentierung der wesentlichen Rechtsvorschriften des HGB zur gesetzlichen Abschlussprüfung von der Beauftragung des Prüfers bis hin zur Erteilung des Bestätigungsvermerks, mithin der §§ 316 – 324 HGB.

Ein weiterer Hauptabschnitt widmet sich der praxisnahen Darstellung des Prüfungsrisikomodells als Grundlage des Prüfungsprozesses. In diesem Zusammenhang werden die Komponenten des Prüfungsrisikos entwickelt, das Interne Kontrollsystem als Prüfungsobjekt identifiziert sowie dessen Elemente und Komponenten herausgearbeitet.

VORWORT

Sodann folgt eine Erläuterung der wesentlichen Prüfungsschritte bei bedeutenden Jahresabschlusspositionen als Kern der Abschlussprüfung. Die Darstellung erhebt keinen Anspruch auf Vollständigkeit, sie kann die Lektüre vertiefender Bilanzierungshandbücher und -kommentare zum HGB nicht ersetzen. Zur besseren Einprägsamkeit sind die entsprechenden Darlegungen jeweils stereotyp in der Abfolge „Risikoanalyse – Nachweis – Ansatz – Ausweis – Bewertung – Ausbuchung – Anhangangaben" untergliedert.

Das Werk runden Kapitel zu weitergehenden Prüfungsobjekten (Lagebericht, Risikofrüherkennungssystem, wirtschaftliche Verhältnisse, Ordnungsmäßigkeit der Geschäftsführung), zur Berichterstattung über die Prüfung und zur Erteilung von Bestätigungsvermerken ab.

Der Autor konzentriert sich auf wesentliche Tatbestände, Rand- oder Spezialgebiete werden zum besseren Verständnis außer Acht gelassen. Hierzu zählen z. B. aus prüfungsrechtlicher Sicht die Sonderprüfungen, Konzernabschlussprüfungen oder Prüfungen der Rechnungslegung nach IAS/IFRS, aus prüfungstechnischer Sicht die Gebiete der Stichproben-, Test- bzw. Informationstheorie, aus handelsrechtlicher Sicht Sonderfragen wie z. B. die versicherungsmathematische Dotierung von Pensionsrückstellungen oder die Theorie derivativer Finanzinstrumente. Auch auf die Erörterung national nicht bindender Rechtsvorschriften wie z. B. des *Sarbanes-Oxley-Acts* wurde verzichtet. Ebenfalls bleiben wirtschaftszweigspezifische und sonstige Besonderheiten wie die Abschlussprüfung der Kreditinstitute oder Versicherungen außer Acht. Schließlich werden rein steuerliche Fragen, etwa die steuerliche Betriebsprüfung, nicht behandelt.

Eine nachhaltige Befassung mit Fragen der Wirtschaftsprüfung ist ohne intensive Lektüre des von den Berufsvereinigungen herausgegebenen Schrifttums nicht möglich, kein Lehrbuch kann diese ersetzen. Daher sollten parallel – auch zum besseren Verständnis der Inhalte – das vom Institut der Wirtschaftsprüfer (IDW) herausgegebene WP-Handbuch in aktueller Fassung sowie die gültigen Prüfungsstandards und Prüfungshinweise eingehend studiert werden.

Volumen und Abstraktionsgrad der Verlautbarungen des IDW wirken auf den an der Wirtschaftsprüfung interessierten, aber unerfahrenen Leser häufig unzugänglich und erdrückend. Deshalb besteht das hier verfolgte Anliegen in deren didaktischer Aufbereitung durch inhaltliche Verdichtung, Konkretisierung der häufig unbestimmten Fachbegriffe sowie Veranschaulichung, nicht zuletzt mittels zahlreicher Abbildungen. Der Abbildungsapparat wurde gegenüber der Erstauflage nochmals erheblich erweitert.

Die inhaltliche Nähe zu den IDW Standards wird durch die Betitelung „Wirtschaftliches Prüfungswesen" in Anlehnung an die Bezeichnung des Prüfungsgebiets im WP-Examen gemäß § 4 lit. A WiPrPrüfV verdeutlicht. Der Verfasser ist bemüht, die jeweils anerkannte, gesetzte Fachauffassung zu vermitteln. Der Leser soll aus didaktischen Gründen keinen Meinungsstreitereien ausgesetzt werden. Zur besseren Lesbarkeit wird deshalb auch auf Fußnotenangaben verzichtet. Stattdessen wird ein geschlossenes Verzeichnis der verwendeten Literatur angegeben.

Ein besonderer Dank gebührt meiner wissenschaftlichen Hilfskraft am RheinAhrCampus Remagen, Herrn Gereon Reuter, für seine umfassende und tatkräftige Mithilfe bei der raschen Realisierung der Neuauflage und der Bearbeitung der aus dem BilMoG resultierenden Rechtsänderungen. Die gesetzlichen Rahmenbedingungen sowie das aktuelle Fachschrifttum sind auf dem Stand der Schlussredaktion vom Juli 2009 berücksichtigt.

Bonn, im August 2009 *Mathias Graumann*

INHALTSVERZEICHNIS

Vorwort zur 3. Auflage	V
Vorwort zur 2. Auflage	VII
Abbildungsverzeichnis	XIX

I.	**BERUF UND BERUFSRECHT DES WIRTSCHAFTSPRÜFERS**		**1**
1.	Berufsbild und Aufgaben des Wirtschaftsprüfers		1
	1.1	Historische Entwicklung des Berufsstands	1
	1.2	Berufsbild des Wirtschaftsprüfers	5
	1.3	Aufgaben des Wirtschaftsprüfers	6
		1.3.1 Prüfungstätigkeit	7
		1.3.2 Steuerberatung	7
		1.3.3 Wirtschafts- und Unternehmensberatung	8
		1.3.4 Gutachter- bzw. Sachverständigentätigkeit	8
		1.3.5 Treuhandtätigkeit	8
		1.3.6 Rechtsberatungs- bzw. -besorgungsbefugnis	9
2.	Der Weg zum Wirtschaftsprüfer		9
	2.1	Anforderungen an die Vorbildung und berufliche Laufbahn	9
	2.2	Zulassung zum Berufsexamen	11
	2.3	Berufsexamen	11
	2.4	Anrechnungen	14
	2.5	Bestellung zum Wirtschaftsprüfer	17
3.	Organisationen des Berufsstands		17
	3.1	Wirtschaftsprüferkammer	17
	3.2	Institut der Wirtschaftsprüfer in Deutschland	23
	3.3	Internationale Organisationen	26
4.	Berufspflichten des Wirtschaftsprüfers		27
	4.1	Allgemeine Berufspflichten	28
		4.1.1 Unabhängigkeit	29
		4.1.2 Gewissenhaftigkeit	31
		4.1.3 Verschwiegenheit	32
		4.1.4 Eigenverantwortlichkeit	34
		4.1.5 Berufswürdiges Verhalten	34
	4.2	Besondere Berufspflichten	37
		4.2.1 Durchführung von Prüfungen und Erstellung von Gutachten	38
		4.2.2 Berufliche Zusammenarbeit	49
5.	Qualitätssicherung		49
	5.1	Rechtliche Grundlagen	49

	5.2	Mindestanforderungen an die Qualitätssicherung (VO 1/2006)	50
		5.2.1 Zielsetzung und Inhalt des Qualitätssicherungssystems	50
		5.2.2 Qualitätssicherung bei der Praxisorganisation	52
		5.2.3 Qualitätssicherung bei der Auftragsabwicklung	58
		5.2.4 Nachprüfung der Maßnahmen zur Qualitätssicherung (Nachschau)	66
6.	Qualitätskontrolle		71
	6.1	System der Qualitätskontrolle	71
	6.2	Ablauf der Qualitätskontrolle	76

II. GRUNDLAGEN DER ABSCHLUSSPRÜFUNG NACH HGB — 87

1.	Prüfungssubjekte (§ 316 HGB)		87
	1.1	Allgemeine Bestimmungen	87
	1.2	Kapitalgesellschaften	91
	1.3	Personengesellschaften gemäß § 264a HGB	92
	1.4	Sonstige	93
		1.4.1 Kreditinstitute	94
		1.4.2 Versicherungen	95
		1.4.3 Genossenschaften	96
		1.4.4 Öffentliche Unternehmen	96
2.	Prüfungsobjekte		97
	2.1	Funktionen der Abschlussprüfung	97
	2.2	Gegenstand und Umfang der Abschlussprüfung	99
		2.2.1 Allgemeine Bestimmungen	99
		2.2.2 Buchführung	101
		2.2.3 Jahresabschluss	103
		2.2.4 Lagebericht	107
		2.2.5 Weitergehende Prüfungsgegenstände	109
3.	Auswahl, Bestellung und Abberufung des Abschlussprüfers		110
	3.1	Auswahl und Bestellung des Abschlussprüfers	110
	3.2	Ausschlussgründe als Abschlussprüfer	111
		3.2.1 Allgemeine Ausschlussgründe als Abschlussprüfer	111
		3.2.2 Besondere Ausschlussgründe gemäß § 319a HGB	117
		3.2.3 Netzwerke	124
	3.3	Beauftragung des Abschlussprüfers	126
	3.4	Abberufung des Abschlussprüfers	129
		3.4.1 Abberufung durch das Unternehmen	130
		3.4.2 Kündigung durch den Abschlussprüfer	131
		3.4.3 Informationspflicht gegenüber der Wirtschaftsprüferkammer	132
4.	Pflichten der gesetzlichen Vertreter im Rahmen der Abschlussprüfung		133
	4.1	Allgemeine Bestimmungen	133

	4.2	Vorlagepflicht der gesetzlichen Vertreter	134
	4.3	Einsichts- und Auskunftsrechte des Abschlussprüfers	134
	4.4	Vollständigkeitserklärung	135
5.	Pflichten des Abschlussprüfers im Rahmen der Abschlussprüfung		137
	5.1	Allgemeine Pflichten des Abschlussprüfers	137
	5.2	Haftung des Abschlussprüfers	139
		5.2.1 Allgemeine Haftungsregelungen	139
		5.2.2 Haftung des Abschlussprüfers gegenüber Dritten	143
	5.3	Pflichten des Abschlussprüfers bei freiwilligen Prüfungen	145
6.	Prüfungsausschuss		146

III. PRÜFUNGSSTRATEGIE UND PRÜFUNGSPLANUNG — 153

1.	Ziel der Abschlussprüfung		153
2.	Ausrichtung der Abschlussprüfung		161
	2.1	Abgrenzung von Abschluss- und Unterschlagungsprüfung	161
	2.2	Aufdeckung von Unregelmäßigkeiten	164
3.	Der risikoorientierte Prüfungsansatz		175
	3.1	Grundstruktur und Definitionen	175
	3.2	Die Teilrisiken des Prüfungsrisikos und ihre Beurteilung	178
4.	Die Prüfung des Internen Kontrollsystems		192
	4.1	Begriff und Bedeutung des Internen Kontrollsystems	192
	4.2	Elemente des Internen Kontrollsystems	198
		4.2.1 Organisatorische Sicherungsmaßnahmen	198
		4.2.2 Kontrollen	199
		4.2.3 Prüfungen (Interne Revision)	200
	4.3	Prozessschritte des Internen Kontrollsystems	202
		4.3.1 COSO-Rahmenwerk als Grundlage	202
		4.3.2 Kontrollumfeld	205
		4.3.3 Risikobeurteilungen	206
		4.3.4 Kontrollaktivitäten	208
		4.3.5 Informations- und Kommunikationssystem	209
		4.3.6 Überwachungsaktivitäten	210
5.	Prüfungshandlungen und Prüfungsnachweise im Rahmen der Abschlussprüfung		210
	5.1	Begriff und Bestimmung von Wesentlichkeitsgrenzen	210
	5.2	Prüfungshandlungen und Prüfungsnachweise	212
	5.3	Abfolge der Prüfungshandlungen	215
		5.3.1 Aufbauprüfungen	215
		5.3.2 Funktionsprüfungen	220
		5.3.3 Aussagebezogene Prüfungshandlungen	222
	5.4	Verwertung der Arbeiten Dritter als Prüfungsnachweise	234
		5.4.1 Verwertung der Arbeit eines anderen externen Prüfers	234

		5.4.2	Verwertung der Arbeit der Internen Revision	235
		5.4.3	Verwertung der Arbeit von Sachverständigen	236
	5.5	Zusammenfassung		239
6.	Grundsätze der Planung von Abschlussprüfungen			242
	6.1	Allgemeines Planungskonzept		242
	6.2	Umsetzung des Konzepts in die Prüfungspraxis		245
7.	Prüfungsplanung in Sondersituationen			253
	7.1	Prüfung zusätzlicher Informationen zum Jahresabschluss		253
	7.2	Prüfung von Ereignissen nach dem Abschlussstichtag		255
	7.3	Prüfung von Eröffnungsbilanzwerten im Rahmen von Erstprüfungen		259

IV. PRÜFUNG DER BUCHFÜHRUNG UND DER INVENTUR — 267

1.	Prüfung der Buchführung			267
	1.1	Grundsätze ordnungsmäßiger Buchführung in einer IT-gestützten Umgebung		267
	1.2	Risikoanalyse der IT-gestützten Buchführung		269
	1.3	Aufbau- und Funktionsprüfung der IT-gestützten Buchführung		273
	1.4	Aussagebezogene Prüfungshandlungen		282
		1.4.1	Ableitung der Prüfungsnormen aus den GoBS	282
		1.4.2	Typologie der Prüfungshandlungen	290
	1.5	Spezialfragen der rechnungslegungsbezogenen IT-Prüfung		296
		1.5.1	Risiken bei rechnungslegungsbezogenen IT-Projekten und deren Prüfung	296
		1.5.2	Risiken bei rechnungslegungsbezogenen IT-Geschäftsprozessen und deren Prüfung	300
2.	Prüfung der Inventur			311
	2.1	Grundlegende Prüfungsplanung		311
	2.2	Risikoanalyse		313
	2.3	Aussagebezogene Prüfungshandlungen		315
	2.4	Prüfungshandlungen bei besonderen Inventurverfahren		320
		2.4.1	Vor- oder nachverlegte sowie permanente Inventur	320
		2.4.2	Stichprobeninventur	321
		2.4.3	Einlagerungsinventur	325
		2.4.4	Systemgestützte Werkstattinventur	326
		2.4.5	Fest- oder Gruppenbewertung	327

V. PRÜFUNG DES JAHRESABSCHLUSSES — 333

1.	Prüfung des immateriellen und Sachanlagevermögens		335
	1.1	Risikoanalyse	335
	1.2	Nachweis	339

1.3	Ansatz		341
	1.3.1	Allgemeine Vorschriften	341
	1.3.2	Besonderheiten beim Vorliegen von Leasingverträgen	343
	1.3.3	Besonderheiten beim Ansatz immaterieller Vermögensgegenstände	346
1.4	Ausweis		352
	1.4.1	Allgemeine Vorschriften	352
	1.4.2	Ausweis der immateriellen Vermögensgegenstände	352
	1.4.3	Ausweis des Sachanlagevermögens	355
	1.4.4	Spezialfragen des Ansatzes und Ausweises von Gebäuden	357
1.5	Bewertung		359
	1.5.1	Zugangsbewertung	359
	1.5.2	Folgebewertung	363
1.6	Ausbuchung		374
1.7	Anhangangaben		375
2.	Prüfung des Finanzanlagevermögens		378
2.1	Risikoanalyse		378
2.2	Nachweis		381
2.3	Ansatz		382
2.4	Ausweis		386
2.5	Bewertung		391
	2.5.1	Zugangsbewertung	391
	2.5.2	Folgebewertung	392
2.6	Ausbuchung		394
2.7	Anhangangaben		395
3.	Prüfung der Vorräte		396
3.1	Risikoanalyse		396
3.2	Nachweis und Ansatz		399
3.3	Ausweis		401
3.4	Bewertung		403
	3.4.1	Zugangsbewertung	403
	3.4.2	Folgebewertung	421
3.5	Anhangangaben		425
4.	Prüfung der Forderungen		425
4.1	Risikoanalyse		425
4.2	Nachweis		428
4.3	Ansatz		433
4.4	Ausweis		435
4.5	Bewertung		437
	4.5.1	Allgemeine Vorschriften	437
	4.5.2	Besonderheiten der Fremdwährungsumrechnung	442
	4.5.3	Besonderheiten der Bewertungseinheiten	444
4.6	Ausbuchung		452
4.7	Anhangangaben		452

5.	Prüfung der Wertpapiere des Umlaufvermögens und der liquiden Mittel	453
5.1	Risikoanalyse	453
5.2	Nachweis	456
5.3	Ansatz	457
5.4	Ausweis	459
5.5	Bewertung	461
5.6	Anhangangaben	464
6.	Prüfung des Eigenkapitals und des Sonderpostens mit Rücklageanteil	465
6.1	Risikoanalyse	465
6.2	Nachweis	467
6.3	Prüfung des gezeichneten Kapitals	469
6.3.1	Kapitalbestand	469
6.3.2	Erwerb eigener Anteile	472
6.3.3	Kapitalveränderungen	474
6.4	Prüfung der Kapitalrücklage	480
6.5	Prüfung der Gewinnrücklagen	481
6.6	Prüfung des Jahresergebnisses und des Ergebnisvortrags	484
6.7	Prüfung des Sonderpostens mit Rücklageanteil	485
7.	Prüfung der Rückstellungen	489
7.1	Risikoanalyse	489
7.2	Nachweis	493
7.3	Ansatz	496
7.4	Ausweis	498
7.4.1	Allgemeine Grundsätze	498
7.4.2	Pensionsrückstellungen	499
7.4.3	Steuerrückstellungen	500
7.4.4	Sonstige Rückstellungen	501
7.5	Bewertung	506
7.5.1	Allgemeine Grundsätze	506
7.5.2	Pensionsrückstellungen	509
7.5.3	Steuerrückstellungen	516
7.5.4	Sonstige Rückstellungen	516
7.5.5	Übergangsregelungen zur Bewertungsanpassung auf BilMoG	517
7.6	Ausbuchung	519
7.7	Anhangangaben	519
8.	Prüfung der Verbindlichkeiten	521
8.1	Risikoanalyse	521
8.2	Nachweis	524
8.3	Ansatz	526
8.4	Ausweis	529
8.5	Bewertung	532
8.6	Ausbuchung	535
8.7	Anhangangaben	535

9. Prüfung der Rechnungsabgrenzung ... 538
   9.1 Überblick und Risikoanalyse ... 538
   9.2 Nachweis und Ansatz ... 541
   9.3 Ausweis ... 543
   9.4 Bewertung ... 544
   9.5 Ausbuchung ... 544
   9.6 Anhangangaben ... 544
10. Prüfung der Steuerabgrenzung ... 545
    10.1 Überblick und Risikoanalyse ... 545
    10.2 Nachweis und Ansatz ... 545
    10.3 Ausweis ... 549
    10.4 Bewertung ... 550
    10.5 Ausbuchung ... 551
    10.6 Anhangangaben ... 551

VI. NICHT-JAHRESABSCHLUSSBEZOGENE PRÜFUNGSOBJEKTE ... 557

1. Prüfung des Lageberichts ... 557
   1.1 Rechtliche Grundlagen und Aufgaben des Lageberichts ... 557
   1.2 Grundsätze ordnungsmäßiger Lageberichterstattung ... 559
   1.3 Darstellung des Geschäftsverlaufs und der Lage ... 562
       1.3.1 Geschäftsverlauf ... 562
       1.3.2 Lage ... 564
       1.3.3 Prüfungshandlungen ... 568
   1.4 Darstellung der voraussichtlichen Entwicklung sowie der Chancen und Risiken ... 571
       1.4.1 Voraussichtliche Entwicklung ... 571
       1.4.2 Chancen und Risiken ... 571
       1.4.3 Prüfungshandlungen ... 575
   1.5 Sonstige Berichtsgegenstände ... 578
       1.5.1 Vorgänge von besonderer Bedeutung nach Abschluss des Geschäftsjahres ... 578
       1.5.2 Forschung und Entwicklung ... 578
       1.5.3 Zweigniederlassungen ... 579
       1.5.4 Vergütungsbericht ... 579
       1.5.5 Nicht-finanzielle Leistungsindikatoren ... 580
       1.5.6 Übernahmerechtliche Angaben und Erläuterungen ... 580
       1.5.7 Wesentliche Merkmale des rechnungslegungsbezogenen internen Kontroll- und Risikomanagementsystems ... 581
       1.5.8 Prüfungshandlungen ... 583
2. Prüfung des Risikofrüherkennungssystems ... 584
   2.1 Rechtliche Grundlagen und Aufgaben des Risikofrüherkennungssystems ... 584
   2.2 Risikofrüherkennungssystem ... 586

	2.2.1	Begriff	586
	2.2.2	Komponenten	587
	2.2.3	Regelkreis	590
2.3	Erkenntnisziele der Prüfung		593
2.4	Prüfungsvorbereitung		594
	2.4.1	Risikobewusstsein als Grundlage	594
	2.4.2	Beurteilung der inhärenten Risiken	595
	2.4.3	Prüfung des Internen Überwachungssystems	595
2.5	Aufbauprüfung		597
	2.5.1	Risikoidentifikation	597
	2.5.2	Risikobewertung und Risikoanalyse	598
	2.5.3	Zuordnung von Verantwortlichkeiten und Aufgaben, Information und Kommunikation	600
	2.5.4	Überwachung und Dokumentation	601
2.6	Funktionsprüfung und abschließendes Prüfungsurteil		603
3. Prüfung der Geschäftsführung			604
3.1	Grundlagen		604
3.2	Prüfungsanlässe		606
	3.2.1	Öffentliche Unternehmen	606
	3.2.2	Genossenschaften	607
3.3	Prüfungsgegenstände		608
	3.3.1	Prüfungsgegenstände nach § 53 HGrG	608
	3.3.2	Zusätzliche Prüfungsgegenstände nach § 53 GenG	612
3.4	Prüfungshandlungen		614
	3.4.1	Grundlagen	614
	3.4.2	Wirtschaftliche Lage	615
	3.4.3	Geschäftsführung	617

VII. BERICHTERSTATTUNG UND DOKUMENTATION DER ABSCHLUSSPRÜFUNG — 631

1. Prüfungsbericht			631
1.1	Begriff und Aufgabe des Prüfungsberichts		631
1.2	Allgemeine Berichtsgrundsätze		633
1.3	Gliederung des Prüfungsberichts		634
	1.3.1	Prüfungsauftrag	635
	1.3.2	Vorwegbericht	636
	1.3.3	Gegenstand, Art und Umfang der Prüfung	640
	1.3.4	Feststellungen und Erläuterungen zur Rechnungslegung	642
	1.3.5	Feststellungen zum Risikofrüherkennungssystem	647

	1.3.6	Feststellungen aus Erweiterungen des Prüfungsauftrags		647
	1.3.7	Sonstige Feststellungen		649
1.4	Unterzeichnung und Vorlage des Prüfungsberichts			649
1.5	Sonderfragen der Berichterstattung			650
	1.5.1	Nachtragsprüfung und Nachtragsbericht		650
	1.5.2	Gemeinschaftsprüfung (Joint Audit)		651
	1.5.3	Kündigung des Abschlussprüfers		651
	1.5.4	Sachverhaltsfehler und Mängel		651
1.6	Offenlegung des Prüfungsberichts in besonderen Fällen			652

2. Bestätigungsvermerk — 653
　2.1 Allgemeine Grundsätze der Erteilung von Bestätigungsvermerken — 653
　2.2 Rechtliche Wirkung des Bestätigungsvermerks — 655
　2.3 Inhalt und Bestandteile des Bestätigungsvermerks — 657
　　2.3.1 Überschrift — 657
　　2.3.2 Einleitender Abschnitt — 657
　　2.3.3 Beschreibender Abschnitt — 658
　　2.3.4 Beurteilung durch den Abschlussprüfer — 659
　　2.3.5 Ergänzungen des Prüfungsurteils — 665
　　2.3.6 Beurteilung des Prüfungsergebnisses — 666
　　2.3.7 Hinweise auf Bestandsgefährdungen — 667
　2.4 Unterzeichnung des Bestätigungsvermerks — 668
　2.5 Sonderfälle bei der Erteilung von Bestätigungsvermerken — 668
　　2.5.1 Bedingte Erteilung — 668
　　2.5.2 Nachtragsprüfung — 669
　　2.5.3 Widerruf — 670
　　2.5.4 Rechtsfolgen bei Verstößen gegen § 322 HGB — 670
3. Kommunikation des Abschlussprüfers mit dem Aufsichtsrat — 670
4. Arbeitspapiere des Abschlussprüfers — 674

Literaturverzeichnis — 683
Stichwortverzeichnis — 701

ABBILDUNGSVERZEICHNIS

ABB. 1:	Aktuelle Entwicklungen der Wirtschaftsprüfung	3
ABB. 2:	Berufsbild des Wirtschaftsprüfers	5
ABB. 3:	Aufgaben des Wirtschaftsprüfers	6
ABB. 4:	Der Weg zum Wirtschaftsprüfer	9
ABB. 5:	Zulassungsvoraussetzungen zum Wirtschaftsprüfer-Examen	10
ABB. 6:	Prüfungsgebiete des WP-Examens	12
ABB. 7:	Inhaltliche Konkretisierung der Prüfungsgebiete im WP-Examen	13
ABB. 8:	Übersicht über die Möglichkeiten zur Verkürzung des Wirtschaftsprüfungsexamens	15
ABB. 9:	Vorschlag zur Gestaltung eines Masterstudiengangs nach § 8a WPO	16
ABB. 10:	Organe der WPK	21
ABB. 11:	Systematik der IDW-Prüfungsstandards (PS)	24
ABB. 12:	Organe des IDW	26
ABB. 13:	Organe der IFAC	27
ABB. 14:	Berufspflichten und zugehörige Rechtsnormen	28
ABB. 15:	Allgemeine Berufspflichten gemäß der Berufssatzung WPK	30
ABB. 16:	Besondere Berufspflichten gemäß der Berufssatzung WPK	37
ABB. 17:	Unabhängigkeitsanforderungen des EU-Ausschusses für Fragen der Abschlussprüfung	39
ABB. 18:	Einflussgrößen der Unbefangenheit nach § 21f. BS	41
ABB. 19:	Prüfschema zur Beurteilung der Zulässigkeit der Erbringung nicht-prüfungsbezogener Leistungen	45
ABB. 20:	Objekte der Prüfung von Projektmanagement und Projektcontrolling	47
ABB. 21:	Elemente des Qualitätsmanagements der WP	50
ABB. 22:	Berufspflichten zur prüfungsbezogenen Qualitätssicherung nach §§ 24a ff. BS WP/vBP	50
ABB. 23:	Einrichtung eines Qualitätssicherungssystems nach VO 1/2006	51
ABB. 24:	Regelungsbereiche des Qualitätssicherungssystems nach VO 1/2006 (Tz. 20, 22)	52
ABB. 25:	Ziele und Ausgestaltung des Risikomanagements	53
ABB. 26:	Qualitätssichernde Regelungen zur Einhaltung der Berufspflichten (VO 1/2006, Tz. 37 ff.)	54
ABB. 27:	Vor Auftragsannahme zu prüfende Tatbestände (VO 1/2006, Tz. 60, 61)	56
ABB. 28:	Sachliche, personelle und zeitliche Prüfungsplanung	58
ABB. 29:	Überwachung der Auftragsabwicklung (VO 1/2006, Tz. 106 f.)	60
ABB. 30:	Bestimmung der Person des Berichtskritikers	62

ABB. 31:	Bestimmungsfaktoren für die Vornahme einer Berichtskritik	63
ABB. 32:	Beurteilung des Qualitätssicherungssystems und der Abwicklung von Aufträgen (VO 1/2006, Tz. 162 ff.)	67
ABB. 33:	Dokumentation und Berichterstattung (VO 1/2006, Tz. 171, 173)	68
ABB. 34:	Checkliste zur Nachschau	68
ABB. 35:	Verpflichtung zur Durchführung der Qualitätskontrolle	72
ABB. 36:	Gremien im System der Qualitätskontrolle	74
ABB. 37:	System der Qualitätskontrolle der WP	75
ABB. 38:	Voraussetzungen für die Registrierung als Prüfer für Qualitätskontrolle (§ 57a Abs. 3 WPO)	76
ABB. 39:	Beurteilung der Praxisorganisation und der Auftragsprüfung (IDW PS 140, Tz. 57 und 67)	79
ABB. 40:	Gliederung des Qualitätskontrollberichts (IDW PS 140, Tz. 85 ff.)	82
ABB. 41:	Auswirkung von Beanstandungen (IDW PS 140, Tz. 104)	82
ABB. 42:	Systematik der Vorschriften zur Abschlussprüfung nach §§ 316 ff. HGB	87
ABB. 43:	Prüfungssubjekte gemäß § 316 HGB	88
ABB. 44:	Übersicht der Prüfungssubjekte	89
ABB. 45:	Kapitalgesellschaften und ihre Organe	91
ABB. 46:	Größenklassen von Kapitalgesellschaften gemäß § 267 HGB	91
ABB. 47:	Befreiungsvorschriften des § 264b HGB	93
ABB. 48:	Funktionen der gesetzlichen Abschlussprüfung	98
ABB. 49:	Objekte der gesetzlichen Abschlussprüfung	100
ABB. 50:	Grundsätze ordnungsmäßiger Buchführung	102
ABB. 51:	Prüfungshandlungen im Rahmen der Jahresabschlussprüfung	105
ABB. 52:	Auswahl und Bestellung des Abschlussprüfers	110
ABB. 53:	Prüfung der Ausschlussgründe des Abschlussprüfers	111
ABB. 54:	Systematik der Ausschlussgründe nach §§ 319 f. HGB	112
ABB. 55:	Ausschlussgründe nach § 319 Abs. 3 HGB	114
ABB. 56:	Ausschlussgründe nach § 319a HGB	118
ABB. 57:	Inhalte des Transparenzberichts	121
ABB. 58:	Empfehlungen zu neuralgischen Inhalten des Transparenzberichts	121
ABB. 59:	Regelungen zur Beauftragung des Abschlussprüfers (IDW PS 220)	128
ABB. 60:	Erklärungen der gesetzlichen Vertreter gegenüber dem Abschlussprüfer (IDW PS 303 n. F.)	136
ABB. 61:	Allgemeine Pflichten des Abschlussprüfers gemäß § 323 HGB	137
ABB. 62:	Haftung des Abschlussprüfers bei gesetzlichen Prüfungen	140
ABB. 63:	Haftungsregelungen gemäß § 323 HGB	141
ABB. 64:	Haftung des Abschlussprüfers gegenüber Dritten	143
ABB. 65:	Ziel der Abschlussprüfung (IDW PS 200, Tz. 8 f.)	153

ABB. 66:	Rechnungslegungsgrundsätze im Rahmen der Abschlussprüfung (IDW PS 201, Tz. 6 ff.)	154
ABB. 67:	Prüfungsgrundsätze im Rahmen der Abschlussprüfung (IDW PS 201, Tz. 24 ff.)	155
ABB. 68:	Vom Prüfer im Prüfungsbericht und Bestätigungsvermerk zu treffende Aussagen	155
ABB. 69:	Abgrenzung der Verantwortlichkeiten von gesetzlichen Vertretern und Abschlussprüfer (IDW PS 200, Tz. 31)	157
ABB. 70:	Umstände, die Zweifel an der Fortführung der Unternehmenstätigkeit begründen (IDW PS 270, Tz. 11)	158
ABB. 71:	Risikofaktoren im Rahmen der aktuellen Wirtschafts- und Finanzmarktkrise	159
ABB. 72:	Besondere Prüfungshandlungen bei Bestandsgefährdung (IDW PS 270, Tz. 29 f.)	160
ABB. 73:	Absolute versus relative Sicherheit der Prüfungsaussagen (IDW PS 200, Tz. 24 ff.)	162
ABB. 74:	Abgrenzung von Abschlussprüfung und Unterschlagungsprüfung (IDW PS 210, Tz. 12 ff.)	163
ABB. 75:	Definition und Klassifikation von Unregelmäßigkeiten (IDW PS 210, Tz. 7)	164
ABB. 76:	Das Fraud-Triangel	166
ABB. 77:	Risikobeurteilung am Beispiel des Prozesses „Bestellungsabwicklung"	167
ABB. 78:	Indizien für erhöhte Risiken von Unregelmäßigkeiten (IDW PS 210, Tz. 35 ff.)	168
ABB. 79:	Ablauf des Prüfungsprozesses nach IDW PS 210	169
ABB. 80:	Typische Fragen an den CEO und CFO	171
ABB. 81:	Prüfungshandlungen zur Aufdeckung von Unregelmäßigkeiten (IDW PS 210, Tz. 44 ff.)	172
ABB. 82:	Maßnahmen bei Vermutung oder Aufdeckung von Unregelmäßigkeiten (IDW PS 210, Tz. 58 ff.)	173
ABB. 83:	Risiken der Abschlussprüfung (in Anlehnung an IDW EPS 261 n. F., Tz. 6)	176
ABB. 84:	Zusammenwirken der Risikokomponenten im risikoorientierten Prüfungsansatz	177
ABB. 85:	Übersicht zu Teilrisiken im risikoorientierten Prüfungsansatz	178
ABB. 86:	Informationen und Indikatoren der PEST-Analyse	180
ABB. 87:	Informationen und Indikatoren der SWOT-Analyse	181
ABB. 88:	Bedeutung der Kenntnisse über Geschäftstätigkeit und wirtschaftliches Umfeld	182
ABB. 89:	Prozess der Informationsbeschaffung (IDW PS 230, Tz. 9 ff.)	182
ABB. 90:	Quellen der Informationsbeschaffung für den Prüfer (IDW PS 230, Tz. 14)	183
ABB. 91:	Kenntnisse des Prüfers über die Geschäftstätigkeit, das wirtschaftliche und rechtliche Umfeld des Unternehmens	184
ABB. 92:	Bedeutung der Beurteilung der inhärenten Risiken für den Abschlussprüfer (IDW EPS 261 n. F., Tz. 14 f.)	185

ABB. 93:	Begriff der nahe stehenden Personen und Unternehmen (IDW RS HFA 33, Anlage 1)	187
ABB. 94:	Prüfung der Geschäftsvorfälle mit nahe stehenden Personen (IDW PS 255, Tz. 19 ff.)	189
ABB. 95:	Typische Krisenursachen als Ausgangspunkt erhöhter Unternehmensrisiken	191
ABB. 96:	Elemente des Internen Kontrollsystems (IDW EPS 261 n. F., Tz. 20)	193
ABB. 97:	Ziele des jahresabschlussbezogenen Internen Kontrollsystems (IDW EPS 261 n. F., Tz. 22)	194
ABB. 98:	Teilbereiche eines Compliance Management Systems (IDW PS 980, Tz. A3)	195
ABB. 99:	Grundelemente eines Compliance Management Systems (IDW PS 980, Tz. 23)	196
ABB. 100:	COSO I-Würfel	203
ABB. 101:	COSO II-Würfel	204
ABB. 102:	COSO-Rahmenkonzept	204
ABB. 103:	Formen und Ziele der rechnungslegungsrelevanten Kontrollaktivitäten (IDW EPS 261 n. F., Tz. 52 f.)	209
ABB. 104:	Grundlagen der Auswahl von Prüfungshandlungen (IDW PS 200, Tz. 20)	211
ABB. 105:	Kausalitätskette zwischen Wesentlichkeit und Prüfungsrisiko	212
ABB. 106:	Klassifikation von Prüfungsaussagen (IDW PS 300, Tz. 7)	213
ABB. 107:	Prüfungsnachweise – Prüfungsfeststellungen – Prüfungsaussagen (IDW PS 300, Tz. 7).	214
ABB. 108:	Klassifikation der Prüfungshandlungen (IDW PS 300, Tz. 14 ff.)	215
ABB. 109:	Zweck und Umfang der erforderlichen Kenntnisse des Abschlussprüfers über das Interne Kontrollsystem	216
ABB. 110:	Ablaufschritte der Prüfung des Internen Kontrollsystems	217
ABB. 111:	Aufbauprüfung des Internen Kontrollsystems (IDW EPS 261 n. F., Tz. 43 ff.)	219
ABB. 112:	Funktionsprüfung des Internen Kontrollsystems (IDW EPS 261 n. F., Tz. 73)	221
ABB. 113:	Ablaufschritte der Funktionsprüfung des Internen Kontrollsystems (IDW EPS 261 n. F., Tz. 73 ff.)	222
ABB. 114:	Analytische Prüfungshandlungen im Rahmen der Abschlussprüfung (IDW PS 312)	224
ABB. 115:	Prüfungshandlungen zur Beurteilung von Fehlerrisiken in Zusammenhang mit geschätzten Werten (vgl. IDW PS 314 n. F., Tz. 31 ff.)	228
ABB. 116:	Prüfungshandlungen als Reaktion auf die beurteilten Fehlerrisiken bei geschätzten Werten (vgl. IDW PS 314 n. F., Tz. 61 ff.)	230
ABB. 117:	Typisierung einzelfallbezogener Prüfungshandlungen (IDW PS 300, Tz. 29 ff.)	232
ABB. 118:	Beispiele einzelfallbezogener Prüfungshandlungen (IDW PS 300, Tz. 42 ff.)	233
ABB. 119:	Beurteilung persönlicher Eigenschaften des Sachverständigen (IDW PS 322, Tz. 12 ff.)	237
ABB. 120:	Beurteilung der Arbeitsergebnisse von Sachverständigen (IDW PS 322, Tz. 17 ff.)	238

ABB. 121:	Kombination der Prüfungsmethoden nach der Intensität ihrer Sicherheitsbeiträge	240
ABB. 122:	Exemplarische Prüfungshandlungen am Beispiel des Prüffelds „Absatz, Verkauf"	241
ABB. 123:	Grundsätze der Planung von Abschlussprüfungen (IDW PS 240, Tz. 7 ff.)	243
ABB. 124:	Elemente des Prüfungsplanungsprozesses	244
ABB. 125:	Gesamtplanung von Prüfungsaufträgen	245
ABB. 126:	Abgrenzung der Prüfungsphasen	246
ABB. 127:	Bestimmungsfaktoren der Entwicklung einer Prüfungsstrategie (IDW PS 240, Tz. 17)	248
ABB. 128:	Bestimmungsfaktoren der Entwicklung eines Prüfungsprogramms (IDW PS 240, Tz. 20)	252
ABB. 129:	Beurteilung von zusätzlichen Informationen i. S. des IDW PS 202 durch den Abschlussprüfer	254
ABB. 130:	Behandlung von Ereignissen nach dem Abschlussstichtag (IDW PS 203 n. F.)	257
ABB. 131:	Feststellung von Ereignissen zwischen Abschlussstichtag und Erteilung des Bestätigungsvermerks (IDW PS 203 n. F., Tz. 13 f.)	258
ABB. 132:	Jahresabschlusspositionsbezogene Prüfungshandlungen bei Erstprüfungen (IDW PS 205, Tz. 14)	261
ABB. 133:	Interpretation der Grundsätze ordnungsmäßiger Buchführung (IDW RS FAIT 1, Tz. 25 ff.)	268
ABB. 134:	Rechnungslegungsrelevante Elemente des IT-Systems	270
ABB. 135:	Risikoanalyse des IT-Systems (IDW PS 330, Tz. 19)	272
ABB. 136:	IT-Systemprüfung (IDW PS 330, Tz. 8)	274
ABB. 137:	Vorgehensweise bei der IT-Systemprüfung (IDW PS 330, Tz. 29)	275
ABB. 138:	Prüfung der IT-Anwendungen (IDW PS 330, Tz. 70 ff.)	278
ABB. 139:	Arten anwendungsbezogener IT-Kontrollen (IDW RS FAIT 1, Tz. 95 ff.)	279
ABB. 140:	Beleg-, Journal- und Kontenfunktion der Buchführungssysteme (IDW RS FAIT 1, Tz. 33 ff.)	284
ABB. 141:	Bestandteile der Verfahrensdokumentation einer IT-gestützten Rechnungslegung (vgl. IDW RS FAIT 1, Tz. 58 ff.)	289
ABB. 142:	Elemente der Dokumentation gemäß GoBS	289
ABB. 143:	Ablaufschritte der Belegprüfung	292
ABB. 144:	Systematik IT-gestützter Prüfungstechniken (IDW PS 330, Tz. 95)	295
ABB. 145:	Typische Phasen von IT-Projekten	296
ABB. 146:	Typische Risiken von IT-Projekten	297
ABB. 147:	Phasenbezogene Prüfungsfragen bei IT-Projekten zur Entwicklung von Individualsoftware	298
ABB. 148:	Phasenbezogene Prüfungsfragen bei IT-Projekten zur Einführung von Standardsoftware	298

VERZEICHNIS Abbildungen

ABB. 149:	Beispiele IT-gestützter Geschäftsprozesse	301
ABB. 150:	Beeinflussung von Jahresabschlusspositionen durch IT-gestützte Routinetransaktionen	302
ABB. 151:	Bildung von Transaktionsklassen	303
ABB. 152:	Typen prozessintegrierter Kontrollen	304
ABB. 153:	Beispiele bedeutsamer Kontrollen	305
ABB. 154:	Beispiele kritischer Berechtigungskombinationen	305
ABB. 155:	Funktionsprüfung der prozessintegrierten Kontrollen	306
ABB. 156:	Risiken und Kontrollen bei der IT-gestützten Beschaffung von Vorräten	307
ABB. 157:	Risiken und Kontrollen beim IT-gestützten Absatz von Waren	309
ABB. 158:	Grobablauf der Inventurprüfung (IDW PS 301, Tz. 7)	311
ABB. 159:	Komponenten der Inventurplanung	313
ABB. 160:	Checkliste zu den inventurbezogenen inhärenten Risiken	313
ABB. 161:	Checkliste zu den inventurbezogenen Kontrollrisiken	314
ABB. 162:	Aussagebezogene Prüfungshandlungen im Rahmen der Inventurprüfung (IDW PS 301, Tz. 18 ff.)	315
ABB. 163:	Prüfung der von Dritten verwalteten oder verwahrten Bestände (IDW PS 301, Tz. 32)	319
ABB. 164:	Dokumentation der Inventurprüfung in den Arbeitspapieren des Prüfers (IDW PS 301, Tz. 33 ff.)	320
ABB. 165:	Besonderheiten der Prüfung von Stichprobeninventuren (IDW PS 301, Tz. 29)	323
ABB. 166:	Synopse der Prüfungshandlungen bei Anwendung besonderer Inventurverfahren (IDW PS 301, Tz. 24 ff.)	329
ABB. 167:	Prüfschema für Jahresabschlusspositionen	333
ABB. 168:	Sachanlagebezogene Bilanzkennzahlen	335
ABB. 169:	Checkliste zu den inhärenten Risiken des immateriellen Anlagevermögens	336
ABB. 170:	Checkliste zu den inhärenten Risiken der Sachanlagen	337
ABB. 171:	Checkliste zu den Kontrollrisiken des immateriellen und Sachanlagevermögens	338
ABB. 172:	Vertragstypen des Anlagenleasings	343
ABB. 173:	Bilanzierung von Leasinggütern beim Leasingnehmer	344
ABB. 174:	Ansatz immaterieller Vermögensgegenstände	347
ABB. 175:	Kriterien für die Aktivierung von Entwicklungsaufwendungen nach IAS 38.57 und deren Interpretation	349
ABB. 176:	Aktivierung von typischen Aufwendungen in Zusammenhang mit Software-Entwicklungen	350
ABB. 177:	Bilanzielle Behandlung nachträglicher Anschaffungskosten	357
ABB. 178:	Abgrenzungsfragen in Zusammenhang mit der Instandsetzung und Modernisierung von Gebäuden	358
ABB. 179:	Bestandteile der Anschaffungskosten	360

ABB. 180:	Formen der Abschreibung geringwertiger Wirtschaftsgüter	367
ABB. 181:	Wertminderungstest nach IAS 36	370
ABB. 182:	Indikatoren des Abschreibungsbedarfs nach IAS 36.9	371
ABB. 183:	Zweifelsfragen bei der Prüfung der Abschreibungen nach § 253 HGB	372
ABB. 184:	Aufbau des Anlagespiegels und diesbezügliche Verprobungen	376
ABB. 185:	Anhangangaben in Bezug auf das immaterielle bzw. Sachanlagevermögen	377
ABB. 186:	Finanzanlagebezogene Jahresabschlusskennzahlen	379
ABB. 187:	Checkliste zu den finanzanlagebezogenen Kontrollrisiken	380
ABB. 188:	Finanzanlagebezogene Prüfungsnachweise	381
ABB. 189:	Verrechnungsgebot des § 246 Abs. 2 Satz 2 HGB	385
ABB. 190:	Klassifizierung der Finanzanlagen	387
ABB. 191:	Anhangangaben in Bezug auf das Finanzanlagevermögen	395
ABB. 192:	Vorratsbezogene Bilanzkennzahlen	397
ABB. 193:	Checkliste zu den vorratsbezogenen inhärenten Risiken	397
ABB. 194:	Checkliste zu den vorratsbezogenen Kontrollrisiken	398
ABB. 195:	Anforderungen an die Nachweisprüfung der Vorräte	400
ABB. 196:	Wertansätze der Vorräte	403
ABB. 197:	Bestandteile der Herstellungskosten	407
ABB. 198:	Begriffliche Abgrenzung der Kostenarten	408
ABB. 199:	Ermittlung der Herstellungskosten anhand eines Betriebsabrechnungsbogens	413
ABB. 200:	Ermittlung der Herstellungskosten anhand einer Kostenauflösung	415
ABB. 201:	Berechnung des verlustfreien Werts	422
ABB. 202:	Vorratsbezogene Anhangangaben	425
ABB. 203:	Forderungsbezogene Jahresabschlusskennzahlen	426
ABB. 204:	Checkliste zu den forderungsbezogenen Kontrollrisiken	427
ABB. 205:	Methoden der Bestätigungsanfrage (IDW PS 302, Tz. 17)	429
ABB. 206:	Kursbildung im Devisenhandel	443
ABB. 207:	Bewertungseinheiten nach § 254 HGB	446
ABB. 208:	Typen von Sicherungsbeziehungen	447
ABB. 209:	Bilanzkennzahlen zu den Wertpapieren des Umlaufvermögens und den liquiden Mitteln	454
ABB. 210:	Checkliste zu den Kontrollrisiken bei den Wertpapieren des Umlaufvermögens	455
ABB. 211:	Checkliste zu den Kontrollrisiken bei den liquiden Mitteln	455
ABB. 212:	Ausweis der Wertpapiere des Umlaufvermögens nach § 266 Abs. 2 HGB	460
ABB. 213:	Abschreibung der Wertpapiere des Anlage- und Umlaufvermögens	463
ABB. 214:	Finanzwirtschaftliche Klassifikation der Eigenkapitalkomponenten	466
ABB. 215:	Bedeutende eigenkapitalbezogene Jahresabschlusskennzahlen	466
ABB. 216:	Checkliste zum eigenkapitalbezogenen Kontrollrisiko	467

ABB. 217:	Aufbau des Rücklagenspiegels	468
ABB. 218:	Eigenkapitalkomponenten	469
ABB. 219:	Ausweis des gezeichneten Kapitals nach der Nettomethode	470
ABB. 220:	Bilanzielle Behandlung des Erwerbs eigener Anteile	473
ABB. 221:	Checkliste der Rechtsvorschriften zur Kapitalerhöhung gegen Einlagen (§§ 182 ff. AktG)	475
ABB. 222:	Checkliste der Rechtsvorschriften zur Kapitalerhöhung aus Gesellschaftsmitteln (§§ 207 ff. AktG)	478
ABB. 223:	Verwendung der gesetzlichen und Kapitalrücklage nach § 150 Abs. 3 und 4 AktG	482
ABB. 224:	Überleitungsrechnung nach § 158 Abs. 1 AktG	485
ABB. 225:	Anwendungsfälle des Sonderpostens mit Rücklageanteil	488
ABB. 226:	Rückstellungsbezogene Bilanzkennzahlen	490
ABB. 227:	Checkliste zu den rückstellungsbezogenen inhärenten Risiken	491
ABB. 228:	Checkliste zu den rückstellungsbezogenen Kontrollrisiken	492
ABB. 229:	Rückstellungsverzeichnis (Rückstellungsspiegel)	494
ABB. 230:	Rückstellungskatalog nach § 249 HGB	497
ABB. 231:	Ansatz von Pensionsverpflichtungen	499
ABB. 232:	Bewertung wertpapiergebundener Versorgungszusagen	515
ABB. 233:	Berechnungsschema für Drohverlustrückstellungen	516
ABB. 234:	Checkliste zu den verbindlichkeitsbezogenen inhärenten Risiken	521
ABB. 235:	Verbindlichkeitsbezogene Bilanzkennzahlen	521
ABB. 236:	Checkliste zu den allgemeinen verbindlichkeitsbezogenen Kontrollrisiken	522
ABB. 237:	Checkliste zu den Kontrollrisiken bei Verbindlichkeiten gegenüber Kreditinstituten	523
ABB. 238:	Checkliste zu den Kontrollrisiken bei Verbindlichkeiten aus Lieferungen und Leistungen	523
ABB. 239:	Aufbau eines Verbindlichkeitenspiegels	537
ABB. 240:	Anhangangaben in Bezug auf die Verbindlichkeiten	537
ABB. 241:	Klassifizierung der Rechnungsabgrenzungsposten	539
ABB. 242:	Rechnungsabgrenzungsposten im engeren und weiteren Sinne	541
ABB. 243:	Beispiele aktiver und passiver Rechnungsabgrenzungsposten	542
ABB. 244:	Verbuchung der Rechnungsabgrenzungsposten	543
ABB. 245:	Klassifizierung der Abgrenzungsposten für latente Steuern	548
ABB. 246:	Bemessung der Ausschüttungssperre in Zusammenhang mit latenten Steuern	550
ABB. 247:	Inhalt des Lageberichts nach § 289 HGB	558
ABB. 248:	Grundsätze ordnungsmäßiger Lageberichterstattung	560

ABB. 249:	Lageberichtsinformationen als Grundlage eines „business understanding document"	563
ABB. 250:	Segmentbezogene Informationen im Lagebericht (vgl. IDW RS HFA 1, Anhang)	564
ABB. 251:	Erkenntnisziele der Analyse der Vermögens-, Finanz- und Ertragslage	565
ABB. 252:	Kennzahlen zur Darstellung der Vermögens-, Finanz- und Ertragslage	565
ABB. 253:	Definition des Cashflows nach DVFA/SG	567
ABB. 254:	Systematik der sog. „earnings before"-Kennzahlen	568
ABB. 255:	Risikobegriffe des IDW RS HFA 1 (mit Angabe der jeweiligen Tz.)	572
ABB. 256:	Bestandsgefährungspotenziale (vgl. IDW RS HFA 1, Anhang)	573
ABB. 257:	Beispiele für berichtspflichtige Risiken	573
ABB. 258:	Prüfung der Prämisse der Unternehmensfortführung (IDW PS 270, Tz. 15 ff.)	576
ABB. 259:	Checkliste zur Prüfung des Prognoseberichts	577
ABB. 260:	Nicht-finanzielle Leistungsindikatoren	580
ABB. 261:	Eskalation der Berichterstattung und Prüfung zu Risiken und zum Risikomanagementsystem	585
ABB. 262:	Komponenten des Risikofrüherkennungssystems	587
ABB. 263:	Stufen des Aufbaus von Frühwarnsystemen	587
ABB. 264:	Beobachtungsbereiche der Frühwarnung	588
ABB. 265:	Aktivitäten-Viereck der Controlling-Funktionen	589
ABB. 266:	Risikorelevante Informationen der Kosten- und Leistungsrechnung	590
ABB. 267:	Prozess des Risikomanagements (Regelkreis)	592
ABB. 268:	Ablauf der Prüfung nach § 317 Abs. 4 HGB	593
ABB. 269:	Anforderungen an ein Risikofrüherkennungssystem	594
ABB. 270:	Checkliste zur Prüfung der Ordnungsmäßigkeit des IÜS	596
ABB. 271:	Checkliste zur Prüfung der Ordnungsmäßigkeit der Risikoidentifikation	598
ABB. 272:	Qualitative Klassen der Risikomessung	599
ABB. 273:	Checkliste zur Prüfung der Ordnungsmäßigkeit der Risikobewertung und -analyse	599
ABB. 274:	Checkliste zur Prüfung der Ordnungsmäßigkeit der Zuordnung von Verantwortlichkeiten und Aufgaben, Information und Kommunikation	601
ABB. 275:	Checkliste zur Prüfung der Ordnungsmäßigkeit der Internen Revision	602
ABB. 276:	Aufbau und Mindestinhalt eines Risiko-Handbuchs	603
ABB. 277:	Prüfungsgegenstände der Vermögens-, Finanz- und Ertragslage nach § 53 HGrG (IDW PS 720, Tz. 22 f.)	609
ABB. 278:	Prüfungsgegenstände der Geschäftsführungsorganisation nach § 53 HGrG (IDW PS 720, Tz. 19)	610
ABB. 279:	Prüfungsgegenstände der Geschäftsführungsinstrumente nach § 53 HGrG (IDW PS 720, Tz. 20)	610
ABB. 280:	Prüfungsgegenstände der Geschäftsführungstätigkeit nach § 53 HGrG (IDW PS 720, Tz. 21)	612

ABB. 281:	Checkliste zur Feststellung der wirtschaftlichen Lage	616
ABB. 282:	Checkliste zur Ordnungsmäßigkeit der Geschäftsordnung und Geschäftsverteilung	618
ABB. 283:	Checkliste zur Ordnungsmäßigkeit der Zusammenarbeit von Vorstand und Aufsichtsrat	619
ABB. 284:	Checkliste zur Ordnungsmäßigkeit der Geschäftspolitik	619
ABB. 285:	Checkliste zur Ordnungsmäßigkeit der organisatorischen Vorkehrungen	621
ABB. 286:	Checkliste zur Ordnungsmäßigkeit des Personalwesens	621
ABB. 287:	Checkliste zur Ordnungsmäßigkeit des Planungswesens	622
ABB. 288:	Checkliste zur Ordnungsmäßigkeit des Rechnungswesens	623
ABB. 289:	Checkliste zur Ordnungsmäßigkeit des IT-Systems	624
ABB. 290:	Checkliste zur Ordnungsmäßigkeit der Geschäftsführungstätigkeit	626
ABB. 291:	Funktionen des Prüfungsberichts	631
ABB. 292:	Zielsetzung der Berichterstattung	632
ABB. 293:	Inhalte des Prüfungsberichts (§ 321 HGB)	633
ABB. 294:	Berichtsgrundsätze (IDW PS 450, Tz 8 ff.)	634
ABB. 295:	Gliederung des Prüfungsberichts (IDW PS 450, Tz. 12)	635
ABB. 296:	Grundsätzliche Feststellungen	637
ABB. 297:	Berichtpflichtige Inhalte zu Gegenstand, Art und Umfang der Prüfung (IDW PS 450, Tz. 57)	641
ABB. 298:	Gliederung des Hauptteils	642
ABB. 299:	Gesamtaussage des Jahresabschlusses	644
ABB. 300:	Berichterstattung über wesentliche Bewertungsgrundlagen	645
ABB. 301:	Unterzeichnung und Vorlage des Prüfungsberichts	649
ABB. 302:	Abgrenzung der Verantwortlichkeiten	653
ABB. 303:	Erwartungslücke bei der Interpretation des Bestätigungsvermerks	654
ABB. 304:	Inhalte des Bestätigungsvermerks	657
ABB. 305:	Formen des Prüfungsurteils	660
ABB. 306:	Auswirkungen des Vorliegens bestandsgefährdender Risiken auf den Bestätigungsvermerk	667
ABB. 307:	Themenbereiche für die Kommunikation des Abschlussprüfers mit dem Aufsichtsrat	672
ABB. 308:	Zweck der Arbeitspapiere (IDW PS 460 n. F., Tz. 8)	674
ABB. 309:	Klarheit und Übersichtlichkeit der Arbeitspapiere (IDW PS 460 n. F., Tz. 18)	675
ABB. 310:	Abgrenzung von Arbeitspapieren und Handakten	677
ABB. 311:	Inhalt der laufenden Arbeitspapiere	678
ABB. 312:	Inhalt der Dauerakte	679

I. Beruf und Berufsrecht des Wirtschaftsprüfers

1. Berufsbild und Aufgaben des Wirtschaftsprüfers

1.1 Historische Entwicklung des Berufsstands

Die geschichtliche Entwicklung der Wirtschaftsprüfer lässt sich bis in das 14. Jahrhundert rückverfolgen. Seinerzeit überprüften sog. Visitatoren die Bücher der Kaufleute. Obwohl deren Tätigkeit noch wenig mit der Aufgabenstellung heutiger Wirtschaftsprüfer zu tun hatte, so können sie doch als erste Revisoren bezeichnet werden.

Ab dem 16. Jahrhundert entwickelte sich die Interne Revision. Der Hauptbuchhalter der Fugger begann die Bücher der einzelnen Filialen zu kontrollieren. Eine Prozessakte aus dem Jahre 1578 belegt erstmals die Existenz unabhängiger, gerichtlich vereidigter Bücherrevisoren im deutschen Sprachraum. 1581 wurde in Venedig die erste berufsständische Organisation der Revisoren, nämlich das „Collegio di Ragionati" gegründet. Damals war die Begründung dieses Berufes bereits an eine fachliche Prüfung geknüpft. Die Bücherrevisoren wurden bis zum 19. Jahrhundert durch die Gerichte eingesetzt, um die Bücher von Gemeinschuldnern, sog. Fallitäten im Rahmen von Konkursverfahren zu prüfen. Der Beruf des Fallitäten-Buchhalters entstand.

1884 führte die Aktienrechtsnovelle durch Einführung der Gründungsprüfung von AG zur Bestellung sog. „beeideter Bücherrevisoren" durch die Gerichte. 1890 wurde die „Deutsche Treuhandgesellschaft" als älteste Prüfungsgesellschaft von einer Bankengruppe gegründet. Fünfzehn Bücherrevisoren schlossen sich 1896 zum „Verband Berliner Bücherrevisoren" zusammen. 1919 erweiterte sich diese Vereinigung zum „Verband deutscher Bücherrevisoren, e.V. beeidigter oder behördlich geprüfter kaufmännischer Sachverständiger".

Mitte des 19. Jahrhunderts begann die Ära zahlreicher Genossenschaftsgründungen im Zuge von Raiffeisen und Schulze-Delitzsch. Zahlreiche Schieflagen und Zusammenbrüche aufgrund mangelnder Erfahrung und Kompetenz der Geschäftsführer stellten die Marktfähigkeit der Genossenschaften und die Akzeptanz der Genossenschaftsorganisation insgesamt in Frage. Vor diesem Hintergrund wurde am 1. Mai 1889 die genossenschaftliche Pflichtprüfung als älteste Prüfungsform in Deutschland gesetzlich eingeführt. Diese wurde ab dem Jahr 1934 als Verbandsprüfung in Verbindung mit einer Pflichtmitgliedschaft der Genossenschaften in Prüfungsverbänden ausgestaltet, um zu verhindern, dass insbesondere wirtschaftlich schwache Unternehmen Prüferwechsel nach eigenem Belieben vornehmen, um Negativfeststellungen zu entgehen.

Das Geburtsjahr des Wirtschaftsprüfers im heutigen Sinne ist das Jahr 1931. Die Berufsbezeichnung „öffentlich bestellter Wirtschaftsprüfer" wurde erstmals in der „Ländervereinbarung über die Grundsätze für das Prüfungs- und Bestellungsverfahren der öffentlich bestellten Wirtschaftsprüfer" aus dem Dezember 1931 verwendet.

Motiviert wurde diese Entwicklung wiederum durch Unternehmenszusammenbrüche, Wirtschaftskriminalität und Marktinstabilität im Zuge der Weltwirtschaftskrise der Jahre 1929 bis 1931. Die Glaubwürdigkeit in die Rechnungslegung der Unternehmen war nachhaltig in Frage gestellt, Bank- und Börsenwesen sahen sich einer existenzbedrohenden Krise ausgesetzt.

Unter diesem Druck wurde das Aktienrecht 1931 novelliert; Aktiengesellschaften wurden verpflichtet, sich prüfen zu lassen. Dies stellte allerdings noch keine Prüfungspflicht im heutigen Sinne dar, da sich die Unternehmen der Prüfung durch Einverständniserklärung von Aufsichtsrat, Vorstand und sämtlicher Aktionäre entziehen konnten. Seit der „7. Verordnung zur Durchführung der aktienrechtlichen Vorschriften" vom 8. Juni 1934 war dies nicht mehr zulässig. An dieser Regelung hielt auch das AktG vom 30. Januar 1937 fest; sie gilt bis heute.

Somit geht der „Durchbruch" des Prüfungswesens und des Prüferberufs auf die dreißiger Jahre des 20. Jahrhunderts zurück. Dies hat allerdings nichts mit dem Bestreben nach „Gleichschaltung" oder „Überwachung" des Dritten Reichs zu tun. Der Auslöser liegt vielmehr begründet in den wirtschaftlich problematischen Rahmenbedingungen und dem Bedürfnis der Marktteilnehmer wie auch der Öffentlichkeit nach verlässlichen Unternehmensinformationen. Im Ergebnis trägt das wirtschaftliche Prüfungswesen damals wie heute dazu bei, die Funktionsfähigkeit der Unternehmen zu sichern, deren Gläubiger und Geschäftspartner vor Schaden zu bewahren und insoweit die Stabilität der Märkte insgesamt zu gewährleisten. Hieraus resultiert die hohe Verantwortung bei der Ausübung des Prüferberufs.

Die Rahmenbedingungen der Wirtschaftsprüfung ändern sich unvermindert rasant. Relevante Entwicklungen in jüngster Zeit ergeben sich durch

▶ die zunehmende rechtliche Verflechtung bedingt durch Institutionen der EU (Richtlinien und Verordnungen sowie deren Umsetzung in nationale Rechtsvorschriften),

▶ die Komplexität der Unternehmensorganisation, Unternehmensverbindungen und zunehmende Unternehmensgrößen und die damit verbundenen Anforderungen an moderne Prüfungsmethoden,

▶ die steigende Bedeutung einer Inanspruchnahme der Kapitalmärkte und damit von Formen der Unternehmenspublizität,

▶ die wachsende Internationalisierung der Wirtschaft und damit die Verbreitung internationaler Rechnungslegungsvorschriften.

Die Wirtschaftsprüfung ist nicht nur verantwortungsvoll, sondern auch spannend. Das folgende Schaubild gibt einen Überblick über aktuelle Tendenzen der Wirtschaftsprüfung, deren Auswirkungen und Interdependenzen:

Die nachstehende Abbildung zeigt relevante Entwicklungen allein der letzten Jahre auf. Dies sind z. B. (gegen den Uhrzeigersinn):

Berufsbild und Aufgaben des Wirtschaftsprüfers — KAPITEL I

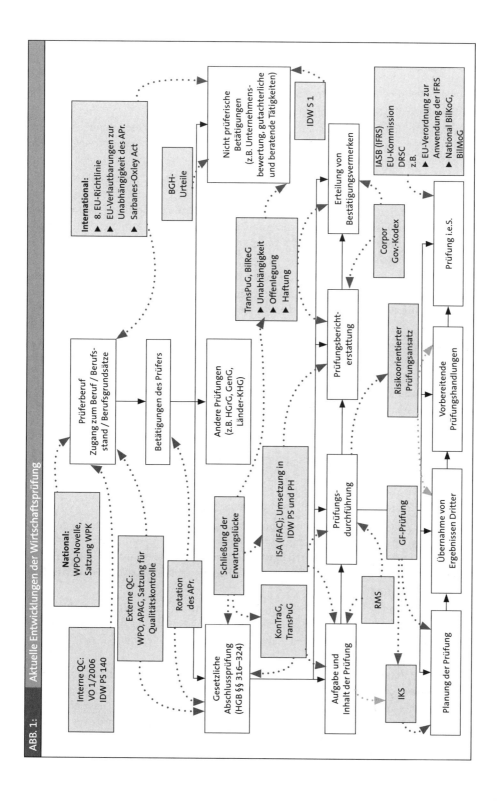

ABB. 1: Aktuelle Entwicklungen der Wirtschaftsprüfung

KAPITEL I Beruf und Berufsrecht des Wirtschaftsprüfers

- ▶ Zahlreiche Schieflagen gleichwohl geprüfter Unternehmen hatten die Forderung nach Implementierung einer Qualitätskontrolle der Wirtschaftsprüfer (QC) laut werden lassen. Diese sollte zudem in öffentlicher Aufsicht durchgeführt werden, d. h. unter Beteiligung von Berufsfremden. Hierin bestand Streitpotenzial, war doch die Berufsausübung der Wirtschaftsprüfer traditionell durch das Prinzip der Selbstverwaltung geprägt.
- ▶ Kritik entzündete sich auch an der Tatsache, dass die Wirtschaftsprüfer gegenüber den Unternehmen neben der Abschlussprüfung traditionell auch weitere Dienstleistungen erbringen, insbesondere Steuer-, Rechts- und betriebswirtschaftliche Beratungsleistungen.
- ▶ Dies ist einerseits zweckmäßig, denn der Wirtschaftsprüfer verfügt aufgrund seiner „Hauptaufgabe Prüfung" über besonders tiefe Kenntnisse der internen Unternehmensabläufe. Andererseits kann unterstellt werden, der Prüfer sei in seinem Prüfungsurteil befangen, denn er habe nicht nur am Zustandekommen der zu prüfenden Sachverhalte mitgewirkt, sondern laufe auch Gefahr, bei einem aus Sicht der Geschäftsleitung negativen Prüfungsurteil künftige Aufträge zu verlieren.
- ▶ Aus diesen Erwägungen heraus wurde auf internationaler und nationaler Ebene die Vereinbarkeit von Prüfung und Beratung immer stärker eingeschränkt. Der Prüfer läuft zunehmend Gefahr, bei Beibehaltung seines traditionellen Berufsverständnisses kriminalisiert zu werden.
- ▶ Die Öffentlichkeit erwartet vom Abschlussprüfer fälschlicherweise eine in die Zukunft gerichtete Garantieerklärung über den wirtschaftlichen Fortbestand oder sogar den wirtschaftlichen Erfolg in Bezug auf geprüfte Unternehmen (sog. Erwartungslücke). Der Wirtschaftsprüfer ist aber weder Prophet noch Anlageberater und kann diese Erwartungen nicht erfüllen; dies ist aber auch gesetzlich nicht gefordert. In zahlreichen Gesetzesnovellen wurde versucht, das beschriebene Missverständnis durch Einführung eindeutiger Formulierungen auszuräumen.
- ▶ Dem Prüfer ist es heutzutage aufgrund gestiegener Unternehmensgrößen und -komplexitäten kaum noch möglich, Vollprüfungen durchzuführen. Er richtet sein Augenmerk stattdessen vorrangig auf die Funktionsfähigkeit von Systemen (Risikomanagementsystem – RMS, Internes Kontrollsystem – IKS, Buchhaltungssystem, EDV-System etc.).
- ▶ Insoweit stellt die Prüfungsplanung und -durchführung erhöhte Anforderungen an den Prüfer als in der Vergangenheit. Die Durchführung einer Systemprüfung erfordert ein Verständnis der Geschäftsprozesse und des wirtschaftlichen Umfelds der Mandanten. Dieses „zeitgemäße" Prüfungsverständnis wird in der Literatur allgemein als sog. „risikoorientierter Prüfungsansatz" bezeichnet.
- ▶ Da die zu beurteilenden Systeme von Seiten des Managements geschaffene Geschäftsführungsinstrumente sind, wird indirekt dennoch ein Ordnungsmäßigkeitsurteil über die Geschäftsführung (GF-Prüfung) abgegeben – ein erheblicher Spagat, den der Prüfer vornehmen muss.
- ▶ Wie das Wirtschaftsleben insgesamt, sieht sich auch die Wirtschaftsprüfung zunehmender Internationalisierung und Globalisierung ausgesetzt. Die nationalen Berufsorganisationen sind Mitglieder in supranationalen Organisationen (insbesondere der IFAC). Diese entwickeln ihrerseits internationale Prüfungsstandards, die sog. International Standards on Auditing (ISA) sowie als Rahmenkonzept den „Code of Ethics for Professional Accountants". Die nationalen Organisationen sind im Rahmen ihrer Mitgliedschaft zu deren Umsetzung in deutsche

Berufsgrundsätze verpflichtet. Dies ist ein steiniger Weg, stehen die internationalen Richtlinien doch oftmals nicht in Einklang mit hergebrachten nationalen Grundsätzen.

- Immer umfassendere gesetzliche oder gesetzesähnliche Regelungen wie z. B. die Entwicklung und Verabschiedung des sog. Deutschen Corporate Governance Kodexes für kapitalmarktorientierte Unternehmen, die Verpflichtung zur Einrichtung eines Risikomanagementsystems für Geschäftsführer von Aktiengesellschaften oder die Ausweitung der Angabepflichten im Lagebericht führen notwendigerweise auch zu einer Ausdehnung des Prüfungsumfangs und der Prüfungshandlungen.
- Kapitalmarktorientierte Unternehmen sind mittlerweile durch EU-Verordnung verpflichtet, jedenfalls ihre Konzernabschlüsse nicht mehr nach nationalen, sondern nach internationalen Rechnungslegungsgrundsätzen – den sog. International Financial Reporting Standards (IFRS) – aufzustellen. Der Prüfer wird somit zunehmend mit Rechenwerken konfrontiert, denen diese neuartigen Grundsätze zugrunde liegen, die fachlichen Anforderungen werden auch insoweit immer komplexer.

1.2 Berufsbild des Wirtschaftsprüfers

Der Beruf des Wirtschaftsprüfers (WP) wird in § 1 WPO definiert. Es handelt sich dabei um einen **freien Beruf**. Der WP übt keine gewerbliche Tätigkeit aus (§ 1 Abs. 2 WPO).

Die Tätigkeit als WP setzt die Ablegung eines **Examens** im Rahmen eines staatlichen Zulassungs- und Prüfungsverfahrens voraus, daneben seine **öffentliche Bestellung** (§ 1 Abs. 1 WPO). Die Bestellung ist ein Verwaltungsakt, durch den der Bewerber die mit dem Beruf verbundenen Rechte und Pflichten übernimmt. Auch muss der WP einen **Berufseid** leisten (§ 17 Abs. 1 WPO). Schließlich ist der Nachweis des Abschlusses einer Berufshaftpflichtversicherung erforderlich.

§ 3 WPO besagt, dass der WP unverzüglich nach der Bestellung eine **Niederlassung** zu begründen und zu unterhalten hat. Der Berufssitz ist der Ort, von der aus der WP seinen Beruf ausübt. Meist handelt es sich dabei um die von ihm eingerichtete Praxis. Wird der WP jedoch als Angestellter tätig, so ergibt sich der Berufssitz aus dem Anstellungsvertrag; dies ist i. d. R. die Niederlassung des Arbeitgebers.

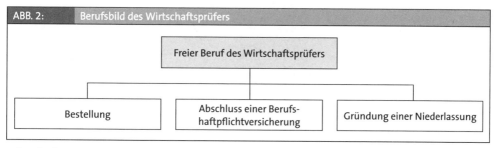

ABB. 2: Berufsbild des Wirtschaftsprüfers

Wirtschaftsprüfungsgesellschaften (WPG) bieten zum einen den natürlichen Personen die Möglichkeit, sich zur Berufsausübung in einer Kapital-, Personenhandels- oder Partnerschaftsgesellschaft, seit 2007 zusätzlich auch in der Rechtsform der GmbH & Co. KG und der Europäischen Gesellschaft (SE), zusammenzuschließen. Zum anderen sind sie aber auch selbst Träger von Rechten und Pflichten, können insbesondere als Abschlussprüfer tätig werden. Gemäß § 1 Abs. 3

WPO kann eine WPG nur dann anerkannt werden, wenn diese durch WP verantwortlich geführt wird. Allein diese sind befugt, Bestätigungsvermerke zu unterzeichnen und ein Siegel zu führen.

Gemäß § 3 Abs. 2 WPO gilt als Berufssitz der WPG der Ort der Hauptniederlassung. Es dürfen weitere Zweigniederlassungen begründet werden (§ 3 Abs. 3 WPO).

1.3 Aufgaben des Wirtschaftsprüfers

Das Berufsbild des WP setzt sich aus einer Vielzahl von Aufgaben zusammen, die sich aus § 2 WPO ergeben.

Die Vereinbarkeit der Prüfungstätigkeit als Vorbehaltsaufgabe des WP mit darüber hinausgehenden Beratungsleistungen wird vor dem Hintergrund der Gewährleistung der Unabhängigkeit zunehmend in Frage gestellt und eingeschränkt. Das Inkrafttreten des sog. Sarbanes-Oxley Acts in den USA im Jahre 2002 hat auch im EU-Raum mittlerweile dazu geführt, dass WP einige Dienstleistungen nicht mehr an von ihnen geprüfte Unternehmen erbringen dürfen (§ 43 Abs. 1 WPO i.V. mit §§ 319, 319a HGB).

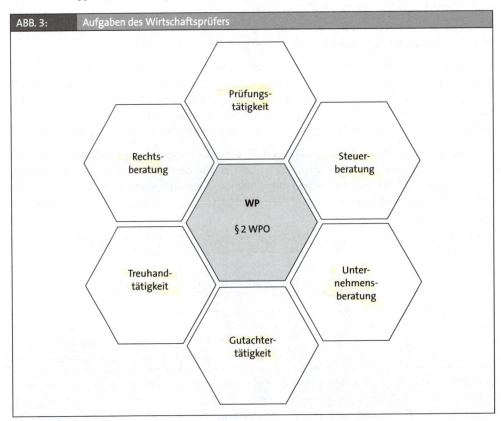

ABB. 3: Aufgaben des Wirtschaftsprüfers

Kernaufgabe des Wirtschaftsprüfers gemäß § 2 Abs. 3 Nr. 2 WPO ist auch die Wahrung fremder Interessen. Dies bedeutet, dass er zur Verschwiegenheit verpflichtet ist. Alle unternehmensrelevanten Daten und Fakten, die der WP im Rahmen seiner Prüfungstätigkeit, insbesondere seiner Beratungstätigkeit erfährt, sind vertraulich zu behandeln. Diese Tatsache wird ebenso wie die Eigenschaft der Unabhängigkeit in der Berufssatzung näher erläutert (siehe Kapitel I.4.).

1.3.1 Prüfungstätigkeit

Die Prüfungstätigkeit stellt die **Haupt- und Vorbehaltsaufgabe** des Wirtschaftsprüfers gemäß § 2 Abs. 1 WPO dar. Unternehmen unterschiedlichster Rechtsform oder Branchen müssen sich gemäß § 316 HGB ab einer bestimmten Größenordnung der **gesetzlichen Abschlussprüfung** unterziehen.

§ 317 HGB beschreibt den Gegenstand und Umfang der Prüfung. Geprüft wird u. a., ob die Rechnungslegung formell und materiell den gesetzlichen Vorgaben entspricht, die Vorgaben des Gesellschaftsvertrags bzw. der Satzung eingehalten und die künftige Entwicklung mit ihren Chancen und Risiken zutreffend dargestellt wurden. Der Jahresabschluss muss als Ganzes den Adressaten eine realistische Einschätzung der Vermögens-, Finanz- und Ertragslage des geprüften Unternehmens ermöglichen.

Öffentlichkeitswirksames Ergebnis der Jahresabschlussprüfung ist ein sog. Bestätigungsvermerk. Diesem kommt eine Signalwirkung dergestalt zu, dass die Verlässlichkeit und Glaubwürdigkeit der in den Prüfungsobjekten enthaltenen Informationen sichergestellt wird. Es wird eine Aussage getroffen, ob der Jahresabschluss im Einklang mit allen relevanten gesetzlichen und sonstigen bindenden Vorschriften aufgestellt wurde. Der Auftraggeber der Prüfung – d. h. die zuständigen Leitungs- und Kontrollgremien – erhalten zusätzlich einen ausführlichen Prüfungsbericht, der aber keine Öffentlichkeitswirksamkeit entfaltet, sondern als Grundlage für interne Optimierungsmaßnahmen dient.

Daneben werden WP in eine Vielzahl von **Prüfungen auf freiwilliger Basis** eingebunden. Diese können Gesellschaften betreffen, die keiner Prüfungspflicht unterliegen, insbesondere Einzelkaufleute oder Personengesellschaften. Zudem führen WP auch

- **Prüfungen besonderer Vorgänge** wie z. B. Gründungs-, Umwandlungs- oder Verschmelzungsprüfungen,
- **Wirtschaftlichkeitsprüfungen** wie z. B. Investitions-, Subventions- oder Preisprüfungen sowie
- **Funktionsprüfungen** wie z. B. Organisations- oder EDV-Prüfungen

durch.

1.3.2 Steuerberatung

Gemäß § 2 Abs. 2 WPO i.V. mit §§ 3, 12 StBerG sind WP befugt, Mandanten in Steuerangelegenheiten zu beraten und zu vertreten. Dies ist nach der Prüfung das häufigste sonstige Betätigungsfeld des WP, da dieser – bedingt durch die Regelung des Berufszugangs, insbesondere die Struktur des WP-Examens – i. d. R. auch über ein Steuerberaterexamen verfügt.

Steuerliche Angelegenheiten umfassen die Erstellung von Steuererklärungen und Steuerbilanzen, die Unterstützung bei der steuerlichen Betriebsprüfung oder Steuerstreitigkeiten bis hin zur Lösung von komplexen Fragestellungen. Die Vertretung darf vor den Finanzgerichten bis hin zum Bundesfinanzhof erfolgen.

Neben der „harten" Steuerberatung i. S. der Auseinandersetzung mit dem Fiskus wird der WP auch als Ratgeber bei steuerlichen Gestaltungsoptionen hinzugezogen, z. B. bei Fragen der Rechtsformwahl, Betriebsaufspaltung, Auslagerung, Nachfolgeplanung und vielen anderen mehr.

1.3.3 Wirtschafts- und Unternehmensberatung

§ 2 Abs. 3 Nr. 2 WPO befähigt den WP zur Unternehmensberatung in wirtschaftlichen Angelegenheiten. Allein bedingt durch seinen Werdegang und die Inhalte des Berufsexamens verfügt der WP über besondere Kenntnisse neben der externen auch in der internen Rechnungslegung (Kosten- und Leistungsrechnung, Planungsrechnung, Controlling, Investitions- und Finanzierungsrechnung), daneben in Fragen der Betriebsorganisation und Mitarbeiterführung.

Insoweit ergeben sich vielfältige Betätigungsfelder im Rahmen der Strategie-, EDV-Organisations- und Personalberatung. In Bezug auf letztgenanntes Gebiet ist der WP beispielsweise regelmäßig in der Lage, Bewerber für Stellen der Bereiche Rechnungswesen, Steuern, Finanzierung oder Controlling fachlich zu überprüfen.

Insbesondere bei notleidenden Unternehmen wird der WP als Sanierungsberater hinzugezogen. Er beurteilt die Überlebensfähigkeit des Krisenunternehmens und entwickelt auf Basis eines eventuellen Positivbefunds nachhaltige Überlebensstrategien.

1.3.4 Gutachter- bzw. Sachverständigentätigkeit

Der WP kann gemäß § 2 Abs. 3 Nr. 1 WPO als Gutachter in allen Bereichen der wirtschaftlichen Betriebsführung fungieren. Dies umfasst neben dem schon aufgeführten Sanierungsfall z. B. die Prüfung der Kreditwürdigkeit und insbesondere die Unternehmensbewertung im Rahmen der Übereignung von Unternehmen. An Sachverständige werden seitens der Industrie- und Handelskammer (IHK) hohe Anforderungen gestellt, welche der WP bereits in seinem Berufsexamen erworben und in seiner praktischen Tätigkeit vertieft hat. Darüber hinaus können WP Aufträge als Gutachter in Schiedsverfahren annehmen, z. B. im Rahmen von Auseinandersetzungen über die Bemessung angemessener Abfindungen an ausscheidende Gesellschafter.

1.3.5 Treuhandtätigkeit

Gemäß § 2 Abs. 3 Nr. 3 WPO wird auch die treuhänderische Verwaltung zu den Aufgaben des WP gezählt. Dem WP als Treuhänder obliegt insbesondere

- die Verwaltung fremden Vermögens,
- die Betreuung von Kreditsicherheiten,
- das Halten von Gesellschaftsanteilen und die Wahrnehmung von Gesellschafterrechten,
- die Aufgabe, außergerichtliche Vergleiche durchzuführen.

In diesem Rahmen kann u. a. auch ein Einsatz als Testamentsvollstrecker, Nachlassverwalter, Insolvenzverwalter, Liquidator oder Betreuer in Betracht kommen.

1.3.6 Rechtsberatungs- bzw. -besorgungsbefugnis

Dieses Arbeitsgebiet ist nicht explizit kodifiziert, jedoch im Zuge der Ausübung obiger Aufgaben oftmals unumgänglich. Das Recht, Tätigkeiten der Rechtsberatung und -besorgung auszuüben, bezieht sich somit nur auf die sachgemäße Erledigung der kodifizierten Aufgaben und muss mit diesen in einem direkten Zusammenhang stehen.

Der Übergang von der Rechtsberatung zur wirtschaftlichen Beratung ist teilweise fließend. Dem WP soll in diesem Zusammenhang eher die Wahrnehmung wirtschaftlicher Interessen obliegen. Demgegenüber ist die „harte" Besorgung rechtlicher Belange eher Rechtsanwälten vorbehalten.

2. Der Weg zum Wirtschaftsprüfer

Die Ausübung des Wirtschaftsprüferberufs erfordert umfassende wirtschaftliche sowie rechtliche Kenntnisse. Dies wiederum bedingt hohe Ansprüche an die vorangegangene Ausbildung. Der typische Ausbildungsweg lässt sich wie folgt skizzieren:

ABB. 4: Der Weg zum Wirtschaftsprüfer

- Hochschulreife
- Studium (z. B. Betriebswirtschaft, Volkswirtschaft oder Jura)
- Berufspraxis (ggf. Qualifikation als Steuerberater)
- Examensvorbereitung
- Wirtschaftsprüfungsexamen
- Bestellung und Vereidigung als Wirtschaftsprüfer
- Ausübung des Berufs
- Regelmäßige Weiterbildung

2.1 Anforderungen an die Vorbildung und berufliche Laufbahn

Die Bestellung als Wirtschaftsprüfer (WP) und damit die Berufsausübung setzt das erfolgreiche Durchlaufen eines formalisierten Zulassungs- und Prüfungsverfahrens voraus. Die genauen Voraussetzungen ergeben sich aus §§ 5 bis 14 WPO, der **Wirtschaftsprüferprüfungsverordnung** (WiPrPrüfV) und der **Wirtschaftsprüfungsexamens-Anrechnungsverordnung** (WPAnrV).

Die Anforderungen an Vorbildung und berufliche Laufbahn werden in §§ 8 f. WPO wie folgt festgesetzt:

ABB. 5: Zulassungsvoraussetzungen zum Wirtschaftsprüfer-Examen

	Hochschulabschluss		Kein Hochschulabschluss
	§§ 8, 13b WPO	§ 8a WPO	
Fachliche Voraussetzungen (Vorbildung)	▲ abgeschlossenes Hochschulstudium mit einer Regelstudienzeit von mindestens 8 Semestern (i. d. R. Master, Diplom oder Staatsexamen)	▲ abgeschlossenes Hochschulstudium mit einer Regelstudienzeit von nicht über 7 Semestern (i. d. R. Bachelor)	Qualifikation als ▲ Steuerberater (StB) oder ▲ vereidigter Buchprüfer (vBP) Keine besondere Vorbildung
Berufliche Voraussetzungen (Prüfungstätigkeit)	▲ mindestens dreijährige berufliche Tätigkeit bei einem WP oder in einer sonstigen Prüfungseinrichtung nach Abschluss des Studiums, davon ▲ mindestens zweijährige Prüfungstätigkeit	▲ ein Jahr praktische Ausbildung, davon ½ Jahr Prüfungstätigkeit ▲ Master-Studiengang „Wirtschaftsprüfung" i. S. des § 8a WPO ▲ **nach dem WP-Examen** weitere mindestens zwei Jahre Berufspraxis	▲ mindestens fünfjährige Berufsausübung, davon ▲ mindestens zweijährige Prüfungstätigkeit bei einem WP oder in einer sonstigen Prüfungseinrichtung	▲ mindestens fünfzehnjährige Berufsausübung, davon ▲ bis zu zehnjährige Tätigkeit als Steuerbevollmächtigter (StBv) anrechenbar ▲ keine Prüfungstätigkeit erforderlich	▲ mindestens zehnjährige Mitarbeit bei einem WP oder in einer sonstigen Prüfungseinrichtung, davon ▲ mindestens zweijährige Prüfungstätigkeit, welche frühestens nach dem fünften Jahr abgeleistet werden darf.

Anmerkungen:

▲ Sonstige Prüfungseinrichtungen sind WPG, vBP, BPG, genossenschaftliche Prüfungsverbände, Prüfungsstellen der Sparkassen- und Giroverbände sowie überörtliche Prüfungseinrichtungen für Körperschaften und Anstalten des öffentlichen Rechts.
▲ Als Prüfungstätigkeit gilt die Teilnahme an Abschlussprüfungen und die Mitwirkung bei der Abfassung von Prüfungsberichten (§ 9 Abs. 2 WPO).

Quelle: In Anlehnung an: *Wirtschaftsprüferkammer* (Hrsg.): Wirtschaftsprüfer – Ein attraktiver Beruf, Berlin 2010, S. 9.

Aus § 8 WPO ergibt sich, dass ein abgeschlossenes Hochschulstudium die Grundvoraussetzung zur Zulassung darstellt. Der konkrete Studiengang ist dabei unerheblich. Rund 85 % der WP-Kandidaten haben allerdings einen wirtschaftswissenschaftlichen Studiengang absolviert. Im Ausland erbrachte Hochschul- und Ausbildungsabschlüsse müssen als gleichwertig anerkannt worden sein (§ 8 Abs. 3 WPO).

Gemäß § 8 Abs. 2 WPO bestehen Ausnahmen für Kandidaten, welche

▶ bereits eine mindestens zehnjährige Tätigkeit bei einem WP oder in einer sonstigen Prüfungseinrichtung ausgeübt haben (§ 8 Abs. 2 Nr. 1 WPO). Bei diesen handelt es sich um Wirtschaftsprüfungsgesellschaften (WPG), vereidigte Buchprüfer (vBP), Buchprüfungsgesellschaften (BPG), genossenschaftliche Prüfungsverbände, Prüfungsstellen der Sparkassen- und Giroverbände sowie überörtliche Prüfungseinrichtungen für Körperschaften und Anstalten des öffentlichen Rechts bzw.

▶ eine mindestens fünfjährige Tätigkeit als Steuerberater oder vereidigter Buchprüfer ausgeübt haben (§ 8 Abs. 2 Nr. 2 WPO).

Die beruflichen Anforderungen regelt § 9 WPO. Grundsätzlich muss eine dreijährige berufliche Tätigkeit nach dem Studium bei einem WP oder einer sonstigen Prüfungseinrichtung i. S. des § 8 Abs. 2 Nr. 1 WPO nachgewiesen werden. Bei Studiengängen mit einer Regelstudienzeit von weniger als acht Semestern verlängert sich diese Zeitspanne auf vier Jahre. Im Rahmen der Berufstätigkeit ist gemäß § 9 Abs. 2 WPO eine mindestens zweijährige Prüfungstätigkeit zu erbringen, d. h., dass der Bewerber zwei Jahre lang an Abschlussprüfungen und bei der Abfassung von Prüfungsberichten teilgenommen haben muss. Als ausreichend gilt gemäß § 9 Abs. 2 Satz 4 WPO der Nachweis, in fremden Unternehmen materielle Buch- und Bilanzprüfungen nach betriebswirtschaftlichen Grundsätzen durchgeführt zu haben.

Ausnahmen bestehen für Steuerberater und vereidigte Buchprüfer, die bereits seit mindestens fünfzehn Jahren in ihrem Beruf tätig sind (§ 9 Abs. 4 WPO); sie müssen keine Prüfungstätigkeit nachweisen. Weitere Anrechnungen regelt § 9 Abs. 5 und 6 WPO.

2.2 Zulassung zum Berufsexamen

Die Zulassung zum Berufsexamen setzt den Nachweis der Vorbildung gemäß § 8 WPO und der Prüfungstätigkeit gemäß § 9 WPO voraus. Der Antrag auf Zulassung ist gemäß §§ 5 Abs. 1, 7 WPO schriftlich an die „Prüfungsstelle für das Wirtschaftsprüfungsexamen" bei der Wirtschaftsprüferkammer zu richten. Über die Zulassung entscheidet ein bei der Prüfungsstelle angesiedelter Ausschuss.

2.3 Berufsexamen

Die Ausgestaltung des Wirtschaftsprüfungsexamens ergibt sich aus den §§ 12 bis 14a WPO und den Bestimmungen der Wirtschaftsprüferprüfungsverordnung (WiPrPrüfV), welche auf Basis der Verordnungsermächtigung des § 14 Satz 1 WPO erlassen wurde. Das Examen umfasst nach § 4 WiPrPrüfV folgende Prüfungsgebiete:

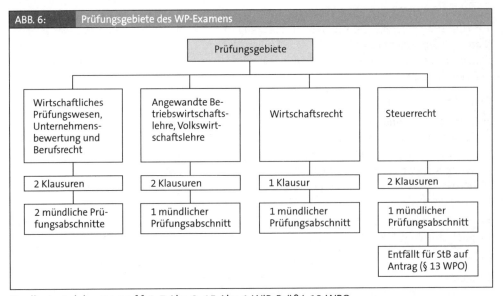

ABB. 6: Prüfungsgebiete des WP-Examens

Quelle: In Anlehnung an §§ 4, 7 Abs. 2, 15 Abs. 1 WiPrPrüfV, 13 WPO.

In § 4 WiPrPrüfV werden die Prüfungsgebiete inhaltlich wie folgt konkretisiert:

ABB. 7: Inhaltliche Konkretisierung der Prüfungsgebiete im WP-Examen

Wirtschaftliches Prüfungswesen, Unternehmensbewertung und Berufsrecht	Angewandte Betriebswirtschaftslehre, Volkswirtschaftslehre	Wirtschaftsrecht	Steuerrecht
1. Rechnungslegung a) Buchführung, Jahresabschluss und Lagebericht, b) Konzernabschluss und Konzernlagebericht, Bericht über die Beziehungen zu verbundenen Unternehmen, c) International anerkannte Rechnungslegungsgrundsätze, d) Rechnungslegung in besonderen Fällen, e) Jahresabschlussanalyse; 2. Prüfung a) Prüfung der Rechnungslegung: rechtliche Vorschriften und Prüfungsgegenstand und Prüfungsauftrag, Prüfungsansatz und Prüfungsdurchführung, Bestätigungsvermerk, Prüfungsbericht und Bescheinigungen, andere Reporting-Aufträge, b) Sonstige gesetzlich vorgeschriebene Prüfungen, insbesondere aktienrechtliche Sonderprüfungen, Prüfung von Risikofrüherkennungssystemen, Geschäftsführungsprüfungen, c) andere betriebswirtschaftliche Prüfungen; 3. Grundzüge und Prüfung der Informationstechnologie; 4. Bewertung von Unternehmen und Unternehmensanteilen; 5. Berufsrecht.	1. Angewandte Betriebswirtschaftslehre a) Kosten- und Leistungsrechnung, b) Planungs- und Kontrollinstrumente, c) Unternehmensführung und Unternehmensorganisation, d) Unternehmensfinanzierung und Investitionsrechnung, einschließlich methodischer Problemstellungen der externen Rechnungslegung, der *Corporate Governance* und der Unternehmensbewertung; 2. Volkswirtschaftslehre a) Grundzüge der Volkswirtschaftslehre und Volkswirtschaftspolitik, b) Grundzüge der Finanzwissenschaft. 3. Die Nummern 1 und 2 umfassen Grundkenntnisse anwendungsorientierter Mathematik und Statistik.	1. Grundzüge des Bürgerlichen Rechts einschließlich Grundzüge des Arbeitsrechts und Grundzüge des internationalen Privatrechts, insbesondere Recht der Schuldverhältnisse und Sachenrecht; 2. Handelsrecht, insbesondere Handelsstand und -geschäfte einschließlich internationalem Kaufrecht; 3. Gesellschaftsrecht (Personengesellschaften und Kapitalgesellschaften, Recht der verbundenen Unternehmen), *Corporate Governance* und Grundzüge des Kapitalmarktrechts; 4. Umwandlungsrecht; 5. Grundzüge des Insolvenzrechts; 6. Grundzüge des Europarechts.	1. Abgabenordnung und Nebengesetze, Finanzgerichtsordnung; 2. Recht der Steuerarten, insbesondere a) Einkommen-, Körperschaft- und Gewerbesteuer, b) Bewertungsgesetz, Erbschaftsteuer, Grundsteuer, c) Umsatzsteuer, Grunderwerbsteuer, d) Umwandlungssteuerrecht; 3. Grundzüge des Internationalen Steuerrechts.

Quelle: *IDW* (Hrsg.): Der Wirtschaftsprüfer – Wege zum Beruf, Düsseldorf 2007, S. 9.

Ein IDW/WPK-Arbeitskreis „Reform des Wirtschaftsprüfungsexamens" hat eine noch tiefer gehende Detaillierung der Prüfungsgebiete im Wirtschaftsprüfungsexamen gem. § 4 WiPrPrüfV vorgenommen (vgl. http://www.idw.de/idw/portal/n281334/n582402/n582396/n582426/index.jsp).

Die mit dem Antrag auf Zulassung zur Prüfung einzureichenden Unterlagen ergeben sich aus § 1 WiPrPrüfV. Gemäß § 14a WPO ist eine Zulassungsgebühr zur Prüfung zu entrichten.

Die Prüfung wird von einer Kommission gemäß § 2 WiPrPrüfV abgenommen und besteht aus

- sieben Klausuren à vier bis sechs Stunden (§ 7 WiPrPrüfV) und
- einer in einen Kurzvortrag und weitere Prüfungsabschnitte gegliederten mündlichen Prüfung von insgesamt ca. zwei Stunden Dauer (§ 15 WiPrPrüfV).

Die Teilnahme an der mündlichen Prüfung setzt das vorherige Erreichen eines Mindestergebnisses in der schriftlichen Prüfung nach Maßgabe des § 13 Abs. 2 und 3 WiPrPrüfV voraus.

Für Steuerberater erfolgt die Prüfung in verkürzter Form. Gemäß § 13 WPO entfällt für den Steuerberater das Prüfungsgebiet „Steuerrecht". Die Erleichterungen für vereidigte Buchprüfer nach § 13a WPO wurden zum 31. Dezember 2009 aufgehoben. Die Ablegung eines verkürzten Examens ist für diese Berufsgruppe nicht mehr möglich.

Das Prüfungsergebnis setzt sich zu 40 % aus der Gesamtnote der mündlichen Prüfung und zu 60 % aus der Gesamtnote der schriftlichen Prüfung zusammen (§ 17 WiPrPrüfV). Die Prüfung kann nach Maßgabe des § 22 Abs. 1 WiPrPrüfV zweimal wiederholt werden.

2.4 Anrechnungen

Im Zulassungsverfahren können Hochschulstudiengänge oder einzelne Leistungsnachweise gemäß §§ 8a und 13b WPO sowie der **Wirtschaftsprüfungsexamens-Anrechnungsverordnung** (WPAnrV), welche auf Basis der Verordnungsermächtigung des § 8a Abs. 3 WPO erlassen wurde, auf das WP-Examen angerechnet werden.

Dies setzt voraus, dass die an der Hochschule erbrachten Leistungen den Anforderungen im Wirtschaftsprüfungsexamen gleichwertig sind. Damit entfällt die schriftliche und mündliche Prüfung in dem Prüfungsgebiet. Eine Anrechnung ist nur in den Prüfungsgebieten „Angewandte BWL/VWL" und „Wirtschaftsrecht" zulässig.

Die WPO sieht hierfür zwei Wege vor:

- Der erfolgreiche Abschluss eines nach § 8a WPO akkreditierten Masterstudiengangs befreit von den Prüfungsgebieten „Angewandte BWL/VWL" und „Wirtschaftsrecht" im Wirtschaftsprüfungsexamen. Die Leistungen gelten per se als gleichwertig. Das Wirtschaftsprüfungsexamen verkürzt sich damit auf zwei Prüfungsgebiete.
- Nach § 13b WPO können Prüfungsleistungen, die im Rahmen einer Hochschulausbildung (mit nicht rechtlich spezifiziertem Abschluss, also grundsätzlich auch Bachelor-Studiengänge) erbracht werden, angerechnet werden, wenn ihre Gleichwertigkeit in Inhalt, Form und Umfang durch die Prüfungsstelle festgestellt wird. Die inhaltlichen und formalen Voraussetzungen für die Feststellung der Gleichwertigkeit und das Verfahren regeln die §§ 7 ff. WPAnrV.

ABB. 8:	Übersicht über die Möglichkeiten zur Verkürzung des Wirtschaftsprüfungsexamens			
Rechtsgrundlage	Prüfungsgebiet			
	Prüfungswesen	Angewandte BWL/ VWL	Wirtschaftsrecht	Steuerrecht
§ 13 WPO	☑	☑	☑	○
§ 8a WPO	☑	○	○	☑
§ 13b WPO	☑	☑ / ○	☑ / ○	☑
☑ = Pflichtgebiet; ○ = Befreiung aufgrund gleichwertiger Leistungen.				

Quelle: In Anlehnung an *IDW* (Hrsg.): Der Wirtschaftsprüfer – Wege zum Beruf, Düsseldorf 2007, S. 10.

Der erfolgreiche Abschluss des Studiengangs, aus dem die Leistungsnachweise stammen, darf zum Zeitpunkt der Zulassung zum Wirtschaftsprüfungsexamen nicht länger als sechs Jahre zurückliegen.

Die Verkürzung nach § 13 WPO kann neben § 13b WPO in Anspruch genommen werden. Für den Ausbildungsweg nach § 8a WPO ist eine Verkürzung nach § 13 WPO nicht relevant.

§ 8a WPO sieht vor, dass besonders geeignete Master-Studiengänge nach Maßgabe der §§ 1 bis 6 WPAnrV anerkannt werden. Dies setzt insbesondere eine Akkreditierung des Studiengangs nach Maßgabe des § 5 WPAnrV voraus. Die Lehrinhalte müssen die Prüfungsgebiete nach § 4 WiPrPrüfV umfassen; gemäß § 3 WPAnrV ist außerdem

▶ eine mindestens einjährige praktische Tätigkeit bei einer Prüfungseinrichtung vor Beginn des Master-Studiengangs vorzusehen,

▶ das Bestehen einer Zugangsprüfung mit wirtschaftsprüfungsrelevanten Bestandteilen vorzuschreiben sowie

▶ das Absolvieren von mindestens vier Theoriesemestern sowie die Abfassung einer Master-Thesis im Prüfungsgebiet „Wirtschaftliches Prüfungswesen, Unternehmensbewertung und Berufsrecht" zu fordern.

KAPITEL I — Beruf und Berufsrecht des Wirtschaftsprüfers

ABB. 9: Vorschlag zur Gestaltung eines Masterstudiengangs nach § 8a WPO

Studieninhalte mit zugeordneten ECTS-Punkten

Wirtschaftliches Prüfungswesen	28	Angewandte BWL	20	Wirtschaftsrecht	24	Steuerrecht	26
JA/ Sonderfälle Rechnungslegung	3	Kosten- und Leistungsrechnung/ Planungs- und Kontrollinstrumente/ Unternehmensführung/ Organisation	6	Bürgerliches Recht/ Arbeitsrecht/ Internationales Privatrecht/ Handelsrecht	6	Abgabenordnung Finanzgerichtsordnung	3
Konzernabschluss	3					Bilanzsteuerrecht	4
IAS/IFRS	2			Gesellschaftsrecht	6	Einkommensteuer/ Körperschaftsteuer/ Gewerbesteuer	7
JA-Analyse	2	Unternehmensfinanzierung/ Investitionsrechnung	6	Corporate Governance/ Konzernrecht/ Umwandlungsrecht	6	BewG/ Erbschaftsteuer/ Umsatzsteuer	6
Prüfung einschl. IT-Prüfung	8						
Sonderprüfungen	5						
		Methodische Problemstellungen der externen Rechnungslegung, der *Corporate Governance* und Unternehmensbewertung	8	Insolvenzrecht/ Kapitalmarktrecht/ Europarecht	6	Umwandlungssteuerrecht	3
Berufsrecht	2					Internationales Steuerrecht	3
Unternehmensbewertung	3						
Gesamt:							98
Abschlussarbeit (Gebiet: Wirtschaftliches Prüfungswesen)							16
Seminar: Prüfungswesen							6
Gesamt:							120

Quelle: *IDW* (Hrsg.): Der Wirtschaftsprüfer – Wege zum Beruf, Düsseldorf 2007, S. 46.

Abweichend von dem Erfordernis der dreijährigen Prüfungstätigkeit kann das Examen bereits unmittelbar nach dem Masterstudium absolviert werden (§ 9 Abs. 6 WPO), somit ist das theoretische Wissen noch unmittelbar präsent. Gemäß § 6 Abs. 3 WPAnrV ersetzt die Anrechnung des Studiengangs die schriftlichen und mündlichen Prüfungen in den Gebieten „Angewandte Betriebswirtschaftslehre, Volkswirtschaftslehre" und „Wirtschaftsrecht".

Die Bestellung zum Wirtschaftsprüfer erfolgt im Gegenzug erst nach dem Nachweis einer mindestens dreijährigen Berufspraxis. Hierbei wird die gesamte nach einem Bachelor-Abschluss geleistete Tätigkeit als Praxiszeit anerkannt.

§ 13b WPO i.V. m. §§ 7 bis 9 WPAnrV regeln die Anerkennung einzelner Leistungen zum Wirtschaftsprüfungsexamen. Angerechnet werden können gemäß § 7 Abs. 1 WPAnrV die Prüfungsgebiete „Angewandte Betriebswirtschaftslehre, Volkswirtschaftslehre" und „Wirtschaftsrecht" eines Studienganges, welcher nicht nach § 8a WPO, § 5 WPAnrV akkreditiert sein muss. § 7 Abs. 2 WPAnrV bestimmt, dass von Seiten der Prüfungsstelle bei der Wirtschaftsprüferkammer die Prüfungen denen des Wirtschaftsprüfungsexamens in Form, Inhalt und zeitlichem Umfang als gleichwertig festgestellt werden müssen, näheres regelt § 9 WPAnrV.

Für die Anerkennung von Studiengängen nach § 8a WPO und die Anerkennung von Studienleistungen nach § 13b WPO gemäß § 4 WPAnrV existiert ein Referenzrahmen (vgl. www.wpk.de/examen/referenzrahmen.asp). Dieser Referenzrahmen definiert Berufsbild und Kernkompetenzen des WP, hieraus resultierende erforderliche Kompetenzausprägungen in sechs Stufen (vgl. § 2 Abs. 2 WPAnrV), und ordnet diese den einzelnen Phasen der Ausbildung im Hinblick auf die Abdeckung des WP-Examens zu.

2.5 Bestellung zum Wirtschaftsprüfer

Gemäß § 15 WPO kann ein Bewerber nach bestandener Prüfung seine Bestellung zum WP bei der Wirtschaftsprüferkammer beantragen, wenn er die Voraussetzungen der §§ 5 ff. WPO erfüllt. Die Bestellung ist gemäß § 16 WPO zu versagen, wenn der Bewerber

- nach der Entscheidung des BVerfG ein Grundrecht verwirkt hat,
- infolge einer strafrechtlichen Verurteilung keine öffentlichen Ämter bekleiden darf,
- sich eines Verhaltens schuldig gemacht hat, das ein Berufsverbot rechtfertigen würde,
- dauerhaft aus gesundheitlichen Gründen nicht in der Lage ist, seinen Beruf auszuüben,
- nicht in geordneten wirtschaftlichen Verhältnissen lebt,
- die begründete Besorgnis besteht, dass der Bewerber aufgrund seines Verhaltens nicht in der Lage ist, seine Berufspflichten zu erfüllen (hierbei handelt es sich um eine Kann-Vorschrift),
- den Abschluss einer nach § 54 Abs. 1 WPO erforderlichen Berufshaftpflichtversicherung nicht nachgewiesen hat,
- eine nicht mit dem Beruf des WP vereinbare Tätigkeit gemäß §§ 43 Abs. 2, 43a Abs. 3 WPO ausübt bzw.
- unmittelbar nach der Bestellung keine berufliche Niederlassung im Berufsregister angegeben wird.

Vor der Bestellung muss der Bewerber den Berufseid ablegen (§ 17 WPO). Fortan hat er gemäß § 18 WPO im beruflichen Verkehr die Bezeichnung „Wirtschaftsprüfer(in)" zu verwenden.

Gemäß § 19 WPO erlischt die Bestellung bei Tod, Verzicht oder Ausschluss aus dem Beruf. Der Ausschluss erfolgt durch Urteil in einem berufsgerichtlichen Verfahren. Nach Maßgabe des § 20 WPO kann eine erfolgte Bestellung zurückgenommen oder widerrufen werden. Eine **Rücknahme** der Bestellung erfolgt mit Wirkung für die Zukunft, wenn nachträglich Tatsachen i. S. des § 16 WPO bekannt werden, bei deren Kenntnis die Bestellung hätte versagt werden müssen (§ 20 Abs. 1 WPO). Die Bestellung ist demgegenüber zu **widerrufen**, wenn nach der zu diesem Zeitpunkt ordnungsmäßigen Bestellung Tatsachen i. S. des § 16 WPO bekannt werden. Die Wiederbestellung eines ehemaligen WP regelt § 23 WPO.

3. Organisationen des Berufsstands

3.1 Wirtschaftsprüferkammer

Die Wirtschaftsprüferkammer (WPK) ist die berufsständische Organisation der WP auf der Rechtsgrundlage des § 4 WPO in der Rechtsform einer Körperschaft des öffentlichen Rechts. Als

Zusammenschluss sämtlicher Berufsangehöriger ist sie Trägerin der beruflichen Selbstverwaltung, die dem Berufsstand mit dem Gesetz über eine Berufsordnung der Wirtschaftsprüfer (WPO) eingeräumt wurde.

Der in § 57 WPO festgelegte Aufgabenkatalog macht deutlich, dass die WPK Ansprechpartner ihrer Mitglieder, aber auch der Mandanten, des Gesetzgebers, der Behörden und Gerichte ist. Da die WPK öffentliche Aufgaben wahrzunehmen hat und insbesondere im Bereich der Berufsaufsicht über zahlreiche Hoheitsrechte verfügt, reichte eine Vereinigung der Berufsangehörigen auf freiwilliger Basis nicht aus.

Die WPK untersteht ihrerseits der Staatsaufsicht durch das Bundesministerium für Wirtschaft und Arbeit. Diese beschränkt sich jedoch auf die Feststellung, ob die WPK bei der Erfüllung ihrer Aufgaben Gesetze und Satzung beachtet.

Die WPK mit Sitz in Berlin ist **bundesweit zuständig und tätig**. Sie hat auf Bundesebene die den Gesamtberufsstand betreffenden Interessen wahrzunehmen und gleichzeitig die Berufsangehörigen unmittelbar zu betreuen. Zu diesem Zweck unterhält sie Landesgeschäftsstellen, die die Hauptgeschäftsstelle unterstützen, jedoch keine rechtliche Selbständigkeit besitzen (§ 4 Abs. 3 WPO).

Eine Pflichtmitgliedschaft besteht gemäß § 58 WPO für

- WP und WPG,
- Mitglieder des Vorstands, verbundene Personen nach dem PartGG, Geschäftsführer sowie persönlich haftende Gesellschafter von WPG,
- vBP und BPG und
- Mitglieder des Vorstands, verbundene Personen nach dem PartGG, Geschäftsführer sowie persönlich haftende Gesellschafter von BPG.

Des Weiteren können genossenschaftliche Prüfungsverbände, Sparkassen- und Giroverbände und die überörtlichen Prüfungseinrichtungen der öffentlichen Körperschaften auf Antrag eine Mitgliedschaft bei der WPK erwerben. Zum 1. Juli 2011 waren insgesamt 21.378 Mitglieder in der Wirtschaftsprüferkammer organisiert, hiervon 14.197 WP.

Als **Aufgaben** der WPK werden in § 57 Abs. 2 WPO u. a. explizit genannt:

- Beratung und Aufklärung über die Berufspflichten,
- Schlichtung auf Antrag bei Streitigkeiten unter Mitgliedern sowie zwischen Mitgliedern und ihren Auftraggebern,
- Überwachung der Pflichterfüllung der Mitglieder und ggf. Wahrnehmung des Rügerechts,
- Erstellung von Richtlinien, die die Ausübung des Berufs betreffen,
- Sachverständigentätigkeit vor Gericht sowie Erstellung von Gutachten auf Antrag,
- Aus- und Fortbildung des Berufsstands,
- Erstellung und Einreichung einer Vorschlagsliste über die Besetzung ehrenamtlicher Beisitzer bei den Berufsgerichten,
- Führung des Berufsregisters,
- Schaffung von Fürsorgeeinrichtungen für ihre Mitglieder,
- Betreiben eines Systems der Qualitätskontrolle,

- ▶ Bestellung von WP, Anerkennung von WPG und BPG sowie deren Widerruf und
- ▶ Unterhaltung einer selbständigen Prüfungsstelle.

Im Zuge anhaltender Deregulierungsbestrebungen hat sich die WPK zunehmend von einer berufsständischen Interessenvertretung und Selbstverwaltung zu einem Organ der mittelbaren Staatsaufsicht entwickelt. Insbesondere die Berufsaufsicht bildet heute eine Kernaufgabe der WPK.

Sie umfasst vier Bereiche (vgl. www.wpk.de/berufsaufsicht/allgemeines.asp):

- ▶ Zum einen dient die Berufsaufsicht dem vorbeugenden Schutz der Öffentlichkeit für den Fall, dass bestimmte, gesetzlich definierte Rahmenbedingungen zur Berufsausübung nicht eingehalten werden (**Widerrufsverfahren**).
- ▶ Daneben geht es um die Frage, ob ein WP/vBP seine beruflichen Pflichten verletzt hat (**Disziplinarverfahren**).
- ▶ Ein präventives Element der Berufsaufsicht sind die durch das Berufsaufsichtsreformgesetz (BaRefG) im September 2007 eingeführten anlassunabhängigen Ermittlungen bei Abschlussprüfern von im öffentlichen Interesse stehenden Unternehmen (**anlassunabhängige Sonderuntersuchungen**).
- ▶ Darüber hinaus betreibt die WPK eine systematische Abschlussdurchsicht. Im Rahmen von Vorermittlungsverfahren, die keinen konkreten Anfangsverdacht auf eine Pflichtverletzung voraussetzen, sichtet die WPK veröffentlichte und von ihren Mitgliedern geprüfte Unternehmensabschlüsse sowie die hierzu erteilten Bestätigungsvermerke und korrespondiert mit den Abschlussprüfern (**Abschlussdurchsicht**).

Im Bereich der **Widerrufsverfahren** geht es um die Bestellung des Mitglieds als WP/vBP oder die Anerkennung als WPG/BPG (§§ 20, 34 WPO). Die WPK muss die Bestellung oder Anerkennung widerrufen, wenn gesetzlich definierte Voraussetzungen zur Berufsausübung wie z. B. die Unterhaltung einer ordnungsgemäßen Berufshaftpflichtversicherung nicht eingehalten werden. Geordnete wirtschaftliche Verhältnisse und der Verzicht auf unvereinbare, insbesondere gewerbliche Tätigkeiten gehören gleichermaßen zu den unverzichtbaren Rahmenbedingungen einer ordnungsgemäßen Berufsausübung, die bei Nichteinhaltung zum Widerruf der Bestellung als WP/vBP oder der Anerkennung als Berufsgesellschaft führen. Eine gerichtliche Überprüfung der Widerrufsentscheidungen der WPK kann im Rahmen der Verwaltungsgerichtsbarkeit erfolgen.

Im Bereich der **Disziplinarverfahren** ist die WPK für die Ermittlungen zuständig (§ 61a WPO). Liegt als Ermittlungsergebnis eine Berufspflichtverletzung mit bis zu mittelschwerer Schuld vor, ist die WPK auch für die Ahndung derselben zuständig. Die WPK kann ihr Mitglied rügen und eine Geldbuße bis zu 50.000 € verhängen oder das beanstandete Verhalten untersagen (§ 61a Satz 2 Nr. 1, § 63 WPO).

Ergeben die Ermittlungen den Verdacht einer Berufspflichtverletzung, für deren Verfolgung die Berufsgerichte zuständig sind oder liegt der Verdacht einer Straftat vor, die mit der beruflichen Tätigkeit im Zusammenhang steht, hat die WPK die Generalstaatsanwaltschaft Berlin zu informieren (§ 84a WPO). Für Berufspflichtverletzungen mit schwerer Schuld liegt die Zuständigkeit bei dieser und bei den staatlichen Gerichten, den sog. Berufsgerichten (spezielle Kammern/Senate beim Landgericht Berlin als erste Instanz, Kammergericht Berlin als zweite Instanz und BGH als dritte Instanz).

KAPITEL I   Beruf und Berufsrecht des Wirtschaftsprüfers

Die Berufsgerichte können gegen ein Mitglied eine Geldbuße bis zu 500.000 € verhängen, ein befristetes Berufs- oder Tätigkeitsverbot aussprechen oder ein Mitglied im schwersten Falle aus dem Beruf ausschließen. Über diese Fälle hinaus obliegt der Gerichtsbarkeit die Überprüfung der Rügeentscheidungen der WPK (§ 63a WPO). Die Berufsgerichte werden durch ehrenamtlich tätige Berufsangehörige als Beisitzer unterstützt.

Seit September 2007 ist die WPK für die Durchführung von **anlassunabhängigen Sonderuntersuchungen** bei Berufsangehörigen und Berufsgesellschaften zuständig (§ 61a Satz 2 Nr. 2, § 62b WPO). Betroffen sind Praxen, die gesetzlich vorgeschriebene Abschlussprüfungen bei Unternehmen von öffentlichem Interesse i. S. von § 319a Abs. 1 HGB durchführen. Untersucht werden ausgewählte Teilbereiche des Qualitätssicherungssystems sowie die Arbeitspapiere und Prüfungsberichte ausgewählter Mandate. Festgestellte Berufspflichtverletzungen können zu einer Maßnahme der Disziplinaraufsicht führen, Beanstandungen des Qualitätssicherungssystems zusätzlich zu Maßnahmen im Rahmen der Qualitätskontrolle.

Für die Durchführung der Untersuchungen hat der Vorstand der WPK eine **Verfahrensordnung** erlassen (vgl. http://www.wpk.de/pdf/WPK_Verfahrensordnung_Anlassunabhaengige_Sonderuntersuchungen.pdf). Darin sind die Organisation, Planung und Durchführung der Untersuchungen, die Auswertung der Feststellungen und der Stellungnahmen sowie das Letztentscheidungsrecht der Abschlussprüferaufsichtskommission (APAK) geregelt.

Die WPK betreibt eine systematische **Abschlussdurchsicht**. Im Rahmen von Vorermittlungsverfahren, die keinen konkreten Anfangsverdacht auf eine Pflichtverletzung voraussetzen, sichtet die WPK veröffentlichte und von ihren Mitgliedern geprüfte Unternehmensabschlüsse sowie die hierzu erteilten Bestätigungsvermerke und korrespondiert mit den Abschlussprüfern. Im Rahmen dieses Vorermittlungsverfahrens werden Unklarheiten in Bezug auf die Rechnungslegung und auf den Bestätigungsvermerk über die Korrespondenz mit den Abschlussprüfern aufgeklärt. Dabei festgestellte Pflichtverletzungen können auch zur Einleitung eines förmlichen Disziplinarverfahrens führen.

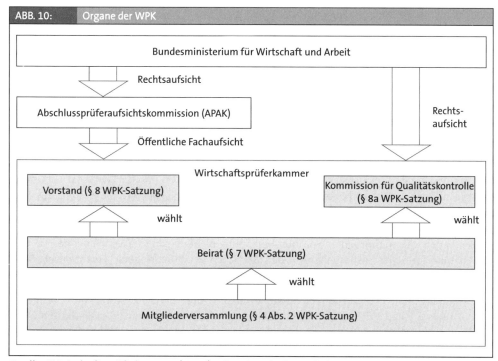

Quelle: *Wirtschaftsprüferkammer* (Hrsg.), Die Wirtschaftsprüferkammer, Berlin 2010, S. 8.

Zusätzliche Aufgaben ergeben sich aus den Berufspflichten gemäß § 57 Abs. 4 WPO (vgl. hierzu Kapitel I.4.).

Die **Mitgliederversammlung** setzt sich aus der Gesamtheit der Mitglieder der WPK zusammen. Ihre Aufgaben sind die Wahl und Entlastung der Mitglieder des Beirats, die Entgegennahme von Berichten des Vorstands und des Beirats sowie die Vornahme etwaiger Satzungsänderungen (§ 4 Abs. 2 WPK-Satzung).

Als Foren der Aussprache und Berichterstattung richtet die Wirtschaftsprüferkammer regionale und zentrale Kammerversammlungen aus (§ 6 WPK-Satzung).

Der **Beirat** ist gemäß § 7 Abs. 1 WPK-Satzung insbesondere zuständig für die Wahl und Entlastung des Vorstands und der Kommission für Qualitätskontrolle, den Beschluss der Berufssatzung sowie der Satzung für Qualitätskontrolle.

Der **Vorstand** besteht aus insgesamt zehn Mitgliedern, dem Präsidenten (Vorsitzer des Vorstands) und zwei Vizepräsidenten (§ 8 WPK-Satzung); er umfasst somit 13 Personen. Der Präsident vertritt die WPK gerichtlich und außergerichtlich. Vorstand und Beirat der WPK rekrutieren sich aus allen Bereichen der Mitglieder und aus Prüfungseinrichtungen unterschiedlicher Größe.

Der nach § 8a WPK-Satzung zu bildenden **Kommission für Qualitätskontrolle** obliegt der Betrieb des Systems der Qualitätskontrolle nach §§ 57a ff. WPO einschließlich aller diesbezüglich zu treffenden Maßnahmen und Entscheidungen. Die Mitglieder müssen nach § 57a Abs. 3 Satz 2 WPO als Prüfer für Qualitätskontrolle registriert sein; sie werden auf Vorschlag des Vorstands der WPK vom Beirat für die Dauer von drei Jahren gewählt (vgl. zur Qualitätskontrolle Kapitel I.6.).

Die WPK unterliegt ihrerseits der öffentlichen fachbezogenen Aufsicht durch die **Abschlussprüferaufsichtskommission (APAK)**.

Mit der Einrichtung der APAK wurde das Ziel verfolgt, den Berufsstand der Abschlussprüfer in Deutschland unter eine letztverantwortliche, berufsstandunabhängige Aufsicht zu stellen. Dazu wurde der Wirtschaftsprüferkammer (WPK) neben der Rechtsaufsicht durch das Bundesministerium für Wirtschaft und Technologie die APAK als Element der öffentlichen Fachaufsicht vorangestellt.

Die APAK ist eine unter der Rechtsaufsicht des Bundesministeriums für Wirtschaft und Technologie stehende, nicht rechtsfähige Personengemeinschaft eigener Art. Sie besteht aus mindestens sechs und höchstens zehn ehrenamtlichen, vom Bundesministerium für Wirtschaft und Technologie für die Dauer von vier Jahren ernannten Mitgliedern. Die Kommissionsmitglieder dürfen in den letzten fünf Jahren vor ihrer Ernennung nicht persönliche Mitglieder der WPK gewesen sein. Sie sollen insbesondere in den Bereichen Rechnungslegung, Finanzwesen, Wirtschaft, Wissenschaft oder Rechtsprechung tätig oder tätig gewesen sein.

Die APAK führt eine öffentliche fachbezogene Aufsicht über die WPK, soweit diese Aufgaben nach § 4 Abs. 1 Satz 1 WPO erfüllt, die gegenüber Berufsangehörigen und Gesellschaften wahrzunehmen sind, die zur Durchführung gesetzlich vorgeschriebener Abschlussprüfungen befugt sind oder solche ohne diese Befugnis tatsächlich durchführen. Sie erfüllt ihre Aufgaben unabhängig und frei von Weisungen.

Die Aufsicht erstreckt sich dabei auf die Bereiche der Prüfung und der Eignungsprüfung, der Bestellung, der Anerkennung, des Widerrufs und der Registrierung, der Berufsaufsicht und der Qualitätskontrolle sowie des Erlasses von Regelungen zur Berufsausübung. In Berufsaufsichtsfällen mit grenzüberschreitender Bedeutung ist die APAK Ansprechpartner für die im Ausland zuständigen Stellen.

Die Kommission beurteilt im Rahmen ihrer Aufsicht, ob die WPK die ihr nach § 4 Abs. 1 Satz 1 WPO obliegenden Aufgaben geeignet, angemessen und verhältnismäßig erfüllt. Die APAK legt die Ziele ihrer Arbeit jährlich in einem Arbeitsprogramm offen und veröffentlicht ebenfalls jährlich einen Tätigkeitsbericht (vgl. http://www.apak-aoc.de/apak/ziele_aufgaben.asp).

Zur Wahrung ihrer Aufgaben räumt das Gesetz der Abschlussprüferaufsichtskommission besondere Auskunfts- und Weisungsrechte gegenüber der WPK ein. Zu den Befugnissen gehören:

- Teilnahme an Sitzungen der Organe und sonstigen Gremien der WPK,
- Informationsanspruch gegenüber der WPK,
- Einsichtsrecht in aufsichtsrelevante Vorgänge bei der WPK,
- Rückverweisung von Entscheidungen der WPK zur nochmaligen Entscheidung (Zweitprüfung),
- Erteilung von Weisungen gegenüber der WPK unter Aufhebung ihrer Entscheidungen (Letztentscheidung),
- Hinzuziehen von sachverständigen Dritten fallweise zur Beratung.

Das Gesetz sieht eine Reihe von Verfahren bei der WPK vor, in denen die Abschlussprüferaufsichtskommission zwingend einzubeziehen ist:
- Anhörung vor dem Erlass oder der Änderung der Berufssatzung,
- Vorlage vor der Nichterteilung von Teilnahmebescheinigungen im Rahmen der Qualitätskontrolle,
- Vorlage vor dem Widerruf von Teilnahmebescheinigungen im Rahmen der Qualitätskontrolle,
- Vorlage vor der Einstellung von Berufsaufsichtsverfahren.

3.2 Institut der Wirtschaftsprüfer in Deutschland

Das Institut der Wirtschaftsprüfer in Deutschland (IDW) ist ein eingetragener Verein für WP und WPG auf freiwilliger Basis mit Sitz in Düsseldorf. Anders als bei der WPK unterliegen die WP keiner Pflichtmitgliedschaft.

Ordentliche Mitglieder des IDW können WP und WPG sein. Als außerordentliche Mitglieder können gemäß § 3 Abs. 2 IDW-Satzung aufgenommen werden:
- ehemalige WP, die nicht aus dem Beruf ausgeschlossen wurden,
- Vorstandsmitglieder, Geschäftsführer und persönlich haftende Gesellschafter einer WPG, die nicht WP sind,
- Sozietätsmitglieder und Partnerschaftsgesellschafter von WP,
- vBP,
- entsprechende Prüfungseinrichtungen ausländischen Rechts,
- Personen, die das WP-Examen erfolgreich absolviert haben, aber bisher noch nicht als WP tätig sind, sowie
- Ehrenmitglieder.

Das IDW ist ein Organ der **Interessenvertretung** des Berufsstands. Das Hauptziel seiner Tätigkeit besteht darin, die Anforderungen an eine unabhängige, eigenverantwortliche und gewissenhafte Berufsausübung auf qualitativ hohem Niveau zu präzisieren und nach außen zu verdeutlichen, welchen Qualitätsanforderungen und welcher Selbstkontrolle sich die Mitglieder des IDW unterziehen.

Um dem Anspruch der IDW als **Qualitätsgemeinschaft** zu genügen, verpflichten sich seine Mitglieder, teilweise über die gesetzlichen Anforderungen hinausgehende Normen zu erfüllen. Hierbei handelt es sich um die sog. **Grundsätze zur Qualitätssicherung** in der Wirtschaftsprüferpraxis (§ 4 Abs. 8 IDW-Satzung).

Die vom IDW entwickelten einheitlichen **Standards** der Berufsausübung, die
- IDW Prüfungsstandards (IDW PS),
- IDW Prüfungshinweise (IDW PH),
- IDW Standards (IDW S),
- IDW Stellungnahmen zur Rechnungslegung (IDW RS) und
- IDW Rechnungslegungshinweise (IDW RH),

legen die fachliche Berufsauffassung der Wirtschaftsprüfer dar. Sie sind zwar rechtlich nicht bindend, eine Nichtbeachtung kann bei Rechtsstreitigkeiten allerdings als nachteilig ausgelegt werden. Jedes IDW-Mitglied sollte deshalb unbeschadet seiner Eigenverantwortlichkeit stets die Anwendung der entsprechend dargelegten Berufsauffassung sorgfältig prüfen und Abweichungen an geeigneter Stelle (z. B. im Prüfungsbericht) hervorheben und begründen (§ 4 Abs. 9 IDW-Satzung).

Für die Durchführung der Abschlussprüfung sind vor allem die IDW PS bedeutsam. Im Zuge der Umsetzung des KonTraG ab dem Jahre 1997 wurden diese umfassend überarbeitet und zum Teil neu gefasst. Dies geschah mit dem Ziel einer Transformation der sog. **International Standards on Auditing (ISA)** in deutsche Grundsätze ordnungsmäßiger Abschlussprüfung.

Unvermeidliche Abweichungen der deutschen Prüfungsgrundsätze zu den ISA bestehen aufgrund von Besonderheiten deutschen Rechts in Bezug auf die Abschlussprüfung, von denen das IDW nicht befreien kann. Der Angleichungsprozess konnte im Jahre 2004 abgeschlossen werden. Seither besteht folgende Systematik:

ABB. 11:	Systematik der IDW-Prüfungsstandards (PS)
IDW PS	Inhalte
100 – 199	Zusammenfassender Standard, Qualitätssicherung
200 – 249	Prüfungsgegenstand und Prüfungsumfang
250 – 299	Prüfungsansatz
300 – 399	Prüfungsdurchführung
400 – 499	Bestätigungsvermerk, Prüfungsbericht, Bescheinigung
500 – 799	Abschlussprüfung von Unternehmen bestimmter Branchen
800 – 999	Review- und andere Reporting-Aufträge

Ein weiteres bedeutendes Tätigkeitsfeld des IDW ist die Sicherstellung der **Aus- und Fortbildung** der WP und des beruflichen Nachwuchses (§ 2 Abs. 2a IDW-Satzung). Die Mitglieder des IDW sind gemäß § 4 Abs. 10 IDW-Satzung verpflichtet, an Fortbildungsmaßnahmen im Mindestumfang von 40 Stunden pro Jahr teilzunehmen, das notwendige Literaturstudium ist hierin nicht inbegriffen. Das IDW bietet hierzu ein breites Lehrgangsprogramm an.

Weitere Aufgaben des IDW bilden gemäß § 2 IDW-Satzung die

▶ Förderung der Interessen und der Fachgebiete ihrer Mitglieder,

▶ Weiterentwicklung des Berufsbilds des WP,

▶ Erstellung von Gutachten in Fach- und Berufsfragen und

▶ Schaffung von Alters- und Hinterbliebeneneinrichtungen für WP.

Das IDW unterhält weitere Geschäftsstellen, welchen die Kontaktpflege zu Landesministerien, die dezentrale Durchführung von Fortbildungsveranstaltungen und die Mitgliederbetreuung obliegen.

Der **Wirtschaftsprüfertag** setzt sich aus allen ordentlichen Mitgliedern des IDW zusammen. Diese wählen die Mitglieder des Ehrenrats und des Verwaltungsrats. Aufgaben der Wirtschaftsprüfertags bestehen in der Entgegennahme der Berichte des Vorstands und des Verwaltungsrats sowie der Vornahme von Satzungsänderungen gemäß § 8 Abs. 2 IDW-Satzung.

Der **Verwaltungsrat** wird von den Landesgruppen sowie dem Wirtschaftsprüfertag gewählt. Er wählt seinerseits den IDW-Vorstand und den Vorsitzenden des Hauptfachausschusses. Weitere Aufgaben ergeben sich aus § 9 Abs. 5 IDW-Satzung.

Der **Vorstand** besteht aus sechs ehrenamtlichen und drei geschäftsführenden Mitgliedern, die das IDW leiten. Die geschäftsführenden Vorstandsmitglieder, welche gemäß § 10 Abs. 6 IDW-Satzung mehrheitlich Wirtschaftsprüfer sein müssen, vertreten das IDW nach außen.

Dem **Ehrenrat** obliegt nach § 11 IDW-Satzung die Klärung von Satzungsverstößen von IDW-Mitgliedern und die Beilegung persönlicher Differenzen zwischen den Mitgliedern.

§ 12 IDW-Satzung bestimmt die Bildung von **Ausschüssen**. Insbesondere besteht ein ständiger Hauptfachausschuss (HFA), welcher zur Erstattung von Stellungnahmen bzw. Fachgutachten befugt ist. Der IDW-Vorstand kann weitere Fachausschüsse (FA) bilden und besetzen, die sich mit Spezialfragen der Prüfung und Rechnungslegung befassen, wie beispielsweise den

- Bankenfachausschuss (BFA),
- Fachausschuss für Informationstechnologie (FAIT),
- Fachausschuss für Recht (FAR),
- Fachausschuss für Sanierung und Insolvenz (FAS),
- Immobilienwirtschaftlichen Fachausschuss (IFA),
- Krankenhausfachausschuss (KHFA),
- Fachausschuss für öffentliche Unternehmen und Verwaltungen (ÖFA),
- Steuerfachausschuss (StFA) oder
- Versicherungsfachausschuss (VFA).

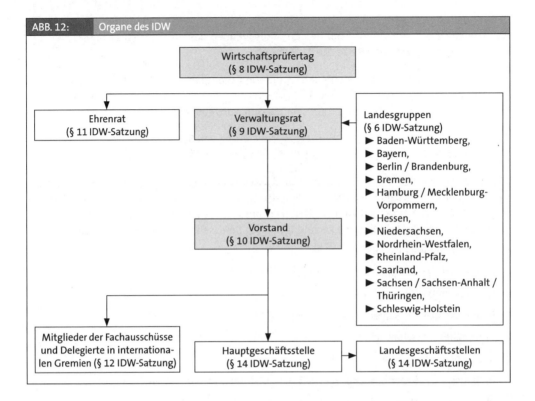

ABB. 12: Organe des IDW

3.3 Internationale Organisationen

International wird der Berufsstand durch die *International Federation of Accountants* (IFAC) und die *Fédération des Experts Comptables Européens* (FEE) vertreten.

Die IFAC ist eine internationale Organisation der prüferischen Berufsverbände, welche 1977 gegründet wurde und in New York ihren Sitz hat. Ihr gehören derzeit 164 Berufsorganisationen aus 125 Ländern an, aus Deutschland das IDW und die WPK.

Die **Zielsetzung** der IFAC besteht darin, einen internationalen Berufsstand des wirtschaftlichen Prüfungswesens mit harmonisierten Rahmenbedingungen zu schaffen, welcher möglichst einheitlichen Richtlinien im fachlichen und berufsethischen Bereich sowie in der Aus- und Fortbildung unterliegt. Des Weiteren hat die IFAC die Aufgabe, Kontakte mit regionalen Berufsorganisationen zu pflegen und die Entwicklung solcher regionalen Organisationen zu fördern, auf die gegenseitige Anerkennung der Berufsqualifikation hinzuwirken und an der Aus- und Fortbildung der Berufsangehörigen mitzuwirken.

Neben den Prüfungsrichtlinien, den *"International Standards on Auditing"* (ISA) gibt die IFAC auch Berufsgrundsätze in Form des sog. *"Code of Ethics for Professional Accountants"* mit dem Anspruch auf weltweite Umsetzung heraus. Die Erarbeitung der ISA erfolgt im Rahmen eines standardisierten Prozesses, welcher neben den Mitgliedsorganisationen auch andere internationale Organisationen sowie die interessierte Öffentlichkeit in angemessener Weise einbezieht.

Die Mitgliedsorganisationen der IFAC haben sich verpflichtet, ihre Mitglieder über die von der IFAC herausgegebenen Richtlinien zu informieren und auf deren Transformation in nationale Vorschriften oder Grundsätze hinzuwirken, soweit dies unter nationalen Gegebenheiten möglich ist. Das IDW ist dieser Transformationspflicht regelmäßig nachgekommen.

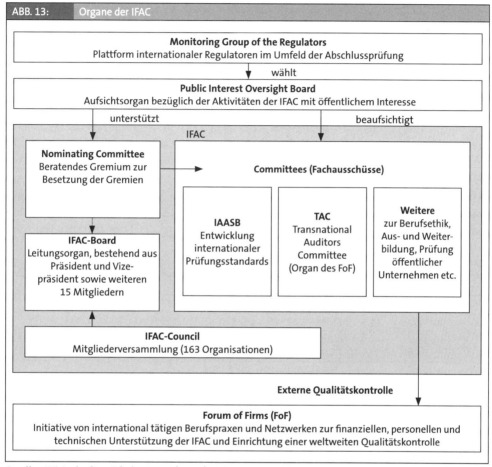

Quelle: *Wirtschaftsprüferkammer* (Hrsg.), WPK-Magazin 2006, Nr. 3, S. 15.

Die **FEE** wurde 1987 gegründet und hat ihren Sitz in Brüssel. Ihr gehören derzeit 45 der führenden Berufsorganisationen aus 33 europäischen Ländern an, darunter das IDW. Wesentliche Aufgaben der FEE sind die Veröffentlichung von Studien zum Stand der Harmonisierung der prüfungsrechtlichen Vorschriften in Europa, die Abstimmung fachlicher und berufsrechtlicher Fragen sowie die Beratung und Abgabe von Stellungnahmen gegenüber der Europäischen Union.

4. Berufspflichten des Wirtschaftsprüfers

Die Berufspflichten des WP und der vBP ergeben sich aus der **WPO** und der **Berufssatzung der Wirtschaftsprüferkammer** (BS). Letztere wurde aufgrund der Ermächtigung des § 57 Abs. 3 und

4 WPO durch die WPK unter Zustimmung des Bundesministeriums für Wirtschaft und Arbeit erlassen; die den nachfolgenden Ausführungen zugrunde liegende Fassung datiert vom 12. Februar 2010.

Die Leistungen der WP können in ihrer Qualität in den wenigsten Fällen unmittelbar überprüft werden. Auftraggeber und Öffentlichkeit sind daher auf die Vertrauenswürdigkeit des Berufsstands insgesamt angewiesen. Um diese zu gewährleisten, hat der Gesetzgeber, aber auch der Berufsstand selbst, mit dem Berufseid, den Berufspflichten und allgemeinen Berufsgrundsätzen ein Normensystem geschaffen, das eine vertrauenswürdige Berufsausübung, insbesondere die Urteilsfähigkeit und Urteilsfreiheit des WP und dessen Mitarbeiter sichern soll.

Die BS erfüllt insoweit eine **Ordnungs-, Überwachungs- und Schutzfunktion**. Sie schützt Anteilseigner, Gläubiger, Arbeitnehmer sowie weitere Anspruchsgruppen, die auf die Richtigkeit der Rechnungslegung vertrauen. Ordnungspflichten ergeben sich in den Bereichen der besonderen Prüfungspflichten, etwa bei der Beaufsichtigung der Kreditinstitute gemäß § 26 Abs. 2, § 29 KWG. Des Weiteren können WP zu behördlichen Überwachungsaufgaben herangezogen werden, beispielsweise gemäß § 34c GewO für Bauträger.

Grundlage sind insbesondere die §§ 43 bis 56 WPO, in denen die wichtigsten Berufspflichten abstrakt kodifiziert sind. Die Berufssatzung dient der Konkretisierung der einzelnen Berufspflichten. Die folgende Abbildung verdeutlicht die Berufspflichten und die ihnen zugrunde liegenden Rechtsnormen.

ABB. 14:	Berufspflichten und zugehörige Rechtsnormen
Berufspflichten	**Rechtsnormen**
Unabhängigkeit	§§ 2, 3 BS; §§ 43, 53, 55a WPO; § 319 HGB; VO 1/2006, Tz. 32, 33, 36 ff.
Gewissenhaftigkeit	§§ 4 – 8 BS; §§ 43, 50 WPO; § 323 HGB; VO 1/1993; VO 1/2006, Tz. 46 ff., 56 ff.
Verschwiegenheit	§§ 9, 10 BS; §§ 43, 50 WPO; § 323 HGB; § 203 StGB; § 53 StPO; § 383 ZPO; §§ 102, 385 AO; VO 1/2006, Tz. 49 f.
Eigenverantwortlichkeit	§§ 11, 12 BS; §§ 43, 44 WPO; VO 1/2006, Tz. 51 f.
Berufswürdiges Verhalten	§§ 13 – 19 BS; §§ 43, 49, 52, 55a WPO; §§ 74 ff. HGB; VO 1/2006, Tz. 53 ff.
Unparteilichkeit	§ 20 BS; § 43 WPO; § 323 HGB; VO 1/2006, Tz. 32
Unbefangenheit	§§ 21 – 27 BS; § 49 WPO; §§ 318 ff. HGB; VO 1/2006, Tz. 32 – 35
Qualitätssicherung	§§ 31 – 33 BS; § 55b WPO; VO 1/2006, Tz. 9 ff.

Die Einhaltung der Berufspflichten wird im Rahmen der **Qualitätskontrolle** durch Berufsangehörige überwacht. So ist gemäß § 7 BS die Einhaltung der Berufspflichten in angemessenen Zeitabständen zu überprüfen. Daneben ist alle drei bzw. sechs Jahre eine Qualitätskontrolle gemäß § 57a WPO durch von der WPK zugelassene Prüfer für Qualitätskontrolle durchzuführen (vgl. Kapitel I.6.).

4.1 Allgemeine Berufspflichten

Die allgemeinen Berufspflichten werden in § 43 Abs. 1 WPO i.V. mit § 1 BS aufgeführt. Demnach haben WP „ihren Beruf unabhängig, gewissenhaft, verschwiegen und eigenverantwortlich" auszuüben (vgl. Abbildung 12). Die Berufssatzung gilt für WP und vBP gleichermaßen; aus Gründen der leichteren Lesbarkeit wird im Folgenden aber nur die Bezeichnung „WP" verwendet.

4.1.1 Unabhängigkeit

Die in § 2 BS geregelte Berufspflicht der Unabhängigkeit besagt, dass WP keine Bindungen eingehen dürfen, die ihre **berufliche Entscheidungsfreiheit** beeinträchtigen oder beeinträchtigen könnten. Ihre persönliche und wirtschaftliche Unabhängigkeit ist gegenüber jedermann zu bewahren. Dies impliziert, dass der Berufsangehörige jederzeit seine Entscheidungen in objektiver und subjektiver Hinsicht unbeeinflusst von eigenen und fremden Interessen treffen können muss.

Beispiele einer unerlaubten wirtschaftlichen Abhängigkeit sind nach § 2 Abs. 2 BS i. V. mit § 55a WPO insbesondere die

- ▶ Vereinbarung eines erfolgsabhängigen Honorars für betriebswirtschaftliche Prüfungen, steuerliche Beratungen sowie Tätigkeiten als Sachverständiger oder Treuhänder,
- ▶ Zahlung und Erhalt von Provisionen für Auftragsvermittlungen,
- ▶ Übernahme von Mandantenrisiken oder
- ▶ Annahme von Versorgungszusagen.

Das Gebot der Unabhängigkeit betrifft insbesondere die gesetzliche Abschlussprüfung. Die dem WP in diesem Bereich verliehenen Befugnisse schließen die Einbindung in den Weisungsbereich eines berufsfremden Arbeitgebers mit den sich daraus ergebenden arbeitsrechtlichen Folgen aus.

Aus diesem Grund wird in § 319 Abs. 2 HGB etwa bestimmt, dass als Abschlussprüfer ausgeschlossen ist, wer bei dem zu prüfenden Unternehmen im **Anstellungsverhältnis** tätig oder wegen des Honorarvolumens von dem zu prüfenden Unternehmen **wirtschaftlich abhängig** anzusehen ist. Letzteres wird grundsätzlich unterstellt, wenn der Abschlussprüfer in den letzten fünf Jahren jeweils mehr als 30 % der Gesamteinnahmen seiner beruflichen Tätigkeit aus der Prüfung und Beratung des zu prüfenden Unternehmens bezogen hat und diese Relation auch im laufenden Geschäftsjahr zu erwarten ist (bei der Prüfung von Unternehmen von öffentlichem Interesse nach § 319a Abs. 1 Nr. 1 HGB wird diese Grenze auf 15 % verschärft).

Eine wirtschaftliche Abhängigkeit kann auch aus anderen finanziellen Beziehungen zum Mandanten resultieren, etwa bei der Aufnahme eines **Darlehens** oder Annahme einer **Versorgungszusage**. Umgekehrt dürfen auch keine Mandantenrisiken übernommen werden, z. B. in Form einer **Bürgschaft** für den Auftraggeber.

Die Vergütung für gesetzlich vorgeschriebene Abschlussprüfungen darf weiterhin nicht an jegliche Bedingungen geknüpft werden, z. B. den Eintritt eines Sanierungserfolgs oder die Durchführung eines Börsengangs.

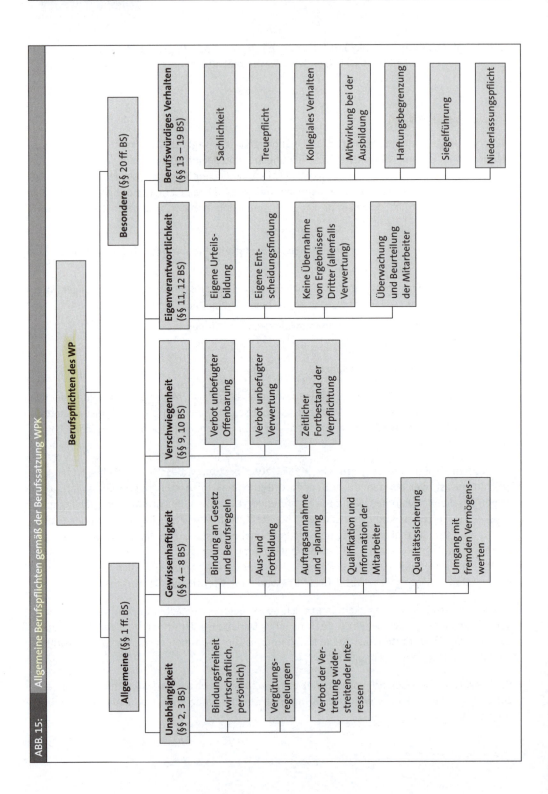

ABB. 15: Allgemeine Berufspflichten gemäß der Berufssatzung WPK

Die Unabhängigkeit ist ebenfalls gefährdet, wenn ein WP dem Druck einer wirtschaftlichen Notlage ausgesetzt ist. In diesem Fall besteht die Besorgnis, dass jedes Mandat ohne Rücksicht darauf angenommen wird, ob es mit der gebotenen Sorgfalt bearbeitet wird und der Berufsangehörige sich dabei von sachfremden Erwägungen leiten lässt.

Schließlich darf nicht die Höhe der Vergütung für die Abschlussprüfung von der Vergütung für die Erbringung zusätzlicher Leistungen abhängig gemacht werden. Indiz für das Vorliegen einer solchen Abhängigkeit ist es, wenn die vereinbarte Vergütung für die eine Leistung besonders niedrig, die für die andere Leistung besonders hoch ist. Wenn z. B. die Vergütung für die Abschlussprüfung besonders niedrig ist, könnte sich aus einer besonders hohen Vergütung für andere Leistungen ein Druckmittel im Hinblick auf das Ergebnis der Abschlussprüfung ergeben.

§ 3 BS regelt das Verbot der **Vertretung widerstreitender Interessen**. Sobald eine Mandantenmehrheit konträre Ziele verfolgt, kann der WP maximal einen dieser Mandanten vertreten, auch wenn sich alle Betroffenen damit einverstanden erklären. Die Vertretung einer Mandantenmehrheit durch verschiedene innerhalb einer Sozietät zusammengeschlossene WP ist vom jeweiligen Einzelfall abhängig. Dabei sollten jedenfalls alle betroffenen Mandanten über die Interessenvertretung informiert werden.

Unproblematisch sind Fälle nicht widerstreitender Interessen,

- in denen mehrere Auftraggeber einen Auftrag gemeinsam erteilen bzw. sich alle Auftraggeber mit der Tätigkeit einverstanden erklären (z. B. Entwicklung eines Gesellschaftsvertrags, Beratung einer Erbengemeinschaft) sowie
- die vermittelnde bzw. schlichtende Tätigkeiten darstellen (Mediator, Schiedsmann).

Der Grundsatz der Unabhängigkeit steht in engem Zusammenhang mit der Unbefangenheit und Unparteilichkeit bei der Durchführung von Prüfungen und Erstattung von Gutachten.

4.1.2 Gewissenhaftigkeit

Die Pflicht zur Gewissenhaftigkeit ergibt sich aus § 323 Abs. 1 Satz 1 HGB, § 43 Abs. 1 Satz 1 WPO sowie den §§ 4 ff. BS. Ihr wesentlicher Bestandteil ist gemäß § 4 BS die **Beachtung gesetzlicher, berufsrechtlicher und fachlicher Bestimmungen**. Letztere bestehen z. B. in den

- Grundsätzen ordnungsmäßiger Buchführung (GoB),
- Verlautbarungen des Deutschen Rechnungslegungs Standards Committee e. V. (DRSC),
- Standards, Stellungnahmen und Hinweisen des IDW (IDW PS, IDW PH, IDW RS, IDW RH, IDW S).

Ein WP darf Leistungen nur anbieten und Aufträge nur annehmen, wenn er über die erforderliche Sachkunde verfügt und ihm ausreichende Zeit zur Durchführung des Auftrags zur Verfügung steht. Dies bedingt das Erfordernis einer sachlichen, zeitlichen und personellen Gesamtplanung aller durchzuführenden Aufträge unter Berücksichtigung von deren Anzahl, Umfang und Komplexität (§ 4 Abs. 2 und 3 BS).

Werden erst nach Auftragsbestätigung Umstände bekannt, die zur vorherigen Ablehnung des Auftrags hätten führen müssen, oder treten solche nachträglich ein, ist gemäß § 4 Abs. 4 BS das Auftragsverhältnis zu beenden.

Um die hohen beruflichen Anforderungen auf Dauer erfüllen zu können, ist der WP zur ständigen Fortbildung verpflichtet. Das berufliche Wissen, welches sich der WP im Examen angeeignet hat, ist laufend zu ergänzen und zu erneuern. Näheres regelt § 4a BS. Hiernach sind WP zur Teilnahme an Fortbildungsmaßnahmen im Umfang von mindestens 40 Stunden pro Jahr verpflichtet. Hiervon müssen mindestens 20 Stunden auf den Besuch von Fachveranstaltungen oder IT-gestützte Fortbildungsveranstaltungen entfallen; dieser Anteil ist zu dokumentieren.

Zusätzlich muss sich der WP mittels Literaturstudium ständig über aktuelle Entwicklungen in seinem Beruf auf dem Laufenden halten. Besondere Bedeutung kommt hierbei der Lektüre der Berufszeitschriften zu.

Der WP hat seine **Mitarbeiter** mit besonderer **Sorgfalt** auszuwählen, indem im Rahmen der Einstellung deren fachliche und persönliche Eignung auf geeignete Weise geprüft wird. Mit Beginn des Beschäftigungsverhältnisses sind die Mitarbeiter

- über die Berufspflichten und insbesondere das praxisinterne Qualitätssicherungssystem zu informieren und
- schriftlich zu verpflichten, die Vorgaben des Qualitätssicherungssystems, der Datenschutzbestimmungen und Vorschriften zur Verschwiegenheit, der Insider-Regelungen des WpHG und sowie aller weiteren einschlägigen gesetzlichen Regelungen einzuhalten (§ 5 BS).

Der WP ist verpflichtet, seine Mitarbeiter – sowohl den Berufsnachwuchs wie auch alle sonstigen fachlichen Mitarbeiter – in theoretischer als auch praktischer Hinsicht angemessen aus- und fortzubilden. Die Aus- und Fortbildung soll einem strukturierten Ablauf unterliegen mit dem Ziel, die benötigten Kenntnisse des jeweiligen Tätigkeitsbereichs zu erlangen und zu vervollkommnen. Überdies sollen die Mitarbeiter in angemessenen Abständen beurteilt werden, zweckmäßigerweise anhand eines systematischen Verfahrens auf Basis der gesammelten und ausgewerteten Informationen über deren Leistungen (§ 6 BS).

Ausfluss der Pflicht zur Gewissenhaftigkeit sind auch die Maßnahmen zur Sicherung der Qualität der Berufsarbeit (§ 7 BS; vgl. hierzu Kapitel I.5.).

Eine gewissenhafte Berufsausübung bedingt einen angemessenen Umgang mit **Treuhandvermögen**. So besagt § 8 BS, dass anvertraute Vermögenswerte getrennt von eigenem Vermögen aufzubewahren und zu verwalten sind. Das Vermögen verschiedener Mandanten ist ebenso eindeutig zu trennen. Dies kann ggf. auf einem Anderkonto oder einem Sammelkonto mit mehreren Unterkonten erfolgen. Durchlaufende fremde Gelder sind unverzüglich weiterzuleiten.

4.1.3 Verschwiegenheit

Aus der Pflicht zur Verschwiegenheit resultiert das dem WP entgegengebrachte Vertrauen, welches die Voraussetzung für die Erfüllung der beruflichen Aufgaben bildet. Daher ist diese Berufspflicht durch zahlreiche Normen des Zivil- und Strafrechts abgesichert.

Im Rahmen der Berufssatzung erfolgt eine Regelung in den §§ 9, 10 BS. Tatsachen, die dem WP im Rahmen seiner beruflichen Tätigkeit anvertraut werden, dürfen demnach nicht unbefugt offenbart werden. Zudem sind Vorkehrungen zu treffen, die es Unbefugten nicht ermöglichen, Einsicht in die der Verschwiegenheit unterliegenden Unterlagen zu nehmen (z. B. Aktenverschluss, Zugriffsschutz im IT-System). Dies gilt auch für Mitarbeiter, Berufskollegen und Sozietätspartner, soweit sie nicht mit dem Mandat betraut sind. Bei WPG entscheiden die gesetzlichen Vertreter, wer für die Durchführung des Auftrages eingesetzt wird und insofern unterrichtet werden darf.

Ebenso dürfen der Verschwiegenheit unterliegende Kenntnisse nicht im Rahmen von Insidergeschäften verwertet werden (vgl. hierzu auch die Regelung des § 14 WpHG).

Die Verschwiegenheitspflicht und das Verwertungsverbot gelten gemäß § 10 Satz 2 i.V. mit § 9 Abs. 3 BS zeitlich unbegrenzt, d. h., sie bestehen insbesondere nach Beendigung des Auftragsverhältnisses – gleich aus welchem Grund – fort.

§ 10 Satz 3 BS stellt klar, dass selbst im Rahmen eines nachfolgend abgelehnten Mandats bereits bekannt gewordene Interna des später „abgelehnten" Auftraggebers ebenfalls dem Verwertungsverbot unterliegen.

Schutzwürdig sind nur Kenntnisse von Berufsgeheimnissen, nicht aber die aus der beruflichen Tätigkeit gewonnenen allgemeinen Erfahrungen und Kenntnisse in fachlicher und rechtlicher Hinsicht.

Grundsätzlich kann nur der Auftraggeber den WP von der Verschwiegenheitspflicht entbinden. Gegenüber juristischen Behörden besteht gemäß §§ 53 StPO, 383 ZPO, 385 AO ein Zeugnisverweigerungsrecht. Dieses Recht schützt auch den Mandanten gemäß § 97 Abs. 1 Nr. 3 StPO vor der Herausgabe von Unterlagen.

Seit der 7. WPO-Novelle aus dem Jahre 2007 ist die Verschwiegenheit im Rahmen berufsaufsichtlicher und berufsgerichtlicher Verfahren, denen gesetzliche Abschlussprüfungen zugrunde liegen, stark eingeschränkt worden (§ 62 Abs. 3 WPO). Betroffen sind somit Berufsangehörige, die zur Durchführung gesetzlicher Abschlussprüfungen befugt sind und solche tatsächlich durchführen.

Sie dürfen Auskünfte und die Vorlage von Unterlagen gegenüber der WPK nicht verweigern, wenn diese in Zusammenhang mit einer gesetzlichen Abschlussprüfung stehen. Die insoweit gewonnenen Erkenntnisse dürfen allerdings nur in berufsaufsichtlichen und berufsgerichtlichen Verfahren und nicht in etwaigen anderen Verfahren verwendet werden.

Der WPK wurden überdies umfassende Zutritts- und Einsichtsrechte gegenüber Berufsangehörigen gewährt. Sie ist befugt,

▶ Grundstücke und Geschäftsräume der Berufsangehörigen innerhalb der üblichen Betriebs- und Geschäftszeiten zu betreten und besichtigen,
▶ Einsicht in Unterlagen zu nehmen und
▶ hieraus Abschriften und Ablichtungen anzufertigen (§ 62 Abs. 4 WPO).

Die Auskunft und die Vorlage von Unterlagen können verweigert werden, wenn und soweit dadurch die Pflicht zur Verschwiegenheit verletzt würde (§ 62 Abs. 2 Satz 1 WPO). Die Auskunfts- und Vorlagepflichten werden ansonsten nur begrenzt, wenn sich dadurch eine Selbstbelastung ergibt und sich der Berufsangehörige darauf beruft (§ 62 Abs. 2 Satz 2 WPO).

In diesem Zusammenhang wurde auch das Rügerecht des WPK-Vorstands gegenüber Berufsangehörigen in der Weise erweitert, dass die Einleitung eines berufsgerichtlichen Verfahrens nur noch bei Feststellung einer schweren Schuld des Mitglieds erforderlich ist. Zugleich kann die Rüge mit einer Geldbuße von bis zu 50.000 € verbunden werden (§ 63 Abs. 1 WPO).

Zulässige Befreiungen von der Verschwiegenheitspflicht bestehen im Rahmen der Konzernabschlussprüfung gemäß § 320 Abs. 3 HGB sowie bei Eröffnung des Insolvenzverfahrens nach Maßgabe des § 321a HGB.

4.1.4 Eigenverantwortlichkeit

Der Grundsatz der Eigenverantwortlichkeit ist in §§ 11, 12 BS verankert. Der WP muss sich ein eigenes Urteil bilden können und auf dieser Basis seine Entscheidungen in eigener Verantwortung fällen. Jegliche berufliche Tätigkeiten sind zu unterlassen, bei denen die geforderte Verantwortung nicht getragen werden kann oder nicht getragen werden soll (§ 11 Abs. 2 BS).

Demnach muss der WP jederzeit in der Lage sein, seine und die Arbeit seiner Mitarbeiter zu überblicken. Ihm ist zwar unbenommen, sich bei der Erledigung beruflicher Aufgaben der Mithilfe fachlich vorgebildeter Mitarbeiter zu bedienen. Allerdings muss der WP die Arbeit geordnet delegieren und als Berufsträger an der Arbeit in ausreichendem Umfang selbst teilnehmen, auch wenn die Mitarbeiter jedenfalls in Teilbereichen die Arbeit des Berufsträgers ersetzen können. Die Tätigkeiten und Arbeitsergebnisse der eingesetzten Mitarbeiter müssen aus Sicht des WP jederzeit nachvollziehbar und beurteilbar sein, ihm kommt stets die Letztverantwortung zu.

Der Pflicht zur Eigenverantwortlichkeit steht grundsätzlich ein berufsfremdes Anstellungsverhältnis entgegen. Der WP darf keinen fachlichen Weisungen unterliegen, die ihn verpflichten, insbesondere Prüfungsberichte und Gutachten auch dann zu unterzeichnen, wenn sich ihr Inhalt nicht mit seiner Überzeugung deckt (§ 44 Abs. 1 Satz 1 WPO). Dies integriert auch eine Schutzfunktion, indem der WP Weisungen, die entgegenstehende Verpflichtungen enthalten, für unzulässig und damit unbeachtlich erklärt.

Aufgrund der Pflicht zur Eigenverantwortlichkeit gelten WP stets als leitende Angestellte i. S. des Betriebsverfassungsgesetzes (BetrVerfG), auch wenn sie selbst keine Arbeitgeberfunktion wahrnehmen. Bei beruflichen Zusammenschlüssen gilt das Gebot der Eigenverantwortlichkeit für den zugewiesenen Tätigkeitsbereich.

4.1.5 Berufswürdiges Verhalten

Der WP hat sich in Anbetracht der Vertrauenswürdigkeit seines Berufsstands innerhalb und außerhalb seiner Tätigkeit gemäß §§ 13 ff. BS berufswürdig zu verhalten. Dies schließt insbesondere folgende Verhaltensregeln ein:

- **Berufswürdiges Verhalten bei der Auftragsübernahme:** § 52 Satz 1 WPO verpflichtet Berufsangehörige zu korrektem Verhalten bei der Auftragsübernahme. Dieses Gebot ist vor allem dann bedeutsam, wenn der Auftraggeber bisher von einem anderen WP betreut wurde bzw. nach wie vor betreut wird. Falls z. B. ein WP auf Veranlassung Dritter (z. B. staatliche Aufsichtsstellen oder Kreditinstitute) tätig wird, so darf er seine Einschaltung nicht dahingehend ausnutzen, den bisherigen Prüfer oder Berater aus dem Mandat zu verdrängen.

- **Unerlaubte Werbung:** § 13 Abs. 3 BS bestimmt, dass WP nur für Produkte und Dienstleistungen werben dürfen, die in einem direkten Zusammenhang zu ihrer Tätigkeit stehen, etwa Computersoftware zur Praxisorganisation oder Prüfungsplanung. Eine darüber hinausgehende Werbetätigkeit – etwa für Konsumgüter des täglichen Bedarfs – ist im Zweifel mit dem Ansehen in der Öffentlichkeit nicht vereinbar und unzulässig.

- **Information über die beruflichen Verhältnisse:** Der Berufsangehörige muss die Pflichtangaben bzw. Einschränkungen in Bezug auf Praxisschilder, Briefbögen etc. beachten. So ist im beruflichen Verkehr die Berufsbezeichnung „Wirtschaftsprüfer", ggf. i.V. mit einem amtlich verliehenen ausländischen Prüfertitel, zu verwenden (§ 18 Abs. 1 Satz 3 WPO). Es dürfen nur gesetzlich zugelassene Fachgebietsbezeichnungen geführt werden. Wenn einschlägig, dürfen Bezeichnungen als öffentlich bestellter Sachverständiger oder als Insolvenzverwalter geführt werden (§ 13a Abs. 2 BS).

  Auf Briefbögen von Sozietäten dürfen nur sozietätsfähige Personen unter Kennzeichnung ihres Status genannt werden. Beim Hinweis auf eine Kooperation muss sichergestellt sein, dass es sich auf eine auf Dauer angelegte und nicht nur projektbezogene Form der Zusammenarbeit handelt.

- **Verbot der Annahme von Zuwendungen:** Der Berufsangehörige darf Zuwendungen von einem Auftraggeber oder von für ihn handelnden Personen nur annehmen, wenn diese offensichtlich unbedeutend sind und keinen erkennbaren Einfluss auf die Entscheidungsfindung oder das Ergebnis der Tätigkeit haben; dies gilt für jegliche Leistungen des WP/vBP und nicht nur im Rahmen gesetzlicher Vorbehaltsaufgaben (§ 13 Abs. 4 BS).

- **Unterrichtung des Auftraggebers über Gesetzesverstöße:** Die in § 13 Abs. 2 BS kodifizierte „Redepflicht" verpflichtet den WP/vBP, seinen Auftraggeber auf Gesetzesverstöße aufmerksam zu machen. Diese Pflicht umfasst aber nicht das gezielte Forschen nach Gesetzesverstößen, sondern nur das Aufzeigen der bei Wahrnehmung der Aufgaben festgestellten Verstöße. Von der Vorschrift sind also lediglich die Fälle erfasst, in denen der Berufsangehörige die Gesetzesverstöße erkennt, nicht jedoch das fahrlässige Nichterkennen derartiger Verstöße.

  Es steht den Berufsangehörigen nicht an, über Gesetzesverstöße, die sie bei Wahrnehmung ihrer Aufgaben festgestellt haben, einfach hinwegzugehen. Nach dem Verhältnismäßigkeitsgrundsatz gilt dies allerdings nicht für Bagatellverstöße, sondern erst bei erheblichen Gesetzesverstößen.

  Im Gegensatz zu § 321 Abs. 2 HGB wird keine ausdrückliche schriftliche Berichtspflicht gefordert, sondern der Berufsangehörige ist gehalten, seinen Auftraggeber auf Gesetzesverstöße lediglich aufmerksam zu machen.

- **Sachlichkeitsgebot:** Der Berufsangehörige hat sich gemäß § 13 Abs. 1 BS sachlich zu äußern. Insbesondere darf sich der WP in beruflichen Angelegenheiten nicht beleidigend oder herabsetzend äußern oder bewusst die Unwahrheit verbreiten.

- **Vermeidung pflichtwidrigen Verhaltens:** Gemäß § 49 Abs. 1 WPO hat der WP seine Tätigkeit zu versagen, wenn sie für eine pflichtwidrige Handlung in Anspruch genommen werden soll. Ein Auftrag darf nicht übernommen werden, wenn dabei gesetzliche und berufsrechtliche Regelungen verletzt werden (z. B. Verstöße gegen Bestimmungen des Geldwäschegesetzes).

- **Verhalten gegenüber Berufsangehörigen:** Bei der Übertragung einer Praxis oder Teilpraxis darf die Notlage eines Berufskollegen, dessen Erben oder Vermächtnisnehmer nicht z. B. durch unangemessene Konditionenstellung ausgenutzt werden (§ 14 Abs. 1 BS).

  Weiter darf der WP z. B. vor einem Praxiswechsel keine Mandanten auf unbefugte Weise abwerben oder abwerben lassen, etwa mittels Diffamierung des ehemaligen Arbeitgebers oder durch Mitnahme von Adressen und Unterlagen über potenzielle Auftraggeber. Das eigenständige Betreiben von Werbung in der Folgezeit ist demgegenüber unproblematisch, soweit keine unlauteren Methoden angewandt werden. Das Verbot der Abwerbung betrifft nicht nur Mandanten, sondern ebenso Mitarbeiter eines Berufsangehörigen (§ 14 Abs. 2 und 3 BS).

Für die Einhaltung der Berufspflichten ist es im Übrigen unbeachtlich, ob dadurch Fehler von Kollegen aufgedeckt werden.

- **Ausbildung des Berufsnachwuchses und der Mitarbeiter:** Gemäß § 15 BS sollen WP im Rahmen ihrer Möglichkeiten an der Ausbildung des Berufsnachwuchses mitwirken. Dies bedingt keine Ausbildungspflicht, obwohl ein Teil der praktischen Ausbildung gemäß § 9 Abs. 3 WPO bei Berufsangehörigen erfolgen muss.

- **Haftungsbegrenzung:** WP ist gemäß § 16 BS das Angebot bzw. die Vereinbarung einer Haftsumme untersagt, die das nach der allgemeinen Berufsauffassung übliche Maß übersteigt (zu den gesetzlich geregelten Grenzen vgl. § 323 HGB). Insoweit soll durch Unterbindung unerfüllbarer Haftungsversprechen die Funktionsfähigkeit des Marktes für Prüfungsleistungen sichergestellt werden. Außerdem werden die Wettbewerbsbelange mittelständischer Praxen geschützt, welche nicht über das für eine Höherversicherung notwendige Kapital verfügen.

- **Pflichten im Rahmen der Berufshaftpflichtversicherung:** § 17 Abs. 1 BS regelt die unverzügliche Bringschuld des WP/vBP versicherungsrechtlicher Informationen gegenüber der WPK. Insoweit sollen Leistungsausschlüsse und -verzögerungen verhindert und der Gläubigerschutz gesichert werden. Einzelheiten regelt die Wirtschaftsprüfer-Berufshaftpflichtversicherungsordnung (WPBHV).

- **Siegelführung:** WP/vBP sind gemäß § 18 Abs. 1 BS verpflichtet, im Rahmen ihrer gesetzlichen Vorbehaltsaufgaben das Siegel zu führen. Gemäß § 18 Abs. 2 BS kann das Siegel auch bei Erklärungen über das Ergebnis nicht gesetzlich vorgeschriebener Prüfungen, Bescheinigungen, die Erklärungen über Prüfungsergebnisse enthalten, sowie erstatteten Gutachten eingesetzt werden. Eine anderweitige Verwendung des Siegels ist nicht erlaubt (§ 18 Abs. 3 BS).

  Zum Ausschluss von Verwechslungen und missbräuchlichen Verwendung des Siegels dürfen keine Siegel imitierenden Rundstempel verwendet werden (z. B. Familienwappen oder die berühmten dreischwänzigen Löwen; § 18 Abs. 4 BS). Die korrekte Gestaltung des Siegels bestimmt § 18a BS.

- **Niederlassungspflicht:** § 19 BS regelt Einzelheiten der Einrichtung und Unterhaltung von Niederlassungen und Zweigniederlassungen. Demzufolge handelt es sich bei jeder organisatorisch selbständigen Einheit um eine Niederlassung. Jede solche muss unter ständiger Leitung mindestens eines WP oder vBP stehen. Leitet ein Berufsangehöriger sowohl eine Haupt- als auch eine Zweigniederlassung, so sind besondere Regelungen zur Sicherung der Eigenverantwortlichkeit und Gewissenhaftigkeit zu treffen. Gemäß § 19 Abs. 2 BS muss mindestens ein WP, welcher eine WPG gesetzlich vertritt oder einen persönlich haftenden Gesellschafter bzw. Partner darstellt, seine berufliche Niederlassung am Sitz der Gesellschaft führen.

Das bis 2007 bestehende generelle Werbeverbot für WP/vBP und damit die oftmals unscharfe Grenzziehung zwischen Werbung und sog. Kundmachung wurde gänzlich aufgehoben. § 52 WPO bestimmt seither, dass **jegliche nicht unlautere Werbung zulässig** ist. Die §§ 31 ff. BS a. F. wurden 2007 außer Kraft gesetzt.

Nunmehr sind die allgemeinen Bestimmungen des **Gesetzes gegen den unlauteren Wettbewerb (UWG)** anwendbar, so z. B.:

- Unaufgeforderte Briefwerbung ist grundsätzlich zulässig, soweit nicht ein entgegenstehender Wunsch des zu Bewerbenden erkennbar ist (§ 7 Abs. 2 Nr. 1 UWG).
- Unaufgeforderte Telefon- bzw. Telefaxwerbung ist grundsätzlich nicht statthaft, außer es liegt eine ausdrückliche Einwilligung vor bzw. es kann eine solche unterstellt werden (§§ 2 Abs. 2, 7 Abs. 2 Nr. 2 und 3 UWG).
- Bei unaufgeforderter E-Mail-Werbung gilt abweichend zur Telefax-Werbung ausnahmsweise die Zulässigkeit für die Fälle, in denen der Werbende in Zusammenhang mit früher erbrachten Dienstleistungen von einem Mandanten selbst dessen E-Mail-Adresse erhalten hat (§ 7 Abs. 3 UWG).

4.2 Besondere Berufspflichten

Die besonderen Berufspflichten beziehen sich auf die Durchführung von Prüfungen und Erstattung von Gutachten, die berufliche Zusammenarbeit sowie die Regelungen zur Qualitätssicherung.

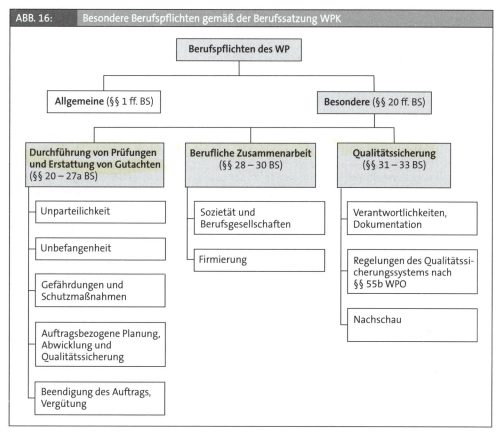

ABB. 16: Besondere Berufspflichten gemäß der Berufssatzung WPK

4.2.1 Durchführung von Prüfungen und Erstellung von Gutachten

Die in den §§ 20 bis 27a BS kodifizierten Regelungen zur Unabhängigkeit, Unbefangenheit und Unparteilichkeit wurden maßgeblich durch das BilReG vom 4. Dezember 2004 erweitert. Sie fußen neben den Vorschriften der §§ 318 ff. HGB auch auf dem *Code of Ethics* der IFAC vom 13. Juni 2005, dem *Sarbanes-Oxley-Act* vom 30. Juli 2002 sowie der **Empfehlung der EU-Kommission zur Unabhängigkeit des Abschlussprüfers** vom 16. Mai 2002 (2002/590/EG).

Die vergleichsweise liberale deutsche Berufspraxis wurde maßgeblich durch das BGH-Urteil vom 21. April 1997 (II ZR 317/95, sog. **„Allweiler-Urteil"**) zur Vereinbarkeit von Prüfung und Beratung geprägt. Demnach gelten folgende Leitsätze:

▶ Die wirtschaftliche und steuerliche Beratung eines Mandanten ist mit einer Abschlussprüfung durch denselben WP grundsätzlich vereinbar, soweit sie lediglich die Darstellung von Alternativen i. S. der Entscheidungshilfe umfasst. Insbesondere unschädlich ist eine bloße wissenschaftlich-fachliche Sachaufklärung.

▶ Die Beratung wird zur unzulässigen Mitwirkung, wenn der Berater anstelle des Mandanten selber eine unternehmerische Entscheidung in Bezug auf den zu prüfenden Jahresabschluss trifft.

▶ Dies gilt insbesondere bei alternativlosen Empfehlungen, nicht aber, wenn dem Beratenden die Entscheidungskompetenz verbleibt, dem Rat zu folgen oder nicht.

Die BGH-Entscheidung stellt somit auf das Merkmal der **funktionalen Entscheidungszuständigkeit** ab. Demzufolge ist eine Beratung so lange zulässig, wie die Entscheidung dem Mandanten selbst vorbehalten bleibt und der WP bei der nachfolgenden Prüfung eine fremde und nicht die eigene Entscheidung überprüft.

Ausgehend von dem von der EU-Kommission im Jahre 1996 herausgegebenen sog. **„Grünbuch"** zur Rolle, Stellung und Haftung des Abschlussprüfers in der Europäischen Union wurden die Anforderungen an die Unabhängigkeit des Abschlussprüfers von Seiten der EU weiter verschärft. Auf Basis der dort vorgenommenen Definition und Differenzierung des Unabhängigkeitsbegriffs in eine innere und äußere Unabhängigkeit

▶ innere Unabhängigkeit (Unbefangenheit) als innere Einstellung des WP, ohne geistige Bindung unvoreingenommen und unbefangen tätig zu werden (*„independence in mind"*),

▶ äußere Unabhängigkeit in Form des (Nicht-)Vorhandenseins von Faktoren (z. B. rechtliche, wirtschaftliche und faktische Bindungen zwischen dem Prüfer und dem zu prüfenden Unternehmen), aufgrund derer ein sachverständiger, informierter Dritter die Objektivität des Prüfers in Zweifel ziehen könnte (*„independence in appearance"*),

wurden seitens des zuständigen EU-Ausschusses für Fragen der Abschlussprüfung in der Folge neben allgemeinen Rahmenbedingungen (*„framework"*) und möglichen Schutzmaßnahmen (*„safeguards"*) zehn spezifische Anforderungen (*„specific requirements"*) zur Sicherstellung der Unabhängigkeit des Abschlussprüfers zunächst in einem Konsultationspapier kodifiziert. Die EU-Kommission gab am 20. März 2002 eine entsprechende Empfehlung ab, die zwar nicht unmittelbar rechtlich verbindlich war, aber als eindeutige Richtschnur für die Berufspraxis der Mitgliedstaaten dienen sollte.

ABB. 17:	Unabhängigkeitsanforderungen des EU-Ausschusses für Fragen der Abschlussprüfung	
Nr.	Anforderung	Erläuterung
1	Finanzielles Engagement	Jegliche nicht unwesentliche direkte oder indirekte finanzielle Beteiligung am Prüfungsmandanten oder eines mit ihm verbundenen Unternehmens (z. B. Aktien- oder Effektenbesitz, Annahme von Pensionsansprüchen) ist aufgrund der erheblichen Gefährdung durch Befangenheit als unzulässig anzusehen.
2	Geschäftliche Beziehungen	Jegliche nicht unwesentlichen geschäftlichen Beziehungen oder Verpflichtungen sollten aufgrund der inhärenten Gefährdung in Folge von Befangenheit, Parteinahme oder Einschüchterung unterbleiben, soweit sie nicht Teil des normalen Geschäftsverkehrs sind. Hierzu zählen finanzielle Beteiligungen an einem Gemeinschaftsunternehmen, Erhalt oder Gewährung eines Darlehens oder einer Kreditbürgschaft sowie Formen der Risikoübernahme.
3	Beschäftigungsverhältnisse	„Doppelte Beschäftigungsverhältnisse" bei Prüfungsgesellschaft und Prüfungsmandanten sollten grundsätzlich in Bezug auf Mitglieder des Auftragsteams und den auftragsnahen Einflussbereich verboten werden; hierzu zählen auch „Leiharbeitsverhältnisse". Beim Vorhandensein früherer Beschäftigungsverhältnisse sollten keine erheblichen Verbindungen mehr bestehen.
4	Geschäfts- oder aufsichtsführende Tätigkeiten	Die Übernahme derartiger Tätigkeiten wird ebenfalls als unzulässig erachtet, und zwar schon bei Beteiligungsunternehmen des Mandanten (mehr als 20 % der Stimmrechte beim Mandanten).
5	Übernahme eines Direktors oder Geschäftsführers eines Mandanten in ein Beschäftigungsverhältnis	Die Übernahme leitender Mitarbeiter des Mandantenunternehmens in ein Beschäftigungsverhältnis bei der WPG birgt ein hohes Maß an Unabhängigkeitsrisiko infolge der möglichen Einschüchterung oder Selbstüberprüfung und sollte abgesehen von unwesentlichen Fällen verboten werden, solange eine Karenzzeit von zwei Jahren, gerechnet ab dem Ausscheiden beim Mandanten, läuft („cooling-off period").
6	Familiäre und andere persönliche Beziehungen	Derartige Beziehungen zwischen nahen Familienangehörigen des gesetzlichen Abschlussprüfers und des Prüfungsmandanten (z. B. leitende geschäftsführende Position, Möglichkeit der direkten Einflussnahme, erhebliche finanzielle Beteiligung, erhebliche geschäftliche Beziehung) sollten obligatorisch die Nichtannahme des Prüfungsmandats nach sich ziehen.
7	Nicht prüfungsbezogene Leistungen	Sog. „non auditing services" (NAS) dürfen nur dann neben der gesetzlichen Abschlussprüfung für einen Mandanten erbracht werden, wenn das daraus resultierende Unabhängigkeitsrisiko auf ein vertretbares Maß reduziert wird. Eine Beeinträchtigung der Unabhängigkeit ist insbesondere dann gegeben, wenn die Beratung über eine Hilfeleistung rein technischer und mechanischer Natur oder einen Rat mit rein informativem Inhalt hinausgeht.
		Mechanische Aufgaben sind etwa die Übernahme von Buchhaltungsleistungen in Bezug auf bereits seitens des Mandanten erfasster Geschäftsvorgänge; ein Rat mit rein informativem Inhalt stellt etwa die Unterrichtung über gültige Standards der Rechnungslegung dar, soweit keine Entscheidung im Namen des Mandanten getroffen wird.
		Unzulässig ist die Erstellung wesentlicher rechnungslegungsbezogener Unterlagen, die Veränderung von Dokumenten oder Daten, die Genehmigung oder Gutheißung wirtschaftlicher Transaktionen, die Beratung hinsichtlich der Entwicklung und Einführung rechnungslegungsbezogener EDV-Systeme, nicht jedoch deren projektbegleitende Prüfung.
		Bewertungsleistungen, welche über rein routinemäßige Bewertungen (z. B. Abschreibung von Nutzungsgütern, Errechnung von Pensionsplänen) hinausgehen und ein hohes Maß an Bewertungssubjektivität in sich bergen, stellen ebenfalls eine signifikante Gefährdung der Unabhängigkeit dar.

Nr.	Anforderung	Erläuterung
		Eine Vertretung des Mandanten bei Rechtsstreitigkeiten gilt als nicht statthaft, soweit sich die Angelegenheiten auf den Jahresabschluss des Mandanten wesentlich auswirken können.
		Die Beteiligung an der Innenrevision eines Mandanten dürfte nur dann sachgerecht sein, wenn das interne Kontrollsystem des zu prüfenden Unternehmens eindeutig die fortlaufende Verantwortlichkeit der Geschäftsleitung oder des unabhängigen Verwaltungsgremiums für die Innenrevision vorsieht.
8	Gebühren und Honorare	Erfolgsabhängige Honorare begründen ein unvertretbares Maß an Unabhängigkeitsrisiko und sollten generell unterbleiben. Finanzielle Abhängigkeiten in Gestalt übermäßig hoher Anteile der Gebühren von Einzelmandanten an den Gesamtgebühren sollten vermieden werden.
		Zudem soll vom Abschlussprüfer bei Vereinbarung von „Dumping-Honoraren" der Nachweis verlangt werden, dass er ausreichend Zeit und qualifizierte Mitarbeiter für den Prüfungsauftrag einsetzt sowie alle Rechnungslegungsstandards, Richtlinien und Qualitätskontrollverfahren eingehalten werden, sowie dass das verlangte Honorar nicht von einer künftigen Beauftragung mit weiteren nichtprüfungsbezogenen Leistungen abhängig ist.
9	Rechtsstreitigkeiten	Entstandene oder wahrscheinlich entstehende Rechtsstreitigkeiten zwischen dem Abschlussprüfer und dem Prüfungsmandanten dürften sich so erheblich auf das Unabhängigkeitrisiko auswirken, dass alle erbrachten Prüfungs- und nicht prüfungsbezogene Leistungen überdacht werden müssen.
10	Langjährig tätiges Leitungspersonal	Solches könnte eine Gefährdung des Unabhängigkeitsrisikos infolge von Gutgläubigkeit (Betriebsblindheit) oder Vertraulichkeit induzieren. Daher wird vom Abschlussprüfer verlangt, das Auftrags- und Prüfungsteam innerhalb einer zumutbaren Frist von fünf bis sieben Jahren abzulösen. Dem ausgewechselten Auftrags- und Prüfungsteams sollte nicht gestattet sein, zu dem Prüfungsmandanten vor Ablauf von zwei Jahren nach der Auswechslung zurückzukehren.

Die Anforderungen der EU-Kommission wurden aufgrund der Ankündigung, bei Nichtumsetzung innerhalb von drei Jahren verbindliche EU-Rechtsvorschriften zu erlassen, auch in Deutschland rasch verwirklicht. Sie prägen die Bestimmungen der Berufssatzung in der heutigen Form maßgeblich.

(1) Unparteilichkeit

Der Grundsatz der Unparteilichkeit gemäß § 20 BS verlangt vom WP unbedingte Neutralität. Es darf kein Beteiligter bevorzugt oder benachteiligt werden. Dies impliziert

▶ prüfungsrelevante Sachverhalte vollständig zu erfassen,
▶ diese unter Abwägung aller wesentlichen Gesichtspunkte fachlich zu beurteilen und
▶ bei der Berichterstattung vollständig wiederzugeben.

Die Neutralität muss im Prüfungsbericht und Gutachten zum Ausdruck kommen. Wesentliche Sachverhalte dürfen nicht verschwiegen werden oder im Rahmen der fachlichen Würdigung unberücksichtigt bleiben, Sonderinteressen nicht verfolgt werden.

Es ist WP/vBP nicht verwehrt, auch Aufträge mit argumentativer Funktion anzunehmen und auszuführen, d. h. als Berater des Käufers oder Verkäufers eines Unternehmens. In diesem Zusammenhang darf aber der Begriff „Gutachten" nicht verwendet werden, so dass nicht nach außen hin der Eindruck einer unparteilichen Stellungnahme erweckt wird (§ 20 Abs. 2 BS).

(2) Unbefangenheit

Die auch im öffentlichen Interesse wahrgenommene Funktion des Abschlussprüfers verlangt, dass der WP bei seinen Feststellungen, Beurteilungen und Entscheidungen frei von Einflüssen, Bindungen und Rücksichten ist, gleichgültig, ob diese persönlicher, wirtschaftlicher oder rechtlicher Natur sind. Demzufolge hat der WP die Tätigkeit zu versagen, wenn gemäß § 49 WPO die Besorgnis der Befangenheit bei der Durchführung des Auftrages besteht bzw. bestehen könnte.

Beeinträchtigungen der Unbefangenheit (sog. „threats") resultieren insbesondere aus

- Eigeninteresse (§ 23 BS),
- Selbstprüfung (§ 23a BS),
- Interessenvertretung (§ 23b BS) und
- persönlicher Vertrautheit (§ 24 BS).

Die Besorgnis der Befangenheit des WP resultiert nicht allein aus Faktoren, die in dessen Person begründet sind. Sie besteht auch, sofern

- Personen, mit denen der WP seinen Beruf gemeinsam ausübt, in einer für Dritte erkennbaren Weise kooperiert oder die im Rahmen der Auftragsdurchführung bei dem WP beschäftigt sind,
- Ehegatten, Lebenspartner oder Verwandte in gerader Linie des WP oder für eine dieser Personen handelnde Vertreter sowie
- Unternehmen, auf die der WP maßgeblichen Einfluss hat,

die in §§ 23 ff. BS aufgeführten Sachverhalte verwirklichen (§ 21 Abs. 4 BS).

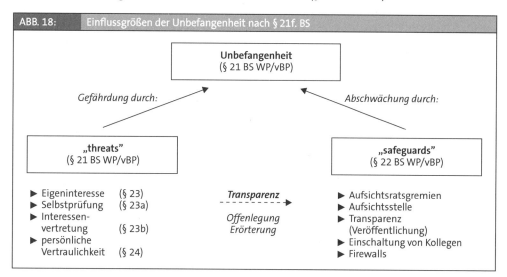

ABB. 18: Einflussgrößen der Unbefangenheit nach § 21f. BS

Die die Besorgnis der Befangenheit auslösenden Sachverhalte müssen nicht nur vor der Annahme eines Auftrags, sondern während der gesamten **Auftragsdurchführung** ausgeschlossen werden. Vom WP getroffene Überwachungsmaßnahmen und die in diesem Rahmen festgestellten Sachverhalte sind in den Arbeitspapieren zu dokumentieren (§ 21 Abs. 5 BS).

Eine Gefährdung der Unbefangenheit kann vernachlässigt werden
- bei unwesentlichen Tatbeständen,
- beim Vorliegen vom WP getroffener geeigneter Schutzmaßnahmen i. S. des § 22 BS.

Mögliche geeignete **Schutzmaßnahmen** bestehen insbesondere in
- Erörterungen mit Aufsichtsgremien des Auftraggebers (i. d. R. dem Aufsichtsrat),
- Erörterungen mit Aufsichtsstellen außerhalb des Unternehmens (z. B. der Bundesanstalt für Finanzdienstleistungsaufsicht oder mit Rechnungshöfen),
- geeigneten Transparenzregelungen (z. B. Veröffentlichung von Honoraren),
- Einschaltung von bisher nicht in den Prüfungsauftrag eingebundenen Personen unter Beachtung der Verschwiegenheitspflicht,
- Beratung mit Kollegen, die in Fragen der Unabhängigkeit erfahren sind,
- Errichtung von Firewalls, d. h., personelle bzw. organisatorische Maßnahmen zur Verhinderung, dass dem Abschlussprüfer Informationen bekannt werden, die dessen Befangenheit begründen könnten (§ 22 Abs. 1 BS).

Die getroffenen Schutzmaßnahmen sind gemäß § 22 Abs. 2 BS i.V. mit § 21 Abs. 5 BS schriftlich in den Arbeitspapieren zu dokumentieren.

Das Vorliegen der in § 319 Abs. 3 HGB sowie in Fall der Prüfung von Unternehmen von öffentlichem Interesse in § 319a Abs. 1 HGB aufgeführten Tatbestände führt stets und unwiderlegbar zur Annahme der Befangenheit (vgl. hierzu im Einzelnen Kapitel II.3.2). Art und Umfang getroffener Schutzmaßnahmen sowie das subjektive Empfinden des WP sind hierfür unbeachtlich.

Die Ausschlussgründe des § 319 HGB gelten für alle gesetzlich vorgeschriebenen Prüfungen sowie freiwilligen Prüfungen, bei denen ein Bestätigungsvermerk erteilt wird, der demjenigen gemäß § 322 HGB nachgebildet ist. Bei gemeinsamer Berufsausübung wirken sie sich auch auf die übrigen Mitglieder des Zusammenschlusses und diesen als solchen aus. Dies gilt auch für Netzwerkstrukturen i. S. des § 319b HGB.

Für die Unbefangenheit schädliche **finanzielle Eigeninteressen** des WP bestehen nach § 23 Abs. 1 BS insbesondere bei
- kapitalmäßigen oder sonstigen finanziellen Bindungen gegenüber dem zu prüfenden bzw. zu begutachtenden Unternehmen,
- einer übermäßigen Umsatzabhängigkeit (zur gesetzlichen Konkretisierung vgl. §§ 319 Abs. 3 Nr. 5, 319a Abs. 1 Nr. 1 HGB),
- über den normalen Liefer- und Leistungsverkehr zu marktüblichen Konditionen bei Geschäften mit fremden Dritten hinausgehende Leistungsbeziehungen mit dem Mandanten,
- Forderungen gegenüber dem Mandanten bzw. dem zu begutachtenden Unternehmen aus einem Kredit- oder Bürgschaftsverhältnis,
- ausstehende Honorarforderungen, wenn sie über einen längeren Zeitraum bestehen und einen für die Vermögensverhältnisse des WP wesentlichen Betrag erreichen,

daneben kann ein Verdeckungsrisiko aus folgenden **sonstigen Eigeninteressen** gemäß § 23 Abs. 2 BS resultieren:

- Pflichtverletzungen aus vorangegangenen Prüfungen sowie
- offene Rechtsstreitigkeiten über Regress- oder Gewährleistungsfragen aus früheren Aufträgen.

Gewährt der WP einem Mandanten einen nicht nur unwesentlichen Kredit, so kann ein negatives Prüfungsurteil nachteilige Auswirkungen auf die Solvenz des Schuldners induzieren. Eine Kreditaufnahme des WP beim Mandanten ruft Befangenheit hervor, sofern aus dem Vertragsverhältnis wirtschaftlicher Druck auf den WP etwa aufgrund nicht festgelegter Konditionen resultieren kann.

Pflichtverletzungen bzw. diesbezügliche Rechtsstreitigkeiten in Bezug auf frühere Leistungen des WP begünstigen, dass im Rahmen der laufenden Prüfungstätigkeit Feststellungen verschwiegen werden, um Inanspruchnahmen, Prozessverlusten oder Imageschädigungen zu entgehen. Bereits die Wahrscheinlichkeit eines Rechtsstreits kann Besorgnis der Befangenheit begründen, soweit diese nicht unwesentlich ist. Die Drohung des Mandantenunternehmens, behauptete Ansprüche durchzusetzen, kann ein Druckmittel derart entstehen lassen, dass sich der WP in strittigen Fragen der Abschlussprüfung der Auffassung des Mandanten anschließt.

Ein Verstoß gegen das in § 23a BS geregelte **Selbstprüfungsverbot** liegt vor, wenn der WP einen Sachverhalt zu beurteilen hat, an dessen Zustandekommen er nicht nur nachrangig beteiligt war und der sich wesentlich auf die Darstellung der Vermögens-, Finanz- und Ertragslage im Jahresabschluss auswirkt. Dies gilt nicht, sofern der Sachverhalt in einer vergangenen Prüfung bereits abschließend beurteilt wurde.

Wenn der WP im Rahmen einer vorhergehenden Tätigkeit Fehler nicht erkannte oder selbst machte, besteht in laufenden Prüfungen die Gefahr, dass diese Fehler

- entweder aufgrund **fachlicher Voreingenommenheit** nicht aufgedeckt
- oder zur Vermeidung von Nachteilen aus Gründen des **Selbstschutzes** nicht pflichtmäßig offenbart werden.

Ein unwiderlegbares Indiz für eine Besorgnis der Befangenheit liegt vor, wenn an der **Führung der Bücher** und an der **Aufstellung des zu prüfenden Jahresabschlusses** mitgewirkt wurde, soweit die ausgeführten Tätigkeiten nicht von untergeordneter Bedeutung sind.

Dem WP muss von Seiten des Mandanten ein prüfungsfähiger Jahresabschluss vorgelegt werden. Berufsüblich und nicht zu beanstanden sind bloße Korrekturtätigkeiten im Rahmen der Abschlussprüfung derart, dass prüferseitig lediglich Hinweise zur zutreffenden Behandlung von Geschäftsvorfällen im Jahresabschluss gegeben werden, die letztendliche Entscheidung aber in der Verantwortung des Mandanten verbleibt (prüfungsvorbereitende bzw. prüfungsbegleitende Beratung). Auch das Aufzeigen bilanzpolitischer Wahlrechte oder Beurteilungsspielräume ist unbedenklich.

Die Durchführung der **Internen Revision** ist mit dem Selbstprüfungsverbot jedenfalls dann nicht vereinbar, wenn der WP hierbei eine verantwortliche Position einnimmt. Hinweise und Empfehlungen zur Steigerung der Zweckmäßigkeit und Wirksamkeit der internen Kontrollen sind wiederum berufsüblich.

Die Mitwirkung an der Ausarbeitung von Bilanzierungs- oder Konzernrichtlinien oder sonstigen Buchungsanweisungen sowie Hinweise in Bezug auf die Ausgestaltung des Rechnungslegungssystems sind danach zulässig, wenn sich die Leistung auf die Darstellung allgemeiner Vorgaben beschränkt und die Entscheidung über die Einführung sowie konkrete Umsetzung der Richtlinien dem Mandanten überlassen bleibt.

Die Übernahme einer **Leitungsfunktion** beim Mandanten durch den WP begründet unwiderleglich die Besorgnis der Befangenheit, da insoweit eine einseitige Ausrichtung auf die Interessen des Unternehmens unterstellt werden kann. Dies gilt u. a. auch bei

- Beendigung der Tätigkeit vor Beginn des zu prüfenden Geschäftsjahres, soweit Leitungsentscheidungen auf dieses ausstrahlen,
- Ausübung von Leitungsfunktionen durch Personen, mit denen der WP seinen Beruf gemeinsam ausübt bzw. die mit der Prüfungsdurchführung befasst sind.

Nach § 23a Abs. 5 Satz 2 BS dürfen WP keine **Finanzdienstleistungen** für Mandanten erbringen. Bei der Vermittlung von Anteilen oder der Anlage von Vermögenswerten würde ein finanzielles Interesse begründet, welches den Tatbestand sowohl der Befangenheit als auch der Abhängigkeit auslöst. Nachteilige Feststellungen der Wertentwicklung im Rahmen nachfolgender Abschlussprüfungen könnten Haftungskonsequenzen, zumindest aber Reputationsschäden bewirken.

Versicherungsmathematische Leistungen, z. B. die Berechnung von Pensionsrückstellungen oder von Deckungsrückstellungen bei Versicherungsunternehmen dürfen vom WP nur erbracht werden, wenn die bezifferten Werte für den Jahresabschluss als Ganzes von untergeordneter Bedeutung sind. Unproblematisch sind lediglich technisch-mechanische Hilfeleistungen des WP, bei denen die wertbestimmenden Parameter und die Bewertungsmethoden vom Mandanten vorgegeben werden.

Die Zulässigkeit der Erbringung von **Bewertungsleistungen** ist differenziert zu würdigen. Die Bewertung von Beteiligungen ist insbesondere in Zusammenhang mit deren Erwerb problematisch, weil im Folgeabschluss der WP bei negativer Wertentwicklung bzw. überhöhter Werteinschätzung einen Abschreibungsbedarf feststellen könnte. Gleiches gilt für die Bewertung von Vermögenswerten, die für den Jahresabschluss wesentlich sind, z. B. Grundstücke, Bodenschätze. In Bezug auf die Beratungsleistung könnten sich wiederum Regressansprüche an den WP ergeben.

Im Rahmen der Abschlussprüfung vom WP notwendigerweise vorzunehmende Bewertungsleistungen begründen keine Besorgnis der Befangenheit (z. B. Prüfung der Abschreibungen, Wertminderungstest).

Leistungen der **Steuer- und Rechtsberatung** begründen jedenfalls bei Unternehmen i. S. des § 319a HGB die Besorgnis der Befangenheit, wenn

- sie über das Aufzeigen von Gestaltungsmöglichkeiten hinausgehen,
- der Prüfer durch Empfehlung konkreter Maßnahmen einen bestimmten Erfolg schuldet,
- welcher sich auf die Darstellung der Vermögens-, Finanz- und Ertragslage im Jahresabschluss nicht nur unwesentlich auswirkt.

Die Unbefangenheit wird nicht beeinträchtigt, wenn

- lediglich Hinweise auf die bestehende Rechtslage erfolgen bzw.
- bereits vom Mandanten verwirklichte Sachverhalte beurteilt werden

(§ 23a Abs. 7 BS). Soweit die Beratungsleistung nicht für Unternehmen i. S. des § 319a HGB erbracht wird, dürfte sich diese nur schädlich auswirken, wenn das Leistungsobjekt derart komplex ist, dass es vom zu Beratenden nicht wenigstens in Grundzügen nachvollzogen werden kann und dieser folglich weder über die funktionale noch die sachliche Entscheidungskompetenz verfügt.

Die Mitwirkung an der Entwicklung, Einrichtung und Einführung von **rechnungslegungsbezogenen Informationssystemen** bei Unternehmen i. S. des § 319a HGB begründet stets die Besorgnis der Befangenheit, wenn diese außerhalb der Prüfungsleistung liegt und nicht nur von untergeordneter Bedeutung ist (§ 23a Abs. 8 BS).

Zur Beurteilung der Zulässigkeit der Erbringung nicht-prüfungsbezogener Leistungen neben der Durchführung der gesetzlichen Abschlussprüfung kann folgendes abstrakte Prüfschema herangezogen werden:

ABB. 19:	Prüfschema zur Beurteilung der Zulässigkeit der Erbringung nicht-prüfungsbezogener Leistungen
1.	Liegt ein Tatbestand vor, der nach HGB, WPO oder BS unwiderleglich Befangenheit begründet?
2.	Steht die vom WP erbrachte Leistung in keinem funktionalen Zusammenhang zur Prüfungstätigkeit?
3.	Wirkt sich die vom WP erbrachte Leistung auf die Darstellung der Vermögens-, Finanz- und Ertragslage im Jahresabschluss in wesentlichem Umfang aus?
4.	Umfasst die Leistung des WP die Übernahme von Leitungsfunktionen beim Mandanten?
5.	Werden dem Mandanten alternativlose Empfehlungen oder lediglich Gestaltungsspielräume bzw. Hinweise auf die bestehende Rechtslage unterbreitet?
6.	Besteht die Leistung gegenüber dem Mandanten lediglich in technisch-mechanischen Hilfeleistungen?
7.	Werden lediglich bereits von der Unternehmensleitung getroffene Entscheidungen verwirklicht?
8.	Werden lediglich noch nicht von der Unternehmensleitung getroffene Entscheidungen vorab auf ihre potenziellen Auswirkungen beurteilt?

Die **projektbegleitende Prüfung beim Einsatz von Informationstechnologie** genießt in diesem Zusammenhang einen Sonderstatus. Hierbei handelt es sich um eine bereits während der Durchführung des Projekts vorgenommene prüferische Beurteilung der Entwicklung, Änderung oder Erweiterung IT-gestützter Rechnungslegungssysteme (IDW PS 850, Tz. 1).

Gegenstände der Prüfungstätigkeit im Rahmen der projektbegleitenden Prüfung sind die in den jeweiligen Projektphasen getroffenen Entscheidungen des Managements in Bezug auf die für die Buchführung bestehenden Ordnungsmäßigkeits-, Sicherheits- und Kontrollanforderungen.

Die Tätigkeit kann projektbegleitend parallel zu den einzelnen Entwicklungs- und Implementierungsschritten erfolgen, um sicherzustellen, dass das neu entwickelte, geänderte oder erweiterte IT-gestützte Buchführungssystem als integrierter Teil eines komplexen Informations- und Kommunikationssystems alle Kriterien der Ordnungsmäßigkeit erfüllt und insoweit die Voraussetzungen für eine ordnungsmäßige Buchführung gegeben sind.

Die projektbegleitende Prüfungstätigkeit beschränkt sich auf die Prüfungen der von den Systementwicklern gestalteten Lösungen unter Ordnungsmäßigkeits- und Kontrollgesichtspunkten, schließt aber nicht aus, dass Hinweise oder Anregungen zur Beachtung von Anforderungen der Ordnungsmäßigkeit oder zur Einführung zusätzlicher Kontrollen gegeben werden. In diesem

Rahmen ist auch die Definition der System- und Programmerfordernisse zur Unterstützung der Abschlussprüfung zulässig, solange sich die Tätigkeit des WP auf die Darstellung allgemeiner Vorgaben beschränkt und die Konkretisierung sowie die Umsetzung dem Mandanten überlassen bleibt.

Die prüferische Tätigkeit stellt insoweit ausdrücklich **keine Mitwirkung** an der Entwicklung, Einrichtung oder der Einführung eines Rechnungslegungsinformationssystems i. S. der § 319 Abs. 3 Nr. 3 bzw. § 319a Abs. 1 Satz 1 Nr. 3 HGB dar und zieht folglich auch **keinen zwangsläufigen Ausschluss** des Prüfers von der Durchführung der gesetzlichen Abschlussprüfung nach sich (IDW PS 850, Tz. 3).

IT-Projekte haben meist zum Gegenstand

- die Entwicklung und Einführung von Individualsoftware,
- die Auswahl und Einführung von Standardsoftware

oder Mischformen hiervon. Für die sachgerechte Planung, Durchführung, Organisation und Überwachung des jeweiligen IT-Projekts ist allein das **Management** des Unternehmens verantwortlich. Ihm obliegt es, geeignete Maßnahmen zu ergreifen, um etwaigen Projektrisiken wirksam zu begegnen (IDW PS 850, Tz. 20). Solche resultieren insbesondere aus

- einer unzureichenden **Projektorganisation** und
- einem unzureichenden **Projektcontrolling** (IDW PS 850, Tz. 22).

Aufgabe des **projektbegleitenden Prüfers** ist demgegenüber die Feststellung, ob

- die sich aus den anzuwendenden gesetzlichen Vorschriften sowie GoB ergebenden Ordnungsmäßigkeits-, Sicherheits- und Kontrollanforderungen bei der Umsetzung des IT-Projekts beachtet wurden sowie
- ein angemessenes und wirksames IT-Kontrollsystem für das geänderte IT-Rechnungslegungssystem eingerichtet wurde (IDW PS 850, Tz. 28).

Im Ergebnis ist zu beurteilen, ob Fehlerrisiken, die zu wesentlichen Falschangaben in der Rechnungslegung führen können, durch die Einrichtung eines wirksamen IT-Kontrollsystems verhindert bzw. aufgedeckt und korrigiert werden (IDW PS 850, Tz. 27).

Entsprechende **Prüfungshandlungen** erstrecken sich auf

- das Projektmanagement allgemein,
- die in den einzelnen Projektphasen getroffenen Managemententscheidungen sowie
- die phasenbezogenen Projektergebnisse.

ABB. 20:	Objekte der Prüfung von Projektmanagement und Projektcontrolling
Projektmanagement	**Projektcontrolling**
▶ Bestehen einer angemessenen phasenorientierten Projektsteuerung und -abwicklung ▶ Bestehen und Umsetzung von Detail-, Ressourcen- und Terminplanungen für die einzelnen Projektphasen ▶ Sachgerechte Einbindung des Managements (Verantwortlichkeiten, Kompetenzen) und der Projektbeteiligten (Projektleiter und -team) ▶ Einhaltung der projektbezogenen Kommunikations- und Dokumentationsverfahren nebst Einsatz der dafür vorgesehenen Werkzeuge (z. B. Projektmanagementprogramme)	▶ Regelmäßige Überwachung der Einhaltung der Projektphasen und des Projektbudgets ▶ Durchführung von Abweichungsanalysen, anhand derer Projektrisiken zeitnah erkannt und angemessene Maßnahmen eingeleitet werden können ▶ Vorliegen von Anzeichen für eine unzureichende Ausstattung mit Sach- und Personalmitteln, z. B. Zeit- und/oder Budgetüberschreitungen

Quelle: IDW PS 850, Tz. 43 ff.

Die auf die jeweiligen Projektphasen bezogenen Prüfungsziele, Prüfungsobjekte und Prüfungshandlungen werden eingehend in Kapitel IV.1.5.1 erörtert.

Im Ergebnis begründet die Durchführung einer projektbegleitenden Prüfung nach Maßgabe des IDW PS 850 bei jeglichen Unternehmen keine Besorgnis der Befangenheit.

Die **Interessenvertretung** des WP für oder gegen ein zu prüfendes oder zu begutachtendes Unternehmen in Form

▶ eines einseitigen und nachhaltigen Eintretens für Belange des Unternehmens,
▶ des Betreibens von Werbung für das Unternehmen oder
▶ des Vertriebs von Produkten und Dienstleistungen des Unternehmens (z. B. Kapitalanlagen),

kann eine Gefährdung der Unbefangenheit bedingen (§ 23b BS).

Dies gilt auch beim Vorhandensein **persönlicher Vertrautheit** infolge enger persönlicher Beziehungen zu

▶ dem zu prüfenden bzw. zu begutachtenden Unternehmen,
▶ Mitgliedern der Unternehmensleitung oder
▶ Personen, die auf den Prüfungsgegenstand Einfluss haben (§ 24 BS).

Für die Annahme einer Befangenheit aufgrund des Vorliegens enger persönlicher Beziehungen und persönlicher Vertrautheit i. S. des § 24 BS ist das Gesamtbild der Verhältnisse maßgebend, durch das sachverständige unbeteiligte Dritte zu der Annahme gelangen können, dass ein übermäßiges Vertrauen des WP zu den genannten Personen besteht und dessen Urteilsbildung hierdurch beeinflusst werden kann. Hierfür sind im Einzelfall zu würdigen

▶ die Art der Beziehung (z. B. nahe Verwandtschaft oder bloße Freundschaft, etwa vermittelt durch gemeinsame Vereinsmitgliedschaft),
▶ ihre Dauer und ihrer Intensität sowie
▶ die Funktion der mit dem WP vertrauten Person in dem Unternehmen oder in Bezug auf den Prüfungsgegenstand.

Nach § 21 Abs. 4 Nr. 4 BS können auch solche Beziehungen relevant sein, die ein naher Angehöriger des WP unterhält.

Bei einem Wechsel von Mitarbeitern des WP zum Mandanten ist die bisherige Funktion des Mitarbeiters (für die Prüfung verantwortlicher WP, Mitglied des Auftragsteams, Mitarbeiter in leitender Stellung bei dem WP oder sonstiger Mitarbeiter) entscheidend.

Daneben sind die Umstände, die zu dem Wechsel geführt haben, die Position, die der Betreffende bei dem Mandanten bekleiden wird (z. B. leitende Funktion im Rechnungswesen) sowie die Zeit, die seit dem Wechsel vergangen ist, für die Besorgnis persönlicher Vertrautheit relevant. Geeignete Schutzmaßnahmen zur Abmilderung entsprechender Risiken auf ein vertretbares Maß sind z. B. eine Nachschau der Prüfungsergebnisse des wechselnden Mitarbeiters oder die Besetzung des Auftragsteams mit Personen ohne enge persönliche Beziehung.

Wechselt der Abschlussprüfer oder der verantwortliche WP zu seinem bisherigen Prüfungsmandanten und ist dieser ein Unternehmen i. S. des § 319a Abs. 1 Satz 1 HGB, darf er dort nach § 43 Abs. 3 WPO zwei Jahre lang keine wichtige Führungstätigkeit ausüben. Nach Ablauf dieser Frist sind Schutzmaßnahmen nicht mehr erforderlich.

Gemäß § 318 Abs. 6 HGB kann die **Kündigung eines Prüfungsauftrags** seitens des WP nur infolge eines wichtigen Grundes erfolgen, z. B. bei Existenz von Befangenheitstatbeständen. In diesem Fall ist der WP verpflichtet, seinen Mandatsnachfolger über die bisherigen Ergebnisse zu unterrichten. § 26 Abs. 1 BS verpflichtet den Folgeprüfer seinerseits, sich über den Grund der Kündigung und das bisherige Prüfungsergebnis zu informieren. Die Informationspflicht besteht allerdings nur, wenn die Verschwiegenheitspflicht oder weitere berechtigte Interessen dem nicht entgegenstehen. Erlangt der Mandatsnachfolger keine ausreichende Auskünfte, so ist das Mandat abzulehnen (§ 26 Abs. 3 Satz 2 BS).

Die **Vergütung** des WP soll angemessen sein, um einerseits eine ausreichende Prüfungsqualität sicherzustellen, ohne andererseits die Gefahr einer Abhängigkeit aufzuwerfen. Zwar ist bei Angehörigen freier Berufe die Vereinbarung von Pauschalhonoraren nicht unüblich; dies wird auch durch § 27 BS nicht ausgeschlossen. Da der Umfang des Prüfungsauftrags sich aber nicht vorab bestimmen lässt, muss die Möglichkeit einer Anpassung aufgrund einer unvorhergesehenen Ausdehnung der Prüfungshandlungen jederzeit bestehen, sie kann nicht abbedungen werden. Insoweit soll eine sorgfältige Prüfungsdurchführung sichergestellt und Preisdumping verhindert werden.

Nach § 27 Abs. 1 Satz 3 BS muss beim Vorliegen eines erheblichen Missverhältnisses zwischen der erbrachten Leistung und der erhaltenen Vergütung in Bezug auf gesetzlich vorgeschriebenen Abschlussprüfungen der WPK nachgewiesen werden, dass für die Prüfung eine angemessene Zeit aufgewandt und qualifiziertes Personal eingesetzt wurde.

Die Regelung zielt vor allem auf Bietungswettbewerbe bei der Ausschreibung von Prüfungsmandaten ab. Es soll verhindert werden, dass bei zu niedrigen Konditionen eine ordnungsmäßige Durchführung der Abschlussprüfung gefährdet ist. Ein solcher Nachweis dürfte aufgrund der Komplexität des Aufgreifkriteriums allerdings nur in krassen Ausnahmefällen verlangt und geführt werden können.

4.2.2 Berufliche Zusammenarbeit

Teil 3 der Berufssatzung regelt die Zusammenarbeit und Firmierung von Berufsangehörigen in einer Sozietät, einer Berufsgesellschaft sowie mit ihnen in Verbindung stehenden gewerblichen Unternehmen.

Sozietäten, WPG und BPG sollten unter den Namen und Berufsbezeichnungen ihrer Mitglieder firmieren; eine Sozietät kann zusätzlich auch eine firmen- oder namensähnliche Bezeichnung führen (§ 28 Abs. 1 und 2 BS). Die Firmierung darf auch nach dem Ausscheiden namensgebender Gesellschafter beibehalten werden. Die Bezeichnung „WPG" oder „BPG" ist in die Firmierung aufzunehmen (§ 29 Abs. 1 Satz 1 BS).

Die Firmierung muss eine Verwechslung mit berufsfremden Unternehmen und Unternehmensgruppen ausschließen lassen (§ 29 Abs. 2 BS). Eine WPG oder BPG darf ihrerseits nicht dulden, dass ein nicht als solches anerkanntes, d. h. berufsfremdes Unternehmen wesentliche Bestandteile ihrer Firmierung oder ihres Namens im Geschäftsverkehr verwendet (§ 30 Abs. 1 Satz 1 BS).

5. Qualitätssicherung

5.1 Rechtliche Grundlagen

Die WP sind aufgrund des in ihre Tätigkeit gesetzten hohen Vertrauens angehalten, eine angemessene Qualität ihrer Arbeit in sämtlichen Bereichen zu gewährleisten und langfristig zu sichern. Sowohl HGB wie auch WPO enthalten gesetzliche Vorschriften, nach deren Maßgabe die Qualitätssicherung zu erfolgen hat.

Die Berufssatzung WP/vBP der WPK konkretisiert die gesetzlichen Berufspflichten in Bezug auf die Qualitätsanforderungen. Sie enthält Vorschriften, die den WP zur Beachtung fachlicher Regeln, zur Erhaltung seiner persönlichen und fachlichen Kompetenzen, zur Gesamtplanung aller Aufträge sowie zur Aus- und Weiterbildung seiner Mitarbeiter verpflichten. Die Einhaltung der Pflichten ist gemäß § 7 BS regelmäßig zu überprüfen, erkannte Mängel sind abzustellen (zur Berufssatzung vgl. das vorstehende Kapitel I.4.).

Gemäß § 55b WPO muss ein Qualitätssicherungssystem geschaffen werden, welches die Einhaltung der Berufspflichten überwacht und dokumentiert. Explizite Anforderungen an die Einrichtung, Unterhaltung und Verbesserung dieses Systems ergeben sich aus der Berufssatzung und der VO 1/2006 „**Anforderungen an die Qualitätssicherung in der Wirtschaftsprüferpraxis**".

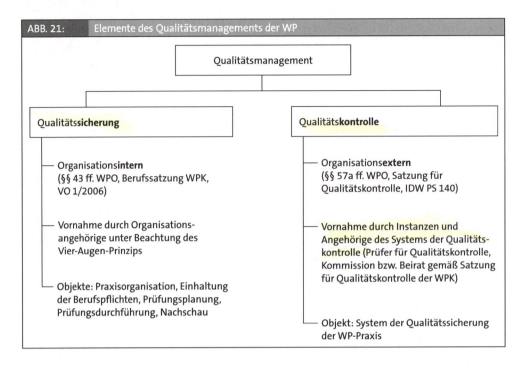

ABB. 21: Elemente des Qualitätsmanagements der WP

5.2 Mindestanforderungen an die Qualitätssicherung (VO 1/2006)

5.2.1 Zielsetzung und Inhalt des Qualitätssicherungssystems

Die Regelungen zur Qualitätssicherung und Qualitätskontrolle in der WP-Praxis nehmen einen immer größer werdenden Anteil an den berufsrechtlichen Anforderungen ein. Schon die Berufssatzung lässt einen prozessorientierten Ansatz erkennen. Alle Prozessschritte der Durchführung von Abschlussprüfungen sind mit qualitätssichernden Regelungen zu unterlegen.

ABB. 22: Berufspflichten zur prüfungsbezogenen Qualitätssicherung nach §§ 24a ff. BS WP/vBP

Prüfungsverlauf und prüfungsbezogene Qualitätssicherung (§§ 24a – d BS WP/vBP)							
Auftrags-angebot	Auftrags-annahme	Prüfungs-planung	Prüfungs-anweisungen	Prüfung i. e. S.	Urteils-bildung	Bericht-erstattung	Weitere Schritte
Prüfung, Dokumentation	Sachkunde, Kapazitäten, zeitliche, Unabhängigkeit	Sachliche, personelle Planung	Mitarbeiterauswahl und -einsatz, Delegation, Verantwortlichkeiten, Beaufsichtigung	Hinzuziehung von externem Rat, Verwertung von Ergebnissen Dritter (Mandatsvorgänger, Sachverständige)	Würdigung der Arbeitsergebnisse, Urteilsbildung, Einhaltung gesetzlicher und fachlicher Regeln	Berichtskritik und auftragsbegleitende Qualitätssicherung, Kennzeichnung übernommener Angaben	Verfahren bei Beschwerden, und Vorwürfen, Streitigkeiten, vorzeitiger Beendigung des Auftrags einschließlich dessen Dokumentation

Die VO 1/2006 konkretisiert die Mindestanforderungen der §§ 24a bis 24d und 31 bis 33 an die Qualität der beruflichen Tätigkeit der WP und das einzurichtende Qualitätssicherungssystem. Die Vorgaben zu dessen Ausgestaltung sind zwar nicht rechtsverbindlich, jedoch kann von einer wirksamen Selbstbindung ausgegangen werden, da eine Nichtbeachtung in berufsgerichtlichen oder zivilrechtlichen Verfahren zum Nachteil des WP ausgelegt werden kann (VO 1/2006, Tz. 1).

Anzuwenden ist die VO 1/2006 von allen Praxen, die von mindestens einem Wirtschaftsprüfer geleitet werden und prüfende Tätigkeiten ausführen. Der Regelungsbedarf ist jedoch abhängig von Art, Größe und Tätigkeitsbereich der Praxis sowie den daraus resultierenden qualitätsgefährdenden Risiken (VO 1/2006, Tz. 4).

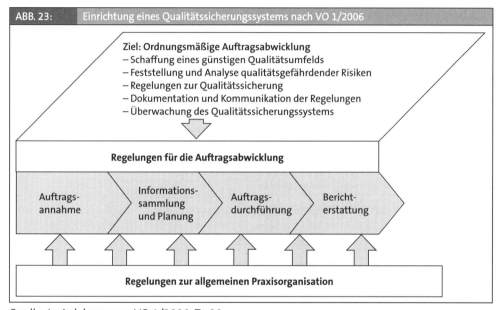

ABB. 23: Einrichtung eines Qualitätssicherungssystems nach VO 1/2006

Quelle: In Anlehnung an VO 1/2006, Tz. 28.

Gemäß § 32 BS i.V. mit VO 1/2006, Tz. 20 ff. muss das Qualitätssicherungssystem mindestens folgende Regelungsbereiche umfassen:

ABB. 24:	Regelungsbereiche des Qualitätssicherungssystems nach VO 1/2006 (Tz. 20, 22)	
Regelungen zur allgemeinen Praxisorganisation	**Regelungen zur Auftragsabwicklung**	**Regelungen zur Dokumentation**
▶ Sicherstellung der durchgängigen Einhaltung der Berufspflichten, insbesondere der Vorschriften zur Unabhängigkeit, Unparteilichkeit und Unbefangenheit ▶ Auftragsannahme und -fortführung sowie vorzeitige Beendigung von Aufträgen ▶ Einstellung, Fortbildung und Beurteilung von fachlichen Mitarbeitern; Bereitstellung von Fachinformationen ▶ Gesamtplanung aller Aufträge ▶ Umgang mit Beschwerden und Vorwürfen	▶ Organisation der Auftragsabwicklung ▶ Einhaltung der gesetzlichen Vorschriften und fachlichen Regelungen für die Auftragsabwicklung ▶ Anleitung des Prüfungsteams ▶ Einholung von fachlichem Rat (Konsultation) ▶ Laufende Überwachung der Auftragsabwicklung ▶ Abschließende Durchsicht der Auftragsergebnisse ▶ Auftragsbezogene Qualitätssicherung (Berichtskritik) ▶ Lösung von Meinungsverschiedenheiten ▶ Abschluss der Auftragsdokumentation und Archivierung der Arbeitspapiere	▶ Nachweis der Erfüllung gesetzlicher Pflichten ▶ Nachvollzug der konsistenten Anwendung und personenunabhängigen Wirksamkeit des Qualitätssicherungssystems ▶ Nachvollzug der Qualitätssicherungsmaßnahmen ▶ Nachweis, dass die Praxis ihren Pflichten nachgekommen ist und die Regelungen des Qualitätssicherungssystems eingehalten werden

Die Dokumentation des Qualitätssicherungssystems in schriftlicher oder elektronischer Form muss gemäß § 31 Abs. 3 BS einem fachkundigen Dritten ermöglichen, sich in angemessener Zeit ein Bild von der Wirksamkeit des Systems zu verschaffen (VO 1/2006, Tz. 21). Eine interne Überwachung des Systems erfolgt mittels

▶ prozessintegrierter Maßnahmen im Rahmen des Prüfungsprozesses durch Gestaltung von Schnittstellen und Anwendung des Vier-Augen-Prinzips,

▶ prozessunabhängiger Maßnahmen wie z. B. der Nachschau (VO 1/2006, Tz. 27).

Die an eine WP-Praxis gestellten Anforderungen erfordern eine zeit- und damit kostenintensive Umsetzung der entsprechenden Regelungen. Die Kosten können i. d. R. nicht auf die Honorare überwälzt werden.

5.2.2 Qualitätssicherung bei der Praxisorganisation

Die Verantwortung für die Einhaltung der Berufspflichten liegt bei der Praxisleitung, die diese auch an einen WP delegieren kann, soweit dieser über ausreichend Erfahrung und berufliche Kompetenz sowie die erforderliche hierarchische Stellung und persönliche Autorität verfügt (VO 1/2006, Tz. 10 f.).

Grundlegende Voraussetzung der Einrichtung eines Qualitätssicherungssystems ist die Schaffung und Förderung einer günstigen Qualitätskultur bzw. Qualitätsumfelds. Dieses wird durch die Praxisleitung entscheidend geprägt, welche ihre Mitarbeiter auf die Berufspflichten und die zu deren Einhaltung getroffenen Regelungen gemäß § 5 Abs. 2 BS hinzuweisen und dies zu dokumentieren hat.

Die Praxisleitung hat ihre geschäftspolitischen (wirtschaftlichen) Ziele den Qualitätsanforderungen unterzuordnen. Dies bedingt u. a., dass eine angemessene Anzahl an qualifiziertem Personal für die Entwicklung und Umsetzung des Qualitätssicherungssystems sowie dessen Dokumentation zur Verfügung stehen muss (VO 1/2006, Tz. 17).

Im Rahmen des Qualitätssicherungssystems sind qualitätsgefährdende Risiken festzustellen und zu bewerten. Zur nachfolgenden Risikobewältigung sind auf die jeweiligen Gegebenheiten der Praxis abgestimmte Maßnahmen zu entwickeln, die geeignet sind, Verstöße gegen Berufspflichten zu verhindern bzw. zeitnah zu erkennen. Bei gravierender bzw. fortgesetzter Nichtbeachtung von Regelungen durch Mitarbeiter der WP-Praxis sind hinreichende Sanktionen festzulegen (VO 1/2006, Tz. 12).

Die Implementierung eines Risikomanagementsystems unterstützt den Prozess der Risikofeststellung. Ein solches lässt sich z. B. wie folgt ausgestalten:

ABB. 25:	Ziele und Ausgestaltung des Risikomanagements	
Ziele des Risikomanagements	Aktionsfelder des Risikomanagements	Aktivitäten des Risikomanagements (Beispiele)
Risikovermeidung	Einrichtung eines wirksamen Qualitätssicherungssystems	▶ Regelungen zur Unabhängigkeit ▶ Regelungen zur Risikoanalyse vor Auftragsannahme ▶ Regelungen zur Kompetenz der Mitglieder des Prüfungsteams ▶ Regelungen zur Einhaltung der Grundsätze ordnungsgemäßer Auftragsabwicklung
Haftungsbegrenzung	Haftungsbegrenzende Vereinbarungen und Hinweise	▶ Vereinbarung der allgemeinen Auftragsbedingungen ▶ Offenlegung des Prüfungszwecks und des Prüfungsvorgehens in der Berichterstattung an den Auftraggeber bei Aufträgen, zu denen es keine konkreten fachlichen Regeln gibt ▶ Verwendungsbeschränkungen in der Berichterstattung
Schadensbegrenzung	Management von Haftungsfällen	▶ Frühzeitige Einholung von rechtlichem Rat

Quelle: *Schmidt*, Risikomanagement und Qualitätssicherung in der Wirtschaftsprüferpraxis, WPg 2006 S. 267.

Beachtung der allgemeinen Berufspflichten

Besondere Bedeutung bei der Einhaltung der Berufspflichten ist der Sicherstellung der Unabhängigkeit, Unparteilichkeit und der Vermeidung der Besorgnis der Befangenheit beizumessen. Gemäß VO 1/2006, Tz. 37 sind diesbezüglich Regelungen einzuführen, die gewährleisten, dass

▶ Kompetenzen bezüglich der Klärung und Lösung von Tatbeständen der Unabhängigkeitsgefährdung klar verteilt werden,

▶ mandanten- und auftragsbezogene Informationen erfasst werden, die evtl. Unabhängigkeitsgefährdungen erkennen lassen,

- die zuständige Stelle in der WP-Praxis über Unabhängigkeitsgefährdungen informiert wird, damit Fragestellungen geklärt und qualitätssichernde Maßnahmen ergriffen werden können,
- Mitarbeiter über die Regelungen informiert werden,
- eine regelmäßige Befragung der Mitarbeiter bezüglich evtl. vorliegender Unabhängigkeitsgefährdungen erfolgt (etwa zum Vorliegen persönlicher, finanzieller und sonstiger Bindungen),
- bei finanziellen Entscheidungen die zur Verletzung der Unabhängigkeit führenden Obergrenzen und Beschränkungen eingehalten werden,
- bei festgestellten Gefährdungen oder Verstößen geeignete Maßnahmen getroffen werden sowie
- eine ausreichende Dokumentation der Einhaltung der Unabhängigkeitsvorschriften erfolgt.

Zur Auslegung der Berufsgrundsätze und der daraus resultierenden Anforderungen an den WP vgl. VO 1/2006, Tz. 46 ff. und die Ausführungen in Kapitel I.4.

ABB. 26:	Qualitätssichernde Regelungen zur Einhaltung der Berufspflichten (VO 1/2006, Tz. 37 ff.)
Unabhängigkeit, Unbefangenheit	▶ Verpflichtung der Mitarbeiter bzw. der an der Auftragsabwicklung beteiligten externen Personen zur unverzüglichen Information der Praxisleitung,
	▶ Festlegung von Kriterien, nach denen alle Prüfungsleistungen dahingehend beurteilt werden, ob Maßnahmen zur Vermeidung von Unabhängigkeitsgefährdungen und zur Vermeidung eines möglicherweise im Zeitablauf eintretenden Qualitätsverlustes erforderlich sind,
	▶ Festlegung von Kriterien, nach denen eine auftragsbegleitende Qualitätssicherung durchgeführt wird,
	▶ Festlegung von Maßnahmen und Kriterien für deren Ergreifung, die die Unabhängigkeitsgefährdungen beseitigen oder angemessen abschwächen,
	▶ Festlegung von Kriterien für die Ablehnung oder die Kündigung eines Auftrags,
	▶ regelmäßige oder anlassbezogene Befragung der Mitarbeiter zu finanziellen, persönlichen oder kapitalmäßigen Bindungen,
	▶ mindestens einmal jährliche Einholung einer schriftlichen Erklärung von den Mitarbeitern, in der bestätigt wird, dass die Unabhängigkeitsregelungen der WP-Praxis eingehalten worden sind und werden,
	▶ Festlegung interner Disziplinarmaßnahmen bei aufgedeckten Verstößen sowie von Fortbildungsmaßnahmen zur Vermeidung künftiger Verstöße,
	▶ Information der betroffenen Wirtschaftsprüfer über die Rotationspflichten,
	▶ Sicherstellung der auftragsbezogenen Dokumentation der Zeitpunkte, zu denen eine Rotation ansteht.
Gewissenhaftigkeit	▶ Regelungen zur Sicherstellung der Kenntnisnahme der aktuellen geltenden gesetzlichen Vorschriften und fachlichen Regeln,
	▶ Regelungen zu deren zeitnaher Einführung in der WP-Praxis (z. B. im Rahmen von Informations- oder Schulungsveranstaltungen),
	▶ Erstellung und durchgängiger Einsatz von Prüfungshilfen, Muster-Arbeitsprogrammen und Muster-Berichten, zum Zwecke einer praxisgerechten Anwendung der Prüfungsstandards.

Verschwiegenheit	▶	Einholung einer schriftlichen Verpflichtung der Mitarbeiter zur Einhaltung der Vorschriften zur Verschwiegenheit, zum Datenschutz und zu den Insiderregeln bei Abschluss des Arbeitsvertrags (§§ 50 WPO, 14 WpHG, 5 Abs. 2 Satz 2 BS),
	▶	Regelungen zur Sicherung der Arbeitspapiere und anderer mandantenbezogener Informationen gegen unbefugten Zugriff.
Eigenverantwortlichkeit	▶	Angemessene Überwachung der Arbeitsbelastung und Verfügbarkeit der verantwortlichen WP,
	▶	Sicherstellung der Einhaltung eines angemessenen Verhältnisses der verantwortlichen WP zu den übrigen fachlichen Mitarbeitern unter Berücksichtigung der Personalstruktur und der Qualifikation der fachlichen Mitarbeiter,
	▶	Sicherstellung der Angemessenheit der Anzahl der von den einzelnen WP jeweils betreuten Mandate,
	▶	Regelungen zum sachgerechten Einsatz von erfahrenen und weniger erfahrenen Mitarbeitern sowie von Spezialisten bei der Abwicklung von Aufträgen,
	▶	Überwachungsregelungen, die den verantwortlichen WP in die Lage versetzen, jederzeit die Arbeit der Mitarbeiter und Spezialisten ausreichend zu überblicken.
Berufswürdiges Verhalten	▶	Regelungen zur Ablehnung von Aufträgen, wenn die Tätigkeit des Wirtschaftsprüfers für eine pflichtwidrige Tätigkeit in Anspruch genommen werden soll (§ 49 WPO),
	▶	Regelungen zur Sicherung der Angemessenheit der Vergütung des jeweiligen Auftrags bei Vereinbarung und Abrechnung (§ 27 Abs. 1 BS),
	▶	Regelungen, die vorsehen, dass die Honorarbemessung nicht von der erwarteten Erbringung anderer Dienstleistungen für denselben Mandanten beeinflusst oder bestimmt werden darf,
	▶	Regelungen zur Beachtung des Verbotes der Vereinbarung von Erfolgshonoraren (§ 55a Abs. 1 WPO) und von Pauschalhonoraren, wenn sie nicht angemessen sind und eine Honoraranpassung bei nicht vorhersehbaren Umständen im Bereich des Auftraggebers nicht vereinbart ist (§ 27 Abs. 2 BS),
	▶	Regelungen zur Beachtung des Verbotes von Provisionszahlungen für die Auftragsvermittlung (§ 55a Abs. 2 WPO),
	▶	Regelungen zur Sicherstellung eines kollegialen Verhaltens bei der Übernahme von Aufträgen (§§ 14 und 26 Abs. 3 BS),
	▶	Regelungen zur Beachtung des Verbotes der Ausübung einer gewerblichen Tätigkeit (§ 43a Abs. 3 Nr. 1 WPO).

Annahme, Fortführung und vorzeitige Beendigung von Aufträgen

Ein Auftrag darf gemäß § 24a Abs. 1 BS nur angenommen oder fortgeführt werden, wenn dieser in sachlicher, zeitlicher und personeller Hinsicht ordnungsgemäß abgewickelt werden kann. Dabei sind die mit diesem Auftrag verbundenen Risiken zu berücksichtigen. Insbesondere ist die Integrität des Mandanten vor Auftragsannahme zu klären und während der Auftragsdurchführung durchgängig zu verfolgen; dies gilt auch für bereits länger bestehende Mandanten (VO 1/2006, Tz. 59).

Für eine ordnungsmäßige Auftragsbearbeitung von Anfang an ist die frühzeitige Benennung des verantwortlichen WP erforderlich. Insbesondere bei komplexen Aufträgen ist dem optimalen Einsatz von erfahrenen Fachkräften eine besondere Bedeutung beizumessen, damit Auftragsrisiken rechtzeitig in ihrer vollen Tragweite erkannt werden.

ABB. 27:	Vor Auftragsannahme zu prüfende Tatbestände (VO 1/2006, Tz. 60, 61)
Vorhandensein erforderlicher Ressourcen	**Integrität des Mandanten**
▶ Vorhandensein einschlägiger Branchenkenntnisse im Prüfungsteam ▶ Hinreichende Erfahrungen bezüglich der rechtlichen Anforderungen ▶ Verfügbarkeit entsprechender Spezialisten ▶ Verfügbarkeit geeigneter Personen zur auftragsbezogenen Qualitätssicherung ▶ Hinreichendes Zeitreservoir zur Auftragsabwicklung und Einhaltung der Berichtstermine	▶ Identität und geschäftlicher Ruf des Unternehmens sowie seiner Gesellschafter und Organe ▶ Art der Geschäftstätigkeit und Geschäftspraktiken ▶ Besonderer Honorardruck ▶ Hinweise auf unangemessene Beschränkungen des Prüfungsumfangs ▶ Verdacht auf Durchführung krimineller Aktivitäten ▶ Gründe für einen Prüferwechsel ▶ Transparenz der Finanzberichterstattung ▶ Ausgestaltung des internen Kontrollsystems

Werden dem verantwortlichen Wirtschaftsprüfer nach Auftragsannahme Informationen bekannt, die zur Ablehnung des Auftrags hätten führen müssen, so ist die zuständige Stelle zu informieren. Bei der Entscheidung über eine Fortführung bzw. Ablehnung des Auftrags sind folgende Aspekte in Betracht zu ziehen:

▶ Erörterung des Sachverhalts und möglicher Handlungsalternativen mit dem Mandanten,

▶ Prüfung, ob eine Pflicht zur Fortführung besteht,

▶ ggf. Berichterstattung, wenn eine Pflicht zur Niederlegung des Mandats besteht,

▶ Dokumentation der vorgenommenen Konsultationen und der maßgeblichen Entscheidungsgründe (VO 1/2006, Tz. 66).

Muss das Mandat niedergelegt werden, so ist der Mandatsnachfolger über die Gründe und bisherigen Ergebnisse zu informieren (VO 1/2006, Tz. 67).

Mitarbeiterentwicklung

Grundsätzlich darf Mitarbeitern nur Verantwortung übertragen werden, wenn diese persönlich und fachlich geeignet sind, die entsprechende Funktion auszufüllen. Dies ist bereits bei der **Einstellung** der Mitarbeiter zu überprüfen. In Abhängigkeit der jeweiligen Mandanten- und Auftragsstruktur sollten standardisierte Kriterien entwickelt werden, um passende Bewerber gezielt einzustellen und einzusetzen (VO 1/2006, Tz. 69).

Die fachlichen Mitarbeiter sind gemäß § 6 Abs. 3 BS in angemessenen Abständen zu beurteilen. Wird zur Hilfestellung ein systematisches **Beurteilungsverfahren** herangezogen, so sollten dabei folgende Aspekte Berücksichtigung finden:

▶ die persönlichen und fachlichen Ziele des jeweiligen Mitarbeiters,

▶ Beurteilungskriterien zur nachvollziehbaren Messung der Zielerreichung,

▶ die turnusmäßige Frequenz der Beurteilungen und

▶ Auswirkungen der Beurteilungsergebnisse in Bezug auf die künftige Karriereentwicklung (VO 1/2006, Tz. 74).

Mit dem Ziel, die fachliche und persönliche Kompetenz der Mitarbeiter zu fördern und sie zu befähigen, ihrer jeweiligen Verantwortung gerecht zu werden, ist eine angemessene **Aus- und Fortbildung** zu gewährleisten. Im Rahmen der theoretischen Ausbildung sollte neben praxisinternen Maßnahmen von den Angeboten der Berufsorganisationen oder anderer Schulungseinrichtungen Gebrauch gemacht werden. Daneben sind die Mitarbeiter zu einem kontinuierlichen Studium der Fachliteratur anzuhalten.

In der WP-Praxis ist für eine ausreichende und rechtzeitige Information auf den Gebieten ihrer beruflichen Betätigung zu sorgen. Hierfür soll die Praxis eine Fachbibliothek unterhalten, zu der die Mitarbeiter Zugang haben.

Gesamtplanung aller Aufträge

Die gemäß § 24a Abs. 1 BS durchzuführende Gesamtplanung hat sicherzustellen, dass alle Aufträge in der gebotenen Qualität ausgeführt und zeitgerecht abgeschlossen werden. Art, Umfang und Struktur der Gesamtplanung ergeben sich aus

- Größe und Komplexität der geprüften Unternehmen,
- dem Schwierigkeitsgrad der Prüfungen,
- den Erfahrungen des Prüfers mit den Unternehmen und
- den Kenntnissen über die Geschäftstätigkeit und das wirtschaftlich-rechtliche Umfeld der Unternehmen.

Die Gesamtplanung hat von der Planung der einzelnen Aufträge auszugehen und ist ständig mit dieser abzustimmen. Es ist vor allem Beginn und Dauer der durchzuführenden Aufträge sowie das in qualitativer und quantitativer Hinsicht erforderliche Personal zu bestimmen und zu koordinieren. Dabei sind zeitliche Reserven vorzusehen. Die Planung versteht sich dabei als rollierender Prozess, der im Laufe der Prüfungsdurchführung erforderlichenfalls ständig anzupassen ist.

Umgang mit Beschwerden und Vorwürfen

Gemäß § 24c BS sind WP verpflichtet, Beschwerden und Vorwürfen von Mitarbeitern, Mandanten oder Dritten nachzugehen, wenn die Gefahr besteht, dass gesetzliche Vorschriften oder fachliche Regeln missachtet wurden. Dies betrifft auch Regelungen zur Qualitätssicherung.

Die Praxisleitung oder eine in diesem Bereich qualifizierte Person ist mit den erforderlichen Untersuchungen zu betrauen. Diese Person darf allerdings nicht in den Sachverhalt involviert sein. Ggf. muss ein externer Berater hinzugezogen werden.

Erhärten sich die Vorwürfe im Laufe der Untersuchung, so sind frühzeitig umfassende Maßnahmen einzuleiten, um die Qualität auch der laufenden Aufträge sicherzustellen. Deuten die Ergebnisse auf Schwächen im Qualitätssicherungssystem hin, so sind Anpassungen der Systemregelungen vorzunehmen (VO 1/2006, Tz. 83).

Des Weiteren muss sichergestellt werden, dass Mitarbeiter, die Beschwerden und Vorwürfe vorbringen, keine persönlichen Nachteile aus diesem Sachverhalt erleiden.

5.2.3 Qualitätssicherung bei der Auftragsabwicklung

Auswahl des Prüfungsteams und Festlegung der Verantwortlichkeiten

§ 24a Abs. 2 und 3 BS verpflichten den WP, die Verantwortlichkeiten innerhalb des Prüfungsteams für die Auftragsdurchführung unter Berücksichtigung

- des Ausbildungsstands,
- der praktischen Erfahrungen,
- der notwendigen Branchenkenntnisse,
- des Verständnisses der fachlichen Regeln sowie des Qualitätssicherungssystems

der Teammitglieder festzulegen und dies zu dokumentieren (VO 1/2006, Tz. 85). Der für den Auftrag verantwortliche WP hat insbesondere die Einhaltung aller für die Auftragsabwicklung relevanten Unabhängigkeitsregelungen sicherzustellen (VO 1/2006, Tz. 87).

Der WP trägt gemäß § 11 BS die Verantwortung für den Prüfungsauftrag. Demzufolge muss er an der Arbeit wesentlich beteiligt sein, einen Teil seiner Aufgaben kann er jedoch delegieren. In diesem Fall muss er sich selbst von der Eignung der entsprechenden Mitarbeiter überzeugen und deren Arbeit kontinuierlich überwachen. Somit befreit die Delegation von Aufgaben ihn nicht von der Gesamtverantwortung (VO 1/2006, Tz. 90).

Organisation der Auftragsabwicklung, Prüfungsanweisungen

Der für den Auftrag verantwortliche WP hat von der Auftragsannahme an durch sachgerechte Prüfungsplanung dafür Sorge zu tragen, dass ein den tatsächlichen Verhältnissen des zu prüfenden Unternehmens **angemessener und ordnungsgemäßer Prüfungsablauf** in sachlicher, personeller und zeitlicher Hinsicht gewährleistet ist (§ 24a Abs. 1 BS). Dies impliziert u. a. folgende Planungsaktivitäten:

ABB. 28:	Sachliche, personelle und zeitliche Prüfungsplanung	
Sachliche Planung	**Personelle Planung**	**Zeitliche Planung**
▶ Vorgabe ordnungsgemäßer Prüfungsanweisungen auf dem jeweiligen Erkenntnisstand der Prüfungsplanung ▶ Planung der laufenden Überwachung des Prüfungsprozesses ▶ Planung der zeitnahen Durchsicht der Prüfungsergebnisse nach Beendigung der Prüfungshandlungen	▶ Auswahl der Mitarbeiter nach Ausbildung, Erfahrung und ggf. Spezialkenntnissen ▶ Sicherstellung des Vorhandenseins ausreichender Kenntnisse über das zu prüfende Unternehmen und dessen Branche ▶ Sicherstellung von Kontinuität und/oder planmäßigem Wechsel in der personellen Besetzung ▶ Planung der zeitlichen Verfügbarkeit der Mitarbeiter ▶ Prüfung der Einhaltung der Unabhängigkeitsanforderungen bzgl. der Mitarbeiter gegenüber dem Mandanten	▶ Terminierung der Prüfungstätigkeiten zwecks Ermöglichung eines ordnungsmäßigen Prüfungsablaufs ▶ Vorliegen von Prüfungsanweisungen des WP an die Mitarbeiter bei deren Tätigkeitsbeginn ▶ Einrichtung von zur Bewältigung der Prüfungsaufgaben ausreichenden Zeitvorgaben ▶ Sicherstellung der Prüfungsbereitschaft des Mandanten bei Beginn der jeweiligen Prüfungstätigkeiten ▶ Einrichtung von Zeitreserven für unerwartete erforderliche Änderungen des Prüfungsvorgehens ▶ Sicherstellung einer zeitnahen Durchsicht der Prüfungsergebnisse nach Beendigung der Prüfungshandlungen

Gemäß § 24b Abs. 1 BS hat der verantwortliche WP seinen Teammitgliedern strukturierte und verständliche **Prüfungsanweisungen** zu erteilen, damit die Prüfungshandlungen sachgerecht und risikoorientiert vorgenommen werden, eine ausreichende und ordnungsmäßige Dokumentation der Prüfungshandlungen in den Arbeitspapieren sowie eine angemessene und zeitnahe Ausgestaltung der Handakte gewährleistet ist. Von besonderer Bedeutung ist diese Tatsache beim Einsatz von weniger erfahrenen Teammitgliedern.

Des Weiteren sollte standardmäßig festgelegt werden, über welche Sachverhalte die Teammitglieder im Rahmen der Anleitung informiert werden sollten, so z. B.

- die Auftragsdurchführung und die Berichterstattung,
- das Geschäft des Mandanten und diesbezügliche mögliche Auftragsrisiken,
- die Verteilung von Verantwortlichkeiten auf die einzelnen Teammitglieder (VO 1/2006, Tz. 96).

Um zu gewährleisten, dass die Mitarbeiter der WP-Praxis bei der Durchführung von Aufträgen gewissenhaft Gesetze, Rechtsprechung, fachliche Regeln und Entwicklungen beachten, eignen sich neben der angemessenen Information und Beaufsichtigung auch **schriftliche Anweisungen**.

Diese beziehen sich auf die sachgerechte Erledigung der auszuführenden Arbeiten, eine ausreichende Dokumentation sowie ordnungsmäßige Übermittlung der Ergebnisse an den Auftraggeber. In Rundschreiben oder Richtlinien kann festgelegt werden, wie einzelne Aufgabenbereiche oder Sachverhalte einheitlich behandelt werden. Als weitere Hilfsmittel können u. a. Musterberichte und -briefe, Formblätter, Übersichten, Arbeitsprogramme, Kontrolllisten, Fragebögen, Checklisten und EDV-Programme eingesetzt werden. Das IDW hat standardisierte Hilfsmittel erarbeitet und den Berufsangehörigen zur Verfügung gestellt.

Konsultation

Ergeben sich für das Prüfungsergebnis bedeutende Zweifelsfragen, so ist zu deren Klärung fachlicher Rat im Wege der sog. Konsultation einzuholen. Die Konsultation stellt eine Erörterung von schwierigen oder strittigen fachlichen, berufsrechtlichen oder sonstigen Zweifelsfragen mit kompetenten Personen innerhalb oder außerhalb der WP-Praxis dar (VO 1/2006, Tz. 100). Externe Ratgeber können vorrangig Berufsangehörige, aber auch sonstige Sachverständige sein.

Konsultationen sind erforderlich, um das Risiko von Fehlentscheidungen während des Auftrags zu reduzieren. Daher ist im Rahmen des Qualitätssicherungssystems zu regeln,

- unter welchen Voraussetzungen fachlicher Rat einzuholen ist,
- wie gesichert wird, dass ausreichende Ressourcen für ggf. erforderliche Konsultationen bereitstehen,
- inwieweit Art, Umfang und Ergebnis der Konsultation dokumentiert werden und
- auf welche Weise die Konsultationsergebnisse umgesetzt werden (VO 1/2006, Tz. 99 i.V. mit § 32 Nr. 10 BS).

Eine Konsultation entbindet den WP nicht von der eigenverantwortlichen Urteilsfindung; die Konsultationsergebnisse sind vom WP eigenverantwortlich zu würdigen.

Die Ergebnisse der Konsultation, die auf dieser Basis getroffenen Entscheidungen und die Art und Weise ihrer Umsetzung müssen ausreichend, vollständig und detailliert dokumentiert werden, so dass dies von einem sachverständigen Dritten, etwa im Rahmen der Nachschau, nachvollzogen werden kann (§ 24b Abs. 2 Satz 2 BS).

Laufende Überwachung der Auftragsabwicklung

Die Einhaltung der Prüfungsanweisungen ist gemäß § 24b Abs. 1 Satz 3 BS laufend zu überwachen. Demzufolge sind entsprechende Regelungen im Rahmen des Qualitätssicherungssystems vorzusehen.

ABB. 29: Überwachung der Auftragsabwicklung (VO 1/2006, Tz. 106 f.)	
Pflichten des verantwortlichen WP	**Ziele der Überwachung**
▶ Beteiligung an der Auftragsdurchführung, so dass er sich ein eigenverantwortliches Urteil bilden kann ▶ Laufende Überwachung, ob die Mitarbeiter ihre Aufgaben sachgerecht erfüllen und ihnen für ihre Tätigkeit genügend Zeit zur Verfügung steht	▶ Verfolgung des Auftragsfortschritts ▶ Sicherstellung, dass die gesetzlichen und berufsständischen Anforderungen eingehalten werden ▶ Sicherstellung, dass kritische Fragen rechtzeitig kommuniziert und gelöst werden ▶ Sicherstellung, dass notwendige Konsultationen durchgeführt werden und die Ergebnisse dokumentiert und umgesetzt werden

Abschließende Durchsicht der Auftragsergebnisse

Vor Auslieferung des Prüfungsberichts an den Mandanten werden die Ergebnisse durch den verantwortlichen WP überprüft, um die durchgängige Einhaltung der gesetzlichen Vorschriften und fachlichen Regeln sicherzustellen. Die Durchsicht sollte noch vor Beendigung der Auftragsabwicklung einsetzen, damit Mängel rechtzeitig aufgedeckt und behoben werden können. Zeitpunkt und Umfang der Durchsicht sind vom verantwortlichen WP zu dokumentieren.

Die Würdigung der Arbeiten, der Dokumentation und der geplanten Berichterstattung berücksichtigt gemäß VO 1/2006, Tz. 109 folgende Aspekte:

▶ Einhaltung der gesetzlichen und berufsständischen Anforderungen,

▶ Anpassung von Art und Umfang der Prüfungshandlungen an die im Verlauf der Prüfung gewonnenen Erkenntnisse,

▶ Nachvollziehbarkeit der aus der Auftragsbearbeitung gewonnenen Erkenntnisse und deren Berücksichtigung bei der Urteilsbildung,

▶ Art und Umfang der vorgenommenen Konsultationen, deren Ergebnisse, Umsetzung und Dokumentation,

▶ Prüffelder mit erheblichen Risiken oder Beurteilungsspielräumen,

▶ Umsetzung der Ergebnisse der auftragsbezogenen Qualitätssicherung,

▶ Dokumentation der Prüfungshandlungen und -ergebnisse in den Arbeitspapieren,

▶ Grad der Absicherung durch eingeholte Prüfungsnachweise sowie

▶ Ordnungsmäßigkeit der vorgesehenen Berichterstattung.

Wechselt im Verlauf der Auftragsabwicklung die Zuständigkeit auf einen anderen WP, so sind die bis zu diesem Zeitpunkt durchgeführten Arbeiten zu überprüfen und der neue Mandatsträger umfassend zu informieren. Dieser hat sich seinerseits von der Einhaltung der gesetzlichen Vorschriften und berufsständischen Regeln zu überzeugen (VO 1/2006, Tz. 111).

Auftragsbezogene Qualitätssicherung (Berichtskritik)

Gemäß § 24d Abs. 1 BS muss bei Prüfungen, bei denen pflichtmäßig oder freiwillig das Berufssiegel geführt wird, vor Auslieferung des Prüfungsberichts eine **Berichtskritik** vorgenommen werden, d. h. die Siegelführung bildet den Auslöser der Berichtskritik. In diesem Rahmen wird beurteilt, ob die für den Prüfungsbericht geltenden fachlichen Regeln, insbesondere die Grundsätze ordnungsmäßiger Berichterstattung bei Abschlussprüfungen i. S. des IDW PS 450, eingehalten wurden. Außerdem wird überprüft, ob die im Prüfungsbericht enthaltenen Informationen mit denen des Jahresabschlusses in Einklang stehen (VO 1/2006, Tz. 113).

Die wesentlichen Prüfungshandlungen sind einer Plausibilitätskontrolle zu unterziehen. Es ist auch zu prüfen, ob aus den Prüfungsfeststellungen schlüssige Beurteilungen abgeleitet wurden und die Prüfungsergebnisse insoweit nachvollziehbar sind (VO 1/2006, Tz. 114).

Im Gegensatz zur abschließenden Durchsicht der Auftragsergebnisse handelt es sich bei der Berichtskritik um eine Maßnahme im Rahmen des „Vier-Augen-Prinzips". Diesem soll auch der verantwortliche WP vor Ort unterliegen. Die Berichtskritik wird üblicherweise auch mit einem deutlich geringeren Detaillierungsgrad durchgeführt; ausgehend von einer kritischen Durchsicht des Prüfungsberichts werden allenfalls bei Zweifelsfragen sowie punktuell in Stichproben zusätzlich die Arbeitspapiere ausgewertet und Auskünfte des Prüfungsteams eingeholt (VO 1/2006, Tz. 114).

Eine Berichtskritik kann nur von Personen mit entsprechender Berufserfahrung sowie Objektivität und Unabhängigkeit durchgeführt werden, die bei der Prüfung nicht wesentlich mitgewirkt haben oder bei der Erstellung des Prüfungsberichtes beteiligt waren. Eine Selbstprüfung ist auszuschließen; ggf. ist eine externe Person zu beauftragen.

Die WP-Praxis hat allgemeine Kriterien festzulegen, die an einen Berichtskritiker zu stellen sind, z. B. hinsichtlich Fachkompetenz, Berufserfahrung, Branchen- und sonstiger Spezialkenntnisse (VO 1/2006, Tz. 118 f.)

Als Berichtskritiker kommen ggf. folgende Personen in Betracht:

ABB. 30: Bestimmung der Person des Berichtskritikers	
Funktion	**Zulässigkeit als Berichtskritiker**
Verantwortlicher Prüfer (§ 24a Abs. 2 BS)	Niemals, denn er ist immer wesentlich an der Prüfung beteiligt (keine „Prozessunabhängigkeit")
Ersteller des Berichts	Nein, da keine „Berichtsunabhängigkeit" (§ 24d Abs. 1 Satz 3 BS)
Fachlicher Mitarbeiter	Ja, sofern fachliche Eignung vorliegt
„Überwachende Person" (§ 24b Abs. 1 Satz 3 BS)	Ja, sofern keine Identität mit verantwortlichem Prüfer und keine anderweitigen bedeutenden Beiträge zur Prüfung geleistet wurden
„Durchsehende Person" (§ 24b Abs. 3 BS)	Ja, sofern keine Identität mit verantwortlichem Prüfer und keine anderweitigen bedeutenden Beiträge zur Prüfung geleistet wurden
Konsultationsperson (§ 24b Abs. 2 BS)	Ja, da i. d. R. prozessunabhängig
Mitunterzeichner	Ja, sofern keine bedeutenden Beiträge zur Prüfung geleistet wurden
Hauptamtlicher Berichtskritiker	Ja, da prozessunabhängig
Qualitätssicherer (§ 24d Abs. 2 Satz 4 BS)	Ja, da Berichtskritik Teil der auftragsbegleitenden Qualitätssicherung
Nachschauer (§ 33 BS)	I. d. R. nein (Berichtskritiker kann nicht zugleich Nachschauer sein, wenn er unmittelbar mit der Auftragsabwicklung befasst oder Qualitätssicherer war)

Quelle: *Farr*, WPK-Magazin 2008 S. 37.

Ein Verzicht auf die Berichtskritik kann nicht mit der Praxisgröße (z. B. Einzelpraxis), sondern allenfalls von der Beschaffenheit des konkreten, jeweiligen Auftrags begründet werden. Entscheidungen über die Vornahme einer bzw. den Verzicht auf eine Berichtskritik haben sich an folgenden Sachverhalten auszurichten (vgl. *Farr*, WPK-Magazin 2008 S. 35 f.):

► Die Qualität der Prüfungsleistung muss im Einzelfall auch ohne Berichtskritik sichergestellt werden können.

► Das Prüfungsrisiko muss für den konkreten Auftrag als hinreichend niedrig eingestuft werden können. Dies ist z. B. der Fall bei geringer Größe, transparenter Organisationsstruktur und gleich bleibenden geschäftlichen Umfeldbedingungen des Mandantenunternehmens, Folgeprüfungen, wenig komplexen Prüfungsgegenständen sowie beim Vorhandensein anerkannter und geeigneter Standards für die Prüfungsdurchführung.

► In der WP-Praxis wird auf andere Weise organisatorisch sichergestellt, dass Änderungen der Gesetzgebung, Rechtsprechung und fachlichen Standards in die Vorgaben für die Prüfungsdurchführung, die Beurteilung des Prüfungsergebnisses und die Berichterstattung zeitnah Eingang finden (z. B. Fachinformationen, Fortbildung).

► Die WP-Praxis verfügt über angemessene Arbeitshilfen (z. B. Checklisten, Musterberichte).

► Es bestehen angemessene organisatorische Regelungen hinsichtlich der Einholung von externem fachlichen Rat (insbesondere in Bezug auf Feststellung des Konsultationsbedarfs, Procedere der Beauftragung und der Verwertung von Ergebnissen).

► Die Gründe für den Verzicht auf eine Berichtskritik sind angemessen zu dokumentieren.

Von der Berichtskritik kann nur abgesehen werden, wenn dies nach pflichtmäßigem Ermessen des WP, insbesondere nach Beurteilung der mit dem Auftrag verbundenen Risiken als unwesentlich, nicht erforderlich ist. In Zweifelsfragen sollte auf eine Berichtskritik nicht verzichtet werden (VO 1/2006, Tz. 117).

Der Einschätzung, ob eine Berichtskritik erforderlich ist, liegen folgende Bestimmungsfaktoren zugrunde (VO 1/2006, Tz. 116):

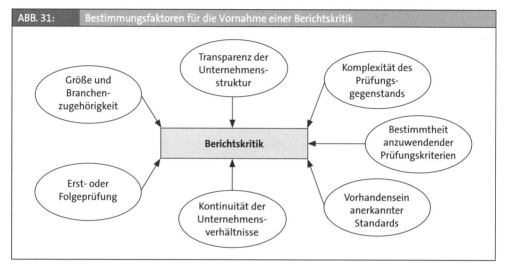

ABB. 31: Bestimmungsfaktoren für die Vornahme einer Berichtskritik

Zusätzlich zur Berichtskritik muss gemäß § 24d Abs. 2 Satz 1 BS bei Unternehmen von öffentlichem Interesse i. S. des § 319a HGB eine **auftragsbegleitende Qualitätssicherung** erfolgen. Dies gilt auch gemäß § 24d Abs. 3 BS für sonstige besondere Aufträge je nach den Verhältnissen im Einzelfall. Mögliche Aspekte in diesem Zusammenhang sind die Relevanz für die Öffentlichkeit und das Bestehen erheblicher Risiken, z. B. Unsicherheiten hinsichtlich der Unternehmensfortführung. Derartige besonders gravierende Einzelsachverhalte müssen einer nochmaligen Überprüfung unterzogen werden.

Ist nach Meinung des verantwortlichen WP keine auftragsbegleitende Qualitätssicherung erforderlich, so sollte während der Auftragsabwicklung dennoch beobachtet werden, ob sich mögliche Änderungen der Verhältnisse ergeben, die im Nachhinein eine solche erfordern. Die in diesem Zusammenhang zu treffenden Regelungen beinhalten

- Art, Zeitpunkt und Umfang der auftragsbegleitenden Qualitätssicherung,
- Kriterien der Eignung als Qualitätssicherer und
- Dokumentation der auftragsbegleitenden Qualitätssicherung (VO 1/2006, Tz. 124).

Sie umfassen alle Prüfungsphasen inklusive der Berichtskritik, es handelt sich anders als bei der „gewöhnlichen" Berichtskritik um eine prozessbegleitende Kontrolle. Ihre Ergebnisse sind rechtzeitig vor Abgabe des Prüfungsberichts festzustellen. Vor der abschließenden Klärung in diesem Zusammenhang ggf. zwischen dem verantwortlichen WP und dem Qualitätssicherer auftretender Meinungsverschiedenheiten darf der Prüfungsbericht nicht an den Mandanten ausgehändigt werden.

Die auftragsbegleitende Qualitätssicherung richtet sich insbesondere auf
- die Beachtung der Unabhängigkeitsregelungen und Regelungen der Auftragsannahme und -fortführung,
- die Regelkonformität des Prozesses der Auftragsabwicklung,
- festgestellte Risiken und deren Auswirkungen auf die weitere Auftragsabwicklung,
- wichtige Beurteilungen, insbesondere im Hinblick auf festgestellte Risiken,
- die Vornahme der erforderlichen Konsultationen und die Umsetzung der erzielten Ergebnisse,
- Mängel in der Ordnungsmäßigkeit des Auftragsgegenstands und deren Konsequenzen für die Berichterstattung und
- die Ordnungsmäßigkeit der vorgesehenen Berichterstattung und der Dokumentation (VO 1/2006, Tz. 127).

Die auftragsbegleitende Qualitätssicherung darf gemäß § 24d Abs. 2 Satz 3 BS nur von einem fachlich und persönlich geeigneten **Qualitätssicherer** erfolgen, der nicht an der Auftragsabwicklung beteiligt ist und über ausreichende Erfahrung, Fachkompetenz, persönliche Autorität sowie die notwendige Objektivität verfügt. Die WP-Praxis hat geeignete Kriterien aufzustellen, die die eingesetzten Qualitätssicherer erfüllen müssen.

Für die Vornahme der auftragsbegleitenden Qualitätssicherung nach § 24d Abs. 2 BS gilt eine – § 319a Abs. 1 Nr. 4 HGB nachgebildete – **interne Rotationspflicht**. Demnach sind Personen von der Durchführung ausgeschlossen, die in sieben Fällen entweder den Bestätigungsvermerk über die (Jahres- oder Konzern-)Abschlussprüfung nach § 322 HGB gezeichnet oder die auftragsbegleitende Qualitätssicherung bei der Abschlussprüfung des Mandanten vorgenommen haben (§ 24d Abs. 2 Satz 5 BS). Nach Ablauf einer *„cooling-off period"* von zwei Jahren kann die Person wiederum als Qualitätssicherer eingesetzt werden (§ 24d Abs. 2 Satz 6 BS).

Reichen die personellen Ressourcen einer Praxis nicht aus, um einen Qualitätssicherer zu stellen, so können externe Personen mit dieser Funktion beauftragt werden. Wird die Objektivität des Qualitätssicherers durch im Laufe der Auftragsabwicklung eintretende Umstände beeinträchtigt, so ist dieser zu ersetzen (VO 1/2006, Tz. 138).

In Zweifelsfragen kann auch der Qualitätssicherer Konsultationen vornehmen. Die Erörterung von Fachfragen sollte in diesem Zusammenhang jedoch vorrangig mit Mitgliedern des Prüfungsteams erfolgen; jedenfalls muss bei Vornahme von Konsultationen die Objektivität des Qualitätssicherers gewährleistet bleiben.

Die Dokumentation der auftragsbegleitenden Qualitätssicherung dient gemäß VO 1/2006, Tz. 139 dem Nachweis, dass diese
- entsprechend den Vorgaben der WP-Praxis durchgeführt wurde und
- vor Auslieferung der Prüfungsergebnisse inhaltlich abgeschlossen war.

Lösung von Meinungsverschiedenheiten

Das Qualitätssicherungssystem hat Regelungen einzuführen, wie die WP-Praxis mit Meinungsverschiedenheiten
- innerhalb des Prüfungsteams,
- zwischen dem verantwortlichen WP und konsultierten Personen bzw.
- zwischen dem verantwortlichen WP und dem Qualitätssicherer

umgeht. Diese Regelungen sollten sich mindestens mit der rechtzeitigen Feststellung der strittigen Sachverhalte und den einzelnen Schritten zur Konfliktlösung befassen, die Art und Weise der Einbeziehung der Praxisleitung sowie die Dokumentation beinhalten (VO 1/2006, Tz. 141).

Für die Lösung der Meinungsverschiedenheiten im Rahmen von Aufträgen ist der zuständige WP verantwortlich. Können Meinungsverschiedenheiten nicht ausgeräumt werden, so entscheidet gemäß des Grundsatzes der Eigenverantwortlichkeit letztendlich der WP. Die Meinungsverschiedenheit muss vor Abgabe des Prüfungsberichtes an den Mandanten gelöst sein. Es obliegt dem verantwortlichen WP, den zu Meinungsverschiedenheiten führenden Sachverhalt einschließlich der Begründung seiner Lösung in den Arbeitspapieren zu dokumentieren (VO 1/2006, Tz. 143).

Abschluss der Auftragsdokumentation und Archivierung der Arbeitspapiere

Das Qualitätssicherungssystem hat Regelungen vorzusehen, die einen Abschluss der Auftragsdokumentation zeitnah zur Auslieferung des Prüfungsberichts sowie eine Archivierung der Arbeitspapiere sicherstellen. Die Auftragsdokumentation sollte spätestens 60 Tage nach Erteilung des Betätigungsvermerks abgeschlossen sein (VO 1/2006, Tz. 145).

Zur Wahrung der Verschwiegenheit ist insbesondere der **gewissenhafte Umgang mit Arbeitspapieren** bedeutsam. Diese müssen insbesondere vor Veränderung, Verlust, Beschädigung oder Vernichtung geschützt werden. Daher sind eine sichere und vertrauliche Aufbewahrung sowie eine kurzfristige Verfügbarkeit der Unterlagen sicherzustellen. Folgende Regelungen sind diesbezüglich zu treffen:

- Anweisungen der Mitarbeiter, gewissenhaft mit den Arbeitspapieren umzugehen und sie ordnungsgemäß zu verwahren,
- Zugriffsbeschränkungen zu elektronischen Arbeitspapieren,
- Vornahme regelmäßiger Datensicherungen,
- Festlegung der Zuständigkeiten im Rahmen der Auftragsdokumentation sowie von Zugriffsbeschränkungen (VO 1/2006, Tz. 150).

Die Auftragsdokumentation muss gemäß VO 1/2006, Tz. 148 so gestaltet sein, dass umfassend rückverfolgt werden kann, wer die Papiere wann angelegt, geändert oder durchgesehen hat.

Dokumente in Papierform können eingescannt werden, damit sie auch in elektronischer Form lesbar sind. In diesem Fall ist sicherzustellen, dass der vollständige Inhalt auf dem Datenträger ersichtlich ist. Werden sie in die elektronisch angelegten Arbeitspapiere integriert, so muss gemäß VO 1/2006, Tz. 151 ggf. eine Genehmigung und Indexierung erfolgen.

Die Arbeitspapiere müssen während der gesetzlichen Aufbewahrungsfrist von zehn Jahren (§ 51b WPO) sicher archiviert werden; ggf. ist – etwa aufgrund entsprechender Vereinbarungen mit dem Mandanten – eine längere Aufbewahrung erforderlich.

Die WP-Praxis ist **Eigentümerin** der Arbeitspapiere. Sie kann gemäß der Verschwiegenheitspflicht nach pflichtgemäßem Ermessen den Zugang Mandanten oder weiteren Dritten verwehren (VO 1/2006, Tz. 155).

5.2.4 Nachprüfung der Maßnahmen zur Qualitätssicherung (Nachschau)

Die Nachschau dient gemäß § 33 Abs. 1 Satz 1 BS der Beurteilung, ob das Qualitätssicherungssystem angemessen und wirksam eingerichtet ist. Gegenstände der Nachschau sind sowohl die Organisation der WP-Praxis als auch die Abwicklungsprozesse einzelner Prüfungsaufträge. In der WP-Praxis werden üblicherweise ca. 10 % der Aufträge pro Jahr von der internen Nachschau erfasst.

Für die ordnungsmäßige Nachschau trägt grundsätzlich die Praxisleitung die Verantwortung, die aber an eine Person mit ausreichender Erfahrung, Kompetenz und Autorität delegiert werden kann, soweit diese weder an der Auftragsdurchführung noch an der auftragsbegleitenden Qualitätssicherung beteiligt war. Die Nachschau kann auch im Rahmen einer Selbstvergewisserung erfolgen. Dies setzt einen angemessenen zeitlichen Abstand zur Auftragsdurchführung voraus (VO 1/2006, Tz. 158).

Nach VO 1/2006, Tz. 160 sind Regelungen zur Planung und Organisation der Nachschau zu treffen, die das grundsätzliche Vorgehen, einen Nachschauplan in zeitlicher und personeller Hinsicht und das Arbeitsprogramm der Nachschau umfassen.

Eine Nachschau muss innerhalb eines Zeitzyklus von maximal drei Jahren erfolgen (§ 33 Abs. 2 Satz 3 BS). Innerhalb dieses Zyklus sollte jeder in der Praxis tätige WP mit mindestens einem Auftrag in die Nachschau einbezogen werden. Ein gewisser Teil der Nachschauprüfungen sollte ohne Vorankündigung beim Prüfungsteam vorgenommen werden (VO 1/2006, Tz. 166). Das Erfordernis zusätzlicher Überprüfungen ist nach den Gegebenheiten des Einzelfalles zu beurteilen, z. B. gemäß

► Größe der WP-Praxis,

► Anzahl und Lage der Niederlassungen,

► Art und Komplexität der Praxisorganisation,

► Grad der Delegation,

► Mandanten- und Auftragsrisiken sowie

► Ergebnisse früherer Nachschaumaßnahmen (VO 1/2006, Tz. 164).

Die Auswahl der Aufträge, welche einer Nachschau unterzogen wird, erfolgt etwa mittels folgender Bestimmungsfaktoren:

ABB. 32:	Beurteilung des Qualitätssicherungssystems und der Abwicklung von Aufträgen (VO 1/2006, Tz. 162 ff.)	
Prüfungsziele und -aussagen		**Bestimmungsfaktoren der Auswahl der Aufträge**
Beurteilung des Qualitätssicherungssystems	Beurteilung der Auftragsdurchführung	
▶ Umsetzung neuer gesetzlicher und berufsständischer Entwicklungen ▶ Einhaltung und Kenntnis der Regelungen ▶ Zumindest jährliche Unabhängigkeitsabfrage ▶ Aus- und Fortbildungsmaßnahmen ▶ Regelungen zur Annahme, Fortführung und Beendigung von Mandatsbeziehungen ▶ Maßnahmen zum Umgang mit Beschwerden und Vorwürfen ▶ Kommunikation von festgestellten Mängeln des Qualitätssicherungssystems an die Praxisleitung ▶ Korrektur festgestellter Mängel ▶ Umsetzung von Verbesserungsvorschlägen aus früheren Nachschaumaßnahmen	▶ Einhaltung der gesetzlichen und berufsständischen Anforderungen ▶ Ordnungsgemäße Berichterstattung ▶ Einhaltung der Regelungen des praxisinternen Qualitätssicherungssystems	▶ Komplexität des Auftragsgegenstands ▶ Größe und Branche des Mandanten ▶ Vorliegen besonderer Haftungsrisiken ▶ Öffentliches Interesse am Auftrag ▶ Honorarvolumen im Verhältnis zu Art und Umfang des Auftrags ▶ Erstprüfungen

Unterliegt die WP-Praxis einer externen Qualitätskontrolle gemäß §§ 57a ff. WPO, so können die Ergebnisse bei der Nachschau verwertet und folglich der Umfang der Nachschau reduziert werden (§ 33 Abs. 2 Satz 2 BS). In diesem Fall muss in der Nachschau hauptsächlich beurteilt werden, ob und inwieweit Feststellungen des Prüfers für Qualitätskontrolle bei der Weiterentwicklung des Qualitätssicherungssystems berücksichtigt wurden (VO 1/2006, Tz. 167).

Bei der Nachschau getroffene Feststellungen werden gemäß § 33 Abs. 3 Satz 2 BS zur Weiterentwicklung des Qualitätssicherungssystems verwendet. Bei Feststellung von Systemmängeln sind Verbesserungsvorschläge zu entwickeln und der Praxisleitung zu unterbreiten. Zusätzlich wird untersucht, ob bereits im Rahmen einer vergangenen Nachschau Maßnahmen getroffen wurden, die zur Verbesserung des Qualitätssicherungssystems führten. Die Feststellungen sind mindestens einmal jährlich in einem Nachschaubericht an die Praxisleitung zu übermitteln.

Gemäß § 33 Abs. 3 Satz 1 BS muss die Nachschau dokumentiert werden, insbesondere wenn diese im Rahmen der Selbstvergewisserung erfolgte.

ABB. 33:	Dokumentation und Berichterstattung (VO 1/2006, Tz. 171, 173)
Umfang der Dokumentation der Nachschau	**Inhalt des Nachschauberichts**
▶ Nachschaurichtlinien ▶ Planung der Nachschau einschließlich Grundsätze der Stichprobenbildung bei Aufträgen ▶ Beurteilung der Angemessenheit und Wirksamkeit des Qualitätssicherungssystems ▶ Festgestellte Systemschwächen und entsprechend entwickelte Verbesserungsvorschläge	▶ Beschreibung der durchgeführten Nachschaumaßnahmen ▶ Feststellungen zur Angemessenheit und Wirksamkeit des Qualitätssicherungssystems ▶ Wesentliche individuelle Fehler ▶ Verbesserungsvorschläge und eingeleitete Maßnahmen zur Beseitigung von Schwächen des Qualitätssicherungssystems ▶ Behebung der in früheren Nachschaumaßnahmen festgestellten Mängel

Wird die Nachschau in Zusammenarbeit mit weiteren Praxen durchgeführt, so ist die Anwendung eines zumindest ähnlichen Qualitätssicherungssystems ratsam. Ein Informationsaustausch sollte mindestens einmal jährlich bezüglich der Nachschauergebnisse erfolgen. Festgestellte Mängel des Qualitätssicherungssystems sind unverzüglich zu berichten, damit die Konsequenzen für alle beteiligten Praxen verringert werden können.

Die folgende Checkliste stellt auszugsweise die üblichen Prüfungsgegenstände einer Nachschau dar.

ABB. 34:	Checkliste zur Nachschau			
Organisation der Wirtschaftsprüferpraxis				
	Ja	Nein	Entf.	Bemerk.
Wurden ggf. Empfehlungen aus vorangegangenen Nachschauen aufgegriffen?				
I. Unabhängigkeit, Unparteilichkeit und Besorgnis der Befangenheit				
Gibt es ausreichende Regelungen zur Sicherung der persönlichen, wirtschaftlichen und finanziellen Unabhängigkeit der Beteiligten? ▶ Finanzielle Verflechtungen mit Mandanten einschließlich gesellschaftsrechtlicher Beziehungen, ▶ persönliche Beziehungen zu Mitarbeitern des Mandanten, ▶ Organstellungen bei Mandanten, ▶ Vorteilsannahme von Mandanten?				
Werden die Mitarbeiter bei der Einstellung zur Einhaltung der Unabhängigkeit schriftlich verpflichtet? Ist gesichert, dass ihnen die Richtlinien in jeweils neuester Fassung bekannt sind?				
Wird jährlich eine Unabhängigkeitserklärung abgegeben?				
II. Auftragsannahme und Fortführung				
Gibt es Regelungen zur Einholung von Informationen über neue Mandanten? Berücksichtigt deren Inhalt die Anforderungen an die Wirtschaftsprüferpraxis?				

Qualitätssicherung

KAPITEL I

	Ja	Nein	Entf.	Bemerk.
Sind die Befugnisse zur Auftragsannahme klar geregelt?				
Werden vor der Annahme eines Auftrags geprüft, ob folgende Ablehnungsgründe vorliegen: ▶ persönliche, verwandtschaftliche oder geschäftliche Beziehungen, ▶ finanzielle oder gesellschaftsrechtliche Bindungen, ▶ Organstellung bei Mandanten, ▶ eigenes Interesse am Ergebnis des Auftrags, ▶ beeinträchtigte Vertrauenswürdigkeit des Auftraggebers oder Risiken in Bezug auf den Inhalt des Auftrags, ▶ Vorgabe eines Festhonorars durch den Mandanten?				
Wird ein Mandat abgelehnt, wenn das Honorar einen wesentlichen Anteil an den Gesamthonorarausgaben ausmacht?				
Besteht die Anweisung, bei Auftragsfortführung zu überprüfen, ob die Bedingungen für eine Auftragsannahme noch gegeben sind?				
Werden bei Prüfungsaufträgen ggf. Kontakte mit dem bisherigen Prüfer hergestellt?				
Werden bei Niederlegung eines Prüfungsauftrags oder Abberufung des bisherigen Prüfers Kontakte mit diesem hergestellt?				
III. Mitarbeiterentwicklung				
Ist die Zuständigkeit für Auswahl und Einstellung von Mitarbeitern eindeutig geregelt?				
Werden die Mitarbeiter bei Einstellung schriftlich zur Verschwiegenheit und zur Beachtung der Insiderregelungen verpflichtet?				
Werden die Mitarbeiter regelmäßig anhand nachvollziehbarer fachlicher und persönlicher Kriterien beurteilt?				
Werden alle Mitarbeiter mit den Berufsgrundsätzen vertraut gemacht?				
Ist festgelegt, welche Literatur die Mitarbeiter bei der Fortbildung zu lesen haben und ihnen zur Verfügung gestellt wird?				
Erfolgen Schulungen in ausreichendem Maße? Gibt es regelmäßigen Erfahrungsaustausch zwischen den Mitarbeitern?				
IV. Gesamtplanung aller Aufträge				
Gibt es einen zentralen Einsatzplan in qualitativer und quantitativer Hinsicht für alle durchzuführenden Aufträge?				
Enthält die Zeitplanung angemessene Reserven für unvorhersehbare Ereignisse? Wird der aktuelle Stand laufend eingepflegt (z. B. kurzfristige Einsatzänderungen etc.)?				

KAPITEL I — Beruf und Berufsrecht des Wirtschaftsprüfers

	Ja	Nein	Entf.	Bemerk.
V. Fachliche und organisatorische Anweisungen und Hilfsmittel				
Gibt es ausreichende Regelungen für alle Tätigkeitsbereiche der Wirtschaftsprüferpraxis? Sind diese schriftlich festgehalten?				
Werden die Richtlinien regelmäßig aktualisiert und den Mitarbeitern bekannt gemacht?				
Abwicklung einzelner Prüfungsaufträge				
Wurden die entsprechenden Grundsätze zur Prüfung von Ergebnissen nach dem Abschlussstichtag, zu Erstprüfungen und zur Verwendung von Prüfungsergebnissen und Untersuchungen Dritter beachtet?				
I. Prüfungsplanung				
Berücksichtigt die Planung das wirtschaftliche Umfeld des zu prüfenden Unternehmens?				
Liegt ein auftragsbezogenes Prüfungsprogramm vor?				
Erscheinen die geplanten Prüfungsstunden ausreichend für eine ordnungsgemäße Durchführung des Auftrags?				
Wurde die Planung angemessen dokumentiert?				
II. System- und Funktionsprüfung				
Wurde eine Würdigung der relevanten Aspekte des Internen Kontrollsystems vorgenommen?				
Wurden die vorgenommenen Prüfungshandlungen dokumentiert?				
III. Prüfung von Geschäftsvorfällen und Beständen				
Sind bei Anwendung des Stichprobenverfahrens die ausgewählten Fälle bearbeitet worden?				
Sind die Ergebnisse der Stichprobenprüfung aussagekräftig?				
Sind Risiken mit Hilfe von Bestätigungen Dritter geprüft worden?				
IV. Berichterstattung und Bestätigungsvermerk				
Wurden die entsprechenden Anweisungen und Grundsätze zur Abfassung von Prüfungsberichten beachtet?				
Sind die wesentlichen Ereignisse oder Entwicklungen zutreffend dargestellt?				
Wurden Prüfungsbericht und Bestätigungsvermerk zeitnah datiert und ausgeliefert?				
V. Überwachung des Prüfungsablaufs und Durchsicht der Prüfungsergebnisse				
Lassen die Arbeitspapiere und Prüfungsunterlagen erkennen, dass die Arbeit zeitnah nach Abschluss von einem Mitarbeiter mit ausreichender Berufserfahrung durchgesehen wurde?				

	Ja	Nein	Entf.	Bemerk.
Wurde der Prüfungsbericht vor Auslieferung auf Mängel untersucht und dokumentiert?				
VI. Dokumentation der Prüfung				
Deckt das Prüfungsprogramm den gesamten Prüfungsstoff ab?				
Sind die tatsächlich durchgeführten Prüfungshandlungen und die Prüfungsfeststellungen aus den Arbeitspapieren klar ersichtlich?				
Ist die Dauerakte aktualisiert worden?				

6. Qualitätskontrolle

6.1 System der Qualitätskontrolle

Im Rahmen der **4. WPO-Novelle** vom 19. Dezember 2000 wurde in den §§ 57a ff. WPO ein System der Qualitätskontrolle installiert, dem sich WP und WPG zu unterziehen haben. Grundlage dessen ist die **Empfehlung der EU-Kommission** zu Mindestanforderungen an Qualitätssicherungssysteme für die Abschlussprüfung in der EU vom 21. November 2000. Die Einführung eines Qualitätskontrollsystems dient nach der Vorstellung der EU-Kommission folgenden **Zielen**:

▶ Sicherstellung einer angemessenen Qualität der Leistungen (Abschlussprüfungen),

▶ Nachweis der Beachtung allgemein anerkannter Standards und Berufsgrundsätze im Rahmen der Leistungserbringung sowie Ermöglichung einer laufenden Verbesserung der Leistungs-(Prüfungs-)qualität,

▶ Steigerung des Vertrauens der Öffentlichkeit in Abschlussprüfung und -prüfer.

§ 57a Abs. 1 WPO kodifiziert den Grundsatz, dass WP in eigener Praxis und WPG verpflichtet sind, sich im Abstand von jeweils drei Jahren einer **Qualitätskontrolle** zu unterziehen, wenn sie gesetzlich vorgeschriebene Abschlussprüfungen durchführen. Bei Abschlussprüfern von Unternehmen, die nicht unter § 319a Abs. 1 Satz 1 HGB fallen, ist ein Qualitätskontrollturnus von sechs Jahren anzuwenden (§ 57a Abs. 6 WPO).

Prüfungsgegenstand der Qualitätskontrolle sind die in der WP-Praxis eingeführten Grundsätze und Maßnahmen zur **Qualitätssicherung** nach Maßgabe der gesetzlichen Vorschriften und der Berufssatzung in Bezug auf betriebswirtschaftliche Prüfungen i. S. des § 2 Abs. 1 WPO, bei denen das Berufssiegel geführt wird (vgl. auch IDW PS 140, Tz. 7 ff.).

WP sind gemäß § 319 Abs. 1 Satz 3 HGB als **Abschlussprüfer ausgeschlossen**, wenn sie über keine wirksame Bescheinigung der WPK über die Teilnahme an der Qualitätskontrolle verfügen.

In Härtefällen kann eine Ausnahmegenehmigung gemäß § 57a Abs. 1 Satz 2 und 3 HGB bei der WPK unter Angabe triftiger Gründe beantragt werden. Als Härtefälle gelten insbesondere Fälle, bei denen die Durchführung der Qualitätskontrolle im Einzelfall eine unverhältnismäßige Belastung darstellen würde. Die Ausnahmegenehmigung kann nicht rückwirkend erteilt werden und gilt maximal für einen Zeitraum von drei Jahren. Eine wiederholte Antragstellung ist möglich.

WP, die nicht zur Teilnahme am Verfahren verpflichtet sind, beispielsweise da sie ausschließlich freiwillige Abschlussprüfungen ohne Anwendung des Berufssiegels durchführen, können sich nach § 57g WPO freiwillig einer Qualitätskontrolle unterziehen.

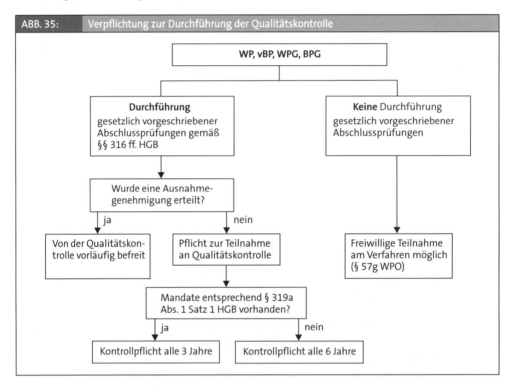

ABB. 35: Verpflichtung zur Durchführung der Qualitätskontrolle

Flankierende Maßnahmen treffen die § 57c ff. WPO wie folgt:

- Der Beirat der WPK hat eine **Satzung für Qualitätskontrolle** (§ 57c Abs. 1 WPO) beschlossen, die die näheren Vorschriften zum Qualitätskontrollverfahren gemäß § 57a ff. WPO weiter präzisiert;

- innerhalb der WPK wird eine **Kommission für Qualitätskontrolle** (§ 57e WPO) eingerichtet, die für diejenigen Angelegenheiten der Qualitätskontrolle i. S. von § 57a WPO zuständig ist, die nicht in der Verantwortung der Abschlussprüferaufsichtskommission (APAK) liegen;

- zusätzlich besteht außerhalb der WPK eine **Abschlussprüferaufsichtskommission** (§ 66a WPO).

Die **Satzung für Qualitätskontrolle** regelt insbesondere

- die Voraussetzungen für die und das Verfahren der Registrierung der Prüfer für Qualitätskontrolle nach § 57a Abs. 3 WPO, hier insbesondere die Gewährleistung ausreichender Kenntnisse in der Qualitätssicherung;

- die Ausschlussgründe des Prüfers für Qualitätskontrolle nach § 57a Abs. 4 WPO, insbesondere kapitalmäßige, finanzielle oder persönliche Bindungen zu der zu prüfenden Praxis, sowie die grundsätzliche Unzulässigkeit von wechselseitigen oder Ringprüfungen;

- ▶ die Ausgestaltung des Verfahrens für Qualitätskontrollen nach den §§ 57a ff. WPO innerhalb der WPK, insbesondere
  - Erteilung einer Ausnahmegenehmigung,
  - Unterrichtung der WPK über die Auftragserteilung zur Durchführung einer Qualitätskontrolle,
  - Auswertung des Qualitätskontrollberichts durch die WPK,
  - Erteilung einer Teilnahmebestätigung am System für Qualitätskontrolle,
  - Unterrichtungspflichten bei Vorliegen berufsgerichtlicher Verurteilungen oder bei Kenntnisnahme von Sachverhalten, die den Widerruf der Bestellung als Wirtschaftsprüfer oder der Anerkennung als Wirtschaftsprüfergesellschaft rechtfertigen können, sowie
  - Einzelheiten der Erstellung des jährlichen Tätigkeitsberichtes der Kommission für Qualitätskontrolle;
- ▶ Maßnahmen der Kommission für Qualitätskontrolle wie Erteilung von Auflagen, Anordnung einer Sonderprüfung, Widerruf einer bereits erteilten Teilnahmebescheinigung oder die Verhängung von Zwangsgeld.

Mitglieder der **Kommission für Qualitätskontrolle** sind Berufsangehörige, die in Ausübung ihrer Tätigkeit jedoch unabhängig und weisungsungebunden sind (§ 57e Abs. 1 WPO). Die Kommission ist zuständig für alle Angelegenheiten der Qualitätskontrolle, soweit nicht die APAK zuständig ist, insbesondere die

- ▶ Erteilung von Ausnahmegenehmigungen zur (Nicht-)Teilnahmepflicht am System der Qualitätskontrolle,
- ▶ Registrierung von Prüfern für Qualitätskontrolle,
- ▶ Entgegennahme der Qualitätskontrollberichte sowie die Erteilung von Bescheinigungen über die Teilnahme an der Qualitätskontrolle,
- ▶ Anordnung von Maßnahmen und Sanktionen gegen Berufsangehörige bei Feststellung von Mängeln im System der Qualitätskontrolle und der Entscheid über diesbezügliche Widersprüche.

Aufgabe der Kommission ist auch die Erstellung eines jährlichen Tätigkeitsberichts, der insbesondere die bundesweiten Ergebnisse der durchgeführten Qualitätskontrollen in anonymisierter Form sowie eine statistische Auswertung der Qualitätskontrollberichte enthält. Daneben sind die am häufigsten festgestellten Mängel darzustellen sowie diejenigen, bei denen Auflagen erteilt bzw. Sonderprüfungen angeordnet wurden.

Die **Abschlussprüferaufsichtskommission (APAK)** nach § 66a WPO besteht demgegenüber ausnahmslos aus Nicht-Berufsangehörigen insbesondere aus den Bereichen Rechnungslegung, Finanzwesen, Wirtschaft, Wissenschaft und Rechtsprechung. Diese werden vom Bundesministerium für Wirtschaft und Arbeit für die Dauer von vier Jahren ernannt, sie dürfen in den letzten fünf Jahren vor ihrer Ernennung nicht persönliche Mitglieder der WPK gewesen sein (§ 66a Abs. 2 WPO).

Die APAK führt eine öffentliche fachbezogene Aufsicht über die WPK. In diesem Rahmen obliegt es ihr insbesondere,

- die Angemessenheit und Funktionsfähigkeit des Systems der Qualitätskontrolle zu überwachen und hierzu Stellung zu nehmen,
- Empfehlungen zur Fortentwicklung und Verbesserungen des Systems abzugeben und
- hierzu einen jährlichen öffentlichen Bericht zu erstellen.

Nach Maßgabe des § 66a Abs. 3 bis 5 WPO stehen der APAK umfassende Einsichts-, Teilnahme- und Prüfungsrechte zu; sie kann als Letztinstanz der WPK Weisungen erteilen. Durch den Einbezug berufsfremder und anerkannter Persönlichkeiten soll eine höhere Effizienz und öffentliche Akzeptanz der Berufsaufsicht gewährleistet werden.

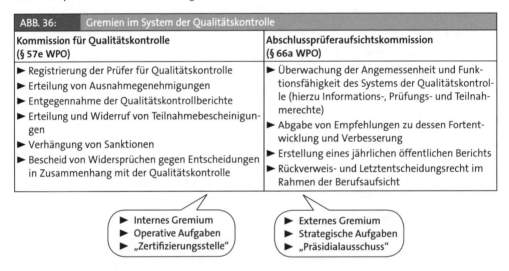

ABB. 36: Gremien im System der Qualitätskontrolle

Kommission für Qualitätskontrolle (§ 57e WPO)	Abschlussprüferaufsichtskommission (§ 66a WPO)
▶ Registrierung der Prüfer für Qualitätskontrolle ▶ Erteilung von Ausnahmegenehmigungen ▶ Entgegennahme der Qualitätskontrollberichte ▶ Erteilung und Widerruf von Teilnahmebescheinigungen ▶ Verhängung von Sanktionen ▶ Bescheid von Widersprüchen gegen Entscheidungen in Zusammenhang mit der Qualitätskontrolle	▶ Überwachung der Angemessenheit und Funktionsfähigkeit des Systems der Qualitätskontrolle (hierzu Informations-, Prüfungs- und Teilnahmerechte) ▶ Abgabe von Empfehlungen zu dessen Fortentwicklung und Verbesserung ▶ Erstellung eines jährlichen öffentlichen Berichts ▶ Rückverweis- und Letztentscheidungsrecht im Rahmen der Berufsaufsicht
▶ Internes Gremium ▶ Operative Aufgaben ▶ „Zertifizierungsstelle"	▶ Externes Gremium ▶ Strategische Aufgaben ▶ „Präsidialausschuss"

Im Ergebnis gelten folgende Grundsätze:

- Die Qualitätskontrolle stellt eine Systemprüfung dar.
- Kontrollgegenstand ist das interne Qualitätssicherungssystem und nicht die Wahrnehmung einer bestimmten Leistung nach außen.
- Kontrollnorm ist die durchgängige Funktionsfähigkeit und Wirksamkeit des Systems.

Es zeigt sich, dass das System der Qualitätskontrolle der WP sowohl Elemente

- einer Selbstkontrolle (*„peer review"*) als auch
- einer Fremdkontrolle (*„monitoring"*)

vereinigt. Ursprünglich war in Tradition der berufsständischen Selbstverwaltung der WP in Deutschland ein reines *„peer review"*-System vorgesehen. Aufgrund des anhaltenden Drucks insbesondere der EU-Kommission, die ein Kontrollvakuum befürchtete, wurden in der Folge zusätzlich Komponenten eines *„monitoring"* eingeführt.

Akteure und Funktionsweise des Systems lassen sich graphisch wie folgt verdeutlichen:

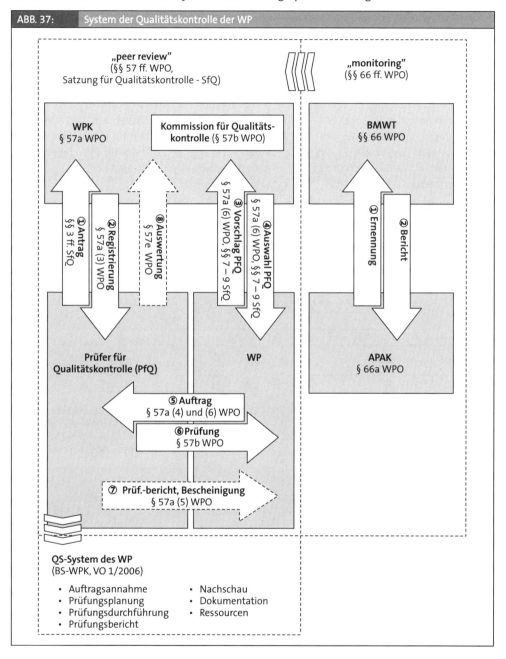

ABB. 37: System der Qualitätskontrolle der WP

6.2 Ablauf der Qualitätskontrolle

Als Ausfluss des Systemprüfungscharakters geht es bei der Qualitätskontrolle weniger um die Überwachung der Abwicklung einer einzelnen Leistung als um die Einhaltung allgemeiner Planungs- und Organisationsgrundsätze in Anlehnung an die VO 1/2006, welche eine ordnungsmäßige Durchführung der Aufträge gewährleisten sollen.

Auftraggeber der Qualitätskontrolle ist der jeweils zu prüfende WP bzw. die WPG. Die Qualitätskontrolle wird durch speziell bei der WPK registrierte **Prüfer für Qualitätskontrolle** durchgeführt. Für eine entsprechende Registrierung sind die notwendigen persönlichen und fachlichen Voraussetzungen, z. B. Nachweis von Kenntnissen in der Qualitätssicherung (§ 57a Abs. 3 WPO) und die Unabhängigkeit gegenüber der zu prüfenden Praxis (§ 57a Abs. 4 WPO) zu belegen. Die Registrierung durch die WPK erfolgt zeitlich unbefristet; sie wird bei Wegfall der Voraussetzungen widerrufen.

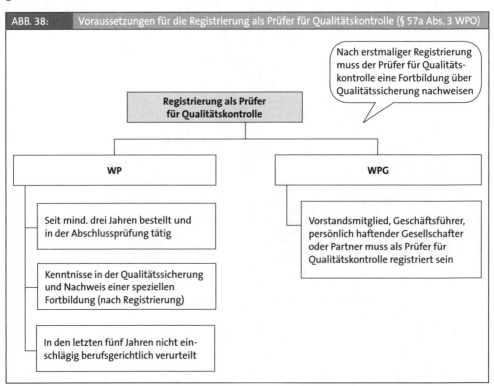

ABB. 38: Voraussetzungen für die Registrierung als Prüfer für Qualitätskontrolle (§ 57a Abs. 3 WPO)

Auftragsannahme und Auftragsplanung

Der Prüfer für Qualitätskontrolle wird von der zu prüfenden Praxis beauftragt (§ 57a Abs. 6 Satz 1 WPO). Hierzu reicht die Praxis bis zu drei Vorschläge möglicher Prüfer für Qualitätskontrolle bei der Kommission für Qualitätskontrolle ein. Die Vorschläge sind mit einer Unabhängigkeitsbestätigung der vorgeschlagenen Prüfer zu versehen. Die Kommission hat ein Widerspruchs-(Ablehnungs-)recht bei triftigem Grund, z. B. bei Besorgnis der Befangenheit (§ 57a Abs. 6 Satz 3 WPO).

Qualitätskontrolle **KAPITEL I**

Auftragsdurchführung

Im IDW PS 140 „Die Durchführung von Qualitätskontrollen in der Wirtschaftsprüferpraxis" sind **Grundsätze der Prüfungsinhalte und -durchführung** im Rahmen der Qualitätskontrolle dargelegt. Gegenstand der Prüfung sind demnach alle Grundsätze und Maßnahmen zur Qualitätssicherung bei der Organisation des geprüften WP einschließlich der Grundsätze der Abwicklung sowie Nachschau von Prüfungsaufträgen (IDW PS 140, Tz. 11). Im Rahmen der Qualitätskontrolle sind **Angemessenheit und Wirksamkeit** des internen Qualitätssicherungssystems zu beurteilen, insbesondere die

▶ Beachtung der allgemeinen Berufsgrundsätze, Gewährleistung von Unabhängigkeit, Unparteilichkeit und Unbefangenheit sowie Sicherstellung einer sachgerechten Qualifikation und Information,

▶ Zweckmäßigkeit und Wirksamkeit der personellen, zeitlichen und sachlichen Gesamtplanung aller Aufträge,

▶ Zweckmäßigkeit und Wirksamkeit der fachlichen und organisatorischen Anweisungen sowie Hilfsmittel (z. B. Formblätter, Übersichten, Checklisten, Fragebögen),

▶ Prüfungsplanung und Prüfungsdurchführung einzelner Aufträge einschließlich deren Überwachung,

▶ Durchsicht der Prüfungsergebnisse und die Vornahme einer Nachprüfung bzw. Nachschau gemäß VO 1/2006 (vgl. IDW PS 140, Tz. 47 ff.).

Ziel des IDW PS 140 ist die Darlegung der Berufsauffassung, nach der Qualitätskontrollen durch registrierte Prüfer für Qualitätskontrollen gemäß § 57 ff. WPO durchzuführen sind. Die detaillierten Regelungen betreffen insbesondere

▶ die Voraussetzungen für die Annahme eines Auftrags zur Durchführung einer Qualitätskontrolle sowie wichtige Gründe, die eine Auftragskündigung rechtfertigen können (Meinungsverschiedenheiten über das Prüfungsurteil zählen nicht hierzu),

▶ Kriterien einer angemessenen sachlichen, personellen und zeitlichen Planung der Prüfungsaufträge für Qualitätskontrolle,

▶ Grundsätze einer risikoorientierten Prüfung des Qualitätssicherungssystems, die dazu dienen sollen, dass das Qualitätskontrollrisiko soweit reduziert wird, dass das Prüfungsurteil mit hinreichender Sicherheit abgegeben werden kann,

▶ Rahmenvorgaben der Entwicklung einer Prüfungsstrategie und eines Prüfungsprogramms für die Qualitätskontrollprüfung unter Berücksichtigung der Geschäftstätigkeit sowie des wirtschaftlichen und rechtlichen Umfelds der zu prüfenden Praxis,

▶ Einzelheiten der Prüfungsdurchführung unter besonderer Berücksichtigung der Beurteilung von Angemessenheit und Wirksamkeit des praxisinternen Qualitätssicherungssystems,

▶ Grundsätze der Dokumentation und Berichterstattung über die Qualitätskontrolle. Hierzu werden im Anhang zum IDW PS 140 Musterformulierungen für einen Qualitätskontrollbericht mit uneingeschränktem, eingeschränktem oder versagtem Prüfungsurteil aufgeführt.

▶ Checklisten zur Durchführung der Prüfung sind im IDW PH 9.140 enthalten.

Das **Qualitätsrisiko** repräsentiert die Gefahr, dass in der zu prüfenden Praxis nicht sämtliche gesetzlichen und satzungsmäßigen Anforderungen eingehalten werden (IDW PS 140, Tz. 35). Zu seiner Beurteilung sind eingangs der Prüfung die Risiken festzustellen und zu analysieren, die sich wesentlich auf die Qualität der Berufsausübung auswirken können (qualitätsgefährdende Risiken). Diese bestehen z. B. in

- mangelnder Qualifikation der Mitarbeiter,
- hoher Personalfluktuation,
- unzureichenden (IT-)Hilfsmitteln zur Prüfungsunterstützung,
- uneinheitlicher Struktur der Praxis bei einer größeren Anzahl von Niederlassungen,
- risikoreichen Aufträge und/oder Aufträge, für deren Durchführung Spezialkenntnisse notwendig sind,
- schwierigen wirtschaftlichen Situationen bei bedeutenden Mandanten,
- neuen fachliche Standards oder gesetzlichen Regelungen, die erstmals bei der Auftragsdurchführung anzuwenden sind (IDW PS 140, Tz. 38).

Das **Entdeckungsrisiko** stellt das Risiko dar, dass der Prüfer aufgrund der von ihm durchgeführten Prüfungshandlungen wesentliche Mängel im Qualitätssicherungssystem nicht entdeckt (IDW PS 140, Tz. 36). Er muss das Entdeckungsrisiko durch die Auswahl von Art, Umfang und Zeitpunkt seiner Prüfungshandlungen so bestimmen, dass ein Prüfungsurteil darüber abgegeben werden kann, ob das System geeignet ist, wesentliche Mängel in der Berufsausübung aufgrund von qualitätsgefährdenden Risiken zu verhindern bzw. aufzudecken und zu korrigieren. Je höher das Qualitätsrisiko, desto größer muss sowohl die Anzahl der im Rahmen der Auftragsprüfung zu berücksichtigenden Niederlassungen der WP-Praxis als auch die Anzahl der zu prüfenden Aufträge sein.

Qualitätskontrollen sind im Wesentlichen vor Ort in der zu prüfenden WP-Praxis durchzuführen. Die geprüfte Praxis ist verpflichtet, dem Prüfer für Qualitätskontrolle Zutritt zu den Praxisräumen zu gewähren sowie Aufklärungen und Nachweise zu geben, soweit dies für eine sorgfältige Prüfung erforderlich ist (§ 57d WPO). Hierzu wird die Verschwiegenheitspflicht gemäß § 57b Abs. 3 WPO eingeschränkt.

Der Prüfer hat sich zunächst einen Überblick über das Qualitätssicherungssystem der WP-Praxis einschließlich des praxisinternen Risikomanagementsystems zu verschaffen. Dies geschieht im Wege einer Durchsicht vorhandener Qualitätssicherungshandbücher oder ähnlicher Unterlagen vor dem Hintergrund der zuvor erworbenen Kenntnisse über wesentliche Komponenten des Umfelds der geprüften Praxis, insbesondere

- der Mandantenstruktur,
- der Tätigkeitsschwerpunkte und Auftragsstruktur,
- des Praxisumfelds, z. B. Branchentrends oder Entwicklungen bei den Mandanten,
- der Konkurrenzsituation,
- der gesellschaftsrechtlichen Organisationsform der Praxis,
- Erwerben und Verkäufen von Praxen bzw. Praxisteilen (IDW PS 140, Tz. 44).

Anhaltspunkte für ein erhöhtes Qualitätsrisiko ergeben sich insbesondere aus dem Vorhandensein von Aufträgen, bei denen ein konkretes Risiko bereits offenkundig geworden ist, z. B. bei eingeleiteten oder abgeschlossenen Berufsaufsichtsverfahren etc. (IDW PS 140, Tz. 39).

Der Prüfer muss seine Prüfungshandlungen in personeller, sachlicher und zeitlicher Hinsicht so planen und durchführen, damit ein Prüfungsurteil zum praxisinternen Qualitätssicherungssystem mit hinreichender Sicherheit abgegeben werden kann (IDW PS 140, Tz. 31). Für die Prüfungsplanung gelten die allgemeinen Grundsätze des risikoorientierten Prüfungsansatzes, des Erwerbs von Kenntnissen des wirtschaftlich-rechtlichen Umfelds des Prüfungsmandanten und das Wesentlichkeitsprinzips in analoger Weise (vgl. hierzu im Einzelnen Kapitel III.). Auf dieser Basis sind Art, Zeitpunkt und Umfang der Prüfungshandlungen zur Beurteilung von Angemessenheit und Wirksamkeit des Qualitätssicherungssystems festzulegen (IDW PS 140, Tz. 47 ff.).

ABB. 39:	Beurteilung der Praxisorganisation und der Auftragsprüfung (IDW PS 140, Tz. 57 und 67)
Prüfungshandlungen zur Beurteilung der Praxisorganisation	Überprüfung der Einhaltung folgender Grundsätze bei der Auftragsprüfung
▶ Durchsicht von Akten und Organisationsunterlagen (z. B. Qualitätssicherungshandbuch, Arbeitsprogramme, Aus- und Fortbildungsprogramm, Planungs- und Nachschauunterlagen) ▶ Feststellung, ob die festgelegten organisatorischen Regelungen nach Art und Umfang den Erfordernissen der WP-Praxis entsprechen, praktisch umgesetzt und angewendet sowie regelmäßig aktualisiert werden ▶ Beobachtung von Arbeitsabläufen ▶ Befragung der Praxisleitung und der fachlichen Mitarbeiter bezüglich der Berufsgrundsätze und der Grundsätze und Maßnahmen des Qualitätssicherungssystems ▶ Ggf. Vornahme von Konsultationen	▶ Auftragsannahme und Auftragsbestätigung ▶ Erwerb der erforderlichen Kenntnisse über die Geschäftstätigkeit sowie das wirtschaftliche und das rechtliche Umfeld der Mandanten ▶ Entwicklung einer Prüfungsstrategie und eines Prüfungsprogramms ▶ Festlegung von Wesentlichkeitsgrenzen ▶ Beurteilung der Risiken ▶ Festlegung von Art, Umfang und Zeitpunkt der ergebnisorientierten Prüfungshandlungen ▶ Prüfung des Internen Kontrollsystems ▶ Einholung ausreichender Prüfungsnachweise ▶ Dokumentation der Prüfungsdurchführung und der Prüfungsfeststellungen ▶ Berichterstattung über die Ergebnisse der Prüfung (Bestätigungsvermerk und Prüfungsbericht) ▶ Qualitätssicherung bei der Auftragsdurchführung

Die Beurteilung der **Regelungen zur allgemeinen Praxisorganisation** umfasst gemäß der VO 1/2006

▶ die Beachtung der allgemeinen Berufspflichten, insbesondere der Unabhängigkeit, Unparteilichkeit und Vermeidung der Besorgnis der Befangenheit,

▶ die Annahme, Fortführung und vorzeitige Beendigung von Aufträgen,

▶ die Mitarbeiterentwicklung (Einstellung, Beurteilung sowie Aus- und Fortbildung von Mitarbeitern, Bereitstellung von Fachinformationen),

▶ die Gesamtplanung aller Aufträge und

▶ den Umgang mit Beschwerden und Vorwürfen (IDW PS 140, Tz. 56).

Die Prüfungshandlungen sollen darüber Aufschluss geben,

▶ ob die Mitarbeiter mit den für sie relevanten Berufspflichten vertraut sind,

▶ ob den Mitarbeitern ihre Pflichten im Qualitätssicherungssystem bekannt sind,

▶ ob die Mitarbeiter über die relevanten Fachkenntnisse verfügen und ob sie durch den Besuch von Fortbildungsveranstaltungen für ihre Aufgaben ausreichend geschult werden,

▶ wie die interne Kommunikation zu fachlichen Fragen organisiert ist und

▶ wie Beschwerden oder Vorwürfen von Mandanten, Mitarbeitern und Dritten nachgegangen wird (IDW PS 140, Tz. 59).

Zur Beurteilung der **Ordnungsmäßigkeit der Abwicklung von Aufträgen** sind in angemessenem Umfang Kontrollen der betriebswirtschaftlichen Prüfungen i. S. von § 2 Abs. 1 WPO durchzuführen, bei denen das Berufssiegel verwendet wird.

Die Auswahl der in die Prüfung einzubeziehenden Aufträge erfolgt unter Risikoaspekten. Hierbei ist das öffentliche Interesse an der Auftragsart (z. B. Abschlussprüfungen von Unternehmen i. S. des § 319a HGB), das mit der Auftragsdurchführung verbundene Risiko, die Wesentlichkeit der Aufträge für die zu prüfende WP-Praxis, die Ergebnisse der internen Nachschau und das Risikomanagement der Praxis zu berücksichtigen. Die Auswahl sollte einen **angemessenen Querschnitt** aller bedeutenden betriebswirtschaftlichen Prüfungen nach § 2 Abs. 1 WPO, bei denen das Berufssiegel verwendet wird, darstellen (IDW PS 140, Tz. 62).

Bei der bewussten Auswahl von zu prüfenden Aufträgen können folgende Aspekte von Bedeutung sein:

▶ Mandanten, bei denen erfahrungsgemäß mit schwierigen Bilanzierungsfragen zu rechnen ist bzw. die Spezialkenntnisse erfordern,

▶ erstmalige Prüfungen von Mandanten,

▶ Prüfungen, bei denen das Berufssiegel zu führen ist, bei denen jedoch von der Durchführung einer Berichtskritik i. S. des § 24 Abs. 1 BS abgesehen wurde,

▶ Aufträge, bei denen internationale Rechnungslegungsgrundsätze oder internationale Prüfungsstandards zu beachten sind,

▶ Aufträge, bei denen erstmals neue oder geänderte fachliche Regeln zu beachten sind,

▶ Aufträge, bei denen aufsichtsrechtliche Bestimmungen zu beachten sind,

▶ Prüfungen während oder nach Umstrukturierungen sowie Sonderprüfungen,

▶ Aufträge mit einem – nach Einschätzung des Prüfers – ungewöhnlich geringen Stundenvolumen in Relation zur Größe und Komplexität des zu prüfenden Unternehmens, das durch eine entsprechende Vergütungsvereinbarung verursacht worden sein kann (IDW PS 140, Tz. 62).

In diesen Fällen sollte in Anwendung des risikoorientierten Prüfungsansatzes eine Ausdehnung der Stichprobe oder im Extremfall eine Vollprüfung erwogen werden.

Bei der Auswahl der Aufträge sind die Ergebnisse der internen Nachschau zu berücksichtigen. Eine wirksame interne Nachschau kann eine Reduzierung des Prüfungsumfangs bei der Qualitätskontrolle zur Folge haben (IDW PS 140, Tz. 64).

Im Zuge der Qualitätskontrolle sollten der für den Auftrag verantwortliche WP und die im Rahmen der Auftragsabwicklung eingesetzten fachlichen Mitarbeiter zu deren Vorgehensweise bei der Auftragsabwicklung befragt werden (IDW PS 140, Tz. 68). Bei der Beurteilung der Aufträge ist jedoch vom Prüfer für Qualitätskontrolle zu berücksichtigen, dass er keine erneute Abschlussprüfung durchführt und somit keinen Zugriff auf die Originalunterlagen hat. Er muss sich deshalb der Gefahr bewusst sein, aus den vorliegenden Arbeitspapieren und den Befragungen falsche Rückschlüsse auf die Qualität der Auftragsdurchführung zu ziehen (IDW PS 140, Tz. 70).

Die **Beurteilung der internen Nachschau** erfolgt auf Grundlage der entsprechenden Dokumentation seitens der WP-Praxis. Der Prüfer hat festzustellen, ob die interne Nachschau eine wirksame

Überwachung der Einhaltung der Grundsätze und Maßnahmen zur Qualitätssicherung gemäß VO 1/2006 gewährleistet. Weiter ist nachzuvollziehen, ob die Ergebnisse der internen Nachschau in geeigneter Weise bei der Weiterentwicklung des Qualitätssicherungssystems berücksichtigt und festgestellte Mängel durch geeignete Maßnahmen zeitnah korrigiert werden.

Stellt der Prüfer im Rahmen der Beurteilung der Abwicklung einer Abschlussprüfung fest, dass wesentliche Fehler nicht erkannt wurden oder aus erkannten Fehlern keine gebotenen Konsequenzen gezogen wurden, muss er beurteilen, ob ein Mangel des Qualitätssicherungssystems der Praxis vorliegt. Ist dies der Fall, so hat er sein Prüfungsurteil einzuschränken oder zu versagen (IDW PS 140, Tz. 72). Wenn nach Auffassung des Prüfers wesentliche Grundsätze oder Maßnahmen zur Qualitätssicherung in der Praxis nicht vorhanden oder nicht geeignet sind, sind diese Mängel im Qualitätskontrollbericht darzustellen und das Prüfungsurteil einzuschränken oder zu versagen.

Nach Beendigung seiner Prüfungshandlungen und vor der Abgabe des Qualitätskontrollberichts hat der Prüfer die Prüfungsergebnisse der Leitung der WP-Praxis vorzulegen und mit dieser zu erörtern. Der WP ist in der **Schlussbesprechung** über alle Feststellungen mit Auswirkungen auf den Qualitätskontrollbericht zu informieren. Von der WP-Praxis ist eine schriftliche Erklärung abzugeben, nach der dem Prüfer alle für die Beurteilung des Qualitätssicherungssystems erforderlichen Unterlagen und Auskünfte zur Verfügung gestellt wurden (IDW PS 140, Tz. 78 f.).

Der Prüfer für Qualitätskontrolle hat sämtliche Schritte der von ihm durchgeführten Prüfung zu dokumentieren. In diesem Rahmen sind insbesondere folgende Informationen festzuhalten:

- geschäftliches Umfeld und Tätigkeitsschwerpunkte der WP-Praxis,
- ggf. vorgefundene qualitätsgefährdende Risiken der WP-Praxis,
- Überblick über das Qualitätssicherungssystem,
- Prüfungsstrategie und Prüfungsprogramm,
- Feststellungen aus der Systemprüfung zur Beurteilung der Angemessenheit und Wirksamkeit des Qualitätssicherungssystems und Einschluss der Ergebnisse der Funktionsprüfungen
- ggf. von der Praxis angegebene Gründe für die Nichtvorlage von Arbeitspapieren und vom Prüfer vorgenommene alternative Prüfungshandlungen,
- Würdigung der Prüfungsfeststellungen,
- Schlussfolgerungen aus den eingeholten Prüfungsnachweisen und
- Ableitung des Prüfungsurteils über die Qualitätskontrolle,
- ggf. bei wesentlichen Mängeln Empfehlungen zu deren Beseitigung (IDW PS 140, Tz. 81).

Qualitätskontrollbericht

Das Prüfungsergebnis ist in einem **Qualitätskontrollbericht** zusammenzufassen, der an die auftraggebende Praxis adressiert wird. Eine Ausfertigung des Qualitätskontrollberichts ist nach Abschluss der Prüfung unverzüglich an die WPK weiterzuleiten (§ 57a Abs. 6 WPO).

Der Bericht muss nach IDW PS 140, Tz. 85 ff. folgende Bestandteile enthalten:

ABB. 40:	Gliederung des Qualitätskontrollberichts (IDW PS 140, Tz. 85 ff.)
1. Adressat (Auftraggeber) 2. Auftrag und Prüfungsgegenstand (Bezeichnung des Prüfungsgegenstands, ggf. Hinweis auf allgemeine Auftragsbedingungen) 3. Angaben zur geprüften WP-Praxis (wirtschaftliches und rechtliches Umfeld) 4. Beschreibung des Qualitätssicherungssystems (Praxisorganisation, Auftragsdurchführung, Nachschau in jeweils gesonderten Berichtsabschnitten) 5. Art und Umfang der Qualitätskontrolle (Hinweise zu Planung und Durchführung der Qualitätskontrolle, Angaben zu Prüfungszeitraum, Prüfungsteam, Prüfungsstrategie, Übereinstimmung der Prüfungshandlungen mit IDW PS 140)	6. Maßnahmen aufgrund der in der vorangegangenen Qualitätskontrolle festgestellten Mängel (Maßnahmen zur Beseitigung der Mängel, Fortbestand der Mängel) 7. Würdigung der Prüfungsfeststellungen (Darstellung von Prüfungshemmnissen bzw. festgestellten Mängeln im Rahmen der laufenden Qualitätskontrolle) 8. Empfehlungen zur Beseitigung wesentlicher festgestellter Mängel 9. Prüfungsurteil (uneingeschränktes, eingeschränktes, versagtes Prüfungsurteil) 10. Ort, Datum und Unterschrift des Prüfers

Die Auswertung des Berichts durch die WPK erfolgt dahingehend, ob dieser den Grundsätzen ordnungsgemäßer Berichterstattung entspricht, aufgezeigte Mängel das Prüfungsergebnis rechtfertigen und ob Anhaltspunkte bestehen, dass die Qualitätskontrolle unter schwerwiegendem Verstoß gemäß § 57e Abs. 2 Satz 6 WPO durchgeführt wurde.

Über das Prüfungsergebnis ist eine besondere **Erklärung** abzugeben (§ 57a Abs. 5 WPO). Hierbei sind Feststellungen über Beanstandungen wie folgt zu würdigen:

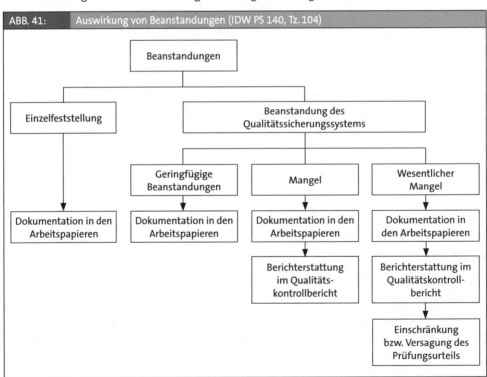

ABB. 41: Auswirkung von Beanstandungen (IDW PS 140, Tz. 104)

Qualitätskontrolle KAPITEL I

Wurden vom Prüfer für Qualitätskontrolle keine wesentlichen Mängel im Qualitätssicherungssystem oder Prüfungshemmnisse festgestellt, so ist zu bescheinigen, dass das in der Prüfungspraxis eingeführte Qualitätssicherungssystem im Einklang mit den gesetzlichen und satzungsmäßigen Anforderungen steht und mit hinreichender Sicherheit eine ordnungsgemäße Abwicklung von Prüfungsaufträgen gemäß § 2 Abs. 1 WPO, bei denen das Berufssiegel verwendet wird, gewährleistet.

Bei Feststellung wesentlicher Mängel oder dem Vorhandensein von Prüfungshemmnissen hat der Prüfer für Qualitätskontrolle seine Erklärung nach § 57a Abs. 5 Satz 3 WPO unter hinreichender Begründung einzuschränken oder zu versagen. Im Falle der Einschränkung aufgrund wesentlicher Mängel sind ausdrückliche **Empfehlungen** zur Beseitigung der Mängel im Qualitätskontrollbericht aufzuführen (§ 57a Abs. 5 Satz 6 WPO). Für die Prüfer für Qualitätskontrolle gelten umfassende **Verschwiegenheitspflichten** (§ 57b WPO).

Teilnahmebescheinigung

Nach Eingang und vor Auswertung des Qualitätskontrollberichts erteilt die WPK der geprüften Praxis unverzüglich eine Teilnahmebescheinigung nach § 57a Abs. 6 Satz 7 WPO. Diese ermöglicht der geprüften Praxis den Nachweis der Teilnahme an dem System für Qualitätskontrolle. Anhand der Befristung nach § 57a Abs. 6 Satz 8 WPO ist erkennbar, wann die geprüfte Praxis spätestens eine erneute Qualitätskontrolle durchzuführen hat.

Eine erteilte Teilnahmebescheinigung ist nach § 57e Abs. 2 Satz 3 WPO zu widerrufen, wenn festgestellt wird, dass die Voraussetzungen für die Erteilung nicht vorgelegen haben, z. B. wenn ein Prüfer mit der Durchführung der Qualitätskontrolle beauftragt wurde, der nach § 57a Abs. 4 WPO von der Beauftragung ausgeschlossen ist.

Auflagen zur Beseitigung von Qualitätsmängeln

Der Kommission für Qualitätskontrolle wird über Art und Umfang der Verletzung der Berufspflichten berichtet; auch erhält sie Kenntnis über die vom Prüfer entwickelten Empfehlungen zur Beseitigung der Mängel. Sind diese nach Auffassung der Kommission ausreichend, wird zunächst auf weitere Maßnahmen verzichtet, sofern sichergestellt ist, dass die Praxis die Empfehlungen zeitnah umsetzt (IDW PS 140, Tz. 102).

Unabhängig davon hat die Kommission für Qualitätskontrolle nach § 57e Abs. 2 WPO das Recht, im Wege eines Verwaltungsakts Auflagen zur Beseitigung der festgestellten Mängel oder eine Sonderprüfung anzuordnen. Auflagen können z. B. die Anordnung von Maßnahmen zur Verbesserung der fachlichen Kompetenz der Mitarbeiter oder zur Verbesserung der Verfahren bei der Annahme von Aufträgen betreffen.

Werden von der Kommission für Qualitätskontrolle Auflagen zur Beseitigung von Mängeln erteilt, so ist nach § 57e Abs. 2 Satz 1 WPO von Seiten der geprüften Praxis ein Auflagenerfüllungsbericht zu erstellen; dies ist Bestandteil der Auflage. Der Inhalt des Auflagenerfüllungsberichts folgt § 17a der Satzung für Qualitätskontrolle.

Werden im Zuge der Qualitätskontrolle Mängel festgestellt, die zum Widerruf der Bestellung oder Anerkennung als Berufsgesellschaft führen können, hat die Kommission für Qualitätskontrolle gemäß § 57e Abs. 4 WPO den Vorstand der WPK zu informieren.

| KAPITEL I | Beruf und Berufsrecht des Wirtschaftsprüfers |

KONTROLLFRAGEN

Hinweise zur Bearbeitung des Kapitels I:

Sie benötigen für eine sinnvolle Bearbeitung des Kapitels I zwingend folgende Unterlagen: Wirtschaftsprüferordnung (WPO) und WiPrPrüfV, Berufssatzung der Wirtschaftsprüfer, Satzung für Qualitätskontrolle (im Downloadbereich der Wirtschaftsprüferkammer unter www.wpk.de verfügbar). Es empfiehlt sich, die angegebenen Rechtsvorschriften – jedenfalls die zentralen – nachzuschlagen, um einen Einblick in die Rechtssystematik zu erlangen.

Zweckmäßig für das Verständnis der Abschnitte I.1. und I.2. ist die Lektüre der von der Wirtschaftsprüferkammer herausgegebenen Broschüren „Wirtschaftsprüfer – Ein attraktiver Beruf" (ebenfalls im Download-Bereich unter www.wpk.de erhältlich) sowie der vom Institut der Wirtschaftsprüfer herausgegebenen Broschüre „Der Wirtschaftsprüfer – Wege zum Beruf" (im Download-Bereich unter www.idw.de erhältlich).

Bitte bearbeiten Sie unter Hinzuziehung dieser Unterlagen folgende Fragen und Aufgaben:

1. Erläutern Sie die Aussage „Der WP übt einen freien Beruf aus" (§ 1 Abs. 2 Satz 1 WPO).
2. Was versteht man unter dem Begriff der „Niederlassungspflicht", warum besteht diese?
3. Welche Voraussetzungen sind für die Bestellung als WP zu erfüllen? Unter welchen Bedingungen erfolgt deren Widerruf?
4. Unterscheiden Sie die Berufsbilder des WP und des StB.
5. Welche Nachweise der Ableistung praktischer Tätigkeiten wird vom WP-Kandidaten vor Ableistung seines Berufsexamens verlangt?
6. Erläutern Sie wesentliche satzungsmäßige Aufgaben der WPK.
7. Stellen Sie den Begriff der Eigenverantwortlichkeit des WP dar.
8. Was versteht man unter „berufswürdigem Verhalten"?
9. Unterscheiden Sie die Begriffe „Qualitätssicherung" und „Qualitätskontrolle". Führen Sie wesentliche Maßnahmen der Qualitätssicherung auf.
10. Stellen Sie das System der Qualitätskontrolle in seinen Grundzügen dar.

AUFGABEN

1. Der 30-jährige Paul Prumm hat eine Ausbildung zum Industriekaufmann abgeschlossen. Danach hat er ein Fachhochschulstudium der Betriebswirtschaftslehre mit Bachelorabschluss absolviert (Regelstudienzeit sechs Semester). Nach Studienabschluss war er drei Jahre als Mitarbeiter der Internen Revision bei einem börsennotierten Unternehmen der Maschinenbaubranche tätig. Er hat Gefallen an einer Tätigkeit im Prüfungswesen gefunden und nun den Beschluss gefasst, den Weg zum WP einzuschlagen. Welche Voraussetzungen muss er mindestens außerdem noch erfüllen, um sich zum WP-Examen anmelden zu können?

Aufgaben KAPITEL I

2. Der Jura-Assessor Freddy Findig ist zum WP-Examen zugelassen worden. Er hält das Prüfungsgebiet „Wirtschaftliches Prüfungswesen" für das schwierigste und will sich insbesondere auf dieses Fach intensiv vorbereiten. Erarbeiten Sie einen strukturierten Stoffplan unter Hinzuziehung der einschlägigen Angaben in der WiPrPrüfV für ihn.

3. Der Unternehmensberater Steffen Stoffel zählt vor allem WP zu seiner Klientel, die er hinsichtlich einer Diversifikation ihrer Tätigkeiten über die Durchführung gesetzlicher Abschlussprüfungen hinaus berät. Welche lukrativen Nebentätigkeiten könnte er seinem Mandanten, dem WP Dipl.-Betriebsw. Felix Nix-Gesehn empfehlen, der über Zusatzqualifikationen im Bereich Mathematik und Statistik (entsprechend absolviertes Grundstudium im Umfang von vier Semestern, weitere Zusatzqualifikationen durch Besuch zahlreicher Schulungsmaßnahmen im Bereich Logistik/Lagermanagement) verfügt (mindestens fünf)?

4. Freddy Findig hat nach bestandenem WP-Examen unterdessen den Berufseid geleistet. Er möchte gerne in das IDW eintreten, um laufend die aktuellen Prüfungs- und Rechnungslegungsstandards zu beziehen, aus Kostengründen möchte er aber von einem Beitritt in die WPK absehen. Was halten Sie von diesem Vorhaben?

5. Der Berater Steffen Stoffel hat eine neue, einnahmeträchtige Geschäftsidee entwickelt: Er konzipiert Marketingmaßnahmen für WP, um ihnen angesichts zunehmender Marktsättigung neue Mandanten zu generieren. So schlägt er vor, a) den Prüfungsmandanten einen Honorarsatz von 10 % unter dem niedrigsten nachgewiesenen Satz eines Konkurrenten unter „Geld-zurück-Garantie" zu versprechen, b) auf Wunsch ein „all-inclusive" Fixhonorar zu vereinbaren, c) mit Mandaten imageträchtiger Großkunden zu werben, d) Segeltörns als verkappte Werbeveranstaltungen mit Vorständen und Aufsichtsräten prüfungspflichtiger Gesellschaften als potenziellen Kunden zu veranstalten. Wie beurteilen Sie diese Ideen?

6. Auf einem IDW-Tagesseminar zu den prüferischen Berufspflichten wurden ausgiebig Bedeutung und Inhalt der Verschwiegenheitspflicht behandelt. Am Nachmittag kam auch die Redepflicht und deren praktische Bedeutung zur Sprache. Leider sind Sie zu diesem Zeitpunkt bereits eingenickt. Im Nachhinein stellt sich für Sie ein Widerspruch zwischen Verschwiegenheitspflicht und Redepflicht heraus. Wie ist dieser aufzulösen?

7. Gemäß VO 1/2006, Tz. 36 ff. ist die Praxisleitung dazu verpflichtet, die fachlichen Mitarbeiter regelmäßig zu Tatbeständen zu befragen, die Unabhängigkeitsgefährdungen begründen könnten, und die Ergebnisse der Befragungen zu dokumentieren. Entwerfen Sie ein geeignetes Formblatt für eine solche turnusmäßige Befragung, die relevante Tatbestände möglichst vollständig umfasst.

8. §§ 4 ff. Berufssatzung-WPK verpflichten zur gewissenhaften Berufsausübung. VO 1/2006, Tz. 47 fordert die Einführung geeigneter Regelungen in der WP-Praxis, die eine solche gewährleisten. Entwickeln Sie eine geeignete, möglichst vollständige Checkliste von Tatbeständen, anhand derer eine Überprüfung der gewissenhaften Berufsausübung ermöglicht wird.

9. Dem WP Freddy Findig ist von der Berufsvereinigung mitgeteilt worden, an der Qualitätskontrolle i. S. des § 57a WPO teilnehmen zu müssen. Was hat er diesbezüglich zu veranlassen, a) formell, b) materiell? Was hat er überdies zu veranlassen, wenn er zur Aufbesserung seines Honorarvolumens selber als Prüfer für Qualitätskontrolle fungieren will?

10. Im Rahmen einer Fortbildungsveranstaltung wurde das Erfordernis der Durchführung einer sog. „Berichtskritik" dargelegt. Freddy Findig ist der Auffassung, dass dies kein Problem sei, da jeder Prüfungsbericht von seiner langjährigen Sekretärin ausführlich Korrektur gelesen würde. Welche Anforderungen werden demgegenüber in den prüferischen Berufsgrundsätzen an eine Berichtskritik gestellt (ggf. checklistenartige Darstellung)?

II. Grundlagen der Abschlussprüfung nach HGB
1. Prüfungssubjekte (§ 316 HGB)

In diesem Kapitel werden die gesetzlichen Grundlagen der Abschlussprüfung nach §§ 316 ff. HGB erläutert. Die Rechtsvorschriften lassen sich analog zu den Prozessschritten der Prüfung logisch wie folgt gliedern:

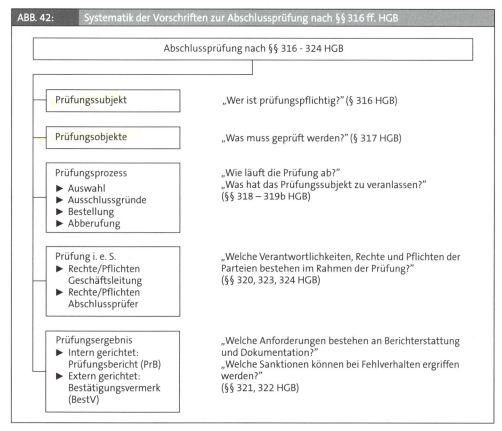

ABB. 42: Systematik der Vorschriften zur Abschlussprüfung nach §§ 316 ff. HGB

Die Regelungen zum Prüfungsergebnis (Prüfungsbericht, Bestätigungsvermerk) der §§ 321 f. HGB werden detailliert am Schluss des Lehrbuchs (Kapitel VII.) nach Behandlung aller Schritte der Prüfungsdurchführung dargestellt.

1.1 Allgemeine Bestimmungen

Gemäß § 316 HGB sind der Jahresabschluss und Lagebericht von **Kapitalgesellschaften**, die nicht kleine i. S. des § 267 Abs. 1 HGB sind, von einem Abschlussprüfer zu prüfen. Daneben unterliegen ebenso **Personengesellschaften gemäß § 264a HGB, publizitätspflichtige Unternehmen** (§ 6 i.V. mit § 3 PublG), **Genossenschaften** sowie weitere **Unternehmen bestimmter Wirtschaftszweige**, wie z. B. Banken, Versicherungen oder öffentliche Unternehmen, dieser Pflicht.

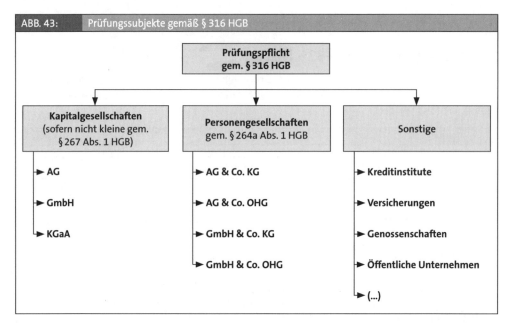

ABB. 43: Prüfungssubjekte gemäß § 316 HGB

Eine Gesellschaft kann sich dieser Pflicht nicht entziehen. Der Verzicht auf die Prüfung hätte zur Folge, dass der Jahresabschluss nicht festgestellt werden kann, da er ohne Prüfung rechtlich nicht existiert. Dies hat neben Schadensersatzansprüchen vor allem Imageschäden für die Gesellschaft zur Folge.

Gemäß § 316 Abs. 2 HGB haben Konzerne ihren Konzernabschluss und -lagebericht ebenfalls durch einen Abschlussprüfer prüfen zu lassen. Andernfalls kann der Konzernabschluss nicht gebilligt werden. Der Prüfungspflicht gemäß § 316 HGB – und damit auch den §§ 317 ff. HGB – unterliegen die folgenden Gesellschaftsformen **nicht**:

- **kleine Kapitalgesellschaften** gemäß § 267 HGB mit Ausnahme kapitalmarktorientierter Kapitalgesellschaften i. S. des § 264d HGB,
- **nicht konzernrechnungslegungspflichtige Konzerne** gemäß § 293 HGB, soweit es sich weder bei der Mutter- noch bei einer der Tochterunternehmungen um eine kapitalmarktorientierte Kapitalgesellschaft i. S. des § 264d HGB handelt (§ 293 Abs. 5 HGB),
- **befreite Mutterunternehmen** nach Maßgabe der §§ 291 und 292 HGB,
- **Tochter-Kapitalgesellschaften,** die sämtliche Voraussetzungen des § 264 Abs. 3 HGB erfüllen (u. a. wenn das Tochterunternehmen in den Konzernabschluss einbezogen worden ist) und zwar unabhängig von ihrer Größenklasse sowie
- **Tochter-Kapitalgesellschaften & Co.** entsprechend § 264b HGB.

Auch wenn keine gesetzliche Pflicht zur Prüfung des Jahresabschlusses oder Konzernabschlusses besteht, kann dennoch die Satzung oder der Gesellschaftsvertrag eine Prüfung vorschreiben. Dort wird der Prüfungsumfang meist durch Verweise auf die gesetzlichen Vorschriften bestimmt. Satzungen und Gesellschaftsverträge können die Prüfungspflicht lediglich erweitern, aber keinesfalls einschränken.

Prüfungssubjekte (§ 316 HGB) **KAPITEL II**

Freiwillige Prüfungen finden oft bei Familiengesellschaften mit Fremdgeschäftsführer zu Überwachungszwecken statt. Auch werden sie durchgeführt, weil Kreditinstitute solche in den Kreditverträgen vorsehen oder geprüfte Abschlüsse für Unternehmenstransaktionen verlangt werden. Zuweilen verlangt die Konzernleitung auch die Prüfung nicht prüfungspflichtiger Abschlüsse der Tochtergesellschaften, um die Aufstellung des Konzernabschlusses zu erleichtern und den Konzernabschlussprüfer zu entlasten.

ABB. 44:	Übersicht der Prüfungssubjekte
I. Vorschriften im Bereich der privaten Wirtschaft	
1.	**Prüfungsvorschriften für Unternehmen bestimmter Rechts- und Gestaltungsformen:**
▶	AG und KGaA
▶	GmbH — § 316 HGB: (Konzern-)Jahresabschluss und (Konzern-)Lagebericht, sowie weitere rechtsformspezifische Vorschriften des AktG und GmbHG
▶	Kapitalgesellschaften & Co.
▶	**Genossenschaften:** gem. §§ 38, 48 sowie 53 GenG Prüfung der Einrichtungen, der Vermögenslage, der Geschäftsführung sowie des Jahresabschlusses und des Lageberichts
▶	**Rechtsfähige Vereine:** bei Verschmelzung, Spaltung und Formwechsel gem. UmwG
▶	**Stiftungen:** gem. Stiftungsgesetze der Länder (z. B. § 10 Abs. 1 StiftungsG NRW) Prüfung des Jahresabschlusses
2.	**Prüfungsvorschriften des Publizitätsgesetzes (Voraussetzungen vgl. § 1 PublG)**
▶	Prüfung des (Konzern-)Jahresabschlusses und (Konzern-)Lageberichts gem. §§ 6, 7, 8, 14 PublG i.V. mit § 316 HGB
3.	**Prüfungsvorschriften für Betriebe bestimmter Wirtschaftszweige**
▶	**Kreditinstitute, Finanzdienstleistungsinstitute und Investmentgesellschaften:** – gem. § 340k HGB; § 29 KWG Prüfung des (Konzern-)Jahresabschlusses sowie des (Konzern-)Lageberichts, Prüfung des Zwischenabschlusses und der wirtschaftlichen Verhältnisse sowie der Einhaltung bestimmter Obliegenheiten des Instituts – gem. § 13 Bausparkassengesetz Prüfung des Jahresabschlusses – gem. § 110 InvG Prüfung des Jahresabschlusses einer Investmentaktiengesellschaft
▶	**Versicherungsunternehmen:** gem. § 341k HGB; §§ 57, 60 und 64 VAG Prüfung des (Konzern-)Jahresabschlusses und des (Konzern-)Lageberichts sowie besonderer Obliegenheiten des Versicherungsunternehmens, Prüfung der Erfüllung der Anzeigepflichten und der Verpflichtungen nach dem Geldwäschegesetz
▶	**Wohnungsunternehmen:** gem. § 316 HGB; Art. 25 EGHGB Prüfung des (Konzern-)Jahresabschlusses sowie des (Konzern-)Lageberichts von ehemals gemeinnützigen Wohnungsunternehmen
▶	**Krankenhäuser:** – Krankenhausgesetze der Länder, falls keine spezifischen Vorschriften vorliegen, gelten die allgemeinen Vorschriften für die Rechtsform des Krankenhauses – Jahresabschluss- und Lageberichtprüfung (Krankenhausgesetze der Länder, z. B. § 30 KHGG in NRW)
▶	**Werkstätten für behinderte Menschen:** gem. § 12 Abs. 1 WVO Prüfung der Buchführung, der Betriebsabrechnung und des Jahresabschlusses einschließlich des Arbeitsergebnisses, seiner Zusammensetzung im Einzelnen gem. § 12 Abs. 4 WVO und seiner Verwendung

▶ **Parteien:**   gem. § 23 Abs. 2, § 29 Parteiengesetz jährliche Prüfung des Rechenschaftsberichts   ▶ **Makler, Darlehens- und Anlagevermittler, Bauträger, Baubetreuer:**   gem. § 16 MaBV Prüfung des Pflichten gem. §§ 2–14 MaBV
II. Vorschriften im Bereich der öffentlichen Wirtschaft
1. **Prüfungsvorschriften bei Beteiligung einer Gebietskörperschaft an einem Unternehmen in der Rechtsform des privaten Rechts**   ▶ **bei Beteiligung des Bundes:**   gem. § 53 Abs. 1 HGrG; § 65 Abs. 1 Nr. 4 bzw. § 67 BHO Prüfung des Jahresabschlusses, des Lageberichts sowie der Ordnungsmäßigkeit der Geschäftsführung   ▶ **bei Beteiligung eines Landes:**   gem. § 53 Abs. 1 HGrG; § 65 Abs. 1 Nr. 4 bzw. § 67 LHO des Landes, in Berlin auch § 94 Abs. 3 LHO Prüfung des Jahresabschlusses, des Lageberichts sowie der Ordnungsmäßigkeit der Geschäftsführung   ▶ **bei Beteiligung einer Gemeinde bzw. eines Gemeindeverbands:**   gem. § 53 Abs. 1 HGrG sowie Gesetze der einzelnen Länder, z. B. §§ 108, 112 GO in NRW, Prüfung des Jahresabschlusses sowie der Ordnungsmäßigkeit der Geschäftsführung
2. **Prüfungsvorschriften für Unternehmen in der Rechtsform einer juristischen Person des öffentlichen Rechts**   ▶ **des Bundes:**   gem. § 55 Abs. 2 HGrG, § 112 Abs. 2 i.V. mit § 65 Abs. 1 Nr. 4 BHO Prüfung des Jahresabschlusses sowie der Ordnungsmäßigkeit der Geschäftsführung   ▶ **sonstiger Gebietskörperschaften:**   gem. § 55 Abs. 2 HGrG; § 112 Abs. 2 i.V. mit § 65 Abs. 1 Nr. 4 LHO des Landes Prüfung des Jahresabschlusses, des Lageberichts sowie der Ordnungsmäßigkeit der Geschäftsführung   ▶ **Sparkassen:**   gem. Sparkassengesetze der Länder (z. B. § 27 SpkG NRW), Prüfung des Jahresabschlusses   ▶ **Rundfunkanstalten:**   gem. Rundfunkgesetze der Länder (z. B. § 42, § 43 Abs. 2 WDRG) Prüfung des Jahresabschlusses, der Ordnungsmäßigkeit und der Wirtschaftlichkeit des Haushalts- und Wirtschaftsführung
3. **Prüfungsvorschriften für Wirtschaftsbetriebe ohne eigene Rechtspersönlichkeit**   ▶ **der Länder:**   Prüfung des Jahresabschlusses, z. B. gem. § 113 Abs. 2 i.V. mit § 65 LHO in Berlin   ▶ **sonstiger Gebietskörperschaften:**   Erweiterte Prüfung des Jahresabschlusses, z. B. § 106 GO in NRW
III. Prüfungsvorschriften für bestimmte Einrichtungen und sonstige Prüfungsvorschriften
▶ z. B. § 9 Abs. 1 Gesetz über die Kreditanstalt für Wiederaufbau i.V. mit § 340k HGB Prüfung des (Konzern-)Jahresabschlusses und des (Konzern-)Lageberichts

Quelle: *IDW* (Hrsg.), WP-Handbuch, Band I, 13. Aufl., Tz. D1 ff.

Nachfolgend werden die Bestimmungen für Kapitalgesellschaften und Personengesellschaften gemäß § 264a HGB näher erläutert sowie Kreditinstitute, Versicherungen, Genossenschaften und öffentliche Unternehmen hervorgehoben.

1.2 Kapitalgesellschaften

Zu den Kapitalgesellschaften zählen die

- Gesellschaft mit beschränkter Haftung (GmbH),
- Aktiengesellschaft (AG) sowie
- Kommanditgesellschaft auf Aktien (KGaA).

Kapitalgesellschaften sind juristische Personen mit eigener Rechtspersönlichkeit, die im Außenverhältnis durch ihre Organe vertreten werden, und zwar die

- GmbH durch den/die Geschäftsführer,
- Aktiengesellschaft durch den Vorstand,
- Kommanditgesellschaft auf Aktien durch den/die Komplementäre.

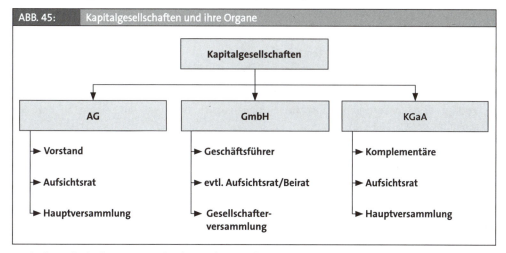

ABB. 45: Kapitalgesellschaften und ihre Organe

Kapitalgesellschaften unterscheiden sich von den Personengesellschaften vor allem dadurch, dass keine persönlich haftenden Gesellschafter existieren und die Gesellschaft lediglich mit ihrem Gesellschaftsvermögen haftet.

Die gesetzliche Prüfungspflicht der Kapitalgesellschaften gemäß § 316 HGB ist abhängig von der Erreichung bestimmter **Größenklassen** gemäß § 267 HGB. Lediglich mittelgroße und große Kapitalgesellschaften sind verpflichtet, sich einer gesetzlichen Abschlussprüfung zu unterziehen.

Die Einordnung in eine bestimmte Größenklasse ist daneben ausschlaggebend dafür, wen die Gesellschaft als Abschlussprüfer bestellen darf. Große GmbH und jegliche nicht kleine AG sind von einem WP bzw. einer WPG zu prüfen. Mittelgroße GmbH können neben WP und WPG ebenso von vereidigten Buchprüfern (vBP) bzw. Buchprüfungsgesellschaften (BPG) geprüft werden.

ABB. 46:	Größenklassen von Kapitalgesellschaften gemäß § 267 HGB			
Größenklasse	Bilanzsumme	Umsatzerlöse	Arbeitnehmer	Prüfungspflicht
Kleine	≤ 4.840.000 €	≤ 9.680.000 €	≤ 50	Nein
Mittelgroße	≤ 19.250.000 €	≤ 38.500.000 €	≤ 250	Ja
Große	≥ 19.250.000 €	≥ 38.500.000 €	≥ 250	Ja

Zur Einordnung in eine Größenklasse müssen mindestens zwei der drei aufgeführten Merkmale an den Abschlussstichtagen von zwei aufeinander folgenden Geschäftsjahren erfüllt sein.

Eine Ausnahme stellen Umwandlungen oder Neugründungen dar. Hier treten die Rechtsfolgen für die Größenklassen bereits dann ein, wenn die Voraussetzungen für eine bestimmte Größenklasse am ersten Abschlussstichtag nach der Umwandlung oder Neugründung gegeben sind (§ 267 Abs. 4 HGB).

Eine Besonderheit ergibt sich für kapitalmarktorientierte Kapitalgesellschaften, die einen organisierten Markt gemäß § 2 Abs. 5 WpHG durch von ihr ausgegebene Wertpapiere i. S. des § 2 Abs. 1 Satz 1 WpHG in Anspruch nehmen oder die Zulassung zu einem Handel an einem organisierten Markt beantragt haben (§ 264d HGB). Diese zählen – unabhängig von ihrer Größe – stets zu den großen Kapitalgesellschaften und haben sich einer gesetzlichen Abschlussprüfung gemäß § 316 HGB zu unterziehen (§ 267 Abs. 3 Satz 2 HGB).

Der **Zeitraum der Prüfung** oder eine **gesetzliche Frist** für das Ende der Prüfung bestimmt das HGB lediglich indirekt über die Fristen für die

- Aufstellung des (Konzern-)Jahresabschlusses (§ 264 Abs. 1, § 290 Abs. 1 HGB: max. 3 Monate),
- Vorlage des (Konzern-)Jahresabschlusses unverzüglich nach der Aufstellung an den Abschlussprüfer (§ 320 HGB),
- Prüfung des (Konzern-)Jahresabschlusses durch den Aufsichtsrat der AG (§ 171 AktG: max. 1 Monat) und
- Einberufung und Durchführung der Haupt- bzw. Gesellschafterversammlung (§ 123 AktG, § 175 AktG für KGaA, § 42a GmbHG: max. 21 Tage für AG).

Wenn alle Organe die ihnen gesetzten Fristen voll ausschöpfen, muss bei einer AG die Prüfung $4\,{}^{3}/_{4}$ Monate nach Ende des Geschäftsjahres beendet sein. Für eine GmbH ohne Aufsichtsrat verlängert sich die Frist um maximal zwölf Monate. Börsennotierte Unternehmen haben teilweise kürzere Fristen zu beachten.

1.3 Personengesellschaften gemäß § 264a HGB

Neben Kapitalgesellschaften unterliegen seit der Änderung des HGB durch das Kapitalgesellschaften- und Co-Richtlinie Gesetz (KapCoRiLiG) im Jahre 2000 auch bestimmte Personengesellschaften strengen Rechnungslegungs- und Offenlegungsvorschriften (§§ 264 bis 335 HGB).

Zwecks Gleichbehandlung werden die für Kapitalgesellschaften geltenden Vorschriften auf solche Personengesellschaften ausgedehnt, deren Haftungsstrukturen mangels eines persönlichen Vollhafters denen von Kapitalgesellschaften vergleichbar sind, die sog. **Kapitalgesellschaften & Co.** Dies sind gemäß § 264a HGB Personengesellschaften, bei denen kein persönlich haftender Gesellschafter

- eine natürliche Person oder
- eine offene Handelsgesellschaft, Kommanditgesellschaft oder andere Personengesellschaft mit einer natürlichen Person als persönlich haftendem Gesellschafter

ist oder sich die Verbindung von Gesellschaften in dieser Art fortsetzt. Am bekanntesten ist sicherlich die GmbH & Co. KG. Zu beachten ist, dass die Vorschriften ebenfalls auf Nichtkapitalgesellschaften & Co., wie z. B. die „Stiftung & Co." anzuwenden sind.

Insoweit sollen die Ausweitung der Rechnungslegungsvorschriften sowie die Publizität einen Ausgleich für die Haftungsbeschränkung darstellen. Aus diesem Grund sind solche Kapitalgesellschaften & Co. u. a. verpflichtet, einen Jahres- bzw. Konzernabschluss sowie einen Lagebericht bzw. Konzernlagebericht aufzustellen (§§ 264 ff. HGB) und sich der **gesetzlichen Abschlussprüfung gemäß § 316 HGB zu unterziehen**.

Die Pflicht zur gesetzlichen Abschlussprüfung der Personengesellschaften gemäß § 264a HGB ist ebenfalls an die für Kapitalgesellschaften geltenden Größenmerkmale gemäß § 267 HGB gebunden, so dass auch in diesem Fall eine Prüfungspflicht lediglich für mittelgroße und große Gesellschaften besteht. Daneben gelten die gleichen Vorschriften über die einzuhaltenden Fristen für die Prüfung.

In § 264b HGB sind kumulativ zu erfüllende Voraussetzungen genannt, nach denen Kapitalgesellschaften & Co. von der Pflicht zur Aufstellung, Prüfung und Offenlegung des Jahresabschlusses und des Lageberichts befreit sind.

ABB. 47:	Befreiungsvorschriften des § 264b HGB
(1) Einbeziehung in einen befreienden Konzernabschluss:	
▶ Einbeziehung in einen Konzernabschluss eines Mutterunternehmens mit Sitz in einem EU-Mitgliedstaat oder einem anderen Vertragsstaat des Abkommens über den Europäischen Wirtschaftsraum	
▶ Einbeziehung in den Konzernabschluss eines persönlich haftenden Gesellschafters	
▶ Voraussetzung: Vollkonsolidierung, d. h. tatsächlicher Einbezug in den befreienden Konzernabschluss	
(2) Inhaltliche Anforderungen an einen befreienden Konzernabschluss:	
▶ Der befreiend wirkende Konzernabschluss und -lagebericht muss nach dem für das den Konzernabschluss aufstellende Unternehmen geltende Recht aufgestellt sein und im Einklang mit der Richtlinie 83/349/EWG (7. EU-Richtlinie) stehen	
▶ Automatische Erfüllung der Anforderungen, wenn der Konzernabschluss nach deutschem Recht (HGB) aufgestellt wurde	
▶ Ebenso erfüllen nach internationalen Rechnungslegungsvorschriften i. S. des § 315a HGB aufgestellte Konzernabschlüsse die Voraussetzungen	
▶ Prüfung durch einen nach der 84/253/EWG (8. EU-Richtlinie) zugelassenen Abschlussprüfer	
▶ Offenlegung des befreienden Konzernabschlusses und -lageberichts	
(3) Angabe- und Mitteilungspflichten hinsichtlich der Befreiung:	
▶ Angabe der Befreiung der Personengesellschaft im Anhang des von der Muttergesellschaft oder des persönlich haftenden Gesellschafters aufgestellten Konzernabschlusses	
▶ Mitteilung der Befreiung der Personengesellschaft im elektronischen Bundesanzeiger unter Bezugnahme auf die Vorschrift des § 264b HGB und unter Angabe des Mutterunternehmens	

1.4 Sonstige

Die Vorschriften des HGB zur gesetzlichen Abschlussprüfung gelten neben Kapitalgesellschaften auch für andere Gesellschaftsformen, von denen Kreditinstitute, Versicherungen, Genossenschaften sowie öffentliche Unternehmen hervorgehoben werden.

1.4.1 Kreditinstitute

Kreditinstitute haben gemäß § 340k HGB unabhängig von ihrer Größe und Rechtsform ihren (Konzern-)Jahresabschluss und (Konzern-)Lagebericht von einem Abschlussprüfer prüfen zu lassen. Für Kapitalgesellschaften gelten die Vorschriften des HGB mit Ausnahme des § 319 Abs. 1 Satz 2 HGB sowie ergänzend die §§ 26, 28, 29 KWG und die Vorschriften der Prüfungsberichtsverordnung (PrüfbV). Daneben hat die Bundesanstalt für Finanzdienstleistungsaufsicht (BAFin) in mehreren Verlautbarungen weitere Prüfungs- und Berichtpflichten festgelegt.

Die gesetzliche Prüfung von Kreditinstituten darf nur durch WP bzw. WPG durchgeführt werden. Finanzdienstleistungsinstitute können durch einen vBP geprüft werden, sofern die Bilanzsumme am Bilanzstichtag 150 Mio. € nicht übersteigt (§ 340k Abs. 4 HGB).

Falls das Kreditinstitut eine **Genossenschaft** oder ein **rechtsfähiger wirtschaftlicher Verein** ist, so wird das Kreditinstitut gemäß § 340k Abs. 2 HGB von dem Prüfungsverband geprüft, dem es als Mitglied angehört. Ebenso sind **Sparkassen** nicht von freien Wirtschaftsprüfern oder Wirtschaftsprüfungsgesellschaften zu prüfen, sondern gemäß § 340k Abs. 3 HGB von der Prüfungsstelle eines Sparkassen- und Giroverbands. Einzelheiten zur Abschlussprüfung der Sparkassen regeln jeweils die Sparkassengesetze (SpkG) der Länder, z. B. § 19 SpkG Rheinland-Pfalz oder § 27 SpkG Nordrhein-Westfalen.

Voraussetzung für die Prüfung durch den genossenschaftlichen Prüfungsverband bzw. durch die Prüfungsstelle eines Sparkassen- und Giroverbands ist, dass die Abschlussprüfung unabhängig von Weisungen durch das Aufsichtsorgan des Prüfungsverbands bzw. unabhängig von Weisungen der Organe des Sparkassen- und Giroverbands durchgeführt werden kann (§ 340k Abs. 2 Satz 3 und Abs. 3 Satz 3 HGB).

Die Wahl und Beauftragung des Abschlussprüfers sowie die Beendigung des Prüfungsauftrags richten sich nach § 318 HGB. Gemäß § 28 KWG sind Kreditinstitute – mit Ausnahme von Sparkassen und Genossenschaften – dazu verpflichtet, der BAFin sowie der Deutschen Bundesbank den von ihnen bestellten Abschlussprüfer anzuzeigen. Die BAFin kann innerhalb eines Monats die Bestellung eines anderen Abschlussprüfers verlangen, falls dies zur Erreichung des Prüfungszwecks erforderlich ist.

§ 340k Abs. 1 Satz 2 und 3 HGB schreibt vor, dass die Prüfung spätestens vor Ablauf des fünften Monats des dem Abschlussstichtag nachfolgenden Geschäftsjahres vorzunehmen ist und dass der Jahresabschluss nach der Prüfung unverzüglich festzustellen ist. Ohne Prüfung kann der Jahresabschluss nicht festgestellt werden.

Daneben ergeben sich Besonderheiten beim Prüfungsumfang. Im Gegensatz zur handelsrechtlichen Abschlussprüfung ist gemäß § 29 KWG der Prüfungsumfang bei Kreditinstituten um die Prüfung der wirtschaftlichen Verhältnisse, der Erfüllung der Anforderungen des Geldwäschegesetzes, des Depotgeschäfts sowie weiterer rechtsformspezifischer Anordnungen erweitert. Dem Prüfer obliegen nach § 29 Abs. 3 KWG zudem besondere Anzeigepflichten gegenüber BAFin und Deutscher Bundesbank.

Analoge Regelungen gelten für Kapitalanlagegesellschaften und Bausparkassen (vgl. zu Einzelheiten IDW PS 520 „Besonderheiten und Problembereiche bei der Abschlussprüfung von Finanzdienstleistungsinstituten").

1.4.2 Versicherungen

Versicherungen haben gemäß § 341k HGB – wie Kreditinstitute – unabhängig von Größe und Rechtsform ihren (Konzern-)Jahresabschluss und (Konzern-)Lagebericht nach den Vorschriften der §§ 316 ff. HGB prüfen zu lassen.

In § 61 RechVersV (Versicherungsunternehmens-Rechnungslegungsverordnung) sind die Versicherungen aufgelistet, die von der Durchführung einer gesetzlichen Abschlussprüfung gemäß § 341k HGB i.V. mit §§ 316 ff. HGB befreit sind. Dazu zählen:

- Versicherungsvereine auf Gegenseitigkeit, die weder die Haftpflichtversicherung noch die Kredit- und Kautionsversicherung betreiben und deren Satzung vorsieht, dass Nachschüsse vorbehalten sind oder Versicherungsansprüche gekürzt werden dürfen, sofern es sich um Schadens-, Unfall- und Krankenversicherungsvereine handelt und die Bruttobeiträge aus dem Versicherungsgeschäft in den zwölf Monaten vor dem Abschlussstichtag mindestens zur Hälfte auf das Mitglieder-Versicherungsgeschäft entfallen und 1 Mio. € nicht überschreiten oder sofern es sich um Lebensversicherungsvereine handelt und die gebuchten Bruttobeiträge in drei aufeinander folgenden Geschäftsjahren jeweils 500 T€ nicht überschreiten;
- Versicherungsunternehmen, die ausschließlich touristische Beistandsleistungen erbringen und die Tätigkeit örtlich begrenzt ist, ausschließlich aus Naturalleistungen besteht sowie die jährlichen Bruttobeiträge 200 T€ nicht überschreiten;
- Schadens-, Unfall- sowie Krankenversicherungsvereine, die mit einem anderen Versicherungsverein vereinbart haben, dass dieser alle Versicherungsverträge rückversichert oder die Erfüllung der Verbindlichkeiten aus den Versicherungsverträgen übernimmt;
- Pensions- und Sterbekassen, deren Bruttobeiträge im vorausgegangenen Geschäftsjahr 7,5 Mio. € oder deren Bilanzsumme am Abschlussstichtag des vorausgegangenen Geschäftsjahres 125 Mio. € nicht überstiegen haben.

Daneben sind solche Versicherungsunternehmen von der Pflicht zur gesetzlichen Abschlussprüfung befreit, die unter § 341 Abs. 1 Satz 2 HGB aufgeführt sind und für die die Anwendung der allgemeinen Rechnungslegungsbestimmungen für Versicherungsunternehmen auch nicht erforderlich oder angemessen erscheint.

Als Abschlussprüfer kommen ausschließlich WP oder WPG in Frage. Falls der Jahresabschluss der Versicherung nicht geprüft wird, so ist er aufgrund mangelnder Feststellung nichtig. Abweichend von § 318 HGB wird vom Aufsichtsrat der Abschlussprüfer bestellt und der Prüfungsauftrag erteilt. Daneben ergeben sich weitere branchenspezifischen Besonderheiten. Insbesondere ist der Abschlussprüfer verpflichtet, sobald er im Verlauf der Prüfung Unrichtigkeiten oder Verstöße gegen gesetzliche Vorschriften sowie Tatsachen feststellt,

- die den Bestand des geprüften Unternehmens oder des Konzerns gefährden können oder
- seine Entwicklung wesentlich beeinträchtigen können oder
- die schwerwiegenden Verstöße der gesetzlichen Vertreter oder von Arbeitnehmern gegen Gesetz, Gesellschaftsvertrag oder Satzung darstellen,

dies nicht nur im Bericht zu erwähnen, sondern auch unverzüglich die Aufsichtsbehörde zu unterrichten. Je nach Rechtsform und Größe ergeben sich weitere Besonderheiten für die Abschlussprüfung von Versicherungsunternehmen (§§ 55a ff. VAG).

1.4.3 Genossenschaften

Eingetragene Genossenschaften sind gemäß § 53 Abs. 1 GenG verpflichtet, sich alle zwei Jahre einer gesetzlichen Abschlussprüfung zu unterziehen. Demnach sind zwecks Feststellung der wirtschaftlichen Verhältnisse und der Ordnungsmäßigkeit der Geschäftsführung

- die Einrichtungen,
- die Vermögenslage und
- die Geschäftsführung

der Genossenschaft einschließlich der Führung der Mitgliederliste zu prüfen. Übersteigt die Bilanzsumme 2 Mio. €, so muss diese Prüfung jährlich stattfinden.

Übersteigen außerdem die Bilanzsumme 1 Mio. € und die Umsatzerlöse 2 Mio. €, so sind in die Prüfung der Genossenschaft Buchführung, Jahresabschluss und Lagebericht einzubeziehen, m. a. W., die Abschlussprüfung nach HGB bildet dann eine Teilmenge der Prüfung (vgl. zu den Sondergebieten der Prüfung Kapitel VI.3.).

Die § 316 Abs. 3, § 317 Abs. 1 Satz 2 und 3, Abs. 2 und § 324a HGB sind entsprechend anzuwenden (§ 53 Abs. 2 GenG).

Anders als bei der handelsrechtlichen Prüfung ergibt sich ein gesetzlicher Auftrag zur Durchführung der Abschlussprüfung bereits aus § 55 Abs. 1 Satz 1 GenG für den Prüfungsverband, dem die Genossenschaft gemäß § 54 GenG angehört. Die Prüfer des Verbands sollen im genossenschaftlichen Prüfungswesen ausreichend vorgebildet und erfahren sein (§ 55 Abs. 1 Satz 3 GenG).

Der Prüfungsverband kann sich eines von ihm nicht angestellten Prüfers bedienen, wenn hierfür im Einzelfall ein wichtiger Grund vorliegt, wobei nur WP, WPG sowie andere Prüfungsverbände dafür in Frage kommen (§ 55 Abs. 3 GenG). Ein wichtiger Grund ist nach § 56 Abs. 1 GenG vor allem dann gegeben, wenn personelle Verflechtungen zwischen dem Prüfungsverband und der zu prüfenden Genossenschaft vorliegen.

1.4.4 Öffentliche Unternehmen

Wirtschaftsbetriebe der öffentlichen Hand in privater Rechtsform haben ihren Lagebericht sowie den Jahresabschluss überwiegend nach den Vorschriften des Dritten Buches des HGB für große Kapitalgesellschaften zu prüfen, unabhängig davon, in welche Größenklasse sie gemäß § 267 HGB tatsächlich einzuordnen sind. Entsprechende Verpflichtungen resultieren aus § 65 Abs. 1 Nr. 4 BHO (Bundeshaushaltsordnung) bzw. aus entsprechenden Bestimmungen der jeweiligen LHO (Landeshaushaltsordnungen) bzw. GO (Gemeindeordnungen).

Daneben können Gebietskörperschaften eine Erweiterung des Prüfungsumfangs und der Berichtspflicht gemäß § 53 HGrG verlangen, so dass neben dem Jahresabschluss, der Buchführung und dem Lagebericht ebenfalls die Ordnungsmäßigkeit der Geschäftsführung zu prüfen ist und die wirtschaftlichen Verhältnisse darzustellen sind.

Voraussetzung ist, dass die Gebietskörperschaft zu mindestens 25 % an einem Unternehmen in privater Rechtsform beteiligt ist und ihr zusammen mit anderen Gebietskörperschaften die Mehrheit der Anteile zusteht. Gebietskörperschaften sind durch Haushaltsrecht und Kommunalrecht i. d. R. verpflichtet, von diesem Recht Gebrauch zu machen (vgl. hierzu auch Kapitel VI.3.).

Im Rahmen der Abschlussprüfung hat der Abschlussprüfer die erweiterten Prüfungshandlungen gemäß § 53 HGrG allerdings nur dann durchzuführen, wenn er vom zu prüfenden Unternehmen bzw. der Gebietskörperschaft dazu beauftragt wurde.

Wirtschaftsbetriebe der öffentlichen Hand in privater Rechtsform haben daneben zu dulden, dass öffentliche Prüfungseinrichtungen (BRH, LRH oder RPA) der jeweiligen Gebietskörperschaft zur Klärung von Fragen, die bei der Prüfung staatlicher Betätigung bei privatrechtlichen Unternehmen auftreten (vgl. § 44 HGrG, § 92 BHO bzw. LHO), in den Betrieb, die Bücher und Schriften des Unternehmens einsehen können (zu den Voraussetzungen vgl. § 54 HGrG).

Auch **Eigenbetriebe** sind unabhängig von ihrer Größenordnung verpflichtet, ihren Jahresabschluss und den Lagebericht gemäß den Vorschriften des Dritten Buchs HGB für große Kapitalgesellschaften prüfen zu lassen. Dies gilt auch für nichtwirtschaftliche Einrichtungen, die nach den Vorschriften über das Rechnungswesen der Eigenbetriebe geführt werden.

Die einzelnen Gemeindeordnungen sowie z. T. eigenbetriebsrechtliche Vorschriften oder spezielle Gesetze und Verordnungen in einigen Ländern regeln die Prüfung der Eigenbetriebe. Der Prüfungsumfang ist dort zumeist um die Prüfung der Ordnungsmäßigkeit der Geschäftsführung und der wirtschaftlichen Verhältnisse erweitert. Die Auswahl und Bestellung des Abschlussprüfers gestaltet sich je nach Gebietskörperschaft unterschiedlich, wobei üblicherweise der Abschlussprüfer durch die Gemeindevertretung vorgeschlagen wird.

Wirtschaftsführung, Wirtschaftlichkeit, Sparsamkeit sowie das Vergabewesen eines kommunalen Eigenbetriebs können ebenso Gegenstand einer Prüfung durch öffentliche Prüfungseinrichtungen nach Maßgabe des anzuwendenden kommunalen Prüfungsrechts (z. B. überörtliche Gemeinde- und Kommunalprüfungsämter) sein.

Kommunalunternehmen (rechtsfähige Anstalten des öffentlichen Rechts) unterliegen weitgehend analogen gesetzlichen Regeln zur Abschlussprüfung wie Eigenbetriebe.

2. Prüfungsobjekte

§ 317 HGB definiert die Zielsetzung der Abschlussprüfung und benennt die Prüfungsgegenstände, und zwar den Jahresabschluss bzw. Konzernabschluss sowie den Lagebericht bzw. Konzernlagebericht. Daneben legt § 317 HGB fest, dass die Buchführung als Prüfungsobjekt in die Abschlussprüfung einzubeziehen ist.

2.1 Funktionen der Abschlussprüfung

Aus § 317 Abs. 1 Satz 2 HGB geht hervor, dass die Abschlussprüfung als **Gesetz- und Ordnungsmäßigkeitsprüfung** ausgelegt ist, in deren Rahmen festgestellt wird, „ob die gesetzlichen Vorschriften und die sie ergänzenden Bestimmungen des Gesellschaftsvertrags oder der Satzung beachtet worden sind".

Die Abschlussprüfung erfüllt insgesamt drei **Funktionen**:

ABB. 48: Funktionen der gesetzlichen Abschlussprüfung

Gemäß IDW PS 200, Tz. 8 soll durch die Abschlussprüfung die Verlässlichkeit der in Jahresabschluss und Lagebericht enthalten Informationen bestätigt und insoweit deren Glaubhaftigkeit erhöht werden. Demzufolge hat die gesetzliche Abschlussprüfung eine **Kontrollfunktion** inne.

Ihr kommt daneben eine **Informationsfunktion** gegenüber den gesetzlichen Vertretern, den Aufsichtsorganen sowie den Gesellschaftern zu. Diese wird in schriftlicher Form durch den Prüfungsbericht und in mündlicher Form durch die Bilanzsitzung – sofern ein Aufsichtsrat besteht – erfüllt.

Durch die Erteilung, Einschränkung oder Versagung des Bestätigungsvermerks nimmt die Abschlussprüfung auch eine **Beglaubigungsfunktion** gegenüber externen Adressaten des Jahresabschlusses wahr, wie z. B. Gläubigern, Lieferanten und Mitarbeitern.

Die Zielsetzung der Abschlussprüfung wird in § 317 Abs. 1 Satz 3 HGB konkretisiert. Danach ist die Prüfung so anzulegen, dass **Unrichtigkeiten und Verstöße** gegen die in Satz 2 aufgeführten Bestimmungen, die sich auf die Darstellung des sich nach § 264 Abs. 2 HGB ergebenden Bildes der Vermögens-, Finanz- und Ertragslage des Unternehmens wesentlich auswirken, bei gewissenhafter Berufsausübung erkannt werden.

Dies verdeutlicht zum einen, dass nur Vorgänge von erheblicher Bedeutung zu berücksichtigen sind, da nur in diesen Fällen eine wesentliche Auswirkung auf die Vermögens-, Finanz- und Ertragslage eintreten kann. Zum anderen wird durch die Erwähnung der „gewissenhaften Berufsausübung" hervorgehoben, dass der Umfang der Prüfungshandlungen zur Aufdeckung von Unregelmäßigkeiten und Verstößen geringer ist als bei Sonderprüfungen (z. B. Unterschlagungsprüfungen). Zur Zielsetzung der Abschlussprüfung vgl. im Detail die Ausführungen in Kapitel III.1. sowie III.2.

Seit BilMoG sind im Rahmen der Prüfung ausdrücklich **internationale Prüfungsstandards** zugrunde zu legen (§ 317 Abs. 5 HGB). Gemeint sind die von der IFAC entwickelten und verabschiedeten sog. **International Standards on Auditing (ISA)**. Soweit die Europäische Kommission diese im Wege des sog. **Komitologieverfahrens** förmlich angenommen hat, sind sie auch die Durchführung von Abschlussprüfungen nach deutschem Recht verbindlich.

Die ISA richten sich wie alle Verlautbarungen der IFAC an die nationalen Mitgliedsorganisationen (vgl. im Einzelnen Kapitel I.3.3). Die Mitgliedsorganisationen der IFAC haben die satzungsmäßige Verpflichtung zur Transformation der ISA in nationale Standards, wobei die Kompatibilität der ISA mit den Besonderheiten der Gesetzgebung zu prüfen ist. Das IDW kann sich allerdings bei der Entwicklung deutscher Standards nicht über national geltendes Recht hinwegsetzen. Beispielsweise die Prüfung des Risikomanagementsystems ist nach ISA nicht vorgesehen, das IDW muss aber dennoch einen Prüfungsstandard zu diesem Gebiet entwickeln und somit von den ISA abweichen.

Die ISA weisen insgesamt eine größere Anzahl von **Detailregelungen** im Vergleich zu den deutschen Prüfungsgrundsätzen auf, ohne aber dadurch höhere Prüfungsanforderungen zu definieren.

Seit 1997 hat das IDW begonnen, eine **Überarbeitung der nationalen Prüfungsstandards** vorzunehmen, um den ISA im Aufbau und beim Umfang der Detailregelungen näher zu kommen. Insoweit sollte es angesichts der Globalisierung der Wirtschaft auch deutschen Abschlussprüfern ermöglicht werden, die Entsprechung der Prüfungsqualität in Deutschland mit internationalen Standards nachvollziehbar zu belegen.

Im Ergebnis entsprechen die deutschen Prüfungsgrundsätze in wesentlichen Punkten seit längerem den ISA, da die nationalen berufsständigen Organe den nunmehr gesetzlich geforderten Konvergenzprozess im Wege der Selbstverwaltung schon vorweg genommen haben. Somit dürfte die neue Vorschrift des § 317 Abs. 5 HGB keine materiellen Auswirkungen induzieren.

Nach Maßgabe des § 317 Abs. 6 HGB wird das Bundesministerium der Justiz ermächtigt, im Einvernehmen mit dem Bundesministerium für Wirtschaft und Technologie durch nicht seitens des Bundesrats zustimmungspflichtige **Rechtsverordnungen** zusätzlich zu den bei der Durchführung der Abschlussprüfung nach Absatz 5 anzuwendenden internationalen Prüfungsstandards weitere Abschlussprüfungsanforderungen oder die Nichtanwendung von Teilen der internationalen Prüfungsstandards vorzuschreiben, wenn dies aus dem national vorgeschriebenen Umfang der Abschlussprüfung resultiert und den gesetzlichen Prüfungszielen dient.

Einschlägig sind mithin Fälle, bei denen die internationalen Prüfungsstandards die nationalen rechtlichen Anforderungen an eine Abschlussprüfung nicht oder nicht ausreichend abdecken, in Deutschland z. B. in Bezug auf den Lagebericht oder das Risikomanagementsystem.

Die Mitgliedstaaten können diese zusätzlichen Prüfungsanforderungen vorschreiben oder beibehalten, bis sie durch nachfolgend angenommene internationale Prüfungsstandards erfasst werden und die nationalen Regelungen somit überflüssig werden.

2.2 Gegenstand und Umfang der Abschlussprüfung

2.2.1 Allgemeine Bestimmungen

Zu den Prüfungsobjekten der gesetzlichen handelsrechtlichen Abschlussprüfung nach § 317 HGB zählen die Buchführung, der Jahresabschluss sowie der Lagebericht.

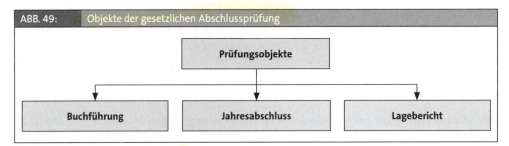

ABB. 49: Objekte der gesetzlichen Abschlussprüfung

Demgegenüber gehören **nicht** zu den Prüfungsobjekten nach HGB

- die wirtschaftlichen Verhältnisse,
- die Ordnungsmäßigkeit der Geschäftsführung,
- das Bestehen eines ausreichenden Versicherungsschutzes (als ureigene Aufgabe der Geschäftsführung),
- der Bericht des Aufsichtsrats über das Ergebnis der Prüfung gegenüber der Hauptversammlung gemäß § 171 Abs. 2 AktG und ggf. nach § 52 Abs. 1 GmbHG i.V. mit § 171 AktG (weil der Prüfung nachgelagert),
- die Offenlegung des Jahresabschlusses bzw. Konzernabschlusses (weil der Prüfung nachgelagert, wobei nach IDW PS 450 die Offenlegung der Vorjahresunterlagen zu prüfen ist) und
- die unterjährige Zwischenberichterstattung.

Der **Umfang** der gesetzlichen Jahresabschlussprüfung lässt sich insbesondere aus den Vorschriften des HGB über die Buchführung und das Inventar (§§ 238 – 241 HGB), über den Ansatz, die Bewertung und die Gliederung der Posten des Jahresabschlusses (§§ 242 – 283 HGB), über die Angaben in Anhang und Lagebericht (§§ 284 – 289 HGB), aus ergänzenden wirtschaftsspezifischen (z. B. §§ 340 ff. HGB), rechtsformspezifischen (z. B. §§ 53 ff. GenG) und gesellschafterbezogenen Vorschriften (z. B. § 42 Abs. 3 GmbHG) ableiten.

Sofern die **Satzung** oder der **Gesellschaftsvertrag** ergänzende Regelungen enthalten, die die Aufstellung des Jahresabschlusses betreffen, sind diese ebenfalls Prüfungsgegenstand.

Die Prüfung der Einhaltung anderer gesetzlicher Vorschriften gehört nur dann zum Gegenstand der Abschlussprüfung, wenn sich durch diese Vorschriften Rückwirkungen auf den geprüften Jahresabschluss ergeben oder die Nichtbeachtung der Vorschriften Risiken zur Folge haben, auf die im Lagebericht hinzuweisen ist.

Der in § 317 HGB vorgegebene Umfang der gesetzlichen Abschlussprüfung kann weder vom Abschlussprüfer noch von der Gesellschaft eingeschränkt werden. Wird der Abschlussprüfer hingegen von der Gesellschaft gebeten, seine Prüfungstätigkeit in eine bestimmte Richtung oder auf bestimmte Sachverhalte auszudehnen, so handelt es sich dabei um eine Auftragserweiterung, die Bestandteil der gesetzlichen Abschlussprüfung ist. Derartige Auftragserweiterungen haben jedoch keine unmittelbare Auswirkung auf die Erteilung des Bestätigungsvermerks.

Der Umfang freiwilliger Prüfungen kann per Vertrag zwischen der Gesellschaft und dem Abschlussprüfer vereinbart werden. Soll allerdings ein Bestätigungsvermerk erteilt werden, so sind die gesetzlichen Regelungen bezüglich des Prüfungsumfanges zwingend einzuhalten. Andernfalls darf lediglich eine Bescheinigung erteilt werden.

Bei der Prüfung von **Konzernabschlüssen** ergibt sich seit BilMoG die Besonderheit, dass der Konzernabschlussprüfer in allen Fällen, in denen ein anderer Abschlussprüfer als er selbst die in den Konzernabschluss einzubeziehenden Jahresabschlüsse geprüft hat, zu einer **Überprüfung** dieser Arbeiten und einer **Dokumentation** seiner Überprüfung verpflichtet ist (§ 317 Abs. 3 Satz 2 HGB). Er trägt die volle Verantwortung für den Bestätigungsvermerk zu den konsolidierten Abschlüssen.

Folglich ist die vor Inkrafttreten des BilMoG noch formal zugelassene bloße Übernahme der Arbeiten eines anderen externen Prüfers nicht mehr zulässig. D.h. die Prüfungshandlungen des Konzernabschlussprüfers dürfen sich nicht nur darauf beschränken, ob die gesetzlichen Voraussetzungen der **Übernahme** gegeben sind.

Stattdessen kommt nur noch die eigenverantwortliche **Verwertung** der Arbeiten eines anderen externen Prüfers in Betracht. Dies entspricht aber weitestgehend der bereits praktizierten berufsständischen Regelung des IDW PS 320, so etwa Tz. 5 und 15 ff. (vgl. Kapitel III.5.4.1).

In welchem Ausmaß und mit welcher Gewichtung die Arbeit eines anderen externen Prüfers verwertet werden kann, hängt demnach neben der Bedeutung der von dem anderen externen Prüfer geprüften Teileinheit für das Gesamturteil des Konzernabschlussprüfers von der fachlichen Kompetenz und beruflichen Qualifikation des anderen externen Prüfers ab.

Laut amtlicher Gesetzesbegründung soll die Änderung des § 317 Abs. 3 HGB allein der Verbesserung der Qualität der Konzernabschlussprüfung dienen. Nicht bezweckt soll es sein, konzerneinheitlich für die Abschlussprüfung von Mutter- und Tochterunternehmen denselben Abschlussprüfer vorzusehen. Weiterhin können die Abschlussprüfungen von Mutter- und Tochterunternehmen durch verschiedene Abschlussprüfer durchgeführt werden. Ob sich die verschiedentlich im Fachschrifttum geäußerte Befürchtung einer weiteren Konzentration des Markts für Prüfungsleistungen bewahrheitet, bleibt abzuwarten.

2.2.2 Buchführung

Zur Buchführung gehören neben der **Finanzbuchführung** ebenso rechnungslegungsbezogene Teile der Nebenbuchführungen, wie z.B. die Anlagenbuchführung, Lohn- und Gehaltsbuchführung und Lagerbuchführung. Die (interne) **Betriebsbuchführung** ist demgegenüber kein unmittelbarer Gegenstand der Abschlussprüfung, sondern findet nur insoweit Berücksichtigung, als sie die Grundlage für Ansatz und Bewertung einzelner Bilanzposten bildet. Dies betrifft z.B. die Prüfung der Herstellungskosten für die fertigen und unfertigen Erzeugnisse.

In die Abschlussprüfung sind außerbuchhalterische Bereiche einzubeziehen, wie z.B. die Rechtsgrundlagen sowie die Rechtsbeziehungen des Unternehmens, sofern sie einen Einfluss auf die Rechnungslegung haben können.

Bei den **Rechtsgrundlagen** sowie den **Rechtsbeziehungen** des Unternehmens ist davon auszugehen, dass sie Einfluss auf die Buchhaltung haben, was ihren Einbezug in die Prüfung rechtfertigt. Beispielsweise bestehen enge Verbindungen zwischen den Rechtsgrundlagen der Gesellschaft sowie den Bilanzposten Kapital und Rücklagen, den Entnahmen aus den Rücklagen, den Einstellungen in die Rücklagen, den Erträgen und Aufwendungen aus Ergebnisabführungsverträgen sowie den dazugehörigen Angaben im Anhang. Ebenso können sich Zusammenhänge zwischen den Rechtsbeziehungen der Gesellschaft sowie den ausgewiesenen Rückstellungen ergeben, z. B. durch Risiken aus Garantieversprechen oder auch aus Pensionszusagen.

Daneben ist die **Einhaltung der Grundsätze ordnungsmäßiger Buchführung** (GoB) zu überprüfen. Hierbei handelt es sich um allgemein anerkannte Regeln zur Führung der Handelsbücher sowie zur Erstellung des Jahresabschlusses. Sie betreffen dabei nicht nur die Buchführung im engeren Sinne, sondern alle Bereiche der Inventur, der Bilanz, der Gewinn- und Verlustrechnung und des Anhangs.

Im Rahmen der Abschlussprüfung ist zu beurteilen, ob das Rechnungslegungssystem eines Unternehmens den GoB bei der Erfassung, Verarbeitung, Ausgabe und Aufbewahrung der rechnungslegungsrelevanten Daten über die Geschäftsvorfälle entspricht. Dabei sind die folgenden Grundsätze zu beachten (vgl. IDW RS FAIT 1, Tz. 25 ff.):

- Vollständigkeit (§ 239 Abs. 2 HGB),
- Richtigkeit (§ 239 Abs. 2 HGB),
- Zeitgerechtheit (§ 239 Abs. 2 HGB),
- Ordnung (§ 239 Abs. 2 HGB),
- Nachvollziehbarkeit (§ 238 Abs. 1 Satz 2 HGB) und
- Unveränderlichkeit (§ 239 Abs. 3 HGB).

ABB. 50:	Grundsätze ordnungsmäßiger Buchführung
Grundsätze	**Beschreibung**
Vollständigkeit	▶ Lückenlose Erfassung aller rechnungslegungsrelevanten Geschäftsvorfälle ▶ Keine Mehrfachbuchung des gleichen Geschäftsvorfalls ▶ Einzelerfassung des jeweiligen Geschäftsvorfalls, Zusammenfassung bzw. verdichtete Buchungen sind zulässig, sofern sie nachvollziehbar in ihre Einzelpositionen aufgegliedert werden können ▶ Nachweisbare Erhaltung der Vollständigkeit der erfassten Buchungen während der Verarbeitung sowie der Dauer der Aufbewahrungsfrist
Richtigkeit	▶ Inhaltlich zutreffende Abbildung der Geschäftsvorfälle in den Belegen und den Büchern ▶ Abbildung der Geschäftsvorfälle in Übereinstimmung mit den tatsächlichen Verhältnissen und im Einklang mit den rechtlichen Vorschriften
Zeitgerechtheit	▶ Zuordnung der Geschäftsvorfälle zu der Buchungsperiode, in der sie angefallen sind ▶ Zwingende Zuordnung zum jeweiligen Geschäftsjahr oder zu einer nach Gesetz, Satzung oder Rechnungslegungszweck vorgeschriebenen kürzeren Rechnungsperiode ▶ Zeitnahe, d. h. möglichst unmittelbar nach Entstehung, Erfassung der Geschäftsvorfälle ▶ Geeignete Sicherungsmaßnahmen zur Wahrung der Vollständigkeit bei zeitlichen Abständen zwischen der Entstehung eines Geschäftsvorfalls und seiner Erfassung
Ordnung	▶ Gewährleistung der zeitlichen Ordnung (Journalfunktion) sowie der sachlichen Ordnung (Belegfunktion) der Buchungen durch das Buchführungsverfahren – **Journalfunktion:** vollständige und verständliche Aufzeichnung der Geschäftsvorfälle in zeitlicher Reihenfolge – **Belegfunktion:** Nachweise jeder Buchung und ihrer Berechtigung durch einen Beleg ▶ Feststellung der einzelnen Geschäftsvorfälle und optische Lesbarkeit in angemessener Zeit

Grundsätze	Beschreibung
Nachvollziehbarkeit	▶ Ein sachverständiger Dritter muss in der Lage sein, sich innerhalb angemessener Zeit einen Überblick über die Geschäftsvorfälle und die Lage des Unternehmens zu verschaffen ▶ Nachvollziehbarkeit der Abwicklung des einzelnen Geschäftsvorfalls, des angewandten Buchführungs- und Rechnungslegungsverfahrens sowie der Dokumentation ▶ Prüfbarkeit über die Dauer der Aufbewahrungsfrist
Unveränderlichkeit	▶ Keine Veränderung der Aufzeichnungen oder Eintragungen nach dem Buchungszeitpunkt in dem Sinne, dass der ursprüngliche Inhalt nicht mehr feststellbar ist ▶ Nachträgliche Aufzeichnungen und Eintragungen in dem Sinne vornehmen, dass erkennbar bleibt, was der ursprüngliche Inhalt war

Die GoB stellen **größenunabhängig und rechtsformneutral anzuwendende Grundsätze** dar. Eine gesetzliche Definition der GoB existiert nicht. Es handelt sich vielmehr um einen unbestimmten Rechtsbegriff, wobei im HGB einige Grundsätze kodifiziert sind, wie z. B. die §§ 238, 239, 257 HGB. Hierin eingeschlossen sind die gesetzlich nicht normierten GoB, die durch die Verweisung in § 238 HGB für die Buchführung, in § 243 Abs. 1 und § 264 Abs. 2 HGB für den Jahresabschluss und in § 297 Abs. 2 HGB für den Konzernabschluss Gesetzesrang haben.

Falls für den jeweiligen Einzelfall **höchstrichterliche handelsrechtliche Rechtsprechung** der Bundesrepublik Deutschland oder der Europäischen Union von Bedeutung ist, so ist deren Einhaltung auch Gegenstand der Abschlussprüfung.

Die GoB schreiben kein bestimmtes Buchführungsverfahren vor, es müssen nur die GoB-konformen Anforderungen an das Verfahren erfüllt werden (§ 239 Abs. 4 HGB). Der IDW hat im IDW RS FAIT 1 die Anforderungen beschrieben, die ein IT-gestütztes Buchführungsverfahren i. S. der GoB zu erfüllen hat (vgl. Kapitel IV.1.).

Daneben legte das Bundesministerium für Finanzen 1995 die sog. **Grundsätze ordnungsmäßiger DV-gestützter Buchführungssysteme** fest, die eine Präzisierung der GoB darstellen (vgl. hierzu im Einzelnen Kapitel IV.1.).

2.2.3 Jahresabschluss

Der Jahresabschluss ist stets Bestandteil der handelsrechtlichen Abschlussprüfung. Er setzt sich zusammen aus der Bilanz, der Gewinn- und Verlustrechnung (GuV) sowie dem Anhang.

Der Umfang der Prüfungshandlungen ist einzelfallabhängig festzulegen, entsprechende Bestimmungsgrößen werden gebildet durch

▶ die wertmäßige Bedeutung, Volatilität oder Komplexität der Posten des Jahresabschlusses,
▶ die weiteren Informationen in Anhang und Lagebericht,
▶ die Wirksamkeit der internen Kontrollen im Unternehmen sowie
▶ die getroffenen Feststellungen im Verlauf der Prüfung.

Art und Umfang der durchzuführenden Prüfungshandlungen liegen somit im pflichtgemäßen Ermessen des Abschlussprüfers, wobei die Prüfungsaussagen mit hinreichender Sicherheit und unter Beachtung des Grundsatzes der Wesentlichkeit zu treffen sind (vgl. hierzu Kapitel III.5.).

Der Abschlussprüfer hat alle gesetzlichen – allgemeinen sowie rechtsformspezifischen – Vorschriften über die Aufstellung des Jahresabschlusses heranzuziehen sowie die **Beachtung der**

relevanten GoB zu prüfen. Zu den allgemeinen Vorschriften zählen die §§ 242 bis 256 HGB, die §§ 264 bis 288 HGB sowie die Übergangsregelungen des EGHGB. Zu den rechtsformspezifischen Vorschriften zählen z. B. die

- §§ 150, 152, 158, 160, 161 und 58 AktG, sowie die §§ 56, 71 – 71e AktG für die AG sowie zusätzlich die §§ 286 und 288 AktG für die KGaA,
- §§ 29 – 33 und 42 GmbHG für die GmbH,
- §§ 120, 121, 128a, 167, 172a sowie 264c HGB für Kapitalgesellschaften und Co.,
- §§ 336 bis 339 HGB für Genossenschaften,
- §§ 340a bis 340k HGB für Kreditinstitute sowie
- §§ 341a bis 341k HGB für Versicherungen.

Zudem ist auf die Feststellung des Vorjahresabschlusses zu achten, da gemäß § 252 Abs. 1 Nr. 1 HGB der zu prüfende Abschluss an diesen anschließt.

Die **Angaben im Anhang** inklusive freiwilliger Zusatzangaben sind vollständig prüfungspflichtig. Daneben ist ggf. die Einhaltung etwaiger bindender Bestimmungen der Satzung oder des Gesellschaftsvertrags zu begutachten. Entsprechende Regelungen beziehen sich häufig auf Rücklagendotierungen und gewinnabhängige Bezüge der Verwaltungsorgane.

Die Abschlussprüfung umfasst die Feststellung, ob der Jahresabschluss klar, übersichtlich und vollständig in der vorgeschriebenen Form mit den vorgeschriebenen Angaben aufgestellt ist und alle Posten zutreffend ausgewiesen und bewertet sind. Dabei sind insbesondere die folgenden Sachverhalte zu beachten:

- Annahme der Unternehmensfortführung i. S. des § 252 Abs. 1 Nr. 2 HGB,
- Vollständigkeit aller bilanzierungspflichtigen Vermögensgegenstände, Rückstellungen, Verbindlichkeiten und Rechnungsabgrenzungsposten,
- Ausübung von zulässigen Ansatzwahlrechten (z. B. bei den selbsterstellten immateriellen Vermögensgegenständen des Anlagevermögens),
- Ansatz von Bilanzierungshilfen (z. B. latente Steuern),
- richtiger Ausweis aller Einzelposten,
- zutreffende Bewertung aller vorstehenden Posten sowie Einhaltung aller Bewertungsgrundsätze gemäß §§ 252 ff. HGB,
- angemessene Ermittlung der Ertragsteuern und anderer ergebnisabhängiger Posten wie Gewinnanteile, Zinsen auf Genussscheine u. Ä.,
- Vollständigkeit und Richtigkeit der Darstellung und Angaben im Anhang.

Darüber hinaus ist für Kapitalgesellschaften und Kapitalgesellschaften & Co. gemäß § 264a HGB die Vorschrift des § 264 Abs. 2 HGB zu beachten, wonach der Jahresabschluss unter Beachtung der GoB ein den tatsächlichen Verhältnissen entsprechendes Bild der Vermögens-, Finanz- und Ertragslage der Kapitalgesellschaft zu vermitteln hat (sog. „**Generalnorm**").

Einen „*true and fair view*" im absoluten Sinne gibt es nicht; der Einblick in die Lage des Unternehmens hängt vielmehr von den zugrunde liegenden Rechnungslegungsvorschriften ab. Da sich Inhalt und Umfang der Rechnungslegung vorrangig aus den Einzelvorschriften des Gesetzes ergeben, ist die Generalklausel lediglich heranzuziehen, sofern Zweifel bei der Auslegung oder Anwendung einzelner Vorschriften bestehen.

In Kapitel V. wird die Jahresabschlussprüfung auf Basis der wesentlichen Bilanzpositionen dargestellt, daher erfolgt an dieser Stelle lediglich eine Zusammenfassung der wesentlichen Prüfungshandlungen im Rahmen der Jahresabschlussprüfung.

ABB. 51: Prüfungshandlungen im Rahmen der Jahresabschlussprüfung

Prüfung unter Beachtung der allgemeinen Grundsätze für den Jahresabschluss:

Aufstellungsgrundsätze gemäß § 243 HGB:
- ▶ Übereinstimmung mit den GoB
- ▶ Klarheit und Übersichtlichkeit der Darstellung
- ▶ Aufstellung innerhalb der einem ordnungsgemäßen Geschäftsgang entsprechenden Zeit
- ▶ Heranziehen der Generalklausel nach § 264 Abs. 2 HGB bei Zweifeln bezüglich der Auslegung oder Anwendung einzelner Vorschriften
- ▶ Prüfung der Angaben im Anhang insbesondere bei Begründung von Ansatz- und Bewertungswahlrechten

Bewertungsgrundsätze gemäß § 252 HGB:
- ▶ Bilanzidentität
- ▶ Unternehmensfortführung
- ▶ Einzelbewertung
- ▶ Vorsicht
- ▶ Periodenabgrenzung
- ▶ Bewertungsstetigkeit

Gliederungsgrundsätze:
- ▶ Keine Vorschriften für die Jahresabschlussgliederung von Nicht-Kapitalgesellschaften
- ▶ Gliederung von Jahresabschlüssen von Kapitalgesellschaften und Kapitalgesellschaften & Co. gemäß § 264a HGB laut § 265 HGB:
  - Beibehaltung der Bilanz- und GuV-Gliederung vom Vorjahr? Falls davon abgewichen wurde, geschah dies aufgrund besonderer Umstände? Wurde die Abweichung im Anhang angegeben und begründet?
  - Angabe der entsprechenden Vorjahreswerte zu jedem Posten? Falls eine Vergleichbarkeit mit den Vorjahreswerten aufgrund besonderer Umstände nicht möglich ist, wurde dies im Anhang angegeben und erläutert?
  - Angabe der Mitzugehörigkeit von Vermögensgegenständen oder Schulden, die zu mehreren Bilanzposten gehören, bei den entsprechenden Posten bzw. im Anhang?
  - Falls mehrere Geschäftszweige vorhanden sind, die verschiedenen Gliederungsvorschriften folgen, nach welchen Grundsätzen wurde der Jahresabschluss aufgestellt und gab es Ergänzungen für die anderen Vorschriften? Wurden die Ergänzungen im Anhang angegeben und begründet?
  - Wurde bei einer weitergehenden Untergliederung von Posten das vorgeschriebene Gliederungsschema beachtet und wurden neue Posten nur dann hinzugefügt, wenn ihr Inhalt nicht von vorgeschriebenen Posten gedeckt wird?
  - Soweit Gliederung und/oder Bezeichnung von mit arabischen Zahlen versehenen Posten der Bilanz und GuV geändert wurden, war dies wegen der Besonderheiten der Gesellschaft zur Aufstellung eines klaren und übersichtlichen Jahresabschluss erforderlich?
  - Sind bei einer Zusammenfassung der mit arabischen Zahlen versehenen Posten die gesetzlichen Voraussetzungen erfüllt und sind die zusammengefassten Posten im Anhang zutreffend ausgewiesen worden?
- ▶ Soweit das Unternehmen von dem Wahlrecht Gebrauch macht, Posten der GuV zusammenzufassen, hat sich der Abschlussprüfer überdies davon zu überzeugen, dass die für die entsprechenden Postengruppen gewählten Bezeichnungen sinnvoll und eindeutig sind.

Prüfung der Bilanz:

Grundsätzliches zur Prüfungstechnik bei der Prüfung der Bilanz:

- ▶ Vorhandensein bestimmter Vermögensgegenstände oder Schulden zu einem bestimmten Zeitpunkt sowie Eintritt von Ereignissen oder Geschäftsvorfällen im Unternehmen im zu prüfenden Geschäftsjahr
- ▶ Zuordnung des wirtschaftlichen Eigentums an bestimmten Vermögensgegenständen oder der bestehenden Verpflichtungen zum Unternehmen zu einem bestimmten Zeitpunkt
- ▶ Vollständigkeit der ausgewiesenen Vermögensgegenstände und Schulden, der Geschäftsvorfälle und Ereignisse sowie der geforderten Angaben
- ▶ Bewertung ausgewiesener Vermögensgegenstände und Schulden
- ▶ Betragsmäßig richtige Erfassung von Geschäftsvorfällen und Ereignissen sowie zutreffende zeitliche Abgrenzung von Ein- und Auszahlungen
- ▶ Darstellung und Berichterstattung entsprechend den anzuwendenden Rechnungslegungsgrundsätzen

| Prüfung der Aktiva | Prüfung sämtlicher Bilanzposten; |
| Prüfung der Passiva | vgl. hierzu Einzelheiten in Kapitel V. |

Prüfung von off-balance sheet-Geschäften:

- ▶ Hierbei handelt es sich um i. d. R. schwebende Geschäfte, die nicht oder nur in geringem Umfang bilanzwirksam sind, insbesondere derivative Finanzinstrumente (z. B. Optionen, Swaps)
- ▶ Aufgrund der Komplexität der Geschäfte ist der Einsatz erfahrener Prüfer und Spezialisten erforderlich; erhebliche Fehlerrisiken liegen insbesondere bei der Erfassung, Kontrolle und Buchung
- ▶ Häufig bestehen Schwierigkeiten der Einordnung von derivativen Finanzierungsinstrumenten als Handels- oder Sanierungsgeschäfte und damit der Beurteilung der Risikolage
- ▶ Prüfung der vollständigen, richtigen und zeitgerechten Erfassung
- ▶ Anwendung der Bewertungsgrundsätze wie bei anderen schwebenden Geschäfte, eventuell Bildung von Bewertungseinheiten („*hedge*")
- ▶ Evtl. Notwendigkeit der Bildung von Drohverlustrückstellungen
- ▶ Anhangangaben für jede Kategorie von derivativen Finanzierungsinstrumenten (Art und Umfang, der beizulegende Wert, falls ermittelbar, Angabe der angewandten Bewertungsmethode)

Prüfung der Gewinn- und Verlustrechnung:

Grundsätzliches zur Prüfungstechnik bei der Prüfung der GuV:

- ▶ Sind sämtliche Aufwendungen und Erträge vollständig und periodengerecht ausgewiesen?
- ▶ Sind die Aufwendungen und Erträge unter den richtigen Bezeichnungen ausgewiesen?
- ▶ Bewertungsfragen können i. d. R. bereits bei der Bilanzprüfung geklärt werden
- ▶ Vollständigkeitsprüfungen sind i. d. R. analytische Prüfungshandlungen, z. B. lassen sich anhand der Versicherungspolicen die zu zahlenden Prämien berechnen
- ▶ Durch eine kritische Durchsicht der Buchungen auf den Konten lassen sich die korrekten Aufwands- und Ertragsposten ableiten

Zusammenhang zwischen Bilanzprüfung und Prüfung der GuV:

- ▶ Im Rahmen der Bilanzprüfung werden die meisten Aufwendungen und Erträge bereits geprüft, mit Ausnahme der sonstigen betrieblichen Aufwendungen/Erträge, diese Sammelposten sind im Rahmen der GuV-Prüfung genau zu untersuchen
- ▶ Vorsicht bei der Prüfung der Umsatzerlöse, da dort das Risiko für Verstöße besonders hoch ist

- ▶ Zusatzangaben bei Aufwendungen und Erträgen:
  - Gesonderte Angabe der außerplanmäßigen Abschreibungen (§ 277 Abs. 3 Satz 1 HGB)
  - Gesonderte Angabe der Erträge und Aufwendungen aus Verlustübernahme und der aufgrund einer Gewinngemeinschaft oder eines (Teil-)Gewinnabführungsvertrags erhaltenen oder abgeführten Gewinne (§ 277 Abs. 3 Satz 2 HGB)
  - Erläuterung der wesentlichen außerordentlichen und periodenfremden Aufwendungen und Erträge (§ 277 Abs. 4 HGB)
  - Aufgliederung der Umsatzerlöse nach Tätigkeitsbereichen und geographischen Märkten, soweit sich diese untereinander erheblich unterscheiden (§ 285 Satz 1 Nr. 4 HGB)
  - Aufteilung der Steuern vom Einkommen und vom Ertrag auf das Ergebnis der gewöhnlichen Geschäftstätigkeit und das außerordentliche Ergebnis (§ 285 Satz 1 Nr. 6 HGB)
  - Angabe des – entsprechend untergliederten – Material- und Personalaufwands des Geschäftsjahres bei Anwendung des Umsatzkostenverfahrens (§ 285 Satz 1 Nr. 8 HGB)

Prüfung des Anhangs:

Grundsätzliches zur Prüfung des Anhangs:
- ▶ Erfüllt der Anhang die allgemeinen Grundsätze der Berichterstattung?
- ▶ Enthält der Anhang sämtliche erforderlichen Angaben?
- ▶ Sind die gemachten Angaben vollständig und richtig?
- ▶ Grundsätzlich besteht eine äußere Gestaltungsfreiheit des Anhangs, dennoch sollten die Angaben überschaubar, klar und übersichtlich gegliedert sein und eine sachliche Strukturierung aufweisen
- ▶ Anhangangaben zu den einzelnen Posten der Bilanz und GuV sowie zu den angewandten Bilanzierungs- und Bewertungsmethoden sollten zusammen mit den jeweiligen Posten geprüft werden
- ▶ Falls der Anhang zu diesem Zeitpunkt noch nicht aufgestellt ist, sollten die angabepflichtigen Sachverhalte in den Arbeitspapieren festgehalten werden

Berücksichtigung von Beziehungen zu nahe stehenden Personen:
- ▶ Wesentliche Geschäftsvorfälle mit nahe stehenden Personen (z. B. Unternehmen, die das zu prüfende Unternehmen beherrschen) sind vom Abschlussprüfer besonders zu berücksichtigen

Quelle: *IDW* (Hrsg.), WP-Handbuch, Band I, 13. Aufl., Tz. R 404 ff.

2.2.4 Lagebericht

§ 317 Abs. 2 HGB bestimmt den Prüfungsumfang für den Lagebericht derart, dass dieser mit dem Jahresabschluss sowie mit den bei der Prüfung gewonnenen Erkenntnissen des Abschlussprüfers in Einklang stehen und insgesamt eine zutreffende Vorstellung von der Lage des Unternehmens vermitteln muss. Zu prüfen ist ebenso, ob die Chancen und Risiken der künftigen Entwicklung zutreffend dargestellt sind sowie, ob der Lagebericht den gesetzlichen sowie den ergänzenden gesellschaftsvertraglichen bzw. satzungsmäßigen Vorschriften entspricht (§ 321 Abs. 2 Satz 1 HGB).

Der Lagebericht verdeutlicht und ergänzt die aus dem Jahresabschluss ableitbaren Erkenntnisse über die wirtschaftliche Situation des Unternehmens u. a. durch verbale Ausführungen über die Branchenkonjunktur, die Entwicklung der Absatzpreise oder zu noch nicht abgeschlossenen Großaufträgen. Da der Lagebericht mit den Angaben im Jahresabschluss in Einklang zu stehen hat, sollte er kein anderes Bild zeichnen als der Jahresabschluss. Vermittelt z. B. der Jahresabschluss dem sachkundigen Leser das Vorliegen einer angespannten Ertrags- und Finanzlage, so darf der Lagebericht diesen Eindruck nicht durch zu optimistische Darstellungen aufheben.

Prognosen im Lagebericht zur zukünftigen Entwicklung sind dahingehend zu prüfen, ob sie auf Basis der Jahresabschlussdaten plausibel erscheinen und die Annahmen und Wirkungszusammenhänge, die Art der Schätzung sowie deren Zeithorizont angegeben und erläutert wurden. Ist beispielsweise anhand des abgelaufenen Geschäftsjahres festzustellen, dass sich der Umsatz des Hauptabnehmers halbiert hat, gleichzeitig aber im Lagebericht diesbezüglich prognostiziert wird, dass der Umsatz im folgenden Geschäftsjahr wieder ansteigen wird, so steht dies lediglich dann in Einklang mit den Erkenntnissen aus dem Jahresabschluss, wenn es Hinweise auf neue Aufträge, Verträge etc. gibt.

Eine zutreffende Vorstellung der Lage des Unternehmens wird vermittelt, sofern dem sachkundigen Leser aufgrund der gegebenen Informationen sowie der Form der Präsentation eine wirtschaftliche Gesamtbeurteilung des Unternehmens möglich ist. Die Angaben müssen zudem mit den während der Prüfung gewonnenen Erkenntnissen des Abschlussprüfers in Einklang stehen. Dies bedeutet, dass die Angaben im Lagebericht mit dem Bild übereinstimmen müssen, dass sich der Abschlussprüfer im Verlauf der Prüfung von der Lage des Unternehmens machen konnte.

Die Lageberichtsprüfung umfasst folgende Objekte (vgl. auch IDW PS 350 „Prüfung des Lageberichts" und die Ausführungen in Kapitel VI.1.):

▶ Angaben zum Geschäftsverlauf einschließlich des Geschäftsergebnisses und zur Lage der Gesellschaft, einschließlich der Erläuterung bedeutsamer finanzieller Leistungsindikatoren,
▶ Darstellung der Chancen und Risiken der künftigen Entwicklung,
▶ Berichterstattung über Vorgänge von besonderer Bedeutung nach Schluss des Geschäftsjahres,
▶ Berichterstattung über Finanzrisiken,
▶ Angaben zum Bereich Forschung und Entwicklung,
▶ Angabe bestehender Zweigniederlassungen,
▶ Angabe nichtfinanzieller Leistungsindikatoren (nur große Kapitalgesellschaften) sowie
▶ ggf. Schlusserklärung des Vorstands im Abhängigkeitsbericht.

Bei börsennotierten AG umfasst der Lagebericht zusätzlich Angaben zu den Grundzügen des Vergütungssystems für die Organmitglieder der Gesellschaft (§ 289 Abs. 2 Nr. 5 HGB).

AG und KGaA, die einen organisierten Markt i. S. des § 2 Abs. 7 des Wertpapiererwerbs- und Übernahmegesetzes durch von ihnen ausgegebenen stimmberechtigte Aktien in Anspruch nehmen, haben die im einzelnen in § 289 Abs. 4 HGB aufgeführten übernahmerechtlichen Angaben und Erläuterungen zu machen.

Mit Inkrafttreten des BilMoG haben kapitalmarktorientierte Kapitalgesellschaften i. S. des § 264d HGB im Lagebericht die wesentlichen Merkmale des internen Kontroll- und des Risikomanagementsystems im Hinblick auf den Rechnungslegungsprozess zu beschreiben (§ 289 Abs. 5 HGB).

Börsennotierte AG sowie AG, die ausschließlich andere Wertpapiere als Aktien zum Handel an einem organisierten Markt i. S. des § 2 Abs. 5 WpHG ausgegeben haben, haben seit BilMoG nach § 289a HGB schließlich eine sog. **Erklärung zur Unternehmensführung** in ihren Lagebericht aufzunehmen, die dort einen gesonderten Abschnitt bildet und folgende Bestandteile enthält:

▶ die Erklärung gemäß § 161 AktG zur Corporate Governance,
▶ relevante Angaben zu Unternehmensführungspraktiken, die über die gesetzlichen Anforderungen hinaus angewandt werden, nebst Hinweis, wo sie öffentlich zugänglich sind,

▶ eine Beschreibung der Arbeitsweise von Vorstand und Aufsichtsrat sowie der Zusammensetzung und Arbeitsweise von deren Ausschüssen.

Diese Erklärung unterliegt nach § 317 Abs. 2 Satz 3 HGB **nicht** der Abschlussprüfung, obwohl sie Bestandteil des Lageberichts ist.

2.2.5 Weitergehende Prüfungsgegenstände

Neben der Buchführung, dem Jahresabschluss sowie dem Lagebericht ergeben sich branchen- oder rechtsformspezifische Besonderheiten bezüglich des Prüfungsumfangs. Beispielsweise ist die Prüfung der Angemessenheit des **Versicherungsschutzes** kein Bestandteil der handelsrechtlichen Abschlussprüfung. Im Gegensatz dazu gehört der Versicherungsschutz z. B. bei Genossenschaften zu den Prüfungsgegenständen, da die Ordnungsmäßigkeit der Geschäftsführung zu prüfen und der Versicherungsschutz hierunter zu subsumieren ist.

Es ist jedoch auch für die Abschlussprüfung anderer Rechtsformen im Hinblick auf möglicherweise bestandsgefährdende Risiken aus einem fehlenden oder nicht ausreichenden Versicherungsschutz ratsam, die Bestätigung eines geeigneten Sachverständigen einzuholen, die erkennen lässt, ob die „unternehmenstypischen" Risiken in „branchenüblichem" Umfang versichert sind.

Der Prüfungsumfang für börsennotierte Aktiengesellschaften wird gemäß § 317 Abs. 4 HGB um das **Risikofrüherkennungssystem** nach § 91 Abs. 2 AktG erweitert. Dabei ist zu beurteilen, ob der Vorstand die ihm insoweit obliegenden Maßnahmen in geeigneter Form getroffen hat und das danach einzurichtende Überwachungssystem seine Aufgaben erfüllen kann (Einzelheiten hierzu in Kapitel VI.2.).

Auch ohne eine ausdrückliche gesetzliche Verpflichtung ist bei den übrigen Gesellschaften im Rahmen der Lageberichtsprüfung ebenfalls eine – zumindest indirekte – Untersuchung des Überwachungssystems erforderlich, um prüfen zu können, ob die Risiken der künftigen Entwicklung in angemessener Weise dargestellt worden sind.

Im Rahmen der Abschlussprüfung von Genossenschaften und öffentlichen Unternehmen ist die **Ordnungsmäßigkeit der Geschäftsführung** zu prüfen (§§ 53 GenG, 53 HGrG). Bei Genossenschaften werden die Prüfungsobjekte gebildet durch die Geschäftsführung als Institution, die Geschäftsführungsorganisation sowie Maßnahmen der Geschäftsführungstätigkeit.

Der IDW-Fachausschuss für öffentliche Unternehmen und Verwaltungen (ÖFA) hat im IDW PS 720 einen Fragenkatalog zur Prüfung der Ordnungsmäßigkeit der Geschäftsführung entwickelt, der u. a. die aufbau- und ablauforganisatorischen Grundlagen, das Rechnungswesen, Informationssystem und Controlling bzw. das Risikofrüherkennungssystem umfasst (Einzelheiten hierzu vgl. Kapitel VI.3.).

Die **wirtschaftlichen Verhältnisse** zählen beispielsweise bei Kreditinstituten, Genossenschaften oder auch bei öffentlichen Unternehmen zu den Objekten der Abschlussprüfung. Im Rahmen der geforderten Feststellung der wirtschaftlichen Verhältnisse muss u. a. eine Analyse der Eigenkapitalhöhe sowie -struktur erfolgen. Daneben sind Liquiditätslage sowie Ertragslage zu beurteilen.

Bei **Krankenhäusern**, die durch Landesrecht – etwa § 29 Abs. 2 Satz 2 HmbKHG – zur Abschlussprüfung verpflichtet werden, wird der handelsrechtliche Prüfungsumfang erweitert um die

- Ordnungsmäßigkeit der Geschäftsführung und des Rechnungswesens,
- wirtschaftlichen Verhältnisse, einschließlich der Entwicklung der Vermögens- und Ertragslage sowie der Liquidität und Rentabilität,
- zweckentsprechende, sparsame und wirtschaftliche Verwendung der öffentlichen Fördermittel.

3. Auswahl, Bestellung und Abberufung des Abschlussprüfers

3.1 Auswahl und Bestellung des Abschlussprüfers

Nach Maßgabe des § 318 Abs. 1 Satz 1 bis 3 HGB ist der Abschlussprüfer von den Gesellschaftern zu wählen, wobei bei GmbH und Kapitalgesellschaften & Co. durch den Gesellschaftsvertrag abweichende Regelungen bestimmt werden können. Die Wahl des Abschlussprüfers hat vor Ablauf des Geschäftsjahres, auf das sich die Prüfungstätigkeit bezieht, zu erfolgen. Daneben legt § 317 Abs. 1 Satz 4 HGB fest, dass der Prüfungsauftrag durch die gesetzlichen Vertreter bzw. bei Zuständigkeit eines Aufsichtsrats durch diesen erteilt wird.

Als Abschlussprüfer kann das Unternehmen gemäß § 319 Abs. 1 HGB einen WP oder eine WPG bestellen. Daneben können mittelgroße GmbHs und Kapitalgesellschaften & Co. i. S. des § 264a HGB auch von vereidigten Buchprüfern bzw. Buchprüfungsgesellschaften geprüft werden (§ 319 Abs. 1 Satz 2 HGB). Dies gilt allerdings nicht für Kreditinstitute und Versicherungen, die unabhängig von ihrer Rechtsform und Größe stets von WP bzw. WPG geprüft werden müssen (§ 340k Abs. 1 Satz 1, § 341k Abs. 1 Satz 2 HGB).

Besonderheiten ergeben sich für Genossenschaften, die vom zuständigen Prüfungsverband geprüft werden, und für Sparkassen, die von der Prüfungsstelle eines Sparkassen- und Giroverbands geprüft werden.

ABB. 52: Auswahl und Bestellung des Abschlussprüfers

Unternehmen	Wahl des Abschlussprüfers	Erteilung des Prüfungsauftrages
AG	Hauptversammlung (§ 318 Abs. 1 Satz 1 HGB i.V. mit § 119 Abs. 1 Nr. 4 AktG)	Aufsichtsrat (§ 318 Abs. 1 Satz 4 HGB i.V. mit § 111 Abs. 2 AktG)
KGaA	wie AG	wie AG
GmbH	Gesellschafterversammlung bzw. anderes Gremium (z. B. Beirat) gemäß Gesellschaftervertrag (§ 318 Abs. 1 Satz 1 HGB i.V. mit § 46 Nr. 6 GmbHG)	Falls vorhanden, Aufsichtsrat, ansonsten Geschäftsführer (§ 318 Abs. 1 Satz 4 HGB i.V. mit § 111 Abs. 2 AktG, § 52 GmbHG)
Kapitalgesellschaft & Co. gem. § 264a HGB	je nach Komplementär analog zu AG oder GmbH	je nach Komplementär analog zu AG oder GmbH
eG	gesetzlicher Prüfungsauftrag durch den Prüfungsverband gemäß § 55 GenG	
Kreditinstitute	je nach Rechtsform; bei Sparkassen Prüfung durch die Prüfungsstelle eines Sparkassen- und Giroverbands	
Versicherungen	Aufsichtsrat (§ 341k Abs. 2 HGB)	Aufsichtsrat (§ 341k Abs. 2 HGB)
Öffentliche Unternehmen	je nach Land unterschiedliche Regelungen; bei Eigenbetrieben werden die Abschlussprüfer i. d. R. durch die Gemeindevertretungen vorgeschlagen, die Erteilung des Prüfungsauftrags erfolgt z. B. in NRW durch die Gemeindeprüfungsämter	

Auswahl, Bestellung und Abberufung des Abschlussprüfers | **KAPITEL II**

Vor Auftragsannahme ist der Abschlussprüfer zur Feststellung verpflichtet, ob keine diesbezüglichen Ausschlussgründe bestehen. In den nachfolgenden Kapiteln werden die allgemeinen Ausschlussgründe nach § 319 HGB und §§ 49, 53 WPO sowie die besonderen Ausschlussgründe nach § 319a HGB näher dargestellt.

3.2 Ausschlussgründe als Abschlussprüfer

3.2.1 Allgemeine Ausschlussgründe als Abschlussprüfer

§§ 319, 319a HGB legen Ausschlusstatbestände fest, bei deren Vorliegen WP bzw. vBP wegen Unvereinbarkeit nicht Abschlussprüfer sein dürfen. Nach § 319 Abs. 4 HGB gelten diese analog für WPG und BPG. Sie beziehen sich neben gesetzlichen auch auf freiwillige Abschlussprüfungen, sofern dort ein Bestätigungsvermerk erteilt wird.

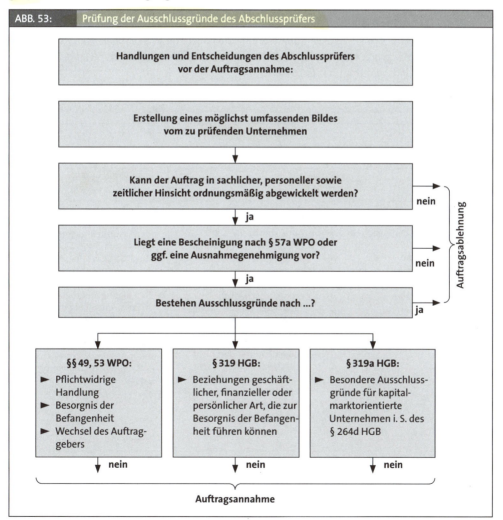

ABB. 53: Prüfung der Ausschlussgründe des Abschlussprüfers

KAPITEL II — Grundlagen der Abschlussprüfung nach HGB

Ein formales Ausschlusskriterium stellt die Qualifikation des Abschlussprüfers dar; es muss sich um einen WP/eine WPG oder bei mittelgroßen GmbH um einen vBP/eine BPG handeln. Bestellt z. B. der Aufsichtsrat einer AG einen vereidigten Buchprüfer zum Abschlussprüfer, so hat dieser den Auftrag abzulehnen (§ 319 Abs. 1 Satz 2 HGB).

Zudem muss der Abschlussprüfer über eine wirksame Bescheinigung über die Teilnahme an der Qualitätskontrolle nach § 57a WPO bzw. über eine Ausnahmegenehmigung der WPK verfügen; andernfalls ist er von der Durchführung gesetzlicher Abschlussprüfungen ausgeschlossen (§ 319 Abs. 1 Satz 3 HGB).

Aufgrund der besonderen Erfordernisse des Kapitalmarktschutzes sind in der Vergangenheit die Anforderungen an die Unabhängigkeit der Abschlussprüfer von kapitalmarktorientierten Unternehmen (§ 319a HGB) gegenüber denen an die Prüfer von nicht kapitalmarktorientierten Unternehmen (§ 319 HGB) deutlich verschärft worden.

Eine Kapitalgesellschaft wird als kapitalmarktorientiert bezeichnet, wenn sie einen organisierten Markt i. S. des § 2 Abs. 5 WpHG durch von ihr ausgegebene Wertpapiere i. S. des § 2 Abs. 1 Satz 1 WpHG in Anspruch nimmt oder die Zulassung solcher Wertpapiere zum Handel an einem organisierten Markt beantragt hat (§ 264d HGB).

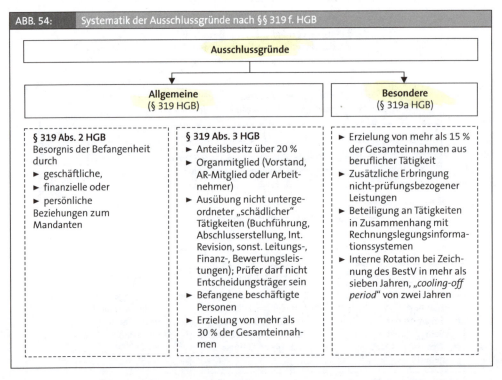

ABB. 54: Systematik der Ausschlussgründe nach §§ 319 f. HGB

Im Folgenden werden zunächst die allgemeinen Anforderungen des § 319 HGB erörtert. Anschließend werden die besonders zu treffenden Vorkehrungen bei der Prüfung kapitalmarktorientierter Unternehmen geschlossen dargestellt.

Auswahl, Bestellung und Abberufung des Abschlussprüfers — KAPITEL II

§ 319 Abs. 2 HGB fordert, dass ein Abschlussprüfer einen Auftrag bei vorhandener **Besorgnis der Befangenheit** nicht annehmen darf. Dieses Ausschlusskriterium ist auch in § 318 Abs. 3 HGB und § 49 WPO verankert. Befangenheit liegt insbesondere vor bei Eigeninteressen am Ergebnis der Prüfung, Gefahr der Selbstprüfung, Interessenvertretung oder nahen Beziehungen zur Unternehmensleitung.

In den §§ 21 ff. BS werden diese Tatbestände näher konkretisiert (vgl. Kapitel I.4.).

§ 319 Abs. 3 HGB führt Kriterien auf, die zu einer unwiderlegbaren Vermutung der Besorgnis der Befangenheit und damit zu einem Ausschluss als Abschlussprüfer führen. Die Tatbestände sind nicht nur im Hinblick auf den WP selbst relevant, sondern auch für Personen, mit denen er seinen Beruf gemeinsam ausübt **(Sozietätsklausel).** Dadurch soll eine Unterlaufung der Befangenheitsgründe verhindert werden, da von einer Gleichrichtung der Interessen zwischen den in derselben Praxis freiberuflich oder im Angestelltenverhältnis tätigen WP und den bei den Prüfungen beschäftigten Personen auszugehen ist.

Im Einzelnen führt § 319 Abs. 3 HGB folgende Ausschlusstatbestände auf:

- ▶ Der Abschlussprüfer besitzt **Anteile oder nicht nur unwesentliches finanzielles Interesse** an der zu prüfenden Kapitalgesellschaft oder eine Beteiligung an einem Unternehmen, das mit der zu prüfenden Kapitalgesellschaft verbunden ist oder von dieser mehr als 20 % der Anteile besitzt.

- ▶ Der Abschlussprüfer ist zugleich **gesetzlicher Vertreter, Mitglied des Aufsichtsrats oder Arbeitnehmer** bei der zu prüfenden Kapitalgesellschaft oder eines Unternehmens, das mit der zu prüfenden Kapitalgesellschaft verbunden ist oder von dieser mehr als 20 % der Anteile besitzt.

- ▶ Der Abschlussprüfer hat über die Prüfungstätigkeit hinaus bei der zu prüfenden oder für die zu prüfende Kapitalgesellschaft in dem zu prüfenden Geschäftsjahr oder bis zur Erteilung des Bestätigungsvermerks
  - – bei der **Führung der Bücher** oder der **Aufstellung des zu prüfenden Jahresabschlusses** mitgewirkt,
  - – bei der **Durchführung der Internen Revision** in verantwortlicher Position mitgewirkt,
  - – **Unternehmensleitungs- oder Finanzdienstleistungen** erbracht oder
  - – eigenständige **versicherungsmathematische oder Bewertungsleistungen** erbracht, die sich auf den zu prüfenden Abschluss nicht nur unwesentlich auswirken,

  sofern diese Tätigkeiten nicht nur von untergeordneter Bedeutung sind. Dies gilt auch, wenn eine dieser Tätigkeiten von einem Unternehmen für die zu prüfende Kapitalgesellschaft ausgeübt wird, bei dem der Wirtschaftsprüfer/vereidigte Buchprüfer gesetzlicher Vertreter, Arbeitnehmer, Mitglied des Aufsichtsrats oder Gesellschafter ist und mehr als 20 % der Stimmrechte besitzt.

- ▶ Der Abschlussprüfer beschäftigt bei der Prüfung eine Person, auf die einer der o. g. Sachverhalte zutrifft.

- ▶ Der Abschlussprüfer hat in den letzten fünf Jahren jeweils mehr als **30 % der Gesamteinnahmen aus seiner beruflichen Tätigkeit** von der zu prüfenden Kapitalgesellschaft oder von Unternehmen, an denen die zu prüfende Kapitalgesellschaft mehr als 20 % der Anteile besitzt, bezogen und dies auch im laufenden Geschäftsjahr zu erwarten ist. Die WPK kann in diesen Fällen zur Vermeidung von Härtefällen befristete Ausnahmegenehmigungen erteilen.

Ein Ausschlussgrund liegt auch dann vor, wenn der Ehegatte oder der Lebenspartner des Abschlussprüfers einen der oben genannten Ausschlussgründe realisiert.

ABB. 55:	Ausschlussgründe nach § 319 Abs. 3 HGB
Ausschlussgrund	Beschreibung
Finanzielle Interessen	▶ Anteilsbesitz ist jede **Beteiligung am gezeichneten Kapital** der zu prüfenden Gesellschaft mit Ausnahme der typischen stillen Beteiligung. ▶ Halten von Gesellschaftsanteilen durch den Abschlussprüfer als **Treuhänder**, da dadurch das Urteil als Abschlussprüfer beeinflusst sein könnte. Ausnahme: Sicherungstreuhänder, da die Funktion des Treuhänders beschränkt ist und nur geringen Einfluss auf die Funktion des Abschlussprüfers ausübt. ▶ **Mittelbare Beteiligungen** führen zum Ausschluss, sofern es sich um ein Unternehmen handelt, das mit der zu prüfenden Gesellschaft verbunden ist oder mehr als 20 % der Anteile besitzt. ▶ **Andere finanzielle Interessen**, wie z. B. bei Besitz von Schuldverschreibungen, Schuldscheinen oder Optionen, begründen das Besorgnis der Befangenheit, sofern sie nicht unwesentlich sind. Eine Beurteilung erfolgt z. B. danach, ob es sich um unbedingte Forderungsrechte handelt oder um Rechte, die vom Unternehmenserfolg abhängen, hiernach können Pfandbriefe als unwesentlich eingestuft werden.
Funktionen in der zu prüfenden Kapitalgesellschaft	▶ Ausschluss, sofern der Abschlussprüfer **gesetzlicher Vertreter** der zu prüfenden Gesellschaft bzw. eines Unternehmens ist, das mit der zu prüfenden Kapitalgesellschaft verbunden ist oder von dieser mehr als 20 % der Anteile besitzt, z. B. Vorstandsmitglied bei einer AG, Geschäftsführer einer GmbH. ▶ Ausschluss, sofern der Abschlussprüfer Mitglied in einem gesetzlich vorgeschriebenen oder fakultativen **Aufsichtsrat, Beirat, Kuratorium** o. Ä. ist, soweit dem Organ unternehmensinterne Überwachungsfunktionen obliegen. ▶ Ausschluss, sofern der Abschlussprüfer zum Zeitpunkt der Bestellung, als **Arbeitnehmer** in einem festen Arbeitsverhältnis oder vergleichbaren Abhängigkeitsverhältnis bei der zu prüfenden Gesellschaft beschäftigt ist; Ausnahme: freiberufliche Tätigkeit, kurzfristige Praktikanten- und Hospitantentätigkeit.
Ausübung bestimmter Tätigkeiten	▶ Konkretisierung des **Selbstprüfungsverbots**, Verbot der Mitwirkung am Zustandekommen eines zu prüfenden Tatbestands. ▶ Ausschluss auch, wenn der Tatbestand von einem Unternehmen erfüllt wird, auf das der Wirtschaftsprüfer/vereidigte Buchprüfer maßgeblichen Einfluss hat. ▶ Abgrenzung zwischen erlaubter Beratung und unzulässiger Mitwirkung bei gleichzeitiger Prüfungstätigkeit: Bei unzulässiger Mitwirkung trifft der Abschlussprüfer teilweise oder ganz unternehmerische Entscheidungen. **Buchführung und Aufstellung des Jahresabschlusses** ▶ Beratung bezüglich Organisationshilfen ist erlaubt. ▶ Unzulässige Mitwirkung: – Kontierung der laufenden Geschäftsvorfälle, Führen des Anlagenverzeichnisses, – Kontenabschluss und Überführung in den Jahresabschluss, – Fertigstellung eines Jahresabschlusses, Erstellung von Anhang und Lagebericht, – Berechnung der zum Bilanzstichtag erforderlichen Rückstellungen, Ausnahme: Beratung bezüglich steuerlicher Anerkennung von geplanten Rückstellungen, – Berechnung der Abschreibungen auf das Anlagevermögen, – Ermittlung der evtl. erforderlichen Abwertung zum Umlaufvermögen und – Durchführung der Vorratsinventur.

Ausschlussgrund	Beschreibung
Ausübung bestimmter Tätigkeiten	▶ Bei Mitwirkung bei der Einrichtung von Rechnungslegungsinformationssystemen und Steuerberatungsleistungen ist das Vorhandensein von Selbstprüfungen zu untersuchen; eine projektbegleitende Prüfung i. S. des IDW PS 850 ist ausdrücklich erlaubt. ▶ Bei Mitwirkung des Abschlussprüfers bei der Aufstellung des Vorjahresabschlusses ist im Einzelfall die Besorgnis der Befangenheit zu prüfen. **Interne Revision** ▶ Ausschluss bei vollständiger Übernahme, verantwortlicher Leitung oder Übernahme der Internen Revision als Funktionseinheit durch den Abschlussprüfer, verantwortlicher Umsetzung von Empfehlungen der Internen Revision durch den Abschlussprüfer. ▶ Zulässig sind die Übernahme einzelner Prüfungsaufträge im Auftrag der Internen Revision, die Koordination der Abschlussprüfertätigkeit mit der Arbeit der Internen Revision und die Verwertung der Arbeitsergebnisse der Internen Revision. **Unternehmensleitungs- und Finanzdienstleistungen** ▶ Ausschluss bei Tätigkeiten, mit denen eine nach außen erkennbare Interessenwahrung des Mandanten verbunden ist. ▶ Ausschluss bei allen Unternehmensleitungsfunktionen, da damit eine Ausrichtung auf die Interessen des zu prüfenden Unternehmens verbunden ist. ▶ Ausschluss bei Finanzdienstleistungen wie z. B.: – Entscheidungen über den Erwerb oder die Verwaltung von Finanzanlagen, – Abwicklung von Geschäften über Kauf oder Verkauf von Finanzanlagen, – Treuhandtätigkeiten und – Werbung für Anlagen des Prüfungsmandanten. ▶ Möglich sind z. B. die Erarbeitung von Finanzierungskonzepten und Vorbereitung von Verhandlungen mit potenziellen Investoren. **Versicherungsmathematische und Bewertungsleistungen** ▶ Ausschluss bei Erstellung eigenständiger versicherungsmathematischer oder Bewertungsleistungen mit wesentlicher Auswirkung auf den Jahresabschluss. ▶ Z. B. Ausschluss bei Ermittlung des Teilwerts der Pensionsverpflichtungen gem. § 6a EStG, Gutachtenerstellung über den Wert von Beteiligungen, der vom Prüfungsmandanten im Jahresabschluss angesetzt wird (zu Einzelheiten vgl. § 23a Abs. 6 BS-WPK).
Einsatz von befangenen Personen	▶ Ausschluss bei Beschäftigung einer Person im Rahmen der Abschlussprüfung, die die Tatbestände des § 319 Abs. 3 Satz 1 Nr. 1 bis 3 HGB realisiert. ▶ Dabei handelt es sich in erster Linie um **befangene Mitglieder des Prüfungsteams** wie z. B. Prüfungsassistenten und alle Wirtschaftsprüfer/vereidigte Buchprüfer. ▶ Ausnahme bei lediglich punktueller Einbindung in die Prüfung und Verwaltungskräften, die nur formal mit der Prüfung beschäftigt sind, wie z. B. Schreibkräfte.
Umsatzabhängigkeit	▶ Konkretisierung der Besorgnis der Befangenheit aufgrund **wirtschaftlichen Interesses** des Abschlussprüfers, da er mit dem Mandanten die meisten Umsätze erwirtschaftet. ▶ Die Bezugsgröße „Gesamteinnahmen" umfasst Einnahmen sämtlicher Tätigkeiten des Abschlussprüfers, z. B. auch Einnahmen aus Steuerberatungstätigkeiten. ▶ Maßgebend ist das gesamte Honorar vom geprüften Unternehmen. ▶ Dadurch, dass der Ausschlussgrund erst im 6. Jahr gilt, wird dem Abschlussprüfer eine genügend lange Frist gewährt, die Höchstgrenze von 30 % nicht zu überschreiten. ▶ Möglichkeit einer Ausnahmegenehmigung der WPK (Härtefallklausel).

Analoge Ausschlussgründe für Wirtschaftsprüfungs- und Buchprüfungsgesellschaften ergeben sich aus § 319 Abs. 4 HGB, und zwar dann, wenn

- diese selbst,
- einer ihrer gesetzlichen Vertreter,
- ein Gesellschafter, der mehr als 20 % der Stimmrechte aller Gesellschafter besitzt oder mehrere Gesellschafter zusammen mehr als 20 % der Stimmrechte besitzen, jeweils einzeln oder zusammen,
- ein verbundenes Unternehmen,
- ein bei der Prüfung in verantwortlicher Position beschäftigter Gesellschafter (z. B. als verantwortlicher Wirtschaftsprüfer oder Mitunterzeichner) oder
- eine von ihr beschäftigte Person, die das Prüfungsergebnis beeinflussen kann,

einen der Tatbestände des § 319 Abs. 2 und 3 HGB erfüllt.

Bei Verstößen gegen § 319 HGB hängen die **Rechtsfolgen** davon ab, ob es sich um einen Verstoß aufgrund mangelnder Qualifikation nach Abs. 1 handelt oder einer der Ausschlusstatbestände der Abs. 2 bis 4 realisiert ist. Wenn eine Person zum Abschlussprüfer gewählt wird, die die Voraussetzungen des Abs. 1 nicht erfüllt, so sind der Wahlbeschluss und der geprüfte Jahresabschluss nach § 256 AktG nichtig. Bei Erfüllung der Tatbestände der Abs. 2 bis 4 ist dies nicht der Fall.

In allen Fällen eines Verstoßes gegen § 319 HGB ist der Prüfungsauftrag gemäß § 134 BGB nichtig, wodurch der Abschlussprüfer seinen vertraglichen Anspruch auf Vergütung verliert.

Schadensersatzansprüche des Mandanten aus Delikt können sich im Hinblick auf wirtschaftliche Nachteile aufgrund der notwendig gewordenen Bestellung eines anderen Prüfers ergeben, jedoch nicht aus inhaltlichen Prüfungsmängeln.

Nach § 334 Abs. 2 HGB handelt ein Abschlussprüfer ordnungswidrig, wenn er Bestätigungsvermerke erteilt, obwohl ein Ausschlussgrund vorliegt. Aus diesem Grund kann er mit einem Bußgeld belegt werden. Daneben handelt es sich in diesem Fall um eine Verletzung der Berufspflicht, die gemäß §§ 67 ff. WPO berufsgerichtlich geahndet wird.

Die WPO führt weitere Ausschlussgründe auf; so ist nach § 49 WPO eine Tätigkeit bei **Besorgnis der Befangenheit** sowie beim Vorliegen von **pflichtwidrigen Handlungen** zu versagen. Zu den pflichtwidrigen Handlungen zählen die Bereiche des Strafrechts und der Ordnungswidrigkeiten, wie z. B. Beihilfe zu Vermögens- oder Steuerdelikten. Daneben sind Handlungen zu vermeiden, die gegen das Berufsrecht verstoßen, z. B. das Werbeverbot und die Außerachtlassung der Gewissenhaftigkeit.

Nach § 53 WPO hat der Abschlussprüfer bei einem **Wechsel des Auftraggebers** das Einverständnis des bisherigen sowie des neuen Auftraggebers einzuholen. Somit darf er in einer Sache, in der er oder eine Person, mit der er seinen Beruf gemeinsam ausübt, bereits tätig war, für einen anderen Auftraggeber nur dann tätig werden, wenn sowohl der bisherige als auch der neue Auftraggeber damit einverstanden sind.

3.2.2 Besondere Ausschlussgründe gemäß § 319a HGB

Für die Abschlussprüfung der kapitalmarktorientierten Kapitalgesellschaft i. S. des § 264d HGB sind die verschärften Ausschlusstatbestände des § 319a HGB anzuwenden. Hiernach ist ein Wirtschaftsprüfer oder vereidigter Buchprüfer als Abschlussprüfer ausgeschlossen, wenn er oder eine Person, mit der er seinen Beruf gemeinsam ausübt

- in den letzten fünf Jahren mehr als 15 % der **Gesamteinnahmen** aus Tätigkeiten für die zu prüfende Kapitalgesellschaft bezogen hat und wahrscheinlich auch im laufenden Geschäftsjahr beziehen wird (analog in Bezug auf Unternehmen, an denen die zu prüfende Kapitalgesellschaft mehr als 20 % der Anteile besitzt),
- im zu prüfenden Geschäftsjahr zugleich **Rechts- und Steuerberatungsleistungen** erbracht hat, die über das Aufzeigen von Gestaltungsalternativen hinausgehen und die sich auf die Darstellung der Vermögens-, Finanz- und Ertragslage im zu prüfenden Geschäftsjahr unmittelbar und wesentlich auswirken,
- im zu prüfenden Geschäftsjahr zugleich an der **Entwicklung, Einrichtung und Einführung von Rechnungslegungsinformationssystemen** mitgewirkt hat und diese Tätigkeit von nicht untergeordneter Bedeutung ist sowie
- bereits einen Bestätigungsvermerk nach § 322 HGB über die Prüfung des Jahresabschlusses in **sieben oder mehr Fällen** gezeichnet hat, sofern seit der letzten Beteiligung an der Jahresabschlussprüfung weniger als zwei Jahre vergangen sind.

Mit der Neufassung des § 319a Abs. 1 Satz 1 Nr. 4 HGB durch BilMoG wird der persönliche Anwendungsbereich der Vorschrift, die bisher nur den den Bestätigungsvermerk unterzeichnenden Wirtschaftsprüfer erfasst, auf die für die Abschlussprüfung **verantwortlichen Prüfungspartner** ausgedehnt. Dies sind Abschlussprüfer, die

- den Bestätigungsvermerk unterzeichnet haben („**Zeichnungsverantwortung**") oder
- von einer Prüfungsgesellschaft für ein bestimmtes Prüfungsmandat als für die Durchführung der Abschlussprüfung bzw. Konzernabschlussprüfung vorrangig verantwortlich bestimmt worden sind („**Durchführungsverantwortung**").

Verantwortliche Prüfungspartner müssen spätestens sieben Jahre nach ihrer Bestellung von dem Prüfungsmandat abgezogen werden; sie sind zur Mitwirkung an der Prüfung des geprüften Unternehmens frühestens **nach Ablauf von zwei Jahren** (sog. „*cooling off-period*") wieder berechtigt.

Inwieweit diese Personenkreise identisch oder verschieden sind, lässt sich den Arbeitspapieren zu der jeweiligen Abschlussprüfung entnehmen. Da i. d. R. eine Identität bestehen dürfte, ergeben sich aus der Vorschrift jedenfalls für die interne Rotation keine wesentlichen Änderungen im Verhältnis zur bisherigen Rechtslage.

Mit dem durch BilMoG geänderten § 319a Abs. 1 Satz 4 HGB wird der Anwendungsbereich des § 319a Abs. 1 Satz 1 Nr. 4 HGB in analoger Weise auf Wirtschaftsprüfungsgesellschaften und deren verantwortliche Prüfungspartner erweitert.

Für **Konzernabschlussprüfungen** dehnt § 319a Abs. 2 Satz 2 HGB den Begriff des verantwortlichen Prüfungspartners auf solche Wirtschaftsprüfer aus, die auf der Ebene bedeutender Tochterunternehmen als für die Durchführung von deren Abschlussprüfung vorrangig verantwortlich bestimmt worden sind. Durch die Erweiterung des der Rotation unterliegenden Personenkreises soll eine hinreichende Unabhängigkeit des Abschlussprüfers von den Geschäftsführungs- und Aufsichtsorganen gesichert werden.

Bedeutende Tochterunternehmen sind solche, deren Einbeziehung in den Konzernabschluss sich erheblich auf die Vermögens-, Finanz- und Ertragslage des Konzerns auswirkt. Dies wird regelmäßig unterstellt, wenn – wertmäßig vor Konsolidierung – das Tochterunternehmen mehr als 20 % des Konzernvermögens hält oder mit mehr als 20 % zum Konzernumsatz beiträgt. Dies ist zu jedem Bilanzstichtag neu zu prüfen. Die Rotationspflicht tritt erst ein, wenn der Wirtschaftsprüfer das Unternehmen „in seiner bedeutenden Phase" sieben Jahre in Folge geprüft hat. Die Abstufung zu einem „unbedeutenden" Unternehmen führt auch dann zu einem Neubeginn des Fristlaufs, wenn das Unternehmen in einem späteren Geschäftsjahr wieder bedeutend wird.

ABB. 56:	Ausschlussgründe nach § 319a HGB
Ausschlussgrund	Beschreibung
Umsatz-abhängigkeit	▶ Besorgnis der Befangenheit ist bei kapitalmarktorientierten Unternehmen anzunehmen, wenn in den letzten fünf Jahren mehr als 15 % der Gesamteinnahmen vom zu prüfenden Unternehmen bzw. von Unternehmen, an denen die zu prüfende Kapitalgesellschaft mehr als 20 % der Anteile besitzt, eingenommen wurden und wahrscheinlich auch im laufenden Jahr eingenommen werden. ▶ Der Grenzwert ist deutlich geringer als bei nicht kapitalmarktorientierten Unternehmen.
Ausübung bestimmter Tätigkeiten	Rechts- und Steuerberatungsleistungen: ▶ Ausschluss bei Erbringung von Rechts- und Beratungsleistungen im zu prüfenden Geschäftsjahr, die über das Aufzeigen von Gestaltungsalternativen hinausgehen. ▶ Unmittelbare und wesentliche Auswirkung auf die Vermögens-, Finanz- und Ertragslage. ▶ Vorliegen von Beratungsleistungen, die außerhalb der Prüfungstätigkeit erbracht worden sind, z. B. Beratung zur Auslagerung von Risiken auf Zweckgesellschaften, die nicht in den Konzernabschluss einbezogen werden. ▶ Da derartige Leistungen auf die Erzielung eines „erwünschten" bilanziellen Ergebnisses gerichtet sind, kann der Abschlussprüfer nicht mehr unvoreingenommen die nachfolgende Prüfung durchführen. ▶ Sofern sich der Abschlussprüfer auf das Aufzeigen von Handlungsalternativen beschränkt, ist die Beratung neben der Prüfung erlaubt. ▶ Folgende Steuerberatungsleistungen sind z. B. erlaubt: – Erstellung von Steuererklärungen, – Steuerrechtliche Auskünfte zu geplanten Maßnahmen des Mandanten, – Stellungnahmen zu Steuermodellen, die von anderen Beratern entwickelt wurden, – Steuerrechtliche Due-diligence-Aufträge bei Kauf und Verkauf von Unternehmen, – Vertretung des Mandanten bei Betriebsprüfungen. ▶ Erlaubt sind somit fachgerechte Analysen, ggf. verbunden mit der Einschätzung von Chancen und Risiken steuerrechtlicher und rechtlicher Zweifelsfragen. ▶ Verkauf von vorgefertigten Beratungsprodukten mit wesentlicher Auswirkung auf die Bilanz ist in jedem Fall unzulässig.

Ausschlussgrund	Beschreibung
Ausübung bestimmter Tätigkeiten	**Entwicklung, Einrichtung und Einführung von Rechnungslegungsinformationssystemen:** ▶ Die Entwicklung, Einrichtung und Einführung von Rechnungslegungsinformationssystemen durch den Abschlussprüfer ist nicht erlaubt, da deren Beurteilung Bestandteil der Jahresabschlussprüfung ist. ▶ Verbot der Mitarbeit am Buchführungssystem und an der internen Rechnungslegung. ▶ Entwicklung, Einrichtung und Einführung beinhalten z. B.: – Konzeption des Rechnungslegungsinformationssystems, – Einpassung in die vorhandene Systemumgebung, – Vorbereitende technische und organisatorische Maßnahmen, – Durchführung von Hard- und Softwaretests. ▶ Die Besorgnis der Befangenheit kann durch geeignete, vom WP getroffene Schutzmaßnahmen verhindert bzw. abgemildert werden: – Die Unternehmensleitung bestätigt schriftlich, für das IKS verantwortlich zu sein. – Der Abschlussprüfer hat sich vergewissert, dass das Unternehmen sich bei der Ausgestaltung des IKS nicht hauptsächlich auf die von ihm entwickelten bzw. implementierten Bestandteile des Finanzinformationssystems stützt. – Die Entwicklung basiert auf von der Unternehmensleitung entwickelten Spezifikation. – Es handelt sich nicht um ein vollständig abgeschlossenes Projekt inklusive Software-Entwicklung, Hardware-Konfiguration und Implementierung, oder die Unternehmensleitung erklärt schriftlich ihre Verantwortung für ein komplettes Projekt. ▶ Erlaubt sind projektbegleitende Prüfungen, bei denen im Vorfeld der Abschlussprüfung festgestellt wird, ob die gesetzlichen Anforderungen bei Einführung oder Umgestaltung von Rechnungslegungsinformationssystemen erfüllt werden (vgl. IDW PS 850). **Verbundene Unternehmen und Beteiligungsunternehmen:** ▶ Realisierung von Ausschlusstatbeständen, sofern Rechts- und Steuerberatungsleistungen sowie die Mitwirkung an der Entwicklung, Einrichtung und Einführung von Rechnungslegungsinformationssystemen durch ein Unternehmen erbracht wurden, bei dem der Abschlussprüfer gesetzlicher Vertreter, Aufsichtsratsmitglied oder Gesellschafter mit mehr als 20 % der Stimmrechte ist.
Interne Rotation	▶ Ausschluss, wenn der verantwortliche Prüfer einen Bestätigungsvermerk in sieben oder mehr Fällen gezeichnet hat und die letzte Prüfung weniger als zwei Jahre zurück liegt. ▶ I. d. R. unterzeichnen zwei Prüfer den Bestätigungsvermerk, die Regelung gilt für beide. ▶ Ausschluss gilt nicht nur als Unterzeichner, sondern als Beteiligter an der Prüfung, der das Prüfungsurteil maßgeblich beeinflussen kann: – Kein Einsatz als Mitglied im Prüfungsteam, – Keine Wahrnehmung von Mandantenkontakten für die Prüfung, – Keine Teilnahme und Berichterstattung in der Bilanzsitzung des Aufsichtsrats, – Keine alleinige Übernahme der auftragsbegleitenden Qualitätssicherung. ▶ Erlaubt sind die Auskunftserteilung zu einzelnen Fragen des neuen Prüfungsteams sowie Beratungsleistungen, Gutachten und sonstige betriebswirtschaftliche Prüfungen außerhalb der gesetzlichen Abschlussprüfung für den Mandanten.

KAPITEL II — Grundlagen der Abschlussprüfung nach HGB

WPG und BPG sind ebenso bei Realisierung der o. g. Ausschlusstatbestände als Abschlussprüfer eines börsennotierten Unternehmens ausgeschlossen.

Die **besonderen Regelungen für die gesetzliche Abschlussprüfung von kapitalmarktorientierten Kapitalgesellschaften** i. S. des § 264d HGB sind in der Vergangenheit immer weiter verschärft worden. Dies steigert zwar unzweifelhaft den Schutz des Kapitalmarktes und der an ihm Beteiligten, stellt aber für die Berufsangehörigen auch einen beträchtlichen bürokratischen Mehraufwand dar. Es wird zuweilen befürchtet, dass insoweit Markteintrittsbarrieren aufgebaut werden, mittelständischen Praxen aus wirtschaftlichen Gründen zunehmend der Zugang zu derartigen lukrativen Mandaten verwehrt und eine weitere Konzentration des Markts für Prüfungsleistungen begünstigt wird. Derzeit verfügen nach einer Erhebung der WPK ca. 140 WP oder Praxen über Mandate kapitalmarktorientierter Unternehmen.

Besondere Regelungen stellen dar:

- die Verpflichtung zur auftragsbegleitenden Qualitätssicherung (§ 24d Abs. 2 BS),
- ein verkürzter Turnus der Qualitätskontrollprüfungen von drei Jahren (§ 57a Abs. 6 Satz 8 WPO),
- die Verpflichtung zur Veröffentlichung eines Transparenzberichts (§ 55c WPO),
- die Durchführung von anlassbezogenen Sonderuntersuchungen von Seiten der WPK (§ 62b WPO).

Für Einzelfragen zu den ersten beiden Positionen wird auf die vorstehenden Ausführungen in Kapitel I.5. und I.6. verwiesen. In integrierender Würdigung kann festgestellt werden, dass die Zeit- und Kostenaufwendungen einer **auftragsbegleitenden Qualitätssicherung** i. S. des § 24d Abs. 2 BS über jene der bloßen Berichtskritik i. S. des § 24d Abs. 1 BS weit hinausgehen, da ersterer ein prozessbegleitender Ansatz zugrunde liegt, der umfangreichere Ressourcen bindet als eine ex-post Plausibilitätsprüfung.

Weiter werden an die Person des auftragsbegleitenden Qualitätssicherers von Seiten der WPK höhere Eignungsanforderungen gestellt als an die eines Berichtskritikers. Regelmäßig wird der Qualitätssicherer ein WP sein müssen. Für den Fall, dass in der Praxis keine anforderungsgerechte Person zur Verfügung steht, somit mindestens bei allen Einzelpraxen, ist zwingend eine qualifizierte externe Person zu beauftragen. Demgegenüber kann beim nachweislichen Vorliegen bestimmter Sachverhalte von einer Berichtskritik abgesehen werden.

Die Teilnahmebestätigung an der **Qualitätskontrolle** i. S. des § 57a Abs. 6 Satz 8 WPO ist bei Berufsangehörigen, die gesetzliche Abschlussprüfungen bei kapitalmarktorientierten Unternehmen i. S. des § 264d HGB durchführen, auf drei statt auf sechs Jahre zu befristen, d. h. bei diesem Segment fallen entsprechende Aufwendungen in doppelter Höhe an.

Berufsangehörige und Wirtschaftsprüfungsgesellschaften, die im Jahr mindestens eine Abschlussprüfung eines kapitalmarktorientierten Unternehmens durchführen, sind zur Veröffentlichung eines **Transparenzberichts** verpflichtet (§ 55c Abs. 1 Satz 1 WPO). Bereits eine einzige solche Prüfung löst die Berichtspflicht aus. Der Bericht muss mindestens folgende Sachverhalte beinhalten:

ABB. 57: Inhalte des Transparenzberichts

Berichtsinhalte nach § 55c Abs. 1 Satz 2 WPO	Berichtsinhalte nach § 55c Abs. 1 Satz 3 WPO
▶ Beschreibung der Rechtsform und Eigentumsverhältnisse ▶ Beschreibung der organisatorischen und rechtlichen Struktur des Netzwerks, soweit Einbindung in ein solches vorhanden ▶ Beschreibung des internen Qualitätssicherungssystems einschließlich Erklärung über dessen Durchsetzung ▶ Ausstellungsdatum der letzten Teilnahmebestätigung nach § 57a Abs. 6 Satz 7 WPO ▶ Liste der Unternehmen gemäß § 319a Abs. 1 Satz 1 HGB, bei denen im vorangegangenen Kalenderjahr eine gesetzliche Abschlussprüfung durchgeführt wurde ▶ Erklärung über die Maßnahmen zur Wahrung der Unabhängigkeit einschließlich Bestätigung, dass eine entsprechende interne Überprüfung stattgefunden hat ▶ Vergütungsgrundlagen der Organmitglieder und leitenden Angestellten	▶ Beschreibung der Leitungsstruktur (Geschäftsführungs- und Aufsichtsorgane) ▶ Erklärung über die Grundsätze und Maßnahmen zur Erfüllung der Fortbildungspflichten ▶ Finanzinformationen, insbesondere Aufgliederung der Umsätze in Analogie zu § 285 Satz 1 Nr. 17 HGB

Zu neuralgischen Berichtsinhalten nimmt die WPK weiter wie folgt Stellung (vgl. WPK-Magazin 2009 S. 4 ff.):

ABB. 58: Empfehlungen zu neuralgischen Inhalten des Transparenzberichts

Berichtsteil	Empfehlungen der WPK
Beschreibung der Eigentumsverhältnisse (§ 55c Abs. 1 Satz 2 Nr. 1 WPO)	▶ Weder im Gesetzestext noch in der amtlichen Begründung weiter konkretisierter Begriff; nicht ausreichend dürfte eine bloße Wiederholung der diesbezüglichen Pflichtangaben zum Berufsregister sein ▶ Darstellung der Struktur der Eigentumsverhältnisse, insbesondere Beschreibung der Gesellschaftergruppen ihrem Status nach (Berufsangehörige, WPG und Gleichgestellte nach § 28 Abs. 4 Satz 1 Nr. 1, 1a WPO) und ihrer prozentualen Quoten ▶ Angabe des Mehrheitsgesellschafters, sofern vorhanden ▶ Darstellung, ob bestimmte Personen oder Gruppen einen beherrschenden Einfluss ausüben können oder ob die Gesellschaft über eine Eigentümerstruktur mit annähernd gleichen Beteiligungshöhen verfügt ▶ Bei mehrstufigen Eigentumsverhältnissen sind auch Angaben über die natürlichen Personen erforderlich, die auf der obersten Stufe die Anteile halten; Angabe der unmittelbaren Gesellschafter nicht ausreichend
Liste der geprüften kapitalmarktorientierten Unternehmen (§ 55c Abs. 1 Satz 2 Nr. 5 WPO)	▶ Auflistung der § 319a HGB-Unternehmen, bei denen im vorangegangenen Kalenderjahr eine gesetzlich vorgeschriebene Abschlussprüfung durchgeführt wurde ▶ Nach h. M. sind nur die Unternehmen aufzunehmen, bei denen im vorangegangenen Kalenderjahr ein Bestätigungsvermerk erteilt wurde

Berichtsteil	Empfehlungen der WPK
Angaben zu den Vergütungsgrundlagen der Organmitglieder und leitenden Angestellten (§ 55c Abs. 1 Satz 2 Nr. 7 WPO)	▶ Die Angabepflicht erfasst die Organmitglieder und leitenden Angestellten der Praxis, d. h. einschließlich Aufsichtsratsmitglieder; zu den leitenden Angestellten gehören nach § 45 Satz 2 WPO insbesondere die in der Praxis angestellten Wirtschaftsprüfer, auch wenn sie weder Gesellschafter noch Partner sind ▶ Es ist auch über solche Personen zu berichten, bei denen die Vergütung nicht durch die transparenzberichtspflichtige Einheit selbst geleistet wird, sondern durch eine gesellschaftsrechtlich und/oder personell verbundene weitere Gesellschaft oder sonstige Dritte ▶ Es muss erkennbar sein, ob und auf welche Weise die Vergütungsstruktur Einfluss auf das Verhalten der für die Prüfung verantwortlichen Personen haben kann, Angaben folgen den Pflichtangaben gemäß § 13b Satz 2 BS WP/vBP ▶ Angabe des Anteils der variablen Vergütung entsprechend der aktuellen Verhältnisse, i. d. R. des vorangegangenen Kalenderjahres ▶ Ggf. zusätzlich Durchschnittsermittlung auf Basis der letzten Jahre; bei starken Schwankungen zusätzlich Angabe über die Bandbreite der Schwankungen (Extremwerte) ▶ Angabe der Bemessungsgrundlagen für die variable Vergütung, d. h. derjenigen Parameter, die wesentlichen Einfluss auf die Festsetzung der variablen Vergütung haben (persönliche Leistung, Beteiligungshöhe) ▶ Bei „leistungsabhängigen Parametern" zusätzliche Erläuterungen, auf welche Weise die individuelle Leistung gemessen und beurteilt wird (Qualität, Auslastung, Ergebnisbeitrag der verantworteten Aufträge, Entwicklung des Geschäftsvolumens mit dem betreuten Mandanten)
Beschreibung der Leitungsstruktur bei WPG (§ 55c Abs. 1 Satz 3 Nr. 1 WPO)	▶ Nicht ausreichend ist nach h. M. eine Wiederholung der Pflichteintragungen im Berufsregister (§ 38 Nr. 2d) WPO) ▶ Beschreibung der tatsächlichen Leitungs- und Aufsichtsstruktur unter Nennung der zuständigen Gremien und Darstellung ihrer Zusammensetzung nach beruflicher Qualifikation unter namentlicher Nennung der Mitglieder ▶ Bei Vorhandensein organisatorischer Differenzierungen (etwa sog. „service lines" wie Wirtschaftsprüfung, Steuerberatung, sonstige betriebswirtschaftliche Beratung) und entsprechender Aufteilung der Verantwortung in der Geschäftsführung ist eine entsprechende Funktionsbeschreibung vorzunehmen

Quelle: http://www.wpk.de/praxishinweise/transparenzbericht.asp

§ 55c Abs. 1 Satz 1 WPO regelt, dass der Transparenzbericht „auf der Internetseite" zu veröffentlichen ist. Mangels weiterer Vorgaben dürfte es ausreichen, den Bericht im Internetauftritt der Praxis so zu platzieren, dass er unschwer auffindbar ist.

Gemäß § 55c Abs. 2 Satz 2 1. Halbsatz WPO ist die WPK über die elektronische Veröffentlichung des Transparenzberichts zu unterrichten. Ist keine elektronische Veröffentlichung möglich, so ist bei der WPK eine Druckfassung des Transparenzberichts zu hinterlegen (vgl. auch www.wpk.de/pdf/WPK-Praxishinweise-Transparenzbericht.pdf).

Schließlich führt die WPK bei Berufsangehörigen mit Mandanten i. S. des § 264d HGB sog. **anlassunabhängige Sonderuntersuchungen** durch (§ 62b WPO). Diese international verbreiteten, sog. „inspections" werden auf Basis einer Stichprobenauswahl vorgenommen (vgl. http://www.wpk.de/berufsaufsicht/sonderuntersuchungen.asp).

Der Mindestturnus bemisst sich nach der Zahl der Prüfungen bei § 319a HGB-Unternehmen. Die Sonderuntersuchungen sollen jährlich bei Praxen mit mehr als 25 Mandaten und innerhalb von drei Jahren bei allen übrigen Praxen durchgeführt werden. Die Auswahl der zu untersuchenden Praxen erfolgt mittels einer Kombination von bewusster und zufälliger Auswahl. Die bewusste Auswahl soll sich insbesondere an Risikoaspekten orientieren (z. B. Branchen oder Börsensegmente der Mandate).

Im Unterschied zur Qualitätskontrolle, bei der die Angemessenheit und die Wirksamkeit des gesamten Qualitätssicherungssystems der Praxis beurteilt werden, liegt der Schwerpunkt der präventiv ausgerichteten Sonderuntersuchungen auf Einzelaspekten der Bearbeitung der fraglichen Mandate.

Es soll festgestellt werden, ob die betroffenen Praxen in den untersuchten Teilbereichen die Berufspflichten einhalten, die bei gesetzlich vorgeschriebenen Abschlussprüfungen von Unternehmen i. S. des § 319a Abs. 1 Satz 1 HGB zu beachten sind. Hierzu werden ausgewählte Aspekte des Qualitätssicherungssystems der Praxis sowie einzelne Gesichtspunkte bei der Abwicklung von Aufträgen über gesetzliche Abschlussprüfungen untersucht.

Die zu untersuchenden Teilbereiche und Prüfungsaufträge werden vor Beginn der Sonderuntersuchung festgelegt. Ergeben sich im Zuge der Sonderuntersuchung neue Erkenntnisse, erfolgt eine Anpassung der Planung und ggf. eine Ausdehnung des Prüfungsumfangs.

Die WPK leitet das Untersuchungsverfahren gegenüber der Praxis durch eine schriftliche Untersuchungsanordnung ein. Die Praxis wird aufgefordert, Angaben zur Praxisstruktur, zum Qualitätssicherungssystem und zur Spezifikation der Mandate nach § 319a Abs. 1 Satz 1 HGB zu machen. Wesentliche Grundlage der Untersuchungen sind die Prüfungsberichte und Arbeitspapiere der Praxis zu den ausgewählten Mandaten, die Dokumentation des Qualitätssicherungssystems und die Qualitätskontroll- und Nachschauberichte.

Die Praxis ist zur Auskunft und Vorlage aller relevanten Unterlagen verpflichtet. Überdies erhält die WPK die Befugnis, bei Bedarf die Geschäftsräume von Berufsangehörigen zu betreten und dort Unterlagen einzusehen. Die Verschwiegenheitspflicht wird insoweit ausdrücklich eingeschränkt. Auch bezieht sich das Aussageverweigerungsrecht bei Gefahr der Selbstbelastung nur auf die Erteilung von Auskünften, entbindet aber nicht von der Verpflichtung zur Vorlage von Unterlagen oder der Duldung der Einsicht in Unterlagen.

Ergibt die Sonderuntersuchung – ggf. nach rechtlichem Gehör der Betroffenen – keine Verletzung von Berufspflichten, teilt die WPK dies der Praxis mit. Werden Verletzungen von Berufspflichten festgestellt, erteilt die WPK der Praxis durch die Schlussfeststellung die erforderlichen Hinweise.

Je nach den Umständen des Einzelfalls werden zur Ahndung der festgestellten Berufspflichtverletzungen Maßnahmen gegen den Inhaber der Praxis oder das verantwortliche persönliche Mitglied der WPK getroffen (z. B. Hinweis, Belehrung, Rüge oder Weiterleitung an die Berufsgerichtsbarkeit). Bei berufspflichtrelevanten Beanstandungen des Qualitätssicherungssystems wird auch die Kommission für Qualitätskontrolle unterrichtet.

Die Kosten des Verfahrens sind von den betroffenen Praxen zu tragen. Dies erfolgt über einen gesonderten Beitrag, gestaffelt nach Anzahl der § 319a HGB-Mandate.

Für Detailfragen wird auf die bereits in Kapitel I.3. angegebene, vom Vorstand der WPK erlassene **Verfahrensordnung** verwiesen (vgl. http://www.wpk.de/pdf/WPK_Verfahrensordnung_Anlassunabhaengige_Sonderuntersuchungen.pdf).

3.2.3 Netzwerke

Der mit BilMoG neu eingefügte § 319b HGB dehnt die Unabhängigkeitsvorschriften auf sog. „Netzwerke" aus. Ein solches liegt vor, wenn „Personen bei ihrer Berufsausübung zur Verfolgung gemeinsamer wirtschaftlicher Interessen für eine gewisse Dauer zusammenwirken" (§ 319b Abs. 1 Satz 3 HGB).

Artikel 2 Nr. 7 der Abschlussprüferrichtlinie (8. EU-Richtlinie) definiert das Netzwerk als „breitere Struktur, die auf Kooperation ausgerichtet ist und die eindeutig auf Gewinn- oder Kostenteilung abzielt oder durch gemeinsames Eigentum, gemeinsame Kontrolle oder gemeinsame Geschäftsführung, gemeinsame Qualitätssicherungsmaßnahmen und -verfahren, eine gemeinsame Geschäftsstrategie, die Verwendung einer gemeinsamen Marke oder durch einen wesentlichen Teil gemeinsamer fachlicher Ressourcen miteinander verbunden ist".

Demgegenüber ist die Formulierung im deutschen Recht weitaus allgemeiner, die Definition der Abschlussprüferrichtlinie kann aber unzweifelhaft als konkretisierende Auslegung herangezogen werden.

So ist das Vorliegen eines Netzwerks vom **berufsbezogenen und wirtschaftlichen Zusammenwirken** der Netzwerkmitglieder abhängig zu machen; auf die rechtliche Ausgestaltung des Netzwerks kommt es nicht an.
Insbesondere ist eine (gesellschaftsrechtliche) Beteiligung nicht erforderlich; ein Netzwerk kann auch unterhalb dieses Tatbestands vorliegen.

In der Praxis sind Netzwerkstrukturen auf der Grundlage gemeinsamer Mitgliedschaften in rechtlichen Einheiten mit Koordinationsaufgaben, aber auch aufgrund schuldrechtlicher Verträge zu beobachten. Ausreichend wäre auch ein faktisches Verhalten, wenn dieses auf eine gewisse Dauer angelegt und nach außen erkennbar ist.

Entscheidend ist, in welcher Art die Netzwerkmitglieder zusammenwirken. Ein einmaliges oder nur gelegentliches Zusammenwirken, auch ein beruflich bedingtes, begründet nicht die Unterstellung eines Netzwerks, z. B. die Durchführung von Gemeinschaftsprüfungen oder die gemeinsame Erstellung von Gutachten.

Weiterhin ist ein Netzwerk nicht anzunehmen bei Formen der Zusammenarbeit, die nicht die berufliche Tätigkeit betreffen, z. B. die Bildung bloßer Bürogemeinschaften, die zwar die gemeinsame Nutzung sachlicher und ggf. personeller, nicht aber fachlicher Ressourcen betrifft. Gleichfalls lassen die gemeinschaftliche Durchführung von Aus- und Weiterbildungsprogrammen oder die gemeinsame Nutzung von IT-Tools für sich genommen nicht auf ein Netzwerk schließen.

Nach der Regierungsbegründung zu § 319b HGB ist von einer Verfolgung gemeinsamer wirtschaftlicher Interessen regelmäßig dann auszugehen, wenn die Netzwerkmitglieder bei ihrer Zusammenarbeit die Netzwerkkriterien des Art. 2 Nr. 7 der 8. EU-Richtlinie erfüllen.

Die Gewinn- oder Kostenteilung muss sich dabei nicht auf die gesamte berufliche Tätigkeit beziehen, sondern kann auch einzelne Bereiche betreffen. Bloße Kostenbeteiligungen und Umlagen für sächliche Hilfsmittel sind – wie im Falle der Bürogemeinschaft – unschädlich, anders dagegen die Nutzung fachlicher Ressourcen (z. B. von Spezialisten) in wesentlichem Umfang auf gemeinsame Kosten.

Die Verwendung einer gemeinsamen Marke führt nach der Regierungsbegründung zu § 319b HGB dann zum Vorliegen gemeinsamer wirtschaftlicher Interessen, wenn der Außenauftritt der die Marke verwendenden Personen durch die verwandte Marke bestimmt wird. Hiervon ist auszugehen, wenn die Marke als Firmen- oder Namensbestandteil benutzt wird.

Entscheidend ist der Gesamteindruck im geschäftlichen Verkehr. Dieser kann auch aus der Gestaltung der Briefbögen (Briefkopf) oder dem Internetauftritt abgeleitet werden, z. B. wenn dort die gemeinsame Marke durch eine durchgängige Verwendung des Begriffs oder eines hieraus abgeleiteten Logos in den Vordergrund gerückt wird.

Jedenfalls kann allein die Verwendung des Begriffs „Netzwerk" oder „*network*" bei einem objektiven, verständigen und informierten Dritten die Besorgnis der Befangenheit (§ 319 Abs. 2 HGB) hervorrufen, sofern diese Bezeichnung werbend im Geschäftsverkehr verwandt wird. Jeder objektive, verständige und informierte Dritte würde bei Verwendung des Wortes „Netzwerk" schließen, dass ein Netzwerk i. S. des § 319b Abs. 2 Satz 3 HGB vorliegt.

Nach § 319b Abs. 1 Satz 1 HGB darf ein Abschlussprüfer grundsätzlich keine Abschlussprüfung durchführen, wenn zwischen einem Mitglied seines Netzwerks und der zu prüfenden Kapitalgesellschaft ein nachstehender Ausschlussgrund vorliegt:

▶ Besorgnis der Befangenheit aufgrund geschäftlicher, finanzieller oder persönlicher Beziehungen (§ 319 Abs. 2 HGB),
▶ Anteilsbesitz oder sonstige nicht nur unwesentliche finanziellen Interessen i. S. des § 319 Abs. 3 Satz 1 Nr. 1 HGB,
▶ Organmitgliedschaft oder Arbeitnehmereigenschaft i. S. des § 319 Abs. 3 Satz 1 Nr. 2 HGB,
▶ Beschäftigung einer befangenen Person i. S. des § 319 Abs. 3 Satz 1 Nr. 4 HGB,
▶ Erfüllung eines Ausschlussgrunds durch Ehegatten oder Lebenspartner (§ 319 Abs. 3 Satz 2 HGB),
▶ Erfüllung eines Ausschlussgrunds durch WPG/BPG gemäß § 319 Abs. 4 HGB;

die Einbeziehung des § 319 Abs. 3 Satz 1 Nr. 5 HGB (Umsatzgrenze) wurde aus Praktikabilitätsgründen unterlassen.

Bei Vorliegen einer der vorgenannten Tatbestände hat der Abschlussprüfer jedoch die Möglichkeit, sich auf geeignete Weise zu **entlasten**. Er muss aus Sicht eines sachverständigen Dritten nachvollziehbar nachweisen, dass das betroffene Netzwerkmitglied auf das Ergebnis der Abschlussprüfung keinen Einfluss nehmen kann.

Nachstehende Tatbestände begründen demgegenüber **unwiderleglich** die Besorgnis der Befangenheit und damit den Ausschluss von der gesetzlichen Abschlussprüfung:

▶ Mitwirkung an bestimmten Tätigkeiten bzw. Erbringung bestimmter Leistungen nach Maßgabe des § 319 Abs. 3 Satz 1 Nr. 3 HGB,

- Erbringung von Rechts- und Steuerberatungsleistungen bei kapitalmarktorientierten Unternehmen nach Maßgabe des § 319a Abs. 1 Satz 1 Nr. 2 HGB,
- Mitwirkung an Tätigkeiten in Zusammenhang mit Rechnungslegungsinformationssystemen bei kapitalmarktorientierten Kapitalgesellschaften nach Maßgabe des § 319a Abs. 1 Satz 1 Nr. 3 HGB,

wiederum unter Verzicht auf das Aufgreifen des Umsatzkriteriums gemäß § 319a Abs. 1 Satz 1 Nr. 1 HGB. Die genannten Tatbestände schlagen sich gemäß amtlicher Begründung des BilMoG unabhängig von einem Zutun des Netzwerkmitglieds unmittelbar im handelsrechtlichen Abschluss nieder. Somit wird ein objektiver, verständiger und informierter Dritter dort immer den Schluss ziehen, dass der Abschlussprüfer bei der Beurteilung der Leistung seines Netzwerkangehörigen befangen ist.

Dennoch ist die Bildung eines Netzwerks nicht per se schädlich, da Netzwerkmitglieder eine Reihe von Prüfungs- und Beratungsleistungen erbringen können, ohne dass der netzwerkangehörige Abschlussprüfer automatisch von der Abschlussprüfung ausgeschlossen ist. Die Erbringung von Beratungsleistungen ist nur dann nicht zulässig, wenn sich das Ergebnis der Beratung unmittelbar im Abschluss widerspiegelt.

Nach § 319b Abs. 2 HGB gelten die Regelungen für den Konzernabschluss analog.

3.3 Beauftragung des Abschlussprüfers

Die Beauftragung des Abschlussprüfers erfolgt durch Abschluss eines Vertrags über die Durchführung der Prüfung; der Prüfungsauftrag kommt durch **schuldrechtliche Vereinbarung** zustande (IDW PS 220, Tz. 5).

Gemäß IDW PS 220, Tz. 6 empfiehlt es sich, bei Auftragsannahme ein **Auftragsbestätigungsschreiben** zu verfassen und an das zuständige Unternehmensorgan bereits vor dem Prüfungsbeginn zu senden. Insoweit wird eindeutig geklärt, ob eine wirksame Beauftragung vorliegt bzw. welchen Umfang der Auftrag aufweist. Die Ablehnung eines Auftrags ist nach § 51 WPO ohnehin unverzüglich zu erklären.

Das Auftragsbestätigungsschreiben enthält die wesentlichen Festlegungen des Ziels und Umfangs der Abschlussprüfung sowie der Berichterstattung gegenüber dem Auftraggeber (IDW PS 220, Tz. 13).

Ein derartiges Vorgehen ist auch bei gesetzlich weitgehend geregelten Abschlussprüfungen (§§ 317 ff. HGB) zur Verdeutlichung des Prüfungsauftrags und zur Vermeidung von Missverständnissen und falschen Erwartungen beim Auftraggeber sinnvoll. Die zu dokumentierenden Vereinbarungen können individuell oder per Zuhilfenahme berufsüblicher allgemeiner Auftragsbedingungen bzw. vorformulierter Sondervereinbarungen abgefasst werden.

Nach IDW PS 220, Tz. 19 sollte das Auftragsbestätigungsschreiben folgende Detailinhalte umfassen:
- die Zielsetzung der Abschlussprüfung,
- die Verantwortlichkeit der gesetzlichen Vertreter für den Jahresabschluss unter Einbeziehung der Buchführung und des Lageberichts (für die Rechnungslegung),

- Art und Umfang der Abschlussprüfung,
- Art und Umfang der Berichterstattung und Bestätigung,
- den Hinweis, dass aufgrund der Stichprobenprüfung und anderer immanenter Grenzen der Abschlussprüfung zusammen mit den immanenten Grenzen des rechnungslegungsbezogenen Internen Kontrollsystems stets ein unvermeidbares Restrisiko verbleibt, dass wesentliche falsche Tatsachen unentdeckt bleiben,
- die Gewährung eines unbeschränkten Zugangs zu den erforderlichen Aufzeichnungen, Schriftstücken und sonstigen Informationen für die Prüfungsdurchführung sowie einen Hinweis auf die Auskunftspflichten der gesetzlichen Vertreter gemäß § 320 HGB,
- das Erfordernis der unverzüglichen Vorlage zusätzlicher Informationen, die von der Gesellschaft zusammen mit dem Jahresabschluss veröffentlicht werden,
- die Grundlagen der Honorarabrechnung sowie des Ersatzes von Auslagen,
- Vereinbarungen von Haftungsbeschränkungen bei freiwilligen Abschlussprüfungen,
- die Verpflichtung der zu prüfenden Gesellschaft zur Abgabe einer Vollständigkeitserklärung.

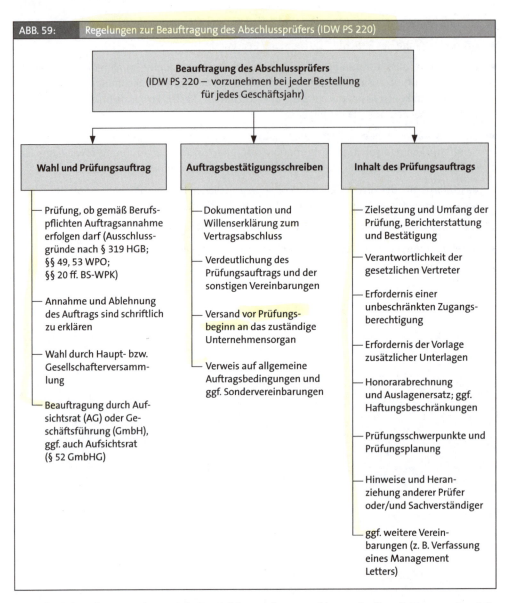

Ausdrücklich sollten vorab vereinbarte Prüfungsschwerpunkte sowie Erweiterungen des Prüfungsauftrags im Auftragsbestätigungsschreiben dargestellt werden. Erforderlichenfalls können auch Hinweise zu

▶ Absprachen im Zusammenhang mit der Prüfungsplanung (z. B. Zeitpunkt der Prüfungsbereitschaft, Dokumentation des Risikofrüherkennungssystems),

▶ der Berichterstattung bei ergänzenden Prüfungen sowie

▶ möglichen weiteren Berichten des Abschlussprüfers an das Unternehmen in das Auftragsbestätigungsschreiben aufgenommen werden (IDW PS 220, Tz. 21). Je nach der Prüfungsausgestaltung im Einzelfall lassen sich hierin auch weitere Spezifikationen wie folgt einbeziehen:

- Hinweise auf die Heranziehung anderer Prüfer und Sachverständiger für bestimmte Bereiche der Prüfung,
- Hinweise auf die Verwertung von Ergebnissen der Internen Revision und zur Zusammenarbeit mit Mitarbeitern des Auftraggebers,
- Vereinbarungen, die im Falle einer Erstprüfung vom Auftraggeber ggf. mit dem Vorjahresprüfer zu treffen sind (z. B. Entbindung von der Verschwiegenheitsverpflichtung) sowie
- Hinweise auf weitere Vereinbarungen mit dem Auftraggeber (IDW PS 220, Tz. 22).

Falls der Abschlussprüfer verspätet vom Unternehmen beauftragt wird, sollten die daraus resultierenden Konsequenzen im Auftragsbestätigungsschreiben aufgezeigt werden (z. B. ggf. entstehendes Prüfungshemmnis bei Unmöglichkeit der Inventurbeobachtung in Bezug auf wesentliche Vorratsbestände).

Bei Folgeprüfungen gelten grundsätzlich analoge Regelungen zu Erstprüfungen. Bestellung und Auftragserteilung sind in jedem Jahr erforderlich, wobei im Auftragsbestätigungsschreiben zur Vermeidung von Wiederholungen auf die Bedingungen der vorherigen Prüfungen Bezug genommen werden kann. Der Abschlussprüfer hat insbesondere darauf zu achten, ob aufgrund veränderter Umstände die Auftragsbedingungen anzugleichen sind oder ob es notwendig ist, den Auftraggeber auf bestimmte bestehende Vereinbarungen ausdrücklich hinzuweisen (IDW PS 220, Tz. 24 ff.).

Vor und während der Prüfung sind Veränderungen der Auftragsbedingungen nur möglich, sofern dem keine gesetzlichen Regelungen entgegenstehen; insbesondere kann der Prüfungsumfang bei gesetzlichen Abschlussprüfungen nicht unter den gesetzlich vorgeschriebenen Mindestumfang gesenkt werden. Hingegen kann der Auftrag jederzeit ergänzt werden, wobei der Abschlussprüfer nicht verpflichtet ist, einen Auftrag zur Ergänzung der Abschlussprüfung anzunehmen, soweit diese nicht gesetzlich vorgeschrieben ist.

Der Abschlussprüfer muss gewissenhaft kontrollieren, ob bei Auftragsänderung der Auftrag weitergeführt werden darf oder soll. Daneben hat er die geänderten Bedingungen durch die Unternehmensleitung den Aufsichtsorganen des Unternehmens – sofern diese die Änderungen nicht selbst herbeigeführt haben – mitzuteilen.

Sofern der Abschlussprüfer den geänderten Bedingungen für den Auftrag nicht zustimmen kann und die Weiterführung zu den ursprünglich vereinbarten Bedingungen nicht möglich ist, ist entweder der Bestätigungsvermerk zu versagen oder der Auftrag nach § 318 Abs. 6 HGB zu kündigen; außerdem sind ggf. andere Parteien (z. B. Aufsichtsrat oder Anteilseigner des Unternehmens) über die Kündigungsgründe zu benachrichtigen (IDW PS 220, Tz. 27 ff.).

3.4 Abberufung des Abschlussprüfers

Das Auftragsverhältnis zwischen Abschlussprüfer und Gesellschaft kann auf verschiedene Weisen beendet werden. Neben der Auftragserledigung kann ein Widerruf des Prüfungsauftrags oder eine Kündigung zur Auftragsbeendigung führen. Hierbei bestehen Unterschiede zwischen gesetzlichen und freiwilligen Abschlussprüfungen.

3.4.1 Abberufung durch das Unternehmen

Im Gegensatz zu freiwilligen Prüfungen kann das zu prüfende Unternehmen im Rahmen gesetzlicher Prüfungen dem nach § 318 Abs. 1 HGB bestellten Abschlussprüfer den Prüfungsauftrag nicht durch Kündigung entziehen. Es besteht allenfalls die Möglichkeit, einen Abberufungsantrag an das zuständige Gericht, d. h. das Amtsgericht am Sitz der zu prüfenden Gesellschaft, zu stellen.

Beim Vorliegen der in § 318 Abs. 3 HGB genannten Gründe hat das Gericht den bisherigen Abschlussprüfer durch einen anderen zu ersetzen. Der Widerruf des Prüfungsauftrags nach § 318 Abs. 1 Satz 5 HGB stellt somit keine Kündigung dar, sondern ist die zivilrechtliche Folge der Abberufung durch das Gericht.

Nach § 318 Abs. 3 HGB können die gesetzlichen Vertreter, der Aufsichtsrat oder die Gesellschafter einen Antrag beim zuständigen Gericht auf Abberufung des bisherigen Abschlussprüfers stellen. Falls Aktionäre den Abberufungsantrag stellen, müssen weitere Voraussetzungen vorliegen, da das Antragsrecht auf eine qualifizierte Aktionärsminderheit beschränkt werden soll. Die Aktionäre müssen

- gegen die Wahl des Abschlussprüfers bei der Beschlussfassung Widerspruch erklärt haben (dies sollte zweckmäßigerweise in der Niederschrift vermerkt sein),
- Anteile am Grundkapital von zusammen 5 % des Grundkapitals oder mit einem Börsenwert von 500 T€ besitzen,
- seit mindestens drei Monaten vor dem Tag der Wahl des Abschlussprüfers Inhaber dieser Aktien sein.

Der Antrag ist binnen zwei Wochen nach dem Tag der Wahl des Abschlussprüfers zu stellen. Falls der Ausschlussgrund erst nach der Wahl bekannt wird oder auftritt, verlängert sich die Frist bis auf zwei Wochen nach Bekanntwerden des Ausschlussgrundes (§ 318 Abs. 3 Satz 2 und 3 HGB).

Bei Insolvenz des Unternehmens kann ein solcher Antrag nicht gestellt werden, da der Abschlussprüfer aufgrund des § 155 Abs. 3 InsO ausschließlich durch das Insolvenzgericht auf Antrag des Verwalters bestellt wird und dies nicht vom Unternehmen angefochten werden kann.

Das Gericht hat auf Antrag den bisherigen Abschlussprüfer abzuberufen, sofern der Grund in der Person des Abschlussprüfers liegt, insbesondere wenn Ausschlussgründe gemäß §§ 319 Abs. 2 bis 5 und 319a HGB vorliegen. Diese lassen berechtigte Zweifel daran zu, dass der Abschlussprüfer eine ordnungsgemäße Durchführung der Prüfung im Interesse der Gesellschaft und der Öffentlichkeit gewährleistet. Kann der Abschlussprüfer die Ausschlussgründe allerdings umgehend beseitigen, so entfällt der Abberufungsgrund.

Abschlussprüfer können nur dann von ihrem Auftrag abgezogen werden, wenn sie aus einem triftigen Grund diesen nicht ordnungsmäßig abschließen können. Die Gründe sind vom Unternehmen dem zuständigen Gericht offen zu legen. Neben den in § 319 HGB genannten Gründen können im Ausnahmefall auch fehlende Spezialkenntnisse des Abschlussprüfers sowie eine unzureichende personelle oder sachliche Ausstattung angeführt werden. Maßgeblich ist die Feststellung, ob der Abschlussprüfer objektiv in der Lage ist, die Durchführung der Abschlussprüfung zu überwachen und das Prüfungsergebnis eigenverantwortlich zu vertreten. Dem steht nicht entgegen, wenn zulässigerweise sachkundige Dritte oder andere Hilfskräfte zur Erfüllung seiner Leistungsverpflichtung hinzugezogen werden.

Selbst der unstrittige Nachweis von Fehlern des Abschlussprüfers bei der Prüfung anderer Unternehmen oder bei Vorjahresabschlüssen des zu prüfenden Unternehmens lässt nicht automatisch die Annahme zu, dass ihm auch bei der laufenden Prüfung Fehler unterlaufen werden; insoweit wird kein Abberufungsgrund begründet.

3.4.2 Kündigung durch den Abschlussprüfer

Im Gegensatz zum zu prüfenden Unternehmen kann der bestellte Abschlussprüfer nach Maßgabe des § 318 Abs. 6 HGB den Prüfungsauftrag kündigen. Dies gilt sowohl bei freiwilligen als auch bei gesetzlich vorgeschriebenen Prüfungen, ist allerdings nur bei Vorliegen eines wichtigen Grunds möglich. Eine ordentliche Kündigung oder auch die einvernehmliche Aufhebung des Prüfungsauftrags sind dagegen nicht möglich.

Von zentraler Bedeutung ist der Leitsatz, dass **Meinungsverschiedenheiten** zwischen Abschlussprüfer und zu prüfendem Unternehmen über den Inhalt des Bestätigungsvermerks, seine Einschränkung oder Versagung keinen wichtigen Kündigungsgrund darstellen, der Prüfer kann sich dem ihm erteilten Auftrag insoweit nicht entziehen. Somit begründen i. d. R. weder persönliche Differenzen mit den Gesellschaftsorganen noch sachliche Differenzen zwischen Abschlussprüfer und zu prüfender Gesellschaft einen Kündigungsanlass.

Wichtige Kündigungsgründe sind allenfalls die massive Behinderung bei der Durchführung des Prüfungsauftrags und die fortgesetzte Weigerung des Unternehmens, vereinbarte Zahlungen zu leisten. Zweifelt der Abschlussprüfer an der Vertrauenswürdigkeit der Gesellschaftsorgane, stellt dies nur in äußerst schwerwiegenden Fällen einen Kündigungsgrund dar, z. B. bei krimineller Betätigung der Gesellschafter. Im Regelfall wird sich dies lediglich in der Abfassung des Bestätigungsvermerks niederschlagen.

Das bisher im § 324 HGB a. F. kodifizierte **Verfahren zur Regelung von Meinungsverschiedenheiten** zwischen der Kapitalgesellschaft und dem Abschlussprüfer wurde mit BilMoG mangels praktischer Bedeutung aufgehoben. Gemäß amtlicher Gesetzesbegründung zum BilMoG sind in den letzten 50 Jahren lediglich zwei Verfahren nach § 324 HGB bekannt geworden, die nach Maßgabe dieser Vorschrift durchgeführt wurden.

Meinungsverschiedenheiten werden regelmäßig durch die **berufsständischen Gremien** entschieden und nicht durch Gerichte. Für dennoch auftretende gerichtlich zu klärende Meinungsverschiedenheiten steht der Zivilrechtsweg offen.

Die Kündigung durch den Abschlussprüfer kann nur bis zur Vorlage des Prüfungsberichts – spätestens bis zur Vorlage des Nachtragsprüfungsberichts – erklärt werden und ist gegenüber dem zu prüfenden Unternehmen schriftlich zu begründen (§ 318 Abs. 6 Satz 3 HGB). Hiermit endet sowohl der schuldrechtliche Prüfungsvertrag als auch die Stellung als gesetzlicher Abschlussprüfer. Nach erklärter Kündigung ist über das Ergebnis der bisherigen Prüfungshandlungen nach § 321 HGB Bericht zu erstatten. Dieser „Rumpfprüfungsbericht" ist den gesetzlichen Vertretern bzw. dem Aufsichtsrat schriftlich und unterzeichnet vorzulegen.

Über die Kündigung sind gemäß § 318 Abs. 7 HGB der Aufsichtsrat und die Hauptversammlung bzw. die Gesellschafter von den gesetzlichen Vertretern zu unterrichten. Sofern der Aufsichtsrat den Prüfungsauftrag erteilt hat, obliegen ihm die Verpflichtungen der gesetzlichen Vertreter und es ist ihm gegenüber zu kündigen.

Die Gesellschaft ist verpflichtet, nach der Kündigung einen Ersatz-Abschlussprüfer bis zum Ende des Geschäftsjahres zu wählen. Geschieht dies nicht oder kündigt der Abschlussprüfer erst nach Ende des Geschäftsjahres, erfolgt eine Neubestellung durch das zuständige Gericht (§ 318 Abs. 4 HGB).

Die Pflichten des bisherigen und des neuen Abschlussprüfers bei vorzeitiger Kündigung ergeben sich aus § 26 BS-WPK. Der Mandatsnachfolger hat sich vor Auftragsannahme über den Kündigungsgrund sowie das bisherige Prüfungsergebnis seines Vorgängers durch Vorlage der schriftlichen Kündigung sowie des Prüfungsberichts zu informieren.

Im durch BilMoG neu angefügten § 320 Abs. 4 HGB wird dem neuen Abschlussprüfer nunmehr auch auf Gesetzesebene ausdrücklich ein unmittelbar gegenüber dem bisherigen Abschlussprüfer wirkendes **Informationsrecht** eingeräumt und umgekehrt der bisherige Abschlussprüfer verpflichtet, dem neuen Abschlussprüfer über das Ergebnis der bisherigen Abschlussprüfung zu berichten.

Die Vorschrift betrifft mithin neben dem regulären auch den vorzeitigen Abschlussprüferwechsel. Sie dient der Umsetzung des Art. 23 Abs. 3 Abschlussprüferrichtlinie, derzufolge beim Wechsel eines Abschlussprüfers der bisherige dem neuen Abschlussprüfer Zugang zu allen relevanten Informationen über das geprüfte Unternehmen gewähren muss. Dies gilt entsprechend, wenn WPG/BPG die Abschlussprüfung durchführen.

Daneben ist es seit jeher mittelbar möglich, Zugang zu allen relevanten Informationen über das geprüfte Unternehmen zu erhalten:

- ▶ Verpflichtung des „alten" Abschlussprüfers gegenüber der Gesellschaft zur Fertigung und Abgabe eines „Rumpfprüfungsberichts" (§ 318 Abs. 6 Satz 4 HGB i.V. m § 321 HGB),
- ▶ Einsichtsrecht des „neuen" Abschlussprüfers in Bücher und Schriften der Gesellschaft (§ 320 Abs. 1 Satz 2 HGB).

Dennoch ist der bisherige Abschlussprüfer nicht verpflichtet, dem neuen Abschlussprüfer unaufgefordert über das Ergebnis der bisherigen Prüfung zu informieren. Die Berichtspflicht wird lediglich durch eine schriftliche Anfrage des neuen Abschlussprüfers ausgelöst.

Eine Einsichtnahme in die Arbeitspapiere des bisherigen Abschlussprüfers durch den neuen Abschlussprüfer oder gar deren Überlassung an den neuen Abschlussprüfer kann aus der Informationspflicht nicht abgeleitet werden. Auch das allgemeine Recht auf Auskunftsverweigerung bei Gefahr der Selbstbelastung bleibt bestehen.

3.4.3 Informationspflicht gegenüber der Wirtschaftsprüferkammer

Im Fall des Widerrufs oder der Kündigung des Prüfungsauftrags – also in den Fällen beider zuvor dargestellten Textabschnitte – ist die Wirtschaftsprüferkammer unverzüglich und schriftlich begründet durch den Abschlussprüfer und die gesetzlichen Vertreter der geprüften Gesellschaft zu unterrichten (§ 318 Abs. 8 HGB).

Die durch BilMoG eingefügte Vorschrift trägt dem Umstand Rechnung, dass die Beendigung eines einmal vereinbarten Prüfungsauftrags nur sehr eingeschränkt – nämlich allein durch Widerruf oder Kündigung – möglich ist:

- Der Widerruf eines bestehenden Prüfungsauftrags nach § 318 Abs. 1 Satz 5 HGB setzt die Bestellung eines anderen Abschlussprüfers unter Beachtung des § 318 Abs. 3 HGB voraus.
- Die Kündigung eines bestehenden Prüfungsauftrags ist gemäß § 318 Abs. 6 Satz 2 HGB nur aus wichtigem Grund möglich.

Diese restriktiven Regelungen dienen dem Schutz der Unabhängigkeit des Abschlussprüfers im Fall der gesetzlichen Abschlussprüfung. Vor diesem Hintergrund soll die neue Vorschrift verhindern, dass der Abschlussprüfer und das zu prüfende Unternehmen sich während der Laufzeit des Prüfungsvertrags unzulässigerweise – und unbemerkt – einvernehmlich trennen.

Sowohl der Abschlussprüfer als auch die geprüfte Gesellschaft sollen ihre Einschätzung der Sachlage darlegen und insbesondere die Gründe angeben, auf denen die außerplanmäßige Beendigung der Beauftragung basiert. Die WPK soll durch die Mitteilung in die Lage versetzt werden, deren Rechtmäßigkeit zu überprüfen.

4. Pflichten der gesetzlichen Vertreter im Rahmen der Abschlussprüfung

4.1 Allgemeine Bestimmungen

Die in § 320 HGB kodifizierten Auskunfts- und Vorlagepflichten sollen sicherstellen, dass die Abschlussprüfung ordnungsmäßig durchgeführt werden kann; sie dienen insoweit zum Schutz des Prüfers sowie der Qualität und Verlässlichkeit seiner Arbeit. Die gesetzlichen Vertreter müssen im Rahmen der Abschlussprüfung insbesondere

- den Jahresabschluss und den Lagebericht unverzüglich nach deren Aufstellung vorlegen,
- dem Abschlussprüfer die Durchführung der notwendigen Prüfungshandlungen gestatten, insbesondere die Vornahme von Bestandserhebungen sowie
- weitere notwendigen Informationen bereitstellen und Nachweise beschaffen.

Die Erreichung der Prüfungsziele setzt voraus, dass dem Prüfer die Möglichkeit eingeräumt wird, die hierfür notwendigen Unterlagen des Unternehmens einzusehen. Da die Abschlussprüfung nicht den Umfang einer Unterschlagungsprüfung einnimmt, sondern den Grundsätzen der Wesentlichkeit und Wirtschaftlichkeit zu genügen hat, ist das Einsichtsrecht des Abschlussprüfers begrenzt; auch steht ihm kein „Durchsuchungsrecht" zu.

Die grobe Verletzung der Verpflichtungen nach § 320 HGB durch die gesetzlichen Vertreter kann im Extremfall eine Kündigung seitens des Abschlussprüfers nach sich ziehen. Zeigen die gesetzlichen Vertreter keinerlei Prüfungsbereitschaft und behindern die Prüfungshandlungen des Abschlussprüfers, indem sie z. B. notwendige Unterlagen und Informationen zurückhalten oder die Kontaktaufnahme des Abschlussprüfers mit dem Unternehmensanwalt verhindern, so begründet dies wesentliche Prüfungshemmnisse und letztlich auch wichtige Kündigungsgründe.

Die Vorschriften des § 320 HGB sind auf gesetzliche, nicht aber auf freiwillige Prüfungen anzuwenden. Allerdings empfiehlt sich auch bei letzteren eine vertragliche Vereinbarung, dass sich die Gesellschaft zur Unterstützung der Prüfung in analoger Anwendung des § 320 HGB verpflichtet, um eine ordnungsgemäße Prüfungsdurchführung zu gewährleisten.

4.2 Vorlagepflicht der gesetzlichen Vertreter

§ 320 Abs. 1 Satz 1 HGB verlangt von den gesetzlichen Vertretern der Gesellschaft, dem Abschlussprüfer den Jahresabschluss sowie den Lagebericht unverzüglich nach Aufstellung vorzulegen.

Die formale Auslegung einer „Vorlage nach Fertigstellung" ist allerdings aufgrund der zunehmenden Komplexität der Rechnungslegung und des ständig wachsenden Termindrucks nicht mehr zeitgemäß. Vielmehr werden die Abschlussdaten zeitlich parallel zur Prüfung konkretisiert bzw. ist der Jahresabschluss erst zum Ende der Prüfung aufgestellt. Insoweit können auch Änderungen der Abschlussdaten seitens des verantwortlichen Managements nach Vorlage beim Abschlussprüfer nicht beanstandet werden.

Keinesfalls darf der Abschlussprüfer Entscheidungen bezüglich der Ausübung von Ansatz und Bewertungswahlrechten treffen, da dies eine Besorgnis der Befangenheit nach § 319 HGB begründet.

Die Vorlagepflicht der gesetzlichen Vertreter ist unverzüglich, d. h. ohne schuldhaftes Zögern zu erfüllen. Eine zeitliche Konkretisierung kann indirekt aus § 264 Abs. 1 Satz 2 HGB abgeleitet werden, wonach der Jahresabschluss und Lagebericht in den ersten drei Monaten des Geschäftsjahres für das vorausgegangene Geschäftsjahr aufzustellen sind.

§ 320 Abs. 2 Satz 2 HGB räumt dem Abschlussprüfer die Möglichkeit ein, bestimmte Prüfungshandlungen im Rahmen von sog. Vor- oder Zwischenprüfungen zeitlich vorzuziehen, um auf diese Weise die Hauptprüfung zu entlasten. Jedenfalls ab einer gewissen Unternehmensgröße ist dies aufgrund des gesetzten Termindrucks unabdingbar und gängige Praxis. Die Prüfung des Internen Kontrollsystems, weitere Systemprüfungen oder Teile der Buchführung werden beispielsweise vor der eigentlichen Hauptprüfung untersucht, ebenso werden Saldenbestätigungen frühzeitig eingeholt.

Die Rechte des Abschlussprüfers bzw. Pflichten der gesetzlichen Vertreter gemäß § 320 Abs. 1 und 2 HGB gelten für vorgezogene Prüfungshandlungen und gemäß § 320 Abs. 3 HGB für Konzernabschlussprüfungen im gleichen Maße wie für Hauptprüfungen.

4.3 Einsichts- und Auskunftsrechte des Abschlussprüfers

§ 320 Abs. 1 Satz 2 HGB schreibt vor, dass die gesetzlichen Vertreter dem Abschlussprüfer zu gestatten haben, die Bücher und Schriften der Gesellschaft sowie die Vermögensgegenstände und Schulden zu prüfen. Ihm müssen die Buchhaltung und sämtliche schriftlich dokumentierten Informationen zugänglich gemacht werden, die nach seinem pflichtmäßigen Ermessen für die Erledigung des Prüfungsauftrags notwendig sind. Falls notwendige Informationen dem Abschlussprüfer (noch) nicht gegeben werden können, so ist die Prüfung zu verschieben oder zu unterbrechen, es sei denn, es handelt sich um unwesentliche Prüffelder.

Die Bestandsprüfung umfasst z. B. die Inventurbeobachtung und Einholung von Saldenlisten für Forderungen und Schulden; ausdrücklich aufgeführt sind die Kasse, Wertpapiere und Warenbestände (§ 320 Abs. 1 Satz 2 HGB). Um sich von der Existenz und dem Zustand des Anlage- und Umlaufvermögens zu überzeugen, ist dem Abschlussprüfer überdies die Möglichkeit von Betriebsbesichtigungen einzuräumen.

Das Einsichtsrecht richtet sich auf Handelsbücher, Nebenbücher, Unterlagen zu Bestandsaufnahmen, Belege, Handelsbriefe, Protokolle, Verträge u. Ä.; außerdem auf die Betriebsbuchhaltung, Kalkulations- und Planungsrechnungen sowie die Betriebsstatistik. Daneben beinhaltet das Auskunftsrecht die Lesbarmachung computergestützter Daten. Sofern die Einsichtnahme für die Prüfung relevant ist oder sein kann, sind dem Abschlussprüfer auch vertrauliche Unterlagen der Gesellschaft offenzulegen, z. B. Vorstands- und Aufsichtsratsprotokolle.

Dem Abschlussprüfer ist daneben gestattet, Kopien anzufertigen und Saldenbestätigungen einzuholen, um sie als Prüfungsnachweis zu nutzen. Hierbei ist das Unternehmen vor einer unberechtigten Informationsweitergabe seitens des Abschlussprüfers wie auch seiner Gehilfen geschützt, da diese nach § 333 Abs. 1 Satz 1 HGB i. V. mit §§ 43, 50 WPO der Verschwiegenheitspflicht unterliegen.

Unter die vom geprüften Unternehmen zu erbringenden Aufklärungen fallen insbesondere Auskünfte und Erklärungen, die i. d. R. mündlich erteilt werden. Demgegenüber sind Nachweise schriftliche Unterlagen, z. B. Grundbuchauszüge, Patente oder Bürgschaftserklärungen. Ebenso gehören hierzu Unterlagen, anhand derer sich der Abschlussprüfer selbständig überzeugen will, ob sie von Relevanz für die Rechnungslegung sind, z. B. Absatzverträge zur Beurteilung möglicher Rückstellungen für drohende Verluste aus schwebenden Geschäften.

Der Abschlussprüfer sollte sich prüfungsrelevante Sachverhalte möglichst schriftlich bestätigen lassen; dies gilt insbesondere für mündliche Erklärungen der gesetzlichen Vertreter. Er hat zu berücksichtigen, dass mündliche Erklärungen jedenfalls keinen Ersatz für alternative Prüfungsnachweise darstellen, die üblicherweise eingeholt werden können (z. B. Kauf- oder Kreditverträge, Saldenbestätigungen, Prozessakten). Kann der Abschlussprüfer keine aussagefähigen und verlässlichen Prüfungsnachweise einholen, obwohl diese unter üblichen Umständen verfügbar sein müssten, so begründet dies ein Prüfungshemmnis mit eventuellen Auswirkungen auf Prüfungsbericht bzw. Bestätigungsvermerk (IDW PS 303 n. F., Tz. 16 f.).

4.4 Vollständigkeitserklärung

Ein Grundsatz ordnungsmäßiger Durchführung von Abschlussprüfungen besteht darin, dass sich der Abschlussprüfer am Ende der Prüfung von den gesetzlichen Vertretern, die die Verantwortung für den Abschluss und den Lagebericht innehaben, eine sog. **Vollständigkeitserklärung** ausstellen lässt (IDW PS 303 n. F., Tz. 21). Diese versichern insoweit, dass die Bücher und Schriften sowie die erteilten Auskünfte und Nachweise zum Jahresabschluss und Lagebericht vollständig sind.

Die Vollständigkeitserklärung sollte zeitnah zum Datum des Bestätigungsvermerks eingeholt werden und entsprechend datiert sein; andernfalls empfiehlt sich für den Prüfer die Einholung weiterer ergänzender Erklärungen (IDW PS 303 n. F., Tz. 24 f.).

Hat der Abschlussprüfer erhebliche Zweifel an der Integrität der gesetzlichen Vertreter und gelangt deshalb zu dem Schluss, dass die Vollständigkeitserklärung oder der Nachweis der Gesamtverantwortung für die Rechnungslegung nicht verlässlich ist, oder geben die gesetzlichen Vertreter diese Erklärung nicht ab, so ist der Bestätigungsvermerk zu versagen (IDW PS 303 n. F., Tz. 19).

Bei Widersprüchlichkeiten der Erklärungen der gesetzlichen Vertreter hat der Abschlussprüfer mögliche Auswirkungen auf die Verlässlichkeit der Erklärungen und sonstigen Prüfungsnachweise zu beurteilen (IDW PS 303 n. F., Tz. 18).

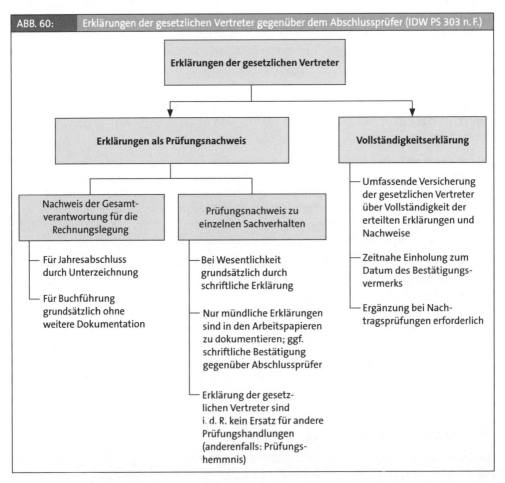

ABB. 60: Erklärungen der gesetzlichen Vertreter gegenüber dem Abschlussprüfer (IDW PS 303 n. F.)

Nach allgemeiner Berufsauffassung trägt der Abschlussprüfer das Prüfungsergebnis in einer Schlussbesprechung vor und überlässt den gesetzlichen Vertretern einen Entwurf des Prüfungsberichts. Diese haben damit noch die Möglichkeit, ergänzende Auskünfte zu erteilen bzw. zu aufgetretenen Zweifelsfragen Stellung zu nehmen.

5. Pflichten des Abschlussprüfers im Rahmen der Abschlussprüfung

5.1 Allgemeine Pflichten des Abschlussprüfers

§ 323 HGB kodifiziert die Pflichten des Abschlussprüfers sowie seiner Mitarbeiter bei der Durchführung gesetzlicher Abschlussprüfungen, und zwar

- die gewissenhafte und unparteiische Prüfungsdurchführung,
- die Einhaltung der Verschwiegenheit und
- das Verbot der unbefugten Verwertung von Geschäfts- und Betriebsgeheimnissen.

Wirtschaftsprüfern und vereidigten Buchprüfern obliegen diese Pflichten bereits aufgrund berufsrechtlicher Vorschriften (§ 43 Abs. 1 WPO); eine Verletzung ist gemäß §§ 67 ff. WPO berufsrechtlich bewehrt. Daneben werden Verletzungen der Verschwiegenheitspflicht sowie des Verwertungsverbots strafrechtlich sanktioniert (§ 333 HGB, § 203 StGB und § 38 WpHG).

Die genannten Pflichten des Abschlussprüfers sind im Rahmen der Prüfung einzuhalten, d. h. bei Durchführung der eigentlichen Prüfungshandlungen gemäß § 317 HGB sowie bei Ausübung des Auskunftsrechts nach § 320 HGB, bei der Berichterstattung einschließlich der Redepflicht gemäß § 321 HGB und bei der Erteilung, Einschränkung und Versagung des Bestätigungsvermerks nach § 322 HGB.

Neben dem Abschlussprüfer gelten die Vorschriften des § 323 HGB ebenfalls für seine Gehilfen sowie alle an der Prüfung mitwirkenden gesetzlichen Vertreter einer Wirtschaftsprüfungs- bzw. Buchprüfungsgesellschaft, d. h. für alle, die in jeglicher Weise mit der gesetzlichen Abschlussprüfung befasst sind. Zu den Gehilfen zählen alle Personen, die vom Abschlussprüfer zur Prüfungsdurchführung herangezogen werden, z. B. eingesetzte Wirtschaftsprüfer, Prüfungsleiter, Prüfer und Prüfungsassistenten.

ABB. 61:	Allgemeine Pflichten des Abschlussprüfers gemäß § 323 HGB
Pflichten	Beschreibung
Gewissenhaftigkeit	▶ Notwendig ist das Maß an Sorgfalt, das sich nach den allgemeinen Grundsätzen des BGB und gemäß Prüfungsauftrag für den Einzelfall ergibt. ▶ § 4 BS-WPK konkretisiert die Verpflichtung zur Gewissenhaftigkeit: – WP/vBP haben sich bei der Berufsausübung an gesetzliche Bestimmungen zu halten sowie fachliche Regelungen (insbesondere Verlautbarungen des IDW) zu beachten. – Sie haben sich entsprechend weiterzubilden, um ihre fachliche Kompetenz zu erhalten und sicherzustellen, dass sie den gesetzlichen Aufgaben gerecht werden. – Aufträge dürfen nur bei entsprechender fachlicher Kompetenz und ausreichend vorhandener Bearbeitungszeit angenommen werden. – Vor Auftragsannahme ist eine Gesamtplanung aller Aufträge durchzuführen, um sicherzustellen, dass angenommene Aufträge ordnungsgemäß durchgeführt und zeitgerecht abgeschlossen werden. – Das Auftragsverhältnis ist zu beenden, sobald sich Umstände ergeben, die zu einer Auftragsablehnung geführt hätten. ▶ Satzungsbestimmungen zur Qualitätssicherung berühren diese Pflicht ebenfalls. ▶ Der Abschlussprüfer hat darzulegen, ob die im Prüfungsbericht dargestellten Sachverhalte auf eigenen Feststellungen oder auf Angaben Dritter beruhen.

Pflichten	Beschreibung
	▶ Der Abschlussprüfer hat die Redepflicht gemäß § 321 Abs. 1 Satz 3 HGB zu beachten. ▶ Der Prüfungsbericht ist sachlich, d. h. ohne subjektive Wertungen zu verfassen.
Unparteilichkeit	▶ Der Abschlussprüfer hat bei der Prüfung die Interessen der gesetzlichen Vertreter, des Aufsichtsrats, der Gläubiger und Mitarbeiter sowie der Allgemeinheit zu beachten. ▶ Der Abschlussprüfer hat Gruppeninteressen auszuschließen und unbeeinflusst die Prüfung durchzuführen und das Prüfungsergebnis darzustellen. ▶ § 20 BS-WPK konkretisiert die Anforderungen an die Unparteilichkeit: — WP/vBP haben sich insbesondere bei der Erstellung von Prüfungsberichten und Gutachten unparteiisch zu verhalten. — Sie dürfen niemanden benachteiligen oder bevorzugen. — Sie haben den Sachverhalt vollständig zu erfassen, unter Abwägung der wesentlichen Gesichtspunkte fachlich zu beurteilen sowie alle wesentlichen Gesichtspunkte im Prüfungsbericht vollständig wiederzugeben. ▶ Bei Vorliegen von Befangenheit ist der Auftrag abzulehnen.
Verschwiegenheit	**Umfang und Grenzen:** ▶ Die Pflicht bezieht sich auf alle Umstände, die ihm bei Durchführung der Prüfung bekannt geworden sind. ▶ § 9 BS-WPK konkretisiert die Verschwiegenheitspflicht folgendermaßen: — WP/vBP dürfen keine Tatsachen oder Umstände, die ihnen bei ihrer Berufstätigkeit anvertraut werden, unbefugt offenbaren. — Sie haben dafür zu sorgen, dass keine o. g. Tatsachen Unbefugten (auch Mitarbeitern, die nicht mit dem Mandat beschäftigt sind) bekannt gegeben werden und dementsprechende Vorkehrungen zu treffen. — Die Verschwiegenheitspflicht besteht nach Auftragsbeendigung fort. ▶ Die Verschwiegenheit betrifft solche Tatsachen, die nach dem wirklichen oder mutmaßlichen Willen der Gesellschaft Dritten nicht bekannt gegeben werden sollen. ▶ Die Verschwiegenheitspflicht umfasst z. B. nicht: — allgemein bekannte Tatsachen wie bestätigte Presseberichte oder veröffentlichte Bilanzen, — Angaben im Handelsregister, — Informationsweitergabe des Abschlussprüfers an Prüfungsgehilfen und alle sonstigen an der Prüfung mitwirkenden Personen; sofern eine Prüfungsgesellschaft Abschlussprüfer ist, gilt dies auch gegenüber den bei der Prüfung mitwirkenden gesetzlichen Vertretern, — Informationsweitergabe an gesetzliche Vertreter der Gesellschaft und Organen, denen der Prüfungsbericht vorzulegen ist (z. B. Aufsichtsrat). ▶ Eingeschränkte Verschwiegenheitspflicht des Abschlussprüfers im Rahmen des Qualitätskontrollverfahrens nach § 57b WPO, wobei der Qualitätsprüfer und dessen Gehilfen wiederum uneingeschränkt zur Verschwiegenheit verpflichtet sind. **Redepflicht:** ▶ Der Abschlussprüfer ist in bestimmten Fällen gesetzlich verpflichtet, über den Gegenstand seiner Verschwiegenheitspflicht Auskunft zu geben, z. B. gegenüber dem — Konzernabschlussprüfer gemäß § 320 Abs. 3 Satz 2 HGB und — Sonderprüfer bei einer AG gemäß § 258 Abs. 5 Satz 2 AktG i. V. mit § 145 Abs. 2 AktG. ▶ Redepflicht ergibt sich eventuell im Rahmen eines Gerichts- oder Ermittlungsverfahrens, in dem der Abschlussprüfer als Zeuge – nicht als Sachverständiger – geladen ist.

Pflichten	Beschreibung
	▶ Der Abschlussprüfer hat ein Zeugnisverweigerungsrecht in Zivil- und Strafprozessen sowie Steuerermittlungs- und Finanzgerichtsverfahren, sofern die Aussagepflicht im Widerspruch zur Verschwiegenheitspflicht steht. ▶ Bei Entbindung von der Verschwiegenheit durch den Auftraggeber (z. B. Mitglieder des gesetzlichen Vertretungsorgans) entfällt das Zeugnisverweigerungsrecht. ▶ Durch Befreiung von der Verschwiegenheitspflicht begründet sich eine Redepflicht nur aufgrund gesetzlicher oder vertraglicher Bedingungen, nicht allein automatisch durch die Befreiung. **Rederecht:** ▶ Besteht bei Entbindung von der Verschwiegenheit, wenn keine Redepflicht begründet ist. ▶ Ergibt sich aus der Wahrnehmung berechtigter Interessen, z. B. bei Regressprozessen oder auch bei Honorarstreitigkeiten mit der geprüften Gesellschaft, wobei die Interessen der Gesellschaft an der Geheimhaltung zu berücksichtigen sind.
Verwertungsverbot	▶ Der Abschlussprüfer darf keine Geschäfts- und Betriebsgeheimnisse unbefugt verwerten. ▶ Dies steht in engem Zusammenhang zur Verschwiegenheitspflicht. ▶ Außerhalb der Abschlussprüfung hat sich der Prüfer so zu verhalten, als wisse er nichts von den Tatsachen, die er während der Prüfung erfahren hat. ▶ Sofern durch die Verwertung die Tatsachen Dritten bekannt werden, handelt es sich gleichsam um einen Verstoß gegen die Verschwiegenheitspflicht. ▶ Verwertung beinhaltet jegliche Form der Ausnutzung des Geschäfts- oder Betriebsgeheimnisses, um sich einen Vermögensvorteil zu beschaffen, z. B. bei Verstoß gegen das Insiderverbot gemäß § 14 Abs. 1 WpHG.

5.2 Haftung des Abschlussprüfers

Verletzt der Abschlussprüfer seine Pflichten im Rahmen der Durchführung einer Abschlussprüfung vorsätzlich oder fahrlässig, so ist er der geprüften Gesellschaft sowie ggf. auch gegenüber Dritten (Nichtmandanten) zum Schadensersatz verpflichtet.

5.2.1 Allgemeine Haftungsregelungen

Werden im Rahmen der Pflichtprüfung zu beachtende Regelungen durch den Abschlussprüfer vorsätzlich oder fahrlässig missachtet, so ist dieser der zu prüfenden Gesellschaft sowie einem mit ihr verbundenen Unternehmen zum Schadensersatz verpflichtet (§ 323 Abs. 1 Satz 3 HGB). Die Schadensersatzpflicht kann durch Vertrag weder ausgeschlossen noch beschränkt werden (§ 323 Abs. 4 HGB). Der Abschlussprüfer hat dabei nicht nur für eigene Pflichtverletzungen zu haften, sondern auch für schuldhaftes Verhalten seiner Prüfungsgehilfen und aller sonstigen an der Prüfung beteiligten Personen (§ 278 BGB).

Eine Pflichtverletzung impliziert in diesem Zusammenhang die Nichteinhaltung der nach §§ 316 ff. HGB zu erfüllenden Anforderungen. Hierbei spielen subjektive Vorstellungen keine Rolle, vielmehr sind objektive Maßstäbe relevant: Der Abschlussprüfer hat sich so zu verhalten, wie es für seinen Berufsstand allgemein üblich ist.

Nach dem Wortlaut des § 323 HGB ergeben sich Pflichtverletzungen insbesondere durch Verstöße gegen die Pflichten zur Gewissenhaftigkeit, Unparteilichkeit, Verschwiegenheit und gegen das Verwertungsverbot. Beispielsweise kann davon ausgegangen werden, dass der Abschlussprüfer seine Sorgfaltspflichten verletzt, wenn er keinerlei Saldenbestätigungen einholt oder bei aufgedeckten Fehlern seine Prüfungstätigkeiten in dem betreffenden Prüffeld nicht ausdehnt.

Zur Geltendmachung eines Schadensersatzanspruchs reicht die Behauptung des Auftraggebers nicht aus, der Abschlussprüfer habe nicht oder nicht angemessen geprüft, vielmehr ist ein bestimmtes Fehlverhalten genau zu bezeichnen. Den Auftraggeber trifft somit die Darlegungs- und Beweislast für die Pflichtverletzung.

Aus Nachweisgründen ist es für den Auftraggeber bedeutsam, dass im Prüfungsauftrag die Aufgaben des Abschlussprüfers genau bezeichnet werden. So ist die Abschlussprüfung nicht auf den Nachweis von Buchfälschungen ausgerichtet, d. h., dass nicht jeder einzelne Buchungsbeleg zu prüfen ist. Somit kann dem Abschlussprüfer bei Nichtaufdeckung von Fälschungen grundsätzlich keine Pflichtverletzung vorgeworfen werden. Hierfür wäre eine ausdrückliche vertragliche Erweiterung des Prüfungsauftrags erforderlich. Entdeckt der Abschlussprüfer im Rahmen der Prüfung „zufällig" aber offenkundige Gesetzesverstöße, so hat er gemäß § 321 Abs. 1 Satz 3 HGB i.V. mit § 13 Abs. 2 BS-WPK den Auftraggeber darüber zu unterrichten („Redepflicht").

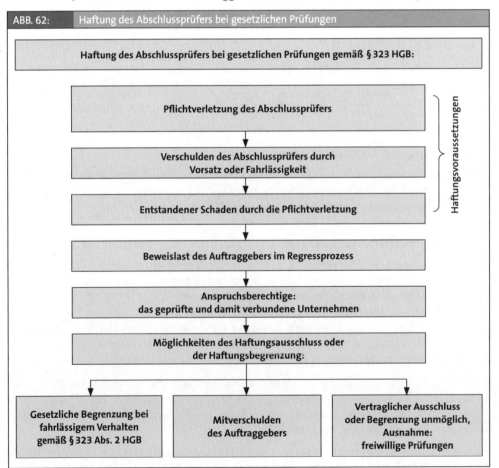

ABB. 62: Haftung des Abschlussprüfers bei gesetzlichen Prüfungen

Pflichten des Abschlussprüfers im Rahmen der Abschlussprüfung — **KAPITEL II**

Grundsätzlich ist der Haftungsumfang des Abschlussprüfers unbeschränkt. Bei fahrlässigem Verhalten ergibt sich aus § 323 Abs. 2 HGB eine Begrenzung der Ersatzpflicht auf 1 Mio. € bzw. auf 4 Mio. € für Prüfungen von börsennotierten Unternehmen. Daneben besteht im Rahmen von freiwilligen Prüfungen die Möglichkeit, durch vertragliche Vereinbarungen (Individualabreden) oder allgemeine Geschäftsbedingungen für Wirtschaftsprüfer die Haftung einzuschränken.

ABB. 63:	Haftungsregelungen gemäß § 323 HGB
Haftung des Abschlussprüfers	
Pflichtverletzung	▶ Eine Pflichtverletzung ist Voraussetzung für die Schadensersatzpflicht. ▶ Der Abschlussprüfer missachtet die nach den §§ 316 ff. HGB vorgeschriebenen Regelungen zur Abschlussprüfung vorsätzlich oder fahrlässig.
Schaden und Kausalität	▶ Für die Schadensersatzpflicht ist es Voraussetzung, dass durch die Pflichtverletzung ein Schaden i. S. einer Vermögensminderung eingetreten ist, z. B.: – Ein Jahresabschluss wird uneingeschränkt testiert, obwohl ein Gewinn statt richtigerweise ein Verlust ausgewiesen ist. – Die Hauptversammlung beschließt demzufolge eine Gewinnausschüttung, die von den Aktionären gemäß § 62 Abs. 1 Satz 2 AktG nicht zurückverlangt werden kann. ▶ Es muss ferner ein Kausalzusammenhang zwischen Pflichtverletzung und Schaden bestehen, d. h. die Pflichtverletzung ist ursächlich für einen bestimmten Schaden. ▶ Zur Begründung eines Kausalzusammenhangs reicht eine überwiegende, auf gesicherter Grundlage bestehende Wahrscheinlichkeit aus, außerhalb dieser Wahrscheinlichkeit auftretende Schäden sind vom Abschlussprüfer nicht zu ersetzen. ▶ Falls der Schaden auch ohne Pflichtverletzung entstanden wäre, führt dies zum Haftungsausschluss des Abschlussprüfers.
Verschulden	▶ Voraussetzung für die Ersatzpflicht des Abschlussprüfers ist sein Verschulden, d. h. vorsätzliche oder fahrlässige Pflichtverletzung. ▶ Vorsatz bedeutet, dass der Abschlussprüfer mit Wissen und Wollen gegen seine Pflichten verstoßen hat oder die Pflichtverletzung als möglich in Kauf genommen hat. ▶ Der Vorsatz braucht sich nicht auf den Schadenseintritt zu erstrecken. ▶ Fahrlässigkeit beinhaltet, dass der Abschlussprüfer die im Verkehr, d. h. für den Berufsstand des Abschlussprüfers, erforderliche Sorgfaltspflicht außer Acht lässt. ▶ § 323 HGB umfasst leichte sowie grobe Fahrlässigkeit. ▶ Bei einer WPG wird das Verschulden der für sie handelnden gesetzlichen Vertreter ihr als eigenes Verschulden zugerechnet. ▶ Bei Mitwirkung von Erfüllungsgehilfen haftet der Abschlussprüfer für deren Verschulden ebenso wie für eigenes.
Beweisfragen	▶ Die Gesellschaft hat den Schaden und die Pflichtverletzung nachzuweisen. ▶ Es ist im Einzelnen darzulegen und zu beweisen, dass der Prüfer bestimmte Sachverhalte hätte bemerken müssen. ▶ Der Prüfer kann beweisen, dass er die Pflichtverletzung nicht zu vertreten hat.
Ersatzberechtigte Personen	▶ Anspruchsberechtigt sind: – die geprüfte Gesellschaft und – ein mit der geprüften Gesellschaft verbundenes Unternehmen. ▶ Andere Personen wie z. B. Aktionäre, Gläubiger oder Anleger der geprüften Gesellschaft sind in § 323 HGB nicht mit inbegriffen.

Haftung des Abschlussprüfers	
Ersatzverpflichtete Personen	▶ Ersatzpflichtig sind nach § 323 Abs. 1 Satz 1 HGB: – der Abschlussprüfer, – seine Gehilfen sowie – die bei der Prüfung mitwirkenden gesetzlichen Vertreter einer Prüfungsgesellschaft. ▶ Die haftungspflichtigen Personen haften als Gesamtschuldner. Der Haftungsbetrag kann vom Auftraggeber von jedem Haftungsschuldner gefordert werden.
Mitverschulden des Auftraggebers	▶ Falls der Auftraggeber den Schaden mitverursacht oder mitverschuldet hat, kann die Schadensersatzpflicht des Abschlussprüfers ganz oder teilweise entfallen (§ 254 BGB). ▶ Hat der Auftraggeber den Prüfer vorsätzlich getäuscht, muss der Prüfer aufgrund fahrlässigen Verhaltens nicht haften. ▶ Wenn sich der Prüfer allerdings leichtfertig über erkannte Bedenken hinweggesetzt hat oder auf unerlässliche Prüfungshandlungen bewusst verzichtet hat, haftet der Prüfer trotz Mitschuld des Auftraggebers.
Haftungsbegrenzung	▶ Gemäß § 323 Abs. 2 HGB ist bei fahrlässiger Pflichtverletzung die Haftungssumme auf 1 Mio. € bzw. 4 Mio. € bei börsennotierten Unternehmen zu begrenzen. ▶ Bei vorsätzlicher Pflichtverletzung ist keine gesetzliche Haftungsbegrenzung möglich. ▶ Die Haftungsbegrenzung entspricht der Versicherungspflicht des Abschlussprüfers nach § 54 Abs. 1 WPO. ▶ Die Haftung nach § 323 HGB darf durch Vertrag weder ausgeschlossen noch eingeschränkt sowie berufsrechtlich (vgl. § 16 BS-WPK) auch nicht ausgedehnt werden. ▶ Die Haftungsbegrenzung gilt jeweils für eine Abschlussprüfung, nicht für einen Fehler oder eine Person, z. B.: – Betrifft ein fahrlässiger Fehler neben dem Jahresabschluss eines Mutterunternehmens auch den Konzernabschluss, so beträgt der Schadensersatz 2 Mio. € bis 8 Mio. €, da insoweit zwei separate Pflichtprüfungen angenommen werden. – Begeht der Abschlussprüfer im Rahmen einer Prüfung fahrlässig mehrere Fehler, so haftete er insgesamt nur bis zu 1 Mio. € bzw. 4 Mio. €.
Besondere Haftungstatbestände	**Schadensersatz wegen verspäteter Auftragsablehnung:** ▶ Gemäß § 51 WPO haftet der Abschlussprüfer auch für Schäden, die durch eine nicht rechtzeitige Ablehnung eines Auftrags entstehen. ▶ Der Abschlussprüfer hat bei Vorliegen von Ausschlussgründen den Auftrag unverzüglich abzulehnen. **Haftung aus unerlaubter Handlung (§§ 823 ff. BGB), z. B.:** ▶ Haftung nach § 823 Abs. 2 BGB: – Verletzung eines Schutzgesetzes, z. B. die §§ 332, 333 HGB oder §§ 403, 404 AktG. ▶ Haftung nach § 826 BGB: – Haftung aufgrund einer sittenwidrigen Schädigung.
Verjährung	▶ Es gelten die allgemeinen Regelungen zur Verjährung der §§ 194 ff. BGB. ▶ § 195 BGB: regelmäßige Verjährungsfrist von drei Jahren. ▶ § 199 Abs. 1 BGB: Fristbeginn mit Schluss des Jahres, in dem der Anspruch entstanden ist und der Gläubiger davon Kenntnis erlangt bzw. hätte erlangen können. ▶ Die maximale Verjährungsfrist beträgt zehn Jahre von ihrer Entstehung an bzw. 30 Jahre von der Pflichtverletzung an, wenn der Schaden noch nicht entstanden ist.

5.2.2 Haftung des Abschlussprüfers gegenüber Dritten

Dritte, d. h. Nichtmandanten des Abschlussprüfers wie z. B. die Gesellschafter und Gläubiger des geprüften Unternehmens sowie unter Umständen auch andere Dritte, gehören nach § 323 Abs. 1 Satz 3 HGB nicht zu den ersatzberechtigten Personen bei einer Pflichtverletzung des Abschlussprüfers. Insoweit soll das Haftungsrisiko des Abschlussprüfers nicht auf ein zu großes und unkalkulierbares Maß ausgedehnt werde.

Möglichkeiten, als Nichtmandant den Wirtschaftsprüfer oder vereidigten Buchprüfer bei Pflichtverletzung in Anspruch zu nehmen, ergeben sich z. B. bei

- einem Vertrag mit Schutzwirkung zugunsten Dritter,
- einer Drittschadensliquidation,
- einem Auskunftsvertrag,
- der Prospekthaftung,
- Ansprüchen aus rechtsgeschäftlichen oder ähnlichen Schuldverhältnissen,
- der Dritthaftung aus unerlaubter Handlung sowie
- der Haftung des gerichtlichen Sachverständigen.

ABB. 64: Haftung des Abschlussprüfers gegenüber Dritten

Haftungsgrundlagen	Beschreibung
Vertrag mit Schutzwirkung zugunsten Dritter	▶ Grundsatz: Ein Nichtmandant kann einen Anspruch geltend machen, wenn – sein Vermögen durch eine Pflichtverletzung des Abschlussprüfers geschädigt wurde und – er in den Schutzbereich des Vertrags zwischen dem Abschlussprüfer und dessen Auftraggeber einbezogen wurde. ▶ Einbeziehung Dritter ist grundsätzlich bei jedem Vertrag möglich, sofern die Vertragsparteien dies wünschen. ▶ Voraussetzungen und Merkmale für den Haftungsanspruch sind: – Der Anspruchsberechtigte kommt mit der Leistung des Schuldners an den Gläubiger routinemäßig in Berührung (z. B. wenn der Prüfer ein Gutachten über die Kreditwürdigkeit des Auftraggebers erstellt, ist dies relevant für den Kreditgeber). – Der Gläubiger ist dem Dritten zu Schutz und Fürsorge verpflichtet oder die Leistung des Schuldners soll auch dem Dritten zukommen. – Der zu schützende Personenkreis muss für den Abschlussprüfer erkennbar und überschaubar sein. – Ein wirksamer Vertrag zwischen den eigentlichen Vertragspartnern ist nötig. – Haftungsbegrenzungen oder -ausschlüsse, die zwischen Auftraggeber und Prüfer vereinbart wurden, gelten auch gegenüber dem Dritten. – Möglichkeit des Abschlussprüfers, dem Dritten den Einwand des Mitverschuldens entgegenzuhalten. ▶ Geltungsbereich sowohl bei Pflicht- als auch bei freiwilligen Prüfungen. ▶ Haftungsausschluss, wenn – nach dem Wortlaut des Bestätigungsvermerks oder Prüfungsberichts überhaupt keine Haftung übernommen werden soll, – eine Haftung speziell gegenüber Dritten aufgrund entsprechender ausdrücklicher Erklärungen nicht übernommen werden soll.

Haftungs-grundlagen	Beschreibung
Drittschadensliqui-dation	▶ Der Vertragspartner des Prüfers hat zwar einen vertraglichen Anspruch, aber keinen Schaden, ein Dritter hat einen Schaden, aber keinen vertraglichen Anspruch. ▶ Der Vertragspartner kann den Schaden für sich oder für den Dritten geltend machen. ▶ In der Wirtschaftsprüferpraxis eher selten anzutreffen.

Auskunftsvertrag	▶ Sofern ein eigenständiger Auskunftsvertrag ausdrücklich oder stillschweigend zwischen dem Prüfer und einem Dritten vereinbart wurde, kann eine Haftung aufgrund fehlerhafter Ratschläge oder Auskünfte erfolgen.
	▶ Voraussetzung ist ein direkter Kontakt zwischen Prüfer und Drittem. Eine Vergütungsabrede ist nicht erforderlich.
	▶ Beispiele:
	  – bei Kreditverhandlungen mit Banken,
	  – bei Vorbereitungen von Unternehmenskaufverträgen,
	  – bei Bescheinigungen über die Kreditwürdigkeit des Mandanten.
	▶ Die Überlassung des Prüfungsberichts durch den Mandanten ohne Zustimmung des Prüfers an einen Dritten stellt keinen Auskunftsvertrag dar.

Prospekthaftung	▶ Grundsatz: Wirtschaftsprüfern wird aufgrund ihres Berufsstands besonderes Vertrauen entgegengebracht. ▶ Im Rahmen der bürgerlich-rechtlichen Prospekthaftung haften Prüfer, die im Prospekt als Garanten aufgeführt werden, wodurch nach außen ein besonderer Vertrauenstatbestand geschaffen wird, dass die genannten Tatbestände zutreffend dargestellt sind. ▶ Haftungsvoraussetzung ist, dass der Prüfer weiß oder davon ausgehen kann, dass seine Testate für Werbung eingesetzt werden, andernfalls entfällt die Haftung. ▶ Werden im Prospekt nur die letzten drei Jahresabschlüsse abgedruckt, so fehlt es an der Garantenstellung. ▶ Anspruchsberechtigt sind die Anleger einer Gesellschaft.
Ansprüche aus rechtsgeschäftlichen oder rechts-geschäftsähnlichen Schuldverhältnissen	▶ § 311 Abs. 3 Satz 1 BGB bestimmt, dass ein Schuldverhältnis auch zwischen Personen entstehen kann, die nicht selbst Vertragspartner sind. ▶ Dies liegt insbesondere vor, wenn ein Dritter besonderes Vertrauen für sich in Anspruch nimmt und dadurch Vertragsverhandlungen und -abschlüsse zwischen anderen Parteien erheblich beeinflussen kann, Beispiel: Sachwalterhaftung. ▶ Dies betrifft nicht die Fälle, in denen der Vertrag mit Schutzwirkung zugunsten Dritter zur Anwendung kommt. ▶ Schwierigkeiten bestehen in der Auslegung der Rechtsgrundlage. ▶ In der weiten Auslegung umfasst § 311 BGB alle Fälle der Dritthaftung. ▶ In der Literatur wird eine enge Auslegung des § 311 BGB favorisiert, d. h. bei der Abschlussprüfung kommt eine Dritthaftung nur dann in Betracht, wenn der Prüfer für sich selbst besonderes Vertrauen in Anspruch nimmt, nicht nur aufgrund der bloßen Zugehörigkeit zum Berufsstand.
Dritthaftung aus unerlaubter Handlung	▶ Der Prüfer haftet nach den §§ 823 ff. BGB aus unerlaubter Handlung. ▶ Haftung nach **§ 823 Abs. 2 BGB** aufgrund der Verletzung eines Schutzgesetzes, z. B. Verstoß gegen die §§ 332, 333 HGB. ▶ Haftung nach **§ 824 BGB,** wenn unrichtige Tatsachen behauptet werden, um anderen bewusst zu schaden, z. B. die unrichtige Erteilung eines Bestätigungsvermerks.

Haftungs-grundlagen	Beschreibung
	▶ Der Prüfer haftet nach § 826 BGB für sittenwidrige vorsätzliche Schädigung eines Dritten, sofern die Pflichtverletzung durch den Prüfer verursacht wurde, z. B.: – bewusst unrichtige Berichterstattung, – bewusst unrichtige Versagung bzw. Erteilung des Testats, – Erteilung eines Testats ohne Prüfungshandlungen, – Prüfungshandlungen wurden komplett auf einen anderen übertragen und dessen Ergebnisse wurden ohne Überprüfung übernommen, – Erteilung eines Testats trotz schwerer Mängel im Rechnungswesen und – ungeprüfte Übernahmen von Angaben des Unternehmens, die aufgrund ihrer Bedeutung hätten geprüft werden müssen. ▶ Der Abschlussprüfer haftet durch o. g. Verstöße für alle Schäden, die einem Dritten aufgrund des falschen Testats entstanden sind. ▶ Maßgeblich für die Haftung des Prüfers ist, dass er leichtfertig gehandelt hat, er muss nichts von der Unrichtigkeit der Angaben, des Testats o. Ä. gewusst haben. ▶ Voraussetzung ist Vorsatz bzw. bedingter Vorsatz, d. h. der Prüfer billigt, dass ein Dritter aufgrund des Bestätigungsvermerks Vermögensdispositionen vornimmt und eventuell Schäden dadurch erleidet. ▶ Der Prüfer haftet nicht für strafbare Handlungen der gesetzlichen Vertreter des geprüften Unternehmens unter Ausnutzung des Testats.
Haftung des gerichtlichen Sachverständigen	▶ Wirtschaftsprüfer werden häufig als sachverständige Gutachter von Gerichten eingesetzt. ▶ Gemäß § 839a BGB besteht Schadensersatzpflicht, sofern aufgrund vorsätzlichem oder grob fahrlässigem Verhalten ein unrichtiges Gutachten erstellt wurde und Verfahrensbeteiligte dadurch Schäden erlitten haben. ▶ Der Schaden muss durch die gerichtliche Entscheidung verursacht worden sein.

5.3 Pflichten des Abschlussprüfers bei freiwilligen Prüfungen

§ 323 HGB stellt auf gesetzlich vorgeschriebene Pflichtprüfungen ab. Die Pflichten des Abschlussprüfers bei freiwilligen Prüfungen sowie die Rechtsfolgen aus ihrer Missachtung ergeben sich allein aus den vertraglichen Regelungen im Prüfungsauftrag. Insoweit besteht zwischen den Vertragsparteien Dispositionsfreiheit.

Bei freiwilligen Prüfungen ist somit im Einzelfall zu überprüfen, welche genauen Prüfungspflichten dem Abschlussprüfer vertraglich obliegen. In der Praxis ist es üblich, dass auf freiwillige Prüfungen die Regelungen der Pflichtprüfungen analog angewandt werden. Sofern bei freiwilligen Prüfungen ein Bestätigungsvermerk erteilt werden soll, ist die Einhaltung der gesetzlichen Regelungen verpflichtend. Dies gilt im Zweifel auch bei freiwilligen Prüfungen mit ausdrücklicher Bezugnahme auf die Vorschriften des HGB. Sofern ein geringerer als der gesetzliche Prüfungsumfang vereinbart wurde, ist dies im Prüfungsbericht hervorzuheben; auch darf anstelle eines Bestätigungsvermerks lediglich eine Bescheinigung erteilt werden.

Pflichtverletzungen des Abschlussprüfers im Rahmen freiwilliger Prüfungen, die zu Schäden der geprüften Gesellschaft geführt haben, sind grundsätzlich nicht nach § 323 HGB, sondern nach bürgerlich-rechtlichen Vorschriften zu verfolgen. Demnach kann sich eine Schadensersatzpflicht des Abschlussprüfers z. B. nach §§ 823 ff. BGB ergeben. Hierbei bestehen insbesondere folgende Unterschiede i. V. zum § 323 HGB:

- Ersatzpflichtig ist allein der bestellte Abschlussprüfer, nicht die Prüfungsgehilfen oder die gesetzlichen Vertreter einer Prüfungsgesellschaft.
- Ein mit dem geprüften Unternehmen verbundenes Unternehmen ist nicht anspruchsberechtigt, außer es greifen die Vorschriften über den Vertrag mit Schutzwirkung zugunsten Dritter.
- Eine Haftungsbeschränkung auf 1 Mio. € bzw. 4 Mio. € bei Fahrlässigkeit gilt nicht, außer sie wurde vertraglich vereinbart. Wirtschaftsprüfer und vereidigte Buchprüfer dürfen allerdings aus berufsrechtlichen Gründen keine Haftungsobergrenze unter 1 Mio. € vereinbaren (§ 54a Abs. 1 Nr. 1 WPO, § 16 BS-WPK).
- Auswirkungen eines Widerrufs des Bestätigungsvermerks auf die Haftung des Abschlussprüfers sind im Einzelfall zu überprüfen.

In der Praxis legen die Abschlussprüfer ihren Aufträgen **allgemeine Geschäftsbedingungen** zugrunde, die sich an den Haftungsregelungen des § 323 HGB orientieren. Verbreitet sind die sog. **„Allgemeinen Auftragsbedingungen für Wirtschaftsprüfer und Wirtschaftsprüfungsgesellschaften (AAB)"** i. d. F. vom 1. Januar 2002. Diese legen in Nr. 9 u. a. folgende Bestimmungen für freiwillige Prüfungen fest:

- Haftungsobergrenze von 4 Mio. € für fahrlässig verursachte Schadensfälle gemäß § 54a Abs. 1 Nr. 2 WPO,
- Haftungsbegrenzung gegenüber Auftraggebern und anderen Personen,
- Haftungsbegrenzung für jeden einzelnen Schadensfall, d. h. für jeden einzelnen Fehler des Abschlussprüfers sowie für mehrere Verstöße einer oder mehrerer Personen, deren Tätigkeit als eine Prüfung oder sonstige einheitliche Leistung anzusehen ist,
- Haftungsobergrenze von 5 Mio. € bei mehreren gleichartigen Prüfungen oder gleichartigen einheitlichen Leistungen, d. h., mehrfaches auf gleicher oder gleichartiger Fehlerquelle beruhendes Tun oder Unterlassen gilt als einheitliche Pflichtverletzung, wenn die betreffenden Angelegenheiten miteinander in rechtlichem oder wirtschaftlichem Zusammenhang stehen,
- Haftungsansprüche müssen binnen zwölf Monaten nach Kenntnis vom Schaden erhoben werden; sie erlöschen, wenn nicht nach Ablehnung der Ersatzleistung innerhalb von sechs Monaten Klage erhoben wurde.

6. Prüfungsausschuss

Der mit BilMoG neu gefasste § 324 HGB sieht vor, dass

- kapitalmarktorientierte Kapitalgesellschaften i. S. des § 264d HGB
- ohne Aufsichts- oder Verwaltungsrat, der die Forderung des § 100 Abs. 5 AktG erfüllt,

verpflichtet werden, einen **Prüfungsausschuss** nach Maßgabe des § 324 Abs. 2 HGB einzurichten. Vor der Verpflichtung sind **ausgenommen:**

- kapitalmarktorientierte Kapitalgesellschaften, deren ausschließlicher Zweck in der Ausgabe von Wertpapieren i. S. des § 2 Abs. 1 Satz 1 WpHG besteht, die durch Vermögensgegenstände

besichert sind (bei zulässigem Verzicht auf die Ausschussbildung sind im Anhang die Gründe für diesen Verzicht darzulegen);
- ▶ Kreditinstitute i. S. des § 340 Abs. 1 HGB, die einen organisierten Markt i. S. des § 2 Abs. 5 WpHG nur durch die Ausgabe von Schuldtiteln i. S. des § 2 Abs. 1 Satz 1 Nr. 3a) WpHG in Anspruch nehmen, soweit deren Nominalwert 100 Mio. € nicht übersteigt und keine Verpflichtung zur Veröffentlichung eines Prospekts nach dem Wertpapierprospektgesetz besteht.

Der ebenfalls mit BilMoG eingefügte § 100 Abs. 5 AktG fordert, dass bei Gesellschaften i. S. des § 264d HGB **mindestens ein unabhängiges Mitglied des Aufsichtsrats über Sachverstand auf den Gebieten Rechnungslegung oder Abschlussprüfung** verfügen muss.

Für eine Definition der **Unabhängigkeit** kann der Deutsche Corporate Governance Kodex (DCGK) herangezogen werden. Demnach ist ein Aufsichtsratsmitglied als unabhängig anzusehen, wenn es in keiner geschäftlichen oder persönlichen Beziehung zu der Gesellschaft oder deren Vorstand steht, die einen Interessenkonflikt begründet (DCGK i. d. F. 26. Mai 2010, Tz. 5.4.2 Satz 2).

Der geforderte **Sachverstand** in Rechnungslegung und/oder Abschlussprüfung setzt voraus, dass zumindest ein Mitglied des Aufsichtsrats beruflich mit Rechnungslegung und/oder Abschlussprüfung befasst ist oder war. Dies ist nicht nur bei Angehörigen der steuerberatenden oder wirtschaftsprüfenden Berufe der Fall, sondern kann u. a. auch angenommen werden für Finanzvorstände, fachkundige Angestellte aus den Bereichen Rechnungswesen und Controlling, Analysten sowie langjährige Mitglieder in Prüfungsausschüssen oder Betriebsräte, die sich diese Fähigkeit im Zuge ihrer Tätigkeit angeeignet haben.

Nach § 107 Abs. 4 AktG muss bei Gesellschaften i. S. des § 264d HGB, die einen Prüfungsausschuss i. S. des § 107 Abs. 3 Satz 2 AktG einrichten, mindestens ein Ausschussmitglied die Voraussetzungen des § 100 Abs. 5 AktG erfüllen.

Aus den Darlegungen folgt, dass die Neuregelung jedenfalls für **kapitalmarktorientierte AG** wegen der rechtsformabhängig zwingend anzuwendenden § 100 Abs. 5 AktG („muss-Regelung") i. V. mit § 107 Abs. 3 und 4 AktG („kann-Regelung") **redundant** ist. Wenn bei AG schon kein Prüfungsausschuss eingerichtet ist, dann muss wenigstens ein sachverständiges, unabhängiges Aufsichtsratsmitglied vorhanden sein.

Der § 324 HGB bildet somit einen **Auffangtatbestand**. Er schließt die durch AktG geschaffene Lücke, so dass im Ergebnis **jedes kapitalmarktorientierte Unternehmen** i. S. des § 264d HGB – nicht nur jede kapitalmarktorientierte AG – einen Prüfungsausschuss einrichten muss, soweit nicht befreiend ein Aufsichts- und Verwaltungsrat existiert, der die Rechtsnorm des § 100 Abs. 5 AktG erfüllt.

Praktische **Anwendungsbereiche** bilden demnach insbesondere die jeweils kapitalmarktorientierte GmbH sowie Personenhandelsgesellschaft & Co. KG, soweit dort im Gesellschaftsvertrag nicht ohnehin ergänzend die Bildung des geforderten Gremiums vorgesehen ist.

Die Einrichtung von Prüfungsausschüssen wird seit langem im Fachschrifttum propagiert. Sie steigert die Effektivität und Effizienz der Überwachungsfunktion, stärkt die Stellung des Aufsichtsrats sowie des Abschlussprüfers gegenüber dem Vorstand und trägt zur Vertrauenssicherung hinsichtlich der Wirksamkeit der *Corporate Governance* bei, so schon der Arbeitskreis „Externe und interne Überwachung der Unternehmung" der Schmalenbach-Gesellschaft für Betriebswirtschaft e.V. (vgl. DB 2000 S. 2281 ff.). Der DCGK in der geltenden Fassung vom 26. Mai 2010 sieht ebenfalls die Bildung eines Prüfungsausschusses in Tz. 5.3.2 vor.

Grundlegende **Aufgabe** des Prüfungsausschusses ist insbesondere die Befassung mit den im durch BilMoG neu angefügten § 107 Abs. 3 Satz 2 AktG beschriebenen Themenfeldern, der Überwachung

- des Rechnungslegungsprozesses,
- der Wirksamkeit des internen Kontrollsystems, des internen Risikomanagementsystems und des internen Revisionssystems sowie
- der Abschlussprüfung, hier insbesondere der Unabhängigkeit des Abschlussprüfers und der vom Abschlussprüfer zusätzlich erbrachten Leistungen.

Mit der Überwachung der Wirksamkeit eines bestehenden internen Risikomanagementsystems ist auch die Aufgabe verbunden, zu eruieren, ob Ergänzungen, Erweiterungen oder Verbesserungen erforderlich sind. Im Hinblick auf die sorgfältige Wahrnehmung der Überwachungsaufgabe liegt es im Interesse des Aufsichtsrats, den Vorstand zu veranlassen, stringente Kontrollsysteme und Informationsabläufe zu installieren, um mögliche Defizite im internen Risikomanagement zu minimieren und somit eigene Sorgfaltspflichtverletzungen auszuschließen. Die vorstehenden Überlegungen gelten entsprechend auch bezüglich der Überwachung des internen Kontrollsystems und der internen Revision.

Laut amtlicher Begründung zum BilMoG ist die Einrichtung eines Prüfungsausschusses von dem Gedanken getragen, dass ein kleineres Gremium die ihm durch den Aufsichtsrat übertragenen Aufgaben i. d. R. schneller, konzentrierter und professioneller erledigen kann, als der Aufsichtsrat in seiner Gesamtheit. Der Prüfungsausschuss dient somit der Steigerung der Effizienz des Aufsichtsrats. Da zu erwarten ist, dass sich die Mitglieder des Prüfungsausschusses stärker mit den ihnen übertragenen Aufgaben identifizieren, als wenn sie als Mitglied des Aufsichtsrats tätig werden, steigt gleichzeitig die Qualität der Aufsichtsarbeit.

Die Unternehmen, die keinen Aufsichts- oder Verwaltungsrat haben, der § 100 Abs. 5 AktG unterworfen ist und die Aufgaben eines Prüfungsausschusses wahrnimmt, müssen gemäß § 324 Abs. 1 Satz 1 HGB einen eigenständigen Prüfungsausschuss einrichten, der sich mit den in § 107 Abs. 3 Satz 2 AktG beschriebenen Aufgaben befasst.

§ 324 Abs. 2 HGB trifft rudimentäre Aussagen zur Einrichtung und Organisation dieses Prüfungsausschusses:

- Die Mitglieder des Prüfungsausschusses sind von den Gesellschaftern zu wählen.
- Mindestens ein Mitglied muss die Voraussetzungen des § 100 Abs. 5 AktG erfüllen (dies entspricht der Vorgabe des § 107 Abs. 4 AktG).
- Der Vorsitzende des Prüfungsausschusses darf nicht mit der Geschäftsführung betraut sein.
- § 124 Abs. 3 Satz 2 und § 171 Abs. 1 Satz 2 und 3 AktG sind entsprechend anzuwenden.

Die Gesellschaft muss Regelungen hinsichtlich der Wahl und der Dauer der Mitgliedschaft im Prüfungsausschuss, der Informations- und sonstigen Rechte und Pflichten der Mitglieder des Prüfungsausschusses sowie der Möglichkeiten der Beendigung der Mitgliedschaft aufstellen. Dies sollte im Gesellschaftsvertrag oder in der Satzung analog zu den aktienrechtlichen Vorschriften geschehen.

Über § 324 Abs. 2 Satz 2 HGB findet das in § 100 Abs. 5 AktG niedergelegte Erfordernis, dass mindestens ein Mitglied unabhängig sein und über Sachverstand in Rechnungslegung oder Abschlussprüfung verfügen muss, auch auf den „alleinstehenden" Prüfungsausschuss Anwendung. Eine Übertragung der Funktionen des Prüfungsausschusses auf die Gesellschafterversammlung ist unzulässig.

Die Einrichtung eines Prüfungsausschusses begünstigt in jedem Fall die Planung und Durchführung der Abschlussprüfung, da dem Prüfer insoweit ein sachverständiges Ansprechgremium zur Seite gestellt wird. Allerdings werden von dem neueingefügten § 324 HGB nur wenige Gesellschaften zusätzlich erfasst werden, da sich der Großteil der kapitalmarktorientierten Unternehmen schon bislang an der bindenden Regelung des DCGK ausrichten dürfte.

Hinweise zur Bearbeitung des Kapitels II:

Sie benötigen für eine sinnvolle Bearbeitung des Kapitels II. zwingend folgende Unterlagen: Handelsgesetzbuch (HGB), Wirtschaftsprüferordnung (WPO) und Berufssatzung der Wirtschaftsprüfer (die beiden letzteren Dokumente sind unter www.wpk.de verfügbar). Außerdem ist die Lektüre der IDW PS 220 und 303 n. F. sinnvoll. Es empfiehlt sich ggf. bei der Lösung der Übungsaufgaben zusätzlich einen Handkommentar zu den §§ 316 ff. HGB zu konsultieren.

Bitte bearbeiten Sie unter Hinzuziehung dieser Unterlagen folgende Fragen und Aufgaben:

1. Welche Gesellschaftsformen unterliegen der gesetzlichen Prüfungspflicht?

2. Welche Prüfungsobjekte sind im Rahmen der Jahresabschlussprüfung nach HGB zu begutachten?

3. Wer bestellt und wählt den Abschlussprüfer bei einer a) AG, b) GmbH, c) GmbH & Co. KG, d) eG?

4. Nennen und erläutern Sie die einzelnen Ausschlussgründe des § 319 Abs. 3 HGB; warum wurde daneben § 319a Abs. 1 HGB als verschärfende Vorschrift erlassen?

5. Führen Sie wesentliche Bestandteile eines Bestätigungsschreibens des Prüfers über den erteilten Prüfungsauftrag auf.

6. Unter welchen Voraussetzungen kann ein zu prüfendes Unternehmen den Vertrag mit dem Abschlussprüfer kündigen?

7. Unter welchen Voraussetzungen kann demgegenüber der Abschlussprüfer den Vertrag über die Durchführung der Abschlussprüfung kündigen?

8. Was bedeutet und beinhaltet der Begriff „Vollständigkeitserklärung" (IDW PS 303)?

9. Welche Pflichten an den Abschlussprüfer ergeben sich aus dem § 323 HGB?

10. Aus welchen Gründen, gegenüber wem und bis zu welcher Höhe kann der Abschlussprüfer haftbar gemacht werden?

KAPITEL II Grundlagen der Abschlussprüfung nach HGB

AUFGABEN

1. Die Dussel Handelsgesellschaft mbH & Co. KG weist für das abgelaufene Geschäftsjahr (entsprechend dem Kalenderjahr) eine Bilanzsumme von 3,3 Mio. € sowie Umsatzerlöse von 12,6 Mio. € auf und beschäftigt 70 Mitarbeiter (im Vorjahr nahezu identische Werte). Alleiniger Komplementär ist eine GmbH mit Stammkapital i. H. von 125.000 €, die fünf Kommanditisten sind allesamt natürliche Personen. Der Vorstandsvorsitzende möchte wissen, ob und inwieweit er der gesetzlichen Pflicht zur Abschlussprüfung unterliegt; bitte beraten Sie ihn! Wie wäre der Sachverhalt zu beurteilen, wenn es sich bei der Gesellschaft bei sonst jeweils gleichen Annahmen a) um ein Brokerhaus in gleicher Rechtsform, b) um eine Handels-eG handeln würde?

2. Sie beauftragen Ihren neuen Prüfungsassistenten Paul Prumm mit der Prüfung der Buchführung. Er hat in einem Bilanzierungshandbuch gelesen, ein Großteil der Grundsätze ordnungsmäßiger Buchführung sei gesetzlich nicht kodifiziert, deshalb ist für ihn das Prüfungsvorgehen nicht nachvollziehbar. Was entgegnen Sie ihm?

3. Sodann müssen Sie Ihre Teamleiterin Anja Ahnungslos beraten, die im Rahmen der Abschlussprüfung einer AG die Vermittlung „eines den tatsächlichen Verhältnissen entsprechenden Bilds der Vermögens-, Finanz- und Ertragslage" zu prüfen hat. Was ist hierunter zu verstehen und welche Prüfungshandlungen sind anzustellen?

4. Die Bauträger-GmbH ist aus einer ehemaligen GbR hervorgegangen und als mittelgroße Kapitalgesellschaft i. S. des § 267 Abs. 2 HGB erstmals prüfungspflichtig. Der geschäftsführende Gesellschafter Bruno Baumeister möchte aus Gründen der Einfachheit den langjährigen Steuerberater zum Abschlussprüfer bestellen, der gleichzeitig die Handels- und Steuerbilanz aufstellt. Kann entsprechend verfahren werden? Wer wählt bzw. bestellt den Prüfer der GmbH, was ist bei dem Procedere zu beachten?

5. WP Dipl.-Ing. Willi Wusel wird bei der Brodel-Chemie AG zum Abschlussprüfer gewählt. Er genießt bei den Organmitgliedern der AG ein besonderes Vertrauen, da er a) Maßnahmen der Personalentwicklung durchführt, b) Beratungsleistungen in Fragen der Fabrikplanung erbringt, c) Rückstellungen für Umweltrisiken berechnet, d) sale-and-lease-back-Vertragsgestaltungen ausarbeitet, e) die AG gerichtlich und außergerichtlich bei Produkthaftungsprozessen vertritt und f) die Inventurplanung vornimmt. Welche dieser Leistungen sind für eine Bestellung als Abschlussprüfer schädlich, welche nicht? Ergibt sich ein Unterschied in der Beurteilung, wenn es sich um eine börsennotierte AG handelt? Genaue Begründung.

6. WP Willi Wusel hat im Zuge fortschreitender prüfungsrechtlicher Querelen gehört, dass es sinnvoll sei, ein Auftragsbestätigungsschreiben auszustellen. Erläutern Sie ihm, was darunter zu verstehen ist. Stellen Sie relevante Inhalte zweckmäßigerweise anhand eines von Ihnen entworfenen Formulars bzw. einer Checkliste dar.

7. Die Vorstandsvorsitzende der Versicherungs-AG, Steffi Schlau, ist mit dem neu gewählten Abschlussprüfer unzufrieden. Er sei unqualifiziert (habe insbesondere kaum mathematische Kenntnisse), erscheine häufig unangemeldet und komme außerdem meist in Begleitung von ihr unbekannten Sachverständigen. Dies alles lasse auf mangelnde fachliche Kenntnisse

schließen. Beraten Sie sie, ob und unter welchen Voraussetzungen sie den Vertrag mit dem Prüfer ordentlich bzw. außerordentlich kündigen kann.

8. Der neue Vorstandsvorsitzende der Brau-AG, Dirk Dünnbier, hat zum ersten Mal die Abschlussprüfer im Haus. Er will von Ihnen als altgedientem Mitarbeiter wissen, welche Unterlagen er den Prüfern auszuhändigen hat und bittet um Erstellung einer diesbezüglichen Checkliste. Bei der Betriebsbegehung mit den Prüfern kommt ihm zudem befremdlich vor, dass das Prüfungsteam auch Einblick wünscht in a) Geheimrezepturen der neuartigen Mixgetränke, b) Personalakten der leitenden Mitarbeiter im Rechnungswesen, c) Unterlagen bezüglich der im Rechnungswesen angewandten Softwareprogramme, d) Verträge über geleasten Fuhrpark. Sind die Prüferwünsche sachgerecht?

9. Der Assistent von WP Willi Wusel hat nach dem anstrengenden Prüfungstag in der Gaststätte „Zum blauen Klaus" den Prüfungsmandanten – die ortsansässige Händi-AG – mehrfach lauthals als „Saftladen" tituliert. Leider hat sich auch in der Kleinstadt schnell rumgesprochen, dass die Ehefrau von Willi Wusel eine nicht unerhebliche Anzahl von Aktien des Mandanten als „Anlagetipp für einen schnellen Euro" erworben hat. Zudem wurde auch noch in dem Mandanten bereits ausgehändigten Prüfungsbericht mehrfach statt „Aufwandssenkung" fälschlicherweise „Aufwandserhöhung" ausgewiesen. Der gesetzliche Vertreter der Händi-AG fragt Sie um Rat, ob und inwieweit Haftungsansprüche aus welchen gesetzlichen Regelungen gegen den Prüfer geltend gemacht werden können.

10. WP Willi Wusel hat auch die Stahlhütte AG (große Kapitalgesellschaft i. S. des § 267 Abs. 3 HGB) in seiner Mandantschaft und ist soeben von der Hauptversammlung zum Abschlussprüfer wiedergewählt worden. Im abgelaufenen Jahr hat die AG Schuldverschreibungen im Nennwert von insgesamt 25 Mio. € an der Frankfurter Börse platziert; dies stellt die erste WpHG-relevante Transaktion der AG dar. Stellen Sie bitte möglichst umfassend die sich hieraus für Willi Wusel im Rahmen der Abschlussprüfung ergebenden besonderen Pflichten und Anforderungen dar.

III. Prüfungsstrategie und Prüfungsplanung

1. Ziel der Abschlussprüfung

Strategie und Planung setzen stets eine vorherige Zieldefinition voraus. **Erkenntnisziel** der Jahresabschlussprüfung ist die Feststellung, ob der Jahresabschluss einschließlich der Buchführung den Bestimmungen von Gesetz, Gesellschaftsvertrag und Satzung genügt. In diesem Rahmen ist im Einzelnen zu beurteilen, ob

- ▶ die für die Rechnungslegung geltenden gesetzlichen Vorschriften einschließlich der Grundsätze ordnungsmäßiger Buchführung sowie ergänzende Bestimmungen des Gesellschaftsvertrags und der Satzung beachtet worden sind,
- ▶ die Buchführung nachvollziehbar, unveränderlich, vollständig, richtig, zeitgerecht und geordnet vorgenommen wurde,
- ▶ der Jahresabschluss klar, übersichtlich und vollständig in der vorgeschriebenen Form mit den vorgeschriebenen Angaben aufgestellt wurde,
- ▶ alle Positionen zutreffend ausgewiesen und bewertet wurden,
- ▶ ggf. die ergänzenden Vorschriften für Kapitalgesellschaften eingehalten wurden.

Gemäß § 317 Abs. 2 Satz 1 und 2 HGB ist ggf. außerdem zu prüfen, ob der Lagebericht insgesamt ein zutreffendes Bild der Unternehmung liefert und ob die Chancen und Risiken der zukünftigen Entwicklung zutreffend dargestellt sind.

Die Abschlussprüfung erfolgt mit dem Ziel, die **Verlässlichkeit** und **Ordnungsmäßigkeit** der in ihrem Rahmen zu beurteilenden Informationen sicherzustellen und insoweit deren **Glaubhaftigkeit** zu erhöhen (IDW PS 200, Tz. 8; vgl. hierzu auch Kapitel II.2.).

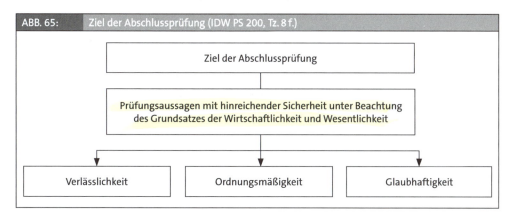

ABB. 65: Ziel der Abschlussprüfung (IDW PS 200, Tz. 8 f.)

Den Rahmen der Abschlussprüfung bilden die zu beachtenden Rechnungslegungs- und Prüfungsgrundsätze. Die Rechnungslegungsgrundsätze lassen sich entsprechend IDW PS 201 klassifizieren in:

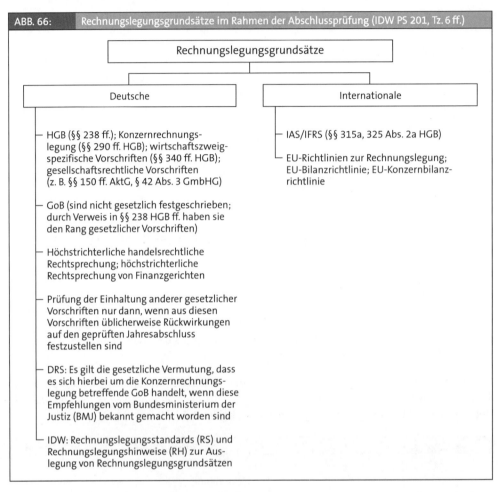

ABB. 66: Rechnungslegungsgrundsätze im Rahmen der Abschlussprüfung (IDW PS 201, Tz. 6 ff.)

Für die Durchführung der gesetzlichen Abschlussprüfung sind die deutschen Prüfungsgrundsätze (sog. Grundsätze ordnungsmäßiger Abschlussprüfung) zu beachten, und zwar unabhängig davon, ob der zu prüfende Abschluss nach deutschen oder internationalen Rechnungslegungsnormen aufgestellt wurde. Hierbei handelt es sich um:

Ziel der Abschlussprüfung **KAPITEL III**

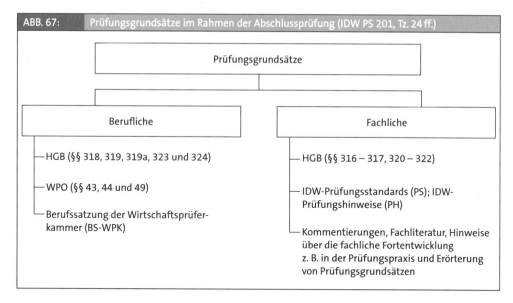

ABB. 67: Prüfungsgrundsätze im Rahmen der Abschlussprüfung (IDW PS 201, Tz. 24 ff.)

Eine detaillierte Behandlung dieser Normen erfolgte in den beiden vorangegangenen Kapiteln, auf die hier verwiesen werden soll.

Die als Ziel der Abschlussprüfung definierten Prüfungsaussagen sind adressatenorientiert zu treffen. Während – wie zuvor dargelegt – der **Prüfungsbericht** Rechenschaft gegenüber den Auftraggebern der Prüfung ablegt (interne Adressaten), geht der **Bestätigungsvermerk** einer „anonymen" Öffentlichkeit (externe Adressaten) zur Kenntnis. Folglich werden die Aussagen im Prüfungsbericht wesentlich detaillierter sein als diejenigen im Bestätigungsvermerk.

Nach IDW PS 200, Tz. 10 i.V. mit IDW PS 450 enthält der Prüfungsbericht und nach IDW PS 200, Tz. 11 i.V. mit IDW PS 400 der Bestätigungsvermerk folgende Feststellungen (Näheres zu Prüfungsbericht und Bestätigungsvermerk in Kapitel VII.):

ABB. 68: Vom Prüfer im Prüfungsbericht und Bestätigungsvermerk zu treffende Aussagen	
Prüfungsbericht (§ 321 HGB)	**Bestätigungsvermerk (§ 322 HGB)**
▶ Stellungnahme zur Beurteilung der Lage durch die gesetzlichen Vertreter ▶ Darstellung von Unrichtigkeiten oder Verstößen, die den Bestand des geprüften Unternehmens gefährden oder seine Entwicklung wesentlich beeinflussen können ▶ Darstellung von schwerwiegenden Verstößen von gesetzlichen Vertretern oder Arbeitnehmern gegen Gesetz, Gesellschaftsvertrag und Satzung ▶ Darstellung, ob Buchführung, Jahresabschluss, Lagebericht, Konzernabschluss und Konzernlagebericht den gesetzlichen und den ergänzenden Bestimmung des Gesellschaftsvertrags oder der Satzung entsprechen	▶ Zusammenfassung des Prüfungsergebnisses (§ 322 Abs. 1 Satz 1 HGB) einschließlich allgemeinverständlicher und problemorientierter Beurteilung (§ 322 Abs. 1 Satz 2 und Abs. 2 Satz 1 HGB) ▶ Erklärung, ob die Prüfung zu Einwendungen geführt hat und ob der Jahres- bzw. Konzernabschluss aufgrund der bei der Prüfung gewonnenen Erkenntnisse nach der Beurteilung des Abschlussprüfers unter Beachtung der Grundsätze ordnungsmäßiger Buchführung ein den tatsächlichen Verhältnissen entsprechendes Bild der Vermögens-, Finanz- und Ertragslage des Unternehmens bzw. des Konzerns vermittelt (§ 322 Abs. 1 Satz 3 HGB)

Prüfungsbericht (§ 321 HGB)	Bestätigungsvermerk (§ 322 HGB)
▶ Aussage, ob der Abschluss insgesamt ein den tatsächlichen Verhältnissen entsprechendes Bild der Vermögens-, Finanz- und Ertragslage der Kapitalgesellschaft unter Beachtung der Grundsätze ordnungsmäßiger Buchführung darstellt ▶ Darstellung, ob Lagebericht bzw. Konzernlagebericht mit Jahresabschluss bzw. Konzernabschluss und den bei der Prüfung gewonnenen Erkenntnissen des Abschlussprüfers in Einklang stehen, bzw. insgesamt eine zutreffende Vorstellung von der Lage des Unternehmens bzw. Konzerns vermittelt wird und ob im Lagebericht bzw. Konzernlagebericht die wesentlichen Risiken der künftigen Entwicklung zutreffend dargestellt sind ▶ Aufgliederung und ausreichende Erläuterung der Posten des Jahresabschlusses, soweit dadurch die Darstellung der Vermögens-, Finanz- und Ertragslage wesentlich verbessert wird und diese Angaben im Anhang nicht enthalten sind ▶ Aussage, ob die gesetzlichen Vertreter die verlangten Aufklärungen und Nachweise erbracht haben	▶ Gesondertes Eingehen auf bestandsgefährdende Risiken (§ 322 Abs. 2 Satz 2 HGB) ▶ Aussage, ob der Lagebericht bzw. der Konzernlagebericht insgesamt eine zutreffende Vorstellung von der Lage des Unternehmens bzw. Konzerns vermittelt und ob die Risiken der künftigen Entwicklung zutreffend dargestellt sind (§ 322 Abs. 3 HGB)

Die **Verantwortung** für die Vermeidung von Unrichtigkeiten und Verstößen liegt bei den **gesetzlichen Vertretern** des geprüften Unternehmens (IDW PS 210, Tz. 8). Diese haben hierzu geeignete organisatorische Maßnahmen einzurichten und zu unterhalten, insbesondere ein Internes Kontrollsystem (IKS; vgl. Kapitel III.4. nachfolgend). Daneben obliegt ihnen auch die Vorgabe eines verbindlichen Verhaltenskodexes einschließlich Vorkehrungen zur Überwachung seiner Einhaltung.

Neben den gesetzlichen Vertretern trägt auch das **Aufsichtsorgan** des Unternehmens Verantwortung für die Unternehmensüberwachung, indem es die Wirksamkeit der von der Unternehmensleitung getroffenen Maßnahmen überprüft (IDW PS 210, Tz. 10).

Die Tätigkeit des **Abschlussprüfers** kann zwar eine vorbeugende Wirkung hinsichtlich der Vermeidung von Unregelmäßigkeiten entfalten, aber nicht für deren vollständige Aufdeckung oder Verhinderung garantieren (IDW PS 210, Tz. 11).

Die Verantwortlichkeiten von gesetzlichen Vertretern und Abschlussprüfer können wie folgt abgegrenzt werden:

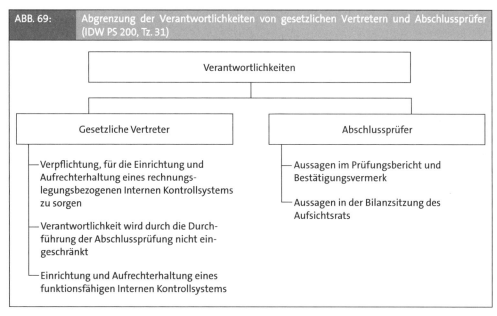

ABB. 69: Abgrenzung der Verantwortlichkeiten von gesetzlichen Vertretern und Abschlussprüfer (IDW PS 200, Tz. 31)

Von überragender Bedeutung ist der in IDW PS 200, Tz. 15 kodifizierte Grundsatz, dass die Prüfungsaussagen des Abschlussprüfers die Verlässlichkeit der Rechnungslegung erhöhen und den Adressaten eine bessere Einschätzung der Glaubhaftigkeit der Buchführung, des Jahresabschlusses und ggf. des Lageberichts ermöglichen sollen. „**Die Adressaten können aber nicht davon ausgehen, dass die Prüfungsaussagen des Abschlussprüfers eine Gewähr für die zukünftige Lebensfähigkeit des Unternehmens oder die Effektivität und die Wirtschaftlichkeit der Geschäftsführung darstellen**".

Hiermit ist die sog. „**Erwartungslücke**" der Prüfung gemeint. Gerät ein Unternehmen, dem ein uneingeschränkter Bestätigungsvermerk erteilt wurde, im Folgejahr in Insolvenz, so lässt dieser Umstand keinen Rückschluss darauf zu, dass die Abschlussprüfung nicht mit der berufsüblichen Sorgfalt geplant bzw. durchgeführt wurde. D. h., die Wirtschaftsprüfung ist keine Wirtschaftlichkeitsprüfung. Sie dient den Kapitalmarktteilnehmern dazu, verlässliche Informationen für ihre Entscheidungen heranziehen zu können, nicht aber dazu, deren Entscheidungen vorweg- oder gar abzunehmen.

Die Praxis ist leider erheblich komplizierter. So obliegt dem Abschlussprüfer u. a. auch,

▶ die Zulässigkeit der ggf. von den gesetzlichen Vertretern im Rahmen der Abschlussaufstellung getroffenen *going concern*-Prämisse (§ 252 Abs. 1 Nr. 2 HGB) zu überprüfen (vgl. hierzu IDW PS 270) und

▶ die Darstellung bestandsgefährdender bzw. sonstiger wesentlicher Risiken im Lagebericht nachzuvollziehen (vgl. hierzu IDW PS 350 und Kapitel VI.1.).

Im Rahmen der Kontrolle der **Zulässigkeit der *going concern*-Prämisse** hat der Abschlussprüfer abzuschätzen, ob Anhaltspunkte gegeben sind oder Verhältnisse bestehen, die erhebliche Zweifel an der Fortführung der Unternehmenstätigkeit aufwerfen können (IDW PS 270, Tz. 15). Derartige Umstände können z. B. gegeben sein durch:

ABB. 70:	Umstände, die Zweifel an der Fortführung der Unternehmenstätigkeit begründen (IDW PS 270, Tz. 11)
Finanzielle Umstände	**Betriebliche bzw. sonstige Umstände**
▶ Negative Zahlungssalden (Cashflows) ▶ Schulden übersteigen das Vermögen bzw. kurzfristige Schulden übersteigen das Umlaufvermögen (negatives *working capital*) ▶ Kredite zu festen Laufzeiten ohne realistische Aussicht auf Verlängerung oder Rückzahlung ▶ Übermäßig kurzfristige Finanzierung langfristig gebundener Vermögenswerte ▶ Entzug finanzieller Unterstützung durch Lieferanten und andere Gläubiger ▶ Ungünstige finanzielle Schlüsselkennzahlen ▶ Betriebsverluste oder Wertminderungen ▶ Ausschüttungsrückstände oder Aussetzen der Ausschüttung ▶ Unfähigkeit, Zahlungen an Gläubiger bei Fälligkeit zu leisten bzw. Darlehenskonditionen einzuhalten ▶ Lieferantenkredite stehen nicht mehr zur Verfügung ▶ Unmöglichkeit, Finanzmittel für neue Produktentwicklungen oder wichtige Investitionen zu beschaffen bzw. Kredite ohne Sicherheitenstellung von außen zu beschaffen ▶ Einsatz von Finanzinstrumenten außerhalb der gewöhnlichen Geschäftstätigkeit ▶ Angespannte finanzielle Situation im Konzernverbund	▶ Ausscheiden von Führungskräften ohne adäquaten Ersatz ▶ Verlust eines Hauptabsatzmarkts, von Hauptlieferanten oder wesentlichen Kunden bzw. Kündigung von wesentlichen Franchise-Verträgen ▶ Gravierende Personalprobleme ▶ Engpässe bei der Beschaffung wichtiger Vorräte ▶ Nicht ausreichend kontrollierter Einsatz von Finanzinstrumenten ▶ Verstöße gegen Eigenkapitalvorschriften ▶ Anhängige Gerichts- oder Aufsichtsverfahren, deren Auflagen wahrscheinlich nicht erfüllbar sind ▶ Änderungen in der Gesetzgebung oder Regierungspolitik, von denen negative Folgen für das Unternehmen erwartet werden

Der Prognosezeitraum wird hierbei i. d. R. bis zum nachfolgenden Abschlussstichtag angenommen, in Einzelfällen – etwa bei Unternehmen mit längeren Produktionszyklen – auch darüber. Über den gesetzlich vorgesehenen Prognosezeitraum hinaus ist der Abschlussprüfer nicht verpflichtet, entsprechende Prüfungshandlungen hinsichtlich der Zulässigkeit der Fortführungsannahme vorzunehmen (IDW PS 270, Tz. 25).

Der Prüfer vollzieht die Annahme der Unternehmensfortführung anhand der von dem Management herangezogenen Indikatoren nach (IDW PS 270, Tz. 21). Aber auch wenn der Abschlussprüfer die vom Management des zu prüfenden Unternehmens getroffene Annahme der Unternehmensfortführung auf dieser Grundlage für angemessen hält, ist dies keine Garantie für deren tatsächlichen Eintritt (IDW PS 270, Tz. 14).

Im Kontext der aktuellen **Wirtschafts- und Finanzmarktkrise** hat das IDW zu hieraus resultierenden besonderen Prüfungsfragen Stellung genommen (vgl. FN-IDW 2009, S. 3 ff.). Ein potenzielles Geschäftsrisiko kann etwa aus verschlechterten Finanzierungsbedingungen oder/und dem Verlust liquider Mittel entstehen, insbesondere wenn das Unternehmen nicht (mehr) in der Lage ist, bestimmte Anforderungen der Kreditgeber zu erfüllen (vgl. ebenda, S. 4, Tz. 6). Aus diesem Grund hat der Prüfer die Auswirkungen der Wirtschafts- und Finanzmarktkrise auf das zu prüfende Unternehmen und das daraus resultierende Risiko wesentlicher Falschangaben in der Rechnungslegung zu beurteilen.

Folgende Risikofaktoren gehen insbesondere mit der aktuellen Wirtschafts- und Finanzmarktkrise einher:

ABB. 71: Risikofaktoren im Rahmen der aktuellen Wirtschafts- und Finanzmarktkrise

Möglichkeiten des Zugangs zu externen Finanzquellen	Ermittlung von Zeitwerten/ planerische Grundlagen	Andere Risikofaktoren
▶ Kurzfristig zu erneuernde, aber noch nicht vertraglich fixierte Finanzierungsvereinbarungen ▶ Bereits aus der Vergangenheit bekannte Schwierigkeiten des Unternehmens bei der Akquisition von Finanzmitteln bzw. der Einhaltung der Kreditbedingungen ▶ Kreditverträge oder ähnliche Verpflichtungen enthalten Vereinbarungen bezüglich des Erreichens bestimmter Kennzahlen i. V. mit Einräumung von Sonderkündigungsrechten, die Rückzahlungsverpflichtungen begründen ▶ Keine Vertragsprolongation zu bestehenden Konditionen möglich, sondern strengere Bedingungen ▶ Zeitwerte von hingegebenen Kreditsicherheiten sinken im Verhältnis zum Kreditvolumen ▶ Bereits bekannt gewordene Verstöße gegen Kreditbestimmungen, Management verfügt nicht über alternative Finanzierungsquellen ▶ Abhängigkeit des Unternehmens von externen Garantiezusagen, Garant ist zu deren Aufrechterhaltung nicht länger in der Lage	▶ Erfordernis einer Anpassung von Bewertungsmethoden an ungünstigere Marktbedingungen, bislang unterbliebene Plananpassung ▶ Erfordernis des Einsatzes von Bewertungsmodellen infolge nicht (mehr) vorhandener aktiver Märkte ▶ Inputfaktoren und Parameter der Modelle basieren auf unternehmensinternen Daten und sind nicht verifizierbar ▶ Außerplanmäßiger Abwertungsbedarf aufgrund gesunkener Zeitwerte ▶ Unternehmen kann mangels eigener Erfahrungen keine Zeitwerberechnung vornehmen ▶ ggf. gleichzeitig Einstellung externer Bewertungsdienste	▶ Erfordernis der Erhöhung von Einzel- und Pauschalwertberichtigungen wegen geringerer Solvenz der Kunden ▶ Außerplanmäßiger Abwertungsbedarf bei Geschäfts- oder Firmenwerten wegen Unrentabilität ▶ Erhöhung von Pensionsverpflichtungen aufgrund Abwertung von Vermögenswerten, die der Absicherung dieser Verpflichtung dienen ▶ Unwirksame Sicherungsbeziehungen, da eine Vertragspartei ihre Verpflichtung nicht einhalten kann ▶ Ungeplantes Aussetzen von vereinbaren Lieferungen und Leistungen durch Zulieferer ▶ Verkürzung der von Zuliefern eingeräumten Zahlungszielen ▶ Einforderung von unternehmensseitig gewährten Garantien (Bürgschaften, Patronatserklärungen)

Quelle: In Anlehnung an IDW, FN-IDW 2009 S. 15 f. (Anlage 1).

In diesem Zusammenhang ist auf die zeitlich bis zum 31. Dezember 2013 befristete Neufassung des insolvenzrechtlichen **Überschuldungsbegriffs** hinzuweisen. Demnach reicht eine positive Fortführungsprognose aus, um auch bei rechnerischer Überschuldung einen Insolvenzantrag zu vermeiden. Dies ist der Fall, „wenn die Fortführung des Unternehmens nach den Umständen überwiegend wahrscheinlich ist" (§ 19 Abs. 2 InsO i. d. F. des Finanzmarktstabilisierungsgesetzes – FMStG). Angesichts der Aufweichung der gesetzlichen Formulierung erhält die Fortführungsprognose des Abschlussprüfers im drohenden Krisenfall eine erhöhte Tragweite.

Unter den derzeitigen wirtschaftlichen Gegebenheiten kommt einer möglichst frühzeitigen und umfassenden Erörterung der **Fortführungsannahme** i. S. d. § 252 Abs. 1 Nr. 2 HGB von Seiten des Abschlussprüfers mit den gesetzlichen Vertretern eine wesentliche Bedeutung zu. Neben der aktuellen und erwarteten Ertragskraft des Unternehmens sind in diesem Rahmen u. a. zu berücksichtigen

- die Fähigkeit zur Einhaltung bestehender Tilgungspläne,
- diesbezüglich ggf. bestehender Sonderkündigungsrechte der Gläubiger sowie
- das Vorhandensein ausreichender Refinanzierungsquellen, insbesondere in Form bindender Zusagen hinsichtlich Neugewährung oder Verlängerung von Krediten.

Für den Fall, dass dem Abschlussprüfer erhebliche Zweifel an der Zulässigkeit der Fortführungsannahme entstehen, sind folgende besondere Prüfungshandlungen durchzuführen:

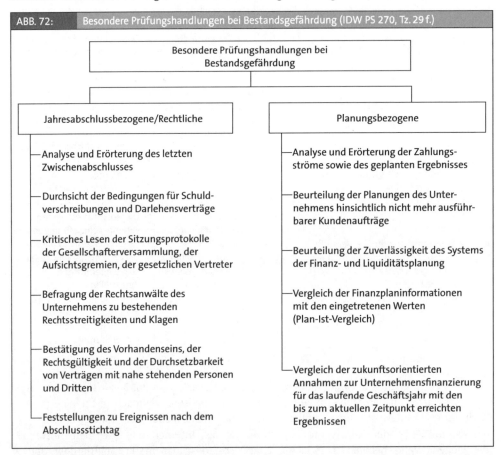

ABB. 72: Besondere Prüfungshandlungen bei Bestandsgefährdung (IDW PS 270, Tz. 29 f.)

Die derzeitige gesamtwirtschaftliche Situation wird vermehrt Zweifel am Unternehmensfortbestand entstehen lassen. In diesem Fall muss der Prüfer besondere Anforderungen an die Dokumentationen der Unternehmensorgane stellen. Der Prüfer muss insbesondere in der Lage sein, die Voraussetzungen für die Annahme des Unternehmensfortbestands kritisch zu würdigen und hat abzuschätzen, ob diesbezügliche wesentliche Unsicherheiten bestehen. Hierbei sind insbesondere Nachweise in Bezug auf zugesagte freie Kreditlinien bzw. deren Verlängerung sowie die Möglichkeit der Inanspruchnahme alternativer Refinanzierungsformen wie z. B. Factoring oder Leasing einzuholen und risikoorientiert zu beurteilen (vgl. IDW, FN-IDW 2009, S. 6, Tz. 13 f.).

Bei konkreten Hinweisen auf eine Bestandsgefährdung ist ggf. bei den allgemeinen Bewertungsregeln zum Ansatz von Einzelveräußerungswerten überzugehen. Der Abschlussprüfer muss auch die Erfüllung

- der besonderen Berichtspflichten im Lagebericht und
- ggf. bestehender insolvenzrechtlicher Verpflichtungen

überprüfen. Allein durch diese Normen wird der Grundsatz, dass die Abschlussprüfung keine in die Zukunft gerichtete Prüfung der Bestandsfestigkeit des Unternehmens sei, relativiert.

2. Ausrichtung der Abschlussprüfung

2.1 Abgrenzung von Abschluss- und Unterschlagungsprüfung

Die **Ausrichtung** der **Abschluss**prüfung ergibt sich aus § 317 Abs. 1 Satz 3 HGB. Danach müssen **Unrichtigkeiten und Verstöße** gegen Gesetz, Gesellschaftsvertrag und Satzung, die sich auf die Darstellung des sich nach § 264 Abs. 2 HGB ergebenden Bilds der Vermögens-, Finanz- und Ertragslage wesentlich auswirken, bei gewissenhafter Berufsausübung im Rahmen der Prüfung erkannt werden (IDW PS 210, Tz. 12).

Die Überprüfung der Gesetzeskonformität der Prüfungsobjekte erfolgt unter Anwendung des sog. **risikoorientierten Prüfungsansatzes** (vgl. Kapitel III.3.), um mit hinreichender Sicherheit zu beurteilen, ob keine wesentlichen Falschangaben vorliegen (IDW PS 210, Tz. 14).

Im Gegensatz zur Unterschlagungsprüfung, die als detektivische Vollprüfung ausgelegt ist, wird für die Abschlussprüfung die Wahrung einer **„kritischen Grundhaltung"** gegenüber dem geprüften Unternehmen, den gesetzlichen Vertretern und dessen Mitarbeitern als ausreichend angesehen (IDW PS 210, Tz. 15). Ein **„besonderes Misstrauen"** ist nicht erforderlich. Der Abschlussprüfer ist nicht der bessere Kaufmann.

Dies bedeutet im Einzelnen:

- „Kritische Grundhaltung" impliziert, dass der Prüfer berücksichtigen muss, dass aufgrund von Fehlern, Täuschungen oder sonstigen Verstößen in den ihm vorliegenden Informationen ggf. wesentliche Falschaussagen enthalten sein können (IDW PS 210, Tz. 14).
- Insoweit darf nicht ohne Weiteres auf die Glaubwürdigkeit der gesetzlichen Vertreter vertraut und von der Richtigkeit ihrer Auskünfte ausgegangen werden. Vielmehr muss sich der Prüfer die Auskünfte – soweit möglich – belegen lassen, mindestens aber deren Überzeugungskraft würdigen (IDW 200, Tz. 17).
- Die kritische Grundhaltung ist seitens des Prüfers auch dann aufrechtzuerhalten, wenn sich das Management des geprüften Unternehmens bislang als integer und ehrlich erwiesen hat, d. h. Positivfeststellungen aus der Vergangenheit können nicht ohne Weiteres in die Zukunft fortgeschrieben werden (IDW PS 210, Tz. 14).

Die geforderten Aussagen sind mit **„hinreichender Sicherheit"** zu treffen. Hieraus folgt, dass eine absolute Sicherheit der getroffenen Prüfungsaussagen nicht gewährleistet werden muss. Dies ist schon deshalb nicht möglich, da

- eine Auswahl der Prüfungshandlungen nach Art und Umfang durch den Abschlussprüfer nach dessen pflichtmäßigen Ermessen erfolgt, d. h. schon durch die Individualität der Prüfungssituation kein starres und allgemeingültiges Prüfungsschema vorgegeben werden kann,
- aufgrund der anzuwendenden Grundsätze der Wesentlichkeit und Wirtschaftlichkeit und der zeitlichen Begrenztheit keine lückenlose, sondern lediglich eine stichprobenweise Prüfung möglich ist.

Insoweit müssen sich Prüfer, vor allem aber die Adressaten der Prüfung, der Grenzen der Aussagefähigkeit der jeweiligen Prüfungsobjekte bewusst sein.

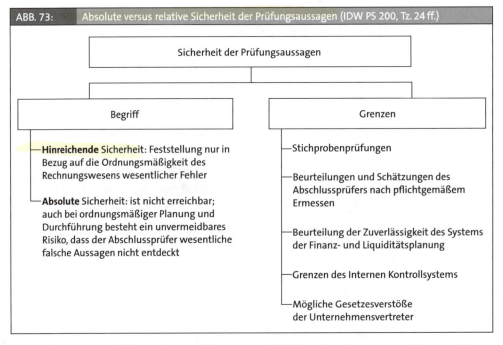

ABB. 73: Absolute versus relative Sicherheit der Prüfungsaussagen (IDW PS 200, Tz. 24 ff.)

Bei Entdeckung von Fehlern oder Verstößen sind die Prüfungshandlungen soweit auszudehnen, bis die geforderte hinreichende Sicherheit erreicht wird; eine Stichprobenbildung in „routinemäßigem Umfang" reicht nicht mehr aus. Falls dem Abschlussprüfer jedoch keine konkreten Hinweise auf wesentliche Unregelmäßigkeiten vorliegen, kann er die Prüfungsobjekte als ordnungsmäßig akzeptieren und bestätigen sowie von der Echtheit von Buchungsunterlagen und Dokumenten ausgehen (IDW PS 210, Tz. 18 und 50).

Aufgrund der begrenzten Aussagekraft der Abschlussprüfung stellt auch die **nachträgliche Aufdeckung** wesentlicher Falschangaben kein Anzeichen dafür dar, dass diese unzureichend geplant oder nicht mit der berufsüblichen Sorgfalt durchgeführt worden ist. Dies gilt insbesondere für den Fall, dass gesetzliche Vertreter, Mitarbeiter oder externe Dritte mit krimineller Energie an Verschleierungen oder Fälschungen sowie an entsprechenden Umgehungen des IKS mitgewirkt haben. Ein solches **unvermeidbares Restrisiko** ist vom Abschlussprüfer nicht zu vertreten, da er keine kriminalistischen Funktionen übernimmt (IDW PS 210, Tz. 18 f.).

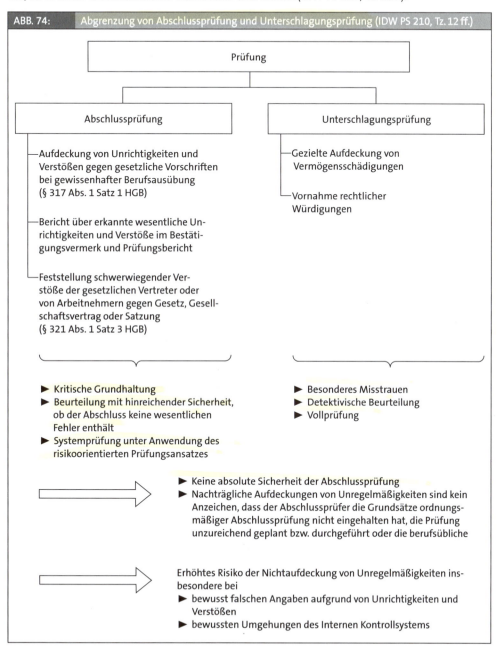

ABB. 74: Abgrenzung von Abschlussprüfung und Unterschlagungsprüfung (IDW PS 210, Tz. 12 ff.)

2.2 Aufdeckung von Unregelmäßigkeiten

Unregelmäßigkeiten i. S. des IDW PS 210, Tz. 7 sind

▶ **Unrichtigkeiten** als unbeabsichtigte, rechnungslegungsbezogene Falschangaben,

▶ **Verstöße** als beabsichtigte, rechnungslegungsbezogene Falschangaben (Täuschungen) oder widerrechtliche Handlungen in Bezug auf die Aneignung oder die Verminderung von Gesellschaftsvermögen oder die Erhöhung von Verpflichtungen (Vermögensschädigungen),

▶ **sonstige Gesetzesverstöße** als nicht auf Falschangaben in der Rechnungslegung bezogene Handlungen oder Unterlassungen, die gleichwohl in Widerspruch zu Gesetzen, Gesellschaftsvertrag oder Satzung stehen.

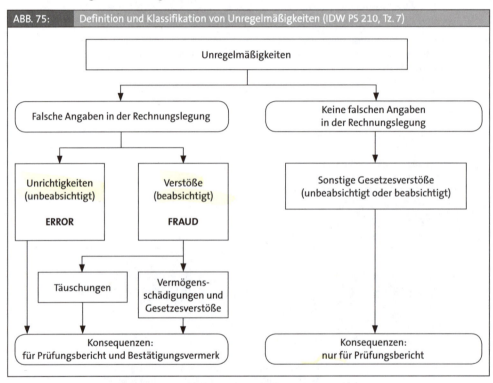

ABB. 75: Definition und Klassifikation von Unregelmäßigkeiten (IDW PS 210, Tz. 7)

Unrichtigkeiten	Unbeabsichtigte falsche Angaben in Abschluss und Lagebericht, z. B. ▶ Schreib- oder Rechenfehler, ▶ nicht bewusst falsche Anwendung von Rechnungslegungsgrundsätzen, ▶ Übersehen oder unzutreffende Einschätzung von Sachverhalten.
Verstöße	Beabsichtigte falsche Angaben in Abschluss und Lagebericht, die eine gesetzliche Vorschrift oder einen Rechnungslegungsgrundsatz verletzen, z. B. ▶ Täuschungen, ▶ Vermögensschädigungen, ▶ sonstige Verstöße mit Rechnungslegungsbezug.

Täuschungen	Bewusst falsche Angaben in Abschluss bzw. Lagebericht, z. B. ▶ Fälschungen in der Buchführung oder deren Grundlagen, ▶ Manipulationen, Unterdrückung von Buchungsbelegen, unterlassene Buchungen, ▶ unerlaubte Änderung der Buchführung und ihrer Grundlagen, ▶ bewusst falsche Anwendung von Rechnungslegungsgrundsätzen.
Vermögensschädigungen	Gesetzes- bzw. satzungswidrige Handlungen, die darauf gerichtet sind, ▶ Gesellschaftsvermögen widerrechtlich anzueignen, ▶ Gesellschaftsvermögen zu vermindern, ▶ Verpflichtungen der Gesellschaft zu erhöhen, insbesondere Unterschlagungen und Diebstahl.
Sonstige Verstöße	Alle nicht rechnungslegungsbezogenen beabsichtigten und unbeabsichtigten Handlungen und Unterlassungen, die von den gesetzlichen Vertretern oder Mitarbeitern des geprüften Unternehmens begangen werden und die in Widerspruch zu Gesetzen, Gesellschaftsvertrag oder Satzung stehen (Hierdurch nicht erfasst wird persönliches Fehlverhalten der gesetzlichen Vertreter oder der Mitarbeiter, das nicht in Bezug zur Geschäftstätigkeit des Unternehmens steht).

Der Abschlussprüfer hat schon während der Prüfungsplanung die Höhe des Risikos vorläufig zu beurteilen, dass Unregelmäßigkeiten zu wesentlichen Falschaussagen in der Rechnungslegung geführt haben. Diese anfängliche Einschätzung ist mittels der im weiteren Verlauf der Prüfung gewonnenen Erkenntnisse stetig zu konkretisieren und ggf. anzupassen (IDW PS 210, Tz. 22).

Risiken ergeben sich insbesondere, wenn für Unregelmäßigkeiten

▶ sowohl eine **Motivation** der beteiligten Personen

▶ als auch eine **Gelegenheit** durch Schwächen des IKS

vorliegt (IDW PS 210, Tz. 24). Motivationen resultieren vor allem aus dem Druck der Kapitalmärkte, der Förderung von Spekulationsneigung der Mitarbeiter etwa durch Vereinbarung sehr kurzfristiger Ertragsziele bzw. aus hohen variablen Vergütungsanteilen, daneben aus auffälligen persönlichen Lebensverhältnissen im Einzelfall. Gelegenheiten folgen z. B. aus unzureichenden Schutzmaßnahmen gegen die Entwendung physischer Vermögensgegenstände oder immateriellen Know-hows oder aus einem wenig institutionalisierten und beaufsichtigten Vertragswesen (Förderung von Begünstigung).

Schließlich müssen die Akteure eine **Rechtfertigung** für fraudulentes Handeln mindestens subjektiv empfinden. Im Negativfall sind tragende Elemente der Unternehmenskultur sogar auf eine Toleranz entsprechender Handlungen ausgelegt („der Erfolg heiligt die Mittel").

ABB. 76: Das Fraud-Triangel

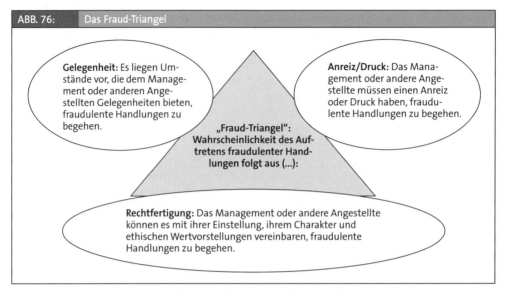

Quelle: In Anlehnung an *Ruhnke/Schwind*, StuB 2006 S. 734 und die dort angegebenen Verweise.

Zahlreichen empirischen Untersuchungen zufolge müssen alle drei Einflussfaktoren für das Auftreten von *fraud* zugleich erfüllt sein. Der Prüfer muss die Wahrscheinlichkeit abschätzen, dass eine solche Extremkonstellation vorliegt.

Selbst wenn ein Manager sowohl Gelegenheit zu fraudulenten Handlungen hat und unter entsprechendem Druck steht, wird es zu keiner Tat kommen, wenn er aufgrund ethischer Grundvorstellungen etwa Bilanzmanipulationen ablehnt.

Viele betrügerische Handlungen wären nicht ohne die richtige Person mit den richtigen Fähigkeiten an der richtigen Stelle begangen worden. Aus diesem Grund wurde das *Fraud-Triangel* zu einem sog. *„Fraud-Diamond"* erweitert durch eine vierte Dimension: *„capability"*. *„But the person must have the capability to recognize the open doorway as an opportunity and to take advantage of it by walking through, not just once, but time and time again. Capability means: I have the necessary traits and abilities to be the right person to pull it off. I have recognized this particular fraud opportunity and can turn it into reality"* (vgl. *Wolfe/Hermanson*, The CPA Journal, http://www.nysscpa.org/cpajournal/2004/1204/essentials/p38.htm).

Fraudulente Fähigkeiten (*„capability"*) umfassen folgende Komponenten:

- ▶ *Position/function*: Innehaben einer hierarchischen Position, die in die Lage versetzt, die obersten Führungsebenen beeinflussen zu können,
- ▶ *Brains*: Intellektuelle Fähigkeiten und Kreativität, die die Person in die Lage versetzen, Schwachstellen der internen Kontrollen zu umgehen,
- ▶ *Confidence/ego*: Vertrauen oder Arroganz in dem Ausmaß, dass die negativen Konsequenzen einer Aufdeckung des Betrugs als hinreichend gering eingeschätzt werden,
- ▶ *Coercion skills*: Überzeugungskraft, andere an dem Betrug zu beteiligen oder zumindest zum „Wegschauen" zu bewegen,

- *Effective lying*: Fähigkeit, überzeugend zu lügen, sowie außerdem den Überblick über das gesamte Lügengebäude zu behalten, um insgesamt eine konsistente Position gegenüber Außenstehenden zu wahren,

- *Immunity to stress*: Stressresistenz vor dem Hintergrund der permanenten Gefahr der Aufdeckung mit allen persönlichen Konsequenzen, sowie der ständigen Notwendigkeit, den Betrug im Tagesgeschäft zu verbergen.

Unbestritten ist allerdings, dass die Komponenten des *Fraud Diamonds* nicht überschneidungsfrei sind.

Die diesbezügliche Risikobeurteilung erfolgt bereits in der Prüfungsplanung. Mögliche Ausprägungen fraudulenter Handlungen und Wahrscheinlichkeiten für deren Auftreten sollten zweckmäßigerweise geschäftsprozessorientiert abgeleitet werden, z. B. am Beispiel des Prozesses „Bestellungsabwicklung":

ABB. 77: Risikobeurteilung am Beispiel des Prozesses „Bestellungsabwicklung"

Prozessschritt	Beispiele fraudulenter Handlungen
Bedarfsermittlung	▶ Angabe bewusst erhöhter Bedarfe zwecks Begünstigung einzelner Lieferanten ▶ Einbezug privater Bedarfe
Bestellung	▶ Umgehung von Ausschreibungsverfahren ▶ Fingierung bzw. Manipulation von Angeboten ▶ Berücksichtigung von Scheinfirmen ▶ Begünstigung einzelner Lieferanten bei der Auftragsvergabe, z. B. durch Verzicht auf Bonitätsprüfung ▶ Umgehung von Autorisierungsverfahren bei Bestellungen
Wareneingang, innerbetriebliche Logistik	▶ Umgehung von Autorisierungsverfahren bei der Warenannahme ▶ Verzicht auf Mängeleinrede bzw. deren Verfolgung ▶ Unterschlagung, z. B. von Naturalzugaben ▶ Bewusst falsche Inventarisierung
Fakturierung	▶ Manipulation von Rechnungen ▶ Bewusste Begünstigung einzelner Lieferanten durch Nichtausnutzung von Skonti etc. ▶ Unterschlagung von Gutschriften und anderweitigen Konditionenvorteilen ▶ Falsche Kontierung ▶ Nichtarchivierung
After-sales service	▶ Fiktive oder private Reklamationen ▶ Fingierung von Unverwendbarkeit bei gelagerten Waren und deren bewusste Auszeichnung

Quelle: In Anlehnung an *Berndt/Jeker*, BB 2007 S. 2619.

In der Literatur werden zahlreiche **Checklisten** zu **charakteristischen Symptomen** fraudulenter Handlungen dargeboten (sog. „*red flags*").

Typische **Indizien für erhöhte Risiken von Unregelmäßigkeiten** aus Sicht des Prüfers sind (IDW PS 210, Tz. 35 ff.):

ABB. 78:	Indizien für erhöhte Risiken von Unregelmäßigkeiten (IDW PS 210, Tz. 35 ff.)
Zweifel an Integrität oder Kompetenz des Managements	▶ Beherrschung des Geschäftsführungsgremiums durch eine oder mehrere Personen ▶ Kein wirksames Überwachungsorgan ▶ Undurchsichtige Organisationsstrukturen ▶ Aggressive Ausnutzung von Wahlrechten und Beurteilungsspielräumen in der Bilanzierung ▶ Fehlende Bereitschaft der Unternehmensleitung, unterjährig bekannt gewordene Fehler in der Buchhaltung zeitnah zu korrigieren, fehlende Bereitschaft zur Verbesserung des internen Kontrollsystems ▶ Häufiger Personalwechsel in Führungspositionen ▶ Dauerhafte personelle Unterbesetzung der Buchhaltungsabteilung ▶ Häufiger Wechsel des Abschlussprüfers
Kritische Unternehmenssituationen	▶ Schrumpfende, stagnierende oder auch zu stark expandierende Geschäftstätigkeit ▶ Unzureichende Kapitalausstattung sowie Abhängigkeit von einzelnen Kreditgebern ▶ Ungünstige Ergebnisentwicklung ▶ Risikoreiche Ertragsquellen ▶ Abhängigkeit von wenigen Lieferanten und Kunden ▶ Notwendigkeit, Gewinnminderungen im operativen Geschäft durch Sondermaßnahmen zu kompensieren
Ungewöhnliche Geschäfte	▶ Geschäfte mit wesentlichen Gewinnauswirkungen (besonders gegen Jahresende) ▶ Komplizierte Geschäfte oder ungewöhnliche Bilanzierung von Geschäften ▶ Geschäfte mit nahe stehenden Personen und Unternehmen ▶ Überhöhte Ausgaben für Vermittlungsprovisionen und für Rechts- und Unternehmensberatung im Verhältnis zur erhaltenen Leistung ▶ Ungewöhnliche Zahlungen in bar, ungewöhnliche Fremdwährungsgeschäfte ▶ Nicht autorisierte bzw. ungenügend dokumentierte Geschäfte ▶ Ungewöhnlich hohe Provisionen, Einkaufs- bzw. Verkaufspreise
Schwierigkeiten bei der Erlangung von Prüfungsnachweisen	▶ Mangelhafte Buchung oder Dokumentation von Geschäftsvorfällen, schwer prüfbare Buchführungssysteme ▶ Ausweichende oder schwer nachvollziehbare Auskünfte der gesetzlichen Vertreter zu Anfragen des Abschlussprüfers ▶ Fehlende Bereitschaft der gesetzlichen Vertreter, den vorhergehenden Abschlussprüfer auf Anforderung des Abschlussprüfers von der Verschwiegenheitsverpflichtung zu befreien ▶ Fehlende oder veraltete IT-Dokumentation ▶ Zahlreiche IT-Programmänderungen, die nicht dokumentiert, genehmigt und/oder getestet sind
Sonstige Umstände	▶ Hohe ergebnisabhängige Vergütungen für Mitarbeiter in leitender Funktion ▶ Unangemessen kurze Zeit zur Erstellung des Abschlusses ▶ Unternehmensleitung steht unter starken Druck, die eigenen (bereits veröffentlichten) Ergebniserwartungen oder die Erwartungen Dritter zu erfüllen (z. B. Ergebniserwartungen von Analysten oder institutionellen Investoren) ▶ Unzureichende Wirksamkeit der Internen Revision ▶ Behördliche Untersuchungen, Straf- und Bußgeldbescheide ▶ Nachteilige Presseberichterstattungen

Aus der praktischen Erfahrung sind insbesondere bereits veröffentlichte, ehrgeizige Ergebnisprognosen als sehr bedenklich zu werten.

Nicht unerwähnt bleiben soll, dass die Verwendung vorgefertigter Checklisten zu typischen *„red flags"* auch ein beträchtliches Risiko für den Abschlussprüfer begründet. Das Abarbeiten vorgegebener Risikofaktoren induziert die Gefahr, dass andere, nicht genannte Faktoren ggf. vom Prüfer nicht als solche erkannt werden.

Aus seiner Kenntnis des zu prüfenden Unternehmens und seines Umfelds heraus muss der Prüfer vielmehr ein begründbares Gefühl für „ungewöhnliche" Verhältnisse entwickeln. Weiter sind Bereiche mit hohen Gestaltungs- und Ermessensspielräumen besonders intensiv zu prüfen.

Insbesondere angesichts der aktuellen Wirtschafts- und Finanzmarktkrise kann es zu **Instabilitäten** und folglich zu unerwarteten **Ergebnisbelastungen** kommen, z. B. durch nicht abgesicherte, stark schwankende Rohstoffpreise, unerwartete Wertminderungen von Vermögenspositionen oder durch Absatzschwächen.

Hierdurch kann ein **erheblicher Druck** auf die Unternehmensleitung entstehen, Bilanzmanipulationen zu begehen, etwa um

- vereinbarte Kreditkonditionen (Ratings, Covenants) einzuhalten,
- finanzielle Verluste nicht an die Öffentlichkeit gelangen zu lassen,
- Managementfehler zu verdecken oder
- persönliche Bonusansprüche zu schützen.

Gleichzeitig dürfte die Dimension des Fraud-Triangels „**Rechtfertigung**" begünstigend wirken, da die Manager oder Angestellten

- sich oftmals als „unschuldige Opfer der Weltmarktkrise" sehen und
- implizit von einer mittelfristigen Erholung ausgehen, d. h. „nur eine vorübergehende Talsohle überbrücken wollen".

Dies mindert ethische Bedenken und erhöht die Gefahr eines sog. *„management override"*, d. h. eines Außerkraftsetzens von ansonsten wirksamen internen Kontrollen durch das Management. Ein solches Verhaltensmuster findet seinen Niederschlag etwa in der Änderung von vor Kriseneintritt getroffenen Entscheidungen oder der ungerechtfertigten Anpassung von wertbestimmenden Annahmen bzw. Parametern. Manipulationsmöglichkeiten eröffnen sich insbesondere bei komplexen, wenig liquiden Märkten aufgrund mangelnder Vergleichbarkeit und fehleranfälliger Wertansätze (vgl. FD-IDW 2009, S. 5, Tz. 8 f.).

Der Prüfungsprozess zur Aufdeckung von Unrichtigkeiten und Verstößen kann entsprechend IDW PS 210 in folgende Phasen eingeteilt werden:

ABB. 79:	Ablauf des Prüfungsprozesses nach IDW PS 210
1. Schritt	Prüfungsplanung und Besprechungen im Prüfungsteam (IDW PS 210, Tz. 25)
2. Schritt	Prüfungshandlungen zur Risikoerkennung (IDW PS 210, Tz. 22–24 und 26–37)
3. Schritt	Beurteilung der Fraud-Risiken (IDW PS 210, Tz. 38–39)
4. Schritt	Ausrichtung der Prüfungshandlungen auf die bedeutsamen Risiken (IDW PS 210, Tz. 40–43)
5. Schritt	Würdigung der Prüfungsnachweise (IDW PS 210, Tz. 44–59)
6. Schritt	Kommunikation und Dokumentation (IDW PS 210, Tz. 60–75)

Quelle: In Anlehnung an *Berndt/Jeker*, BB 2007 S. 2618.

Im Zuge der Prüfung werden u. a. folgende Prüfungshandlungen empfohlen (IDW PS 210, Tz. 26 ff.):

- **Befragung des Managements,**
  - ob es bestimmte Betriebsteile, Geschäftszweige, Geschäftsvorgänge oder Abschlusspositionen gibt, die besonders anfällig für das Auftreten von Unregelmäßigkeiten sind,
  - wie die Leitung auf die erhöhten Risiken reagiert hat bzw. reagieren wird,
  - wie die Interne Revision arbeitet und ob in diesem Zusammenhang Verstöße oder erhebliche Schwächen des IKS erkannt wurden,
  - auf welche Weise die Unternehmensleitung ihr ethisches und Geschäftsverständnis an die Beschäftigten vermittelt;
- **Befragung der Mitarbeiter der Internen Revision,** sofern vorhanden, nach
  - ihren Kenntnissen über bestehende, vermutete oder behauptete Verstöße im Unternehmen,
  - ihrer Einschätzung zu Risiken von Verstößen,
  - den revisionsseitig zur Aufdeckung von Verstößen vorgenommenen Prüfungshandlungen,
  - den Reaktionen des Managements auf festgestellte Prüfungsergebnisse der Internen Revision;
- auf Grundlage dieser Erkenntnisse **Besprechungen mit Vertretern des Aufsichtsorgans** (i. d. R. dem Aufsichtsratsvorsitzenden bzw. dem Vorsitzenden des Prüfungsausschusses), insbesondere in Bezug auf
  - Bedenken über Art, Umfang und Häufigkeiten der Überprüfung des IKS durch das Management,
  - Versäumnisse des Managements in Bezug auf die Behebung festgestellter Schwächen des IKS,
  - die Einschätzung des Kontrollumfelds durch den Abschlussprüfer, insbesondere der Kompetenz und Integrität der Unternehmensleitung,
  - den Einfluss der genannten Sachverhalte auf Ansatz und Umfang der Abschlussprüfung einschließlich der Notwendigkeit der Vornahme ergänzender Prüfungshandlungen.

Von besonderer Bedeutung bei den Prüfungstechniken sind die Befragungen. Empirischen wirtschaftskriminalistischen Studien zufolge treten in diesem Rahmen Hinweise von unternehmensinternen Quellen sowie anonyme Informationen sehr häufig auf (vgl. *Ruhnke/Schwind*, StuB 2006 S. 735 f.).

Für den Prüfer kommt es deshalb darauf an, einen geeigneten Zugang zu dem Befragten herzustellen sowie eine angemessene Beziehung zu ihm aufzubauen. Angesichts der delikaten Gesprächsinhalte muss er einschlägige Gesprächstechniken souverän beherrschen.

ABB. 80:	Typische Fragen an den CEO und CFO

Typische Fragen an den Vorstandsvorsitzenden (CEO):
- ▶ Sind Sie der Meinung, dass Betrugshandlungen in ihrer Branche ein Problem darstellen?
- ▶ Wie begegnet Ihr Unternehmen diesem Risiko?
- ▶ Wurde Ihr Unternehmen in der Vergangenheit Opfer von Betrugshandlungen?
- ▶ Oftmals sind finanzielle Engpässe eine entscheidende Ursache für Betrugshandlungen. Haben Sie diesbezüglich irgendwelche persönliche Sorgen?
- ▶ Es sind Fälle vorgekommen, in denen ein CFO Betrugshandlungen begehen konnte, ohne dass der CEO hiervon Kenntnis erhielt. Liegen Ihnen diesbezüglich irgendwelche Anhaltspunkte vor?
- ▶ Eine abschließende Frage: Haben Sie sich persönlich etwas vorzuwerfen?

Typische Fragen an den Leiter der Finanzabteilung (CFO):
- ▶ Betrugshandlungen kommen in vielen Unternehmen vor. Wie sehen Sie die Situation in Ihrem Unternehmen?
- ▶ Welche konkreten Erfahrungen hat Ihr Unternehmen schon gemacht?
- ▶ Welche Bereiche der Rechnungslegung sind in Ihren Augen besonders anfällig für Betrug?
- ▶ Welche Bereiche sollten besonders geprüft werden?
- ▶ In vielen Fällen betrügerischer Finanzberichterstattung ist es der CEO, der den CFO zu entsprechenden Handlungen anweist. Gibt es in Ihrem Unternehmen Anlass zu behaupten, es würden Zahlen geschönt?
- ▶ Wurden Sie von Seiten des CEO oder anderer Mitarbeiter zu Dingen aufgefordert, die in Ihren Augen illegal oder unethisch sind?
- ▶ Wurden Sie vom Management gebeten, irgendwelche Unterlagen zurückzubehalten, zu verfälschen oder um fiktive Einträge zu ergänzen?
- ▶ Es ist vorgekommen, dass Vorstandsvorsitzende aufgrund von finanziellen Engpässen das Unternehmen betrogen haben. Sind Ihnen irgendwelche Umstände bewusst, die den CEO zu solchen Taten veranlassen könnten?
- ▶ Eine abschließende Frage: Haben Sie sich persönlich etwas vorzuwerfen?

Quelle: Vgl. *Berndt/Jeker*, BB 2007 S. 2619 f.

Somit gelangt der Abschlussprüfer bereits im Zuge der Prüfungsvorbereitung zu einer vorläufigen Einschätzung,

- ▶ wie die gesetzlichen Vertreter das Risiko von Unregelmäßigkeiten beurteilen,
- ▶ welche Maßnahmen sie zur Vermeidung bzw. Aufdeckung von Unregelmäßigkeiten eingerichtet haben,
- ▶ ob hierdurch wesentliche Unregelmäßigkeiten aufgedeckt wurden und
- ▶ diese den gesetzlichen Vertretern bewusst sind (IDW PS 210, Tz. 26).

Gibt die Risikoeinschätzung Hinweise auf abgrenzbare Bereiche der Rechnungslegung, auf die sich Unregelmäßigkeiten wesentlich auswirken können, so ist die Prüfungsplanung in der Folge dahingehend anzupassen, dass diese Bereiche einer besonders intensiven Prüfung unterzogen und ggf. ergänzende Prüfungshandlungen vorgenommen werden. Beispielsweise resultieren wesentliche Falschangaben oftmals in einem erhöhten Ausweis der Umsatzerlöse in Folge

- ▶ einer zu frühzeitigen Umsatzrealisierung oder
- ▶ der Buchung fingierter Erlöse,

weswegen der Abschlussprüfer feststellen muss, welche Arten von Erlösen bzw. ergebniswirksamen Geschäftsvorfällen anfällig für derartige Risiken sein können (IDW PS 210, Tz. 39). Er hat bei diesbezüglichen Bedenken in der Folge vor allem die Rechtswirksamkeit von Transaktionen, ggf. unterlassene Bonitätsprüfungen bei Kunden sowie in der Rechnungslegung des Mandanten nicht erfasste Preisnachlässe, Gutschriften oder *after-sales* Sonderkonditionen zu überprüfen.

Im Einzelnen fordert IDW PS 210, Tz. 44 ff. folgende Prüfungshandlungen, um ausreichende und angemessene Prüfungsnachweise über die Existenz wesentlicher rechnungslegungsbezogener Unregelmäßigkeiten zu erhalten:

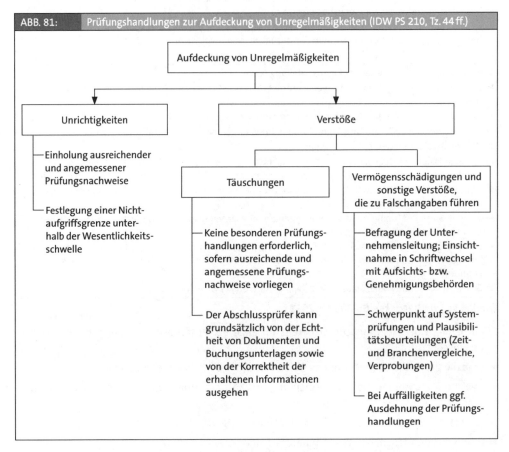

ABB. 81: Prüfungshandlungen zur Aufdeckung von Unregelmäßigkeiten (IDW PS 210, Tz. 44 ff.)

Bei konkreter Vermutung bzw. Aufdeckung von Unregelmäßigkeiten hat der Abschlussprüfer folgende **besonderen Maßnahmen** einzuleiten (IDW PS 210, Tz. 58 ff.):

Ausrichtung der Abschlussprüfung   KAPITEL III

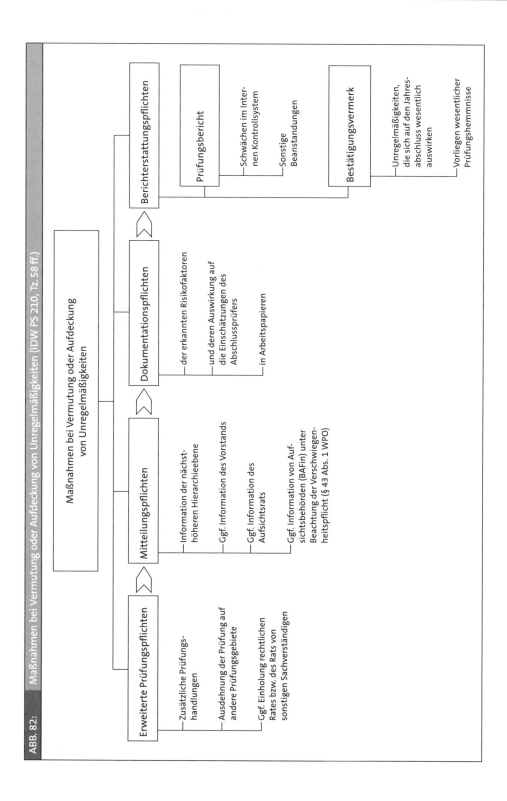

ABB. 82: Maßnahmen bei Vermutung oder Aufdeckung von Unregelmäßigkeiten (IDW PS 210, Tz. 58 ff.)

Täuschungen, aber auch Vermögensschädigungen, werden im Rahmen der Abschlussprüfung aufgrund ihrer gesetzlichen Ausrichtung insbesondere dann nicht erkannt, wenn sie von „höchster Ebene" aus erfolgen, d. h. Mitglieder der Gesellschaftsorgane oder der obersten Managementebene an ihnen beteiligt sind. Die Aufdeckung einer derartigen kriminellen Energie kann vom Prüfer nicht verlangt werden; ein späteres Bekanntwerden derartiger Unregelmäßigkeiten ändert nichts an der Ordnungsmäßigkeit der Prüfung (IDW PS 210, Tz. 49 f.).

Der Abschlussprüfer muss aber davon ausgehen, dass eine vermutete oder aufgedeckte Unregelmäßigkeit **kein einmaliger Vorgang** ist. Daher ist er verpflichtet, sich in diesem Fall durch Ausdehnung oder Intensivierung von Prüfungshandlungen zusätzliche Erkenntnisse zu verschaffen (IDW PS 210, Tz. 59).

Insbesondere können **Mitteilungspflichten** gegenüber den gesetzlichen Vertretern oder/und Vertretern des Aufsichtsorgans geboten sein, wobei die Abfolge der Mitteilungen und die Hierarchieebene, an die die Mitteilung erfolgt, davon abhängt, welchen Personen eine Mitwirkung an der Unregelmäßigkeit unterstellt wird (IDW PS 210, Tz. 60). Bei Wesentlichkeit der Mitteilungsinhalte liegt Eilbedürftigkeit vor; somit sind die Mitteilungspflichten **unverzüglich** zu erfüllen (IDW PS 210, Tz. 61).

Ist im Extremfall eine Verstrickung der gesetzlichen Vertreters in Unregelmäßigkeiten anzunehmen, so sollte das **Aufsichtsorgan** unmittelbar über entsprechende Feststellungen informiert werden (IDW PS 210, Tz. 62).

Insbesondere im Fall des *Top Management-Fraud* muss der Abschlussprüfer abwägen, ob rechtlicher Rat einzuholen ist, u. a. wenn

▶ keine höhere Hierarchieebene vorhanden ist,

▶ nach Auffassung des Abschlussprüfers aus seiner Mitteilung beim Management und/oder beim Aufsichtsorgan möglicherweise keine Konsequenzen gezogen werden oder

▶ der Abschlussprüfer im Zweifel darüber ist, wem zu berichten ist, z. B. weil das Aufsichtsorgan an den Verstößen beteiligt war (IDW PS 210, Tz. 60a).

Bei Feststellung wesentlicher Unregelmäßigkeiten hat der Abschlussprüfer im weiteren Verlauf der Prüfung eine **verstärkte kritische Grundhaltung** einzunehmen. Vom Abschlussprüfer sind im Rahmen seiner **„berufsüblichen Skepsis"** dann u. a. folgende Prüfungshandlungen vorzunehmen:

▶ erhöhte Sorgfalt bei der Auswahl von Art und Umfang der Unterlagen, die als Prüfungsnachweise herangezogen werden,

▶ Einbau eines Überraschungsmoments bei Art, Ort, Zeit und Umfang der Prüfungshandlungen gegenüber dem Mandanten,

▶ verstärkte Absicherung von Aussagen der gesetzlichen Vertreter durch andere Prüfungsnachweise, z. B. Bestätigungen Dritter oder Einholung von Gutachten externer Sachverständiger,

▶ verstärkte Durchführung aussagebezogener Prüfungshandlungen (Einsichtnahme, Inaugenscheinnahme),

▶ Neueinschätzung der vom Unternehmen angewandten Rechnungslegungsmethoden sowie

▶ ggf. Maßnahmen zur Neuzuordnung und Überwachung der im Rahmen der Prüfung eingesetzten Mitarbeiter (IDW PS 210, Tz. 42 ff.).

3. Der risikoorientierte Prüfungsansatz

3.1 Grundstruktur und Definitionen

Bedingt durch die zunehmende Komplexität der Unternehmensumwelt und -strukturen können sich Prüfungen nicht mehr nur am Einzelfall orientieren. Der Fokus der Prüfungshandlungen liegt deshalb auf der Prüfung von **Systemen**. Vorrangiger Gegenstand der Prüfungen ist mithin nicht der einzelne Geschäftsvorfall bzw. die einzelne Transaktion als Ergebnis des Systemwirkens, sondern

- die **Angemessenheit** (Zweckmäßigkeit) und
- die **Wirksamkeit** (Funktionsfähigkeit)

des Systems an sich, um eine generelle Aussage treffen zu können, ob und inwieweit das Systemergebnis fehlerbehaftet sein kann. Hierbei wird der vorgefundene Ist-Zustand des Systems mit den vorgegebenen Systemzielen verglichen, die auch als solche kritisch überprüft werden. Insbesondere sind die Bestandteile und Regeln des Systems zu beurteilen, um Aussagen über die Richtigkeit der Systemergebnisse, Zweckmäßigkeit der Systemabläufe und mögliche Lücken im System abzuleiten.

Die Durchführung von Systemprüfungen erfolgt nach den Regeln des sog. „**risikoorientierten Prüfungsansatzes**". Sein Grundprinzip besteht darin, dass dem herkömmlichen Prüfungsablauf eine Phase der Analyse aller möglicherweise Fehler verursachenden Risiken vorgeschaltet wird. Aus den Erkenntnissen dieser Risikobeurteilung bestimmen sich Prüfungsstrategie und nachfolgendes Prüfungsprogramm: Findet der Prüfer ein schlecht organisiertes Rechnungslegungssystem vor, so folgt hieraus die Erwartung einer hohen Fehlerwahrscheinlichkeit und die nachfolgenden Prüfungshandlungen sind mit besonderer Intensität und Aufmerksamkeit durchzuführen.

Grundlage des Ansatzes sind folgende Definitionen (IDW EPS 261 n. F., Tz. 6):

- Das **inhärente Risiko** stellt die Wahrscheinlichkeit für das Auftreten von wesentlichen Fehlern in einem Prüffeld an sich dar, wobei zunächst der Einfluss des Internen Kontrollsystems (IKS) unberücksichtigt bleibt. Es ist quasi das „natürliche" Unternehmensrisiko.

- Das **Kontrollrisiko** repräsentiert die Wahrscheinlichkeit, dass in Bezug auf ein Prüffeld wesentliche Fehler und Manipulationen durch das IKS nicht verhindert, aufgedeckt oder korrigiert werden, weil dieses nicht zweckmäßig aufgebaut, nicht funktionsfähig oder zeitweise unwirksam ist. Es ist das Risiko aus der vom Management geschaffenen Organisationsstruktur.

- Das **Entdeckungsrisiko** gibt die Wahrscheinlichkeit an, dass der Prüfer falsche Angaben bezüglich eines Prüffelds nicht entdeckt, die für sich genommen oder zusammen mit anderen falschen Angaben wesentlich sind. Es ist das „Berufsrisiko" des Prüfers.

KAPITEL III — Prüfungsstrategie und Prüfungsplanung

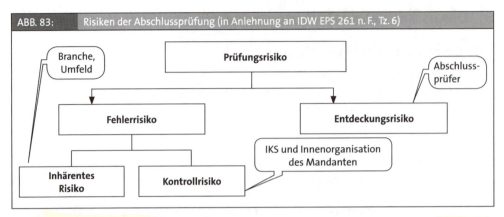

ABB. 83: Risiken der Abschlussprüfung (in Anlehnung an IDW EPS 261 n. F., Tz. 6)

Das **Fehlerrisiko** beziffert die Wahrscheinlichkeit, dass der Jahresabschluss bzw. einzelne Prüffelder **ohne Einwirkung des Abschlussprüfers** wesentliche Fehler oder Falschaussagen enthalten. Diese hängt einerseits von der Risikosituation des geprüften Mandanten und andererseits von der Wirksamkeit des von ihm geschaffenen IKS ab. Somit ergibt sich das Fehlerrisiko aus dem Produkt der beiden Komponenten

▶ inhärentes Risiko sowie

▶ Kontrollrisiko

und kann vom Abschlussprüfer im Rahmen der Prüfung analysiert, aber nicht beeinflusst werden. Die „Grundgleichung des risikoorientierten Prüfungsansatzes" lautet:

*Prüfungsrisiko = Inhärentes Risiko * Kontrollrisiko * Entdeckungsrisiko*

Das **Prüfungsrisiko** gibt die Wahrscheinlichkeit an, dass trotz wesentlicher Fehler ein positives Prüfungsurteil abgegeben wird. Es darf insgesamt ein akzeptables Maß nicht überschreiten. Offizielle Verlautbarungen des IDW beziffern keine diesbezügliche vertretbare Obergrenze. Das Fachschrifttum führt Schwellenwerte von 1 % bis 5 % auf.

Bei einer vorgegebenen Obergrenze des Prüfungsrisikos muss jedenfalls das Entdeckungsrisiko umso niedriger sein, je höher das inhärente und das Kontrollrisiko sind. Wird angenommen, dass aufgrund der unabänderlichen Rahmenbedingungen des Unternehmens das inhärente Risiko fix ist, gilt der Leitsatz der Prüfungsplanung:

„**Je unzuverlässiger das IKS, umso höher ist der notwendige Umfang an ergebnisorientierten, prozessunabhängigen Prüfungshandlungen.**"

Art, Umfang und zeitlicher Ablauf der aussagebezogenen Prüfungshandlungen sind abhängig von der Beurteilung des IKS. Für deren notwendige Intensität gilt:

▶ Bei geringen inhärenten Risiken, einwandfreiem Kontrollumfeld und **funktionsfähigem IKS** brauchen Prüfungshandlungen nur in minimalem Umfang durchgeführt zu werden (d. h. sowohl Unternehmensumwelt als auch prüfungsrelevante Unternehmensorganisation werden als risikoarm eingestuft).

▶ Bei geringen inhärenten Risiken, einwandfreiem Kontrollumfeld und **eingeschränkt funktionsfähigem IKS** sind Prüfungshandlungen in geringem Umfang durchzuführen (d. h. Unternehmensumwelt wird als risikoarm eingestuft, Unternehmensorganisation ist mit leicht erhöhten Risiken behaftet).

▶ Bei wesentlichen inhärenten Risiken, einwandfreiem Kontrollumfeld und **nicht funktionsfähigem IKS** sind Prüfungshandlungen deutlich auszuweiten (d.h. Unternehmensumwelt wird als risikoreich eingestuft, Unternehmensorganisation ist mit erhöhten Risiken behaftet).

▶ Bei wesentlichen inhärenten Risiken, mangelhaftem Kontrollumfeld und **nicht funktionsfähigem IKS** sind Prüfungshandlungen in äußerst hohem Umfang durchzuführen (d.h. Unternehmensumwelt wird als risikoreich eingestuft, Unternehmensorganisation ist mit wesentlichen bzw. bestandsgefährdenden Risiken behaftet).

Die Risikokomponenten wirken wie folgt zusammen:

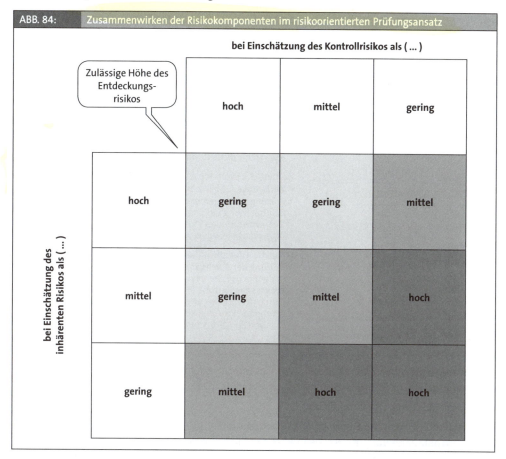

ABB. 84: Zusammenwirken der Risikokomponenten im risikoorientierten Prüfungsansatz

Eine risikoorientierte Prüfung kann grundsätzlich entweder an der Systematik der **Rechnungslegung** oder alternativ an den **Unternehmensprozessen bzw. -funktionen** ansetzen. Im ersteren Fall werden die Prüffelder in Anlehnung an die Jahresabschlusspositionen bestimmt. Bei prozess- bzw. funktionsorientierter Ausrichtung der Prüfung erfolgt die Festlegung der Prüffelder entsprechend

- den Geschäftsprozessen des Unternehmens (finanz- bzw. personalwirtschaftliche Prozesse, Produktionsprozesse) oder
- den betrieblichen Funktionen (Entwicklung, Beschaffung, Logistik, Produktion, Vertrieb).

3.2 Die Teilrisiken des Prüfungsrisikos und ihre Beurteilung

Auf Basis der Vorüberlegungen kann für die Teilrisiken im risikoorientierten Prüfungsansatz überblickend festgestellt werden:

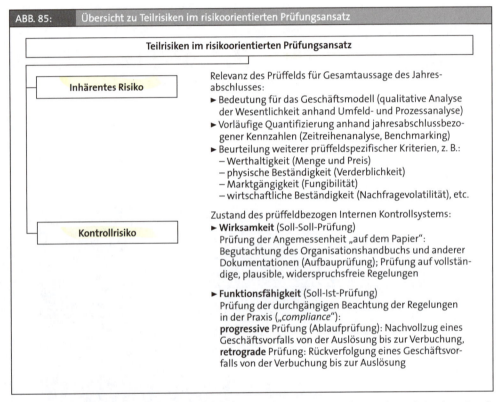

ABB. 85: Übersicht zu Teilrisiken im risikoorientierten Prüfungsansatz

Die **inhärenten Risiken** können sowohl auf Gesamtunternehmensebene als auch in den einzelnen Prüfungsfeldern (prüffeldspezifisch) auftreten (vgl. IDW EPS 261 n. F., Tz. 13 ff.):

- allgemeine (externe) Risikofaktoren:
  - **makroökonomische Faktoren** (z. B. konjunkturelle, gesetzliche und sonstige Entwicklungen, politische Verhältnisse, geänderte rechtliche Vorschriften),
  - **branchenspezifische Faktoren** (z. B. wirtschaftliche Lage der betroffenen Branche, technologische Änderungen, strukturelle Verschiebungen, Standortprobleme, unberechenbare Preisentwicklung und Zahlungsbereitschaft der Kunden),
- **gesamtunternehmensbezogene Faktoren** (z. B. wirtschaftliche Lage des Auftraggebers, Unternehmensart und -größe, Umstrukturierungen, hohes Wachstum, nachteilige Veränderun-

gen der Geschäftstätigkeit, zunehmende Auslandsaktivitäten, ungewöhnliche Geschäfte, Kompetenz und Integrität des Managements und der Mitarbeiter),

- **prozessabhängige Faktoren** (z. B. Umfang, Häufigkeit und Komplexität der Verarbeitungsprozesse, Veränderungen in den eingesetzten IT-Systemen, Manipulationsanfälligkeit in Bezug auf die Beschaffenheit der Vermögensgegenstände hinsichtlich Diebstahl, Betrug, Unterschlagung),
- **prüffeldspezifische Faktoren** (z. B. Art, Fungibilität und Fehleranfälligkeit der Vermögensgegenstände, Komplexität der Verarbeitungsvorgänge, Schätzgrößen bzw. Ermessensspielräume bei der Bewertung).

Es lassen sich bezüglich obiger Faktoren z. B. folgende **Tendenzaussagen** treffen:

- Je größer das wirtschaftliche Risiko in der Branche und im Umfeld des Unternehmens ist (z. B. durch strukturelle Fehlentwicklungen, mangelnde Amortisation von Investitionen, Überkapazitäten, Preiswettbewerb), desto höher ist die Wahrscheinlichkeit für Falschaussagen im Jahresabschluss.
- Je geringer das Risikobewusstsein im Management ausgeprägt ist, desto größer wird die Wahrscheinlichkeit von Fehlern und Fehleinschätzungen.
- Je höherwertiger ein Vermögensgegenstand, umso größer ist das Bewertungsrisiko (Wertänderungsrisiko).
- Je fungibler ein Vermögensgegenstand, desto größer das Unterschlagungsrisiko.
- Je komplexer ein Verarbeitungsvorgang ist und je weniger Standards und Routinen bestehen, desto größer wird die Wahrscheinlichkeit für Verarbeitungsfehler.

Die inhärenten Risiken sind großteils mit denjenigen Unternehmensrisiken identisch, über die sich der Abschlussprüfer gemäß IDW PS 230, Tz. 9 schon vor der Auftragsannahme vorläufige Kenntnisse verschaffen muss.

Die für den Prüfer notwendigen Kenntnisse beinhalten das grundlegende Wissen um die allgemeine wirtschaftliche Lage sowie die besonderen Merkmale und Verhältnisse der jeweiligen Branche (IDW PS 230, Tz. 5). Relevant sind vor allem schädliche Regulierungen oder Konzentrationen auf gleich-, vor- oder nachgelagerten Wertschöpfungsstufen. Entsprechende Informationen und Indikatoren lassen sich im Rahmen der sog. **PEST-Analyse** sammeln und klassifizieren (*political, economical, social and technological influences*). Das dieser Analyse zugrunde liegende theoretische Modell wird durch die sog. fünf Triebkräfte des Branchenwettbewerbs nach Porter („*five forces-model*") gebildet, und zwar

- Verhandlungsstärke der Lieferanten (einschließlich Arbeitnehmer),
- Verhandlungsstärke der Abnehmer,
- Substituierbarkeit der Produkte bzw. Leistungen,
- Höhe der Markteintrittsbarrieren einschließlich potenzieller neuer Konkurrenten und relevanter Regulierungsbestimmungen,
- Grad der Rivalität unter den bestehenden Wettbewerbern der Branche.

ABB. 86:	Informationen und Indikatoren der PEST-Analyse
Konjunkturelle Entwicklungen	▶ Branchenkonjunktur, Auftragseingänge, ▶ Wechselkurs- und Außenhandelsentwicklung (bei nennenswertem Export)
Strukturelle Entwicklungen	▶ Investitionsverhalten und Investitionsbereitschaft, ▶ Entwicklung des Nachfrageverhaltens, der Zahlungsbereitschaft
Technologische Entwicklungen	▶ Anlagenintensität, Investitionsbedarf, Fixkosten, ▶ Änderungen der Produktionstechnologie, ▶ Entwicklung alternativer Produktionsmethoden, ▶ Forschungs- und Entwicklungstätigkeit, Patentanmeldungen, ▶ technologische Entwicklungen ausländischer Anbieter
Politische Entwicklungen	▶ Rechtliches Umfeld, Gesetzesvorhaben, ▶ Patentschutz, ▶ Entwicklung von Kontingentierungen, Zulassungen, Subventionen, ▶ Entwicklung der Steuerpolitik, ▶ Einführung von Gebühren (z. B. Maut, Pfand), ▶ Umweltpolitik und diesbezügliche relevante Regulierungen
Soziologische und ökologische Entwicklungen	▶ Demographische Entwicklung, Lebenserwartung, Haushaltsgröße, ▶ Mobilität, Freizeitverhalten, Konsumgewohnheiten, ▶ Lifestyle, Trends, Modeabhängigkeit, ▶ Entwicklung des Umweltbewusstsein, Boykotttendenzen
Entwicklungen auf dem Absatzmarkt	▶ Auftragseingänge, ▶ Entwicklung der Erzeuger- und Verbraucherpreise, ▶ Vorhandensein von Großabnehmern, ▶ Absatzmöglichkeiten im Export, ▶ Möglichkeit der Schaffung von Markenimage, Alleinstellungspositionen
Entwicklungen auf dem Beschaffungsmarkt	▶ Sicherung der Rohstoffbasis, ▶ Preisentwicklung der Rohstoffe, ▶ Problematik bei der Rohstoffgewinnung, ▶ Marktmacht von Lieferanten
Entwicklungen auf dem Arbeitsmarkt und Kapitalmarkt	▶ Entwicklung der Lohnstückkosten und Lohnnebenkosten, ▶ Verfügbarkeit von Know-how, ▶ Inflations- und Zinsentwicklung sowie ggf. bestehende Abhängigkeiten, ▶ Verfügbarkeit von Krediten (z. B. Rating)

Der Abschlussprüfer benötigt daneben spezifisches Wissen über die Unternehmensstrategie, die Geschäftsrisiken und den Umgang mit ihnen sowie die Abläufe bzw. Geschäftsprozesse im Unternehmen (IDW PS 230, Tz. 2). Dieses lässt sich mit Hilfe der sog. **SWOT-Analyse** systematisieren (*„strengths, weaknesses, opportunities, threats"*).

In diesem Rahmen werden Erfolgspotenziale aus Sicht der Abnehmer systematisch gesammelt und mit Hilfe von Indikatoren operationalisiert, die das Unternehmen und dessen Leistungsprogramm von direkten Konkurrenten nachhaltig abheben können. Im Zuge einer *top down*-Analyse sind dabei die Systeme, Ressourcen, Prozesse und Funktionen zu begutachten.

ABB. 87:	Informationen und Indikatoren der SWOT-Analyse
Management-/ Geschäftsführungsinstrumente	► *Corporate Governance*-System, Führungsstil, Leitungsspanne ► Fachliches Know-how, Branchenerfahrung, Vergütungssystem ► Controlling, IT-System, Informationssystem, Reporting
Personal	► Arbeitsauslastung, Arbeitsproduktivität, Krankenstand, Fehlzeiten ► Altersstruktur, Ausbildungsstand, Fortbildung ► Auswahl- und Beurteilungsverfahren, Personalentwicklung ► Fluktuation, Arbeitsklima, Motivation
Leistungserstellung	► Qualität, Preiswürdigkeit, Reklamationsquote ► Technischer Standard, Umweltverträglichkeit, Innovationsgrad ► Fertigungstiefe, *make or buy*-Verhältnis ► Ablauf und Effizienz des Leistungserstellungsprozesses ► Kapazitätsauslastung, Leerzeiten und -kosten
Beschaffung	► Rechtliche Bedingungen der Beschaffung, AGB´s ► Einkaufspreise, Einkaufsbedingungen, Einkaufskooperationen ► Lieferantenzahl, Lieferantenstreuung, Lieferverzögerungen ► Art und Umfang der Lagerhaltung, Lagerbindung, Logistikkosten
Absatz	► Rechtliche Bedingungen des Absatzes, AGB´s ► Auftragsbestand und -eingang, Kontingente, Abnahmeverträge ► Absoluter und relativer Marktanteil, Marktanteilsveränderungen ► Kundenakquisition, Kundentreue, Kundenzufriedenheit ► Großkunden, Kundenabhängigkeit, Kundenbonität ► Preispolitik, Konditionenspreizung
Finanzen	► Finanzstruktur und -relationen ► Liquidität, Cashflow, Liquiditätsreserven, Kreditspielraum ► Investitionsquote, Zinsquote

Die Kenntnisse bilden die Grundlage für den gesamten weiteren Prüfungsprozess und seinen sachgemäßen Abschluss. Stellt der Prüfer bestimmte schädliche Konzentrationen fest, so kann dies eine erhöhte Fehlerwahrscheinlichkeit für Abschlusspositionen induzieren.

Sieht sich das Mandantenunternehmen etwa einem marktmächtigen Großabnehmer gegenüber, so könnten insbesondere die Umsatzerlöse, die Vorräte an Fertigwaren und die Forderungen erhöht risikobehaftet sein. Steht das Unternehmen einer forschungsintensiven Branche regulatorischen Problemen bezüglich Geheimhaltung und Patentschutz gegenüber, so stellt sich die Frage nach der Werthaltigkeit der von Dritten eingekauften Entwicklungsergebnisse.

Das vorläufige Bild ist nach Auftragsannahme um die **Einholung detaillierter Informationen über die Geschäftstätigkeit, das wirtschaftliche und rechtliche Umfeld** des Unternehmens zu erweitern und zu aktualisieren. Entsprechende Informationen werden in den Arbeitspapieren abgelegt. Dies legt nicht nur einen instruktiven Mehr-Jahres-Vergleich als Grundlage der Feststellung von Wesentlichkeitsgrenzen und der Ausübung prüferischen Ermessens offen, sondern ermöglicht insbesondere auch neuen Mitgliedern im Prüfungsteam eine rasche und zielgerichtete Einarbeitung.

KAPITEL III — Prüfungsstrategie und Prüfungsplanung

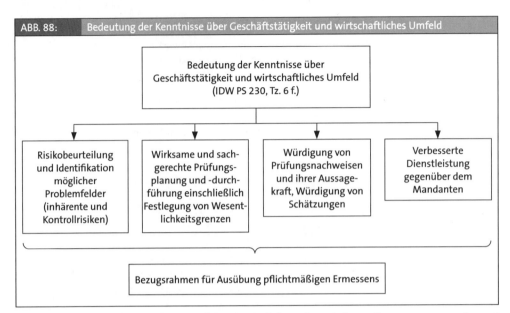

ABB. 88: Bedeutung der Kenntnisse über Geschäftstätigkeit und wirtschaftliches Umfeld

Während der gesamten Prüfung sind kontinuierlich weitere Informationen zu sammeln und hinsichtlich möglicher Konsequenzen für Prüfungsplanung und -durchführung zu würdigen (IDW PS 230, Tz. 12).

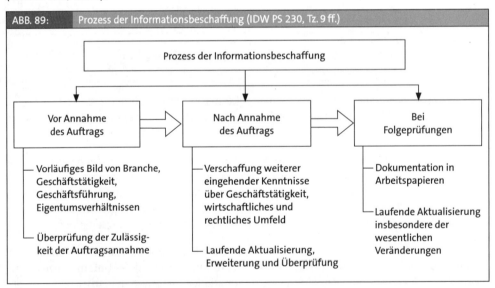

ABB. 89: Prozess der Informationsbeschaffung (IDW PS 230, Tz. 9 ff.)

Quellen der Informationsbeschaffung für den Prüfer stellen insbesondere dar:

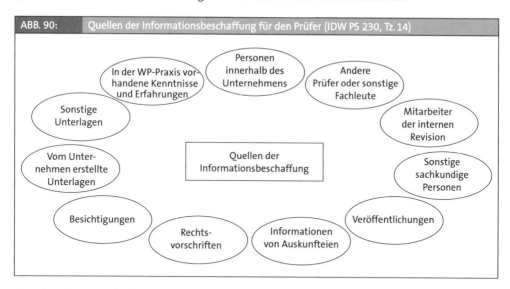

ABB. 90: Quellen der Informationsbeschaffung für den Prüfer (IDW PS 230, Tz. 14)

Eine detaillierte Aufstellung der vom Prüfer geforderten Kenntnisse ist dem Anhang zum IDW PS 230 zu entnehmen (vgl. nachfolgende Abbildung).

ABB. 91: Kenntnisse des Prüfers über die Geschäftstätigkeit, das wirtschaftliche und rechtliche Umfeld des Unternehmens

Gesamtwirtschaftliche Rahmenbedingungen	Branchenentwicklung mit Einfluss auf das Unternehmen	Unternehmensspezifische Merkmale		
		Eigentümerstruktur, Führung und Überwachung des Unternehmens	Geschäftsaktivitäten (Produkte, Märkte, Zulieferer, Aufwandsstruktur)	Finanzieller und rechtlicher Rahmen
▲ Konjunkturelle Situation (z. B. Rezession, Wachstum) ▲ Zinsniveau und Kapitalmarktsituation ▲ Geldwertentwicklung ▲ Wirtschaftspolitische Maßnahmen (Geldpolitik, Haushaltspolitik, Steuerpolitik, subventionspolitische Maßnahmen, sozial- und arbeitsmarktpolitische Maßnahmen, zoll- und handelspolitische Maßnahmen) ▲ Wechselkurse, Beschränkungen des Kapitalverkehrs	▲ Wettbewerbs- und Marktverhältnisse ▲ Besondere Aspekte der Branchenkonjunktur in den für das Unternehmen relevanten Märkten ▲ Veränderungen der Produktionstechnologien einschließlich deren Veränderungsgeschwindigkeit ▲ Phase im Produktlebenszyklus ▲ Besondere Branchenrisiken ▲ Wachstums- oder Schrumpfungsbranche ▲ Position des Unternehmens in der Branche ▲ Besondere Bilanzierungsvorschriften und -probleme ▲ Besondere rechtliche Rahmenbedingungen ▲ Sonstige Besonderheiten	▲ Gesellschaftsrechtliche Organisationsform einschließlich vollzogener oder geplanter Änderungen ▲ Eigentümer und nahe stehende Unternehmen oder Personen ▲ Organisationsstruktur ▲ Ziele und Philosophie der Geschäftsführung einschließlich Unternehmensstrategie ▲ Vollzogene oder geplante Beteiligungserwerbe/-veräußerungen und Umstrukturierungen ▲ Finanzierungsquellen und -arten einschließlich Änderungen im Zeitablauf ▲ Geschäftsführendes Organ (Zusammensetzung, Reputation und Erfahrungen der einzelnen Mitglieder, Risikoeinstellung etc.) ▲ Existenz erfolgsabhängiger Vergütungssysteme ▲ Aufsichtsorgan und ggf. Bilanzausschuss ▲ Nachgeordnete Führungsebenen ▲ Interne Revision (Existenz, Qualität) ▲ Kontrollbewusstsein und -umfeld ▲ Management-Informations-System	▲ Art der Geschäftsaktivitäten ▲ Produktions-, Vertriebs- und Verwaltungsstandorte ▲ Personalbereich ▲ Produkte oder Dienstleistungen und Absatzmärkte (z. B. Hauptabnehmer, bedeutende Verträge, Marktanteile, Wettbewerber, Qualitäts-, Preis- und Marktstrategien) ▲ Beschaffungsmarkt (z. B. Zulieferer, bedeutende Verträge, besondere Beschaffungsrisiken) ▲ Ausmaß der Lagerhaltung, Wertvolatilität, Risiko des Untergangs ▲ Lizenzen, Patente, Franchise-Verträge ▲ Bedeutsame Aufwands- bzw. Kostenarten ▲ Forschung und Entwicklung ▲ Fremdwährungstransaktionen und auf Fremdwährung lautende Vermögenswerte und Verpflichtungen einschließlich Sicherungsgeschäfte, ggf. nach Währungen differenziert ▲ Eingesetzte Informationstechnologie einschließlich geplanter Änderungen ▲ Finanzierungsstruktur und -möglichkeiten	▲ Bedeutsame Kennziffern ▲ Entwicklung im Zeitablauf ▲ Externe Faktoren von wesentlichem Einfluss auf die Berichterstattung des Unternehmens ▲ Bedeutsame rechtliche Anforderungen ▲ Charakteristika des Gesetzgebungsverfahren und hieraus resultierende Einflüsse ▲ Besteuerung ▲ Besondere Rechnungslegungs- und Berichterstattungspflichten ▲ Anforderungen an die Berichterstattung des Abschlussprüfers ▲ Schutzvorschriften für die Adressaten von Jahresabschluss und Lagebericht

Quelle: IDW PS 230, Anhang.

Im Ergebnis stellen die inhärenten Risiken die eigentlichen Ursachen für Fehler im Jahresabschluss dar, sie bestehen aber unabhängig von der Durchführung der Prüfung. Die im Rahmen der Risikoanalyse erworbenen Kenntnisse befähigen den Prüfer zu einer fundierten Beurteilung, welche betrieblichen Ereignisse, Geschäftsvorfälle, Geschäftspraktiken sowie betrieblichen Prozesse sich wesentlich auf den zu prüfenden Abschluss auswirken können. Sie bilden somit den Bezugsrahmen für die Prüfungsplanung und Würdigung der Prüfungsnachweise.

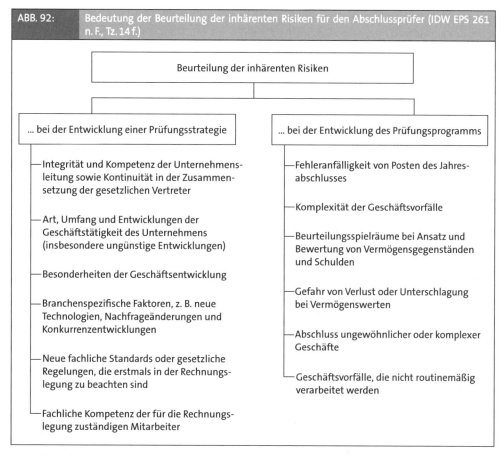

ABB. 92: Bedeutung der Beurteilung der inhärenten Risiken für den Abschlussprüfer (IDW EPS 261 n. F., Tz. 14 f.)

Zentrales Erkenntnisobjekt für den Prüfer in dieser Phase ist die Kausalitätskette:

▶ Sind Geschäftstätigkeit und Geschäftsprozesse des zu prüfenden Unternehmens durch besondere Spezifika gekennzeichnet (z. B. Forschungsintensität, Anlagenintensität, Beschaffungsengpässe, Internationalität, Preisdumping)?

▶ Wie wirken sich diese Spezifika auf die Struktur des Jahresabschlusses aus (z. B. Ausweis an immateriellen Vermögensgegenständen, Vorräten, Forderungen), d. h., in welcher Weise wird die Abschlussstruktur durch die Geschäftstätigkeit geprägt?

▶ Bestehen diesbezüglich besondere Konzentrationen oder Abhängigkeiten, die wesentliche Fehler hervorrufen können (z. B. Nutzungsdauern des Anlagevermögens, Werthaltigkeit der Vorräte oder Forderungen, Volatilität der Umsatzerlöse)?

Bei einem Mandanten mit nahezu lagerloser Leistungserstellung macht eine vorrangige Analyse der Vorratsbilanzierung und des lagerbezogenen Kontrollsystems somit wenig Sinn. Gleiches gilt für die Forderungsanalyse, wenn in der Branche überwiegend Bargeschäfte getätigt werden. Andererseits wird bei gefahrgeneigter Leistungserstellung z. B. den Rückstellungen besondere Aufmerksamkeit gewidmet werden müssen.

Der Prüfer muss sich im Vorfeld den möglicherweise in der Folge „kritischen" Prüffeldern bewusst sein. Er hat sodann der Problemstellung nachzugehen, ob und inwieweit das Management des geprüften Unternehmens in Bezug auf die aus seiner Sicht neuralgischen Handlungsfelder geeignete Organisationsmechanismen zu deren Überwachung und Bewältigung getroffen hat, d. h. er geht zu der Beurteilung des sog. Kontrollrisikos über.

Das **Kontrollrisiko** quantifiziert die Wirksamkeit des IKS. Für seine Erfassung und Beurteilung sind von wesentlicher Bedeutung:

▶ **das Kontrollumfeld:** Relevante Faktoren sind die Unternehmenskultur, die Risikoneigung, das Kontrollbewusstsein und die Einstellung des Managements gegenüber Überwachung, die Organisationsstruktur – hierbei insbesondere die Stellung der Internen Revision – und die tatsächliche Handhabung von internen Kontrollverfahren;

▶ **das System des Rechnungswesens:** Faktoren, die dessen Ordnungsmäßigkeit beeinflussen, sind die Organisation der Buchführung, die angewandten Buchführungsverfahren, Arten von Nebenbuchhaltungen und deren Abstimmung, Systematik und Gliederungstiefe des Kontenplans, Organisation des Belegwesens, Grundsätze der Kontenführung, Art und Umfang des IT-Einsatzes, Vorhandensein automatischer oder manueller Abstimmungsmöglichkeiten sowie die Form der Behandlung festgestellter Differenzen;

▶ **die Kontrollaktivitäten:** Diese beziehen sich auf das Vorhandensein und die Wirksamkeit von Vollständigkeitskontrollen, Bestandskontrollen, Genehmigungskontrollen, Verarbeitungskontrollen und Kontrollen durch Funktionstrennung.

Ein hohes Kontrollrisiko resultiert entweder aus einem schlechten Kontrollumfeld, einem unzweckmäßigen System des Rechnungswesens, einem mangelhaften Aufbau des IKS oder der mangelnden Funktionsfähigkeit bzw. Ausführung vorgesehener Kontrollen. Die Kontrollrisiken sind umso niedriger, je besser das IKS funktioniert, mithin besteht ein inverser Zusammenhang.

Der Abschlussprüfer muss diese Risiken beurteilen, um darauf seine Prüfungsstrategie auszurichten. Eine falsche Einschätzung des Kontrollrisikos durch den Abschlussprüfer führt regelmäßig dazu, dass er zu Unrecht auf die Wirksamkeit und Funktionsfähigkeit des IKS vertraut oder diese zu Unrecht ablehnt. Ein hohes Kontrollrisiko ist grundsätzlich bei Geschäften mit sog. **nahe stehenden Personen** und Unternehmen anzunehmen (IDW PS 255, Tz. 7 f.). Bei diesen handelt es sich um:

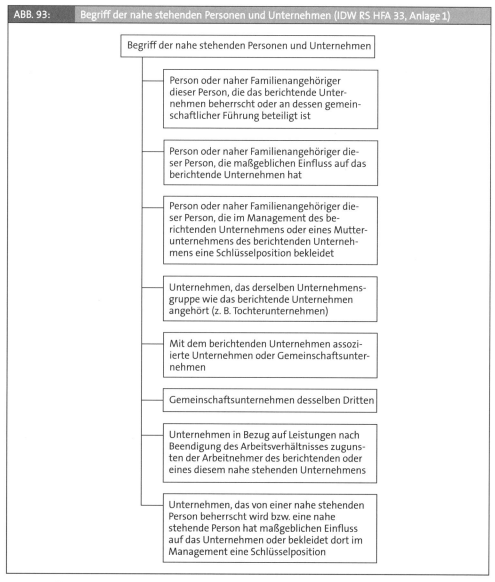

ABB. 93: Begriff der nahe stehenden Personen und Unternehmen (IDW RS HFA 33, Anlage 1)

Der Begriff **„nahe stehende Unternehmen und Personen"** ist i. S. des zum jeweiligen Abschlussstichtag geltenden, d. h., in europäisches Recht übernommenen IAS 24 zu verstehen. IAS 24.9 definiert nahe stehende Unternehmen und Personen (in einem abschließenden Katalog), nahe Familienangehörige und Personen in Schlüsselpositionen (IDW HFA RS 33, Tz. 8). Nach IAS 24.9 sind

▶ **nahe Familienangehörige** einer natürlichen Person solche Familienmitglieder, von denen angenommen werden kann, dass sie bei Transaktionen mit dem Unternehmen auf die natürliche Person Einfluss nehmen oder von ihr beeinflusst werden können, z. B. eigene Kinder und Ehegatte oder Lebenspartner sowie Kinder dieser Person;

▶ **Personen in Schlüsselpositionen** solche Personen, die direkt oder indirekt für die Planung, Leitung und Überwachung der Tätigkeiten des Unternehmens zuständig und verantwortlich sind; dies schließt Mitglieder der Geschäftsführungs- und Aufsichtsorgane ein (IDW HFA RS 33, Tz. 10 f. i.V. mit Anlage 1).

Der Begriff „**Geschäft**" ist in einem weiten, funktionalen Sinn zu verstehen und umfasst Rechtsgeschäfte sowie andere getroffene Maßnahmen. Diese betreffen zumeist eine entgeltliche oder unentgeltliche Übertragung oder Nutzung von Vermögensgegenständen, die Einräumung von Krediten oder die Erbringung von Dienstleistungen. Es handelt sich mithin um alle Transaktionen rechtlicher und wirtschaftlicher Art, die sich auf die gegenwärtige und künftige Finanzlage eines Unternehmens auswirken können (IDW HFA RS 33, Tz. 4).

Typische mit nahe stehenden Personen abgewickelte Geschäfte betreffen etwa

▶ den Kauf oder Verkauf von Vermögensgegenständen,

▶ den Bezug oder die Erbringung von Dienstleistungen,

▶ die Nutzung oder Nutzungsüberlassung von Vermögensgegenständen,

▶ Finanzierungen (inkl. *Cash-Pooling*),

▶ die Gewährung oder den Erhalt von Bürgschaften oder anderen Sicherheiten,

▶ Produktionsverlagerungen auf ein nahe stehendes Unternehmen,

▶ Stilllegungen von Betriebsteilen zwecks Übertragung von Marktanteilen auf ein nahe stehendes Unternehmen,

▶ Abreden im Ein- oder Verkauf,

▶ die Übernahme der Erfüllung von Verbindlichkeiten (befreiende Schuldübernahme i.S.v. §§ 414 f. BGB oder auch Schuldmitübernahme),

soweit sie „tatsächlich zustande gekommen" und für die Beurteilung der Finanzlage einzeln oder zusammen mit anderen gleichartigen oder wirtschaftlich zusammengehörenden Geschäften wesentlich sind (IDW HFA RS 33, Tz. 5 ff.).

Das vermutete erhöhte Kontrollrisiko besteht u. a. darin,

▶ die Geschäfte (nicht) vollständig und ordnungsmäßig zu verbuchen,

▶ die Konditionen der Geschäfte als (nicht) angemessen zu beurteilen.

Wenngleich Beziehungen zu und Geschäfte mit nahe stehenden Personen einen „normalen Bestandteil des wirtschaftlichen Lebens" (IDW PS 255, Tz. 10) darstellen, muss der Abschlussprüfer dennoch diesen Beziehungen bei der Prüfungsplanung ein besonderes Augenmerk zukommen lassen, da

▶ von nahe stehenden Personen erstellten oder beigebrachten Prüfungsnachweisen ein tendenziell geringer Zuverlässigkeitsgrad beigemessen werden muss und

▶ derartige Geschäftsvorfälle ggf. nicht in kaufmännischen, sondern persönlichen Motiven (Begünstigung und damit ggf. Untreue) begründet sein können.

Aus diesem Grund sind hierzu folgende besonderen Prüfungshandlungen geboten:

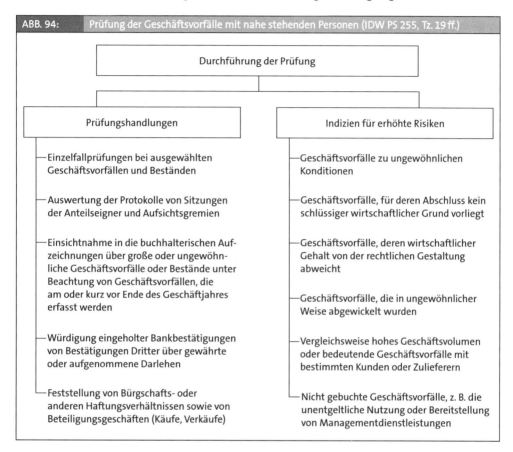

ABB. 94: Prüfung der Geschäftsvorfälle mit nahe stehenden Personen (IDW PS 255, Tz. 19 ff.)

Ziel der Prüfungshandlungen ist eine verlässliche Aussage darüber, ob die Geschäftsvorfälle mit nahe stehenden Personen von wesentlicher Bedeutung ordnungsmäßig in der Rechnungslegung erfasst und offen gelegt worden sind (IDW PS 255, Tz. 21). Falls das Management im Jahresabschluss eine Aussage darüber trifft, ob diese Geschäfte zu marktüblichen Bedingungen zustande gekommen sind (vgl. etwa § 285 Satz 1 Nr. 21 HGB), muss der Abschlussprüfer auch diesbezüglich ausreichende geeignete Prüfungsnachweise erlangen (IDW PS 255, Tz. 23c).

Falls der Abschlussprüfer im Rahmen der Prüfung Geschäftsvorfälle mit nahe stehenden Personen von wesentlicher Bedeutung feststellt, die ihm nicht vorab von Seiten der gesetzlichen Vertreter mitgeteilt worden sind, sind ggf. unter erneuter Risikoeinschätzung erweiterte Prüfungshandlungen vorzunehmen. Weiter ist von Seiten des Abschlussprüfers die Ursache dafür festzustellen, dass das Interne Kontrollsystem diese Geschäftsvorfälle nicht offen gelegt hat (IDW PS 255, Tz. 23a).

Bei identifizierten Geschäftsvorfällen mit nahe stehenden Personen außerhalb der üblichen Geschäftstätigkeit hat der Abschlussprüfer einzuschätzen, ob

- der fehlende wirtschaftliche Hintergrund darauf schließen lässt, dass die Geschäftsvorfälle zur Fälschung der Rechnungslegung oder zur Unterschlagung von Vermögenswerten vorgenommen worden sein könnten,
- die Bedingungen der Geschäftsvorfälle in Einklang mit den Erklärungen der gesetzlichen Vertreter stehen,
- die Geschäftsvorfälle ordnungsmäßig in der Rechnungslegung erfasst und offen gelegt worden sind (IDW PS 255, Tz. 23b).

Ob ein Geschäft zu marktunüblichen Bedingungen abgeschlossen wurde, ist – unter Beachtung des Grundsatzes der Wesentlichkeit – über einen Drittvergleich für den Zeitpunkt des Verpflichtungsgeschäfts zu beurteilen. Maßstab für das Vorliegen eines marktüblichen Geschäfts ist das Vorgehen eines fremden Dritten bei vergleichbaren Verhältnissen (IDW HFA RS 33, Tz. 11).

Eine Gesamtschau von in der Praxis verbreiteten inhärenten sowie Kontrollrisiken lässt sich der empirischen Krisenforschung entnehmen. Der Prüfer kann entsprechende wissenschaftliche Erkenntnisse als Maximalkatalog, Grundraster und damit Ausgangspunkt seiner Überprüfung der individuellen Mandantensituation einsetzen.

ABB. 95: Typische Krisenursachen als Ausgangspunkt erhöhter Unternehmensrisiken

(1) Krisenpotenzial in der Person des Unternehmers
- ▶ Ein-Mann-Regiment
- ▶ Unangemessen patriarchalischer Führungsstil
- ▶ Entscheidungsschwäche
- ▶ Personalfluktuation im Management

(2) Mängel der Mitarbeiterführung
- ▶ Zentralistischer Führungsstil
- ▶ Koordinationsmängel
- ▶ Kontrollmängel

(3) Mängel in der Organisation
- ▶ Unüberschaubare Organisationsstrukturen
- ▶ Rechtsformnachteile
- ▶ Zu großspurige Umstrukturierungen
- ▶ Konflikte mit Arbeitnehmern

(4) Überhastete Expansion
- ▶ Unkritisches Streben nach Umsatzerhöhung oder Marktanteilsausweitung
- ▶ Aufbau von Leerkapazitäten
- ▶ Fehlerhafte Terminierung von Produkteinführungen

(5) Mängel im Absatzbereich
- ▶ Mangelnder Einklang von Kundenbedürfnissen und Produkteigenschaften
- ▶ Mangelhafte Sortimentsgestaltung
- ▶ Mängel im Vertriebssystem

(6) Mängel im Produktionsbereich
- ▶ Unzeitgemäße Technologie
- ▶ Hoher Produktionsausschuss
- ▶ Mangelhafte Steuerung
- ▶ Unwirtschaftliche Eigenfertigung statt Fremdbezug

(7) Mängel in der Beschaffung und Logistik
- ▶ Unkritische Bindung an Lieferanten
- ▶ Wechselkursrisiken
- ▶ Mangelhafte Lagerstandortwahl

(8) Mängel im Personalwesen
- ▶ Mangelhafte Personalplanung
- ▶ Hohe Fluktuation
- ▶ Mangelhafte Gehaltsstrukturen/Anreizsysteme

(9) Mängel im Investitionsbereich
- ▶ Mangelhafte Investitionsplanung und -entscheidungsfindung
- ▶ Fehleinschätzung des Investitionsvolumens
- ▶ Koordinationsmängel im Investitionsprozess

(10) Mängel in der Forschung und Entwicklung
- ▶ Unzureichende FuE-Tätigkeit
- ▶ Fehlendes Know-how
- ▶ Mangelhaftes Kontrollsystem
- ▶ starres Budgetdenken

(11) Eigenkapitalmangel bzw. zu hoher Verschuldungsgrad
- ▶ Hohe Zinsbelastung
- ▶ Niedrige Kreditwürdigkeit
- ▶ Substitutions- und Prolongationsrisiko

(12) Mangelhaftes Planungs- und Kontrollsystem
- ▶ Fehlendes bzw. mangelhaftes Internes Überwachungssystem
- ▶ Unzureichende Kostenrechnung und Kalkulation
- ▶ Mangelhafte Erfolgsaufschlüsselung und -analyse
- ▶ Fehlende Finanzplanung
- ▶ Mangelhafte Projektplanung

Quelle: *IDW*, WP-Handbuch, Band II, 13. Aufl., Tz. F 129.

Das **Entdeckungsrisiko** ist auf der Prüferebene angesiedelt und stellt das Risiko dar, dass der Prüfer fälschlicherweise ein Positivtestat erteilt. Es ist – anders als das Fehlerrisiko – **direkt durch die Tätigkeit des Prüfers beeinflussbar,** indem dieser Art, Umfang und Zeitpunkt der aussagebezogenen Prüfungshandlungen variiert, z. B. den Umfang an Einzelprüfungen erhöht (IDW EPS 261 n. F., Tz. 10).

Ist das Fehlerrisiko niedrig, kann ein höheres Entdeckungsrisiko akzeptiert werden (IDW EPS 261 n. F., Tz. 9). Der Abschlussprüfer muss aber auch bei niedrigem Fehlerrisiko jedenfalls in wesentlichen Prüffeldern ein unverzichtbares Mindestmaß an aussagebezogenen Prüfungshandlungen (dies sind analytische bzw. Einzelfallprüfungen) vornehmen. Zur Typisierung von Prüfungshandlungen vgl. im Einzelnen Kapitel III.5.

Das Risiko der Fehlerunterlaufung bei analytischen Prüfungshandlungen wird als analytisches Risiko, das bei Einzelfallprüfungen als Testrisiko bezeichnet.

▶ Das **analytische Risiko** beziffert die Wahrscheinlichkeit, dass der Abschlussprüfer wesentliche, schon vom IKS nicht aufgedeckte Fehler des Prüfungsobjekts, durch analytische Prüfungshandlungen nicht offen legt.

▶ Das **Testrisiko** wird als die Wahrscheinlichkeit definiert, dass der Abschlussprüfer aufgetretene und weder durch das IKS noch aufgrund analytischer Prüfungshandlungen entdeckte wesentliche Fehler mit Hilfe detaillierter ergebnisorientierter Prüfungshandlungen ebenfalls nicht zu Tage fördert.

▶ Das auf **Stichprobenprüfungen** zurückzuführende Testrisiko quantifiziert die Wahrscheinlichkeit, dass wesentliche Fehler bei stichprobenbasierten Tests nicht aufgedeckt werden, z. B. weil die falsche Stichprobenmethode angewandt wurde, die Grundgesamtheit falsch definiert wurde, es Mängel in der Durchführung der Stichprobe gab (falsche Auswahl der Elemente) oder weil die Stichprobenergebnisse zu falschen Schlussfolgerungen über die Grundgesamtheit führten.

▶ **Außerhalb von Stichprobenprüfungen** kommen z. B. folgende Risiken in Betracht: falsche Interpretation von Prüfungsergebnissen, ungeeignete Prüfungsmethodenwahl oder falsche Prüfungsdurchführungen.

Vor der weiteren Erörterung der Prüfung des Internen Kontrollsystems sollen zunächst dessen Elemente (Aufbauorganisation) und Prozessschritte (Ablauforganisation) aufgezeigt werden.

4. Die Prüfung des Internen Kontrollsystems

4.1 Begriff und Bedeutung des Internen Kontrollsystems

Nach *Lück* (DB 1998 S. 9) ist **Kontrolle** bzw. **Überwachung** ein „mehrstufiger Informations- und Entscheidungsprozess, der alle Maßnahmen umfasst, durch die festgestellt werden soll, ob Zustände oder Vorgänge einer Norm entsprechen bzw. normgerecht durchgeführt werden".

Das **Interne Kontrollsystem (IKS)** stellt die Gesamtheit aller Regelungen (Grundsätze, Verfahren und Maßnahmen) eines Unternehmens dar, die

▶ die Sicherung der Wirksamkeit und Wirtschaftlichkeit der Geschäftstätigkeit (inklusive Schutz des Vermögens, Verhinderung und Aufdeckung von Vermögensschädigungen),

▶ die Ordnungsmäßigkeit und Verlässlichkeit der internen und externen Rechnungslegung sowie

▶ die Einhaltung der relevanten rechtlichen Vorschriften

zum Ziel haben (vgl. IDW EPS 261 n. F., Tz. 19). In der Fachliteratur werden als steuerungsrelevante Ziele außerdem gelegentlich

▶ die Sicherstellung der Einhaltung der Geschäftspolitik und

▶ die Förderung des betrieblichen Wirkungsgrads sowie der Effizienz der Geschäftsprozesse genannt. Unter den Schutz des Vermögens ist nicht nur die Vermeidung negativer Auswirkungen vorsätzlicher, doloser Handlungen, sondern auch die Verhinderung von Verlusten infolge mangelhafter, unrationeller Arbeitsweisen oder Organisationsmängeln (Opportunitätskosten) zu subsumieren.

Insoweit beschränkt sich das IKS nicht nur auf den Zahlungsverkehr, die Buchhaltung und das Rechnungswesen i. e. S., sondern betrifft alle betrieblichen Funktions- und Dienstleistungsbereiche. Es umfasst folgende **Bestandteile** (IDW EPS 261 n. F., Tz. 20):

- organisatorische Sicherungsmaßnahmen,
- (prozessabhängige) Kontrollen sowie
- die (prozessunabhängige) Prüfungstätigkeit der Internen Revision,

und enthält folgende **Komponenten bzw. Prozessschritte** (IDW EPS 261 n. F., Tz. 29):

- das Kontrollumfeld,
- Risikobeurteilungen,
- Kontrollaktivitäten,
- Information und Kommunikation sowie
- die Überwachung des IKS,

die zueinander in **wechselseitiger Beziehung** stehen.

Das IKS stellt dabei keinen eigenen Unternehmensbereich i. S. einer abgrenzbaren Abteilung dar, sondern bildet vielmehr die Gesamtheit aller organisatorischen Maßnahmen im Unternehmen ab, welche die vorgenannten Aufgaben erfüllen sollen.

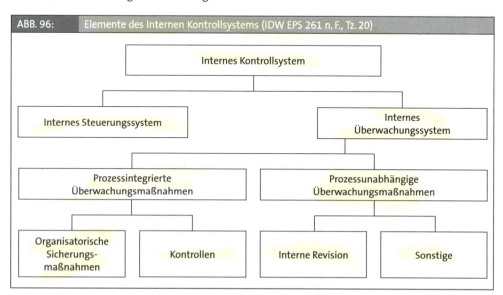

ABB. 96: Elemente des Internen Kontrollsystems (IDW EPS 261 n. F., Tz. 20)

In der Literatur werden sowohl die Begriffe „Internes Kontrollsystem (IKS)" als auch „Internes Überwachungssystem (IÜS)" verwendet, was zuweilen Verwirrung stiftet.

Nach IDW EPS 261 n. F., Tz. 20 stellt das IKS den Oberbegriff dar. Es besteht aus dem IÜS und dem Internen Steuerungssystem. Somit beinhaltet das IÜS nicht die Regelungen zur Steuerung der Unternehmensaktivitäten.

Im Fachschrifttum (vgl. etwa *Lück*, DB 1998 S. 9 f.) wird dagegen – in Anlehnung an den Gesetzestext des § 91 Abs. 2 AktG und die amtliche Gesetzesbegründung zum KonTraG – das IÜS als Oberbegriff aufgefasst, da Kontrolle eine von mehreren Formen der Überwachung darstellt.

Die Terminologie des IDW mit dem Oberbegriff „Internes Kontrollsystem" ist missverständlich, da insoweit der international gebräuchliche, auf den sog. COSO-Report zurückgehende Begriff der „*Internal Control*" fälschlicherweise mit „Kontrolle" übersetzt und somit lediglich auf einen Aspekt der Steuerung reduziert wird (vgl. hierzu die Darstellung von *Horváth*, WPg-Sonderheft 2003 S. 214).

Für die Abschlussprüfung stellen Buchführung und Jahresabschluss die zentralen Objekte dar. Deshalb ist insbesondere das **jahresabschlussbezogene IKS** von Relevanz, welches der Erreichung folgender **Ziele** dient (vgl. IDW EPS 261 n. F., Tz. 22):

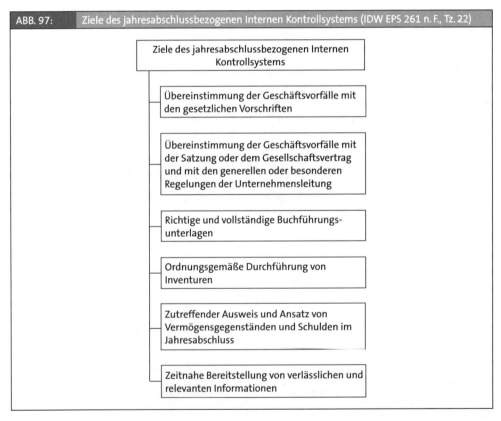

ABB. 97: Ziele des jahresabschlussbezogenen Internen Kontrollsystems (IDW EPS 261 n. F., Tz. 22)

Die Einrichtung und Aufrechterhaltung eines IKS ist eine originäre **Aufgabe der Unternehmensleitung** und erfüllt aus deren Sicht eine Informationsfunktion sowie eine Sicherungsfunktion (IDW EPS 261 n. F., Tz. 26).

Die aus dem IKS resultierenden Prüfungspflichten gelten grundsätzlich größen- und branchenunabhängig. Gleichwohl sind bei seiner Ausgestaltung folgende **Bestimmungsfaktoren** im Einzelfall unternehmensbezogen zu berücksichtigen (IDW EPS 261 n. F., Tz. 27):

- Größe und Komplexität des Unternehmens,
- Rechtsform und Organisation des Unternehmens,
- Art der Geschäftstätigkeit des Unternehmens,
- Komplexität und Diversifikation der Geschäftstätigkeit,
- Methoden der Erfassung, Verarbeitung, Aufbewahrung und Sicherung von Informationen sowie
- Art und Umfang der zu beachtenden rechtlichen Vorschriften (z. B. Umweltschutz).

In inhaltlicher Nähe zum Internen Kontrollsystem steht das sog. **Compliance Management System** (CMS). Dieses umfasst die auf der Grundlage der von den gesetzlichen Vertretern festgelegten Ziele eingeführten Grundsätze und Maßnahmen eines Unternehmens, die auf die Sicherstellung eines regelkonformen Verhaltens der gesetzlichen Vertreter und der Mitarbeiter des Unternehmens sowie ggf. von Dritten abzielen, d. h. auf die Einhaltung bestimmter Regeln bzw. die Verhinderung von wesentlichen Verstößen (Regelverstöße). Ein CMS kann sich

- auf Geschäftsbereiche,
- auf operative Prozesse (z. B. den Einkauf) oder
- auf bestimmte Rechtsgebiete (z. B. Kartellrecht) oder anderweitige abgegrenzte Teilbereiche beziehen (vgl. IDW PS 980, Tz. 6).

ABB. 98: Teilbereiche eines Compliance Management Systems (IDW PS 980, Tz. A3)

Rechtsgebiete	Geschäftsbereiche bzw. Unternehmensprozesse	Sonstige Abgrenzungskriterien
▶ Wettbewerbs- und Kartellrecht ▶ Antikorruptionsrecht (z. B. § 299 StGB oder *Foreign Corrupt Practices Act* – FCPA) ▶ Börsenrecht (z. B. Vorschriften zum Insiderhandel oder zu Ad-hoc-Meldepflichten) ▶ Vorschriften zur Unternehmensführung und -überwachung (z. B. nach dem Deutschen Corporate Governance Kodex) ▶ Geldwäschegesetz ▶ Verrechnungspreisrecht ▶ Umweltrecht ▶ Außenwirtschaftsrecht und Exportkontrolle ▶ Außensteuerrecht ▶ Datenschutz- und Datensicherheitsvorschriften ▶ Gleichstellungsverordnung ▶ Zollrecht ▶ Patentrecht ▶ Produkthaftungsrecht	▶ Ausschreibung und Vergabe (Einkauf) ▶ Provisionszahlungen (Vertrieb) ▶ Arbeitssicherheit und technische Sicherheit (Produktion)	▶ Organisation der Einhaltung der Selbstverpflichtung, z. B. der Prinzipien der *United Nations Global Compact* ▶ Regionale Abgrenzung, z. B. nach Ländern

Ein angemessenes CMS weist die folgenden miteinander in Wechselwirkung stehenden Grundelemente auf, die in die Geschäftsabläufe eingebunden sind. Die konkrete Ausgestaltung des

Systems bzw. die konkreten Prozessabläufe richten sich nach den festgelegten Compliance-Zielen, der Größe sowie Art und Umfang der Geschäftstätigkeit des Unternehmens (IDW PS 980, Tz. 23):

ABB. 99:	Grundelemente eines Compliance Management Systems (IDW PS 980, Tz. 23)
Grundelement	**Inhalt**
Compliance-Kultur	Die Compliance-Kultur stellt die Grundlage für die Angemessenheit und Wirksamkeit des CMS dar. Sie wird vor allem geprägt durch die Grundeinstellungen und Verhaltensweisen des Managements sowie durch die Rolle des Aufsichtsorgans („*tone at the top*"). Die Compliance-Kultur beeinflusst die Bedeutung, welche die Mitarbeiter des Unternehmens der Beachtung von Regeln beimessen und damit die Bereitschaft zu regelkonformem Verhalten.
Compliance-Ziele	Die gesetzlichen Vertreter legen auf der Grundlage der allgemeinen Unternehmensziele und einer Analyse und Gewichtung der für das Unternehmen bedeutsamen Regeln die Ziele fest, die mit dem CMS erreicht werden sollen. Dies umfasst insbesondere die Festlegung der relevanten Teilbereiche und der in den einzelnen Teilbereichen einzuhaltenden Regeln. Die Compliance-Ziele stellen die Grundlage für die Beurteilung von Compliance-Risiken dar.
Compliance-Risiken	Unter Berücksichtigung der Compliance-Ziele werden die Compliance-Risiken festgestellt, die Verstöße gegen einzuhaltende Regeln und damit eine Verfehlung der Compliance-Ziele zur Folge haben können. Hierzu wird ein Verfahren zur systematischen Risikoerkennung und -berichterstattung eingeführt. Die festgestellten Risiken werden im Hinblick auf Eintrittswahrscheinlichkeit und mögliche Folgen (z. B. Schadenshöhe) analysiert.
Compliance-Programm	Auf der Grundlage der Beurteilung der Compliance-Risiken werden Grundsätze und Maßnahmen eingeführt, die auf die Begrenzung der Compliance-Risiken und damit auf die Vermeidung von Compliance-Verstößen ausgerichtet sind. Das Compliance-Programm umfasst auch die bei festgestellten Compliance-Verstößen zu ergreifenden Maßnahmen. Es wird zur Sicherstellung einer personenunabhängigen Funktion des CMS dokumentiert.
Compliance-Organisation	Das Management regelt die Rollen und Verantwortlichkeiten (Aufgaben) sowie Aufbau- und Ablauforganisation im CMS als integralen Bestandteil der Unternehmensorganisation und stellt die für ein wirksames CMS notwendigen Ressourcen bereit.
Compliance-Kommunikation	Die jeweils betroffenen Mitarbeiter und ggf. Dritte werden über das Compliance-Programm sowie die festgelegten Rollen und Verantwortlichkeiten informiert, damit sie ihre Aufgaben im CMS ausreichend verstehen und sachgerecht erfüllen können. Im Unternehmen wird festgelegt, wie Compliance-Risiken sowie Hinweise auf mögliche und festgestellte Regelverstöße an die zuständigen Stellen im Unternehmen (z. B. den Compliance-Beauftragten, die gesetzlichen Vertreter und erforderlichenfalls das Aufsichtsorgan) berichtet werden.
Compliance-Überwachung und -Verbesserung	Die Angemessenheit und Wirksamkeit des CMS werden in geeigneter Weise überwacht. Voraussetzung für die Überwachung ist eine ausreichende Dokumentation des CMS. Werden im Rahmen der Überwachung Schwachstellen im CMS bzw. Verstöße festgestellt, werden diese an das Management bzw. die hierfür bestimmte Stelle im Unternehmen berichtet. Die gesetzlichen Vertreter sorgen für die Durchsetzung des CMS, die Beseitigung der Mängel und die Verbesserung des Systems.

Wesentliche Merkmale der **Compliance-Kultur** sind z. B.

▶ die Integrität der gesetzlichen Vertreter,

- das Bekenntnis des Managements zur Bedeutung eines verantwortungsvollen Verhaltens im Einklang mit den zu beachtenden Regeln,
- die von den gesetzlichen Vertretern aufgestellten und kommunizierten Verhaltensgrundsätze,
- der Führungsstil und die Personalpolitik des Unternehmens (z. B. Bedeutung der Kompetenz und Erfahrung der Mitarbeiter),
- die Anreizsysteme, mit denen regelkonformes Verhalten gefördert wird, einschließlich der Berücksichtigung von Compliance bei Personalbeurteilungen und Beförderungen sowie
- die Stellung des und die Art der Aufgabenwahrnehmung durch das Aufsichtsorgan in Bezug auf Risikomanagement und Compliance (vgl. IDW PS 980, Tz. A14).

Die auf dieser Grundlage festgelegten **Compliance-Ziele** müssen insbesondere folgenden Anforderungen genügen:
- Konsistenz,
- Verständlichkeit und Praktikabilität,
- Messbarkeit des Grades der Zielerreichung und
- Abstimmung mit den verfügbaren Ressourcen (vgl. IDW PS 980, Tz. A15).

Risikorelevante Faktoren sind insbesondere:
- Änderungen im wirtschaftlichen und rechtlichen Umfeld,
- Personalveränderungen,
- überdurchschnittliches Unternehmenswachstum,
- neue Technologien, neue oder atypische Geschäftsfelder oder Produkte,
- Umstrukturierungen bzw. Expansion in neue Märkte (vgl. IDW PS 980, Tz. A16).

Typische Maßnahmen im Rahmen des einzurichtenden **Compliance-Programms** sind:
- Funktionstrennungen,
- Berechtigungskonzepte,
- Genehmigungsverfahren und Unterschriftsregelungen,
- Vorkehrungen zum Vermögensschutz und andere Sicherheitskontrollen,
- unabhängige Gegenkontrollen (Vier-Augen-Prinzip) und
- Job-Rotationen (vgl. IDW PS 980, Tz. A17).

Diese Aufstellung belegt im Übrigen die inhaltliche Nähe zum Internen Kontrollsystem.

Im Rahmen der Compliance-Organisation erfolgt die klare Festlegung von Rollen und Verantwortlichkeiten im CMS, z. B. die Bestimmung eines Compliance-Beauftragten bzw. -Gremiums einschließlich der Festlegung der Aufgaben und der hierarchischen Stellung, der organisatorischen Einordnung sowie der Berichtslinien. Weiterhin ist die Bereitstellung von im Hinblick auf die Compliance-Ziele und Compliance-Risiken ausreichenden Ressourcen zu regeln (vgl. IDW PS 980, Tz. A18).

Zur Prüfung von CMS wird auf die Darlegungen des IDW PS 980, insbesondere Tz. 12 ff., verwiesen. Anders als beim Internen Kontrollsystem handelt es sich bei der Prüfung von CMS allerdings um freiwillige Prüfungen.

4.2 Elemente des Internen Kontrollsystems

4.2.1 Organisatorische Sicherungsmaßnahmen

Als **organisatorische Sicherungsmaßnahmen** werden alle Fehler verhindernde Maßnahmen und Einrichtungen bezeichnet, die in die Aufbau- und Ablauforganisation (meist automatisch) integriert sind und der Erreichung eines vorgegebenen, gewünschten Sicherheitsniveaus dienen (IDW EPS 261 n. F., Tz. 20).

In diesem Zusammenhang stellt der **Grundsatz der Funktionstrennung** das zentrale Organisationsprinzip dar. Ihm zufolge darf ein Mitarbeiter allein nicht alle Phasen eines Geschäftsvorfalls – Disposition, Ausführung und Überwachung – durchgängig vollziehen, ohne dass ein anderer Mitarbeiter in den Geschäftsvorgang eingreift. Beispiele für Bereiche, die grundsätzlich voneinander getrennt werden sollten, sind etwa

- Kasse und Buchhaltung,
- Lagerverwaltung und Lagerbuchhaltung,
- Einkauf und Zahlungsausgang,
- Versand und Fakturierung.

Folgende **Organisationsprinzipien** können aus dem Grundsatz der Funktionstrennung abgeleitet werden:

- Zur Fehlervermeidung ist es unbedingt erforderlich, dass keine ausführende Handlung unkontrolliert bleibt.
- Funktionen sind derart zu trennen, dass kein Mitarbeiter aus einer nicht regelgerechten Ausführung einer Funktion persönliche Vorteile ziehen kann.

Hierzu sind ausführende Funktionen in vier **Grundtypen** zu unterteilen:

- Bearbeitung von Vorgängen,
- Verwaltung von Beständen,
- Buchung der Vorfälle und
- Autorisierung der Vorgänge.

Im Sinne der Funktionsteilung ist es unerlässlich, dass bei einem Vorgang nicht alle vier Funktionen auf eine Person konzentriert werden dürfen.

Idealerweise sind jegliche Grundtypen personell getrennt, so dass ein „Acht-Augen-Prinzip" entsteht, welches allerdings i. d. R. nur in großen Unternehmen realisierbar ist.

Einschlägige Ausprägungen sind z. B. im

- Einkauf: Bestellung, Wareneingang, Zahlungsanweisung, Verbuchung;
- Verkauf: Vertrieb, Warenausgang, Zahlungseingang, Verbuchung.

Die in der Praxis häufige Reorganisation nach dem Prozessgliederungsprinzip (Prozessorganisation), die zu einer verbesserten Markt- und Kundenorientierung führen soll, verwirklicht die gebotene Funktionstrennung nicht konsequent.

Organisatorische Sicherungsmaßnahmen lassen sich idealer Weise durch Einsatz der IT vornehmen. Hierbei kann der Umstand genutzt werden, dass durch häufige Wiederholungen und Standardisierung zwangsläufig ein hoher Organisationsgrad gewährleistet wird. In der Praxis häufig auftretende Beispiele sind etwa Zugriffsbeschränkungen auf Daten, Datensicherungsverfahren, geschützte Datenfelder, elektronische Unterschriften sowie Verfahren der Systemprogrammierung.

Eine wesentliche Voraussetzung für den reibungslosen Ablauf des betrieblichen Geschehens ist eine **planvolle Organisation**. Je mehr innerbetriebliche Vorgänge geordnet („organisiert") ablaufen, umso niedriger die Wahrscheinlichkeit, dass bewusste oder unbewusste Fehler auftreten. Gängige diesbezügliche **Hilfsmittel**, die in schriftlicher Form vorliegen und den Mitarbeitern nachweislich in geeigneter Form bekannt gemacht werden müssen, sind etwa:

- ein **Organisationsplan**, der die Über- und Unterstellungsverhältnisse im Liniensystem aufzeigt, Abteilungen mit Stabsfunktionen erkennen lässt und Bereiche der Handlungs- und Führungsverantwortung für die jeweiligen Mitarbeiter definiert;
- **Stellenbeschreibungen**, in denen die Aufgaben und Befugnisse der Stelleninhaber sowie ihre Einordnung in die Betriebshierarchie dargelegt werden, d. h. das Unter- und Überstellungsverhältnis, die Befugnisse, ggf. Limitierungen sowie die Regelung der Stellvertretung; gleichzeitig kann mittels einer Durchsicht der Stellenbeschreibungen auch ein vorläufiger Einblick gewonnen werden, ob der Grundsatz der Funktionstrennung befolgt wird;
- **Verfahrensbeschreibungen und Richtlinien**, die den Inhalt und die Abfolge eines Arbeitsprozesses, z. B. einer Bestellung oder einer Auftragsannahme, regeln. Richtlinien geben den Ablauf eines routinemäßig auftretenden Prozesses in standardisierter Form vor, etwa das Veranlassen von Zahlungen, Kreditgewährungen und -aufnahmen oder die Durchführung von Investitionen;
- **Arbeitsanweisungen** zur genauen Bezeichnung der Arbeiten, chronologischen Zergliederung des Arbeitsprozesses in Teilschritte sowie zur Zuordnung von Arbeiten und Teilschritten zu Mitarbeitern.

Für die Wirksamkeit dieser Hilfsmittel ist von Bedeutung, dass jede bedeutende Abweichung eine rückverfolgbare „Störmeldung" induziert. Beim Überschreiten von Wesentlichkeitsgrenzen sollte diese an eine übergeordnete Instanz i. S. einer „ad hoc-Meldung" gerichtet sein.

Das **Beleg- und Formularwesen** unterstützt die getroffenen organisatorischen Sicherungsmaßnahmen. Es dient insbesondere der Standardisierung und leichteren Überwachung der Arbeitsabläufe durch Schriftlichkeit, Rückverfolgbarkeit sowie Gewährleistung der Beweissicherung (z. B. Kontierungsbelege). Dies gewährleistet wiederum

- eine unternehmensweit gleichartige Handhabung sowie
- eine ständige, zeitgleiche Anpassung an geänderte Rahmenbedingungen.

4.2.2 Kontrollen

Kontrollen sind Überwachungsmaßnahmen, die mit dem Arbeitsablauf unmittelbar gekoppelt sind. Die zuständige Kontrollperson kann sowohl in den Arbeitsablauf eingebunden, für das Ergebnis des Prozesses als auch für dessen Überwachung verantwortlich sein (**prozessinterne, prozessabhängige Kontrollen**).

Ziel der Kontrollen ist es, die Wahrscheinlichkeit für das Auftreten von Fehlern in den Arbeitsabläufen zu vermindern bzw. aufgetretene Fehler aufzudecken (IDW EPS 261 n. F., Tz. 20). Sie lassen sich differenzieren in

▶ **fehlervermeidende** Kontrollaktivitäten: Sie bezwecken den Ausschluss von falschen Daten zur weiteren Verarbeitung durch Erwerb von Kenntnissen über mögliche Fehlerentstehung im laufenden Verarbeitungsprozess,

▶ **fehleraufdeckende** Kontrollaktivitäten: Sie zielen auf eine Sicherung der Richtigkeit und Vollständigkeit der Verarbeitungsergebnisse durch auf die Verarbeitungsprozesse folgende Kontrollaktivitäten ab (IDW EPS 261 n. F., Tz. 54).

Der Leitgedanke ist, dass kein wesentlicher Vorgang ohne **Kontrolle** bleiben sollte. Vielmehr hilft die Integration von Kontrollen in die Unternehmensabläufe, die Wahrscheinlichkeit des Eintretens von Fehlern schon während oder zumindest unmittelbar nach Beendigung eines Vorgangs zu vermindern. Kontrollen können

▶ fallweise oder systematisch (manuell oder automatisiert) sowie

▶ vor-, gleich- oder nachgelagert zum Arbeitsprozess

vorgenommen werden. Beispiele hierfür sind die Abstimmung von Konten, der Vergleich von Ausgangsrechnungen mit den Versandunterlagen angelieferter Waren oder der Abgleich von Buchbeständen mit außerhalb der Buchführung – etwa durch Inventur – ermittelten Bestandswerten.

Hinsichtlich der **Kontrollinstrumente** lassen sich Kontrollvorrichtungen, in Maschinen eingebaute oder programmierte Kontrollen sowie von Personen ausgeführte Kontrollhandlungen unterscheiden:

▶ **Kontrollvorrichtungen** sind etwa Registrierkassen, Arbeitszeiterfassungsgeräte, Zähl- oder Messgeräte, Stempelapparate;

▶ **Maschinenkontrollen** sind elektronische Steuerungs- und Abrechnungsanlagen, die einen hohen Sicherheitsstandard des Arbeitsablaufs und seiner Ergebnisse gewährleisten sollen, z. B. der rechnerischen Richtigkeit, der vollständigen Datenübertragung, der Berechtigung zur Dateneingabe etc.;

▶ **Kontrollhandlungen** sind von Betriebsangehörigen durchgeführte Tätigkeiten des Vergleichens, Nachrechnens, Abstimmens, Abzeichnens bzw. Entwertens.

Besondere Bedeutung bei der Implementierung von Kontrollen kommt der IT zu. Hierbei sind eingebaute programmierte Kontrollen, Verprobungen, Plausibilitätsprüfungen oder standardisierte Fehlermeldungen denkbar.

Neben den Kontrollen müssen außerdem **Sicherungen** eingerichtet werden, die die Vermögensgegenstände des Unternehmens vor Einwirkungen von Elementarereignissen schützen sollen, wie z. B. Tresore, Panzerschränke, Schließ- und Alarmanlagen, codierte Ausweise etc.

Die Überprüfung der Sicherungen schließt die Begutachtung des **Versicherungsschutzes** nach Bestehen und angemessenem Umfang ein.

4.2.3 Prüfungen (Interne Revision)

Prüfungen stellen Überwachungsmaßnahmen durch nicht in den operativen Arbeitsablauf einbezogene Kontrollpersonen dar, die keine Verantwortung für das Ergebnis des überwachten Prozesses tragen, d. h., der Überwachungsträger ist nicht in den Arbeitsablauf integriert (**prozessexterne, prozessunabhängige Kontrollen**).

Die **Interne Revision** ist eine unabhängige, unternehmensinterne Prüfungsinstitution, die im Auftrag der Unternehmensführung die Unternehmensaktivitäten einschließlich der vorhandenen Kontrollen überwacht (IDW EPS 261 n. F., Tz. 20). Sie stellt insoweit den wichtigsten Bestandteil der prozessunabhängigen Überwachung dar.

Nach § 91 Abs. 2 AktG i.V. mit § 93 AktG gehört es zur **Sorgfaltspflicht** des Vorstands einer AG, eine angemessene Interne Revision einzurichten. Die Pflicht gilt analog auch für Vorstände von anderen Gesellschaftsformen, soweit Größe und Komplexität des Geschäftsbetriebs dies erfordern.

Aus organisatorischer Sicht ist die Interne Revision ein **integraler Bestandteil des IKS**. Die Ziele beider Institutionen sind identisch. Hingegen verhält sich das Zusammenwirken von IKS und Interner Revision invers. Ein mangelhaftes IKS erfordert eine intensivere Prüfungstätigkeit seitens der Internen Revision und umgekehrt.

Zu den **Aufgaben** der Internen Revision gehört die Durchführung von

- **periodischen Prüfungen** im Rahmen eines mehrjährigen Prüfungsplans mit wechselnden Schwerpunkten (Routineprüfungen). Hierbei handelt es sich um Prüfungen ohne besonderen Anlass, die im Zuge der Genehmigung des mehrjährigen Prüfungsplans durch die Geschäftsleitung vorgenommen werden,
- **Spezial- oder Sonderprüfungen**, die aufgrund gesonderten Auftrags der Geschäftsführung mit dem Ziel der Untersuchung von Unregelmäßigkeiten oder der Aufdeckung von Verlustquellen durchgeführt werden.

Die Aktivität der Internen Revision nach **Tätigkeitsgebieten** lässt sich wie folgt untergliedern:

- Prüfungen im Bereich des Finanz- und Rechnungswesens (**Financial Auditing**), die
  - der Feststellung der Ordnungsmäßigkeit,
  - dem Schutz der Vermögensgegenstände sowie
  - der Gewährleistung der Zweckmäßigkeit und Zuverlässigkeit der eingebauten Kontrollen dienen. Des Weiteren ist das Zahlenmaterial des Rechnungswesens daraufhin zu überprüfen, ob es eine sachgerechte, steuerungsrelevante Informationsgrundlage darstellt. Unter dem Kriterium der Sicherheit ist außerdem zu prüfen, inwieweit ein Risiko besteht, dass interne und/oder externe Personen zusammenwirken, um gemeinsam das Unternehmen durch dolose Handlungen wie Veruntreuungen, Unterschlagungen und Diebstahl zu schädigen;
- Prüfungen im organisatorischen Bereich (**Operational Auditing**), die aufbauend auf dem Financial Auditing eine hohe Effektivität, Ordnung und Sicherheit der Betriebsorganisation gewährleisten sollen;
- Prüfung der Managementleistung (**Management Auditing**). Hierunter fallen die Unterstützung der Geschäftspolitik, die Zurverfügungstellung von Entscheidungshilfen sowie die Begutachtung und Beratung. Die Prüfung umfasst neben der vergangenheitsorientierten Ursachenforschung für Schieflagen auch die zukunftsorientierte Schwachstellenanalyse mit dem Ziel der Identifikation von Zukunftschancen, Risikofaktoren und Frühwarnindikatoren;
- Beratung, Begutachtung und Entwicklung von Verbesserungsvorschlägen (**Internal Consulting**) etwa in Form von Rentabilitäts- und Wirtschaftlichkeitsanalysen, Vorschlägen zur Organisationsentwicklung sowie Rationalisierungsuntersuchungen.

In Bezug auf das IKS werden durch die Interne Revision insbesondere die folgenden **Aufgaben** wahrgenommen (IDW PS 321, Tz. 9):

- fortlaufende Überprüfung seines Aufbaus und seiner Funktionsfähigkeit, Erarbeitung und Einbringung diesbezüglicher Verbesserungsvorschläge sowie die Verfolgung von deren Umsetzung,
- Untersuchung von abschlussbezogenen Informationen, einzelnen Sachverhalten (Geschäftsvorfälle, Kontensalden) oder bestimmten Abläufen im Unternehmen,
- Einschätzung von Risikosituationen und Untersuchungen zur Wirksamkeit des Risikomanagementsystems sowie
- Ordnungsmäßigkeitsbeurteilungen zur Feststellung der Einhaltung von Gesetzen, Verordnungen, anderer externer Vorgaben sowie interner Regelungen.

Der Abschlussprüfer muss eine vorläufige Einschätzung der Wirksamkeit der Internen Revision vornehmen. Hierbei erweisen sich insbesondere folgende **Kriterien** als trennscharf und verlässlich (IDW PS 321, Tz. 16 ff.):

- **Unabhängigkeit**, d. h., die Interne Revision hat ihre Aufgaben unbeschadet des Direktionsrechts des Vorstands selbständig und weisungsunabhängig wahrzunehmen. Sie soll als eigenständige Einheit zweckmäßigerweise an die oberste Leitungsebene angebunden sein.
- **Funktionstrennung**, d. h., die in der Internen Revision beschäftigten Personen dürfen nicht mit Aufgaben betraut werden, die außerhalb des Kontrollbereichs der Internen Revision liegen. Die Interne Revision muss insbesondere prozessunabhängig, d. h. frei von operativer Verantwortung sein.
- **Vollständige Information**, d. h., die Gewährleistung des vollständigen und uneingeschränkten Informationsrechts der Internen Revision sowie ihrer uneingeschränkten Kommunikation mit dem Abschlussprüfer.
- **Umfang der Tätigkeit**, d. h., Art und Umfang der durchgeführten Projekte, Grad der Umsetzung der Vorschläge der Internen Revision sowie Dokumentation der Tätigkeit.
- **Quantitative und qualitative Ausstattung**, d. h., die Personal- und Sachausstattung der Internen Revision muss Art und Umfang ihrer Aufgaben entsprechen. Die Mitarbeiter der Internen Revision müssen über hinreichende fachliche Kompetenz, Erfahrung und Qualifikation verfügen.
- **Berufliche Sorgfalt**, d. h. die Interne Revision muss über sachgerechte interne Richtlinien für die Einstellung, Ausbildung und Weiterbildung ihrer Mitarbeiter verfügen. Die Tätigkeiten der Internen Revision sind hinreichend zu planen, durchzuführen, zu überwachen und zu dokumentieren (unter Beachtung etwa der Standards for Professional Practice of Internal Auditing, IIR Revision Standards).

4.3 Prozessschritte des Internen Kontrollsystems

4.3.1 COSO-Rahmenwerk als Grundlage

Das US-amerikanische *Committee of Sponsoring Organizations of the Treadway Commission* (COSO) erarbeitet Rahmenwerke für den Aufbau und Betrieb von wirksamen Internen Kontrollsystemen (IKS).

COSO hat 1992 einen bis heute von der SEC anerkannten Standard für interne Kontrollen, das COSO I-Modell, publiziert. Dieses Kontrollmodell dient der Dokumentation, Analyse und Gestaltung des internen Kontrollsystems und kann im sog. COSO I-Würfel wie folgt abgebildet werden.

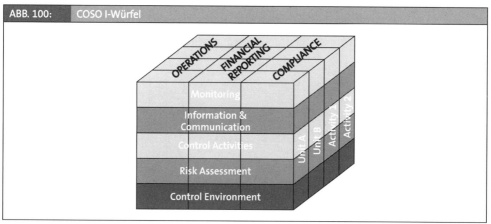

ABB. 100: COSO I-Würfel

Quelle: http://www.sox-online.com/coso_cobit_coso_cube-old.html.

Die aufgeführten fünf Komponenten bilden die Prozessschritte des Internen Kontrollsystems gemäß dem IDW EPS 261 n. F. „Feststellung und Beurteilung von Fehlerrisiken und Reaktionen des Abschlussprüfers auf die beurteilten Fehlerrisiken" und werden nachfolgend dargestellt.

Einer Risikoorientierung der *„Internal Control"* wurde bereits seit 1992 mit dem COSO I-Konzept große Bedeutung beigemessen, welches bis heute als Quasi-Standard zur systematischen Einführung eines Internen Kontrollsystems gilt. In einem im Jahre 2004 veröffentlichten erweiteren COSO-Konzept wird mit dem **Enterprise Risk Management Framework** (COSO-ERM) zusätzlich im Detail beschrieben, wie ein Risikomanagement im Unternehmen aufgebaut und betrieben werden kann. Das COSO-ERM fügt als zusätzliche Elemente

▶ Zielfestlegung,

▶ Ereignisidentifikation und

▶ Risikosteuerung

in den sog. COSO II-Würfel ein. Diese Elemente sind standardmäßige Bestandteile in Risikomanagementsystemen; insoweit wird das Interne Kontrollsystem in ein weiter gefasstes Risikomanagementsystem eingebettet (vgl. hierzu auch Kapitel VI.2. nachfolgend).

| ABB. 101: | COSO II-Würfel |

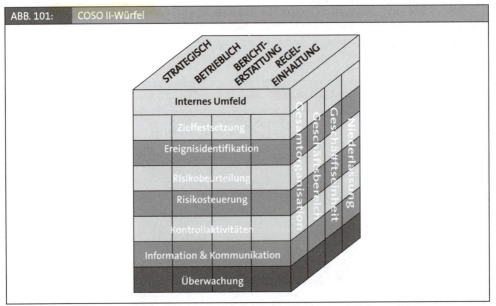

Quelle: http://topcontrol.wordpress.com/2010/04/19/coso-ii-cube-auf-deutsch/.

Der im Juli 2006 erschienene **Leitfaden** ergänzt das COSO-Rahmenmodell zur Internen Überwachung, um dessen Anwendung insbesondere für kleinere und mittlere Unternehmen zu erleichtern. Der Leitfaden beschreibt 20 grundlegende Prinzipien und einen Prozess, der sich aus den Komponenten des COSO I-Modells zusammensetzt:

| ABB. 102: | COSO-Rahmenkonzept |

Kontrollumfeld

1. Integrität und ethische Werte: Einwandfreie Integrität und ethische Werte, insbesondere auf den oberen Führungsebenen, sind entwickelt, werden verstanden und bilden die Verhaltensregel für das Durchführen der Finanzberichterstattung.

2. Unternehmensleitung: Die Unternehmensleitung versteht und verfolgt ihre Überwachungsverantwortung in Bezug auf die Finanzberichterstattung und die entsprechende Interne Überwachung.

3. Führungsphilosophie und Geschäftsgebaren: Der Führungsstil und das Geschäftsgebaren der Führungskräfte unterstützen eine wirksame Interne Überwachung der Finanzberichterstattung.

4. Organisationsstruktur: Die Organisationsstruktur des Unternehmens fördert eine wirksame Interne Überwachung der Finanzberichterstattung.

5. Befähigung zur Finanzberichterstattung: Das Unternehmen beschäftigt Experten im Bereich der Finanzberichterstattung und der diesbezüglichen Überwachungsfunktionen.

6. Entscheidungskompetenz und Verantwortlichkeit: Führungskräften und Mitarbeitern wurde sachgerecht Verantwortlichkeit und Verantwortung zugeordnet, um eine wirksame Überwachung der Finanzberichterstattung zu ermöglichen.

7. Personal: Personalvorschriften und -vorgehensweisen sind so gestaltet und umgesetzt, dass sie eine wirksame Überwachung der Finanzberichterstattung fördern.

Risikobeurteilung

8. Ziele der Finanzberichterstattung: Die Führungskräfte legen hinreichend eindeutige Ziele und Kriterien für die Finanzberichterstattung fest, anhand derer die Risiken für eine zuverlässige Finanzberichterstattung bestimmt werden können.

> 9. **Risiken der Finanzberichterstattung:** Das Unternehmen definiert und untersucht Risiken für das Erreichen der Finanzberichterstattungsziele als Grundlage dafür, wie Risiken gehandhabt werden sollen.
> 10. **Risiko doloser Handlungen:** Die Gefahr möglicher Falschdarstellungen auf Grund doloser Handlungen ist bei der Bewertung der Risiken für das Erreichen der Finanzberichterstattungsziele explizit berücksichtigt.
>
> **Kontrollaktivitäten**
> 11. **Einbindung in die Risikobewertung:** Maßnahmen in Bezug auf Risiken, die das Erreichen der Finanzberichterstattungsziele gefährden, werden ergriffen.
> 12. **Auswahl und Aufbau von Kontrollaktivitäten:** Kontrollaktivitäten sind unter Berücksichtigung der entstehenden Kosten und ihrer möglichen Wirksamkeit beim Vermindern von Risiken für das Erreichen der Finanzberichterstattungsziele ausgewählt und entwickelt.
> 13. **Vorschriften und Verfahren:** Vorschriften bezüglich der zuverlässigen Finanzberichterstattung sind festgelegt und im gesamten Unternehmen verbreitet, sowie entsprechende Verfahren, die dazu führen, dass die Vorgaben der Führungskräfte ausgeführt werden.
> 14. **Informationstechnologie:** EDV-Kontrollen sind dort sachgerecht entwickelt und eingesetzt, wo sie das Erreichen der Finanzberichterstattungsziele unterstützen.
>
> **Information und Kommunikation**
> 15. **Information für die Finanzberichterstattung:** Einschlägige Informationen werden auf allen Ebenen des Unternehmens in Art und Zeitrahmen so bestimmt, erfasst, verwendet und verbreitet, dass sie dem Erreichen der Finanzberichterstattungsziele zweckdienlich sind.
> 16. **Information über Interne Überwachung:** Informationen aus der Ausführung anderer Überwachungskomponenten sind in Art und Zeitrahmen so bestimmt, erfasst und verbreitet, dass Mitarbeiter ihrer Verantwortung für Interne Überwachung nachkommen können.
> 17. **Interne Kommunikation:** Mitteilungen ermöglichen und unterstützen das Verständnis und die Ausübung der Verantwortung für Interne Überwachungsziele und Überwachungsabläufe sowie individuelle Verantwortlichkeiten auf allen Ebenen des Unternehmens.
> 18. **Externe Kommunikation:** Aspekte, die das Erreichen der Finanzberichterstattungsziele betreffen, sind außen stehenden Beteiligten kommuniziert.
>
> **Überwachung**
> 19. **Laufende und gezielte Beurteilungen:** Laufende und/oder gezielte Beurteilungen ermöglichen es Führungskräften, zu bestimmen, ob die Interne Überwachung der Finanzberichterstattung vorhanden und wirksam ist.
> 20. **Schwächen der Berichterstattung:** Schwächen Interner Überwachung sind erkannt und zeitnah an die für Abhilfemaßnahmen verantwortlichen Parteien kommuniziert, sowie soweit erforderlich an Führungskräfte und Geschäftsleitung.

Quelle: http://www.coso.org/Publications/erm_sb/SB_Executive_Summary_German.pdf.

4.3.2 Kontrollumfeld

Das **Kontrollumfeld** bildet den Rahmen, innerhalb dessen die Grundsätze, Verfahren und Maßnahmen des IKS eingeführt und angewendet werden. Es ist geprägt durch die Grundeinstellungen, das Problembewusstsein sowie das Verhalten der Unternehmensleitung und umfasst insbesondere (IDW EPS 261 n. F., Tz. 30):

- die Bedeutung von Integrität und ethischen Werten im Unternehmen,
- die Bedeutung der fachlichen Kompetenz im Unternehmen,
- die Unternehmenskultur und -philosophie sowie ihre Vermittlung an die Mitarbeiter,

- den Führungsstil der Unternehmensleitung,
- die Zuordnung von Weisungsrechten und Verantwortung,
- Art und Umfang der Überwachungstätigkeit des Aufsichtsrats und
- die Grundsätze der Personalpolitik (Einstellungs-, Personalentwicklungspolitik).

Hierbei kommt es nicht nur auf das formale Bestehen der Regelungen an, sondern vor allem auf deren durchgängige Umsetzung im Tagesgeschäft.

Von besonderer Bedeutung ist das **Kontrollbewusstsein** der Unternehmensleitung im Besonderen und aller Mitarbeiter im Allgemeinen. Ein ungünstiges Kontrollumfeld kann dazu führen, dass entsprechende Regelungen nur der Form halber angewandt und nicht „verinnerlicht" werden. Andererseits ist ein günstiges Kontrollumfeld nicht automatisch mit einem wirksamen IKS gleichzusetzen.

Indizien für das Vorhandensein eines ausreichenden Kontrollbewusstseins sind

- die eindeutige Regelung der Verantwortungsbereiche und Zuständigkeiten für Vorstand/Geschäftsführung, Geschäftsbereiche/Sparten, Abteilungen,
- die schriftliche Festlegung von Unterschriftsberechtigungen und Befugnissen,
- die regelmäßige Erstellung von Berichten an die Unternehmensleitung, welche hinreichend detaillierte Darstellungen enthalten sowie zeitgerecht vorgelegt werden,
- die Existenz ausreichender und sachgerechter Organisationshilfsmittel wie z. B. von Organisationsplänen, Stellenbeschreibungen, schriftlichen Anweisungen und Richtlinien, insbesondere für die ordnungsmäßige Abwicklung aller Vorgänge im Rechnungswesen, für die Vornahme einer ausreichenden Funktionstrennung bei der Bearbeitung der Geschäftsvorfälle sowie für den Fall der Abwesenheit von Mitarbeitern,
- die ausreichende Qualifikation der Mitarbeiter einschließlich deren Nachweis durch Einträge in Personalakten bzw. Referenzen, daneben ein sinnvolles und abgestimmtes Aus- und Weiterbildungssystem sowie ein effizientes System der Mitarbeiterbeurteilung,
- das Vorhandensein einer wirksamen Internen Revision.

Zur Feststellung des Kontrollumfelds gehört auch die Beurteilung, ob die Gefahr des Umgehens interner Kontrollen durch das Management besteht.

4.3.3 Risikobeurteilungen

Unter **Risikobeurteilungen** werden Maßnahmen zur Erkennung und Analyse der Risiken verstanden, welche die von der Unternehmensleitung festgelegte Geschäftsstrategie gefährden können. Sorgfältige Risikobeurteilungen stellen die Basis für Entscheidungen der Unternehmensleitung über den Umgang mit den Risiken unternehmerischer Betätigung dar (IDW EPS 261 n. F., Tz. 31).

Die Risikobeurteilungen bilden einen wesentlichen Prozessschritt im Rahmen des Risikomanagementsystems. Sie werden im Anschluss an eine grundlegende betriebliche Risikoinventur (Risikoidentifikation) vorgenommen und sind ihrerseits die Grundlage für die Auswahl und Implementierung von Maßnahmen der Risikobewältigung. Im Einzelnen umfassen die Risikobeurteilungen die

- Risikobewertung in Form einer Quantifizierung der identifizierten Risiken nach Schadensausmaß (Wertkomponente) und Eintrittswahrscheinlichkeit (Wahrscheinlichkeitskomponente),
- Ermittlung des unternehmerischen Risikodeckungspotenzials,
- daran angelehnte Klassifizierung der Risiken mindestens in bestandsgefährdende, wesentliche und sonstige Risiken.

Eine entscheidende Bedeutung bei der Risikobeurteilung kommt der Erkennung von **Strukturen** und **Querverbindungen** der Einzelrisiken zu. Daher sind auch ihre Wechselwirkungen (Korrelationen) zueinander zu erfassen.

Im Rahmen der Risikobewertung ist eine Berechnung allein des Schadenserwartungswerts nicht ausreichend. So kann ein Gefahrenpotenzial mit niedriger Eintrittswahrscheinlichkeit, aber existenzbedrohlicher Schadenshöhe (Elementarschaden) zu einem gleich hohen Schadenserwartungswert führen wie ein Risiko mit niedrigem Vermögensverlust, aber einer hohen Eintrittswahrscheinlichkeit (Serienschaden). Jedoch wird die jeweilige Maßnahme der Risikobewältigung unterschiedlich sein. Elementarschäden sind zu versichern (überwälzen) oder zu vermeiden, während Serienschäden etwa über Maßnahmen der internen Qualitätssicherung vermindert oder mittels Berücksichtigung im kalkulatorischen Gewinn bewusst getragen werden.

Als **Ergebnis** der Risikobeurteilung sind bestandsgefährdende und wesentliche Risiken gesondert zu kennzeichnen – auch als Vorbereitung zur Risikoberichterstattung – und mit Priorität weiter zu verfolgen, andererseits nachrangige Risiken auszusortieren.

Zur Verdichtung der Risikobeurteilung auf Gesamtunternehmensebene sind die Einzelrisiken zu einem **Gesamtrisiko** zu **aggregieren**. Eine einfache Addition ist nur ausnahmsweise dann korrekt, wenn die Einzelrisiken unabhängig voneinander auftreten. Dies ist in der Praxis meist nicht gegeben, da z. B. Risiken aus den externen Marktbedingungen oder aus Mängeln im Geschäftsführungsinstrumentarium verschiedene einander bedingende Einzelrisiken auslösen.

So bedingt eine unsachgemäße Wartungsstrategie ein erhöhtes Fertigungsrisiko, dieses induziert ein Qualitätsrisiko, welches seinerseits ein Risiko der Kundenakzeptanz und damit ein nachhaltiges Marktrisiko hervorruft. Kann in der Folge nur an „schlechtere" Kunden verkauft werden, entsteht ein erhöhtes Ausfallrisiko.

Die Risikobeurteilungen müssen in allen wesentlichen Teilen in angemessener Weise erfolgen. Dem Prüfer muss plausibel sein,

- ob sämtliche Risiken erfasst worden sind, die sich auf die Ordnungsmäßigkeit und Verlässlichkeit des Rechnungswesens wesentlich auswirken können,
- auf welche Weise die Unternehmensleitung zu Risikobeurteilungen hinsichtlich Eintrittswahrscheinlichkeit und Schadensausmaß beim Eintritt kommt und
- wie die Risiken über die Einrichtung organisatorischer Regelungen bewältigt werden sollen (IDW EPS 261 n. F., Tz. 45 f.).

Insbesondere hat der Prüfer ein Verständnis bezüglich der **Vollständigkeit** der Risikoidentifikation zu gewinnen. Als Anhaltewert kann eine **Risikoklassifizierung** nach unternehmensexternen bzw. -internen Ursachen herangezogen werden, die z. B. Risiken aufgrund von

- Veränderungen im wirtschaftlichen oder rechtlichen Umfeld des Unternehmens,
- neuen oder geänderten rechtlichen Vorschriften,

- unternehmensinternen Umstrukturierungen oder neuen organisatorischen Regelungen,
- Veränderungen in der Geschäftstätigkeit, z. B. zunehmender Auslandsaktivität,
- Veränderungen in den eingesetzten IT-Systemen oder beim Einsatz neuer Technologien,
- personellen Veränderungen

trennt. Die Ergebnisse der Risikobeurteilung der gesetzlichen Vertreter können bei der Prüfung allenfalls als **Ausgangspunkt** dienen; der Abschlussprüfer wird diesen im Rahmen seiner Prüfungsplanung eigene Beurteilungen entgegen setzen müssen. Dies geschieht mit dem Ziel, die Risiken wesentlicher Fehler in der Rechnungslegung einschätzen zu können (IDW PS 261, Tz. 48). Zum Risikomanagementsystem bzw. Risikofrüherkennungssystem vgl. auch die Ausführungen in Kapitel VI. 2.

4.3.4 Kontrollaktivitäten

Kontrollaktivitäten sind Grundsätze und Verfahren zur Sicherstellung der durchgängigen Beachtung der von der Unternehmensleitung getroffenen Entscheidungen (z. B. Genehmigungen, Gegenzeichnungen, Sicherungen; vgl. IDW EPS 261 n. F., Tz. 32).

Die Kontrollaktivitäten müssen darauf gerichtet sein, wesentliche Fehler in der Rechnungslegung aufzudecken und zu korrigieren. Insbesondere soll vermieden werden, dass einzelne Personen durch unentdeckte Vornahme von dolosen Handlungen eine Schädigung des Unternehmens herbeiführen können.

Kann in kleinen Unternehmen eine Funktionstrennung nicht durchgängig gewährleistet werden, so wird das daraus resultierende Kontrolldefizit i. d. R. durch unmittelbar von Seiten des Managements durchgeführte Kontrollaktivitäten ausgeglichen. Insoweit kann der Abschlussprüfer sich nicht auf ein bestehendes IKS stützen, er muss von einem erhöhten Fehlerrisiko ausgehen und insoweit den Umfang aussagebezogener Prüfungshandlungen erhöhen.

Relevante Formen der Kontrolle und ihre Ziele sind gemäß IDW EPS 261 n. F., Tz. 52 f.:

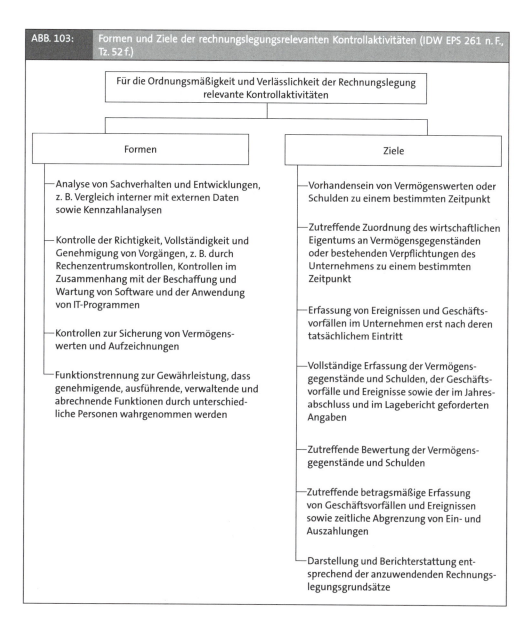

ABB. 103: Formen und Ziele der rechnungslegungsrelevanten Kontrollaktivitäten (IDW EPS 261 n. F., Tz. 52 f.)

4.3.5 Informations- und Kommunikationssystem

Information und Kommunikation stellen diejenigen Aktivitäten dar, die dazu dienen, dass die Unternehmensleitung die erforderlichen Entscheidungsgrundlagen in geeigneter und zeitgerechter Form einholt, aufbereitet und an die zuständigen Stellen im Unternehmen weiterleitet (IDW EPS 261 n. F., Tz. 33). Neben der mündlichen Berichterstattung sind dies vor allem Organisationshandbücher, Richtlinien, Aktennotizen etc.

Bestandteil des betrieblichen Informationssystems ist insbesondere das **Rechnungslegungssystem**, das die Gesamtheit der Methoden und Aufzeichnungen bildet, die

- der Erfassung und Verarbeitung von Geschäftsvorfällen,
- dem Nachweis über die Bestände an Vermögensgegenständen und Schulden,
- der Erfassung der für den Anhang und Lagebericht erforderlichen Angaben

dienen.

Der Abschlussprüfer muss außerdem ein Verständnis über die **Kommunikationsprozesse** gewinnen, mit denen den Mitarbeitern ein Verständnis für ihre Aufgaben und Verantwortlichkeiten im Rahmen des rechnungslegungsbezogenen Informationssystems vermittelt werden soll.

4.3.6 Überwachungsaktivitäten

Die **Überwachungsaktivitäten** umfassen die Gesamtheit der Maßnahmen zur Beurteilung der Wirksamkeit, Angemessenheit und der kontinuierlichen Funktion des IKS sowie zur Beseitigung ggf. festgestellter Mängel (IDW EPS 261 n. F., Tz. 34). Sie werden in

- prozessintegrierte und
- prozessunabhängige

Maßnahmen differenziert.

Ein Beispiel für prozessintegrierte Überwachungsmaßnahmen bildet die regelmäßige Durchsicht betrieblicher Statistiken durch die zuständigen Abteilungsleiter und die Beurteilung der Plausibilität der in den Statistiken enthaltenen Informationen. Eine prozessunabhängige Maßnahme stellt insbesondere die Überwachung des Internen Kontrollsystem durch die Interne Revision dar, in deren Rahmen auch Verbesserungsvorschläge für die Wirksamkeit des Internen Kontrollsystems entwickelt werden (IDW EPS 261 n. F., Tz. 34).

Der Abschlussprüfer hat die wesentlichen Maßnahmen zur Überwachung des IKS zu beurteilen. Hierzu zählen auch entsprechende Aktivitäten der Organmitglieder des Unternehmens.

5. Prüfungshandlungen und Prüfungsnachweise im Rahmen der Abschlussprüfung

5.1 Begriff und Bestimmung von Wesentlichkeitsgrenzen

Die Auswahl geeigneter Prüfungshandlungen durch den Abschlussprüfer erfolgt im Rahmen des ihm zustehenden **Ermessensspielraums**. Bestimmungsgrößen der Auswahlentscheidung werden gebildet durch:

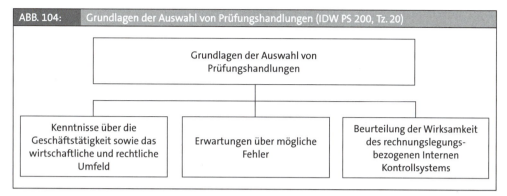

ABB. 104: Grundlagen der Auswahl von Prüfungshandlungen (IDW PS 200, Tz. 20)

Ermessensspielräume ergeben sich im Rahmen pflichtmäßiger Berufsausübung insbesondere bei

- der Erlangung von Prüfungsnachweisen hinsichtlich deren Beschaffenheit, Umfang, Zeitpunkt und Reihenfolge,
- den aus den Prüfungsnachweisen zu ziehenden Schlussfolgerungen, z. B. der Würdigung von Schätzwerten oder Trends.

Häufig sind diese **Schlussfolgerungen** nicht unmittelbar zwingend, sondern allenfalls naheliegend, liefern also keinen endgültigen Beweis (IDW PS 200, Tz. 26). Dies resultiert auch aus dem bereits dargelegten Umstand, dass die Abschlussprüfung weder als Vollprüfung noch als „kriminalistische" Prüfung ausgelegt ist.

Die Auswahl von Art und Umfang der Prüfungshandlungen erfolgt entsprechend des Grundsatzes der **Wesentlichkeit**. Die knappen zeitlichen Ressourcen sollen demnach auf diejenigen Prüfungshandlungen in den Prüfungsfeldern konzentriert werden,

- die a priori als mit der höchsten Fehlerwahrscheinlichkeit behaftet angesehen werden bzw.
- deren Fehler voraussichtlich die wertmäßig (absolut bzw. relativ) bedeutendsten Auswirkungen auf die Abschlussaussagen induzieren.

Entsprechende **Wesentlichkeitsgrenzen** sind im Rahmen der Prüfungsplanung

- sowohl für den Jahresabschluss und Lagebericht als Ganzes
- als auch separat für die einzelnen Prüfungsfelder

zu bestimmen. Da mehrere unwesentliche Fehler zu einem wesentlichen Fehler kumulieren können, sind auch **Nichtaufgriffsgrenzen** unterhalb der Wesentlichkeitsgrenze festzusetzen, oberhalb derer Unregelmäßigkeiten im Rahmen der Prüfungsfeststellungen erfasst werden (IDW PS 210, Tz. 45 i.V. mit IDW PS 250, Tz. 19).

Wesentlichkeit impliziert Entscheidungsrelevanz. Fehler sind als wesentlich anzusehen, wenn sie (einzeln oder zusammen genommen) **Entscheidungsrelevanz für die Abschlussadressaten** aufweisen. Dies ist insbesondere dann der Fall, wenn deren absoluter oder relativer Wert die wirtschaftlichen Entscheidungen der Adressaten beeinflusst. Ein relativer Wert kann sich z. B. aus einer Bezugnahme des betroffenen Postens zur Bilanzsumme oder zum Eigenkapital (bei Bestandsgrößen) bzw. zum Jahresergebnis oder Cashflow (bei Stromgrößen) ergeben (IDW PS 250, Tz. 9).

Das IDW verzichtet ausdrücklich auf eine diesbezügliche quantitative Vorgabe (IDW PS 250, Tz. 13). Die Wesentlichkeit ist vielmehr nach den Umständen des Einzelfalls zu beurteilen. Einer anerkannten Definition im Fachschrifttum zufolge (vgl. *Lück*, Prüfung der Rechnungslegung, S. 96) ist ein Fehler bzw. Risiko **wesentlich, wenn er bzw. es einen Betrag von 5 % oder mehr des Standard-Reinergebnisses** (des um außerordentliche Einflüsse bereinigten Durchschnittsergebnisses) **oder des wirtschaftlichen Eigenkapitals** ausmacht. Beträge von unter 2 % sind unwesentlich; zwischen 2 und 5 % kommt es auf die Würdigung der Umstände in Einzelfall an.

Wesentlichkeitsgrad und Prüfungsrisiko stehen dabei in einem **wechselseitigen Zusammenhang** (IDW PS 250, Tz. 15). Wird die Wesentlichkeitsschwelle herabgesetzt (z. B. wesentliche Verluste ab 1 % statt zuvor 5 % des wirtschaftlichen Eigenkapitals), so erhöht sich das Prüfungsrisiko und umgekehrt.

Die Einschätzung der Wesentlichkeit durch den Abschlussprüfer bestimmt die nachfolgende Auswahl der Prüffelder und der anzuwendenden Prüfungshandlungen (IDW PS 250, Tz. 17). Je niedriger der Abschlussprüfer die Wesentlichkeitsschwelle ansetzt, umso höher ist die Aussagesicherheit hinsichtlich der Aufdeckung von Unregelmäßigkeiten (IDW PS 250, Tz. 15).

Da dies wiederum eine Ausdehnung des Umfangs an Prüfungshandlungen erfordert, kann insoweit ein Konflikt mit dem Grundsatz der **Wirtschaftlichkeit** entstehen; für die Prüfung müssen erhöhte personelle und zeitliche Ressourcen bereitgestellt werden.

ABB. 105: Kausalitätskette zwischen Wesentlichkeit und Prüfungsrisiko

Wesentlichkeit und Prüfungsrisiko (IDW PS 250, Tz. 4 ff.)

1. Herabsetzung der Wesentlichkeitsgrenze (z. B. bei festgestellten Unregelmäßigkeiten) führt zum Anstieg des Prüfungsrisikos
2. Notwendige Kompensation durch eine Herabsetzung des Entdeckungsrisikos der Prüfung
3. Erfordernis einer Ausweitung von Art und Umfang der aussagebezogenen Prüfungshandlungen
4. Durchführung von Schätzungen und Hochrechnungen sowie Festlegung von Nichtaufgriffsgrenzen
5. Vornahme einer Gesamtbeurteilung; ggf. Einschränkung oder Versagung des Bestätigungsvermerks

5.2 Prüfungshandlungen und Prüfungsnachweise

Prüfungshandlungen werden mit dem Ziel durchgeführt, aussagefähige **Prüfungsnachweise** zur Fundierung der mit hinreichender Sicherheit zu treffenden Prüfungsaussagen zu generieren.

Der Begriff des „Prüfungsnachweises" ist der deutschen Prüfungslehre eigentlich fremd; er entstammt den in deutsche Prüfungsstandards eingearbeiteten International Standards on Auditing (ISA) und stellt die Übersetzung des Begriffs *„audit evidence"* dar. Gemeint sind „Informationen, die der Abschlussprüfer verwendet, um zu Prüfungsfeststellungen zu kommen", auf denen sich wiederum die in Prüfungsbericht und Bestätigungsvermerk getroffenen Prüfungsaussagen stützen (IDW PS 300, Tz. 1). Die Prüfungsaussagen betreffen:

ABB. 106:	Klassifikation von Prüfungsaussagen (IDW PS 300, Tz. 7)	
Arten von Geschäftsvorfällen und Ereignissen	Kontensalden am Periodenende	Abschlussinformationen
▶ Eintritt und Zurechnung ▶ Vollständigkeit ▶ Betragsmäßig richtige Erfassung ▶ Periodenabgrenzung ▶ Kontenzuordnung	▶ Vorhandensein ▶ Zurechnung zum Unternehmen ▶ Vollständigkeit ▶ Bewertung und Zuordnung	▶ Eintritt ▶ Vollständigkeit ▶ Kontenzuordnung und Verständlichkeit ▶ Betragsmäßig richtige Erfassung und Bewertung

Anforderungen an die vom Prüfer erlangten Prüfungsnachweise bestehen

▶ in **quantitativer** Hinsicht, d. h. ihr Umfang muss **"ausreichend"** sein, indem ein hinreichender Anteil der Prüfungsmasse abgedeckt wird sowie

▶ in **qualitativer** Hinsicht, d. h. ihre Aussagekraft und Bestimmtheit müssen **"angemessen"** sein (IDW PS 300, Tz. 8).

Hierbei besteht ein asymmetrischer Zusammenhang wie folgt:

▶ Je geringer das vorgefundene Fehlerrisiko und je höher die Qualität der Prüfungsnachweise, umso weniger Prüfungsnachweise werden benötigt;

▶ jedoch kann eine mangelnde Qualität der Prüfungsnachweise nicht zwangsläufig durch eine Erhöhung der Quantität ausgeglichen werden (IDW PS 300, Tz. 8).

Die Anforderungen können aufgrund der Individualität der Prüfungssituation nicht allgemeingültig formuliert werden. Vielmehr hängt die Beurteilung, ob Prüfungsnachweise „ausreichend" und „angemessen" sind, ab von

▶ der Beurteilung von Art und Höhe des inhärenten und Kontrollrisikos,

▶ der Wesentlichkeit des Prüffelds,

▶ den Erfahrungen aus vorangegangenen Prüfungen,

▶ den Ergebnissen der laufenden Prüfung sowie

▶ der Quelle und Verlässlichkeit der verfügbaren Informationen (IDW PS 300, Tz. 9).

So sind vom Abschlussprüfer selbst generierte Prüfungsnachweise stets überzeugender als jene, die vom Unternehmen beigebracht wurden. Auch kann Prüfungsnachweisen von Seiten Dritter eine höhere Überzeugungskraft beigemessen werden, wenn Nachweise verschiedener Quellen übereinstimmen. Dennoch kann dem Abschlussprüfer angesichts der Informationsflut nicht zugemutet werden, alle verfügbaren Daten auszuwerten, um insoweit ein Maximum an Überzeugungskraft der Prüfungsnachweise zu erhalten.

Um dem Grundsatz der Wesentlichkeit und Wirtschaftlichkeit Genüge zu tun, muss der Prüfer vielmehr eine **Auswahl** an Prüfungsnachweisen derart optimieren, dass die geforderte hinreichende Sicherheit der Prüfungsaussagen gewährleistet wird (IDW PS 300, Tz. 11).

Die Auswahl kann z. B. im Rahmen der Nachweisprüfung von Vermögensgegenständen durch geeignete Stichprobenbildung erfolgen. Hierbei sind sowohl bewusste als auch zufällige Auswahlverfahren grundsätzlich zulässig. Werden im Rahmen der Überprüfung der Stichprobe Unregelmäßigkeiten festgestellt, so ist zur Einhaltung des maximal zulässigen Prüfungsrisikos eine Ausweitung der Prüfungshandlungen und damit der untersuchten Stichprobe geboten (IDW PS 300, Tz. 12).

Als Ausfluss des Grundsatzes der Wirtschaftlichkeit ist es grundsätzlich nicht zu beanstanden, wenn eine zulässige Auswahl zwischen alternativen Prüfungsnachweisen entsprechend ihres Kosten-Nutzen-Verhältnisses erfolgt. Auf die Erlangung notwendiger Prüfungsnachweise darf andererseits nicht allein aufgrund der mit ihrer Gewinnung verbundenen Kosten verzichtet werden (IDW PS 300, Tz. 13). So ist die Einholung eines Sachverständigengutachtens nur erforderlich, wenn das zugrunde liegende Prüffeld wesentlich ist und keine anderweitigen verlässlichen Prüfungsnachweise beschafft werden können.

Den Prozessablauf von der Einholung von Prüfungsnachweisen über die Gewinnung von Prüfungsfeststellungen bis hin zur Ableitung von Prüfungsaussagen skizziert nachfolgende Abbildung.

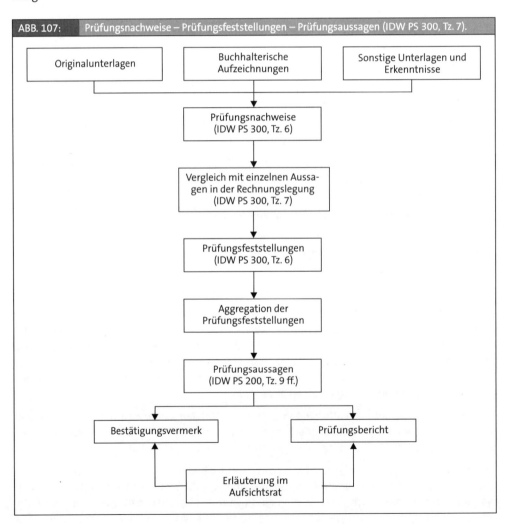

ABB. 107: Prüfungsnachweise – Prüfungsfeststellungen – Prüfungsaussagen (IDW PS 300, Tz. 7).

Folgende grundsätzliche Typen von **Prüfungshandlungen** lassen sich unterscheiden, die je nach den vorangegangenen Wesentlichkeitsbeurteilungen zur Anwendung kommen (IDW PS 300, Tz. 14 ff.):

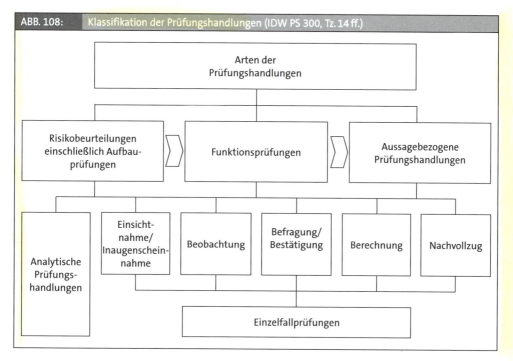

ABB. 108: Klassifikation der Prüfungshandlungen (IDW PS 300, Tz. 14 ff.)

Diese werden allerdings nicht nebeneinander, sondern je nach Phase der Systemprüfung **sukzessiv angewandt** (IDW PS 300, Tz. 15 ff.). Aus den Wesentlichkeitsbeurteilungen kann auch kein vollständiger Verzicht auf bestimmte Typen folgen, sondern allenfalls eine graduelle Ausdehnung bzw. Einschränkung ihres Umfangs.

5.3 Abfolge der Prüfungshandlungen

5.3.1 Aufbauprüfungen

Im Anschluss an die Beurteilung der inhärenten Risiken und der Aneignung von Kenntnissen über das IKS und seiner Komponenten folgt eine Prüfung des Systemaufbaus. In diesem Zusammenhang ist die angemessene Gestaltung des IKS zu beurteilen, um wesentliche Falschangaben in den zu prüfenden Unterlagen zu verhindern bzw. aufzudecken. Die hierzu eingangs vom Prüfer vorzunehmende Beschaffung grundlegender Kenntnisse über das IKS geschieht zu folgenden Zwecken und in folgendem erforderlichen Umfang (IDW EPS 261 n. F., Tz. 38 ff.):

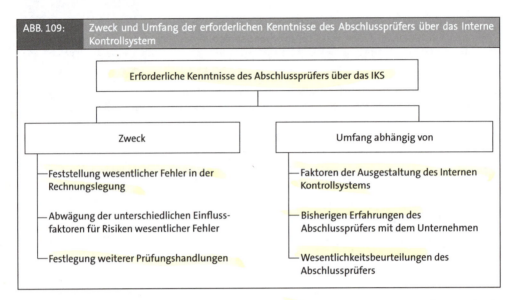

ABB. 109: Zweck und Umfang der erforderlichen Kenntnisse des Abschlussprüfers über das Interne Kontrollsystem

Aufbauprüfungen (**Soll-Soll-Prüfungen**) dienen zur Gewinnung eines Urteils über die grundsätzliche, strukturelle Fähigkeit von Systemen, wesentliche Fehler aufzudecken, zu verhindern bzw. zu korrigieren (IDW PS 300, Tz. 16). Der Prüfer erfasst den vom Unternehmen vorgesehenen Soll-Zustand des IKS entsprechend der vorhandenen Dokumentation. Diesen vergleicht er auf hinreichende Übereinstimmung mit der betriebswirtschaftlich üblichen Norm wie unter Kapitel III.4. beschrieben.

Hierzu muss zunächst das relevante **Kontrollumfeld** (hier insbesondere das Kontrollbewusstsein der Unternehmensleitung und Mitarbeiter) analysiert werden. In diesem Zusammenhang muss der Abschlussprüfer insbesondere die tatsächliche, durchgängige Umsetzung der diesbezüglichen Regelungen im Unternehmen begutachten. Sodann ist zu prüfen, ob das **Regelwerk** des Systems vollständig, in betriebswirtschaftlicher Hinsicht sachgerecht und methodisch einwandfrei ist, insbesondere

- inwieweit das Kontrollumfeld des Unternehmens das IKS unterstützt,
- ob die Risikobeurteilung in einer angemessenen Weise erfolgt und inwieweit wesentliche Risiken auch berücksichtigt wurden,
- ob die Kontrollaktivitäten des Unternehmens geeignet sind, wesentliche Fehler in der Rechnungslegung zu verhindern bzw. aufzudecken und zu korrigieren,
- ob das betriebliche Informationssystem alle rechnungslegungsrelevanten Informationen erfasst und verarbeitet,
- ob das IKS laufend überwacht und ggf. verbessert wird (IDW EPS 261 n. F., Tz. 43 ff.).

Vom Ausgang der Aufbauprüfung ist es abhängig, ob im weiteren Verlauf Funktionsprüfungen vorgenommen werden oder unmittelbar zur Durchführung aussagebezogener Prüfungshandlungen übergegangen wird (vgl. nachfolgende Abbildung in Anlehnung an IDW EPS 261 n. F., Tz. 61 ff.).

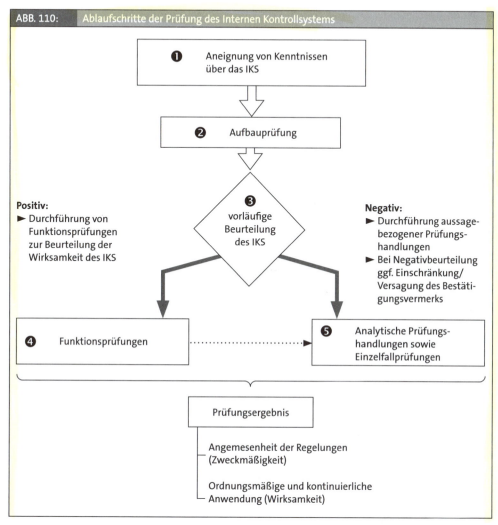

In Bezug auf die **Risikobeurteilungen** des Managements muss der Prüfer ein Verständnis dafür gewinnen, ob und auf welche Weise alle relevanten Risiken identifiziert wurden. „Schlagende" Risiken resultieren typischerweise aus

- unternehmensinternen Umstrukturierungen,
- Veränderungen in der Geschäftstätigkeit (neue Geschäftsfelder, Produkte oder Sparten),
- schnellem Unternehmenswachstum,
- zunehmenden Auslandsaktivitäten,
- finanziellen Interessen der Unternehmensleitung und der Mitarbeiter am Unternehmenserfolg,
- Veränderungen in den eingesetzten IT-Systemen bzw. Produktionstechnologien,
- personellen Veränderungen, Personalpolitik und Personalentwicklung,

- neuen oder geänderten gesetzlichen Vorschriften oder organisatorischen Regelungen zur Rechnungslegung sowie
- sonstigen Veränderungen im wirtschaftlichen und rechtlichen Umfeld des Unternehmens (IDW EPS 261 n. F., Tz. 47).

Außerdem hat der Abschlussprüfer nachzuvollziehen, wie die identifizierten Risiken hinsichtlich Eintrittswahrscheinlichkeit und Schadenshöhe quantifiziert werden. Die vom Unternehmen festgestellten Risikobeurteilungen sind mit denjenigen des Prüfers abzugleichen, ggf. auftretende bedeutende Differenzen sind auf Plausibilität zu prüfen.

Das rechnungslegungsbezogene **Informations- und Kommunikationssystem** des Mandanten wird mit der Zielsetzung begutachtet, ob es die vollständige, zeitnahe und ordnungsmäßige Erfassung und Verarbeitung aller rechnungslegungsrelevanten Informationen zulässt. Zusätzlich muss eruiert werden, inwieweit den betreffenden Mitarbeitern ihre Aufgaben und Verantwortlichkeiten im Rahmen der Erfassung und Verarbeitung von Geschäftsvorfällen in der Rechnungslegung bewusst sind (IDW EPS 261 n. F., Tz. 56 ff.). Hiermit wird überprüft, ob pro forma vorhandene Regelungen auch tatsächlich „gelebt" werden.

Zu Prüfungszielen und Ordnungsmäßigkeitskriterien in Bezug auf die **Kontrollaktivitäten und die Tätigkeit der Internen Revision** wird auf die vorstehenden Ausführungen (Kapitel III.4.) verwiesen.

Um die Erkenntnisziele der Aufbauprüfung zu erreichen,

- führt der Prüfer Befragungen von Mitarbeitern mit Überwachungsfunktionen durch,
- sieht Dokumente wie z. B. Organisationshandbücher, Arbeitsplatzbeschreibungen, Ablaufdiagramme usw. ein,
- begutachtet Unterlagen über den Aufbau der Rechnungslegungssysteme,
- beobachtet Arbeitsabläufe, Aktivitäten sowie IT-gestützte Verfahren im Unternehmen und
- vollzieht die Erfassung und Verarbeitung von Geschäftsvorfällen im Rechnungslegungssystem nach (IDW EPS 261 n. F., Tz. 61 f.).

Bei der Festlegung von Art, Umfang und zeitlichem Ablauf dieser Prüfungshandlungen sind

- die bisherigen Erfahrungen des Abschlussprüfers mit dem Unternehmen,
- die Beurteilung der inhärenten Risiken,
- die Ausgestaltung und Dokumentation des IKS sowie
- die vom Prüfer vorab angestellten Wesentlichkeitsüberlegungen

zu berücksichtigen (IDW EPS 261 n. F., Tz. 63).

Zu den konkreten Prüfungshandlungen im Rahmen der Aufbauprüfung des IKS vgl. die Abbildung auf der Folgeseite (in Anlehnung an IDW EPS 261 n. F., Tz. 43 ff.).

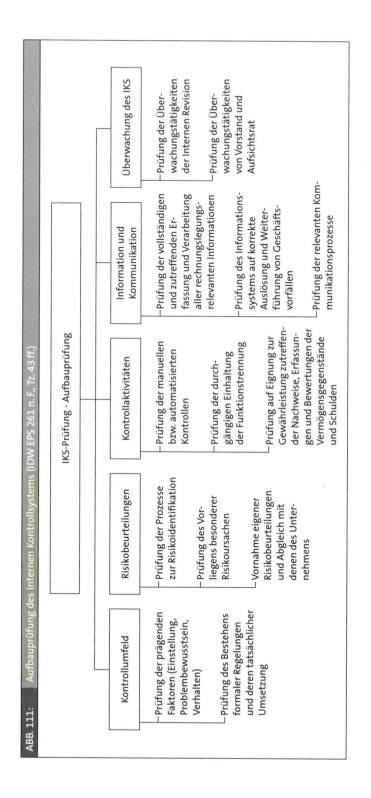

ABB. 111: Aufbauprüfung des Internen Kontrollsystems (IDW EPS 261 n. F., Tz. 43 ff.)

Falls als Ergebnis der Aufbauprüfung das IKS als nicht angemessen bzw. unwirksam beurteilt wird, gehen Funktionsprüfungen ins Leere, da es keinen Sinn macht, ein schon im Aufbau als unzweckmäßig erachtetes System noch auf korrekte Funktionsweise zu überprüfen. Somit kann der Prüfer ohne Weiteres erhöhte Kontrollrisiken unterstellen.

Um dennoch das geforderte Prüfungsrisiko nicht zu überschreiten, muss der zulässige Grenzwert des Entdeckungsrisikos abgesenkt werden. Dies geschieht durch eine Ausweitung des Umfangs an aussagebezogenen Prüfungshandlungen. Hierbei handelt es sich um

- analytische Prüfungshandlungen,
- Stichprobenprüfungen und
- Einzelfallprüfungen (vgl. Kapitel III.5.3.3 nachfolgend).

Eine Ausweitung der Prüfungshandlungen dürfte unabhängig davon stets beim Vorliegen der folgenden Sachverhalte notwendig sein:

- Hinweise auf Verstöße,
- besondere Komplexität von Geschäftsvorfällen,
- Vorliegen von Transaktionen mit nahe stehenden Personen,
- Maß an Subjektivität bei der Ausübung von Ermessensspielräumen,
- ungewöhnliche Geschäftsvorfälle und solche außerhalb des gewöhnlichen Geschäftsbetriebs (IDW EPS 261 n. F., Tz. 65).

5.3.2 Funktionsprüfungen

Funktionsprüfungen (**Soll-Ist-Prüfungen**) dienen zur Gewinnung eines Urteils über die Umsetzung von Systemen und deren kontinuierliche Anwendung (Wirksamkeit) in der Praxis (IDW EPS 261 n. F., Tz. 73 i. V. mit IDW PS 300, Tz. 17). Letztere liegt vor, wenn das System mit hinreichender Sicherheit verhindert, dass Unternehmensrisiken in wesentlichem Umfang die Ordnungsmäßigkeit der Rechnungslegung beeinträchtigen.

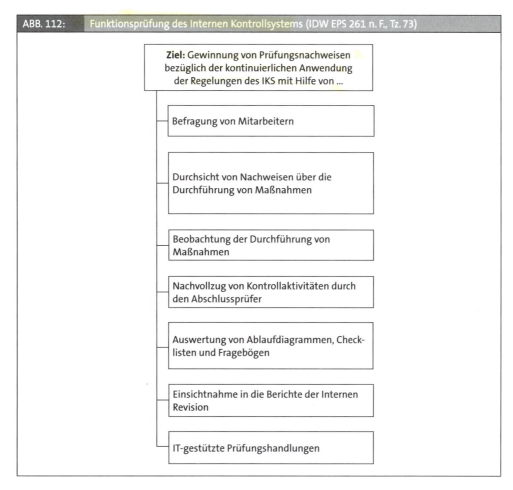

ABB. 112: Funktionsprüfung des Internen Kontrollsystems (IDW EPS 261 n. F., Tz. 73)

Ziel der Funktionsprüfung ist es, auf Grundlage der gewonnenen Erkenntnisse eine abschließende Beurteilung der **Kontrollrisiken** vorzunehmen, um darauf aufbauend weitere ergebnisorientierte Prüfungshandlungen zur Gewährleistung der notwendigen Prüfungssicherheit planen zu können. Die Prüfung besteht aus den Komponenten

- Prüfung der Umsetzung des Systems:

    Hierbei wird die tatsächliche Praktizierung durch die Mitarbeiter im operativen Geschäftsablauf durch Beobachtung oder Prüfung von Kontrollvermerken durchgeführt. Die Durchsicht von Kontrollvermerken gibt z. B. Aufschluss darüber, ob gewisse Kontrollen auch tatsächlich durchgeführt wurden.

- Prüfung der Funktionsfähigkeit des Systems:

    In diesem Rahmen ist festzustellen, ob das vorhandene IKS auch funktionsfähig, d. h., in der Lage ist, Fehler zu verhindern, zu erkennen und zu beheben. Dies erfolgt mittels Beobachtung von Abläufen, Nachvollzug von Kontrollaktivitäten oder Durchführung von Testläufen.

Eine beliebte Form dieses Prüfungstyps besteht in einem kontrollierten Einspeisen von Fehlern in das System und der nachfolgenden Untersuchung der Systemreaktion.

Wird das Fehlerrisiko vom Abschlussprüfer als bedeutend eingestuft, so sind Funktionsprüfungen – auch bei im Geschäftsjahr unveränderten Kontrollmaßnahmen – in jedem Geschäftsjahr vorzunehmen; bei nicht bedeutsamen Risiken genügt dies i. d. R. in jeder dritten aufeinander folgenden Abschlussprüfung (IDW EPS 261 n. F., Tz. 78).

Werden die Funktionsprüfungen im Rahmen der Vorprüfung vor dem Abschlussstichtag vorgenommen, so hat der Abschlussprüfer darauf zu achten, dass unternehmensseitig nachträglich bis zum „offiziellen" Ende der Prüfung keine bedeutenden Änderungen in Art und Umfang des IKS erfolgten; andernfalls sind ergänzende Prüfungen durchzuführen (IDW EPS 261 n. F., Tz. 79).

Zusammenfassend können folgende **Schritte der Funktionsprüfung** abgegrenzt werden:

ABB. 113: Ablaufschritte der Funktionsprüfung des Internen Kontrollsystems (IDW EPS 261 n. F., Tz. 73 ff.)

1. Beurteilung der Qualität der Prüfungsnachweise (vorzugsweise durch eigene Beobachtungen)
2. Abgleich mit Ergebnissen der Vorjahresprüfung (ggf. durch Trendbildung)
3. Überprüfung unterjähriger Veränderungen von Art und Umfang des IKS
4. Erforderlichenfalls Aktualisierung der Erkenntnisse aus der Vorprüfung auf den aktuellen Stand
5. Abschließende Beurteilung der Wirksamkeit des IKS und damit Einschätzung der Höhe des Kontrollrisikos
6. Als Konsequenz hieraus (insbesondere bei Negativbeurteilung) Einzelfallprüfungen oder Einholung von Bestätigungen Dritter
7. Ggf. Änderung der Beurteilung der Kontrollrisiken; je nach Wesentlichkeit zusätzliche Durchführung aussagebezogener Prüfungshandlungen

5.3.3 Aussagebezogene Prüfungshandlungen

Aussagebezogene Prüfungshandlungen dienen der Feststellung, ob die im Rahmen der Rechnungslegung getroffenen Angaben keine wesentlichen Falschaussagen enthalten. Art und Umfang ihrer Durchführung richten sich nach dem Ausgang der Risikobeurteilungen und den Feststellungen der Aufbau- und Funktionsprüfungen (IDW PS 300, Tz. 21 f.). Sie lassen sich differenzieren in

▶ analytische Prüfungshandlungen und
▶ Einzelfallprüfungen (IDW PS 300, Tz. 24).

Die **analytischen Prüfungshandlungen** sind den sog. **indirekten Prüfungsmethoden** zuzuordnen. Der Prüfer bedient sich hierbei bestimmter „Ersatzobjekte", um aus bekannten oder unterstellten Zusammenhängen zwischen Prüfungs- und Ersatzobjekt Rückschlüsse auf die Ordnungsmäßigkeit des Prüfungsobjekts zu ziehen. In der Praxis werden in diesem Zusammenhang

- Plausibilitätsbeurteilungen von Verhältniszahlen oder Trends,
- Zeit- oder Unternehmensvergleiche zur Ermittlung auffälliger Abweichungen bzw. Schwankungen,
- Feststellungen diesbezüglicher Widersprüche zu anderen im Rahmen der Prüfung erlangten Informationen (IDW PS 300, Tz. 28 sowie IDW PS 312, Tz. 5)

vorgenommen. Hierbei wird die Erwartung unterstellt, dass systematische und dauerhaft bestehende Zusammenhänge zwischen bestimmten Informationen gegeben sind (z. B. Verhältnis der Forderungen zu den Umsatzerlösen, der Materialaufwendungen zu den Vorräten, der Periodenabschreibungen zu den historischen Anschaffungskosten, der Zinsaufwendungen zu den Verbindlichkeiten gegenüber Kreditinstituten).

Daneben können Zusammenhänge zwischen finanziellen und nicht-finanziellen Informationen (z. B. aus dem Entwicklungs-, Fertigungs- oder Personalbereich) relevant sein. Zusammenhänge von zu beurteilenden Daten können etwa bestehen mit

- Vergleichswerten aus Vorjahren,
- vom Unternehmen erwarteten Werten (Prognosen, Budgets),
- Erwartungen des Abschlussprüfers über die künftige Unternehmensentwicklung,
- branchenspezifischen Vergleichswerten (IDW PS 312, Tz. 7).

Analytische Prüfungshandlungen bedienen sich einer Vielfalt von Methoden, die von der einfachen Mittelwertbildung bis zu komplexen mathematisch-statischen Verfahren wie z. B. der Regressionsanalyse reichen. Ihre Anwendung gewährleistet eine hohe Wirtschaftlichkeit und Effektivität der Prüfung, da der Umfang an durchzuführenden Einzelfallprüfungen reduziert werden kann.

Gleichwohl darf sich der Abschlussprüfer jedenfalls bei wesentlichen Positionen nicht ausschließlich auf das Ergebnis analytischer Prüfungshandlungen stützen (IDW PS 312, Tz. 10 ff.). Dies liegt in dem Umstand begründet, dass die Aussagefähigkeit der Ergebnisse analytischer Prüfungshandlungen von der Zuverlässigkeit des zugrunde liegenden Datenmaterials abhängt und deshalb ggf. ein erwarteter Zusammenhang zwischen Daten generiert wird, obwohl die zugrunde liegende Datenbasis falsch sein kann (IDW PS 312, Tz. 13).

Für die Vornahme von analytischen Prüfungshandlungen auf Basis von Abschlussdaten ist die Einhaltung des Grundsatzes der **Bewertungsstetigkeit** im Mandantenabschluss unbedingte Voraussetzung.

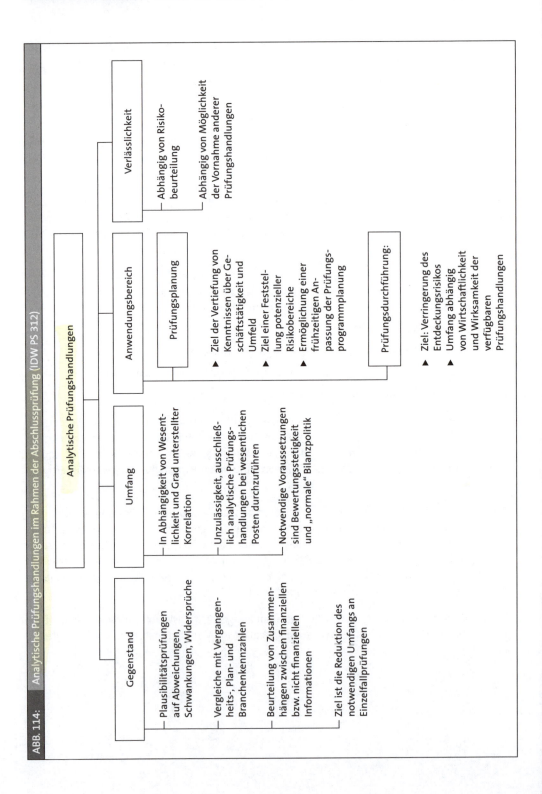

ABB. 114: Analytische Prüfungshandlungen im Rahmen der Abschlussprüfung (IDW PS 312)

Die Zweckmäßigkeit des Einsatzes analytischer Prüfungshandlungen hängt von folgenden weiteren Faktoren ab (IDW PS 312, Tz. 21):

- der Art des Unternehmens und der Möglichkeit, zusammengefasste Informationen wieder in ihre Bestandteile zu zerlegen (so können analytische Prüfungshandlungen wirksamer sein, wenn sie nicht auf den Abschluss insgesamt, sondern auf einzelne Teilbereiche der Rechnungslegung oder Sparten bezogen werden);
- Verfügbarkeit der Informationen aus dem Rechnungswesen (z. B. Budgets oder Prognoserechnungen) und aus anderen Unternehmensbereichen (z. B. Anzahl von produzierten oder verkauften Artikeln);
- Zuverlässigkeit der verfügbaren Informationen nach Maßgabe der bei ihrer Erstellung angewandten Sorgfalt sowie ihrer Herkunft (hierbei sind vom Unternehmen unabhängige Quellen verlässlicher als unternehmensinterne Quellen, ggf. aber zugleich auch weniger spezifisch);
- Relevanz der verfügbaren Informationen (so sind Ist-Zahlen besser geeignet als Budgetansätze);
- Vergleichbarkeit der verfügbaren Informationen (ggf. kann ein Unternehmen einer bestimmten Branche, das Spezialprodukte herstellt und verkauft, nicht anhand allgemeiner Branchenkennzahlen beurteilt werden) sowie
- allgemein den Erkenntnissen des Prüfers aus der Prüfungsplanung unter Berücksichtigung von Vorjahresprüfungen und erforderlich gewordenen Anpassungen sowie den aus der Systemprüfung gewonnenen Erkenntnissen.

Ergebnisse analytischer Prüfungshandlungen, die auf Risikobehaftung hindeuten, sind

- auffällige Schwankungen im Zeitablauf,
- mit anderen einschlägigen Informationen nicht vereinbare Zusammenhänge sowie
- Abweichungen der Ist- von den vorausberechneten Zahlen.

In diesen Fällen muss der Abschlussprüfer versuchen, sachgerechte Erklärungen und angemessene unterstützende Nachweise zu erhalten (IDW PS 312, Tz. 26).

Analytische Prüfungshandlungen sind oftmals mit der Zuhilfenahme von Schätzwerten verbunden. Der Prüfer muss angemessen berücksichtigen, dass Schätzwerten naturgemäß ein erhöhtes Risiko von Falschaussagen im Vergleich zu exakt ermittelten Werten innewohnt.

Der IDW PS 314 n. F. enthält gegenüber den bisherigen Anforderungen im Rahmen der **Prüfung von geschätzten Werten** eine Reihe wesentlicher Ergänzungen und Verschärfungen:

- Bei der Feststellung und Beurteilung von Fehlerrisiken muss der Abschlussprüfer den mit einem geschätzten Wert verbundenen Grad an Schätzunsicherheit beurteilen.
- Er muss weiter beurteilen, ob die mit der Wertschätzung verbundenen Unsicherheiten bedeutsame Risiken zur Folge haben.
- Bei geschätzten Werten, die mit bedeutsamen Risiken verbunden sind, ist zu beurteilen,
  - inwieweit das Management alternative Annahmen oder Ergebnisse herangezogen hat und – für die nicht berücksichtigten Annahmen und Ergebnisse – welche Gründe dazu führten, dass diese nicht bei der Bildung des geschätzten Werts berücksichtigt wurden oder wie das Management auf andere Weise mit Schätzunsicherheiten umgegangen ist,

- ob die Erläuterung einer bestehenden Schätzunsicherheit im Anhang und ggf. im Lagebericht angemessen ist.
▶ Der Abschlussprüfer muss bei geschätzten Werten untersuchen, ob bei deren Ermittlung Anzeichen für eine Einseitigkeit des Managements vorliegen. Sofern Anzeichen vorliegen, sind diese in den Arbeitspapieren zu dokumentieren.
▶ In den Arbeitspapieren sind die Grundlagen für die Schlussfolgerungen des Abschlussprüfers zur Vertretbarkeit von geschätzten Werten einschließlich der Vertretbarkeit der Angaben im Anhang und im Lagebericht zu dokumentieren, soweit hiermit bedeutsame Risiken verbunden sind.

Geschätzte Werte sind **Näherungswerte**, die immer dann Eingang in die Rechnungslegung finden, wenn eine exakte Ermittlung nicht möglich ist. Schätzungen beinhalten Ermessensentscheidungen und Unsicherheiten bei der Bewertung bereits eingetretener oder erst in der Zukunft wahrscheinlich eintretender Ereignisse. Somit besteht bei geschätzten Werten ein **erhöhtes Risiko falscher Angaben** in der Rechnungslegung (IDW PS 314 n. F., Tz. 10). Einschlägige **Beispiele** sind laut IDW PS 314 n. F., Tz. 11:

▶ planmäßige Abschreibungen eines abnutzbaren Vermögensgegenstands des Anlagevermögens über dessen voraussichtliche Nutzungsdauer (§ 253 Abs. 3 Satz 1 und 2 HGB),
▶ außerplanmäßige Abschreibungen des Anlage- und Umlaufvermögens gemäß § 253 Abs. 3 Satz 3 und Abs. 4 HGB,
▶ Rückstellungen, z. B. für Prozessrisiken, Gewährleistungsverpflichtungen oder drohende Verluste aus schwebenden Geschäften (§ 253 Abs. 1 Satz 2 HGB),
▶ aktivierte Eigenleistungen.

Die Schätzung von Werten ist entweder Bestandteil der routinemäßigen Buchführungsarbeiten oder wird einmalig am Ende des Geschäftsjahres durchgeführt. Hierfür ist das **Management** verantwortlich.

Aufgabe des **Abschlussprüfers** ist es demgegenüber, ausreichende und angemessene Prüfungsnachweise einzuholen, die belegen, dass die geschätzten Werte in Übereinstimmung mit den zugrunde gelegten Rechnungslegungsgrundsätzen ermittelt und in der Rechnungslegung abgebildet wurden. In diesem Rahmen hat er insbesondere zu beurteilen, ob

▶ die der Schätzung zugrunde liegenden Prognosen und deren Zeithorizont angemessen sind,
▶ die geschätzten Werte vor dem Hintergrund der übrigen Angaben in der Rechnungslegung und der hierzu getroffenen Feststellungen plausibel erscheinen,
▶ bei Schätzungen auf Basis eines Bewertungsmodells dieses angemessen ist und die zugrunde liegenden Annahmen vertretbar sind (IDW PS 314 n. F., Tz. 20 ff.).

Die mit der Schätzung von Wertansätzen bzw. einzelnen wertbestimmenden Komponenten von Posten verbundene **Unsicherheit** oder nicht vorhandene objektive Informationen können es unmöglich machen, ausreichende **Prüfungsnachweise** für die Beurteilung eines geschätzten Werts zu erlangen. Der Abschlussprüfer hat in diesen Fällen zu entscheiden, ob ein **Prüfungshemmnis** vorliegt und ob der Bestätigungsvermerk in Abhängigkeit von der Wesentlichkeit der zu schätzenden Werte einzuschränken oder zu versagen ist (IDW PS 314 n. F., Tz. 24).

Im Rahmen der Prüfung von geschätzten Werten obliegt dem Abschlussprüfer zunächst die Beurteilung

- der Angemessenheit der organisatorischen Vorkehrungen zur Ermittlung von geschätzten Werten einschließlich der internen Kontrollen (**Aufbauprüfung**)
- sowie deren Wirksamkeit (**Funktionsprüfung**).

Im weiteren Prüfungsprozess sind die Prüfungshandlungen wie folgt zu differenzieren,

- solche zur **Beurteilung** der Fehlerrisiken in Zusammenhang mit geschätzten Werten und
- solche als **Reaktion** auf die diesbezüglich beurteilten Fehlerrisiken.

Erstere werden mit dem Ziel durchgeführt (IDW PS 314 n. F., Tz. 29),

- ein Verständnis der organisatorischen Ausgestaltung des Prozesses zur Ermittlung von geschätzten Werten zu erlangen,
- zu beurteilen, ob die angewandten Bewertungsverfahren angemessen sind,
- zu beurteilen, ob die vom Management zugrunde gelegten Annahmen sachgerecht und schlüssig und alle verfügbaren relevanten Informationen in die Bewertung eingeflossen sind,
- die Berechnungen auf mathematische Richtigkeit zu prüfen,
- die für vorhergehende Geschäftsjahre vorgenommenen Schätzungen mit den späteren tatsächlichen Ergebnissen zu vergleichen.

Da komplexe Schätzprozesse oder spezielle Ermittlungsverfahren in erheblichem Umfang Spezialkenntnisse erfordern, hat der Abschlussprüfer erforderlichenfalls die Hinzuziehung von **Sachverständigen** zu erwägen.

KAPITEL III — Prüfungsstrategie und Prüfungsplanung

ABB. 115: Prüfungshandlungen zur Beurteilung von Fehlerrisiken in Zusammenhang mit geschätzten Werten (vgl. IDW PS 314 n. F., Tz. 31 ff.)

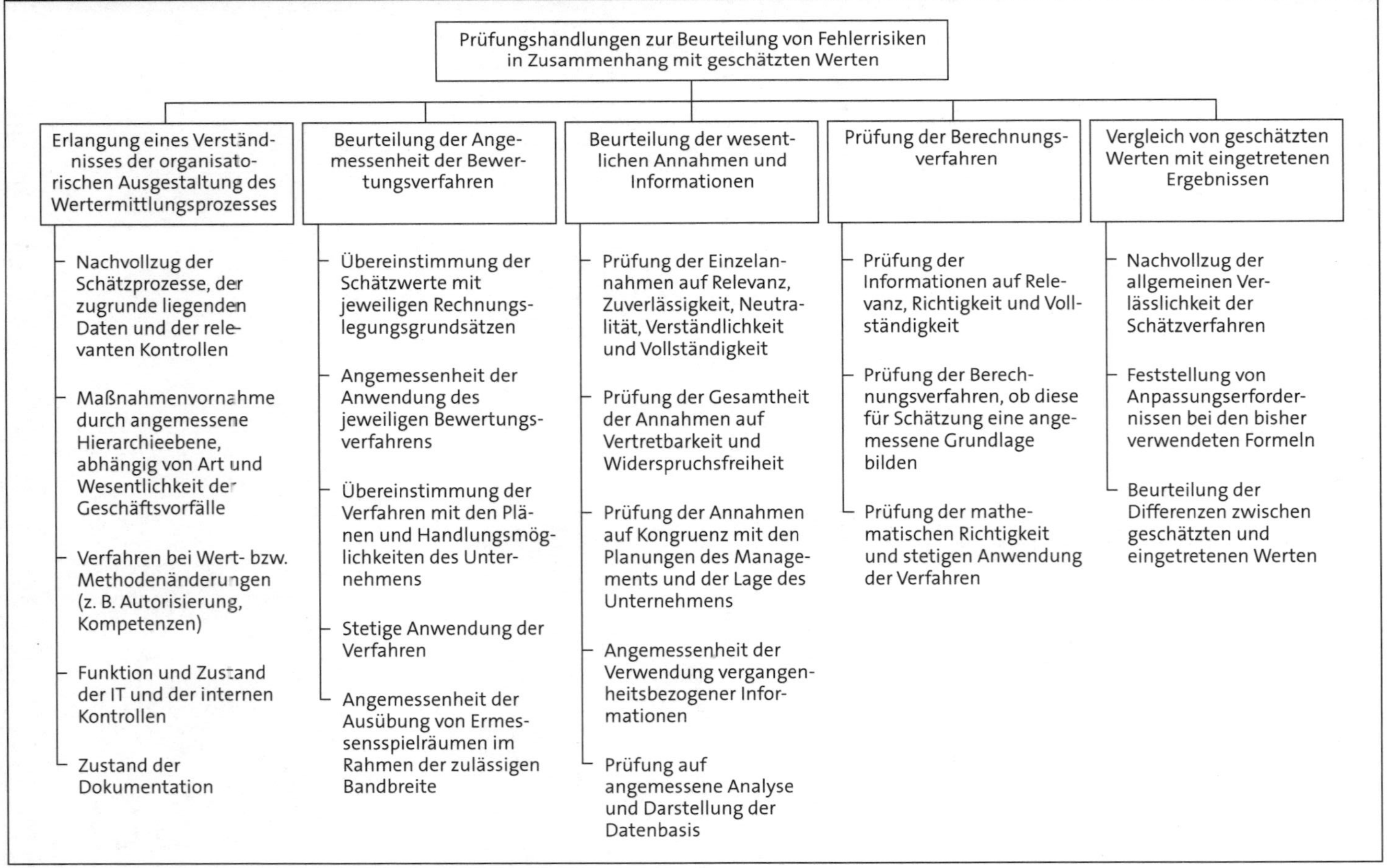

Prüfungshandlungen zur Beurteilung von Fehlerrisiken in Zusammenhang mit geschätzten Werten

Erlangung eines Verständnisses der organisatorischen Ausgestaltung des Wertermittlungsprozesses
- Nachvollzug der Schätzprozesse, der zugrunde liegenden Daten und der relevanten Kontrollen
- Maßnahmenvornahme durch angemessene Hierarchieebene, abhängig von Art und Wesentlichkeit der Geschäftsvorfälle
- Verfahren bei Wert- bzw. Methodenänderungen (z. B. Autorisierung, Kompetenzen)
- Funktion und Zustand der IT und der internen Kontrollen
- Zustand der Dokumentation

Beurteilung der Angemessenheit der Bewertungsverfahren
- Übereinstimmung der Schätzwerte mit jeweiligen Rechnungslegungsgrundsätzen
- Angemessenheit der Anwendung des jeweiligen Bewertungsverfahrens
- Übereinstimmung der Verfahren mit den Plänen und Handlungsmöglichkeiten des Unternehmens
- Stetige Anwendung der Verfahren
- Angemessenheit der Ausübung von Ermessensspielräumen im Rahmen der zulässigen Bandbreite

Beurteilung der wesentlichen Annahmen und Informationen
- Prüfung der Einzelannahmen auf Relevanz, Zuverlässigkeit, Neutralität, Verständlichkeit und Vollständigkeit
- Prüfung der Gesamtheit der Annahmen auf Vertretbarkeit und Widerspruchsfreiheit
- Prüfung der Annahmen auf Kongruenz mit den Planungen des Managements und der Lage des Unternehmens
- Angemessenheit der Verwendung vergangenheitsbezogener Informationen
- Prüfung auf angemessene Analyse und Darstellung der Datenbasis

Prüfung der Berechnungsverfahren
- Prüfung der Informationen auf Relevanz, Richtigkeit und Vollständigkeit
- Prüfung der Berechnungsverfahren, ob diese für Schätzung eine angemessene Grundlage bilden
- Prüfung der mathematischen Richtigkeit und stetigen Anwendung der Verfahren

Vergleich von geschätzten Werten mit eingetretenen Ergebnissen
- Nachvollzug der allgemeinen Verlässlichkeit der Schätzverfahren
- Feststellung von Anpassungserfordernissen bei den bisher verwendeten Formeln
- Beurteilung der Differenzen zwischen geschätzten und eingetretenen Werten

228

Basierend auf dem erlangten Verständnis des Prozesses zur Ermittlung von geschätzten Werten und der implementierten Kontrollen hat der Abschlussprüfer das Fehlerrisiko einzuschätzen und weitere Prüfungshandlungen in Bezug auf die Ermittlung von geschätzten Werten und ihre Darstellung im Abschluss durchzuführen, wobei Art, Umfang und zeitliche Einteilung der weiteren Prüfungshandlungen auch von der Komplexität der Ermittlung der geschätzten Werte abhängen (IDW PS 314 n. F., Tz. 57).

Hierzu ist zunächst im Rahmen der **Aufbauprüfung** die Angemessenheit der vom Unternehmen eingerichteten organisatorischen Vorkehrungen zur Ermittlung von geschätzten Werten festzustellen. Sodann sind **Funktionsprüfungen** durchzuführen,

- wenn sich der Abschlussprüfer bei einer Aussage in der Rechnungslegung auf deren Wirksamkeit verlassen will oder
- sofern aussagebezogene Prüfungshandlungen allein zur Gewinnung hinreichender Prüfungssicherheit auf Aussageebene nicht ausreichen (IDW PS 314 n. F., Tz. 59).

Aussagebezogene Prüfungshandlungen des Abschlussprüfers beinhalten die Beurteilung der zugrunde liegenden wesentlichen Annahmen und Informationen sowie den Nachvollzug der Berechnungen des Managements, insbesondere

- den Vergleich der vom Management ermittelten Werte mit den Werten aus einer unabhängigen Schätzung,
- die Prüfung der stetigen Anwendung der Ermittlungsverfahren,
- die Reaktion auf bedeutsame Risiken,
- die Beurteilung von Ereignissen nach dem Abschlussstichtag, welche die Schätzung bestätigen können,
- die Prüfung der Angaben im Anhang und Lagebericht (IDW PS 314 n. F., Tz. 60 ff.).

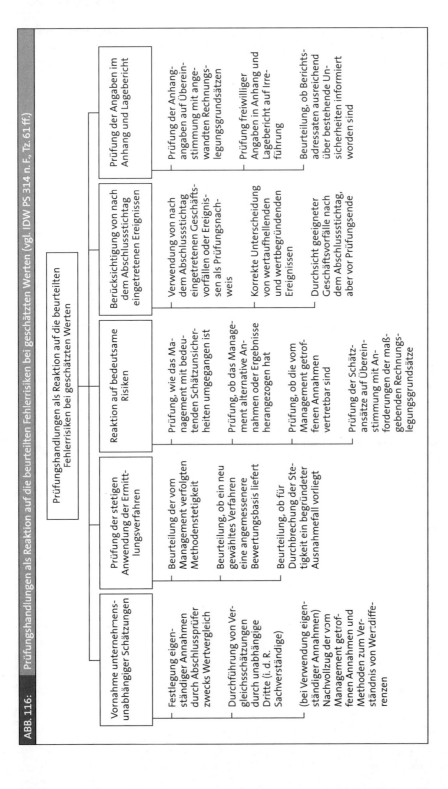

ABB. 116: Prüfungshandlungen als Reaktion auf die beurteilten Fehlerrisiken bei geschätzten Werten (vgl. IDW PS 314 n. F., Tz. 61 ff.)

Nach Abschluss der Prüfungshandlungen muss der Abschlussprüfer ein valides Urteil darüber abgeben,

- ob die geschätzten Werte vertretbar sind, in Übereinstimmung mit den jeweiligen Rechnungslegungsgrundsätzen ermittelt und im Abschluss unter Berücksichtigung der einschlägigen Bewertungsvorschriften angesetzt wurden,
- ob der vom Management angesetzte Schätzwert innerhalb einer Bandbreite zu akzeptierender Wertansätze liegt oder die Abweichung zwischen den aus den erlangten Prüfungsnachweisen folgenden und den im Abschluss enthaltenen Wertansätzen eine Änderung des Abschlusses erfordert,
- ob die Schätzung von Werten, die zwar einzeln für sich betrachtet innerhalb der zu akzeptierenden Bandbreite liegen, insgesamt jeweils in dieselbe Richtung von den aus den Prüfungsnachweisen folgenden Wertansätzen abweichen und damit in der Summe den Jahresabschluss wesentlich beeinflussen (IDW PS 314 n. F., Tz. 79 ff.).

Entsprechende Negativfeststellungen können Auswirkungen für den Bestätigungsvermerk induzieren, sofern

- vom Abschlussprüfer als unvertretbar angesehene Schätzungen zu wesentlichen Einwendungen hinsichtlich der Darstellung der Vermögens-, Finanz- und Ertragslage im Jahresabschluss führen bzw.
- erhebliche Unsicherheiten oder das Nichtvorhandensein objektiver Informationen ein Prüfungshemmnis begründen (IDW PS 314 n. F., Tz. 83 f.),

wobei die entsprechenden Toleranzschwellen für eine Berichterstattungspflicht im Prüfungsbericht enger zu ziehen sein werden.

Je höher das vermutete Kontrollrisiko infolge von Zweifeln an der Zweckmäßigkeit, Wirksamkeit und/oder Funktionsfähigkeit des IKS, umso weniger aussagekräftig sind analytische Prüfungshandlungen und umso mehr Gewicht wird **Einzelfallprüfungen** beigemessen werden müssen (IDW PS 312, Tz. 25).

Einzelfallprüfungen stellen **direkte Prüfungen** dar, da ein direkter Vergleich (**Soll-Ist-Vergleich**) zwischen den Aufzeichnungen der Buchführung und den entsprechenden Belegen vorgenommen wird. Der IDW PS 300, Tz. 29 ff. nimmt hierzu folgende grundlegende Typisierung vor:

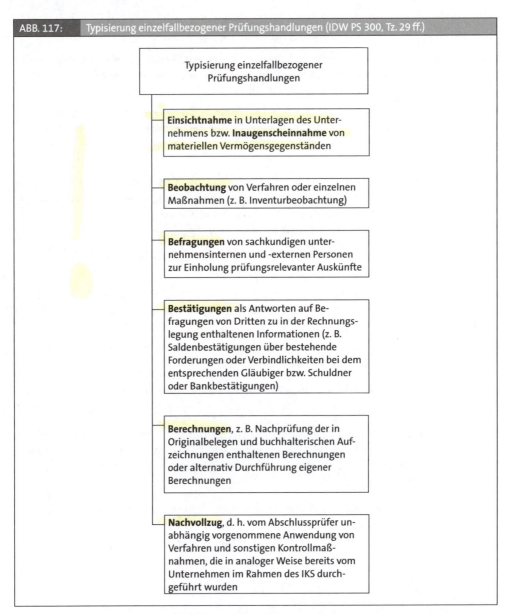

ABB. 117: Typisierung einzelfallbezogener Prüfungshandlungen (IDW PS 300, Tz. 29 ff.)

Einzelfallprüfungen sind insbesondere dann vorzunehmen, sofern analytische Prüfungshandlungen nicht möglich sind oder keine ausreichende Aussagesicherheit erbringen können, z. B. wenn

▶ keine ausreichende Datenmenge (Zeitreihe, Vergleichsstichprobe) zur Verfügung steht,
▶ Strukturbrüche bzw. sonstige Unvergleichbarkeiten vorliegen,
▶ die zugrunde liegenden Daten aus sonstigen Gründen nicht hinreichend verlässlich sind oder
▶ im Rahmen von analytischen Prüfungshandlungen festgestellte Schwankungen oder sonstige Auffälligkeiten nicht zweifelsfrei geklärt werden können (IDW PS 312, Tz. 24 ff.).

Dem insoweit gegebenen Vorteil der hohen Beweiskraft steht jedoch der Nachteil der Zeitintensität der Prüfungsdurchführung gegenüber.

IDW PS 300, Tz. 42 ff. führt folgende **Beispiele** typischer Einzelfallprüfungen auf:

ABB. 118: Beispiele einzelfallbezogener Prüfungshandlungen (IDW PS 300, Tz. 42 ff.)

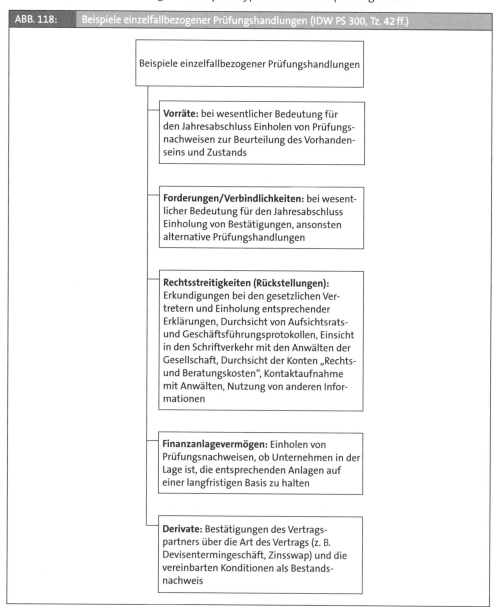

Zur Bestimmung der Verlässlichkeit von Prüfungsnachweisen im Einzelfall lassen sich folgende Grundsätze anwenden (IDW PS 300, Tz. 39):

▶ Externe Quellen sind vertrauenswürdiger als interne Quellen (d. h. Erstellung des Prüfungsnachweises durch das Management oder sonstige Mitarbeiter des geprüften Unternehmens).
▶ Die Verlässlichkeit interner Prüfungsnachweise korreliert mit der festgestellten Qualität des IKS.
▶ Schriftlich dokumentierte Prüfungsnachweise sind verlässlicher als mündliche Auskünfte.
▶ Unter den schriftlichen Prüfungsnachweisen sind Originalbelege verlässlicher als Fotokopien oder sonstige Reproduktionen.

5.4 Verwertung der Arbeiten Dritter als Prüfungsnachweise

5.4.1 Verwertung der Arbeit eines anderen externen Prüfers

Grundsätzlich könnte unterstellt werden, dass die Arbeit eines Berufsangehörigen unter Zugrundelegung der dargelegten hohen Qualitätsstandards ohne Weiteres zur Übernahme in die eigene Arbeit berechtigt. Dem steht allerdings der in § 43 WPO sowie § 11 BS-WPK kodifizierte Grundsatz der Eigenverantwortlichkeit entgegen.

IDW PS 320, Tz. 11 hebt daher hervor, dass durch die Beteiligung eines anderen externen Prüfers die Verantwortung des Abschlussprüfers für das Prüfungsurteil unberührt bleibt. Seine eigene Befassung mit der Prüfung muss ausreichen, um aufgrund persönlicher Erkenntnismöglichkeiten ein eigenverantwortliches Urteil zu fällen. Dem Abschlussprüfer obliegt deshalb die Pflicht zur

▶ Beurteilung der relativen Bedeutung des selbst geprüften Teils des Abschlusses,
▶ Feststellung, ob ausreichende eigene Kenntnisse über die Geschäftstätigkeit und das wirtschaftliche Umfeld auch derjenigen Teileinheiten vorhanden sind, die von einem anderen externen Prüfer geprüft werden sowie zur
▶ Einschätzung des Risikos wesentlicher falscher Angaben aus von einem anderen externen Prüfer geprüften Teileinheiten (IDW PS 320, Tz. 12).

Insoweit erfolgt eine „Verwertung" der Arbeit eines anderen externen Prüfers und nicht eine „Übernahme". In diesem Rahmen sind folgende besonderen Prüfungshandlungen anzustellen:

▶ Beurteilung der beruflichen Qualifikation und fachlichen Kompetenz des anderen Prüfers (dies ist entbehrlich, wenn dieser gemäß den Regelungen der 8. EU-Richtlinie als gesetzlicher Abschlussprüfer in einem Mitgliedstaat zugelassen ist),
▶ Beurteilung der Qualität der Arbeit des anderen Prüfers (dies ist entbehrlich, wenn dieser an der externen Qualitätskontrolle i. S. der §§ 57a ff. WPO teilnimmt),
▶ Berücksichtigung der Auswirkungen der wesentlichen Prüfungsfeststellungen des anderen Prüfers auf die eigene Prüfung sowie
▶ Dokumentation der verwerteten bzw. übernommenen Prüfungsergebnisse des anderen Prüfers in Prüfungsbericht und Arbeitspapieren, insbesondere deren Abgrenzung von den eigenen Feststellungen (IDW PS 320, Tz. 18 ff.).

Unabhängig hiervon hat sich der die Arbeiten verwertende Abschlussprüfer von dem anderen externen Prüfer schriftlich bestätigen zu lassen, dass dieser

▶ die Unabhängigkeitserfordernisse und

▶ die Rechnungslegungs-, Prüfungs- und Berichtspflichten

beachtet hat. Dies gilt nicht, wenn über die von dem anderen externen Prüfer durchgeführte Prüfung ein Bestätigungsvermerk nach IDW PS 450 erteilt wurde oder eine Bescheinigung über eine prüferische Durchsicht i. S. des IDW PS 900 vorliegt (IDW PS 320, Tz. 14a).

Im Entwurf eines IDW Prüfungsstandards „Grundsätze für die Durchführung von Konzernabschlussprüfungen (einschließlich der Tätigkeit von Teilbereichsprüfern)" (IDW EPS 320 n. F.) wird der Anwendungsbereich des geltenden IDW PS 320, der allgemein die Verwertung der Arbeit anderer externer Prüfer behandelt, ergänzt um Anforderungen an die Kommunikation und Zusammenarbeit zwischen Konzernabschlussprüfer und anderen an der Konzernabschlussprüfung beteiligten Abschlussprüfern („Teilbereichsprüfern").

Dabei wird in besonderem Maße betont, dass der Konzernabschlussprüfer seine Tätigkeiten – insbesondere in Bezug auf die Verwertung der Arbeiten von Teilbereichsprüfern sowie der Prüfung des Konsolidierungsprozesses und der konzernweiten Kontrollen – mit dem erforderlichen Maß an Sorgfalt so zu bestimmen hat, dass er unter Beachtung der Grundsätze der Wesentlichkeit und der Wirtschaftlichkeit zu einem eigenverantwortlichen Prüfungsurteil gelangen kann.

Die Grundsätze der Wesentlichkeit und der Wirtschaftlichkeit kommen vor allem darin zum Ausdruck, dass bei Teilbereichen, deren Rechnungslegungsinformationen in den Konzernabschluss eingehen, zwischen bedeutsamen und nicht bedeutsamen differenziert wird:

▶ Bei nicht bedeutsamen Teilbereichen kann es ausreichend sein, sich auf die Durchführung analytischer Prüfungshandlungen zu beschränken.

▶ Demgegenüber erfordern bedeutsame Teilbereiche stets weitergehende Beurteilungen.

Den Grad der Bedeutsamkeit hat der Abschlussprüfer gemäß dem wirtschaftlichen Gewicht des Teilbereichs nach seinem pflichtgemäßen Ermessen zu beurteilen.

Ferner bedingt der Grundsatz der Wirtschaftlichkeit, dass, wenn der Jahresabschluss eines in den Konzernabschluss einzubeziehenden Tochterunternehmens von einem anderen Abschlussprüfer geprüft worden ist, der Konzernabschlussprüfer die Arbeiten regelmäßig im Rahmen des § 317 Abs. 3 Satz 2 HGB zum Zwecke der Konzernabschlussprüfung verwerten wird.

Da auf die besonderen Belange von Konzernabschlussprüfungen hier nicht näher eingegangen werden soll, wird auf die Ausführungen in FN-IDW 2011, S. 267 ff. verwiesen.

5.4.2 Verwertung der Arbeit der Internen Revision

Bei der Internen Revision handelt es sich um eine unternehmensinterne, vom Leitungsorgan abhängige Prüfungsinstanz (vgl. auch Kapitel III.4.2). Aufgrund mangelnder Autonomie vom Prüfungssubjekt kann sie allenfalls **unterstützende Funktion** für den Abschlussprüfer im Rahmen des risikoorientierten Prüfungsansatzes wahrnehmen.

Dennoch stützt sich der Abschlussprüfer im Rahmen der Abschlussprüfung regelmäßig auf Feststellungen der Internen Revision (IDW PS 321, Tz. 12):

- Eine wirksame Interne Revision induziert für die Abschlussprüfung eine Verringerung des Kontrollrisikos und eröffnet insofern die Möglichkeit, den Umfang der durch den Abschlussprüfer durchzuführenden, aussagebezogenen Prüfungshandlungen relativ niedrig zu halten.
- Die Feststellungen bieten dem Prüfer Anhaltspunkte für die Planung der Abschlussprüfung (Art, Zeitpunkt und Umfang eigener Prüfungshandlungen).

Kommt der Abschlussprüfer zu dem vorläufigen Schluss, dass die Interne Revision wirksam ist und sich ihre Arbeiten im Rahmen der Abschlussprüfung verwerten lassen, so muss er sich zunächst Kenntnis vom Arbeitsprogramm der Internen Revision verschaffen (zu Kriterien der Wirksamkeit vgl. auch Kapitel III.4.2). In diesem Rahmen sind Besprechungen mit der Internen Revision durchzuführen über

- den Umfang und zeitlichen Ablauf ihrer Prüfungstätigkeit,
- die Verfahren und das Ausmaß der von Seiten der Internen Revision durchgeführten Stichprobenprüfungen,
- die Dokumentation, Berichterstattung und Überwachung der Projekte der Internen Revision (IDW PS 321, Tz. 18).

Der Abschlussprüfer hat sicherzustellen, dass er von den Revisionsberichten laufend Kenntnis erhält und zu ihnen uneingeschränkten Zugang hat. Dies ermöglicht ihm außerdem eine Beurteilung, ob die vorläufige Einschätzung der Wirksamkeit der Internen Revision bestätigt werden kann.

In diesem Rahmen erfolgt eine Abschätzung, ob

- Arbeiten durch Personen mit ausreichender fachlicher Ausbildung und Fähigkeit durchgeführt und die Mitarbeiter angemessen angeleitet und überwacht sowie deren Arbeiten ausreichend dokumentiert wurden,
- angemessene und ausreichende Prüfungsnachweise vorliegen, die eine hinreichende Grundlage für die getroffenen Schlussfolgerungen bilden und diese den von der Internen Revision erfassten Sachverhalten entsprechen,
- ungewöhnliche Sachverhalte, die der Internen Revision aufgefallen sind, ordnungsgemäß geklärt wurden und
- die Interne Revision die Umsetzung ihrer Empfehlungen überwacht (IDW PS 321, Tz. 23).

Auch bei einer zulässigen Verwertung der Arbeiten der Internen Revision verbleibt dem Abschlussprüfer die **alleinige und unteilbare Verantwortung** für sein Prüfungsurteil. Gemäß der im IDW PS 321 vorgenommenen Abgrenzung von Abschlussprüfung und Interner Revision ist es außerdem unzulässig,

- Personal der Internen Revision des Unternehmens in das Prüfungsteam zu integrieren sowie
- den Abschlussprüfer vollständig die Aufgaben der Internen Revision übernehmen zu lassen (eine fallweise Aufgabenwahrnehmung ist aber unbedenklich).

5.4.3 Verwertung der Arbeit von Sachverständigen

Angesichts der zunehmenden Komplexität der wirtschaftlichen Zusammenhänge wird es für den Abschlussprüfer zuweilen geboten sein, Sachverständigenurteile in die gleichwohl eigenverantwortliche Bildung eines Prüfungsurteils einzubeziehen, z. B. im Rahmen

- der Bewertung bestimmter Arten von Vermögensgegenständen wie Grund und Boden, Maschinen und maschinelle Anlagen, Kunstwerke oder Edelsteine,
- der Bestimmung des Umfangs und der physikalischen Beschaffenheit von Vermögenswerten, wie z. B. Erdölreserven oder sonstiger Bodenschätze sowie der Restnutzungsdauer von Maschinen,
- der Bewertung von Vermögensgegenständen und Schulden auf der Grundlage finanzwirtschaftlicher Bewertungsmodelle oder versicherungsmathematischer Methoden (z. B. Pensionsrückstellungen),
- der Bestimmung des Fertigstellungsgrades von unfertigen Arbeiten oder
- der rechtlichen Würdigung komplexer Sachverhalte (IDW PS 322, Tz. 8).

Hierbei stellt sich für den Prüfer das Problem, einerseits seine Unkenntnis spezifischer Sachverhalte durch Hinzuziehung eines Sachverständigen zu kompensieren, andererseits gleichwohl das auf dieser Basis getroffene Prüfungsurteil vertreten zu müssen.

Angesichts der überragenden Bedeutung der Eigenverantwortlichkeit des Prüfers gilt der Grundsatz, dass eine Verwertung der Arbeitsergebnisse nur dann in Betracht kommt, wenn der Prüfer wenigstens in wesentlichen Grundlagen beurteilen kann, ob diese sachgerecht und schlüssig sind (IDW PS 322, Tz. 11). Die Erfüllung dieser Forderung kommt natürlich einer Gratwanderung gleich.

In Bezug auf **persönliche Eigenschaften** des Sachverständigen sind zu prüfen:

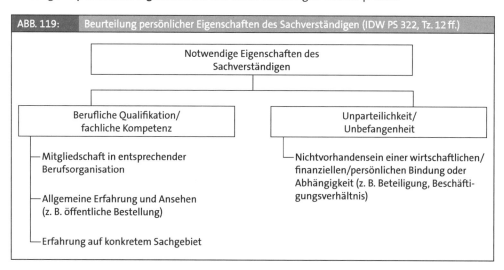

ABB. 119: Beurteilung persönlicher Eigenschaften des Sachverständigen (IDW PS 322, Tz. 12 ff.)

In Bezug auf die Beurteilung von Art und Umfang der konkret zu verwertenden Arbeit sollten dem Sachverständigen **Vorgaben** – zweckmäßigerweise in schriftlicher Form – erteilt werden, die insbesondere folgende Sachverhalte betreffen:

- Beschreibung von Zielsetzung und Umfang der Arbeit des Sachverständigen,
- Beschreibung der Sachverhalte, deren Darstellung der Abschlussprüfer im Gutachten des Sachverständigen erwartet,

- Angabe des beabsichtigten Verwendungszwecks der Arbeit des Sachverständigen durch den Abschlussprüfer,
- Ausmaß des Zugangs des Sachverständigen zu den erforderlichen Aufzeichnungen und Unterlagen,
- Offenlegung ggf. bestehender Verbindungen des Sachverständigen zum Unternehmen,
- ggf. Bestehen von Anweisungen, dem Abschlussprüfer bestimmte Unternehmensdaten nicht zur Verfügung zu stellen, sowie
- Informationen zu den vom Sachverständigen zu treffenden Annahmen und anzuwendenden Verfahren sowie zu deren konsistenter Anwendung im Zeitablauf (IDW PS 322, Tz. 16).

Der Prüfer sollte die dem Sachverständigen ggf. von Seiten des Mandanten erteilten Vorgaben auf Zweckmäßigkeit prüfen. Bestehen keine solchen, sind Art und Umfang der Tätigkeit des Sachverständigen unmittelbar mit diesem abzustimmen.

Die Prüfung der Ergebnisse des Sachverständigen umfasst die Beurteilung, ob dessen Feststellungen mit den aus der Rechnungslegung abzuleitenden Aussagen in Einklang stehen bzw. diese stützen. In diesem Zusammenhang sind folgende Prüfungshandlungen notwendig:

ABB. 120: Beurteilung der Arbeitsergebnisse von Sachverständigen (IDW PS 322, Tz. 17 ff.)

Darüber hinaus wird vom Abschlussprüfer eine entsprechende Dokumentation der Arbeiten von Sachverständigen in Prüfungsbericht und Arbeitspapieren, insbesondere eine Kennzeichnung als solche, gefordert. Wird eine mangelnde Verwertbarkeit der Arbeitsergebnisse festgestellt, kann dies ein Prüfungshemmnis mit entsprechenden Auswirkungen auf den Bestätigungsvermerk begründen (IDW PS 322, Tz. 25).

5.5 Zusammenfassung

Im Ergebnis lassen sich die Prüfungsmethoden unter Risikoaspekten hinsichtlich ihres unterschiedlichen Sicherheitsbeitrags pro Einheit Prüferzeit unterscheiden. Dies erfolgt mit dem Ziel, das **Prüfungsrisiko** durch gezielte Kombination und sequenziellen Ablauf der Prüfungsmethoden für jedes Prüfungsgebiet zu minimieren.

KAPITEL III — Prüfungsstrategie und Prüfungsplanung

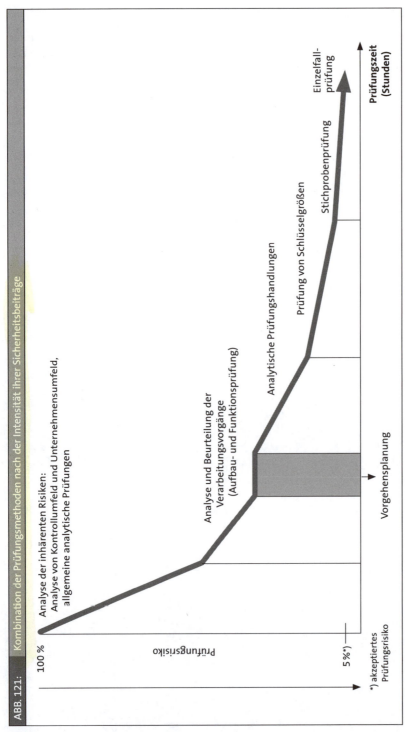

ABB. 121: Kombination der Prüfungsmethoden nach der Intensität ihrer Sicherheitsbeiträge

Quelle: In Anlehnung an *Diehl*, DStR 1993 S. 1116.

Der chronologische Ablauf der Arten von Prüfungshandlungen soll abschließend am Beispiel des Prüffelds „Absatz, Verkauf" wie folgt veranschaulicht werden:

ABB. 122:	Exemplarische Prüfungshandlungen am Beispiel des Prüffelds „Absatz, Verkauf"	
Aufbauprüfung	Funktionsprüfung	Analytische Prüfungshandlungen, Einzelfallprüfungen
▶ Nachvollzug der Organisation des Verkaufs (Vertragsgespräche, Jahresvereinbarungen, „key account management") ▶ Existenz eines Handbuchs mit Organisationsanweisungen, Stellen- und Aufgabenbeschreibungen, Organigrammen, Arbeitsanweisungen, Ablaufplänen etc. ▶ Existenz von Vollmachtsregeln, Zeichnungsberechtigungen ▶ Rahmenverträge, Kundenstruktur, Abhängigkeiten von Kunden ▶ Vorliegen von Genehmigungsverfahren bei Sonderkonditionen und sonstigen Abweichungen (z. B. Gratislieferungen, Zugaben, Rabatte) ▶ Regeln zur Vornahme von Bonitätsprüfungen und deren regelmäßige Aktualisierung ▶ Beschaffenheit der Kundenstammdatenbank und deren regelmäßige Aktualisierung ▶ Berechtigung und Protokollierung von Stammdatenänderungen, Zugriffsberechtigungen, Zugriffsschutz ▶ Formen der systemseitigen Erfassung von Auftragsbearbeitungen und Warenflüssen und deren Verlässlichkeit ▶ Beschaffenheit des Beleg- und Formularwesens (z. B. Auftragserfassung und -bestätigung) ▶ Regelung des Warenausgangs, insbesondere Vier-Augen-Prinzip ▶ Regelungen zum Gefahrenübergang und zur Feststellung der Umsatzrealisation ▶ Erfassung von Außenständen, OP-Listen etc. ▶ Regelungen bezüglich Mahnwesen und Berechtigung zur Ausbuchung von Forderungen	▶ Überprüfung der Dokumentationen der Verkaufsgespräche (Protokolle) auf Einhaltung des Vier-Augen-Prinzips ▶ Nachvollzug der Bonitätseinstufungen der Kunden und Einhaltung der resultierenden Vorgaben ▶ Überprüfung der Einhaltung von Kompetenzvorgaben, Genehmigungsgrenzen, Doppelunterzeichnungspflichten bei Sonderkonditionen entsprechend Vorgaben ▶ Manuelle Abstimmung von Lieferscheinen und Warenausgängen hinsichtlich Quantität und Qualität ▶ Abgleich von Lieferscheinen und daraus resultierenden Rechnungen ▶ Nachvollzug der Feststellung des Gefahrenübergangs vor Umsatzrealisation ▶ Auswertung der OP-Listen und retrograde Verprobung mit Bonitätseinstufung und dokumentierten Aktivitäten des Mahnwesens ▶ Nachvollzug der Vornahme von Einzelwertberichtigungen ▶ Nachvollzug der Behandlung von Zahlungseingängen auf zuvor abgeschriebene Forderungen ▶ Kontrolle der Berechtigung zur Buchungsanweisung vor Erteilung von Gutschriften aus Reklamationen	▶ Verprobung von Umsatzerlösen und Leistungskennzahlen (z. B. anhand von Durchschnittspreisen, Zeit- und Budgetvergleichen) ▶ Verprobung von Umsatzerlösen, Deckungsbeiträgen und Cashflows für ausgewählte Produkte und Kunden sowie insgesamt ▶ Verprobung von Umsatzerlösen und Forderungsbestand (etwa anhand der Entwicklung des Kundenzahlungsziels) ▶ Beleg- und Vorgangsprüfung anhand des Kontos „Manuelle Umsätze" ▶ Durchsicht der systemseitigen Umsatzkonten auf Umsatzstornos ▶ Verprobung von Reklamationen mit Durchschnittswerten und Daten aus der Herstellung ▶ Forderungen aus LuL: Überprüfung der Existenz anhand eingeholter Saldenbestätigungen und Übereinstimmung mit OP-Listen ▶ Durchsicht der GuV-Konten, Zuführung zu Einzelwertberichtigungen bzw. direkte Forderungsausbuchungen auf nennenswerte Vorgänge ▶ Durchsicht der GuV-Konten, Abschreibungen auf Waren aufgrund Unverwendbarkeit, Überprüfung der Auszeichnungsberechtigung und Einhaltung des Vier-Augen-Prinzips

Quelle: In Anlehnung an *Wiechers*, BBK 3/2009 F. 28 S. 134 ff.

Auch ein sachgerecht implementiertes IKS kann im Ergebnis nicht vollständig gewährleisten, dass die mit ihm verfolgten Ziele erreicht werden. Gründe hierfür können sein (vgl. IDW EPS 261 n. F., Tz. 25):

- das Auftreten menschlicher Fehlleistungen infolge von Nachlässigkeiten, Ablenkungen, Beurteilungsfehlern oder Missverständnissen,
- nicht routinemäßige Geschäftsvorfälle, die nur bedingt, schwer oder überhaupt nicht erfasst werden können,
- die bewusste Umgehung oder Ausschaltung des IKS durch Leitungspersonen oder deren Mitarbeiter,
- die zeitweise Unwirksamkeit des IKS aufgrund veränderter Unternehmens- oder Umweltbedingungen,
- der Verzicht der Unternehmensleitung auf bestimmte Maßnahmen aufgrund von Kosten-Nutzen-Vergleichen.

Die Verantwortung für die Vermeidung und Aufdeckung von Unregelmäßigkeiten ist und bleibt den gesetzlichen Vertretern und dem Aufsichtsorgan des geprüften Unternehmens zuzuordnen. Der Prüfer kann im Rahmen seiner Tätigkeit das Risiko einer Nichtaufdeckung zwar verringern, aber nicht völlig ausschließen.

6. Grundsätze der Planung von Abschlussprüfungen

6.1 Allgemeines Planungskonzept

Die Pflicht zur Prüfungsplanung ergibt sich aus dem in § 323 Abs. 1 Satz 1 HGB kodifizierten Grundsatz der Gewissenhaftigkeit. § 24a Abs. 1 BS-WPK konkretisiert diesen wie folgt: „WP/vBP haben von der Auftragsannahme an durch sachgerechte Prüfungsplanung dafür Sorge zu tragen, dass ein den tatsächlichen Verhältnissen des zu prüfenden Unternehmens angemessener und ordnungsgemäßer Prüfungsablauf in sachlicher, personeller und zeitlicher Hinsicht gewährleistet ist" (vgl. Kapitel II.).

IDW PS 240, Tz. 7 bestimmt, dass der Abschlussprüfer sowohl die im Rahmen der Abschlussprüfung durchzuführenden Prüfungshandlungen als auch die Gesamtheit der Aufträge angemessen zu planen hat, damit die Abschlussprüfung ziel- und zeitgerecht sowie wirtschaftlich durchgeführt werden kann.

Die Prüfungsplanung erfolgt mit dem Ziel, die vollständige Erfassung und hinreichende Bearbeitung des Prüfungsstoffs sicherzustellen sowie durch ein geplantes Vorgehen Fehler im Prüfungsablauf zu verhindern, die auf mangelnder systematischer Vorbereitung beruhen. Sie dient somit auch der Gewährleistung der Prüfungsqualität.

Weitere Aufgaben der Prüfungsplanung sind gemäß IDW PS 240, Tz. 8 die

- Gewährleistung eines angemessenen Prüfungsablaufs in sachlicher, personeller und zeitlicher Hinsicht,
- Sicherstellung der hinsichtlich der Prüfungsziele angemessenen Berücksichtigung aller Bereiche des Prüfungsgegenstands,
- Erkennung von Problemfeldern,
- zeitgerechte Bearbeitung des Prüfungsauftrags und Mitarbeiterkoordination,
- Beachtung des Grundsatzes der Wirtschaftlichkeit,

▶ Berücksichtigung ergänzender Vorstellungen des geprüften Unternehmens bezüglich der Bildung von Prüfungsschwerpunkten, des zeitlichen Ablaufs der Prüfung oder besonderer Prüfungshandlungen.

An der Planung komplexer Prüfungen sind regelmäßig mehrere Träger beteiligt, zum einen auf Seiten der WP-Praxis (WP-Gesellschaft), zum anderen beim geprüften Unternehmen (Auftraggeber).

Träger bei der Prüfungsgesellschaft sind neben dem für den einzelnen Prüfungsauftrag verantwortlichen Wirtschaftsprüfer (Prüfungsleiter) und dessen Mitarbeitern auch übergeordnete Instanzen wie z. B. die Geschäftsleitung. Der Prüfungsleiter und seine Mitarbeiter kümmern sich um die Planung des Einzelauftrags in sachlicher, personeller und zeitlicher Hinsicht. Sie müssen sich hierfür mit der nächst höheren Instanz auf Seiten der Prüfungsgesellschaft abstimmen, denn hier werden gewöhnlich die Einzelaufträge koordiniert und eine Gesamtplanung für die Prüfungssaison vorgenommen.

Außerdem wird die Prüfungsplanung nicht unerheblich vom Auftraggeber beeinflusst. Es ist offensichtlich, dass eine Prüfung nur ordnungsmäßig und zügig durchgeführt werden kann, wenn für jedes Prüfungsgebiet die dafür erforderlichen Unterlagen, Nachweise und Zusammenstellungen den Prüfern vorab zur Verfügung stehen. Deshalb ist eine Einbeziehung des Auftraggebers in die Prüfungsplanung unverzichtbar.

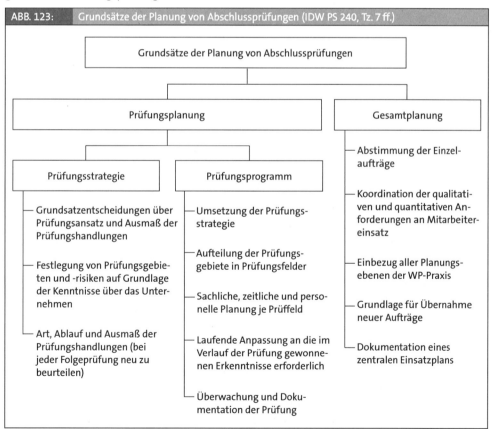

ABB. 123: Grundsätze der Planung von Abschlussprüfungen (IDW PS 240, Tz. 7 ff.)

Die Prüfungsplanung lässt sich grob in zwei Phasen,

- globale und
- detaillierte Planung,

differenzieren. Ziel der ersten Phase ist die Entwicklung einer Prüfungsstrategie; sie wird deshalb auch als strategische Prüfungsplanung bezeichnet. Im Zuge der zweiten Phase wird ein in sachlicher, personeller und zeitlicher Hinsicht abgestimmtes Prüfungsprogramm erstellt; somit kann sie als operativer Teil der Prüfungsplanung verstanden werden. Diese Phase hat sich an den Erkenntnissen aus der ersten Phase auszurichten.

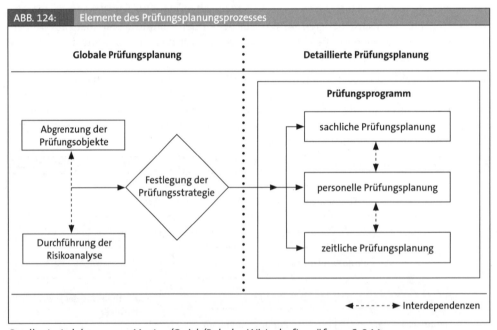

ABB. 124: Elemente des Prüfungsplanungsprozesses

Quelle: In Anlehnung an *Marten/Quick/Ruhnke*, Wirtschaftsprüfung, S. 244.

Da sich die einzelnen Prozesselemente wechselseitig beeinflussen, wäre theoretisch ein sog. Simultanplanungsprozess adäquat, d. h. ein Prozess, bei dem alle Teilpläne unter Berücksichtigung der gegenseitigen Interdependenzen gleichzeitig (simultan) aufgestellt werden. Dieser Ansatz ist aber aufgrund der mit ihm verbundenen Komplexität in die Praxis kaum umsetzbar.

Stattdessen werden in der Praxis stufenweise Planungsansätze angewendet, d. h., dass zunächst eine grundlegende Strategie entwickelt wird, auf Grund derer dann die Prüffelder bestimmt werden (sachliche Planung). Diese Prüffelder stellen dann wiederum die Basis für die personelle und die zeitliche Planung dar.

Sowohl die Entwicklung der Prüfungsstrategie als auch die Planung des Prüfungsprogramms müssen als kontinuierliche, rückkoppelnde Prozesse verstanden werden. Dies liegt darin begründet, dass zu Beginn der Prüfung meist nicht alle relevanten Informationen vorliegen und bedeutet, dass jeweils neu gewonnene Erkenntnisse während der Prüfung permanent in den Prüfungsablauf zu integrieren sind und der Ablauf der Prüfung ggf. neu auszurichten ist.

IDW PS 240, Tz. 21 führt beispielhaft Situationen auf, die Änderungsbedarfe induzieren können:

▶ Änderungen der bei der Prüfungsplanung zugrunde liegenden Rahmenbedingungen,
▶ zusätzliche Informationen während der Prüfungsdurchführung,
▶ unerwartete Ergebnisse einzelner Prüfungshandlungen,
▶ Aufdeckung von Schwachstellen des Internen Kontrollsystems sowie
▶ Vorliegen von Anzeichen für betrügerische Handlungen.

Neben der Planung einzelner Abschlussprüfungen ist eine Gesamtplanung aller Aufträge in einer Prüfungssaison durchzuführen, weil sich aus den Einzelaufträgen Auswirkungen auf die Durchführung der übrigen Aufträge ergeben, z. B. hinsichtlich der Mitarbeiterkoordination oder der möglichen zeitlichen Verschiebung einer Prüfung bei Verzögerung einer anderen.

Die Gesamtplanung basiert auf den Planungen der einzelnen Aufträge; sie ist ständig mit ihnen abzustimmen und bei Änderungen rollierend anzupassen. Dabei sind die Art und zeitlicher Ablauf der Prüfung genauso wie die sachlichen Ressourcen (Prüferausstattung) und Qualifikationsanforderungen zu berücksichtigen.

ABB. 125:	Gesamtplanung von Prüfungsaufträgen					
Kalenderwoche	1	2	3	4	5	6
Fertigstellungstermin/Mandant (M)			M1	M2		M3
Prüfungsleiter (P)						
P1	M1	M1	M1	M3	M3	M3
P2	M2	M2	M2	M2	M4	M4
...	...	...	...	...	...	...
Prüfungsassistenten (A)						
A1	M1	M1	M1	Reserve	M3	M3
A2	M1	M1	M2	M2	M4	M4
A3	M2	M2	M2	M2	M4	M4
...	...	...	...	...	...	...

Quelle: *Marten/Quick/Ruhnke*, a. a. O., S. 246.

Neben der reinen Prüfungszeit muss auch der Prüfungsberichtserstellung ein ausreichender zeitlicher und personeller Rahmen eingeräumt werden; es sind hinreichende zeitliche Reserven einzuplanen.

6.2 Umsetzung des Konzepts in die Prüfungspraxis

Unter Anwendung der Vorüberlegungen zum risikoorientierten Prüfungsansatz, zur Prüfung des IKS und zur Typologie sowie Abfolge von Prüfungshandlungen lässt sich in Anlehnung an *Diehl*, DStR 1993 S. 1117 ff. die Abschlussprüfung in sechs Phasen einteilen (vgl. nachstehende Abbildung).

KAPITEL III — Prüfungsstrategie und Prüfungsplanung

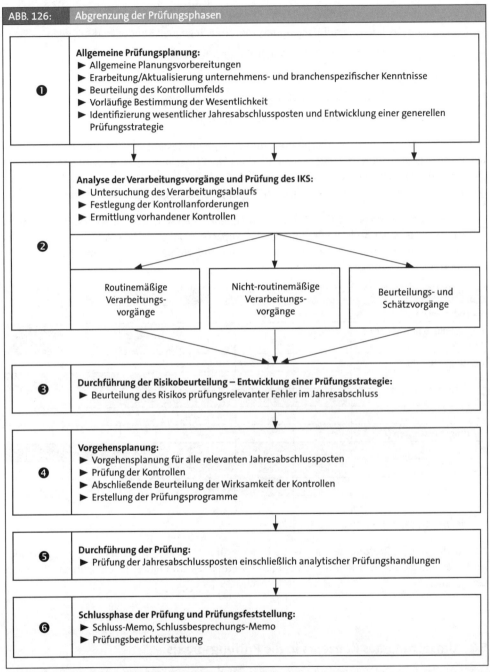

ABB. 126: Abgrenzung der Prüfungsphasen

Quelle: In Anlehnung an *Diehl*, DStR 1993 S. 1117.

Bereits vor der Auftragsannahme hat der Abschlussprüfer eine Einschätzung der Auftragsrisiken vorzunehmen. Diese liegen

- in den Geschäftsrisiken des Mandanten,
- in der Möglichkeit des Vorliegens bewusster Fehler oder Falschdarstellungen im Jahresabschluss sowie
- in der Bedeutung des Mandanten für den Abschlussprüfer und im bisherigen Verhältnis zu dem Mandanten

begründet. Zu prüfen ist u. a., ob

- Auftragsrisiken vorliegen, die eine Ablehnung des Prüfungsauftrags erfordern,
- die erforderlichen Kenntnisse zur sachgerechten Durchführung von Abschlussprüfungen in diesem Unternehmen vorhanden sind.

Nach der Auftragsannahme stellt die systematische Einholung und Auswertung detaillierter Informationen über die Geschäftätigkeit und das wirtschaftliche Umfeld des Mandanten den Ausgangspunkt der Abschlussprüfung dar. Hierin besteht ein wesentlicher Teil der Prüfungsplanung, da die somit erworbenen Kenntnisse dem Prüfer eine Beurteilung ermöglichen, welche Geschäftsvorfälle, Geschäftspraktiken sowie betrieblichen Prozesse sich wesentlich auf den zu prüfenden Abschluss auswirken können.

Der Abschlussprüfer hat sich ein vorläufiges Bild von der Branche, Geschäftsführung und den Eigentumsverhältnissen des Unternehmens, der Geschäftätigkeit, der Unternehmensstrategie, den hieraus resultierenden Geschäftsrisiken sowie den Geschäftsprozessen im Unternehmen zu machen (vgl. Kapitel III.3.). Diese Kenntnisse stellen die Grundlage für nahezu alle Teilbereiche der Prüfung dar. Für die Prüfungsplanung sind dies insbesondere die

- Einschätzung inhärenter Risiken und Kontrollrisiken,
- Bestimmung von Prüfungsgebieten unter Festlegung von Wesentlichkeitsgrenzen,
- Beurteilung des Risikofrüherkennungssystems (IDW PS 230, Tz. 2 ff. i.V. mit IDW PS 240, Tz. 16 f.).

Im Rahmen der allgemeinen Prüfungsplanung ist der Abschlussprüfer gefordert, sich ein Bild über die Qualität des Kontrollumfelds des Auftraggebers machen. Dies liefert dem Prüfer einerseits weitere Hinweise zu inhärenten Risiken und schafft andererseits die Voraussetzung für die vorläufige Beurteilung des IKS des Auftraggebers und somit die Möglichkeit zur Einschätzung des Kontrollrisikos (vgl. hierzu die detaillierten Ausführungen in Kapitel III.3. und III.4.).

Als Voraussetzung für die Entwicklung einer zweckmäßigen Prüfungsstrategie müssen auf Grundlage der Kenntnisse des Abschlussprüfers Wesentlichkeitsgrenzen für den Jahresabschluss insgesamt sowie für jeden einzelnen Jahresabschlussposten festgelegt werden, aus denen sich eine Differenzierung in kritische und weniger kritische Prüfungsgebiete ergibt (IDW PS 240, Tz. 15). Die Angemessenheit dieser Werte ist im Verlauf der Prüfung ständig zu kontrollieren und ggf. anzupassen.

Am Ende der ersten allgemeinen Planungsphase hat der Prüfer aus den Ergebnissen der bisherigen Analysen abgeleitet, welche Prüfungsgebiete bzw. Jahresabschlusspositionen als Prüfungsschwerpunkte vorzusehen sind.

Somit stellt die **Prüfungsstrategie** nach IDW PS 240, Tz. 14 die „Grundsatzentscheidung des Abschlussprüfers über die prinzipielle Richtung des bei der jeweiligen Abschlussprüfung einzuschlagenden Wegs" dar.

KAPITEL III Prüfungsstrategie und Prüfungsplanung

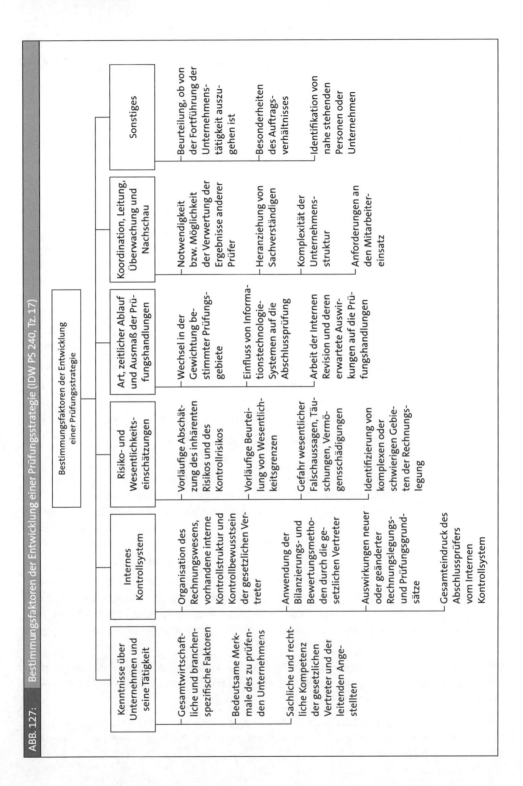

ABB. 127: Bestimmungsfaktoren der Entwicklung einer Prüfungsstrategie (IDW PS 240, Tz. 17)

Zunächst sind signifikante von nicht signifikanten Jahresabschlussposten abzugrenzen. Die Signifikanz ergibt sich aus der absoluten oder relativen Höhe (relativ z. B. in Bezug auf die Bilanzsumme oder das Ergebnis der gewöhnlichen Geschäftstätigkeit), aufgrund der Volatilität oder infolge der strukturellen Zusammensetzung. Wird ein Posten als nicht signifikant eingestuft, kann unter Wesentlichkeits- und Wirtschaftlichkeitsgesichtspunkten auf eine umfangreiche Risikobeurteilung verzichtet und die Durchführung von Prüfungshandlungen nur in einem nachrangigen Umfang geplant werden.

In einem nächsten Schritt sind signifikante Posten in solche mit komplexen bzw. einfachen Verarbeitungsvorgängen zu differenzieren. Die komplexen Vorgänge bedürfen zur Beurteilung der Fehlerrisiken einer eingehenden Prozessanalyse im Gegensatz zu einfach zu überblickenden Vorgängen.

Eine Analyse der rechnungslegungsbezogenen Verarbeitungsvorgänge des Mandanten erfolgt unter Zugrundelegung der Prozessdokumentationen, Mitarbeiterbefragungen oder stichprobenweiser Verfolgungen einzelner Transaktionen mit dem Erkenntnisziel, welche buchhalterischen oder sonstigen abschlussrelevanten Fehler in den Prozessen auftreten können.

Hinsichtlich ihrer Fehleranfälligkeit lassen sich folgende Verarbeitungsvorgänge unterscheiden:

▶ **Routineverarbeitungsvorgänge:**

Dies sind täglich vielfach vorkommende Verarbeitungsprozesse mit einem hohen Formalisierungsgrad. Demzufolge lassen sich Fehlerrisiken durch interne Kontrollen relativ verlässlich einschränken (z. B. Zahlungsvorgänge);

▶ **Nicht-routinemäßige Verarbeitungsvorgänge:**

Hierbei handelt es sich um Vorgänge, die nur gelegentlich durchgeführt werden. Sie sind aufgrund ihres unregelmäßigen Anfalls weniger formalisierbar und damit auch durch interne Kontrollen weniger kontrollierbar (z. B. Inventur);

▶ **Beurteilungs- und Schätzvorgänge:**

Bei diesen Vorgängen handelt es sich um meist überhaupt nicht standardisierbare Prozesse, da sie auf subjektiven sowie einzelfallbezogenen Schätzungen oder Entscheidungen hinsichtlich der Ausübung von Wahlrechten basieren. Solche Vorgänge bergen das höchste Fehlerrisiko, weil sie einerseits leicht manipulierbar sind und andererseits hohe Anforderungen an die die Vorgänge ausführende und auch die prüfende Person stellen (z. B. Einzelwertberichtigung auf Forderungen).

Die Analyse der Verarbeitungsvorgänge liefert nicht nur eine präzise Aufstellung möglicher Fehlerarten, sondern generiert auch eine möglichst genaue Einschätzung der Eintrittswahrscheinlichkeit dieser Fehler.

Aus der risikoorientierten Planung der Prüfungsstrategie werden im weiteren Verlauf der Prüfung die detaillierten **Prüfungsprogramme** abgeleitet mit dem Ziel, einen ordnungsgemäßen Prüfungsablauf zu gewährleisten, indem Art, Umfang und Zeitpunkt der einzelnen Prüfungshandlungen konkret geplant werden.

Im Rahmen der **sachlichen Prüfungsplanung** erfolgt zunächst eine Aufteilung der Prüfungsgebiete in Teilbereiche, die sog. **Prüffelder**. Insoweit erfolgt die Urteilsbildung zunächst auf Basis von Teilurteilen, die dann zu einem Gesamturteil verknüpft werden. Die Bildung der Prüffelder erfolgt nach Maßgabe der Prüfungsobjekte, des Prüfungszwecks bzw. der Prüfungsstrategie sowie des Umfangs bzw. der Komplexität des Prüfungsstoffs. Für jedes Prüffeld werden sodann wesentliche Prüfungsziele festgelegt und anschließend Art und Umfang der erforderlichen Prüfungshandlungen sowie ihr zeitlicher Ablauf festgesetzt.

In der Praxis werden oftmals mehrere (verwandte) Prüffelder zu **Prüffeldgruppen** zusammengefasst, welche in sich geschlossene und ausreichend große Arbeitsgebiete für den einzelnen Prüfer bilden. Kriterien für die Bildung derartiger Prüffeldgruppen stellen dar:

- Bestehen eines sachlichen Zusammenhangs zwischen bestimmten Bilanzposten, Konten oder zu prüfenden Vorgängen (z. B. Sachanlagen und Abschreibungen),
- inhaltliche Homogenität von Prüffeldern, Prüfungsmethoden oder Prüfungshandlungen; d. h., Zusammenfassung von Prüffeldern, bei denen die gleichen Prüfungsmethoden oder Prüfungshandlungen angewendet werden,
- unternehmensspezifische Besonderheiten und Organisationsabläufe.

Nach Bildung der Prüffelder sind vom Prüfungsleiter folgenden Maßnahmen zu treffen:

- Vorgabe ordnungsgemäßer Prüfungsanweisungen entsprechend des jeweiligen Erkenntnisstands der Prüfungsplanung,
- Planung der laufenden Überwachung des Prüfungsablaufs,
- Planung der Durchsicht der Prüfungsergebnisse zeitnah nach Beendigung der Prüfungshandlungen in den einzelnen Prüfungsfeldern.

Des Weiteren muss im Rahmen der sachlichen Planung eine Abstimmung mit dem Auftraggeber im Hinblick auf seine Prüfungsbereitschaft erfolgen. Diese muss für jedes einzelne Prüffeld gegeben sein.

Die **zeitliche Prüfungsplanung** gestaltet sich insbesondere bei Erstprüfungen schwierig, da der Prüfer lediglich über vorläufige Kenntnisse der Spezifika der Mandantenorganisation und der möglicherweise entstehenden Schwierigkeiten bei der Prüfungsdurchführung verfügt. Er muss sich also auf seine Erfahrungen mit gleichartigen Prüfungen stützen. Bei Wiederholungsprüfungen gestaltet sich die Zeitplanung meist erheblich einfacher, da sich der Zeitbedarf einzelner Prüfungshandlungen und auch der Prüfung als Ganzes jedenfalls ungefähr aus der Vorjahresdokumentation abschätzen lässt. Gleichwohl sind zeitliche Auswirkungen infolge von Änderungen des Prüfungsprogramms und der Prüfungsteamzusammensetzung einzuplanen.

Es sind insbesondere folgende zentrale Aspekte bei der Planung zu berücksichtigen:

- Die Terminierung der Prüfungstätigkeiten (z. B. Vorprüfungen, Einholung von Saldenbestätigungen, Inventurteilnahme, Abschlussprüfung) muss einen ordnungsgemäßen Prüfungsablauf ermöglichen.
- Die Prüfungsanweisungen des Prüfungsleiters an die Mitarbeiter müssen bei deren Tätigkeitsbeginn vorliegen; die Zeitvorgaben zur Bewältigung der Prüfungsaufgaben müssen ausreichend sein.
- Die Prüfungsbereitschaft des Mandanten muss zu Beginn der jeweiligen Prüfungstätigkeit gegeben sein.
- Es müssen ausreichend Zeitreserven für unerwartet erforderliche Änderungen des Prüfungsvorgehens bestehen.

▶ Die Durchführung der Überwachungsmaßnahmen muss parallel zum Prüfungsfortschritt möglich sein, die Durchsicht der Prüfungsergebnisse muss zeitnah nach Beendigung der einzelnen Prüfungsgebiete erfolgen.

Im Rahmen der zeitlichen Prüfungsplanung ist zudem festzustellen, welche Prüfungshandlungen vor der eigentlichen Hauptprüfung in eine **Vor- oder Zwischenprüfung** ausgegliedert werden sollen. Ohne ausreichende Vor- und Zwischenprüfungen (die vor dem Bilanzstichtag stattfinden) ist eine ordnungsmäßige Durchführung der Abschlussprüfung bei Unternehmen ab einer bestimmten Größe und Organisation kaum mehr möglich, wenn die verschiedenen zeitlichen Restriktionen, insbesondere der Prüfungsabschluss bis zur Hauptversammlung, eingehalten werden sollen. Für entsprechende Vorverlagerungen bieten sich insbesondere folgende Prüfungstätigkeiten an:

▶ Beschaffung und Analyse von Informationen über die Geschäftstätigkeit des Auftraggebers,

▶ Analyse der Geschäftsprozesse (Prüfung des Internen Kontrollsystems),

▶ Prüfung der Jahresabschlussposten, die eine abschließende Beurteilung der bis zur Vorprüfung angefallenen Geschäftsvorfällen zulassen,

▶ Einholung und Prüfung von Bestätigungen auf einen vorgezogenen Stichtag, z. B. Saldenbestätigungen.

Im Rahmen der **personellen Prüfungsplanung** wird über den Einsatz der Prüfer und deren Zuordnung zu den einzelnen Prüfungsaufträgen bzw. Prüffeldgruppen entschieden. Des Weiteren sind folgende Aspekte zu berücksichtigen:

▶ Qualifikation der Mitarbeiter nach Ausbildung, Erfahrung und Spezialkenntnissen,

▶ Vorliegen besonderer Kenntnisse über das zu prüfende Unternehmen und dessen Branche,

▶ Kontinuität und/oder planmäßiger Wechsel in der personellen Besetzung,

▶ zeitliche Verfügbarkeit der Mitarbeiter,

▶ Unabhängigkeit der Mitarbeiter gegenüber dem Mandanten,

▶ Erfahrungen in der Führung von Mitarbeitern (bei Aufgaben der Überwachung des Prüfungsablaufs und der Durchsicht der Prüfungsergebnisse).

Hierbei gewährleistet ein kontinuierlich gleich besetztes Prüfungsteam zwar eine effiziente Prüfungsdurchführung, stellt aber gleichzeitig auch eine Gefahr für Betriebsblindheit dar. Deshalb sollten bei kleineren Prüfungen die mit der Prüfung beauftragten Mitarbeiter des Abschlussprüfers in bestimmten Zeitabständen wechseln und in größeren Prüfungen ein Teil des Prüfungsteams in einem bestimmten Turnus wechseln. Hierdurch soll ein Optimum zwischen notwendiger Erfahrung und Vermeidung einer möglichen Betriebsblindheit hergestellt werden.

Im Zuge der personellen Planung ist die Einhaltung der Regelungen zur Unabhängigkeit und Unbefangenheit sicherzustellen. Hierbei wird auf die einschlägigen Ausschlusstatbestände des § 319 Abs. 3 HGB verwiesen; zu beachten ist daneben die Verpflichtung zur internen Rotation bei der Prüfung kapitalmarktorientierter Unternehmen nach § 319a Abs. 1 Nr. 4 HGB.

Sowohl die Planung der einzelnen Prüfungsaufträge als auch die Gesamtplanung aller Prüfungsaufträge in der Wirtschaftsprüferpraxis sind angemessen in den Arbeitspapieren zu dokumentieren. Die Dokumentation des Einzelauftrags muss eine Rückverfolgung der Entwicklung der Prüfungsstrategie sowie des Prüfungsprogramms ermöglichen. In diesem Rahmen sind die organisatorischen und wirtschaftlichen Gegebenheiten des Unternehmens mit den wesentlichen Informationen zu den einzelnen Risikofaktoren sowie die Prüfungsstrategie für die einzelnen Prüfungsgebiete mit den vorläufigen Risikobeurteilungen des Abschlussprüfers festzuhalten (IDW PS 240, Tz. 29).

Das Prüfungsprogramm für die einzelnen Prüffelder ist gesondert zu dokumentieren. Insbesondere ist dabei auf Art, Umfang und den zeitlichen Ablauf der geplanten Prüfungshandlungen einzugehen und wesentliche sachliche, zeitliche und personelle Planungsaspekte aufzuführen (IDW PS 240, Tz. 30). Insoweit soll nachvollzogen werden können, welche Prüfungsschwerpunkte gelegt wurden und welche Überlegungen und Einschätzungen für die getroffene Auswahl maßgeblich waren.

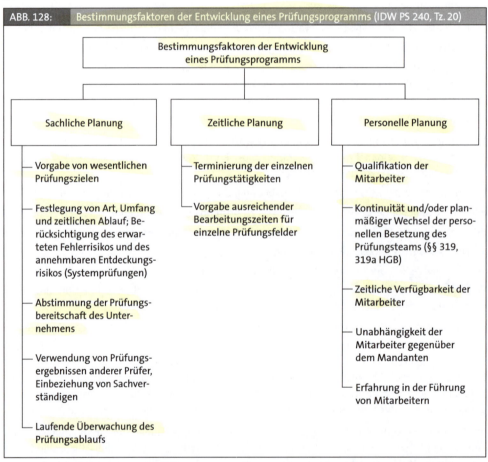

ABB. 128: Bestimmungsfaktoren der Entwicklung eines Prüfungsprogramms (IDW PS 240, Tz. 20)

7. Prüfungsplanung in Sondersituationen

7.1 Prüfung zusätzlicher Informationen zum Jahresabschluss

In der Praxis erlangt der Prüfer nicht nur Kenntnis von prüfungsrelevanten Informationen, d. h. aus Buchhaltung, Jahresabschluss und Lagebericht. Diese sind vielfach gemeinsam mit zusätzlichen, eigentlich nicht der Prüfung unterworfenen Informationen in umfassende Berichtswerke eingebunden. Somit stellt sich die Frage, ob der Prüfer die zusätzlichen Informationen als nicht prüfungsrelevant ignorieren kann bzw. in welcher Weise er diese ebenfalls würdigen muss. In der Praxis sind dies insbesondere im Geschäftsbericht dargebotene Daten und verbale Ausführungen (z. B. wertorientierte Kennzahlen, Berichte aus Abteilungen oder Funktionsbereichen).

IDW PS 202 fordert hierzu, dass

- direkt der Abschlussprüfung unterliegende Informationen zu **prüfen** und
- zusätzliche Informationen, die vom zu prüfenden Unternehmen zusammen mit dem Jahresabschluss veröffentlicht werden, **kritisch zu lesen**

sind. Es ist hierbei unerheblich, ob die zusätzlichen Informationen rechnungslegungsbezogen oder nicht rechnungslegungsbezogen sind bzw. freiwillig oder gesetzlich verpflichtend gemacht werden.

Der IDW PS 202 gibt hierfür folgende Leitlinie vor:

- Um eine „versteckte" Ausdehnung der Abschlussprüfung zu vermeiden, besteht keine Prüfungspflicht in Bezug auf die zusätzlichen Informationen.
- Das geforderte „kritische Lesen" der zusätzlichen Informationen erfolgt deshalb mit einer geminderten Intensität im Vergleich zur Prüfung. Es soll dazu dienen, Unstimmigkeiten zu Informationen in Jahresabschluss und Lagebericht zu vermeiden bzw. diese aufzudecken.

So werden z. B. im Rahmen des Lageberichts Informationen zur Forschungs- und Entwicklungstätigkeit dargeboten. Gleichzeitig liefern zahlreiche Unternehmen im Rahmen des Geschäftsberichts „ungeschützte" weitere Informationen im Rahmen eines gesonderten „Forschungs- und Entwicklungsberichts".

Es versteht sich von selbst, dass Unstimmigkeiten bzw. Widersprüche zwischen diesen Informationen die Glaubhaftigkeit der Abschluss- bzw. Lageberichtsinformationen beschädigen können. Der Informationsadressat wird vielfach nicht in der Lage sein, zwischen geprüften sowie nicht geprüften und daher weniger vertrauenswürdigen Informationen zu unterscheiden, sondern das Berichtswerk des Unternehmens als Ganzes würdigen.

Werden vom Prüfer wesentliche Unstimmigkeiten festgestellt, die Änderungen im Jahresabschluss und Lagebericht erfordern, so muss er die gesetzlichen Vertreter auffordern, die notwendigen Änderungen vorzunehmen. Bei einer diesbezüglichen Weigerung der verantwortlichen Personen sind entsprechende Feststellungen im Bestätigungsvermerk zu ziehen. Ebenso sind diese Fehler und Verstöße im Prüfungsbericht anzuführen.

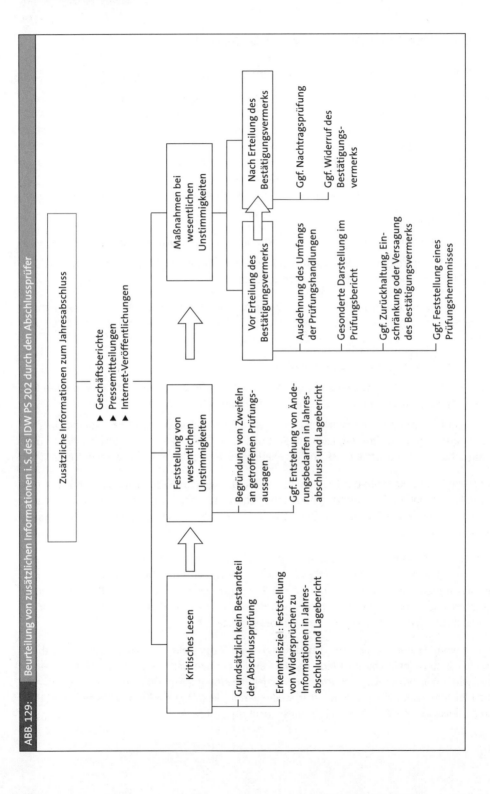

ABB. 129: Beurteilung von zusätzlichen Informationen i. S. des IDW PS 202 durch den Abschlussprüfer

Wird die Notwendigkeit einer Änderung der zusätzlichen Informationen **vor Erteilung des Bestätigungsvermerks** erkannt und wird diese verweigert, hat der Abschlussprüfer festzustellen, ob dies ein „schwerwiegender Verstoß gegen gesetzliche Berichterstattungspflichten der gesetzlichen Vertreter darstellt, über den nach § 321 Abs. 1 Satz 3 HGB zu berichten ist" (IDW PS 202, Tz. 15).

Erforderlichenfalls ist die Erteilung des Bestätigungsvermerks so lange zu verweigern, bis alle Unstimmigkeiten geklärt sind. Ist der Sachverhalt derart unübersichtlich und bedeutend, dass der Abschlussprüfer auch durch zusätzliche Prüfungshandlungen die Richtigkeit der Angaben in Jahresabschluss und Lagebericht und den zusätzlichen Informationen nicht abschließend klären kann, ist aufgrund des insoweit vorliegenden Prüfungshemmnisses ggf. der Bestätigungsvermerk einzuschränken oder zu versagen.

In Ausnahmefällen liegen dem Prüfer die zusätzlichen Informationen erst **nach Erteilung des Bestätigungsvermerks** vor. Falls zu diesem Zeitpunkt beim kritischen Lesen Unstimmigkeiten festgestellt werden, hat der Prüfer die entsprechenden Sachverhalte unverzüglich zu klären.

Ein ggf. erforderlicher Änderungsbedarf in Jahresabschluss oder Lagebericht ist den gesetzlichen Vertretern mitzuteilen und von diesen vorzunehmen. Die vorgenommenen Änderungen sind im Wege einer Nachtragsprüfung zu prüfen. Im Falle einer Weigerung, die Änderungen vorzunehmen, ist vom Prüfer der Bestätigungsvermerk zu widerrufen. Falls die zusätzlichen Informationen unvollständig oder falsch sind, ist wiederum zu prüfen, ob die Fehler oder Verstöße eine Berichterstattung nach § 321 Abs. 1 Satz 3 HGB induzieren.

Kommt der Abschlussprüfer nach dem kritischen Lesen zusätzlicher Informationen zu der begründeten Vermutung, dass diese zwar grundsätzlich Falschangaben enthalten, welche jedoch nicht in Zusammenhang mit den Angaben in Jahresabschluss und Lagebericht stehen, hat er zusammen mit den gesetzlichen Vertretern die entsprechenden Sachverhalte aufzuklären.

Resultiert hieraus die Überzeugung, dass die Angaben tatsächlich falsch sind und weigern sich die gesetzlichen Vertreter, diese zu ändern, hat der Prüfer gemäß IDW PS 202, Tz. 20 „durch geeignete Maßnahmen auf eine Änderung dieser Haltung der gesetzlichen Vertreter hinzuwirken und diese Maßnahmen schriftlich zu dokumentieren". In diesem Zusammenhang kann z. B. eine Rücksprache mit dem Aufsichtsrat in Betracht kommen.

Damit der Prüfer nicht in die für alle Beteiligten missliche Lage gerät, ein bereits getroffenes Positivtestat revidieren zu müssen, wird er schon bei der Auftragsannahme die rechtzeitige Vorlage auch der zusätzlichen Informationen vereinbaren und sicherstellen. Erforderlichenfalls sollte der Bestätigungsvermerk zurückgehalten werden, um einem das Image des Prüfers schädigenden Widerruf vorzubeugen.

7.2 Prüfung von Ereignissen nach dem Abschlussstichtag

Eine „Grauzone" liegt nicht nur in der (formellen) Prüfungsrelevanz der Informationen, sondern auch in deren Stichtagsbezug begründet. So ist fraglich, ob und inwieweit Informationen zu Ereignissen nach dem Abschlussstichtag Relevanz auf die Berichterstattung in Prüfungsbericht und Bestätigungsvermerk induzieren. Entscheidend ist hierbei, ob die Ereignisse **vor oder nach Erteilung des Bestätigungsvermerks eintreten** (IDW PS 203 n. F., Tz. 2).

Aus dem Handelsbilanzrecht ist der einschlägige Grundsatz der Wertaufhellung bekannt, demzufolge bis zum Abschlussstichtag entstandene Risiken und Verluste im Abschluss zu berücksichtigen sind, selbst wenn sie erst zwischen Abschlussstichtag und dem Zeitpunkt der Abschlussaufstellung bekannt geworden sind (§ 252 Abs. 1 Nr. 4 HGB).

Für die Abschlussprüfung fordert IDW PS 203 n. F., Tz. 9, dass nach dem Abschlussstichtag auftretende Ereignisse nur dann zu berücksichtigen sind, wenn sie nachträglich bessere Erkenntnisse über die Verhältnisse am Abschlussstichtag oder über die Zulässigkeit der Annahme der Unternehmensfortführung liefern.

Grundsätzlich zu unterscheiden sind wertaufhellende und wertbegründende Ereignisse. Erstere, die erst nach dem Abschlussstichtag, aber vor der Aufstellung der Bilanz bekannt geworden sind, müssen in der Bilanz berücksichtigt werden, wenn sie vor dem Abschlussstichtag verursacht wurden. So müssen z. B. Vorräte, bei denen in den letzten Monaten ein deutlicher Preisverfall festzustellen war und dieser sich auch in der Zeit vom Abschlussstichtag bis zum Tag der Bilanzaufstellung nach dem Abschlussstichtag fortgesetzt hat, aufgrund des strengen Niederstwertprinzips für das Umlaufvermögen nach § 253 Abs. 4 HGB auf den niedrigeren Wert am Tag der Aufstellung des Jahresabschlusses angesetzt werden. Die Berücksichtigungspflicht gilt grundsätzlich unerheblich davon, ob sich wertaufhellende Ereignisse positiv oder negativ auswirken (IDW PS 203 n. F., Tz. 9).

Vorgänge, die sich nach dem Bilanzstichtag ereignen und Tatsachen geschaffen haben, die am Bilanzstichtag objektiv noch nicht gegeben waren (wertbegründende Ereignisse), dürfen bei der Bewertung zu diesem Zeitpunkt nicht berücksichtigt werden. Ein solches läge z. B. vor, wenn bei der Preisentwicklung der Vorräte kein klarer Trend, sondern ständige Schwankungen vorlagen. In diesen Fällen dürfen die Angaben im Jahresabschluss nicht geändert werden; es muss der Wert am Abschlussstichtag beibehalten werden.

Treten bedeutende wertbegründende Ereignisse zwischen dem Abschlussstichtag und der Aufstellung der Bilanz auf, muss hierüber im Lagebericht berichtet werden. Wenn z. B. eine Forderung aufgrund der plötzlichen Insolvenz eines Kunden die Unternehmensfortführung gefährdet, so muss dies nach § 289 Abs. 2 Nr. 1 HGB im Lagebericht aufgeführt werden. Somit kennt der Lagebericht keinen Ausschluss wertbegründender Ereignisse aus der Berichterstattung.

Wenn der Abschlussprüfer im Rahmen seiner Prüfungshandlungen solche Ereignisse vor Erteilung des Bestätigungsvermerks feststellt, so hat er sich durch zusätzliche Prüfungshandlungen darüber Klarheit zu verschaffen, ob diese in der Rechnungslegung korrekt berücksichtigt wurden.

Insbesondere ist zu überprüfen, welche Maßnahmen die Unternehmensleitung zur Aufklärung und Erfassung solcher Ereignisse unternommen hat, indem z. B. Berichte und Protokolle über in diesem Zeitraum stattgefundene Gesellschafterversammlungen oder Vorstandssitzungen kritisch begutachtet werden. Weitere geeignete Informationsquellen stellen Berichte der Internen Revision sowie Zwischen-, Monats- und Quartalsberichte dar. Zweckmäßig kann außerdem die Befragung von nicht mit der Rechnungslegung betrauten Personen sein, z. B. von Mitarbeitern der Rechtsabteilung in Bezug auf anhängige oder drohende Rechtsstreitigkeiten.

Stellt der Abschlussprüfer Ereignisse nach dem Abschlussstichtag fest, die sich auf die Rechnungslegung wesentlich auswirken, ist zu beurteilen, ob diese Ergebnisse zutreffend berücksichtigt wurden bzw. entsprechende Konsequenzen für den Bestätigungsvermerk zu ziehen sind (IDW PS 203 n. F., Tz. 11).

IDW PS 203 n. F. enthält folgende Leitlinien für die Behandlung von Ereignissen nach dem Abschlussstichtag:

Prüfungsplanung in Sondersituationen KAPITEL III

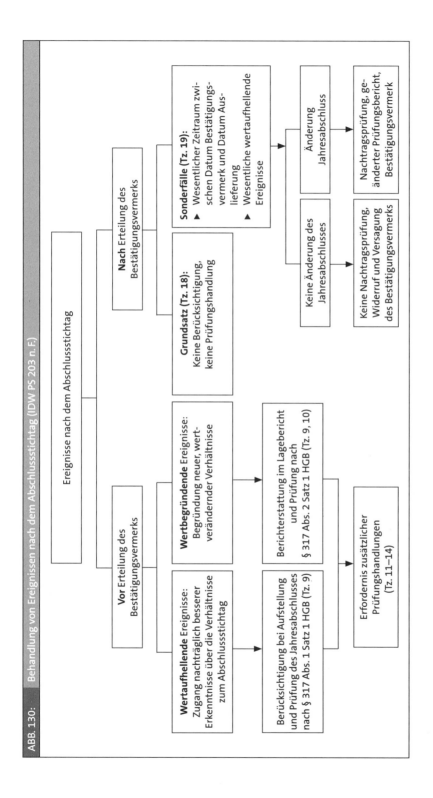

ABB. 130: Behandlung von Ereignissen nach dem Abschlussstichtag (IDW PS 203 n. F.)

Mögliche Prüfungshandlungen zur Feststellung von Ereignissen zwischen Abschlussstichtag und der Erteilung des Bestätigungsvermerks sind:

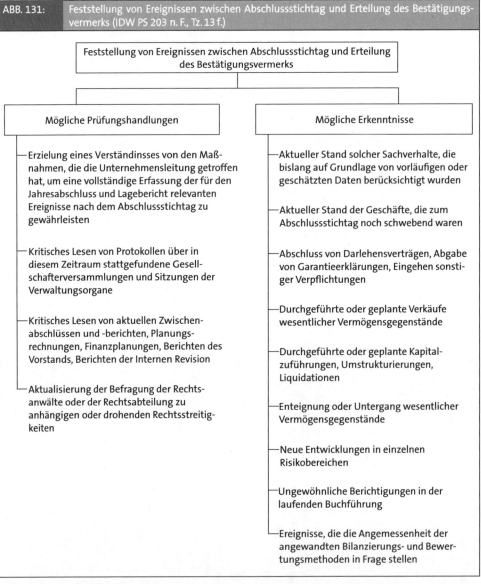

ABB. 131: Feststellung von Ereignissen zwischen Abschlussstichtag und Erteilung des Bestätigungsvermerks (IDW PS 203 n. F., Tz. 13 f.)

Demgegenüber besteht gemäß IDW PS 203 n. F., Tz. 18 für den Abschlussprüfer keine grundsätzliche Verpflichtung, zur Überprüfung von Ereignissen nach Erteilung des Bestätigungsvermerks weitere Prüfungshandlungen vorzunehmen. Die Verantwortung zur Weitergabe entsprechender Informationen an den Prüfer liegt vielmehr bei der Unternehmensleitung.

Gelangt der Abschlussprüfer nach Begutachtung der ihm übermittelten Informationen zu der Ansicht, dass ein Änderungsbedarf besteht, so ist die Unternehmensleitung aufzufordern, diesen vorzunehmen. Die vorgenommenen Änderungen in Jahresabschluss oder Lagebericht sind einer Nachtragsprüfung zu unterziehen, über welche ein gesonderter Prüfungsbericht zu erstellen und der Bestätigungsvermerk zu ergänzen ist.

Unterlässt die Unternehmensleitung eine vom Prüfer für erforderlich angesehene Änderung des Jahresabschlusses und/oder des Lageberichts, so ist zu prüfen, ob die Voraussetzungen für einen Widerruf des Bestätigungsvermerks gegeben sind.

Die Unternehmensleitung und das Aufsichtsorgan sind darauf hinzuweisen, dass der Abschlussprüfer geeignete Maßnahmen ergreifen wird, um zu verhindern, dass sich ein Dritter zukünftig auf den Bestätigungsvermerk des Abschlussprüfers zu dem ursprünglichen Jahresabschluss verlässt. Mit Rücksicht auf die erheblichen Auswirkungen eines Widerrufs empfiehlt sich ggf. für den Abschlussprüfer die Einholung rechtlichen Rats (IDW PS 203 n. F., Tz. 27).

Wenn dennoch die Änderung unterbleibt und gleichzeitig der Änderungsbedarf so wesentlich ist, dass eine Korrektur in der laufenden Rechnungslegung nicht ausreicht, ist der Bestätigungsvermerk zu widerrufen. Mit Erklärung des Widerrufs durch den Abschlussprüfer ist das Unternehmen aufzufordern, den Jahresabschluss, den Lagebericht und den widerrufenen Bestätigungsvermerk nicht zu veröffentlichen oder an Dritte zu übergeben.

Werden Jahresabschluss und/oder Lagebericht auch nach dem Widerruf nicht geändert, so hat der Abschlussprüfer aufgrund des erteilten Prüfungsauftrags einen neuen Bestätigungsvermerk entsprechend der nachträglichen Feststellungen zu erteilen; i. d. R. somit einen eingeschränkten oder versagten Bestätigungsvermerk. Zusätzliche Prüfungshandlungen über die Feststellung und Beurteilung des Mangels hinaus sind nicht zu treffen; es handelt sich daher nicht um einen Fall der Nachtragsprüfung.

Wird der Jahresabschluss und/oder der Lagebericht dagegen nach dem Widerruf des Bestätigungsvermerks geändert, sind die geänderten Unterlagen von dem Abschlussprüfer zu prüfen. Über diese Prüfung ist zu berichten und ein Bestätigungsvermerk zu erteilen. Dabei handelt es sich um einen Fall der Nachtragsprüfung i. S. des § 316 Abs. 3 HGB, so dass sich die Prüfung nur auf die Änderungen bezieht.

Im Bestätigungsvermerk ist deutlich zu machen, dass dieser sich auf einen geänderten Jahresabschluss und/oder Lagebericht bezieht (vgl. IDW PS 203 n. F., Tz. 29 f.).

7.3 Prüfung von Eröffnungsbilanzwerten im Rahmen von Erstprüfungen

Die Gefahr für den Abschlussprüfer, die gesetzten Erkenntnisziele bei der Prüfung zu verfehlen, ist naturgemäß bei sog. Erstprüfungen am höchsten. Im Gegensatz zu einer wiederholten Prüfung des Unternehmens durch den Vorjahresprüfer bestehen dort noch keine Routinekenntnisse über das Unternehmen als solches, die Arbeitsprozesse im Unternehmen sowie über Aufbau und Funktionsweise des IKS.

Mangels eigens generierter Prüfungsnachweise aus dem Vorjahr sind vom „neuen" Abschlussprüfer somit besondere Prüfungshandlungen gefordert, um seine Prüfungsaussagen mit hinreichender Sicherheit treffen zu können. Dies betrifft insbesondere die Eröffnungsbilanzwerte. Hierzu ist der ordnungsmäßige Vortrag der Werte aus der Schlussbilanz des Vorjahres mit der Eröffnungsbilanz des zu prüfenden Jahres, also die Bilanzidentität, zu prüfen. Da der Abschlussprüfer nicht über profunde Kenntnisse bezüglich der vom Unternehmen praktizierten Ausweis-, Ansatz- und Bewertungsmethoden verfügt, muss er sich durch zusätzliche Prüfungshandlungen Klarheit verschaffen, ob der Stetigkeitsgrundsatz hinreichend befolgt wurde (IDW PS 205, Tz. 9).

Art und Umfang der zusätzlichen Prüfungsnachweise hängen zunächst davon ab, ob der Vorjahresabschluss von einem anderen Prüfer geprüft wurde oder ungeprüft ist; daneben ist sowohl das Risiko falscher Angaben als auch die Wesentlichkeit der einzelnen Eröffnungsbilanzwerte des zu prüfenden Jahresabschlusses vom „neuen" Prüfer einzuschätzen.

Ausreichende Prüfungsnachweise zur Beurteilung der Eröffnungsbilanzwerte können – sofern vorhanden – insbesondere aus der Durchsicht des Prüfungsberichts des Vorjahresprüfers gewonnen werden (IDW PS 205, Tz. 12). Ist der Bestätigungsvermerk zum Vorjahresabschluss eingeschränkt oder versagt worden, muss der Abschlussprüfer bei der laufenden Prüfung besondere Aufmerksamkeit auf die Posten legen, auf die sich die Einwendung bezogen hat (IDW PS 205, Tz. 13).

Eine Ausdehnung der Prüfungshandlungen ist auch dann geboten, wenn der Vorjahresabschluss ungeprüft ist oder sich aus den Prüfungsergebnissen des Vorjahresprüfers keine ausreichenden bzw. verlässlichen Nachweise ableiten lassen. Typische besondere Prüfungshandlungen im Rahmen von Erstprüfungen sind z. B.:

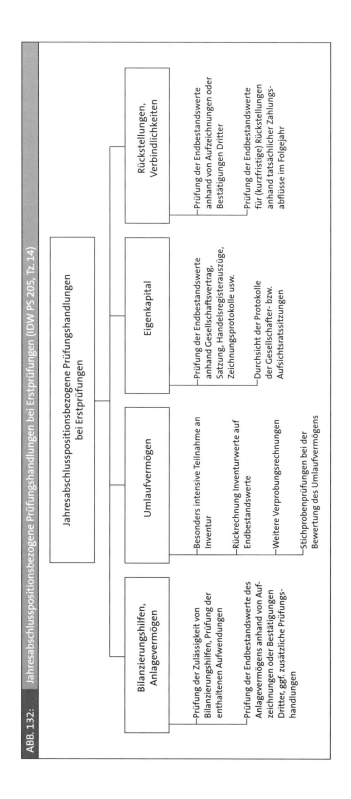

ABB. 132: Jahresabschlusspositionsbezogene Prüfungshandlungen bei Erstprüfungen (IDW PS 205, Tz. 14)

Es gilt der in § 265 Abs. 2 HGB festgeschriebene Grundsatz, dass Vorjahresbeträge Bestandteil des laufenden Jahresabschlusses sind und deshalb gleichermaßen der Prüfungspflicht unterliegen. Daher sind gerade bei Erstprüfungen die Anforderungen des IDW PS 318 in besonderer Weise zu berücksichtigen.

IDW PS 318, Tz. 14 ff. bestimmt, dass insoweit

▶ nicht nur eine formelle Prüfung auf korrekte Wertübernahme der Angaben des Vorjahresabschlusses als Vorjahresbeträge in den zu prüfenden Abschluss,

▶ sondern auch eine materielle Prüfung auf Zulässigkeit der im Einzelfall in Anspruch genommenen Ausweis-, Bilanzierungs- und Bewertungsmethoden sowie deren willkürfreie und stetige Anwendung

vorzunehmen ist. Daneben muss der Prüfer überwachen, ob eine ggf. vorliegende Nichtvergleichbarkeit von Beträgen bzw. die Vornahme von Anpassungen der Vorjahresbeträge angegeben und erläutert wurde. Entsprechende Notwendigkeiten können z. B. auftreten, wenn das zu prüfende Unternehmen nunmehr einer anderen Größenklasse gemäß § 267 HGB zuzuordnen ist.

Hinweise zur Bearbeitung des Kapitels III:

Sie benötigen für eine sinnvolle Bearbeitung des Kapitels III. die im Text aufgeführten Prüfungsstandards des IDW (Loseblattausgabe). Es empfiehlt sich, die angegebenen Textziffern – jedenfalls die zentralen – nachzuschlagen, um einen Einblick in die Systematik der fachlichen Berufsgrundsätze der Wirtschaftsprüfer zu erlangen (eine Übersicht über die IDW PS ist unter www.idw.de abrufbar, nicht aber die Standards als solche).

Es gibt keinen besseren Lehrmeister als die Praxis. Deshalb sollten Sie insbesondere die für die Prüfungsstrategie zentralen Überlegungen zu den wirtschaftlichen und rechtlichen Verhältnissen, den hieraus resultierenden inhärenten Risiken und der entsprechenden „Prägung" des Jahresabschlusses an möglichst vielen Beispielen eigenständig nachvollziehen. Um einen Einblick über Rahmenbedingungen, Geschäftsstrategien und Geschäftsrisiken unterschiedlichster Unternehmen zu gewinnen, empfiehlt sich vor allem die zielgerichtete Lektüre ihrer Geschäftsberichte. Insbesondere bei börsennotierten Gesellschaften sind diese auf der Homepage in den üblichen Rubriken „Investor Relations", „Publikationen" oder „Finanzberichte" abrufbar.

Die Geschäftsberichte sind nach einem typischen Schema aufgebaut. Allgemeine Rahmenbedingungen der Geschäftstätigkeit können dem einführenden „Bericht des Vorstands" entnommen werden. Aufgrund des vorherrschenden Diversifikationsgrads von Großunternehmen lässt sich eine sinnvolle PEST- und SWOT-Analyse meist nur auf Grundlage der jeweiligen Geschäftsbereiche (Segmente) durchführen. Entsprechende Informationen sind den Segmentberichten zu entnehmen. Hier finden sich auch Informationen über neu eingerichtete bzw. einzustellende Geschäftsaktivitäten. Über die zu erwartende wirtschaftliche Entwicklung gibt der Prognosebericht, über mit der Entwicklung möglicherweise verbundene Geschäftsrisiken der Risikobericht Auskunft; beide Berichte sind Elemente des Lageberichts.

Die Auswirkung der Geschäftsprozesse auf die Rechnungslegung, d. h. deren Prägung, lassen sich anhand des Jahresabschlusses und seiner Komponenten nachvollziehen, die ebenfalls im Geschäftsbericht dargestellt sind.

Bitte bearbeiten Sie unter Hinzuziehung der o. g. Unterlagen folgende Fragen und Aufgaben:

1. Warum ist die Abschlussprüfung nicht als Unterschlagungsprüfung ausgelegt? In welchen Grundsätzen ordnungsmäßiger Abschlussprüfung kommt dies zum Ausdruck?
2. Erläutern Sie den Begriff der „Erwartungslücke" der Abschlussprüfung.
3. Anhand welcher Indizien kann der Prüfer ein erhöhtes Risiko für das Vorliegen von Unregelmäßigkeiten erkennen?
4. Erläutern Sie die Teilrisiken des „risikoorientierten Prüfungsansatzes" (Beispiele).
5. Nennen und erläutern Sie die Elemente des Internen Kontrollsystems am Beispiel des vorrätebezogenen Kontrollsystems.
6. Erläutern Sie den Begriff der „Wesentlichkeitsgrenze" und dessen Bedeutung für die Prüfungsplanung.
7. Führen Sie die zentralen Schritte der Prüfungsplanung auf. Veranschaulichen Sie diese am Beispiel des Prüffelds „Forderungen aus Lieferungen und Leistungen".
8. In welche wesentlichen Kategorien lassen sich die Prüfungshandlungen typisieren?
9. Warum kann der Prüfer Aussagen externer Sachverständiger nicht unmittelbar übernehmen und welche Prüfungshandlungen hat er diesbezüglich vorzunehmen?
10. Welche Besonderheiten sind bei Erstprüfungen zu beachten und mittels welcher Prüfungshandlungen erfolgt dies?

AUFGABEN

1. Sie sind als Prüfer für das Prüffeld a) „Unfertige Erzeugnisse", b) „Forderungen an verbundene Unternehmen" zuständig. Welche a) Unrichtigkeiten, b) Täuschungen, c) Vermögensschädigungen, d) Gesetzesverstöße können typischerweise hier auftreten? Stellen Sie auch geeignete Maßnahmen zu deren Aufdeckung aus Prüfersicht dar.
2. Stellen Sie anhand nachstehender Mandantenbeispiele dar, welche Kenntnisse über Geschäftstätigkeit und wirtschaftliches sowie rechtliches Umfeld (PEST-Analyse, SWOT-Analyse) aus Sicht der Jahresabschlussprüfung für eine angemessene Planung der Prüfungsstrategie wesentlich sind: a) SanaPark AG (Anbieter stationärer und ambulanter Pflegedienstleistungen), b) Drive-in AG (Vermietung von Kraftfahrzeugen), c) Mobilog AG (B2B-Handel mit Geschäftsausstattung, Büromobiliar, Kommunikationsanlagen und Berufskleidung), d) FeelWell AG (Hotelkette mit Business- und Wellnesshäusern und Clubhotels). Formulieren Sie Ihre Ergebnisse anhand einer strukturierten Checkliste. Welche Auswirkungen hinsichtlich der im Rahmen der Jahresabschlussprüfung zu ziehenden Wesentlichkeitsgrenzen ergeben sich?
3. Planen Sie eine geeignete Prüfungsstrategie für die Happy Pills AG unter Zugrundelegung folgender Rahmenbedingungen: Das Unternehmen der Pharmaindustrie gliedert sich in die Sparten: verschreibungspflichtige Produkte, OTC-Produkte, Naturheilmittel. Bedeutende Spe-

zifika stellen dar: Hohe Forschungs- und Anlagenintensität, Erosion des Patentschutzes, zahlreiche ungeschützte Rezepturen, zunehmende Marktsättigung, hieraus resultierende Marktkonzentration, hohe Innovativität und Mitarbeitermotivation als bedeutende Wettbewerbsvorteile, Dominanz technisch-medizinischen Know-hows auf der Leitungsebene, flache Hierarchien, wenig institutionalisiertes IKS.

4. Bei der Schluder GmbH stoßen Sie auf folgende nicht unwesentliche Geschäftsvorfälle: a) Gewährung von Privatkrediten der Gesellschaft an ehemalige Mitglieder des Aufsichtsrats, b) Liefervertrag mit Schwager des Geschäftsführers (Mobiliar, Verbrauchsmaterial, Papier), c) Leistungsvertrag mit Golfkamerad (Unternehmensberatung bezüglich IT- und Marketingkonzeption). Entwickeln Sie einen Indizienkatalog für das Bestehen erhöhter Kontrollrisiken. Erarbeiten Sie auf dieser Basis eine Checkliste geeigneter Prüfungshandlungen in Bezug auf die Geschäfte mit nahe stehenden Personen.

5. Die Maria Kron AG ist Betreiberin von insgesamt 23 Krankenhäusern der Schwerpunktversorgung sowie zwölf Rehakliniken der Fachgebiete Orthopädie und Neurologie. Ihre Aufgabe ist die vorbereitende Analyse des Kontrollumfelds und des Kontrollbewusstseins der Leitungsebene. Wie lässt sich dieses konkretisieren und „prüfbar" machen? Stellen Sie als „Rahmen" der Prüfung die diesbezüglichen Prüfungsziele und Prüfungshandlungen im Beispielfall dar.

6. Der Geschäftsführer der Schluder GmbH äußert im Rahmen der Eingangsbesprechung: „Sie können die Prüfung kurz fassen, wir verfügen über eine gute Interne Revision". Stellen Sie dar a) Aufbau und Funktionen der Internen Revision, b) Prüfungshandlungen zum Nachvollzug der Zweckmäßigkeit und Wirksamkeit der Internen Revision, c) den möglichen Umfang der Verwertung der Arbeitsergebnisse der Internen Revision unter Darstellung der ggf. hierfür erforderlichen Voraussetzungen und deren Prüfung.

7. Die Abgepumpt AG ist Herstellerin von Abfüllanlagen und in diesem Maschinenbausegment EU-weit marktführend. Den Großteil an der Bilanzsumme von 1.388 Mio. € machen die Sach- und immateriellen Anlagen i. H. von 566 Mio. € aus. Somit wird der Abschluss durch die Anlagenintensität geprägt. Erörtern Sie diesbezüglich aussagebezogene Prüfungshandlungen für das Prüffeld „Sachanlagen" in Bezug auf a) Verbuchung typischer sachanlagebezogener Geschäftsvorfälle, b) Ausweis und Bewertung der Sachanlagen im Jahresabschluss, c) korrespondierende Aufwandspositionen in der GuV, d) einschlägige Anhangangaben. Differenzieren Sie mögliche Prüfungshandlungen insbesondere hinsichtlich a) Analyse von Zeitvergleichen, b) Bildung von Verhältniskennzahlen, c) Durchführung von Verprobungsrechnungen, d) Einzelfallprüfungen. Entwickeln Sie jeweils typische Beispiele.

8. Die Siebengebirgs-Akademie GmbH, bekannt durch den Slogan „Werden wie die Chefs" ist bundesweit tätige Betreiberin privater Schulen, Fachschulen, Hochschulen und sonstiger Bildungseinrichtungen mit einem Gesamtvermögen von 42,5 Mio. € und einem Gesamtjahresumsatz von 96,7 Mio. €. Sie konnten aufgrund Ihrer hervorragenden kommunikativen Fähigkeiten den Mandanten akquirieren, es handelt sich demnach um eine Erstprüfung. Stellen Sie ausführlich und systematisch die geschäftstypischen a) inhärenten Risiken und b) Kontrollrisiken dar und legen Sie fiktiv eine Dauerakte an.

9. Im weiteren Verlauf der Prüfung der Akademie sind Sie im Zuge der IKS-Prüfung für die Aufnahme der organisatorischen Sicherungsmaßnahmen und deren Beurteilung auf Angemessenheit zuständig. Entwerfen Sie einen auf den Geschäftsprozess zugeschnittenen einschlägigen Katalog mit Elementen und diesbezüglichen Soll-Anforderungen.

10. Die H.I.P. AG ist eine Textilherstellerin mit Schwerpunkt der Produktpalette auf Sportkleidung (insbesondere Leichtathletik und Tennis) sowie „modische Kleidung für junge Leute". Die wirtschaftliche Lage der Gesellschaft zeichnet sich durch ein hohes Wachstum der Auftragseingänge und eine drastisch gestiegene Exportquote in den EU-Raum aus. Die Herstellung erfolgt vornehmlich in Niedriglohnländern Südostasiens. Risiken umschreibt die Geschäftsleitung insbesondere in Bezug auf nachteilige Wechselkursentwicklungen, Produktpiraterie, Nichtdurchsetzung vertraglicher Ansprüche, Fehlinvestitionen in Marketing und Markenbildung sowie imageschädigende Nichteinhaltung von Arbeitsschutz- und Sozialstandards durch die Zulieferer. Skizzieren Sie am vorliegenden Beispiel den Ablauf einer Aufbauprüfung in Bezug auf Risikobeurteilungen und Kontrollaktivitäten des Managements; stellen Sie diesbezügliche Prüfungsziele und Prüfungshandlungen dar.

IV. Prüfung der Buchführung und der Inventur

1. Prüfung der Buchführung

1.1 Grundsätze ordnungsmäßiger Buchführung in einer IT-gestützten Umgebung

Nach § 317 Abs. 1 Satz 1 HGB ist in die Jahresabschlussprüfung die **Buchführung** einzubeziehen. § 321 Abs. 2 Satz 1 HGB verlangt im Prüfungsbericht eine Stellungnahme zur Ordnungsmäßigkeit der Buchführung, insbesondere zum Buchführungsverfahren und Belegwesen, zur vollständigen, zeitgerechten und geordneten Erfassung der Geschäftsvorfälle, zur Archivierung und zum rechnungslegungsbezogenen Internen Kontrollsystem.

Nach Maßgabe des § 239 Abs. 4 Satz 1 HGB dürfen die Handelsbücher und die sonst erforderlichen Aufzeichnungen auf Datenträgern geführt werden. Eine IT-gestützte Buchführung stellt heute die übliche Praxis dar; sie wird aus wirtschaftlichen Gründen gegenüber der konventionellen Buchführung vorgezogen.

Die Ausgestaltung des Buchführungssystems ändert nichts an dem Erfordernis zur durchgängigen Einhaltung der **Grundsätze ordnungsmäßiger Buchführung (GoB)**. Jeder Kaufmann ist verpflichtet, Bücher zu führen und in diesen seine Handelsgeschäfte und die Lage seines Vermögens nach den GoB ersichtlich zu machen (§ 238 Abs. 1 Satz 1 HGB). Die GoB sind gleichermaßen auf die Führung der Handelsbücher (Erfassung der Geschäftsvorfälle) und die Aufstellung des Jahresabschlusses (Bilanzierung) anzuwenden; Letzteres folgt aus § 243 Abs. 1 HGB.

Die gesetzlich kodifizierten GoB finden sich insbesondere im Ersten Abschnitt des Dritten Buches HGB sowie im Steuerrecht (AO und EStG). Weitere, abgeleitete GoB sind aufgrund des Verweises in § 238 Abs. 1 HGB zu beachten. Quellen dieser nicht gesetzlich kodifizierten GoB sind z. B.

- die Rechtsprechung,
- Erlasse, Empfehlungen und Gutachten von Behörden und Verbänden,
- die Praxis ordentlicher und sorgfältiger Kaufleute sowie
- die wissenschaftliche Diskussion.

Gemäß § 238 Abs. 1 Satz 2 und 3 HGB muss die Buchführung so beschaffen sein, dass sie einem sachverständigen Dritten innerhalb angemessener Zeit einen Überblick über die Geschäftsvorfälle und über die Lage des Unternehmens vermitteln kann; die Geschäftsvorfälle müssen sich in ihrer Entstehung und Abwicklung verfolgen lassen. Diese für eine IT-gestützte Buchführung analog anzuwendende Generalnorm wird durch folgende handelsrechtliche GoB konkretisiert (IDW RS FAIT 1, Tz. 25 ff.):

- Grundsatz der Vollständigkeit (§ 239 Abs. 2 HGB),
- Grundsatz der Richtigkeit (§ 239 Abs. 2 HGB),
- Grundsatz der Zeitgerechtheit (§ 239 Abs. 2 HGB),
- Grundsatz der Ordnung (§ 239 Abs. 2 HGB),
- Grundsatz der Nachvollziehbarkeit (§ 238 Abs. 1 Satz 2 HGB) und
- Grundsatz der Unveränderlichkeit (§ 239 Abs. 3 HGB).

ABB. 133:	Interpretation der Grundsätze ordnungsmäßiger Buchführung (IDW RS FAIT 1, Tz. 25 ff.)
Grundsatz ordnungsmäßiger Buchführung	Interpretation
Grundsatz der Vollständigkeit (§ 239 Abs. 2 HGB)	▶ Lückenlose Erfassung aller rechnungslegungsrelevanten Geschäftsvorfälle ▶ Keine Mehrfachbuchung ein und desselben Geschäftsvorfalls ▶ Einzelerfassung jedes Geschäftsvorfalls
Grundsatz der Richtigkeit (§ 239 Abs. 2 HGB)	▶ Inhaltlich zutreffende Abbildung der Geschäftsvorfälle in Belegen und Buchungen ▶ Einklang mit tatsächlichen Verhältnissen und rechtlichen Vorschriften
Grundsatz der Zeitgerechtheit (§ 239 Abs. 2 HGB)	▶ Korrekte Zuordnung der Geschäftsvorfälle zu Buchungsperioden (Geschäftsjahr oder kürzere Periode) ▶ Zeitnähe der Buchungen, d. h. Erfassung möglichst unmittelbar nach Entstehung des Geschäftsvorfalls
Grundsatz der Ordnung (§ 239 Abs. 2 HGB)	▶ Darstellung der Buchungen in zeitlicher Ordnung (Journalfunktion) ▶ Darstellung der Buchungen in sachlicher Ordnung (Kontenfunktion) ▶ Feststellung und Lesbarmachung der Buchungen innerhalb angemessener Zeit
Grundsatz der Nachvollziehbarkeit (§ 238 Abs. 1 Satz 2 HGB)	▶ Ein sachverständiger Dritter muss sich innerhalb angemessener Zeit einen Überblick über die Geschäftsvorfälle und die Lage des Unternehmens verschaffen können ▶ Nachvollziehbarkeit der Abwicklung der einzelnen Geschäftsvorfälle sowie der angewandten Buchführungs- und Rechnungslegungsverfahren ▶ Ermöglichung der Prüfbarkeit während der gesamten Aufbewahrungsfrist
Grundsatz der Unveränderlichkeit (§ 239 Abs. 3 HGB)	▶ Verhinderung von Veränderungen der Eintragungen oder Aufzeichnungen in der Weise, dass der ursprüngliche Inhalt nicht mehr feststellbar ist ▶ Rückverfolgbarkeit und Protokollierung späterer Änderungen der Daten einschl. Änderung der Generierungs- und Steuerungsprogramme

Das BMF hat in dem gleichnamigen Erlass **Grundsätze ordnungsmäßiger DV-gestützter Buchführungssysteme (GoBS)** definiert (vgl. Anlage zum BMF-Schreiben vom 7. November 1995, IV A 8 – S 0316 – 52/95). Sie regeln, auf welche Weise den Nachweis-, Kontroll- und Dokumentationspflichten im Rahmen einer IT-gestützten Buchhaltung nachzukommen ist und bilden die Richtschnur für die nachfolgende Durchführung aussagebezogener Prüfungshandlungen.

Die GoBS wurden auf Basis der sog. **Grundsätze ordnungsmäßiger Speicherbuchführung** (GoS) entwickelt, die 1977 von dem „Ausschuss für wirtschaftliche Verwaltung in Wirtschaft und öffentlicher Hand e.V. (AWV)" erarbeitet, 1978 vom BMF als Erlass veröffentlicht wurden und folgende Sachverhalte regeln:

▶ die Belegaufbereitung und Belegfunktion,

▶ die Buchung,

▶ das rechnungslegungsbezogene Interne Kontrollsystem,

- die Datensicherung,
- die Dokumentation und Prüfbarkeit,
- die Aufbewahrung und Sicherung der Datenträger sowie
- die Wiedergabe der auf Datenträgern geführten Unterlagen.

1.2 Risikoanalyse der IT-gestützten Buchführung

Die Verbreitung IT-gestützter Buchführungssysteme hat nicht nur wirtschaftliche Vorteile, sondern auch neue Risikofelder von erheblicher Bedeutung eröffnet. Der Fortbestand eines Unternehmens hängt wesentlich von einem funktionsfähigen und sicheren IT-Umfeld ab. In Anwendung des risikoorientierten Prüfungsansatzes werden bei der vorab durchzuführenden Risikoanalyse in Bezug auf den Einsatz von IT-Systemen differenziert:

- **inhärente Risiken** (in Bezug auf die generelle Betroffenheit des Unternehmens von IT-bezogenen Risiken)
- **Kontrollrisiken** (in Bezug auf die Zweckmäßigkeit und Wirksamkeit IT-bezogener unternehmensinterner Kontrollmechanismen).

Inhärente Risiken liegen dann vor, wenn im Rahmen von IT-Systemen wesentliche, die Ordnungsmäßigkeit des Rechnungswesens beeinträchtigende Fehler auftreten können. Sie können sich etwa auf

- die korrekte Ausgestaltung der Buchführungsverfahren,
- die Richtigkeit der Programmabläufe und Verarbeitungsregeln bzw.
- die Datensicherheit

beziehen (IDW PS 330, Tz. 17). **Indikatoren für das Vorliegen wesentlicher inhärenter Risiken** stellen insbesondere dar (IDW PS 330, Tz. 18):

- Vorliegen von **Abhängigkeiten** gegenüber Dritten aufgrund einer wesentlichen IT-mäßigen Vernetzung, eines hohen Automationsgrads und großer Komplexität der IT-Systeme sowie eines erheblichen „Werts" von in IT-Systemen gespeicherten Informationen für das Unternehmen,
- Durchführung umfangreicher bzw. häufiger **Änderungen** oder **Umstrukturierungen** im IT-Bereich, Fehlerbehaftung der IT-Änderungsprojekte (z. B. wesentliche Kosten- oder Zeitüberschreitungen sowie Mängel im Verfahrensablauf), fehlende Erfahrung im IT-Projektmanagement,
- Mängel im IT-spezifischen **Fachwissen** der Mitarbeiter oder deren Überlastung, Feststellungen bezüglich unzureichender Pflege oder Fehlbedienung,
- übermäßige Ausrichtung auf IT-gestützte **Geschäftsprozesse** im Leistungsbereich des Unternehmens.

IT-Systeme bestehen aus den Elementen

- IT-**Infrastruktur**, d.h. die technischen Ressourcen zur Abwicklung und Unterstützung des IT-Betriebs (Hardware, Betriebssysteme, Netzwerke, Sicherheitskonzept),

KAPITEL IV   Prüfung der Buchführung und der Inventur

▶ **IT-Anwendungen**, also sowohl eigenerstellte wie auch von Dritten bezogene Software zur Abwicklung von Geschäftsprozessen und

▶ IT-gestützte **Geschäftsprozesse**, also betriebswirtschaftlich oder technisch zusammengehörige Tätigkeiten, zu deren Abwicklung IT eingesetzt wird, einschließlich der durch diese induzierten Datenflüsse (vgl. IDW RS FAIT 1, Tz. 7 ff.).

Das Zusammenwirken dieser Elemente wird durch das IT-Kontrollsystem bestimmt, welches wiederum vom **IT-Umfeld** und der **IT-Organisation** abhängig ist.

ABB. 134:	Rechnungslegungsrelevante Elemente des IT-Systems
Bereich	Elemente
IT-Umfeld	▶ Grundeinstellungen zum Einsatz von IT-Systemen, z. B. dokumentiert in den Unternehmensleitlinien oder im IT-Sicherheitskonzept ▶ Verbindlich niedergelegte IT-Strategie, abgeleitet aus der Unternehmensstrategie ▶ *High Level Controls*
IT-Organisation	▶ Organigramme und Ablaufpläne ▶ Verantwortlichkeiten und Kompetenzen ▶ Regelungen und Verfahren zur Steuerung des IT-Betriebs ▶ Maßnahmen und Regelungen für die Entwicklung, Einführung oder Änderung von IT-Anwendungen
IT-Infrastruktur	▶ Hardware (Großrechner, Client-Server-Systeme, PC und PC-Netzwerke) ▶ Betriebssysteme (Netzwerksbetriebssysteme, Archivierungs- oder Bibliothekssysteme) ▶ Netzwerke (LAN, WAN, Internet, Intranet, Extranet) ▶ IT-Betrieb (Organisation, Systemverwaltung, Produktionsabwicklung, Ressourcen-, Change- und Problemmanagement) ▶ Sicherheitskonzept (Zugriffskontrollsysteme, Firewalls, Datensicherung)
IT-Anwendungen	▶ Bezeichnung der Software, Kurzbeschreibung des Aufgabengebiets und zugrundeliegende Hardwareplattform ▶ Klassifizierung der Software nach Dialog- und/oder Batchanwendung ▶ Software-Typ (Individual-, Standard- oder modifizierte Standard-Software, Hersteller und eingesetzte Version) ▶ Angaben zu den verwendeten Programmiersprachen und zur Datenhaltung (Datenbank- bzw. Dateiorganisation)
IT-Geschäftsprozesse	▶ Rechnungslegungsrelevante Unternehmensabläufe anhand der funktions- oder prozessorientierten Beschreibung der Ablauforganisation ▶ Eingesetzte IT-Infrastruktur und IT-Anwendungen sowie relevante Schnittstellen ▶ Datenfluss (Datenherkunft, Verarbeitung, Datenübergabe) ▶ Verbindung zur Buchführung

Quelle: IDW PS 330, Tz. 50 sowie IDW RS FAIT 1, Tz. 9 ff.

Das **IT-Kontrollsystem** stellt einen integralen Bestandteil des IKS dar. Es umfasst diejenigen Grundsätze, Verfahren und Maßnahmen (Regelungen), die zur Bewältigung der aus dem Einsatz von IT resultierenden Risiken eingerichtet werden. Dies sind u. a. Regelungen zur

▶ **Steuerung** des IT-Einsatzes im Unternehmen (internes Steuerungssystem),

▶ **Überwachung** der Einhaltung dieser Regelungen (internes Überwachungssystem; vgl. IDW RS FAIT 1, Tz. 8).

Die **IT-Kontrollen** als Bestandteil des IT-Überwachungssystems können wiederum unterschieden werden in

- prozessabhängige Kontrollen und organisatorische Sicherungsmaßnahmen (z. B. Zugriffs- oder Netzwerkkontrollen),
- prozessunabhängige Kontrollen (i. d. R. durch die Interne Revision oder unmittelbar durch die gesetzlichen Vertreter; vgl. IDW RS FAIT 1, Tz. 8).

Die unternehmensinternen **IT-Kontrollrisiken** können entsprechend den vorstehenden Elementen wie folgt kategorisiert werden (IDW PS 330, Tz. 21 ff.):

- **IT-Infrastrukturrisiken**: Steht die benötigte Hard- und/oder Software nicht oder nur in unzureichendem Maße zur Verfügung oder ist sie anfällig für technische Störungen, so können sich hieraus Risiken bezüglich des IT-Betriebs ergeben
- **IT-Anwendungsrisiken**: Diese resultieren aus fehlerhaften Programmfunktionen, fehlenden auf die Erfüllung der Beleg-, Journal- oder Kontenfunktion gerichteten Verfahrensregelungen und -beschreibungen, unzureichenden Kontrollen bei der Eingabe, Verarbeitung und Ausgabe der Daten sowie unzureichender Sicherheit der Software und der Daten.
- **IT-Geschäftsprozessrisiken**: Wenn sich Sicherheits- und Ordnungsmäßigkeitsanalysen lediglich auf einzelne funktionale Bereiche beschränken, so entstehen dennoch Risiken aus Sicht der Geschäftsprozesse im Unternehmen, z. B. aus unzureichender Integration der Teilsysteme und mangelhaften Abstimm- oder Kontrollverfahren in Schnittstellen. Diese können nur durch eine prozessorientierte Betrachtungsweise verhindert werden.

Eine Beurteilung der **Fehlerrisiken** umfasst in Anlehnung an die Darlegungen in IDW PS 330, Tz. 19 folgende Aspekte:

ABB. 135: Risikoanalyse des IT-Systems (IDW PS 330, Tz. 19)

	Abhängigkeit	Änderungen	Know-how/Ressourcen	Geschäftliche Ausrichtung
IT-Umfeld	Starke Dominanz der IT-Abteilung	Barrieren, Festhalten an bewährten Verfahren, ungenügende Unterstützung	Ungenügendes Bewusstsein für IT-Themen	Unzureichende IT-Strategie und Planungen, unzureichendes Sicherheitskonzept
IT-Organisation	Unzureichende Organisation gefährdet Betrieb und Verfügbarkeit	Unzureichendes Projektmanagement, Zeit- und Kostenüberschreitungen	Fehlerhafte Aufgabenabwicklung	Ungenügende Anpassung der Richtlinien und Verfahren, Aufgaben und Kompetenzen
IT-Geschäftsprozesse	Abläufe sind weitgehend automatisiert bzw. komplex und damit fehleranfällig	Hohe Komplexität neuer Prozesse, fehlende Akzeptanz der Anwender	Unzureichende Unterstützung der Anwender	Langsame, ineffiziente und fehleranfällige Aufgabenabwicklung
IT-Anwendungen	Ausfälle gefährden Kernprozesse und Geschäftsabwicklung	Neue Funktionalität, Eingabe- und Bearbeitungsfehler	Fehlerhafte Anwendungsentwicklung/-betreuung	Geringe Unterstützung der Markt- und Benutzeranforderungen
IT-Infrastruktur	Unzureichende Gestaltung des Outsourcings, erhöhte Abhängigkeit von Dritten	Komplexe, neue Technologien, Sicherheitslücken	Veraltete Strukturen, unzureichende Pflege, Sicherheitslücken (z. B. im Zugriffsschutz), fehlende Notfallpläne	Inhomogene IT-Plattform mit Insellösungen, unzureichende Sicherheit der Daten und Informationen
Daten	Umfang, Inhalt, Aktualität	Migration, Archivierung	Auswertungen, Analysen	Entscheidungsrelevanz

Bei der Prüfung des IT-gestützten **Informations- und Kommunikationssystems** sind insbesondere die vom Unternehmen getroffenen Sicherheitsvorkehrungen zur Vermeidung folgender Risiken im IT-System zu beurteilen (IDW RS FAIT 1, Tz. 23):

- Ist – insbesondere durch Verschlüsselungstechniken oder Zugriffsbeschränkungen – gewährleistet, dass von Dritten erlangte Daten nicht unberechtigt weitergegeben oder veröffentlicht werden (**Vertraulichkeit**)?
- Sind die IT-Anwendungen vor Manipulationen und ungewollten oder fehlerhaften Änderungen etwa durch sachgemäßen und umfassenden Einsatz von Firewalls, Virenscannern, Test- und Freigabeverfahren geschützt (**Integrität**)?
- Stehen die IT-Infrastruktur, -Anwendungen und -Daten sowie die erforderliche IT-Organisation in angemessener Zeit bereit und sind Maßnahmen der Notfallversorgung eingerichtet (**Verfügbarkeit**)?
- Ist durch physische oder logische Zugriffsschutzmaßnahmen (z. B. Passwörter) gewährleistet, dass nur im Voraus festgelegte Personen auf Daten zugreifen können (**Autorisierung**)?
- Kann z. B. über Berechtigungsverfahren ein Geschäftsvorfall einem Verursacher eindeutig zugeordnet werden (**Authentizität**)?
- Können durch IT-gestützte Verfahren gewollte Rechtsfolgen bindend herbeigeführt werden und sind Transaktionen durch den Veranlasser nicht abstreitbar (**Verbindlichkeit**)?

1.3 Aufbau- und Funktionsprüfung der IT-gestützten Buchführung

Nach IDW PS 330, Tz. 8, muss der Abschlussprüfer ein IT-gestütztes Rechnungslegungssystem dahingehend untersuchen, ob es den gesetzlichen Anforderungen – insbesondere den Regelungen des IDW RS FAIT 1 – entspricht, um die nach § 322 Abs. 1 Satz 1 HGB i.V. mit § 317 Abs. 1 Satz 1 HGB und § 321 Abs. 2 Satz 1 HGB geforderten Prüfungsaussagen zur Ordnungsmäßigkeit der Buchführung treffen zu können.

Zu prüfen sind diejenigen Elemente des IT-Systems, die dazu dienen, Daten über die Geschäftsvorfälle oder betriebliche Aktivitäten zu verarbeiten, welche entweder direkt in die IT-gestützte Rechnungslegung einfließen oder als Grundlage für Buchungen im Rechnungslegungssystem in elektronischer Form zur Verfügung gestellt werden (**rechnungslegungsrelevante Daten**).

Der Prüfer hat sich über die beim Mandanten vorhandenen Informationssysteme, die Informationswege und -medien einen Überblick zu verschaffen und sich von deren Wirksamkeit zu überzeugen. Die **IT-Systemprüfung** stellt dabei einen besonderen Teilbereich der Prüfung des IKS dar und wird nach den entsprechenden Grundsätzen durchgeführt.

KAPITEL IV
Prüfung der Buchführung und der Inventur

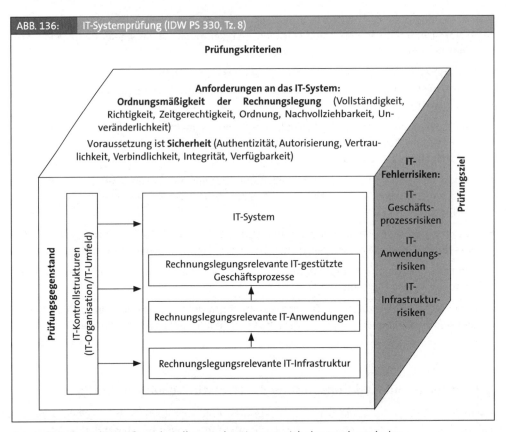

ABB. 136: IT-Systemprüfung (IDW PS 330, Tz. 8)

Art und Umfang der Prüfungshandlungen bestimmen sich demnach nach der

- **Wesentlichkeit** des IT-Systems für die Rechnungslegung bzw. für die Beurteilung von deren Ordnungsmäßigkeit und
- **Komplexität** des eingesetzten IT-Systems (IDW PS 330, Tz. 10).

Der Vorstand ist für die Erfüllung der gesetzlichen Ordnungsmäßigkeitsanforderungen verantwortlich, welche an die Gestaltung einer IT-gestützten Rechnungslegung zu stellen sind. Zu gewährleisten sind insbesondere die

- Sicherheit der verarbeiteten rechnungslegungsrelevanten Daten,
- Verlässlichkeit der im System enthaltenen Informationen,
- Entwicklung, Einführung und Einhaltung eines angemessenen Sicherheitskonzepts.

Auf Basis der vom Prüfer im Rahmen der Aufnahme des IT-Systems ermittelten Informationen und Kenntnisse erfolgt die Systemprüfung in den bekannten Ablaufschritten:

- **Aufbauprüfung**: Beurteilung der seitens der gesetzlichen Vertreter getroffenen personellen, organisatorischen und technischen Maßnahmen auf Basis von deren Risikoeinschätzung sowie
- **Funktionsprüfung**: Beurteilung der Wirksamkeit der eingerichteten IT-Kontrollen in Bezug auf die Begrenzung der IT-Fehlerrisiken (IDW PS 330, Tz. 31 ff.),

wobei die Durchführung von Funktionsprüfungen nur bei einer vorherigen Beurteilung des Aufbaus des IT-Systems als angemessen erfolgt.

Die Vorgehensweise bei der IT-Systemprüfung skizziert nachfolgende Abbildung.

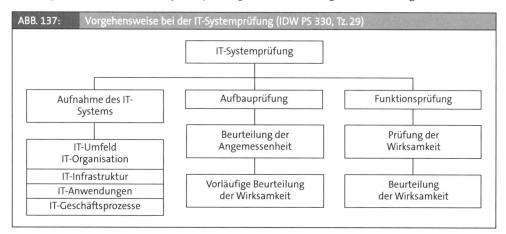

ABB. 137: Vorgehensweise bei der IT-Systemprüfung (IDW PS 330, Tz. 29)

Zunächst erhebt der Abschlussprüfer Informationen über die Hardware- und Softwarekomponenten, die vorgesehenen IT-Kontrollen sowie den von der Unternehmensleitung ausgewiesenen Soll-Zustand des IT-Systems (IDW PS 330, Tz. 30).

In Rahmen der Aufbauprüfung wird die **Angemessenheit** der personellen, organisatorischen und technischen Maßnahmen geprüft, die das Unternehmen zur

- Schaffung eines geeigneten IT-Umfelds,
- Einführung einer geeigneten IT-Organisation,
- Gewährleistung eines geordneten IT-Betriebs, insbesondere durch die Sicherung der Verfügbarkeit des IT-Systems,
- Gewährleistung der Sicherheit, insbesondere durch die angemessene Umsetzung eines geeigneten IT-Sicherheitskonzepts,
- Einhaltung der erforderlichen Funktionalität der IT-Anwendungen,
- Gewährleistung der Wirksamkeit der in den IT-Geschäftsprozessen enthaltenen Kontrollmaßnahmen sowie zur
- Schaffung eines geeigneten Überwachungssystems

getroffen hat (IDW PS 330, Tz. 32).

Typische Prüfungshandlungen im Rahmen von Aufbauprüfungen sind:

- Durchsicht von Dokumenten zur Feststellung des Soll-Systemzustands,
- Befragungen der gesetzlichen Vertreter oder der Mitarbeiter sowie
- Beobachtung von Aktivitäten und Arbeitsabläufen,

während Prüfungsaussagen hinsichtlich der durchgängig korrekten Funktionsweise von IT-Systemen mittels

- Plausibilitätskontrollen, z. B. durch Verprobungen,

- Nachvollzug von Kontrollen in Form von Wiederholungen oder Kontrolltests mit eigenen Daten sowie
- Verwendung von Unterlagen Dritter, insbesondere der Internen Revision oder von IT-Sachverständigen

generiert werden (IDW PS 330, Tz. 38 ff.).

Das **IT-Umfeld** wird durch das Problembewusstsein für mögliche Risiken des EDV-Einsatzes bei den gesetzlichen Vertretern und den Mitarbeitern beeinflusst. Es findet seinen Niederschlag in grundlegenden Leitlinien zum IT-Einsatz, die in Einklang mit den Unternehmensleitlinien stehen und verbindlich dokumentiert sein müssen, z. B. in einem IT-Strategiekonzept bzw. einem IT-Sicherheitshandbuch.

Die Anforderungen an die **IT-Organisation** werden nach der Aufbau- und Ablauforganisation in Bezug auf den IT-Einsatz differenziert. Erstere ist auf Zweckmäßigkeit

- sowohl hinsichtlich der Einordnung des IT-Bereichs im Unternehmen
- als auch des Aufbaus des IT-Bereichs an sich

zu prüfen. Zu den wesentlichen Forderungen an die Organisation zählen ferner die Einrichtung wirksamer Kontrollmaßnahmen im Rahmen des IKS sowie die Trennung unvereinbarer Tätigkeiten. Tätigkeiten sind immer dann unvereinbar, wenn sie geeignet sind, Fehler oder betrügerische Handlungen sowohl zu ermöglichen als auch zu verschleiern. Eine Funktionstrennung empfiehlt sich insbesondere zwischen IT-Entwicklung und IT-Betrieb.

Die Organisation des IT-Bereichs ist anhand von Organigrammen, Arbeitsanweisungen, Kompetenzrichtlinien, Prozess- und Funktionsbeschreibungen nachzuvollziehen. IT-Umfeld und IT-Organisation sind gemäß den allgemeinen Grundsätzen einer Organisationsprüfung auf Vollständigkeit, Aktualität und Zweckmäßigkeit unter Hinzuziehung anerkannter betrieblicher Organisationsprinzipien wie z. B. Angemessenheit der Funktionstrennung, der Kontrollspannen oder der Vertretungsregelungen zu beurteilen.

Eine daran anschließende Prüfung der Wirksamkeit erfolgt z. B. in Form

- der Beobachtung von Abläufen und deren Abgleich mit den Organisationsrichtlinien und Prozessbeschreibungen,
- des Abgleichs von Richtlinien zum Zugriffsschutz mit den entsprechenden Parametern im Zugriffsschutzverfahren,
- des Nachvollzugs von Maßnahmen zur Funktionstrennung (IDW PS 330, Tz. 52).

Die Funktions- und Ausfallsicherheit der **IT-Infrastruktur** ist von existenzieller Bedeutung und daher entsprechend zu sichern. Ihre Komponenten sind die IT-Ressourcen (bauliche und räumliche Einrichtungen, Hardware, Betriebssystem, Kommunikations- und sonstige Einrichtungen) sowie der IT-Betrieb (Regelungen zur Durchführung, Aufrechterhaltung und Sicherheit der Informationsverarbeitung).

Ein diesbezügliches Sicherheitskonzept soll die Bewertung spezifischer Risiken erlauben und die Datensicherheit und -integrität durch

- **physische Sicherungsmaßnahmen** (bauliche Maßnahmen, Zugangskontrollen, Feuer- und Wasserschutzmaßnahmen, Sicherung der Stromversorgung),

- **logische Sicherheitsmaßnahmen** (Verfahren zur Beantragung, Genehmigung und Einrichtung von Benutzerberechtigungen, Vergabe von Benutzer-IDs und Passwörtern) sowie durch
- **Datensicherungs- und Auslagerungsverfahren** zum Zwecke der Sicherung der Vollständigkeit und Verfügbarkeit der Daten und Programme

gewährleisten (IDW PS 330, Tz. 54 ff.). Von der Angemessenheit und Wirksamkeit der physischen Sicherungsmaßnahmen überzeugt sich der Prüfer durch Inaugenscheinnahme im Rahmen einer Begehung, Einsichtnahme in Wartungsprotokolle sowie durch Stichprobenprüfungen bezüglich der Einhaltung ausgewählter Einzelmaßnahmen.

Die logischen Sicherungsmaßnahmen müssen geeignet sein, unberechtigte Zugriffe auszuschließen sowie die Identität der Benutzer feststellen zu lassen; dies ist mit Hilfe von Verfahrens- und Stichprobenprüfungen z. B. dahingehend zu begutachten, ob die Benutzerberechtigungen entsprechend den betrieblichen Erfordernissen vergeben werden (IDW PS 330, Tz. 58).

Eine Überprüfung der eingesetzten Datensicherungs- und Auslagerungsverfahren erfolgt mittels Begehungen der Archive, Einsichtnahmen in Archivverzeichnisse und deren Abgleich mit den tatsächlich gelagerten Medien sowie Tests der Datenrücksicherung oder -wiederherstellbarkeit (IDW PS 330, Tz. 61). Zu würdigen sind z. B.

- die vorgesehenen und tatsächlich durchgeführten Zeitabstände der Sicherungsmaßnahmen,
- ggf. ihre zeitliche Staffelung entsprechend der Wesentlichkeit der Daten,
- die Anzahl der gesicherten Datengenerationen,
- die verwendeten Sicherungsmedien und
- die Auslagerungsorte nach Sicherheit und Zugänglichkeit.

Darüber hinaus ist der IT-Betrieb

- sowohl als geordneter **Regelbetrieb**
- als auch als **Notbetrieb**

zu organisieren. Hierfür sind dokumentierte Verfahrensabläufe für alle Prozesse innerhalb des IT-Bereichs (z. B. Programmeinsatzplanung, Betrieb von IT-Anwendungen und Netzwerken) zu erstellen. Für den Notbetrieb sind organisatorische Regelungen zur Rekonstruktion der IT-Infrastruktur zu treffen. Mit Hilfe einer schriftlich niedergelegten Notfallplanung ist u. a. sicherzustellen, dass bei Ausfall der technischen Einrichtungen (sowohl für den Ausfall einzelner Systemkomponenten als auch für den Totalausfall) kurzfristig einsetzbare Ersatzsysteme zur Verfügung stehen.

Die Maßnahmen für beide Betriebsformen müssen hinreichend geregelt, nachvollziehbar und dokumentiert sein. Die Funktionsfähigkeit wird insbesondere mittels Abgleich der Verfahrensanweisungen mit den tatsächlichen Job- und Steuerungsprotokollen überprüft.

Die getroffenen organisatorischen Maßnahmen für den Totalausfall (Katastrophenfall) müssen auf Plausibilität dahingehend beurteilt werden, dass sie mit hinreichender Sicherheit die Wiederherstellung der Daten und Programme innerhalb des im Planungsszenario vorgesehenen Zeitraums gewährleisten. Vor diesem Hintergrund sind die Kapazitäten von Hardwareredundanzen, Backup-Vereinbarungen oder Ausweich-Rechenzentren zu beurteilen. Ggf. festgestellte Engpässe sind im Hinblick auf ihre Auswirkungen auf den Unternehmensfortbestand zu würdigen; hierin kann ein wesentlicher Mangel der Buchführung begründet sein (IDW PS 330, Tz. 67 f.).

Im Rahmen der Aufbauprüfung werden Notfallhandbücher, Szenario-Analysen etc. auf Angemessenheit der Regelungen begutachtet. Mittels Funktionsprüfungen wird z. B. untersucht, ob geeignete Wiederanlauf- oder Notfalltests regelmäßig simuliert bzw. durchgeführt, deren Ergebnisse von den Verantwortlichen systematisch ausgewertet und einer nachfolgenden Optimierung der Maßnahmenplanung zugrunde gelegt werden.

Die **IT-Anwendungen** umfassen die zur Abwicklung von Geschäftsprozessen und dabei insbesondere die zur Verarbeitung von Unternehmensdaten verwendete Standard- oder Individualsoftware. Diese muss den allgemeinen Anforderungen der Beleg-, Journal- und Kontenfunktion sowie der Softwaresicherheit genügen und darüber hinaus den rechnungslegungsrelevanten Verarbeitungsregeln entsprechen. Die Anforderungen an die in der IT-Strategie bzw. im Pflichtenheft definierte Funktionalität der Software sind ebenfalls zu erfüllen.

Zur Einhaltung der Ordnungsmäßigkeit ist ein entsprechendes Projektmanagement zur Softwareentwicklung und -einführung inklusive Qualitätsmanagement einzurichten. Unternehmensspezifische Einstellungen (**Customizing**) unterliegen ebenfalls den Anforderungen der Ordnungsmäßigkeit und Sicherheit. Bei der Einführung neuer Software oder Softwareversionen ist überdies ein geeignetes Test- und Freigabeverfahren zu implementieren. Die Einspielung neuer Programmroutinen in die Programmbibliothek darf nur von autorisierten Personen und nach erfolgreichem Testbetrieb vorgenommen werden (IDW RS FAIT 1, Tz. 100 ff.).

Diesbezügliche Prüfungsobjekte sind zu differenzieren in die

- Programmfunktionen,
- Auswahl-, Entwicklungs- und Änderungsprozesse sowie
- Regelungen und Maßnahmen für die Implementierung von Software.

ABB. 138:	Prüfung der IT-Anwendungen (IDW PS 330, Tz. 70 ff.)
IT-Anwendung	**Prüfungshandlungen**
Programmfunktionen	▶ Prüfung auf Vorhandensein einer vollständigen und aktuellen Verfahrensdokumentation und deren Beurteilung auf durchgängige Kompatibilität mit den GoB ▶ Kritische Durchsicht von Berichtsprotokollen, Revisionsberichten, Dokumentationen oder Abnahmeprotokollen ▶ Bei Vorhandensein eines Testsystems: Verifizierung der Richtigkeit der Programmabläufe und Verarbeitungsregeln sowie der Wirksamkeit der programminternen IT-Kontrollen mittels eigener Testläufe ▶ Bei Nichtvorhandensein eines Testsystems: Beobachtung von Eingaben, Nachvollzug der erhaltenen Ergebnisse, ggf. Parallelverarbeitung der Eingabedaten mittels eines vom Prüfer generierten Verarbeitungsalgorithmus
Auswahl-, Entwicklungs- und Änderungsprozesse	▶ Prüfung auf Vorhandensein einer vollständigen und aktuellen Verfahrensdokumentation im Rahmen des Projektmanagements (*Change Managements*) und der Qualitätssicherung ▶ Prüfung des Bestehens von geeigneten organisatorischen Regelungen zur Auswahl, Entwicklung, Änderung, zum Test und zur Dokumentation von IT-Anwendungen und Beurteilung von deren Zweckmäßigkeit ▶ Durchsicht des Pflichtenhefts auf angemessene Berücksichtigung der rechtlichen und fachlichen sowie Sicherheitsanforderungen ▶ Stichprobenweise Prüfung der prozessbezogenen Regelungen und Verfahren auf Einhaltung

IT-Anwendung	Prüfungshandlungen
Regelungen und Maßnahmen für die Implementierung von Software	▶ Prüfung der vorgenommenen spezifischen Anpassungen auf ausreichende Dokumentation sowie Einhaltung der Ordnungsmäßigkeits- und Sicherheitskriterien ▶ Prüfung der Parametrisierungen auf Wirksamkeit durch Vornahme von Testläufen oder durch Nachvollzug von Verarbeitungsergebnissen ▶ Durchsicht von Abstimm- und Kontrollauswertungen bei unterjährig vorgenommenen Systemwechseln

Im Rahmen der Funktionsprüfung wird der Zustand der anwendungsbezogenen IT-Kontrollen begutachtet. Hierzu zählen insbesondere die Eingabe-, Verarbeitungs- und Ausgabekontrollen (IDW RS FAIT 1, Tz. 95).

ABB. 139: Arten anwendungsbezogener IT-Kontrollen (IDW RS FAIT 1, Tz. 95 ff.)

Eingabekontrollen	Verarbeitungskontrollen	Ausgabekontrollen
▶ Maßnahmen zur Sicherstellung der Richtigkeit und Vollständigkeit der in die IT-Anwendung eingespeisten Daten ▶ **Beispiele**: feldbezogene Kontrollen (Datumskontrollen, Muss-/Kann-Feldsteuerung, Kontrolle der Zulässigkeit bestimmter Soll/Haben-Kontenkombinationen)	▶ Maßnahmen zur Sicherstellung eines ordnungsmäßigen Durchlaufs der Daten durch den Verarbeitungsprozess ▶ **Beispiele**: Abstimmkontrollen (Kontrollnummern, Satzzähler), fehlererkennende und korrekturauslösende Kontrollen (Recovery-Maßnahmen nach Abbruch einer Verarbeitung aufgrund fehlerhafter oder unvollständiger Daten)	▶ Maßnahmen zur Sicherstellung der Vollständigkeit, Richtigkeit und Lesbarkeit von Verarbeitungsergebnissen ▶ **Beispiele**: sachgerechte Aufbereitung von Reports, Schnittstellen für die Dateiübergabe an andere IT-Anwendungen

Derartige Kontrollen sind in folgenden Bereichen erforderlich:

▶ Entwicklung von Individualsoftware,

▶ Auswahl, Beschaffung und Einführung von Standardsoftware,

▶ Test- und Freigabeverfahren sowie

▶ Verfahren zur Änderung von IT-Anwendungen (*Change Management*).

Eine Prüfung der **IT-gestützten Geschäftsprozesse** hat sowohl in funktions- als auch in prozessorientierter Hinsicht zu erfolgen, wobei der letztere Prüfungsansatz den Vorrang genießt. Eine funktionsbezogene Analyse der Sicherheits- und Ordnungsmäßigkeitsrisiken und damit eine auf den Funktionsbereich isoliert ausgerichtete Implementierung des IT-Kontrollsystems birgt die Gefahr, dass Risiken aus dem geschäftsprozessbedingten Datenaustausch zwischen Teilsystemen unberücksichtigt bleiben.

Die Aufbauprüfung ist auf folgende Erkenntnisziele gerichtet:

▶ Aufnahme der Prozessschritte, in die IT-Anwendungen maßgeblich integriert sind,

▶ Feststellung von Art und Umfang der Überleitung von rechnungsrelevanten Daten aus den jeweiligen Geschäftsprozessen in die Rechnungslegung sowie

▶ Ermittlung und Beurteilung der anwendungs- und prozessbezogenen Kontrollen bei der Erfassung und Verarbeitung von Geschäftsvorfällen (IDW PS 330, Tz. 84).

Diesbezügliche Kontrollmechanismen können z. B. bestehen in

- laufenden Überprüfungen der Einstellungen von Steuerungsparametern,
- sachlichen und rechnerischen Prüfungen der Belegerfassung,
- Kontroll- und Abstimmverfahren zwischen Teilprozessen und
- Richtlinien zur zeitnahen Bearbeitung von Fehlermeldungen und -protokollen (IDW PS 330, Tz. 85).

Im Rahmen der Aufbauprüfung muss der Prüfer ein Urteil darüber gewinnen, ob die organisatorische Ausgestaltung der Geschäftsprozesse im Einklang mit dem Geschäftsmodell steht und hieraus angemessene Risikobeurteilungen abgeleitet wurden, ferner, ob die prozessintegrierten Kontrollen eine hinreichende Ordnungsmäßigkeit und Sicherheit der rechnungslegungsrelevanten Daten gewährleisten. Auch ist die korrekte Funktionsweise der Schnittstellen zwischen Teilprozessen zu begutachten (IDW PS 330, Tz. 86 f.). Hieran anschließende Funktionsprüfungen sollen die Wirksamkeit der IT-Kontrollen, so z. B. der Zugriffskontrollen, offen legen.

Schließlich sind seitens des Abschlussprüfers die wesentlichen Maßnahmen im Rahmen des IT-Überwachungssystems zu beurteilen und bei der Abschätzung des Kontrollrisikos zu berücksichtigen. Hierzu zählen (vgl. IDW RS FAIT 1, Tz. 89)

- die Prüfung des IT-bezogenen Internen Kontrollsystems durch die Interne Revision,
- die Prüfung des IT-bezogenen Internen Kontrollsystems durch einen anderen externen Prüfer i. S. des IDW PS 320,
- spontane Prüfungen einzelner Regelungen des IT-bezogenen Internen Kontrollsystems durch andere Mitarbeiter des Unternehmens oder die Unternehmensleitung (sog. *High-level Controls*).

Werden rechnungslegungsrelevante IT-Funktionen ausgelagert (**Outsourcing**), so hat das Unternehmen bzw. sein gesetzlicher Vertreter unabhängig vom Umfang der Auslagerung für die Ordnungsmäßigkeit und Sicherheit zu sorgen.

Hierbei ist zwischen der Auftragsdatenverwaltung und der Funktionsübertragung zu differenzieren:

- Im erstgenannten Fall werden ausschließlich Daten im Auftrag des Unternehmens durch einen externen Dienstleister verarbeitet. Dabei kann die Einrichtung organisatorischer Regelungen beim Unternehmen ausreichend sein, um mögliche mit der Auslagerung verbundene Fehler zu erkennen.
- Im zweiten Fall führt der Dienstleister Geschäfte selbsttätig für das Unternehmen aus. Letzteres muss sich der Ordnungsmäßigkeit des IKS des Dienstleisters vergewissern und bei Negativfeststellungen ggf. kurzfristige Kündigungsmöglichkeiten einräumen lassen (IDW PS 331, Tz. 9 f.).

Sofern ein Unternehmen das Rechnungswesen ganz oder teilweise ausgelagert hat („Buchführung außer Haus"), muss sich der Abschlussprüfer von der Erfüllung der Anforderungen an die Ordnungsmäßigkeit durch das Serviceunternehmen, welches das Rechnungswesen für das zu prüfende Unternehmen führt, überzeugen. Hierbei können ggf. die Feststellungen des Abschlussprüfers zum IKS des Serviceunternehmens nach Maßgabe des IDW PS 320 verwertet werden (IDW PS 330, Tz. 93). Für die Einschätzung kommt es insbesondere darauf an, inwieweit das IKS des zu prüfenden Unternehmens durch die Auslagerung berührt wird und wie bedeutend die Tätigkeit des Serviceunternehmens für die Abschlussprüfung ist (IDW PS 331, Tz. 11 ff.).

Die einzuschlagende Prüfungsstrategie richtet sich insbesondere nach

- Art und Standardisierungsgrad der ausgelagerten Aufgaben,
- Auftragsbedingungen und Beziehungen zwischen dem Mandanten und dem externen Dienstleister,
- Auswirkungen der ausgelagerten Teile der Rechnungslegung auf wesentliche Abschlussaussagen,
- der wirtschaftlichen Situation des Dienstleisters und der unterstellten Fähigkeit zur Durchführung der übernommenen Aufgaben,
- den möglichen Auswirkungen eines Ausfalls des Dienstleisters auf das zu prüfende Unternehmen,
- den mit der Auslagerung verbundenen inhärenten Risiken für den Abschluss,
- dem Ausmaß des Zusammenwirkens des IKS des Mandanten mit demjenigen des Dienstleisters (IDW PS 331, Tz. 12).

Der Prüfer muss insbesondere beurteilen, inwieweit das Kontrollrisiko beim zu prüfenden Unternehmen durch das IKS des Dienstleisters beeinflusst wird. Wird die Tätigkeit des Dienstleisters durch beim Mandanten implementierte Kontrollmaßnahmen hinreichend überwacht, so ist aus Prüfersicht die Durchführung von Systemprüfungen beim Mandanten ausreichend (IDW PS 331, Tz. 17).

Für den Fall, dass

- die Tätigkeit des Dienstleistungsunternehmens für das zu prüfende Unternehmen wichtig und für die Abschlussprüfung von Bedeutung ist und
- die Ergebnisse von Systemprüfungen allein beim Mandantenunternehmen nicht ausreichend erscheinen,

ist die Einholung **weiterer Prüfungsnachweise** durch den Abschlussprüfer erforderlich, z. B. die

- Verwertung des Berichts eines externen Prüfers des Dienstleistungsunternehmens,
- Verwertung von Feststellungen der Internen Revision des Dienstleistungsunternehmens,
- Verwertung von Feststellungen externer Sachverständiger oder von Aufsichtsbehörden (IDW PS 331, Tz. 18 ff.).

Hierfür gelten die allgemeinen Regelungen der IDW PS 320 bis 322.

Falls auch die genannten **Informationen aus den Berichten Dritter nicht ausreichen**, hat der Prüfer abzuwägen, ob

- entweder das Dienstleistungsunternehmen aufgefordert werden soll, einen externen Prüfer zu beauftragen, die notwendigen Prüfungshandlungen durchzuführen,
- oder ob es für ihn erforderlich ist, die Informationen bei dem Dienstleistungsunternehmen selbst zu beschaffen (IDW PS 331, Tz. 23).

Ist keine der beiden Alternativen durchführbar, so stellt dies ein Prüfungshemmnis dar. Dieser Umstand kann Auswirkungen auf die Prüfungsberichterstattung und die Erteilung des Bestätigungsvermerks induzieren (IDW PS 331, Tz. 26 f.).

1.4 Aussagebezogene Prüfungshandlungen

1.4.1 Ableitung der Prüfungsnormen aus den GoBS

In einer IT-gestützten Buchführung ergeben sich im Vergleich zur konventionellen Buchführung besondere Prüfbarkeits- und Kontrollprobleme. Schwachstellen können insbesondere begründet sein in

- einem mangelhaften Belegwesen durch Buchungen ohne Belege (und umgekehrt), nicht autorisierter Belegausstellung, ungeordneter oder unvollzähliger Belegablage,
- mangelhaften Grundbuchaufzeichnungen durch Journaleinträge ohne Beleg (und umgekehrt), untauglicher Sortierreihenfolge der Journaleinträge,
- mangelhaften Hauptbuch- und Kontenaufzeichnungen sowie fehlenden Bestandsinventuren (vgl. *Schuppenhauer*, WPg 2000 S. 128).

Die aussagebezogenen Prüfungshandlungen im Rahmen der Buchführungsprüfung richten sich auf die Frage, ob die Grundsätze ordnungsmäßiger DV-gestützter Buchführungssysteme (GoBS) beachtet wurden.

(1) Beleg-, Journal- und Kontenfunktion

Die in § 238 Abs. 1 HGB geforderte Nachvollziehbarkeit der Buchführung hängt maßgeblich von einer angemessenen sachlichen und zeitlichen Dokumentation der Geschäftsvorfälle ab. Über die **Belegfunktion** wird der Nachweis der zutreffenden Abbildung der Geschäftsvorfälle im Rechnungswesen geführt; sie stellt die Basis für die Beweiskraft der Buchführung dar. Die Geschäftsvorfälle müssen sowohl von den Belegen über die Konten bis hin zum Abschluss prüfbar sein (progressive Prüfung) als auch in umgekehrter Richtung (retrograde Prüfung).

Bei IT-gestützten Buchführungssystemen ist oftmals kein konventioneller Beleg verfügbar, z. B. sofern Handelsbriefe digital mittels Datentransfer versendet werden. Auch können interne Buchungen direkt in das System eingegeben werden oder sogar automatisch von diesem generiert werden. Somit wird die Belegfunktion über den verfahrensmäßigen Nachweis des Zusammenhangs zwischen dem einzelnen Geschäftsvorfall und seiner Buchung erfüllt.

Der Nachweis einer ordnungsmäßigen Anwendung des Verfahrens ist auf Grundlage von dessen Dokumentation zu erbringen; das Verfahren stellt insoweit einen „Dauerbeleg" dar (BMF-Schreiben 1995, Abschnitt 2.2.7). Es ist u. a. zu überprüfen, ob Verfahrensänderungen korrekt autorisiert wurden und die Buchungen tatsächlich gemäß der genehmigten Verfahrensversion durchgeführt wurden (IDW RS FAIT 1, Tz. 35).

Eine Prüfung allein anhand der Verfahrensdokumentation kann allerdings nicht durchgängig gewährleisten, dass alle Belege und Buchführungsnachweise entsprechend der Urschrift beweissicher archiviert werden und jederzeit mit ihrem kompletten Inhalt lesbar gemacht oder reproduziert werden können. Hierfür müssten die für die Buchung erforderlichen Datenquellen, z. B. Stamm- und Bestandsdateien, mit ihrem vollständigen Inhalt gespeichert, ausgedruckt bzw. verfilmt werden, um auch im Zeitablauf vorgenommene Datenänderungen rückverfolgen zu können.

Zur Erfüllung der Belegfunktion sind zu jeder Buchung zu erfassen (vgl. BMF-Schreiben 1995, Abschnitt 2.2.5; analog IDW RS FAIT 1, Tz. 36):

- der Buchungstext (einschließlich hinreichender Erläuterung des Vorgangs),
- der Buchungsbetrag (ggf. gegliedert nach Menge und Wert),
- das Buchungsdatum,
- das Belegdatum (Zeitpunkt des Geschäftsvorfalls) und
- die Bestätigung (Autorisierung) durch den Buchführungspflichtigen.

Die **Autorisierung** der Buchung kann alternativ erfolgen durch

- Unterschrift bei konventionellen Belegen,
- Benutzeridentifikation im Rahmen entsprechend ausgestalteter Zugriffsberechtigungsverfahren bei automatisch erstellten Belegen,
- Signaturverfahren bei elektronisch erstellten Belegen (IDW RS FAIT 1, Tz. 40).

Das **Journal** muss alle durch die Belegfunktion nachgewiesenen Buchungen in zeitlicher Reihenfolge abbilden, i. d. R. in chronologischer Ordnung gemäß der Buchungsnummer. Dies wird zwar nicht explizit in den GoBS verlangt, jedoch fordert der IDW PS 880, Tz. 26 f. eine Darstellung in der Reihenfolge der Buchungszeitpunkte.

Während die Belegfunktion auf Existenz und Verarbeitungsberechtigung der Geschäftsvorfälle gerichtet ist, beinhaltet die **Journalfunktion** den Nachweis ihrer tatsächlichen und zeitgerechten Verarbeitung (IDW RS FAIT 1, Tz. 41). Hierzu ist sicherzustellen, dass die Buchungen innerhalb angemessener Zeit aufgezeichnet werden.

Falls mehrere Journale geführt werden, z. B. für Debitoren-, Kreditoren- und Hauptbuchhaltung oder für verschiedene Abrechnungsbereiche, sind die Anforderungen in allen Bereichen zu erfüllen. Dies gilt auch für dem Journal vorgelagerte IT-Anwendungen. Notwendige Journalangaben bestehen in:

- der Journalbezeichnung,
- lückenlosen Seitenfolgen,
- Spaltenüberschriften,
- Beleginhalten der Teilbuchungen sowie
- Kontrollsummen (*Schuppenhauer*, a. a. O., S. 130).

Die Erfüllung der Journalfunktion setzt voraus, dass die Aufzeichnungen gegen Veränderungen und Löschungen geschützt sind, andernfalls sind die Datenbestände als Erfassungsprotokolle und nicht als Journale einzustufen (IDW RS FAIT 1, Tz. 43).

Die in zeitlicher Reihenfolge im Journal abgebildeten Buchungen müssen auch in sachlicher Ordnung auf Konten – Sach- und Personenkonten – dargestellt werden. Diese Funktion übernimmt das Hauptbuch. Dabei ist es unerheblich, ob die **Kontenfunktion** aus dem Journal abgeleitet wird oder die Kontenbuchungen bereits mit der Eingabe ins Grundbuch erstellt werden.

Zusätzlich zu den bereits genannten Angaben zum Geschäftsfall müssen das Buchungsdatum (Zeitpunkt der Buchung), eine Belegnummer (Identifikationsmerkmal), die Kontobezeichnung und das Gegenkonto (Zuordnungsmerkmal) sowie die Summen und Salden nach Soll und Haben erfasst werden. Die Vollständigkeit der Kontenblätter muss aufgrund fortlaufender Seitennummern und Summenvorträge nachvollzogen werden können (IDW RS FAIT 1, Tz. 48).

Die Kontenfunktion kann nach Haupt- und Nebenbuchhaltung getrennt werden. Auch ist es möglich, dass vorgelagerte Buchführungssysteme eine eigene Nebenbuchhaltung darstellen, die nur Summen an Sammelkonten der Hauptbuchhaltung übermittelt. Soweit ein Nachweis über die Einzelposten der verdichteten Zahlen möglich ist, wird den GoB Genüge getan.

Um nachträgliche Änderungen auszuschließen, sind die Daten auf nicht wiederbeschreibbaren Datenträgern zu **speichern** oder in sonstiger geeigneter Weise gegen Veränderungen zu schützen. Der Originalzustand des übermittelten bzw. noch verschlüsselten Dokumentes muss jederzeit überprüfbar sein. Die Datenträger sind bei der Lagerung gegen Austausch, Manipulation und Vernichtung zu schützen. Das Verfahren der Digitalisierung bzw. Speicherung der Unterlagen ist zu dokumentieren.

ABB. 140:	Beleg-, Journal- und Kontenfunktion der Buchführungssysteme (IDW RS FAIT 1, Tz. 33 ff.)
Funktion	**Beschreibung**
Belegfunktion	▶ Grundsatz der Belegbarkeit: Nachweis jeder Buchung und ihrer Berechtigung durch einen Beleg (Basis der Beweiskraft der Buchführung) ▶ Je nach Buchführungssystem unterschiedlich, bei IT-gestützten Systemen ergibt sich die Funktion nicht nur durch Papierbelege, sondern auch durch z. B. automatische Datenerfassung ▶ Beleg folgender Inhalte bei jedem Buchungsvorgang: – Hinreichende Erläuterung des Vorgangs – Zu buchender Betrag oder Mengen- und Wertangaben, aus denen sich der zu buchende Betrag ergibt – Zeitpunkt des Vorgangs (Bestimmung der Buchungsperiode) – Bestätigung des Vorgangs (Autorisation) durch den Buchführungspflichtigen ▶ Sicherstellung der erfassungsgerechten Aufbereitung der Belege
Journalfunktion	▶ Nachweis der vollständigen, zeitgerechten und formal richtigen Erfassung der Geschäftsvorfälle per Protokollierung (auf Papier, Bildträgern oder anderen Datenträgern) ▶ Protokollierung auf verschiedenen Stufen des Verarbeitungsprozesses: Datenerfassung/-übernahme, im Verlauf der Verarbeitung, am Ende der Verarbeitung ▶ Darstellbarkeit des Nachweises über die vollständige, zeitgerechte und formal richtige Erfassung, Verarbeitung und Wiedergabe eines Geschäftsvorfalls während der gesetzlichen Aufbewahrungsfrist innerhalb eines angemessenen Zeitraums ▶ Vollständige sowie auszugsweise mögliche Darstellung der Geschäftsvorfälle in zeitlicher Reihenfolge und in übersichtlicher und verständlicher Form
Kontenfunktion	▶ Darstellung der Geschäftsvorfälle nach Sach- und Personenkonten ▶ Angaben bezüglich Kontenbezeichnung, Kennzeichnung der Buchungen, Summen und Salden nach Soll und Haben, Buchungsdaten, Belegdatum, Gegenkonto, Belegverweis, Buchungstext bzw. dessen Verschlüsselung ▶ Nachweis der Vollständigkeit der Kontoblätter (z. B. über fortlaufende Seitennummern) ▶ Eventuell Führung von Haupt- und Nebenbüchern ▶ Nachweis von Einzelposten bei Buchung von verdichteten Zahlen ▶ Darstellung per Bildschirmanzeige, Papier oder auf einem anderen Bild- oder Datenträger

(2) Buchungen

Die **Buchungen** bilden die Geschäftsvorfälle im Unternehmen ab. Geschäftsvorfälle gelten dann als gebucht, wenn sie autorisiert und nach einem Ordnungsprinzip vollständig, richtig, zeitgerecht und verarbeitungsfähig erfasst und gespeichert sind. An die ordnungsmäßige Verbuchung werden folgende Anforderungen gestellt (vgl. BMF-Schreiben 1995, Abschnitt 3.1):

- ▶ Das **Ordnungsprinzip** setzt die Erfüllung der Beleg- und der Kontenfunktion voraus. Es gewährleistet, dass die Buchungen chronologisch und sachlich geordnet dargestellt werden können. Eine Speicherung der Buchungen nach einem bestimmten Ordnungskriterium wird dagegen nicht gefordert, soweit sichergestellt ist, dass auf die gespeicherten Geschäftsvorfälle gezielt zugegriffen werden kann.
- ▶ Zur Sicherstellung der **Verarbeitungsfähigkeit** der Buchungen müssen neben den jeweiligen Daten auch die erforderlichen Tabellendaten und Programme funktionsbereit gehalten werden.
- ▶ Durch geeignete **Kontrollen** ist zu gewährleisten, dass alle Geschäftsvorfälle **vollständig erfasst** werden und nach der Buchung nicht unbefugt (d. h. ohne Zugriffsschutzverfahren) und nicht ohne Nachweis des vorausgegangenen Zustands verändert werden können. Dies entspricht der Forderung des sog. Radierparagraphen (§ 239 Abs. 3 HGB, § 146 Abs. 4 AO).
- ▶ Die **formale Richtigkeit** der Buchungen ist durch Erfassungskontrollen sicherzustellen. Alle für die weitere Verarbeitung nötigen Merkmale einer Buchung müssen vollständig sowie geordnet nach Sach- und Personenkonten gespeichert sein.
- ▶ Die **Zeitgerechtheit** der Verbuchung impliziert die sowohl zeitnahe als auch periodengerechte Erfassung der Geschäftsvorfälle.

Vor der eigentlichen Buchung getätigte Eingaben gelten noch nicht als Eintragung oder Aufzeichnung gemäß § 239 Abs. 3 HGB; sie dürfen ohne Nachweis verändert werden. Diesbezüglich bestehen in der Praxis z. B. folgende Zweifelsfragen:

- ▶ Stehen nach der Eingabe der Daten noch Erfassungskontrollen oder die Autorisierung der Buchung aus, so handelt es sich hierbei lediglich um einen buchungsvorbereitenden Schritt, nicht um die eigentliche Buchung. Daher muss der genaue Zeitpunkt der Buchung in der Verfahrensdokumentation (z. B. Anwenderhandbuch) definiert sein.
- ▶ Insbesondere braucht bei im Rahmen der Erfassungskontrolle vorgenommenen Korrekturen offensichtlich unrichtiger Buchungen der ursprüngliche Inhalt der Buchung nicht gespeichert zu werden.
- ▶ Buchungen müssen nicht obligatorisch in der für das Rechnungswesen eingesetzten Software erfasst werden. Wurden alle Daten bereits in vorgelagerten IT-Anwendungen erfasst, gespeichert und stehen keine Erfassungskontrollen und Autorisierungen mehr aus, so gelten die Geschäftsvorfälle als gebucht. Ein Datentransfer zur Buchführungssoftware ist für den Zeitpunkt der Buchung nicht relevant.

(3) Internes Kontrollsystem

Im Rahmen der GoBS ist die Einrichtung und Unterhaltung eines IKS zwingend vorgeschrieben. Hiermit wird das Ziel verfolgt, die Gesetz- und Satzungsmäßigkeit von Buchführung und Jahresabschluss sicherzustellen sowie einen jederzeitigen Überblick über die wirtschaftliche Lage des Unternehmens zu ermöglichen (BMF-Schreiben 1995, Abschnitt 4.2). Zudem soll das IKS Fehler in der Buchführung bezüglich deren Vollständigkeit und Richtigkeit sowie hinsichtlich der Periodenabgrenzung möglichst frühzeitig erkennen und vermeiden lassen.

Zum IKS kann auf die Ausführungen in Kapitel III.4. verwiesen werden, so dass hier nur auf dessen Behandlung in den GoBS abgestellt wird. Diese enthalten keine expliziten Gestaltungsrichtlinien zum IKS, sondern führen lediglich die notwendigen **Regelungsbereiche** wie folgt auf (vgl. BMF-Schreiben 1995, Abschnitt 4.4):

- Vorhandensein aufeinander abgestimmter maschineller und manueller Kontrollen hinsichtlich der Vollständigkeit und Richtigkeit der Datenerfassung,
- klare und eindeutige Regelung der Zuständigkeit und Verantwortung für betriebliche Funktionen unter Beachtung des Vier-Augen-Prinzips,
- Definition buchungsrelevanter Arbeitsabläufe und Festlegung ihrer Reihenfolge,
- Dokumentation der manuell und maschinell ausgeführten Kontrollen,
- Implementierung zusätzlicher Maßnahmen zur nachträglichen Überwachung möglicherweise umgehbarer manueller Kontrollen,
- Sicherstellung der Programmidentität (Abgleich der eingesetzten DV-Buchführung mit dem dokumentierten System).

Die betriebsindividuell getroffenen Einzelmaßnahmen zur Kontrolle der Verarbeitungsprozesse in der Buchführung sind zu einem integrierten Kontrollkonzept zusammenzufügen. Alle für die Bearbeitung eines Vorgangs erforderlichen Arbeitsgänge sind in ihrer Reihenfolge zu ordnen, durch schriftliche Arbeitsanweisungen zu regeln und durch Verwendung gedruckter Belege und Formulare soweit wie möglich zu standardisieren.

Das IKS ist in einer Dokumentation zu beschreiben, wobei insbesondere die fehleranfälligen Mensch-Maschine-Schnittstellen zu berücksichtigen sind. Sie ist Bestandteil der allgemeinen Verfahrensdokumentation, soweit sie für das Verständnis des DV-gestützten Buchführungssystems bedeutsam ist.

(4) Datensicherheit

Für eine Bewertung der Sicherheitsrisiken in Bezug auf das buchführungsbezogene IT-System muss bekannt sein, was, wogegen, wie lange und wie zu sichern ist und geschützt werden soll (BMF-Schreiben 1995, Abschnitt 5.1).

Gegenstand der Datensicherheit sind die Daten der Buchführung unabhängig von der Belegart, d. h. sowohl analoge Dokumente (in Papierform) als auch originär digitale Dokumente. Hierzu gehören auch die Software, Tabellen- und Stammdaten, Bewegungsdaten und sonstige Aufzeichnungen, soweit sie rechnungslegungsrelevant sind. Zudem fallen alle Informationen unter die Datenschutzbestimmungen der GoBS, an deren Sicherung und Schutz das Unternehmen ein Eigeninteresse hat oder bei denen sich eine entsprechende gesetzliche Verpflichtung ergibt (z. B. aus dem BDSG).

Im Rahmen des Datenschutzkonzepts sind insbesondere die Risiken der Unauffindbarkeit, der Vernichtung und des Diebstahls auf ein vertretbares Maß zu reduzieren:

- **Unauffindbarkeit**: Neben einer vorschriftsmäßigen Aufbewahrung müssen Vorkehrungen auch dafür getroffen werden, dass die benötigten Daten innerhalb angemessener Zeit zugänglich und einsatzfähig sind.

- **Vernichtung**: Daten sind gegen jegliche Art des Verlustes (z. B. durch Feuer, Diebstahl) zu sichern. Als Verlust i.w.S. können auch nicht autorisierte Veränderungen (z. B. durch Manipulation, Datenträgerveränderung, -austausch und -verschleiß) angesehen werden, da die ursprünglichen Datenbestände dabei verloren gehen.

- **Diebstahl**: Daten sind gegen den unberechtigten Zugriff Dritter zu sichern. Dieser kann auf zwei Arten erfolgen: Datenträger können gestohlen werden, oder Daten werden ohne Autorisierung eingesehen, kopiert und außerhalb des dafür vorgesehenen Bereichs verwendet.

Daten des laufenden Geschäftsjahres werden häufig mittels Datenspiegelung (*Backup*) auf einem anderen Datenträger gesichert. Dies hat routinemäßig sowie außerdem fallweise bei Verarbeitung ungewöhnlich großer Datenmengen zu erfolgen. Datenträger mit *Backups* sind in einem von den Originaldaten örtlich getrennten Sicherheitsbereich aufzubewahren. Datensicherungsprozeduren sind verbindlich anzuweisen, wobei zu gewährleisten ist, dass die Daten während des Kopiervorgangs unverändert bleiben und vollständig übertragen werden. *Backups* sind in mehreren Generationen aufzubewahren, um bei Ausfall einer Version auf vorhergehende zurückgreifen zu können.

Daten abgelaufener Geschäftsjahre sind auf Datenträgern zu archivieren. Diese sind entsprechend der Dauer der gesetzlichen Aufbewahrungsfrist zu lagern sowie gegen Risiken wie Feuer- und Wasserschäden zu schützen, z. B. durch Aufbewahrung in gesicherten Stahlschränken oder Tresoren. Die verwendeten Speichermedien müssen eine ausreichende Haltbarkeit aufweisen.

Zur Auffindbarkeit der Datenträger sind bei der Archivierung systematische Verzeichnisse über die gesicherten Daten anzulegen. Aus dem Inhalt der Verzeichnisse müssen der Standort, der Inhalt, das Sicherungsdatum und das früheste zulässige Datum der Löschung des Datenträgers hervorgehen. Dies erfolgt zweckmäßigerweise im Rahmen eines Datenträgerverwaltungssystems.

Durch geeignete Verschlüsselungen sowie physische und logische Zugriffskontrollen (z. B. Zugangskontrollen zum Archiv, Zugriffskontrollen durch Passwortschutz) ist sicherzustellen, dass nur berechtigte Personen Zugang zu den archivierten Daten erhalten. Werden nachträglich Änderungen vorgenommen, so müssen diese erkennbar sein und der ursprüngliche Inhalt weiterhin gespeichert bleiben.

(5) Dokumentation und Prüfbarkeit

Gemäß § 238 Abs. 1 Satz 2 HGB muss eine Prüfbarkeit des Buchführungssystems sowohl hinsichtlich einzelner Geschäftsvorfälle (Einzelfallprüfung) als auch hinsichtlich des Abrechnungsverfahrens (Verfahrens- und Systemprüfung) gegeben sein. Da eine IT-gestützte Buchführung i. d. R. komplex und die Funktionen nicht direkt erkennbar sind, stellt eine wesentliche Voraussetzung für die Prüfbarkeit die Transparenz des Systems dar. Hierfür ist eine entsprechend aussagefähige Dokumentation erforderlich. Die Verantwortung für die Vollständigkeit und den Informationsgehalt der Verfahrensdokumentation obliegt dem Buchführungspflichtigen.

Es bestehen folgende Prinzipien einer ordnungsmäßigen Verfahrensdokumentation:

- **Grundsatz der Vollständigkeit**: Die Dokumentation hat alle für das Verständnis des Buchführungssystems relevanten Informationen zu beinhalten; dabei sind insbesondere Änderungen am IT-System zu dokumentieren. Die Dokumentation folgt Umfang und Inhalt des eingesetzten Systems, sie ist nicht mit irrelevanten Informationen künstlich auszudehnen.
- **Grundsatz der Übersichtlichkeit**: Angesichts der Vielzahl der Programme, Dateien und Funktionen ist die Dokumentation derart zu gliedern, dass gewünschte Informationen jederzeit auffindbar sind. Anzustreben ist eine klare Gliederung sowohl der Struktur als auch des Inhalts der Dokumentation, um einen schnellen Zugriff auf die benötigten Informationen zu gewährleisten.
- **Grundsatz der Einheitlichkeit**: Die Dokumentation soll eine einheitliche Gestaltung aufweisen. Die einzelnen Blätter sollten Informationen über ihre Zuordnung geben, z. B. indem der Formularkopf jeweils das Arbeitsgebiet, die Handbuchart, der Dokumententitel und das Freigabedatum enthält. Angelegte Inhalts- und Indexverzeichnisse sollen eine Kontrolle über die Vollständigkeit der Dokumentation ermöglichen.
- **Grundsatz der Zeitgerechtheit**: Die Dokumentation muss auf dem jeweils aktuellen Stand des eingesetzten IT-Systems sein. Programmänderungen sind zeitnah einzuarbeiten, um die Gültigkeit verschiedener Systemzustände während des Prüfungszeitraums, also die zeitliche Abgrenzung einzelner Verfahrensversionen nachweisen zu können.
- **Grundsatz der Prüfbarkeit und Verfügbarkeit**: Die Dokumentation in jeglicher Version ist gemäß § 257 HGB, § 147 AO aufbewahrungspflichtig und daher mindestens zehn Jahre zu archivieren, wenn sie zum Verständnis bestimmter Belege oder der Geschäftsbücher notwendig ist. Bei EDV-Dokumentationen beginnt der Fristlauf nicht ab dem Zeitpunkt der Dokumenterstellung, sondern ab dem letztmaligen Einsatz des Verfahrens.

Die Verfahrensdokumentation muss über Aufbau und Ablauf des Abrechnungsverfahrens lückenlos Auskunft geben, indem der Weg der Daten von der Eingabe über die Speicherung bis zur Ausgabe der Ergebnisse übersichtlich dargestellt und die dafür eingerichteten Kontroll-, Entscheidungs- und Rechenfunktionen nachgewiesen werden.

Die Verfahrensdokumentation einer IT-gestützten Rechnungslegung umfasst als Bestandteile

- die Anwenderdokumentation,
- die technische Systemdokumentation und
- die Betriebsdokumentation (IDW RS FAIT 1, Tz. 54).

Die Anwenderdokumentation muss die für eine sachgerechte Bedienung einer IT-Anwendung erforderlichen Informationen enthalten. Demgegenüber enthält die technische Systemdokumentation eine technische Darstellung der IT-Anwendung, während die Betriebsdokumentation die ordnungsmäßige Anwendung des Verfahrens nachvollziehen lassen soll.

ABB. 141: Bestandteile der Verfahrensdokumentation einer IT-gestützten Rechnungslegung (vgl. IDW RS FAIT 1, Tz. 58 ff.)

Anwenderdokumentation	Technische Systemdokumentation	Betriebsdokumentation
▶ Allgemeine Beschreibung der durch die IT-Anwendung abgedeckten Aufgabenbereiche ▶ Erläuterung der Beziehungen zwischen einzelnen Anwendungsmodulen ▶ Art und Bedeutung der verwendeten Eingabefelder ▶ Formen der programminternen Verarbeitung ▶ Vorschriften zur Erstellung von Auswertungen	▶ Aufgabenstellung der IT-Anwendung im Kontext der eingesetzten Module ▶ Datenorganisation und Datenstrukturen (Datensatz- bzw. Tabellenaufbau) ▶ Bei Erzeugung einer Buchung veränderbare Tabelleninhalte ▶ Programmierte Verarbeitungsregeln einschließlich implementierter Eingabe- und Verarbeitungskontrollen ▶ Programminterne Fehlerbehandlungsverfahren ▶ Schlüsselverzeichnisse ▶ Schnittstellen zu anderen Systemen	▶ Datensicherungsverfahren ▶ Verarbeitungsnachweise (Verarbeitungs- und Abstimmprotokolle) ▶ Art und Inhalte des Freigabeverfahrens für neue und geänderte Programme ▶ Auflistung der verfügbaren Programme mit Versionsnachweisen

Die Dokumentation muss es einem sachverständigen Dritten in angemessener Zeit erlauben, die programminterne Verarbeitung, die Verarbeitungsfunktionen und -regeln ohne Kenntnis der Programmiersprache nachvollziehen zu können.

Gemäß BMF-Schreiben 1995, Abschnitt 6.2, umfasst eine GoBS-konforme Dokumentation folgende Mindestbestandteile:

ABB. 142: Elemente der Dokumentation gemäß GoBS

Komponente	Beschreibung
Beschreibung der sachlogischen Lösung	Beschreibung aus Sicht des Anwenders ▶ der generellen Aufgabenstellung, ▶ der Anwenderoberflächen für Ein- und Ausgabe, ▶ der Datenbestände und Verarbeitungsregeln sowie des Datenaustauschs, ▶ der Kontrollen (maschinell und manuell), ▶ der Fehlermeldungen inklusive der sich daraus ergebenden Maßnahmen
Beschreibung der programmtechnischen Lösung	▶ Umsetzung der sachlogischen Anforderungen in Programmen ▶ Ausweis von Programmänderungen, ggf. unter Angabe getroffener organisatorischer Maßnahmen
Beschreibung der Wahrung der Programmidentität	▶ Nachweis der Erbringung der sachlogischen Anforderungen durch die eingesetzten Programme ▶ Beschreibung des Freigabeverfahrens mit Regelungen über Freigabekompetenzen, durchzuführende Testläufe sowie Programmeinsatzkontrollen
Beschreibung der Wahrung der Datenintegrität	▶ Beschreibung der Maßnahmen zur Verhinderung der Daten- und Programmänderungen durch Unbefugte ▶ Beschreibung des Zugriffsberechtigungsverfahrens ▶ Nachweis der sachgerechten Vergabe von Zugriffsberechtigungen
Beschreibung der Arbeitsanweisungen für den Anwender	▶ Beschreibung der vorgesehenen manuellen Kontrollen und Abstimmungen ▶ Beschreibung der Schnittstellen zu vor- und nachgelagerten Systemen

Sofern weitere Informationen für das Verständnis der Buchführung notwendig sind, werden diese ebenfalls Bestandteil der Dokumentation.

(6) Aufbewahrung und Wiedergabe

Die Aufbewahrungsfristen ergeben sich aus handels- und steuerrechtlichen Vorschriften. Gemäß § 257 Abs. 4 HGB sind

- empfangene und abgesandte Handelsbriefe sechs Jahre,
- Journale, Konten, Belege, Inventare und Abschlüsse grundsätzlich zehn Jahre

aufzubewahren. Der Zehn-Jahres-Frist unterliegen auch alle zum Verständnis der Buchführung erforderlichen sonstigen Unterlagen, etwa

- die Verfahrensdokumentation,
- Programm-Quellcodes, die in jeder im Echtzeitbetrieb eingesetzten Version aufzubewahren sind,
- unternehmensspezifische Einstellungen, Anpassungen und Parametrisierungen im Rahmen des sog. *Customizings* sowie
- Systemprotokolle, soweit diese Informationen über die Ordnungsmäßigkeit enthalten, die nicht an anderer Stelle gespeichert sind (IDW RS FAIT 1, Tz. 62 ff.).

Die Frist beginnt jeweils am Ende des Geschäftsjahres, in dem die Daten erzeugt oder bearbeitet worden sind.

Eine Speicherung aufbewahrungspflichtiger Unterlagen (Handelsbücher, Inventare, Lageberichte usw.) auf Bild- oder Datenträgern ist gemäß § 257 Abs. 3 Satz 1 HGB, § 147 Abs. 2 AO zulässig, soweit die Wiedergabe oder die Daten bei Lesbarmachung mit den Unterlagen inhaltlich, mit empfangenen Handelsbriefen und Buchungsbelegen sogar bildlich übereinstimmt. Lediglich Eröffnungsbilanzen und Abschlüsse sind im Original aufzubewahren.

Bei der Führung der Handelsbücher und der sonstigen Aufzeichnungen auf Datenträgern muss sichergestellt sein, dass die Daten während der gesamten Aufbewahrungsfrist verfügbar sind und jederzeit innerhalb angemessener Frist lesbar gemacht werden können (§ 239 Abs. 4 Satz 2, § 257 Abs. 3 Satz 1 Nr. 2 HGB). Auch bei zwischenzeitlich durchgeführten Soft- und Hardwareänderungen muss die vollständige Rekonstruktionsfähigkeit der Daten gewährleistet sein. Alle für die Verarbeitung erforderlichen Daten, Programme, Betriebssysteme und Hardwareausstattungen sind in der jeweils gültigen Form bereitzustellen, es sei denn, die neue Hardwareumgebung kann die Funktionalität der archivierten Software gewährleisten.

1.4.2 Typologie der Prüfungshandlungen

(1) Formelle und materielle Prüfungen

Nach ihrer Zielsetzung lassen sich formelle und materielle Prüfungen unterscheiden. Formelle Prüfungshandlungen sind auf die Ordnungsmäßigkeit sowie rechnerische Richtigkeit der Rechnungslegung gerichtet. Ihre Prüfungsaussagen umfassen

- die Erfassung sämtlicher Geschäftsvorfälle in den Belegen und Büchern,
- die richtige Verbuchung des Zahlenmaterials auf allen Stufen des Rechnungswesens bis hin zur Übernahme in den Abschluss,
- die Beachtung der formalen Ordnungsprinzipien der Buchführung entsprechend der handelsrechtlichen Vorschriften und sonstigen GoB.

Zu den formellen Prüfungen zählen insbesondere Abstimmungsprüfungen, Übertragungsprüfungen, rechnerische Prüfungen und Belegprüfungen.

Im Rahmen von **Abstimmungsprüfungen** werden Zahlen verglichen, die aufgrund des Systems der doppelten Buchführung (Doppik) zwingend miteinander übereinstimmen müssen.

Durch Abstimmung des gesamten in der Buchführung verfügbaren Zahlenmaterials (sog. **Gesamtabstimmung**) wird überprüft, ob die Buchungsmasse der Grundbücher vollständig in das Hauptbuch übertragen wurde:

- Ist z. B. die Summe der Umsatzerlöse im Hauptbuch höher als die der Grundbücher, so liegt der Schluss nahe, dass Buchungen ohne Belege vorgenommen wurden.
- Sind im umgekehrten Fall die Umsatzsummen der Grundbücher höher als die des Hauptbuchs, so ist zu vermuten, dass Buchungen ohne realen Geschäftsvorfall (Luftbuchungen) vorliegen.
- Nur bei Zahlenidentität kann der Prüfer davon ausgehen, dass die Buchungsmasse der Grundbücher vollständig in das Hauptbuch übertragen wurde.

Allerdings kann der Prüfer im Rahmen einer Gesamtabstimmung z. B.

- die Buchung falscher Belege,
- Buchungen richtiger Belege, aber auf falschen Konten sowie
- sich gegenseitig aufhebende Fehler

nicht aufdecken. Somit muss der Prüfer weitere zahlreiche **Einzelabstimmungen** zwischen Grund- und Nebenbüchern sowie Hauptbuch vornehmen, z. B.

- der Anlagenbuchhaltung mit den Anlagenkonten im Hauptbuch,
- der Saldenlisten für Forderungen und Verbindlichkeiten mit den entsprechenden Hauptbuchkonten,
- des Kassenbestands mit dem Hauptbuchkonto „Kasse" bzw.
- der Lohn- und Gehaltslisten mit den korrespondierenden Aufwandskonten.

Die Prüfung ist aber weiterhin nur auf die formale betragsmäßige Übereinstimmung ausgelegt. Die inhaltliche Richtigkeit kann erst durch materielle Prüfungshandlungen sichergestellt werden. Den „Einstieg" hierfür bildet in der Prüfungspraxis die Aufstellung von sog. **Verprobungsrechnungen**. Hierunter wird die Gegenüberstellung von Zahlen verstanden, die in einem inhaltlichen Zusammenhang stehen, aber durch unterschiedliche Teilsysteme der Buchführung generiert werden (vgl. hierzu auch Kapitel III.5.).

Die **Übertragungsprüfung** ergänzt die Abstimmungsprüfung insoweit, als dass durch Übertragung falscher Zahlen bzw. Buchungen auf falschen Konten entstehende Fehler aufgedeckt werden. Hierzu zählen insbesondere die Überprüfung der Vorjahresvorträge (Salden des Vorjahresabschlusses) sowie die Überträge in das Hauptbuch.

Die Durchführung **rechnerischer Prüfungen** ist heutzutage praktisch entbehrlich geworden, da bei IT-gestützter Buchführung die Rechenoperationen durch das System vorgenommen werden. Es genügt die Prüfung der Dateneingaben auf formelle Richtigkeit (z. B. Nullstellen, Zahlendreher).

Die **Belegprüfung** dient der Verifizierung des Grundsatzes „keine Buchung ohne Beleg". Diesbezüglich wird unterschieden zwischen

- **externen** Belegen (z. B. Eingangsrechnungen, Kontoauszüge, Frachtbriefe, Gutschriftsanzeigen, Schriftwechsel) sowie
- **internen** Belegen (Buchungsanweisungen, Aufzeichnungen über Bestandsaufnahmen, Lohn- und Gehaltsabrechnungen).

Die Prüfung wird in zwei Ablaufschritten wie folgt durchgeführt:

ABB. 143: Ablaufschritte der Belegprüfung	
1. Schritt: Vergleich der Belege mit den Eintragungen in den Büchern	**2. Schritt:** Prüfung des Beleginhalts
▶ Prüfung der Übereinstimmung mit Belegtext und Konto ▶ Prüfung auf Übertragung der richtigen Summen ▶ Vergleich von Buchungsdatum und Belegdatum auf Zeitnähe, bei Negativbefund ggf. Verdacht auf Unregelmäßigkeiten	▶ Prüfung auf Eindeutigkeit (Unmissverständlichkeit) des Belegtextes ▶ Prüfung auf korrekte Abzeichnung durch Anweisungsberechtigte (interne Belege) ▶ Prüfung auf vollständige und fortlaufende Nummerierung der Belege ▶ Prüfung auf lückenlose Archivierung ▶ Prüfung auf Vorhandensein ausreichender Verweise vom Beleg auf die Buchung und umgekehrt

Materielle Prüfungen sind auf die inhaltliche Richtigkeit und wirtschaftliche Berechtigung der verbuchten Geschäftsvorfälle gerichtet. Zielsetzung dieser Prüfungen ist der Nachvollzug und die Würdigung von **Wertungen,** z. B. die

- Ermittlung von Abschreibungen,
- Bemessung von Wertberichtigungen auf Forderungen oder
- Dotierung von Rückstellungen

vor dem Hintergrund gesetzlicher, satzungsmäßiger sowie allgemein-betriebswirtschaftlicher Rahmenbedingungen. In der Praxis ist eine klare Trennung in formelle und materielle Prüfungshandlungen oftmals nicht möglich.

(2) Lückenlose und stichprobenweise Prüfungen

Lückenlose Prüfungen umfassen sämtliche Geschäftsvorfälle eines bestimmten Prüffelds oder Zeitabschnitts. Wegen der Ausrichtung der Abschlussprüfung ist eine lückenlose Prüfung kaum verbreitet. Sie wird allenfalls bei Feststellung bedeutender Unregelmäßigkeiten oder im Rahmen von Sonderprüfungen vorgenommen.

Eine **stichprobenweise** Prüfung umfasst demgegenüber nur Teilbereiche der gesamten Prüfungsmasse, wobei die Festlegung der Teilbereiche **bewusst** oder **zufällig** erfolgen kann. Bei der Abschlussprüfung kleiner oder mittlerer Unternehmen ist oftmals die Datenmenge nicht groß genug, um eine zufallsbestimmte Auswahl vornehmen zu können. Die Prüfungsobjekte werden dann anhand folgender Kriterien bestimmt und im Zuge eines mehrjährigen Prüfungsplans variiert:

- nach bestimmten Funktionen (z. B. Zahlungsverkehr, Kontokorrent, Warenverkehr, Lohn- und Gehaltsbuchhaltung),
- nach bestimmten Abteilungen (z. B. Kreditabteilung, Wareneingang, Lager, Filialen),

- nach Kunden bzw. Lieferanten (z. B. nach Umsatzsumme pro Abrechnungsperiode, nach Regionen, nach Anfangsbuchstaben),
- nach unterjährigen Zeiträumen (z. B. Monate vor und nach dem Abschlussstichtag, Hauptsaison, Urlaubszeiten) oder
- nach Arbeitsgebieten bestimmter Mitarbeiter.

Generell sollten Stichproben insbesondere dort intensiviert werden, wo Schwachstellen des IKS im Rahmen der vorausgehenden Systemprüfung aufgedeckt worden sind und somit Unregelmäßigkeiten leichter auftreten können. Ergeben sich im Zuge der Abarbeitung der Stichprobe Unregelmäßigkeiten, so wird i. d. R. eine Ausdehnung des Stichprobenumfangs und im Extremfall eine lückenlose Prüfung geboten sein.

Der Prüfer muss darauf achten, durch Wahl einer Stichprobe nicht ein in sich geschlossenes Prüffeld zu „zerschneiden". So darf sich die Prüfung des Kassenverkehrs nicht in einem Vergleich aller Barzahlungen mit den entsprechenden Belegen erschöpfen, vielmehr muss auch eine Abstimmung der Bankkonten hierin einbezogen werden.

Die Durchführung einer sog. „**Wurzelstichprobe**" bezieht demgegenüber die Ursache-Wirkungs-Beziehungen eines Geschäftsvorfalls auf verschiedenen Ebenen des Rechnungswesens ein, da dort eine Buchung sowie die mit ihr verbundenen Unterlagen bis zu ihrer eigentlichen Ursache (Wurzel) rückverfolgt wird (z. B. Bestellvorgang, Mängelrüge, Kreditinanspruchnahme etc.). Insoweit gewinnt der Prüfer auch einen Einblick in die organisatorische Abwicklung des internen Geschäftsverkehrs.

Details der Stichprobenprüfung werden auch in den nachfolgenden Ausführungen zur Inventurprüfung behandelt.

(3) Progressive und retrograde Prüfung

Nach der Richtung des Prüfungsgangs werden unterschieden
- die **progressive** Prüfung (von der Belegprüfung über Grundbücher, Journale zum Hauptbuch und schließlich zum Abschluss) sowie
- die **retrograde** Prüfung (vom Abschluss in umgekehrter Richtung).

Bei Abschlussprüfungen wird ausgehend von diesem i. d. R. die retrograde Prüfung bevorzugt. Diese allein lässt aber keinen verlässlichen Schluss auf die Vollständigkeit der Verarbeitung von Geschäftsvorfällen zu. Daher sollte jedenfalls ein Teil der Prüfungshandlungen auch auf progressive Prüfungen entfallen. Dieser Anteil ist umso eher auszudehnen, je mehr Unregelmäßigkeiten im Rahmen der retrograden Prüfungshandlungen festgestellt wurden.

Es lassen sich die grundlegenden Tendenzaussagen festhalten, dass
- die progressive Prüfung zur Sicherstellung der Vollständigkeit der Buchungen und
- die retrograde Prüfung zur Aufdeckung fiktiver Abschlusspositionen dient.

(4) Standardisierte und IT-gestützte Prüfung

Den Standardisierungseffekt der IT hat sich auch die Prüfungslehre zunutze gemacht, um die Wirtschaftlichkeit der Prüfung zu erhöhen. Dies gilt insbesondere, wenn – wie bei der Buchführung – die Prüfungsobjekte ebenfalls in elektronischer Form vorliegen.

Standardisierte Prüfungen erfolgen z. B. auf Grundlage von Checklisten oder Fragebögen. Sie werden insbesondere bei der Prüfung des IKS eingesetzt. Die Fragen können in geschlossener (ja/nein) oder offener Form gestellt werden.

Bei geschlossenen Fragebögen implizieren Antworten mit „nein" Schwachstellen; diese sind insoweit unmittelbar ersichtlich. Hier wird aber eine zu starke Schematisierung und Vernachlässigung des „Prüferinstinkts" kritisiert, so dass offene Fragebögen bevorzugt werden, mindestens aber eine Kombinationsform derart, dass Freiraum für individuelle, ggf. vertiefte Feststellungen vorgesehen wird.

Eine „intelligente" Form der Fragebögen stellen sog. **Expertensysteme** dar. Dies sind IT-gestützte Systeme, mit denen die Problemlösungsfähigkeit menschlicher Experten imitiert wird. Sie unterscheiden sich von reinen Datenbanken, da sie in der Lage sind, Daten durch Schlussfolgerungen zu verarbeiten, zu verknüpfen, zu verdichten und zu bewerten. Expertensysteme zeichnen sich durch folgende Funktionen aus:

- Das System fragt vom Benutzer bei Bedarf prozessbegleitend zusätzliche Informationen ab, bis es ein „Muster" erkennt.
- Es ist andererseits in der Lage, auch bei unvollständiger Information – wenn auch weniger valide – Schlussfolgerungen zu ziehen.
- Der systemseitige Beurteilungs- und Entscheidungsprozess wird auf Basis der Dateninputs und der jeweils angewandten Entscheidungsregeln dokumentiert und insoweit transparent gemacht.
- Dem Anwender werden die Ursachen bestimmter Tatbestände und Entwicklungen systematisch und logisch aufgezeigt.

Das Expertensystem entwickelt aus den ihm übermittelten Eingangsinformationen einen individuellen Fragenkatalog. Die hieraus gezogenen Erkenntnisse werden in einem Regelsystem entsprechend der implementierten „Expertenlogik" verknüpft. Als Resultat wird dem Anwender ein Gesamturteil zusammen mit einer umfassenden Dokumentation des Diagnoseprozesses dargeboten.

Die **IT-gestützten Prüfungstechniken** – sog. *Computer Assisted Auditing Techniques* (CAAT) – gelangen insbesondere zur Anwendung, wenn

- konventionelle Prüfungshandlungen einen hohen Zeitaufwand bedingen,
- gute Kenntnisse des Prüfers hinsichtlich Höhe und Struktur der Fehlerrisiken bestehen,
- prüfungsrelevante Informationen in maschinenlesbarer Form verfügbar sind sowie
- der Prüfer das IT-System des Mandanten für Prüfungszwecke nutzen kann (IDW PS 330, Tz. 95).

Im Bereich der **aussagebezogenen Prüfungshandlungen** werden IT-gestützte Techniken insbesondere eingesetzt, um

- durch Auswertung kennzahlgestützter Checklisten risikobehaftete Prüffelder zu identifizieren und insoweit zur sachlichen Prüfungsplanung beizutragen,
- durch Ermittlung von Verhältniszahlen oder Trends Beziehungen der prüfungsrelevanten Daten des Mandanten zu Daten anderer Unternehmen bzw. Branchenvergleichsdaten aufzuzeigen,

- im Rahmen von Zeitreihenanalysen Auffälligkeiten und Schwankungen in Bezug auf die Daten des zu prüfenden Geschäftsjahres zu ermitteln sowie
- Zusammenhänge oder Widersprüche zwischen Daten eines Prüffelds zu Daten anderer Prüffelder zu identifizieren (z. B. zwischen der Prüfung der Umsatzerlöse und der Forderungen; vgl. IDW PS 330, Tz. 99).

Einzelfallprüfungen lassen sich mittels Einsatz der IT unterstützen, indem z. B.
- durch Selektion und Bereitstellung von in maschineller Form vorliegenden Informationen eine Strukturierung der Sichtung von Mandantenunterlagen ermöglicht wird,
- maschinell gespeicherte Protokollierungs- und Überwachungsergebnisse ausgewertet werden sowie
- Stichprobenumfänge oder Soll-Ist-Vergleiche maschinell berechnet werden (IDW PS 330, Tz. 100).

Zur Optimierung der internen Abläufe der Wirtschaftsprüferpraxis lässt sich etwa
- mittels Anwendung der Netzplantechnik eine effiziente zeitliche Prüfungsplanung vornehmen,
- das Berichtswesen bzw. interne Review durch Checklisten, Tabellenkalkulationsprogramme, Flow Chart- oder Präsentationsprogramme formalisieren und somit zu einer Steigerung der Prüfungsqualität beitragen (IDW PS 330, Tz. 101).

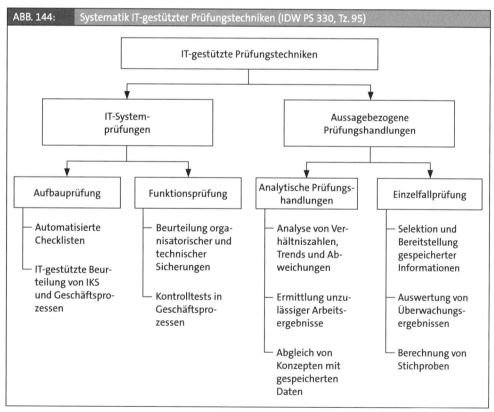

ABB. 144: Systematik IT-gestützter Prüfungstechniken (IDW PS 330, Tz. 95)

Die Anwendung IT-gestützter Prüfungstechniken kann insbesondere dadurch gefördert werden, dass im Rahmen der Prüfung auf das IT-System des Mandanten zugegriffen und dieses vom Prüfer verwendet werden kann, insbesondere in Form

- der Nutzung von Dienst-, Datenaufbereitungs- oder Datenauswertungsprogrammen des Mandanten sowie von Programmfunktionen zur Verarbeitung von Testfällen,
- der Ablage und Nutzung von vom Prüfer eingebrachten Programmen.

Insbesondere im letzteren Fall obliegt dem Prüfer die vorherige Sicherstellung der ordnungsmäßigen und vollständigen Installierung sowie der korrekten Funktionsweise der Programme (IDW PS 330, Tz. 104).

1.5 Spezialfragen der rechnungslegungsbezogenen IT-Prüfung

1.5.1 Risiken bei rechnungslegungsbezogenen IT-Projekten und deren Prüfung

In Bezug auf IT-Risiken neuralgisch ist insbesondere die **Neueinführung** oder **wesentliche Modifikation** von IT-Systemen, da

- die IT-Infrastruktur an die technischen Erfordernisse der veränderten IT-Anwendung angepasst bzw. ausgetauscht werden muss,
- neu entwickelte oder eingeführte IT-Anwendungen die Gestaltung wesentlicher IT-gestützter Geschäftsprozesse und damit das IT-Kontrollsystem beeinflussen (IDW PS 850, Tz. 12).

Die betreffenden IT-Projekte lassen sich i. d. R. differenzieren nach der

- Erstellung von Individualsoftware bzw.
- Einführung von Standardsoftware.

Entsprechend der Grobdifferenzierung lassen sich projektbezogen folgende **Phasen** unterscheiden:

ABB. 145: Typische Phasen von IT-Projekten

Erstellung von Individualsoftware	Einführung von Standardsoftware
(1) **Planungsphase** (Erarbeitung des Projektplans und der Projektkalkulation, Festlegung der Aufgabenbeschreibung)	(1) **Definitionsphase** (Definition der durch die neue Software abzudeckenden Funktionen, Erstellung des Pflichtenhefts)
(2) **Definitionsphase** (Erstellung der fachlichen Pflichtenhefte)	(2) **Analysephase** (Zusammenstellung eines Kriterienkatalogs für die Auswahl des Softwareanbieters und das Auswahl- und Entscheidungsverfahrens für eine bestimmte IT-Anwendung)
(3) **Entwurfsphase** (Überführung des fachlichen Pflichtenhefts in technische Entwurfsspezifikationen)	(3) **Design- und Customizingphase** (Softwarebeschaffung und deren Integration in die bestehenden Geschäftsprozesse)
(4) **Realisierungsphase** (Programmerstellung, Durchführung von Entwicklungstests)	(4) **Testphase** (Umsetzung der Designvorgaben, programminterne Parametrisierung, Prüfung der Wirksamkeit der erforderlichen Anpassungen der Geschäftsprozesse)
(5) **Testphase** (Durchführung von Modul-, Integrations- und Lasttests)	
(6) **Produktivsetzungsphase** (Integration der Software in den Regelbetrieb sowie in die Geschäfts- und Kontrollprozesse)	(5) **Produktivsetzungsphase** (Überführung der Software in den Regelbetrieb sowie deren Einbettung in die IT- und Geschäftsprozesse des Unternehmens)

Quelle: IDW PS 850, Tz. 17 f.

Diesbezügliche typische Projektrisiken stellen dar:

ABB. 146: Typische Risiken von IT-Projekten

Erstellung von Individualsoftware	Einführung von Standardsoftware
▶ Adäquate Umsetzung der GoB und der funktionalen Anforderungen an IT-gestützte Rechnungslegungssysteme (Beleg-, Journal- und Kontenfunktion) sowie der Dokumentationsanforderungen ▶ Angemessene Ausgestaltung der anwendungsbezogenen IT-Kontrollen (Eingabe-, Verarbeitungs- und Ausgabekontrollen) ▶ Sachgerechte Umsetzung sonstiger aufgabenspezifischer Rechtsvorschriften	▶ Fehlerhafte Auswahl einer Standardsoftware aufgrund unzureichender Beschreibung im Pflichtenheft ▶ Unzureichende Berücksichtigung bestehender Abhängigkeiten und Interdependenzen zwischen IT-Teilsystemen ▶ Mangelhafte Integration der Standardsoftware aufgrund unzureichender Analysen bzw. Anpassungen der Geschäftsprozesse und des Kontrollsystems

Quelle: IDW PS 850, Tz. 23 ff.

In Bezug auf die anfängliche Prüfung des **Projektmanagements** gelten die allgemeinen Regeln für Aufbau- und Funktionsprüfungen. Prüfungsgrundlagen sind demnach insbesondere

▶ die Definitionen der Projektziele und Projektphasen,

▶ die Inhalte des Pflichten- und Lastenhefts,

▶ die Genehmigung des Projektbudgets,

▶ die Festlegung der Projektverantwortung einschließlich der Entscheidungswege,

▶ die Projektorganisation einschließlich der sachlichen Aufgabenzuordnung und der einzusetzenden Werkzeuge,

▶ die zeitliche und personelle Projektplanung,

▶ die laufende Berichterstattung,

▶ das Projektcontrolling,

▶ das Risikomanagement und das Eskalationsverfahren bei Planabweichungen,

▶ die Dokumentation der Projektergebnisse (vgl. IDW PS 850, Tz. 42).

Im Zuge der Beurteilung der Ergebnisse der **Planungsphase** des Projekts hat der Prüfer insbesondere folgenden Fragestellungen nachzugehen (vgl. IDW PS 850, Tz. 52):

▶ Stehen die Projektziele in Einklang mit der IT-Strategie?

▶ Liegt ein genehmigter Projektplan vor?

▶ Ist dieser klar umrissen und mit eindeutigen Zielvorgaben versehen?

▶ Sind dort die Rollen und Verantwortlichkeiten der Projektbeteiligten festgelegt?

▶ Umfasst die Planung alle relevanten Aktivitäten?

▶ Wurde für komplexe IT-Projekte eine Machbarkeitsstudie durchgeführt, in der projektspezifische Chancen und Risiken gegenübergestellt und bewertet werden?

▶ Sind wesentliche Hemmnisse für eine realistische Umsetzung des IT-Projekts erkennbar?

Im Rahmen eines IT-Projekts zur Entwicklung von **Individualsoftware** ergeben sich regelmäßig folgende phasenspezifischen Prüfungsfragen:

ABB. 147:	Phasenbezogene Prüfungsfragen bei IT-Projekten zur Entwicklung von Individualsoftware
Projektphase	**Prüfungsfragen**
Definitionsphase	▶ Beurteilung der von den Fachabteilungen erstellten fachlichen Konzepte auf vollständige und richtige Berücksichtigung der für die Umsetzung der GoB notwendigen funktionalen Anforderungen ▶ Prüfung der Eignung der fachlichen Konzepte auf ihre Eignung, die Projektziele zu erreichen und die relevanten gesetzlichen Anforderungen sicherzustellen ▶ Abschätzung des Umfangs und der Wesentlichkeit nachfolgend notwendiger Korrekturen
Entwurfsphase	▶ Prüfung auf vollständige Realisierung der spezifizierten fachlichen Anforderungen ▶ Schlüssige Ableitung fachlicher und technischer Detailspezifikationen, von Kapazitäts- und Leistungsanforderungen sowie von Sicherheitskonzepten als Grundlage der nachfolgenden Realisierungsphase ▶ Nachvollziehbarkeit und Angemessenheit der entsprechenden Dokumentation sowie Übereinstimmung mit den Vorgaben des Projektmanagements
Realisierungsphase	▶ Einhaltung der Richtlinien für die Programmierung ▶ Wirksamkeit der projektinternen Qualitätssicherungsmaßnahmen ▶ Prüfung der sachgerechten Umsetzung der funktionalen Anforderungen mittels Durchführung von Entwicklertests

Quelle: IDW PS 850, Tz. 55 ff.

Demgegenüber hat der Prüfer bei IT-Projekten zur Einführung von **Standardsoftware** folgenden phasenspezifischen Prüfungsfragen nachzugehen:

ABB. 148:	Phasenbezogene Prüfungsfragen bei IT-Projekten zur Einführung von Standardsoftware
Projektphase	**Prüfungsfragen**
Definitionsphase	▶ Durchführung sachgerechter Analysen der Geschäftsprozesse und des Kontrollsystems ▶ Ausreichende Angaben zu allen wesentlichen Funktionen, Aufgaben und Kontrollen bezüglich der Software im Pflichtenheft ▶ Angemessener Detaillierungsgrad des Pflichtenhefts ▶ Berücksichtigung aller notwendigen Kontrollen, organisatorischen Sicherungsmaßnahmen und Abstimmungsmöglichkeiten ▶ Vorsehen einer ordnungsmäßigen Verfahrensdokumentation, die die Nachvollziehbarkeit des Buchführungsverfahrens und Beachtung der gesetzlichen Anforderungen sicherstellt
Analysephase	▶ Vorhandensein, Angemessenheit und durchgängige Einhaltung der Richtlinien für die Hardware- und Softwareauswahl unter Ordnungsmäßigkeits-, Sicherheits- und Kontrollgesichtspunkten ▶ Einhaltung der vorgegebenen Schritte des Auswahlprozesses, der Verantwortlichkeiten und Kompetenzen ▶ Einhaltung der Berichts- und Dokumentationsanweisungen

Projektphase	Prüfungsfragen
Design- und Customzing- phase	▶ Vorhandensein, Angemessenheit und Wirksamkeit eines IT-Kontrollsystems insbesondere mit folgenden Komponenten: manuelle und automatisierte Kontrollen in den IT-Geschäftsprozessen, interne Kontroll- und Abstimmverfahren im Rechnungswesen, Anpassung und Abstimmung von Schnittstellen sowie Berechtigungskonzept ▶ Angemessene Regelungen zur Überwachung der Kontrollen der IT-gestützten Geschäftsprozesse ▶ Berücksichtigung geplanter Anpassungen zukünftiger Geschäftsprozesse im Berechtigungskonzept ▶ Angemessene Regelungen zur Parametrisierung und zum *Customizing*, z. B. zu unternehmensinternen Buchungsregeln und Kontenfindungen, Workflowsteuerungen zur Abbildung von Geschäftsprozessen, Ausgestaltung von Eingabe- und Verarbeitungskontrollen mittels Parametern sowie Aufzeichnung aller die Verarbeitung steuernden Stammdaten
Testphase	▶ Nachvollzug der Tests im Hinblick auf Übereinstimmung mit den bindenden Vorgaben bezüglich Planung, Vorbereitung und Durchführung ▶ Verprobung mittels Durchführung eigener Tests zur Verifizierung wesentlicher Programmfunktionen ▶ Durchgängige Sicherstellung der Funktionstrennung zwischen Entwicklung, Testdurchführung und Projektabnahme ▶ Überprüfung der dokumentierten Testergebnisse auf hinreichende Abdeckung aller Programmfunktionen, Vornahme der Tests gemäß Testplan und nachvollziehbare Dokumentation der Ergebnisse ▶ Sicherstellung einer möglichst produktionsnahen Umgebung für die Tests ▶ Reaktion auf während der Testphase festgestellte Fehler, ggf. Maßnahmen zur Bereinigung der Fehler sowie deren Dokumentation ▶ Überprüfung der Angemessenheit der Schulungskonzepte für alle vom Einsatz des neu eingeführten oder geänderten IT-Rechnungslegungssystems betroffenen Mitarbeiter
Daten- migrations- phase	▶ Beurteilung des Migrationskonzepts auf vollständige und richtige Datenerhebung ▶ Überprüfung der Migrationstests auf planmäßige Durchführung und deren nachvollziehbare Dokumentation ▶ Durchführung angemessener Tests bezüglich der vollständigen und richtigen Übernahme der Altdaten sowie der Bewegungs- und Steuerungsdaten ▶ Bei während der Migration aufgetretenen Fehlern Überprüfung der erfolgreichen Bereinigung ▶ Ggf. prüferseitige Vornahme eigener Funktionstests

Projektphase	Prüfungsfragen
Produktiv-setzungsphase	► Überprüfung des Vorliegens der Voraussetzungen für eine Produktivsetzung ► Nachvollzug und Beurteilung, ob die notwendigen Anpassungen des IT-Kontrollsystems durchgeführt wurden ► Nachvollzug, ob alle fachlichen und gesetzlichen Anforderungen an das IT-gestützte Rechnungslegungssystem sowie die vereinbarten Sicherheitsanforderungen erfüllt sind ► Überprüfung der Durchführung aller im Rahmen des Projekts erforderlichen Qualitätssicherungsmaßnahmen sowie aller erforderlichen Tests ► Erstellung und Umsetzung der notwendigen Verfahrensdokumentationen (einschließlich der Anwenderdokumentationen sowie System- und Schnittstellenbeschreibungen), Organisationsrichtlinien und Anweisungen ► Beurteilung des IT-Kontrollsystems in Zusammenhang mit der Einführung des neuen IT-gestützten Rechnungslegungssystems (Ausgestaltung des Zugriffsschutzes, Integration der neuen bzw. geänderten Software in die Datensicherungs- und Notfallverfahren, Einbindung in das gesamtbetriebliche Change Management, ggf. notwendiger Anpassungsbedarf im Bereich des IT-Überwachungssystems) ► Beurteilung ggf. beim Produktiveinsatz des neuen IT-Systems aufgetretener Probleme aus Ordnungsmäßigkeits-, Sicherheits- und Kontrollgesichtspunkten

Quelle: IDW PS 850, Tz. 63 ff.

Anhand einer integrierenden Würdigung der Einzelfeststellungen kann prüferseitig abgeleitet werden, ob die mit dem IT-Projekt bezweckte Systementwicklung, -änderung oder -erweiterung geeignet ist, rechnungslegungsbezogene Risiken hervorzurufen, insbesondere die an die Buchführung zu stellenden Ordnungsmäßigkeits-, Sicherheits- und Kontrollanforderungen zu verletzen.

Obwohl die dargelegten Anforderungen des IDW PS 850 auf projektbegleitende IT-Prüfungen abstellen, können sie auf die Risikobeurteilung bestehender bzw. nicht vom Prüfer begleiteter IT-Systeme analog angewandt werden.

1.5.2 Risiken bei rechnungslegungsbezogenen IT-Geschäftsprozessen und deren Prüfung

Rechnungslegungsbezogene Risiken bezüglich des Einsatzes von Informationstechnologie ergeben sich insbesondere im Zuge IT-gestützter Geschäftsprozesse, die die automatisierte Verarbeitung von **Massengeschäftsvorfällen** im Rahmen von Routinetransaktionen zum Gegenstand haben (sog. **IT-gestützte Routinetransaktionen**).

Der Abschlussprüfer muss diesbezüglich

► sowohl die Angemessenheit der prozessintegrierten Kontrollen (**Aufbauprüfung**)
► als auch die Wirksamkeit dieser Kontrollen (**Funktionsprüfung**)

beurteilen (vgl. IDW PH 9.330.2, Tz. 3). Der Prüfungshinweis konkretisiert die entsprechenden Anforderungen im Hinblick auf die folgenden Geschäftsprozesse:

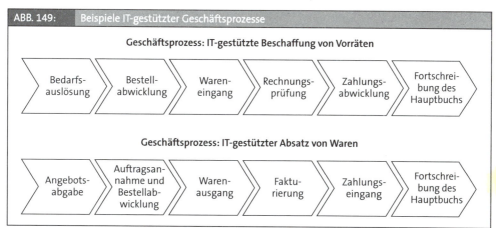

Quelle: IDW PH 9.330.2, Tz. 8 und 18.

In Bezug auf die IT-gestützte Beschaffung von Vorräten

▶ erfolgt eine **Bedarfsauslösung** durch eine Bestandskontrolle verbunden mit einer Ermittlung der zu bestellenden Menge sowie der Suche nach geeigneten Bezugsquellen;

▶ hieran schließt sich die Phase der **Bestellabwicklung** an, in deren Rahmen entweder eine Einzelbestellung oder ein Abruf aus einem Rahmenvertrag erfolgt; die Phase schließt die Durchführung von Ausschreibungen, die Auswahl von Lieferanten sowie die Erstellung von Verträgen ein;

▶ der folgende Prozessschritt des **Wareneingangs** umfasst den Abgleich der gelieferten Menge und Qualität mit den entsprechenden Angaben in der Bestellung, die Unterzeichnung des Lieferscheins und oftmals auch die Verbuchung des Wareneingangs in den Warenbestand sowie dessen Fortschreibung;

▶ der Teilprozess **Rechnungsprüfung** enthält die Bearbeitung des Rechnungseingangs, die Rechnungserfassung einschließlich deren sachlicher und rechnerischer Überprüfung sowie die Freigabe zur Zahlung;

▶ im Rahmen der **Zahlungsabwicklung** erfolgt die Erstellung des Zahlungsträgers, die Freigabe zur Zahlung sowie die Auszifferung bei gleichzeitiger Verbuchung auf dem Bankkonto;

▶ die **Fortschreibung der Hauptbuchkonten** umfasst schließlich die richtige Kontierung unter ordnungsmäßiger Übernahme aller in den entsprechenden Vorsystemen generierten Daten einschl. des Abgleichs von Haupt- und Nebenbuch (vgl. IDW PH 9.330.2, Tz. 9 ff.).

Der **IT-gestützte Absatz von Waren** umfasst folgende Teilprozesse:

▶ Die der Transaktionsverarbeitung vorausgehende Phase der **Angebotsabgabe** umfasst die Spezifikation des Angebots, die Verkaufspreiskalkulation, die Angebotserstellung und die Auftragserteilung durch den Kunden als Endpunkt.

▶ Die **Auftragsannahme** enthält die systemseitige Erfassung der Kundenbestellung, eventuell zusätzlich die Bonitätsprüfung des Kunden sowie die Prüfung der Verfügbarkeit der Ware.

▶ Im Rahmen des **Warenausgangs** wird die Ware verpackt und kommissioniert. Es werden die Liefer- und Versandpapiere erstellt und eventuell Ladelisten für den Spediteur erstellt, den Endpunkt des Teilprozesses bildet die Verbuchung des Warenausgangs.

- Die **Fakturierung** erfolgt i. d. R. systemgesteuert und umfasst als eventuelle Sonderfälle die Bearbeitung von Gutschriften, Stornierungen und Sammelrechnungen.
- Die **Zahlungsabwicklung** erfolgt ab der Anweisung der Zahlung durch den Kunden und umfasst die Einholung des Bankauszugs bzw. den Erhalt eines Schecks, die Identifizierung der zugehörigen Forderung und deren Auszifferung.
- Für die **Fortschreibung des Hauptbuchs** gelten obige Ausführungen analog (vgl. IDW PH 9.330.2, Tz. 19 ff.).

Die dargestellten IT-gestützten Routinetransaktionen können insbesondere folgende **Jahresabschlusspositionen** beeinflussen:

ABB. 150:	Beeinflussung von Jahresabschlusspositionen durch IT-gestützte Routinetransaktionen	
Transaktion / Beeinflussung	Beschaffung von Vorräten	Absatz von Waren
Bilanz	▶ Roh-, Hilfs- und Betriebsstoffe ▶ Fertigerzeugnisse und Waren ▶ Verbindlichkeiten aus LuL	▶ Fertigerzeugnisse und Waren ▶ Unfertige Erzeugnisse, unfertige Leistungen ▶ Forderungen aus LuL
GuV	▶ Materialaufwendungen bzw. ▶ Herstellungskosten der zur Erzielung der Umsatzerlöse erbrachten Leistungen	▶ Umsatzerlöse ▶ Herstellungskosten der zur Erzielung der Umsatzerlöse erbrachten Leistungen ▶ Bruttoergebnis vom Umsatz ▶ Vertriebskosten
Anhang	▶ Sonstige finanzielle Verpflichtungen gemäß § 285 Nr. 3 HGB (Bestellobligo)	▶ Angabe der Material- und Personalaufwendungen bei Anwendung des Umsatzkostenverfahrens gemäß § 285 Nr. 8a) und b) HGB
Risiken wesentlicher Falschangaben betreffen insbesondere	▶ Falscher Ausweis des Bestellobligos ▶ Falsche Bestandsbewertung ▶ Ausweis falscher oder nicht vorhandener Bestände ▶ Falsche Periodenabgrenzung ▶ Falscher Ausweis von Verbindlichkeiten bzw. Rückstellungen dem Grunde und der Höhe nach ▶ Missachtung des Niederstwertprinzips	▶ Falsche Umsatzrealisierung ▶ Unzulässiger Erlösausweis ▶ Falsche Periodenabgrenzung ▶ Unzulässige Aktivierung von Forderungen ▶ Unzutreffende Bewertung von Forderungen

Quelle: IDW PH 9.330.2, Tz. 16 ff. und 26 ff.

Die Erhebung und Prüfung IT-gestützter Geschäftsprozesse umfasst insbesondere folgende **Teilschritte** (IDW PH 9.330.2, Tz. 28):

- Erhebung der wertmäßig bedeutenden Konten sowie der Konten, bei denen besondere Risiken für das Vorliegen von Unregelmäßigkeiten vermutet werden,
- Bestimmung der diesen Konten zugrunde liegenden Routinetransaktionen bzw. Transaktionsklassen,
- Identifikation der den Transaktionen zugehörigen IT-Anwendungen,
- Beurteilung der sich aus der IT-gestützten Abwicklung ergebenden Risiken,
- Erhebung der zur Risikoreduzierung implementierten Kontrollen,
- Beurteilung von deren Angemessenheit und Wirksamkeit im Rahmen von Aufbau- und Funktionsprüfungen,
- auf dieser Basis Festlegung von Art und Umfang der aussagebezogenen Prüfungshandlungen,

entsprechend der Prozessschritte des risikoorientierten Prüfungsansatzes.

Zur Identifikation besonderer Fehlerrisiken empfiehlt es sich, die IT-gestützten Routinetransaktionen vorab in sog. **Transaktionsklassen** einzuteilen. Insoweit kann die Prüfungstätigkeit durch weitgehenden Ausschluss unwesentlicher Transaktionsklassen reduziert werden.

ABB. 151: Bildung von Transaktionsklassen	
Einkauf	Verkauf
▶ A-, B- und C-Artikel ▶ Lager- und Streckengeschäft ▶ Produktions- und Hilfsmaterial	▶ A-, B- und C-Artikel ▶ Absatzkanäle (Lager, Vertreter, Online) ▶ Zielgruppen (Groß- und Einzelhändler) ▶ Regionale Märkte

Quelle: IDW PH 9.330.2, Tz. 33

Gegenstände der Risikobeurteilung durch den Abschlussprüfer sind insbesondere die Risiken aus denjenigen IT-gestützten Geschäftsprozessen, die zu **wesentlichen falschen Angaben in der Rechnungslegung** führen können. Für die Einstufung sind insbesondere maßgeblich

- die Komplexität der IT-gestützten Geschäftsprozesse und eingesetzten IT-Systeme,
- vorgefundene Hinweise auf Unregelmäßigkeiten und Verstöße und
- die Induzierung einer Umsatzrealisation durch die Prozesse; in letztgenanntem Fall sind stets wesentliche Risiken zu unterstellen (vgl. IDW PH 9.330.2, Tz. 39).

Objekte der Prüfung von Routinetransaktionen sind gemäß IDW PS 330 die

- IT-Infrastruktur,
- IT-Anwendungen und

KAPITEL IV — Prüfung der Buchführung und der Inventur

- IT-Prozesse von der Entstehung der Geschäftsvorfälle über die Weiterverarbeitung bis zur Abbildung in der Rechnungslegung,

einschließlich der **prozessintegrierten Kontrollen** (IDW PH 9.330.2, Tz. 35 f.). Diese gliedern sich wie folgt:

ABB. 152:	Typen prozessintegrierter Kontrollen	
Prozessintegrierte manuelle Kontrollen	Programmseitige Kontrollen zur Workflow- und Ablaufsteuerung	Kontrollen zur Einhaltung der verfahrensbezogenen Anforderungen der GoB
▶ Zeitnahe Bearbeitung von Fehlermeldungen und -protokollen ▶ Korrekte Belegaufbereitung (z. B. sachliche und rechnerische Prüfung, Kontierung)	▶ Zutreffende Einstellung der Steuerungsparameter ▶ Verlässliche Plausibilitätskontrollen bei der Belegerfassung ▶ Kontroll- und Abstimmverfahren zwischen Teilprozessen	▶ Erfüllung der funktionalen Anforderungen ▶ Sachlogische Richtigkeit der Verarbeitungsregeln
Prüfung anhand folgender Unterlagen:	▶ Prozessbeschreibungen und -richtlinien ▶ Organigramme und Arbeitsanweisungen ▶ Arbeitsergebnisse Dritter (z. B. Interne Revision) ▶ Datenflussdiagramme (Datenherkunft, Verarbeitung, Datenübergabe) ▶ Dokumentation zur Parametrisierung und zum *Customizing*	

Quelle: IDW PH 9.330.2, Tz. 36 ff.

Der Abschlussprüfer wird den Schwerpunkt der Prüfung auf **bedeutsame Kontrollen** legen, d. h. solche,

- die über eine hohe Kontrollspanne verfügen und/oder
- gleichzeitig mehreren Risiken für wesentliche Falschangaben in der Rechnungslegung entgegenwirken (IDW PH 9.330.2, Tz. 44).

Prüfung der Buchführung **KAPITEL IV**

ABB. 153: Beispiele bedeutsamer Kontrollen	
Einkauf	**Verkauf**
▶ System- und workflowgesteuerte Freigabe von Bestellungen durch Leitungsperson bei Überschreitung bestimmter Bestellwerte ▶ (automatischer) Abgleich der Wareneingänge mit den zugrunde liegenden Bestellungen bezüglich der gelieferten Waren und Mengen ▶ (automatischer) Abgleich der gelieferten und in Rechnung gestellten Waren bezüglich des Bestellpreises ▶ Funktionale Trennung zwischen Bestellabwicklung, Warenannahme, Rechnungsprüfung und Zahlungsverkehr	▶ Durchführung von Bonitätsprüfungen vor der Auftragsannahme, ggf. Vergabe von Kreditlimiten ▶ (automatischer) Abgleich der Kundenaufträge mit den Warenausgängen bezüglich der gelieferten Waren und Mengen ▶ (automatischer) Abgleich der gelieferten und in Rechnung gestellten Waren bezüglich des Angebotspreises ▶ Kontrolle, ob Rechnungen vor dem Zeitpunkt der Lieferung (Gefahrübergang) gestellt worden sind ▶ Kontrolle, ob Gutschriften nur auf nachgewiesene Retouren erteilt worden sind ▶ Funktionale Trennung zwischen Vertrieb, Fakturierung/Debitorenmanagement und Zahlungsverkehr

Quelle: IDW PH 9.330.2, Tz. 45 ff.

Die Aufbauprüfung richtet sich insbesondere auf eine Dokumentenanalyse der Regelungen zu den IT-gestützten Geschäftsprozessen im Hinblick auf deren risikominimierende Wirkung. Wesentliche Voraussetzungen für eine wirksame Reduzierung der IT-Geschäftsprozessrisiken aus der „Beschaffung von Vorräten" und dem „Absatz von Waren" sind

▶ eine konsistente Berechtigungsvergabe sowie

▶ wirksame Kontrollen zur Stammdatenänderung während des Prüfungszeitraums.

Weiterhin ist sicherzustellen, dass einem Bearbeiter keine unvereinbaren Berechtigungskombinationen zugewiesen werden. Vielmehr müssen **kritische Berechtigungskombinationen** auf unterschiedliche Bearbeiter verteilt werden:

ABB. 154: Beispiele kritischer Berechtigungskombinationen	
Einkauf	**Verkauf**
▶ Anzahlung anfordern ⇒ Zahlungsanforderung genehmigen ⇒ Zahlungseingang ausziffern ▶ Rahmenvertrag anlegen bzw. ändern ⇒ Bestellung genehmigen ⇒ Bestellung auslösen ▶ Bestellung auslösen ⇒ Wareneingang buchen ▶ Lieferantenstammdaten anlegen bzw. ändern ⇒ Rechnung erfassen ⇒ Zahlung auslösen	▶ Preise pflegen ⇒ Rechnung erfassen ⇒ Rechnung buchen ▶ Gutschrift erfassen ⇒ Gutschrift buchen ⇒ Zahlung auslösen ▶ Debitorenstammdaten pflegen ⇒ Rechnung erfassen ⇒ Rechnung buchen ⇒ Zahlungseingang ausziffern

Quelle: IDW PH 9.330.2, Tz. 48 f.

Weiterhin sind diejenigen Kontrollen vom Prüfer zu beurteilen, die sich – unabhängig vom jeweiligen Geschäftsprozess – auf das gesamte IT-System auswirken, die sog. **generellen Kontrollen**. Hierbei handelt es sich z. B. um

▶ Kontrollen der Entwicklung, Einführung und Änderung von IT-Anwendungen (Programmänderungen),

▶ Kontrollen für eine konsistente Berechtigungsvergabe,

- Kontrollen zur Stammdatenänderung sowie
- logische Zugriffskontrollen (vgl. IDW PH 9.330.2, Tz. 53).

Auf Grundlage der Feststellungen der **Aufbauprüfung** zur grundsätzlichen Angemessenheit der Kontrollen wird die Prüfung von deren **Wirksamkeit** im Rahmen von **Funktionsprüfungen** vorgenommen. Solche sind nur für zuvor als angemessen beurteilte Kontrollen zweckmäßig und geboten.

Für die Funktionsprüfung der Kontrollen gelten folgende **Grundsätze**:

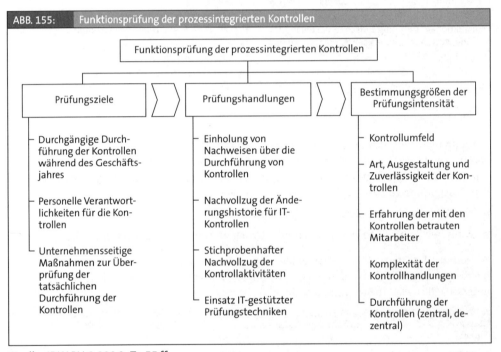

ABB. 155: Funktionsprüfung der prozessintegrierten Kontrollen

Quelle: IDW PH 9.330.2, Tz. 55 ff.

Die nach Abschluss der Aufbau- und Funktionsprüfung generierte Beurteilung der Fehlerrisiken bestimmt Art, Umfang und zeitlichen Ablauf der **aussagebezogenen Prüfungshandlungen**. Die in der Rechnungslegung enthaltenen Aussagen sind auf mögliche Falschangaben zu überprüfen. Solche beziehen sich u. a. auf

- das Vorhandensein bestimmter Vermögensgegenstände, Schulden und Eigenkapital zu einem bestimmten Zeitpunkt,
- den Eintritt eines Geschäftsvorfalls oder eines Ereignisses,
- die Zurechnung zum Unternehmen,
- die Vollständigkeit aller rechnungswesenbezogenen Angaben,
- die Bewertung, Zuordnung und Genauigkeit einschl. Periodenabgrenzung,
- den Ausweis und die Verständlichkeit (vgl. IDW PH 9.330.2, Tz. 60).

Selbst bei Annahme nur minimaler Fehlerrisiken kann sich der Abschlussprüfer nicht ausschließlich auf die Ergebnisse der Geschäftsprozessprüfung stützen; er muss daneben auch aussagebezogene Prüfungshandlungen durchführen.

Wesentliche Risiken des IT-gestützten Geschäftsprozesses „Beschaffung von Vorräten" sowie geeignete Kontrollen zu deren Reduzierung sind:

ABB. 156:	Risiken und Kontrollen bei der IT-gestützten Beschaffung von Vorräten	
Teilprozess	**Prozessrisiko**	**Kontrollen/Maßnahmen**
Bestellabwicklung	Unrichtige Änderungen der Preise/ Konditionen in Lieferantenlisten/-dateien	▶ Genehmigung von Rahmenverträgen, Konditionen (z. B. Zahlungsziele) und Kriterien für die Lieferantenauswahl durch das Management ▶ Genehmigung von Veränderungen der Lieferantenstammdaten im ERP-System durch das Management ▶ Vollständige und zeitnahe Information der Teilprozessverantwortlichen über entsprechende Änderungen
	Vornahme von Bestellungen zu schlechteren Konditionen bzw. abweichenden Mengen	▶ Automatische Protokollierung der Abweichungen von den hinterlegten Konditionen/Bestelllimits und Pflicht zur Genehmigung durch den Teilprozessverantwortlichen ▶ Systemseitiger Ausschluss von Abweichungen zu den hinterlegten Toleranzgrenzen, Erfordernis einer gesonderten Freigabe durch das Management
	Unzutreffende Erfassung von Bestellungen im System	▶ Implementierung von Eingabe- und Verarbeitungskontrollen (z. B. Plausibilitätsprüfungen, Mussfeldeingaben, Nummernvergabe) ▶ Protokollierung des Datenabgleichs bei automatisierten Übertragungen von Bestelldaten aus Vorsystemen ▶ Regelmäßige Überprüfung der Protokolle und Klärung von Differenzen
	Bestellung wird durch hierzu nicht autorisierte Person erfasst	▶ Vergabe von Berechtigungen, so dass nur hierzu autorisierte Mitarbeiter aufgabenentsprechend Bestellungen auslösen können (Gewährleistung der Autorisierung und Authentizität der erfassten Bestelldaten)
	Manuelle Bestellung außerhalb des IT-gestützten Systems	▶ Freigabe der Bezahlung von Rechnung und Buchung des Wareneingangs nur bei Nacherfassung der Bestellungen im ERP-System und Genehmigung durch Prozessverantwortlichen
Wareneingang	Annahme bei fehlender Bestellung (Wareneingangskontrolle)	▶ Ablehnung von Wareneingangsbuchungen im ERP-System bei fehlender Bestellung; insoweit Sicherstellung, dass ausschließlich Warenannahmen aus verbindlichen Bestellungen erfolgen ▶ Akzeptanz von Mengendifferenzen zwischen Bestellung und Lieferung nur bei Einhaltung systemseitig definierter Toleranzgrenzen ▶ Überschreitung von Toleranzgrenzen nur bei gesonderter Genehmigung durch Prozessverantwortlichen

Teilprozess	Prozessrisiko	Kontrollen/Maßnahmen
	Unzutreffende Erfassung von Wareneingängen	▶ Vollständige und richtige Erfassung des Wareneingangs durch Implementierung von Eingangskontrollen (z. B. Ablehnung der Wareneingangsbuchung bei fehlenden Mussfeldeingaben)
	Verspätete Erfassung	▶ Protokollierung der Abweichungen von mehr als x Tagen zwischen Wareneingangsbuchung und deren Erfassung in Buchführung durch ERP-System ▶ Überwachung der Protokolle durch Prozessverantwortlichen
	Unzureichende Qualitätsprüfung bei der Warenanlieferung	▶ Zeitnahe Auswertung der im weiteren Prozess durchgeführten Qualitätsprüfungen durch den Prozessverantwortlichen und Veranlassung von Reklamationen bei Lieferanten
Rechnungsprüfung	Unzutreffende Erfassung der Eingangsrechnungen	▶ Buchungen von Preisabweichungen nur bei Einhaltung von im ERP-System hinterlegter Toleranzgrenzen ▶ Systemseitige Buchung der Eingangsrechnung nur bei Erfassung sowohl der Bestellungen als auch des Wareneingangs im ERP-System (und übereinstimmenden Mengenangaben bzw. entsprechend genehmigten Abweichungen)
Zahlungsabwicklung	Vergabe kritischer Berechtigungen an Mitarbeiter	▶ Aufgabenentsprechende Vergabe von Berechtigungen und deren Überwachung durch den Teilprozessverantwortlichen ▶ Funktionstrennung zwischen Stammdatenpflege, Buchung von Eingangsrechnung und Zahlungsfreigabe
	Auszahlungen erfolgen verfrüht/verspätet/nicht autorisiert Auszahlungen an falsche Lieferanten	▶ Systemseitige Erstellung einer Zahlungsvorschlagsliste nur für gebuchte Rechnungen unter ausschließlicher Verwendung der im ERP-System hinterlegten Lieferantenstammdaten (Sperrung manueller Änderungen der Zahlungsvorschlagsliste) ▶ Verprobung von Zahlungsvorschlägen mit Eingangsrechnungen in Stichproben ▶ Freigabe der Zahlung nur bei vollständiger Kontierung (Pflichtfeld „Verwendungszweck")
	Doppelzahlungen	▶ Automatische Kennzeichnung von offenen Posten nach Erstellung des Zahlungsvorschlags „als zur Zahlung vorgemerkt" ▶ Ausziffierung offener Rechnungen der Zahlungsvorschlagsliste nur bei Buchung des Zahlungsausgangs auf dem Bankkonto (Vollständigkeit und Richtigkeit der Zahlungen)
Fortschreibung des Hauptbuchs	Unzutreffende Kontierung	▶ Sicherstellung der korrekten Einpflegung der Stammdaten für automatische Kontenfindung (in Verbindlichkeiten/Rückstellungen für ausstehende Rechnungen) ▶ Freigabe der Änderungen der Kontierungstabelle durch den Teilprozessverantwortlichen
	Zeitgerechte Übertragung der Geschäftsvorfälle ins Hauptbuch	▶ Auswertung der Systemprotokolle zur Übertragung von Geschäftsvorfällen in das Hauptbuch durch Teilprozessverantwortlichen ▶ Nachverfolgung und Korrektur von Differenzen
	Unzutreffende Übernahme von Buchungsstoff aus Vorsystemen	▶ Protokollierung des Datenabgleichs der über die Schnittstellen übertragenen Daten bei automatischer Übertragung des Buchungsstoffs aus Vorsystemen

Quelle: IDW PH 9.330.2, Tz. 63

Wesentliche Risiken des IT-gestützten Geschäftsprozesses „Absatz von Waren" sowie geeignete Kontrollen zu deren Reduzierung sind:

ABB. 157:	Risiken und Kontrollen beim IT-gestützten Absatz von Waren	
Teilprozess	Prozessrisiko	Kontrollen/Maßnahmen
Angebotsabgabe	Abgabe von Angeboten an Kunden mit schlechter Bonität	▶ Systemseitige Neuanlage von Kundenstammsätzen erst nach Bonitätseinstufung und Festlegung der Kreditlimits durch das Management (ggf. unter Einbindung von Rating-Agenturen) ▶ Hinterlegung von Veränderungen der Kundenstammdaten und Konditionen (z. B. Zahlungsziel, Kontoverbindung) im ERP-System nur mit Genehmigung des Managements
	Verlust von Aufträgen durch unvollständige, unrichtige oder verspätete Angebotserstellung	▶ Genehmigung von Abweichungen hinterlegter Konditionen/Bestelllimits nur durch Teilprozessverantwortlichen ▶ Automatische Protokollierung dieser Abweichungen ▶ Sicherstellung einer vollständigen und richtigen Erfassung der Kundenbestelldaten durch Implementierung von Eingabe- und Verarbeitungskontrollen (z. B. Plausibilitätsprüfungen, Mussfeldeingaben, Nummernvergabe) ▶ Protokollierung des Datenabgleichs der über Schnittstellen übertragenen Daten bei automatisierten Übertragungen von Kundenbestelldaten (z. B. EDI) ▶ Nachverfolgung, Klärung und Korrektur von Differenzen
	Unrichtige Angebotserstellung oder Auftragsbestätigung durch falsche Konditionen und Stammdaten	▶ Übernahme von Veränderungen der Preise- und Konditionsdaten (aus stammdatenführenden Systemen) ins ERP-System nur bei vorheriger Genehmigung durch das Management ▶ Freigabe von Angeboten ausschließlich auf Basis der im ERP-System hinterlegten Genehmigungsregeln und Kreditlimits ▶ Überwachung der Funktionstrennung zwischen Eingabe der Bestellung und Vertrieb durch den Teilprozessverantwortlichen
	Abgabe eines Angebots, ohne Lieferfähigkeit sicherzustellen	▶ Systemseitige Prüfung der Lieferfähigkeit zum zugesagten Termin (z. B. durch Abgleich mit Warenwirtschaftssystem)
Auftragsannahme und Bestellabwicklung	Auftragserteilung durch nicht autorisierte Person	▶ Regelmäßige Aktualisierung des Nachweises der Vertretungsmacht des Kunden (z. B. Handelsregister, Internet etc.) ▶ Ausnahmslos schriftliche Bestätigung des Auftrags
Warenausgang	Mengen- und Zeitabweichungen bei Lieferung des Kundenabrufs	▶ Automatische Weitergabe der Bestelldaten (z. B. Liefermenge, Lieferdatum) an das Warenwirtschaftssystem
	Unvollständige oder fehlerhafte Erfassung des Kommissionierauftrags	▶ Zulassung von Lagerabgängen nur bei Übereinstimmung von kommissionierter Ware sowohl mit Bestellung als auch mit Kommissionsauftrag
	Unvollständige oder fehlerhafte Erstellung oder Versandpapiere (Lieferschein etc.) Unautorisierter Versand	▶ Systemseitiger Ausdruck eines Lieferscheins nur bei vorheriger Erfassung der Kommissionierung im Warenwirtschaftssystem ▶ Versand/Warenabgang ausschließlich auf Grundlage des Lieferscheins und nach Kontrolle von dessen Freigabe

Teilprozess	Prozessrisiko	Kontrollen/Maßnahmen
Fakturierung	Unvollständige oder fehlerhafte Fakturierung bzw. Erfassung des Warenausgangs im Rechnungswesen	▶ Überwachung nicht fakturierter Lieferung durch Abgleich von Lieferscheinen und Rechnungen ▶ Ermittlung von Abweichungen zwischen Finanzbuchführung und Warenwirtschaft durch Verprobung des bewerteten Warenausgangs gegen fakturierten Wert ▶ Nachverfolgung, Klärung und Korrektur von Differenzen
	Rechnungsstellung ohne Lieferung	▶ Systemseitige Rechnungsstellung nur bei vorheriger Erfassung des Warenabgangs erfasst und erfolgter Lieferung bzw. eingetretenem Gefahrübergang
	Fehlerhafte Zuordnung von Preisen und Konditionen	▶ Protokollierung des Datenabgleichs der über die Schnittstellen übertragenen Daten bei automatisierten Übertragungen von Preis- und Konditionsdaten (Kontrolle der Integrität der Datenverarbeitung) ▶ Nachverfolgung, Klärung und Korrektur von Differenzen
Zahlungseingang	Kein oder verspäteter Zahlungseingang	▶ Regelmäßige Überwachung der fälligen Forderungen auf Basis der Altersstrukturliste ▶ Hinterlegung von Eskalationsregeln im ERP-System
	Zahlungseingang wird nicht zugeordnet	▶ Automatisierte Buchung und Ausziffern der offenen Posten ▶ Regelmäßige Kontrolle von nicht zugeordneten Posten
Fortschreibung des Hauptbuchs	Unzutreffende Kontierung	▶ Korrekte Einpflegung der Stammdaten für die automatische Kontenfindung (zu Forderungen, Umsatzerlösen bzw. Wareneinsatz) ▶ Freigabe von Änderungen der Kontierungstabelle durch Teilprozessverantwortlichen
	Zeitgerechte Übertragung der Geschäftsvorfälle ins Hauptbuch	▶ Regelmäßige Kontrolle der Systemprotokolle zur Übertragung der Geschäftsvorfälle in das Hauptbuch durch Teilprozessverantwortlichen
	Unzutreffende Übernahme von Buchungsstoff aus Vorsystemen	▶ Protokollierung des Datenabgleichs der über die Schnittstellen übertragenen Daten bei automatisierter Übertragung des Buchungsstoffs aus Vorsystemen ▶ Nachverfolgung, Klärung und Korrektur von Differenzen

Quelle: IDW PH 9.330.2, Tz. 64

Besondere Anforderungen an die Angemessenheit und Funktionsfähigkeit des IT-gestützten Buchführungssystems ergeben sich bei Anbahnung und Abwicklung von Geschäftsvorfällen in elektronischer Form (sog. *E-Commerce*).

E-Commerce umfasst alle Aktivitäten mit dem Ziel des Handels von Informationen, Gütern und Dienstleistungen unter Verwendung verschiedenster Informations- und Kommunikationstechnologien über öffentlich zugängliche Netzwerke. In diesem Rahmen bestehen zahlreiche Risiken, insbesondere

▶ **Kommunikationsrisiken** (z. B. Verlust der Integrität durch unzureichenden Datenschutz, Verlust der Vertraulichkeit durch fehlende oder unsichere Verschlüsselung, Verlust der Verfügbarkeit durch Angriffe von außen, Verlust der Authentizität durch Verwendung falscher Adressen, Verlust der Autorisierung durch nicht genehmigte Zugriffe, Verlust der Verbindlichkeit durch unzureichende Protokollierung und nicht möglichen Nachvollzug von Transaktionsdaten) und

▶ **Verarbeitungsrisiken** (z. B. Verletzung des Vollständigkeitsgrundsatzes durch Integritätsverletzungen, Verletzung des Grundsatzes der Richtigkeit durch Mängel in der Authentizität und Autorisierung, Verletzung des Grundsatzes der Zeitgerechtheit durch Störungen der Verfügbarkeit des Systems oder von Daten, Verletzung des Grundsatzes der Nachvollziehbarkeit durch unzureichende Aufzeichnung der eingehenden Daten).

Für Einzelheiten der hieraus resultierenden Prüfungsziele und Prüfungshandlungen in Bezug auf die Ordnungsmäßigkeit und Sicherheit des rechnungslegungsbezogenen Einsatzes von *E-Commerce*-Systemen soll auf die Darlegungen des IDW RS FAIT 2 verwiesen werden (vgl. FN-IDW 2003, S. 559 ff.).

2. Prüfung der Inventur

2.1 Grundlegende Prüfungsplanung

Zu den Grundsätzen ordnungsmäßiger Buchführung gehört die Durchführung einer **körperlichen Bestandsaufnahme** (**Inventur**) durch die gesetzlichen Vertreter üblicherweise zum Schluss eines jeden Geschäftsjahres (§ 240 Abs. 2 HGB). Diese dient

▶ der Feststellung der Verlässlichkeit der Bestandsbuchführung sowie

▶ der Ableitung des Bestandsverzeichnisses (**Inventar**).

Der Prüfer ist – jedenfalls bei wesentlichen körperlichen Vermögensbeständen – zur Teilnahme an der Inventur und deren Beobachtung gehalten, um insoweit über das Vorhandensein, die Vollständigkeit und Beschaffenheit der Vermögensgegenstände ausreichende Prüfungsnachweise zu erhalten.

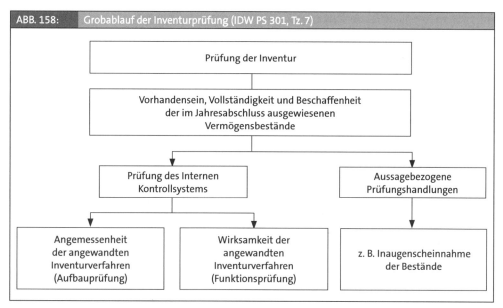

ABB. 158: Grobablauf der Inventurprüfung (IDW PS 301, Tz. 7)

KAPITEL IV Prüfung der Buchführung und der Inventur

Im Anschluss an eine allgemeine Risikoanalyse zur Wesentlichkeit der Inventur für die Gesamtaussage des Jahresabschlusses hat der Prüfer die angewandten Inventurverfahren auf Angemessenheit zu prüfen sowie deren ordnungsmäßige Handhabung zu überwachen.

Die Auswahl von Art, Umfang und Zeitraum der inventurbezogenen Prüfungsplanung sind insbesondere abhängig von (IDW PS 301, Tz. 8):

- der im Vorfeld festgestellten Ausprägung der inhärenten sowie Kontrollrisiken,
- Vorhandensein und Beschaffenheit des inventurbezogenen IKS,
- Art und Wert der Vermögensbestände sowie den Lagerorten,
- Art der angewandten Inventurverfahren und Inventurrichtlinien,
- Notwendigkeiten der Hinzuziehung von Sachverständigen,
- den Ergebnissen früherer Prüfungen.

Für die Durchführung der Inventurprüfung vom Prüfer heranzuziehende und im Vorfeld zu sichtende **Unterlagen** stellen vor allem dar:

- die Inventurrichtlinien des Mandanten,
- Aufzeichnungen über in Anspruch genommene Inventurvereinfachungen (verlegte bzw. permanente Inventur, Stichprobeninventur),
- Inventuraufzeichnungen (Protokolle, Aufnahmebelege, Inventar, besondere Aufstellungen),
- Unterlagen über die Buchbestände,
- Nachweis der Inventurdifferenzen,
- Nachweise über Anschaffungs- oder Herstellungskosten bzw. Absatzpreise,
- Zusammenstellung des Bestellobligos,
- Zusammenstellung des Auftragsbestands sowie der am Abschlussstichtag laufenden Ein- und Verkaufsverhandlungen unter Angabe von Mengen und Preisen,
- ggf. Nachweis über sicherungsübereignete Bestände,
- ggf. Nachweis über Versicherungsschutz und gezahlte Versicherungsprämien.

Die Planung der Inventurprüfung umfasst insbesondere:

- die vorherige Inaugenscheinnahme der Örtlichkeiten,
- die Veranlassung der Vorbereitung von Bestätigungen Dritter bei auswärtiger Lagerung,
- die Bestellung eines Sachverständigen, soweit erforderlich,
- die Aufnahme der noch unbenutzten Inventurbelege und -listen sowie die Sicherstellung der Überwachung von deren Rücklauf,
- die Gewährleistung der Erfassung der während der Inventur vorgenommenen Lagerbewegungen,
- die zunächst räumlich abgesonderte Einlagerung der während der Inventur eingehenden Güter,
- die Deponierung der während der Inventur auszuliefernden Güter in einem separaten Auslieferungslager bereits vor Beginn der Inventur.

Die Prüfungsplanung erfolgt auf Basis der mandantenseitigen **Inventurplanung**, welche aus folgenden Komponenten besteht:

ABB. 159:	Komponenten der Inventurplanung	
Zeitliche Planung	**Räumliche Planung**	**Personalplanung**

▶ Festlegung des Inventurstichtags
▶ Erstellung einer Terminkoordination und Festlegung der hierfür Verantwortlichen
▶ Sicherstellung der ordnungsmäßigen Erfassung von Güterbewegungen in zeitlicher Nähe zum Inventurstichtag
▶ Vorbereitung der Datenträger für die Erfassung
▶ Ggf. Regelung von Inventurvereinfachungen
	▶ Abgrenzung einzelner Inventurbereiche
	▶ Einrichtung von Sonderlagern für während der Inventur ein- und ausgehende Güter
	▶ Sicherstellung der gesonderten Aufnahme von
	  – bei Dritten gelagerten,
	  – noch gelagerten, aber bereits fakturierten,
	  – gelagerten, aber in Fremdeigentum stehenden Gütern
	▶ Zuordnung der Inventurbereiche zu Bilanzpositionen bzw. Prüffeldern
		▶ Sicherstellung der Verfügbarkeit, der angemessenen Qualifikation und des richtigen Einsatzes des Personals
		▶ Bestimmung von Verantwortlichkeiten pro Inventurbereich
		▶ Teambildung für die Aufnahme (Vier-Augen-Prinzip mit Ansager und Aufschreiber)
		▶ Sicherstellung der Beachtung der korrekten Aufnahmetechnik durch interne Kontrollen

2.2 Risikoanalyse

Inhärente Risiken sind Auslöser für die Fehleranfälligkeit der Inventur an sich, insbesondere bedingt durch Art und Umfang der üblicherweise zu inventarisierenden Bestände. In Bezug auf die Inventur können vor allem folgende **inhärenten Risikofaktoren** aufgeführt werden:

ABB. 160:	Checkliste zu den inventurbezogenen inhärenten Risiken

- ▶ Bedeutung des physischen Vermögens für die Unternehmenstätigkeit an sich nach Höhe und Struktur, z. B. vorherrschende Produktionsfaktoren in der Leistungserstellung
- ▶ Bedeutung der Lagerhaltung (RHB-Stoffe, unfertige und fertige Erzeugnisse, Waren), z. B. Lagerfähigkeit, Lagerdauer, Verderblichkeit, besondere Modeabhängigkeit oder sonstige Absatzrisiken
- ▶ Länge der Produktionszyklen, wenn vorhanden
- ▶ Fertigungstyp, z. B. Massenfertigung, Sortenfertigung, Einzelfertigung (Fertigung auf Bestellung)
- ▶ Kundensegment, z. B. anonymer Kundenkreis, Großkunden, Kleinkunden; ggf. besondere Vertriebskanäle
- ▶ Internationalisierungsgrad, relevante rechtliche Beschränkungen wie Handelsbeschränkungen, Kontingentierungen, Zölle, Subventionen, Steuern, sonstige bedeutende handelspolitische Maßnahmen
- ▶ Anlagenintensität, Investitionsrate
- ▶ Betroffenheit von technischem Fortschritt, Innovationsgrad
- ▶ Marktgängigkeit und Spezialisierungsgrad der Vermögensgegenstände
- ▶ Werthaltigkeit und Wertbeständigkeit der Vermögensgegenstände (ggf. Unikate, ggf. Schutzrechte)
- ▶ Anfälligkeit der Vermögensgegenstände gegenüber Schwund, Verderb, Manipulationen und Diebstahl
- ▶ Umweltverträglichkeit und diesbezügliche Auflagen
- ▶ Marktstruktur und Wettbewerbsintensität auf dem Beschaffungsmarkt
- ▶ Preis- oder Wechselkursschwankungen der Beschaffungspreise
- ▶ Ggf. Beschränkungen der Verfügbarkeit von Beschaffungsgütern
- ▶ Vertragsbindungen, Quoten, Kartelle und sonstige Beschaffungsrisiken

Das Kontrollrisiko quantifiziert die Fähigkeit des IKS, mit hinreichender Wahrscheinlichkeit das Auftreten wesentlicher Fehler bei der Bestandsaufnahme seitens des Unternehmens zu verhindern. Für eine entsprechende vorläufige Beurteilung muss der Abschlussprüfer die **Inventurrichtlinien** des Unternehmens würdigen hinsichtlich

- der angewandten **Kontrollverfahren**, z. B. Angemessenheit der Regelungen zum Verfahren der Bestandszählung sowie zum Rücklauf und der Weiterverarbeitung der ausgefüllten und der nicht verwendeten Erfassungsbögen,
- der **Kategorisierung** der Vermögensgegenstände, z. B. Angemessenheit der Regelungen zur Feststellung des jeweiligen Bearbeitungsstands bei unfertigen Erzeugnissen, der schwer verkäuflichen, veralteten oder beschädigten Posten und der Bestände, die im Eigentum Dritter stehen,
- der Erfassung von **Bewegungen** der Vermögensgegenstände, z. B. Angemessenheit der Regelungen in Bezug auf Bewegungen von Vorräten zwischen verschiedenen Standorten und Abgang; Eingang von Beständen vor und nach dem Inventurstichtag (IDW PS 301, Tz. 14).

Für die Beurteilung des Kontrollrisikos kann die folgende **Checkliste** herangezogen werden, die wesentliche diesbezügliche Risikofaktoren enthält:

ABB. 161: Checkliste zu den inventurbezogenen Kontrollrisiken
▶ Liegen vollständige und sachgerechte Inventuranweisungen in schriftlicher Form vor? Ist deren durchgängige Anwendung sichergestellt?
▶ Besteht eine schlüssige Terminplanung bei der Durchführung der Inventur?
▶ Besteht eine sinnvolle Personalplanung bei der Durchführung der Inventur (u. a. Regelung von Zuständigkeiten, Bildung und Einweisung von Zählteams, Überwachung der Datenerfassung, Durchführung von Kontrollzählungen)?
▶ Sind angemessene Kontrollmaßnahmen zur Vermeidung von Doppel- oder Nichterfassung von Beständen getroffen worden?
▶ Bestehen angemessene Buchungs-, Bilanzierungs- und Bewertungsrichtlinien? Verfügt das einschlägige Personal über die erforderliche Sachkenntnis? Ist der Personalbestand in der Warenwirtschaft bzw. der warenbezogenen Buchführung angemessen hoch?
▶ Sind die verwendeten Inventurverfahren zweckmäßig und werden die diesbezüglichen gesetzlichen Anforderungen beachtet? Werden in den gesetzlich vorgeschriebenen Fällen Stichtagsinventuren durchgeführt?
▶ Werden Inventur- und andere einschlägige Belege von einer vom Lager unabhängigen Stelle verwahrt?
▶ Wird das Vier-Augen-Prinzip in der Anlagen- sowie Materialwirtschaft beachtet (u. a. Trennung von Einkauf, Wareneingangskontrolle und Verbuchung, Behandlung von Mängeln, Retouren, Stornierungen)?
▶ Bestehen angemessene Qualitätsstandards für die Eingangskontrolle? Werden sie durchgängig angewandt?
▶ Werden die Bestandsmengen zentral überwacht? Existiert eine fortlaufende Bestandsbuchführung? Wird ein funktionsfähiges, standardisiertes Belegwesen unterhalten (u. a. Bestell-, Eingangs-, Entnahmescheine)?
▶ Werden alle eingehenden Güter in nur ein Eingangslager geliefert? Sind Anforderungsscheine für eine Lagerentnahme notwendig? Werden regelmäßig Produktionsberichte verfasst?
▶ Wird bei der Bestandsbuchführung der jeweilige Gefahrenübergang hinsichtlich Beschaffungs- und Absatzmarkt durch geeignete Regelungen beachtet?
▶ Werden im Rahmen der Lagerverwaltung u. a. im Eigentum Dritter stehende Vorräte, wenig gängige Vorräte, veraltete, schadhafte, verdorbene oder unverwendbare Vorräte separat erfasst?

> - Bestehen hinreichende organisatorische Sicherheitsmaßnahmen zur Verhinderung von Diebstahl oder Unterschlagung (u. a. zweckmäßige Kompetenz-, Stellvertreter- und Urlaubsregelungen, Informationen über die private Lebensführung der betroffenen Mitarbeiter, Durchführung unangemeldeter Kontrollen der Internen Revision)?
> - Bestehen entsprechende hinreichende physische Sicherungsmaßnahmen (u. a. bauliche Beschaffenheit der Lager, Zugangskontrollen, Sicherheitstüren und -fenster, besondere Schutzvorrichtungen gegen Einwirkung von Elementarereignissen)?
> - Besteht hinreichender Versicherungsschutz und liegen hierfür geeignete Nachweise vor (Verträge, Zahlungsbelege über Versicherungsprämien)?
> - Ist eine zeitnahe und vollständige Ausbuchung der Vermögensbestände bei Nutzungsende, Untergang, Verbrauch oder Verkauf gesichert?

2.3 Aussagebezogene Prüfungshandlungen

Neben der Aufbau- und Funktionsprüfung des inventurbezogenen IKS wird der Abschlussprüfer im Regelfall das Inventurverfahren persönlich beobachten, die im Inventar verzeichneten Bestände in Augenschein nehmen und eigene Kontrollzählungen durchführen. Bei Anwendung von Schätzverfahren wird der Prüfer diese auf Plausibilität würdigen (IDW PS 301, Tz. 16 ff.).

Aufgrund der Ausrichtung der Abschlussprüfung ist hierbei eine stichprobenweise Prüfung ausreichend. Maßgebend für den Stichprobenumfang sind die Ergebnisse der zuvor angestellten Risikoüberlegungen.

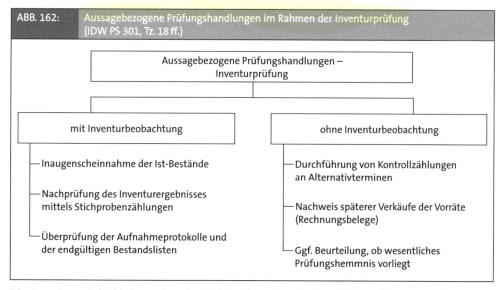

ABB. 162: Aussagebezogene Prüfungshandlungen im Rahmen der Inventurprüfung (IDW PS 301, Tz. 18 ff.)

Die Inventur wird üblicherweise als **Stichtagsinventur** durchgeführt, indem Bestände an Vermögensgegenständen und Schulden zum Bilanzstichtag aufgenommen werden.

Eine Bestandsaufnahme innerhalb eines Zeitraums von zehn Tagen vor bzw. nach dem Bilanzstichtag wird als sog. „**ausgeweitete Stichtagsinventur**" in Anlehnung an die steuerrechtlichen Vorschriften grundsätzlich als zulässig erachtet (R 5.3 Abs. 1 EStR). Hierbei muss allerdings sichergestellt werden, dass zwischenzeitliche Bestandsveränderungen durch geeignete Maßnahmen (Lagerung in besonderen räumlichen Abschnitten, besondere Kennzeichnung) Berücksichtigung finden.

Die Aufnahme muss grundsätzlich **körperlich** erfolgen, soweit dies möglich ist. Andernfalls, wie z. B. bei immateriellen Vermögensgegenständen, Rückstellungen oder Schulden wird eine **buchmäßige** Aufnahme durchgeführt.

Die Stichtagsinventur ist jedenfalls beim **Vorratsvermögen zwingend** anzuwenden, wenn

- eine Bestandsbuchführung nicht vorhanden oder nicht hinreichend zuverlässig ist,
- Bestände starken Bewegungen und Mengendifferenzen sowie unkontrolliertem Schwund unterliegen,
- Bestände besonders wertvoll und ohne erhebliche Schwierigkeiten aufnehmbar sind oder
- es sich um leicht verderbliche bzw. schlecht gelagerte Vorräte, Bestände mit Neigung zu unkontrolliertem Schwund, Negativpositionen in der Lagerbuchführung und Positionen, die nicht wenigstens einmal im Jahr bewegt wurden, handelt.

In Anlehnung an die steuerrechtliche Regelung der R 5.4 Abs. 1 EStR dürfte es nicht zu beanstanden sein, wenn **bewegliche Gegenstände des Anlagevermögens** von der Aufnahme in das Bestandsverzeichnis **ausgenommen** werden, wenn sie

- **geringwertig** sind (§ 6 Abs. 2 EStG) bzw.
- in einem **Sammelposten** erfasst werden (§ 6 Abs. 2a EStG).

Dies gilt jedoch nicht für den Fall, dass bewegliche Vermögensgegenstände des Anlagevermögens lediglich in voller Höhe abgeschrieben sind. Die Befreiungsmöglichkeiten sind im Übrigen nicht analog auf Gegenstände des Umlaufvermögens anwendbar.

Die Inventur des **Sachanlagevermögens** wird zwar dadurch erleichtert, dass dieses dauerhaft i. d. R. über die gesamte planmäßige Nutzungsdauer – dem Betrieb zu dienen bestimmt ist und insoweit nur geringen Bestandsschwankungen unterliegt. Zugleich resultieren aber aus den Abschreibungen oftmals erhebliche Wertänderungen. Somit sind für den Bestand an Sachanlagevermögen insbesondere die Höhe der Zu- und Abgänge sowie der Zu- und Abschreibungen bedeutsam.

Wertansatz und Wertentwicklung des Sachanlagevermögens ergeben sich aus der sog. „**Anlagenkartei**", die mindestens folgende Angaben enthalten muss:

- die genaue Bezeichnung des Vermögensgegenstands,
- den Tag der Anschaffung oder Herstellung,
- die Höhe der Anschaffungs- oder Herstellungskosten,
- die Abschreibungsmethode und die planmäßige Nutzungsdauer und sich hieraus ergebend der Betrag der planmäßigen Jahresabschreibung,
- ggf. die separate Angabe der Höhe vorgenommener Zuschreibungen und außerplanmäßiger Abschreibungen,
- den Buchwert am Abschlussstichtag und
- den Tag des Abgangs (vgl. Stellungnahme IDW HFA 1/1990).

Bei Vollständigkeit und Richtigkeit dieser Angaben kann sich die aus § 240 HGB ergebende Aufzeichnungspflicht als erfüllt angesehen werden. Eine jährliche Bestandsaufnahme ist bei Vorliegen einer bestandszuverlässigen Anlagenkartei entbehrlich.

Für die Durchführung der Inventur gelten folgende allgemeine **Grundsätze**:

- **Vollständigkeit**: Es sind die Bestände sämtlicher Vermögensgegenstände und Schulden zu erfassen, die in die Bilanz nach § 246 Abs. 1 HGB eingehen.
- **Richtigkeit**: Die Bestandspositionen sind eindeutig zu identifizieren und zutreffend nach Art und Menge festzustellen.
- **Einzelerfassung**: Nach § 252 Abs. 1 Nr. 3 HGB sind die Bestände einzeln zu erfassen; Ausnahmen ergeben sich bei Anwendung der Fest- oder Gruppenbewertung (§ 240 Abs. 3 und 4 HGB).
- **Nachprüfbarkeit**: Die Bestandsaufnahme und deren Ergebnis muss dokumentiert und aufbewahrt werden. Die Inventurunterlagen sind Handelsbücher i. S. des §§ 238 ff. HGB. Die Dokumentation muss einem sachverständigen Dritten innerhalb einer angemessenen Zeit einen Überblick über die Bestände nach Art, Menge und Beschaffenheit vermitteln (vgl. Stellungnahme IDW HFA 1/1990).

Bezüglich der **Vollständigkeit** der Inventur bestehen folgende Abgrenzungsprobleme:

- Maßgebend ist die Zurechnung des wirtschaftlichen Eigentums zum Bilanzierenden. So erfolgt z. B. die Inventarisierung von **Leasinggegenständen** beim Leasingnehmer, wenn ihm diese gemäß den Bestimmungen der sog. Leasing-Erlasse des BMF wirtschaftlich zuzurechnen sind.
- Für die Inventarisierung **unterwegs befindlicher Ware** kommt es auf den Zeitpunkt der Erlangung der Verfügungsmacht an; dieser bildet den Erwerbszeitpunkt der Ware.
- **Kommissionsware** ist stets beim Kommittenten zu inventarisieren.
- Weitere Sonderfälle stellen die Verpfändung, Sicherungsübereignung, Forderungsabtretung sowie das Bestehen von Treuhandverhältnissen dar (vgl. hierzu im Einzelnen Kapitel V.).

Bei Transaktionen in **zeitlicher Nähe zum Abschlussstichtag** ist besondere Aufmerksamkeit geboten. Hier erfolgt zweckmäßigerweise eine Abstimmung mit den Kreditoren- bzw. Debitorenkonten unter Begutachtung, ob

- die Eingangsrechnungen und ggf. Gutschriften oder Retouren mit den Wareneingangsunterlagen abgestimmt wurden,
- Positionen noch im Inventar enthalten sind, deren Gegenwert bereits unter den Forderungen ausgewiesen wurde (Doppelaktivierung),
- die im Inventar enthaltenen, unterwegs befindlichen Güter mit den Eingangsrechnungen zu Zugangsdokumenten abgestimmt wurden sowie
- für die zum Abschlussstichtag noch beim Unternehmen aufbewahrten, bereits fakturierten Güter die Zulässigkeit der Fakturierung (Gefahrenübergang) gegeben ist.

Die Erfassung der Vorräte nach ihrer **Art** impliziert eine Identifikation der Bestände nach Produkten oder Produktgruppen. Eine Feststellung der **Menge** nach erfordert Mess-, Zähl- oder Wiegevorgänge bzw. alternativ die Anwendung zuverlässiger Schätzmethoden. Die Wertermittlung umfasst die Zugrundelegung sachgerechter Wertmaßstäbe (z. B. Anschaffungskosten, Wiederbeschaffungskosten) sowie eine sachgerechte Wertermittlung aus Markt- oder Vergleichswerten.

Die **Richtigkeit** der Inventarisierung wird durch das Wesentlichkeitsprinzip relativiert. So kann z. B. eine Einzelinventur von Hilfsstoffen oder Kleinteilen nicht verlangt werden; statt eines Zählens wird auch ein Wiegen oder Schätzen als mit den Grundsätzen ordnungsmäßiger Inventur vereinbar erachtet.

Die eigentliche Überprüfung der Inventur wird mittels folgender **Prüfungshandlungen** vorgenommen:

- Beobachtung der Einhaltung der Inventuranweisungen, insbesondere:
    - Aufnahme der Bestände in der gelagerten Reihenfolge,
    - Markierung bereits gezählter Güter,
    - tatsächliche Durchführung vorgesehener interner Kontrollmaßnahmen,
- unmittelbare Nachzählung einzelner Artikel durch den Prüfer,
- Überprüfung der Eintragungen auf den Inventurbelegen auf Vollständigkeit und Richtigkeit, insbesondere:
    - Vornahme der Eintragungen an Ort und Stelle,
    - Vermeidung von Bleistifteintragungen,
    - Streichung von Leerräumen,
- Einzelaufnahme hochwertiger Vorräte,
- separate Kennzeichnung schadhafter oder sonstiger nicht mehr vollwertig erscheinender Güter,
- Gewährleistung der Vollständigkeit der Erfassung aller Inventurbelege (Abstimmung der an das Zählpersonal ausgegebenen Belege mit den zurückerhaltenen Belegen),
- Gewährleistung der Abstimmung der Inventurbelege mit den Angaben im Inventar.

Im Ergebnis muss die rechnerische Richtigkeit aller Aufnahmen, Zusammenfassungen und Übertragungen bis hin zum Bilanzausweis gewährleistet sein. Abweichungen zwischen Buchbestand und Inventurbestand müssen ordnungsmäßig berichtigt werden.

Im Fall der **Nichtteilnahme** des Prüfers an der Inventur z. B. aufgrund von

- nicht zugänglichen Lagern,
- mangelnder Nachvollziehbarkeit der Zusammensetzung und Werthaltigkeit der Lagerbestände infolge geheimer Formeln und Rezepturen,
- gesundheitlicher Risiken infolge radioaktiver, chemischer oder gasförmiger Substanzen,
- auf dem Transportweg befindlicher Güter oder
- Beauftragung des Prüfers erst nach der Inventurdurchführung

sind in ausreichendem Umfang Kontrollzählungen an Alternativterminen unter Berücksichtigung zwischenzeitlicher Bestandsveränderungen vorzunehmen. Gleichzeitig kann sich der Prüfer angemessene Alternativnachweise verschaffen, z. B. Verkaufsbelege bezüglich vor dem Inventurstichtag erworbener Vorräte (IDW PS 301, Tz. 21).

Werden Vermögensbestände **von Dritten verwaltet oder verwahrt**, so sind vom Prüfer folgende besonderen Maßnahmen zu treffen:

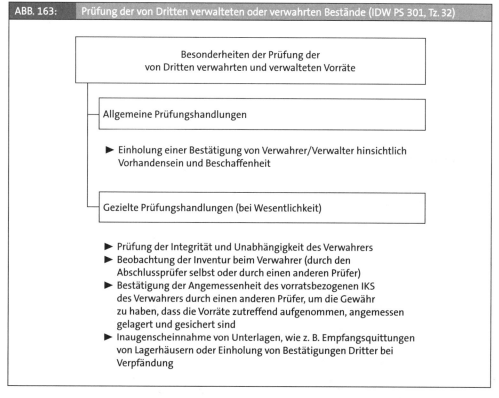

ABB. 163: Prüfung der von Dritten verwalteten oder verwahrten Bestände (IDW PS 301, Tz. 32)

Das tatsächliche Vorhandensein und die Werthaltigkeit der inventarisierten Bestände bildet die wesentliche Grundlage für die Richtigkeit der Aussagen des Jahresabschlusses. Daher kommt der Dokumentation der Inventurprüfung in den **Arbeitspapieren** des Prüfers eine besondere Bedeutung zu.

KAPITEL IV   Prüfung der Buchführung und der Inventur

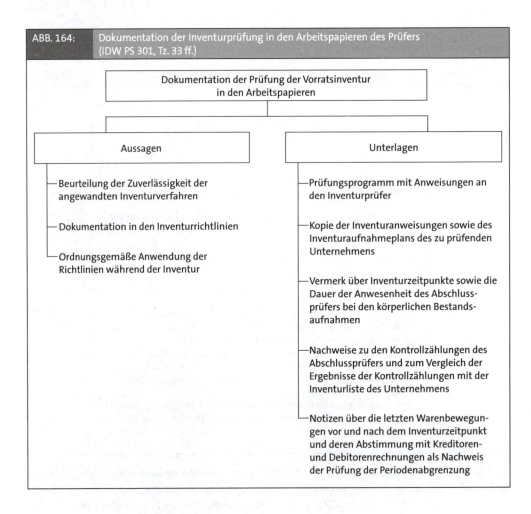

ABB. 164: Dokumentation der Inventurprüfung in den Arbeitspapieren des Prüfers (IDW PS 301, Tz. 33 ff.)

2.4 Prüfungshandlungen bei besonderen Inventurverfahren

2.4.1 Vor- oder nachverlegte sowie permanente Inventur

Bei der **vor- oder nachverlegten Inventur** erfolgt die Bestandsaufnahme zu einem vom Bilanzstichtag verschiedenen Zeitpunkt. Dieser muss ganz oder teilweise innerhalb der letzten drei Monate vor oder der ersten zwei Monate nach dem Abschlussstichtag liegen (§ 241 Abs. 3 HGB). Eine Anwendung setzt voraus, dass ein den GoB entsprechendes Fortschreibungs- oder Rückrechnungsverfahren sicherstellt, den am Schluss eines Geschäftsjahres vorhandenen Bestand für diesen Zeitpunkt ordnungsgemäß bewerten zu können (§ 241 Abs. 3 Nr. 2 HGB).

Die Fortschreibung bzw. Rückrechnung braucht nur auf wertmäßiger Basis, nicht hinsichtlich Mengen und Arten der Bestände erfolgen (vgl. auch R 5.3 Abs. 2 EStR).

Das Verfahren darf nicht bei Beständen angewandt werden, die durch unkontrollierten Schwund, Verderb, Verdunsten oder leichte Zerbrechlichkeit gekennzeichnet oder die besonders wertvoll sind (vgl. auch R 5.3 Abs. 3 EStR). Der Prüfer muss somit nicht nur die Bestandsaufnahme an sich, sondern zusätzlich die Anwendbarkeit des Verfahrens im jeweiligen Fall sowie die Ordnungsmäßigkeit der Wertfortschreibung bzw. Wertrückrechnung beurteilen.

Eine **permanente Inventur** ist zulässig, sofern durch Anwendung eines den GoB entsprechenden anderen Verfahrens gesichert ist, dass der Bestand nach Art, Menge und Wert auch ohne die körperliche Bestandsaufnahme für diesen Zeitpunkt festgestellt werden kann (§ 241 Abs. 2 HGB). Hierfür wird gefordert, dass

- sich in der Lagerbuchführung alle Bestände sowie Zu- und Abgänge einzeln nach Tag, Art und Menge belegen lassen,
- in jedem Wirtschaftsjahr mindestens einmal eine körperliche Bestandsaufnahme durchgeführt wird, um die Lagerbuchhaltung mit den tatsächlichen Beständen abgleichen und ggf. Differenzen korrigieren zu können und
- die Ergebnisse dieser Inventur, die nicht durch Stichproben erfolgen darf, dokumentiert und wie Handelsbücher zehn Jahre aufbewahrt werden.

Der Prüfer wird auch bei permanenter Inventur Kontrollzählungen vornehmen und insbesondere feststellen, ob die Bestandsführung bei aufgetretenen Differenzen entsprechend zeitnah berichtigt wird und ob bedeutende Abweichungen nachvollziehbar sind.

2.4.2 Stichprobeninventur

Nach Maßgabe des § 241 Abs. 1 HGB ist für die Anwendung einer **Stichprobeninventur** Voraussetzung, dass sie unter Anwendung eines anerkannten mathematisch-statistischen Verfahrens erfolgt. Dieses muss den GoB derart entsprechen, dass der Aussagewert einer vollständigen körperlichen Bestandsaufnahme erreicht wird.

Die **Konformität mit den GoB** setzt die Erfüllung der in der Stellungnahme IDW HFA 1/1981 i. d. F. 1990 aufgeführten Forderungen voraus:

- **Vollständigkeit**: Nach dem Grundsatz der Vollständigkeit müssen alle Positionen in der Grundgesamtheit erfasst sein, damit sie eine von Null verschiedene Chance haben, in die Stichprobe zu gelangen. Ferner müssen alle nach dem Stichprobenplan ausgewählten Stichprobenglieder vollständig aufgenommen und ausgewertet werden. Die Auswertung aller dieser Stichprobenglieder muss in das Stichprobenergebnis eingehen. Die werthöchsten Bestandselemente sollten voll erhoben werden.
- **Richtigkeit**: Mittels der statistischen Stichprobenverfahren können nur Aussagen mit einer bestimmten Wahrscheinlichkeit innerhalb eines bestimmten Fehlerbereichs getroffen werden. Der Grundsatz der Richtigkeit kann als gewahrt angesehen werden, wenn der Aussagewert des mit Stichproben aufgestellten Inventars dem Aussagewert einer körperlichen Bestandsaufnahme gleichkommt. Erforderlichenfalls sollten die werthöchsten Stichprobenglieder zu einer Vollerhebungsschicht zusammengefasst werden.
- **Nachprüfbarkeit**: Bei der Anwendung von Stichprobenverfahren muss nachprüfbar sein, welche Vermögensteile nach Art, Menge und Wert im Bilanzansatz erfasst sind. Zudem müssen die vorgenommene Zufallsauswahl der Stichprobenglieder sowie die aufgrund des mathematisch-statistischen Verfahrens durchgeführten Rechenoperationen dokumentiert und für einen sachkundigen Dritten nachvollziehbar sein.

- **Einzelerfassung** der Bestände und **bestandszuverlässige Lagerbuchführung**: Der Einzelnachweis der Vermögensgegenstände nach Art, Menge und Wert kann bei der Stichprobeninventur nur durch eine bestandszuverlässige Lagerbuchführung erbracht werden. Diese ist auch für die Durchführung der Stichprobeninventur von Bedeutung, da sie Aufschluss über die für das Stichprobenverfahren wichtigen Ausgangsdaten und die Bestimmung der Grundgesamtheit gibt.

Die Stichprobeninventur muss unter Anwendung eines anerkannten Stichprobenverfahrens i. S. der statistischen Methodenlehre erfolgen. Die Stichprobengröße muss die verlangte Sicherheit der Prüfungsaussage gewährleisten.

Der **Aussagewert einer vollständigen Bestandsaufnahme** wird mit hinreichender Sicherheit erreicht, wenn

- die statistische Aussage in 95 % aller Fälle zutreffend ist (Sicherheitsgrad 95 %) und
- der statistische Schätzfehler (Stichprobenfehler) 1 % des Gesamtbestandswerts inklusive einer Vollerhebungsschicht nicht überschreitet (Stellungnahme IDW-HFA 1/1990).

Der Abschlussprüfer sollte bei stichprobengestützten Inventuren unbedingt anwesend sein, weil den wenigen körperlichen Überprüfungen aufgrund der Hochrechnung eine besondere Bedeutung für die Prüfungsaussage zukommt.

Gleichzeitig werden im Rahmen einer Stichprobeninventur **zusätzliche Prüfungshandlungen** erforderlich, z. B.:

- Prüfung der Zuverlässigkeit der Bestandsführung und des IKS,
- Beurteilung der angewandten Stichprobenverfahren bezüglich der Angemessenheit und der Richtigkeit. Besondere Aufmerksamkeit soll der Abgrenzung der Grundgesamtheit und der darin enthaltenen Bestände geschenkt werden; hier müssen Überschneidungen ausgeschlossen werden,
- Kontrolle, ob die unternehmensseitige Stichprobenbildung im Rahmen einer „echten" Zufallsauswahl erfolgt und die Ergebnisse repräsentativ sind,
- Nachvollzug der Berechnung des erforderlichen Umfangs der Stichprobenelemente sowie
- sachliche und rechnerische Prüfung der Ergebnisse der Stichprobenaufnahme.

Auch an die **Lagerorganisation und -überwachung** werden erhöhte Anforderungen gestellt. Von der Lagerüberwachung wird eine zuverlässige Erfassung etwaiger Qualitätsminderungen gefordert, da diese nicht durch die Durchführung der Stichprobeninventur gewährleistet wird.

ABB. 165: Besonderheiten der Prüfung von Stichprobeninventuren (IDW PS 301, Tz. 29)	
Prüfung der Angemessenheit und Richtigkeit des Stichprobenverfahrens	**Prüfung der sachlichen und rechnerischen Richtigkeit der Stichprobenaufnahme**
▶ Prüfung der eindeutigen Abgrenzung der Grundgesamtheit, bei der zu beachten ist, ob – je nach Ausgestaltung des IKS – leicht verderbliche, besonders hochwertige und andere, nicht in die Stichprobe einzubeziehende Artikel in der Stichprobe enthalten sind ▶ Prüfung der Gewährleistung einer wirklichen Zufallsauswahl der Stichproben in jeder Schicht. Dies gilt insbesondere für das Auswahlverfahren mit Zufallsstart, bei denen eine Regelmäßigkeit gewisser Merkmale in der Grundgesamtheit die Auswahl beeinflussen könnte ▶ Prüfung der Berechnung der Anzahl der erforderlichen Stichprobenelemente und der Einhaltung des Stichprobenumfangs ▶ Prüfung der Sicherstellung der vollständigen Erfassung der vorgesehenen Stichprobenelemente ▶ Prüfung der exakten und zuverlässigen Aufnahme durch entsprechende Anweisungen und der Einteilung von geeignetem Aufnahmepersonal	▶ Eine ungewöhnlich hohe Zahl von Abweichungen zwischen Inventur- und Buchbestand kann als Indiz dafür zu werten sein, dass keine ausreichende Zuverlässigkeit der Bestandsführung oder der Aufnahmearbeiten gegeben ist ▶ Das Ergebnis der Hochrechnung ist im Hinblick auf die Bedeutung der Vorräte im Verhältnis zur Bilanzsumme und zur Höhe des Eigenkapitals zu beurteilen

Bei den Verfahren der stichprobengestützten Prüfung werden Verfahren mit **bewusster Auswahl** und mit **zufallsgesteuerter Auswahl** unterschieden (vgl. Stellungnahme IDW HFA 1/1988).

Bei Ersteren werden die Stichprobenelemente vom Prüfer subjektiv aufgrund seiner Erfahrungen und Einschätzungen ausgewählt, z. B. aufgrund der absoluten oder relativen wertmäßigen Bedeutung von Bilanzpositionen, der vorläufigen Risikoeinschätzung oder der Erfassung typischer Geschäftsvorfälle.

Auswahlkriterien nach dem Fehlerrisiko bestehen insbesondere in

▶ Art, Größe und wirtschaftliche Lage des zu prüfenden Unternehmens,
▶ Art, Wert und Verwertbarkeit von Vermögensgegenständen und Schulden,
▶ dem festgestellten Stand des IKS,
▶ den bislang ausgewerteten einschlägigen Prüfungsnachweisen (Inventuren, Besichtigungen, Einsichtnahmen, Gespräche).

Grundsätzlich sollten außergewöhnliche Geschäftsvorfälle sowie auf Schätzungen beruhende Positionen in die Stichprobe einbezogen und nicht der Zufallsauswahl überlassen werden.

Die Auswahl typischer Fälle umfasst Geschäftsvorfälle, die routinemäßig im Rahmen des jeweiligen Prüffelds nach einem bestimmten Standard oder Ablaufschema in gleicher Weise verarbeitet werden; sie bildet die Grundlage für sog. Wurzelstichproben.

Bei bewusst ausgewählten Stichproben dürfen den verantwortlichen Mitarbeitern des zu prüfenden Unternehmens die Auswahlkriterien jedenfalls nicht in vollem Umfang bekannt sein. Somit sollte die Stichprobe durch zufällige Elemente ergänzt werden.

Zufallsgesteuerte Stichprobenverfahren sind dadurch gekennzeichnet, dass alle Elemente der Grundgesamtheit eine gleich hohe Chance haben, in die Stichprobe einbezogen zu werden. Unter Anwendung mathematisch-statistischer Verfahren lassen sich Rückschlüsse auf die Grundgesamtheit ziehen und Aussagen über das in der Stichprobe vorgefundene Fehlerrisiko treffen. Voraussetzungen für deren Anwendung sind insbesondere, dass

- die Anzahl der Elemente in der Grundgesamtheit hinreichend groß ist,
- die Merkmalsausprägungen der Grundgesamtheit bestimmten Verteilungsannahmen genügt (z. B. Normalverteilung, Poisson-Verteilung) und
- bestimmte weitere Informationen (z. B. die erwartete Fehleranzahl) vorliegen.

Prüfungsziel der Anwendung dieser Verfahren ist es, eine bestimmte Ausgangshypothese (die sog. H_0-Hypothese) zu verifizieren oder zu widerlegen. Die Formulierung der H_0-Hypothese ergibt sich aus der Fehlerrate in der Grundgesamtheit, die gerade noch als ordnungsmäßig akzeptiert wird.

Somit lautet die H_0-Hypothese im Rahmen der Inventurprüfung „Bestandsbuchführung ordnungsmäßig" und demgegenüber die H_1-Hypothese (Alternativhypothese) „Bestandsbuchführung nicht ordnungsmäßig". Die fälschlicherweise Ablehnung der H_0-Hypothese wird in der Schätztheorie als sog. Fehler 1. Art (Alpha-Fehler), die unzutreffende Annahme der H_0-Hypothese als Fehler 2. Art (Beta-Fehler) bezeichnet.

Aufgrund der Ausrichtung der Abschlussprüfung ist demnach die Wahrscheinlichkeit des **Auftretens eines Fehlers 2. Art** zu minimieren, d. h., die Bestandsbuchführung fälschlicherweise als ordnungsmäßig anzunehmen. Gemäß Stellungnahme IDW HFA 1/1990, Abschnitt C.IV.c. ist eine Irrtumswahrscheinlichkeit von maximal 5 % tolerabel, d. h. die Wahrscheinlichkeit eines Fehlers 2. Art darf maximal 5 % betragen.

Die zufallsgesteuerten Verfahren lassen sich weiter differenzieren in die

- **ungeschichtete Zufallsauswahl**, bei der jedes Element der Grundgesamtheit die gleiche von Null verschiedene Chance hat, in die Stichprobenauswahl zu gelangen, und
- **geschichtete Zufallsauswahl**, in der die Grundgesamtheit vor der Stichprobenziehung in voneinander disjunkte Schichten eingeteilt wird und alle Elemente der jeweiligen Schicht eine identische, von Null verschiedene Wahrscheinlichkeit besitzen, in die Stichprobe einbezogen zu werden, aber für die einzelnen Schichten eine unterschiedliche, von Null verschiedene Wahrscheinlichkeit unterstellt wird.

Eine verbreitete Form der geschichteten Stichprobenbildung stellt das sog. „**Dollar-Unit-Sampling**" (DUS) dar. Hier verhält sich die Auswahlwahrscheinlichkeit eines Elements in der Grundgesamtheit für die Stichprobe proportional zu dessen Buchwert. Insoweit wird dem Wesentlichkeitsprinzip Rechnung getragen. Als nachteilig erweist sich, dass bei potenziell zu niedrig ausgewiesenen Buchwerten das Verfahren zu Verzerrungen führen kann (vgl. Stellungnahme IDW HFA 1/1988).

Für Details zu den Zulässigkeitskriterien und Anwendungsvoraussetzungen soll auf die Darlegungen in der Stellungnahme IDW HFA 1/1988 verwiesen werden.

Der sog. **Sequentialtest** ist das bekannteste Verfahren mit ergebnisabhängiger Stichprobengröße. Er wird insbesondere bei der Überprüfung nicht inventurmäßig überprüfter Bestände eingesetzt (vgl. Anlage zur Stellungnahme IDW HFA 1/1981 i. d. F. 1990 sowie AWV Ausschuss für wirtschaftliche Verwaltung in Wirtschaft und öffentlicher Hand e.V.: Sequentialtest für die Inventur mit Stichproben bei ordnungsmäßiger Lagerbuchführung, AWV-Schrift Nr. 385, Eschborn 1984).

Sein Grundprinzip besteht darin, dass der Stichprobenumfang zu Beginn der Ziehung noch nicht feststeht, sondern sich aus der fortlaufenden Stichprobenauswertung ergibt. Unterschreitet die in der Stichprobe festgestellte Fehlerwahrscheinlichkeit einen unteren Grenzwert, so kann die Lagerbuchführung als ordnungsmäßig akzeptiert werden, überschreitet sie einen oberen Grenzwert, wird sie als nicht korrekt abgelehnt. Liegt die Fehlerwahrscheinlichkeit innerhalb des Korridors, so muss die Ziehung durch Vergrößerung der Stichprobe weiter fortgesetzt werden. Somit wird eine wirtschaftliche Stichprobengröße durch deren Endogenisierung ermöglicht.

2.4.3 Einlagerungsinventur

Der Begriff „**Einlagerungsinventur**" bezeichnet eine Inventur bei Vorliegen vollautomatischer Lagersysteme. Hierbei wird die IT-mäßige Steuerung der Ein- und Auslagerung mit der Bestandsfortschreibung gekoppelt. Die körperliche Bewegung der Bestände erfolgt mittels automatisch gesteuerter Arbeitsgeräte.

Ist der Zutritt des Lagers im laufenden Betrieb für Unbefugte nicht möglich, so kann ein hohes Maß an Sicherheit bezüglich der Bestandszuverlässigkeit der Lagerbuchführung als Grundlage für die Erstellung des Inventars unterstellt werden. In diesem Fall und bei Erfüllung aller weiteren nachstehenden Voraussetzungen genügt die Durchführung einer körperlichen Bestandsaufnahme **bei Einlagerung** der Vermögensgegenstände, wenn das hierzu angewandte Verfahren einschließlich seiner Dokumentation den Grundsätzen einer ordnungsmäßigen Inventur entspricht (Stellungnahme IDW HFA 1/1990):

- Ein- und Auslagerungen werden prozessbegleitend kontrolliert und dokumentiert; eine Lagerbewegung ohne gleichzeitige Erfassung in der Bestandsfortschreibung muss durch maschineninterne Kontrollen ausgeschlossen werden.
- Bei Einlagerungen erfolgt automatisch eine Leerplatzkontrolle, d. h. vor einer Einlagerung wird automatisch überprüft, welche Lagerflächen leer sind; somit werden Doppelbelegungen vermieden.
- Auslagerungen erfolgen nur in Form einer vollständigen Entnahme der Lagereinheit; bei Teilentnahmen muss der nicht benötigte Teil der Lagereinheit in einem zweiten Arbeitsgang wieder eingelagert werden.
- Die im Laufe des Geschäftsjahres nicht bewegten Bestände müssen zum Abschlussstichtag körperlich aufgenommen werden.
- Außerdem sind die Einlagerungsbelege als Inventurbelege aufzubewahren.

Der Prüfer hat sich insbesondere von der Wirksamkeit der Prozesskontrollen und des Ausschlusses von Zugriffsmöglichkeiten vom Eingang ins Lager bis zum Lagerplatz zu überzeugen.

Bei der Inventurprüfung automatisch gesteuerter Lagersysteme wird der o. g. Sequentialtest unter folgenden – weitgehend deckungsgleichen – Voraussetzungen zugelassen:

- Die Lagersysteme sind in getrennte Lagereinheiten, sog. Lagerplätze eingeteilt, z. B. Regalflächen für Paletten oder Behälter.

- Die Verwaltung der Lagerplätze und der zu lagernden Artikel erfolgt mittels einer IT-Anlage, wobei Einlagerungen i. d. R. nach dem Leerplatzsystem vorgenommen werden. Somit kann ein Artikel mitunter an verschiedenen Lagerorten mit verschiedenen Mengen vorkommen.
- Interne IT-Kontrollen stellen sicher, dass jede Ein- noch Auslagerung unmittelbar in der Bestandsfortschreibung erfasst wird.
- Die Mehrfachbelegung eines Platzes oder Fachs muss ausgeschlossen sein.
- Das Lager darf im laufenden Betrieb nicht begehbar und Unbefugten nicht zugänglich sein.

Im Rahmen des Sequentialtests wird der endgültige Stichprobenumfang nicht von Anfang an festgelegt. Nach jeder Überprüfung der Buchangabe für einen Lagerplatz wird die Zahl der bislang in der Stichprobe festgestellten nicht korrekten Buchwerte ermittelt. Wenn dieser Wert eine obere Grenze überschreitet, kann schon zu diesem Zeitpunkt die Buchführung als nicht ordnungsmäßig beurteilt werden (Ablehnung der H_0-Hypothese); bei Unterschreitung einer unteren Fehlerrate ist eine weitere Ausdehnung der Stichprobe verzichtbar und die H_0-Hypothese kann vorzeitig angenommen werden.

Liegt die tatsächlich festgestellte Fehlerrate innerhalb des Korridors, muss weiter geprüft werden. Die wertmäßige Ausprägung der Ober- und Untergrenzen sind vom prüferseitig festgelegten Sicherheitsniveau der Aussagen abhängig. Eine Beurteilung der Buchführung als nicht ordnungsmäßig muss in der Folge zu einer Vollerfassung der nicht bewegten Bestände führen.

2.4.4 Systemgestützte Werkstattinventur

Bei der Inventurdurchführung eines Unternehmens mit **Werkstattfertigung** stellt sich das Problem, dass zahlreiche Vorräte an bestimmte Aufträge gebunden sind. Der zum Abschlussstichtag vorhandene Werkstattbestand lässt sich insoweit nur über die im Erstellungsprozess befindlichen Kundenaufträge identifizieren. Je nach der Anzahl der Fertigungsstufen können sich diese in unterschiedlichen Bearbeitungs- bzw. Reifestadien befinden.

Diesbezüglich sichern Produktionsplanungs- und Steuerungssysteme (sog. **PPS-Systeme**) durch informationsmäßige Verkettung von aufeinander folgenden Bearbeitungsstationen einen optimalen Fertigungsfluss. Die laufenden Rückmeldungen derartiger PPS-Systeme können unter bestimmten Voraussetzungen eine körperliche Aufnahme ersetzen.

Das „Ersatzverfahren" wird als sog. **„systemgestützte Werkstattinventur"** bezeichnet und ist nach Maßgabe des § 241 Abs. 2 HGB zulässig. Insbesondere muss vom Prüfer im Rahmen einer Systemprüfung beurteilt werden, ob das zugrunde liegende PPS-System zuverlässig den Bestand generiert und die erforderlichen Inventurdaten zur Verfügung stellt (IDW PS 301, Tz. 28). Das System muss insbesondere folgende Daten liefern:

- die Artikelnummer (Typenbezeichnung),
- Auftragsnummer und Auftragseröffnungsdatum,
- Soll-Menge des Auftrags,
- Ist-Menge ohne festgestellten Ausschuss,
- definierte Rückmeldepunkte,

- ▶ Arbeitsfortschritt entsprechend der Rückmeldung und
- ▶ außerplanmäßig fehlende Bauteile oder Stoffe (Stellungnahme IDW HFA 1/1990).

Die Systemprüfung richtet sich auf Angemessenheit und Wirksamkeit der internen Kontrollen des EDV-gestützten PPS-Systems, insbesondere:

- ▶ Zugriffsberechtigungen,
- ▶ Verfahren der Datensicherung,
- ▶ Überwachung von außerplanmäßigen Eingriffen (Korrekturen),
- ▶ Kontrolle der Wirkung von Änderungen (Protokollierung),
- ▶ stichprobenweise Soll-Ist-Prüfungen der Systemabläufe,
- ▶ Erfassung aller normalen Abläufe im System (z. B. Rückmeldung, Bezug vom Lager, Ausschuss, Nachbezug, Lohnerfassung, Weitergabemeldungen),
- ▶ Überwachungsmaßnahmen bei Ausfall und Wiederanlauf des Systems,
- ▶ Festlegung von Routinekontrollen,
- ▶ Prüfungsdokumentation und
- ▶ Kontrolle der ordnungsmäßigen Verfahrensdokumentation.

Letztere muss einem sachverständigen Dritten innerhalb angemessener Zeit

- ▶ einen vollständigen Einblick in das angewandte Verfahren,
- ▶ Erkenntnisse über die Wirksamkeit des systembezogenen IKS sowie
- ▶ über die Art, Menge und Beschaffenheit der systemseitig erfassten Bestände

vermitteln (Stellungnahme IDW HFA 1/1990). Da aus dem PPS-System nur die den einzelnen Aufträgen zuordenbaren mengenmäßigen Bestände ableitbar sind, müssen die entsprechenden Wertansätze aus der Kostenrechnung beziffert werden.

2.4.5 Fest- oder Gruppenbewertung

Bei Anwendung der **Fest- bzw. der Gruppenbewertung** ergeben sich für die körperliche Bestandsaufnahme im Grunde keine Besonderheiten, da sich die Erleichterungen allein auf die Wertermittlung beziehen.

Das **Festwertverfahren** ist außer für Roh-, Hilfs- und Betriebsstoffe auch für Vermögensgegenstände des Sachanlagevermögens anwendbar, wenn

- ▶ die Bestände regelmäßig ersetzt werden,
- ▶ ihr Gesamtwert für das Unternehmen von nachrangiger Bedeutung ist, sowie
- ▶ der Bestand in seiner Größe, seinem Wert und seiner Zusammensetzung nur geringen Veränderungen unterliegt.

In diesem Fall darf ein Ansatz mit einer gleichbleibenden Menge und einem gleichbleibenden Wert erfolgen.

Bei Anwendung des Festwertverfahrens nach Maßgabe des § 240 Abs. 3 HGB muss eine körperliche Bestandsaufnahme i. d. R. nur alle 3 Jahre durchgeführt werden. Somit gewährt das Verfahren insbesondere bei großvolumigen Anlagenbeständen Erleichterungen dergestalt, dass

- nicht am Ende jeden Geschäftsjahres eine (mühsame) körperliche Bestandsaufnahme durchgeführt werden muss und
- Zugänge unmittelbar in den Aufwand gebucht werden können.

Das Festwertverfahren ist insbesondere bei der Bilanzierung von Werkzeugen und Kleingeräten beliebt. Praxisrelevante Anwendungsfälle stellen etwa Gleis- und Beleuchtungsanlagen, Werkzeuge, Formen, Gerüste (Bauhandwerk), Elektrofahrzeuge, Stapler, Regale, Paletten, Container (Logistik), Mobiliar (Hotellerie), OP-Geräte und OP-Zubehör (Krankenhäuser) dar.

Die Bedingung der Nachrangigkeit ist grundsätzlich für jeden einzelnen Festwert zu prüfen. Insoweit wird aber ggf. umgangen, dass alle gebildeten Festwerte gemeinsam durchaus eine erhebliche Größenordnung annehmen können; diesbezüglich wird ein Gesamtvolumen von bis zu 5 % der Bilanzsumme noch als akzeptabel angesehen.

Im Rahmen der Feststellung von Über- bzw. Unterbeständen bei der körperlichen Bestandsaufnahme wird in Anlehnung an R 5.4 Abs. 3 EStR eine Abweichung von bis zu 10 % toleriert. Bei Wertänderungen außerhalb dieses Korridors ist ein neuer Festwert zu bilden. Der Prüfer hat dies mit Hilfe von Vergleichsrechnungen zu kontrollieren.

Im Rahmen von Festwerten bilanziertes bewegliches Sachanlagevermögen braucht nicht in das Bestandsverzeichnis aufgenommen zu werden.

Als Ausnahme von der Einzelaufnahme und -bewertung dürfen gleichartige oder annähernd gleichwertige bewegliche Vermögensgegenstände zu einer Gruppe zusammengefasst und mit dem **gewogenen Durchschnittswert** angesetzt werden (**Gruppenbewertung**; § 240 Abs. 4 HGB). Dieser ergibt sich alternativ

- aus dem **einfach gewogenen** Durchschnittswert (Ermittlung des Durchschnittswerts aus Anfangsbestand und allen Zugängen des Geschäftsjahres, angewandt auf den Stichtagsbestand) oder
- aus dem **gleitend gewogenen** Durchschnittswert (hier wird jeder Abgang während des Geschäftsjahres zum jeweils neu ermittelten Durchschnittspreis bewertet).

Für die Zulässigkeit einer derartigen Sammelbewertung ist Voraussetzung,

- die sich nach der allgemeinen Verkehrsauffassung ergebende gleiche Warengattung (**Artgleichheit**) und/oder gleiche Verwendbarkeit (**Funktionsgleichheit**) bzw.
- die annähernde **Wertgleichheit**, wobei eine Spanne von 20 % zwischen dem höchsten und niedrigsten Preis der einzelnen Vermögensgegenstände in der Gruppe noch als akzeptabel gilt.

Eine Zusammenfassung der wichtigsten Prüfungshandlungen bei Anwendung besonderer Inventurverfahren ergibt sich aus folgender Aufstellung:

ABB. 166:	Synopse der Prüfungshandlungen bei Anwendung besonderer Inventurverfahren (IDW PS 301, Tz. 24 ff.)
Inventurverfahren	Besondere Prüfungshandlungen
Vor- oder nachverlegte Stichtagsinventur (§ 241 Abs. 3 HGB)	▶ Prüfung der Einhaltung des Zeitkorridors ▶ Prüfung der Fortschreibungs- oder Rückrechnungsverfahren auf GoB-Entsprechung ▶ Prüfung der tatsächlichen Fortschreibung bzw. Rückrechnung der Zu- und Abgänge auf den Stichtag
Permanente Inventur (§ 241 Abs. 2 HGB)	▶ Prüfung der Erfüllung der Anwendungsvoraussetzungen ▶ Prüfung der Ordnungsmäßigkeit der Lager- und Bestandsbuchführung ▶ Prüfung der jährlichen körperlichen Bestandsaufnahme (Durchsicht der Inventurpläne, Kontrollzählungen, Ursachenanalyse von Abweichungen) ▶ Bei vollautomatischen Lagersystemen: Prüfung der Prozesskontrollen auf Wirksamkeit (Zuverlässigkeit der automatisierten Kontrollen, Ausschluss von Zugriffsmöglichkeiten vom Lagereingang bis zum Lagerplatz) ▶ Bei systemgestützter Werkstattinventur: Prüfung der Zuverlässigkeit des Produktionsplanungs- und Steuerungssystems
Stichprobeninventur (§ 241 Abs. 1 HGB)	▶ Überprüfung des Stichprobenverfahrens auf mathematische Zulässigkeit (vgl. IDW HFA 1/1981 i. d. F. 1990 und 1/1988) ▶ Überprüfung der Stichprobenumfänge auf Angemessenheit ▶ Prüfung der Zuverlässigkeit der Bestandsführung und des vorratsbezogenen IKS
Festbewertung (§ 240 Abs. 3 HGB)	▶ Prüfung der dreijährig durchzuführenden Inventur ▶ Prüfung der Einhaltung des Wertkorridors (Toleranzgrenze)
Gruppenbewertung (§ 240 Abs. 4 HGB)	▶ Prüfung der Voraussetzung der Gleichartigkeit ▶ Prüfung der rechnerischen Richtigkeit der Ermittlung gewogener Durchschnittswerte

KONTROLLFRAGEN

Hinweise zur Bearbeitung des Kapitels IV:

Sie benötigen für eine sinnvolle Bearbeitung des Kapitels IV. zwingend das Handelsgesetzbuch (HGB) und zweckmäßigerweise einen Handkommentar zu den §§ 238 ff. HGB. Für Kapitel IV.1. sind die IDW PS 330 und 331 sowie IDW RS FAIT 1 erforderlich; für Kapitel IV.2. mindestens der IDW PS 301.

1. Erläutern Sie die aus den in §§ 238 ff. HGB kodifizierten GoB resultierenden Anforderungen an den Buchführungspflichtigen.

2. Stellen Sie Prüfungsgegenstände und Prüfungsziele der IT-Systemprüfung dar.

3. Welche Anforderungen resultieren aus den GoB bei EDV-gestützter Buchführung an die Beschaffenheit der IT-Anwendungen (Softwareprogramme)?

4. Mittels welcher Instrumente bzw. Techniken kann sich der Prüfer die Vorteile der IT bei seiner Arbeit zu Nutze machen? Unter welchen Voraussetzungen und zur Erfüllung welcher Prüfungsziele?

5. Welche besonderen Anforderungen an das IT-bezogene IKS sind bei IT-gestützter Buchführung zu stellen (Aufbau-, Ablauforganisation, Überwachung, Dokumentation)?

6. Stellen Sie die nach HGB zulässigen Verfahren der Inventurdurchführung dar.

7. Welche Feststellungen muss der Prüfer im Rahmen der Inventurplanung treffen und mittels welcher Informationsquellen und Prüfungshandlungen erfolgt dies?

8. Welche Prüfungshandlungen sind im Rahmen der Inventurbeobachtung vorzunehmen; welche Ersatzprüfungshandlungen werden bei Nichtteilnahme an der Inventur erforderlich?

9. Stellen Sie die Grundsätze der stichprobengestützten Prüfung dar.

10. Erläutern Sie die Anwendungsvoraussetzungen und den Prozessablauf des Sequentialtests am Beispiel der Überprüfung der Ordnungsmäßigkeit der Kundensalden eines Großhandelsunternehmens.

AUFGABEN

1. Ein wesentliches inhärentes Risiko in Bezug auf den IT-Einsatz in der Rechnungslegung stellt die Entstehung diesbezüglicher Abhängigkeiten dar. Kein Unternehmensvertreter wird dem Prüfer dies offen eingestehen wollen.

    Entwickeln Sie eine Checkliste bzw. ein Prüfprogramm zur (indirekten) Ermittlung des IT-Abhängigkeitsrisikos am Beispiel eines Mandantenunternehmens der Logistikbranche (Lagerlogistik, Transport).

    Entwickeln Sie auch eine Checkliste zur Überprüfung der aus der Bestellauslösung und Beauftragung von Lieferanten resultierenden Risiken.

2. Ein zu prüfendes mittelständisches Unternehmen der Sozialbranche (Anbieter von stationären und ambulanten Pflegedienstleistungen) hat die komplette Buchführung auf einen externen Dienstleister ausgelagert. Welche Prüfungsziele mittels welcher Prüfungshandlungen hat der Abschlussprüfer zu verfolgen, a) wenn der Dienstleister ebenfalls prüfungspflichtig ist und ihm ein unbeschränkter Bestätigungsvermerk erteilt wurde, b) wenn es sich bei diesem um ein nicht prüfungspflichtiges Unternehmen, etwa eine Personengesellschaft handelt? (Hinweis: Diese Übungsaufgabe dient zugleich Ihrer Schulung in der Arbeit mit unbekannten fachlichen Standards, hier IDW PS 331).

3. Ein Mandant beschließt, die Rechnungslegung künftig auf Basis von Software der Firma ASS Accounting Software Solutions plc mit Sitz in Newcastle/GB durchzuführen. In diesem Zusammenhang werden umfangreiche sog. *customizing*-Aktivitäten vorgenommen. Ihnen als Abschlussprüfer wird der Auftrag einer projektbegleitenden Systemprüfung erteilt. Diese dient der Sicherstellung, dass das neu entwickelte IT-Buchführungssystem alle Kriterien der Ordnungsmäßigkeit erfüllt und erfolgt in den Schritten (1) Definition der Benutzeranforderungen, (2) Erstellung des fachlichen Feinkonzepts auf dieser Basis, (3) EDV-gerechte Umsetzung der Benutzeranforderungen, (4) Durchführung von Programm- und Systemtests mit

dem Ziel der Überprüfung der richtigen Funktionsweise und (5) Systeminstallation im künftigen Umfeld.

Lesen Sie dazu den IDW PS 850 und erstellen Sie auf dieser Basis eine prozessphasenbezogene Checkliste der erforderlichen Prüfungshandlungen als Leitlinie für den Prüfer (Hinweis: Diese Übungsaufgabe dient zugleich Ihrer Schulung in der Arbeit mit unbekannten fachlichen Standards, hier IDW PS 850).

4. Die Luckybuy AG betreibt das endverbraucherbezogene Discountgeschäft mit Produkten der Unterhaltungselektronik. In den letzten vier Jahren ist der Anteil des B2C-Geschäfts („*Onlineshopping*") am Gesamtumsatz von 18 % auf 45 % angewachsen, Tendenz weiter steigend.

Stellen Sie systematisch dar, welche Risiken sich aus B2C-Geschäftsprozessen a) für die einzelne Transaktion an sich, b) für die Ordnungsmäßigkeit der Buchführung, c) für die wirtschaftliche Lage des Unternehmens insgesamt ergeben. Welche Auswirkungen resultieren aus der Risikobetrachtung für Prüfungsziele und Prüfungsdurchführung in Bezug auf a) Buchführung, b) Bestandsnachweis des Warenlagers (Hinweis: Diese Übungsaufgabe dient zugleich Ihrer Schulung in der Arbeit mit unbekannten fachlichen Standards, hier IDW RS FAIT 2)?

5. Im Rahmen der Inventurbeobachtung bei einem Mandanten des Maschinenbaus (Investitionsgüter) stoßen Sie als verantwortlicher Prüfer auf einen mengen- und wertmäßig bedeutenden Bestand an halbfertigen Erzeugnissen. Nehmen Sie an, dass der Mandant keine Auftragsfertigung, sondern eine kontinuierliche Fertigung betreibt (Warum ist das bedeutsam?). Im Jahresabschluss des Mandanten sind die Erzeugnisse mit den Wiederherstellungskosten angesetzt (progressive Bewertung vom Beschaffungsmarkt). Begründen Sie, warum auch eine retrograde Bewertung vom Absatzmarkt her erfolgen sollte. Welche Prüfungshandlungen sind zu deren Nachvollzug erforderlich?

6. Das Autohandelshaus Tom Tuning GmbH bewertet den ihm bilanziell zuzurechnenden Bestand an Neu- und Gebrauchtwagen unter Anwendung der Lifo-Methode. Stellen Sie dar, welche Voraussetzungen hierfür notwendig sind und legen Sie die entsprechenden Prüfungshandlungen dar. Wie ist die Anwendung der Lifo-Methode im vorliegenden Fall zu beurteilen (vgl. auch BFH-Urteil vom 20.6.2000, VIII R 32/98)?

7. Bei der Bauträger-GmbH wird die wesentliche Bilanzposition der Aktivseite naturgemäß durch unfertige Bauten gebildet. Stellen Sie zunächst die für das Prüffeld relevanten inhärenten und Kontrollrisiken dar. Erörtern Sie, welche Nachweis-, Ansatz- und Bewertungsprobleme aus den ermittelten Risiken resultieren können (z. B. Bestimmung des Fertigstellungsgrades und dessen wertmäßige Gewichtung in Bezug auf den Gesamtauftragserlös).

8. Die Pharma-AG weist in ihrem Jahresabschluss einen bedeutenden Bestand an Werbemitteln (Werbeprospekte, Displays, Warenmuster, Warenproben) unter den Vorräten aus. Sie wurden mit den Anschaffungskosten (soweit von externen Werbeagenturen bezogen) bzw. Herstellungskosten (soweit aus der Eigenproduktion) bewertet. Angesetzt wurde ein Festwert, da der Vorstand ausführt, jahresdurchschnittlich jeweils eine weitgehend gleich bleibende Menge zu bevorraten. Ist dies prüferseitig zu beanstanden? Diskutieren Sie auch die Meinung Ihres Teamleiters, dass Werbemittelvorräte a) als Bestandteil der Vertriebskosten gänzlich nicht aktivierungsfähig sind, b) aufgrund der Absicht zur unentgeltlichen Abgabe

an Kunden bzw. potenzielle Kunden auf den niedrigeren beizulegenden Wert i. H. von Null abzuschreiben sind.

9. Dem Sportverein Rheingold Remagen e.V. gehören 4.000 Mitglieder an. Die Fußballabteilung wurde in der Rechtsform einer (mittelgroßen) GmbH ausgegliedert. Die Profi-Mannschaft des Rheingold Remagen e.V. spielt in der zweiten Fußball-Bundesliga. Als Bestandteil des bilanziellen Gesamtvermögens der GmbH i. H. von 25,44 Mio. € wurden immaterielle Vermögensgegenstände i. H. von 8,59 Mio. € ausgewiesen, hierbei handelt es sich um aktivierte Spielerwerte. Stellen Sie anschließend an eine prüffeldbezogene Risikoanalyse Grundzüge einer diesbezüglichen Inventurprüfung dar.

10. Die „H.I.P." AG ist ein Unternehmen der Textilherstellung mit Schwerpunkt auf modischer Kleidung für Teens und Twens beiderlei Geschlechts. Sie betreibt ein weitgehend automatisiertes Warenverteilzentrum für den bundesdeutschen Raum, verkehrsgünstig in Kassel gelegen. Der Jahresabschluss des abgelaufenen Geschäftsjahres wies folgende Werte in Mio. € aus: Umsatzerlöse 554,4, Bilanzsumme 262,4 und Handelswaren 65,3. Somit beträgt die Lagerreichweite 43 Tage, d. h. der Prüfer sieht sich bei der Inventurbeobachtung einem Bestand i. H. des Umsatzes von mehr als sechs Wochen gegenüber. Welche Anforderungen muss der Prüfer angesichts dieser überwältigenden Warenmenge an das Lagermanagement stellen? Was ist bei der Planung der Inventurprüfung zu beachten? Nehmen Sie ein umfassendes Brainstorming vor und systematisieren Sie Ihre Überlegungen in Form einer Checkliste bzw. eines Ablaufschemas.

V. Prüfung des Jahresabschlusses

Dieses Kapitel vermittelt einen Überblick über die Durchführung der Abschlussprüfung in Bezug auf bedeutende jahresabschlussbezogene Prüffelder.

ABB. 167: Prüfschema für Jahresabschlusspositionen

Die Prüfungsdurchführung erfolgt insoweit gemäß dem **Ablaufschema**:

▶ prüfungsvorbereitende Analyse der inhärenten sowie Kontrollrisiken,

▶ Prüfung des Nachweises, d. h. des tatsächlichen Bestands nach Art und Menge,

▶ Prüfung des Ansatzes, d. h. des Vorliegens wirtschaftlichen Eigentums beim Bilanzierenden (z. B. Leasing, Factoring),

▶ Prüfung des korrekten Ausweises unter der jeweiligen Bilanzposition unter Einschluss von Abgrenzungsfragen zu möglichen Ausweisalternativen (z. B. Anlage- versus Umlaufvermögen, Rückstellungen versus Verbindlichkeiten),

- Prüfung der Bewertung, gegliedert nach (erstmaliger) Bewertung beim Zugang sowie nach der Bewertung in Folgeabschlüssen (korrekte Wertfortführung) sowie
- Prüfung der Ausbuchung und der Anhangangaben.

Die Auswahl erfolgt entsprechend der allgemeinen Bilanzgliederung des § 266 HGB. Korrespondierende Aufwands- und Ertragspositionen sowie erforderliche Anhangangaben werden der Übersichtlichkeit halber in Zusammenhang mit den jeweiligen Bilanzpositionen dargestellt (z. B. Abschreibungen beim Sachanlagevermögen, sonstiger betrieblicher Aufwand bei den Rückstellungen).

Gemäß § 265 Abs. 2 Satz 1 HGB ist in der Bilanz sowie in der Gewinn- und Verlustrechnung zu jedem Posten der entsprechende **Betrag des vorhergehenden Geschäftsjahres anzugeben**. Diese Angabepflicht führt dazu, dass die Vorjahresbeträge Bestandteil des Jahresabschlusses sind. Die Pflicht zur Angabe von Vorjahreszahlen gilt auch für Untergliederungen von Posten, auch in Form von davon-Vermerken, sowie für Angaben, die anstatt in der Bilanz oder in der Gewinn- und Verlustrechnung im Anhang gemacht werden. Die Problematik der Übernahme von Vorjahresbeträgen stellt sich für jegliche Jahresabschlusspositionen.

Die Vorjahresbeträge dürfen ohne weitere Angaben oder Maßnahmen gemäß § 265 Abs. 2 Satz 2 und 3 HGB nur übernommen werden, wenn sie mit den entsprechenden Angaben für das laufende Geschäftsjahr vergleichbar sind. Vergleichbarkeit i. S. des § 265 Abs. 2 Satz 2 HGB liegt nicht vor, wenn sich der Posteninhalt in seiner Zusammensetzung aufgrund außergewöhnlicher Maßnahmen gegenüber dem Vorjahr wesentlich verändert hat (IDW ERS HFA 39, Tz. 4).

Zu- und Abgänge von Vermögensgegenständen und Schulden im Rahmen der gewöhnlichen Geschäftstätigkeit berühren die Vergleichbarkeit nicht. Gleiches gilt für Änderungen der Ansatz- und Bewertungsmethoden, welche erforderlichenfalls im Rahmen der Angaben nach § 284 Abs. 2 Nr. 3 HGB darzustellen sind. Die Vergleichbarkeit wird hingegen **beeinträchtigt** durch

- wesentliche Umgliederungen (Ausweisänderungen),
- Vermögenszugänge durch Verschmelzung oder Spaltung bei der aufnehmenden Gesellschaft sowie Vermögensabgänge durch Spaltung bei der übertragenden Gesellschaft,
- Zugang von Vermögensgegenständen und Schulden ganzer Unternehmen oder Unternehmensteile im Rahmen einer Kapitalerhöhung gegen Sacheinlagen oder eines Unternehmenskaufs,
- entsprechende Abgänge im Rahmen von Veräußerungsvorgängen (IDW ERS HFA 39, Tz. 7 ff.).

In diesen Fällen kann eine Vergleichbarkeit der Beträge durch

- Erläuterung im Anhang nach § 265 Abs. 2 Satz 2 HGB oder
- Anpassung und Erläuterung nach § 265 Abs. 2 Satz 3 HGB

hergestellt werden, wobei die Erläuterungen im Anhang die wesentlichen quantitativen Abweichungen erkennen lassen müssen (IDW ERS HFA 39, Tz. 9).

Die nachstehenden Ausführungen erfolgen auf Basis der Regelungen des **BilMoG** (vgl. BR-Drucksache 270/09 vom 27. 3. 2009, BT-Drucksachen 16/12407 und 16/10067 vom 24. 3. 2009). Auf **Einführungs- und Übergangsvorschriften** (insbesondere Art. 66 ff. EGHGB) wird aus Platzgründen und wegen ihres temporären Charakters nur ausnahmsweise (z. B. Sonderposten, Pensionsrückstellungen) eingegangen.

Prüfung des immateriellen und Sachanlagevermögens KAPITEL V

1. Prüfung des immateriellen und Sachanlagevermögens

Immaterielle Vermögensgegenstände des Anlagevermögens umfassen alle nicht physischen Vermögensgegenstände, die weder zu den Sachanlagen (oder Finanzanlagen) gehören noch zur alsbaldigen Veräußerung oder zum Verbrauch bestimmt sind. Ihre Prüfung wirft aufgrund ihrer geringen Standardisierung und Marktgängigkeit Probleme insbesondere hinsichtlich der Bewertung auf.

Eine zusätzliche Verkomplizierung induziert die seit BilMoG gegebene Ansatzfähigkeit selbstgeschaffener immaterieller Vermögensgegenstände. Hier ergibt sich nicht nur ein explizites Ansatzwahlrecht, sondern es liegen auch zahlreiche implizite Ermessensspielräume wie insbesondere die Abgrenzung der Forschungs- von der Entwicklungsphase und die Zuordnung von Kosten auf ein spezifisches Entwicklungsprojekt vor.

Sachanlagen stellen die Gesamtheit der zum Anlagevermögen gehörenden körperlichen Vermögensgegenstände dar. Insbesondere in Unternehmen des verarbeitenden Gewerbes bilden diese eine wertmäßig bedeutende Bilanzposition. Ihre Bilanzierung und Bewertung ist zugleich mit bilanzpolitischen Möglichkeiten verknüpft.

1.1 Risikoanalyse

Zur Begutachtung der inhärenten Risiken wird sich der Prüfer eingangs einen Überblick über Bedeutung und Struktur der Vermögenspositionen in Bezug auf den Jahresabschluss als Ganzes verschaffen. Nachfolgende **Jahresabschlusskennzahlen** generieren z. B. verwertbare risikoorientierte Informationen in Bezug auf die Sachanlagen:

ABB. 168:	Sachanlagebezogene Bilanzkennzahlen	
Kennzahl	**Definition**	**Erläuterung**
Sachanlagenintensität	SAV zu RBW / Bilanzsumme x 100 %	Gibt den Anteil des Sachanlagevermögens am Gesamtvermögen an und indiziert die betriebliche Flexibilität gegenüber Auslastungsschwankungen; insbesondere Indikator für Leerstands- und Fixkostenrisiko.
Sachanlagenproduktivität	Umsatzerlöse / SAV zu RBW x 100 %	Gibt an, wie viel Euro Umsatz bei Kapitalbindung in Sachanlagen von 1 € erzielt werden kann; Maßgröße für die Wiedergeldwerdung (Verflüssigung) des in Sachanlagen gebundenen Kapitals im Rahmen der betrieblichen Geschäftstätigkeit. Alternativ mittels Berechnung der durchschnittlichen Kapitalbindung: Umsatzerlöse/(SAV zu historischen AHK/2).
Abschreibungsquote	Periodenabschreibungen / SAV zu historischen AHK x 100 %	Gibt den durchschnittlichen Satz für Abschreibungen auf Sachanlagen an; der Kehrwert stellt die durchschnittliche Nutzungsdauer der Anlagen dar.
Restwertquote (Modernitätsgrad)	SAV zu RBW / SAV zu historischen AHK x 100 %	Indikator für die Modernität des Sachanlagevermögens; im Zeitablauf fallende Werte deuten auf Melk- und Substanzaushöhlungsstrategien hin.
Investitionsquote	(Zugänge SAV - Abgänge SAV - Periodenabschreibungen SAV) / SAV zu historischen AHK x 100 %	Indikator für die Investitions- und Wachstumsstrategie eines Unternehmens; negative Werte deuten auf Substanzaushöhlungsstrategien hin.

KAPITEL V Prüfung des Jahresabschlusses

Jahresabschlussgestützte Kennzahlanalysen erfolgen in Bezug auf das immaterielle Anlagevermögen in analoger Weise, indem Strukturkennzahlen wie z. B.

- Quote des immateriellen Anlagevermögens = Immaterielles Anlagevermögen / Bilanzsumme x 100 %,
- Anteil des immateriellen Anlagevermögens am gesamten Anlagevermögen in % oder
- FuE-Effizienz = Periodenzugänge an selbsterstellten immateriellen Vermögensgegenständen laut Anlagespiegel / FuE-Aufwand laut GuV x 100

abgeleitet werden. Da die Angaben im Anlagespiegel auch für immaterielles Anlagevermögen in separaten Zeilen zu tätigen sind, können Kennzahlen betreffend die Investitions- und Wachstumsstrategie der Unternehmung wie

- Restwertquote (Modernitätsgrad),
- Abschreibungsquote und
- Investitionsquote

ebenfalls entsprechend des Vorgehens bei den Sachanlagen ermittelt werden.

Für eine risikoorientierte Analyse sind weniger die Kennzahlausprägungen eines Geschäftsjahres als vielmehr Schwankungen und Trends im Rahmen eines **Zeitvergleichs** von Bedeutung. Dieser sollte die Kennzahlwerte von mindestens drei aufeinander folgenden Geschäftsjahren, zweckmäßigerweise von fünf Jahren umfassen. Allerdings ist die zeitliche Vergleichbarkeit durch das Inkrafttreten des Gesetzes zur Modernisierung des Bilanzrechts (BilMoG) eingeschränkt.

Aus der Kennzahlanalyse lassen sich wertvolle Hinweise in Bezug auf die Über- bzw. Unterkapitalisierung, die Nutzungsintensität, das Vorliegen von eventuellen Fehlinvestitionen sowie die praktizierte Ersatz- und Erweiterungspolitik generieren.

Das den immateriellen Vermögensgegenständen des Anlagevermögens zuzuordnende **inhärente Risiko** bestimmt sich aus folgenden Charakteristika betreffend die Geschäftstätigkeit und wirtschaftliche Lage des Unternehmens:

ABB. 169:	Checkliste zu den inhärenten Risiken des immateriellen Anlagevermögens
▶	Anteil des immateriellen Anlagevermögens an der Bilanzsumme (Intensität, relative wertmäßige Bedeutung),
▶	Forschungs- und Entwicklungstätigkeiten des Unternehmens (z. B. FuE-Quote, Patentquote, Produktinnovationsrate),
▶	Ausmaß der internen Innovationstätigkeit sowie Erfolgsrate eigener Entwicklungen,
▶	Ausmaß des Zukaufs fremder FuE-Ergebnisse (z. B. Auftragsforschung, Lizenznahme),
▶	vom Unternehmen verfolgte Investitions- und Wachstumsstrategie (insbesondere ausgeprägte Verfolgung einer externen Wachstumsstrategie durch Akquisition von Unternehmen),
▶	Diversifikationsgrad und Spekulativität der Unternehmensakquisitionen (z. B. *Venture Capital*-Charakter),
▶	Risiko der Integration erworbener Unternehmen (z. B. Internationalisierungsgrad, Auslagerung in Niedriglohnländer, Vorhandensein unterschiedlicher Unternehmenskulturen bzw. Steuerungssysteme),
▶	Erfolgswahrscheinlichkeiten früher getätigter Akquisitionen, sofern vorliegend,
▶	unüberschaubare Konzernstrukturen, Auslagerung von Funktionen auf Tochterunternehmen (z. B. Forschung und Entwicklung), komplexe *Joint Venture*-Strukturen,

- Rate des technischen Fortschritts auf den Beschaffungs-, Anlagen- sowie Absatzmärkten als Maßstab für das Risiko der Obsoleszenz (Investitionsquote, Fehlinvestitionsrisiko),
- Wettbewerbsintensität auf dem Absatzmarkt (Risiko von Leerkosten, Amortisationsrisiko),
- Marktnähe, Werthaltigkeit, Wiederverkaufsmöglichkeit und Spezialisierungsgrad der immateriellen Vermögenswerte.

Es ist unmittelbar einsichtig, dass bei forschungsintensiven Unternehmen (Ankauf externen bzw. Entwicklung internen Know-hows) das diesbezügliche inhärente Risiko besonders hoch ist. Gleiches gilt für Unternehmen des Berufssports, bei denen die immateriellen Vermögensgegenstände die sog. Spielerwerte umfassen und einen wesentlichen Anteil des Gesamtvermögens ausmachen, zuweilen mehr als ein Drittel.

Zur analogen Beurteilung der sachanlagebezogenen inhärenten Risiken kann folgende **Checkliste** herangezogen werden:

ABB. 170: Checkliste zu den inhärenten Risiken der Sachanlagen

- Höhe und Entwicklung der Anlagen- und Kapitalintensität,
- technischer Fortschritt und Innovationsgeschwindigkeit der Branche (mögliche Ursache für Fehlinvestitionsrisiko),
- Wettbewerbsintensität, Ausmaß des Verdrängungswettbewerbs in der Branche, branchenbezogener Auslastungsgrad (Leerstand- und Amortisationsrisiko), prognostiziertes Mengenwachstum der erzeugten Produkte,
- Spezialisierungsgrad der Anlagen, Möglichkeit des Wiederverkaufs, Vorhandensein eines liquiden Markts für gebrauchte Anlagen,
- Verfügbarkeit der Anlagen, Vorhandensein einer ausreichenden Zahl von Lieferanten, Lieferzeiten, ggf. Lieferantenmacht, Lieferengpässe,
- Umweltverträglichkeit des Anlagenbetriebs, ggf. Vorhandensein diesbezüglicher Auflagen, Wahrscheinlichkeit des Entstehens rechtlicher Restriktionen bzw. für Entzug der Betriebserlaubnis, Gefahrenneigung des Anlagenbetriebs,
- Anfälligkeit der Anlagen gegenüber Diebstahl, Manipulationen, Fehlbedienung und Ausfall,
- (bei Bezug der Anlagen von ausländischen Anlageherstellern) Anfälligkeit gegenüber möglichen Wechselkursschwankungen,
- Zweckmäßigkeit der Investitions-, Wartungs- und Instandhaltungsstrategie des Unternehmens (Ersatzzeitpunkte, Reinvestitionsstrategie, ggf. Vorliegen von Investitionsstaus).

Im Rahmen der Analyse des **Kontrollrisikos** begutachtet der Prüfer alle organisatorischen Regelungen im Unternehmen, die Fehler in der Bilanzierung und Bewertung des immateriellen Anlagevermögens induzieren können. Sachanlagebezogene Geschäftsprozesse beginnen i. d. R. mit der **Investitionsbedarfsplanung**. Somit muss sich der Prüfer einen Überblick über

- die Meldung eines Investitionsbedarfs und deren organisatorische Behandlung im Unternehmen,
- die Regelungen der Alternativensuche und -evaluation in Bezug auf Investitionen (etwa hinsichtlich des Umfangs und Zeithorizonts der eingeholten Informationen),
- die Verfahren der Entscheidungsfindung unter Würdigung der verwendeten Methoden, insbesondere hinsichtlich der Berücksichtigung der Unsicherheit,
- die Investitionsgenehmigung als solche, ggf. abgestuft nach Kompetenzlimiten und
- die projektbegleitende Investitionskontrolle

in Bezug auf die Zweckmäßigkeit und Wirksamkeit der getroffenen Maßnahmen verschaffen. Hinsichtlich des Anlagenbetriebs muss der Prüfer einen Einblick in die Regelungen des **Anlagenmanagements** gewinnen. In diesem Rahmen sind Anlageneinsatzplanung, Wartungs- und Instandhaltungsplanung, Regelungen des Arbeits- und Umweltschutzes sowie solche zur Bewältigung der einschlägigen Betriebs- und Ausfallrisiken zu würdigen.

Im Zuge der Prüfung des IKS wird der Prüfer folgende Zweifelsfragen klären:

ABB. 171:	Checkliste zu den Kontrollrisiken des immateriellen und Sachanlagevermögens

- Ist durch geeignete Verfahren der körperlichen oder buchmäßigen Aufnahme die Vollständigkeit, Korrektheit, Systematik und Übersichtlichkeit der Inventarisierung der Vermögensgegenstände des Anlagevermögens gewährleistet?
- Wird eine Anlagenkartei geführt, die regelmäßig durch körperliche Bestandsaufnahmen überprüft und mit den Konten der Finanzbuchhaltung abgestimmt wird?
- Werden Vertragsunterlagen und Kaufbelege gesammelt, systematisch geordnet und aufbewahrt?
- Erfolgt eine regelmäßige Abstimmung der Anlagenkartei mit dem Anlagespiegel und den Konten der Finanzbuchhaltung?
- Bestehen sachgerechte Anweisungen betreffend die Verbuchung, Bilanzierung und Bewertung der Vermögensgegenstände (z. B. Handbücher, Verfahrensrichtlinien) und werden diese durchgängig angewandt?
- Verfügen die verantwortlichen Mitarbeiter in der Rechnungslegung über hinreichende spezifische Fachkenntnis?
- Auf welche Weise ist gesichert, dass Zu- und Abgänge vollständig und zeitnah der Buchführung gemeldet werden?
- Bestehen Zuständigkeiten und Legitimationen für den Erwerb, die Veräußerung, das Leasing und die Belastung der Vermögensgegenstände des Anlagevermögens? Sind diese angemessen?
- Wird die Belastung von immateriellen Vermögensgegenständen und Sachanlagen (Sicherungsübereignung, Pfandrechte, Eigentumsvorbehalt) gesondert verzeichnet? Werden die aus Leasing- und anderen langfristigen Lieferungsverträgen resultierenden Belastungen gesondert dargestellt?
- Besteht in relevanten Bereichen durchgängige Funktionstrennung, insbesondere zwischen Erwerb, Verbuchung und Zahlungsanweisung?
- Bestehen klare Zuständigkeiten, ggf. abgestuft nach Höchstbeträgen (Limitsysteme), für den Erwerb ganzer Unternehmen?
- Ist sichergestellt, dass vor dem Erwerb ganzer Unternehmen Unternehmensbewertungen nach anerkannten Verfahren (z. B. DCF-Verfahren) durchgeführt werden?
- Bestehen geeignete Sicherungsvorkehrungen für wertvolles immaterielles Anlagevermögen?
- Wird durch geeignete Verfahren eine Geheimhaltung gesichert (z. B. für Patente, Lizenzen)?
- Besteht hinreichender Versicherungsschutz?
- Wird die Werthaltigkeit des immateriellen Anlagevermögens regelmäßig überprüft? Werden ggf. in bestimmten Zeiträumen Wertgutachten eingeholt?
- Gibt es ein wirksames und funktionsfähiges FuE Controlling inklusive Produktlebenszyklus-Kostenrechnung?
- Wie ist der Entwicklungsstand der Kostenrechnung? Werden Forschung und Entwicklung richtig abgegrenzt? Ist die Zuordenbarkeit der Kosten zweifelsfrei? Wie werden Gemeinkosten berechnet?
- Werden GWGs sowie zu Fest- und Gruppenwerten bilanzierte Sachanlagen auf gesonderten Konten erfasst? Existieren Verfahren zu deren gesonderter Nachweiskontrolle?
- Verfügen die mit der Anschaffung bzw. Veräußerung sowie mit dem Betrieb von Sachanlagen befassten Mitarbeiter über die erforderliche Fachkenntnis?

- Besteht für die Anlagen ausreichender Versicherungsschutz und wird dieser laufend aktualisiert?
- Werden geeignete interne Sicherungsvorkehrungen für besonders wertvolle Anlagen getroffen (z. B. Feuer, Wasser, Sabotage, Fehlbedienung)?
- Auf welche Weise wird die umfassende, durchgängige Beachtung von Betriebsauflagen gesichert?
- Werden beim Erwerb von Anlagen angemessene Qualitätsprüfungen durchgeführt? Erfolgt eine Überprüfung der Lieferantenrechnungen bei Zugang von Anlagen vor Buchung und Bezahlung? Wird durch geeignete Regelungen eine Doppelzahlung ausgeschlossen?
- Verfügt das Unternehmen über ein angemessenes und wirksames Anlagencontrolling (Kennzahlensystem zur Anlagenwirtschaft)?
- Besteht eine sachgerechte Instandhaltungs- und Ersatzstrategie und wird diese durch umfassende und aktuelle Daten fundiert?
- Verfügt das Unternehmen über angemessene Planungs- und Kontrollinstrumente, insbesondere Verfahren der Investitions- und Finanzplanung (Zeithorizont, Aktualisierungsrhythmen, rollierende Planung, Prämissenkontrollen, Anwendung von Test- und Schätzverfahren)?
- Werden vor dem Erwerb insbesondere wertmäßig bedeutender Anlagen geeignete Verfahren der Investitionsrechnung eingesetzt, insbesondere Verfahren der dynamischen Investitionsrechnung (Berechung von Kapitalwert, internem Zinsfuß, Amortisationsdauer)?
- Werden in hinreichendem Umfang Vergleichsangebote eingeholt? Auf welche Weise wird sichergestellt, dass nur Angebote zu marktüblichen Konditionen angenommen werden?
- Wird vor bedeutenden Investitionsentscheidungen eine angemessene Finanzplanung (Planung der Mittelaufbringung) vorgenommen?
- Werden bei nennenswerter Aufnahme von Fremdmitteln (Betriebsmittelkredite) Planungen der Kapitalkosten und der Fristenkongruenz vorgenommen? Wird das aus dem sog. *Leverage*-Effekt resultierende Risiko angemessen berücksichtigt?
- Wird bei der Investitionsplanung dem Investitionsrisiko in angemessener Weise Rechnung getragen? Werden Alternativplanungen durchgeführt? Werden Sensitivitätsanalysen vorgenommen bzw. kritische Werte zwischen Investitionsalternativen berechnet?
- Erfolgt im Rahmen der Investitionsplanung eine laufender Plankontrolle und/oder Plananpassung (Meilenstein-Analyse)? Werden die Planprämissen laufend auf Aktualität überprüft?

Das Produkt aus inhärentem und Kontrollrisiko bildet das **Fehlerrisiko**. Je größer sich dieses ermittelt, umso intensiver wird der Prüfer aussagebezogene Prüfungshandlungen durchführen müssen, um mit hinreichender Sicherheit das geforderte Prüfungsurteil zu treffen.

1.2 Nachweis

Der Nachweis der immateriellen Vermögensgegenstände und Sachanlagen erfolgt durch **Inventur** am Schluss eines jeden Geschäftsjahres (§ 240 Abs. 2 HGB). Die Inventur hat nach den allgemeinen Grundsätzen der Vollständigkeit, Richtigkeit, Zeitnähe und Ordnung (§ 239 Abs. 2 HGB) zu erfolgen (vgl. Kapitel IV.2.).

Bei nicht unwesentlicher Bedeutung der Sachanlagen wird der Prüfer im Rahmen einer Betriebsbegehung wertmäßig bedeutende Anlagegüter wenigstens in Stichproben in Augenschein nehmen. Im Rahmen der Inventurteilnahme wird sich der Prüfer nicht nur von der Ordnungsmäßigkeit der ermittelten Ist-Bestände überzeugen, sondern darüber hinaus auch den Zustand und den betrieblichen Einsatz der Sachanlagen begutachten. Hieraus ergeben sich wertvolle Anhaltspunkte für die Prüfung des Abschreibungsplans sowie des Erfordernisses zur Vornahme außerplanmäßiger Abschreibungen und Ausbuchungen.

Die unterstützende buchmäßige Inventur erfolgt insbesondere durch Überprüfung geeigneter Nachweise wie

- Grundbuchauszüge, Notarverträge, sonstige Unterlagen der Rechtsabteilung,
- Protokolle von Vorstands- und Aufsichtsratssitzungen bezüglich wesentlicher anlagebezogener Transaktionen,
- Kaufverträge, Kfz-Briefe, Leasingverträge,
- Anlagenverzeichnis, Anlagenkartei,
- Wareneingangsmeldungen, Lieferscheine, Rechnungen, Buchungsbelege.

Bei entgeltlich erworbenen immateriellen Vermögensgegenständen erfolgt der Nachweis des Rechtserwerbs durch Vorlage von Notarverträgen, Kaufverträgen, Lizenzverträgen, Registern, Patent- und Musterrollen oder Zahlungsbelegen.

Für selbstgeschaffene immaterielle Vermögensgegenstände des Anlagevermögens besteht seit Inkrafttreten des BilMoG ein Aktivierungswahlrecht (§ 248 Abs. 2 HGB). Bei diesen vormals gänzlich von der Bilanzierung ausgeschlossenen Vermögensgegenständen bedingen, wie auch bei Vorräten, die Kriterien

- Verkehrsfähigkeit,
- Entstehen eines künftigen Nutzens und
- Objektivierbarkeit

eine Ansatzfähigkeit. Der Nachweis der Erfüllung der Kriterien setzt das Vorhandensein einer projektbezogenen Kosten- und Leistungsrechnung voraus.

Bei immateriellen Vermögensgegenständen des Anlagevermögens kommt infolge ihres nicht physischen Charakters nur eine **Buchinventur** in Betracht. Diese erfolgt – wie auch bei den Sachanlagen – auf Grundlage der **Anlagenkartei** (vgl. R 5.4 EStR). Dort sind gemäß R 5.4 Abs. 1 und 4 EStR mindestens folgende Angaben zu verzeichnen:

- Tag der Anschaffung,
- Höhe der Anschaffungskosten,
- Bilanzwert am Abschlussstichtag und
- Tag des Abgangs.

Der Prüfer hat festzustellen, ob Bestand und Wert der Vermögensgegenstände in der Anlagekartei zuverlässig fortgeschrieben werden. Er muss die Inventuranweisungen und -richtlinien auf Zweckmäßigkeit und durchgängige Anwendung überprüfen. Hierzu sieht er die Inventurprotokolle, Aufnahmebelege und das Inventarverzeichnis durch. Das Anlagenverzeichnis ist sodann mit den relevanten Sachkonten abzustimmen.

Aufgrund der wertmäßigen Bedeutung, der üblicherweise geringen Bestandsschwankungen und der Möglichkeit zur unschwierigen Einzelaufnahme von immateriellen Vermögensgegenständen und Sachanlagen wird deren Bestandsaufnahme typischerweise im Wege der **Stichtagsinventur** erfolgen. Bei Anwendung der **Festbewertung** nach Maßgabe des § 240 Abs. 3 HGB muss eine körperliche Bestandsaufnahme i. d. R. nur alle drei Jahre durchgeführt werden. Das Verfahren ist für Sachanlagevermögen,

Prüfung des immateriellen und Sachanlagevermögens   **KAPITEL V**

- das regelmäßig ersetzt wird,
- dessen Gesamtwert von nachrangiger Bedeutung ist und
- dessen Bestand in Größe, Wert und Zusammensetzung nur geringen Veränderungen unterliegt,

zulässig. Somit gewährt das Festwertverfahren Erleichterungen dergestalt, dass

- nicht am Ende eines jeden Geschäftsjahres eine (mühsame) körperliche Bestandsaufnahme durchgeführt werden muss und
- Zugänge unmittelbar in den Aufwand gebucht werden können.

Für praxisrelevante Anwendungsfälle des Festwertverfahrens vgl. bereits Kapitel IV.2.

Im Rahmen der Feststellung von Über- bzw. Unterbeständen bei der körperlichen Bestandsaufnahme wird in Anlehnung an R 5.4 Abs. 3 EStR eine Abweichung von bis zu 10 % toleriert. Bei Wertänderungen außerhalb dieses Korridors ist ein neuer Festwert zu bilden. Der Prüfer hat dies mit Hilfe von Vergleichsrechnungen zu überprüfen.

Als Ausnahme von der Einzelaufnahme und -bewertung dürfen gleichartige oder annähernd gleichwertige bewegliche Vermögensgegenstände zu einer Gruppe zusammengefasst und mit dem **gewogenen Durchschnittswert** angesetzt werden (**Gruppenbewertung**; § 240 Abs. 4 HGB). Für die Zulässigkeit einer derartigen Sammelbewertung ist Voraussetzung

- die sich nach der allgemeinen Verkehrsauffassung ergebende gleiche Warengattung (**Artgleichheit**) und/oder gleiche Verwendbarkeit (**Funktionsgleichheit**) bzw.
- die annähernde **Wertgleichheit**, wobei eine Spanne von 20 % zwischen dem höchsten und niedrigsten Preis der einzelnen Vermögensgegenstände in der Gruppe noch als akzeptabel gilt (vgl. auch steuerrechtlich R 6.8 Abs. 4, R 6.9 Abs. 3 EStR).

Aufgrund des Unikatcharakters der Vermögensgegenstände des immateriellen Anlagevermögens sind dort Festwert- und Durchschnittswertverfahren i. d. R. nicht anwendbar.

Da es sich bei den immateriellen Vermögensgegenständen und Sachanlagen um leicht erfassbare und zugleich i. d. R. wertmäßig bedeutende Vermögensgegenstände handelt, wird die Anwendung von **Inventurvereinfachungsverfahren** nach Maßgabe des § 241 HGB (Stichprobeninventur, permanente Inventur, vor- und nachverlegte Inventur) für den Nachweis der Sachanlagen nur in Ausnahmefällen in Betracht kommen (vgl. Stellungnahmen IDW HFA 1/1981 i. d. F. 1990 sowie 1/1990). Daher muss der Prüfer im Normalfall auf eine körperliche Bestandsaufnahme bestehen.

1.3 Ansatz

1.3.1 Allgemeine Vorschriften

§ 246 Abs. 1 Satz 1 HGB bestimmt, dass der Jahresabschluss sämtliche Vermögensgegenstände und damit immaterielle Vermögensgegenstände des Anlagevermögens sowie Sachanlagen enthalten muss.

Als Ausfluss des sog. allgemeinen **Aktivierungsgrundsatzes** ist für den Ansatz nicht das zivilrechtliche, sondern das wirtschaftliche Eigentum an dem Vermögensgegenstand maßgebend, das bei Ausübung der **tatsächlichen Sachherrschaft** über den Vermögensgegenstand wie folgt anzunehmen ist:

- Dem Bilanzierenden müssen Besitz, Gefahren, Nutzen und Lasten des Vermögensgegenstands zurechenbar sein (§ 446 BGB),
- der zivilrechtliche Eigentümer muss im Wesentlichen über die gewöhnliche Nutzungsdauer des Vermögensgegenstands von der Sachherrschaft ausgeschlossen sein und
- ein ggf. vorliegender Herausgabeanspruch des zivilrechtlichen Eigentümers muss als wirtschaftlich bedeutungslos klassifiziert werden können.

§ 246 Abs. 1 Satz 2 HGB fordert, dass Vermögensgegenstände nur in die Bilanz aufzunehmen sind, **wenn sie dem Eigentümer auch wirtschaftlich zuzurechnen sind**. Der handelsrechtliche Vollständigkeitsgrundsatz stellt somit zwar auf das rechtliche Eigentum ab, jedoch wirkt die wirtschaftliche Zurechnung als Korrektiv. Dies soll als Ausfluss der Gläubigerschutzfunktion des handelsrechtlichen Jahresabschlusses sichern, dass in der Bilanz nur solche Vermögensgegenstände ausgewiesen werden, die den Gläubigern auch als wirksames Schuldendeckungspotenzial dienen können.

Gemäß amtlicher Gesetzesbegründung zum BilMoG ist die wirtschaftliche Zurechnung in jedem Einzelfall anhand der **Verteilung der Chancen und Risiken** zu beurteilen, die aus dem zu bilanzierenden Vermögensgegenstand erwachsen. Demjenigen, dem im Wege einer wertenden Betrachtung die wesentlichen Chancen und Risiken zukommen, ist ein Vermögensgegenstand wirtschaftlich zuzurechnen.

Jedenfalls ergeben sich mit § 246 Abs. 1 Satz 2 HGB i. d. F. BilMoG keine Veränderungen des hergebrachten Rechtszustands. Die von der Rechtsprechung schon erarbeiteten Beurteilungskriterien, wie beispielsweise die steuerlichen Leasingerlasse, füllen weiterhin das Kriterium der wirtschaftlichen Zurechnung inhaltlich aus.

Der Ansatz erfolgt i. d. R. ab dem Zeitpunkt des **Gefahrenübergangs**. So kommt es etwa bei den Sachanlagen auf die Betriebsbereitschaft oder gar die tatsächliche Inbetriebnahme der Anlage nicht an. Begründet wird dies durch den aufzufangenden Wertverlust durch technischen Fortschritt oder, im äußersten Fall, durch technische Obsoleszenz aufgrund neuartiger Substitutionsprodukte.

Die Bestellung **dinglicher Sicherungsrechte** (Eigentumsvorbehalt, Sicherungsübereignung) ist für die Zurechnung des wirtschaftlichen Eigentums ausdrücklich unschädlich (§ 246 Abs. 1 Satz 2 HGB).

Die Belastung eines Vermögensgegenstands mit einem **Nießbrauchsrecht** (§§ 1032 ff. BGB) mindert dessen Bilanzierung beim zivilrechtlichen Eigentümer nur dann, wenn die Nießbrauchsrechte derart umfassend sind, dass sie dem wirtschaftlichen Eigentum gleich kommen. Somit müsste der Nießbraucher über die Substanz verfügen, das Wertminderungsrisiko tragen oder den Erwerber während der gewöhnlichen Nutzungsdauer des Vermögensgegenstands von seinen Eigentumsrechten faktisch ausschließen können.

Eine Übertragung des wirtschaftlichen Eigentums tritt weiterhin in folgenden Fällen nicht ein:

- bei **Treuhandverhältnissen** mit Vertragsabreden in der Weise, dass Gefahr, Nutzungen und Lasten aus dem Treugut (d. h. dem übertragenen Vermögensgegenstand) beim Treugeber verbleiben; insbesondere bei der sog. Vollrechtstreuhand, im Rahmen derer der Treuhänder über den Vermögensgegenstand zwar in eigenem Namen, aber nur für Rechnung des Treugebers verfügen darf,

▶ bei *sale and buy back*-**Gestaltungen**, im Rahmen derer Veräußerung und Rückerwerb entweder von voneherein als wirtschaftliche Einheit vereinbart wurden oder in engem zeitlichen und/oder sachlichen Zusammenhang stehen,

sowie bei jeglichen anderen Vertragskonstruktionen, die einen **Übergang der mit dem Vermögensgegenstand verbundenen Chancen und Risiken** nicht vorsehen (vgl. hierzu insbesondere IDW ERS HFA 13, Einzelfragen zum Übergang von wirtschaftlichem Eigentum und zur Gewinnrealisierung nach HGB, FN-IDW 2007 S. 83 ff.).

Der Prüfer hat entsprechende Vereinbarungen auf ihren wirtschaftlichen Gestaltungswillen hin zu würdigen. Ggf. tritt bei entsprechenden Zugängen keine bilanzielle Aktivierung und bei Abgängen keine Gewinnrealisierung ein.

Speziell bei den immateriellen Vermögensgegenständen hat der Prüfer den eindeutigen **Rechtsübergang** auf das bilanzierende Unternehmen festzustellen. Dies kann z. B. beim Vorliegen von Arbeitnehmererfindungen problematisch sein. Eine Prüfung hat anhand der jeweiligen Arbeitsverträge zu erfolgen. Im Fall freier Mitarbeiter sind die Regelungen oftmals unklar, falls die Vertragsbindungen unzureichend standardisiert sind.

1.3.2 Besonderheiten beim Vorliegen von Leasingverträgen

Die Frage der Zurechnung des wirtschaftlichen Eigentums ist insbesondere beim **Leasing** problematisch. Das sog. *Operate Leasing* führt niemals, das Spezial-Leasing hingegen immer zu einem Auseinanderfallen von rechtlichem und wirtschaftlichem Eigentum. In folgenden Fällen kann der Abschluss von Leasinggeschäften **wirtschaftliches Eigentum beim Leasingnehmer** begründen.

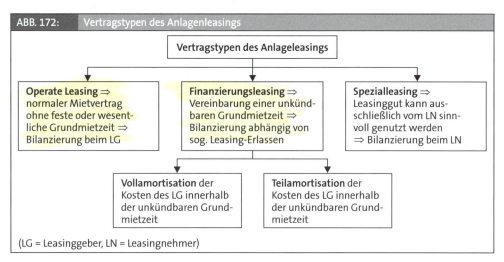

ABB. 172: Vertragstypen des Anlagenleasings

(LG = Leasinggeber, LN = Leasingnehmer)

Der Prüfer muss das Vorliegen von **Spezialleasing-Verträgen** begutachten. Solche sind anzunehmen, wenn das Leasingobjekt faktisch ausschließlich vom Leasingnehmer genutzt werden kann, da es auf dessen spezielle Verhältnisse und Anforderungen zugeschnitten ist. Somit kommt die Vertragsgestaltung in wirtschaftlicher Betrachtungsweise einem Ratenkauf gleich.

Aufgrund der Marktenge und Spezialität kann beim Leasing immaterieller Vermögenswerte häufig ein Spezial-Leasingverhältnis vorliegen; der Prüfer muss diesbezüglich auf die Vollständigkeit des Ansatzes achten.

Im Fall des Finanzierungsleasings mit Vollamortisation (d. h. die Summe der während einer unkündbaren Grundmietzeit vom Leasingraten entspricht mindestens den Anschaffungs- und Herstellungskosten des Leasingguts einschließlich allen anderen vom Leasinggeber zu tragenden Kosten, insbesondere den Finanzierungskosten) ist das Vorliegen weiterer, in den Leasing-Erlassen aufgeführter Kriterien zu prüfen.

Die Zurechnung des Leasinggegenstands und damit ggf. das Auseinanderfallen von rechtlichem und wirtschaftlichem Eigentum folgt im Fall der

- ▶ **Vollamortisation** den BMF-Schreiben vom 19.4.1971 (bewegliche Wirtschaftsgüter) und vom 21.3.1972 (unbewegliche Wirtschaftsgüter),
- ▶ **Teilamortisation** den BMF-Schreiben vom 22.12.1975 (bewegliche Wirtschaftsgüter) und vom 23.12.1991 (unbewegliche Wirtschaftsgüter).

Gemäß H7.1 EStH stellen immaterielle Wirtschaftsgüter unbewegliche Wirtschaftsgüter dar. Daher sind diesbezüglich stets die entsprechenden Leasing-Erlasse des BMF zu den Voll- und Teilamortisationsverträgen anzuwenden.

Da bei den Darlegungen nicht von einer Leasinggesellschaft ausgegangen werden soll, fokussiert sich die Bilanzierungsproblematik auf die Zurechnung des Leasingguts zum Leasingnehmer (LN). Der Fall des Spezialleasings ist aus Sicht der Zurechnung des Leasingguts unproblematisch; es erfolgt stets eine Zurechnung zum LN. Folgende Darstellung zeigt die Zurechnung zum LN im Fall der Vollamortisation:

ABB. 173:	Bilanzierung von Leasinggütern beim Leasingnehmer		
Vertragstyp (Vollamortisation)	**Grund und Boden**	**Gebäude**	**Bewegliches SAV**
Ohne Option	Nie beim LN, stets beim LG	Beim LN, sofern GMZ < 40 % (Unterstellung weiterer, den Leasingnehmer begünstigender Nebenabreden) oder > 90 % der betriebsgewöhnlichen ND (faktischer Ratenkauf)	
Mit Kaufoption	Beim LN, sofern auch das zugehörige Gebäude dem LN zugeordnet wird	Beim LN, sofern ▶ GMZ < 40 % oder > 90 % der betriebsgewöhnlichen ND oder ▶ 40 % ≤ GMZ ≤ 90 % der betriebsgewöhnlichen ND und Kaufpreis < Restbuchwert bei Anwendung der linearen AfA auf Gebäude bzw. auf Sachanlagen gemäß amtlicher AfA-Tabelle	
Mit Verlängerungsoption	Nie beim LN, stets beim LG	Beim LN, sofern Anschlussmiete ≤ 75 % des ortsüblichen Mietentgelts für vergleichbares Gebäude	Beim LN, sofern ▶ GMZ < 40 % oder > 90 % der betriebsgewöhnlichen ND oder ▶ 40 % ≤ GMZ ≤ 90 % der betriebsgewöhnlichen ND und Anschlussmiete < linearer AfA-Satz
(GMZ = Grundmietzeit, ND = Nutzungsdauer)			

Bei **Teilamortisationsverträgen** sind weitere Besonderheiten zu beachten. So führen Vertragsmodelle mit Andienungsrecht des Leasinggebers, jedoch ohne Optionsrecht des Leasingnehmers zu einer Zurechnung der Leasingguts zum Leasinggeber. Bei diesem Vertragsmodell kann der Leasinggeber bei Nichtzustandekommen eines Verlängerungsvertrags und Ausübung des Andienungsrechts den Leasingnehmer verpflichten, das Leasinggut zu einem Preis zu kaufen, der bereits bei Abschluss des Leasingvertrags fest vereinbart wurde.

Der Leasingnehmer hat kein ihm zuordenbares Recht, das Leasinggut zu erwerben; vielmehr trägt er bei dieser Vertragsgestaltung das Risiko der Wertminderung, weil er auf Verlangen des Leasinggebers das Leasinggut auch dann zum vereinbarten Preis kaufen muss, wenn der Wiederbeschaffungspreis für einen marktgleichen Vermögensgegenstand geringer als der vereinbarte Preis ist.

Der Leasinggeber hat jedoch die Chance der Wertsteigerung, weil er sein Andienungsrecht nicht ausüben muss, sondern das Leasinggut evtl. zu einem über dem Andienungspreis liegenden, am Markt erzielbaren Preis verkaufen kann. Folglich kann dem Leasingnehmer nicht das wirtschaftliche Eigentum zugerechnet werden.

Weitere für die Zurechnung des wirtschaftlichen Eigentums relevante Regelungen betreffen die Art und Weise

▶ der Aufteilung des Mehrerlöses bei Veräußerung des Leasingguts nach Ablauf der Grundmietzeit durch den Leasinggeber,

▶ der Anrechnung des Veräußerungserlöses auf die vom Leasingnehmer zu leistende Schlusszahlung bei kündbaren Mietverträgen.

Sale and lease back-**Geschäfte** führen üblicherweise nicht zu einem Wechsel der tatsächlichen Sachherrschaft über das Leasinggut, da dieses i.d.R. vom Leasingnehmer nach Abschluss des Verkaufsgeschäftes unmittelbar gemietet und ununterbrochen genutzt wird. Somit verbleiben nach der üblichen Vertragsgestaltung die Nutzen und Lasten beim Verkäufer, die tatsächliche Sachherrschaft am Leasingobjekt bleibt unverändert.

Da *sale and lease back* häufig als sachverhaltsgestaltende Maßnahme zur Aufdeckung stiller Reserven und Beeinflussung der Ertragslage genutzt wird, muss als Voraussetzung zur Gewinnrealisierung ein Übergang des wirtschaftlichen Eigentums auf den Erwerber bzw. Leasinggeber erfolgen. Der Prüfer hat sich davon zu überzeugen, dass entsprechende Vertragsgestaltungen bestehen. Andernfalls ist eine Gewinnrealisierung unzulässig.

Führen die vertraglichen Vereinbarungen nicht zu einem sachgerechten Ausgleich zwischen Leistung und Gegenleistung in den einzelnen Perioden (z.B. degressive Ratenvereinbarungen oder anfängliche zins- und/oder tilgungsfreie Perioden), so ist im Übrigen eine **abweichende ergebniswirksame Verbuchung** erforderlich (vgl. Stellungnahme IDW HFA 1/1989). Hierbei ist grundsätzlich von einer im Zeitablauf gleich bleibenden Nutzungsüberlassung auszugehen. Etwaige Differenzbeträge sind beim Leasingnehmer als aktive Rechnungsabgrenzungsposten oder sonstige Verbindlichkeiten auszuweisen. Jedenfalls bei wesentlichen Positionen wie Gebäuden wird der Prüfer zwecks Datenabgleich die Vertragsunterlagen auswerten müssen.

1.3.3 Besonderheiten beim Ansatz immaterieller Vermögensgegenstände

Für den Ansatz selbsterstellter immaterieller Vermögensgegenstände des Anlagevermögens wurde mit Inkrafttreten des BilMoG ein Aktivierungswahlrecht geschaffen, von dem lediglich der selbstgeschaffene (originäre) Firmenwert ausgenommen bleibt (§ 248 Abs. 2 HGB). Für entgeltlich erworbene immaterielle Vermögensgegenstände des Anlagevermögens gilt seit jeher eine Aktivierungspflicht. Demnach kommt es also nicht (mehr) auf einen entgeltlichen Erwerb an, sondern lediglich auf die Erfüllung der gesetzlich kodifizierten Ansatzkriterien.

Nunmehr kann ein sich in der Entwicklung befindlicher Wert bereits aktiviert werden, sobald mit hinreichender Wahrscheinlichkeit ein Vermögensgegenstand hieraus entstehen wird. Dies widerspricht zwar den Kriterien der Einzelbe- und Verwertbarkeit (schließt somit einen Ansatz also eigentlich aus), ist jedoch vom Gesetzgeber explizit so gewollt, um die Informationsfunktion des Jahresabschlusses zu verbessern und innovativen oder FuE-intensiven Unternehmen einen vollständigen Vermögensausweis zu ermöglichen.

Da eine Aktivierung zwingend die zweifelsfreie Zurechnung der Kosten zu dem Vermögensgegenstand fordert, ist eine solche ausgeschlossen für

▶ Ausgaben für Gründung und Anlauf des Geschäftsbetriebs,

▶ Ausgaben für Aus- und Weiterbildung,

▶ Ausgaben für Werbung und Verkaufsförderung,

▶ Ausgaben für Verlegung und Umorganisation von Unternehmensteilen,

▶ Kosten für eine Zertifizierung nach DIN-ISO 9.000 ff. sowie

▶ Marken, Drucktitel, Verlagsrechte, Kundenlisten (soweit nicht entgeltlich erworben).

Der Prüfer muss insbesondere auf Umgehungen des Aktivierungsverbots durch Vornahme sachverhaltsgestaltender Maßnahmen wie Auslagerung der (Grundlagen-)Forschungstätigkeit auf Tochter- oder Gemeinschaftsunternehmen achten. Außerdem könnte durch Missachtung oder Umgehung der oben aufgeführten Punkte originärer Firmen- oder Geschäftswert aktiviert worden sein, was zu beanstanden wäre. In Bezug auf die Ansatzprüfung ist weiter zu unterscheiden zwischen

▶ dem Ankauf eines immateriellen Vermögensgegenstands und

▶ Aufwendungen zur künftigen Werterhaltung immaterieller Vermögensgegenstände (z. B. Investitionen zur Erhaltung eines erworbenen Kundenstamms);

Letztere stellen nicht aktivierbare, originäre immaterielle Vermögensgegenstände dar.

Immaterielle Werte, die durch Rechte konkretisiert sind (z. B. gewerbliche Schutzrechte) und sich ihrem Wesen nach unternehmensextern verwerten lassen, sind zu aktivieren. Dagegen sind rein wirtschaftliche Vorteile, die nicht unternehmensextern verwertet werden können, von der Aktivierung ausgeschlossen (Aus- und Weiterbildungsausgaben, Wettbewerbsvorteile, Qualität der Unternehmensführung).

Prüfung des immateriellen und Sachanlagevermögens — KAPITEL V

BEISPIEL: Eine Firma entschließt sich, einen eigenen Internetauftritt für ein Produkt zu realisieren. Entwirft sie die Seiten derart, dass diese lediglich Informationen über das Produkt enthalten bzw. dieses anpreisen, so handelt es sich um eine reine Marketing-Maßnahme, der eine Aktivierung verwehrt bleibt. Gestaltet die Firma die Internetpräsenz demgegenüber als Onlineshop, ist einer Aktivierung nicht zu beanstanden.

Auch ist es untersagt, nachträglich Entwicklungsaufwendungen für selbst geschaffene immaterielle Vermögensgegenstände des Anlagevermögens zu aktivieren, mit deren Entwicklung in einem Geschäftsjahr begonnen wurde, das vor dem 1.1.2010 beginnt; dies ist vom Prüfer zu unterbinden.

Der immaterielle Vermögensgegenstand muss **selbständig verkehrsfähig, einzeln verwertbar und bewertbar** sein; d.h. im Unterschied zum Geschäfts- oder Firmenwert oder aktivierten Entwicklungskosten muss er einen greifbaren, abgrenzbaren wirtschaftlichen Wert im Unternehmen aufweisen. Der Prüfer muss sich vergewissern, dass die geschuldete Gegenleistung ausschließlich und gesondert für den Erwerb des immateriellen Vermögensgegenstands erbracht wird.

Im Rahmen von Unternehmenserwerben zugegangene, eigenständige immaterielle Vermögensgegenstände sind als solche zu bilanzieren (z.B. Belieferungsrechte, Auftragsbestände); sie sind nicht Bestandteil des Geschäfts- oder Firmenwerts. Provisionszahlungen (z.B. an Handelsvertreter) stellen keinen entgeltlichen Erwerb eines „Belieferungsrechts" dar, sondern sind als Aufwand bzw. Verbindlichkeit zu verbuchen.

Ein **Geschäfts- oder Firmenwert** muss im Zuge des Erwerbs eines ganzen Unternehmens angesetzt werden, d.h. eines Konglomerats von Vermögensgegenständen und Schulden, das eine eigenständige Teilnahme am Wirtschaftsverkehr ermöglicht (§ 246 Abs. 1 Satz 4 HGB, § 7 Abs. 1 Satz 3 EStG). Voraussetzung für den Ansatz ist somit die Fortführungsabsicht des Unternehmens.

Per Gesetzeswortlaut handelt es hierbei um den Unterschiedsbetrag, um den die für die Übernahme eines Unternehmens bewirkte Gegenleistung den Wert der einzelnen Vermögensgegenstände des Unternehmens abzüglich der Schulden im Zeitpunkt der Übernahme übersteigt (§ 246 Abs. 1 Satz 4 HGB). Ein teilweiser Ansatz des Geschäfts- oder Firmenwerts ist seit Inkrafttreten des BilMoG nicht mehr zulässig.

Im Ergebnis gilt also folgende Zuordnungsvorschrift für den Ansatz:

ABB. 174: Ansatz immaterieller Vermögensgegenstände

Konzessionen, gewerbliche Schutzrechte und ähnliche Rechte und Werte sowie Lizenzen an solchen Rechten und Werten		Geschäfts- oder Firmenwert	
Entgeltlich erworben (einschl. hierauf geleisteter Anzahlungen)	Selbst geschaffen	Entgeltlich erworben	Selbst geschaffen
⇩	⇩	⇩	⇩
Aktivierungspflicht	Aktivierungswahlrecht	Aktivierungspflicht	Aktivierungsverbot

	entgeltlich erworbene immaterielle Vermögensgegenstände	selbsterstellte immaterielle Vermögensgegenstände
Ansatz	Anschaffungskosten	Herstellungskosten (Vollkosten) ▶ Miteinbezug der Entwicklungskosten ▶ Verbot des Einbezugs von Forschungskosten ▶ Kein Ansatz bei nicht möglicher Trennung
Ansatzzeitpunkt	Identische Kriterien wie bei materiellen Vermögensgegenständen (wirtschaftliche Zurechnung)	Sobald mit hinreichender Wahrscheinlichkeit ein Vermögensgegenstand entstehen wird (dies widerspricht den Kriterien Einzelbewertbarkeit und -verwertbarkeit, ist jedoch vom Gesetzgeber so gewollt) Verwerfungen zwischen Handels- und Steuerbilanz (§ 5 Abs. 2 EStG) mit den Folgen ▶ aufwandswirksame Bildung passiver latenter Steuern (§ 274 Abs. 1 HGB) und ▶ Berücksichtigung des ausschüttungsgesperrten Betrags (§ 268 Abs. 8 HGB)
Abschreibung	Linear über Nutzungsdauer	
Werthaltigkeitstest	Abschreibung bei nachhaltiger Wertminderung (Pflicht), Zuschreibung bei Wertaufholung (Pflicht); Fortgeführte historische AK sind Obergrenze, keine Möglichkeit zur Neubewertung wie nach IAS	
Ausschüttungssperre	Keine	Für Kapitalgesellschaften und ihnen gleichgestellte Personengesellschaften

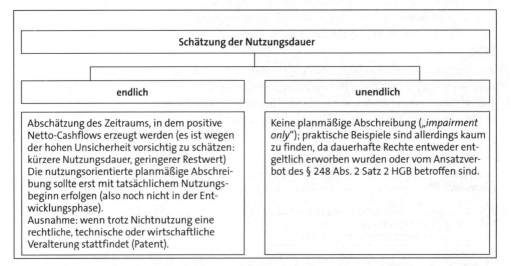

Dem Prüfer obliegt künftig insbesondere der Nachvollzug einer korrekten Abgrenzung von Forschung und Entwicklung.

Forschung ist die „eigenständige und planmäßige Suche nach neuen wissenschaftlichen oder technischen Erkenntnissen oder Erfahrungen allgemeiner Art, über deren technische Verwertbarkeit und wirtschaftliche Erfolgsaussichten grundsätzlich keine Aussagen gemacht werden können" (§ 255 Abs. 2a HGB). Eine zweifelsfreie Zurechnung der Kosten zu einem konkreten Vermögensgegenstand ist also auf Grund der hohen Unsicherheit des gesamten Forschungsvorhabens nicht hinreichend gegeben.

Dem entgegen definiert das Gesetz **Entwicklung** als „die Anwendung von Forschungsergebnissen oder von anderem Wissen für die Neuentwicklung von Gütern oder Verfahren oder die Weiterentwicklung von Gütern oder Verfahren mittels wesentlicher Änderungen" (§ 255 Abs. 2a HGB). Es muss also mit hoher Wahrscheinlichkeit davon ausgegangen werden können, dass künftig ein Vermögensgegenstand entsteht, der aber zum Zeitpunkt der Aktivierung noch nicht vorzuliegen braucht.

Aktivierungsfähig sind nur Entwicklungsaufwendungen, d. h., auch bei erfolgtem Übergang der Aktivitäten in eine Entwicklungsphase und selbst bei späterer erfolgreicher Vermarktung sind die initialen Forschungsaufwendungen nicht aktivierungsfähig.

Der Gesetzgeber hat keine Konkretisierung für den Übergang von dem Forschungs- auf das Entwicklungsstadium vorgenommen. Somit muss der Abschlussprüfer weitere Regelwerke oder Stellungnahmen heranziehen, z. B. den IAS 38.57:

ABB. 175:	Kriterien für die Aktivierung von Entwicklungsaufwendungen nach IAS 38.57 und deren Interpretation
Technische Machbarkeit	Es muss nachgewiesen werden, dass der immaterielle Vermögensgegenstand fertiggestellt werden kann und nicht gegen allgemein akzeptierte Naturgesetze verstößt. Dies kann beispielsweise mittels Gutachten, Konstruktionsplänen oder Machbarkeitsstudien geschehen. Bei Patenten im pharmazeutischen Bereich können klinische Studien als Beweis dienen. Der Prüfer sollte auf Zurverfügungstellung eines aussagefähigen Pflichten- und Lastenhefts dringen.
Fertigstellungs- und Nutzungsabsicht	Das Unternehmen muss nachweisen, die Entwicklung fertig zu stellen und das Entwicklungsergebnis auch produktiv nutzen oder verkaufen zu wollen. Hierzu können Begründungen zum Forschungsauftrag, *make or buy*-Berechnungen, Vorstandsprotokolle, Marktstudien o. Ä. herangezogen werden.
Fähigkeitsnachweis	Es ist zu prüfen, ob das Unternehmen die Fähigkeit besitzt, den immateriellen Vermögensgegenstand zu nutzen oder zu verkaufen.
Künftiger wirtschaftlicher Nutzen	Das Unternehmen muss plausibel darstellen, wie der immaterielle Vermögensgegenstand einen künftigen wirtschaftlichen Nutzen erzielen wird. Als Indizien gelten der Nachweis eines Absatzmarkts oder Ersparnisse bei Eigennutzung.
Ressourcenverfügbarkeit	Zu prüfen ist, ob das Unternehmen über ausreichend Ressourcen verfügt, um die Entwicklung abzuschließen und den immateriellen Vermögensgegenstand zu nutzen oder zu verkaufen.
Zurechenbarkeit der Kosten	Es ist nachzuvollziehen, ob und inwiefern sich die während der Entwicklungsphase entstandenen Kosten dem Vermögensgegenstand zurechnen lassen. Dies ist nur möglich, wenn der Bilanzierende ein wirksames und funktionsfähiges FuE-Controlling betreibt. Zu prüfen sind Produktlebenszyklus-Kostenrechnungen und Betriebsabrechnungsbögen.

Quelle: In Anlehnung an *Dejan-Ciric*, BC 2008 S. 83 ff.

Insbesondere muss der Prüfer nachvollziehen, ob eine Zurechenbarkeit der Entwicklungsaufwendungen zu dem immateriellen Vermögensgegenstand gegeben ist. Anhaltspunkte hierfür können gemäß amtlicher Gesetzesbegründung zum BilMoG sein

- der nachweislich erfolgreiche Abschluss der auf die Erlangung neuer Kenntnisse gerichteten Aktivitäten,
- der nachweislich erfolgreiche Abschluss der Suche nach Alternativen für Materialien, Vorrichtungen, Produkte, Verfahren, Systeme oder Dienstleistungen,
- der Beginn der Entwurfs-, Konstruktions- oder Testphase neuer Prototypen oder Modelle für der Aufnahme der (Serien-)Produktion,
- der Entwurf, Konstruktion oder Betrieb einer Pilotanlage, die für die kommerzielle Nutzung ungeeignet ist, sondern nur als Prototyp dient bzw.
- der Entwurf von Werkzeugen, Spannvorrichtungen, Prägestempeln, Gussformen etc. unter Verwendung neuer Technologien.

Der Übergang zu einer konkretisierbaren Entwicklung ist anhand einer entsprechend aussagefähige Projektdokumentation einschließlich Projektinitiierung, Projektabgrenzung und -beschreibung, quantifiziertem Projektnutzen und aktiver Projektgestaltung für jeden Einzelfall nachzuvollziehen. Dem Prüfer sind u. a. vorzulegen

- ein Geschäftsführungsbeschluss zur Projektinitiierung und Budgetfreigabe,
- eine Projektbeschreibung, die eine Projektabgrenzung hinsichtlich ihrer sachlichen, zeitlichen und finanziellen Dimension und damit eine Zurechnung der Ausgaben ermöglicht,
- eine Abgrenzung und Quantifizierung der aus dem Projekt voraussichtlich erwachsenden Nutzen, i. d. R. in Form einer Cashflow-Rechnung nebst Berechnung des Projektkapitalwerts,
- eine Meilenstein-Planung des Projekts, die eine aktive und zeitgerechte Weiterverfolgung des Projekts nachvollziehen lässt.

Auf das Aktivierungsverbot bestimmter immaterieller Vermögensgegenstände wurde bereits in Kapitel V.1.3.3 eingegangen. So sind die Kosten der Entwicklung einer Marke zwar nicht nur auf die Werbeaufwendungen beschränkt, sondern inkludieren auch technisches Know-how, Service oder Image des Unternehmens. Jedoch ist eine Ursache-Wirkungs-Kalkulation, also eine zweifelsfreie Zurechenbarkeit von entstandenen Kosten zum immateriellen Vermögensgegenstand in diesem Fall nicht möglich. Vielmehr eröffnen sich Ermessensspielräume, die einer Aktivierung des originären Geschäfts- oder Firmenwerts gleich kommen und daher zu unterbinden sind.

ABB. 176:	Aktivierung von typischen Aufwendungen in Zusammenhang mit Software-Entwicklungen	
Aktivität	**Klassifizierung**	**Aktivierbar?**
Planung, Machbarkeitsstudie, Anforderungen an Hard- und Software	Forschung (Aufwand)	Nein
Applikation, Infrastruktur ▶ Hardwarekauf ▶ Softwareentwicklung, Test, Grafikdesign	▶ Sachanlage ▶ ggf. als Entwicklungskosten aktivierbar	Ja Ja
Content ▶ Werbung ▶ Informationen über das Unternehmen	▶ Aufwand ▶ kein identifizierbarer Nutzen, daher Aufwand	Nein Nein
Updates	Erhaltungsaufwand	Nein

Quelle: *Hoffmann/Lüdenbach*, DStR 2008, Beihefter zu Heft 30/2008, S. 55.

Anders als in IAS 38 wird im HGB die Frage, ob ursprünglich als Aufwand erfasste Ausgaben rückwirkend aktiviert werden dürfen, nicht abschließend geklärt. Laut herrschender Meinung ist ein explizites Verbot nicht nötig, da zwei wesentliche Grundsätze verletzt werden würden:

▶ Zum einen genießen bereits erstellte Abschlüsse Bestandsschutz, eine nachträgliche Änderung erscheint wenig sinnvoll.

▶ Zum anderen würde ein ergebnisneutrales Nachaktivieren gegen das Periodisierungsprinzip verstoßen, da bereits verbuchter Aufwand nochmals in Form planmäßiger Abschreibungen ergebniswirksam auftreten würde.

Eine Aktivierung nachträglicher Herstellungskosten kann mit Rückgriff auf die allgemeinen Grundsätze erfolgen (d. h., soweit kein Erhaltungsaufwand anzunehmen ist).

Die Aktivierung von Entwicklungsaufwendungen setzt einen **sequentiellen Ablauf** – erst Forschung, dann Entwicklung – voraus. Kann der Zeitpunkt des Übergangs von der Forschungs- zu der Entwicklungsphase nicht hinreichend nachvollziehbar und plausibel dargelegt werden, z. B. im Fall der **iterativ bzw. alternierend** ablaufenden Forschung und Entwicklung, sind also die Forschungs- und die Entwicklungshase nicht verlässlich trennbar, müssen alle angefallenen Aufwendungen aufwandswirksam erfasst werden. Gleiches gilt, wenn die Abgrenzung zwischen Forschungs- und Entwicklungsphase aus anderen Gründen nicht möglich ist (§ 255 Abs. 2a Satz 4 HGB).

Die Aktivierung selbst geschaffener immaterieller Vermögensgegenstände des Anlagevermögens erfolgt unter den Annahmen, dass

▶ sowohl im Aktivierungszeitpunkt mit hinreichender Wahrscheinlichkeit von der Entstehung eines Vermögensgegenstands ausgegangen werden kann,

▶ als auch, dass die zu aktivierenden Aufwendungen während der Entwicklung des selbst geschaffenen immateriellen Vermögensgegenstands des Anlagevermögens angefallen sind.

Wie bei allen anderen Ansatzspielräumen auch gilt der Grundsatz der **Stetigkeit** (§ 246 Abs. 3 HGB), der allerdings in begründeten Ausnahmen durchbrochen werden darf (§ 252 Abs. 2 HGB). Da Entwicklungsprojekte häufig nur schwer miteinander vergleichbare Unikate sind, dürfte ein Nachvollzug für den Prüfer nicht leicht sein, weshalb die Vorschrift auch im Fachschrifttum als „Papiertiger" bezeichnet wird.

§ 268 Abs. 8 HGB schreibt vor, dass bei Option für die Aktivierung selbstgeschaffener immaterieller Vermögensgegenstände des Anlagevermögens Gewinne nur ausgeschüttet werden dürfen, wenn die nach Ausschüttung verbleibenden frei verfügbaren Rücklagen (zuzüglich eines Gewinnvor- und abzüglich eines Verlustvortrags) mindestens den insgesamt aktivierten Beträgen entsprechen.

Die Höhe der **Ausschüttungssperre** richtet sich also nach dem Ansatz selbstgeschaffener immaterieller Vermögensgegenstände. Auf selbstgeschaffene immaterielle Vermögensgegenstände des Anlagevermögens entfallende passive latente Steuerposten sind bei der Berechnung des ausschüttungsgesperrten Betrags zu berücksichtigen, also von ihm abzuziehen (§ 268 Abs. 8 Satz 1 und 3 HGB).

Trotz der Verhängung einer Ausschüttungssperre ist das neu geschaffene Aktivierungswahlrecht vor dem Hintergrund der Informationsfunktion des Jahresabschlusses als kritisch zu würdigen. Selbst bei berufsüblicher Kenntnis der Geschäftstätigkeit und des wirtschaftlichen Umfelds des Mandanten wird dem Prüfer ein Nachvollzug der Einzelverwertbarkeit und -bewertbarkeit von Entwicklungsaufwendungen und deren Abgrenzung zu Forschungsaufwendungen nur im Rahmen einer allgemeinen Vollständigkeits- und Plausibilitätsprüfung der vorgelegten Unterlagen möglich sein. Insoweit besteht die Gefahr einer weiteren Vergrößerung der Erwartungslücke der Prüfung. Für ein unternehmensübergreifendes *Benchmarking* oder *Rating* dürften aktivierte Entwicklungsaufwendungen – wie vormals die Bilanzierungshilfen – ohnehin erfolgsneutral gegen das Eigenkapital verrechnet werden, um individuelle (Nicht-)Inanspruchnahmen des Aktivierungswahlrechts gleichnamig zu machen.

1.4 Ausweis

1.4.1 Allgemeine Vorschriften

§ 247 Abs. 1 HGB verpflichtet alle Kaufleute, das Anlagevermögen als gesonderten Posten in der Bilanz **auszuweisen** und hinreichend **aufzugliedern**. Immaterielles und Sachanlagevermögen muss als dessen Bestandteil dazu bestimmt sein, dauerhaft dem Geschäftsbetrieb zu dienen (§ 247 Abs. 2 HGB). Maßgebend hierfür sind

- die aus den Eigenschaften des Vermögensgegenstands ableitbare (objektive) Zweckbestimmung,
- der (subjektive) Wille des Bilanzierenden.

Der Vermögensgegenstand darf insbesondere nicht

- im Rahmen der betrieblichen Leistungserstellung verbraucht werden,
- für die Abwicklung nur eines einzigen Auftrags eingesetzt werden,
- zur alsbaldigen Veräußerung bestimmt sein,

sondern muss in die Betriebsabläufe derart eingegliedert sein, dass er auf Dauer zur wiederholten betrieblichen Nutzung zur Verfügung steht.

Zu den Sachanlagen zählen z. B. Werkzeuge, deren Nutzung über einen einzigen Auftrag hinausreicht. Gleichfalls stellen Ersatzteile und Reserveanlagen Anlagevermögen dar. Das Anlagegut muss dem Geschäftsbetrieb, also dem Prozess der Leistungserstellung i. e. S. nicht nur vorübergehend dienen (sog. „**Dienlichkeit**"). Der Prüfer hat somit zwischen Gebrauchs- und Verkaufsbestimmung abzuwägen (so überwiegt bei Vorführwagen und Musterhäusern die Gebrauchsbestimmung).

1.4.2 Ausweis der immateriellen Vermögensgegenstände

Eine für nicht kleine Kapitalgesellschaften (§ 267 Abs. 1 HGB) vorgeschriebene **Untergliederung** der immateriellen Vermögensgegenstände des Anlagevermögens erfolgt gemäß § 266 Abs. 2 A.I. HGB in

- selbstgeschaffene gewerbliche Schutzrechte und ähnliche Rechte und Werte,
- entgeltlich erworbene Konzessionen, gewerbliche Schutzrechte und ähnliche Rechte und Werte sowie Lizenzen an solchen Rechten und Werten,
- Geschäfts- oder Firmenwert und
- geleistete Anzahlungen.

Dem in § 246 Abs. 1 Satz 1 HGB kodifizierten Vollständigkeitsgrundsatz Rechnung tragend müssen alle einzeln verwertbaren Vermögensgegenstände aktiviert werden. Ein vor Inkrafttreten des BilMoG noch existentes Ansatzverbot für nicht entgeltlich erworbene selbstgeschaffene immaterielle Vermögensgegenstände gibt es inzwischen nicht mehr. Lediglich Marken, Drucktitel, Verlagsrechte, Kundenlisten und ähnliche nicht entgeltlich erworbenen immateriellen Vermögensgegenständen bleibt ein Einzug in die Bilanz auch weiterhin verwehrt.

Aktivierungsfähige **Konzessionen** stellen Güterfern- oder Güternahverkehrs-, Energieversorgungs- oder Schankkonzessionen dar. **Gewerbliche Schutzrechte** sind Patente, Warenzeichen, Markenrechte, Gebrauchs- und Geschmacksmuster, Urheber- und Verlagsrechte. Als **ähnliche Rechte und Werte** gelten Brenn- und Braurechte, Miet-, Wohn- und Belegungsrechte, Zuteilungsrechte, Erfindungen, Rezepte, Abfindungen für die Überlassung von Einzugs- oder Geschäftsgebieten bzw. die Übernahme eines Kundenstamms, IT-Software, Film- und Tonträger.

Genutzte IT-Programme sind als „ähnliche Werte" zu erfassen, wenn es sich um Anwendungsprogramme handelt, die vom Lieferer der IT-Anlage gesondert in Rechnung gestellt oder von einem Software-Unternehmen erworben worden sind. Allgemeine Systemsoftware sowie technisch eingebaute Programmsteuerungen sind i. d. R. unselbständige Bestandteile der Hardware (Sachanlagevermögen).

Für eine Abgrenzung zum Sachanlagevermögen muss der Wert der in dem immateriellen Vermögensgegenstand enthaltenen körperlichen Substanz nachrangig sein (z. B. sind Software, Film- und Tonträger stets in vollem Umfang immaterielle Vermögensgegenstände, auf eine Wertsplittung kann verzichtet werden). Auch sind sowohl Standard- wie auch Individualsoftware den immateriellen Vermögensgegenständen zuzuordnen. Bei der Abgrenzung hat der Prüfer weiter zu beachten, dass

- einerseits Gegenstände des Sachanlagevermögens als Zubehör zu immateriellen Vermögensgegenständen aufgefasst werden können und als solche zu bilanzieren sind (z. B. Modelle und Prototypen),
- anderseits immaterielle Vermögensgegenstände Nebenkosten der Anschaffung von Sachanlagen sein können und unter diesen ausgewiesen werden müssen (z. B. Betriebserlaubnisse, Baugenehmigungen).

Nicht angesetzt werden dürfen

- Aufwendungen für die Gründung eines Unternehmens,
- Aufwendungen für die Ingangsetzung und Erweiterung des Geschäftsbetriebs,
- Aufwendungen für die Beschaffung des Eigenkapitals,
- Aufwendungen für den Abschluss von Versicherungsverträgen und
- Marken, Drucktitel, Verlagsrechte, Kundenlisten bzw. vergleichbare immaterielle Anlagevermögensgegenstände, die nicht entgeltlich erworben wurden.

Als **Gründungsaufwendungen** sind z. B. Gründungsprüfungskosten, Genehmigungsgebühren, Notariatskosten, Eintragungs- und Publizitätskosten aufzufassen.

Ingangsetzungsaufwendungen stellen durch den erstmaligen Aufbau der Betriebsorganisation bedingte Aufwendungen dar, die nicht zur Anschaffung eines aktivierungsfähigen Vermögensgegenstands führen, insbesondere Aufwendungen für Organisations- und Marketingberatung, für die Beschaffung von Arbeitskräften oder die Produktionsplanung. Die Wiederingangsetzung eines stillgelegten Betriebs oder Betriebsteils kommt der erstmaligen Ingangsetzung gleich.

Erweiterungsaufwendungen fallen nach der erstmaligen Aufnahme der Geschäftstätigkeit für eine räumliche oder sachliche Erweiterung des Geschäftsbetriebs an, die in wesentlichem und außerordentlichem Umfang vorgenommen wird (z. B. Aufnahme eines neuen Geschäftszweigs, Errichtung oder Erweiterung einer Betriebsstätte).

Aufwendungen der **Eigenkapitalbeschaffung** sind Börseneinführungskosten, Bankgebühren und Kosten für Bewertungsprüfungen.

Der **Geschäfts- oder Firmenwert** stellt den positiven Unterschiedsbetrag zwischen einem im Rahmen eines Unternehmenskaufs gezahlten Gesamtkaufpreis und dem Reinvermögen dieses Unternehmens (Saldo aus Vermögensgegenständen und Schulden). Anders als bei den sonstigen immateriellen Vermögensgegenständen handelt es sich hierbei um nicht selbstständig verkehrsfähige, vom Unternehmen nicht losgelöste bewertbare Größen (Fiktion eines abnutzbaren Vermögensgegenstands).

Wird im Rahmen eines Unternehmenskaufs im Wesentlichen lediglich ein Kundenstamm oder eine Adressdatei übertragen, so kann dieser als isolierter geschäftswertbildender Faktor aufgefasst und als solcher als entgeltlich erworbener immaterieller Vermögensgegenstand bilanziert werden. Werden demgegenüber im Rahmen eines Unternehmenskaufs auch in nicht unwesentlichem Umfang physische Vermögensgegenstände (z. B. Gebäude, Maschinen, Geschäftsausstattung) übertragen, so gilt der Kundenstamm als unselbstständiger Geschäftswertbestandteil und geht als solcher in den Geschäfts- oder Firmenwert ein.

Andererseits wird nach laufender Rechtsprechung der im Rahmen der Übertragung einer Arztpraxis ermittelte Praxiswert als eigenständiger und selbständig abschreibungsfähiger Vermögensgegenstand aufgefasst, was damit begründet wird, dass der Wert einer freiberuflichen Praxis zum Großteil auf dem persönlichen Vertrauensverhältnis zum Betreiber beruht.

Der Prüfer muss den korrekten Wertansatz des Geschäfts- oder Firmenwerts durch Vornahme einer Verprobungsrechnung nachvollziehen. Diese erfolgt auf Grundlage des Kaufvertrags (Nachvollzug des Kaufpreisansatzes unter Berücksichtigung eventueller Nebenabreden) und des letzten Jahresabschlusses des übernommenen Unternehmens (Nachvollzug der Bezifferung des Reinvermögens).

Für den Ansatz des Geschäfts- oder Firmenwerts gilt nach § 246 Abs. 1 Satz 4 HGB, dass

- der entsprechende Unterschiedsbetrag im Wege einer **Fiktion** zum zeitlich begrenzt nutzbaren **Vermögensgegenstand** erhoben und daher angesetzt werden muss,
- nach Maßgabe des § 253 HGB planmäßig über eine individuelle betriebliche Nutzungsdauer (als „Regeldauer" können fünf Jahre angesetzt werden), oder – bei Vorliegen der Tatbestandsvoraussetzungen – außerplanmäßig abgeschrieben werden muss (bei von fünf Jahren abweichender Nutzungsdauer ist die Anhangangabe des § 285 Satz 1 Nr. 13 HGB zu beachten).
- Ein niedrigerer Wertansatz durch außerplanmäßige Abschreibungen ist bei Wegfall der Gründe beizubehalten, Zuschreibungen sind also nicht möglich (§ 253 Abs. 5 Satz 2 HGB).

1.4.3 Ausweis des Sachanlagevermögens

Kapitalgesellschaften, die i. S. des § 267 Abs. 1 HGB nicht kleine sind, müssen das **Sachanlagevermögen** gemäß § 266 Abs. 2 A.II. HGB in folgender Untergliederung ausweisen:

- Grundstücke, grundstücksgleiche Rechte und Bauten einschließlich der Bauten auf fremden Grundstücken,
- technische Anlagen und Maschinen,
- andere Anlagen, Betriebs- und Geschäftsausstattung,
- geleistete Anzahlungen und Anzahlungen im Bau.

Unter dem **Grundvermögen** sind alle bebauten und unbebauten Grundstücke sowie grundstücksgleiche Rechte wie Erbbau-, Wohn-, und Nutzungsrechte zu bilanzieren. Zugleich sind Bauten auf fremden Grundstücken hier einzuordnen. Zu den Bauten gehören auch Außenanlagen, Befestigungen, Straßen, Parkplätze oder Brücken.

Nach R 7.1 Abs. 5 EStR ist ein **Gebäude** „ein Bauwerk auf eigenem oder fremdem Boden, das Menschen oder Sachen durch räumliche Umschließung Schutz gegen äußere Einflüsse gewährt, den Aufenthalt von Menschen gestattet, fest mit dem Grund und Boden verbunden, von einiger Beständigkeit und standfest ist". Somit sind diejenigen Teile, die nach der Verkehrsanschauung vorrangig der o. g. Gebäudenutzung dienen und dem Gebäude das „Gepräge" geben, unselbständige Teile, wie z. B. Fenster, Heizung, Beleuchtung, Lüftung, Fahrstühle oder Rolltreppen, auch wenn sie zweifellos abgrenzbar und selbständig bewertbar sind. Durch das Einsetzen in ein bestehendes Gebäude werden sie zu dessen unselbständigem Bestandteil und sind folglich mit diesem zu aktivieren und abzuschreiben.

Gebäudeteile, die besonderen Zwecken, insbesondere dem in dem Gebäude betriebenen Gewerbe dienen und nicht in einem einheitlichen Nutzung- und Funktionszusammenhang zum Gebäude stehen, sind **Betriebsvorrichtungen** und unter den technischen Anlagen bzw. Maschinen auszuweisen (R 4.2 Abs. 3 EStR, R 7.1 Abs. 3 EStR). Dies sind z. B. Lastenaufzüge, Hochregallager, Laderampen, Hebebühnen oder Entlüftungsschächte. Traglufthallen oder Kassenhäuschen sind mangels ausreichender Standfestigkeit nicht unter den Gebäuden, sondern den Anlagen auszuweisen. Kühlzellen und Trafohäuschen sind nicht zum dauernden Aufenthalt von Menschen geeignet und deshalb ebenfalls Betriebsvorrichtungen.

Analog sind **Einbauten** in Gebäuden abzugrenzen. Gebäudeum- und ausbauten sind i. d. R. unselbständige Gebäudeteile, während dem Gewerbebetrieb dienende Bestandteile wie Laden- oder Gaststätteneinbauten, Schalterhalleneinrichtungen und Schaufensteranlagen als Betriebsvorrichtungen bilanziert werden.

Sog. **Scheinbestandteile** i. S. des § 95 BGB (vgl. auch R 7.1 Abs. 4 EStR) sind im Rahmen der Gebäudemiete vom Mieter zu vorübergehenden Zwecken vorgenommene Einbauten, z. B. Trennwände, Fassaden oder Passagen. Der Mieter wird bürgerlich-rechtlicher Eigentümer des Scheinbestandteils, welcher folglich in die Bilanz des Mieters als bewegliches Wirtschaftsgut aufzunehmen ist. Der Einbau zu einem vorübergehenden Zweck ist anzunehmen, sofern

- die betriebsgewöhnliche Nutzungsdauer der eingefügten Sache länger als die voraussichtliche Mietdauer ist,
- die eingefügte Sache nach der voraussichtlichen Beendigung des Mietverhältnisses einen Zeitwert aufweist, der jedenfalls deutlich über dem Schrottwert liegt und

- nach den gesamten Umständen damit zu rechnen ist, dass die eingebaute Sache nach Beendigung des Mietverhältnisses wieder entfernt wird.

Wirtschaftliches Eigentum beim Mieter an einem Einbau wird auch begründet, falls

- der Mieter bei Beendigung der Nutzungszeit bezüglich des zu diesem Zeitpunkt vorhandenen Restwerts vom Vermieter entschädigt wird oder
- sich die Sache während des Mietverhältnisses voraussichtlich technisch oder wirtschaftlich abnutzen wird.

Liegt das Gebäudeeigentum beim Bilanzierenden, ergeben sich keine Besonderheiten.

Der Prüfer muss anhand seiner Kenntnisse über die Geschäftsprozesse die Abgrenzung von Gebäudeteilen und Anlagen nachvollziehen. Diese erlangt besondere Bedeutung, da bei einer Klassifizierung als **Betriebsvorrichtung** Abschreibungssätze für bewegliche Wirtschaftsgüter des Anlagevermögens nach § 7 Abs. 1 und 2 EStG in Betracht kommen, als **Gebäude** hingegen nur 3 % (AfA-Satz gemäß § 7 Abs. 4 Satz 1 Nr. 1 EStG) bzw. 2 – 4 % als handelsrechtlich übliche Werte.

Der fälschliche Ausweis als Gebäudeteil führt damit zu einer unzulässigen Aufwandsnachverlagerung.

Zum Zwecke der nachfolgenden Abschreibung sind außerdem Immobilienwerte eindeutig und vollständig nach (nicht planmäßig abschreibbarem) Grund und Boden sowie (planmäßig abschreibbaren) Bauten zu trennen. Der Prüfer wird sich hierzu ggf. aussagefähige Wertgutachten vorlegen lassen.

Die Anlagen werden weiter klassifiziert in

- **technische Anlagen und Maschinen**, die alle produktionsbezogenen Aggregate umfassen, z. B. Energieversorgungsanlagen, Leitungen, Hochöfen, chemische Anlagen, Transportanlagen, Arbeitsbühnen, Krane, Bagger, Arbeitsmaschinen und
- **andere Anlagen**, die nicht der Leistungserstellung i. e. S. dienen, wie Büromobiliar, EDV- und Kommunikationsanlagen, Fuhrpark, Transport- und Versandbehälter.

Eine Zuordnung erfolgt durch den Prüfer anhand der von ihm gewonnenen Erkenntnisse über die wesentlichen Geschäftsprozesse des Unternehmens.

Als **geleistete Anzahlungen** sind Vorleistungen auf eine im Rahmen eines zum Bilanzstichtag schwebenden Geschäfts bestellte Sachanlage auszuweisen. Anzahlungen auf andere Vermögensgegenstände dürfen hier nicht erscheinen. Bei Lieferung der Anlage ist die aktivierte Anzahlung gegen die Lieferantenverbindlichkeit auszubuchen. Der Prüfer hat sicher zu stellen, dass entsprechend verfahren wird. Bei zwischenzeitlicher Vertragsauflösung ist die geleistete Anzahlung auf einen sonstigen Vermögensgegenstand umzubuchen.

Die **Anlagen im Bau** umfassen alle zum Bilanzstichtag noch nicht fertig gestellten Sachanlagen. Hierunter fallen insbesondere selbst erstellte Anlagen, mit deren Herstellung begonnen wurde, die aber zum Bilanzstichtag noch nicht bestimmungsgemäß nutzbar sind. Für letzteres Kriterium ist die fiktive Nutzungsfähigkeit maßgebend, nicht der tatsächliche Nutzungsbeginn. Das Ausstehen einzelner unwesentlicher Nacharbeiten ist unschädlich. Zum Zeitpunkt des Nutzungsbeginns hat der Prüfer auf eine korrekte Umbuchung zu achten.

1.4.4 Spezialfragen des Ansatzes und Ausweises von Gebäuden

Vor besondere Probleme wird der Prüfer bei der Abgrenzung aktivierungspflichtiger Investitionen (sog. **Herstellungsaufwand**) von nicht aktivierungsfähigen Instandhaltungskosten (sog. **Erhaltungsaufwand**) gestellt.

Hier sind die Regelungen der R 21.1 EStR auch handelsrechtlich anzuwenden, denen zufolge Herstellungsaufwand nur anzunehmen ist bei

- einer erheblichen Wesensänderung, Änderung der Bestimmung oder des Gepräges („**aliud**") oder
- einer wesentlichen Zustandsverbesserung oder Substanzvermehrung („**plus**") oder
- einer deutlichen Nutzungsdauerverlängerung („**secundum**")

des Anlageguts. Maßnahmen zur reinen Erhaltung und Wiederherstellung von Anlagegütern sowie deren Anpassung an den technischen Fortschritt werden regelmäßig als (nicht aktivierungsfähiger) Instandhaltungsaufwand klassifiziert.

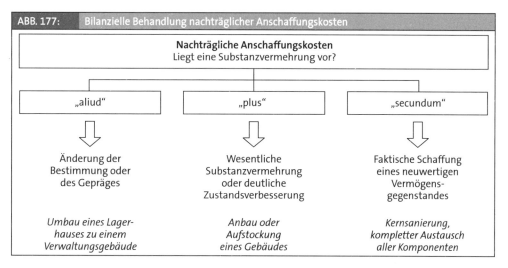

ABB. 177: Bilanzielle Behandlung nachträglicher Anschaffungskosten

Eine zu aktivierende **Erweiterung** liegt bei Vornahme einer Aufstockung oder eines Anbaus vor, ebenfalls bei Baumaßnahmen, die zu einer Vergrößerung der Nutzfläche führen (z. B. Dachausbau, Errichtung einer Dachgaube, Anbau eines Balkons oder einer Terrasse). Aktivierungspflichtig sind daneben Maßnahmen, mit denen zwar keine Substanzvermehrung, aber etwas Neues, bisher nicht Vorhandenes geschaffen wird, wie z. B. das Einsetzen zusätzlicher Trennwände, die Errichtung einer Außentreppe oder der Einbau einer Alarmanlage.

Eine Aktivierung ist dagegen abzulehnen, wenn das Bauwerk durch Austausch von Teilen lediglich entsprechend des technischen Fortschritts modernisiert wird (z. B. zusätzliche Fassadenverkleidung, Erneuerung der Heizungsanlage). Selbst eine Generalüberholung führt nicht für sich genommen schon zu Herstellungsaufwand, soweit sie lediglich eine zeitgemäße Substanzerhaltung des Gebäudes bewirkt.

Entsprechende Abgrenzungsfragen in Bezug auf Gebäude regelt das **BMF-Schreiben vom 18. 7. 2003**. Der Prüfer muss die Bilanzierungspraxis auf Vereinbarkeit mit den darin aufgezeigten Leitlinien begutachten und insbesondere unzulässige Aktivierungen unterbinden, die zu einer unzutreffenden Vermögensmehrung führen.

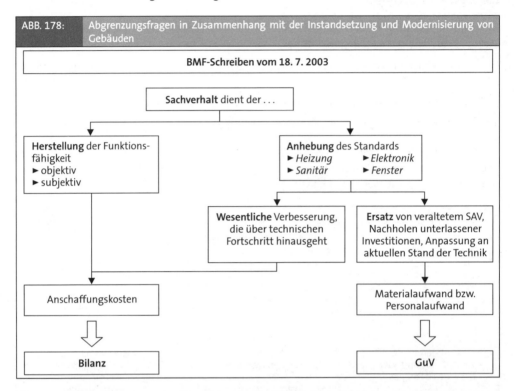

ABB. 178: Abgrenzungsfragen in Zusammenhang mit der Instandsetzung und Modernisierung von Gebäuden

Eine **wesentliche Verbesserung** über den ursprünglichen Zustand hinaus ist demnach bei Gebäuden nur anzunehmen, wenn ihr Gebrauchswert als Ganzes deutlich erhöht und damit für die Zukunft eine erweiterte Nutzungsmöglichkeit geschaffen wird.

Die Maßnahmen müssen eine **Hebung des Gebäudestandards** in Bezug auf wesentliche Ausstattungsmerkmale bewirken. Dies sind insbesondere Heizungs-, Sanitär- und Elektroinstallationen sowie Fenster. Mindestens drei dieser Merkmale müssen im Standard erhöht werden, damit Herstellungsaufwand anzunehmen ist. Das BMF-Schreiben differenziert diesbezüglich drei Standards, einen sehr einfachen, einen mittleren sowie einen sehr anspruchsvollen (Luxus-)Standard.

Eine Aktivierung von Instandhaltungsarbeiten kann ausnahmsweise erfolgen, wenn diese ein unbrauchbares Gebäude (Vollverschleiß) wieder nutzungsfähig machen ("Kernsanierung"). Die Herstellungsaufwand induzierende Herstellung der **Nutzungsfähigkeit** kann

- **objektiv** (d. h. Nutzbarmachung eines objektiv funktionsuntüchtigen Gebäudes) oder
- **subjektiv** (d. h. Herrichtung eines objektiv funktionstüchtigen Gebäudes für die konkrete Zweckbestimmung des Erwerbers)

aufgefasst werden. Die entsprechenden Investitions- und Instandhaltungsmaßnahmen sind nicht periodenbezogen isoliert nach Geschäftsjahren zu würdigen, sondern als Teil einer Gesamtmaßnahme mit einem Zeithorizont von bis zu fünf Jahren („**Sanierung in Raten**"). Der Prüfer hat anhand von Investitions- und Instandhaltungsplänen festzustellen, ob einzelne, für sich genommen lediglich erhaltende Maßnahmen ggf. als Teil einer solchen investiven, standardhebenden Gesamtmaßnahme anzusehen sind.

Bei einem Bündel von Einzelmaßnahmen, von denen einige Herstellungsaufwand und andere Erhaltungsaufwand darstellen, hat der Prüfer das sog. **bautechnische Ineinandergreifen** zu prüfen. Dies liegt vor, wenn Erhaltungsarbeiten

- eine Vorbedingung für die Schaffung des betriebsbereiten Zustands oder die Herstellungsarbeiten darstellen (z. B. notwendige Ausbesserung des Fundaments) bzw.
- durch Maßnahmen der Schaffung der Betriebsbereitschaft oder durch Herstellungsarbeiten veranlasst (verursacht) worden sind.

Bei Vorliegen eines bautechnischen Ineinandergreifens sind die Arbeiten insgesamt als Herstellungsaufwand zu klassifizieren. Hierbei ist der sachliche Zusammenhang vom Prüfer eng auszulegen. So muss z. B. der Ersatz von Fenstern oder die Gesamtneueindeckung des Daches in Zusammenhang mit einer Erweiterungsmaßnahme mangels bautechnischen Zusammenhangs als Erhaltungsaufwand klassifiziert werden.

Die Behandlung von Instandhaltungs- und Modernisierungsaufwand als Erhaltungsaufwand ist nicht zu beanstanden, wenn dieser in den ersten drei Jahren nach Anschaffung insgesamt 15 % der Anschaffungskosten des Gebäudes nicht übersteigt („**Nichtaufgriffsgrenze**" gemäß BMF-Schreiben vom 18. 7. 2003, Tz. 38), soweit keine Sanierung in Raten zu vermuten ist. Bei Kosten bis 4.000 € (Bagatellfälle) liegt nach R 21.1 Abs. 2 EStR immer Erhaltungsaufwand vor.

1.5 Bewertung

1.5.1 Zugangsbewertung

Die **Bewertung** der immateriellen Vermögensgegenstände und Sachanlagen folgt den allgemeinen Bewertungsvorschriften der §§ 253 ff. HGB.

Die Zugangsbewertung der immateriellen und Sachanlagen erfolgt – abgesehen vom Fall ihrer Selbsterstellung – zu **Anschaffungskosten**, welche auch die Wertobergrenze der Bewertung in den Folgejahren bilden (§ 253 Abs. 1 Satz 1 HGB).

ABB. 179:	Bestandteile der Anschaffungskosten	
	Anschaffungspreis	Rechnungsbetrag abzüglich abziehbarer Vorsteuer; bei Anschaffung mit Fremdwährung ist mit dem Wechselkurs zum Zahlungs- bzw. voraussichtlichen Fälligkeitszeitpunkt auf Euro umzurechnen
-	Anschaffungspreisminderungen	Rabatte, Boni, Skonti, Mängeleinreden
+	Anschaffungspreiserhöhungen	Nachträgliche Preiskorrekturen, variable Preiskomponenten
+	Anschaffungsnebenkosten	Alle Aufwendungen, die in unmittelbarem Zusammenhang mit Erwerb und Herstellung der Betriebsbereitschaft der Anlage stehen, soweit sie dieser als Einzelkosten direkt zugerechnet werden können (Kosten der Anlieferung, Eingangszölle, Steuern, Abgaben, Gebühren, Maklergebühren, Provisionen, ggf. Kosten der Rechtsberatung oder von Rechtsstreiten)
+	Nachträgliche Anschaffungskosten	Erschließungsbeiträge und -kosten, Kosten des innerbetrieblichen Transports, Fundamentierungs- und Montagekosten (soweit Einzelkosten)
=	Anschaffungskosten	

Sofern also von der Eigenerstellung von immateriellen Vermögensgegenständen oder Sachanlagen durch das bilanzierende Unternehmen (z. B. in der Maschinenbaubranche) abgesehen wird, kann an dieser Stelle auf eine nähere Erläuterung der Prüfungshandlungen im Zusammenhang mit der Bemessung der **Herstellungskosten** (§ 255 Abs. 2 HGB) verzichtet werden; diese werden in Zusammenhang mit der Prüfung der Vorräte behandelt (Kapitel V.3.).

Vorab soll darauf hingewiesen werden, dass bei selbsterstellten immateriellen Vermögensgegenständen nur die auf die **Entwicklungsphase** zurechenbaren Herstellungskosten aktivierbar sind, d. h. insbesondere **nicht**

▶ Kosten für die allgemeine Suche nach neuen Lösungsansätzen (Forschungskosten),

▶ Kosten für technische bzw. wirtschaftliche Machbarkeitsstudien (diese fallen ebenfalls vor der Entwicklung an) oder

▶ Kosten für Mitarbeiterschulung bzw. Marketing (diese fallen als Vertriebsgemeinkosten nach der Entwicklung an).

Unternehmen verfügen insoweit faktisch über ein „dreifaches Aktivierungswahlrecht", und zwar

▶ hinsichtlich der Aktivierung von Entwicklungsaufwendungen überhaupt,

▶ hinsichtlich der begrifflichen Abgrenzung von Forschung und Entwicklung und

▶ hinsichtlich der zeitlichen Abgrenzung der Entwicklungsphase.

Für die Zuordnung der Kostenbestandteile gelten die allgemeinen Regeln zu den Herstellungskosten (vgl. Kapitel V.3.4), d. h. ansatzfähig sind Material- und Fertigungseinzelkosten, Sondereinzelkosten der Fertigung, angemessene Teile der Material- und Fertigungsgemeinkosten sowie des Wertverzehrs des Anlagevermögens (planmäßige Abschreibungen).

Kosten fehlgeschlagener Entwicklung gelten als nicht angemessen und dürfen nicht aktiviert werden, auch wenn sie im Vorfeld eines letztendlich erfolgreichen Entwicklungsprojekts angefallen sind (vgl. *Wiechers*, BBK 2008 F. 20 S. 2223 ff.).

Im Extremfall kann ein auf maximalen Vermögensausweis bedachtes, ggf. krisenhaftes Unternehmen nicht nur das gesetzliche Aktivierungswahlrecht des § 248 HGB in Anspruch nehmen, sondern darüber hinaus im Rahmen einer „progressiven" Berichterstattung mittels scheinbarer Projektzuordnung Forschungs- in Entwicklungsaktivitäten konvertieren und schließlich nachträgliche Anpassungen am Produktdesign oder ähnliche Aktivitäten nicht als Vertriebs-, sondern als (Spät-)Entwicklungskosten verbuchen.

Der Prüfer ist angesichts des subjektiven Einzelfallcharakters vor erhebliche Probleme gestellt und wird entsprechende Bilanzierungsentscheidungen nur im Wege der Plausibilitätsprüfung würdigen können. Somit wird der Aktivierung von Entwicklungsaufwendungen wohl nur mit einem „gesunden Misstrauen" begegnet werden können.

Im Fall der Anschaffung kann sich die Problematik der Aktivierung **nachträglicher Anschaffungs- und Herstellungskosten** ergeben. Hierfür ist Voraussetzung, dass die innerbetrieblich anfallenden Kosten eine vom Prüfer zu setzende Wesentlichkeitsschwelle überschreiten, so dass eine Behandlung als Nebenkosten der Anschaffung als nicht mehr sachgerecht erscheint.

Die Möglichkeit der Aktivierung nachträglicher Anschaffungs- und Herstellungskosten endet mit der Fertigstellung der Anlage, d. h., wenn die Anlage entsprechend ihrer Zweckbestimmung genutzt werden kann. Zu prüfen ist

- die **objektive** Betriebsbereitschaft, die auf die generelle Nutzungsfähigkeit abstellt und
- die **subjektive** Betriebsbereitschaft nach Maßgabe der konkreten Zweckbestimmung des Erwerbers.

Grundsätzlich zählen zu den Anschaffungskosten alle im Rahmen der Überführung aus fremder in die eigene Verfügungsmacht anfallenden Kosten bis zu dem Zeitpunkt, in dem der Vermögensgegenstand entsprechend seiner Zweckbestimmung grundsätzlich genutzt werden kann. Dies ist i. d. R. der Zeitpunkt des Gefahrübergangs.

Der Prüfer wird den geforderten **Einzelkostencharakter** anhand von Kostenartenplänen und Betriebsabrechnungsbögen überprüfen müssen, um zu verhindern, dass das Aktivierungsverbot für Vertriebskosten (z. B. Personal- und Sachkosten von Vertriebs-, Werbe- und Marketingabteilung, Vertriebsnetz, Fertigwarenlager, Vertriebslager, transportbedingte Verpackungen), Verwaltungsgemeinkosten und Forschungskosten umgangen wurde.

Fremdkapitalzinsen stellen nach h. M. keine Anschaffungsnebenkosten dar, da die Finanzierung allenfalls mittelbar der Anschaffung dient. Demgegenüber sind diese im Rahmen der Herstellung eines Vermögensgegenstands nach Maßgabe des § 255 Abs. 3 HGB ausnahmsweise aktivierungsfähig, wenn

- deren Einzelkostencharakter nachweisbar ist und
- sich der Anschaffung oder Herstellungsprozess über einen längeren (mehrperiodigen) Zeitraum erstreckt.

Als Beispiel lassen sich Bauzeitzinsen anführen, die der Bauträger dem Erwerber als Teil des Veräußerungspreises in Rechnung stellt.

Der Ansatz **kalkulatorischer Kosten** wie Kapitalbindungs- oder Wagniskosten ist grundsätzlich nicht gestattet.

Überhöhte Anschaffungs- und Herstellungskosten sind jedenfalls zunächst zu aktivieren. Der Prüfer hat in diesem Zusammenhang jedoch in wesentlichen Fällen oder bei erheblichen Zweifeln die Wertangemessenheit z. B. anhand eines Wertgutachtens zu überprüfen. Relevante Beispiele sind Transaktionskosten (Suchkosten, Schmiergelder), Kosten von Rechtsstreiten im Zuge des Erwerbs oder die Akzeptanz erhöhter Preise zum Zwecke der Überbietung eines Konkurrenten. Hieraus kann sich das Erfordernis einer außerplanmäßigen Abschreibung ergeben.

Verlorene Anschaffungs- und Herstellungskosten wie Kosten erfolgloser Bohrungen bei Bohrrechten sind nach herrschender Meinung – aber umstritten – nicht aktivierungsfähig, da es an einer direkten Beziehung zum später aktivierten Vermögensgegenstand fehlt und insoweit kein Einzelkostencharakter anzunehmen ist.

Kosten einer später verworfenen Planung gehen ebenfalls nicht in die Anschaffungs- und Herstellungskosten eines später fertig gestellten, aber verschiedenen Vermögensgegenstands ein, Kosten einer Planänderung im laufenden Herstellungsprozess – etwa aufgrund aufgetretener technischer Probleme – sind allerdings Bestandteil der Anschaffungs- und Herstellungskosten.

Rückbau- oder Abbruchkosten können aktiviert werden, wenn schon die Anschaffung mit dem Ziel eines Abbruchs bei gleichzeitiger Neuerrichtung erfolgte.

Beim Kauf übernommene **Schulden** und **Lasten** sind vom Anschaffungspreis abzuziehen. Der Prüfer hat auch sicherzustellen, dass zum Zeitpunkt der Anschaffung zuvor geleistete Anzahlungen ausgebucht werden.

Bei Gewährung von **Zuschüssen, Zuwendungen und Subventionen** der öffentlichen Hand oder von Seiten Dritter für die Anschaffung eines immateriellen Vermögensgegenstands oder eine Sachanlage ist die Stellungnahme IDW HFA 1/1984 zu beachten. Eine sofortige Vereinnahmung der Zuwendung bzw. des Zuschusses im Zeitpunkt der Gewährung ist demnach nicht sachgerecht. Zulässig ist dagegen die direkte Absetzung von den Anschaffungs- und Herstellungskosten und die entsprechende Kürzung der Zugänge im Anlagespiegel.

Die bis zum Inkrafttreten des BilMoG favorisierte Einstellung der Zuschüsse, Zuwendungen und Subventionen in einen **passiven Sonderposten mit Rücklagenanteil** ist seither nicht mehr zulässig. Ehemals dotierte Sonderposten werden bis zum Ende der Nutzungsdauer des begünstigten Anlageguts erfolgswirksam aufgelöst. Da es sich bei den begünstigen Anlagegütern meist um Gebäude handelt, können Sonderposten noch einige Jahrzehnte lang in Handelsbilanzen anzutreffen sein (vgl. hierzu Kapitel V.6.7).

Zu Besonderheiten der **Festbewertung** (§ 240 Abs. 3 HGB) und der **Gruppenbewertung** (§ 240 Abs. 4 HGB) bei der Bewertung der Sachanlagen vgl. vorstehendes Kapitel V.1.2. Die Inanspruchnahme von **Bewertungsvereinfachungsverfahren** (§ 256 HGB) ist bei Sachanlagen grundsätzlich unzulässig.

Die Prüfung der Anschaffungskosten geht über einen formellen Abgleich mit den Rechnungsbelegen auf sachliche und rechnerische Richtigkeit weit hinaus.

So obliegt es dem Prüfer, die Anschaffungsnebenkosten auf Einzelkostencharakter zu kontrollieren. Vorsicht ist insbesondere bei Kosten innerbetrieblicher Leistungen sowie Finanzierungskosten geboten. Bei wertmäßig bedeutenden Anschaffungsnebenkosten wird der Prüfer mindestens stichprobenweise eine Belegprüfung hinsichtlich der Eingangsrechnungen für Frachten,

Versicherungen oder Provisionen vornehmen. Nachträglicher Erweiterungs-, Instandhaltungs- und Reparaturaufwand ist auf eine mögliche Aktivierungspflicht zu überprüfen.

Sodann muss die korrekte Absetzung von Anschaffungspreisminderungen nachvollzogen werden, etwa im Fall einer späteren Mängeleinrede. Insbesondere beim Erwerb von Grund und Boden ist zudem sicherzustellen, dass übernommene Schulden und Lasten bei der Bemessung der Anschaffungs- und Herstellungskosten wertmindernd berücksichtigt wurden.

Soweit Sachanlagen zum Fest- bzw. gewogenen Durchschnittswert angesetzt wurden, ist das Vorliegen der hierfür erforderlichen Voraussetzungen zu überprüfen (vgl. hierzu Kapitel V.1.2). Auch ist zu kontrollieren, ob im Falle des Zielkaufs mit Zahlungszielen von über einem Jahr der Kaufpreis abgezinst wird (Barwertberechnung).

Eine materielle Prüfung der Angemessenheit des Wertansatzes betrifft vor allem folgende missbrauchsgefährdeten Positionen:
- im Rahmen von Täuschen und Sacheinlagen erworbene Vermögensgegenstände,
- der Erwerb von verbundenen oder Beteiligungsunternehmen.

Bei Unklarheiten oder Bedenken hinsichtlich wertmäßig bedeutender Zugänge wird der Prüfer erforderlichenfalls Sachverständigengutachten zu Rate ziehen. Dies gilt aufgrund der Spezialität und mangelnden Fungibilität bei wertmäßig bedeutenden immateriellen Vermögensgegenständen in besonderer Weise.

1.5.2 Folgebewertung

Immaterielle Vermögensgegenstände des Anlagevermögens weisen grundsätzlich eine begrenzte Nutzung auf und sind planmäßig abzuschreiben (§ 253 Abs. 2 Satz 1 HGB). Die Prüfung der Abschreibungsmethode und Nutzungsdauer wird anhand der Angaben in der Anlagenkartei durchgeführt.

Die **Nutzungsdauer** bemisst sich nach der vereinbarten Zeitspanne der Rechtseinräumung (rechtliche Nutzungsdauer; Laufzeit) oder der voraussichtlichen Dauer der wirtschaftlichen Nutzbarkeit (wirtschaftliche Nutzungsdauer; Produktlebenszyklus). Bei Rechten und Lizenzen besteht die Nutzungsdauer üblicherweise in dem Zeitraum, für das das Recht eingeräumt wurde. Für Software wird i. d. R. eine Nutzungsdauer von drei Jahren für angemessen erachtet.

Der Ansatz eines **Restwerts** nach Ablauf der planmäßigen Nutzungsdauer dürfte bei immateriellen Vermögensgegenständen i. d. R. ausscheiden.

Sachanlagen mit zeitlich begrenzter Nutzung sind **planmäßig abzuschreiben** (§ 253 Abs. 3 Satz 1 HGB). Hierbei ist „planmäßig" als „nach Maßgabe eines im Voraus festgelegten Abschreibungsplans" aufzufassen.

Der Abschreibungsplan umfasst die **Abschreibungsbasis** (i. d. R. die Anschaffungs- und Herstellungskosten), die betriebsübliche **Nutzungsdauer** bzw. im Falle der Leistungsabschreibung die Summe aller aus dem Vermögensgegenstand erzielbaren Nutzungen sowie die **Abschreibungsmethode**. Der Bilanzierende ist an den zu Beginn der Nutzung festgelegten Abschreibungsplan grundsätzlich gebunden.

Wird nach Ende der Nutzungsdauer noch mit hoher Wahrscheinlichkeit ein **Restwert** (Schrottwert) erwartet, so ist dieser bei der Ermittlung der Bemessungsgrundlage der Abschreibungen von den Anschaffungs- und Herstellungskosten abzusetzen. Dies ist bei Sachanlagen wenig wahrscheinlich, der Prüfer wird einer solchen Annahme kritisch gegenüberstehen.

Die planmäßige Abschreibung der Anlage beginnt zum Zeitpunkt des erstmaligen Vorliegens der bestimmungsmäßigen Nutzungsfähigkeit. Ein ggf. späterer Beginn der tatsächlichen Inbetriebnahme ist unbeachtlich.

Die Prognose des voraussichtlichen **Nutzungsende** wird meist anhand betriebsindividueller Erfahrungswerte erfolgen. Dem Prüfer können die branchenunspezifischen sowie -spezifischen AfA-Tabellen als Anhaltewert für Plausibilitätsprüfungen dienen, auch weil diese in der Praxis regelmäßig für die Bemessung der handelsbilanziellen Nutzungsdauer zugrunde gelegt werden.

Vom Prüfer nicht zu beanstandende – z.T. aber signifikante – Differenzen zwischen zugrunde gelegter Nutzungsdauer und derjenigen laut AfA-Tabelle können z. B. durch Mehrschichtbetrieb, das Vorhandensein besonderer Belastungen sowie den Erwerb einer gebrauchten Anlage begründet sein. Auch die umgekehrte Konstellation stellt nicht notwendigerweise einen Bilanzierungsfehler dar; im Verhältnis zu den AfA-Tabellen verlängerte betriebliche Nutzungsdauern können sich z. B. aus längeren Stillstandszeiten, einer Verwendung als Reserveanlage oder besonders intensiven Instandhaltungsmaßnahmen ergeben.

Für die Nutzungsdauer **selbsterstellter immaterieller Vermögensgegenstände des Anlagevermögens** liegen keine AfA-Tabellen vor, da ein Ansatz für Zwecke der Steuerbilanz nicht möglich ist. Somit besteht für die Bilanzierenden ein erheblicher Ermessensspielraum.

Für den **Geschäfts- oder Firmenwert** kann die Nutzungsdauer frei gewählt werden, als handelsrechtlicher Anhaltewert dürften fünf Jahre entsprechend eines Abschreibungssatzes von 20 % p. a. gelten. Jedenfalls ist die Annahme längerer Nutzungsdauern im Anhang zu begründen (§ 285 Satz 1 Nr. 13 HGB).

Als zulässig werden jedenfalls Nutzungsdauern bis zum steuerrechtlichen Richtwert von 15 Jahren angesehen (§ 7 Abs. 1 Satz 3 EStG). Ein bloßer diesbezüglicher Verweis auf die steuerlichen Vorschriften im Anhang bildet aber keine ausreichende Rechtfertigung. Die handelsrechtliche Nutzungsdauer ist unabhängig vom Steuerrecht zu beurteilen. Soll handelsrechtlich über einen Zeitraum von 15 Jahren abgeschrieben werden, muss dies nachvollziehbar dargelegt werden.

Aus Sicht des Prüfers plausible Bestimmungsgrößen einer **abweichenden Nutzungsdauer** können sein

- Art und voraussichtliche Bestandsdauer des erworbenen Unternehmens,
- Stabilität und Bestandsdauer der zugehörigen Branche,
- vorherrschende Dauer der Produktlebenszyklen der Produkte des erworbenen Unternehmens,
- Volatilität der Beschaffungs- und Absatzmärkte und entsprechende Auswirkungen auf das erworbene Unternehmen,
- Existenz und Laufzeit wichtiger Beschaffungs- und Absatzverträge,
- voraussichtliche Tätigkeitsdauer wichtiger Mitarbeiter für das Unternehmen,
- voraussichtliche Dauer der Beherrschung des erworbenen Unternehmens.

Im Falle des Abweichens von der Pauschalabschreibung von 20 % hat der Prüfer die Erbringung der notwendigen Anhangangabe nach § 285 Satz 1 Nr. 13 HGB zu kontrollieren.

Bezüglich der Bemessung der betriebsgewöhnlichen Nutzungsdauer wird der Prüfer bei allen abnutzbaren Vermögensgegenständen des Anlagevermögens eine Plausibilitätsbeurteilung auf Basis der steuerlichen AfA-Tabellen vornehmen.

Anders als im Steuerrecht besteht für die Handelsbilanz bei der Wahl der **Abschreibungsmethode** weitgehende Freiheit für den Bilanzierenden. So sind neben der linearen, der degressiven und der Leistungsabschreibung auch die digitale (arithmetisch-degressive) Abschreibung sowie Kombinationsformen zulässig.

Der im Zuge des BilMoG geäußerte Vorschlag, die progressive Abschreibung – der Abnutzungsgrad eines Vermögensgegenstands steigt mit zunehmender Nutzungsdauer an – als unzulässig zu verbieten, wurde nicht realisiert. Somit gilt auch die progressive Abschreibung weiterhin als mit den Grundsätzen ordnungsmäßiger Buchführung vereinbar, soweit sie den tatsächlichen Verlauf des Werteverzehrs abbildet.

Grundsätzlich ist jede betriebswirtschaftlich sinnvolle Abschreibungsmethode zulässig. Der Prüfer wird jedenfalls bei „atypischen" Abschreibungsformen entsprechende Plausibilitätsüberlegungen anstellen müssen.

Für entgeltlich erworbene immaterielle Vermögensgegenstände des Anlagevermögens ist steuerrechtlich die degressive Abschreibung (§ 7 Abs. 2 Satz 1 EStG) nicht zulässig, da diese nicht als bewegliche Wirtschaftsgüter gelten. Demnach darf in der Steuerbilanz ausschließlich eine lineare Abschreibung über die Nutzungsdauer erfolgen; aus Praktikabilitätsgründen wird in der Handelsbilanz meist analog verfahren.

Insbesondere bei den immateriellen Vermögensgegenständen muss der Wahl der Abschreibungsmethode eine sorgfältige Risikoanalyse des Bilanzierenden voraus gehen, die vom Prüfer nachzuvollziehen ist. So liegt es bei Rechten oder Patenten nahe, über die rechtlich fixierte Zeitspanne pro rata temporis abzuschreiben. Oftmals stellt sich aber die Frage, ob der wirtschaftliche Nutzen aufgrund technischen Fortschritts oder Nachfrageänderungen linear über den Zeitraum der Rechtseinräumung anfällt. Deshalb sollte der Prüfer nicht beanstanden, wenn in der Handelsbilanz nach der degressiven Methode abgeschrieben wird. Dies führt allerdings zu Steuerlatenzen während der Nutzungsdauer mit der Rechtsfolge des § 274 HGB.

Grundstücke werden außer im Fall der Rohstoffgewinnung (z. B. Quarz- und Kiesgruben) nicht planmäßig abgeschrieben. Für diesen Spezialfall bietet sich im Zweifel die Anwendung der Leistungsabschreibung an, in deren Rahmen sich der Prüfer allerdings von der Korrektheit der Schätzung des Gesamtausbeutevolumens überzeugen muss. Außerplanmäßige Abschreibungen kommen bei Grundstücken aufgrund technischer Entwertung (z. B. Veränderungen der Bodenbeschaffenheit) oder wirtschaftlicher Entwertung (z. B. gesunkener Bodenwert) in Betracht.

Gebäude sind gemeinsam mit unselbständigen Gebäudebestandteilen planmäßig abzuschreiben. Bei Gebäuden auf eigenem Grund und Boden ist zur Ermittlung der Abschreibungsrate eine korrekte Wertaufteilung zwischen dem Bodenbestandteil und dem Gebäudebestandteil des Gesamtpreises notwendig; hierfür ist ggf. ein Wertgutachten einzuholen.

Die Gebäudeabschreibung erfolgt i. d. R. linear, wobei der ESt-liche Satz von 3 % p. a. (§ 7 Abs. 4 Satz 1 EStG) als Anhaltewert gelten kann. Die häufig anzutreffende handelsrechtliche Verwendung einer längeren Nutzungsdauer (z. T. bis 50 Jahre) kann vom Prüfer aber nicht per se beanstandet werden. Andererseits dürften auch Abschreibungssätze von 4 % p. a. (entsprechend dem ESt-lich zulässigen Satz bis zum 31. 12. 2000) akzeptabel sein.

Die Abschreibung von **Maschinen, Anlagen, Betriebs- und Geschäftsausstattung** erfolgt ebenfalls grundsätzlich linear (bei vorherrschendem Zeitverschleiß, d. h. zeitlich gleichmäßiger Nutzungsintensität) oder nach Leistung (bei vorherrschendem Leistungsverschleiß, d. h. zeitlich unterschiedlicher Nutzungsintensität, etwa entsprechend der Betriebsstunden, Schichtzahlen oder Fahrstrecken).

In Analogie zum EStG kann aufwandsvorverlagernd nach der degressiven Methode abgeschrieben werden. Im Rahmen des sog. ersten Konjunkturpakets wurde im Jahr 2009 die degressive Abschreibung nach § 7 Abs. 2 EStG wieder eingeführt.

Demnach konnte bei beweglichen Wirtschaftsgütern des Anlagevermögens, die nach dem 31. 12. 2008 und vor dem 1. 1. 2011 angeschafft oder hergestellt worden sind, die Absetzung für Abnutzung in fallenden Jahresbeträgen nach einem unveränderlichen Prozentsatz vom jeweiligen Buchwert (Restwert) vorgenommen werden; der dabei anzuwendende Prozentsatz durfte höchstens das Zweieinhalbfache des bei der Absetzung für Abnutzung in gleichen Jahresbeträgen in Betracht kommenden Prozentsatzes betragen und 25 % nicht übersteigen (§ 7 Abs. 2 EStG).

Der ESt-liche Zeitkorridor für die Zulässigkeit der degressiven Abschreibung ändert an der grundsätzlichen GoB-Konformität der degressiven Abschreibung für Zwecke der Handelsbilanz nichts.

Mit Aufhebung der umgekehrten Maßgeblichkeit im Zuge des BilMoG wäre die Vornahme der degressiven Abschreibung in der Handelsbilanz nur aus rein steuerrechtlichen Motiven ohnehin nicht mehr möglich gewesen. Die degressive Abschreibung kann handelsrechtlich weiter angewandt werden, wenn dadurch der Werteverzehr des Vermögensgegenstands sachgerecht dargestellt wird (IDW RH HFA 1.015, Tz. 8 f.).

Ein Wechsel von der degressiven zur linearen Abschreibung ist einmalig zulässig; dies stellt keinen Verstoß gegen das Gebot der Bewertungsstetigkeit dar. Der Wechsel ist i. d. R. zwischen dem dritten und vierten Abschreibungsjahr sinnvoll, weil die lineare Abschreibung dann höher ausfällt als die degressive Abschreibung. Der Prüfer hat hier insbesondere den korrekten Übergang zur linearen Methode zu überwachen.

Ansonsten ist ein **Wechsel der Abschreibungsmethode** grundsätzlich nicht vorgesehen (§ 252 Abs. 1 Nr. 6 HGB) und nur in den engen Voraussetzungen des § 252 Abs. 2 HGB zulässig. Der Prüfer hat dies restriktiv auszulegen.

Bei unterjährigen Anschaffungen bzw. Abgängen ist pro rata temporis (also monatsweise) abzuschreiben. Die – auch im Handelsrecht früher verbreitete – sog. „Halbjahresregel" (R 44 EStR a. F.) ist jedenfalls steuerlich nicht mehr anwendbar.

Der mit Einführung des Unternehmenssteuerreformgesetz 2008 neu gefasste § 6 Abs. 2 EStG regelt die Folgebewertung von **geringwertigen Wirtschaftsgütern** (GWG): sog. Sofortabschreibungen für

► bewegliche (d. h. keine immateriellen),
► einer selbstständigen Nutzung fähige und
► abnutzbare

Wirtschaftsgüter des Anlagevermögens sind zulässig, wenn deren Anschaffungs- oder Herstellungskosten, vermindert um einen darin enthaltenen Vorsteuerbetrag, nicht mehr als 410 € betragen.

Ein Wirtschaftsgut ist einer selbständigen Nutzung **nicht fähig**, wenn es nach seiner betrieblichen Zweckbestimmung nur zusammen mit anderen Wirtschaftsgütern des Anlagevermögens genutzt werden kann und die in den Nutzungszusammenhang eingefügten Wirtschaftsgüter technisch aufeinander abgestimmt sind. Das gilt auch, wenn das Wirtschaftsgut aus dem betrieblichen Nutzungszusammenhang gelöst und in einen anderen betrieblichen Nutzungszusammenhang eingefügt werden kann (§ 6 Abs. 2 Satz 2 und 3 EStG).

Liegen die Anschaffungs- oder Herstellungskosten zwischen 150 und 1.000 €, können die unter § 6 Abs. 2 EStG genannten Wirtschaftsgüter alternativ nach § 6 Abs. 2a EStG in einen wirtschaftsjahrbezogenen **Sammelpool** eingestellt werden, der im Jahr seiner Bildung und den vier darauffolgenden Wirtschaftsjahren zu jeweils 20 % gewinnmindernd abgeschrieben wird. Scheidet ein in dem Pool befindliches Wirtschaftsgut aus dem Betriebsvermögen aus, wird der Sammelposten nicht vermindert (§ 6 Abs. 2a Satz 3 EStG).

Bei Option für die Poolabschreibung können die Anschaffungs- oder Herstellungskosten von abnutzbaren beweglichen Wirtschaftsgütern des Anlagevermögens, die einer selbstständigen Nutzung fähig sind, im Anschaffungs- oder Herstellungsjahr in voller Höhe abgeschrieben werden, wenn die Anschaffungs- oder Herstellungskosten, vermindert um einen darin enthaltenen Vorsteuerbetrag, 150 € nicht übersteigen.

Die Option für die Poolabschreibung i. S. des § 6 Abs. 2a EStG muss für alle in einem Wirtschaftsjahr angeschafften oder hergestellten Wirtschaftsgüter einheitlich erfolgen.

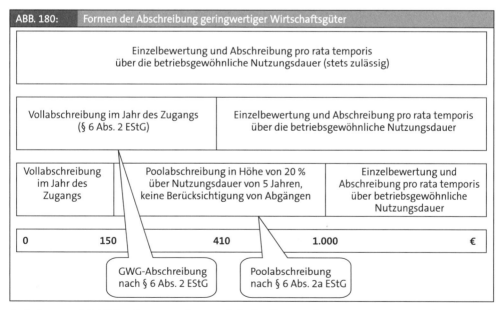

ABB. 180: Formen der Abschreibung geringwertiger Wirtschaftsgüter

Auf eine ausdrückliche Nennung der „**Poolabschreibungen**" im HGB wurde verzichtet, jedoch wird in der Begründung zum Regierungsentwurf des BilMoG deutlich, dass der Gesetzgeber diese vor allem aus Wirtschaftlichkeitsgründen ausdrücklich für zulässig erachtet. Es wird davon ausgegangen, dass sich die Handhabung in der handelsrechtlichen Bilanzierungspraxis binnen kürzester Zeit zu einem Grundsatz ordnungsmäßiger Bilanzierung entwickelt.

Der Prüfer muss überwachen, ob erforderlichenfalls **Berichtigungen des Abschreibungsplans** aufgrund von Änderungen der Schätzungen während der Nutzung vorgenommen werden müssen. Dies kann der Fall sein bei

- nachträglichen Variationen der Abschreibungsbasis „Anschaffungs- und Herstellungskosten" (z. B. in Folge nachträglicher Aktivierung von Herstellungsaufwand),
- Fehleinschätzungen der Nutzungsdauer (z. B. Verkürzungen des Nutzungszeitraums infolge stärkerer als geplanter wirtschaftlicher und/oder technischer Obsoleszenz),
- Fehleinschätzungen des Nutzungsverlaufs (z. B. in Folge ungeplanten Leerstands).

Derartige Anpassungen können nicht nur eine Berichtigung des Abschreibungsplans und der Restnutzungsdauer, sondern auch des aktuellen Restbuchwerts in der Bilanz erfordern. Denkbar ist, dass Korrekturen der kumulierten Abschreibungen vergangener Perioden vorzunehmen sind. Hierdurch induzierte Änderungen des Restbuchwerts sind über außerplanmäßige Abschreibungen bzw. Wertaufholungen zu verbuchen.

Hierbei handelt es sich um zentrale Prüfungsaussagen insbesondere bei krisenhaften Unternehmen auf Basis der vom Prüfer zu gewinnenden Kenntnisse der Marktverhältnisse und Geschäftsprozesse. Der Prüfer muss insbesondere abschätzen:

- Tendenzen einer rückläufigen Auslastung, Mode- und Geschmacksänderungen, bevorstehende Marktsättigung,
- zunehmenden Preisdruck bzw. Preisdumping mit der Konsequenz einer nachhaltig verlustbringenden Leistungserstellung bzw.
- Prozessinnovationen, Aufkommen neuer Anlagengenerationen mit der Konsequenz einer technischen Entwertung des bisherigen Anlagenparks.

Entsprechende Überlegungen sind ohnehin in Zusammenhang mit der Prüfung **außerplanmäßiger Abschreibungen** erforderlich. Diese sind nach § 253 Abs. 3 Satz 3 HGB i. S. des strengen Niederstwertprinzips zwingend vorzunehmen, wenn der beizulegende Wert des Vermögensgegenstands unter den sich am Abschlussstichtag ergebenen Buchwert gesunken ist, z. B. infolge

- einer zwischenzeitlichen wirtschaftlichen oder technischen Entwertung,
- eines vorzeitigen Nutzungsendes in Folge einer geplanten Produktionseinstellung,
- einer voraussichtlich nachhaltigen Unrentabilität,
- einer wirksamen Beschränkung der Rechtsnutzung bzw.
- einer wirksamen Klage auf Unterlassung.

Mit der Neufassung des § 253 Abs. 3 Satz 4 HGB wird das bisher auf Kapitalgesellschaften und bestimmte Personenhandelsgesellschaften beschränkte Verbot der außerplanmäßigen Abschreibung von Vermögensgegenständen des Anlagevermögens bei nur vorübergehender Wertminderung – Finanzanlagen ausgenommen – auf alle Unternehmen ausgedehnt. Damit wird nach Ansicht des Gesetzgebers das bisherige bilanzpolitische Gestaltungspotenzial erheblich verringert und die Vergleichbarkeit des handelsrechtlichen Jahresabschlusses verbessert. Gleichzeitig wird eine Annäherung an die steuerlichen Bewertungsvorschriften erreicht.

Für den Prüfer ist vor allem die Abgrenzung einer „**dauernden**" von einer „**vorübergehenden**" Wertminderung von Belang, da bei immateriellen und Sachanlagen nur bei einer dauernden Wertminderung außerplanmäßig abzuschreiben ist. Eine nähere Bestimmung des Zeithorizonts ist aus dem Gesetzestext nicht ableitbar. Auch im Fachschrifttum wird keine absolut bestimmte Zeitspanne genannt, sondern in Bezug auf die Nutzungsdauer der Sachanlage relativiert. Demzufolge liegt eine vorübergehende Wertminderung vor, wenn diese in voraussichtlich weniger als der Hälfte der ausstehenden Restnutzungsdauer des Anlageguts Bestand haben wird. Der Prüfer sollte hier auf Basis des Vorsichtsprinzips im Zweifel eine dauernde Wertminderung unterstellen (§ 252 Abs. 1 Nr. 4 HGB).

Da der Vermögensgegenstand dem Betrieb auf Dauer zu dienen bestimmt ist und nicht zur Zwecke der Veräußerung gehalten wird, ermittelt sich der beizulegende Wert aus den Verhältnissen am **Beschaffungsmarkt**. Grundsätzlich sehen einschlägige Werttheorien folgende Verfahren vor:

- **marktpreisorientierte Verfahren**, soweit für gebrauchte Anlagen ein aktiver Markt zur Verfügung steht, die auf dem Markt gehandelten Güter homogen, vertragswillige Käufer und Verkäufer jederzeit zu finden sowie Preise öffentlich bekannt sind;
- **kapitalwertorientierte Verfahren** auf Basis einer Cashflow-Prognose, hier entspricht der beizulegende Wert dem Kapitalwert der der Anlage zuordenbaren Cashflows;
- **kostenorientierte Verfahren** unter Anwendung der Reproduktionsmethode oder der Wiederbeschaffungsmethode.

Da Börsen- oder Marktpreise regelmäßig nicht feststellbar sind, wird als beizulegender Wert meist der **Wiederbeschaffungs-** oder **Reproduktionswert** herangezogen. Hierbei ist der Wiederbeschaffungsneuwert um kumulierte Abschreibungen entsprechend der bereits abgelaufenen Nutzungszeit des bilanzierten Anlageguts zu verringern. Erforderliche Anschaffungsnebenkosten sowie Kosten der Herstellung der Betriebsbereitschaft sind in voller Höhe einzubeziehen.

Die Wertermittlung geht zwar von den Verhältnissen am Abschlussstichtag aus, gleichwohl sind als Ausfluss des Wertaufhellungsprinzips alle zwischen dem Bilanzstichtag und der Bilanzaufstellung bekannt gewordenen wertbestimmenden Tatbestände zu berücksichtigen, die sich auf Zeitpunkte vor dem Abschlussstichtag beziehen.

Die kapitalwertorientierten Verfahren entsprechen der Vorgehensweise des **Wertminderungstests** nach IAS 36. In diesem Rahmen ermittelt sich außerplanmäßiger Abschreibungsbedarf aus der Differenz zwischen dem Buchwert eines Vermögenswerts und seinem niedrigeren erzielbaren Betrag (IAS 36.1; IAS 36.59). Der **erzielbare Betrag** ist gemäß der Definition in IAS 36.6 der höhere der beiden Beträge aus

- **Nettoveräußerungspreis** („*fair value less costs to sell*"), definiert als derjenige Betrag, der durch den Verkauf eines Vermögenswerts in einer Transaktion zu Marktbedingungen unter sachverständigen, vertragswilligen Parteien nach Abzug der Veräußerungskosten erzielt werden könnte (**Verwertung durch Verkauf**), und
- **Nutzungswert** („*value in use*"), definiert als Barwert der geschätzten künftigen Cashflows, die aus der fortgesetzten Nutzung eines Vermögenswerts und seinem Abgang am Ende der Nutzungsdauer erwartet werden (**Verwertung durch Einsatz im Rahmen der betrieblichen Leistungserstellung**).

ABB. 181: Wertminderungstest nach IAS 36

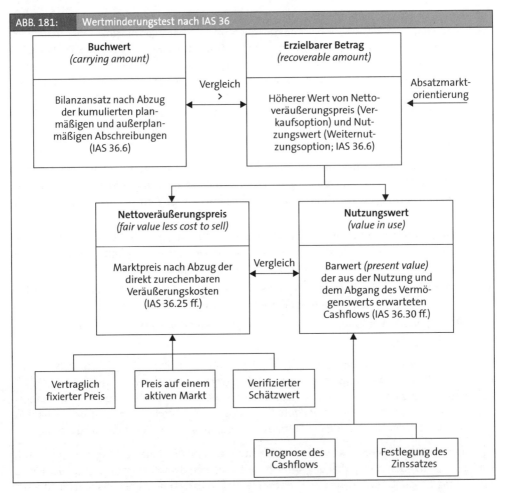

Da der Buchwert über die Nutzungsdauer linear sinkt, der Nettoveräußerungswert aber in den ersten Nutzungsperioden am stärksten abnimmt (z. B. „Schwacke-Liste"), ist der Nettoveräußerungswert in der Regel für die Bestimmung des Wertminderungsbedarfs irrelevant. Zugleich ist er aber relativ einfach zu ermitteln, jedenfalls wenn ein liquider Markt für Gebrauchtanlagen existiert.

Der Nutzungswert hingegen ist zwar der zumeist für den Wertminderungstest einschlägige Wert, aber schwer zu ermitteln. Er bemisst sich aus den barwertigen Cashflows, die aus der Nutzung des Anlagegegenstands resultieren. Typischerweise können die – umsatzbezogenen – Cashflows einem einzelnen Vermögensgegenstand nicht verlässlich zugeordnet werden (IAS 36.22). Folglich ist eine Bewertung von Vermögensgegenständen des Anlagevermögens nur im Gesamtzusammenhang möglich, indem eine sog. **zahlungsmittelgenerierende Einheit** gebildet wird (sog. „*cash generating unit*"). Hierbei handelt es sich in der Praxis um abgrenzbare Fertigungsbereiche oder Werke.

Die Prüfung des Wertminderungsbedarfs erfolgt zum einen unter Rückgriff auf **externe Informationsquellen** zur Entwicklung der Marktwerte der Anlagegüter, signifikante nachteilige Veränderungen des technischen, marktbezogenen, ökonomischen oder gesetzlichen Umfelds des Unternehmens sowie signifikante Erhöhungen der Marktzinssätze, die sich wesentlich auf den Diskontierungszinsfuß auswirken können (IAS 36.9).

Interne Informationsquellen ergeben sich zum anderen insbesondere aus der Unternehmensplanung und dem internen Berichtswesen (IAS 36.9). Substanzielle Hinweise werden sich vor allem auf die Höhe und Entwicklung der nachhaltigen Zahlungsmittelüberschüsse aus der Geschäftstätigkeit richten, zu deren Erzielung die Sachanlage dient. Wesentliche Verringerungen der geplanten Netto-Cashflows oder Betriebsgewinne bzw. Erhöhungen der geplanten Verluste oder Nettomittelabflüsse weisen auf eine Wertminderung hin. Diese können z. B. bedingt sein durch

▶ nachhaltige Unterauslastung oder den vorzeitigen Abgang des Anlageguts,
▶ die Restrukturierung oder Einstellung des Bereichs, zu dem das Anlagegut gehört.

Die in IAS 36.9 aufgeführte Kriterienliste ist nicht abschließend zu verstehen. Jedenfalls kommt es nicht auf den (absoluten) Wert einer Anlage an sich, sondern auf ihren (relativen) Wert in Bezug auf die Möglichkeit ihrer nutzbringenden und rentablen Verwendung im Rahmen des Leistungserstellungsprozesses an, also ihren **Beitragswert** (IAS 36.11).

ABB. 182:	Indikatoren des Abschreibungsbedarfs nach IAS 36.9
Externe Indikatoren	**Interne Indikatoren**
▶ Deutlich gesunkener Marktwert ▶ Negative technische, ökonomische und gesetzliche Entwicklungen im Unternehmensumfeld ▶ Gestiegene Marktrenditen ▶ Über der Marktkapitalisierung des Unternehmens liegender Buchwert des gesamten Reinvermögens	▶ Schäden und Überalterungen ▶ Verschlechterte oder verkürzte Nutzungsmöglichkeit (z. B. geplanter Abgang oder geplante Einstellung bzw. Restrukturierung des Bereichs, dem der Vermögenswert angehört) ▶ Abnehmende wirtschaftliche Ertragskraft (negative Cashflow-Entwicklungen)

Für Geschäftsjahre ab 2010 kann handelsrechtlich unter gewissen Voraussetzungen auch eine komponentenweise planmäßige Abschreibung von Sachanlagen erfolgen. Bei diesem, ebenfalls aus den IAS entlehnten „**Komponentenansatz**" wird der Vermögensgegenstand in mehrere wertmäßig bedeutende Komponenten (in Bezug auf den Anteil an den Gesamtkosten der Sachanlage) aufgeteilt, die eine signifikant abweichende Nutzungsdauer aufweisen. Eine Gruppenbildung von Teilen mit ähnlicher Nutzungsdauer und ähnlichem Abschreibungsverlauf ist zulässig. Bei einer komplexen Maschine könnte zum Beispiel eine Aufteilung in Motor, Getriebe und Gestell etc. erfolgen. Ein Flugzeug kann in die Komponenten Turbinen, Tragflügel, Außenhaut, Innenausstattungen oder Auskleidungen „zerlegt" werden.

Großreparaturen und Inspektionen sind nicht Objekte der Komponentenabschreibung, sondern Aufwand.

Die identifizierten Komponenten sind dann ihrer jeweiligen Nutzungsdauer entsprechend abzuschreiben. Durch die Anwendung des Komponentenansatzes kann folglich eine deutlich realistischere Darstellung des Werteverzehrs von Vermögensgegenständen und ein zeitliches Vorziehen der Abschreibungen erreicht werden.

Mit IDW RH HFA 1.1016 (vgl. IDW-FN 2009, S. 362 ff.) wurde die Komponentenabschreibung handelsrechtlich grundsätzlich für zulässig befunden, wenn physisch separierbare Komponenten ausgetauscht werden, die in Relation zum Vermögensgegenstand insgesamt wesentlich sind, z. B. wenn das Dach eines 60 Jahre nutzbaren Gebäudes alle 20 Jahre ausgetauscht wird (IDW RH HFA 1.1016, Tz. 5). Die separate Abnutzung/Ausbuchung einer Komponente kann somit als Teilabgang bzw. -verbrauch und deren Ersatz als Teilzugang und somit nicht als Erhaltungsaufwand traditioneller steuerrechtlicher Prägung aufgefasst werden. Vielmehr ist der Zugang der ersetzten Komponente als nachträgliche Anschaffungskosten zu aktivieren und über die Nutzungsdauer der betreffenden Komponente abzuschreiben (IDW RH HFA 1.1016, Tz. 6).

Der Komponentenansatz steht in Gegensatz zur laufenden BFH-Rechtsprechung zur Bilanzierung von Gebäuden und Gebäudeteilen (R 4.2 Abs. 3 sowie R 7.1 Abs. 5 und 6 EStR). Hier wird auf das Bestehen eines einheitlichen Funktionszusammenhangs abgestellt: Gebäudeteile, die dem Zweck des Gebäudes dienen, sind demzufolge nicht selbständig bilanzierungsfähig.

Der Prüfer wird bei Anwendung des Komponentenansatzes durch den Mandanten mit wesentlich höheren Ermessensspielräumen konfrontiert; diese beziehen sich sowohl auf die Definition und Abgrenzung der Komponenten als auch auf die Schätzung der einzelnen Nutzungsdauern der Komponenten, z. B. aufgrund interner Erfahrungswerte oder von Branchenvergleichen.

Bei der **Prüfung der Abschreibungen** ergeben sich für den Prüfer folgende Zweifelsfragen:

ABB. 183:	Zweifelsfragen bei der Prüfung der Abschreibungen nach § 253 HGB
▶	Liegt für alle Anlagen ein Abschreibungsplan vor? Wird entsprechend verfahren?
▶	Stimmen die Abschreibungsbeträge in Aufwands-, Sachkonten und Anlagenkartei überein?
▶	Besteht Übereinstimmung zwischen der Wertfortführung im Bilanz- und Anlagespiegel einerseits sowie dem Ausweis der Periodenabschreibungen in der GuV andererseits?
▶	Sind Bemessungsgrundlage der Abschreibungen sowie zugrunde gelegte Nutzungsdauer plausibel?
▶	Ist die Abschreibungsmethode mit dem tatsächlichen Nutzungsverlauf jedenfalls nicht unvereinbar? Ist der eventuelle Ansatz eines Restwerts gerechtfertigt und nachvollziehbar?
▶	Bestehen für ggf. vorgenommene Bewertungsänderungen besondere sachliche Gründe?
▶	Sind alle noch nicht voll abgeschriebenen Anlagegüter noch nutzungsfähig bzw. werden sie noch im Leistungserstellungsprozess genutzt?
▶	Bestehen Anzeichen für unterlassene außerplanmäßige Abschreibungen?
▶	Wird als solcher klassifizierter Herstellungsaufwand korrekt abgeschrieben? Werden Betriebsvorrichtungen nach Maßgabe der für bewegliche Anlagegüter geltenden Vorschriften abgeschrieben?
▶	Erfolgt eine korrekte und gesonderte Sofortabschreibung von GWGs sowie eine Aufwandsverbuchung bei mit Festwerten bilanzierten beweglichen Sachanlagen?

Nach Aufhebung des umgekehrten Maßgeblichkeitsprinzips im Zuge des BilMoG sind **Abschreibungen auf den steuerrechtlich zulässigen niedrigeren Wert** nicht mehr zulässig. Werden in der Steuerbilanz einschlägige, weiterhin geltende Vorschriften wie

▶ **Reinvestitionsrücklage** nach § 6b EStG, anwendbar für die Veräußerung und Wiederbeschaffung von Grund und Boden sowie Gebäuden,

- **Ersatzbeschaffungsrücklage** nach R 6.6 EStR, anwendbar für Vermögensgegenstände, die aufgrund höherer Gewalt oder zur Vermeidung eines behördlichen Eingriffs ausgeschieden sind und für die eine Entschädigung über dem Buchwert geleistet wurde,
- **Rücklage für Zuschüsse** gemäß R 6.5 EStR, anwendbar für jegliche von (öffentlichen oder privaten) Dritten bezuschusste Anlagegüter,

in Anspruch genommen, so wird c. p. das Handelsbilanzergebnis unweigerlich höher ausfallen als das Steuerbilanzergebnis mit der Folge der notwendigen Passivierung einer Steuerlatenz.

Der bisherige § 253 Abs. 4 HGB a. F. ist ersatzlos entfallen. Einzelkaufleute, Personengesellschaften und Genossenschaften dürfen keine Abschreibungen im Rahmen der vernünftigen kaufmännischen Beurteilung mehr vornehmen, um im handelsrechtlichen Jahresabschluss stille Reserven zu legen. Die mit der hergebrachten Regelung verfolgten einschlägigen Zwecke wie

- Vorbereitung von Maßnahmen zur Sicherung des Fortbestands des Unternehmens (z. B. Ansparen von Mitteln für Erbschaftsteuerzahlungen oder Abfindungen ausscheidender Gesellschafter),
- die Ansammlung von Mitteln für größere künftige Investitionen oder
- die Gewinnglättung infolge von Konjunkturschwankungen

können nach Ansicht des Gesetzgebers sämtlich durch Bildung von Gewinnrücklagen realisiert werden. Daher ist die durch den Wegfall der Vorschrift induzierte Anhebung des Informationsniveaus des handelsrechtlichen Abschlusses höher zu bewerten.

§ 253 Abs. 5 HGB regelt ein rechtsformunabhängiges **Wertaufholungsgebot**. Grundsätzlich besteht zu jedem Bilanzstichtag die Notwendigkeit zur Überprüfung der Voraussetzungen für eine Wertaufholung.

Kapitalgesellschaften waren seit jeher nach § 280 Abs. 1 HGB zur Wertaufholung verpflichtet. Das bislang für Genossenschaften, Personenhandelsgesellschaften und Einzelkaufleute geltende Wertaufholungswahlrecht fällt dagegen weg. Die bisherige gesellschaftsrechtliche Differenzierung wurde seitens des Gesetzgebers als unsachgemäß und sachlich nicht zu rechtfertigen erachtet. So könnte die mit der Inanspruchnahme des Wahlrechts ggf. verbundene Verminderung des ausschüttungsfähigen Gewinns zum Nachteil der nicht mitspracheberechtigten Kommanditisten genutzt werden.

Für den Geschäfts- oder Firmenwert gilt demgegenüber ein striktes **Wertaufholungsverbot** (§ 253 Abs. 5 Satz 2 HGB). Eintretende Werterholungen eines Geschäfts- oder Firmenwerts nach einer außerplanmäßigen Abschreibung sind auf die laufende Geschäfts- oder Betriebstätigkeit des erwerbenden Unternehmens zurückzuführen. Sie beruhen nicht darauf, dass die Gründe der außerplanmäßigen Abschreibung zu einem späteren Zeitpunkt nicht mehr bestehen. Insoweit käme die Wertaufholung einer (unzulässigen) Aktivierung eines selbst geschaffenen Geschäfts- oder Firmenwerts gleich.

Etwaige Zuschreibungen werden in der GuV unter den **sonstigen betrieblichen Erträgen** ausgewiesen; nur in Ausnahmefällen (besondere wertmäßige Höhe) kommt eine Verbuchung unter den **außerordentlichen Erträgen** in Betracht. Eine Saldierung der Zuschreibungen mit planmäßigen Periodenabschreibungen ist unzulässig.

Der Prüfer hat die Neueinschätzung des gestiegenen beizulegenden Werts auf Plausibilität und Widerspruchsfreiheit zu prüfen. Zudem ist sicherzustellen, dass die fortgeführten Anschaffungskosten (ursprüngliche Anschaffungskosten abzüglich fiktiver kumulierter Abschreibungen nach ursprünglichem Abschreibungsplan) nicht überschritten werden. Bei Zweifeln an der Angemessenheit der Wertneueinschätzung wird der Prüfer ein Wertgutachten einholen müssen.

Der Wegfall der (willkürlichen) Wahlabschreibungen nach § 253 Abs. 4 HGB a. F. und des Wertaufholungswahlrechts nach § 253 Abs. 5 HGB a. F. sind positiv zu würdigen. Insoweit wird dem Vorstand Manövriermasse in Form stiller Reserven entzogen. Diese wurde oftmals in Krisenzeiten dazu verwendet, um Ergebnisglättung zu betreiben und einen Verlustausweis zeitlich hinauszuzögern. Entscheidungen über den Einbehalt von Mitteln der Innenfinanzierung im Unternehmen werden folglich in die Entscheidungshoheit der Gesellschafter gelegt. Die Prüfung gewinnt eine wesentliche Objektivierung.

Macht der Bilanzierende von dem in Art. 67 Abs. 4 Satz 1 EGHGB kodifizierten Wahlrecht zur Fortführung von niedrigeren Wertansätzen von Vermögensgegenständen, die auf Abschreibungen nach § 253 Abs. 4 HGB a. F. oder nach den §§ 254, 279 Abs. 2 HGB a. F. beruhen, keinen Gebrauch, sind die aus der Zuschreibung resultierenden Beträge grundsätzlich unmittelbar in die Gewinnrücklagen einzustellen (Art. 67 Abs. 4 Satz 2 EGHGB). Eine erfolgsneutrale Erfassung der Beträge kommt ausnahmsweise insoweit nicht in Betracht, als die Abschreibungen im letzten vor dem 1.1.2010 beginnenden Geschäftsjahr vorgenommen worden sind.

1.6 Ausbuchung

Eine Ausbuchung erfolgt bei

- Veräußerung,
- Rechtsverlust,
- Verschrottung oder
- Ende der Nutzung (Vollverschleiß),

in letzterem Fall unter Ansatz eines Merkpostens. Analog zum Zugang ist für eine Ausbuchung der Verlust von Besitz, Nutzen und Lasten Voraussetzung. Ein saison- oder auslastungsbedingter teilweiser Leerstand oder selbst eine vollständige Nichtnutzung in der Berichtsperiode rechtfertigen keine Ausbuchung.

Es ist ggf. nachzuvollziehen, ob der aus dem Abgang resultierende **Veräußerungserlös** angemessen und marktüblich ist, insbesondere bei Verkäufen an Gesellschafter, verbundene Unternehmen, Mitarbeiter oder sonstige nahe stehenden Personen. Beim Verkauf an Gesellschafter hat der Prüfer überdies eventuellen Verstößen gegen eine Rückzahlung von Stammkapital sowie verdeckten Gewinnausschüttungen nachzugehen.

Ein **Untergang** des Vermögensgegenstands kann entweder durch vertragliche Regelungen oder faktische Obsoleszenz eintreten. Ein ggf. vorliegender **Rechtsverlust** ist vom Prüfer anhand der Einsicht in die relevanten Vertragsunterlagen zu kontrollieren. Steht der Abgang mit einem der in R 6.6 EStR genannten Sachverhalte in Zusammenhang, sollte aus Gründen der Steuerersparnis die Bildung einer entsprechenden, handelsrechtlich aber unbeachtlichen, Rücklage angeregt werden.

Der Prüfer muss sicherstellen, dass ausgebuchte Vermögensgegenstände nicht mehr im Unternehmen genutzt werden oder für eine Nutzung zur Verfügung stehen. Auch ist zu prüfen, ob bis zum Ausscheiden noch pro rata temporis Abschreibungen angesetzt wurden. Es muss gewährleistet sein, dass die auf den Abgang entfallenden Anschaffungskosten sowie kumulierten Abschreibungen ausgebucht wurden.

Daneben ist die Wertgleichheit der in der GuV vorgenommenen Abschreibungen zu verproben.

1.7 Anhangangaben

Die gesetzlichen Vertreter von Kapitalgesellschaften haben den Jahresabschluss um einen **Anhang** zu erweitern (§ 264 Abs. 1 Satz 1 HGB). Die nach § 284 HGB zu treffenden allgemeinen Angaben umfassen insbesondere die

- zugrunde liegenden Bilanzierungs- und Bewertungsmethoden, z. B. Ausnutzung von Aktivierungswahlrechten, Festlegung der Nutzungsdauern und der Abschreibungsmethoden (Abs. 2 Nr. 1),
- Abweichungen von Bilanzierungs- und Bewertungsmethoden und gesonderte Darstellung von deren Einfluss auf die Vermögens-, Finanz- und Ertragslage (Abs. 2 Nr. 3).

Als jedenfalls unstrittige Ausnahmen von der Ansatzstetigkeit dürften gelten

- Änderungen der Konzernzugehörigkeit,
- wesentliche Änderungen der Gesellschafter- bzw. Unternehmensstruktur,
- wesentliche Änderungen in der Einschätzung der Unternehmensentwicklung und
- wesentliche technologische Neuerungen.

Große und mittelgroße Kapitalgesellschaften sind nach § 268 Abs. 2 i.V. mit § 274a Nr. 1 HGB zur Darstellung eines **Anlagespiegels** (Anlagengitters) verpflichtet. Gesondert aufzuführen sind dort die historischen Anschaffungs- und Herstellungskosten, Zugänge, Abgänge, Umbuchungen und Zuschreibungen des Geschäftsjahres sowie die kumulierten Abschreibungen. Zur Entlastung der Bilanz wird der Anlagenspiegel in der Praxis meist im Anhang dargestellt. Die Nichtaufstellung durch kleine Kapitalgesellschaften i. S. des § 267 Abs. 1 HGB ist nicht zu beanstanden.

Die Darstellung der wertmäßigen Entwicklung der Vermögensgegenstände des Anlagevermögens im Anlagespiegel soll einen differenzierten Einblick in die Vermögenslage durch Angabe der historischen Anschaffungs- und Herstellungskosten sowie der kumulierten Abschreibungen ermöglichen. Mit Hilfe dieser über die Bilanzangaben hinausgehenden Informationen lassen sich

- Aussagen über den Abnutzungsgrad der Sachanlagen treffen und
- Zugänge, Abgänge und Abschreibungen in Relation zu der Bezugsbasis „historische Anschaffungs- und Herstellungskosten" ausdrücken.

ABB. 184:	Aufbau des Anlagespiegels und diesbezügliche Verprobungen									
Position	Historische AHK	Zugänge im GJ zu AHK	Abgänge im GJ zu AHK	Umbuchungen im GJ zu AHK	Zuschreibungen im GJ	Abschreibungen kumuliert	Abschreibungen im GJ	RBW lfd. Jahr	RBW Vorjahr
Immaterielle Vermögensgegenstände des Anlagevermögens									
Grundstücke, Gebäude									
Technische Anlagen, Maschinen									
Andere Anlagen, BGA									
Geleistete Anzahlungen, Anlagen im Bau									
(...)									

1. Verprobung

2. Verprobung

Der Prüfer hat in diesem Zusammenhang insbesondere sicherzustellen, dass

▶ Zugänge und Abgänge zu historischen Werten aufgeführt wurden,

▶ auf Zugänge korrekte pro rata-Abschreibungen verbucht wurden,

▶ bei Umbuchungen neben den historischen Anschaffungskosten auch die kumulierten Abschreibungen und Zuschreibungen umgebucht wurden und der Saldo der Umbuchungen stets Null ergibt,

▶ die Abschreibungen des laufenden Geschäftsjahres in einer Zusatzspalte oder separaten Aufgliederung gezeigt werden,

▶ die im Anlagespiegel dargestellten Abschreibungen und Zuschreibungen des Geschäftsjahres mit den jeweiligen GuV-Positionen übereinstimmen und

▶ eine korrekte Verbuchung der außerplanmäßigen Abschreibungen erfolgte.

Unter den Zugängen sind auch nachträgliche Anschaffungs- und Herstellungskosten (Herstellungsaufwand) zu zeigen; es handelt sich nicht um Zuschreibungen. Hierbei gelten als Umbuchungen nur Bewegungen zwischen Positionen des Anlagevermögens, etwa von den zwischenzeitlich fertig gestellten Anlagen im Bau zu den technischen Anlagen. Bewegungen vom bzw. in das Umlaufvermögen sind nach h. M. als Zugänge oder Abgänge darzustellen.

Veräußerte bzw. voll verschlissene Sachanlagen sind als Abgänge auszuweisen; die auf sie entfallenden kumulierten Abschreibungen sind auszubuchen. Der Prüfer hat dies anhand von Zugangs- und Abgangslisten zu verfolgen. Schließlich ist zu überwachen, ob weitere ggf. erforderliche **Anhangangaben** wie folgt getätigt wurden:

ABB. 185:	Anhangangaben in Bezug auf das immaterielle bzw. Sachanlagevermögen
§ 277 Abs. 3 Satz 1 HGB	Angabe der außerplanmäßigen Abschreibungen nach § 253 Abs. 3 Satz 3 HGB, soweit nicht gesondert in der GuV ausgewiesen
§ 277 Abs. 4 Satz 2 HGB	Angabe und Erläuterung der außerordentlichen Erträge bzw. Aufwendungen, soweit nicht von untergeordneter Bedeutung für die Darstellung der Ertragslage (z. B. aus Anlagenabgängen, aus *sale and lease back*-Verträgen)
§ 284 Abs. 2 Nr. 1 HGB	Angabe der angewandten Bilanzierungs- und Bewertungsmethoden, z. B. bezüglich der Ausübung der Einbeziehungswahlrechte bei den Anschaffungs- und Herstellungskosten (§ 255 HGB) oder der Wahl der Abschreibungsmethode (§ 253 Abs. 2 Satz 1 HGB)
§ 284 Abs. 2 Nr. 3 HGB	Angabe von Abweichungen von der Bilanzierungs- und Bewertungsstetigkeit und deren Einflüssen auf die Darstellung der Vermögens-, Finanz- und Ertragslage, z. B. Änderungen bei der Einbeziehung von Kostenarten in die Anschaffungs- und Herstellungskosten (§ 255 HGB), Änderungen der Abschreibungsmethode oder der Nutzungsdauern
§ 284 Abs. 2 Nr. 4 HGB	Angabe von Unterschiedsbeträgen bei der Anwendung spezieller Bewertungsmethoden, wenn die Bewertung i. V. zum letzten Abschlussstichtag eine erhebliche Differenz aufweist (insbesondere bei Anwendung des § 240 Abs. 3 und 4 HGB)
§ 284 Abs. 2 Nr. 5 HGB	Angabe über den Umfang der Einbeziehung von Fremdkapitalzinsen in die Anschaffungs- und Herstellungskosten, soweit Einzelkosten (§ 255 Abs. 3 HGB)
§ 285 Satz 1 Nr. 3 HGB	Art, Zweck, Risiken und Vorteile von nicht in der Bilanz enthaltenen Geschäften, soweit die Angaben für die Beurteilung der Finanzlage notwendig sind (z. B. Abschluss von Leasing-Verträgen, Verpfändung von Aktiva, Auslagerung von Tätigkeiten, schwebende Geschäfte mit wesentlicher Bedeutung)
§ 285 Satz 1 Nr. 13 HGB	Angabe von Gründen, die die Annahme einer betrieblichen Nutzungsdauer eines entgeltlich erworbenen Geschäfts- oder Firmenwerts von mehr als fünf Jahren rechtfertigen
§ 285 Satz 1 Nr. 21 HGB	Angaben zu Geschäften mit nahe stehenden Unternehmen und Personen, die nicht zu marktüblichen Bedingungen zustande gekommen sind
§ 285 Satz 1 Nr. 22 HGB	Im Fall der Aktivierung nach § 248 Abs. 2 HGB der Gesamtbetrag der Forschungs- und Entwicklungskosten des Geschäftsjahres sowie der davon auf selbst geschaffene immaterielle Vermögensgegenstände des Anlagevermögens entfallende Betrag
§ 285 Satz 1 Nr. 25 HGB	Separate Angabe der Vermögensgegenstände und Schulden nach § 246 Abs. 2 Satz 2 HGB (Anschaffungskosten und beizulegender Zeitwert der verrechneten Vermögensgegenstände)
§ 285 Satz 1 Nr. 28 HGB	Gesamtbetrag der Beträge i. S. des § 268 Abs. 8 HGB (Ausschüttungssperre), aufgegliedert in die Beträge aus der Aktivierung selbst geschaffener immaterieller Vermögensgegenstände des Anlagevermögens, Beträge latenter Steuern und Beträge aus der Bewertung von Vermögensgegenständen zum beizulegenden Zeitwert

Kleine Kapitalgesellschaften (§ 267 Abs. 1 HGB) sind befreit von den Angaben

▶ nach § 277 Abs. 4 Satz 2 und 3 HGB (aufgrund § 276 Satz 2 HGB) und

▶ nach § 284 Abs. 2 Nr. 4, § 285 Satz 1 Nr. 2 bis 8a), Nr. 12, 17, 19, 21, 22 und 29 HGB (aufgrund § 288 Abs. 1 HGB).

Mittelgroße Kapitalgesellschaften (§ 267 Abs. 2 HGB) sind befreit von den Angaben nach § 285 Satz 1 Nr. 3 (bezüglich Darstellung der Risiken und Vorteile), Nr. 4 und 21 HGB (§ 288 Abs. 2 HGB; für Nr. 21 nur Befreiung, soweit keine AG).

Bei Option für die Fortführung niedrigerer Wertansätze gemäß § 253 Abs. 3 Satz 3 und Abs. 4, § 254 sowie § 279 Abs. 2 HGB a. F. sind auch die seinerzeitigen Anhangangaben weiter zu tätigen, etwa § 285 Satz 1 Nr. 5 HGB a. F.

Auch darf die planmäßige Abschreibung eines vor Inkrafttreten des BilMoG aktivierten Geschäfts- oder Firmenwerts nach der bisherigen Methode fortgeführt werden. In diesem Fall findet die Anhangangabe des § 285 Satz 1 Nr. 13 HGB auch auf entsprechende Altfälle Anwendung (Angabe der Nutzungsdauer und Abschreibungsmethode).

2. Prüfung des Finanzanlagevermögens

2.1 Risikoanalyse

Als Ausgangspunkt der Prüfung der Finanzanlagen verschafft sich der Prüfer einen Überblick mit Hilfe eines **Konzernorganigramms**, welches vom zu prüfenden Unternehmen zur Verfügung gestellt wird. Diesen Nachweis kann allerdings nur das oberste Mutterunternehmen an der Spitze des Konzerns erbringen.

Im Idealfall steht dem Prüfer ein vollständiges Verzeichnis über alle Unternehmensverbindungen zur Verfügung, welches Angaben über die Rechtsform, die Höhe der Beteiligung (prozentual und nominal), die Anschaffungskosten und den aktuellen Buchwert beinhaltet. Der Prüfer kann diese Angaben auch unmittelbar vom Mutterunternehmen nach § 320 Abs. 2 Satz 3 HGB sowie vom Mandatsvorgänger (ehemaliger Prüfer) nach § 320 Abs. 4 HGB anfordern.

Im Zuge der Risikoanalyse hat der Prüfer das inhärente sowie das Kontrollrisiko des Unternehmens zu würdigen.

Inhärente Risiken operationalisieren, wie anfällig die Finanzanlagen und die damit zusammenhängenden Geschäftsvorfälle aufgrund von aus der Geschäftstätigkeit und der wirtschaftlichen Lage des Unternehmens resultierenden Umständen für Fehler sind. Für ihre Beurteilung relevant ist insbesondere die Komplexität der Finanzanlagen, z. B. infolge

- der Internationalisierung der Geschäftstätigkeit,
- der Einbindung in einen Großkonzern oder
- sonstiger kapitalmäßiger Verflechtungen.

Weitere Bestimmungsfaktoren für inhärente Risiken stellen dar:

- Umfang, Zusammensetzung und Internationalität der Finanzanlagen,
- Vorhandensein von Klumpenrisiken (z. B. durch Vorliegen von Kreditnehmereinheiten),
- Wechsel in der Unternehmensleitung, in Rechtsform und Organisationsstruktur,
- Abschluss ungewöhnlicher oder komplexer Geschäfte insbesondere gegen Ende des Geschäftsjahres,
- wesentliche Risiken in Bezug auf die wirtschaftliche Lage des Unternehmens.

Jahresabschlusskennzahlen zur Abbildung der Wesentlichkeit und des inhärenten Risikos der Finanzanlagen stellen insbesondere dar:

ABB. 186: Finanzanlagebezogene Jahresabschlusskennzahlen

Kennzahl	Berechnung	Interpretation
Finanzanlagen-quote	Finanzanlagevermögen / Bilanzsumme x 100 %	Gibt den Anteil des Finanzanlagevermögens am Gesamtvermögen an, allgemeine Strukturkennzahl
Verbundquote	Anteile und Ausleihungen an verbundene Unternehmen / Finanzanlagevermögen x 100 %	Gibt den Anteil der bei verbundenen Unternehmen investierten Finanzanlagen an
Beteiligungs-quote	Beteiligungen und Ausleihungen an Beteiligungsunternehmen / Finanzanlagevermögen x 100 %	Gibt den Anteil der bei Beteiligungsunternehmen investierten Finanzanlagen an
Ausleihungs-quote	(Ausleihungen an verbundene und Beteiligungsunternehmen + sonstige Ausleihungen) / Finanzanlagevermögen x 100 %	Gibt den Anteil der Finanzanlagen mit Fremdkapitalcharakter am Gesamtvolumen der Finanzanlagen an (Rückforderungscharakter)
Nettoertrags-quote	(Erträge aus Beteiligungen und Anteilen an verbundenen Unternehmen + Erträge aus anderen Wertpapieren und Ausleihungen des Finanzanlagevermögens - Abschreibungen auf Finanzanlagen) / Finanzanlagevermögen x 100 %	Gibt die Quote der Nettoerträge aus Finanzanlagen in Bezug auf das in diesen gebundene Vermögen zu Restbuchwerten an

In Bezug auf die Angaben im **Anlagespiegel**, die auch für Vermögensgegenstände des Finanzanlagevermögens zu tätigen sind (§ 268 Abs. 2 HGB), lässt sich analog zum Sachanlagevermögen die Wertentwicklung sowie die Bestandsänderung anhand der folgenden Kennzahlen rückverfolgen (vgl. Kapitel V.1.1.):

▶ **Restwertquote** (indiziert die anteilige Höhe der vorgenommenen kumulierten Abschreibungen in der Vergangenheit und damit den Wertverfall in Relation zu den ursprünglichen Anschaffungskosten),

▶ **Nettoinvestitionsquote** (gibt die Investitionsneigung im abgelaufenen Geschäftsjahr relativ zum historischen Bestand, bewertet zu ursprünglichen Anschaffungskosten an),

▶ **Abschreibungsquote** (quantifiziert den dem abgelaufenen Geschäftsjahr zuzuordnenden Werteverfall),

wobei naturgemäß die Abschreibungen zur Gänze außerplanmäßige Abschreibungen i. S. des § 253 Abs. 3 Satz 3 und 4 HGB sind.

Die Wirksamkeit des IKS wird durch das **Kontrollrisiko** operationalisiert. Zu dessen Würdigung sind bei der Prüfung der Finanzanlagen zu begutachten:

▶ die organisatorischen Regelungen zum Beteiligungserwerb, zur -betreuung und -veräußerung,

▶ die Führung einer Anlagenkartei oder eines Bestandsverzeichnisses sowie von Beteiligungsakten zu jedem verbundenen oder Beteiligungsunternehmen,

▶ die regelmäßige Abstimmung der Anlagenkartei mit den Konten der Finanzbuchhaltung,

▶ die Existenz angemessener Buchungs- und Bilanzierungsrichtlinien zu den Finanzanlagen.

KAPITEL V — Prüfung des Jahresabschlusses

Die **Anlagenkartei** soll mindestens folgende Angaben zu den jeweiligen Finanzanlagen auf dem aktuellen Stand enthalten:

- zu den **Anteilen**: Firma, Rechtsform, gezeichnetes Kapital/Stammkapital/Gesellschaftskapital insgesamt, Nennwert der Anteile, Quote der Anteile am Gesamtkapital, ausstehende Einzahlungsverpflichtungen, Bestehen besonderer Vertragsverhältnisse (Beherrschungsvertrag, Gewinnabführungsvertrag);

- zu den **Ausleihungen**: Ursprungsbetrag, Laufzeit, Zinssatz, Zinszahlungstermine, Tilgungsplan (Tilgungsraten und -termine), rückständige Zins- und Tilgungszahlungen, ggf. eingeholte Sicherheiten.

Zur Einschätzung des Kontrollrisikos kann der Prüfer folgende Checkliste heranziehen:

ABB. 187: Checkliste zu den finanzanlagebezogenen Kontrollrisiken

- Liegen bei Eigenverwahrung Protokolle der körperlichen Inventur bzw. bei von Dritten verwahrten Finanzanlagen vollständige und zeitnahe Depot- oder Verwahrbestätigungen vor?
- Verfügen Geschäftsleitung und zuständige Mitarbeiter über vollständige, aktuelle und systematische Beteiligungsakten? Sind diese auf dem neuesten Stand (z. B. Berücksichtigung von Kapitalerhöhungen und -herabsetzungen)?
- Stimmt die Anlagenkartei mit dem Anlagespiegel und den Bewegungen und Beständen auf den Sachkonten überein und wird dies regelmäßig überprüft?
- Stimmt die Finanzbuchhaltung mit externen Belegen (Handelsregisterauszüge, Gesellschaftsverträge, Kaufverträge, Protokolle von Gesellschafterversammlungen) überein?
- Werden Anteilserwerb und Vergabe von Ausleihungen legitimiert? Bestehen ggf. Limitregelungen, wird das Vier-Augen-Prinzip durchgängig eingehalten?
- Besteht Funktionstrennung hinsichtlich des Anteilserwerbs und der Anteilsveräußerung? Besteht weiter Funktionstrennung zwischen Buchhaltung, Zahlungsverkehr, Engagementprüfung, -betreuung und Sicherheitenverwaltung?
- Stimmen die Zahlungsausgänge mit den vertraglich vereinbarten Beträgen laut Darlehensverträgen etc. überein und existieren hierzu wirksame Kontrollmechanismen?
- Werden Bonität der Ausleihungen und Werthaltigkeit eingeholten Sicherheiten regelmäßig überprüft? Wird die Marktgerechtheit der Konditionen regelmäßig überprüft?
- Bestehen Sonderregelungen (z. B. besondere Zustimmungspflichten) für die Darlehensgewährung an nahe stehende Personen bzw. den Anteilserwerb an Firmen von nahe stehenden Personen?
- Wird der tatsächliche Zahlungseingang kontrolliert (Ausschüttungen, Zinsen, Tilgung)? Stimmt dieser mit den vertraglichen Daten überein?

Bei **Geschäften mit nahe stehenden Personen** (Eigentümer, Gesellschafter, leitende Mitarbeiter und deren nahe Angehörige oder von diesen betriebene Firmen) muss der Prüfer die besonderen Prüfungspflichten des IDW PS 255 beachten, da

- Prüfungsnachweisen von nahe stehenden Personen ein geringerer Zuverlässigkeitsgrad beizumessen ist und
- der Grund für derartige Geschäftsvorfälle nicht in kaufmännischen Motiven liegen kann.

Zu prüfen sind insbesondere beim Erkennen von Negativmerkmalen die Angemessenheit und Marktgerechtheit der vereinbarten Konditionen, die Vertretbarkeit der Rechtskonstruktion, das Vorliegen eines schlüssigen wirtschaftlichen Grundes für den Geschäftsabschluss aus Sicht des Unternehmens sowie die ordnungsmäßige Verbuchung der Vorfälle im Rechnungswesen.

2.2 Nachweis

Folgende **Prüfungsnachweise** muss der Prüfer für die Prüfung der Finanzanlagen erlangen und aus Sicht der Prüfungsplanung würdigen:

▶ Bestandsverzeichnis bzw. Anlagenkartei,

▶ Anlagespiegel,

▶ Bestandsnachweise wie Depotauszüge, Registerauszüge, Gesellschafterlisten,

▶ Bewertungsnachweise wie Jahresabschlüsse, Börsenkurse,

▶ Belege über Zu- und Abgänge, Gewinn- und Zinszahlungen.

Die Zuverlässigkeit der Prüfungsnachweise hängt von deren Herkunft ab. Im Allgemeinen gelten solche aus externen Quellen, also von Dritten erhaltene Prüfungsnachweise, als zuverlässiger. Wenn Nachweise aus verschiedenen Quellen übereinstimmen, ist dies überzeugender. Bei Widersprüchen hat der Prüfer zusätzliche Prüfungshandlungen vorzunehmen. Prüfungsnachweise für die Finanzanlagen lassen sich nach ihrer Herkunftsart wie folgt gliedern:

ABB. 188: Finanzanlagebezogene Prüfungsnachweise

Bilanzposition	Interne Nachweise	Externe Nachweise
Anteile an verbundenen Unternehmen	▶ Bestandsverzeichnis ▶ Anlagenkartei ▶ Konzernorganigramm	▶ Handelsregisterauszug, Beherrschungsvertrag ▶ Gesellschaftsvertrag ▶ Kaufvertrag
Beteiligungen	▶ Bestandsverzeichnis ▶ Anlagenkartei	▶ Handelsregisterauszug ▶ Kaufvertrag ▶ Gesellschaftsvertrag
Wertpapiere	▶ Wertpapierhandbuch	▶ Depotauszüge
Ausleihungen	▶ Darlehensverträge ▶ Saldenlisten ▶ Auszahlungsbelege	▶ Unterlagen des Schuldners

Im Rahmen der Prüfung ist sicherzustellen, dass sämtliche bilanzierungspflichtigen Finanzanlagen angesetzt werden. Der Prüfer untersucht das Bestandsverzeichnis sowie Zu- und Abgangslisten, die die Veränderungen bei den Anteilen an verbundenen Unternehmen, Beteiligungen und Wertpapieren darlegen. Hieraus ergeben sich auch Höhe der Beteiligung, Anschaffungszeitpunkt, Anschaffungskosten und Buchwert zum Bilanzstichtag.

Der Nachweis der Anteile an verbundenen Unternehmen sowie der Beteiligungen erfolgt anhand von Handelsregisterauszügen, Gesellschaftsverträgen, Kaufverträgen, sonstigen Vereinbarungen und möglichst auch Prüfungsberichten dieser Unternehmen.

Das Vorhandensein der Wertpapiere des Anlagevermögens belegen Depotauszüge oder Verwahrbestätigungen, die zum Bilanzstichtag bei den Kreditinstituten einzuholen sind. Um den Anschaffungszeitpunkt zu bestimmen, sind wenigstens stichprobenweise Kaufbescheinigungen einzusehen. Als Nachweis der langfristigen Ausleihungen dienen Saldenbestätigungen der Ausleihungsempfänger zum jeweiligen Bilanzstichtag, Verträge oder Ähnliches.

Werden Anteile vom bilanzierenden Unternehmen selbst verwahrt, so dienen die Aufnahmeprotokolle der körperlichen Inventur als Nachweis. Der Prüfer sollte bei wesentlichen Vermögensbeständen bei der Inventur zugegen sein.

In den **Arbeitspapieren** dokumentiert der Prüfer in Bezug auf die Finanzanlagen

- bei den Beteiligungen Angaben zur Bewertung und zu den Haftungsverhältnissen,
- bei den Wertpapieren Anschaffungskosten, Buchwert und Kurswert,
- bei den Ausleihungen Angaben zum jeweiligen Darlehensnehmer, zum Betrag der Ausleihung, zu Tilgung und Zinssatz sowie zu Sicherheiten.

2.3 Ansatz

Der Ansatz des Finanzanlagevermögens erfolgt entsprechend des allgemeinen Aktivierungsgrundsatzes und damit analog zu den Regelungen zum Sachanlagevermögen. Demnach ist die Zurechnung des wirtschaftlichen Eigentums zum Bilanzierenden maßgeblich, d. h.

- der Übergang von Besitz, Gefahr, Nutzen und Lasten bzw.
- die Erlangung der tatsächlichen Sachherrschaft über den Vermögensgegenstand, verbunden mit dem wirksamen Ausschluss Dritter von der Verfügungsmacht,

vgl. hierzu schon die Ausführungen zu den Sachanlagen. Für Finanzanlagen bestehen insbesondere die folgenden Besonderheiten und Zweifelsfragen:

- Die Einräumung **dinglicher Sicherungsrechte** (Sicherungsübereignung, Sicherungsabtretung, Eigentumsvorbehalt) hindert nicht an einer Bilanzierung des Vermögensgegenstands durch den Sicherungsgeber.
- Im Rahmen von sog. **fiduziarischen Treuhandverhältnissen** erfolgt i. d. R. eine Bilanzierung durch den Treugeber. Der Treuhänder erwirbt zwar das Treugut zivilrechtlich, darf jedoch das erworbene Verfügungsrecht nicht im eigenen Interesse, sondern nur im Interesse des Treugebers ausüben. Dies steht einer Zurechnung des wirtschaftlichen Eigentums auf den Treuhänder entgegen.
- Beim Vorliegen von **Pensionsgeschäften** sind sog. **echte und sog. unechte Konstruktionen** zu differenzieren (vgl. § 340b HGB). Während bei echten Pensionsgeschäften dem Pensionsgeber ein zeitlich bestimmter Anspruch auf Rückübertragung des Pensionsguts eingeräumt wird (eine Kaufoption wird hierzu als ausreichend angesehen), kann beim unechten Pensionsgeschäft der Pensionsgeber nicht mit hinreichender Sicherheit mit einer Rückübertragung des Pensionsgutes rechnen. Vielmehr steht allein dem Pensionsnehmer das Recht zur Rückübertragung des Pensionsguts an den Pensionsgeber zu (z. B. Verkaufsoption, Andienungsrecht). Deshalb wird nur beim unechten Pensionsgeschäft ein Übergang des wirtschaftlichen Eigentums auf den Pensionsnehmer angenommen, während beim echten Pensionsgeschäft dieses beim Pensionsgeber verbleibt.
- Bei **Transaktionen mit börsennotierten Wertpapieren** unter Inanspruchnahme der Börse kann bei Veräußerung und anschließendem Rückerwerb dennoch von einem zwischenzeitlichen Eigentumswechsel mit der möglichen Folge einer Gewinnrealisierung ausgegangen werden. Ohne Inanspruchnahme der Börse bzw. bei nicht börsennotierten Papieren sind für die Unterstellung eines Eigentumswechsels weitere Voraussetzungen zu erfüllen, so z. B. dür-

fen hinsichtlich des Rückerwerbspreises im Vorhinein keine Abreden getroffen worden sein, auch dürfen Veräußerung und Rückerwerb keinesfalls am selben Bankarbeitstag erfolgen, außerdem muss der Markt hinreichend liquide sein.

▶ *Total return swaps* und ähnliche Vereinbarungen induzieren keinen Eigentumsübergang, wenn die laufenden Erträge und Aufwendungen sowie sämtliche Wertänderungschancen und -risiken beim Veräußerer verbleiben. So könnte in Zusammenhang mit dem Verkauf börsennotierter Wertpapiere z. B. vereinbart werden, dass der Verkäufer dem Käufer während einer bestimmten Zeitspanne Kursverluste finanziell auszugleichen sowie eine bestimmte Zinsrate zu zahlen hat. Im Gegenzug muss der Käufer laufende Erträge sowie Kursgewinne der Wertpapiere an den Verkäufer abführen. Beim Vorliegen derart restriktiver Vertragsabreden wird das wirtschaftliche Eigentum dem Verkäufer weiterhin zugerechnet.

▶ Auch wenn wesentliche mit dem Vermögensgegenstand verbundene Risiken beim Verkäufer verbleiben, kann ein Übergang des wirtschaftlichen Eigentums verneint werden; dies sind insbesondere Bonitätsrisiken. Wird z. B. im Rahmen eines sog. *asset default swaps* vereinbart, dass der Veräußerer dem Erwerber eine Ausgleichszahlung zu leisten hat, wenn ein bestimmtes Ereignis in Bezug auf den veräußerten Vermögensgegenstand eintritt, kann je nach der Definition des auslösenden Ereignisses (vollständiger oder teilweiser Ausfall) und der Höhe der Ausgleichszahlung ebenfalls ein Übergang des wirtschaftlichen Eigentums verneint werden.

▶ Im Rahmen von sog. *asset-backed securities* (ABS) werden von einem Unternehmen (i. d. R. Finanz-)Aktiva auf eine rechtlich selbständige Zweckgesellschaft (sog. *special purpose vehicle*, SPV) übertragen. Diese begibt aus einem Pool erworbener Aktiva ihrerseits zur Refinanzierung i. d. R. kapitalmarktfähige Wertpapiere. Insoweit werden nicht kapitalmarktfähige in kapitalmarktfähige Ausleihungen transformiert, was neben der Forderungsbevorschussung durch den vorzeitigen Ankauf insbesondere auch zu einem Risikovorteil durch die Forderungspoolung und einem Kostenvorteil durch die höhere Fungibilität der Aktiva führt. ABS-Konstruktionen kommen in wirtschaftlicher Betrachtungsweise für den Forderungsverkäufer einem Factoring gleich und sind in analoger Weise zu beurteilen. Somit dürfte das wirtschaftliche Eigentum mit der Übertragung auf die Zweckgesellschaft übergehen, soweit nicht dem Veräußerer ein Rückübertragungsrecht verbleibt bzw. der Zweckgesellschaft nicht das Recht zur Weiterveräußerung oder Verpfändung der Aktiva eingeräumt wird.

Im Ergebnis obliegt dem Prüfer eine Zuordnung der wesentlichen mit der Transaktion verbundenen Chancen und Risiken auf die Vertragsparteien in wirtschaftlicher Betrachtungsweise. Auch ist die Enge des sachlichen bzw. zeitlichen Zusammenhangs zwischen Verkauf und Rückerwerb zu würdigen.

Handelt es sich um **rückzahlbare Kapitalanlagen**, so steht der Anspruch auf Zinsen und den Rückzahlungsbetrag im Vordergrund. Chancen und Risiken der Wertänderung werden hier insbesondere durch das Bonitätsrisiko und das Zinsänderungsrisiko bestimmt. Bei **Kapitalanlagen ohne planmäßige Kapitalrückzahlung**, insbesondere Anteilen an Kapitalgesellschaften und Personenhandelsgesellschaften, sind das Gewinnbezugsrecht sowie insbesondere das Recht zur Weiterveräußerung an Dritte von Bedeutung (vgl. IDW ERS 13, Tz. 8).

Eine **langfristige Zurückbehaltung bedeutsamer Risiken** liegt etwa beim Verkauf einer Beteiligung dann vor, wenn für eine gewisse Zeitspanne bestimmte Plandaten dergestalt garantiert werden, dass das Risiko aus der wirtschaftlichen Entwicklung der Beteiligung im Wesentlichen beim Veräußerer verbleibt (vgl. IDW ERS 13, Tz. 56).

Für weitere Einzelheiten wird verwiesen auf IDW ERS HFA 13, Einzelfragen zum Übergang von wirtschaftlichem Eigentum und zur Gewinnrealisierung nach HGB (FN-IDW 2007 S. 83 ff.).

§ 246 Abs. 2 HGB verbietet, Finanzanlagen mit den durch sie begründeten Verbindlichkeiten ganz oder teilweise zu verrechnen. Ausnahmen von dem **Verrechnungsverbot** stellen dar:

▶ die wirksame Möglichkeit der gegenseitigen Aufrechnung nach § 387 BGB,

▶ die Saldierung von Gesamtschuldverhältnissen gegen einen im Innenverhältnis bestehenden Rückgriffsanspruch, soweit dieser werthaltig und rechtlich einwandfrei ist und noch keine tatsächliche Inanspruchnahme durch den Gläubiger stattgefunden hat.

Ähnlich der aus den IFRS bekannten Verrechnung von Planvermögen mit Pensionsrückstellungen besteht seit Inkrafttreten des BilMoG entgegen der sonst üblichen Praxis auch im HGB ein ausnahmsweises **Verrechnungsgebot**, wenn Vermögensgegenstände allein der Erfüllung von Schulden dienen (§ 246 Abs. 2 Satz 2 HGB).

Voraussetzung ist, dass die entsprechende aktivische Positionen dem Zugriff aller Gläubiger selbst im Falle einer Insolvenz entzogen ist („unbelastete Vermögensgegenstände") und ausschließlich der Erfüllung von Schulden aus Altersversorgungsverpflichtungen oder vergleichbaren langfristig fälligen Verpflichtungen dient. Ein entsprechender Vermögensgegenstand muss hierbei jederzeit zur Erfüllung einer Schuld verwertet werden können. Somit scheiden Vermögensgegenstände, die zum Betrieb des Unternehmens notwendig sind, von vornherein aus. Dahinter steht der Gedanke, dass Vermögen, das der Haftungsmasse des Unternehmens entzogen ist, auch nicht in der Bilanz ausgewiesen werden muss.

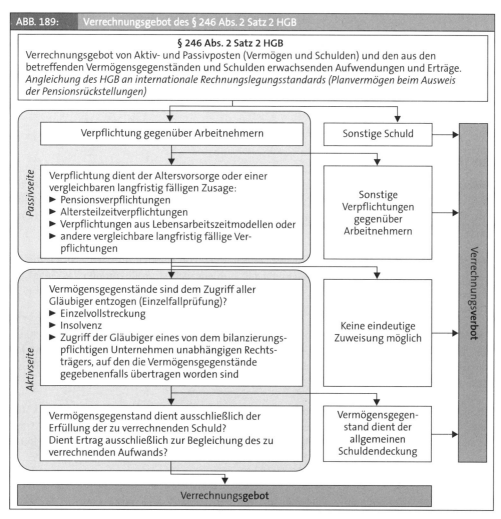

ABB. 189: Verrechnungsgebot des § 246 Abs. 2 Satz 2 HGB

Die Verrechnungsverpflichtung steht somit unter der Beschränkung, dass die Schulden, mit denen einzelne oder zu Gruppen zusammen gefasste Vermögensgegenstände zu verrechnen sind, aus gegenüber Arbeitnehmern eingegangenen Altersversorgungsverpflichtungen oder aus gegenüber Arbeitnehmern eingegangenen vergleichbaren langfristig fälligen Verpflichtungen herrühren. Damit wird das Verrechnungsgebot auf Pensionsverpflichtungen, Altersteilzeitverpflichtungen, Verpflichtungen aus Lebensarbeitszeitmodellen und vergleichbare langfristig fällige Verpflichtungen beschränkt. Für alle übrigen gegenüber Arbeitnehmern bestehenden Verpflichtungen bleibt es bei dem hergebrachten Verrechnungsverbot.

Die Vermögensgegenstände müssen dem Zugriff der Gläubiger des bilanzierungspflichtigen Unternehmens – im Wege der Einzelvollstreckung oder Insolvenz – ebenso entzogen sein, wie dem Zugriff der Gläubiger eines von dem bilanzierungspflichtigen Unternehmen unabhängigen Rechtsträgers, auf den die Vermögensgegenstände ggf. übertragen worden sind. Der Prüfer hat sich hiervon im Einzelfall zu überzeugen.

Dienen Vermögensgegenstände ausschließlich der Erfüllung bestimmter Verpflichtungen, stellen die aus den Verpflichtungen resultierenden Schulden letztlich keine wirtschaftliche Belastung des Unternehmens mehr dar, so dass die Postenverrechnung nach Ansicht des Gesetzgebers unter Informationsaspekten sachgerecht ist. Ausgewiesen wird nur die Belastung, die das Unternehmen tatsächlich noch wirtschaftlich trifft. Die gleichen Überlegungen gelten für die Verrechnung der zugehörigen Aufwendungen und Erträge.

2.4 Ausweis

Finanzanlagen sind dazu bestimmt, dem Geschäftsbetrieb dauerhaft zu dienen (§ 247 Abs. 2 HGB). Bezüglich der Dauerhaftigkeit stützt sich der Prüfer auf die Angaben der Unternehmensleitung. Forderungen aus Lieferungen und Leistungen sind stets im Umlaufvermögen auszuweisen.

Die teilweise rechtsformabhängigen Ausweisalternativen von eigenen Anteilen wurden mit Inkrafttreten des BilMoG abgeschafft. Vielmehr gilt nun ein rechtsformübergreifendes Gebot, eigene Anteile mit ihrem Nennbetrag oder, falls dieser nicht vorhanden ist, mit ihrem rechnerischen Wert offen vom gezeichneten Kapital abzusetzen (§ 272 Abs. 1a Satz 1 HGB).

Ein eventueller Unterschiedsbetrag zwischen Nennbetrag bzw. rechnerischem Wert und Kaufpreis ist mit frei verfügbaren Rücklagen zu verrechnen (§ 272 Abs. 1a Satz 2 HGB). Ein aktivischer Ausweis eigener Anteile ist seit Inkrafttreten des BilMoG folglich nicht mehr zulässig. Der Prüfer muss auf die Beachtung der Neuregelung dringen.

Eine Veräußerung eigener Anteile bedingt deren Ausbuchung (§ 272 Abs. 1b Satz 1 HGB). Veräußerungserlöse sind bis zur Höhe des mit den frei verfügbaren Rücklagen verrechneten Betrags in die jeweiligen Rücklagen einzustellen. Ein darüber hinausgehender Differenzbetrag ist in die Kapitalrücklage einzustellen (§ 272 Abs. 1b Satz 2 und 3 HGB).

Der Prüfer hat sicherzustellen, dass jegliche Nebenkosten sowohl der Anschaffung als auch der Veräußerung als Periodenaufwand behandelt werden (§ 272 Abs. 1a Satz 3 und Abs. 1b Satz 4 HGB).

Neben der korrekten Abgrenzung zum Umlaufvermögen ist der **ordnungsmäßige Ausweis** der Finanzanlagen entsprechend der Vorgabe des § 266 Abs. 2 A.III. HGB wie folgt zu prüfen:

- Nr. 1: Anteile an verbundenen Unternehmen,
- Nr. 2: Ausleihungen an verbundenen Unternehmen,
- Nr. 3: Beteiligungen,
- Nr. 4: Ausleihungen an Unternehmen, mit denen ein Beteiligungsverhältnis besteht,
- Nr. 5: Wertpapiere des Anlagevermögens sowie
- Nr. 6: Sonstige Ausleihungen.

ABB. 190:	Klassifizierung der Finanzanlagen	
Anlageobjekt \ Rechtsstellung	EK (Haftungskapital)	FK (Gläubigerkapital)
Verbundenes Unternehmen (§ 271 Abs. 2 HGB)	A. III. 1.*)	A. III. 2.*)
Beteiligungsunternehmen (§ 271 Abs. 1 HGB)	A. III. 3.*)	A. III. 4.*)
Sonstiges Unternehmen	A. III. 5.*)	A. III. 6.*)
*) vgl. Gliederungsposition nach § 266 Abs. 2 HGB.		

Der Prüfer überwacht die Einhaltung der Gliederungsvorschriften. Leerposten müssen nicht ausgewiesen werden, wenn bereits im Vorjahr kein Betrag enthalten war (§ 265 Abs. 8 HGB). Ein Hinzufügen von Posten und somit eine tiefere Untergliederung der Bilanz ist möglich, wenn dies zum besseren Verständnis aus Sicht der Bilanzadressaten notwendig ist und die Klarheit und Übersichtlichkeit der Bilanz gewahrt bleibt (§ 265 Abs. 5 HGB). Die Form der vorherigen Bilanz ist grundsätzlich beizubehalten; Abweichungen sind nur in Ausnahmefällen erlaubt und im Anhang anzugeben sowie zu erläutern (§ 265 Abs. 1 HGB).

Neben den auf der Aktivseite unter den Finanzanlagen ausgewiesenen Vermögensgegenständen werden auch Aufwendungen und Erträge geprüft, die mit diesen in Zusammenhang stehen. Hierbei handelt es sich insbesondere um folgende Posten der Gewinn- und Verlustrechnung bei Anwendung des Gesamtkostenverfahrens (§ 275 Abs. 2 HGB):

- Nr. 4: Sonstige betriebliche Erträge,
- Nr. 8: Sonstige betriebliche Aufwendungen,
- Nr. 9: Erträge aus Beteiligungen, davon aus verbundenen Unternehmen,
- Nr. 10: Erträge aus anderen Wertpapieren und Ausleihungen des Finanzanlagevermögens, davon aus verbundenen Unternehmen.

Verbundene Unternehmen sind entsprechend § 271 Abs. 2 Satz 1 HGB solche, die als Mutter- oder Tochterunternehmen (§ 290 HGB) in den Konzernabschluss eines Mutterunternehmens nach den Vorschriften über die Vollkonsolidierung (§§ 300 ff. HGB) einzubeziehen sind, das als oberstes Mutterunternehmen den weitestgehenden Konzernabschluss nach dem Zweiten Unterabschnitt aufzustellen hat. Für die Klassifizierung ist unerheblich, ob die Aufstellung eines Konzernabschlusses unterbleibt oder die Möglichkeit eines befreienden Konzernabschlusses besteht (§§ 291, 292 HGB).

Ferner sind verbundene Unternehmen diejenigen Tochterunternehmen, die nach § 296 HGB nicht in den Konzernabschluss einbezogen zu werden brauchen. Gemeinschaftsunternehmen (§ 310 HGB) und assoziierte Unternehmen (§ 311 HGB) sind keine Tochterunternehmen und gehören daher nicht zu den verbundenen Unternehmen.

Für die Einordnung als verbundenes Unternehmen ist das Bestehen einer Beziehung zwischen Mutter- und Tochterunternehmen, die nach § 290 HGB zur Vollkonsolidierung verpflichtet, maßgeblich. Dies ist dann der Fall, wenn ein Mutterunternehmen

- ein anderes Unternehmen einheitlich leitet oder
- die Mehrheit der Stimmrechte der Gesellschafter innehat oder

- das Recht hat, die Mehrheit der Mitglieder des Verwaltungs-, Leitungs-, oder Aufsichtsorgans zu bestellen oder abzuberufen und gleichzeitig Gesellschafter ist oder
- das Recht hat, einen beherrschenden Einfluss aufgrund eines mit diesem Unternehmen geschlossenen Beherrschungsvertrags oder aufgrund einer Satzungsbestimmung dieses Unternehmens auszuüben.

Vermögensgegenstände und Schulden von allein unter der einheitlichen Leitung des Mutterunternehmens stehenden Zweckgesellschaften sind in den handelsrechtlichen Konzernabschluss aufzunehmen, soweit diese tatsächlich unter der einheitlichen Leitung des Mutterunternehmens stehen. In diesem Zusammenhang stehen § 285 Nr. 26 HGB und § 314 Abs. 1 Nr. 18 HGB. Die Vorschriften verpflichten zu Angaben zu Anteilen oder Anlageaktiengesellschaften an Investmentvermögen i. S. des § 1 InvG.

Im Zweifel ist zu prüfen, ob das Mutterunternehmen die Mehrheit der Stimmrechte an dem Tochterunternehmen hält. Der Prüfer informiert sich mit Hilfe der Satzung oder des Gesellschaftsvertrags des Tochterunternehmens über die gehaltenen Anteile und die damit verbundenen Stimmrechte. Entscheidend für ein Konzernverhältnis ist, dass das Mutterunternehmen die Mehrheit der Mitglieder des Leitungs- bzw. Aufsichtsorgans bestellen oder abberufen kann. Die Existenz eines Beherrschungsvertrags deutet stets auf ein Konzernverhältnis hin.

Ist ein solches nicht eindeutig bestimmbar, muss der Tatbestand der einheitlichen Leitung geprüft werden, d. h. die Übernahme originärer Leitungsaufgaben und Koordinierung wesentlicher Unternehmensinteressen beim Mutterunternehmen.

Im Zweifel genießt die Zuordnung der Finanzanlagen zu den Anteilen an verbundenen Unternehmen Vorrang vor der Klassifizierung als Beteiligung.

§ 290 HGB verpflichtet Mutterunternehmen zur Aufstellung eines Konzernabschlusses mit Konzernlagebericht, sobald diese die Möglichkeit haben, unmittelbar oder mittelbar beherrschenden Einfluss auf das Tochterunternehmen auszuüben. Von einem **beherrschenden Einfluss** muss ausgegangen werden, wenn

- das Mutterunternehmen die Mehrheit der **Stimmrechte** besitzt,
- ihm bei einem anderen Unternehmen das Recht zusteht, die Mehrheit der Mitglieder des die Finanz- und Geschäftspolitik bestimmenden **Verwaltungs-, Leitungs- oder Aufsichtsorgans** zu bestellen oder abzuberufen und es gleichzeitig Gesellschafter ist,
- ihm das Recht zusteht, die Finanz- und Geschäftspolitik auf Grund eines mit einem anderen Unternehmen geschlossenen **Beherrschungsvertrages** oder auf Grund einer Bestimmung in der **Satzung** des anderen Unternehmens zu bestimmen oder
- es bei wirtschaftlicher Betrachtungsweise die **Mehrheit der Risiken und Chancen** eines Unternehmens trägt, das zur Erreichung eines eng begrenzten und genau definierten Ziels des Mutterunternehmens (z. B. Leasinggeschäfte, ausgelagerte FuE-Tätigkeit, Verbriefungsgeschäfte) dient („Zweckgesellschaft", § 290 Abs. 2 HGB).

Eine **Beteiligung** ist für sich genommen keine zwingende Voraussetzung für eine Konsolidierung.

Analog zu den IAS 27 und SIC 12 sind auch im deutschen Handelsrecht **Zweckgesellschaften** in den Konsolidierungskreis einzubeziehen. Einer Auslagerung von Risiken aus dem Jahresabschluss soll somit weitestgehend unterbunden werden. Das vor Inkrafttreten des BilMoG in

Deutschland herrschende Konsolidierungskonzept „einheitliche Leitung" und „tatsächliche Kontrolle" wurde also zugunsten des international üblichen Konzepts „mögliche Beherrschung" aufgegeben. Als Konsequenz wird die Anzahl der in einen Konzernabschluss einzubeziehenden Unternehmen ansteigen.

Die folgenden Umstände können – in Anlehnung an SIC 12 – bei wirtschaftlicher Betrachtung die Vermutung einer Zweckgesellschaft begründen und somit eine Konsolidierungspflicht auslösen:

- Die Geschäftstätigkeit der Zweckgesellschaft wird zugunsten der besonderen Geschäftsbedürfnisse eines anderen Unternehmens geführt.
- Ein anderes Unternehmen kann mittels Entscheidungsmacht die Mehrheit des Nutzens aus der Geschäftstätigkeit der Zweckgesellschaft ziehen oder hat diese Entscheidungsmacht mittelbar.
- Ein anderes Unternehmen verfügt über das Recht, die Mehrheit des Nutzens aus der Zweckgesellschaft zu ziehen und ist deshalb unter Umständen Risiken ausgesetzt, die mit der Geschäftstätigkeit der Zweckgesellschaft verbunden sind.
- Ein anderes Unternehmen behält die Mehrheit der mit der Geschäftstätigkeit verbundenen Residual- oder Eigentumsrisiken oder Vermögensgegenstände, um daraus Nutzen für seine Geschäftstätigkeit zu ziehen.

Einzubeziehen sind alle Tochterunternehmen auch mit Sitz im Ausland (§ 294 Abs. 1 HGB), die nicht mindestens eines der in § 296 HGB genannten Negativkriterien erfüllen:

- die Rechte des Mutterunternehmens sind erheblich beschränkt (§ 296 Abs. 1 Nr. 1 HGB),
- unverhältnismäßig hohe Abschlusskosten (§ 296 Abs. 1 Nr. 2 HGB),
- Anteile werden nur zum Zwecke der Weiterveräußerung gehalten (§ 296 Abs. 1 Nr. 3 HGB),
- das Tochterunternehmen ist für die tatsächliche Vermögens-, Finanz- und Ertragslage des Mutterunternehmens von untergeordneter Bedeutung (§ 296 Abs. 2 HGB).

In allen Fällen ist der Verzicht im Konzernanhang zu begründen (§ 296 Abs. 3 HGB).

Beteiligungen sind nach § 271 Abs. 1 HGB Anteile an anderen Unternehmen, die dazu bestimmt sind, dem eigenen Geschäftsbetrieb durch Herstellung einer dauernden Verbindung zu jenen Unternehmen zu dienen. Es ist unerheblich, ob die Anteile in Wertpapieren verbrieft sind oder ob eine Kapitaleinlage geleistet worden ist bzw. geleistet werden muss. Ausreichend ist das Bestehen wirtschaftlichen Miteigentums an einem Unternehmen. Beteiligungen setzen insoweit die Gewährung von Kontroll- und Mitspracherechten, nicht nur Gläubigerrechten, voraus. Bei Eigenkapitalsurrogaten kann die Vereinbarung einer Nachrangabrede im Insolvenz- oder Liquidationsfall gegenüber allen anderen Gläubigern hierfür als Indiz gelten.

Eine bestimmte **Mindest-Anteilsquote** muss nicht vorliegen. Bei Anteilen an einer Kapitalgesellschaft besteht die widerlegbare Vermutung, dass eine Beteiligung vorliegt, wenn die Nennbeträge der Anteile insgesamt mehr als 20 % des Nennkapitals dieser Gesellschaft betragen (§ 271 Abs. 1 Satz 3 HGB).

Bei dem Merkmal „Herstellung einer dauernden Verbindung" kommt der Dauerhaftigkeit und der Zweckbestimmung des Anteilsbesitzes aus Sicht des Anteilseigners eine besondere Bedeutung bei. Die Beteiligungsabsicht der bilanzierenden Gesellschaft darf nicht mit objektiven

Merkmalen in Widerspruch stehen. Maßgeblich ist die sog. **„Dienlichkeit"**, die über ein reines Kapitalverzinsungsinteresse hinausgehen muss. Indizien hierfür sind bedeutende gegenseitige Liefer- und Leistungsverträge, das Bestehen personeller Verflechtungen oder die Unterhaltung gemeinsamer Funktionsabteilungen wie Entwicklung, Beschaffung oder Vertrieb.

Die Anteile müssen eine mitgliedschaftsrechtliche Beziehung zu dem anderen Unternehmen begründen. Es darf insbesondere keine betragsmäßig festgelegte Rückzahlungsverpflichtung bestehen. Einer stillen Beteiligung mangelt es jedenfalls bei gewöhnlicher Ausgestaltung an Kontroll- und Mitspracherechten, sie zählt daher nicht zu den Beteiligungen. Auch Genussrechte begründen i. d. R. keine mitgliedschaftsrechtliche Stellung (soweit nicht ausnahmsweise die in der Stellungnahme IDW HFA 1/1994 aufgeführten Zuordnungsmerkmale zum Eigenkapital kumulativ erfüllt sind). Anteile an einer GbR sind nur als Beteiligung auszuweisen, wenn diese über ein Gesamthandsvermögen verfügt. Bei Anteilen an Genossenschaften handelt es sich grundsätzlich nicht um Beteiligungen (§ 271 Abs. 1 Satz 5 HGB).

Anteile an einer KG, OHG oder einer GmbH haben demgegenüber Beteiligungscharakter, da es regelmäßig keinen Markt für solche Anteile gibt und eine Veräußerung zumeist nur mit Einverständnis der Mitgesellschafter möglich ist. Bei Aktien können etwa die Höhe des Aktienpakets, das Bestehen eines unternehmerischen Einflusses oder besonderer geschäftlicher Beziehungen gegen eine kurzfristige Verkaufsabsicht sprechen. Ist eine eindeutige Zuordnung nicht möglich, muss der Prüfer die Darlegungen der Unternehmensleitung auf Plausibilität und Widerspruchsfreiheit hinsichtlich der Beteiligungsabsicht würdigen.

Ein Ausweis als **Wertpapiere des Anlagevermögens** kommt bei Erfüllung nachfolgender Bedingungen in Betracht:

- Verbriefung der Anteile,
- Gewährung eines Gewinnbeteiligungsanspruchs (z. B. Aktien) oder eines Festverzinsungsanspruchs (z. B. Obligationen, Zero-Bonds),
- keine bereits erfolgte, Vorrang genießende Klassifikation als Beteiligungen oder Anteile an verbundenen Unternehmen,
- Absicht einer dauerhaften oder längerfristigen Kapitalanlage.

Im Einzelnen handelt es sich um Anteilsrechte, die weder den Anteilen an verbundene Unternehmen noch den Beteiligungen zuzurechnen sind, sowie festverzinsliche Wertpapiere wie Inhaberschuldverschreibungen, Pfandbriefe, Anleihen des Bundes und der Länder oder Genussscheine.

Wenn die Wertpapiere nicht dazu bestimmt sind, dauernd dem Geschäftsbetrieb zu dienen, erfolgt ein Ausweis unter den Wertpapieren des Umlaufvermögens.

Für die Abgrenzung der Wertpapiere des Anlagevermögens zu den Anteilen an verbundenen Unternehmen und den Beteiligungen ist maßgebend, ob nur ein Dauerinteresse an Gewinnbeteiligung besteht oder auch das Eingehen einer dauernden Geschäftsverbindung mit dem Beteiligungsunternehmen bezweckt wird. Die Frage der betrieblichen Zweckbestimmung der Wertpapiere ist möglichst nach objektiven Merkmalen zu entscheiden. Eine einmal getroffene Entscheidung des Vorstands muss dokumentiert und darf nur in begründeten Ausnahmefällen geändert werden.

Ausleihungen sind nach der Kategorie der Schuldner in

▶ Ausleihungen an verbundene Unternehmen,

▶ Ausleihungen an Unternehmen, mit denen ein Beteiligungsverhältnis besteht und

▶ sonstige Ausleihungen

aufzugliedern. Es handelt sich hierbei generell nur um langfristige Forderungen aus Finanzkrediten, nicht aus Lieferungen und Leistungen. Ihre Prüfung erfolgt anhand von Saldenlisten und Darlehensverträgen.

Für die Qualifizierung als Ausleihung kommt es vor allem auf die Daueranlageabsicht an. Hierfür dürfte eine vereinbarte Laufzeit von mindestens vier Jahren stets einschlägig sein. Bei Darlehen mit einer Laufzeit von weniger als vier Jahren kommt es auf die Anlageabsicht im Einzelfall an. Zumindest bei Darlehen mit einer Laufzeit bis zu einem Jahr kann hiervon i. d. R. nicht ausgegangen werden; diese sind deshalb im Umlaufvermögen auszuweisen.

Sonstige Ausleihungen stellen etwa durch Hypotheken, Grund- und Rentenschulden gesicherte Darlehen, Baudarlehen, Darlehen an Mitarbeiter und sonstige Darlehen dar. Forderungen aus Lieferungen und Leistungen sind unabhängig vom vereinbarten Zahlungsziel nicht dem Anlagevermögen zuzurechnen. Gleiches gilt für notleidend gewordene bzw. eingefrorene kurzfristige Forderungen.

Die vollständige Bilanzierung der Ausleihungen wird anhand einer Saldenliste des Unternehmens geprüft. Bei Abgängen begutachtet der Prüfer anhand von Zahlungsbelegen, ob die Tilgungen vollständig erbracht wurden. Zugänge sollte er lückenlos anhand der Darlehensverträge prüfen, da dies Folgeprüfungen vereinfacht. In den Arbeitspapieren werden Diskrepanzen zwischen vereinbarter und tatsächlich erfolgter Tilgung vermerkt, ebenso wie Maßnahmen zur Sicherung der Ausleihungen.

2.5 Bewertung

2.5.1 Zugangsbewertung

Ein Zugang in das Finanzanlagevermögen ist zu Anschaffungskosten zu bewerten. Zugänge im Anlagevermögen sind einerseits tatsächliche mengenmäßige Zugänge, andererseits auch Umgliederungen vom Umlaufvermögen in das Anlagevermögen.

Anschaffungskosten sind entsprechend § 255 Abs. 1 HGB diejenigen Aufwendungen, die geleistet werden, um einen Vermögensgegenstand zu erwerben, soweit sie diesem einzeln zugeordnet werden können. Hierzu gehören auch die Nebenkosten sowie die nachträglichen Anschaffungskosten. Abzusetzen sind Anschaffungspreisminderungen.

Als Anschaffungspreis ist der Nettokaufpreis anzusetzen; die Vorsteuer gehört grundsätzlich nicht zu den Anschaffungskosten. Finanzierungskosten stellen ebenfalls keine Anschaffungskosten dar, da die Art der Bezahlung eines Vermögensgegenstands des Anlagevermögens für dessen Werthöhe unerheblich ist. Der Zeitpunkt der Anschaffung wird durch den Übergang der wirtschaftlichen Verfügungsmacht determiniert.

Die Anschaffungskosten entnimmt der Prüfer den Vertragsunterlagen. In unmittelbaren Zusammenhang mit dem Erwerb der Finanzanlage stehende, direkt zurechenbare Nebenkosten können z. B.

- Beurkundungs- und Eintragungsgebühren,
- Provisionen und Spesen,
- Kosten einer Gründungsprüfung

darstellen. Nicht zu den Anschaffungskosten zählen Aufwendungen, die durch die Vorbereitung der Anschaffungsentscheidung angefallen sind, wie z. B. Kosten für ein Bewertungsgutachten.

Bei **Zero-Bonds** sind die Anschaffungskosten durch den niedrigeren Ausgabebetrag gegeben. Die über die Haltedauer periodisch anwachsende Zinsforderung ist ertragswirksam als sonstiger Vermögensgegenstand auszuweisen (Stellungnahme IDW HFA 1/1986).

Spezielle Probleme ergeben sich bei der Zugangsbewertung von Anteilen im Rahmen einer Unternehmensgründung. Grundsätzlich sind diese mit dem Betrag der Einlage zuzüglich den Nebenkosten zu bewerten. Problematisch ist stets die Erbringung einer Sacheinlage. Hier muss der Prüfer ggf. auf einem Wertgutachten bestehen bzw. dieses in Auftrag geben.

Die Bewertung der nach § 246 Abs. 2 Satz 2 HGB **zu verrechnenden Vermögensgegenstände** erfolgt zum beizulegenden Zeitwert (§ 253 Abs. 1 Satz 4 HGB). Aufwendungen und Erträge aus der Abzinsung der zu verrechnenden Vermögensgegenstände sind bei der Verrechnung zu berücksichtigen (§ 246 Abs. 2 Satz 2 HGB).

Ergibt sich ein Überschuss der zu verrechnenden Vermögensgegenstände (der beizulegende Zeitwert der Vermögensgegenstände übersteigt den Betrag der Schulden) ist dieser unter einem gesonderten Posten in der Bilanz zu aktivieren (§ 246 Abs. 2 Satz 3 HGB). Dem Gläubigerschutz wird in diesem Fall durch eine Ausschüttungssperre (§ 268 Abs. 8 HGB) Rechnung getragen, diese berücksichtigt allerdings den Betrag des für den aktivierten Überschuss gebildeten passiven latenten Steuern durch Saldierung.

§ 254 HGB sieht für sog. **Bewertungseinheiten** besondere Bewertungsregeln vor. Insbesondere sind § 249 Abs. 1, § 252 Abs. 1 Nr. 3 und 4, § 253 Abs. 1 Satz 1 und § 256a HGB in dem Umfang und für den Zeitraum nicht anzuwenden, in dem die gegenläufigen Wertänderungen oder Zahlungsströme sich ausgleichen, d. h., Einzelbewertungs-, Realisations- und Imparitätsprinzip gelten insoweit nicht. Elemente von Bewertungseinheiten sind sog. Finanzinstrumente, zu denen auch Positionen des Finanzanlagevermögens zählen können. Die Besonderheiten der Bewertungseinheiten werden geschlossen unter den Forderungen abgehandelt; auf Kapitel V.4.5.3 wird verwiesen.

2.5.2 Folgebewertung

Finanzanlagen sind nicht abnutzbare Vermögensgegenstände und daher nicht planmäßig abzuschreiben. Bei einer voraussichtlich dauernden Wertminderung gilt das **strenge Niederstwertprinzip** (§ 253 Abs. 3 Satz 3 HGB). Außerplanmäßige Abschreibungen müssen in der Handelsbilanz vorgenommen werden, um die Vermögensgegenstände des Anlagevermögens mit dem niedrigeren Wert anzusetzen, der ihnen am Abschlussstichtag beizulegen ist. Somit ist Wertmaßstab der Folgebewertung von Finanzinstrumenten generell der **beizulegende Wert am Bilanzstichtag**.

Die Bewertung der Finanzanlagen folgt dem **gemilderten Niederstwertprinzip**. Demnach besteht bei einer voraussichtlich vorübergehenden Wertminderung ein rechtsformunabhängiges Wahlrecht zur Vornahme einer außerplanmäßigen Abschreibung (§ 253 Abs. 3 Satz 4 HGB).

Nach h. M. ist eine Wertminderung dann vorübergehend, wenn sie voraussichtlich für weniger als die Hälfte der Restnutzungsdauer Bestand haben wird. Diese Definition ist bei Finanzanlagen, die eine unbeschränkte Nutzungsdauer aufweisen, wenig hilfreich. Einer von *Küting* (DB 2001 S. 1121) geäußerten Meinung zufolge kann eine dauernde Wertminderung widerlegbar vermutet werden, wenn diese mindestens 30 % beträgt und mindestens fünf Jahre lang anhält.

Diese Konkretisierung erscheint im Hinblick auf den zu langen Prognosehorizont unsachgemäß. Stattdessen kann in Auslegung des Vorsichtsprinzips davon ausgegangen werden, dass stets eine dauerhafte Wertminderung anzunehmen ist, sofern nicht konkrete Gründe zum Zeitpunkt der Abschlusserstellung für eine Werterholung sprechen. Die reine Spekulation auf eine Werterhöhung reicht jedoch nicht aus.

Somit weicht die handelsrechtliche Kommentarliteratur hier explizit von steuerrechtlichen, weitaus restriktiveren Auslegungen ab. Dort tritt das Vorsichtsprinzip gegenüber dem Bemühen um eine an der wirtschaftlichen Leistungsfähigkeit orientierte Besteuerung zurück. So begründen insbesondere bloße Kursschwankungen keine dauernde Wertminderung. Jegliche Kursfluktuationen, bei denen der Bilanzansatz in der Kursbandbreite enthalten ist oder wenigstens ihren oberen Rand bildet, lassen keine dauernde Wertminderung erkennen (vgl. *Schlagheck*, BBK 2007 F. 13 S. 5103 ff.).

Für den Abschlussprüfer stellt sich somit das wesentliche Risiko, dass ein (Krisen-)Unternehmen eine tatsächlich dauernde als vorübergehende Wertminderung dokumentiert und insoweit von einer Abschreibung absieht.

Für **Ausleihungen** wird der beizulegende Wert durch den **Rückzahlungsbetrag** konkretisiert. Liegt dieser am Bilanzstichtag unter dem Buchwert, ist auf diesen außerplanmäßig abzuschreiben. Der Prüfer kontrolliert, ob es Anhaltspunkte für mangelnde Zahlungsfähigkeit des Schuldners gibt. Hier achtet er auf wesentliche Zins- und Tilgungsrückstände und das Erfordernis von Beitreibungsmaßnahmen.

Unverzinsliche oder niedrig verzinsliche Ausleihungen sind abzuzinsen. Hier kann der steuerliche Zinssatz von 5,5 % p. a. Anwendung finden. Der Ansatz eines marktüblichen Zinssatzes vergleichbarer Kapitalanlagen ist vom Prüfer zu akzeptieren.

Bei Ausleihungen an verbundene oder Beteiligungsunternehmen können sich wertmindernde Faktoren auch daraus ergeben, dass die Ausleihungen den Charakter eines kapitalersetzenden Darlehens annehmen.

Wertpapiere des Anlagevermögens werden, soweit börsennotiert, zum jeweiligen Börsenkurs angesetzt. Mangelt es an einer Börsennotierung, sind die für Beteiligungen bzw. Ausleihungen geltenden Bewertungsgrundsätze in analoger Weise anzuwenden.

Der Prüfer stimmt die zum Bilanzstichtag einzuholende Depotbescheinigung mit dem Wertpapierhandbuch und den in der Bilanz ausgewiesenen Posten ab. Grundsätzlich sind Vermögensgegenstände des Anlagevermögens einzeln zu bewerten. Der Einzelbewertungsgrundsatz ist bei den Wertpapieren nicht anwendbar, soweit sie nicht besonders gekennzeichnet sind.

Der Prüfer muss daher auch eine Bewertung der Abgänge zu Durchschnittswerten akzeptieren, wobei allerdings deren ordnungsgemäße Ermittlung gesichert sein muss.

Soweit bei nicht börsennotierten Finanzanlagen eine Bewertung zum beizulegenden Wert erfolgt, sind Prüfungsnachweise für den Nachvollzug des Erfordernisses außerplanmäßiger Abschreibungen wie insbesondere

- geprüfte Jahresabschlüsse, Prüfungs- und Geschäftsberichte,
- kurzfristige Erfolgsrechnungen, Finanz-, Absatz- und Produktionspläne,
- Nachweise über rechtliche Restriktionen (z. B. Erlöschen der Betriebserlaubnis, Inkrafttreten von Auflagen)

einzuholen. Gründe für die Vornahme außerplanmäßiger Abschreibungen sind z. B.

- die Erzielung anhaltender Verluste,
- nachhaltige Rückgänge des Börsenkurses,
- durch Wertgutachten nachgewiesene signifikante Minderungen des Unternehmenswerts,
- nicht erbrachte bzw. rückständige Zins- und Tilgungsleistungen,
- die Einleitung eines Insolvenzverfahrens.

Die Wertuntergrenze der Abschreibungen bildet stets der (anteilige) **Liquidationswert**.

Vom Prüfer ist daneben zu beachten, dass für Finanzanlagen nunmehr ein generelles **Wertaufholungsgebot** nach § 253 Abs. 5 HGB besteht. Der Prüfer muss sich sowohl davon überzeugen, ob für getätigte Zuschreibungen ein triftiger Grund vorliegt, als auch, ob vom Mandanten vorgebrachte Gründe für frühere Wertminderungen tatsächlich fortbestehen.

Werden Abschreibungen durch spätere Zuschreibungen rückgängig gemacht, ist die Verrechnung der Zuschreibungserträge mit dem Abschreibungsaufwand zu unterbinden, um eine Verletzung des Saldierungsverbots auszuschließen. Zu- und Abschreibungen müssen ordnungsmäßig unsaldiert im Anlagespiegel angegeben sein. Weiter muss der Prüfer sicherstellen, dass die Anschaffungskosten als absolute Wertobergrenze bei der Zuschreibung nicht überschritten werden.

Für die Beibehaltung von nach HGB a. F. zulässiger, aber nach BilMoG nunmehr weggefallener Abschreibungs- und Wertaufholungswahlrechte wird auf die Ausführungen zum Sachanlagevermögen verwiesen, welche analog anwendbar sind.

2.6 Ausbuchung

Eine Ausbuchung der Finanzanlage erfolgt bei

- Abgang (Verkauf, Austritt aus der Gesellschaft, Beendigung des Beteiligungsverhältnisses, Kapitalrückzahlung, Liquidation),
- Umwidmung in das Umlaufvermögen bei Beendigung der Dauerhalteabsicht.

Hierfür ist die Feststellung notwendig, dass wirtschaftliche Nutzen und Lasten nicht mehr dem Bilanzierenden zuzurechnen sind, z. B. keine Verlustdeckungsansprüche mehr auf der Gesellschaft lasten. Der Prüfer muss in diesem Zusammenhang kontrollieren, dass auch die auf den Abgang entfallenden kumulierten Anschaffungskosten sowie Wertberichtigungen ausgebucht wurden. Bei Auszahlungen im Rahmen von Ausleihungen an Gesellschafter ist weiter zu prüfen, ob kein Verstoß gegen das Verbot der Stammkapitalrückzahlung (§ 30 GmbHG) vorliegt und keine verdeckte Gewinnausschüttung mit der Auszahlung verknüpft ist.

2.7 Anhangangaben

Bei Kapitalgesellschaften, die nicht kleine i. S. des § 267 Abs. 1 HGB sind, ist die wertmäßige Entwicklung der einzelnen Posten des Anlagevermögens in einem sog. **Anlagespiegel** darzustellen (§ 268 Abs. 2, § 274a Nr. 1 HGB). Die Entwicklung der einzelnen Posten ist mit Hilfe der sog. Bruttomethode aufzuzeigen; d. h. der Anlagenspiegel muss von den historischen Anschaffungs- und Herstellungskosten aller zu Beginn des Geschäftsjahres inventarisierten Vermögensgegenstände des Anlagevermögens ausgehen und die Zugänge, Abgänge, Umbuchungen und Zuschreibungen des Geschäftsjahres sowie die gesamten aufgelaufenen Abschreibungen aufführen, vgl. hierzu die Ausführungen zum Sachanlagevermögen.

Die **Zugänge** umfassen die Anschaffungskosten der im Berichtsjahr erworbenen Finanzanlagen, nicht aber Gratisanteile aufgrund einer Kapitalerhöhung aus Gesellschaftsmitteln (Umwidmung von Rücklagen, § 207 ff. AktG, § 57c GmbHG). Die auf das Geschäftsjahr entfallende Zinsforderung bei Zero-Bonds ist dagegen als Zugang auszuweisen. Beim Zugang niedrig oder nicht verzinslicher Ausleihungen ist auf die Vornahme einer Abzinsung zu achten. Bei den **Abgängen** sind Bestandsminderungen aufgrund von Veräußerungen, Tilgungen sowie Kapitalherabsetzungen zu berücksichtigen, nicht aber Wertminderungen.

Die nach § 284 HGB zu treffenden allgemeinen Angaben umfassen insbesondere die

▶ zugrunde liegende Bilanzierungs- und Bewertungsmethoden, z. B. Abschreibungspolitik, Wertermittlungsverfahren (Abs. 2 Nr. 1),

▶ Abweichungen von Bilanzierungs- und Bewertungsmethoden und gesonderte Darstellung ihres Einflusses auf die Vermögens-, Finanz- und Ertragslage (Abs. 2 Nr. 3).

Der Prüfer muss schließlich überwachen, dass erforderlichenfalls in Zusammenhang mit Finanzanlagen zu erbringende weitere **Anhangangaben** erfolgen:

ABB. 191:	Anhangangaben in Bezug auf das Finanzanlagevermögen
§ 277 Abs. 3 Satz 1 HGB	Angabe der außerplanmäßigen Abschreibungen nach § 253 Abs. 3 Satz 3 und 4 HGB, soweit nicht gesondert in der GuV ausgewiesen
§ 277 Abs. 4 Satz 2 und 3 HGB	Angabe und Erläuterung der außerordentlichen Erträge bzw. Aufwendungen, soweit nicht von untergeordneter Bedeutung für die Darstellung der Ertragslage (z. B. aus Vermögensabgängen)
§ 285 Satz 1 Nr. 3 HGB	Art, Zweck, Risiken und Vorteile von nicht in der Bilanz enthaltenen Geschäften, soweit die Angaben für die Beurteilung der Finanzlage notwendig sind (z. B. Forderungsverbriefungen, Pensionsgeschäfte, Errichtung oder Nutzung von Zweckgesellschaften)
§ 285 Satz 1 Nr. 11 und 11a) HGB	Name und Sitz anderer Unternehmen, bei denen eine Beteiligungsquote von mindestens 20 % vorliegt, sowie die Höhe des Kapitalanteils, das Eigenkapital sowie das Ergebnis des letzten Geschäftsjahres dieser Unternehmen, analog für Gesellschaften, bei denen die Kapitalgesellschaft persönlich haftender Gesellschafter ist
§ 285 Satz 1 Nr. 14 HGB	Name und Sitz des Mutterunternehmens der Kapitalgesellschaft, das den Konzernabschluss mit dem größten bzw. dem kleinsten Konsolidierungskreis aufstellt, sowie Ort der Publizität bei publizitätspflichtigen Unternehmen

§ 285 Satz 1 Nr. 18 HGB	Für die zum beizulegenden Zeitwert ausgewiesenen Finanzanlagen, die bei voraussichtlich vorübergehender Wertminderung nicht abgeschrieben wurden, deren Buchwert, beizulegender Zeitwert und die Gründe für die Unterlassung der Abschreibung einschließlich der Anhaltspunkte, die eine voraussichtlich nicht andauernde Wertminderung implizieren
§ 285 Satz 1 Nr. 21 HGB	Angaben zu Geschäften mit nahe stehenden Unternehmen und Personen, die nicht zu marktüblichen Bedingungen zustande gekommen sind
§ 285 Satz 1 Nr. 23 HGB	Angaben zu gebildeten Bewertungseinheiten i. S. des § 254 HGB, soweit nicht im Lagebericht gemacht
§ 285 Satz 1 Nr. 25 i.V. mit Nr. 20a) HGB	Bei Verrechnung von Vermögensgegenständen und Schulden nach § 246 Abs. 2 Satz 2 HGB Anschaffungskosten und beizulegender Zeitwert der verrechneten Vermögensgegenstände, Erfüllungsbetrag der zu verrechnenden Schulden sowie die verrechneten Aufwendungen und Erträge, die grundlegenden Annahmen für die Bestimmung des beizulegenden Zeitwerts sowie die Bedingungen, welche Höhe, Zeitpunkt und Sicherheit künftiger Zahlungsströme beeinflussen können
§ 285 Satz 1 Nr. 26 HGB	Angaben zu Anteilen oder Anlageaktien an inländischen Investmentvermögen i. S. des § 1 InvG
§ 285 Satz 1 Nr. 28 HGB	Gesamtbetrag der Beträge i. S. des § 268 Abs. 8 HGB unter separater Nennung des Betrags aus der Aktivierung von Vermögensgegenständen zum beizulegenden Zeitwert gemäß § 246 Abs. 2 HGB

Kleine Kapitalgesellschaften (§ 267 Abs. 1 HGB) sind befreit von den Angaben

▶ nach § 277 Abs. 4 Satz 2 und 3 HGB (aufgrund § 276 Satz 2 HGB) und

▶ nach § 284 Abs. 2 Nr. 4, § 285 Satz 1 Nr. 2 bis 8a), Nr. 12, 17, 19, 21, 22 und 29 HGB (aufgrund § 288 Abs. 1 HGB).

Mittelgroße Kapitalgesellschaften (§ 267 Abs. 2 HGB) sind befreit von Angaben nach § 285 Satz 1 Nr. 3 (bezüglich Darstellung der Risiken und Vorteile), Nr. 4, 21 (soweit keine AG) und 29 HGB (§ 288 Abs. 2 HGB).

3. Prüfung der Vorräte

Vorräte sind der Oberbegriff für alle physischen Vermögensgegenstände, die in der Bilanz dem Umlaufvermögen zugeordnet werden. Dies ist dann der Fall, wenn die Gegenstände dazu bestimmt sind, dem Geschäftsbetrieb nicht dauernd zu dienen, sondern alsbald (i. d. R. innerhalb eines Geschäftsjahres) im Betriebsprozess umgesetzt bzw. im Umsatzprozess umgeschlagen werden (§ 247 Abs. 2 HGB).

3.1 Risikoanalyse

Zunächst muss der Prüfer die Bedeutung der Vorräte für den Jahresabschluss als Quelle der in ihm möglicherweise enthaltenen Unrichtigkeiten klären. Aus den vergangenen Abschlüssen lassen sich z. B. folgende aussagefähige **Kennzahlen** generieren:

ABB. 192: Vorratsbezogene Bilanzkennzahlen

Kennzahl	Definition	Erläuterung
Vorratsquote	Vorräte / Bilanzsumme x 100 %	Gibt die Auswirkungen von Änderungen des Vorratsbestands auf die Höhe des Gesamtvermögens an (Intensität).
Bestandsquote	Vorräte / Materialaufwand x 100 %	Gibt die Relation von Jahresendbestand zu Jahresverbrauch an (soweit im Materialaufwand nicht auch vorratsfremde Verbräuche wie Miet- und Leasingaufwand enthalten sind).
Umschlagsdauer der Vorräte	Vorräte / Umsatzerlöse x 360 Tage	Gibt die Lagerbindungsdauer und damit die Lagerreichweite an; beziffert Dauer des Wiedergeldwerdungsprozesses (Lagerrisiko).

Die Kennzahlen lassen sich sinnvoller Weise nur im Zeitvergleich interpretieren. Ein plötzliches Anwachsen der Vorrats- bzw. Bestandsquote bzw. Absinken der Umschlagsdauer kann als Krisenindikator interpretiert werden. Dies deutet auf mangelhaftes Planungswesen, absinkenden Markterfolg, das Vorhandensein nicht gängiger Vorratsbestände und/oder ggf. auf die Vornahme bestandserhöhender bilanzpolitischer Maßnahmen hin.

Daneben sollte der Prüfer eine Gegenüberstellung der Bestandsentwicklung auf Basis der einzelnen Vorratskomponenten (Roh-, Hilfs- und Betriebsstoffe, unfertige und fertige Erzeugnisse sowie Waren) auf Mehr-Jahres-Basis anfertigen, um auch Strukturveränderungen innerhalb des Vorratsbestands erkennen zu können. So würde

▶ ein Anwachsen der Bestände an Roh-, Hilfs- und Betriebsstoffen auf Mängel im Einkauf und
▶ ein Anstieg der Fertigerzeugnisse auf nachlassende Akzeptanz auf den Absatzmärkten (z. B. aufgrund mangelhafter Qualität oder vom Unternehmen nicht berücksichtigte Mode- und Geschmacksänderungen der Verbraucher)

schließen lassen. In Bezug auf die Vorräte können jedenfalls vor allem folgende **inhärenten Risikofaktoren** aufgeführt werden:

ABB. 193: Checkliste zu den vorratsbezogenen inhärenten Risiken

▶ Lagerabhängigkeit des Unternehmens an sich (Lagerfähigkeit der Erzeugnisse, Länge des Produktionsprozesses, Materialeinsatz in % des Stückpreises der Fertigerzeugnisse),
▶ Besonderheiten und Auffälligkeiten der Produktions- und Absatzmengen,
▶ generelle Verfügbarkeit der gelagerten Güter (Vorkommen, Patentschutz), sonstige relevante rechtliche Beschränkungen,
▶ Marktgängigkeit, Wiederveräußerbarkeit und Werthaltigkeit,
▶ Ausmaß innerbetrieblicher bzw. innerkonzernlicher Lieferungs- und Leistungsgeschäfte,
▶ Anfälligkeit der gelagerten Güter gegenüber Schwund, Verderb, Manipulationen und Diebstahl,
▶ Umweltverträglichkeit, Lagerung von Gefahrgütern,
▶ Auftreten und Intensität technologischer Änderungen (z. B. bei Hightech-Produkten),
▶ Auftreten und Intensität von Nachfrageschwankungen (modische oder jahreszeitliche Einflüsse, Geschmacksänderungen, Trendabhängigkeit),
▶ Ausmaß von Preisschwankungen (z. B. bei Rohstoffen, Edelmetallen),
▶ (bei von außerhalb des Euro-Raums beschafften Vorräten) mögliche Wechselkursschwankungen,
▶ Zweckmäßigkeit der Beschaffungs- und Lagerhaltungsstrategie,
▶ Marktstruktur und Wettbewerbsintensität auf dem Beschaffungsmarkt, Marktmacht der Lieferanten,
▶ Lieferantenauswahl, -anzahl und -zuverlässigkeit,
▶ Verbreitung langfristiger Abnahmeverpflichtungen oder Festpreisbindungen,
▶ sonstige Beschaffungsrisiken.

Das Kontrollrisiko quantifiziert die Wirksamkeit des vorratsbezogenen IKS. Hierzu kann die folgende **Checkliste** dienen, die auf wesentliche diesbezügliche Risikofaktoren abstellt (vgl. auch IDW PS 301, Tz. 7 ff.):

ABB. 194:	Checkliste zu den vorratsbezogenen Kontrollrisiken

- ▶ Besteht eine Einkaufsabteilung und wie ist ihre organisatorische Angliederung? Ist sie insbesondere unabhängig vom Wareneingang bzw. von Versand- und Buchführungsfunktionen?
- ▶ Kann das Einkaufsmanagement als effizient beurteilt werden? Werden Vergleichsangebote eingeholt?
- ▶ Wird die Geschäftsführung an wichtigen Vertragsverhandlungen beteiligt?
- ▶ Wird das Vier-Augen-Prinzip in der Materialwirtschaft beachtet (u. a. Trennung von Einkauf, Wareneingangskontrolle und Verbuchung, Behandlung von Mängeln, Retouren, Stornierungen)?
- ▶ Welche Abteilungen dürfen eigenständig Bestellbedarf an den Einkauf melden, ggf. bis zu welchem Bestellvolumen?
- ▶ Wird vor der Bestellung eine Abstimmung mit den vorhandenen Beständen vorgenommen?
- ▶ Werden standardisierte und vornummerierte Bestellformulare verwendet? Erhält die Warenannahme Durchschläge oder Kopien der Bestellformulare?
- ▶ Werden offene Bestellungen zeitnah auf Termineinhaltung überwacht?
- ▶ Bestehen angemessene Qualitätsstandards für die Wareneingangskontrolle und werden diese durchgängig angewandt?
- ▶ Werden Retouren erfasst und durch Lieferscheine nachgewiesen?
- ▶ Werden Mängelrügen oder Retouren an die Buchführung gemeldet?
- ▶ Vergleicht die Buchführung die Eingangsrechnung mit der Bestellung und dem Eingangsbeleg vor der Anweisung einer Zahlung?
- ▶ Werden im Rahmen der Lagerverwaltung u. a. im Eigentum Dritter stehende Vorräte, wenig gängige Vorräte, veraltete, schadhafte, verdorbene oder unverwendbare Vorräte separat erfasst?
- ▶ Bestehen angemessene organisatorische Regelungen für das Strecken- und Kommissionsgeschäft?
- ▶ Wird die Lagerdauer bzw. Durchlaufzeit der Bestände stets ermittelt? Wird der Bestand ständig fortgeschrieben?
- ▶ Bestehen hinreichende organisatorische Sicherheitsmaßnahmen zur Verhinderung von Diebstahl oder Unterschlagung (u. a. zweckmäßige Stellvertreter- und Urlaubsregelungen, Informationen über die private Lebensführung der betroffenen Mitarbeiter, Durchführung unangemeldeter Kontrollen der Internen Revision)?
- ▶ Bestehen entsprechende hinreichende physische Sicherungsmaßnahmen (u. a. bauliche Beschaffenheit der Lager, Zugangskontrollen, Sicherheitstüren und -fenster, besondere Schutzvorrichtungen gegen Einwirkung von Elementarereignissen)? Besteht hinreichender Versicherungsschutz?
- ▶ Ist sichergestellt, dass Güter das Unternehmen nur mit abgezeichnetem Lieferschein verlassen können? Ist die Verkaufsfunktion vom Warenausgang, Rechnungserteilung und Debitorenbuchhaltung getrennt?
- ▶ Wird der Verkauf von Waren an Mitarbeiter sowie die Kategorisierung von Ware als Ausschuss oder als qualitativ minderklassig angemessen organisatorisch überwacht?
- ▶ Erhält die rechnungsstellende Einheit einen Durchschlag der Versandaufträge bzw. Auftragsbestätigungen?
- ▶ Ist sichergestellt, dass alle Warenausgänge fakturiert werden? Werden die Versandaufträge mit den Ausgangsrechnungen verglichen?
- ▶ Sind die Ausgangsrechnungen standardisiert und fortlaufend nummeriert?

- ▶ Werden eingehende Retouren in der Warenannahme, der Lagerbestands- und der Debitorenbuchführung ordnungsmäßig erfasst? Werden Eingangsbelege für Retouren gefertigt? Werden Gutschriften vor deren Erteilung mit den Eingangsbelegen abgeglichen?
- ▶ Ist eine zeitnahe und vollständige Ausbuchung der Vorräte bei Verbrauch oder Verkauf gesichert?
- ▶ Können Lagerbestandsabgänge fortlaufend mit Verkäufen abgeglichen und auf die einzelnen Aufträge zurückgeführt werden?
- ▶ Erfolgt eine Ein- bzw. Ausbuchung von Vorräten nur bei Gefahrenübergang? Bestehen hierzu angemessene Buchungsrichtlinien und werden diese durchgängig beachtet?
- ▶ Bestehen schriftliche Richtlinien über die Bewertung der Bestände und gehen diese mit handelsrechtlichen Regelungen konform? Liegen die Richtlinien den zuständigen Sachbearbeitern jeweils in aktueller Form vor?
- ▶ In welcher Weise erfolgt – formell und materiell – die Abwertung risikobehafteter Bestände?
- ▶ In welcher Weise fließen kostenrechnerische Werte in die Bestandsbewertung ein? Erfolgen diesbezüglich angemessene interne Plausibilitätskontrollen und Verprobungen? Ist gesichert, dass Kostenarten eliminiert werden, deren Einbeziehung in die Bestandsbewertung handelsrechtlich unzulässig ist?
- ▶ Sind die angewandten Kostenumlageschlüssel angemessen und entsprechen sie dem Verursachungsprinzip?
- ▶ Stehen die erforderlichen Daten für eine verlustfreie Bewertung der Bestände zum Geschäftsjahresende zur Verfügung und werden sie von einer unabhängigen Stelle auf Plausibilität geprüft?
- ▶ Wird ein funktionsfähiges, standardisiertes Belegwesen unterhalten (u. a. Bestell-, Eingangs-, Entnahmescheine)?
- ▶ Werden die einschlägigen Belege von einer von der Einkaufs- bzw. Verkaufsabteilung unabhängigen Stelle verwahrt?

3.2 Nachweis und Ansatz

Der **Nachweis** der Vorräte erfolgt durch Inventur grundsätzlich zum Schluss eines jeden Geschäftsjahres (§ 240 Abs. 2 HGB).

Hierbei ist die Stichtagsinventur der Normalfall. Sie kann zulässigerweise ersetzt werden durch die

- ▶ vor- oder nachverlegte Inventur (§ 241 Abs. 3 HGB),
- ▶ permanente Inventur (§ 241 Abs. 2 HGB),
- ▶ Stichprobeninventur (§ 241 Abs. 1 HGB),
- ▶ Einlagerungsinventur (§ 241 Abs. 2 HGB) oder
- ▶ systemgestützte Werkstattinventur (§ 241 Abs. 2 HGB).

Die Vereinfachungsregeln des § 240 Abs. 3 und 4 HGB zielen nicht auf den Bestandsnachweis, sondern auf die Bewertung ab.

Zur Prüfung der Ordnungsmäßigkeit der vom Unternehmen angewandten Inventurverfahren wird auf Kapitel IV.2. verwiesen. Eine Zusammenfassung der detaillierten Ausführungen ist nachstehender Tabelle zu entnehmen.

KAPITEL V — Prüfung des Jahresabschlusses

ABB. 195: Anforderungen an die Nachweisprüfung der Vorräte

Inventurverfahren	Anforderungen an die Nachweisprüfung der Vorräte
Stichtagsinventur (§ 240 Abs. 1 und 2 HGB)	▶ Prüfung der vollständigen Erfassung aller Inventurbelege anhand der Ausgabe- und Rückgabeprotokolle bezüglich der Belege an das bzw. vom Aufnahmepersonal ▶ Prüfung der vollständigen und korrekten Abstimmung der Angaben im Inventar mit den Inventurbelegen (Art, Menge, Maßeinheit, Wertmaßstab) ▶ Sicherstellung der obligatorischen Anwendung bei leicht verderblichen, besonders wertvollen, Schwund oder Verdunstung unterliegenden Beständen bzw. bei nicht zuverlässiger Bestandsbuchführung ▶ Ausweitung maximal innerhalb einer Frist von zehn Tagen vor oder nach dem Bilanzstichtag, dann zusätzliche Berücksichtigung zwischenzeitlicher Bestandsänderungen anhand von Belegen oder sonstigen Aufzeichnungen ▶ Prüfung auf Einhaltung der Ordnungsmäßigkeitsgrundsätze
Vor- oder nachverlegte Inventur (§ 241 Abs. 3 HGB)	▶ Sicherstellung, dass durch ordnungsmäßige Fortschreibungs- bzw. Rückrechnungsverfahren der Bestand am Abschlussstichtag errechnet werden kann (Prüfung anhand der Zu- bzw. Abgangsbelege)
Permanente Inventur (§ 241 Abs. 2 HGB)	▶ Einzelnachweis aller Bestände, Zu- und Abgänge nach Tag, Art und Menge durch Beleg, Prüfung auf durchgängige Einhaltung des Belegprinzips ▶ Vorhandensein eines jährlichen Aufnahmeplans, Sicherstellung der unterjährigen Aufnahme aller Bestände, Angabe des jeweiligen Inventurdatums in der Lagerkartei ▶ Vorlage eines Protokolls über Durchführung und Ergebnis der körperlichen Aufnahme ▶ Prüfung der Übereinstimmung von Inventarmengen mit den Mengen der Bestandsfortschreibung ▶ Ordnungsmäßige Berücksichtigung aller auftretenden Inventurdifferenzen auf den Sachkonten, Prüfung der Berichtigung der Buchbestände
Stichprobeninventur (§ 241 Abs. 1 HGB)	▶ Erfüllung der an Lagerbuchführung und Lagerorganisation zu stellenden besonderen Ordnungsmäßigkeitsanforderungen ▶ Anwendung eines anerkannten mathematisch-statistischen Verfahrens mit GoB-konformer Aussagekraft ▶ Eindeutige Abgrenzung der Grundgesamtheit ▶ Gewährleistung einer Zufallsauswahl zur Stichprobenbildung ▶ Ausreichender Stichprobenumfang ▶ Unbedingtes Erfordernis einer Anwesenheit des Prüfers bei der Inventur
Einlagerungsinventur, systemgestützte Werkstattinventur (§ 241 Abs. 2 HGB)	▶ Erfüllung der an Lagerbuchführung und Lagerorganisation zu stellenden besonderen Ordnungsmäßigkeitsanforderungen ▶ Vorhandensein angemessener Zugangskontrollen zum Lager bzw. programmierter Kontrollen hinsichtlich der Bestandsfortschreibung ▶ Sicherstellung, dass während des Geschäftsjahres nicht bewegte Bestände mindestens einmal im Jahr körperlich aufgenommen werden ▶ Kontrolle bewegter Bestände in Stichproben

Nach § 246 Abs. 1 Satz 1 HGB sind in den Jahresabschluss sämtliche Vermögensgegenstände und damit Vorräte aufzunehmen. Maßgebend ist der **allgemeine Aktivierungsgrundsatz**, demgemäß ein Vermögensgegenstand bei Erfüllung folgender Voraussetzungen vorliegt:

- selbständige Verwertbarkeit (d. h. selbständiges Objekt des Rechtsverkehrs, kein Vorliegen eines Bilanzierungsverbots wie z. B. nach § 248 Abs. 2 HGB),
- bilanzielle Greifbarkeit und Konkretisierbarkeit losgelöst vom Betrieb als Ganzem,
- Vorliegen des wirtschaftlichen Eigentums,
- Zugehörigkeit zum Betriebsvermögen.

Der Prüfer hat insbesondere das Vorliegen des wirtschaftlichen Eigentums beim Bilanzierenden zu untersuchen. Dies ist gegeben bei
- Erlangung der tatsächlichen wirtschaftlichen Verfügungsmacht oder Sachherrschaft,
- Gefahrenübergang, i. d. R. zum Zeitpunkt des Wareneingangs.

Die Bestellung **dinglicher Sicherungsrechte** (Eigentumsvorbehalt, Sicherungsübereignung) hindert nicht die Bilanzierung der Vermögensgegenstände beim Sicherungsgeber, jedenfalls sofern die tatsächliche Nutzungsmöglichkeit dort verbleibt.

Bei **Kommissionsgeschäften** ist das wirtschaftliche Eigentum sowohl bei der Verkaufs- wie bei der Einkaufskommission jeweils dem Kommittenten zuzuordnen, d. h. dem Auftraggeber, auf dessen Rechnung das Geschäft erfolgt. Die Behandlung von **Treuhand-, Pensions-** und **Leasinggeschäften** dürfte in Zusammenhang mit Vorratsvermögen wenig einschlägig sein.

Analog zum Anlagevermögen gilt, dass in Auslegung des § 246 Abs. 1 Satz 2 HGB die Zurechnung des wirtschaftlichen Eigentums in jedem Einzelfall anhand der Verteilung der Chancen und Risiken, die aus dem zu bilanzierenden Vermögensgegenstand erwachsen, zu beurteilen ist. Das wirtschaftliche Eigentum liegt bei demjenigen, dem im Wege einer wertenden Betrachtung die wesentlichen Chancen und Risiken zukommen.

Die **geleisteten Anzahlungen** auf Bestellungen sind anhand einer Saldenliste oder sonstiger Bestätigungen des Zahlungsempfängers nachzuweisen. Zugleich muss eine Abstimmung mit den Gütereingängen bzw. den Verbindlichkeiten aus Lieferungen und Leistungen vorgenommen werden, um eine Doppelerfassung auszuräumen. Der Prüfer muss überdies auf eine korrekte Abgrenzung gegenüber den Anzahlungen auf (Sach-)Anlagevermögen achten.

Jedenfalls bei wesentlichen Anzahlungen ist die Verzinsung bzw. dingliche Sicherung der Beträge zu prüfen. Besondere Aufmerksamkeit ist im Zuge der Prüfung zu widmen
- ggf. unterlassenen Abschreibungen auf Anzahlungen (bei Vergleichs- oder Insolvenzgefahr des Lieferanten), hier ist auch die turnusmäßige Durchführung einer Bonitätsprüfung durch den Mandanten festzustellen, sowie
- Anzahlungen gegenüber verbundenen oder Konzernunternehmen (ggf. Überprüfung der Marktüblichkeit).

3.3 Ausweis

Wird das Vorliegen wirtschaftlichen Eigentums an einem Vermögensgegenstand bejaht, ist sodann dessen **Zugehörigkeit zum Anlage- oder Umlaufvermögen** zu prüfen. Bei der Auslegung des hierfür einschlägigen § 247 Abs. 2 HGB kommt es weniger auf die physische Beschaffenheit als auf die Zweckbestimmung an, mit der der Vermögensgegenstand im Betriebsprozess eingesetzt wird. Ausschlaggebend ist der Wille des Bilanzierenden zum Bilanzstichtag.

So sind für mehrere Aufträge eingesetzte Werkzeuge i. d. R. Anlagevermögen, dagegen solche, die nur für einen Auftrag eingesetzt werden bzw. die sich im Zuge einer Auftragsausführung verschleißen, Umlaufvermögen. Reserve- oder Ersatzteile für bestimmte technische Anlagen sind zusammen mit diesen zu aktivieren und folglich Anlagevermögen. Im Falle von Vorführwagen oder Musterhäusern wird die nicht nur vorübergehende Eingliederung in die Betriebsabläufe unterstellt. Die Gegenstände sind – anders als ihre zum alsbaldigen Verkauf bestimmten, funktionsgleichen Pendants – dem Anlagevermögen zuzurechnen.

Die Bilanzierung als Vorrat setzt die Klassifikation als Umlaufvermögen voraus. Als Teilgruppen der Vorräte führt § 266 Abs. 2 B.I. HGB auf:

- Roh-, Hilfs- und Betriebsstoffe,
- unfertige Erzeugnisse, unfertige Leistungen,
- fertige Erzeugnisse und Waren,
- geleistete Anzahlungen.

Roh-, Hilfs- und Betriebsstoffe sind Verbrauchsgüter in Bezug auf den betriebsüblichen Leistungserstellungsprozess. **Rohstoffe** bilden den Hauptbestandteil der unfertigen bzw. fertigen Erzeugnisse. **Hilfsstoffe** gehen zwar ebenso in das gefertigte Produkt ein, stellen aber nur einen untergeordneten Bestandteil dar. **Betriebsstoffe** gehen nicht unmittelbar in das Erzeugnis ein, sondern werden im Zuge des Produktionsprozesses verbraucht. Zu den Hilfs- und Betriebsstoffen gehören grundsätzlich auch Verpackungsmaterial, Reparaturmaterial und Werbemittel.

Die Umgliederung eines Vermögensgegenstands von den Roh-, Hilfs- und Betriebsstoffen zu den **unfertigen Erzeugnissen** erfolgt, wenn mit der Herstellung begonnen wurde.

Für unfertige Erzeugnisse sind bereits durch Be- oder Verarbeitung Material- bzw. Personalaufwendungen entstanden, deren Fertigstellung ist am Bilanzstichtag jedoch noch nicht abgeschlossen; Abgrenzungskriterium ist der Eingang in den Produktionsprozess. Die Unterscheidung ist z. B. für die Festbewertung bedeutsam; für unfertige Erzeugnisse darf kein Festwert angesetzt werden.

Eine Umgliederung zu den **fertigen Erzeugnissen** ist geboten, wenn die Erzeugnisse oder Leistungen unmittelbar vor der Veräußerung stehen und lediglich noch Versandaufwendungen anfallen; Abgrenzungskriterium ist hier die Versandfertigkeit. Bei Dienstleistungsunternehmen wird die analoge Bezeichnung „unfertige bzw. fertige Leistungen" verwandt.

Hierunter können im Einzelfall auch **immaterielle Vermögensgegenstände** (unfertige Software, Bild- und Tonträger etc.) subsumiert werden, soweit sie zum Verkauf an Dritte bestimmt sind.

Waren sind von Dritten bezogene Vermögensgegenstände, die ohne wesentliche eigene Be- oder Verarbeitung zur Weiterveräußerung vorgesehen sind (Handelswaren). Bereits gekaufte, aber zum Bilanzstichtag noch rollende oder schwimmende Ware ist als eigener Warenbestand unter gleichzeitigem Ausweis einer Verbindlichkeit zu bilanzieren, sofern der Gefahrenübergang stattgefunden hat. Andererseits gehört auch verkaufte Ware, bei der die Gefahr noch nicht auf den Käufer übergegangen ist, zum eigenen Warenbestand. In Kommission gegebene oder an eine Agentur gelieferte Ware ist als eigener Warenbestand zu bilanzieren; dagegen dürfen in Kommission genommene Waren nicht aktiviert werden.

Keine Waren stellen Vermögensgegenstände dar, die nicht zum üblichen Absatzprogramm des Unternehmens gehören, diese sind unter den „sonstigen Vermögensgegenständen" auszuweisen.

Unter den **geleisteten Anzahlungen** sind an Lieferanten erfolgte Anzahlungen auf bestellte Roh-, Hilfs- und Betriebsstoffe sowie Handelswaren und somit eigene Vorleistungen auszuweisen; hierzu gehören auch Anzahlungen auf Dienstleistungen.

Dagegen sind von Kunden **erhaltene Anzahlungen** auf noch nicht erfolgte Lieferungen und Leistungen (d. h. bei denen noch kein Gefahrenübergang vorliegt)
- entweder nach § 268 Abs. 5 HGB offen vom Posten „Vorräte" abzusetzen
- oder unter den Verbindlichkeiten als „erhaltene Anzahlungen auf Bestellungen" zu passivieren.

Der Prüfer hat insbesondere die korrekte **Abgrenzung der fertigen Erzeugnisse bzw. Leistungen von den Forderungen** zu begutachten. Fertige und abgenommene Leistungen sind als Forderungen auszuweisen, auch wenn sie noch nicht abgerechnet worden sind. Noch nicht abgenommene Leistungen sind weiterhin als „unfertig" auszuweisen, weil das Ausmaß der vom Abnehmer ggf. eingeforderten Nachbesserungen unbestimmt ist. Nur wenn zweifelsfrei allenfalls nachrangige Nacharbeiten anstehen, kann eine Leistung als „abgenommen" gelten.

Der Prüfer hat dies kritisch zu würdigen, da häufig eine Doppelerfassung desselben Vermögensgegenstands erfolgen kann – als Fertigerzeugnis und Forderung zugleich.

Kritisch ist auch die Differenzierung zwischen Waren und Rohstoffen, sofern ein fremdbezogenes Gut sowohl in die eigene Produktion eingehen als auch ohne weitere Bearbeitung verkauft werden kann. Eine Bilanzierung erfolgt entsprechend der überwiegenden Verwendung.

3.4 Bewertung

3.4.1 Zugangsbewertung

Den Wertmaßstab beim Zugang von Vorräten bilden die **Anschaffungs- oder Herstellungskosten**, welche zugleich die Wertobergrenze für die Folgebewertung darstellen.
- Der Begriff „Anschaffung" setzt den Erwerb der Vorräte von Dritten voraus; er wird demnach bei Roh-, Hilfs- und Betriebsstoffen sowie Waren Anwendung finden.
- Demgegenüber impliziert die „Herstellung" eine Eigenproduktion im Zuge des innerbetrieblichen Wertschöpfungsprozesses; der Begriff trifft demnach auf unfertige und fertige Erzeugnisse zu.

ABB. 196:	Wertansätze der Vorräte	
Wertansätze der Vorräte		
Anschaffungs- oder Herstellungskosten		§ 253 Abs. 1 Satz 1 i.V. mit § 255 Abs. 1 HGB
Der sich aus dem Börsen- oder Marktpreis am Abschlussstichtag ergebende Wert		§ 253 Abs. 4 Satz 1 HGB
Der den Vermögensgegenständen am Abschlussstichtag beizulegende Wert		§ 253 Abs. 4 Satz 2 HGB

Zwar wird als Zeitpunkt des Zugangs der Gefahrübergang bzw. die Erlangung der wirtschaftlichen Verfügungsmacht definiert, gleichwohl können auch nach diesem Zeitpunkt anfallende Aufwendungen in die Anschaffungs- und Herstellungskosten eingerechnet werden.

Zur Bemessung der **Anschaffungskosten** nach § 255 Abs. 1 HGB wird auf Kapitel V.1. verwiesen. Beim Bezug der Vorräte von außerhalb des Euro-Raums auftretende Fragen der **Fremdwährungsumrechnung** werden unter den Forderungen (Kapitel V.4.5.2) behandelt.

Die Aktivierung von Anschaffungsnebenkosten ist – unabhängig ob diese außer- oder innerbetrieblich anfallen – auf **Einzelkosten** beschränkt. Eine Aktivierung von Wareneingangs-, Prüfungs- und Lagerungskosten ist nur unter dieser Voraussetzung zulässig. Unbedenklich ist die Aktivierung von Transportkosten mit eigenem Fahrzeug und von Einzellöhnen eigenen Personals, das für die Verbringung und Einlagerung eingesetzt wird. Andererseits sind Hilfslöhne sowie Abschreibungen und Zinsen auf Lagereinrichtungen nicht aktivierungsfähig.

Im Zuge des weiteren Verwendungsprozesses anfallende innerbetriebliche Transport- und Logistikkosten sind allenfalls Herstellungs-, aber keine Anschaffungskosten. Finanzierungskosten zählen grundsätzlich nicht zu den Anschaffungskosten. Der Prüfer hat entsprechende Praktiken zu beanstanden.

Hingegen werden **Sondereinzelkosten** wie z. B. Eingangsfrachten, Versicherungs- oder Verpackungskosten aktiviert, da diese aus Vereinfachungsgründen zwar pauschaliert, aber dennoch auf eine abgrenzbare Vorratsmenge umgelegt werden können.

Insbesondere bei Vorräten mit hohen anteiligen Lagerkosten wird der Prüfer die Plausibilität der Abgrenzung zwischen Einzel- und Gemeinkosten anhand von Kostenstellenplänen und Betriebsabrechnungsbögen überprüfen müssen, um unzulässige Aktivierungen auszuschließen. Der Prüfer hat auch eine Abstimmung mit den Eingangsrechnungen vorzunehmen.

Herstellungskosten sind diejenigen Aufwendungen, die durch den Verbrauch von Gütern und die Inanspruchnahme von Diensten für die Herstellung eines Vermögensgegenstands, seine Erweiterung oder für eine über seinen ursprünglichen Zustand (nicht den gegenwärtigen Zustand!) hinausgehende wesentliche Verbesserung anfallen.

Zur Feststellung der Aktivierungsfähigkeit ist der Herstellungsprozess zunächst in zeitlicher Hinsicht abzugrenzen. Für eine Aktivierung als Herstellungskosten kommen nur die von **Beginn** bis zum **Ende** der Herstellung (Zeitraum der Herstellung) angefallenen, dem hergestellten Vermögensgegenstand direkt oder indirekt zurechenbaren Aufwendungen in Betracht (IDW RS HFA 31, Tz. 6).

Die Herstellung **beginnt** gleichzeitig mit dem auf die Schaffung, die Erweiterung oder die wesentliche Verbesserung des zu bewertenden Vermögensgegenstands gerichteten Kombinationsprozess von Produktionsfaktoren. Vorbereitungshandlungen, die unmittelbar der Herstellung eines Vermögensgegenstands dienen, gehören bereits zum Herstellungsvorgang, sofern der betreffende Vermögensgegenstand – etwa durch externe Aufträge oder betriebsinterne Vorgaben – bis zur Aufstellung des Jahresabschlusses hinreichend konkretisiert ist (IDW RS HFA 31, Tz. 7). Solche Aktivitäten bestehen etwa in Rüstvorgängen in der Industrie oder Planungsarbeiten im Baugewerbe. Die bloße Beschaffung von Roh-, Hilfs- und Betriebsstoffen begründet allerdings noch nicht den Beginn des Herstellungsprozesses (IDW RS HFA 31, Tz. 9).

Mit Beginn des Herstellungsprozesses sind Aufwendungen der Produktion eines Vermögensgegenstands diesem **erstmals direkt zurechenbar**. Folglich sind alle vor diesem Zeitpunkt anfallenden Kosten allgemeine Verwaltungs- oder Vertriebskosten, soweit sie nicht ausnahmsweise nach Maßgabe des § 255 Abs. 2a HGB als Entwicklungskosten aktiviert werden. Die aktivierungsfähige Wertschöpfungsstufe „Entwicklung" wird somit

▶ rückwärts gerichtet begrenzt durch die **Forschung**,

▶ vorwärts gerichtet begrenzt durch den **Vertrieb**,

was zahlreiche Ermessensspielräume eröffnet.

IDW RS HFA 31, Tz. 8 enthält eine Konkretisierung des **Wertaufhellungsprinzips** nach § 252 Abs. 1 Nr. 4 HGB für den Fall, dass sich der zu bewertende Vermögensgegenstand, für dessen Herstellung Vorbereitungshandlungen vorgenommen wurden, erst nach der Aufstellung des Jahresabschlusses konkretisiert. Dies kann den Schluss zulassen, dass der Herstellungszeitraum bereits vor dem Abschlussstichtag begonnen hat. In diesem Fall dürfen die vor dem Abschlussstichtag angefallenen Aufwendungen für Vorbereitungshandlungen, die zunächst mangels Konkretisierung des Vermögensgegenstands nicht aktivierbar waren, aus Vereinfachungsgründen anstelle einer Abschlussänderung in späteren Perioden insoweit (nach-)aktiviert werden, als ansonsten eine Abschlussänderung nach allgemeinen Grundsätzen zulässig wäre.

Ist der Herstellungsvorgang – allein aufgrund der Unternehmensplanung des Managements und ihrer Realisation – unterbrochen, so dürfen die während der Zeit der **Unterbrechung** anfallenden Aufwendungen **nicht** als Herstellungskosten berücksichtigt werden, wie z. B. Lager- oder Energiekosten. Eine solche Konstellation kann etwa bei aktuellen oder erwarteten Nachfragerückgängen bzw. vorübergehenden personellen oder finanziellen Engpässen eintreten.

Ein durch herstellungsbezogene Umstände bedingter, ggf. sogar **technisch unvermeidlicher** Produktionsstillstand (z. B. Trocknungszeiten) stellt regelmäßig keine Unterbrechung der Herstellung dar. Soweit in diesem Fall Aufwendungen anfallen, die erforderlich sind, um die Herstellung des Vermögensgegenstands beenden zu können (z. B. Bewachung eines Gebäudes während der Baupause im Winter), können diese zu den Herstellungskosten gehören (IDW RS HFA 31, Tz. 10).

Der Herstellungszeitraum endet mit der Fertigstellung des Vermögensgegenstands, also mit der Möglichkeit seiner **bestimmungsgemäßen Verwendung** (IDW RS HFA 31, Tz. 11). Eine solche ist für selbsterstellte Gegenstände des immateriellen und Sachanlagevermögen i. d. R. gegeben bei Vorliegen

▶ der **objektiven** Betriebsbereitschaft, d. h. der generellen Nutzungsfähigkeit, oder/und

▶ der **subjektiven** Betriebsbereitschaft nach Maßgabe der konkreten Zweckbestimmung des Bilanzierenden.

Der **Vertrieb** eines Vermögensgegenstands ist nicht mehr dem Herstellungsvorgang zuzurechnen, er liegt bereits jenseits davon (IDW RS HFA 31, Tz. 12). Vertriebskosten einschließlich Sondereinzelkosten des Vertriebs gehören mithin – unabhängig von ihrem zeitlichen Anfall – nicht zu den Herstellungskosten (§ 255 Abs. 2 Satz 4 HGB).

Bei Fertigerzeugnissen liegt die Möglichkeit einer bestimmungsgemäßen Verwendung meist ab dem Zeitpunkt der Verkaufs- bzw. Auslieferungsfähigkeit (Zugang zum Verkaufslager) vor. Bis zum späteren Zeitpunkt des tatsächlichen Verkaufs (rechtsgültige Transaktion) anfallende Kosten sind stets Vertriebskosten, die nicht zu den Herstellungskosten zählen.

Mit der Neufassung des § 255 Abs. 2 HGB wurden bisherige **Wahlrechte** in Bezug auf die Herstellungskosten durch Übergang zur Aktivierungspflicht aufgehoben (für die in nachfolgender Abbildung in „Stufe 2" bezeichneten Kostenarten). Die Untergrenze der Aktivierung entspricht nun dem gemäß R 6.3 EStR steuerlich gebotenen Umfang.

Seit jeher in die Herstellungskosten einzubeziehen sind die **Material- und Fertigungseinzelkosten** sowie die **Sondereinzelkosten der Fertigung**, d. h.

- die Anschaffungskosten der fremdbezogenen Roh- und ggf. Hilfsstoffe oder die Kosten sonstiger Leistungen einschließlich deren Anschaffungsnebenkosten und abzüglich Anschaffungskostenminderungen,
- die unmittelbar zurechenbaren Fertigungslöhne einschließlich gesetzlicher Sozialabgaben und aller Lohnzuschläge,
- die Kosten für Modelle, Prototypen, Schablonen, Spezialwerkzeuge, Lizenzgebühren, auftragsgebundene Entwicklungs-, Versuchs- und Konstruktionskosten.

Die **Sondereinzelkosten** werden im Gesetzeswortlaut (§ 255 Abs. 2 Satz 2 HGB) weiterhin fälschlicherweise als **Sonderkosten** bezeichnet. Die Kosten sind jedenfalls wie bisher als aufwandsgleiche Einzelkosten zu aktivieren (IDW RS HFA 31, Tz. 13).

Hilfsstoffe können sowohl unter die Gemein- als auch die (unechten) Einzelkosten subsumiert werden; d. h. sie werden entweder direkt (Einzelkosten) oder pauschal über Zuschlagssätze (Gemeinkosten) auf den Kostenträger verrechnet. Seit BilMoG ist dies nunmehr unerheblich, da beide Alternativen eine Aktivierungspflicht nach sich ziehen.

Weiterhin müssen gemäß § 255 Abs. 2 Satz 2 HGB zwingend Material-, Fertigungsgemeinkosten sowie anteilige Abschreibungen **in angemessenem Umfang** in die Herstellungskosten einbezogen werden, soweit sie durch die Fertigung veranlasst sind (IDW RS HFA 31, Tz. 16). Dies betrifft in der Praxis insbesondere

- im **Materialbereich** die Kosten der Einkaufsabteilung, der Eingangsprüfung, des innerbetrieblichen Transports und der Lagerhaltung, Hilfs- und Betriebsstoffkosten,
- im **Fertigungsbereich** die Kosten der Werkstattverwaltung, Arbeitsvorbereitung, Fertigungsplanung und -kontrolle, des Qualitätsmanagements sowie der Instandhaltung,
- bei den **Abschreibungen** die planmäßigen Abschreibungen auf Lagereinrichtung und innerbetriebliche Transportfahrzeuge (soweit durch die Fertigung veranlasst und auf den Zeitraum der Herstellung entfallend; nach IDW RS HFA 31, Tz. 22 sind folglich nur planmäßige, nicht aber außerplanmäßige Abschreibungen einzubeziehen).

In die Herstellungskosten einbezogen werden **dürfen**

- Kosten der **allgemeinen Verwaltung,** z. B. die Kosten für die Geschäftsleitung, Personalabteilung, Rechnungswesen, Kosten für EDV, Kommunikation oder Beratung,
- Kosten der **betrieblichen Altersversorgung**, z. B. Beiträge zu Direktversicherungen, Pensions- und Unterstützungskassen, Zuführung zu Pensionsrückstellungen,
- Kosten für **soziale Einrichtungen**, z. B. Kantine, Freizeiteinrichtungen, Betriebsarzt,

▶ Kosten für **freiwillige soziale Leistungen**, z. B. Aufwendungen für Jubiläumsgeschenke, Mietbeihilfen usw.,

soweit sie in **angemessener** Höhe anfallen und dem **Zeitraum** der Herstellung zurechenbar sind (IDW RS HFA 31, Tz. 17). Verwaltungskosten, die im Material- oder Fertigungsbereich anfallen, sind hingegen als Material- bzw. Fertigungsgemeinkosten aktivierungspflichtig.

IDW RS HFA 31, Tz. 23 stellt klar, dass nach § 255 Abs. 3 Satz 1 HGB **Zinsen für Fremdkapital** nicht zu den Herstellungskosten zählen. Das in Satz 2 der Vorschrift kodifizierte Wahlrecht gilt ausschließlich für Zinsen für Fremdkapital, das zur Finanzierung der Herstellung eines Vermögensgegenstands verwendet wird, soweit sie auf den Zeitraum der Herstellung entfallen.

Die Vorschrift ist eng auszulegen und gilt nur in besonderen **Ausnahmefällen** (IDW RS HFA 31, Tz. 24). Erforderlich für eine Aktivierung ist

▶ die Zurechenbarkeit des aufgenommenen Fremdkapitals in sachlicher und zeitlicher Hinsicht auf den jeweiligen Herstellungsvorgang (z. B. im Rahmen einer **Objektfinanzierung**) bzw.

▶ die Erfüllung anderweitiger strenger Indizien für eine sachliche und zeitliche Zuordnung (IDW RS HFA 31, Tz. 25).

So entsteht ein sachlicher Zusammenhang zwischen Finanzierung und Herstellung selbst dann nicht, wenn ein Kreditvertrag unter Bezugnahme auf den herzustellenden Gegenstand neu abgeschlossen wurde oder sogar eine rechtliche Zweckbindung enthält. Ein Ansatz kommt allenfalls in Betracht, wenn die Fremdkapitalzinsen – insbesondere im Bereich der auftragsbezogenen Langfristfertigung wie bei Schiffen oder Großanlagen – eindeutig zurechenbar sind (sog. Projektfinanzierung; Einzelkosten).

ABB. 197: Bestandteile der Herstellungskosten			
„müssen"		„brauchen nicht"	„dürfen nicht"
„Stufe 1"	„Stufe 2"	▶ Allgemeine Verwaltungskosten ▶ Kosten für betriebliche Altersversorgung ▶ Kosten für soziale Einrichtungen und freiwillige soziale Leistungen	▶ Vertriebskosten einschl. Sondereinzelkosten des Vertriebs ▶ Fremdkapitalzinsen (nur in Ausnahmefällen) ▶ Forschungskosten ▶ Kalkulatorische Kosten
▶ Materialeinzelkosten (Fertigungsmaterial) ▶ Fertigungseinzelkosten (Fertigungslöhne) ▶ Sondereinzelkosten der Fertigung	▶ Materialgemeinkosten ▶ Fertigungsgemeinkosten ▶ Abschreibungen auf Anlagevermögen, jeweils nur in „angemessener Höhe"		

KAPITEL V Prüfung des Jahresabschlusses

Aufwandsarten	§ 255 Abs. 2 und 3 HGB, R 6.3 EStR		
	Aktivierungs-		
	pflicht	wahlrecht	verbot
Materialeinzelkosten	☑		
Fertigungseinzelkosten	☑		
Sondereinzelkosten der Fertigung	☑		
Materialgemeinkosten	☑		
Fertigungsgemeinkosten	☑		
Wertverzehr des Anlagevermögens	☑		
Kosten der allgemeinen Verwaltung		☑	
Aufwendungen für freiwillige soziale Einrichtungen		☑	
Aufwendungen für betriebliche Altersvorsorge		☑	
Zurechenbare Fremdkapitalzinsen (Einzelkosten)		☑	
Vertriebskosten			☑
Forschung *)			☑
*) Bei selbsterstellten immateriellen Vermögensgegenständen können bei Inanspruchnahme des Aktivierungswahlrechts Entwicklungskosten miteinbezogen werden (§ 255 Abs. 2a HGB).			

Die amtliche Gesetzesbegründung zum RegE des BilMoG, § 255 HGB, führt aus, dass „nach Art. 35 Abs. 3 Buchstabe a der Bilanzrichtlinie zu den Herstellungskosten neben den Anschaffungskosten der Roh-, Hilfs- und Betriebsstoffe die **dem einzelnen Erzeugnis unmittelbar zurechenbaren** Aufwendungen gehören. Unter stärkerer Berücksichtigung der Informationsfunktion des handelsrechtlichen Jahresabschlusses wird der Wortlaut der Vorschrift dahingehend interpretiert, dass unmittelbar zurechenbar solche Aufwendungen sind, die **in Abhängigkeit von der Erzeugnismenge variieren**".

Die Formulierung ist missverständlich und kann fehl interpretiert werden. Es werden die **Zurechenbarkeit** zu einem Erzeugnis und die **Variation** bei Auslastungsschwankungen als synonyme Kriterien gebraucht, tatsächlich ist aber allein ersteres Kriterium relevant.

ABB. 198: Begriffliche Abgrenzung der Kostenarten		
Auslastungsschwankungen \ Zurechenbarkeit	Einzelkosten	Gemeinkosten
Variabel	Regelfall: z. B. Materialeinsatz für Fertigung	Ausnahmefall: z. B. allgemeine Energiekosten
Fix	Ausnahmefall: z. B. Abschreibungen, Zinsen für Spezialmaschine; Personalkosten spezieller Mitarbeiter	Regelfall: z. B. Kosten Verwaltungsgebäude (Abschreibungen, Zinsen, Miete/Pacht), Stabsabteilungen (Personalkosten)

Das Begriffspaar „Einzel- und Gemeinkosten" resultiert aus der Systematik des Betriebsabrechnungsbogens und setzt lediglich eine Kostenstellenrechnung auf Vollkostenbasis voraus. Demgegenüber entstammt die Klassifikation „variable bzw. Fixkosten" aus der Deckungsbeitragsrechnung und erfordert zusätzlich eine sog. Kostenauflösung.

In der Praxis sind weder alle Einzelkosten variabel noch alle Gemeinkosten fix. Vielmehr müssen Annahmen an die **Kostenstruktur** (ggf. separat nach Kostenstellen) getroffen werden. Hierbei ist zu bedenken, dass die begriffliche Einteilung in variable und fixe Kosten **relativ** auszulegen ist. Fixkosten entstehen aufgrund vertraglicher oder faktischer Bindungen, die in künftige Perioden hineinreichen. So sind beim Abschluss von sog. „*take-or-pay*-Verträgen" unabhängig von der tatsächlichen Bedarfsmenge bestimmte Ressourcen abzunehmen. Deren Verbrauch kann – unabhängig vom gleichzeitigen Fixkostencharakter – durchaus als Einzelkosten klassifiziert werden.

Materialkosten (Rohstoffe, Energie) können je nach dem Vorhandensein von Bezugsverpflichtungen und Mindestabnahmemengen auch fixen Charakter annehmen, wohingegen sich Personalkosten durch geschicktes Management wie variable Gehaltsbestandteile, Zeit- oder Leiharbeitsverträge sowie Anlagenkosten durch Abschluss von kurzfristig kündbaren Mietverträgen in wesentlichem Umfang flexibilisieren lassen.

§ 255 Abs. 2 Satz 3 HGB eröffnet der amtlichen Gesetzesbegründung zufolge den Unternehmen das Wahlrecht, „in die Herstellungskosten Aufwendungen, die unabhängig von der Erzeugnismenge anfallen, einzurechnen, soweit diese auf den Zeitraum der Herstellung entfallen. Danach dürfen angemessene Teile der dem einzelnen Erzeugnis nur mittelbar zurechenbaren Kosten, welche auf den Zeitraum der Herstellung entfallen, den Herstellungskosten hinzugerechnet werden".

Insoweit sind auch Pflichtbestandteile der Herstellungskosten wie Material-, Fertigungsgemeinkosten oder Abschreibungen unabhängig von der Erzeugnismenge anfallende und damit fixe Kosten. Folglich ist die Charakteristik von Kosten als fix kein geeignetes Kriterium für eine Zuordnung zu den Pflicht- oder Wahlbestandteilen der Herstellungskosten.

IDW RS HFA 31, Tz. 14 definiert **aktivierungspflichtige Einzelkosten** als die dem hergestellten Vermögensgegenstand unmittelbar zurechenbaren Kosten. Klargestellt wird, dass sich „die Unmittelbarkeit der Zurechnung auf einen eindeutigen und nachweisbaren quantitativen Zusammenhang zwischen dem hergestellten Gegenstand und dem durch seine Herstellung entstandenen Verbrauch an Gütern, Leistungen und Diensten" richtet (IDW RS HFA 31, Tz. 14). Dieser fertigungsbedingte Einsatz an Gütern, Leistungen und Diensten soll sich in der jeweiligen Maßeinheit (Menge, Zeit, Wert) **ohne weitere Schlüsselung oder Umlage** auf den zu bewertenden Vermögensgegenstand beziehen lassen.

Eine Umrechnung von Stundenlöhnen auf die eingesetzte Fertigungszeit steht dem unmittelbaren Zusammenhang der Einzelkosten mit dem betreffenden Vermögensgegenstand nicht entgegen, so IDW RS HFA 31, Tz. 14.

Hieraus folgt, dass im Rahmen der Anwendung einer sog. **Maschinenstundensatzkalkulation** oder **Platzkostenrechnung** verrechnete Kosten als Einzelkosten angesehen werden können. Insbesondere ist ein proportionaler Zusammenhang zwischen der Ausbringungsmenge und der Kostenhöhe (Definitionskriterium der variablen Kosten) nicht erforderlich. Eine **eindeutige Zuordenbarkeit** genügt. Bei der Abgrenzung von Einzel- und Gemeinkosten wird dargelegt, dass es sich bei letzteren um „diejenigen Aufwendungen für Güter, Leistungen und Dienste, die nicht unmittelbar in das Projekt eingehen, sondern nur über eine **Schlüsselung** oder **Umlage** zu dem hergestellten Vermögensgegenstand in Beziehung gebracht werden können", handelt (IDW RS HFA 31, Tz. 15).

IDW RS HFA 31, Tz. 19 stellt klar, dass es für die Zuordnung von Aufwendungen zu den Einzelkosten einerseits und den Gemeinkosten andererseits auf die im Einzelfall zu deren Ermittlung angewandte Kostenrechnungsmethode nicht ankommen soll. Entscheidend für die Zuordnung ist deshalb nicht die tatsächliche Zurechnung in der Kostenrechnung, sondern die **Möglichkeit** einer direkten Zurechnung.

Dies gilt insbesondere für den Fall der sog. „**unechten Gemeinkosten**". Diese sind ihrer Natur nach dem hergestellten Vermögensgegenstand zwar quantitativ direkt zurechenbar, werden aus Praktikabilitätsgründen in der Kostenrechnung aber als Gemeinkosten behandelt und geschlüsselt.

Die (Nicht-)Einrechnung ist insbesondere anhand der Kostenstellen- und Arbeitsablaufpläne zu plausibilisieren und zu dokumentieren, auch um im Streitfall die Einhaltung der Bewertungsstetigkeit nachzuweisen. Die Ermessensgrenze wird lediglich durch den allgemeinen Grundsatz der Bewertungsstetigkeit nach § 252 Abs. 1 Nr. 6 HGB gebildet. Einzelheiten regelt der IDW RS HFA 38.

Der Prüfer hat hier die **einschlägigen Abgrenzungen** anhand der Kostenstellenpläne auf Plausibilität zu überprüfen.

So ist z. B. nach den Kosten für **Forschung** und **Entwicklung** zu differenzieren (vgl. schon Kapitel V.1.3.3.). Forschung als eigenständige und planmäßige Suche nach neuen wissenschaftlichen oder technischen Erkenntnissen oder Erfahrungen allgemeiner Art (§ 255 Abs. 2a HGB) ist nicht aktivierungsfähig, da über deren technische Verwertbarkeit und wirtschaftliche Erfolgsaussichten keine verlässlichen Aussagen gemacht werden können und es an der Zuordnung der Kosten zu einem verkaufsfähigen Kostenträger fehlt.

Zusätzlich ist der Block der **Verwaltungskosten** in die Kosten der Fertigungsverwaltung und der allgemeinen Verwaltung aufzuspalten. Schwieriger stellt sich die Abgrenzung zwischen aktivierungsfähigen Gemeinkosten und nicht aktivierungsfähigen **Vertriebskosten** dar. Typische Vertriebskosten sind Aufwendungen für Werbung, Marktforschung, Reisekosten und Spesen.

Besonders kritisch ist die Behandlung der Verpackungskosten. Hierbei gelten die Kosten der Innenverpackung als dem Herstellungsprozess zugehörig, insbesondere wenn wie bei Milch, Waschpulver oder Zahnpasta Behältnisse zur Verkaufsfähigkeit unabdingbar sind. Andererseits ist die Außenverpackung (Kartons, Paletten) den Vertriebskosten zuzurechnen, da sie nur dem Transport bzw. Versand dient.

Die Differenzierung ist vom Prüfer restriktiv auszulegen. So gilt nach höchstrichterlicher Rechtsprechung z. B. bereits die Zellophanverpackung von CDs, Disketten oder Kassetten als Außenverpackung und damit als den nicht aktivierungsfähigen Vertriebskosten zugehörig. Abfüllkosten stellen dagegen Kosten der Innenverpackung dar und sind aktivierungsfähig.

Stets unzulässig ist die Aktivierung **kalkulatorischer Kosten**,

- kalkulatorischer Zinsen auf den betriebsüblichen Lagerbestand sowie
- kalkulatorischer Wagniskosten auf das Bestände- oder/und Transportwagnis.

Die direkte Zuordnung von Personalgemeinkosten kann insbesondere mittels Implementierung einer **Prozesskostenrechnung** forciert werden.

Für die zulässige Einrechnung der Gemeinkosten gelten weiterhin die Prinzipien

- der **Notwendigkeit** (gemeint ist in Bezug auf die Veranlassung durch die Fertigung, d. h. dem **Grunde** nach) sowie
- der **Angemessenheit** (Beschränkung auf übliche Kostenwerte, d. h. der **Höhe** nach).

Das BilMoG hat zwar formelle Einbeziehungswahlrechte der Gemeinkosten für die Mehrheit ihrer Bestandteile aufgehoben, an dem Ermessensspielraum in Bezug auf die „Angemessenheit" und „Notwendigkeit" der Aufwendungen aber nichts geändert.

Gemäß § 255 Abs. 2 Satz 2 HGB sind „für die Fertigung **ihrer Art nach notwendige** Material- und Fertigungsgemeinkosten sowie der durch die Fertigung veranlasste Werteverzehr des Anlagevermögens in die Ermittlung der Herstellungskosten einzubeziehen" (IDW RS HFA 31, Tz. 20).

Der Begriff „**Notwendigkeit**" umschreibt den Leistungsbezug zum Fertigungsprozess i. S. einer „Unvermeidlichkeit". Ansatzfähig sind nur die unter normalen Produktionsbedingungen anfallenden, kostengleichen Aufwendungen.

Die Begriffsauslegung hat vor dem Hintergrund der hergebrachten kostenrechnerischen Grundsätze zu erfolgen. Demnach gelten als Kosten alle Aufwendungen, die

- in üblicher Höhe anfallen,
- wirtschaftlich der betreffenden Periode zuordenbar sind und
- in sachlichem Zusammenhang zur gewöhnlichen Geschäftstätigkeit stehen,

also die **Grundkosten** mit Ausnahme der kalkulatorischen Kosten, die in Zusammenhang mit der Ermittlung der Herstellungskosten unbeachtlich sind. Somit sind neutrale, d. h. außerordentliche, periodenfremde und in ungewöhnlicher Höhe anfallende Aufwendungen nicht aktivierungsfähig.

Aufgrund der Komplexität der Produktionsverfahren ist die Feststellung der Notwendigkeit keineswegs trivial. Eine Beurteilung der Angemessenheit wird aber nur unter Würdigung des konkreten Geschäftsmodells und der Wertschöpfungskette im Einzelfall möglich sein.

Die Einbeziehung notwendiger Gemeinkosten in die Herstellungskosten wird in einem zweiten Schritt auf **angemessene Teile** der Gemeinkosten und des Werteverzehrs beschränkt (IDW RS HFA 31, Tz. 20). Der Grundsatz der Angemessenheit richtet sich allein auf die Aussonderung außerordentlicher, unangemessen hoher Aufwendungen, etwa bei offenbarer Unterbeschäftigung.

Gemäß IDW RS HFA 31, Tz. 21 ist das **Angemessenheitsprinzip** in der Weise auszulegen, dass „fertigungsbedingte Gemeinkosten bei der Ermittlung der Herstellungskosten nur insoweit zu berücksichtigen sind, wie sie bei einer normalen Auslastung der technischen und personellen Fertigungskapazitäten unter Berücksichtigung der branchentypischen Beschäftigungsschwankungen (**Normalbeschäftigung**) anfallen. Die Normalbeschäftigung ist in der Praxis oft schwer bestimmbar; sie kann sich im Zeitablauf ändern. Werden jedoch Fertigungsbereiche zeitweilig oder endgültig stillgelegt oder offensichtlich deutlich weniger als normal ausgelastet, dann sind die betreffenden Gemeinkosten als nicht mehr angemessene und nicht produktionsnotwendige Leerkosten von einer Einrechnung in die Herstellungskosten ausgeschlossen".

KAPITEL V — Prüfung des Jahresabschlusses

Gerade durch eine Unterauslastung charakterisierte Krisenunternehmen dürften geneigt sein, unangemessene Aufwendungen zu den Herstellungskosten zu zählen. Dies ist bedeutsam, da insbesondere in prekären Situationen solche Aufwendungen gehäuft auftreten, und zwar

- außerordentliche Abschreibungen auf den Anlagenpark wegen wirtschaftlicher Entwertung oder nachhaltiger Unrentabilität,
- erforderliche Niederstwertabschreibungen auf die Vorräte aufgrund von dauerhafter Nichtrealisierbarkeit der Herstellungskosten am Markt infolge Preisdumpings,
- infolge krisenbedingter Auslastungsrückgänge entstehende Leerkosten.

Die Unterbeschäftigung muss **dauerhaft** und **offenbar** sein. Für die Aussonderung von Leerkosten werden im Fachschrifttum verschiedene Leitlinien wie folgt aufgeführt:

- Reserveanlagen, die im Rahmen des üblichen Fertigungsprozesses zur Vermeidung von Betriebsunterbrechungsrisiken beim Ausfall von genutzten Anlagen vorgehalten werden, induzieren keine auszusondernden Leerkosten.
- Gleiches gilt bei aufgrund kurzfristiger Beschäftigungsschwankungen zeitweilig unterausgelasteten Anlagen, etwa bei Saisonprodukten. Ein vorübergehender Leerstand ist nicht auf das Geschäftsjahr hochzurechnen, sondern bleibt gänzlich außer Betracht.
- Folglich sind Leerkosten nur bei Anlagen anzunehmen, die während des gesamten Geschäftsjahres nicht in der Fertigung eingesetzt waren und die auch keine notwendigen Reserveanlagen darstellen.

Anders als bei der Notwendigkeit ist für die Prüfung der Angemessenheit keine Würdigung dem Grunde nach, sondern der Höhe nach vorzunehmen, so dass die Praxis des Kostencontrollings hier geeignete Ermittlungsmethoden bereitstellt.

Grundlage der Differenzierung von Einzel- und Gemeinkosten ist das betriebliche Kostenrechnungssystem, insbesondere der **Betriebsabrechnungsbogen**:

- **Einzelkosten** sind den Kostenträgern unmittelbar zurechenbar; sie müssen in der Kostenstellenrechnung nicht näher analysiert werden, sondern können direkt in die Kostenträgerrechnung (Kalkulation) übertragen werden.
- **Gemeinkosten** sind demgegenüber Kosten, die zwar den Kostenstellen, nicht aber den Kostenträgern zugerechnet werden können. Sie werden im Wege der innerbetrieblichen Leistungsverrechnung auf die Kostenstellen umgelegt.

Um eine Kostenträgerrechnung durchführen zu können, werden die (den Kostenträgern nicht direkt zurechenbaren) Gemeinkosten auf die (direkt zurechenbaren) Einzelkosten mittels Bildung eines **Zuschlagssatzes** für jede Kostenstelle verrechnet, anhand dessen die Kostenkontrolle durchgeführt wird. Hierbei werden

- die Materialgemeinkosten in % der Materialeinzelkosten,
- die Fertigungsgemeinkosten in % der Fertigungseinzelkosten,
- die Verwaltungs- und Vertriebsgemeinkosten in % der Herstellkosten

ausgedrückt. Entsprechend des angewandten kostenrechnerischen **Kalkulationsverfahrens**

- unterstellt die **Divisions-** und **Äquivalenzziffernkalkulation**, dass alle Kosten auf die Erzeugnisse zurechenbar und damit Einzelkosten sind,

▶ werden im Rahmen der **Kuppelkalkulation** alle Kosten als Gemeinkosten behandelt,

▶ trennt die **Zuschlagskalkulation** in einen Einzel- und einen Gemeinkostenblock, wobei die Gemeinkosten in % der Einzelkosten beziffert werden.

Die Systematik der Komponenten der Herstellungskosten stellt folglich auf die Zuschlagskalkulation ab.

BEISPIEL ▶ Nach Durchführung der Umlage der Gemeinkosten weist der Betriebsabrechnungsbogen für die u. g. Kostenstellen folgende Werte in T€ aus.

ABB. 199:	Ermittlung der Herstellungskosten anhand eines Betriebsabrechnungsbogens						
Kostenstelle Kostenart	Vormon- tage	Lackie- rung	Endmon- tage	Material	Verwal- tung	Vertrieb	Summe
Σ Ist-Gemeinkosten	1.080	840	1.930	350	776	679	5.655
Ist-FEK / MEK	1.200	800	1.000	2.500	–	–	5.500
Ist-Herstellkosten	–	–	–	–	9.700	9.700	–
Ist-Zuschlagssatz (%)	90,0	105,0	193,0	14,0	8,0	7,0	–
Normal-Zuschlagssatz (%)	85,0	100,0	200,0	12,0	7,6	6,8	–
Normal-Gemeinkosten	1.020	800	2.000	300	731	654	5.505
Über-/Unterdeckung	-60	-40	+70	-50	-45	-25	-150

Hinweise:
- Die Normal-Herstellkosten betragen: 1.020 + 800 + 2.000 + 300 + 1.200 + 800 + 1.000 + 2.500 = **9.620 T€**.
- Die Ist-Herstellkosten liegen lt. BAB bei 1.080 + 840 + 1.930 + 350 + 1.200 + 800 + 1.000 + 2.500 = **9.700 T€**.
- Die Differenz = -80 entspricht der Summe der Über-/Unterdeckungen im Herstellungsbereich (-60 - 40 + 70 - 50).
- Die Normal-Verwaltungsgemeinkosten betragen 7,6 % von 9.620 = 731 T€, die Normal-Vertriebsgemeinkosten 6,8 % von 9.620 = 654 T€.

In die Herstellungskosten einzubeziehen sind somit die Einzel- und Gemeinkosten der Fertigungskostenstellen (alle Fertigungsstufen wie Vormontage, Lackierung, Endmontage) sowie der Materialkostenstelle. Die Darstellung des Betriebsabrechnungsbogens lässt jedoch die nachstehend behandelte Frage der Angemessenheit offen. Für die Verwaltungsgemeinkosten besteht ein Einbeziehungswahlrecht. Hier kann das Management mehr oder weniger frei zwischen der Verwaltung der Fertigung und der allgemeinen Verwaltung differenzieren. Nicht einbeziehungsfähig sind jedenfalls die Vertriebsgemeinkosten.

Mit dem Ziel, kurzfristige – oftmals saisonale – Schwankungen zu glätten, werden die Gemeinkosten auf Basis einer durchschnittlichen, betriebsüblichen Auslastung berechnet (Normalisierungsprinzip). Die Zuschlagssätze sind zugleich das Instrument für die nachfolgende, abschließende **Kostenkontrolle**. Hierzu werden abgeglichen

▶ die mit Hilfe der Normal-Zuschlagssätze ermittelten sog. „verrechneten (Normal-)Gemeinkosten", d. h. die (fiktiv) auf Basis der Ist-Einzelkosten vorab kalkulierten Gemeinkosten

▶ mit den nachträglich ermittelten tatsächlichen Ist-Gemeinkosten.

Bezogen auf den Kostenträger (Produkt oder Dienstleistung) sind bei einer Überdeckung die (im Voraus kalkulierten) Normalkosten höher als die (im Nachhinein kalkulierten) Ist-Kosten, mithin konnte die Leistungserstellung kostengünstiger als geplant realisiert werden; im Fall einer Unterdeckung gilt das Umgekehrte analog.

Für den zulässigen Einbezug der Gemeinkosten in die Herstellungskosten bedeutet dies, dass Unterdeckungen nicht angemessene Gemeinkosten darstellen, d. h. für Zwecke der Kalkulation treten die **Normal-Gemeinkosten** an Stelle der Ist-Gemeinkosten.

Eine alternative Methode zur Quantifizierung der angemessenen Gemeinkosten basiert auf dem Begriff der **Leerkosten**. Dieser ergibt sich aus der Reagibilität der Kosten in Bezug auf **Änderungen der Leistungsmenge** (Auslastung, Beschäftigungsgrad) und der Differenzierung in beschäftigungsabhängige Kosten (**variable** Kosten) und beschäftigungsunabhängige Kosten (**fixe** Kosten).

Fixe Kosten fallen für Ressourcen an, die der Betriebsbereitschaft dienen („**Bereitschafts**- oder **Infrastrukturkosten**"). Sie reagieren folglich nur auf Änderungen der Gesamtkapazität, d. h. Anschaffung bzw. Stilllegung von Sachanlagen, Einstellung bzw. Entlassung von Personal, nicht aber auf Änderungen der Ausbringungsmenge innerhalb der operativ zur Verfügung stehenden Kapazität. Bei einer Verringerung der Ausbringungsmenge im Rahmen der vorgegebenen Kapazität (Verringerung der Kapazitätsauslastung) bleiben die fixen Kosten in voller Höhe bestehen und werden auf die geringere Ausbringungsmenge umgelegt. Die Kalkulation weist nun höhere Kosten je Leistungseinheit aus, ein Phänomen, das als „**Fixkostenremanenz**" bezeichnet wird.

Entsprechend der Auslastung der Fixkosten verursachenden Produktionsfaktoren lassen sich die Fixkosten anteilig in **Nutzkosten** bzw. **Leerkosten** aufteilen. Nutzkosten sind derjenige Teil der fixen Kosten, der auf die ausgelastete Kapazität entfällt, Leerkosten derjenige Teil, der auf die leerstehende Kapazität entfällt. Folglich impliziert eine Umwandlung von Nutzkosten in Leerkosten eine Fixkostenremanenz, umgekehrt eine Umwandlung von Leerkosten in Nutzkosten eine Fixkostendegression.

Eine Aktivierung der Leerkosten würde implizieren, dass diese auf den Kunden durch isolierte Preiserhöhungen überwälzt werden könnten, und ist daher zu unterbinden.

Unter Zugrundelegung einer Zuschlagskalkulation auf Basis des Betriebsabrechnungsbogens steigen die in % der Einzelkosten ausgedrückten Gemeinkostenzuschläge bei sinkender Auslastung an, da die Einzelkosten als Nenner überwiegend variabel, die Gemeinkosten als Zähler des Zuschlagssatzes überwiegend fix sind. Aus der Erhöhung von Zuschlagssätzen bei signifikanter und andauernder Unterauslastung entstehende Anstiege der Stückgemeinkosten dürfen nicht aktiviert werden.

BEISPIEL: Bei einer Gesamtkapazität von 50.000 Stück pro Abrechnungsperiode beträgt die Normalauslastung 80 % = 40.000 Stück. Die Ist-Auslastung liegt bei 64 % = 32.000 Stück.

ABB. 200:	Ermittlung der Herstellungskosten anhand einer Kostenauflösung		
Kosten (Werte in €)	Kalkulation 40.000 Stück (Normal-Auslastung)	Kalkulation 32.000 Stück (Ist-Auslastung) Annahme: alle Kosten sind variabel	Kalkulation 32.000 Stück (Ist-Auslastung) Annahme: Trennung fixe – variable Kosten
MEK	80.000	64.000	64.000
+ MGK (25 % MEK)	20.000	16.000	19.000
+ FEK	120.000	96.000	96.000
+ FGK (150 % FEK)	180.000	144.000	171.000
= HK	400.000	320.000	350.000

Legende: MEK = Materialeinzelkosten, MGK = Materialgemeinkosten, FEK = Fertigungseinzelkosten, FGK = Fertigungsgemeinkosten, HK = Herstellungskosten.
Annahme: 100 % der Einzelkosten sind variabel und 75 % der Gemeinkosten sind fix.

Die Werte für die Gemeinkosten bei korrekter Trennung von variablen und fixen Kosten ergeben sich aus folgender Rechnung:

▶ MGK: 16.000 + 0,75 · (20.000 – 16.000) = 19.000 €

▶ FGK: 144.000 + 0,75 · (180.000 – 144.000) = 171.000 €.

Die nicht angemessenen und nicht aktivierungsfähigen Gemeinkosten entsprechen den Leerkosten bzw. der aus der flexiblen Plankostenrechnung bekannten **Beschäftigungsabweichung**. Sie errechnet sich als:

$\Delta B = K_{Fix} \cdot (B_{Ist} / B_{Normal})$ und $B_{Ist} < B_{Normal}$ (B = Beschäftigungsstand in Stck. oder Std.).

Es entstehen – bezogen auf eine Ausbringung von 32.000 Stück – Gemeinkosten in Höhe von 19.000 + 171.000 = 190.000 €. Die Differenz der Ergebnisse beider Kalkulationen in Höhe von (190.000 – 160.000 =) 30.000 € beziffert die nicht aktivierungsfähigen Gemeinkosten. Sie entspricht der Höhe der Leerkosten:

▶ Die Fixkosten des Unternehmens betragen 0,75 · (20.000 + 180.000) = 150.000 €.

▶ Es stehen 20 % der Kapazität im Verhältnis zur Normalauslastung leer ((40.000 – 32.000) / 40.000 · 100 %).

▶ Somit liegen die nicht aktivierungsfähigen Leerkosten bei 0,2 · 150.000 = 30.000 €.

▶ Die aktivierungsfähigen Gemeinkosten belaufen sich somit auf 16.000 + 144.000 = 150.000 €.

Die **Beschäftigungsabweichung** ΔB beziffert den Teil der Kostenabweichung, der auf die Fixkostenremanenz (Ist-Beschäftigung < Plan-Beschäftigung) bzw. auf die Fixkostendegression (Ist-Beschäftigung > Plan-Beschäftigung) zurückzuführen ist. Mit anderen Worten, eine positive Beschäftigungsabweichung gibt die Höhe der Umwandlung von Nutzkosten in Leerkosten aufgrund von Überkapazitäten (Reduktion der Auslastung) an.

Der Nachvollzug der Ermittlung der Herstellungskosten stellt angesichts der vorherrschenden Komplexität der Produktionsverfahren – jedenfalls bei produzierenden Unternehmen – eines der wesentlichsten Probleme der Prüfungspraxis dar. Der Prüfer muss insbesondere risikoorientiert würdigen, ob nicht leistungsferne *Overheads* fälschlicherweise als Gemeinkosten aktiviert und insoweit im Krisenfall ein „geschöntes" Ergebnis erzeugt wird. Für eine entsprechende Beurteilung ist wiederum ein fundamentales Verständnis über den Ablauf wesentlicher Geschäftsprozesse seitens des Prüfers unabdingbar.

Im Zeitablauf anwachsende Gemeinkostenzuschläge stellen für den Prüfer ein Warnsignal dar. Er muss sich anhand der Auslastungsplanung und -statistik Klarheit darüber verschaffen, ob die

Kalkulationsanpassung auf externen Preisentwicklungen oder internen Beschäftigungsrückgängen basiert. Eine Aktivierung der Leerkosten würde implizieren, dass diese auf den Kunden durch isolierte Preiserhöhungen überwälzt werden könnten.

Da der Anteil der Gemeinkosten an den Gesamtkosten bis zu 80 % ausmacht, können aus Verletzungen des Grundsatzes der Angemessenheit wesentliche Verzerrungen der Abbildung der Vermögenslage entstehen. Insbesondere krisenhafte Unternehmen des verarbeitenden Gewerbes neigen zur Aktivierung von Leerkosten in ihren aufgrund schlechter Absatzlage ohnehin anwachsenden Vorräten.

Neben der stets zulässigen Einzelbewertung sind rechtsformunabhängig eine Reihe vorratsbezogener **Bewertungsvereinfachungsverfahren** anwendbar, z. B.

- die Festbewertung nach § 240 Abs. 3 HGB,
- die Gruppenbewertung nach § 240 Abs. 4 HGB und
- die Verbrauchsfolgeverfahren (nur Fifo, Lifo) nach § 256 HGB.

Nach § 240 Abs. 3 HGB dürfen Roh-, Hilfs- und Betriebsstoffe mit einem **Festwert** angesetzt werden, wenn

- sie regelmäßig ersetzt werden,
- ihr Gesamtwert für das Unternehmen von nachrangiger Bedeutung ist sowie
- der Bestand in seiner Größe, seinem Wert und seiner Zusammensetzung nur geringen Schwankungen unterliegt.

Bei den Vorräten kommt die Festbewertung etwa für Kleinmaterialien und Ersatzteile in Betracht. In diesem Fall ist alle drei Jahre eine körperliche Bestandsaufnahme durchzuführen und auf deren Basis der Festwert neu zu ermitteln. Für andere Vorratskomponenten wie unfertige oder fertige Erzeugnisse bzw. Waren ist die Festbewertung ausgeschlossen.

Bei Anwendung des Festwertverfahrens können Zugänge unmittelbar in den Aufwand gebucht und brauchen Abschreibungen i. d. R. nicht vorgenommen werden. Dies führt zu Rationalisierungen bei den laufenden Buchungen.

Eine nachrangige Bedeutung liegt i. d. R. vor, wenn die Gesamtheit der zu Festwerten angesetzten Bilanzpositionen 5 % der Bilanzsumme nicht übersteigt. Die Quantifizierung der Nachrangigkeit auf Einzelpositionen wird im Fachschrifttum abgelehnt, um ein Unterlaufen des Ausschlusskriteriums durch „Bestandsatomisierung" zu vermeiden.

Die Grenze der zulässigen Wertschwankung beläuft sich in Anlehnung an R 5.4 Abs. 3 EStR auf 10 % gegenüber dem bei körperlicher Bestandsaufnahme ermittelten Wert, dort allerdings bezogen auf bewegliches Sachanlagevermögen. Wird diese Wertgrenze überschritten, so gilt der tatsächlich ermittelte Wert als neuer Festwert. Dieser Grenzwert kann für die handelsrechtliche Rechnungslegung übernommen werden.

Es ist zu prüfen, ob keine unzulässigen Vorratskomponenten zu einem Festwert angesetzt werden. Auch muss der Mindestrhythmus der Inventurdurchführung eingehalten werden. Zur Überprüfung der übrigen Voraussetzungen wird der Prüfer eine nach Menge und Preis getrennte Bestandsfortschreibung analysieren. Bei nennenswerten Kapazitätsänderungen und Auslastungsschwankungen ist eine Festbewertung abzulehnen, ebenso bei niedrigen Umschlagshäufigkeiten, die der Forderung des regelmäßigen Ersatzes entgegenstehen.

Gleichartige Vorräte dürfen entsprechend § 240 Abs. 4 HGB jeweils zu einer **Gruppe** zusammengefasst bewertet werden (**Gruppenbewertung**). Welche Vorräte als gleichartig gelten, richtet sich nach der kaufmännischen Gepflogenheit und der allgemeinen Verkehrsauffassung. Gleichartigkeit bedeutet nach h. M.

▶ gleiche Warengattung (**Artgleichheit**) und/oder

▶ gleiche Verwendbarkeit (**Funktionsgleichheit**).

Die Gleichwertigkeit kann, muss aber nicht ein Indiz für die Gleichartigkeit sein. Gleichwertigkeit setzt voraus, dass keine wesentlichen Wertunterschiede zwischen den Vermögensgegenständen innerhalb der Gruppe existieren. Ein maximaler Wertunterschied von 20 % zwischen dem höchsten und niedrigsten Wert wird nach h. M. als unbedenklich angesehen. Zur steuerrechtlichen Zulässigkeit vgl. R 6.8 Abs. 4 EStR.

Gemäß § 256 HGB dürfen gleichartige Vorräte mittels **Verbrauchsfolgeverfahren** bewertet werden. Es wird nicht gefordert, dass die fiktiv unterstellte mit der tatsächlichen Verbrauchsfolge übereinstimmt; sie darf jedoch nicht völlig unvereinbar mit dem tatsächlichen Betriebsablauf sein. Seit BilMoG sind nur noch zulässig

▶ die **Fifo**-Methode mit der Unterstellung, dass die zuerst angeschafften oder hergestellten Vermögensgegenstände zuerst verbraucht oder veräußert werden;

▶ die **Lifo**-Methode, die annimmt, dass die zuletzt angeschafften oder hergestellten Vermögensgegenstände zuerst verbraucht oder veräußert werden;

außerdem bleibt die in der Praxis verbreitete **Durchschnittsbewertung** weiter zulässig. Früher zulässige Verbrauchsfolgen wie die Lofo-Methode (lowest in, first out) oder die Hifo-Methode (highest in, first out) dürfen nicht mehr angewandt werden. Somit soll es nur noch auf die tatsächliche Verbrauchschronologie, nicht auf die Höhe des Warenwerts ankommen.

Steuerlich ist allein die Lifo-Methode entsprechend § 6 Abs. 1 Nr. 2a EStG und R 6.9 Abs. 1 EStR zulässig und dies nur dann, wenn sie auch in der Handelsbilanz angewandt wird.

Bei der **Lifo-Methode** werden das sog. permanente Lifo und das Perioden-Lifo unterschieden. Beim permanenten Lifo wird jeder Zu- und Abgang chronologisch berücksichtigt. Es ist rechentechnisch sehr aufwändig und daher in der Praxis kaum verbreitet. Voraussetzung hierfür ist eine laufende mengen- und wertmäßige Erfassung aller Zu- und Abgänge. Beim Perioden-Lifo wird dagegen ein Bestandsvergleich und eine Bewertung des Bestands lediglich zum Ende eines jeweiligen Geschäftsjahres vorgenommen (vgl. R 6.9 Abs. 4 EStR).

Ist der Endbestand höher als der Anfangsbestand, so ist der Mehrbestand zu den Anschaffungskosten der Bestandsmehrung zu bewerten. Der Mehrbestand ist in Schichten mit unterschiedlichen Preisen aufzugliedern, so dass die jeweils verbleibenden Lagermengen mit einem gleichen Anschaffungspreis bewertet werden und sich im Zeitablauf verschiedene Schichten mit gleichen Preisen bilden (sog. *Layer*). Übersteigen die Abgänge die Zugänge, so werden zunächst die letzten (teuersten) Zugänge als Abgänge verrechnet. Sodann werden die letzten Bestandserhöhungen in absteigender Preisrangfolge als Abgang gebucht. Zuletzt wird ein Teil des Ausgangsbestands mit den historischen Anschaffungskosten verrechnet.

KAPITEL V Prüfung des Jahresabschlusses

BEISPIEL: Es liegen folgende Bestandsbewegungen bei den Vorräten vor:

Datum	Bewegung	Menge	Preis	Wert
1.1.t0	AB	1.000 kg	8,00 €/kg	8.000 €
26.2.t0	1. Abgang	- 500 kg		
2.3.t0	1. Zugang	+ 1.000 kg	8,20 €/kg	8.200 €
27.5.t0	2. Abgang	- 1.200 kg		
2.6.t0	2. Zugang	+ 1.000 kg	7,50 €/kg	7.500 €
25.7.t0	3. Abgang	- 800 kg		
1.8.t0	3. Zugang	+ 1.000 kg	8,50 €/kg	8.500 €
28.9.t0	4. Abgang	- 1.000 kg		
2.11.t0	4. Zugang	+ 1.000 kg	9,00 €/kg	9.000 €
31.12.t0	EB	+ 1.500 kg		

Zunächst ist der Endbestand mittels der **einfachen Durchschnittswertmethode** zu bewerten.

Bewegung	Menge	Preis	Wert
AB	1.000 kg	8,00 €/kg	8.000 €
1. Zugang	1.000 kg	8,20 €/kg	8.200 €
2. Zugang	1.000 kg	7,50 €/kg	7.500 €
3. Zugang	1.000 kg	8,50 €/kg	8.500 €
4. Zugang	1.000 kg	9,00 €/kg	9.000 €
Summe	5.000 kg	–	41.200 €
EB	1.500 kg	8,24 €/kg *)	12.360 €

*) Der Durchschnittswert beträgt 41.200 €/5.000 € = 8,24 €/kg.

Bei der **gleitenden Durchschnittswertmethode** sind bei jedem Zugang neue Mittelwerte wie folgt zu ermitteln:

Bewegung	Menge	Preis	Wert
AB	1.000 kg	8,00 €/kg	8.000 €
1. Abgang	− 500 kg	8,00 €/kg	− 4.000 €
Saldo	+ 500 kg	8,00 €/kg	4.000 €
1. Zugang	+ 1.000 kg	8,20 €/kg	8.200 €
Saldo	+ 1.500 kg	8,13 €/kg	12.200 €
2. Abgang	− 1.200 kg	8,13 €/kg	− 9.760 €
Saldo	300 kg	8,13 €/kg	2.440 €
2. Zugang	+ 1.000 kg	7,50 €/kg	7.500 €
Saldo	+ 1.300 kg	7,65 €/kg	9.940 €
3. Abgang	− 800 kg	7,65 €/kg	− 6.117 €
Saldo	+ 500 kg	7,65 €/kg	3.823 €
3. Zugang	+ 1.000 kg	8,50 €/kg	8.500 €
Saldo	+ 1.500 kg	8,22 €/kg	12.323 €
4. Abgang	− 1.000 kg	8,22 €/kg	− 8.215 €
Saldo	+ 500 kg	8,22 €/kg	4.108 €
4. Zugang	+ 1.000 kg	9,00 €/kg	9.000 €
EB	+ 1.500 kg	8,74 €/kg	13.108 €

Das sog. **Perioden-Lifo** unterstellt als Endbestand den Anfangsbestand und ggf. die am längsten zurückliegenden Zugänge ohne Rücksicht darauf, ob durch zwischenzeitliche Abgänge ein entsprechender Verbleib überhaupt physisch möglich ist. Somit folgt: EB = 1.000 kg; AB à 8,00 € + 500 kg; 1. Zugang à 8,20 €, mithin 8.000 € + 4.100 € = 12.100 € entsprechend einem Durchschnittswert von 8,07 €/kg.

Beim **permanenten Lifo** wird demgegenüber berücksichtigt, dass je nach der Lagerbestandsänderung bestimmte Vorratsschichten (*Layer*) faktisch nicht mehr im Endbestand vorhanden sein können:

Bewegung	Menge	Zusammensetzung
AB	1.000 kg	—
1. Abgang	500 kg	500 kg AB
Saldo vor 2. Abgang	1.500 kg	500 kg AB + 1.000 kg Zugang (1)
2. Abgang	- 1.200 kg	200 kg AB + 1.000 kg Zugang (1)
Saldo vor 3. Abgang	+ 1.300 kg	300 kg AB + 1.000 kg Zugang (2)
3. Abgang	− 800 kg	800 kg Zugang (2)
Saldo vor 4. Abgang	+ 1.500 kg	300 kg AB + 200 kg Zugang (2) + 1.000 kg Zugang (3)
4. Abgang	- 1.000 kg	1.000 kg Zugang (3)
EB	+ 1.500 kg	300 kg AB + 200 kg Zugang (2) + 1.000 kg Zugang (4)
Der Wert des Endbestands (EB) beträgt demnach: 300 kg x 8,00 € + 200 kg x 7,50 € + 1.000 kg x 9,00 € = 12.900 € entsprechend einem Durchschnittswert von 8,60 €/kg.		

Das Lifo-Verfahren ist in der Praxis aufgrund seiner Wirtschaftlichkeit sowie der Möglichkeit der Bildung stiller Reserven bei steigenden Wiederbeschaffungspreisen verbreitet. Es wird zumindest dann als GoB-konform erachtet, wenn nicht die unterstellte Verbrauchsfolge den tatsächlichen Verhältnissen völlig widerspricht (z. B. bei leicht verderblichen Vorräten). Der Grundsatz der Bewertungsstetigkeit ist einzuhalten (vgl. IDW RS HFA 38).

Der Prüfer muss beachten, dass die Anwendung von Verbrauchsfolgeverfahren nach § 256 HGB nicht von der jährlichen Durchführung einer ordnungsmäßigen Inventur entbindet. Zudem hat er die zeitlich stetige Verfahrensanwendung zu überwachen. Abweichungen von der Stetigkeit sind nur in begründeten Ausnahmefällen zulässig, z. B. bei bedeutenden Änderungen der Markt- und Preisentwicklung. Der Prüfer muss einen Überblick über die Lagerhaltungsstrategie gewinnen und sicherstellen, dass die gewählte Verbrauchsfolge mit den tatsächlichen Verhältnissen konform ist.

Hierbei wird sich der Prüfer von der Erkenntnis leiten lassen, dass die Gestattung der Anwendung von Verbrauchsfolgeverfahren durch den Gesetzgeber allein aus Vereinfachungsgründen erfolgte. Dies setzt voraus, dass die Anschaffungs- und Herstellungskosten der einzelnen Vorratsgegenstände von wertmäßig untergeordneter Bedeutung sind.

Im Umkehrschluss entspricht eine Bewertung mittels Verbrauchsfolgeverfahren dann nicht den GoB, wenn die einzelnen Vermögensgegenstände wertmäßig hohe Anschaffungs- und Herstellungskosten haben, diese ohne Schwierigkeiten identifiziert und den einzelnen Vermögensgegenständen zugeordnet werden können. In diesem Fall dient die Anwendung einer Verbrauchsfolge nicht vorrangig der Vereinfachung, sondern der bewussten Erzeugung gewünschter Wertansätze (z. B. bei zur Veräußerung bestimmten Gebrauchtwagen eines Autohauses).

Voraussetzung für die Anwendung des § 256 HGB ist die Gleichartigkeit der entsprechend bewerteten Gegenstände (vgl. hierzu die Ausführungen zur Gruppenbewertung). Es hat eine Einteilung in marktübliche Produktklassen nach Preis und/oder Qualität zu erfolgen. Der Prüfer muss überwachen, dass die Bewertungseinheit nicht durch heterogene Teilgruppen gebildet wird, deren Anteile an der Gesamtposition sich ggf. im Zeitablauf verschieben.

Soweit von der Möglichkeit Gebrauch gemacht wurde, **erhaltene Anzahlungen auf Bestellungen** von den Vorräten abzusetzen, muss sich der Prüfer einen Eingangsbeleg für jede Zahlung nebst Vermerk des Zahlungszwecks vorlegen lassen. Auch muss gewährleistet sein, dass Absetzungen nur in der Höhe vorgenommen wurde, wie in den Vorräten tatsächlich schon Vermögensgegenstände (anteilig) aktiviert wurden, für die die Anzahlungen geleistet wurden.

3.4.2 Folgebewertung

Aufgrund ihrer unterjährigen Bindungsdauer werden Vermögensgegenstände des Umlaufvermögens nicht planmäßig abgeschrieben. Wenn am Bilanzstichtag der Börsen- oder Marktpreis bzw. der beizulegende Wert niedriger ist als der Buchwert, so muss gemäß § 253 Abs. 4 HGB außerplanmäßig abgeschrieben werden (**strenges Niederstwertprinzip**). Auf die Dauerhaftigkeit der Wertminderung kommt es nicht an.

Die Wertmaßstäbe sind wie folgt definiert:

- Der **Börsenpreis** ist der sich aus dem Kurs oder Preis von Umsätzen an einer Börse oder im Freiverkehr bestimmende Wert.
- Der **Marktpreis** ist der Preis, der an einem Handelsplatz für Waren einer bestimmten Gattung von durchschnittlicher Art und Güte zu einem bestimmten Zeitpunkt erzielt wird.
- Der **beizulegende Wert** stellt einen subsidiären Hilfswert ausschließlich für den Fall dar, dass sich ein Börsen- oder Marktpreis nicht feststellen lässt. Seine Bemessung erfolgt nach den Verhältnissen auf dem Beschaffungs- bzw. Absatzmarkt.
  - Der **Beschaffungsmarkt** ist maßgeblich für Roh-, Hilfs- und Betriebsstoffe, unfertige und fertige Erzeugnisse, soweit Letztere auch fremdbezogen werden können.
  - Der **Absatzmarkt** ist bedeutsam für fertige Erzeugnisse sowie nicht betriebsnotwendige bzw. spekulative Überbestände an Roh-, Hilfs- und Betriebsstoffen.
  - **Beschaffungs- und Absatzmarkt gleichermaßen** sind relevant für Handelswaren und Überbestände an unfertigen bzw. fertigen Erzeugnissen. Es ist auf den jeweils niedrigeren der beiden Marktpreise abzuschreiben.

Der Prüfer wird hierzu mindestens stichprobenartig Preisvergleiche unter Zuhilfenahme von Warenbörsen-, Verbands- oder sonstigen Handelsstatistiken oder aktueller Preislisten der Lieferfirmen vornehmen müssen, um sich von der Korrektheit der vom Bilanzierenden angesetzten Vergleichswerte zu überzeugen.

Die Bewertung der unfertigen Leistungen stellt in der Praxis eines der größten Bilanzierungsprobleme dar. Sie folgt dem sog. **Grundsatz der verlustfreien Bewertung**.

Die Vorräte sind als Ausfluss des Imparitätsprinzips (§ 252 Abs. 1 Nr. 4 HGB) so zu bewerten, dass bei ihrem Verkauf nach dem Abschlussstichtag kein Verlust mehr entsteht. Bei der Wertermittlung von unfertigen Erzeugnissen sind außerdem alle voraussichtlich noch entstehenden Herstellungskosten abzusetzen (vgl. R 6.8 Abs. 1 und 2 EStR).

ABB. 201:	Berechnung des verlustfreien Werts
	am Absatzmarkt voraussichtlich erzielbarer Erlös
−	voraussichtliche Erlösschmälerungen (Skonti, Boni, Rabatte)
−	Kosten „bis dahin" ▶ noch anfallende Produktionskosten ▶ Lager-, Verpackungs- und Frachtkosten ▶ Vertriebskosten (Provisionen, Lizenzgebühren, sonstige Vertriebsgemeinkosten) ▶ anteilige Verwaltungskosten (Kosten des Rechnungswesens, Fakturierung) ▶ Kapitaldienstkosten (nur tatsächlich anfallende Zinsen)
=	**Verlustfreier Wert**

Grundsätzlich sind die noch entstehenden Kosten zu **Vollkosten** anzusetzen, d. h. einschließlich der zurechenbaren, anteiligen Gemeinkosten. Die Zulässigkeit des Nichteinbezugs fixer Gemeinkosten, soweit das Unternehmen über eine aussagefähige Kalkulation auf Teilkostenbasis verfügt, ist im Fachschrifttum umstritten und nicht eindeutig geklärt. Insoweit wird ggf. ein faktisches Wahlrecht eröffnet.

Für schwer verkäufliche Waren (Ladenhüter) sind angemessene Bewertungsabschläge vorzunehmen. Wertlose Waren sind voll abzuschreiben.

Anders als in der Steuerbilanz (R 6.8 Abs. 2 Satz 3 EStR) wird in der Handelsbilanz der Abzug eines **Gewinnzuschlags** vom voraussichtlichen Veräußerungserlös nicht für sachgerecht erachtet. Es sollen nur Verluste, aber keine entgangenen Gewinne antizipiert werden.

Der Ansatz eines höheren als des verlustfreien Werts stellt in der Praxis eine bedeutende Form der Bilanzmanipulation dar. Krisenunternehmen zeichnen sich häufig dadurch aus, dass Verkaufsmärkte zusammenbrechen, hiervon aufgrund einer schlechten Wettbewerbsposition eine besondere Betroffenheit besteht und infolge von Planungs- und Kontrollmängeln Negativentwicklungen zu spät festgestellt werden. Aus diesem Grund füllt sich das Lager stark an, zugleich sinkt der Marktpreis unter die Herstellungskosten.

Der Prüfer hat insbesondere zu sichern, dass noch anfallende Kosten in voller Höhe abgezogen werden. Ein aus absatzpolitischen Gründen bewusst nicht kostendeckendes Produktangebot entbindet nicht von der Durchführung einer verlustfreien Bewertung. Können Zwischenprodukte sowohl selbst hergestellt als auch von Dritten bezogen werden, so ist ein ggf. niedrigerer Fremdbezugspreis als verlustfreier Wert anzusetzen, auch wenn die Wiederherstellungskosten über diesem Wert liegen.

Vom Prüfer ist zu analysieren, ob alle am Bilanzstichtag bestehenden Risiken bei der Wertfindung berücksichtigt worden sind, auch wenn sie erst nachträglich bis zum Zeitpunkt der Aufstellung des Jahresabschlusses bekannt wurden (z. B. Preisrückgänge als Konsequenz einer negativen Marktentwicklung im alten Geschäftsjahr). Hierfür benötigt er profunde Kenntnisse der Verhältnisse auf den Beschaffungs- und Absatzmärkten. Erforderlichenfalls empfiehlt es sich, Sachverständige mit entsprechenden Branchenkenntnissen zu Rate zu ziehen.

Ist der voraussichtliche Verlust höher als die bislang angefallenen Herstellungskosten, kann die Bildung einer **Rückstellung** für drohende Verluste aus schwebenden Geschäften (§ 249 Abs. 1 Satz 1 HGB) erforderlich werden. Dies kann auch

- infolge des ausstehenden Einkaufsobligos,
- aufgrund abgeschlossener Warentermingeschäfte oder
- bei noch nicht aktivierten Verlustaufträgen

in Betracht kommen. Eine Abschreibung auf den beizulegenden Wert genießt jedoch stets Vorrang.

Nach herrschender Meinung dürfen in der Handelsbilanz auch sog. **Gängigkeitsabschreibungen** in Form pauschaler Abschläge auf die Anschaffungs- und Herstellungskosten von Lagerbeständen hinreichend großen Umfangs vorgenommen werden. Insoweit sollen Risiken der Bewertung eines Bestands zahlreicher Artikel und Artikelgruppen abgeschirmt werden. Diese resultieren insbesondere aus technischer bzw. wirtschaftlicher Veralterung der Bestände, Verderb oder Bruch. Dem Grunde nach entsprechen die Gängigkeitsabschreibungen bei den Vorräten den Pauschalwertberichtigungen bei den Forderungen.

Bis zum Inkrafttreten des BilMoG war es zulässig, Abschreibungen bei Vermögensgegenständen des Umlaufvermögens vorzunehmen, um

- zu verhindern, dass in der nächsten Zukunft der Wertansatz aufgrund von Wertschwankungen geändert werden muss,
- im Rahmen der vernünftigen kaufmännischen Beurteilung im handelsrechtlichen Jahresabschluss stille Reserven zu legen.

Der Gesetzgeber vertrat die Ansicht, dass auf erwartete Wertverluste „vorauseilend" vorgenommene Abschreibungen mit dem Ziel einer den tatsächlichen und nach Maßgabe des Stichtagsprinzips den aktuellen Verhältnissen entsprechenden Darstellung der Vermögens-, Finanz- und Ertragslage nicht vereinbar sind. Selbst eine starke Betonung des Vorsichtsprinzips erfordere es nicht, voraussichtlichen künftigen Abschreibungsbedarf zu antizipieren.

Weiter sei – so der Gesetzgeber – die Bildung willkürlicher Abschreibungen durch den Vorstand nicht mit der Informationsfunktion des handelsrechtlichen Jahresabschlusses vereinbar. Entsprechender Gestaltungswille sei vielmehr durch Bildung von Gewinnrücklagen zu verwirklichen und insoweit in das Ermessen der Anteilseigner zu legen.

Beide früher gebräuchlichen Abschreibungsformen waren seit jeher steuerrechtlich unzulässig, so dass sich keine diesbezüglichen Auswirkungen ergeben. Für die Prüfung folgt eine signifikante Objektivierung und damit Erleichterung, da oftmals unüberschaubare Manöver zur Gewinnglättung und Gewinnverschiebung wegfallen.

Verwerfungen zwischen dem handels- und dem steuerrechtlichen Ansatz von Vorräten ergeben sich insbesondere durch Ansatz einer sog. **Ersatzbeschaffungsrücklage nach R 6.6 EStR**. Sie kann insbesondere gebildet werden, wenn infolge höherer Gewalt (Elementarereignis, Diebstahl, Unfall) Vorratsvermögen gegen Entschädigung aus dem Betriebsvermögen ausscheidet und innerhalb einer bestimmten Frist ein funktionsgleiches Ersatzwirtschaftsgut beschafft wird. Für Detailerläuterungen wird auf H 6.6 EStH verwiesen. Die **Reinvestitionsrücklage nach § 6b EStG** dürfte für Umlaufvermögen demgegenüber nicht einschlägig sein.

Früher war es als Ausfluss des umgekehrten Maßgeblichkeit zulässig, die Abschreibungen auch im handelsrechtlichen Abschluss vorzunehmen, dies ist seit BilMoG verwehrt. Folglich wird bei Inanspruchnahme der steuerlichen Begünstigung c. p. das Steuerbilanzergebnis unter dem Handelsbilanzergebnis liegen. Hieraus ergibt sich die Pflicht zur Bildung einer passiven Steuerlatenz.

§ 253 Abs. 5 HGB kodifiziert ein rechtsformunabhängiges **Wertaufholungsgebot** bezüglich aller Formen von außerplanmäßigen Abschreibungen. Kapitalgesellschaften waren bereits bisher nach § 280 Abs. 1 HGB zur Wertaufholung verpflichtet. Für Einzelkaufleute, Personenhandelsgesellschaften und Genossenschaften ist die Vorschrift neu; der Gesetzgeber vertritt hierzu die Auffassung, dass die bisherige rechtsformabhängige Differenzierung nicht von sachlichen Gründen getragen war.

Der Prüfer hat sich zu vergewissern, ob bei zuvor abgeschriebenen Vorräten in der Zwischenzeit Wertsteigerungen eingetreten sind, die eine Zuschreibung erfordern. Außerplanmäßige Abschreibungen sind zwingend rückgängig zu machen, sobald ihr Grund entfällt (§ 253 Abs. 5 Satz 1 HGB). Da die Wertobergrenze der Zuschreibungen durch die historischen Anschaffungs- und Herstellungskosten gebildet wird, hat der Prüfer zudem einen entsprechenden Wertvergleich vorzunehmen.

Sofern das Unternehmen Warentermingeschäfte betreibt, können sich möglicherweise sog. **Bewertungseinheiten** identifizieren lassen. In diesem Fall greift § 254 HGB, welcher u. a. folgende Bewertungsgrundsätze ganz oder teilweise außer Kraft setzt:

- Grundsatz der Einzelbewertung sowie Vorsichts-, Realisations- und Imparitätsprinzip (§ 252 Abs. 1 Nr. 3 und 4 HGB),
- Anschaffungskostenprinzip (§ 253 Abs. 1 Satz 1 HGB) und
- Grundsätze der Währungsumrechnung (§ 256a HGB).

Auf die Bilanzierung von Bewertungseinheiten wird unter den Forderungen (Kapitel V.4.5.3) ausführlich eingegangen. In Bezug auf die **Ausbuchung** sind die unter dem Sachanlagevermögen formulierten Grundsätze (Kapitel V.1.6) analog anwendbar.

3.5 Anhangangaben

Bei Kapitalgesellschaften hat der Prüfer abschließend die Erfüllung insbesondere folgender vorratsbezogener Angabepflichten im Anhang zu überprüfen.

ABB. 202:	Vorratsbezogene Anhangangaben
§ 277 Abs. 3 und 4 HGB	Angabe der außerplanmäßigen Abschreibungen nach § 253 Abs. 4 HGB sowie der außerordentlichen Erträge bzw. Aufwendungen, soweit nicht von untergeordneter Bedeutung für die Darstellung der Ertragslage (z. B. aus Vermögensabgängen)
§ 284 Abs. 2 Nr. 1 HGB	Angabe der angewandten Bilanzierungs- und Bewertungsmethoden, z. B. bezüglich der Ausübung der Einbeziehungswahlrechte bei den Anschaffungs- und Herstellungskosten (§ 255 HGB) oder der Ermittlung des niedrigeren Werts (§ 253 Abs. 4 HGB)
§ 284 Abs. 2 Nr. 3 HGB	Angabe von Abweichungen von der Bilanzierungs- und Bewertungsstetigkeit und deren Einflüssen auf die Darstellung der wirtschaftlichen Lage, z. B. Änderungen bei der wahlweisen Einbeziehung von Kostenarten in die Anschaffungs- und Herstellungskosten (§ 255 HGB), Abweichungen vom Grundsatz der Einzelbewertung (§ 256 HGB)
§ 284 Abs. 2 Nr. 4 HGB	Angabe von Unterschiedsbeträgen bei der Anwendung spezieller Bewertungsmethoden, wenn die Bewertung i.V. zum letzten Abschlussstichtag eine erhebliche Differenz aufweist (insbesondere bei Anwendung der § 240 Abs. 3 und 4, § 256 HGB); Befreiung für kleine Kapitalgesellschaften (§ 288 Abs. 1 HGB)
§ 284 Abs. 2 Nr. 5 HGB	Angabe über den Umfang der Einbeziehung von Fremdkapitalzinsen in die Herstellungskosten (bei Vorräten i. d. R. nicht einschlägig)
§ 285 Satz 1 Nr. 3 HGB	Art, Zweck, Risiken und Vorteile von nicht in der Bilanz enthaltenen Geschäften, soweit die Angaben für die Beurteilung der Finanzlage notwendig sind, z. B. wesentliche Kommissionsgeschäfte, Konsignationslagervereinbarungen, Verträge mit unbedingter Abnahme- bzw. Zahlungsverpflichtung („*take or pay*"-Verträge); Befreiung für kleine und mittelgroße Kapitalgesellschaften; letztere bzgl. Risiken und Vorteilen (§ 288 Abs. 1 und 2 HGB)
§ 285 Satz 1 Nr. 21 HGB	Angaben zu Geschäften mit nahe stehenden Unternehmen und Personen, die nicht zu marktüblichen Bedingungen zustande gekommen sind; Befreiung für kleine und mittelgroße Kapitalgesellschaften; letztere, soweit keine AG (§ 288 Abs. 1 und 2 HGB)

Gegebenenfalls kann auch die Angabe der Grundlagen einer **Fremdwährungsumrechnung** in Euro bei Fremdwährungspositionen in Betracht kommen (§ 284 Abs. 2 Nr. 2 HGB); für Grundsätze des § 256a HGB wird auf das folgende Kapitel V.4.5.2 verwiesen. Die Bildung von **Bewertungseinheiten** induziert die Pflicht einer Anhangangabe nach § 285 Satz 1 Nr. 23 HGB (zu den Bewertungseinheiten vgl. Kapitel V.4.5.3).

4. Prüfung der Forderungen

4.1 Risikoanalyse

Angesichts einer anhaltenden Nachfrageschwäche steigt der Druck auf die Unternehmen, zunehmend Zahlungsziele einzuräumen bzw. bestehende Zahlungsziele zu verlängern. Somit wächst der Anteil der Forderungen an der Bilanzsumme stetig und ihre Prüfung erlangt immer wesentlichere Bedeutung für die Jahresabschlussprüfung als Ganzes. Diese Tendenz wird dadurch verstärkt, dass im Zuge schwindender Zahlungsmoral und Zahlungsfähigkeit der Werthaltigkeitsprüfung der Forderungen ein erhöhter Stellenwert zukommt.

Den Ausgangspunkt der Prüfung der Forderungen bildet eine Risikoanalyse, deren Ergebnis die Intensität und den Umfang der weiteren Prüfungshandlungen bestimmt. Bei den Forderungen können Indikatoren für die Höhe des **inhärenten Risikos**

- die üblichen Zahlungsmodalitäten in der Branche (Barumsätze, Zielumsätze, übliche Länge des Zahlungsziels),
- die Streuung des Kundenkreises (ggf. Abhängigkeit von einzelnen Großkunden),
- die Bonität und Zahlungsmoral der Kunden sowie deren Entwicklung im Zeitablauf,
- die Marktmacht der Kunden (Möglichkeiten zum Diktat von Zahlungsbedingungen bzw. zur Nichteinhaltung von Zahlungszielen),
- ggf. bestehende Kontrahierungszwänge (z. B. Sozialhilfeempfänger im gemeinnützigen Bereich),
- die „Erreichbarkeit" der Kunden (z. B. Anteil der Auslandskunden),
- die rechtlichen und faktischen Möglichkeiten der Beitreibung säumiger Forderungen (z. B. hoher Anteil des B2C-Geschäfts an den Umsatzerlösen),
- große Anfälligkeit der Transaktionen für Diebstahl und Unterschlagung sowie
- das Auftreten von Fehlern in der Vergangenheit

darstellen. Als Fehlerindikatoren auf Jahresabschlussebene lassen sich z. B. Auffälligkeiten in der relativen und absoluten Entwicklung bei vergleichender Gegenüberstellung von Umsätzen und Forderungen, der Altersaufbau der Forderungen, Auffälligkeiten bei der Entwicklung der Zielinanspruchnahme der Kunden, der Einräumung von Preisnachlässen oder der Abschreibungen auf Forderungen heranziehen.

Stellt der Prüfer bei der Risikoanalyse fest, dass die zu prüfende Unternehmung bzw. die zu prüfende Bilanzposition mit einem hohen Risiko behaftet ist, so ist in der Folge eine intensivere Prüfung vorzunehmen als bei einem niedrig eingeschätzten Risiko.

Relevante jahresabschlussgestützte **Kennzahlen zur Risikoanalyse der Forderungen** sind:

ABB. 203:	Forderungsbezogene Jahresabschlusskennzahlen	
Kennzahl	**Berechnung**	**Interpretation**
Forderungsintensität	Forderungen / Bilanzsumme x 100 %	Gibt den Anteil der Forderungen am Gesamtvermögen an; allgemeine Strukturkennzahl
Verbundquote	Forderungen gegenüber verbundenen und Beteiligungsunternehmen / Forderungen x 100 %	Gibt den Anteil der im Unternehmensverbund entstandenen Forderungen an den gesamten Forderungen an
Abschreibungsquote	Abschreibungen auf Forderungen (Einzel- und Pauschalwertberichtigungen) / Forderungen x 100 %	Gibt das wertmäßige Risiko aus zweifelhaften und uneinbringlichen Forderungen an, Indikator für Kundenbonität und deren Entwicklung (aus Bilanz nicht ableitbar)
Umschlagshäufigkeit der Forderungen	Umsatzerlöse / Bestand an Forderungen zum Ende der Periode	Gibt die Geldnähe der Forderungen an, Indikator für betriebliche Flexibilität und Höhe der Kapitalbindungskosten
Kundenziel	∅ Bestand an Forderungen / Umsatzerlöse x 360 Tage	Gibt die durchschnittliche Bestandsdauer der Forderung von der Entstehung bis zur Begleichung an

Eine gravierende Abweichung der Umschlagshäufigkeit der Forderungen zum Vorjahr kann z. B. aus einer Verlängerung der Zahlungsziele infolge schwindender Marktakzeptanz oder dem Abschluss von Verträgen mit Kunden geringerer Bonität resultieren.

Forderungen und sonstige Vermögensgegenstände stellen i. d. R. das Ergebnis von Routinetransaktionen – Verkäufen als Ergebnis des Leistungsprozesses – dar. Bei der Prüfung des **Kontrollrisikos** sind Wirksamkeit und Funktionsfähigkeit des IKS zu prüfen, insbesondere die im Unternehmen vorgesehenen bzw. tatsächlich angewandten Verfahren zur vollständigen und periodengerechten Erfassung der Forderungen und sonstigen Vermögensgegenstände.

Aufgrund ihrer Geld- und Marktnähe bestehen z. B. folgende forderungsbezogene Risiken aus **Manipulationen, Täuschungen oder Vermögensschädigungen**:

▶ Es werden Geschäfte mit nahe stehenden Personen oder Firmen zu nicht marktgerechten, das Unternehmen belastenden Konditionen abgewickelt.

▶ Es wird auf eine gebotene Bonitätsprüfung verzichtet oder diesbezüglich erhaltene Negativfeststellungen werden ignoriert.

▶ Durch Nichtverbuchung von Geschäften kommt es zur Unterschlagung von ausgehenden Waren bzw. eingehenden Zahlungsmitteln.

▶ Durch unkontrollierte Abwicklung von Geschäften werden scheinbar den Kunden gewährte Gutschriften oder Rückvergütungen bereits im Unternehmen unterschlagen.

▶ Durch Unterlassung von Mahnungen oder Beitreibungsmaßnahmen werden Kunden bewusst begünstigt.

▶ Eingehende Zahlungen auf abgeschriebene Forderungen werden nicht verbucht und unterschlagen.

Sodann können Mängel im Informationssystem des Mandanten Unrichtigkeiten derart bedingen, dass Forderungen eingebucht werden,

▶ die Ware dem Lager aber noch nicht entnommen wurde, das Periodenergebnis also um den Warenwert zu hoch ausfällt, bzw.

▶ die Ware sich zwar nicht mehr im Lager befindet, aber der Gefahrenübergang noch nicht erfolgt ist, das Periodenergebnis also um die Gewinnmarge zu hoch ausfällt.

Der Prüfer kann sich bei seinen Risikobeurteilungen bezüglich der Wirksamkeit und Funktionsfähigkeit des IKS folgender Checkliste bedienen:

ABB. 204: Checkliste zu den forderungsbezogenen Kontrollrisiken

▶ Existiert ein vollständiges Verzeichnis der Debitoren? Werden regelmäßig Saldenlisten mit Angabe des Altersaufbaus der Forderungen angefertigt und mit der Hauptbuchhaltung abgestimmt?

▶ Wird den Ursachen festgestellter Bestandsdifferenzen systematisch nachgegangen?

▶ Ist sichergestellt, dass alle Aufträge und Auslieferungen sowie ggf. Abweichungen von Bestell- und Auslieferungsmengen registriert und an die Buchhaltung weitergeleitet werden?

▶ Gelangen alle Wertberichtigungen begründende Tatbestände (z. B. Rechtsstreite, Mängeleinreden etc.) ebenfalls vollständig und zeitnah zur Kenntnis der Buchhaltung?

▶ Werden die Forderungen nach der Entstehungsursache, nach Fälligkeit, Größenordnung sowie nach In- und Ausland systematisch aufgegliedert?

▶ Werden im Forderungsinventar Forderungen mit einer Restlaufzeit von über einem Jahr, zweifelhafte Forderungen und ggf. eingeholte Sicherheiten separat verzeichnet? Werden sicherungsabgetretene und verpfändete Forderungen gesondert erfasst?

▶ Werden die Kontenstände regelmäßig mit den Geschäftskonten abgestimmt und eventuelle Abstimmungsdifferenzen zur Bereinigung der vorgesetzten Stelle vorgelegt? Erfolgt eine regelmäßige Pflege der Konten?

KAPITEL V
Prüfung des Jahresabschlusses

- Bestehen wirksame Regelungen für die Genehmigung von Kundenkrediten, ggf. gestaffelt nach Kundenkreis und Kredithöhe? Ist deren durchgängige Beachtung sichergestellt?
- Gehen größeren Kreditgewährungen Bonitätsprüfungen durch eine unabhängige Stelle voraus? Existieren Vorkehrungen zur Erkennung von wirtschaftlichen Kreditnehmereinheiten?
- Sind der Verkaufsabteilung bzw. dem Außendienst alle aktuellen Kreditlimite sowie ggf. Kreditsperrungen bekannt?
- Existiert ein wirksames und funktionsfähiges Mahnwesen? Wird dieses von der Kontokorrentbuchhaltung und von der Verkaufsabteilung organisatorisch getrennt? Werden säumige Kunden systematisch angemahnt? Werden angemessene Überziehungszinsen, Mahn- und Beitreibungskosten berechnet?
- Erfolgt die Erklärung von Forderungen als uneinbringlich und die nachfolgende Ausbuchung durch eine unabhängige, möglichst übergeordnete Stelle?
- Ist die Erfassung von Zahlungseingängen auf abgeschriebene und/oder ausgebuchte Forderungen gewährleistet?
- Liegen angemessene Anweisungen für Ausbuchungen bzw. Umbuchungen vor (Verantwortlichkeiten und Ablaufbeschreibungen)?
- Besteht eine generelle Funktionstrennung zwischen Zahlungsverkehr, Buchhaltung und Verkauf?
- Existieren organisatorische Vorkehrungen, die eine mögliche Unterschlagung in Zusammenhang mit der laufenden Auftragsabwicklung und dem Eingehen von Kundenzahlungen verhindern (z. B. fortlaufende Auftragserfassung, automatisierte Rechnungsstellung, Überprüfung des Zahlungseingangs)?
- Existieren organisatorische Vorkehrungen, die eine unkontrollierte Gewährung von Nachlässen, Gutschriften oder sonstigen das Unternehmen belastenden Abweichungen von den üblichen Auftragsbedingungen verhindern (gesonderte Genehmigung sowie Überprüfung der Rechnung, organisatorische Trennung der Konditionengewährung von der Auftragsabwicklung)?
- Ist durch organisatorische Maßnahmen gesichert, dass jedes Umsatzgeschäft mit einer Rechnungsstellung belegt wird?
- Ist daneben sichergestellt, dass ausschließlich vertragsgemäße Auslieferungen erst nach erfolgtem Gefahrenübergang als Umsatz verbucht werden?
- Erfolgt bei Liefer- und Leistungsgeschäften an verbundene und Beteiligungsunternehmen eine unabhängige Prüfung auf Marktgerechtheit der Konditionen? Entspricht die Abwicklung der Geschäfte üblichen Gepflogenheiten?
- Werden Kredite auf eigenkapitalersetzenden Charakter geprüft und als solche separat gekennzeichnet? Wurde vor Gewährung von Krediten an Gesellschafter die erforderliche Genehmigung der Gesellschaftsorgane eingeholt?
- Existieren organisatorische Vorkehrungen, die eine unerwünschte Kreditgewährung aus dem laufenden Cash-Management im Unternehmensverbund aufdecken und erforderlichenfalls verhindern?

4.2 Nachweis

Im Rahmen der Nachweisprüfung ist festzustellen, ob

- die am Bilanzstichtag ausgewiesenen Forderungen tatsächlich bestehen bzw.
- alle entstandenen Forderungen entsprechend § 246 Abs. 1 HGB vollständig am Bilanzstichtag erfasst wurden.

Die Forderungen müssen mit Leistungsgeschäften korrespondieren, bei denen die Gegenleistung das Unternehmen verlassen hat und bereits der Einflusssphäre des Vertragspartners zuzurechnen ist.

Die Analyse des **Forderungsinventars** bildet den Ausgangspunkt der Prüfung. In **Saldenlisten** wird der buchmäßige Bestand der Forderungen erfasst, der durch die Salden der einzelnen Kontokorrentkonten ermittelt wird. Die Saldenlisten sind vom Unternehmen anzufertigen und enthalten eine Aufgliederung aller am Bilanzstichtag bestehenden Forderungen nach Alter (Entstehung), Fälligkeit, Größenordnung und In- und Ausland. Posten mit einer Laufzeit von mehr als einem Jahr sind in der Saldenliste gesondert zu vermerken. Liegt keine solche Liste vor, muss der Prüfer die Aufstellung veranlassen.

Die Richtigkeit und Vollständigkeit der aufgeführten Forderungen am Bilanzstichtag lässt sich nur durch **Saldenbestätigungen** der einzelnen Schuldner (Debitoren) überprüfen. Der Endsaldo der Saldenliste muss mit dem Saldo der Debitoren übereinstimmen.

Die Einholung von Saldenbestätigungen gehört zur den Grundsätzen der ordnungsmäßigen Durchführung von Abschlussprüfungen, wenn die Höhe der Forderungen absolut oder relativ von Bedeutung, d. h. die absolute Höhe des jeweiligen Forderungsbetrags in Relation zu den übrigen Forderungen erheblich ist.

Grundsätzlich stellt die von Dritten erbrachte Saldenbestätigung einen verlässlicheren Prüfungsnachweis als eine mandantenseitig getroffene Aussage dar. Es verbleibt jedoch das Risiko, dass die befragten Dritten eine Bestätigung abgeben, ohne die Information tatsächlich zu überprüfen. Somit obliegt es dem Prüfer, neben der zu erwartenden Rücklaufquote auch die Qualität der bestätigten Informationen abzuschätzen.

Der Prüfer hat die Anforderungen an die Einholung von Saldenbestätigungen nach IDW PS 302 zu beachten. Unterschieden werden drei Methoden zur Einholung von Saldenbestätigungen:

▶ Die **positive Methode**: Der Debitor wird aufgefordert, die Übereinstimmung oder Nichtübereinstimmung mit dem ausgewiesenen Saldo zu bestätigen.

▶ Die **negative Methode**: Der Debitor wird aufgefordert, nur bei Nichtübereinstimmung mit dem ausgewiesenen Saldo zu antworten.

▶ Die **offene Methode**: Der Debitor wird um Mitteilung des in seinen Büchern vorhandenen Saldos gebeten.

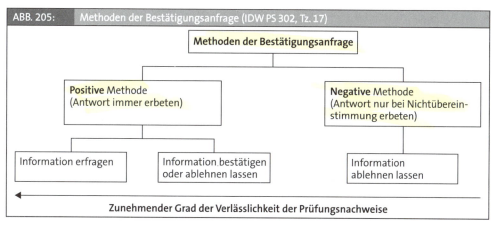

ABB. 205: Methoden der Bestätigungsanfrage (IDW PS 302, Tz. 17)

Bei der negativen Methode wird ein Schweigen des Debitors als Zustimmung gewertet, was aufgrund falscher Voraussetzungen erfolgen kann. Die positive Methode ist somit als zuverlässiger einzustufen. Eine Anwendung der negativen Methode kommt allenfalls dann in Betracht, wenn aufgrund der vorherigen Feststellung niedriger inhärenter sowie Kontrollrisiken das Prüfungsrisiko auf einem vergleichsweise hohen Niveau gehalten werden kann, z. B.

- beim Vorliegen einer großer Zahl relativ kleiner Einzelsalden,
- bei Erwartung einer geringen Anzahl von Fehlern,
- bei Erwartung einer hohen Rücklaufquote (vgl. IDW PS 302, Tz. 22).

Saldenbestätigungen werden i. d. R. nicht lückenlos, sondern nur für bestimmte Forderungen angefordert. Stichprobenumfang und Auswahl der Saldenbestätigungen werden im Rahmen

- der bewussten Auswahl oder
- zufällig, z. B. nach anerkannten mathematisch-statistischen Verfahren

bestimmt. Kriterien für eine **bewusste Auswahl** stellen z. B. dar

- die Höhe der einzelnen Forderung,
- der Umfang des Geschäftsverkehrs mit dem Kunden insgesamt,
- die Häufigkeit des Überschreitens des Zahlungsziels,
- die Struktur und Ordnungsmäßigkeit des Kontokorrents,
- die zeitliche Nähe von Geschäftsvorfällen zum Abschlussstichtag,
- der Grad der Ungewöhnlichkeit von Geschäftsvorfällen (vgl. IDW PS 302, Tz. 25).

Der Prüfer muss überwachen, dass auch Konten mit ausgeglichenen Salden in die Saldenbestätigungsaktion einbezogen werden.

I. d. R. werden die Saldenbestätigungen bereits während der Prüfungsvorbereitung eingeholt. Um verlässliche Prüfungsnachweise zu generieren, müssen Auswahl, Versand und Rücklauf der Saldenbestätigungen unter der Kontrolle des Abschlussprüfers stehen. In diesem Zusammenhang hat der Prüfer u. a. sicherzustellen, dass

- die Bestätigungsanfragen an Personen gerichtet werden, von denen aufgrund ihrer Kompetenz, Objektivität und Stellung in der Unternehmenshierarchie eine qualifizierte Beantwortung zu erwarten ist,
- die Anfragen zutreffend adressiert und versandt werden,
- etwaige Rückfragen der Adressaten nur unmittelbar an den Abschlussprüfer erfolgen,
- organisatorische Maßnahmen zur wirksamen Verhinderung einer Veränderung oder Manipulation von Bestätigungsanfragen und -rückläufen getroffen werden,
- insbesondere die Antworten direkt an den Abschlussprüfer zurückgesendet werden,
- dort unmittelbar dem jeweiligen Prüfungsmandat zugerechnet werden können und
- die Authentizität der Antworten gesichert ist (vgl. IDW PS 302, Tz. 39 ff.).

Werden Saldenüberprüfungen trotz mehrfacher Anfrage seitens der Debitoren nicht beantwortet, so hat der Prüfer sich ein anderweitiges Urteil über das Bestehen der Forderung zu bilden. Ein zuverlässiger Nachweis ist der Zahlungseingang i. H. des Forderungssaldos in der Zeit zwischen dem Bilanzstichtag und der Abschlussprüfung.

Liegt ein solcher nicht vor, muss das Bestehen der Forderungen aus Lieferungen und Leistungen anhand der Kontenentwicklungen und unter Einbezug weiterer Belege wie z. B. Rechnungen, Versand- und Frachtpapiere sowie anhand des sonstigen Schriftverkehrs geprüft werden. Es wird begutachtet, ob sich die ausgewählten Posten mit den zugrunde liegenden Rechnungen und sonstigen Belegen, mit den Lieferscheinen oder sonstigen Unterlagen des Versandnachweises, mit dem Auftrag oder eventuellen Lieferbestätigungen des Kunden oder anhand der sonstigen Korrespondenz mit dem Kunden nachweisen lassen. Zusätzlich wird geprüft, ob der Kunde wirklich existiert. Wenn ein hinreichend großer Zeitraum von der Erst- bis zur Zweitanfrage vorliegt, kann ausgeschlossen werden, dass die Rechnung noch „unterwegs" ist.

Die Salden der Kontokorrentkonten und die Saldenlisten werden durch Abstimmung mit den Saldenbestätigungen verifiziert, auftretende Unterschiede sind vom Prüfer zu klären. Kritisch ist häufig der Nachweis, ob die Saldenlisten alle bestehenden Forderungen enthalten. Daher sollten speziell die am Bilanzstichtag ausgeglichenen Konten einer kritischen Prüfung unterzogen werden. Es gilt festzustellen, wie dieser Ausgleich erzielt wurde. Insbesondere Ausbuchungen oder Umbuchungen sind auf Ordnungsmäßigkeit zu prüfen.

Zur Identifikation ausgeglichener Konten ist der Ausweis aller Soll- und Habenumsätze in Einzelkonten sinnvoll. Somit ist ersichtlich, auf welchen Konten mit Nullsalden im Geschäftsjahresverlauf größere Umsätze abgewickelt wurden, die einer intensiven Prüfung bedürfen.

Beim Vergleich der Saldenlisten mit den Kontokorrentsalden sollten gleichzeitig die am Prüfungsstichtag noch nicht ausgeglichenen Beträge vermerkt werden, um den Altersaufbau der Forderungen zu ermitteln. Dies ermöglicht eine vorläufige Beurteilung über die Bonität des Debitors zum Zwecke der nachfolgenden Bewertungsprüfung.

Weiterhin hat der Prüfer eine **periodengerechte Abgrenzung** der bestehenden Forderungen sicherzustellen, so dass nur im Geschäftsjahr realisierte Gewinne zum Ausweis kommen. Aus diesem Grund gilt den Buchungen in zeitlicher Nähe zum Bilanzstichtag besondere Aufmerksamkeit (*„window dessing"*). Eine fehlerhafte Periodenabgrenzung kann zu einer Verfälschung des Jahresergebnisses und darüber hinaus zu einer unvollständigen Erfassung der Forderungen führen. Kurz vor dem Bilanzstichtag gebuchte Rechnungen sollten in Stichproben mit Lieferscheinen und Versandanzeigen verglichen werden. Auf diese Weise können unzulässige Vorfakturierungen aufgedeckt werden.

Im Rahmen der Prüfung der **Periodenabgrenzung (sog. *cut off*-Prüfung)** wird deshalb eine Abstimmung der Wareneingangs- und -ausgangsscheine sowie der Lieferscheine mit den Ein- und Ausgangsrechnungen vorgenommen. Relevant sind die letzten Rechnungen vor dem Inventurstichtag sowie die ersten Rechnungen nach dem Stichtag. Der Prüfer sollte in diesem Zusammenhang

▶ ausgehend von den Rechnungsbelegen in Stichproben eine Abstimmung mit den zugehörigen Lieferscheinen vornehmen,
▶ sodann eine Stichprobe der Warenausgangsmeldungen ziehen und
▶ diese mit den entsprechenden Rechnungen vergleichen.

Einer kritischen Würdigung sollten die Konten *„pro diverse"* („**cpd-Konten**") sowie Forderungskonten, die **debitorische Kreditoren** enthalten, unterzogen werden. Die Prüfung des zuletzt genannten Kontos ist besonders wichtig, da hier häufig Buchungsfehler entstehen, die durch Prüfung des Kontokorrentkontos nicht aufgedeckt werden, weil die Beträge sich innerhalb des Einzelkontos ausgleichen. Eine Dotierung entsteht z. B. durch

- Doppelzahlungen oder Überzahlungen der Kunden bzw.
- den Kunden nachträglich gewährte Gutschriften.

Beim Auftreten wesentlicher Betragsvolumina sollte eine lückenlose Prüfung erfolgen.

Weisen die **Forderungen gegen verbundene und Beteiligungsunternehmen** einen wesentlichen Betrag in der Bilanz aus, sollte der Prüfer diese Posten einer eingehenderen Analyse unterziehen. Die rechtliche Zulässigkeit kann mittels Verträgen oder Einsicht in die Korrespondenz ermittelt werden. Der Nachweis resultiert aus dem Vergleich der Saldenlisten mit der Bilanz und den weiteren Teilen der Rechnungslegung.

Die Prüfung der **sonstigen Vermögensgegenstände** erfolgt analog zu derjenigen der Forderungen aus Lieferungen und Leistungen. Da die sonstigen Vermögensgegenstände ein Sammelposten für verschiedenartige Forderungen sind, lassen sich keine Routineprüfungen empfehlen. Die Beurteilung der Salden macht vielmehr eine kritische Durchsicht der einzelnen Konten nach den Grundsätzen der Wirtschaftlichkeit und Wesentlichkeit notwendig. Dabei richtet sich das Interesse besonders auf ggf. falsch ausgewiesene Posten.

Besonderheiten ergeben sich bei der Prüfung der **Forderungen aus Krediten** an Vorstandsmitglieder nach § 89 AktG und an Aufsichtsratsmitglieder nach § 115 AktG. Zunächst muss der Prüfer feststellen, welche in § 89 AktG genannten Personen ein Darlehen, das die Höhe eines Monatsgehalts zuzüglich einem Zwölftel der garantierten Tantieme übersteigt, erhalten haben. Die Informationen erhält er aus Aufstellungen der Vorstandsmitglieder, Saldenlisten oder Anstellungsverträgen. Der Beschluss bzw. die Einwilligung über die Gewährung eines solchen Darlehens muss schriftlich durch den Aufsichtsrat bestätigt oder aus einem Sitzungsprotokoll ersichtlich sein. In dem Beschluss müssen die vereinbarten Zins- und Tilgungsbedingungen enthalten sein. Der Prüfer sollte die Einhaltung dieser Vereinbarungen prüfen und das Fehlen eines Beschlusses bzw. einer Einwilligung in den Arbeitspapieren vermerken.

Für alle Forderungen muss der Abschlussprüfer mindestens in Stichproben die Vermerke über Forderungen mit einer Restlaufzeit von mehr als einem Jahr prüfen. Die Prüfung erfolgt mit Hilfe gesonderter Aufstellungen, falls die Positionen nicht in den Saldenlisten zu erkennen sind. Restlaufzeiten von mehr als einem Jahr, die nicht vereinbart wurden, können ein Indiz auf notwendige, aber nicht vorgenommene Abschreibungen sein.

Die **Arbeitspapiere** des Prüfers müssen nicht nur die Ergebnisse der einzelnen Prüfungen wiedergeben, sondern auch erkennen lassen,

- welche Forderungen vom Prüfer stichprobenweise und welche lückenlos geprüft wurden,
- wodurch die Auswahl der geprüften Forderungen begründet war,
- wie er die Ordnungsmäßigkeit der einzelnen Werte festgestellt hat,
- inwieweit er die ordnungsgemäße Erfassung der bewertungsbedingten Erträge und Aufwendungen in der Gewinn- und Verlustrechnung geprüft hat und
- welche Unterlagen ihm bei den einzelnen Prüfungen zur Verfügung standen.

Ebenfalls in die Arbeitspapiere gehören die zur Bewertungsprüfung seitens der Gesellschaft aus eigener Initiative oder im Auftrag des Prüfers erstellten Unterlagen. Notwendig ist auch eine nachvollziehbare Dokumentation der mündlich erteilten Auskünfte.

4.3 Ansatz

Der Ansatz von Forderungen erfolgt nach dem allgemeinen Grundsatz der Zurechnung des **wirtschaftlichen Eigentums**. Hierfür ist der Übergang von Besitz, Gefahr, Nutzen und Lasten auf den Bilanzierenden erforderlich. § 246 Abs. 1 Satz 2 HGB stellt unmittelbar klar, dass die **Verpfändung** oder **Sicherungsübereignung** von Forderungen an Dritte einer Bilanzierung beim Sicherungsgeber nicht entgegenstehen. Aus Sicht der Forderungen weitere bedeutsame Fälle des möglichen Auseinanderfallens von zivilrechtlichem und wirtschaftlichem Eigentum sind gegeben durch

- das Factoring,
- „asset-backed securities-" (ABS-)Transaktionen.

Durch Verkauf abgetretene Forderungen aus Lieferungen und Leistungen sind beim **echten Factoring** (Übernahme des Ausfallrisikos durch den Käufer der Forderung) auszubuchen und als neue Forderungen gegenüber dem Factor unter den sonstigen Vermögensgegenständen bzw. als Guthaben bei Kreditinstituten auszuweisen.

Verbleibt das Ausfallrisiko beim Forderungsverkäufer (**unechtes Factoring**) und wird die Forderungsabtretung dem Schuldner offen angezeigt, ist entsprechend zu verfahren. Zusätzlich muss aber ein Vermerk aufgrund von §§ 251, 268 Abs. 7 HGB erfolgen und ggf. eine Rückstellung gebildet werden. Ein Ausweis veräußerter Forderungen unter dem Posten Forderungen aus Lieferungen und Leistungen ist demnach nur dann sachgerecht, wenn das Ausfallrisiko beim Forderungsverkäufer verbleibt und die Forderungsabtretung dem Schuldner nicht offen angezeigt wird.

Bei **ABS-Transaktionen** werden Forderungen auf ein rechtlich selbständiges Drittunternehmen (sog. Zweckgesellschaft) übertragen, welches sich durch Ausgabe von Anteilen oder Schuldtiteln am Kapitalmarkt refinanziert. Der Übergang des wirtschaftlichen Eigentums an der Forderung auf die Zweckgesellschaft hängt davon ab, ob dieses die typischen wirtschaftlichen Verfügungsrechte wie das Recht zur Weiterveräußerung oder Verpfändung erlangt. Die Vereinbarung einer Rückübertragung der Forderungen oder umfassender Wertgarantien stehen dabei einem Übergang des wirtschaftlichen Eigentums auf die Zweckgesellschaft entgegen.

Weitere einschlägige Konstruktionen wurden bereits unter dem Finanzanlagevermögen dargelegt (vgl. Kapitel V.2.3).

Im Grundsatz kann festgehalten werden, dass das wirtschaftliche Eigentum regelmäßig das Verwertungsrecht durch Nutzung oder Veräußerung des Vermögensgegenstands, die Chancen und Risiken aus der laufenden Nutzung und die Chance der Wertsteigerung sowie das Risiko der Wertminderung, des Verlustes und des zufälligen Untergangs umfasst (vgl. IDW ERS 13, Tz. 7).

Ein Übergang des wirtschaftlichen Eigentums ist damit im Regelfall zu verneinen, wenn von vornherein vereinbart wurde, dass veräußerte Forderungen vom Verkäufer **zurückzuerwerben** sind (IDW ERS HFA 13, Tz. 11).

Sofern mit den Forderungen verbundene **bedeutsame Risiken** auf Dauer oder zumindest langfristig zurückbehalten werden, ist ebenfalls ein Übergang des wirtschaftlichen Eigentums zu verneinen, z. B. beim Verkauf von Forderungen unter Zurückbehaltung des Bonitätsrisikos. Auch wenn zusammen mit dem Verkauf eine **befristete Wertgarantie** vereinbart wird und sich die

Garantie auf einen erheblichen Teil des Kaufpreises erstreckt oder eine unbedingte Einstandspflicht für künftige Risiken besteht, verbleiben die zentralen Risiken für die Zeitspanne der Wertgarantie beim Veräußerer (IDW ERS HFA 13, Tz. 56 f.). Für weitere Einzelheiten wird verwiesen auf IDW ERS HFA 13: Einzelfragen zum Übergang von wirtschaftlichem Eigentum und zur Gewinnrealisierung nach HGB (FN-IDW 2007 S. 83 ff.).

Die Forderung entsteht erst, wenn der **Umsatzakt abgeschlossen** ist und der Empfänger über die Lieferung oder Leistung verfügen kann. Hierzu muss der Lieferer seine Verpflichtungen im Wesentlichen wirtschaftlich erfüllt und die Leistungen in dem Umfang erbracht haben, dass der Abnehmer sie tatsächlich nutzen und verwerten kann. Das Ausstehen unbedeutender Arbeiten, Dienstleistungen oder Nachbesserungen ist unbeachtlich. Die Preisgefahr und das Risiko des zufälligen Untergangs müssen zum Zeitpunkt des Forderungsansatzes auf den Käufer übergegangen sein (§§ 446 f. BGB). Der Annahmeverzug des Käufers hindert dies nicht (§ 324 Abs. 2 BGB).

Für **Teillieferungen oder Teilleistungen** entsteht noch keine Forderung. Vielmehr ist eine solche als unfertiges Erzeugnis oder unfertige Leistung zu bilanzieren. Lieferungen oder Leistungen aus Verträgen über laufend wiederkehrende Leistungen sind dagegen als selbständige Teillieferungen oder Teilleistungen zu bewerten und als Forderung auszuweisen.

Im Fall, dass der Verkäufer bewusst mit einer mangelhaften Leistung einen Erfüllungsversuch unternimmt, darf hingegen eine Gewinnrealisierung und damit ein Forderungsansatz nicht erfolgen. Hierbei kommt es auf den Erkenntnisstand zum Zeitpunkt der Bilanzerstellung an (Wertaufhellungsprinzip). Erlangt der Verkäufer erst nach diesem Zeitpunkt von dem Mangel Kenntnis, so kann der Prüfer allenfalls auf der Bildung einer Rückstellung aus Gewährleistungs- bzw. Schadensersatzansprüchen bestehen.

Wird dem Käufer ein **Rückgabe- bzw. Rücktrittsrecht** eingeräumt, so kann nach h. M. gleichwohl eine Forderung angesetzt werden, wobei ggf. auf Basis von Erfahrungswerten eine Rückstellung für Rücknahmeverpflichtungen (Transport- und Handlingkosten, Wertminderung der zurückzunehmenden Lieferung) anzusetzen ist. Der Verkauf auf Probe rechtfertigt demgegenüber nicht die Aktivierung einer Forderung, es hat noch keine Gewinnrealisierung stattgefunden.

Forderungen aus schwebenden Geschäften – bei denen noch keine Partei geleistet hat – sind grundsätzlich nicht bilanzierungsfähig. Sofern aus dem schwebenden Geschäft ein Verlust ernstlich droht, ist allenfalls eine Rückstellung zu bilden (§ 249 Abs. 1 HGB). **Aufschiebend bedingte Forderungen** sind erst zum Zeitpunkt des Eintritts der Bedingung zu aktivieren bzw. wenn der Eintritt der Bedingung so gut wie sicher ist.

§ 246 Abs. 2 HGB kodifiziert ein weitgehendes **Verrechnungsverbot** der Forderungen mit Verbindlichkeiten. Ausnahmsweise ist eine Saldierung zulässig

▶ bei der Möglichkeit zur gegenseitigen Aufrechnung nach Maßgabe des § 387 BGB (diesbezügliche Voraussetzungen sind insbesondere die Gleichartigkeit und das Vorliegen identischer Fälligkeitszeitpunkte),

▶ bei Gesamtschuldverhältnissen im Außenverhältnis und gleichzeitig vorhandenem werthaltigem Rückgriffsanspruch im Innenverhältnis, soweit noch keine tatsächliche Inanspruchnahme durch den Gläubiger erfolgt ist.

Auf das in § 246 Abs. 2 Satz 2 HGB kodifizierte Verrechnungsgebot von Vermögensgegenständen, die dem Zugriff aller Gläubiger entzogen wurden, wurde bereits in Kapitel V.2.3 eingegangen.

4.4 Ausweis

Im Rahmen der Ausweisprüfung ist festzustellen, ob alle Vermögensgegenstände entsprechend den gesetzlichen Gliederungsvorschriften ausgewiesen und den richtigen Bilanzpositionen zugeordnet wurden.

§ 266 Abs. 2 B.II. HGB sieht für große und mittelgroße Kapitalgesellschaften i. S. des § 267 Abs. 2 und 3 HGB folgende **Gliederung der Forderungen** vor:

- Forderungen aus Lieferungen und Leistungen,
- Forderungen gegen verbundene Unternehmen,
- Forderungen gegen Unternehmen, mit denen ein Beteiligungsverhältnis besteht,
- sonstige Vermögensgegenstände,
- eingeforderte, aber noch nicht eingezahlte ausstehende Einlagen (§ 272 Abs. 1 Satz 3 HGB).

Zusätzlich können noch spezielle Positionen zum Ansatz kommen, wie z. B.

- von Gesellschaftern eingeforderte Nachschüsse (§ 42 Abs. 2 GmbHG),
- Forderungen gegenüber Gesellschaftern (§ 42 Abs. 3 GmbHG).

Auch Nicht-Kapitalgesellschaften orientieren sich i. d. R. an dem vorgegebenen Gliederungsschema, sind jedoch laut § 247 Abs. 1 HGB nur dazu verpflichtet, das Umlaufvermögen als Ganzes, nicht aber die Forderungen gesondert auszuweisen.

Zunächst ist die **Zugehörigkeit zum Umlaufvermögen** zu prüfen. Diese ist für alle Vermögensgegenstände gegeben, die im laufenden Betriebsprozess umgesetzt und im Umsatzprozess umgeschlagen werden. Maßgebend ist dabei nicht die Beschaffenheit, sondern die Zweckbestimmung des Vermögensgegenstands. Die Vereinbarung eines längeren als eines unterjährigen Zahlungsziels steht einer Zuordnung zum Umlaufvermögen nicht entgegen.

Der Prüfer hat festzustellen, ob die **allgemeinen Gliederungsgrundsätze** des § 265 HGB für Kapitalgesellschaften und publizitätspflichtige Gesellschaften eingehalten wurden. Für alle anderen Kaufleute wird lediglich die Prüfung des Aufstellungsgrundsatzes nach § 243 HGB durchgeführt.

In Bezug auf die Forderungen und sonstigen Vermögensgegenstände kommen folgende Prüfungshandlungen in Betracht:

- Der Prüfer muss feststellen, ob die gemäß § 265 Abs. 2 HGB verlangten Vorjahresbeträge vorhanden sind. Damit wird die Vergleichbarkeit der zu prüfenden Beträge mit den Vorjahresbeträgen ermöglicht.
- Eine Hinzufügung neuer Posten kann der Prüfer nicht beanstanden, vorausgesetzt, der Inhalt wird nicht durch einen vorgeschriebenen Posten abgedeckt (§ 265 Abs. 5 HGB).
- Gemäß § 265 Abs. 8 HGB kann ein Ausweis von Leerposten entfallen, wenn diese im Vorjahr bereits ohne Betrag ausgewiesen wurden. Aus diesem Grund ist häufig die Position „Forderungen gegenüber Beteiligungsunternehmen" nicht vorzufinden.

Im Anschluss daran ist die Prüfung der richtigen Zuordnung der Forderungen zu den einzelnen Bilanzposten vorzunehmen.

Die **Forderungen aus Lieferungen und Leistungen** beinhalten Ansprüche, die aus gegenseitigen Verträgen (insbesondere Liefer-, Werk- und Dienstleistungsverträge) entstanden und vom bilanzierenden Unternehmen bereits erfüllt sind, vom Schuldner allerdings noch nicht. Sie stammen aus den Geschäften, die als Umsatzerlöse in die Gewinn- und Verlustrechnung eingegangen sind. Für die Bilanzierung ist die Kreditform – beispielsweise Kontokorrent oder Wechsel – wie auch ein Zahlungsrückstand oder eine Verlängerung des Zahlungsziels unerheblich.

Der Prüfer hat darauf zu achten, dass die Forderungen im Zusammenhang mit der betriebsüblichen Geschäftstätigkeit des Unternehmens entstanden sind. Aus nicht betriebstypischen Geschäften – wie z. B. Verkäufen von Anlagevermögen – resultierende Forderungen sind unter den sonstigen Vermögensgegenständen zu zeigen.

Werden ursprüngliche Forderungen aus Lieferungen und Leistungen im Rahmen einer Umschuldung zu Finanzforderungen, so ist eine Umbuchung in die Ausleihungen des Anlagevermögens vorzunehmen.

Die Prüfung der **Forderungen gegen verbundene und Beteiligungsunternehmen** erfolgt in analoger Weise. Die Definition der verbundenen und Beteiligungsunternehmen kann § 271 HGB entnommen werden. Aufgabe des Prüfers ist es, zu klären, ob die Forderungen gegenüber einem verbundenen oder Beteiligungsunternehmen bestehen. Der Prüfer muss sich im Zweifelsfall die Anteilsbesitze vom Unternehmen belegen lassen.

Verbundene Unternehmen sind solche, die nach den handelsrechtlichen Konzernrechnungslegungsvorschriften nach § 290 HGB als Mutter- oder Tochterunternehmen in den Konzernabschluss des Mutterunternehmens einzubeziehen sind. Forderungen gegen diese entstehen üblicherweise aus

- Lieferungen und Leistungen,
- kurzfristigen Darlehen sowie
- Gewinnabführungsverträgen und Gewinnausschüttungen.

Maßgeblich dabei ist, dass es sich am Abschlussstichtag um ein verbundenes Unternehmen handelt. Der Ausweis unter diesem Bilanzposten hat grundsätzlich Vorrang vor anderen Positionen, auch wenn zugleich ein Beteiligungsverhältnis besteht.

Beteiligungen sind Anteile (Mitgliedschafts- oder Gesellschaftsrechte) an anderen Unternehmen, die zur Herstellung einer dauernden, wirtschaftlichen Verbindung zwecks Förderung des eigenen Geschäftsbetriebs dienen, wie z. B. Aktien, Anteile an einer GmbH usw., ebenso Genussscheine oder andere beteiligungsähnliche Darlehen, etwa Nachrangdarlehen (vgl. zur Klassifikation die Kriterien der Stellungnahme IDW HFA 1/1994), nicht jedoch Mitgliedschaften in eingetragenen Genossenschaften.

Grundsätzlich sind alle Forderungen gegenüber den genannten Unternehmen auszuweisen, unabhängig aus welchem Grund sie entstanden sind. Ausgewiesen werden demzufolge sowohl Forderungen aus Lieferungen und Leistungen als auch Forderungen aus anderen Geschäftsvorgängen. Eine Ausnahme bilden die langfristigen Ausleihungen, die unter den Aktivpositionen A.III.2. bzw. A.III.4. zu zeigen sind.

Handelt es sich um Forderungen aus Lieferungen und Leistungen, so hat der Ausweis unter den Forderungen gegen verbundene bzw. Beteiligungsunternehmen Vorrang. Im Posten „Forderungen aus Lieferungen und Leistungen" kann ein Vermerk über die Mitzugehörigkeit erfolgen (§ 265 Abs. 3 Satz 1 HGB).

Die **sonstigen Vermögensgegenstände** bilden einen Sammelposten für alle nicht an anderer Stelle auszuweisenden Vermögensgegenstände, die in keinem unmittelbaren Zusammenhang zum üblichen Geschäftszweck stehen. Hierzu gehören etwa

- gewährte Darlehen, soweit keine langfristigen Ausleihungen,
- Vorauszahlungen (z. B. Miete, Pacht), soweit sie nicht als Rechnungsabgrenzungsposten auszuweisen sind,
- Lohn- und Gehaltsvorschüsse, Reisekostenvorschüsse,
- Ansprüche auf Boni, Mengenrabatte, Rückvergütungen,
- geleistete Kautionen,
- Steuererstattungsansprüche, Schadensersatzansprüche,
- Ansprüche auf öffentliche oder private Zuwendungen bzw. Zuschüsse,
- Ansprüche auf Versicherungsleistungen,
- Forderungen aus Bürgschafts- oder Treuhandverhältnissen sowie
- Forderungen aus Anlagenverkäufen.

Gemäß § 250 Abs. 1 HGB sind als transitorische Rechnungsabgrenzungsposten Ausgaben vor dem Abschlussstichtag auszuweisen, soweit sie Aufwand für eine bestimmte Zeit nach diesem Zeitpunkt darstellen. Bei den sonstigen Vermögensgegenständen sind hingegen antizipative Rechnungsabgrenzungsposten auszuweisen, d. h. Erträge, die noch nicht zu Einnahmen geführt haben.

Außerdem sind Forderungsverkäufe im Rahmen des „echten" Factoring hier auszuweisen, falls noch keine Zahlung durch den Factor erfolgte.

4.5 Bewertung

4.5.1 Allgemeine Vorschriften

Die Bewertungsprüfung wird aufgrund der Vielzahl der Forderungen und sonstigen Vermögensgegenstände nicht lückenlos, sondern als Stichprobenprüfung mit den Erkenntniszielen durchgeführt, ob

- der Ansatz der Forderungen und sonstigen Vermögensgegenstände zum Nominalbetrag erfolgte,
- außerplanmäßige Abschreibungen für uneinbringliche und zweifelhafte Forderungen (Einzelwertberichtigung) vorzunehmen sind,
- Pauschalwertberichtigungen für das allgemeine Kreditrisiko entsprechend der gesetzlichen Vorschriften gebildet werden,
- unverzinsliche und niedrig verzinsliche Forderungen zum Barwert bewertet wurden,
- Währungsforderungen aufgrund sinkender Kurse abzuwerten sind.

Ausgangspunkt bzw. Obergrenze der Bewertung sind nach § 253 Abs. 1 Satz 1 HGB die **Anschaffungskosten** (§ 255 Abs. 1 HGB), die Herstellungskosten bilden keinen einschlägigen Maßstab der Forderungsbewertung. Demzufolge sind

- Forderungen i. d. R. zu ihrem Nennbetrag, der sich aus der Rechnungssumme zuzüglich der Umsatzsteuer ergibt und
- Darlehensforderungen zum Erfüllungsbetrag

zu bewerten. Rabatte, Umsatzprämien und sonstige Preisnachlässe sind vom Nennbetrag abzuziehen. Für Provisionen sind erforderlichenfalls Rückstellungen oder Verbindlichkeiten zu passivieren. Bei Wechselforderungen ist der bis zum Fälligkeitstag anfallende Diskont vom Nennwert abzuziehen.

Forderungen aus Lieferungen, für die ein Rückgaberecht besteht, werden höchstens zu Anschaffungs- oder Herstellungskosten der gelieferten Ware, abzüglich eventuell entstehender Rücknahmekosten oder Wertminderungen aufgrund von Beschädigungen angesetzt. Wurde für diese Kosten eine Rückstellung gebildet, erfolgt der Ansatz ebenfalls zum Nominalbetrag.

Der korrekte Ansatz einer Forderung mit ihrem Nennbetrag wird mittels

- Abstimmung mit den jeweiligen Aufträgen und Ausgangsrechnungen,
- Überprüfung der sachlichen und rechnerischen Richtigkeit des Belegs bzw. Auftrags und ggf.
- Nachvollzug der Umrechnung von Fremdwährungsposten

geprüft. Zum Nachvollzug der Forderungsbewertung muss der Prüfer die Lieferungs- und Zahlungsbedingungen des Unternehmens kennen und berücksichtigen.

Nach § 253 Abs. 4 Satz 2 HGB sind nach dem **strengen Niederstwertprinzip** außerplanmäßige Abschreibungen aufgrund auftretender Risiken in Bezug auf die Werthaltigkeit der Forderung vorzunehmen. Der Prüfer muss hierauf bestehen, um die Berücksichtigung unrealisierter Verluste sicherzustellen.

Besteht die begründete Annahme, dass der Schuldner seinen Zahlungsverpflichtungen nicht bzw. nicht in voller Höhe nachkommen kann, sind als Ausfluss des Prinzips der Einzelbewertung (§ 252 Abs. 1 Nr. 3 HGB) **Einzelwertberichtigungen** bezogen auf jede einzelne Forderungsposition vorzunehmen, so dass diese zum niedrigeren beizulegenden Wert, d. h. zum wahrscheinlichen Zuflussbetrag, angesetzt wird.

Im Rahmen der Bewertungsprüfung werden die Forderungen in folgende drei Kategorien eingeteilt:

- voll einbringliche Forderungen,
- zweifelhafte Forderungen und
- uneinbringliche Forderungen.

Der Eingang der **voll einbringlichen Forderung** kann als sicher beurteilt werden. Sie ist mit ihrem Nennbetrag bzw. ihren Anschaffungskosten abzüglich von Rabatten und sonstigen Preisnachlässen anzusetzen.

Die Forderung ist **zweifelhaft**, wenn der Bilanzierende vor Aufstellung des Jahresabschlusses die Information erhält, dass die Forderung wahrscheinlich gar nicht oder nicht in voller Höhe gezahlt wird. Dies ist der Fall bei kritischen wirtschaftlichen Verhältnissen oder unzureichenden

Sicherheiten, z. B. bei Zahlungsverzug, unbeachteten Mahnungen, Einleitung eines Insolvenz- oder Vergleichsverfahrens.

Die Forderung ist **uneinbringlich**, wenn sie mit aller Wahrscheinlichkeit nicht mehr eingetrieben werden kann. Dies ist z. B. gegeben bei Einstellung des Insolvenzverfahrens mangels Masse, Abgabe einer eidesstattlichen Versicherung gemäß § 807 ZPO, fruchtloser Zwangsvollstreckung, wirksamer Einrede der Verjährung oder Bestreitung der Forderung. Die Forderung ist somit außerplanmäßig in voller Höhe abzuschreiben.

Die Kontrolle durch den Prüfer erfolgt mittels einer kritischen Durchsicht der Debitorenkonten und eines Nachvollzugs der vom Mandanten vorgenommenen Bonitätsanalyse.

Sofern die Zahlungswilligkeit bzw. -fähigkeit einzelner Schuldner nicht aus persönlichen Erfahrungen bekannt ist (z. B. Presseberichte über eingeleitete Insolvenzverfahren, Auskünfte der Schufa oder Creditreform), können folgende Anhaltspunkte für die Bewertung der Forderungen als Hinweise dienen:

- Altersaufbau und Bestandsentwicklung der Forderungen,
- Bestand der am Prüfungsstichtag noch nicht ausgeglichenen Forderungen,
- fehlende Bewegung auf Konten mit negativen Salden,
- das bisherige Zahlungsverhalten, etwa regelmäßige Überschreitungen des Zahlungsziels,
- Nichteinlösung von Wechseln,
- Anzahl der notwendigen Mahnungen und Reaktionen auf diese Mahnungen,
- Eröffnung von Insolvenzverfahren,
- Möglichkeiten der Beitreibung bzw. Sicherheitenverwertung.

Zum Nachvollzug der Bildung von Einzelwertberichtigungen sind dem Prüfer seitens der Gesellschaft Gründe vorzulegen, die auf Plausibilität und Berechtigung zu prüfen sind. Dies geschieht anhand einer von der Gesellschaft erstellten Liste, die jegliche zweifelhafte und uneinbringliche Forderungen getrennt aufführt. Zusätzlich sollte bei jeder Forderung angegeben sein:

- der Grund der Zweifelhaftigkeit bzw. Uneinbringlichkeit,
- der Betrag der Wertminderung und
- die Bewegungen des Forderungsbestands gegenüber dem einzelnen Debitor im Verlauf des Geschäftsjahres.

Der Prüfer kann somit feststellen, ob die Abschreibungen rechnerisch richtig ermittelt wurden und sie mit den GuV-Konten übereinstimmen. Zusätzlich muss er sich von den hierfür gegebenen Gründen durch Bildung eines eigenverantwortlichen Urteils, Befragung der zuständigen Personen und Hinzuziehung der Auftragsakten überzeugen.

Um eine ausreichende Beurteilung über die Bonität des Debitors treffen zu können, sollte das Gesamtengagement, d. h. alle Arten von Forderungen sowie gewährte Sicherheiten und Bürgschaften, in die Bewertung einbezogen werden. So ist von einer Abschreibung abzusehen, wenn der gesamte Forderungsbetrag durch eine Delkredereversicherung (Ausfallversicherung) oder im Fall der Auslandsforderung durch eine Hermes-Versicherung abgedeckt ist; abgeschrieben wird nur der ggf. nicht abgedeckte Teilbetrag.

Bei der Bewertung der Forderungen sind alle bis zum Zeitpunkt der Bilanzaufstellung erlangten Erkenntnisse zu berücksichtigen (**Grundsatz der Wertaufhellung**). Die Bemessung der Abschreibung hat das Ausfallrisiko und zusätzlich den eventuellen Zinsverlust sowie die noch anfallenden Aufwendungen des Einzugs der Forderung (Mahn-, Verwaltungs-, Gerichtskosten) zu berücksichtigen.

Forderungen, die gleichartige Risiken beinhalten, werden häufig in Gruppen zusammengefasst und durch pauschale Abschläge berichtigt, die sich an den Erfahrungen der Vergangenheit und an erkennbaren aktuellen Risiken orientieren (**pauschale Einzelwertberichtigungen**). Entsprechend wird z. B. bei Länderrisiken verfahren.

Abschreibungen auf Forderungen kommen außerdem in Betracht bei

- voraussichtlich zu gewährenden **Forderungsnachlässen** aufgrund von Mängelrügen oder anderen Einwendungen des Schuldners,
- **Unverzinslichkeit oder geringer Verzinslichkeit**, dann erfolgt ein Ansatz mit dem Barwert, d. h. eine Abzinsung mit dem landesüblichen Zinsfuß festverzinslicher Wertpapiere mit entsprechender Restlaufzeit.

Unverzinsliche oder niedrig verzinsliche Forderungen sind zu ihrem Barwert anzusetzen, falls auf den Ansatz aufgrund Geringfügigkeit (z. B. infolge kurzer Restlaufzeit) nicht verzichtet werden kann. Dabei sollte die Abzinsung dem marktüblichen Zinssatz entsprechen. Auch diese Wertansätze gilt es zu prüfen.

Wertberichtigungen zur Abbildung des allgemeinen (latenten) Kreditrisikos werden als **Pauschalwertberichtigungen** getätigt. Das allgemeine Kreditrisiko liegt nicht in den Verhältnissen des Debitors begründet, sondern in der Gesamtheit der Debitoren der Gesellschaft, wie z. B. dem Risiko,

- dass ein Schuldner von an sich guter Bonität durch nicht vorhersehbare Ereignisse in Schwierigkeiten gerät,
- dass durch ein Abschwächen der Konjunktur auch bei Schuldnern von bisher guter Bonität mit Ausfällen zu rechnen ist,
- das bei Auslandsforderungen aus politischen oder wirtschaftspolitischen Umständen herrührt (Enteignungs-, Transfer-, Abwertungs-, Kriegsrisiken).

Die Prüfung der Pauschalwertberichtigungen erfolgt zeitlich nachgelagert zu der der Einzelwertberichtigung. In diesem Zusammenhang hat der Prüfer zu beachten:

- Risiken, denen bereits durch Bildung einer Einzelwertberichtigung Rechnung getragen wurde, werden bei Bemessung der Pauschalwertberichtigung nicht erneut berücksichtigt.
- Gleichzeitig entbindet die Vornahme von Pauschalwertberichtigungen nicht von der Pflicht zur Bildung von Einzelwertberichtigungen für akute Kreditrisiken.
- Aus Gründen der Transparenz und Nachvollziehbarkeit sollten deshalb Einzel- und Pauschalwertberichtigungen auf getrennten Konten verbucht werden.
- Die Umsatzsteuer bleibt bei Vornahme von Einzel- wie auch Pauschalwertberichtigungen außer Betracht, eine diesbezügliche Korrektur darf erst dann erfolgen, wenn der endgültige Ausfall als hinreichend sicher angenommen wird.

Die Pauschalwertberichtigung wird durch einen prozentualen Abschlag auf den gesamten, nach o. g. Grundsätzen modifizierten Forderungsbestand vorgenommen. Der Abschlag ist unter Berücksichtigung der Erfahrungen der Vergangenheit entsprechend der Schätzung eines sorgfältigen Kaufmanns zu bemessen. Üblich sind ca. 2 bis 3 % des gesamten Forderungsbestands (ggf. bereinigt um die Salden der debitorischen Kreditoren) abzüglich

- der bereits einzelwertberichtigten Forderungen und
- mit hinreichender Sicherheit nicht ausfallgefährdeter Forderungen, z. B. gegenüber öffentlich-rechtlichen Körperschaften.

Die steuerliche Nichtaufgriffsgrenze laut BMF-Schreiben vom 6.1.1995 in Höhe von 1 % dürfte in Auslegung des Vorsichtsprinzips (§ 252 Abs. 1 Nr. 4 HGB) regelmäßig nicht ausreichen.

Der Prüfer hat die Pauschalwertberichtigungen anhand geeigneter Unterlagen zum Nachweis des allgemeinen Ausfallrisikos zu kontrollieren, etwa mittels der Indikatoren

- Struktur der Forderungen (z. B. Inland, Ausland),
- quantitative Zusammensetzung der Debitoren,
- Höhe der Forderungseingänge (ggf. Ratenzahlungen),
- durchschnittliche Debitorendauer bzw. durchschnittlicher Bestand an Forderungen.

Nicht bei der Bildung von Pauschalwertberichtigungen zu berücksichtigen sind

- das allgemeine Unternehmerrisiko (z. B. Risiko einer Verschlechterung der Konjunkturlage),
- unvorhersehbare Ereignisse (ohne konkrete Anhaltspunkte für deren Eintreten).

Ein besonderes Augenmerk sollte der Prüfer auf die **beim Factoring verbleibenden Forderungen** legen, da es sich bei diesen i. d. R. um besonders risikobehaftete Forderungen handelt, für die ein erhöhter Bedarf an Pauschalwertberichtigungen besteht.

Der Prüfer hat sicherzustellen, dass seit BilMoG nicht mehr zulässige Abschreibungen

- aufgrund in naher Zukunft zu erwartender Wertschwankungen,
- im Rahmen vernünftiger kaufmännischer Beurteilung und
- auf den steuerlich zulässigen niedrigeren Wert

nicht vorgenommen wurden.

Zuschreibungen müssen erfolgen, wenn in früheren Geschäftsjahren eine außerplanmäßige Abschreibung vorgenommen wurde und sich in einem späteren Geschäftsjahr herausstellt, dass die Gründe dafür nicht mehr bestehen. Ein bis Inkrafttreten des BilMoG noch zulässiges Beibehaltungswahlrecht für Nicht-Kapitalgesellschaften wurde mit Neufassung des § 253 Abs. 5 HGB abgeschafft.

Wurden Forderungen bereits im vergangenen Jahr zu einem niedrigeren Wert als die Anschaffungskosten ausgewiesen, muss der Prüfer ermitteln, ob dieser Wertansatz noch zulässig ist. Bestehen keine Gründe mehr für eine außerplanmäßige Abschreibung, so ist der Ansatz des niedrigeren Werts nicht mehr gerechtfertigt.

Hat andererseits ein Unternehmen einen Bilanzansatz durch Wertaufholung nach oben korrigiert, muss der Prüfer die von der Geschäftsleitung hierfür angeführten Gründe auf Plausibilität und Widerspruchsfreiheit prüfen. Bei begründeten Zweifeln an der Darstellung muss er ggf. die gesetzlichen Vertreter zu einer Korrektur des Wertansatzes der Forderung anhalten. Neben der Kontrolle der Vertretbarkeit des Grundes ist die rechnerisch zutreffende Ermittlung der Zuschreibung zu gewährleisten. Die Obergrenze der Wertaufholung bildet die historischen Anschaffungskosten der Forderung.

Im Zuge der **Zusammenhangsprüfung mit der Gewinn- und Verlustrechnung** ist festzustellen, ob die aus Lieferungs- und Leistungsforderungen entstandenen Umsatzerlöse im Gegenkonto der GuV ausgewiesen und in richtiger Höhe verbucht wurden. Analog ist bei den übrigen Forderungen zu verfahren, wobei die Erträge in den Posten „Erträge aus Beteiligungen", „Erträge aus anderen Wertpapieren und Ausleihungen des Finanzanlagevermögens" sowie „sonstige Zinsen und ähnliche Erträge" der GuV das Gegenkonto bilden (§ 275 Abs. 2 Nr. 9, 10 und 11 sowie Abs. 3 Nr. 8, 9 und 10 HGB).

Wertberichtigungen auf Forderungen sind üblicherweise als sonstige betriebliche Aufwendungen zu verbuchen. Der Prüfer vergleicht die durch Pauschal- und Einzelwertberichtigung resultierenden Abschreibungsbeträge mit dem in den sonstigen betrieblichen Aufwendungen ausgewiesenen Betrag.

Zusätzlich hat er darauf zu achten, dass Abschreibungen, die den üblichen Rahmen überschreiten, unter der Position „Abschreibungen auf Vermögensgegenstände des Umlaufvermögens, soweit diese den üblichen Rahmen überschreiten" (§ 275 Abs. 2 Nr. 7b HGB) bzw. unter der Position „sonstige betriebliche Aufwendungen" (§ 275 Abs. 3 Nr. 7 HGB) ausgewiesen sind. Nachträgliche Minderungen von Einzel- und Pauschalwertberichtigungen sowie Eingänge auf bereits abgeschriebene Forderungen sind unter den „sonstigen betrieblichen Erträgen" (§ 275 Abs. 2 Nr. 4 bzw. Abs. 3 Nr. 6 HGB) zu verbuchen.

4.5.2 Besonderheiten der Fremdwährungsumrechnung

Der mit BilMoG neu eingefügte § 256a HGB bestimmt, dass auf fremde Währung lautende Vermögensgegenstände und Verbindlichkeiten nunmehr einheitlich am Abschlussstichtag zum **Devisenkassamittelkurs** umzurechnen sind.

Wechselkurse indizieren, wie viele Einheiten Fremdwährung hingegeben werden müssen, um einen Euro zu erhalten, z. B. bedeutet der Wechselkurs 1,25 US-$/€, dass ein Nachfrager nach Euro 125 US-$ für den Erhalt von 100 € hingeben muss.

- **Briefkurs** bezeichnet den Betrag in Euro, zu dem ein Verkäufer von Euro eine Fremdwährungseinheit ankauft (Verkaufskurs des Euro).
- **Geldkurs** hingegen bezeichnet den Betrag in Euro, zu dem ein Käufer von Euro eine Fremdwährungseinheit hingibt (Ankaufskurs des Euro),

dies ist zunächst verwirrend, da der Euro und nicht die Fremdwährung die Leitwährung ist. Die Kursstellung erfolgt dabei jeweils aus Sicht der Bank/des Devisenhändlers. Will ein Kunde bei der Bank Fremdwährung in Euro eintauschen, so erfolgt dies zum **Briefkurs** (die Bank kauft Devisen zum Briefkurs an und verkauft Euro). Will ein Kunde hingegen bei der Bank Devisen ankaufen, so erfolgt dies zum **Geldkurs** (die Bank verkauft Devisen zum Geldkurs und nimmt Euro entgegen). Folglich liegt der Briefkurs i. d. R. über dem Geldkurs. Das arithmetische Mittel zwischen Brief- und Geldkurs wird als **Mittelkurs** bezeichnet.

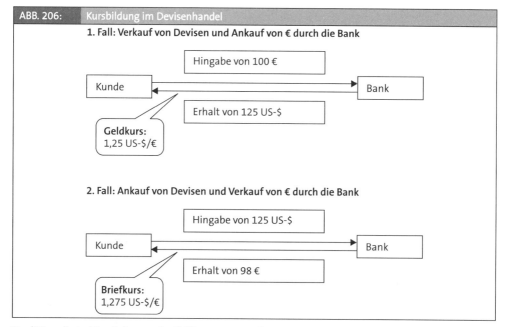

ABB. 206: Kursbildung im Devisenhandel

Traditionell sind im Rahmen der Währungsumrechnung

- **sächliche Fremdwährungsaktiva** (Sachanlagen, Vorräte) stets zum **Geldkurs** anzusetzen, da der Bilanzierende bei Bezahlung der Aktiva dem Geldkurs unterliegt,
- **monetäre Fremdwährungsaktiva** (Forderungen, liquide Mittel) stets zum **Briefkurs** anzusetzen, da der Bilanzierende bei Einlösung der Aktiva dem Briefkurs unterliegt,
- **monetäre Fremdwährungspassiva** (Verbindlichkeiten) stets zum **Geldkurs** anzusetzen, da der Bilanzierende künftig Devisen zum Geldkurs beschaffen muss.

Der **Devisenkassakurs** (im Unterschied zum **Terminkurs**) ist der aktuelle Tageskurs, zu dem der laufende Devisenhandel abgewickelt wird (Kassageschäft). Der **Devisenkassamittelkurs** bildet das arithmetische Mittel aus Geld- und Briefkurs für An- und Verkäufe des jeweiligen Bankarbeitstags.

Seit BilMoG ist nunmehr mit dem Devisenkassamittelkurs umzurechnen. Dies ist laut amtlicher Gesetzesbegründung angemessen, soweit daraus keine wesentlichen Auswirkungen für die Darstellung der Vermögens-, Finanz- und Ertragslage des Unternehmens resultieren. Künftig wird für jegliche umzurechnenden Vermögensgegenstände und Verbindlichkeiten eine Unterscheidung zwischen Geld- und Briefkurs entbehrlich. Die Vorschrift greift somit vor allem Praktikabilitätserwägungen auf.

Es ist der Devisenkassamittelkurs des Zeitpunktes für die Umrechnung maßgebend, zu dem ein Vermögensgegenstand oder eine Verbindlichkeit nach Maßgabe der GoB handelsbilanziell anzusetzen ist.

Bei Positionen mit einer **Restlaufzeit von bis zu einem Jahr** sind nicht anzuwenden

- § 252 Abs. 1 Nr. 4, 2. Halbsatz HGB (Realisationsprinzip) und
- § 253 Abs. 1 Satz 1 HGB (Anschaffungskostenprinzip).

Die Positionen sind an jedem Abschlussstichtag neu zu bewerten und zum dann gültigen Devisenkassamittelkurs umzurechnen. Die historischen Anschaffungskosten bilden nicht mehr die unbedingte Obergrenze der Bewertung. Somit können bei kurzfristigen Positionen nicht mehr nur unrealisierte Verluste, sondern auch unrealisierte Gewinne ausgewiesen werden.

M. a. W., für kurzfristige Positionen wird das Vorsichtsprinzip durch das Stichtagsprinzip zurückgedrängt. Dies ist rechtssystematisch nicht zu rechtfertigen (vgl. auch *Hommel/Laas*, BB 2008 S. 1669 f.). Auch aus prüferischer Sicht ist dies kritisch zu sehen, da entsprechende Margen bei nennenswertem Anteil des Auslandsgeschäfts am Geschäftsvolumen durchaus beachtliches Ausmaß annehmen können.

Die Abgrenzung auf Vermögensgegenstände und Verbindlichkeiten impliziert eine Nichtanwendung der Vorschrift auf **Rückstellungen, Rechnungsabgrenzungsposten** und **latente Steuern**; eine gesonderte Regelung zur Folgebewertung ist dort entbehrlich. So werden bei Rechnungsabgrenzungsposten die Einnahmen bzw. Ausgaben bereits im Zeitpunkt des Ansatzes in die Berichtswährung getauscht, so dass sich Währungsschwankungen nicht mehr erfolgswirksam auswirken können. Aufwendungen oder Erträge werden im Zeitpunkt ihrer erstmaligen bilanziellen Erfassung mit dem jeweils gültigen Devisenkassakurs umgerechnet (vgl. *Pöller*, BC 2008 S. 194 f.).

Bei **Währungsforderungen** sind neben Bonitätsrisiken auch sog. **Valutarisiken** zu beziffern und abzusetzen. Es ist zu prüfen, ob eine durch sinkende Wechselkurse zum Stichtagskurs entstandene Abwertung erforderlich ist. Der Ansatz von Währungsforderungen erfolgt mit dem Kurswert am Bilanzstichtag, wenn dieser niedriger als der Kurs am Tag der Einbuchung ist. Kursgewinne können erst bei Eingang der Forderung vereinnahmt werden. Weiter ist bei der Prüfung zu beachten, inwieweit das Währungsrisiko durch Kurssicherungsklauseln oder Deckungsgeschäfte abgeschirmt ist.

Nach § 277 Abs. 5 HGB sind Erträge und Aufwendungen aus der Währungsumrechnung gesondert unter den Posten „Sonstige Zinsen und ähnliche Erträge" (§ 275 Abs. 2 Nr. 11, Abs. 3 Nr. 10 HGB) bzw. „Zinsen und ähnliche Aufwendungen" (§ 275 Abs. 2 Nr. 13, Abs. 3 Nr. 12 HGB), also als Bestandteile des Finanzergebnisses, zu zeigen.

4.5.3 Besonderheiten der Bewertungseinheiten

Eine **Bewertungseinheit** i. S. des § 254 HGB ist eine für handelsbilanzielle Zwecke vorgenommene Zusammenfassung

- ▶ von Vermögensgegenständen, Schulden, schwebenden Geschäften oder mit hoher Wahrscheinlichkeit erwarteten Transaktionen (**Grundgeschäfte**)
- ▶ mit derivativen oder originären Finanzinstrumenten (**Sicherungsinstrumente**)

zum Ausgleich gegenläufiger Wertänderungen oder Zahlungsströme, die aus dem Eintritt vergleichbarer Risiken resultieren (IDW RS HFA 35, Tz. 2). **Voraussetzungen** für die Bildung einer Bewertungseinheit sind insbesondere

- ▶ die objektive Eignung des Sicherungsinstruments zur Absicherung des spezifizierten Risikos aus dem Grundgeschäft,
- ▶ der geführte Nachweis der Wirksamkeit bezogen auf das abgesicherte Risiko,

- der dokumentierte Wille des Bilanzierenden zur handelsbilanziellen Berücksichtigung der Absicherung (IDW RS HFA 35, Tz. 3).

Bei sog. macro und portfolio hedges muss zudem ein dokumentiertes, angemessenes und funktionsfähiges Risikomanagement für diese Geschäfte vorliegen.

Die für bilanzielle Zwecke erforderliche zusätzliche Dokumentation zur Darstellung der Bewertungseinheit muss nicht von Beginn an vorliegen, sondern darf auch nachträglich bis zur Aufstellung des Abschlusses erstellt werden.

Ausgangspunkt der Bildung einer Bewertungseinheit ist eine bewusste Entscheidung des Bilanzierenden, ob ein bestimmtes Risiko durch ein Sicherungsinstrument abgesichert werden soll. Der Gesetzeswortlaut lässt offen, ob eine solche Entscheidung bereits durch die Herstellung einer Sicherungsbeziehung für Risikomanagementzwecke auch für bilanzielle Zwecke getroffen wird oder ob diese Entscheidung unabhängig vom Risikomanagement – ggf. auch davon abweichend – für die handelsrechtliche Rechnungslegung getroffen werden darf.

Im Fachschrifttum wird letztgenannte Meinung favorisiert, so dass auch beim grundsätzlichen Bestehen ökonomischer Sicherungsbeziehungen nicht von einer Pflicht zur Bildung von Bewertungseinheiten auszugehen ist.

Das bilanzielle Wahlrecht darf auch im Falle gleichartiger Sachverhalte jeweils unterschiedlich ausgeübt werden, weil die Bildung einer Bewertungseinheit stets eine bewusste Zusammenfassung von Grundgeschäft und Sicherungsinstrument durch den Bilanzierenden voraussetzt; der Grundsatz der sachlichen Bewertungsstetigkeit (§ 252 Abs. 1 Nr. 6 HGB) kommt insoweit nicht zur Anwendung (IDW RS HFA 35, Tz. 11 f. i. V. mit IDW RS HFA 38).

Der Bilanzierende ist lediglich an eine einmal in der Vergangenheit getroffene Entscheidung zur handelsbilanziellen Bildung einer Bewertungseinheit jedenfalls bei unveränderter Sachverhaltslage gebunden; auch darf die Auflösung einer Bewertungseinheit nicht mit Wirkung für eine frühere Berichtsperiode erfolgen. Dies ist Ausfluss des in § 243 Abs. 1 HGB kodifizierten Willkürverbots (IDW RS HFA 35, Tz. 15).

Das Konstrukt der Bewertungseinheit beruht auf der grundsätzlichen Überlegung, dass die aus einem **Grundgeschäft** resultierenden Risiken durch den Einsatz von **Sicherungsinstrumenten** – wirtschaftlich betrachtet – neutralisiert werden können. Grundgeschäft und Sicherungsinstrument müssen demselben Risiko ausgesetzt sein. Folglich wird bei Bestehen einer Bewertungseinheit auf die Berücksichtigung nicht realisierter Verluste verzichtet, wenn diesen in gleicher Höhe nicht realisierte Gewinne gegenüber stehen, d. h., soweit der Eintritt der abgesicherten Risiken ausgeschlossen ist. Insoweit wird der Grundsatz der Einzelbewertung zugunsten einer stärkeren Orientierung an den tatsächlichen wirtschaftlichen Verhältnissen zurückgedrängt.

Der Gesetzestext führt zwar keine konkreten Risikoarten auf, jedoch muss es sich um **eindeutig identifizierbare, einzelne Risiken** handeln. In der Praxis sind dies z. B. Zins-, Währungs- und Ausfallrisiken. Unter gleichartige Risiken fallen etwa Aktienkurs- oder Indexänderungen sowie Waren- und Rohstoffpreisänderungen. Die Risiken sind exakt zu definieren und zu dokumentieren. Folgende Voraussetzungen müssen erfüllt sein:
- Es muss ein objektiver Absicherungsbedarf bestehen. Die abzusichernde Position muss identifiziert werden, um das Risiko objektiv quantifizieren zu können. Ist eine Einzelfallbetrach-

tung nicht möglich, kann die Bestimmung des abzusichernden Risikos auf Unternehmensteile bezogen werden.

▶ Die Eignung der Bewertungseinheit zur Absicherung der Risiken muss objektiv gegeben sein. Einer wirksamen Sicherungsbeziehung stehen kompensierende Effekte, die aus unterschiedlichen Risiken resultieren, entgegen.

Für Absicherungen anderer Risiken, wie z. B. das allgemeine Unternehmerrisiko, können keine Bewertungseinheiten gebildet werden.

Der Wortlaut des § 254 HGB lässt sich wie folgt systematisieren:

ABB. 207: Bewertungseinheiten nach § 254 HGB

Grundpositionen/ Grundgeschäfte	Allgemeine Anwendungsvoraussetzungen	Sicherungspositionen	Entbindung
Werden Vermögensgegenstände, Schulden, schwebende Geschäfte oder mit hoher Wahrscheinlichkeit erwartete Transaktionen ...	... zum Ausgleich gegenläufiger Wertänderungen oder Zahlungsströme aus dem Eintritt vergleichbarer Risiken ...	... mit Finanzinstrumenten [oder Warentermingeschäften] zusammengefasst [...]	...sind für den Umfang und Zeitraum des Wertausgleichs nicht anzuwenden: ▶ § 249 Abs. 1 HGB (Rückstellungen) ▶ § 252 Abs. 1 Nr. 3 und 4 HGB (Vorsichts- bzw. Realisationsprinzip, Einzelbewertung) ▶ § 253 Abs. 1 Satz 1 HGB (Anschaffungskostenprinzip) ▶ § 256a HGB (Währungsumrechnung).

Als im Rahmen einer Bewertungseinheit absicherungsfähige **Grundgeschäfte** kommen nach § 254 HGB Vermögensgegenstände, Schulden, schwebende Geschäfte oder mit hoher Wahrscheinlichkeit erwartete Transaktionen in Betracht. Die Vorschrift enthält bewusst keine Beschränkung auf Finanzinstrumente. Vielmehr sollen weitere praktizierte Absicherungen – insbesondere Warentermingeschäfte, die nicht zu den Finanzinstrumenten zählen – in gleicher Weise hierunter subsumiert werden können.

Mit § 254 HGB wird der Begriff der mit **hoher Wahrscheinlichkeit erwarteten Transaktion** neu in das Handelsbilanzrecht eingeführt. Im Gegensatz zu schwebenden Geschäften fehlt es bei erwarteten Transaktionen noch an einem abgeschlossenen, „vertragsfesten" Rechtsgeschäft. Gleichwohl muss aber eine hohe Wahrscheinlichkeit für den tatsächlichen Abschluss des Rechtsgeschäfts bestehen. Dies bedeutet, dass der tatsächliche Abschluss des Rechtsgeschäfts so gut wie sicher sein muss. Es dürfen allenfalls noch außergewöhnliche Umstände entgegenstehen, die nicht im Einflussbereich des Unternehmens liegen (vgl. *Scharpf/Schaber*, KoR 2008 S. 534).

Wesentliche Bedeutung im Rahmen dieser Beurteilung hat, ob und inwieweit in der Vergangenheit Bewertungseinheiten gebildet und auch durchgeführt, also die vorgesehenen Geschäfte abgeschlossen wurden. Der Prüfer muss auf Basis von Dokumentationen des vorliegenden sowie weiterer vergleichbarer, in der Vergangenheit abgewickelter Geschäftsvorfälle in jedem Einzelfall klären, ob die gebildeten Bewertungseinheiten im Einklang mit den handelsrechtlichen Bilanzierungsprinzipien stehen.

Der Kreis der möglichen **Sicherungsinstrumente** wird ausdrücklich auf **Finanzinstrumente** und **Warentermingeschäfte** beschränkt. Konstitutive Merkmale der Instrumente sind jedenfalls die konkrete Sicherungsabsicht und eine hinreichende Eintrittswahrscheinlichkeit. Somit kann eine

Prüfung der Forderungen — KAPITEL V

Bewertungseinheit auch gebildet werden, falls Währungsrisiken aus Forderungen durch entsprechende Währungsverbindlichkeiten abgesichert werden.

Das HGB liefert keine Definition des Begriffs „Finanzinstrument". Eine solche kann allenfalls § 2 Abs. 2b WpHG, § 1a Abs. 3 KWG oder IAS 32.11 entnommen werden. Nach Letzterem ist ein Finanzinstrument „ein Vertrag, der gleichzeitig bei dem einen Unternehmen zu einem finanziellen Vermögenswert und bei dem anderen Unternehmen zu einer finanziellen Verbindlichkeit oder einem Eigenkapitalinstrument führt".

Der Regierungsentwurf zum BilMoG zählt **Derivate** zu den Finanzinstrumenten, wenn sie die folgenden Kriterien erfüllen:

- Begründung eines schwebenden Vertragsverhältnisses, das erst in der Zukunft erfüllt wird,
- dessen Wert auf Änderungen des Werts eines Basisobjekts, etwa eines Zinssatzes, Wechselkurses, Preis- oder Zinsindexes oder anderen Variablen, reagiert,
- bei dem Anschaffungskosten nicht oder nur in sehr geringem Umfang anfallen.

Beispiele sind Optionen, *Futures, Swaps, Forwards* oder Warenkontrakte.

ABB. 208: Typen von Sicherungsbeziehungen

Micro hedge	*Portfolio hedge*	*Macro hedge*
Das aus einen einzelnen Grundgeschäft resultierende Risiko wird durch ein einzelnes Sicherungsinstrument unmittelbar abgesichert. (Einzelpositionsabsicherungen)	Die Risiken mehrerer gleichartiger Grundgeschäfte werden durch ein oder mehrere Sicherungsinstrumente abgedeckt. (Gruppen- und Gesamtpositionsabsicherungen)	Gruppen von Grundgeschäften werden in integrierender Würdigung gemeinsam gegen das jeweilige Risiko abgesichert. (Gruppen- und Gesamtpositionsabsicherungen)
Micro hedge: 1 Grundgeschäft / 1 Sicherungsinstrument	*Portfolio hedge*: x Grundgeschäfte / 1 bis y Sicherungsinstrumente	*Macro hedge*: x Gruppen von Grundgeschäften / 1 bis y Sicherungsinstrumente
Micro hedges können am Abschlussstichtag mittels der individuellen gegenläufigen Wertänderungen oder Zahlungsströme verlässlich gemessen werden. Entsprechen sich die Parameter von Grund- und Sicherungsinstrument (Währung, Laufzeit, etc.) weitestgehend, können die Anforderungen an eine Messung der Wirksamkeit reduziert werden.	Für *Portfolio hedges* gilt dasselbe, wenn diese eine Risikosteuerung unter Berücksichtigung von Limits auf Basis des Marktwerts des Gesamtportfolios *(value-at-risk)* vornehmen.	Bei *Macro hedges* kann die Darlegung der Wirksamkeit auch auf Grundlage eines angemessenen und wirksamen Risikomanagementsystems mit dem Nachweis erfolgen, dass aufgrund der Einhaltung von *Limits* die abgesicherten Risiken nicht eintreten werden. In diesem Fall kann ein rechnerischer Nachweis unterbleiben.

Quelle: *Scharpf/Schaber*, KoR 2008 S. 537 i.V. mit IDW RS HFA 35, Tz. 16 ff.

Bewertungseinheiten werden in der Praxis in der Weise gebildet, dass

▶ das aus einem einzelnen Grundgeschäft resultierende Risiko durch ein einzelnes Sicherungsinstrument unmittelbar abgesichert wird (sog. *micro hedge*),

▶ die Risiken mehrerer gleichartiger Grundgeschäfte durch ein oder mehrere Sicherungsinstrumente abgedeckt werden (sog. *portfolio hedge*) oder

▶ die risikokompensierende Wirkung ganzer Gruppen von Grundgeschäften zusammenfassend betrachtet wird (sog. *macro hedge*).

§ 254 HGB ist auf alle der genannten Typen von Bewertungseinheiten anwendbar; vgl. auch IDW RS HFA 35, Tz. 16 ff.

Die Rechtsfolgen des § 254 HGB treten nur ein, wenn der **Eintritt der abgesicherten Risiken ausgeschlossen** ist. Daraus folgt die Notwendigkeit, die Bildung von Bewertungseinheiten zu dokumentieren und deren Wirksamkeit zu überwachen.

Der Prüfer muss durch Begutachtung der Dokumentationen sicherstellen, dass keine missbräuchliche bzw. nachträgliche Bildung von Bewertungseinheiten erfolgt. Er hat nachzuvollziehen, dass bereits im Zeitpunkt der Begründung einer Bewertungseinheit deren Eignung zur Absicherung der Risiken objektiv gegeben ist. Dies erfolgt im Wege einer Einzelfallprüfung, da das Gesetz im Hinblick auf die Vielzahl der möglichen Formen von Bewertungseinheiten keine zwingenden Vorgaben zur Dokumentation und Überwachung der Bewertungseinheiten vorsieht.

Wird eine Bewertungseinheit in der Weise gebildet, dass das aus einem einzelnen Grundgeschäft resultierende Risiko durch ein einzelnes Sicherungsinstrument unmittelbar abgesichert wird, lässt sich am Bilanzstichtag aus den individuellen gegenläufigen Wertänderungen oder Zahlungsströmen ohne Weiteres die Wirksamkeit der Bewertungseinheit verlässlich messen. Im Fall, dass sich im Rahmen einer solchen Bewertungseinheit die Parameter von Grund- und Sicherungsgeschäft (z. B. Nominalbetrag, Laufzeit) völlig entsprechen, kann der Prüfer an die Dokumentation geringere Anforderungen stellen.

Wird die risikokompensierende Wirkung ganzer Gruppen von Grundgeschäften integrierend betrachtet, können in Abhängigkeit der Art der einer Bewertungseinheit angehörenden Grund- und Sicherungsgeschäfte, der Bedeutung der zu sichernden Risiken und des Vorhandenseins eines angemessenen und wirksamen Risikomanagementsystems auch andere Formen der Darlegung der Wirksamkeit in Betracht kommen.

Der Prüfer muss sich von der **Wirksamkeit** einer Sicherungsbeziehung vergewissern (analog zu den Regelungen in IAS 39). Es muss eine für einen sachverständigen Dritten nachvollziehbare Dokumentation im Rahmen der Sicherungsstrategie vorliegen, die die Funktionsfähigkeit des angewandten **Risikomanagementsystems** belegt. Eine solche muss insbesondere enthalten:

▶ den Nachweis der Vollständigkeit der Risikoerfassung durch das System,

▶ die Art des zu sichernden Risikos und die Risikostrategien des Unternehmens,

▶ die Identifikation und Beschreibung des Grundgeschäfts,

▶ die Identifikation und Beschreibung des als Sicherungsinstrument verwendeten Finanzinstruments sowie dessen Eignung zur wirksamen Absicherung des Risikos,

▶ die getrennte Bestandsführung von Grundgeschäften und Sicherungsinstrumenten,

▶ die Methode zur Beurteilung der Wirksamkeit der Sicherungsbeziehung sowie der Bestimmung, innerhalb welcher Bandbreite von einer wirksamen Sicherungsbeziehung ausgegangen wird (vgl. *Scharpf/Schaber*, KoR 2008 S. 536).

Kann ein verlässlicher diesbezüglicher Nachweis **nicht** geführt werden, ist nach Maßgabe des Vorsichtsprinzips davon auszugehen, dass keine Bewertungseinheit vorliegt. Vgl. zu Anforderungen an die Dokumentation auch IDW RS HFA 35, Tz. 41 ff.

Gemäß IAS 39 muss der Nachweis geführt werden, dass die Wirksamkeit der gebildeten Bewertungseinheiten sich im vergangenen Geschäftsjahr zwischen 80 % und 125 % bewegt hat und sich im künftigen Geschäftsjahr ebenfalls innerhalb dieser Spannbreite bewegen wird. Laut amtlicher Gesetzesbegründung sind derartige „**Effektivitätsspannen**" handelsrechtlich unbeachtlich, da unrealisierte Gewinne anders als nach IAS dort nicht erfasst werden dürfen.

Der Begriff „**Wirksamkeit**" wird nicht definiert. Die Auswahl der Methoden zur Feststellung der Wirksamkeit der Bewertungseinheiten bleibt somit den Unternehmen überlassen. Darüber hinaus ist es auch von Art und Umfang der gebildeten Bewertungseinheiten abhängig, ob deren Wirksamkeit nur retro- oder auch prospektiv festgestellt wird.

Weiterhin wird im Gesetzeswortlaut betont, dass eine Bewertungseinheit nur in dem **Zeitraum** rechtsgültig ist, in dem sich die Wert- oder Zahlungsstromänderungen tatsächlich ausgleichen. Dies ist vom Prüfer mit besonderem Augenmerk nachzuvollziehen. Sollte kein Ausgleich stattfinden, kommt das Vorsichtsprinzip (Anschaffungskosten-, Realisations- und Imparitätsprinzip) uneingeschränkt zur Geltung.

Sofern auf der Grundlage eines angemessenen und wirksamen Risikomanagementsystems nachgewiesen werden kann, dass die abgesicherten Risiken nicht eintreten, finden die § 249 Abs. 1, § 252 Abs. 1 Nr. 3 und 4, § 253 Abs. 1 Satz 1 und § 256a HGB keine Anwendung.

Die einzelnen Wertänderungen sind in einer Nebenrechnung zu erfassen. Beim Vorliegen einer vollständigen Risikokompensation (ergibt sich also ein Saldo von Null) werden die Wert- bzw. Zahlungsstromänderungen weder in den Wertansätzen der Grundgeschäfte bzw. Sicherungsinstrumente erfasst, noch gehen sie in die GuV ein. Überwiegen jedoch die negativen Änderungen, muss der Saldo nach dem Imparitätsprinzip als nicht realisierter Verlust erfolgswirksam in Form einer Rückstellung für Drohverluste verbucht werden. Im umgekehrten Fall darf ein nicht realisierter Gewinn (anders als in IAS 39) nach HGB nicht berücksichtigt werden.

Handelt es sich um eine Gruppen- oder Gesamtpositionsabsicherung (*portfolio* oder *makro hedge*), findet diese Regelung entsprechend Anwendung auf den Gesamtsaldo aller seit Beginn der Bewertungseinheit eingetretenen Wert- und Zahlungsstromänderungen. Einer Vereinzelung der Rückstellung auf die zugehörigen Positionen bedarf es jedoch nicht (vgl. auch *Scharpf/Schaber*, KoR 2008 S. 538 ff.)

Eine einmal gewählte Methode ist beizubehalten. Von diesem Grundsatz der Stetigkeit kann nur in begründeten Ausnahmefällen abgewichen werden. Auch können Bewertungseinheiten für Zwecke der Bilanzierung nicht ohne weiteres nachträglich aufgelöst oder gebildet werden (§ 252 Abs. 1 Nr. 6 HGB). Dies impliziert, dass im Zeitpunkt der Begründung einer Bewertungseinheit auch die Absicht bestehen muss (sog. „**Durchhalteabsicht**"), die Bewertungseinheit bis zur Erreichung des Zwecks beizubehalten.

Sobald es zu einer vorzeitigen Auflösung einer Bewertungseinheit kommt, sind wiederum die allgemeinen Vorschriften anzuwenden. Unabhängig davon müssen für eine vorzeitige Beendigung einer Bewertungseinheit plausible wirtschaftliche Gründe vorliegen. Der Prüfer muss unterbinden, dass Bewertungseinheiten nicht aus Gründen der Risikoabsicherung, sondern nur zur Ergebnissteuerung gebildet werden.

Wurden vor Inkrafttreten des BilMoG trotz Bestehens einer wirksamen Bewertungseinheit zulässigerweise Drohverlustrückstellungen gebildet, ist deren Auflösung auch mit der Begründung einer nachträglichen Dokumentation der Sicherungsbeziehung gemäß § 254 HGB dennoch nicht statthaft.

Nach § 5 Abs. 1a EStG sind die handelsrechtlich gebildeten Bewertungseinheiten auch für die steuerliche Gewinnermittlung maßgeblich. Insoweit ergeben sich keine steuerlichen Auswirkungen aus der Neuregelung.

Nachfolgendes Beispiel soll in die komplexe Thematik einführen:

> Das **Grundgeschäft** stellt eine Lieferung eines deutschen Exporteurs in die USA dar. Die Forderung lautet auf US-Dollar und beträgt 1.500.000 US-$, datiert auf den 1. März mit einer Laufzeit (= Fälligkeit) von einem Jahr. Der Kurs (US-Dollar pro Euro) betrug zum Vertragsschluss 1,5. In der auf Euro lautenden Bilanz wird die Forderung also mit 1.000.000 € eingebucht.
>
> In der Folgezeit kommt es nun jedoch zu einer aus Sicht des Exporteurs negativen Kursentwicklung. Zum 1. Juni beträgt der Kurs 1,55 US-$/€. Dies bedeutet, für einen Euro erhält man mehr Dollar, bzw. für einen US-Dollar weniger Euro. Da die Forderung auf Dollar lautet, entsteht also ein Bewertungsverlust i. H. von 32.258,06 € (1.000.000,00 € - 967.741,94 €).
>
> In dieser Situation überlegt sich der Kaufmann nun die folgende Strategie, um einen weiteren Kursverlust (**Währungsrisiko**) aufzufangen. Er tätigt am 1. Juni ein Devisentermingeschäft (**Sicherungsposition**): Er verkauft zum 1. März des Folgejahres (dieses Datum entspricht der Fälligkeit der Forderung) 1.500.000 US-$ zum aktuellen Tageskurs von 1,55 US-$/€. Dieser Kurs ist für dieses Geschäft nun fix und ergibt bei Auszahlung im Folgejahr unabhängig von den dann herrschenden Tageskursen 967.741,94 €. Mit anderen Worten verpflichtet sich der Kaufmann, am 1. März des Folgejahres zu dem dann herrschenden Kurs 1.500.000 US-$ aufzunehmen und diese zu einem Preis von 967.741,94 € wieder zu veräußern.

Es ist offensichtlich, dass nun vier denkbare Szenarien eintreten können:

> **Szenario 1:**
>
> Der Kurs am 31. 12. ist wieder gestiegen und steht bei 1,4 US-$/€. Die (noch nicht fällige) Forderung hat nun einen eigentlichen Wert von 1.071.428,57 €, ist also um 71.428,57 € (nicht realisierter Gewinn!) gestiegen.
>
> Dem gegenüber steht allerdings das mit einem fixen Kurs behaftete Devisentermingeschäft, das, würde es heute (31. 12.) getätigt, nicht 1.071.428,57 €, sondern lediglich die bei Abschluss fixierten 967.741,94 € einbrächte. Es fände praktisch ein Verkauf von Dollar unter Wert statt, Verlust: 103.686,64 €.

Vor Inkrafttreten des BilMoG schlug sich dieser Sachverhalt wie folgt in der Bilanz nieder: Unter Beachtung des Imparitäts- sowie des Realisationsprinzips musste die Forderung zu ihren Anschaffungskosten (1.000.000 €) aktiviert werden. Der nicht realisierte Bewertungsgewinn dieser Forderung darf bilanziell nicht erfasst werden.

Anders jedoch bei dem Devisentermingeschäft: Als Auswirkung des Vorsichtsprinzips musste aufwandswirksam zwingend eine Drohverlustrückstellung in voller Höhe (103.686,64 €) passiviert werden.

Hier sah der Gesetzgeber Handlungsbedarf, da wirtschaftlich betrachtet keine Verluste in voller Höhe der Rückstellung entstanden sind, weil Grund- und Sicherungsgeschäft zusammenhängen und eine sog. Bewertungseinheit bilden. Die Bewertung erfolgt kompensatorisch: unrealisierte Bewertungsgewinne werden mit unrealisierten Bewertungsverlusten verrechnet. Ergibt sich per Saldo ein Überhang unrealisierter Gewinne, bleibt dieser weiter bilanziell unbeachtet, anders als unrealisierte Verluste.

Im vorliegenden Beispiel müsste die Forderung, wie auch nach alter Rechtslage, zu ihren Anschaffungskosten (1.000.000,00 €) aktiviert werden. Da der Bewertungsverlust aus dem Devisentermingeschäft (103.686,64 €) den Bewertungsgewinn der Forderung (71.428,57 €) übersteigt, darf dies bilanziell beachtet werden: eine aufwandswirksame Drohverlustrückstellung muss nicht mehr i. H. von 103.686,64 €, sondern nur noch i. H. des Saldos der unrealisierten Größen, nämlich zu 32.258,06 € passiviert werden (dieser Verlust bestand bereits bei Tätigung des Devisentermingeschäfts).

Szenario 2:
Der Kurs am 31.12. ist weiter gesunken und steht bei 1,6 US-$/€. Die (noch nicht fällige) Forderung hat dadurch einen Wert von 937.500,00 €, ist also um 62.500,00 € gesunken (Drohverlust!). Dem gegenüber steht allerdings das mit einem fixen Kurs behaftete Devisentermingeschäft, das, würde man es heute (31.12.) tätigen, nicht lediglich die aus dem aktuellen Kurs resultierenden 937.500,00 €, sondern die bei Abschluss festgesetzten 967.741,94 € einbrächte. Ein nicht realisierter Gewinn von 30.241,94 € ist das Ergebnis.

Nach alter Rechtslage vor Inkrafttreten des BilMoG musste die Forderung gemäß § 253 HGB zwingend, dem Niederstwertprinzip folgend, aufwandswirksam abgeschrieben werden (62.500,00 €). Der nicht realisierte Gewinn des Devisentermingeschäfts blieb völlig unbeachtet.

Auch hier gilt, dass wirtschaftlich betrachtet kein Verlust in voller Höhe der Abschreibung entstanden ist, weil Grund- und Sicherungsgeschäft wieder zusammenhängen (Bewertungseinheit). Die Bewertung erfolgt auch in diesem Szenario kompensatorisch: unrealisierte Bewertungsgewinne werden mit unrealisierten Bewertungsverlusten verrechnet. Im vorliegenden Fall betrug der Bewertungsverlust der Forderung zum Zeitpunkt des Warentermingeschäfts 32.258,06 €. Da sich der Kurs weiter verschlechtert, nimmt auch der Wert der Forderung weiter ab.

Zum Abschlussstichtag beträgt der Wert der Forderung nur noch 937.500,00 € entsprechend einem Bewertungsverlust von 62.500,00 €. Diese zusätzlichen 30.241,94 € Verlust wurden jedoch in gleicher Höhe durch das Termingeschäft aufgefangen, so dass ein aufwandswirksamer Abschreibungsbedarf am Abschlussstichtag von 32.258,06 € besteht (dieser Verlust bestand bereits bei Tätigung des Termingeschäfts).

Szenario 3:
Der Kurs am Abschlussstichtag entspricht dem bei Einbuchung der Forderung:
Keine Wertänderung der Forderung, der Bewertungsverlust des Devisentermingeschäftes beträgt 32.258,06 €.

Szenario 4:
Der Kurs am Abschlussstichtag entspricht dem bei Tätigung des Devisentermingeschäfts:
Kein Bewertungserfolg/-verlust des Devisentermingeschäfts, der Bewertungsverlust der Forderung beträgt 32.258,06 €.

Für Einzelheiten wird auf den IDW RS HFA 35 verwiesen.

4.6 Ausbuchung

Eine Forderung erlischt durch

- Barzahlung zum Zeitpunkt der Kassenbewegung,
- Banküberweisung zum Zeitpunkt der Gutschrift auf dem Bankkonto,
- Aufrechnung zum Zeitpunkt der Aufrechnungsmöglichkeit, in dem sich Forderung und Verbindlichkeit aufrechnungsfähig gegenüberstehen (§ 389 BGB),
- Erlass oder Verzicht,
- wirksame Einrede des Rücktritts, der Anfechtung oder der Verjährung.

Der Erhalt eines Besitzwechsels ändert nichts an der Bilanzierung, da dieser gleichfalls unter den Forderungen aus Lieferungen und Leistungen ausgewiesen wird.

Die voraussichtliche Uneinbringlichkeit einer Forderung führt zu einer Abschreibung, (zunächst) aber nicht zu einem Abgang.

4.7 Anhangangaben

Die gesetzlichen Vertreter von Kapitalgesellschaften haben den Jahresabschluss um einen **Anhang** zu erweitern (§ 264 Abs. 1 Satz 1 HGB). Neben den nach § 284 Abs. 2 HGB zu treffenden allgemeinen Angaben wie z. B.

- angewandte Bilanzierungs- und Bewertungsmethoden, z. B. Abschlagssatz für Pauschalwertberichtigungen, Abzinsungssatz für unverzinsliche Forderungen (Nr. 1);
- Grundlagen der Währungsumrechnung bei Fremdwährungsforderungen (Nr. 2);
- Darstellung der Abweichungen von Bilanzierungs- und Bewertungsmethoden sowie ihres Einflusses auf die Vermögens-, Finanz- und Ertragslage (Nr. 3)

sind bezüglich der Forderungen und sonstigen Vermögensgegenstände **weitere Angaben** darzulegen, z. B. der

- Mitzugehörigkeit zu anderen Posten, soweit nicht schon in der Bilanz vermerkt (§ 265 Abs. 3 HGB),
- Forderungen mit Restlaufzeiten von mehr als einem Jahr, wenn diese Angabe nicht in der Bilanz vorgenommen wurde (§ 268 Abs. 4 Satz 1 HGB),
- unter den sonstigen Vermögensgegenständen ausgewiesenen antizipativen Forderungen (§ 268 Abs. 4 Satz 2 HGB), Befreiung für kleine Kapitalgesellschaften (§ 274a Nr. 2 HGB),
- außerplanmäßigen Abschreibungen nach § 253 Abs. 4 HGB (§ 277 Abs. 3 HGB),
- Verbindlichkeiten, die aufgrund eines unechten Factorings entstehen und nicht gemäß § 251 HGB unter der Bilanz vermerkt wurden (§ 285 Satz 1 Nr. 3a HGB), Befreiung für kleine Kapitalgesellschaften (§ 288 Abs. 1 HGB),
- Geschäften mit nahe stehenden Unternehmen und Personen, die nicht zu marktüblichen Bedingungen zustande gekommen sind (§ 285 Satz 1 Nr. 21 HGB), Befreiung für kleine und mittelgroße Kapitalgesellschaften; letztere, soweit keine AG (§ 288 Abs. 1 und 2 HGB).

Die Restlaufzeit stellt die Zeitspanne zwischen dem Bilanzstichtag und dem erwarteten Eingang der Forderung dar. Wenn bei kleinen Kapitalgesellschaften zulässigerweise Forderungen und sonstige Vermögensgegenstände ohne weitere Untergliederung in einer Position ausgewiesen werden (§ 266 Abs. 1 Satz 3 HGB), ist nur der Betrag der Forderungen mit Restlaufzeiten von mehr als einem Jahr anzugeben.

Zu den **Bewertungseinheiten** i. S. d. § 254 HGB ist gemäß § 285 Satz 1 Nr. 23 HGB anzugeben,

- mit welchem Betrag jeweils Vermögensgegenstände, Schulden, schwebende Geschäfte und mit hoher Wahrscheinlichkeit vorgesehene Transaktionen zur Absicherung welcher Risiken in welche Arten von Bewertungseinheiten einbezogen sind,
- die Höhe der mit Bewertungseinheiten abgesicherten Risiken,
- für die jeweils abgesicherten Risiken, warum, in welchem Umfang und für welchen Zeitraum sich die gegenläufigen Wertänderungen oder Zahlungsströme künftig voraussichtlich ausgleichen, einschließlich der Methode der Ermittlung,
- eine Erläuterung der mit hoher Wahrscheinlichkeit erwarteten Transaktionen, die in die Bewertungseinheiten einbezogen wurden.

Darüber hinaus ist nach den Arten der gebildeten Bewertungseinheiten zu differenzieren und gesondert auf diese einzugehen. Eine typische Risikogliederung könnte z. B. nach Preisänderungs-, Zins-, Währungs-, Ausfall- und Liquiditätsrisiken erfolgen.

Auf ein redundantes Darlegen der Informationen zu § 285 Satz 1 Nr. 23 HGB kann mit Hinweis auf die Vornahme der Angaben im **Lagebericht** verzichtet werden. Der Prüfer muss jedenfalls sicherstellen, dass alle Angaben vollständig und ordnungsmäßig aufgeführt wurden. Vgl. im Einzelnen hierzu IDW RS HFA 35, Tz. 93 ff.

5. Prüfung der Wertpapiere des Umlaufvermögens und der liquiden Mittel

5.1 Risikoanalyse

Auch bei der Prüfung der Wertpapiere des Umlaufvermögens und der liquiden Mittel gilt der allgemeine Grundsatz, dass das Ausmaß der erforderlichen Prüfungssicherheit im Rahmen einer Risikoanalyse vorab zu bestimmen ist. Insbesondere die Kassenprüfung wird aufgrund des besonders hohen Unterschlagungsrisikos häufig als Herzstück der Abschlussprüfung schlechthin aufgefasst. In Bezug auf die Abschätzung des **inhärenten Risikos** hat der Prüfer u. a. zu beurteilen,

- wie hoch der Anteil der Bargeschäfte am gesamten Geschäftsvolumen ist,
- in welchem Umfang Wertpapiere zur kurzfristigen Veräußerung gehalten werden,
- wie umfangreich das Auslandsgeschäft ist, in welchem Umfang Sorten gehalten werden und inwieweit diese Wertschwankungen unterworfen sind (z. B. gehaltene Weichwährungen),
- wie spekulativ sich die kurzfristigen Geldanlagen darstellen (z. B. börsennotierte Aktien) oder ob diese allein der kurzfristigen Festverzinsung überschüssiger liquider Mittel dienen (z. B. Dreimonatsgeld).

So wird z. B. die Position der liquiden Mittel im an den Endverbraucher gerichteten Einzelhandel eine weit größere Rolle spielen als bei einem Unternehmen des Maschinenbaus.

Gleichzeitig ist die Gefahr von Unrichtigkeiten und Täuschungen im Bereich dieses Prüffelds umso größer, je

- angespannter die Liquiditätslage vom Bestand her beurteilt wird,
- geringer die laufenden Cashflows beziffert werden,
- höher der erwartete Zahlungsmittelabfluss infolge kurzfristig fälliger Verbindlichkeiten ist.

Zur vorläufigen Abschätzung des inhärenten Risikos kann die Ermittlung und Interpretation von jahresabschlussgestützten Kennzahlen dienen. Grundsätzlich ist eine sinnvolle Kennzahlinterpretation nur im Mehrjahresvergleich und unter Berücksichtigung brachenbezogener Besonderheiten möglich.

Bezüglich der Wertpapiere und liquiden Mittel ist ein Vorjahresvergleich mittels jahresabschlussgestützter Kennzahlen allerdings meist wenig aufschlussreich, weil die Vermögensgegenstände nicht dauerhaft im Geschäftsbetrieb verbleiben sollen und eine auch erhebliche Änderung ihrer Bestände deshalb nicht ungewöhnlich ist.

ABB. 209:	Bilanzkennzahlen zu den Wertpapieren des Umlaufvermögens und den liquiden Mitteln	
Kennzahl	Definition	Interpretation
Liquiditätsquote 1	Liquide Mittel / Bilanzsumme x 100 %	Gibt den Anteil der unverzinslich gehaltenen Zahlungsmittel am Gesamtvermögen an.
Liquiditätsquote 2	(Liquide Mittel + Wertpapiere des Umlaufvermögens) / Bilanzsumme x 100 %	Gibt den Anteil der Zahlungsmittel und Zahlungsmitteläquivalente am Gesamtvermögen an.
Umschlagshäufigkeit der liquiden und geldnahen Mittel	(Liquide Mittel + Wertpapiere des Umlaufvermögens) / Umsatzerlöse x 360 Tage	Gibt die Bindungsdauer der Zahlungsmittel und Zahlungsmitteläquivalente im Unternehmen an.
Barliquidität (enge Fassung)	Liquide Mittel / (kurzfristige Verbindlichkeiten + kurzfristige Rückstellungen) x 100 %	Gibt den Deckungsgrad des innerhalb eines Jahres fälligen Fremdkapitals durch Zahlungsmittel an.
Barliquidität (weite Fassung)	(Liquide Mittel + Wertpapiere des Umlaufvermögens) / (kurzfristige Verbindlichkeiten + kurzfristige Rückstellungen) x 100 %	Gibt den Deckungsgrad des innerhalb eines Jahres fälligen Fremdkapitals durch Zahlungsmittel und Zahlungsmitteläquivalenten an.

Um eine vergleichende Betrachtung vorzunehmen, können die allgemeinen Börsentrends sowie Informationen über Konjunkturentwicklungen einzelner Branchen hilfreich sein. Erhebliche und nicht trendbedingte Abweichungen der unter den Wertpapieren ausgewiesenen Beträge können erste Hinweise auf potenzielle Fehler bei der Bilanzierung der Jahresabschlusspositionen liefern.

Bezogen auf die Wertpapiere des Umlaufvermögens sind für die anschließende Bestimmung des **Kontrollrisikos** vor allem folgende Fragen relevant:

ABB. 210:	Checkliste zu den Kontrollrisiken bei den Wertpapieren des Umlaufvermögens
▶	Liegen Regeln über die Berechtigung und rechtliche Legitimation zum Erwerb und zur Veräußerung von Wertpapieren vor, sind diese sachgerecht und werden eingehalten?
▶	Bestehen sachgerechte Buchungsanweisungen und Bilanzierungsrichtlinien und ist deren durchgängige Beachtung der Mitarbeiter im Rechnungswesen sichergestellt?
▶	Wird ein Wertpapierbuch geführt und laufend aktualisiert? Enthält dieses insbesondere Firma, Rechtsform, Gesamthöhe des gezeichneten bzw. Stammkapitals, Höhe der gehaltenen Anteile, ggf. ausstehende Einzahlungsverpflichtungen, gezahlte bzw. noch ausstehende Ausschüttungen?
▶	Werden sonstige Rechtsverträge dokumentiert und laufend aktualisiert (Gewinnabführungs-, Beherrschungsverträge)?
▶	Werden bei verbrieften Anteilen, die bei Dritten verwahrt werden, Depotbestätigungen eingeholt?
▶	Werden bei eigens gehaltenen Anteilen körperliche Bestandsaufnahmen durchgeführt und entsprechen die Aufnahmeprotokolle den Ordnungsmäßigkeitsanforderungen?
▶	Werden das Wertpapierinventar bzw. das Wertpapierbuch in regelmäßigen Abständen mit den Konten der Finanzbuchhaltung abgestimmt?

Organisatorische Maßnahmen bezüglich des Kaufs, Verkaufs und der Aufbewahrung der Wertpapiere sowie die Buchung der Vorgänge sind vom Prüfer unter dem Aspekt der Funktionstrennung zu beurteilen. Da festgelegte Arbeitsabläufe in der praktischen Arbeit möglicherweise nicht den dokumentierten Regelungen entsprechend ausgeführt werden, sollte die Einhaltung der geregelten Arbeitsabläufe in Stichproben nachvollzogen oder eine lückenlose Prüfung für einen bestimmten Zeitraum durchgeführt werden.

Hinsichtlich der liquiden Mittel sind folgende Beurteilungen anzustellen:

ABB. 211:	Checkliste zu den Kontrollrisiken bei den liquiden Mitteln
▶	Werden in den Kassenbüchern alle Bewegungen der Haupt- und Nebenkassen mittels Angabe der (fortlaufenden) Belegnummern, des Buchungsdatums, Gegenkontos und Betrags dokumentiert?
▶	Wird in den Kassenbüchern durch geeignete Maßnahmen die Manipulation oder nachträgliche Änderung von Eintragungen (z. B. Radierungen, Streichungen) verhindert?
▶	Erfolgen regelmäßige umfassende Kassenbestandsaufnahmen und werden diese vollständig sowie aussagefähig dokumentiert?
▶	Werden die Aufnahmeprotokolle mit den Kassenbüchern abgestimmt und wird den Ursachen möglicher Abweichungen nachgegangen?
▶	Ist die formelle Ordnungsmäßigkeit des Belegwesens gegeben (insbesondere Vollständigkeit, Chronologie, Systematik)?
▶	Sind alle Belege mit Unterschriften, ggf. Doppelunterschriften, versehen? Wurden Zahlungsbelege durch „Bezahlt"-Stempel entwertet?
▶	Wurden Umsatzsteuer und Skonti korrekt verrechnet?
▶	Besteht eine durchgängige Funktionstrennung zwischen Zahlungsverkehr, Buchhaltung sowie Wareneingang und -ausgang?
▶	Wird das im Zahlungsverkehr tätige Personal regelmäßig und umfassend auf persönliche Zuverlässigkeit geprüft?
▶	Sind angemessene physische Sicherungen und Zugriffsschutzvorkehrungen der Kassenbestände eingerichtet worden?
▶	Besteht eine Unterschlagungsversicherung mit ausreichender Deckungssumme?

5.2 Nachweis

Im Rahmen der Nachweisprüfung stellt der Prüfer fest, ob alle unter den **Wertpapieren** ausgewiesenen Anteile an verbundenen Unternehmen und sonstige Wertpapiere tatsächlich vorhanden sind und gemäß § 246 Abs. 1 HGB vollständig erfasst wurden. Auch ist die Beachtung des in § 246 Abs. 2 HGB kodifizierten Saldierungsverbots zu prüfen. Ein aktivischer Ausweis eigener Anteile unter den Wertpapieren ist seit Inkrafttreten des BilMoG nicht mehr zulässig.

Der Prüfer vollzieht anhand einer Analyse der Kontenbezeichnungen, der vorhandenen Buchungsanweisungen oder -richtlinien der Gesellschaft und des Inventurverzeichnisses die Zuordnung der Wertpapiere nach. Es empfiehlt sich dabei, stichprobenweise einzelne Buchungsbelege prüfen. Diese geben Aufschluss über die tatsächliche Verbuchung der Wertpapiere des Umlaufvermögens.

Wertpapiere werden i. d. R. außerhalb des Unternehmens in einem Bankdepot aufbewahrt. Dies bedingt einen relativ geringen Prüfungsaufwand. Zum Bilanzstichtag müssen Depotbescheinigungen von der Bank eingeholt werden, deren Angaben mit den Eintragungen im Wertpapierbuch oder dem Inventar abzustimmen sind. Um eine Einzelbewertung zu ermöglichen, muss die genaue Art der Wertpapiere dokumentiert sein. Sind die Wertpapiere durch Sicherungsübereignungen oder Verpfändungen belastet, sollte dies in den Depotbescheinigungen und Bestandsnachweisen angegeben sein.

Bewahrt das zu prüfende Unternehmen die Wertpapiere selbst auf, ist am Bilanzstichtag ein Protokoll über die Aufnahme des Bestands zu erstellen und unterzeichnen, das den Anforderungen einer Depotbescheinigung entsprechen muss. Wird die Bestandsaufnahme in Anwesenheit des Prüfers durchgeführt, ist damit gleichzeitig der Nachweis erbracht. Entsprechend wird regelmäßig verfahren.

Anhand des Wertpapierbuchs und -kontos wird nachvollzogen, ob die Zugänge und Abgänge während des Geschäftsjahres ordnungsmäßig gebucht worden sind. Unter Berücksichtigung der Bestandsbewegungen zwischen Bilanz- und Prüfungsstichtag wird eine Rückrechnung aufgestellt, um den Bestand zu ermitteln.

Fehlt die Aufzeichnung der Zu- und Abgänge, hat der Prüfer die Erstellung zusätzlicher Listen mit den entsprechenden Angaben anzufordern. Das Bestandsverzeichnis sollte zusätzlich Angaben über die Rechtsform der verbundenen Unternehmen, die Anschaffungskosten und den Anschaffungszeitpunkt sowie den Buchwert am Bilanzstichtag beinhalten.

Weitere relevante Prüfungsnachweise sind z. B. Gesellschaftsverträge, Kaufverträge, Handelsregisterauszüge; Bestandsveränderungen können anhand von Gesellschafter- oder Hauptversammlungsbeschlüssen belegt werden.

Bei umfangreichem Wertpapierbestand sowie starken Bewegungen während des Geschäftsjahres sollte der Prüfer eine Wertpapierverkehrsprüfung vornehmen, wobei er für einen bestimmten Zeitraum die Buchungen mit Belegen abstimmt.

Liegen rechtliche oder faktische Beschränkungen der kurzfristigen Veräußerbarkeit der Wertpapiere vor, so kann der Ausweis unter einem anderen Posten geboten sein.

Der Nachweis der **Wechsel** erfolgt mittels Prüfung des Wechselverzeichnisses, das alle der Gesellschaft am Bilanzstichtag zuzurechnenden Wechsel ausweist. Der Prüfer stimmt das im Rahmen der Inventur erstellte Wechselverzeichnis mit dem Saldo des Wechselkopierbuchs ab. Die tatsächliche Existenz der Wechsel wird durch Bestätigungen der Verwahrer und Bankbelege über den Einzug von Wechseln zwischen Bilanzstichtag und Prüfungszeitpunkt nachgewiesen.

Die Prüfung des **Kassenbestands** erfolgt auf Grundlage des Kassenaufnahmeprotokolls, welches sämtliche Bestände der Kassen (auch Nebenkassen), Markenbestände und Freistemplerguthaben enthält. Dieses Aufnahmeprotokoll muss vom Kassenverwalter und dem Aufnehmenden, der nicht in die Kassenführung einbezogen sein darf, unterzeichnet werden. Der Inventurbestand muss mit dem Saldo des Kassenbuchs und des Hauptbuchkontos am Bilanzstichtag übereinstimmen.

Die Verlässlichkeit des Kassenbuchs wird anhand einer **Kassenverkehrsprüfung** kontrolliert. Diese beginnt mit einer i. d. R. unangekündigten Aufnahme der aller vorhandenen Kassenbestände durch den Prüfer. Vor dieser Bestandsaufnahme ist das Kassenbuch durch einen Vermerk des Prüfers zu sperren, um weitere Eintragungen zu verhindern. Der Prüfer lässt nun alle Bestände unter Anwesenheit von Zeugen vorzählen und hält diese in einem Aufnahmeprotokoll fest. Das Zählergebnis ist mit dem Bestand des Kassenbuchs abzustimmen. Im Rahmen des Abgleichs ist sicherzustellen, dass

► keine unverbuchten Belege vorliegen sowie
► alle Buchungen auf Basis eines Belegs vorgenommen wurden.

Die Abstimmung der Ein- und Ausgabebelege eines bestimmten Zeitraums – i. d. R. eines Monats – mit dem Kassenbuch muss lückenlos erfolgen. Zahlung und Buchung müssen hinsichtlich der Beträge, des Textes und des Datums übereinstimmen.

Die **Guthaben bei Kreditinstituten** werden durch Vergleich der Bestandsnachweise am Bilanzstichtag mit den Kontoauszügen oder Saldenbestätigungen der Banken nachgewiesen. Zeitliche Verschiebungen zwischen den Buchungen können zu Abweichungen führen, die mittels einer Übergangsrechnung aufgedeckt werden. Zu beachten ist, dass die dem abgelaufenen Geschäftsjahr zuzurechnenden Zinsen und Spesen periodengerecht verbucht wurden. Außerdem wird sich der Prüfer gleichzeitig einen Überblick über die sonstigen geschäftlichen Beziehungen zu den Kreditinstituten verschaffen.

Die Vollständigkeit des **Scheckbestands** ist am Bilanzstichtag durch Inventur zu ermitteln. Der per Inventur ermittelte Bestand ist in einem Aufnahmeprotokoll festzuhalten und dem Prüfer vorzulegen. Schecks, die am Bilanzstichtag zur Einlösung bei der Bank eingereicht wurden, aber noch nicht gutgeschrieben sind, sind durch Einreichungsquittungen der Bank nachzuweisen.

5.3 Ansatz

§ 246 Abs. 1 Satz 2 HGB sieht vor, dass Vermögensgegenstände nur in die Bilanz aufzunehmen sind, soweit das wirtschaftliche Eigentum dem Bilanzierenden zuzurechnen ist und diesem die wirtschaftlichen Verfügungsrechte zustehen. Gleichfalls müssen ggf. für die Übertragung des wirtschaftlichen Eigentums erforderliche Genehmigungen (etwa bei vinkulierten Namensaktien) vorliegen. Besonderheiten ergeben sich beim Vorliegen folgender Sachverhalte:

► Begebung als Sicherheiten an Dritte,
► Treuhandverhältnisse,
► Pensionsgeschäfte.

Werden Vermögensgegenstände **sicherungsübereignet oder verpfändet**, so ändert dies nichts an der Bilanzierung beim Sicherungsgeber, solange nicht der Sicherungsfall eingetreten ist. Barmittel sind ausnahmsweise in die Bilanz des Sicherungsnehmers aufzunehmen. Der Sicherungsgeber hat stattdessen eine entsprechende Forderung gegen den Sicherungsgeber zu bilanzieren, Letzterer eine Verbindlichkeit gegen den Sicherungsgeber. Der ausdrücklich in § 246 Abs. 1 Satz 3 HGB a. F. kodifizierte Spezialfall gilt weiterhin, da laut amtlicher Gesetzesbegründung zum § 246 HGB i. d. F. BilMoG eine Änderung des bisherigen Rechtszustands nicht beabsichtigt wurde.

Im Rahmen (fiduziarischer) **Treuhandverhältnisse** erwirbt ein Treuhänder vom Treugeber das zivilrechtliche Eigentum an einem Treugut, er kann die insoweit erworbenen Rechte zwar in eigenem Namen, aber nicht in eigenem Interesse ausüben. Dies steht einem Übergang auch des wirtschaftlichen Eigentums auf den Treuhänder i. d. R. entgegen. Wird aufgrund der Würdigung der Umstände des Einzelfalls gleichwohl eine Aktivierung des Treuguts beim Treuhänder vorgenommen, so hat dieser in gleicher Höhe eine entsprechende Herausgabeverpflichtung zu passivieren.

Werden etwa Wertpapiere des Umlaufvermögens im Rahmen eines **Pensionsgeschäfts** Dritten, z. B. einem Kreditinstitut, übertragen, so richtet sich die Bilanzierung nach der Ausgestaltung des Rechts bzw. der Pflicht auf Rückübertragung:

▶ Wurde dem Pensionsgeber ein zeitlich bestimmtes Recht auf Rückübertragung eingeräumt (sog. **echtes Pensionsgeschäft**), so erfolgt weiter eine Bilanzierung beim Pensionsgeber, ein Übergang des wirtschaftlichen Eigentums liegt insoweit nicht vor. Der Pensionsgeber hat in Höhe des erhaltenen Betrags eine Verbindlichkeit zu passivieren, der Pensionsnehmer hingegen eine Forderung zu aktivieren.

▶ Besteht hingegen nur ein Recht auf Rückübertragung beim Pensionsnehmer z. B. im Rahmen eines Andienungsrechts, steht aber dem Pensionsgeber ein Anspruch auf Rückübereignung nicht zu (sog. **unechtes Pensionsgeschäft**), so wird das wirtschaftliche Eigentum dem Pensionsnehmer zugeordnet. Das Geschäft kommt einem Verkaufsakt gleich.

Auf die Darstellung der Grundsätze der Bilanzierung von **Termingeschäften** soll an dieser Stelle nicht eingegangen werden. Für weitere einschlägige Konstellationen soll auf die Ausführungen zum Finanzanlagevermögen verweisen werden (Kapitel V.2.3).

Einfluss auf den Bilanzansatz nimmt das **Verrechnungsverbot** des § 246 Abs. 2 HGB. Hiervon ausgenommen sind u. a. die bereits erläuterten zu verrechnenden Vermögensgegenstände, die dem Zugriff aller übrigen Gläubiger entzogen sind und ausschließlich der Erfüllung von Schulden aus Altersversorgungsverpflichtungen oder vergleichbaren langfristig fälligen Verpflichtungen dienen, die gegenüber Arbeitnehmern eingegangen wurden, für die nach § 246 Abs. 2 Satz 2 HGB ein **Verrechnungsgebot** mit den Verpflichtungen gilt, und

▶ fristgleiche Guthaben und Verbindlichkeiten bei demselben Kreditinstitut sowie

▶ Salden auf Kontokorrentkonten,

die verrechnet werden können (**Verrechnungswahlrecht**). Nicht bzw. noch nicht in Anspruch genommene Kredite oder offene Kreditlinien dürfen hingegen nicht in den Saldierungsbereich einbezogen werden.

5.4 Ausweis

Der Prüfer muss feststellen, ob die gesetzlichen Gliederungsvorschriften gemäß § 266 Abs. 2 B.III. HGB eingehalten wurden. Für die **Wertpapiere des Umlaufvermögens** ist folgende Gliederung vorgesehen:

- Anteile an verbundenen Unternehmen,
- sonstige Wertpapiere.

Diese Systematik ist nur für Kapitalgesellschaften gesetzlich vorgeschrieben. Eine Zusammenfassung der Posten kommt nicht in Betracht; ein Verzicht auf den Ausweis ist nur möglich, wenn es sich um einen Leerposten handelt, der im Vorjahr bereits mit dem Wert Null ausgewiesen wurde. Für Nicht-Kapitalgesellschaften besteht dagegen eine verkürzte Ausweismöglichkeit nach § 247 Abs. 1 HGB.

Grundsätzlich sind unter dieser Position nur solche Anteile und Wertpapiere auszuweisen, die am Abschlussstichtag nicht dazu bestimmt sind, dauernd dem Geschäftsbetrieb zu dienen, sondern lediglich zur vorübergehenden Anlage von Finanzmitteln gehalten werden. Der Prüfer muss somit objektive Anhaltspunkte für die Zweckbestimmung finden. Hierbei ist er auf die Argumente für die Zuordnung zum Anlage- oder Umlaufvermögen seitens der Gesellschaft angewiesen, die er auf Plausibilität zu beurteilen hat.

Die Hinzufügung neuer Posten, wie z. B. „Anteile an einem herrschenden oder mit Mehrheit beteiligten Unternehmen" ist zulässig, soweit diese zum alsbaldigen Verkauf bestimmt sind (§ 265 Abs. 5 HGB).

Im Umlaufvermögen sind unter den **Anteilen an verbundenen Unternehmen** entsprechend § 247 Abs. 2 HGB alle Anteile an Unternehmen i. S. des § 271 Abs. 2 HGB auszuweisen, die nicht dazu bestimmt sind, dauernd dem Geschäftsbetrieb zu dienen, sondern kurzfristig veräußert werden sollen. Der Ausweis ist nicht auf verbriefte Anteile beschränkt; auch nicht verbriefte Anteile z. B. an einer GmbH sind hier zu erfassen.

Werden Anteile nicht an verbundenen, sondern an **Beteiligungsunternehmen** i. S. des § 271 Abs. 1 HGB gehalten, so fehlt hier – anders als im Anlagevermögen – eine entsprechende Position. Es ist somit folgende Unterscheidung vorzunehmen:

- Sind die Anteile verbrieft, erfolgt ein Ausweis unter den **sonstigen Wertpapieren** (§ 266 Abs. 2 B.III.2 HGB),
- sind sie nicht verbrieft, so stellen sie **sonstige Vermögensgegenstände** dar (§ 266 Abs. 2 B.II.4 HGB).

Wie bereits verschiedentlich ausgeführt, ist seit Inkrafttreten des BilMoG für den Ausweis der **eigenen Anteile** nur noch der passive Ausweis als offen abgegrenzter Posten vom gezeichneten Kapital zulässig. Eventuelle Unterschiedsbeträge zwischen Nennbetrag und Kaufpreis sind mit den frei verfügbaren Rücklagen zu verrechnen (§ 272 Abs. 1a Satz 1 und 2 HGB).

Eigene Anteile sind solche, die eine Gesellschaft an sich selbst hält, etwa zum Zwecke

- der Vermeidung von Übernahmen bei vorübergehenden Kursrückgängen oder
- zur Ausgabe an leitende Mitarbeiter im Rahmen von variablen Vergütungsprogrammen.

Für die Zulässigkeit des Erwerbs eigener Anteile gelten die Bestimmungen der §§ 56 und 71 AktG bzw. § 33 GmbHG. Wird gegen die dort bezeichneten Vorschriften verstoßen, so ist der

Erwerb zwar schuldrechtlich nichtig, das dingliche Erwerbsgeschäft aber rechtswirksam (§ 56 Abs. 2 Satz 2 AktG, § 71 Abs. 4 AktG, § 33 Abs. 2 Satz 3 GmbHG). Ein Erwerb ist auch unzulässig, wenn laut § 33 Abs. 1, Abs. 2 Satz 3 GmbHG die Einlage auf GmbH-Anteile noch nicht vollständig geleistet wurde.

Falls eigene Anteile verbotswidrig erworben wurden, stellt dies einen schwerwiegenden Verstoß gegen Gesetz, Satzung oder Gesellschaftsvertrag dar und führt gemäß § 321 Abs. 1 Satz 3 HGB zu einem Vermerk im Prüfungsbericht.

Die **sonstigen Wertpapiere** umfassen alle nicht dem Anlagevermögen zuzuordnende Wertpapiere im jederzeit veräußerbaren sog. Handelsbestand, soweit sie nicht zu den Anteilen an verbundenen Unternehmen oder eigenen Anteilen gehören. Dies sind z. B. Aktien, Genussscheine, Anleihen, Pfandbriefe und Zero-Bonds. Unverbriefte sonstige Wertpapiere sind unter den sonstigen Vermögensgegenständen auszuweisen.

Unter den Wechseln sind nur der kurzfristigen Geldanlage dienende **Finanzwechsel** auszuweisen, wohingegen Warenwechsel als Forderungen aus Lieferungen und Leistungen (Aktivposition B.II.1.) zu bilanzieren sind. Den Finanzwechseln gleich stehen sog. *Euronotes* oder *Certificates of Deposit*; diese Titel sind ebenso hier auszuweisen.

ABB. 212:	Ausweis der Wertpapiere des Umlaufvermögens nach § 266 Abs. 2 HGB			
Wertpapier	Verbundenes Unternehmen	Beteiligungs- unternehmen	Eigenes Unternehmen	Sonstiges Unternehmen
Verbriefung	Aktiva B.III.1	Aktiva B.III.2	Passiva A.I. (offene Abgrenzung)	Aktiva B.III.2
Keine Verbriefung	Aktiva B.III.1	Aktiva B.II.4	Passiva A.I. (offene Abgrenzung)	Aktiva B.II.4

Die in der Bilanz enthaltenen Posten der Wertpapiere hält der Prüfer in seinen Arbeitspapieren fest und vermerkt, inwieweit er sich von dem ordnungsmäßigen Ausweis überzeugen konnte.

Die Bilanzposition „**Liquide Mittel**" setzt sich aus folgenden Komponenten zusammen:

▶ Kassenbestand,
▶ Bundesbankguthaben,
▶ Guthaben bei Kreditinstituten,
▶ Schecks.

Der **Kassenbestand** umfasst alle im Rahmen der Inventur am Bilanzstichtag in Haupt- und Nebenkassen festgestellten gesetzlichen Zahlungsmittel, d. h. alle inländischen oder ausländischen Noten und Münzen. Bundesbankguthaben, Postbankguthaben sowie Guthaben bei Kreditinstituten sind durch Kontoauszüge der kontoführenden Stelle zu belegen. Hierbei kommt es nicht darauf an, ob es sich um täglich fällige oder um längerfristig angelegte Guthaben handelt.

Zu den **Bundesbankguthaben** und **Guthaben bei Kreditinstituten** gehören neben Euro-Guthaben bei Kreditinstituten i. S. des § 1 KWG auch Fremdwährungsguthaben bei ausländischen Kreditinstituten sowie Festgelder. Bausparguthaben sind hingegen als sonstige Vermögensgegenstände oder ggf. auch als langfristige Ausleihungen auszuweisen, da es sich um Kapitalanlagen mit einer besonderen Zweckbindung handelt.

Zu den **Schecks** zählen alle Formen von Bar- und Verrechnungsschecks. Hierbei handelt es sich formaljuristisch zwar um Wertpapiere, da diese aber lediglich dem Zahlungsverkehr und nicht der Geldanlage dienen, erfolgt eine Bilanzierung unter den liquiden Mitteln. Für den Ausweis ist Voraussetzung, dass die Schecks noch nicht zur Gutschrift an die Bank weitergereicht wurden.

Die Zulässigkeit der von der Gesellschaft vorgenommenen Zuordnung der liquiden Mittel wird anhand der Hauptbuchkonten, Unterlagen der Bestandsaufnahme, Nebenbücher und vorhandener Buchungsanweisungen der Gesellschaft, erforderlichenfalls auch durch stichprobenweise Einsicht in die Buchungsbelege überprüft.

5.5 Bewertung

Im Rahmen der Bewertungsprüfung von Wertpapieren ist zu klären, ob

- ▶ eine ordnungsgemäße Bewertung zu Anschaffungskosten erfolgte,
- ▶ vorgenommene außerplanmäßige Abschreibungen gerechtfertigt bzw.
- ▶ notwendige außerplanmäßige Abschreibungen unterblieben sind.

Der Prüfer hat sich somit von der Zulässigkeit und Angemessenheit der Abschreibung anhand der Durchsicht geeigneter Unterlagen, der Befragung der zuständigen Personen und ggf. Hinzuziehung von Sachverständigen zu überzeugen. Außerdem hat er im Hinblick auf die Angabepflicht im Anhang zu prüfen, ob die Bewertungsmethoden gegenüber dem Vorjahr unverändert geblieben sind.

Die Wertpapiere sind nach § 255 Abs. 1 HGB zu Anschaffungskosten zuzüglich etwaiger Anschaffungsnebenkosten (z. B. Bankspesen, Provisionen) zu bilanzieren. Anschaffungspreisminderungen (z. B. Bonifikationen) sind abzuziehen. Die Herstellungskosten sind hier kein einschlägiger Maßstab. Eine Wertüberprüfung kann anhand der Kontrolle von Kaufabrechnungen erfolgen, welche auch Wertpapiernummern, Erwerbszeitpunkte und jeweilige Kurse ausweisen.

Ausnahmsweise kann vom Grundsatz der Einzelbewertung der Wertpapiere wie folgt abgewichen werden:

- ▶ § 240 Abs. 4 HGB gestattet eine Bewertung zum **gewogenen Durchschnittswert** im Rahmen der Zusammenfassung gleichartiger bzw. gleichwertiger Wertpapiere zu Gruppen, etwa bei in Girosammeldepots befindlichen Wertpapieren (Gruppenbewertung).
- ▶ Gemäß § 256 HGB darf eine Bewertung anhand von **Bewertungsvereinfachungsverfahren** erfolgen, soweit diese den Grundsätzen ordnungsmäßiger Buchführung entsprechen. Grundsätzlich ist diese Erleichterung zwar auf Vorratsvermögen beschränkt, nach h. M. wird aber eine analoge Anwendung auch bei Wertpapieren des Umlaufvermögens für zulässig erachtet. Dies gilt in Bezug auf die Kurzfristigkeit der Bestandshaltung insbesondere für das Fifo-Verfahren.

Die Forderung der **Gleichartigkeit** bedeutet nicht eine vollständige Identität, sondern lediglich die Gleichheit der Verwendbarkeit oder Funktion. Eine **Gleichwertigkeit** liegt nach h. M. vor, wenn innerhalb der Gruppe die Spanne zwischen dem höchsten und dem niedrigsten Stückpreis 20 % des niedrigsten Werts nicht überschreitet. Hierbei müssen die Preise in zeitlicher Sicht vergleichbar sein, sich also auf den gleichen Zeitpunkt beziehen.

KAPITEL V
Prüfung des Jahresabschlusses

Die Festbewertung nach § 240 Abs. 3 HGB steht hingegen für die Bewertung der Wertpapiere des Umlaufvermögens nicht zur Verfügung; sie ist auf Sachanlagevermögen sowie Roh-, Hilfs- und Betriebsstoffe beschränkt.

Die Wertpapiere als Bestandteil des Umlaufvermögens unterliegen gemäß § 253 Abs. 4 HGB dem strengen Niederstwertprinzip. Um dessen Einhaltung sicherzustellen, ist ein Vergleich mit dem Börsenkurs (abzüglich Verkaufsspesen) am Bilanzstichtag vorzunehmen. Liegt letzterer Wert unter den Anschaffungskosten, muss auf den niedrigeren Wert abgeschrieben werden.

In diesem Zusammenhang muss der Prüfer zwischen Wertpapieren, bei denen am Abschlussstichtag eine konkrete Verkaufsabsicht besteht, und solchen, die das Unternehmen weiterhin halten will, ohne dass sie zugleich dem Geschäftsbetrieb dauerhaft dienen sollen, differenzieren:

- Wertpapiere, deren Veräußerung am Bilanzstichtag beabsichtigt ist, müssen entsprechend dem strengen Niederstwertprinzip ggf. mit dem niedrigeren Börsenkurs, ohne Hinzuziehung der Anschaffungsnebenkosten, aber abzüglich erwarteter Verkaufsspesen bewertet werden (**voraussichtlicher Veräußerungserlös**).
- Besteht am Abschlussstichtag keine unmittelbare Verkaufsabsicht, sind die Wertpapiere des Umlaufvermögens bei gesunkenem Börsenkurs mit diesem, zuzüglich Anschaffungsnebenkosten, zu bewerten (**Wiederbeschaffungswert**).

Im ersten Fall (Verkaufsabsicht) müssen selbst bei gleichbleibenden Börsenkursen nicht nur die bei der Anschaffung aktivierten Nebenkosten, sondern überdies die erwarteten Verkaufskosten abgeschrieben werden. Im zweiten Fall kann nach h. M. aber eine Aktivierung der Anschaffungsnebenkosten beibehalten werden.

Für **Anteile an verbundenen Unternehmen** gilt ebenfalls das strenge Niederstwertprinzip. Soweit kein Börsenkurs ermittelbar ist, bestimmt sich der beizulegende Wert nach dem inneren Wert der Anteile.

Bei Wertpapieren in **ausländischer Währung** wird nach § 256a HGB der ausgewiesene Betrag mit dem Devisenkassamittelkurs (vormals dem Briefkurs) am Abschlussstichtag verglichen. Entsprechend des strengen Niederstwertprinzips ist auf den niedrigeren Wert abzuschreiben. Der Prüfer muss untersuchen, inwiefern überhaupt und in richtiger Höhe abgeschrieben wurde.

Eine Besonderheit bei den sonstigen Wertpapieren stellt die Bewertung der **Zero-Bonds** (Nullkupon-Anleihen) dar, bei denen keine periodischen Zinszahlungen erfolgen, sondern die Zinsvergütung durch einen erhöhten Rücknahmebetrag am Ende der Laufzeit erfolgt. Zero-Bonds sind mit ihren Anschaffungskosten zu aktivieren und in den Folgejahren durch eine laufzeitabhängige Aufzinsung zuzuschreiben, welche erfolgswirksam als Zinsertrag zu verbuchen ist (vgl. Stellungnahme IDW HFA 1/1986).

Abschreibungen für **drohende Wechselkursverluste** in der nächsten Zukunft sind seit Inkrafttreten des BilMoG nicht mehr zulässig und vom Prüfer zu beanstanden.

Stellt der Prüfer im Zusammenhang mit der Bewertungsprüfung fest, dass kurz vor dem Bilanzstichtag Wertpapiere in das Anlagevermögen umgebucht wurden, kann dies ein Indiz für die Vermeidung einer zwingenden Abschreibung sein, da die Vermögensgegenstände des Anlagevermögens bei vorübergehender Wertminderung nicht zwingend abgeschrieben werden müssen. Der Abschlussprüfer muss insoweit eine plausible Begründung bezüglich der Umbuchung von der Unternehmensleitung fordern.

ABB. 213:	Abschreibung der Wertpapiere des Anlage- und Umlaufvermögens	
Wertminderung (...) Zuordnung der Wertpapiere zum (...)	**Dauerhaft**	**Vorübergehend**
Anlagevermögen	Abschreibungs**pflicht** (§ 253 Abs. 3 Satz 3 HGB)	Abschreibungs**wahlrecht** bei Finanzanlagen (§ 253 Abs. 3 Satz 4 HGB)
Umlaufvermögen	Abschreibungs**pflicht** (§ 253 Abs. 4 Satz 1 und 2 HGB)	Abschreibungs**pflicht** (§ 253 Abs. 4 Satz 1 und 2 HGB)

Wurde eine außerplanmäßige Abschreibung auf einen niedrigeren Wert vorgenommen, so muss zwingend eine **Zuschreibung** vorgenommen werden, wenn der Grund für die frühere Abschreibung nicht mehr besteht (§ 253 Abs. 5 HGB). In diesem Fall muss der Prüfer sicherstellen, dass die Zuschreibungsobergrenze i. H. der ursprünglichen Anschaffungskosten nicht überschritten wird.

Im Rahmen einer **Zusammenhangsprüfung** mit der Gewinn- und Verlustrechnung sind alle mit den in der Bilanz ausgewiesenen Wertpapieren verbundenen Gegenbuchungen in der GuV daraufhin zu untersuchen, ob alle Erträge und Aufwendungen im entsprechenden Konto erfasst und in richtiger Höhe verbucht wurden.

Die durch Wertminderungen entstandenen Abschreibungen gehen in den Posten „Abschreibungen auf Finanzanlagen und auf Wertpapiere des Umlaufvermögens" (§ 275 Abs. 2 Nr. 12 bzw. Abs. 3 Nr. 11 HGB) ein. Der Prüfer muss sich vom richtigen Ausweis und der korrekten Dotierung überzeugen.

Zu den Aufwendungen gehören weiterhin Gebühren der Kreditinstitute für die Abwicklung von An- und Verkäufen, Gebühren für die Depotaufbewahrung und Verluste aus einem Verkauf, die sämtlich unter den „Sonstigen betrieblichen Aufwendungen" verbucht werden. Die Überprüfung erfolgt anhand von Belegen der Kreditinstitute.

Aus Wertpapieren resultierende Dividenden und Zinsen (hierzu zählen auch Zinsforderungen für Zero-Bonds) werden als „Sonstige Zinsen und ähnliche Erträge" verbucht.

Der Prüfer hat darauf zu achten, dass Erträge aus Anteilen an verbundenen Unternehmen auch in den gesonderten Vermerk „davon aus verbundenen Unternehmen" eingehen. Gewinne aus Verkäufen und Erträge aus Zuschreibungen fallen unter die „Sonstigen betrieblichen Erträge". Unter Hinzuziehung der Buchungsanweisungen beurteilt der Prüfer die rechnerische Richtigkeit und korrekte Verbuchung der einzelnen Beträge.

Wurden Aufwendungen oder Erträge falsch ausgewiesen oder saldiert, muss der Prüfer auf einer entsprechenden Korrektur bestehen. Der Prüfer sollte in seinen Arbeitspapieren auch zur Behandlung der Aufwendungen und Erträge Stellung nehmen.

Grundsätzlich erfolgt der Ansatz der **liquiden Mittel** zu Anschaffungskosten. Inländische Mittel sind stets mit dem Nennwert zu aktivieren. Der Prüfer hat somit lediglich festzustellen, ob die Bestände mit ihrem Nominalbetrag zum Ansatz gekommen sind. Das Niederstwertprinzip (§ 253 Abs. 4 HGB) findet nur dann Anwendung, wenn es sich um Bestände in ausländischer

Währung und Schecks handelt; Anhaltewert ist wiederum der Devisenkassamittelkurs am Abschlussstichtag.

Bundesbankguthaben stehen aufgrund der Sicherheit und Verfügbarkeit den Barmitteln gleich und sind ebenfalls zum Nennwert anzusetzen. Dies gilt auch für Guthaben bei inländischen Kreditinstituten, sofern sie nicht notleidend sind. Solche Guthaben müssen entsprechend den allgemeinen Bewertungsregeln mit ihrem zu erwartenden Auszahlungs- oder Verfügungsbetrag angesetzt werden.

Schecks sind analog zu den Forderungen zu bewerten und somit auch in die Pauschalwertberichtigung zu Forderungen einzubeziehen. Die Bonitätsprüfung erfolgt entsprechend der Grundsätze zur Bildung von Einzelwertberichtigungen auf Forderungen.

Bargeld, Bankguthaben und Schecks in **ausländischer Währung** sind gemäß § 256a HGB mit dem Devisenkassamittelkurs (vormals dem Briefkurs) am Tag der Erstverbuchung anzusetzen. Jegliche Kursschwankungen im Verhältnis zum Referenzkurs am Abschlussstichtag sind ergebniswirksam als sonstiger Aufwand bzw. sonstiger Ertrag zu verbuchen, sowohl Anschaffungskosten- als auch Realisationsprinzip greifen nicht (§ 256a Satz 2 HGB).

Bei Finanzmitteln in Fremdwährung muss der Prüfer einen niedrigeren Wertansatz aufgrund in Zukunft drohender Kursschwankungen beanstanden. Ein entsprechendes Wahlrecht kennt das HGB seit Inkrafttreten des BilMoG nicht mehr.

Entfallen die Gründe für eine Abwertung, gilt eine Wertaufholungspflicht (§ 253 Abs. 5 HGB).

Die Arbeitspapiere des Prüfer beinhalten bei den liquiden Mitteln Angaben über

▶ einen Bewertungsabschlag auf Schecks wegen mangelnder Bonität der Schuldner oder Bürgen,

▶ den verwendeten Umrechnungskurs bei den verschiedenen Finanzmittelbeständen in ausländischer Währung.

5.6 Anhangangaben

Bezüglich der **Wertpapiere** sind im Anhang zunächst die allgemeinen Angaben

▶ der auf die Bilanzposition angewandten Bilanzierungs- und Bewertungsmethoden (§ 284 Abs. 2 Nr. 1 HGB),

▶ der Grundlagen der Fremdwährungsumrechnung in Euro bei Fremdwährungspositionen (§ 284 Abs. 2 Nr. 2 HGB),

▶ die Begründung der Abweichungen von den Bilanzierungs- und Bewertungsmethoden und die Darstellung von deren Einfluss auf die Vermögens-, Finanz- und Ertragslage (§ 284 Abs. 2 Nr. 3 HGB) und ggf.

▶ der Unterschiedsbeträge bei Anwendung der Gruppenbewertung (§ 240 Abs. 4 HGB) oder von Verbrauchsfolgeverfahren (§ 256 HGB), wenn die Bewertung im Vergleich zu einer Bewertung auf Grundlage der Börsen- und Marktpreise des letzten Abschlussstichtags einen erheblichen Unterschied aufweist (§ 284 Abs. 2 Nr. 4 HGB).

vorzunehmen; kleine Kapitalgesellschaften i. S. des § 267 Abs. 1 HGB sind von der Angabe nach § 284 Abs. 2 Nr. 4 HGB befreit (§ 288 Abs. 1 HGB).

Werden Wertpapiere oder liquide Mittel als **Sicherheiten** gewährt, so muss im Anhang ein entsprechender Vermerk nach §§ 251, 268 Abs. 7 HGB erfolgen.

In Zusammenhang mit **Abschreibungen** und **Zuschreibungen** sind die außerhalb der gewöhnlichen Geschäftstätigkeit anfallenden außerordentlichen Aufwendungen und Erträge anzugeben und zu erläutern, soweit sie für die Beurteilung der Ertragslage nicht von untergeordneter Bedeutung sind (§ 277 Abs. 4 HGB); kleine Kapitalgesellschaften i. S. des § 267 Abs. 1 HGB sind von dieser Angabe befreit (§ 276 Satz 2 HGB).

AGs müssen besondere Angaben zur Position „**eigene Anteile**" darlegen (§ 160 Abs. 1 Nr. 1 und 2 AktG).

6. Prüfung des Eigenkapitals und des Sonderpostens mit Rücklageanteil

6.1 Risikoanalyse

Das Eigenkapital stellt die Haftungssubstanz des Unternehmens dar. Es wird durch Zuführung von außen (Einlage) oder durch den Verzicht auf Ausschüttung von Jahresüberschüssen (Thesaurierung) zur Verfügung gestellt.

Die Bilanzierung des Eigenkapitals ist maßgeblich durch rechtsformabhängige Vorschriften (AktG, GmbHG) bestimmt. Bei Personengesellschaften stellt das Eigenkapital ein variables Kapitalkonto dar, dessen Bewegungen sich aus den laufenden Ergebnissen, Einlagen und Entnahmen ergeben. Aufgrund der Eingrenzung der Prüfungspflicht auf mittelgroße und große Kapitalgesellschaften i. S. des § 267 HGB beschränken sich die Darlegungen auf das Eigenkapital von Kapitalgesellschaften. Von Sonderregelungen für „Kapitalgesellschaften & Co." (§§ 264a ff. HGB) wird ebenfalls abgesehen.

Im Jahresabschluss ergibt sich das Eigenkapital lediglich als Residualgröße (Differenzgröße) zwischen Vermögensgegenständen (Aktiva) abzüglich der Schulden und passiven Rechnungsabgrenzungsposten. Entsteht nach Aufzehrung des Eigenkapitals durch laufende Verluste ein Überschuss der Passiv- über die Aktivpositionen, so ist dieser Saldo am Schluss der Aktivseite der Bilanz unter der Bezeichnung „Nicht durch Eigenkapital gedeckter Fehlbetrag" auszuweisen (§ 268 Abs. 3 HGB).

Das wirtschaftliche Eigenkapital schließt zusätzlich zum bilanziellen Eigenkapital den Eigenkapitalanteil am Sonderposten mit Rücklageanteil (vgl. Kapitel V.6.7) – sofern noch Altfälle bilanziert werden – und an den nicht aus der Bilanz ersichtlichen unversteuerten stillen Reserven ein. Somit kann von einer Bewertung des Eigenkapitals eigentlich nicht die Rede sein. Insoweit reduziert sich die Prüfung des Eigenkapitals auf den Ausweis und die Gliederung.

Bilanzanalytisch stellt das Eigenkapital einen Puffer zur Deckung laufender Verluste des Unternehmens und damit zur Vermeidung seiner Überschuldung dar. Demnach ist eine solche umso unwahrscheinlicher, je höher die **Eigenkapitalquote** (Eigenkapital in % des Gesamtkapitals) ist. Eine hohe Eigenkapitalquote steht für die Stabilität und Solidität eines Unternehmens sowie für eine geringe Abhängigkeit von Kreditgebern.

In finanzwirtschaftlicher Sicht lassen sich die **Eigenkapitalkomponenten** wie folgt charakterisieren:

ABB. 214:	Finanzwirtschaftliche Klassifikation der Eigenkapitalkomponenten	
Position nach § 266 Abs. 3 HGB	Bezeichnung	Finanzwirtschaftliche Klassifikation
A.I.	Gezeichnetes Kapital	Eigenfinanzierung, Außenfinanzierung
A.II.	Kapitalrücklage	Eigenfinanzierung, Außenfinanzierung
A.III.	Gewinnrücklage	Eigenfinanzierung, Innenfinanzierung
Nr. 1	▶ gesetzliche Rücklage	▶ für AG zwingend zu bilden nach Maßgabe des § 150 AktG
Nr. 2	▶ Rücklage für Anteile an einem herrschenden oder mehrheitlich beteiligten Unternehmen	▶ zwingend bei Vorhandensein eines entsprechenden Aktivpostens zu bilden (§ 272 Abs. 4 HGB)
Nr. 3	▶ satzungsmäßige Rücklagen	▶ Bildung gemäß Satzungsbeschluss
Nr. 4	▶ andere Gewinnrücklagen	▶ Bildung gemäß operativer Erfordernisse
A.IV., A.V.	Gewinnvortrag/Verlustvortrag, Jahresüberschuss/Jahresfehlbetrag	Eigenfinanzierung, Innenfinanzierung

Somit kann beziffert werden, zu welchen Anteilen sich das Eigenkapital aus der Zuführung von Mitteln durch die Anteilseigner bzw. durch Überschüsse der laufenden Geschäftstätigkeit ergibt. Die finanzwirtschaftliche Differenzierung des Eigenkapitals entspricht im Übrigen der für Kapitalgesellschaften vorgeschriebenen Gliederungsvorschrift des § 266 Abs. 3A. HGB.

Da ein Anreiz zu gewinnerhöhenden bilanzpolitischen Maßnahmen oder sogar Bilanzmanipulationen umso eher anzunehmen ist, je

▶ schwächer die laufende Ertragssituation ist,

▶ gravierender sich der Eigenkapitalverzehr durch aufgelaufene Verluste darstellt,

▶ näher die Eigenkapitalziffer an gesellschaftsrechtlichen Mindestgrenzen liegt,

werden **inhärente Risiken** vor allem beim Ausweis eines niedrigen Eigenkapitals gegeben sein. Anhand folgender, im mehrjährigen Zeitvergleich zu analysierender **Kennzahlen** kann eine vorläufige Risikobeurteilung in Bezug auf das Eigenkapital erfolgen:

ABB. 215:	Bedeutende eigenkapitalbezogene Jahresabschlusskennzahlen	
	Definition	Interpretation
Eigenkapitalquote	Wirtschaftliches Eigenkapital / Bilanzsumme x 100	Indikator für Haftungssubstanz und Bestandsfähigkeit gegenüber möglichen Verlusten
Rücklagenquote	Rücklagen / Wirtschaftliches Eigenkapital x 100	Indikator für Innenfinanzierungsanteil am Eigenkapital, gibt relative Höhe der einbehaltenen Gewinne und damit die Thesaurierungsneigung an
Anlagendeckungsgrad A	Wirtschaftliches Eigenkapital / Anlagevermögen x 100	Gibt den Finanzierungsgrad des langfristig gebundenen Vermögens aus Eigenmitteln an; Indikator für mögliches Refinanzierungsrisiko
Eigenkapitalrentabilität	Jahresüberschuss / Wirtschaftliches Eigenkapital x 100	Gibt die Verzinsung des von den Anteilseignern dem Unternehmen zur Verfügung gestellten Kapitals an („Unternehmerrentabilität")

Das **Kontrollrisiko** stellt die Fähigkeit des IKS dar, mit hinreichender Wahrscheinlichkeit das Auftreten wesentlicher Fehler in der Rechnungslegung des Unternehmens in Bezug auf das Prüffeld „Eigenkapital" zu verhindern. Eine Prüfung kann unter Hinzuziehung der nachstehenden Checkliste erfolgen:

ABB. 216:	Checkliste zum eigenkapitalbezogenen Kontrollrisiko
▶	Ist die Dokumentation der gesellschaftsrechtlichen Verhältnisse vollständig und auf dem neusten Stand?
▶	Sind in ihr insbesondere Gesellschaftsvertrag, Satzung mit eventuellen späteren Änderungen, Protokolle der Gesellschafterversammlungen und Aufsichtsratssitzungen, ggf. Pflichtveröffentlichungen, Handelsregisterauszüge, Gründungs- bzw. Sachgründungsberichte, Gesellschafterliste bzw. Aktienbuch, Dokumentation der Übernahme und Einzahlung von Anteilen, Börsenprospekte, Jahresabschlüsse und Prüfungsberichte vorangegangener Jahre enthalten?
▶	Werden Beschlüsse der Gesellschaftsorgane in Schriftform getroffen sowie vollständig und chronologisch aufbewahrt?
▶	Werden Einlageverpflichtungen ordnungsmäßig geleistet und wird ggf. festgestellten Verstößen nachgegangen? Wird die Verzinsungspflicht bei säumigen Einlagen beachtet?
▶	Existiert ein Kapital- sowie Rücklagenspiegel und wird dieser laufend fortgeschrieben? Erfolgt im Rücklagenspiegel eine korrekte Trennung der Rücklagenarten?
▶	Sind Kapital- und Rücklagenspiegel rechnerisch richtig? Werden die Daten mit den Konten der Finanzbuchhaltung verprobt?
▶	Entspricht die Höhe der Rücklage für Anteile an einem herrschenden oder mit Mehrheit beteiligten Unternehmen dem aktivierten Betrag gemäß § 272 Abs. 4 HGB? Erfolgen Auflösungen nur bei Vorliegen der in § 272 Abs. 4 HGB bezeichneten Voraussetzungen?
▶	Ist sichergestellt, dass betragsmäßig korrekte Zuführungen zur gesetzlichen Rücklage bzw. zur satzungsmäßigen Rücklage erfolgen? Werden satzungsmäßige Zweckbindungen eingehalten (andernfalls jeweils Nichtigkeit des Jahresabschlusses nach § 256 Abs. 1 Nr. 4 AktG)?
▶	Ist sichergestellt, dass Gewinnverwendungsbeschlüsse der Haupt- bzw. Gesellschafterversammlung in der Finanzbuchhaltung korrekt umgesetzt werden?
▶	Werden die gesetzlichen und satzungsmäßigen Verpflichtungen bei Kapitalerhöhungen bzw. -herabsetzungen eingehalten?
▶	Ist sichergestellt, dass bei der Wertfortführung von Sonderposten die relevanten steuerrechtlichen Vorschriften befolgt werden, insbesondere die Voraussetzungen für eine entsprechende Steuerbegünstigung weiterhin vorliegen?
▶	Kann aus der Anlagenbuchhaltung für jeden einzelnen Vermögensgegenstand des Anlagevermögens der Anfangsbestand des Sonderpostens zu Beginn des Geschäftsjahres, die laufenden Auflösungen sowie der Bestand des Sonderpostens am Ende des Geschäftsjahres nachvollzogen werden? Gehen die Auflösungen mit den Abschreibungsbeträgen auf das begünstigte Wirtschaftsgut konform?
▶	Wird für die einschlägigen Vermögensgegenstände des Anlagevermögens ein separater Sonderpostenspiegel geführt?

6.2 Nachweis

Der Nachweis des gezeichneten Kapitals bzw. der Kapitalanteile ergibt sich durch Prüfung der Übereinstimmung des Bilanzansatzes mit den **satzungsmäßigen Vereinbarungen** sowie den Angaben im **Handelsregister**. Veränderungen des gezeichneten Kapitals bzw. der Kapitalanteile im Geschäftsjahr müssen ihren Niederschlag in Protokollen der Haupt- bzw. Gesellschafterversammlung und in Anpassungen des Handelsregistereintrags finden.

Der Prüfer hat überdies eine Abstimmung mit dem **Aktienregister** (§ 67 AktG) bzw. der **Gesellschafterliste** (§ 40 GmbHG) vorzunehmen. Bei Übertragungen von Namensaktien müssen zudem die Sondervorschriften des § 68 AktG erfüllt sein. Weiter ist die vertragsgemäße Erbringung der Einlage zu prüfen. Bei Änderungen des gezeichneten Kapitals ist ein Abgleich mit der Dokumentation der entsprechenden Beschlüsse vorzunehmen. Der Prüfer hat auch zu untersuchen, ob eine Rückgewähr von Kapitaleinlagen bzw. ein unzulässiger Erwerb eigener Aktien oder Anteile unterblieb (vgl. §§ 71 f. AktG, § 33 GmbHG).

Schließlich ist festzustellen, ob bei Vorliegen eines Verlustes von mehr als der Hälfte des buchmäßigen Kapitals eine außerordentliche **Haupt- bzw. Gesellschafterversammlung** einberufen wurde (vgl. § 92 Abs. 1 AktG, § 49 Abs. 3 GmbHG). Bei Aufzehrung des gesamten buchmäßigen Eigenkapitals muss sich der Prüfer vergewissern, dass keine Überschuldung vorliegt bzw. die entsprechenden Geschäftsführerverpflichtungen erfüllt wurden.

Bezüglich des Nachweises der Rücklagen ist eine Abstimmung der ausgewiesenen Beträge mit denjenigen im Rücklagenspiegel bzw. den Konten der Finanzbuchhaltung vorzunehmen. Der **Rücklagenspiegel** ist von der AG gemäß § 152 Abs. 2 und 3 AktG wie folgt zu zeigen:

ABB. 217:	Aufbau des Rücklagenspiegels				
	Rücklage	Schlussbestand Vorjahr	+ Einstellungen durch HV aus Bilanzgewinn des Vorjahres	+ Einstellungen aus Jahresüberschuss des Geschäftsjahres	- Entnahmen des Geschäftsjahres	= Schlussbestand Geschäftsjahr
1	Kapitalrücklage					
2	Gesetzliche Rücklage					
3	Rücklage für Anteile an einem herrschenden oder mehrheitlich beteiligten Unternehmen					
4	Satzungsmäßige Rücklage					
5	Andere Gewinnrücklagen					
6	Gewinnrücklage (Summe 2 bis 5)					

Die Aufstellung eines entsprechenden Rechenwerks bei GmbH wird empfohlen, ist aber nicht gesetzlich vorgeschrieben. Somit umfasst das Prüffeld „Eigenkapital" folgende Komponenten:

ABB. 218:	Eigenkapitalkomponenten
Gezeichnetes Kapital (§ 272 Abs. 1 HGB)	▶ Haftungskapital der Gesellschaft (Grund-, Stammkapital) ▶ offene Abgrenzung der nicht eingeforderten Einlagen (Pflicht) ▶ eingefordertes Kapital (Ausweis in Hauptspalte) ▶ gesonderter Ausweis des eingeforderten, aber noch nicht eingezahlten Betrags in den Forderungen ▶ Nennbetrag oder rechnerischer Wert eigener Anteile (offene Absetzung in Vorspalte vom gezeichneten Kapital); **Rückgängigmachung** bei Veräußerung (ergibt sich ein Kursunterschied zwischen ursprünglichen Anschaffungskosten und aktuellem Wert, muss dieser mit den freien Rücklagen verrechnet werden; ein darüber hinausgehender positiver Verkaufserlös muss in die Kapitalrücklage eingestellt werden)
Eigene Anteile (§ 272 Abs. 1a und b HGB)	▶ offene Abgrenzung des Nennbetrags bzw. des rechnerischen Werts
Kapitalrücklage (§ 272 Abs. 2 HGB)	▶ Agio bei Ausgabe von Anteilen ▶ Agio bei Ausgabe von Wandel- bzw. Optionsschuldverschreibungen ▶ Zuzahlungen der Gesellschafter gegen Gewährung eines Vorzugs für ihre Anteile ▶ andere Zuzahlungen der Gesellschafter in das Eigenkapital
Gewinnrücklage (§ 272 Abs. 3 HGB)	▶ gesetzliche Rücklage (§ 150 AktG) ▶ Rücklagen aufgrund von Regelungen des Gesellschaftsvertrags oder der Satzung ▶ andere Gewinnrücklagen ▶ Rücklage für Anteile an einem herrschenden oder mit Mehrheit beteiligten Unternehmen
Gewinn-/Verlustvortrag, Jahresüberschuss/-fehlbetrag (§ 268 Abs. 1 HGB)	▶ Vorjahresergebnis, sofern nicht bzw. nicht vollständig verwendet ▶ Jahresergebnis des abgelaufenen Geschäftsjahres

6.3 Prüfung des gezeichneten Kapitals

6.3.1 Kapitalbestand

Das gezeichnete Kapital nach § 266 Abs. 3 A.I, § 272 Abs. 1 Satz 1 HGB ist das für Verbindlichkeiten der Gesellschaft gegenüber den Gläubigern haftende Kapital. Es wird bei AG durch das Grundkapital (§ 152 Abs. 1 Satz 1, für KGaA analog § 286 Abs. 2 AktG) und bei GmbH durch das Stammkapital (§ 42 Abs. 1 GmbHG) gebildet. Bestehen bei AG mehrere Aktiengattungen, z. B.

▶ Stammaktien,

▶ Vorzugsaktien ohne Stimmrecht,

▶ Vorzugsaktien mit Stimmrecht,

so sind die Gesamtnennbeträge der einzelnen Aktienarten im Anhang oder der Bilanz gesondert auszuweisen (§ 152 Abs. 1 Satz 2 AktG). Demgegenüber stellen Inhaber- bzw. Namensaktien keine verschiedenen Aktiengattungen dar.

Das gezeichnete Kapital braucht bei AG (§ 36a Abs. 1 AktG) und das Stammkapital bei GmbH (§ 7 Abs. 2 GmbHG) nicht in voller Höhe einbezahlt zu werden. Die Differenz zwischen dem gezeichneten und dem eingezahlten Kapital wird als sog. **ausstehende Einlagen** bezeichnet.

In rechtlicher Hinsicht handelt es sich hierbei um Forderungen der Gesellschaft gegenüber ihren Anteilseignern. Zu differenzieren ist, ob eine Einforderung seitens der Gesellschaft bereits erfolgte. Aus wirtschaftlicher Sicht müssen die nicht eingeforderten ausstehenden Einlagen vom gezeichneten Kapital abgezogen werden, soweit ihre Einforderung nicht kurzfristig bevorsteht.

Nicht eingeforderte ausstehende Einlagen auf das gezeichnete Kapital sind auf der Passivseite nach § 272 Abs. 1 Satz 3 HGB offen vom gezeichneten Kapital abzusetzen. Der Saldo ist dann als eingefordertes Kapital in der Hauptspalte zu zeigen.

Schließlich ist der eingeforderte, aber noch nicht eingezahlte Betrag des gezeichneten Kapitals gesondert unter den Forderungen auszuweisen und entsprechend zu bezeichnen (sog. **Nettomethode**).

Die bis zum Inkrafttreten des BilMoG noch zulässige Bruttomethode, die einen aktivischen Ausweis ausstehender Einlagen vor dem Anlagevermögen vorsah, ist vom Prüfer zu beanstanden.

ABB. 219:	Ausweis des gezeichneten Kapitals nach der Nettomethode		
Aktiva	Nettomethode (§ 272 Abs. 1 Satz 3 HGB)		Passiva
B.II.4.	Eingeforderte ausstehende Einlagen auf das gezeichnete Kapital	A.I.	Eingefordertes Kapital (Saldo aus gezeichnetem Kapital und nicht eingeforderten ausstehenden Einlagen)

Die AG ist durch einen **Mindestnennbetrag** des Grundkapitals i. H. von 50.000 € (§ 7 AktG) und der einzelnen Aktie von 1 € (§ 8 Abs. 2 Satz 1 AktG) gekennzeichnet. Zugleich ist bei AG die Ausgabe nennwertloser Stückaktien zulässig (§ 8 Abs. 1 und 3 AktG); in diesem Fall bemisst sich der Anteil der Aktie am Grundkapital nicht nach dem Verhältnis der Aktien-Nennbeträge, sondern der Anzahl der Stückaktien in Relation zum Grundkapital. Der insoweit ermittelte rechnerische Betrag am Grundkapital darf 1 € nicht unterschreiten (§ 9 Abs. 1 AktG).

Das **Mindeststammkapital** der GmbH beträgt 25.000 €, zugleich muss der Nennbetrag jedes Geschäftsanteils auf volle Euro lauten (§ 5 Abs. 1 und 2 GmbHG).

Mit dem **Gesetz zur Modernisierung des GmbH-Rechts und zur Bekämpfung von Missbräuchen** (MoMiG) wurde die Gründung von GmbH erleichtert. § 5a GmbHG gestattet nunmehr auch Gesellschaftsgründungen mit einem Stammkapital von unter 25.000 €, soweit in der Firma die Bezeichnung „**Unternehmergesellschaft haftungsbeschränkt**" („UG haftungsbeschränkt") als Rechtsformzusatz geführt wird. Diese Gesellschaften dürfen allerdings erst angemeldet werden, wenn das Stammkapital in voller Höhe eingezahlt ist. Sacheinlagen sind ausgeschlossen (§ 5a Abs. 2 GmbHG).

Der Prüfer hat sich vom Erreichen der **Mindestgrenzen** für die Leistung der Einlage zu überzeugen. Bei AG ist dies im Fall der Bareinlage mindestens ein Viertel des geringsten Ausgabebetrags sowie das komplette Agio (§ 36a Abs. 1 AktG). Bei GmbH ist auf jeden Geschäftsanteil mindestens ein Viertel einzuzahlen, insgesamt muss jedoch die Summe der Einzahlungen mindestens die Hälfte des Mindeststammkapitals, d. h. mindestens 12.500 € erreichen (§ 7 Abs. 2 GmbHG).

Soweit **Sacheinlagen** erbracht werden, sind diese vollständig zu leisten; ausstehende Einlagen ergeben sich demzufolge nicht (§ 36a Abs. 2 AktG, § 7 Abs. 3 GmbHG).

Aufgrund der wesentlich strengeren Vorschriften bei Erbringung von Sacheinlagen i. S. d. § 5 Abs. 4 GmbHG hat der Prüfer darauf zu achten, dass keine sog. **verdeckten Sacheinlagen** als Bareinlagen kaschiert werden. Hierzu hat das MoMiG in § 19 Abs. 4 und 5 GmbHG Klarheit geschaffen, indem Definition und Rechtsfolgen der verdeckten Sacheinlage erstmals gesetzlich geregelt wurden. Eine verdeckte Sacheinlage liegt vor, wenn der Gesellschafter zwar formal eine Bareinlage leistet, bei wirtschaftlicher Betrachtung aber einen Sachgegenstand in die Gesellschaft einbringt.

Typischerweise leistet ein Gesellschafter zunächst eine Bareinlage und verkauft dann – in zeitlichem und sachlichem Zusammenhang – einen bestimmten Vermögensgegenstand gegen Vergütung an die GmbH. Die der GmbH zugeflossenen Barmittel werden letztlich an den Gesellschafter zurückgezahlt; im Ergebnis findet also eine verschleierte Sachgründung statt, da die Bareinlage der Gesellschaft nicht endgültig zur Verfügung steht. Neben dem klassischen Fall der verdeckten Sacheinlage in Form von Veräußerungsgeschäften sind zahlreiche weitere Umgehungstatbestände denkbar (z. B. gekoppelte Darlehensgeschäfte bzw. deren Rückzahlung).

Diese Umgehungskonstruktionen sind nach MoMiG zwar weiterhin unzulässig, der Wert des der Gesellschaft überlassenen Vermögensgegenstandes wird aber auf die Bareinlageansprüche der Gesellschaft gegen den Gesellschafter angerechnet („**Anrechnungslösung**"); der Gesellschafter braucht nicht die vollständige Einlage erneut in bar leisten („**Erfüllungslösung**").

Die Anrechnung erfolgt allerdings erst zum Zeitpunkt der Eintragung der Gesellschaft in das Handelsregister. Da zuvor der Geschäftsführer bei Unterzeichnung der Anmeldung versichern muss, dass die Einlageleistungen ordnungsgemäß erbracht sind, können die Rechtsfolgen der §§ 9c, 82 GmbHG eintreten.

Bei der AG obliegt die **Einforderung** der ausstehenden Einlagen dem Vorstand (§ 63 Abs. 1 AktG), während die Einforderung der Einzahlungen auf Stammeinlagen bei GmbH durch die Gesellschafter erfolgt (§ 46 Nr. 2 GmbHG).

Der Prüfer muss sich von der fristgerechten Einforderung und vollständigen Zahlung der Einlagen überzeugen. Er hat sich überdies ein Bild von der Werthaltigkeit der eingeforderten ausstehenden Einlagen und damit von der Zahlungsfähigkeit der Verpflichteten zu machen. Erforderlichenfalls hat er auf eine Abschreibung der als uneinbringlich anzusehenden ausstehenden Einlagen zu achten.

Im Fall der verspäteten Einzahlung eingeforderter Bareinlagen besteht **Verzinsungspflicht** (§ 63 Abs. 2 AktG, § 20 GmbHG). Der Prüfer hat auf die Einbuchung einer entsprechenden Forderung zu dringen.

Das Grund- und Stammkapital darf an die Anteilseigner **nicht zurückgewährt** werden (§ 57 Abs. 1 AktG, § 30 Abs. 1 GmbHG). Der Prüfer hat die Umgehung des Rückgewährungsverbots durch nicht marktgerechte Liefer- und Leistungsverträge (z. B. marktunübliche Kaufpreise, Mieten, Pachten, Darlehenszinsen) zu begutachten.

Umgehungstatbestände insbesondere im Krisenfall stellen die sog. **eigenkapitalersetzenden Darlehen** von Gesellschaftern dar. Die diesbezüglichen expliziten Regelungen der §§ 32a, 32b GmbHG a. F. sind mit dem MoMiG abgeschafft worden. § 30 Abs. 1 Satz 3 GmbHG bestimmt nun demgegenüber, dass das Auszahlungsverbot des § 30 Abs. 1 Satz 1 GmbHG für die Rückgewähr eines Gesellschafterdarlehens und Leistungen auf Forderungen aus Rechtshandlungen, die einem Gesellschafterdarlehen wirtschaftlich entsprechen, nicht greift. Stattdessen sind die allgemeinen insolvenzrechtlichen Bestimmungen zur Behandlung von Gesellschafterdarlehen und zur Anfechtbarkeit von deren Rückzahlungen oder Besicherungen der §§ 19 Abs. 2, 39 Abs. 1 Nr. 5, 135 InsO anzuwenden.

Zwischen Eigen- und Fremdkapital besteht in der Praxis eine nicht unerhebliche **Grauzone**. Die Finanzierung von Unternehmen mit Hilfe sog. Eigenkapitalsurrogate nimmt an Bedeutung zu. Hierzu zählen insbesondere nachrangige Verbindlichkeiten, Einlagen stiller Gesellschafter sowie Genussrechtskapital.

Je nach der vertraglichen Ausgestaltung ist grundsätzlich eine Zuordnung sowohl zum Eigen- wie auch zum Fremdkapital möglich. Daher werden derartige Eigenkapitalsurrogate häufig auch als sog. „**Hybridkapital**" bezeichnet. Eine Abgrenzung unter betriebswirtschaftlichen Aspekten hat vor dem Hintergrund der Funktion des Eigenkapitals zu erfolgen.

Der Prüfer wendet im Rahmen einer solchen Beurteilung die in der Stellungnahme IDW HFA 1/1994 kodifizierten Grundsätze an. Demnach stellen Eigenkapitalsurrogate bei kumulativer Erfüllung folgender Kriterien Eigenkapital dar:

- Vereinbarung einer rein erfolgsabhängigen Vergütung für die Kapitalüberlassung,
- Teilnahme des Kapitals an Bilanzverlusten bis zur vollen Höhe (entsprechend des gezeichneten Kapitals),
- nachrangige Rückzahlung im Insolvenzfall (nach Befriedigung aller anderen Gläubiger),
- Überlassung für einen längeren, unkündbaren Zeitraum (ohne Quantifizierung, im Fachschrifttum werden Zeiträume von mindestens 5 Jahren aufgeführt).

Im Falle der Klassifizierung des hybriden Kapitals als Eigenkapital empfiehlt sich gemäß § 265 Abs. 5 HGB die Darstellung in einem besonderen Posten.

6.3.2 Erwerb eigener Anteile

Der **Erwerb** eigener Anteile folgt den jeweiligen gesellschaftsrechtlichen Vorschriften. Ein solcher kommt einer Rückgewähr von Einlagen gleich und ist deshalb generell unzulässig. Es gelten Ausnahmetatbestände, für die AG etwa die des § 71 Abs. 1 AktG.

Auch in den genannten Fällen ist ein Erwerb **nur zulässig**, wenn die Gesellschaft im Zeitpunkt des Erwerbs eine (fiktive) **Rücklage** i. H. der Aufwendungen für den Erwerb bilden **könnte**, ohne das Grundkapital oder eine nach Gesetz oder Satzung zu bildende Rücklage zu mindern, die nicht zur Zahlung an die Aktionäre verwandt werden darf (§ 71 Abs. 2 Satz 2 AktG). Insoweit wird sichergestellt, dass ein Rückkauf eigener Aktien nur aus dem ausschüttungsfähigen Vermögen erfolgt; der Prüfer hat dies nachzuvollziehen. Ist diese Voraussetzung zum Zeitpunkt des Erwerbs nicht erfüllt, so ist das Rechtsgeschäft **nichtig** (§ 71a Abs. 1 Satz 2 2. Halbsatz AktG).

Für die GmbH gelten die sinngemäß analogen Vorschriften des § 33 GmbHG.

Die **Bilanzierung** eigener Anteile wurde mit § 272 Abs. 1a HGB neu geregelt. Demnach ist der Nennbetrag oder der rechnerische Wert von erworbenen eigenen Anteilen in der Vorspalte offen vom gezeichneten Kapital als **Kapitalrückzahlung** abzusetzen. Der Unterschiedsbetrag zwischen dem Nennbetrag oder dem rechnerischen Wert und den Anschaffungskosten der eigenen Anteile ist mit den frei verfügbaren Rücklagen zu verrechnen. Nebenkosten des Erwerbs eigener Anteile sind zwingend als Periodenaufwand zu behandeln; dies ist vom Prüfer zu überwachen.

Mit Inkrafttreten des BilMoG erfolgt die handelsbilanzielle Erfassung eigener Anteile nunmehr unabhängig von der Rechtsform, eine Unterscheidung zwischen eigenen Anteilen und eigenen Aktien wird gegenstandslos. Auch entfällt für Zwecke der Handelsbilanz die bisherige Differenzierung zwischen den verschiedenen Erwerbstatbeständen des § 71 AktG, was die Bilanzierung eigener Anteile vereinfacht.

Weiter wird einem Anliegen der Praxis in der Weise Rechnung getragen, dass eine Verrechnung des erwerbsbezogenen Unterschiedsbetrags mit den frei verfügbaren Kapitalrücklagen (§ 272 Abs. 2 Nr. 4 HGB) einer solchen mit den jederzeit auflösbaren Gewinnrücklagen i. S. des § 266 Abs. 3 A.III.4. HGB ausdrücklich gleichkommt, da eine Ausschüttung gebundenen Vermögens dennoch wirksam unterbunden wird.

Im Ergebnis ist der Ausweis eigener Aktien nur noch auf der Passivseite der Bilanz zulässig. Die Bildung einer Rücklage für eigene Aktien als Korrespondenz eines aktivischen Ausweises erübrigt sich. Die aus dem Erwerb eigener Anteile resultierende Eigenkapitalschmälerung wird durch einen **Vorspaltenausweis** kenntlich gemacht:

ABB. 220:	Bilanzielle Behandlung des Erwerbs eigener Anteile			
Aktiva	Bilanz [Mio. €]			Passiva
		Gezeichnetes Kapital	5.000	
		- Nennbetrag eigener Anteile	500	
				4.500
		Kapitalrücklage		2.000
		Gewinnrücklage	4.000	
		- Unterschiedsbetrag	1.500	
				2.500
(Liquide Mittel)		-2.000	Jahresüberschuss	1.000
			Summe Eigenkapital	**10.000**
Annahme: Für 2.000 Mio. € werden eigene Anteile im Nennwert von 500 Mio. € erworben. Dies induziert nach Wegfall der Rücklage für eigene Anteile nunmehr eine Bilanzverkürzung um 2.000 Mio. €.				

Die bis Inkrafttreten des BilMoG noch zulässige, teilweise rechtsformabhängige Alternative mit der Möglichkeit der Aktivierung der eigenen Anteile besteht nicht mehr.

Bei **Veräußerung** der eigenen Anteile durch die Gesellschaft ist der aus § 272 Abs. 1a Satz 1 HGB resultierende Ausweis in Form einer **Kapitalerhöhung** rückgängig zu machen. Der Unterschiedsbetrag zwischen dem Nennbetrag oder dem rechnerischen Wert und den ursprünglichen Anschaffungskosten der eigenen Anteile ist mit den frei verfügbaren Rücklagen zu verrechnen. Ein die ursprünglichen Anschaffungskosten übersteigender Differenzbetrag aus dem Verkaufserlös ist in die Kapitalrücklage gemäß § 272 Abs. 2 Nr. 1 HGB einzustellen. Die Nebenkosten der Veräußerung sind als Periodenaufwand zu verrechnen (§ 272 Abs. 1b HGB).

Laut amtlicher Begründung zum BilMoG wird es als folgerichtig angesehen, den Vorspaltenausweis bei Veräußerung der eigenen Anteile teilweise oder vollständig entfallen zu lassen. Im Ergebnis werden Erwerb und Veräußerung eigener Anteile nicht nur symmetrisch, sondern auch gemäß den tatsächlichen wirtschaftlichen Verhältnissen im Abschluss dargestellt.

Unabhängig vom Übergangszeitpunkt auf die Vorschriften des BilMoG ist stets zu prüfen, ob der Erwerb eigener Anteile durch die Gesellschaft zulässig war (§§ 71 f. AktG, § 33 GmbHG). Weiter ist zu kontrollieren, ob eine Bildung der fiktiven Rücklage nach § 71 Abs. 2 Satz 2 AktG möglich ist. Nicht frei verfügbare Rücklagen sind die gesetzliche, satzungsmäßigen oder andere zweckgebundenen Gewinnrücklagen; diese dürfen hierdurch nicht gemindert werden. Der Prüfer hat insofern zu überwachen, dass eine Aushöhlung der Haftungsmasse unterbleibt.

6.3.3 Kapitalveränderungen

Kapitalveränderungen bei der AG können resultieren aus einer

- Kapitalerhöhung gegen Einlagen (§§ 182 bis 191 AktG),
- bedingten Kapitalerhöhung (§§ 192 bis 201 AktG),
- genehmigten Kapitalerhöhung (§§ 202 bis 206 AktG),
- Kapitalerhöhung aus Gesellschaftsmitteln (§§ 207 bis 220 AktG),
- ordentlichen Kapitalherabsetzung (§§ 222 bis 228 AktG),
- vereinfachten Kapitalherabsetzung (§§ 229 bis 236 AktG),
- Kapitalherabsetzung durch Einziehung von Aktien (§§ 237 bis 239 AktG).

Kapitalerhöhungen der GmbH können nur gegen Einlagen, durch genehmigtes Kapital oder aus Gesellschaftsmitteln erfolgen (§§ 55 bis 57o GmbHG). Bedingte Kapitalerhöhungen sind für GmbH nicht vorgesehen.

Voraussetzung für die Kapitalveränderung einer AG ist stets ein Hauptversammlungsbeschluss mit einer Dreiviertel-Mehrheit des vertretenen Grundkapitals, soweit die Satzung keine höhere Mehrheit bzw. zusätzliche Erfordernisse bestimmt (§ 182 Abs. 1, § 193 Abs. 1, § 202 Abs. 2, § 207 Abs. 2 AktG). Analoges gilt für den Gesellschafterbeschluss einer GmbH (§ 53 Abs. 2, § 57c Abs. 4 GmbHG). Somit obliegt dem Prüfer eine kritische Durchsicht der entsprechenden Protokolle.

Im Zuge einer **Kapitalerhöhung gegen Einlagen** („ordentliche Kapitalerhöhung") wird der Gesellschaft Liquidität durch Ausgabe neuer Aktien bzw. Geschäftsanteile zugeführt (§ 182 Abs. 1 Satz 4 AktG, § 55 Abs. 1 GmbHG). Bei AG mit Stückaktien ist zu beachten, dass sich die Zahl der Aktien in demselben Verhältnis wie das Grundkapital erhöhen muss (§ 182 Abs. 1 Satz 5 AktG). Auch darf der Nennbetrag der neu ausgegebenen Aktien nicht über ihrem Ausgabebetrag liegen (§ 9 Abs. 1 AktG), bei umgekehrter Relation ist der Differenzbetrag in die Kapitalrücklage einzustellen.

Prüfung des Eigenkapitals und des Sonderpostens   **KAPITEL V**

Eine wesentliche Voraussetzung für die Zulässigkeit dieser Finanzierungsmaßnahme bei der AG ist, dass ausstehende Einlagen auf das bisherige Grundkapital – jedenfalls in erheblichem Umfang – nicht mehr erlangt werden können (§ 182 Abs. 4 Satz 1 AktG). Der Prüfer hat sich auch von der Eintragung der Durchführung der Kapitalerhöhung im Handelsregister zu überzeugen, da diese ihre Wirksamkeit bedingt (§ 184 Abs. 1, § 189 AktG, § 54 Abs. 3 GmbHG).

Die **Kapitalerhöhung mit Sacheinlagen** ist an besondere Formvorschriften geknüpft, deren Einhaltung der Prüfer überwachen muss (§ 183 AktG, § 56 GmbHG). Bei der AG hat insbesondere eine Prüfung stattzufinden (§ 183 Abs. 3 AktG).

ABB. 221:	Checkliste der Rechtsvorschriften zur Kapitalerhöhung gegen Einlagen (§§ 182 ff. AktG)
▶	Liegt ein gültiger Beschluss der Hauptversammlung mit Dreiviertel-Mehrheit oder anderer durch Satzung bestimmter höherer Mehrheit vor (§ 182 Abs. 1 Satz 1 AktG)? Wurden ggf. weitere vorhandene satzungsmäßige Erfordernisse erfüllt (§ 182 Abs. 1 Satz 3 AktG)?
▶	Erfolgte der Beschluss erforderlichenfalls für jede Gattung stimmberechtigter Aktien separat (§ 182 Abs. 2 Satz 1 AktG)?
▶	Wird bei Stückaktien die Zahl der Aktien im selben Verhältnis wie das Grundkapital erhöht (§ 181 Abs. 1 Satz 5 AktG)?
▶	Ist ein Mindestausgabebetrag festgesetzt worden, sofern Aktien für einen höheren Betrag als den geringsten Ausgabebetrag ausgegeben werden sollen (§ 182 Abs. 3 AktG)?
▶	Können noch ausstehende Einlagen auf das bisherige Grundkapital erlangt werden und hindert dies insoweit die Durchführung einer Kapitalerhöhung (§ 182 Abs. 4 Satz 1 AktG)?
▶	Werden im Beschluss der Kapitalerhöhung alle erforderlichen Informationen über eine eventuelle Sacheinlage festgesetzt (§ 183 Abs. 1 Satz 1 AktG)?
▶	Wurde die Einbringung von Sacheinlagen ausdrücklich und ordnungsgemäß gemäß § 124 Abs. 1 AktG bekannt gemacht (§ 183 Abs. 1 Satz 2 AktG)?
▶	Wird berücksichtigt, dass Verträge über Sacheinlagen ohne Festsetzungen der Gesellschaft gegenüber unwirksam sind (§ 183 Abs. 2 Satz 1 AktG)? Wird beachtet, dass nach der Eintragung die Gültigkeit der Kapitalerhöhung durch diese Unwirksamkeit nicht berührt wird (§ 183 Abs. 2 Satz 2 AktG)?
▶	Hat bei der Kapitalerhöhung mit Sacheinlagen eine Prüfung stattgefunden (§ 183 Abs. 3 AktG)?
▶	Haben der Vorstand sowie der Vorsitzende des Aufsichtsrats den Beschluss zur Eintragung in das Handelsregister angemeldet (§ 184 AktG)?
▶	Wurde bei der Anmeldung der Prüfungsbericht bezüglich etwaiger Sacheinlagen beigefügt (§ 184 AktG)?
▶	Geht aus den Zeichnungsscheinen die Beteiligung nach der Zahl, bei Nennbetragsaktien der Nennbetrag und die Gattung der Aktien hervor (§ 185 Abs. 1 Satz 1 AktG)?
▶	Enthält der Zeichnungsschein den Tag des Beschlusses der Kapitalerhöhung, den Ausgabebetrag der Aktien, die vorgesehenen Festsetzungen (Sacheinlagen) und den Zeitpunkt, an dem die Zeichnung unverbindlich wird, wenn noch kein Eintrag erfolgt ist (§ 185 Abs. 1 Satz 3 AktG)?
▶	Wird beachtet, dass nach der Eintragung der Durchführung der Zeichnungsschein verbindlich ist, wenn der Zeichner Rechte ausgeübt oder Verpflichtungen erfüllt hat (§ 185 Abs. 3 AktG)?
▶	Wird jedem Aktionär mindestens zwei Wochen Frist gewährt, um sein Bezugsrecht auszuüben (§ 186 Abs. 1 AktG)? Hat der Vorstand den Ausgabebetrag und die Frist zur Ausübung des Bezugsrechts in den Gesellschaftsblättern bekannt gemacht (§ 186 Abs. 2 AktG)?
▶	Wird beachtet, dass das Bezugsrecht ganz oder teilweise nur im Rahmen des Beschlusses über die Kapitalerhöhung mit Dreiviertel- oder satzungsmäßig bestimmter höherer Mehrheit ausgeschlossen werden kann (§ 186 Abs. 3 AktG)?

- ▶ Wird die Ausschließung ausdrücklich und ordnungsgemäß bekannt gemacht (§ 186 Abs. 4 Satz 1 AktG)? Hat der Vorstand der Hauptversammlung einen schriftlichen Bericht über den Grund der Ausschließung vorgelegt (§ 186 Abs. 4 Satz 2 AktG)?
- ▶ Werden die Rechte auf den Bezug neuer Aktien nur unter Vorbehalt zugesichert (§ 187 Abs. 1 AktG)?
- ▶ Wurde die Anmeldung und Eintragung der Durchführung in das Handelsregister vom Vorstand und vom Vorsitzenden des Aufsichtsrates vorgenommen (§ 188 Abs. 1 AktG)?
- ▶ Wurden dem Gericht zur Anmeldung auch die Zweitschriften der Zeichnungsscheine, ein Verzeichnis der Zeichner, die Verträge, die den Festsetzungen nach § 183 AktG zugrunde liegen, die Berechnung der Kosten und ggf. die Genehmigungsurkunde beigefügt (§ 188 Abs. 3 AktG)?
- ▶ Wurde in die Bekanntmachung bei Einbringung von Sacheinlagen auch die diesbezüglich vorgesehenen Festsetzungen und der Hinweis auf den Prüfungsbericht aufgenommen (§ 190 AktG)?
- ▶ Wurde das Verbot beachtet, vor Eintragung der Durchführung der Erhöhung des Grundkapitals Aktien und Zwischenscheine auszugeben? Werden bei Verstößen gegen das Verbot die Nichtigkeit der vorzeitigen Ausgabe und eventuelle Schadensersatzpflichten der Ausgeber beachtet (§ 191 AktG)?

Bei einer **bedingten Kapitalerhöhung** ist vom Prüfer festzustellen, ob die gesetzlich bestimmten Voraussetzungen (§ 192 AktG) erfüllt wurden. Insbesondere ist der Beschluss einer bedingten Kapitalerhöhung geknüpft an die

- ▶ Gewährung von Umtausch- oder Bezugsrechten an Gläubiger von Wandelschuldverschreibungen,
- ▶ Vorbereitung eines Unternehmenszusammenschlusses bzw.
- ▶ Gewährung von Bezugsrechten an Arbeitnehmer und Mitglieder der Geschäftsführung der Gesellschaft oder eines verbundenen Unternehmens (§ 192 Abs. 2 AktG).

Im Fall der bedingten Kapitalerhöhung soll eine Erhöhung des Grundkapitals nur insoweit durchgeführt werden, als dass von einem seitens der AG eingeräumten Umtausch- oder Bezugsrecht Gebrauch gemacht wird (§ 192 Abs. 1 AktG). Jedoch ist für den Nennbetrag des genehmigten Kapitals die Obergrenze von 10 % des zur Zeit der Beschlussfassung vorhandenen Grundkapitals einzuhalten (§ 192 Abs. 3 AktG). Im Fall der Einbringung von Sacheinlagen ist die Einhaltung der besonderen Bestimmungen des § 194 AktG zu überprüfen (insbesondere der Festsetzungspflicht nach § 194 Abs. 1 AktG und der Prüfungspflicht nach § 194 Abs. 4 AktG).

Der Beschluss über die bedingte Kapitalerhöhung ist ins Handelsregister einzutragen (§ 197 Satz 1 AktG); vor Erfüllung der gesetzlichen Voraussetzungen ausgegebene Bezugsaktien sind nichtig (§ 197 Satz 3 AktG). Außerdem ist der Umfang der Ausgabe von Bezugsrechten gesondert zur Eintragung in das Handelsregister anzumelden (§ 201 Abs. 1 AktG). Der Prüfer hat zudem die Erfüllung der mit dem bedingten Kapital verbundenen weiteren Vermerk- und Angabenpflichten zu überprüfen (§ 152 Abs. 1 Satz 3, § 160 Abs. 1 Nr. 3 AktG).

Das GmbHG kennt keine bedingte Kapitalerhöhung.

§ 202 Abs. 1 AktG ermächtigt den Vorstand, beim Vorliegen entsprechender Satzungsbestimmungen innerhalb von höchstens fünf Jahren nach Eintragung das Grundkapital der Gesellschaft bis zu einem bestimmten Nennbetrag durch Ausgabe neuer Aktien gegen Einlagen zu erhöhen. Der Nennbetrag des sog. **genehmigten Kapitals** darf die Hälfte des zum Zeitpunkt der Ermächtigung bestehenden Grundkapitals nicht überschreiten (§ 202 Abs. 3 Satz 1 HGB).

Prüfung des Eigenkapitals und des Sonderpostens — KAPITEL V

Zur Beurteilung der Ordnungsmäßigkeit der Ausgabe sind die für die ordentliche Kapitalerhöhung geltenden Vorschriften grundsätzlich analog anzuwenden (§§ 185 ff. AktG i.V. mit § 203 Abs. 1 AktG). Auch ist zu überprüfen, ob die Zustimmung des Aufsichtsrats zur Ausgabe neuer Aktien vorlag (§ 202 Abs. 3 Satz 2 AktG). Besondere vom Prüfer zu überwachende Angabepflichten ergeben sich aus § 160 Abs. 1 Nr. 3 und 4 AktG.

Seit dem MoMiG ist auch für GmbH eine genehmigte Kapitalerhöhung möglich. Nach § 55a Abs. 1 GmbHG können die Geschäftsführer durch Gesellschaftsvertrag für höchstens fünf Jahre nach Eintragung der Gesellschaft ermächtigt werden, das Stammkapital bis zu einem bestimmten Nennbetrag (genehmigtes Kapital) durch Ausgabe neuer Geschäftsanteile gegen Einlagen zu erhöhen. Der Nennbetrag des genehmigten Kapitals darf die Hälfte des Stammkapitals, das zur Zeit der Ermächtigung vorhanden ist, nicht übersteigen.

Die Ermächtigung kann auch durch Abänderung des Gesellschaftsvertrags für höchstens fünf Jahre nach der Eintragung erteilt werden (§ 55a Abs. 2 GmbHG); für die Ausgabe von Geschäftsanteilen gegen Sacheinlagen muss eine ausdrückliche Ermächtigung vorliegen (§ 55a Abs. 3 GmbHG). Für die Leistung der Einlagen sind wiederum die allgemeinen Vorschriften anzuwenden, § 56a GmbHG.

Die **Kapitalerhöhung aus Gesellschaftsmitteln** stellt eine Umbuchung von Kapital- oder Gewinnrücklagen in Grund- oder Stammkapital dar, es wird der Gesellschaft kein Kapital von außen zugeführt (§ 207 Abs. 1 AktG, § 57c Abs. 1 GmbHG). Sie ist für die AG und die GmbH gleichermaßen zulässig. Ihre Wirksamkeit ist ebenfalls an die Eintragung des Beschlusses in das Handelsregister gebunden (§§ 210 f. AktG, § 54 Abs. 3, § 57i Abs. 4 GmbHG). In Grundkapital umgewandelt werden können

▶ die Kapitalrücklage, die gesetzliche Rücklage und deren Zuführungen, soweit sie zusammen 10 % oder einen satzungsmäßig höheren Anteil vom Grundkapital übersteigen,

▶ andere Gewinnrücklagen und deren Zuführungen, falls die Umwandlung mit ihrer Zweckbindung vereinbar ist,

soweit jeweils die der Kapitalerhöhung zugrunde liegende Bilanz keinen Verlust einschließlich Verlustvortrag ausweist (§ 208 AktG). Auch ist zu prüfen, ob die zugrunde liegende Bilanz geprüft und mit dem uneingeschränkten Bestätigungsvermerk versehen ist (§ 209 AktG). Der Prüfer hat zu überwachen, dass durch die Umbuchung die durch Gesetz, Gesellschaftsvertrag und Satzung bestimmten Mindesthöhen der Rücklagenbildung nicht unterschritten werden. Zu beachten ist insbesondere die Beschränkung des § 208 Abs. 1 Satz 2 AktG.

ABB. 222:	Checkliste der Rechtsvorschriften zur Kapitalerhöhung aus Gesellschaftsmitteln (§§ 207 ff. AktG)

- ▶ Wird die Kapitalerhöhung ausschließlich mittels Umwandlung von Kapital- und Gewinnrücklagen durchgeführt und werden durch die Umwandlung die hierfür vorgesehenen gesetzlichen bzw. satzungsmäßigen Untergrenzen nicht verletzt (§ 207 Abs. 1 AktG)?
- ▶ Liegt ein gültiger Beschluss der Hauptversammlung mit Dreiviertel-Mehrheit oder anderer durch Satzung bestimmter höherer Mehrheit vor und liegt dem Beschluss eine Bilanz zugrunde (§ 207 Abs. 3 AktG)?
- ▶ Werden in der letzten Jahresbilanz Kapitalrücklagen oder Gewinnrücklagen ausgewiesen, die in Grundkapital umgewandelt werden können (§ 208 Abs. 1 Satz 1 AktG)?
- ▶ Wird berücksichtigt, dass maximal ein Betrag aus der Kapitalrücklage und der gesetzlichen Rücklage und deren Zuführungen umgewandelt werden kann, der 10 % des bisherigen Grundkapitals übersteigt (§ 208 Abs. 1 Satz 2 AktG)?
- ▶ Wird beachtet, dass bei einem ausgewiesenen Verlust bzw. Verlustvortrag keine Rücklagen umgewandelt werden können (§ 208 Abs. 2 Satz 1 AktG)? Ist sichergestellt, dass keine Rücklagen entgegen ihrer Zweckbindung umgewandelt werden dürfen (§ 208 Abs. 2 Satz 2 AktG)?
- ▶ Liegt der Stichtag der zugrunde gelegte Bilanz maximal acht Monate vor der Anmeldung des Beschlusses zur Eintragung in das Handelsregister und wurde die Bilanz mit dem uneingeschränkten Bestätigungsvermerk des Abschlussprüfers versehen (§ 209 Abs. 1 bis 3 AktG)?
- ▶ Wird der Anmeldung und Eintragung des Beschlusses die zugrunde gelegte Bilanz beigefügt und haben die Anmeldenden die erforderlichen Erklärungen abgegeben (§ 210 Abs. 1 Satz 1 AktG)?
- ▶ Wird bei der Anmeldung angegeben, dass es sich um eine Kapitalerhöhung aus Gesellschaftsmitteln handelt (§ 210 Abs. 4 AktG)?
- ▶ Werden den Aktionären neue Aktien im Verhältnis ihrer bisherigen Anteile eingeräumt (§ 212 AktG)?
- ▶ Werden die Aktionäre aufgefordert, die neuen Aktien abzuholen (§ 214 Abs. 1 Satz 1 AktG)? Wird die Aufforderung in den Gesellschaftsblättern bekannt gemacht (§ 214 Abs. 1 Satz 2 AktG)?
- ▶ Wird in der Aufforderung darauf hingewiesen, um welchen Betrag das Grundkapital erhöht wurde und in welchem Verhältnis neue Aktien auf alte Aktien entfallen (§ 214 Abs. 1 Satz 3 AktG)?
- ▶ Wird auf die der Gesellschaft zustehenden Maßnahmen für den Fall hingewiesen, dass die Aktien nicht innerhalb eines Jahres abgeholt werden (§ 214 Abs. 2 AktG)?
- ▶ Nehmen eigene Aktien und teileingezahlte Aktien entsprechend ihrem Anteil an der Erhöhung des Grundkapitals teil (§ 215 AktG)?
- ▶ Bleibt das Verhältnis der mit den Aktien verbundenen Rechte durch die Kapitalerhöhung unberührt (§ 216 Abs. 1 AktG)? Stehen den Aktionären der teileingezahlten Aktien Rechte nur nach der Höhe der geleisteten Einlage zu, welche um den Prozentsatz der Kapitalerhöhung erhöht wird (§ 216 Abs. 2 AktG)?
- ▶ Bleiben die Beziehungen der Gesellschaft zu Dritten sowie etwaige Nebenverpflichtungen der Aktionäre durch die Kapitalerhöhung unberührt (§ 216 Abs. 3 AktG)?
- ▶ Nehmen die neuen Aktien am Gewinn des ganzen Geschäftsjahres teil, in dem die Kapitalerhöhung beschlossen worden ist (§ 217 Abs. 1 AktG)?
- ▶ Wurde im Beschluss über die Erhöhung abweichend bestimmt, dass die Gewinnbeteiligung schon im abgelaufenen Geschäftsjahr vor der Beschlussfassung beginnt (§ 217 Abs. 2 Satz 1 AktG)? Wurde ein solcher Beschluss vor dem Verwendungsbeschluss über den Bilanzgewinn des letzten vor der Beschlussfassung abgelaufenen Geschäftsjahres getroffen (§ 217 Abs. 2 Satz 2 AktG)?
- ▶ Wurde zur Vermeidung der Nichtigkeit der Beschluss innerhalb von drei Monaten in das Handelsregister eingetragen (§ 217 Abs. 2 Satz 4 AktG)?
- ▶ Erhöht sich das bedingte Kapital im gleichen Verhältnis wie das Grundkapital (§ 218 Satz 1 AktG)?
- ▶ Wurde das Verbot beachtet, neue Aktien und Zwischenscheine vor Eintragung des Beschlusses auszugeben (§ 219 AktG)?

In dieser Fülle weist das GmbHG keine solchen Beschränkungen auf. Wesentliche Voraussetzungen für die Kapitalerhöhung aus Gesellschaftsmitteln sind dort, dass

- dem Beschluss eine geprüfte Bilanz zugrunde liegt, die mit dem uneingeschränkten Bestätigungsvermerk des Prüfers versehen ist (§ 57e GmbHG),
- diese keinen Verlust oder Verlustvortrag ausweist (§ 57d Abs. 2 GmbHG) und
- die Umwandlung mit der Zweckbestimmung der Rücklagen vereinbar ist (§ 57d Abs. 3 GmbHG).

Zur **Kapitalerhöhung gegen Sacheinlagen** vgl. die besonderen Vorschriften der §§ 183 ff., 194 ff., 205 ff. AktG und § 56 GmbHG. Für AG hat insbesondere grundsätzlich eine Prüfung der Ausgabe von Aktien gegen Sacheinlagen stattzufinden (§§ 183 Abs. 3, 194 Abs. 4, 205 Abs. 5 AktG). Für diese sind die Vorschriften der § 33 Abs. 3 bis 5, §§ 34, 35 AktG zur Gründung gegen Sacheinlagen sinngemäß anzuwenden. Von der Prüfung kann lediglich im Fall des § 33a AktG abgesehen werden (Einlage bestimmter Wertpapiere).

Besonderes Augenmerk vom Prüfer wird bei sog. **verdeckten Sacheinlagen** bei Kapitalerhöhungen verlangt. Hierbei handelt es sich formell um Bareinlagen, in deren Rahmen jedoch vom Verpflichteten keine Zahlung erfolgt, sondern vielmehr eine Aufrechnung der Verpflichtung mit bestehenden Forderungen gegen die Gesellschaft vorgenommen wird. Die Kapitalerhöhung bleibt zwar wirksam, jedoch hat die Gesellschaft weiterhin eine ausstehende Einlage zu aktivieren und in gleicher Höhe eine Verbindlichkeit zur Rückgewähr der erbrachten Sacheinlage zu passivieren.

Eine **ordentliche Kapitalherabsetzung** kann bei der AG zum Zwecke

- des Verlustausgleichs,
- der Einstellung von Beträgen in die Kapitalrücklage oder
- der Rückzahlung von Teilen des Grundkapitals an die Anteilseigner

erfolgen. In letzterem Fall sind vom Prüfer die Einhaltung der besonderen Regelungen des Gläubigerschutzes (§ 225 AktG) zu überprüfen, hierzu zählt insbesondere die Einhaltung einer Sperrfrist für Auszahlungen an die Aktionäre. Die Beachtung der Regeln bezüglich des Mindestnennbetrags bzw. Mindestgrundkapitals ist sicherzustellen. Ausnahmsweise kann das Grundkapital unter den Mindestnennbetrag herabgesetzt werden, wenn dieser durch eine nachfolgende, gleichzeitig mit der Kapitalherabsetzung beschlossene und ausschließlich durch Barmittel geleistete Kapitalerhöhung wieder erreicht wird (§ 228 Abs. 1 AktG).

Für GmbH gelten die Erfordernisse des § 58 Abs. 1 GmbHG. Der Prüfer muss sich davon überzeugen, dass u. a. die Bekanntmachung des Beschlusses, die Befriedigung der Gläubigeransprüche und die Anmeldung zur Eintragung in das Handelsregister ordnungsmäßig erfolgt sind.

Die **vereinfachte Kapitalherabsetzung** dient

- dem Ausgleich von Wertminderungen,
- der Deckung von Verlusten oder
- der Einstellung von Beträgen in die Kapitalrücklage (§ 229 Abs. 1 Satz 1 AktG; § 58a Abs. 1 GmbHG).

Zwingende Voraussetzung hierfür ist, dass die Anteile der gesetzlichen Rücklage und der Kapitalrücklage, die über 10 % des nach der Herabsetzung verbleibenden Grundkapitals hinausgehen, sowie die Gewinnrücklagen und der Gewinnvortrag vorweg aufgelöst wurden (§ 229 Abs. 2 AktG, § 58a Abs. 2 GmbHG). Es ist zu überwachen, dass eine vereinfachte Kapitalherabsetzung nur für die genannten Zwecke zulässig ist. Der Prüfer hat überdies die Einhaltung der umfassenden Gewinnverwendungs- und Auszahlungssperren der §§ 230 ff. AktG, §§ 58b ff. GmbHG sicherzustellen. Ansonsten sind die Vorschriften zur ordentlichen Kapitalherabsetzung analog anwendbar (§ 229 Abs. 3 AktG).

Im Rahmen einer Kapitalherabsetzung freigesetztes Kapital ist in der GuV als „Ertrag aus der Kapitalherabsetzung" separat hinter den Entnahmen aus Gewinnrücklagen auszuweisen und im Anhang zu erläutern (§ 240 AktG).

Analog zur Kapitalerhöhung ist für die Kapitalherabsetzung ein Beschluss der Haupt- bzw. Gesellschafterversammlung mindestens mit einer Dreiviertel-Mehrheit der abgegebenen Stimmen notwendig (§ 222 Abs. 1, § 229 Abs. 3 AktG, § 53 Abs. 2, § 58 Abs. 1 Nr. 3, § 58a Abs. 5, § 58e GmbHG). Ausnahmsweise genügt für die Durchführung der Prozedur nach §§ 237 ff. AktG die einfache Mehrheit (§ 237 Abs. 4 Satz 2 AktG).

Wird eine **vereinfachte Kapitalherabsetzung zugleich mit einer Kapitalerhöhung beschlossen**, so gelten die vereinfachenden Bestimmungen der §§ 235 AktG, 58f GmbHG, soweit die Aktien gezeichnet bzw. die Geschäftsanteile übernommen, die Einlagen geleistet und keine Sacheinlagen festgesetzt wurden.

Der **Ansatz** des gezeichneten Kapitals hat gemäß § 272 Abs. 1 Satz 2 HGB zum **Nennbetrag** zu erfolgen. Insoweit soll eine Unterbewertung des gezeichneten Kapitals und in der Folge der Ausweis eines höheren Bilanzgewinns vermieden werden. Soweit das gezeichnete Kapital voll eingezahlt wurde, obliegen dem Prüfer keine weiteren Prüfungshandlungen. Allenfalls sind die ausstehenden Einlagen einer Bonitätsprüfung in Bezug auf den/die Gesellschafter zu unterziehen.

6.4 Prüfung der Kapitalrücklage

Die Kapitalrücklage umfasst Beträge, die von den Gesellschaftern über das gezeichnete Kapital hinaus der Gesellschaft im Wege der Außenfinanzierung zur Verfügung gestellt werden. Hierbei ist die nachstehende Auflistung möglicher Dotierungsfälle des § 272 Abs. 2 HGB als abschließend zu betrachten. Sie beziffert den Betrag,

▶ der bei der Ausgabe von Anteilen einschließlich von Bezugsanteilen über den Nennbetrag, oder falls ein Nennbetrag nicht vorhanden ist, über den rechnerischen Wert hinaus erzielt wird, sowie Veräußerungsgewinne eigener Anteile,

▶ der bei der Ausgabe von Schuldverschreibungen für Wandlungsrechte und Optionsrechte zum Erwerb von Anteilen erzielt wird,

▶ von Zuzahlungen, die Gesellschafter gegen Gewährung eines Vorzugs für ihre Anteile leisten,

▶ von anderen Zuzahlungen, die Gesellschafter in das Eigenkapital leisten.

Darüber hinaus sind im Rahmen rechtsformabhängiger Vorschriften nach AktG und GmbHG in besonderen Fällen weitere Beträge in die Kapitalrücklage einzustellen. Eine Untergliederung der Bilanzposition entsprechend der § 272 Abs. 2 Nr. 1 bis 4 HGB wird jedoch nicht als notwendig erachtet.

In der Praxis finden sich hier Beträge, die bei der Ausgabe von Anteilen einschließlich Bezugsanteilen über den Nennbetrag hinaus erzielt werden (**Aufgeld, Agio**). Der Prüfer hat zu beachten, dass für die Einstellung von Agien in die Kapitalrücklage die Handelsregistereintragung der Kapitalerhöhung Voraussetzung ist. Im Rahmen der Gründung einer AG anfallendes Agio ist stets voll einzubezahlen (§ 36a Abs. 1 AktG).

Bei Aufgeldern aus der Ausgabe von Wandel- bzw. Optionsschuldverschreibungen tritt für den Prüfer das Problem auf, den fiktiven Ausgabebetrag der Schuldverschreibung ohne Wandlungs- bzw. Optionsrecht schätzen zu müssen. In diesem Zusammenhang sollten die laufenden Zinszahlungen sowie der Rückzahlungsbetrag der Schuldverschreibung mit einem frist- und risikoadäquaten Marktzinssatz abdiskontiert werden.

In die Kapitalrücklage einzustellende Zuzahlungen der Gesellschafter ergeben sich

▶ als Gegenleistung für die Gewährung gesellschaftsrechtlicher, insbesondere mitgliedschaftsrechtlicher Vorteile oder

▶ als freiwillige sonstige Leistungen (z. B. Forderungserlasse).

§ 270 Abs. 1 HGB verlangt, dass die Kapitalrücklage bereits bei Aufstellung der Bilanz um die entsprechenden Beträge dotiert wird. Verantwortlich für die Einstellung bzw. Auflösung der Kapitalrücklage ist somit allein die Geschäftsführung. Eine Billigung durch die Haupt- bzw. Gesellschafterversammlung erfolgt erst im Rahmen der Feststellung des Jahresabschlusses. Die Rücklagenbildung wird grundsätzlich erfolgsneutral als Bilanzverlängerung gebucht. Demnach finden die Bewegungen der Kapitalrücklage keinen Niederschlag in der GuV.

Insbesondere bei der AG stellt die Kapitalrücklage einen Teil des Haftungskapitals dar und unterliegt besonderen Verwendungsbeschränkungen (§ 150 Abs. 3 und 4 AktG). Für GmbH ist die Ausschüttungssperre für das in der Kapitalrücklage gesondert auszuweisende Nachschusskapital zu beachten (§ 42 Abs. 2 Satz 2 und 3 GmbHG).

6.5 Prüfung der Gewinnrücklagen

Im Gegensatz zur Kapitalrücklage enthält die Gewinnrücklage die im Unternehmen einbehaltenen Anteile der versteuerten Jahresergebnisse (§ 272 Abs. 3 HGB). Dies kann aufgrund gesetzlicher, gesellschaftsvertraglicher oder satzungsmäßiger Vorschriften oder Beschluss der Haupt- bzw. Gesellschafterversammlung erfolgen.

Zu Zwecken des Gläubigerschutzes ist von AG eine **gesetzliche Rücklage** nach Maßgabe des § 150 Abs. 1 und 2 AktG zu bilden. Für deren Dotierung ist der sich aus der Gewinn- und Verlustrechnung ergebende Jahresüberschuss maßgeblich. Hierbei darf dem Jahresüberschuss ein Gewinnvortrag nicht hinzugerechnet werden. Der Prüfer muss kontrollieren, ob 5 % des ggf. um einen Verlustvortrag aus dem Vorjahr gekürzten Jahresüberschusses in die gesetzliche Rücklage eingestellt werden, bis diese zusammen mit der Kapitalrücklage 10 % oder einen in der Satzung bestimmten höheren Anteil am Grundkapital erreichen. Eine Gesetz und Satzung nicht entsprechende Dotierung führt zur Nichtigkeit des Jahresabschlusses nach § 256 Abs. 1 Nr. 4 AktG.

Die Auflösung dieser Rücklage ist nur in den durch das Gesetz bestimmten Fällen zulässig (§ 150 Abs. 3 und 4 AktG). Unzulässig ist jedenfalls eine Verwendung für Ausschüttungen an die Anteilseigner. Der Prüfer hat die Erfüllung der gesetzlichen Auflösungsvoraussetzungen zu beachten.

ABB. 223:	Verwendung der gesetzlichen und Kapitalrücklage nach § 150 Abs. 3 und 4 AktG
Verwendungsmöglichkeiten der gesetzlichen Rücklage und Kapitalrücklage nach § 272 Abs. 2 Nr. 1 bis 3 HGB, falls diese (...)	
> 10 % oder einen in der Satzung bestimmten höheren Teil des Grundkapitals betragen:	≤ 10 % oder einen in der Satzung bestimmten höheren Teil des Grundkapitals betragen:
▶ Ausgleich eines Jahresfehlbetrags, soweit er nicht durch einen Gewinnvortrag gedeckt ist, ▶ Ausgleich eines Verlustvortrags, soweit er nicht durch einen Jahresüberschuss gedeckt ist, ▶ Durchführung einer Kapitalerhöhung aus Gesellschaftsmitteln (§§ 207 ff. AktG),	▶ Ausgleich eines Jahresfehlbetrags, soweit er nicht durch einen Gewinnvortrag gedeckt ist und nicht durch Auflösung anderer Gewinnrücklagen ausgeglichen werden kann, ▶ Ausgleich eines Verlustvortrags, soweit er nicht durch einen Jahresüberschuss gedeckt ist und nicht durch Auflösung anderer Gewinnrücklagen ausgeglichen werden kann,
(...) und gleichzeitig keine Gewinnrücklagen zur Gewinnausschüttung aufgelöst werden.	

Für die GmbH bestehen keine analogen Regelungen. Dem Gläubigerschutz wird dort durch die Vorschriften zur Nachschusspflicht der Gesellschafter (§§ 26 ff. GmbHG), zur Erhaltung des Stammkapitals (§ 30 GmbHG) sowie zur Erstattung verbotener Rückzahlungen (§ 31 GmbHG) Rechnung getragen.

Die seit Inkrafttreten des BilMoG zu bildende **Rücklage für Anteile an einem herrschenden oder mit Mehrheit beteiligten Unternehmen** (§ 272 Abs. 4 HGB) stellt die passive Gegenposition des entsprechenden betragsgleichen Aktivums dar. Sie erfüllt insoweit eine Ausschüttungssperrfunktion und stellt sicher, dass i. H. der erworbenen und aktivierten Anteile keine Gewinne an die Gesellschafter ausgeschüttet werden können, um dem Gläubigerschutz Rechnung zu tragen.

Die Bildung muss schon bei Aufstellung der Bilanz und erstmals für das Geschäftsjahr erfolgen, in dem die Anteile aktiviert wurden. Hierbei darf sie aus vorhandenen frei verfügbaren Rücklagen gebildet werden. Ob durch die Rücklagenbildung ein Jahresfehlbetrag bzw. Bilanzverlust entsteht, ist unbeachtlich.

Die Neuregelung des § 272 Abs. 4 HGB berücksichtigt den möglichen Anteilserwerb an einem Unternehmen, das das erwerbende Unternehmen beherrscht oder an diesem eine Mehrheitsbeteiligung hält (§§ 16, 17 AktG). Stehen die erworbenen Anteile nicht bereits im wirtschaftlichen Eigentum des herrschenden oder mit Mehrheit beteiligten Unternehmens, sind sie für Zwecke der Bilanzierung auf Ebene des beherrschten oder im Mehrheitsbesitz stehenden Unternehmens als Vermögensgegenstände zu klassifizieren und dementsprechend zu Anschaffungskosten zu aktivieren.

Dies erfolgt entweder unter § 266 Abs. 2 B.III.1. HGB – soweit die Voraussetzungen des § 271 Abs. 2 HGB erfüllt sind – oder unter § 266 Abs. 2 B.III.3. HGB im Umlaufvermögen (d. h. Anteile an verbundenen Unternehmen oder sonstige Wertpapiere). Ein Ausweis unter den Finanzanlagen kommt, soweit das herrschende oder mit Mehrheit beteiligte Unternehmen etwa nach Maßgabe des § 71d AktG jederzeit die Übertragung der Anteile verlangen kann, nur in Frage, wenn hinreichende Anhaltspunkte dafür bestehen, dass dieses Recht nicht ausgeübt wird.

Gemäß der amtlichen Gesetzesbegründung ist korrespondierend zu den erworbenen Anteilen eines herrschenden oder eines mit Mehrheit beteiligten Unternehmens auf der Ebene des beherrschten oder im Mehrheitsbesitz stehenden Unternehmens (wie bisher) bei der Aufstellung der Bilanz eine Rücklage zu bilden.

Eine Auflösung der Rücklage ist nur bei Veräußerung, Ausgabe oder Einzug der Anteile oder Vornahme einer Abschreibung gemäß § 253 Abs. 4 HGB statthaft. In diesen Fällen besteht aber Auflösungspflicht (§ 272 Abs. 4 Satz 4 HGB).

Die sich **aus Gesellschaftsvertrag oder Satzung ergebenden Gewinnrücklagen** nehmen die aufgrund bindender Verpflichtungen aus Satzung oder Gesellschaftsvertrag der Ausschüttung zu entziehenden Jahresüberschüsse auf. Auflösung und Verwendung dieser Rücklagen sind nicht im Gesetz geregelt, sondern richten sich allein nach den statutarischen Vorschriften im Einzelfall. Sie sind häufig an eine bestimmte Zweckbindung geknüpft, übliche Rücklagentypen stellen etwa Investitionsrücklagen, Substanzerhaltungsrücklagen oder Rücklagen für Währungsrisiken dar.

Die Zweckbindung der satzungsmäßigen Rücklagen ist vom Prüfer anhand der jeweiligen Bestimmungen der Satzung oder des Gesellschaftsvertrags nachzuvollziehen. Erfolgt eine Rücklagenbildung entgegen der jeweiligen Bestimmungen, so folgt hieraus die Nichtigkeit des Jahresabschlusses gemäß § 256 Abs. 1 Nr. 4 AktG. Aus Gründen der Bilanzklarheit sollte der Prüfer bei betragsmäßig wesentlichen, zweckgebundenen Rücklagen auf einem „davon"-Vermerk bzw. einer Anhangangabe bestehen. Der Prüfer hat sich zu vergewissern, dass eine Auflösung der Rücklage nur für vorgesehene Zwecke erfolgt. Liegt keine Zweckbindung vor, so ist die Auflösung der Rücklage in die Entscheidungsgewalt der Haupt- oder Gesellschafterversammlung gelegt.

Die **anderen Gewinnrücklagen** stellen eine Sammelposition jener offenen Rücklagen dar, die weder gesetzlich noch satzungsmäßig geregelt sind noch für eigene Anteile gebildet werden. Ihre Bildung kann nur erfolgen, wenn bis zum Zeitpunkt der Bilanzerstellung von Seiten der Geschäftsleitung ein Einbehaltungsbeschluss vorlag. Andernfalls kann eine Rücklagendotierung erst für das Folgejahr bestimmt werden. Weiter ist für die Bildung ein entsprechender Gewinnverwendungsbeschluss der Haupt- oder Gesellschafterversammlung erforderlich (§ 58 Abs. 1 AktG, § 29 Abs. 2 GmbHG). Ohne diesen ist eine Rücklagendotierung nicht zulässig. Der Prüfer hat entsprechend der Beschlussprotokolle der Gesellschaftsorgane die Einhaltung der zeitlichen Chronologie zu überwachen.

Grundsätzlich darf höchstens die Hälfte des Jahresüberschusses, ggf. gemindert um einen Verlustvortrag sowie in die gesetzliche Rücklage einzustellende Beträge, den anderen Gewinnrücklagen zugeführt werden (§ 58 Abs. 1 AktG). Jedoch kann die Satzung abweichende Regelungen vorsehen (§ 58 Abs. 2 Satz 2 AktG). Für die GmbH sind die Vorschriften zur Gewinnverteilung des § 29 GmbHG zu beachten, dort werden keine Höchstgrenzen kodifiziert.

Zu den anderen Gewinnrücklagen zählt auch die **Wertaufholungsrücklage** bei der AG (§ 58 Abs. 2a AktG) und der GmbH (§ 29 Abs. 4 GmbHG). In diese kann der Eigenkapitalanteil von Wertaufholungen des Anlage- und Umlaufvermögens und von im Rahmen der steuerlichen Gewinnermittlung gebildeten Passivposten mit Ausnahme des Sonderpostens mit Rücklageanteil eingestellt werden.

Hierzu sind bei der AG Vorstand und Aufsichtsrat ermächtigt, während bei der GmbH die Geschäftsführer die Zustimmung des Aufsichtsrats oder der Gesellschafter einholen müssen. Die Wertaufholungsrücklage ist in der Bilanz gesondert auszuweisen oder im Anhang anzugeben. Der Prüfer muss die korrekte Beschlussfassung, Dotierung und Angabe nachvollziehen.

Die Einstellung in bzw. Entnahme aus Gewinnrücklagen muss nach § 270 Abs. 2 HGB bereits bei der Aufstellung der Bilanz berücksichtigt werden, sofern diese unter vollständiger oder teilweiser Verwendung des Jahresergebnisses aufgestellt wurde. Insoweit besteht kein Entscheidungsspielraum der Geschäftsführung. Entnahmen sind zulässig

- zur Einstellung in zweckgebundene Rücklagen,
- zum Ausgleich eines Verlustvortrags/Jahresfehlbetrags,
- zum Einsatz im Rahmen einer Kapitalerhöhung aus Gesellschaftsmittel,

soweit dies nicht gegen Satzung bzw. Gesellschaftsvertrag verstößt. Bei der AG ist die Entwicklung der Kapital- und Gewinnrücklagen in Bilanz oder Anhang darzustellen (Rücklagenspiegel, § 152 Abs. 2 und 3 AktG).

6.6 Prüfung des Jahresergebnisses und des Ergebnisvortrags

§ 268 Abs. 1 HGB gestattet dem Bilanzierenden die Aufstellung der Bilanz

- vor Verwendung des Jahresergebnisses,
- nach teilweiser Verwendung des Jahresergebnisses sowie
- nach vollständiger Verwendung des Jahresergebnisses.

Eine **vollständige Ergebnisverwendung** vor Aufstellung der Bilanz ist nur gegeben, wenn sich weder ein Bilanzgewinn noch ein Bilanzverlust ergibt. Aufgrund der Bestimmungen der § 58 AktG, § 29 GmbHG ist dies bei Kapitalgesellschaften kaum denkbar, allenfalls bei Vorliegen eines Ergebnisabführungs- oder Ergebnisausgleichsvertrags.

Eine **teilweise Ergebnisverwendung** liegt bereits dann vor, wenn zwingend Einstellungen in die oder Auflösungen der gesetzlichen oder satzungsmäßigen Rücklagen geboten sind, z. B. aufgrund der Regelungen der § 58 Abs. 2 und 2a, § 150 Abs. 1 bis 4 AktG und § 29 Abs. 4 GmbHG. Somit besteht ein „echtes" Wahlrecht nur, wenn keinerlei Gewinnverwendungsvorschriften bindend sind. Ansonsten ist die Bilanz unter Berücksichtigung der teilweisen Ergebnisverwendung aufzustellen.

Während bei Bilanzaufstellung **vor Ergebnisverwendung** die Eigenkapitalpositionen mit dem Unterposten „Jahresüberschuss/-fehlbetrag" enden, wird die Eigenkapitalgliederung bei Berücksichtigung der vollständigen oder teilweisen Ergebnisverwendung durch die Position „Bilanzgewinn/-verlust" ergänzt, zugleich entfallen die Posten „Jahresüberschuss/-fehlbetrag" und „Gewinn-/Verlustvortrag".

Ein vorhandener Vortrag ist in die Position „Bilanzgewinn/-verlust" einzubeziehen und in Bilanz oder Anhang gesondert anzugeben.

Als **Gewinnvortrag/Verlustvortrag** ist der gemäß Beschluss des Gesellschafterorgans nicht verwendete oder nicht verteilte Bilanzgewinn des Vorjahres auszuweisen. Der Verlustvortrag ergibt sich analog aus einem nicht vom Eigenkapital abgezogenen und ausdrücklich zum Vortrag bestimmten Bilanzverlust aus dem Vorjahr.

Der **Jahresüberschuss/Jahresfehlbetrag** ist der Saldo der in Staffelform aufzustellenden GuV des abgelaufenen Geschäftsjahres. Für die Feststellung des Jahresabschlusses und die Beschlussfassung über die Verwendung des Jahresüberschusses bzw. Deckung eines Jahresfehlbetrages ist das Gesellschafterorgan zuständig. Differenzen aus Jahresüberschuss/-fehlbetrag und Bilanzgewinn/-verlust sind auf Einstellungen in oder Entnahmen aus den Rücklagen zurückzuführen. Gesetzliche und satzungsmäßige Beschränkungen sind zu beachten.

Das Gliederungsschema der GuV nach § 275 Abs. 2 HGB endet mit Position Nr. 20 „Jahresüberschuss/-fehlbetrag". Bei der AG ist die GuV um eine **Gewinnverwendungsrechnung** zu ergänzen und der Bilanzgewinn/-verlust aus dem Gewinn-/Verlustvortrag in Form einer staffelförmigen Aufstellung zu entwickeln (§ 158 Abs. 1 AktG):

ABB. 224:	Überleitungsrechnung nach § 158 Abs. 1 AktG
Nr. 21	Gewinnvortrag/Verlustvortrag
Nr. 22	Entnahmen aus der Kapitalrücklage
Nr. 23	Entnahmen aus Gewinnrücklagen (gegliedert nach: gesetzliche Rücklage, Rücklage für Anteile an einem herrschenden oder mit Mehrheit beteiligten Unternehmen, satzungsmäßige Rücklagen, andere Gewinnrücklagen)
Nr. 24	Einstellungen in Gewinnrücklagen (gegliedert nach: gesetzliche Rücklage, Rücklage für Anteile an einem herrschenden oder mit Mehrheit beteiligten Unternehmen, satzungsmäßige Rücklagen, andere Gewinnrücklagen)
Nr. 25	Bilanzgewinn/Bilanzverlust

Die Gewinnverwendungsrechnung kann auch im Anhang gezeigt werden. Eine entsprechende Vorschrift für GmbH existiert nicht.

Sofern ein Jahresfehlbetrag, Verlustvortrag oder Bilanzverlust die sonstigen Eigenkapitalposten übersteigt, ist am Schluss der Aktivseite eine Position „**Nicht durch Eigenkapital gedeckter Fehlbetrag**" i. H. des Negativsaldos des Eigenkapitals auszuweisen (§ 268 Abs. 3 HGB). Der Ausweis dieser Position indiziert eine buchmäßige Überschuldung der Gesellschaft. Eine entsprechende Situation kann, muss aber nicht zwingend die Geschäftsführungspflichten der § 92 Abs. 2 Satz 2 AktG sowie § 64 Abs. 1 Satz 2 GmbHG auslösen.

6.7 Prüfung des Sonderpostens mit Rücklageanteil

Bis zum Inkrafttreten des BilMoG konnte unter bestimmten Umständen nach Maßgabe des § 247 Abs. 3 HGB a. F. ein Passivposten in der Handelsbilanz gebildet werden, sofern dies für Zwecke der Steuern vom Einkommen und Ertrag zulässig war. Der Posten wurde als Sonderposten mit Rücklageanteil ausgewiesen und nach Maßgabe des Steuerrechts aufgelöst.

Bei Kapitalgesellschaften wurde die Bildung des Sonderpostens auf die Fälle beschränkt, für die das Steuerrecht die Anerkennung des Wertansatzes bei der steuerrechtlichen Gewinnermittlung davon abhängig gemacht hat, dass der Sonderposten auch in der Handelsbilanz gebildet wurde (sog. **„umgekehrtes Maßgeblichkeitsprinzip"**, § 273 Satz 1 HGB a. F.).

Zusätzlich konnte der Sonderposten mit Rücklageanteil die steuerrechtlichen Abschreibungen nach § 281 Abs. 1 HGB a. F. aufnehmen. Hierbei handelt es sich um die Unterschiedsbeträge zwischen der handelsrechtlich zulässigen und der niedrigeren steuerrechtlichen Bewertung. Diese konnten resultieren aus

- Sonderabschreibungen i. e. S., die zusätzlich zu der normalen AfA gewährt werden,
- erhöhten Absetzungen, die anstelle der normalen AfA gewährt werden,
- Bewertungsabschlägen, die aktiv von den ursprünglichen Anschaffungs- und Herstellungskosten abgezogen werden.

Mit Inkrafttreten des BilMoG entfiel das umgekehrte Maßgeblichkeitsprinzip. Als Folge dürfen heute in der Handelsbilanz Sonderposten mit Rücklageanteil nicht mehr passiviert und steuerliche Abschreibungen nicht mehr vorgenommen werden.

Für Sonderposten mit Rücklageanteil, die im letzten Jahresabschluss des vor dem 1. 1. 2010 beginnenden Geschäftsjahres angesetzt waren, gilt folgende Übergangsregelung:

- sie dürfen jeweils in Summe entweder beibehalten
- oder erfolgsneutral aufgelöst werden (Art. 67 Abs. 3 EGHGB),

das Wahlrecht kann nur in Bezug auf die Gesamtheit der verbleibenden Sonderposten ausgeübt werden.

Nach Maßgabe des Art. 67 EGHGB sind die Beträge, die aus der Auflösung von Passivposten bzw. aus der Zuschreibung von Vermögensgegenständen resultieren, unmittelbar, d. h. ergebnisneutral, in die **Gewinnrücklagen** einzustellen. Diese Beträge können jedoch bereits im Geschäftsjahr ihrer Einstellung in die Gewinnrücklagen diesen wieder entnommen und ausgeschüttet werden, da die Vorschriften des EGHGB einer solchen Ausschüttung nicht entgegenstehen. Da Art. 67 EGHGB die unmittelbare Einstellung in die Gewinnrücklagen vorschreibt, wird die Gewinn- und Verlustrechnung nicht berührt.

Werden Sonderposten mit Rücklageanteil beibehalten, ist die Position in den Folgejahren nach den bisherigen Grundsätzen und unter Beachtung der Angabepflichten der § 273 Satz 2 2. Halbsatz, § 285 Satz 1 Nr. 5 HGB a. F. fortzuführen. Letztere Anhangangabe ist in jedem Geschäftsjahr zu machen, in der ein Sonderposten passiviert wird.

Fortgeführte Sonderposten sind weiterhin vor den Rückstellungen auszuweisen. Bilanzanalytisch handelt es sich um **unversteuerte Rücklagen**, die in künftigen Geschäftsjahren ertragswirksam und steuererhöhend aufgelöst werden. Die steuerliche Begünstigung besteht insoweit in der Gewährung eines zinslosen Steuerkredits. Somit vereinigt der Sonderposten sowohl Eigenkapital- als auch Fremdkapitalbestandteile,

- i. H. der ausstehenden Steuerschuld stellt er Fremdkapital dar,
- die verbleibende Differenz ist hingegen Eigenkapital (Rücklageanteil).

Zum Nachweis fortgeführter Sonderposten dient weiterhin ein **Sonderpostenspiegel**, der für jeden steuerlichen Begünstigungstatbestand zeilenweise aufführt:

- den Anfangsbestand des Sonderpostens zu Beginn des Geschäftsjahres,
- Auflösungen des Sonderpostens im laufenden Geschäftsjahr,
- den Schlussbestand des Sonderpostens am Ende des Geschäftsjahres,
- die Angabe der steuerlichen Vorschrift, auf deren Grundlage er gebildet wurde.

Nachrichtlich sollten Art und Beschaffenheit des begünstigten Wirtschaftsguts sowie die Daten des Zu- und voraussichtlichen Abgangs aufgeführt werden. Der Prüfer muss in diesem Zusammenhang eine Verprobung mit dem Inventar durchführen.

Auflösungen des Sonderpostens sind mit den entsprechenden Aufwandskonten (Abschreibungen) der Finanzbuchhaltung abzugleichen. Die Auflösungen zum Sonderposten sind separat unter den sonstigen betrieblichen Erträgen zu verbuchen.

Materiell hat der Prüfer der Frage nachzugehen, ob die steuerlichen Voraussetzungen für die Bildung eines Sonderpostens weiter Bestand haben. So ist u. a. zu prüfen, ob

- die begünstigten Wirtschaftsgüter weiterhin dem Betriebsvermögen angehören,
- die steuerliche Vorschrift weiterhin gilt bzw.
- die für die Begünstigung erforderlichen Voraussetzungen (z. B. Verwendungszweck, Fristeneinhaltung) erfüllt werden.

Für den Ansatz von Sonderposten in der Handelsbilanz ist Voraussetzung, dass das Steuerrecht für eine Begünstigung den Ausweis eines entsprechenden Postens in der Handelsbilanz forderte. Bedeutende steuerliche Anwendungsfälle sind insbesondere

- die Reinvestitionsrücklage (§ 6b EStG),
- die Rücklage für Ersatzbeschaffung (R 6.6 EStR) sowie
- die Rücklage für Zuschüsse zur Anschaffung oder Herstellung von Anlagegütern (R 6.5 EStR).

ABB. 225:	Anwendungsfälle des Sonderpostens mit Rücklageanteil	
Vorschrift	Begünstigte Wirtschaftsgüter	Erläuterungen
Reinvestitionsrücklage (§ 6b EStG)	Grund und Boden einschließlich grundstücksgleicher Rechte, Gebäude einschließlich Gebäude auf fremdem Grund und Boden, Aufwuchs auf Grund und Boden als Bestandteil eines land- und forstwirtschaftlichen Betriebsvermögens, Binnenschiffe	Übertragung von bei Veräußerung von Anlagegütern aufgedeckten stillen Reserven auf Reinvestitionsobjekte gleicher oder kürzerer Nutzungsdauer u. a. unter folgenden Voraussetzungen: ▶ Das begünstigte Wirtschaftsgut muss zum Zeitpunkt der Veräußerung mindestens sechs Jahre ununterbrochen zum Anlagevermögen einer inländischen Betriebsstätte gehört haben. ▶ Ein Abzug des kompletten Veräußerungsgewinns ist nur zulässig, sofern der Verkaufserlös in voller Höhe zur Reinvestition verwendet wird, d. h. die Anschaffungs- und Herstellungskosten des Ersatzwirtschaftsguts dem Verkaufserlös mindestens entsprechen. ▶ Erfolgt keine sofortige Reinvestition, darf der Steuerpflichtige für die Maximaldauer von vier Jahren ab Ende des Veräußerungsjahres den Veräußerungsgewinn in einen Sonderposten einstellen (bei Übertragung auf ein neu hergestelltes Gebäude bis zu sechs Jahre, wenn mit der Herstellung innerhalb der Vier-Jahres-Frist begonnen wurde). ▶ Bei Fristüberschreitung ist die Rücklage gewinnerhöhend aufzulösen (§ 6b Abs. 3 EStG).
Rücklage für Ersatzbeschaffung (R 6.6 EStR)	Ersatzwirtschaftsgüter aller Art (Anlage- und Umlaufvermögen) bei vorangegangenem, damit zusammenhängendem unfreiwilligem Abgang von Wirtschaftsgütern	Übertragung stiller Reserven auf Ersatzwirtschaftsgüter u. a. unter folgenden Voraussetzungen: ▶ Ausscheiden eines Wirtschaftsguts aus dem Betriebsvermögen in Folge höherer Gewalt (z. B. Brand, Überschwemmung, Diebstahl) oder zur Vermeidung eines behördlichen Eingriffs (z. B. drohende Enteignung). ▶ Vereinnahmung einer Entschädigung für den Vermögensverlust (z. B. Versicherungsleistung), die über dem Restbuchwert zum Zeitpunkt des Ausscheidens lag. ▶ Vornahme einer Ersatzbeschaffung bzw. deren ernstliche Planung und Erwartung in einer bestimmten Frist. ▶ In Bezug auf die Beschaffenheit des Ersatzwirtschaftsguts wird lediglich eine Funktionsgleichheit gefordert, Art- und Wertgleichheit sind nicht Voraussetzung. ▶ Die Rücklage muss erstmals im Jahr des Abgangs, sie kann nicht nachträglich gebildet werden. ▶ Ist das Ersatzwirtschaftsgut am Schluss des ersten (bei Grundstücken oder Gebäuden am Schluss des zweiten) Geschäftsjahres nach Bildung der Rücklage weder angeschafft, hergestellt noch bestellt, so ist die Rücklage gewinnerhöhend aufzulösen (R 6.6 Abs. 4 EStR).
Rücklage für Zuschüsse zur Anschaffung oder Herstellung von Anlagegütern (R 6.5 EStR)	Bezuschusste Anlagegüter aller Art	▶ Zulässigkeit einer erfolgsneutralen Behandlung von öffentlichen oder privaten Zuschüssen oder Zuwendungen zur Anschaffung bzw. Herstellung von Anlagegütern (vgl. auch Stellungnahme IDW HFA 1/1984). ▶ Werden Zuschüsse für noch nicht durchgeführte Investitionen im Voraus gewährt, so kann der Betrag in eine steuerfreie Rücklage eingestellt werden (R 6.5 Abs. 4 EStR).

Sonderposten mit Rücklageanteil können sich zudem aus **branchenbezogenen Vorschriften** ergeben, so etwa § 5 Abs. 2 und 3 KHBV.

Die **Auflösung** des Sonderpostens erfolgt über die betriebsgewöhnliche Nutzungsdauer des bezuschussten Anlageguts parallel zu den planmäßigen Abschreibungen. Spätestens zeitgleich zur vollständigen Abnutzung des begünstigten Wirtschaftsguts ist auch der Sonderposten auszubuchen.

Anhand des Sonderpostenspiegels ist die zeitlich und rechnerisch korrekte Auflösung des Sonderpostens zu überprüfen. Hierzu ist ein Abgleich mit den vorgenommenen planmäßigen Abschreibungen erforderlich. Auch hat sich der Prüfer zu vergewissern, dass die steuerlichen Höchstgrenzen und Fristen eingehalten werden. Sichergestellt werden muss daneben, dass die begünstigten Wirtschaftsgüter weiterhin dem Betriebsvermögen angehören.

Der Prüfer hat schließlich festzustellen, ob die einschlägigen Anhangangaben bezüglich

- der Vorschrift, nach der der Sonderposten gebildet wurde (§ 273 Satz 2 HGB),
- des Aufwands aus der Einstellung bzw. des Ertrags aus der Auflösung des Sonderpostens (§ 281 Abs. 2 HGB) sowie
- des Einflusses der Bildung von Sonderposten auf das Jahresergebnis sowie des Ausmaßes erheblicher künftiger Steuerbelastungen (§ 285 Satz 1 Nr. 5 HGB)

weiterhin zu jedem Abschlussstichtag, in dem ein Sonderposten ausgewiesen wird, getätigt wurden.

Für letztgenannte Angabe muss eine fiktive Ergebnisrechnung bei unterstelltem Verzicht auf die Inanspruchnahme der steuerlichen Begünstigung aufgestellt werden. Das erhaltene Ergebnis ist dann einer fiktiven Steuerbelastung zu unterziehen und mit dem tatsächlichen Ergebnis abzugleichen. Hierbei ist auch zu berücksichtigen, ob und inwieweit in künftigen Perioden Verluste ernstlich zu erwarten sind.

In Anbetracht der meist langen Restnutzungsdauer der mit Sonderposten in Zusammenhang stehenden Vermögensgegenstände (i. d. R. Immobilien oder langlebige Anlagen) dürften die Abschlussprüfer noch einige Jahre mit der Prüfung von Sonderposten konfrontiert sein.

7. Prüfung der Rückstellungen

7.1 Risikoanalyse

Bei Rückstellungen handelt es sich um ungewisse Verpflichtungen, die in der Periode ihrer Bildung wirtschaftlich entstanden, der Höhe, Fälligkeit oder/und dem Empfänger nach jedoch ungewiss sind. Die Bildung von Rückstellungen ist nicht nur wegen ihres ungewissen Charakters, sondern auch deshalb mit besonderen Bilanzierungs- und Prüfungsproblemen behaftet, da die ihnen zugrunde liegenden Geschäftsvorfälle meist (noch) nicht aus der Finanzbuchhaltung hervorgehen und die Höhe ihrer Bemessung mit erheblichen Schätz- und Prognoseproblemen behaftet ist.

Als Einstieg in die Risikoanalyse können z. B. folgende **Kennzahlen** gebildet und im Mehr-Jahres-Vergleich analysiert werden:

ABB. 226:	Rückstellungsbezogene Bilanzkennzahlen	
Kennzahl	**Definition**	**Erläuterung**
Rückstellungsquote	Rückstellungen / Bilanzsumme x 100 %	Gibt den Anteil der Rückstellungen am Gesamtkapital an; grobes Indiz für die Wesentlichkeit des Prüffelds
Sonstige Rückstellungsquote	Sonstige Rückstellungen / Bilanzsumme x 100 %	Beschränkung der Rückstellungen auf die (besonderen Ermessensspielräumen und Schätzproblemen unterworfenen) sonstigen Rückstellungen
Nettozuführungsquote zu Rückstellungen	(Zuführung zu Rückstellungen – Auflösung von Rückstellungen) / Rückstellungen x 100 %	Gibt die wertmäßige Entwicklung der Rückstellungen im Zeitablauf an; Vorzeichenwechsel weisen ggf. auf geänderte Risikobeurteilungen des Vorstands hin; Kennzahl kann auch für jede einzelne in der Bilanz ausgewiesene Rückstellungsposition gebildet werden
Sonstige betriebliche Aufwandsquote	Sonstige betriebliche Aufwendungen (soweit nicht zahlungswirksam) / Gesamtleistung x 100 %	Gibt die Quote des sonstigen, nicht zahlungswirksamen Aufwands an der Gesamtleistung der betreffenden Periode an; Indiz für geänderte Bilanzpolitik des Vorstands, da sich entsprechende Änderungen insbesondere in nicht zahlungswirksamen Aufwendungen niederschlagen
Quote der außerordentlichen Abschreibungen	Außerordentliche Abschreibungen / $\sum$ Periodenabschreibungen x 100 %	Gibt den Anteil der nicht planmäßig erfolgenden Abschreibungen an den Gesamtabschreibungen an; Indikator für Risikoanfälligkeit der Vermögenspositionen

Eine qualitative Beurteilung der rückstellungsbezogenen **inhärenten Risiken** kann unter Zuhilfenahme folgender Checkliste erfolgen:

ABB. 227:	Checkliste zu den rückstellungsbezogenen inhärenten Risiken

- In welchem Umfang werden betriebliche Pensionszusagen durch das Unternehmen gewährt?
- Wie „weich" sind die hierfür geltenden Voraussetzungen, z. B. Erfordernis der Erreichung einer bestimmten hierarchischen Position bzw. Vorliegen einer Mindestbetriebszugehörigkeit im Unternehmen?
- In welcher Form erfolgt die Durchführung der betrieblichen Altersversorgung (anteilige Anwendung der unmittelbaren bzw. mittelbaren Altersversorgung)?
- In welchen Zeitabständen wurden steuerliche Betriebsprüfungen durchgeführt? Wie stellen sich Höhe und zeitliche Entwicklung der periodisierten Steuernachzahlungen dar?
- In welchem Umfang wurden langfristige Beschaffungs- und Absatzgeschäfte sowie Dauerschuldverhältnisse durch die Gesellschaft abgeschlossen? Sind die Leistungsparameter marktgerecht/marktüblich? Wurden Gleit- und Anpassungsklauseln vereinbart?
- Bestehen Möglichkeiten zur vorzeitigen Kündigung, wenn ja, unter welchen Voraussetzungen und Konditionen (Vorfälligkeitsentschädigungen, Abstandszahlungen, Vertragsstrafen)?
- Erfordert der Anlagenbetrieb besondere Wartungs- und Instandhaltungsmaßnahmen? Sind die Anlagen anfällig gegenüber Fehlbedienungen? Werden an das Bedienerpersonal besondere Qualifikationsanforderungen gestellt?
- Setzt die Leistungserstellung das Bestehen eines besonderen Qualitätssicherungssystems voraus? Fordern z. B. Großabnehmer besondere Vorkehrungen oder Verfahrensanwendungen?
- Welche Höhe und zeitliche Entwicklung weisen die Ausschuss-, Reklamations-, Termineinhaltungs-, Retouren- und Stornoquote auf und sind die Werte branchenüblich?
- Wie wird der technische Stand des Anlagenparks und der Gebäude eingeschätzt?
- Werden umweltgefährdende Anlagen betrieben? Führt das Unternehmen umweltschädliche Produktionsprozesse durch? In welchem Ausmaß sind die Endprodukte gefahrenbehaftet?
- In welcher wertmäßigen Höhe bzw. mit welchem Anteil an den Umsatzerlösen werden Preisnachlässe gewährt? Bestehen begründete Zweifel an der Qualität der Endprodukte?
- Bestehen wertmäßig bedeutende Schadensersatzforderungen insgesamt und gegliedert nach Gruppen von Vertragspartnern? Sind bedeutende Prozesse anhängig?
- Wie hoch ist der Neuheitsgrad der Leistungspalette (Produktinnovationsrate, Forschungsintensität) und der Grad der Erfahrung des Personals mit den Prozessen der Leistungserstellung?
- Liegt ein besonderer Zeitdruck bei der Leistungserstellung vor, z. B. aufgrund von Abhängigkeiten gegenüber Großabnehmern? Bestehen besondere Marktzwänge? Ist die Leistungsabnahme durch besondere saisonale Schwankungen gekennzeichnet? Ist der Zeitpunkt des Gefahrenübergangs auf den Abnehmer eindeutig definiert?
- Ist der Leistungsprozess mit besonderen volkswirtschaftlichen Risiken behaftet (z. B. Abhängigkeiten von instabilen Wechselkursen oder Zinssätzen)?
- Unterliegt das Unternehmen besonderen leistungsbezogenen gesetzlichen Restriktionen (z. B. hinsichtlich verwendeter Vorprodukte, Produktionsprozess, Lagerung)? Sind besondere Erfordernisse des Arbeits- und Gesundheitsschutzes zu beachten? Ist hierzu ein besonderes Überwachungssystem zu unterhalten?

Durch eine Bezifferung des **Kontrollrisikos** beurteilt der Abschlussprüfer, ob und inwieweit durch ein zweckmäßiges und wirksames IKS wesentliche jahresabschlussbezogene Falschaussagen schon im laufenden Geschäftsbetrieb durch das Unternehmen selbst verhindert, aufgedeckt und korrigiert werden. Für eine entsprechende Prüfung kann etwa folgende Checkliste herangezogen werden:

ABB. 228: Checkliste zu den rückstellungsbezogenen Kontrollrisiken

- Existieren sachgerechte Buchungsanweisungen und Bilanzierungsrichtlinien für rückstellungsrelevante Sachverhalte? Ist deren durchgängige Beachtung sichergestellt?
- Wird ein Rückstellungsspiegel geführt und laufend fortgeschrieben?
- Werden sämtliche rückstellungsrelevanten Informationen aus den Bereichen und Funktionsabteilungen an die Rechnungslegung weitergeleitet? Erfolgt mindestens jährlich eine Risikoinventur unter Beteiligung aller Unternehmensbereiche?
- Wird das Saldierungsverbot zwischen Zuführungen und Auflösungen beachtet? Stimmen die entsprechenden Bestandsdaten und -veränderungen mit der Verbuchung in der GuV überein?
- Wird ein vollständiges und richtiges Mengengerüst geführt, insbesondere bei den Pensionsrückstellungen? Wird die Rückstellungsbildung progressiv ausgehend von der Pensionszusage überprüft?
- Bestehen geeignete Richtlinien für die verbindliche Erteilung von Pensionszusagen? Liegen hierfür allgemeine Regelungen vor und wird deren durchgängige Beachtung sichergestellt? Bestehen ggf. in wesentlichen Teilen Zustimmungsvorbehalte seitens des Aufsichtsrats?
- Liegen der Bemessung der Pensionsrückstellungen einschlägige Bewertungsgutachten zugrunde? Erfolgt die Rückstellungsberechnung in Einklang mit versicherungsmathematischen Grundsätzen?
- Werden die wertbestimmenden Parameter regelmäßig einer Überprüfung unterzogen und sind sie nach Einschätzung des Prüfers plausibel, angemessen und widerspruchsfrei?
- Werden ggf. auftretende Fehlbeträge zutreffend behandelt?
- Erfolgt keine Auszahlung von Pensionsansprüchen ohne vorliegende Lohnsteuerkarte?
- Bestehen geeignete Kontrollmechanismen, um Fehler und Manipulationen wie z. B. die Zahlung an Verstorbene auszuschalten?
- Existiert eine besondere Datenbank für Pensionszusagen (persönliche und vertragliche Daten)?
- Erfolgen durch das Unternehmen und ggf. den steuerlichen Berater angemessene Schätzungen der periodischen Steuerbelastung? Haben sich die Schätzungen z. B. anlässlich steuerlicher Betriebsprüfungen in der Vergangenheit als tragfähig erwiesen?
- Bestehen Übersichten über den jeweiligen Stand der Steuerveranlagungsverfahren und werden diese laufend aktualisiert?
- Erfolgt eine Abstimmung der Steuerzahlungen mit den Steuerbescheiden, Vorauszahlungsbescheiden bzw. Erstattungen?
- Werden im Wege der progressiven Überprüfung neuralgische Steuerrisiken laufend überprüft (z. B. verdeckte Gewinnausschüttungen, Spenden, Reise- und Bewirtungsaufwendungen, Fahrtkostenerstattung, sonstige geldwerte Vorteile)?
- Werden bei der Bemessung der sonstigen Rückstellungen Schadensstatistiken, Wahrscheinlichkeitsverteilungen, Fehlerprotokolle, Instandhaltungspläne etc. berücksichtigt?
- Werden wertaufhellende Erkenntnisse in Bezug auf die Rückstellungen berücksichtigt?
- Sind die Wertschätzungen bezüglich der voraussichtlichen Inanspruchnahmen plausibel? Werden in erforderlichem Umfang Sachverständigengutachten eingeholt?
- Werden laufend Szenario- und Sensitivitätsanalysen in Bezug auf ungünstige Umwelt- und Marktentwicklungen vor Vertragsabschluss vorgenommen? Werden in ausreichendem Umfang Sicherungsmaßnahmen ergriffen, z. B. Abschluss von Termingeschäften, Versicherungen o. Ä.?
- Sind im Unternehmen für den Abschluss langfristig bindender Verträge Verantwortlichkeiten festgelegt, existiert ggf. diesbezüglich ein abgestuftes Limitsystem? Wird das Vier-Augen-Prinzip durchgängig eingehalten?

- Sind wirksame Mechanismen der internen Überprüfung der Verträge auf marktgerechte Konditionen installiert?
- Besteht eine vollständige, aussagekräftige und laufend aktualisierte Vertragsdatenbank im Unternehmen? Werden auch schwebende Verträge gleichermaßen erfasst?
- Wie ist der personelle Besatz der Rechtsabteilung sowie der Qualifikation ihrer Mitarbeiter zu beurteilen? Ist eine entsprechende Angemessenheit auch bei Auslagerung der Rechtsberatung des Unternehmens auf Dritte gewährleistet?
- Wie ist der Ausgang bedeutender Rechtsstreite in der Vergangenheit zu würdigen? Hat sich die vorherige Einschätzung durch die Verantwortlichen weitgehend bestätigt?
- Wie ist der Grad der Einhaltung gesetzlicher Vorschriften durch das Unternehmen zu beurteilen? Bestehen bedeutende diesbezügliche anhängige Prozesse?
- In welchem Umfang treten Störfälle auf? Wird den Ursachen der Störfälle systematisch und vollständig nachgegangen? Führen die Ursachenanalysen zu künftigen Anpassungen?
- Ist die vom Unternehmen verfolgte Investitions-, Wartungs- und Ersatzstrategie angemessen?
- Bestehen Regelungen hinsichtlich der Legitimation zur Verschiebung des Anlagenersatzes über die betriebsübliche Nutzungsdauer sowie zur Verzögerung von Wartungs- und Instandhaltungsmaßnahmen über den planmäßigen Termin hinaus?
- Besteht im Unternehmen ein funktionsfähiges Qualitätssicherungssystem? Ist der Umfang der Qualitätsprüfungen ausreichend? Wird negativen Abweichungen zeitnah nachgegangen?

Je höher das sich aus dem Produkt von inhärentem und Kontrollrisiko ergebene **Fehlerrisiko** vom Prüfer eingeschätzt wird, umso höhere Bedeutung wird er im Rahmen der nachfolgenden Prüfungshandlungen dem Prüffeld „Rückstellungen" beimessen und umso höher wird der Umfang aussagebezogener Prüfungshandlungen angesetzt werden, damit die Gesetzeskonformität der Rechnungslegung bestätigt werden kann.

7.2 Nachweis

Gemäß § 242 Abs. 1 Satz 1 i.V. mit § 246 Abs. 1 Satz 1 HGB sind in den Jahresabschluss sämtliche Schulden und damit auch Rückstellungen aufzunehmen. Da es sich bei Rückstellungen um eine nicht-körperliche Bilanzposition handelt, erfolgt deren Nachweis durch **Buchinventur** am Geschäftsjahresende (§ 240 Abs. 2 HGB).

Grundlage des Inventars sind demnach die aus den rückstellungsbezogenen Konten abgeleiteten Saldenlisten. Der Nachweis erfolgt anhand der den Kontenbewegungen zugrunde liegenden Belege der entsprechenden Geschäftsvorfälle. Die Inventur der Rückstellungen geschieht nach den allgemeinen Grundsätzen der

- Zurechnung der Rückstellungen entsprechend des Grundsatzes der wirtschaftlichen Betrachtungsweise,
- Vollständigkeit und Richtigkeit der Erfassung der Rückstellungen hinsichtlich Art, Menge und Wert,
- Nachvollziehbarkeit der Erfassung durch einen sachverständigen Dritten,
- Klarheit und Übersichtlichkeit der Inventurunterlagen, insbesondere durch eine sachgerechte Ordnung und Gliederung der Positionen sowie den Ausschluss nachträglicher Änderungen und

KAPITEL V Prüfung des Jahresabschlusses

- Einzelerfassung der Inventurpositionen unbeschadet einer Anwendung der gesetzlich zulässigen Inventurvereinfachungsverfahren.

Hier ist insbesondere das Verfahren der **Gruppenbewertung** von Belang, das auch auf gleichartige oder annähernd gleichwertige Schulden angewandt werden darf (§ 240 Abs. 4 HGB). Die Vereinfachung besteht in der Möglichkeit einer Zusammenfassung der Rückstellungen zu einer Gruppe und deren Bewertung mit dem gewogenen Durchschnittswert. Voraussetzungen für die Anwendung der Gruppenbewertung sind

- die Gleichartigkeit der Rückstellungen, die sich aus der Ähnlichkeit der ihr zu Grunde liegenden Geschäftsvorfälle ergibt (z. B. Ersatzansprüche aus Produktschäden),
- die Gleichwertigkeit, die sich aus der voraussichtlichen Schadenshöhe ergibt.

Eine Zusammenfassung der Rückstellungen zu Gruppen kann demnach in der Praxis etwa nach folgenden Kriterien vorgenommen werden:

- Garantiezeiträume,
- Stückzahlen der schadhaften Chargen oder Lieferungen bzw.
- Schadenserwartungswerte.

Unentbehrliches Hilfsmittel bei der Nachweisprüfung der Rückstellungen ist das **Rückstellungsverzeichnis** (Rückstellungsspiegel), in dem jede einzelne Rückstellung nach Rückstellungsart und wertmäßiger Entwicklung im Zeitablauf aufgeführt ist. Letztere wird durch Saldierung der Neuzuführung mit der Inanspruchnahme sowie der Auflösung innerhalb des Geschäftsjahres verdeutlicht.

ABB. 229:	Rückstellungsverzeichnis (Rückstellungsspiegel)					
Rückstellungsart	Anfangs-bestand	- Inanspruch-nahme	- Auf-lösung	+ Neu-zuführung	= Schluss-bestand	Nachrichtlich: Zinseffekte
Pensionsrückstellungen						
Steuerrückstellungen						
Drohverlustrückstellungen						
Rückstellungen für ungewisse Verbindlichkeiten						
Rückstellungen für unterlassene Instandhaltung						
Rückstellungen für unterlassene Abraumbeseitigung						
Kulanzrückstellungen						

Insbesondere, wenn in einem Geschäftsjahr keine Bestandsveränderungen bei einer Rückstellung vorlagen, ist zu prüfen, ob der Grund ihrer Bildung noch besteht.

Für die **Pensionsrückstellungen** sollte aufgrund der besonders langfristigen Kapitalbindungsdauer ein separates Bestandsverzeichnis geführt werden, das für jede einzelne Verpflichtung insbesondere folgende Angaben enthält:

- persönliche Daten der Pensionsanwärter/Pensionäre (Name, Geschlecht, Geburtsdatum, Personalnummer, Kostenstelle),
- Eintrittsdaten (und ggf. Austrittsdaten) der Pensionsanwärter/Pensionäre sowie deren aktueller Status,

Prüfung der Rückstellungen — KAPITEL V

- Tag, Inhalt und wertmäßige Höhe der Pensionszusage,
- Zeitpunkt des Eintritts des Versorgungsfalls sowie
- die bereits in dem allgemeinen Rückstellungsspiegel enthaltenen wertmäßigen Angaben zum Bestand und seiner periodischen Entwicklung.

Pensionsverpflichtungen werden durch Einzel-, Gesamtzusage, Tarifvertrag oder Betriebsvereinbarung begründet. Der Prüfer hat wenigstens stichprobenweise Einsicht in die zugrunde liegenden Vertragsunterlagen zu nehmen, wenn auch, anders als im Steuerrecht, die Schriftform der Pensionszusage handelsrechtlich nicht zwingend ist. Hinsichtlich der Vollständigkeitsprüfung hat der Prüfer zu beurteilen, ob

- der Bildung einer Pensionsrückstellung ein entsprechender Anspruch zu Grunde liegt (z. B. mittels Abgleich mit einer Aufstellung der Entlassungen, Kündigungen und Sterbefälle),
- Pensionsansprüche rechtlich begründet wurden, für die in der Vergangenheit aber keine Rückstellungen gebildet wurden (durch einen Abgleich einer Liste der Beschäftigten, für die etwaige allgemeine Anspruchsvoraussetzungen vorliegen, mit einer Liste der tatsächlich gebildeten Pensionsrückstellungen).

Sicherzustellen ist, dass einem Zugang bei den Pensionsbeziehern stets ein Abgang bei den Pensionsanwärtern gegenübersteht. Möglichen Auflösungstatbeständen hat der Prüfer anhand einer Durchsicht der Liste der Entlassungen, Kündigungen und Sterbefälle nachzugehen.

Zum Nachweis der **Steuerrückstellungen** dienen u. a. Steuererklärungen und -bilanzen, Steuerbescheide sowie Vorauszahlungsbescheide, Nachweise über gezahlte Steuern sowie Steuererklärungen.

Problematischer gestaltet sich der Nachweis der **sonstigen Rückstellungen**. Dies liegt nicht nur in dem generellen Charakter der Ungewissheit, sondern auch in dem Tatbestand begründet, dass die Bildung sonstiger Rückstellungen nicht auf Außenverpflichtungen gegenüber Dritten beschränkt ist, sondern auch für Innenverpflichtungen in Betracht kommt. Dies stellt eine Besonderheit des deutschen Bilanzierungsrechts dar, da Rückstellungen für Innenverpflichtungen nach internationalen Standards grundsätzlich nicht möglich sind.

Mit Inkrafttreten des BilMoG wurde die Zulässigkeit für letztere Rückstellungsarten stark eingedämmt; sie beschränkt sich nunmehr auf

- unterlassene Instandhaltung mit Nachholung in den ersten drei Monaten des Folgejahres und
- unterlassene Abraumbeseitigung mit Nachholung im gesamten Folgejahr (§ 249 Abs. 1 HGB).

Weiterhin ist das Vorliegen eines rechtlichen Anspruchs nicht Voraussetzung für die Bildung einer Rückstellung (z. B. Kulanzrückstellungen).

Der Prüfer hat einschlägige Unterlagen wie Absatz-, Beschaffungs-, Miet-, Darlehens- bzw. Arbeitsverträge, Prozessakten, Schriftverkehr mit und Bestätigungen von Anwälten, Notizen der internen Rechtsabteilung sowie Sachverständigengutachten zu sichten. Vielfach wird ihm nur eine Begutachtung der vom Unternehmen vorgelegten Unterlagen auf Vollständigkeit, Plausibilität und Widerspruchsfreiheit möglich sein. Die diesbezüglichen Prüfungshandlungen stehen in engem Zusammenhang zu einer ggf. nach § 317 Abs. 4 HGB vorzunehmenden Prüfung des Risikomanagementsystems.

Anhaltspunkte können sich aus der gemäß § 317 Abs. 2 Satz 2 HGB vorzunehmenden Prüfung der nach § 289 Abs. 1 HGB abzufassenden **Risikoberichterstattung** ergeben. In diesem Rahmen hat eine Gesamtdarstellung der die künftige wirtschaftliche Entwicklung beeinträchtigenden Risiken zu erfolgen. Die Risiken sind, soweit möglich und wirtschaftlich vertretbar, nach Eintrittswahrscheinlichkeit und Schadenshöhe zu quantifizieren. Eine Saldierung der Risiken mit ggf. gleichermaßen bestehenden potenziellen Chancen ist dabei unzulässig (vgl. Kapitel VI.2.).

Der Risikobericht liefert nur einen groben Einstieg in die Nachweisprüfung und gewährleistet insbesondere keine Vollständigkeit der Risikoerfassung. Der Prüfer kann allenfalls die vom Unternehmen im Rahmen des Risikomanagementsystems vorgehaltenen Unterlagen begutachten. Deren Grundlage bildet die vom Unternehmen in regelmäßigen Abständen durchzuführende, alle betrieblichen Funktionen und Bereiche umfassende Risikoinventur. Die in diesem Rahmen erfassten Risiken werden zu geeigneten Risikokategorien entsprechend der Art, Größe und Komplexität des Geschäftsbetriebs zusammengefasst. Instrumente der Risikoinventur stellen dar:

- die Inaugenscheinnahme von betrieblichen Prozessabläufen,
- die systematische Auswertung von Primärdokumenten (Verträge, Pläne, Belege),
- die risikoorientierte Analyse der Aufbau- und Ablauforganisation (Regelungslücken, Kompetenzüberschneidungen, Schnittstellen, Funktionstrennung),
- strukturierte Befragungen und Auswertungen im Rahmen von Risiko-Workshops,
- der Einsatz von Prüfbögen, Checklisten und Schadensstatistiken.

Für die Durchführung der Nachweisprüfung gilt im Ergebnis folgender **Grundsatz**:

- Vermutet der Prüfer, dass ein rückstellungspflichtiger Sachverhalt nicht bilanziert wurde, so ist eine **progressive Prüfung** ausgehend von der Geschäftstätigkeit des Unternehmens (Beschaffungs- und Absatzgeschäfte) vorzunehmen.
- Besteht der Verdacht, dass eine Rückstellung unzulässigerweise bilanziert wurde, so ist **retrograd** zu prüfen, d. h. ausgehend von Bilanzausweis.

7.3 Ansatz

Für den Ansatz der Rückstellungen ist der allgemeine **Passivierungsgrundsatz** maßgeblich:

- Es muss die wirtschaftliche, rechtliche bzw. faktische Verpflichtung zu einer Leistung vorliegen (dies kann eine Außen- oder eine Innenverpflichtung sein),
- die am Abschlussstichtag eine vermögenswirksame Belastung (Vermögensminderung bzw. Entstehen künftiger Aufwendungen) für das Unternehmen darstellt,
- nach Höhe und Wahrscheinlichkeit der Inanspruchnahme zumindest im Rahmen einer Schätzung quantifizierbar ist und
- der Passivierung darf kein Ansatzverbot entgegenstehen.

Der Rückstellungsgrund muss somit unter den abschließenden Katalog des § 249 HGB subsumiert werden können. Die Rückstellung muss zudem **betrieblich veranlasst** sein, d. h. die korrespondierenden Aufwendungen müssen Betriebsausgaben i. S. des § 4 Abs. 4 EStG darstellen.

Prüfung der Rückstellungen — KAPITEL V

ABB. 230: Rückstellungskatalog nach § 249 HGB

§ 249 HGB, Art. 28 Abs. 1 EGHGB, §§ 5 und 6 EStG	Ansatz HGB i. d. F. BilMoG	Ansatz EStG
Ungewisse Verbindlichkeiten sowie drohende Verluste aus schwebenden Geschäften	Pflicht	Explizites Verbot für Rückstellungen für Drohverluste aus schwebenden Geschäften (Durchbrechung der Maßgeblichkeit)
Im Geschäftsjahr unterlassene Aufwendungen für Instandhaltung, die im folgenden Geschäftsjahr innerhalb von drei Monaten, oder für Abraumbeseitigung, die im folgenden Geschäftsjahr nachgeholt werden	Pflicht	Pflicht
Gewährleistungen, die ohne rechtliche Verpflichtung erbracht werden	Pflicht	Pflicht
Unterlassene Aufwendungen für Instandhaltung, wenn die Instandhaltung nach dem ersten Quartal, aber noch innerhalb des Geschäftsjahres nachgeholt wird	Verbot	Verbot
Nach dem 31.12.1986 abgegebene (unmittelbare) Pensionszusagen („Neuzusagen")	Pflicht	Wahlrecht, aber Maßgeblichkeit nach Maßgabe des § 6a Abs. 1 EStG
Bis zum 31.12.1986 abgegebene (unmittelbare) Pensionszusagen („Altzusagen")	Wahlrecht	Verbot
Mittelbare Pensionszusagen	Wahlrecht	Verbot
Steuerrückstellungen	Pflicht	Pflicht

Für die Feststellung der wirtschaftlichen Verursachung zum Bilanzstichtag ist das **Wertaufhellungsprinzip** relevant. Somit sind in der Zeitspanne zwischen Bilanzstichtag und Bilanzaufstellung bekannt gewordene wirtschaftlich belastende Ereignisse insoweit zu berücksichtigen, als dass sie vor dem Bilanzstichtag verursacht wurden. Nach dem Bilanzstichtag eintretende, wirtschaftlich belastende Ereignisse sind in den Jahresabschluss nicht aufzunehmen (**Wertbegründungsprinzip**).

So ist eine Gewährleistungsrückstellung zu bilden, wenn die fehlerhaften Produkte am Absatzmarkt erhältlich sind, entsprechende Verkaufsverträge abgeschlossen wurden, die Güter den Verfügungsbereich des Unternehmens verlassen haben und eine Abrechnungsfähigkeit gegeben ist. Wird dem Unternehmen die Fehlerhaftigkeit der Produkte erst später bekannt, so ist die Rückstellung nachzuholen, sobald Kenntnis von den rückstellungsbegründenden Tatsachen erlangt wird. Sind die Sachverhalte einem späteren Geschäftsjahr zuzuordnen, so ist in diesem eine Rückstellung zu bilden.

Bei einem verlustbringenden schwebenden Geschäft genügt für die Rückstellungsbildung die Abgabe eines bindenden Angebots, sofern mit einer Annahme durch den Kontrahenden zu rechnen ist und sich das Unternehmen einer Lieferpflicht nicht mehr entziehen kann.

Die Ansatzprüfung der Rückstellungen schließt die korrekte **Abgrenzung** von den Verbindlichkeiten einerseits und den Haftungsverhältnissen andererseits ein. Wird die wirtschaftliche Belastung z. B. in Folge eines rechtskräftigen Urteils oder einer wirksamen Vereinbarung der Höhe,

Fälligkeit bzw. des Empfängers nach sicher, so muss eine Umbuchung der Rückstellung in eine **Verbindlichkeit** erfolgen. Ein Doppelausweis ist vom Prüfer auszuschließen.

Ist eine belastende Inanspruchnahme zwar nicht wahrscheinlich, aber möglich, so muss ein Vermerk unter den **Haftungsverhältnissen** (§ 251 HGB) erfolgen. Hinsichtlich der Schätzung der Wahrscheinlichkeit der Inanspruchnahme als Abgrenzungskriterium besteht für den Bilanzierenden beträchtlicher Ermessensspielraum.

Voraussetzung für eine Rückstellungsbildung ist, dass der Kaufmann mit der belastenden Inanspruchnahme ernsthaft rechnen muss. R 5.7 Abs. 6 EStR fordert, dass mehr Gründe für als gegen die Inanspruchnahme sprechen müssen. Nach herrschender Meinung kann hieraus jedoch nicht die Forderung nach einer Eintrittswahrscheinlichkeit von über 50 % abgeleitet werden, wie dies nach IAS 37 der Fall ist (*„more likely than not"*). In Auslegung des Vorsichtsprinzips kann vielmehr auch bei Annahme einer Eintrittswahrscheinlichkeit von unter 50 % weiterhin eine Rückstellung gebildet werden.

Ein abstraktes Indiz für die hinreichende Wahrscheinlichkeit einer Inanspruchnahme stellt die begründete Erwartung dar, dass ein Käufer des Gesamtunternehmens die ungewisse Verpflichtung kaufpreismindernd berücksichtigen würde.

Für fälschlicherweise in früheren Geschäftsjahren nicht gebildete Rückstellungen gilt ein **Nachholgebot**. Wird ein Jahresabschluss wegen unterlassener Rückstellungsbildung für nichtig erklärt oder wirksam angefochten, so ist eine Berichtigung der Jahresabschlüsse bis zu dem Geschäftsjahr erforderlich, in dem die Rückstellung erstmals hätte gebildet werden müssen.

Sofern der Zeitpunkt der rechtlichen Entstehung und derjenige der wirtschaftlichen Verursachung auseinander fallen, ist für die Rückstellungsbildung der frühere der beiden Zeitpunkte maßgebend.

Die Rückstellungsbildung erfolgt grundsätzlich zu Lasten derjenigen Aufwandsart, die auch bei unmittelbarer Auszahlung gebucht worden wäre, z. B.

- Personalaufwand bei Pensionsrückstellungen,
- Steueraufwand bei Steuerrückstellungen,
- Instandhaltungsaufwand bei Instandhaltungsrückstellungen,

nur beim Fehlen eines entsprechenden Korrespondenzpostens in der GuV zu Lasten der sonstigen betrieblichen Aufwendungen. Kommt der der Rückstellungsbildung zugrunde liegende Sachverhalt nur sehr unregelmäßig und sehr ungewöhnlich vor, so kann auch ein Ausweis unter den außerordentlichen Aufwendungen geboten sein.

7.4 Ausweis

7.4.1 Allgemeine Grundsätze

Der Prüfer hat sich im Rahmen der Ausweisprüfung davon zu überzeugen, ob die unter den Rückstellungen erfassten Sachverhalte richtig gegenüber den anderen Passivpositionen abgegrenzt wurden. Kapitalgesellschaften haben das detaillierte Gliederungsschema des § 266 Abs. 3 B. HGB anzuwenden; somit ist ein separater Ausweis von

- Pensionsrückstellungen
- Steuerrückstellungen und
- sonstigen Rückstellungen

erforderlich. Insoweit wird die Vorrangigkeit der ungewissen Ansprüche der mit Versorgungsansprüchen versehenen Mitarbeiter, Pensionäre und des Fiskus heraus gestellt.

Eine tiefere Untergliederung der Rückstellungen ist bei Beachtung des vorgeschriebenen Gliederungsschemas in begründeten Fällen zulässig (§ 265 Abs. 5 HGB). Andererseits kann bei unerheblichen Beträgen eine Zusammenfassung von Positionen erfolgen, wenn dadurch die Klarheit der Darstellung vergrößert wird (§ 265 Abs. 7 HGB). Kleine Kapitalgesellschaften dürfen zulässigerweise die Rückstellungen in einem Gesamtbetrag angeben (§ 266 Abs. 1 Satz 3 HGB).

Im Jahresabschluss der Nicht-Kapitalgesellschaft brauchen die Rückstellungen nicht als eigenständiger Posten gezeigt zu werden; der Ausweis unter den Schulden genügt (§ 247 Abs. 1 HGB).

7.4.2 Pensionsrückstellungen

Die betriebliche Praxis kennt eine Vielzahl an Formen von **Pensionsvereinbarungen**. Zu differenzieren ist insbesondere in unmittelbare sowie mittelbare Pensionsverpflichtungen:

- Bei **unmittelbaren** Verpflichtungen leistet das Unternehmen die Zahlung an den Begünstigten selbst,
- bei **mittelbaren** Verpflichtungen erfolgt die Zwischenschaltung eines anderen Rechtsträgers (z. B. einer Unterstützungskasse, eines Pensionsfonds oder einer Versicherung).

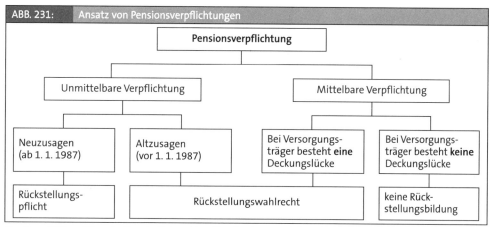

ABB. 231: Ansatz von Pensionsverpflichtungen

Quelle: *Küting* (Hrsg.), Saarbrücker Handbuch der Betriebswirtschaftlichen Beratung, 4. Aufl., Herne/Berlin 2008, S. 816.

Eine **Pensionsrückstellung** ist nach § 249 Abs. 1 Satz 1 HGB zu bilden, wenn das Unternehmen aus einer unmittelbaren (direkten) Zusage rechtlich verpflichtet ist oder ein faktischer Leistungszwang besteht. Das Rückstellungserfordernis wird ausgelöst, wenn mit dem Eintritt des Versorgungsfalls ernstlich zu rechnen ist (sog. **Anwartschaft**). Der Prüfer muss berücksichtigen, dass nach h. M. bestehende Warte- oder Vorschaltzeiten, mögliche Kündigungen oder Widerrufe aufgrund restriktiver arbeitsrechtlicher Rechtsprechung dem jedenfalls nicht grundsätzlich entgegenstehen (vgl. auch IDW RS HFA 30, Tz. 15 ff.).

Unmittelbare Verpflichtungen sind zu passivieren, sofern der Begünstigte einen Rechtsanspruch erstmalig erst nach dem 31.12.1986 erworben hat („Neuzusagen"). Für vor diesem Zeitpunkt erteilte „Altzusagen" besteht ein Passivierungswahlrecht, wobei im Falle der Nichtpassivierung Kapitalgesellschaften den entsprechenden Fehlbetrag im Anhang angeben müssen (Art. 28 EGHGB). Unter den Pensionsrückstellungen auszuweisen sind gleichermaßen unbefristete, befristete und Einmalzahlungen. Da Pensionszusagen allein dem Zweck der Altersversorgung dienen, ist darauf zu achten, dass Abfindungen, Gratifikationen oder Sondergehaltsbestandteile nicht als Pensionsrückstellungen ausgewiesen werden.

Für **mittelbare Verpflichtungen** besteht ein Passierungswahlrecht (Art. 28 Abs. 1 EGHGB). Hier besteht die Verpflichtung des bilanzierenden Unternehmens darin, die externe Instanz durch vertragsgemäße Entrichtung der Prämien zu dotieren; ggf. kann auch eine Verpflichtung aus Subsidiärhaftung entstehen (vgl. IDW RS HFA 30, Tz. 36 ff.). Für die Zulässigkeit der Bildung von Pensionsrückstellungen in der Steuerbilanz gelten die besonderen Anforderungen des § 6a EStG, die hier nicht im Einzelnen kommentiert werden sollen.

Den Pensionsverpflichtungen gleich kommen **pensionsähnliche Verpflichtungen**, z. B. in Form von Wohnrechten oder Deputaten.

Zum in § 246 Abs. 2 Satz 2 HGB kodifizierten **Verrechnungsgebot** für bestimmte Altersversorgungsverpflichtungen vgl. nachfolgendes Kapitel V.7.5.2.

7.4.3 Steuerrückstellungen

Steuerrückstellungen werden für ungewisse Steuerverbindlichkeiten des Unternehmens gebildet, für die eine Veranlagung noch nicht abschließend erfolgt ist. Es handelt sich daher um einen Spezialfall der Rückstellungen für ungewisse Verbindlichkeiten.

Die Bildung einer Steuerrückstellung setzt die hinreichend konkretisierte Erwartung einer Steuernachzahlung voraus; die bloße Möglichkeit oder vage Vermutung hierfür reicht nicht aus. Der Prüfer hat sich einschlägige Berechnungen für jede einzelne Steuerart vorlegen zu lassen und diese auf Plausibilität zu prüfen. Hierbei sollten Ergebnisse bereits abgeschlossener steuerlicher Betriebsprüfungen sowie Zwischenergebnisse laufender Verfahren hinreichend gewürdigt werden. Der Prüfer hat zudem auf den Abzug der geleisteten Steuervorauszahlungen von der voraussichtlichen Steuerschuld zu achten.

Bei Differenzen in der Rechtsauffassung zwischen Unternehmen und Finanzbehörde ist grundsätzlich eine Rückstellung zu bilden. Bei Eintritt eines rechtskräftigen Steuerbescheids hat der Prüfer die Umgliederung in die sonstigen Verbindlichkeiten sowie den Ausweis eines „davon"-Vermerks zu veranlassen.

Die vor Inkrafttreten des BilMoG noch verpflichtend zu bildenden Rückstellungen für **passive Steuerabgrenzung** gibt es seither nicht mehr. An ihre Stelle tritt die Bilanzposition „Passive latente Steuern" (§ 266 Abs. 3 E. HGB), die nunmehr verpflichtend zu bilden ist, wenn sich zwischen den handelsrechtlichen Wertansätzen von Vermögensgegenständen, Schulden und Rechnungsabgrenzungsposten und ihren steuerrechtlichen Pendants Differenzen in Form einer Steuerbelastung ergeben und die sich in späteren Geschäftsjahren voraussichtlich abbauen werden (§ 274 Abs. 1 HGB).

7.4.4 Sonstige Rückstellungen

Die **sonstigen Rückstellungen** umfassen als Sammelposition alle Rückstellungen, die nicht Pensions- und Steuerrückstellungen sind. Ihre wesentliche Komponente bilden die Rückstellungen für **ungewisse Verbindlichkeiten**, die sowohl aus privatrechtlichen als auch aus öffentlich-rechtlichen Verpflichtungen herrühren können.

Durch **öffentlich-rechtliche Verpflichtungen** begründete Rückstellungen fallen u. a. an für Abschlusserstellung, Prüfung, Sanierungsverpflichtungen, Abbruchkosten, Abraumbeseitigung, Entsorgungs-, Rekultivierungs- und sonstige Umweltschutzverpflichtungen. Rückstellungen aufgrund **privatrechtlicher Ansprüche** können begründet sein in Altersteilzeitvereinbarungen, Jubiläumsaufwendungen, Nachgewährung von Urlaub bzw. Abgeltung von Urlaubsansprüchen, Boni, Provisionen, Tantiemen, Ausgleichsansprüche, Beihilfeverpflichtungen, Sozialplanverpflichtungen, Garantie- bzw. Rücknahmeverpflichtungen oder Schadensersatzansprüchen aus Produzentenhaftung.

Für die Rückstellungsbildung ist es unbeachtlich, ob die Verpflichtung ihren Grund in einer schuldrechtlichen Vereinbarung oder einer gesetzlichen Vorschrift hat und ob sie als Geld-, Sach- oder Dienstleistung zu erbringen ist. So sind Rückstellungen für Jahresabschluss- und Prüfungskosten unabhängig davon zu bilden, ob sie auf privatrechtlichen Verpflichtungen gegenüber Dritten (z. B. beherrschende Gesellschafter) oder auf öffentlich-rechtlichen Verpflichtungen beruhen (vgl. hierzu IDW RH HFA 1.009).

Eine ungewisse öffentlich-rechtliche Verpflichtung ist dann hinreichend konkretisiert, wenn durch ein Gesetz bzw. einen Verwaltungsakt ein bestimmtes Handeln innerhalb eines vorgegebenen Zeitraums gefordert wird und eine Nichtbeachtung sanktionsbewehrt ist. Der hinreichenden Konkretisierung steht im Übrigen nicht entgegen, wenn die Person des Gläubigers nicht bekannt ist. Ausreichend ist die Erwartung, dass der Gläubiger seinen Anspruch kennt oder erkennen wird.

Der Prüfer muss mit hinreichender Sicherheit zu einem Urteil gelangen, dass sowohl alle vorliegenden ungewissen Verpflichtungen zutreffend erfasst als auch keine fiktiven Positionen angesetzt wurden.

Die Grundlage einer derartigen Plausibilitätsprüfung bildet die Vollständigkeitserklärung der gesetzlichen Vertreter. Des Weiteren wird der Prüfer eine Durchsicht der Sitzungsprotokolle des Vorstands bzw. Aufsichtsrats sowie sonstiger Schriftstücke, insbesondere der Rechtsabteilung des Unternehmens, vornehmen. In der betrieblichen Praxis werden vielfach Formularsätze oder Checklisten, jedenfalls bei häufig vorkommenden Rückstellungsarten, verwendet. Auch diese stellen – bei funktionierendem IKS – einen geeigneten Prüfungsnachweis dar. Für eine Plausibilitätsprüfung der Risiken aus der operativen Geschäftstätigkeit wie z. B. Produkthaftung können Produktionsstatistiken und Protokolle über Betriebsunterbrechungen bzw. Schadensfälle herangezogen werden.

Drohverlustrückstellungen werden in Bezug auf schwebende Geschäfte gebildet, sofern mit hinreichender Wahrscheinlichkeit für das Unternehmen ein Verpflichtungsüberschuss entsteht, d. h. sich Leistung und Gegenleistung aus dem Vertrag nicht gleichwertig gegenüberstehen.

Schwebende Geschäfte i. S. des § 249 Abs. 1 HGB sind Verträge, die auf einen gegenseitigen Leistungsaustausch gerichtet sind und aus Sicht jedes Vertragspartners einen Anspruch und eine Verpflichtung begründen, bei denen aber noch keine Vertragspartei geleistet hat (IDW RS HFA 4, Tz. 2),

- als einmalige, wiederkehrende oder dauerhafte Transaktionsfolge bzw.
- als Beschaffungs- oder Absatzgeschäfte oder
- als Sach- oder Dienstleistungsverpflichtungen.

Der Schwebezustand beginnt mit dem rechtswirksamen Abschluss des Vertrags; er endet mit der Erfüllung der Hauptleistungspflicht in wirtschaftlicher Betrachtungsweise. Ungewisse Verpflichtungen aus von der Gegenseite bereits erfüllten Verträgen sind somit unter den Verbindlichkeitsrückstellungen auszuweisen.

Ist eine dem Bereich des Bilanzierenden zuzuordnende **aufschiebende Bedingung** (z. B. Gremienvorbehalt) noch nicht eingetreten, so besteht kein schwebendes Geschäft. Ist die Bedingung hingegen in der Sphäre des Vertragspartners begründet, so ist in Anwendung des Vorsichtsprinzips nach h. M. eine Bilanzierung geboten (vgl. IDW RS HFA 4, Tz. 7 ff.).

Schwebende Geschäfte sind i. d. R. nicht bilanzierungsfähig, weil eine **Ausgeglichenheit von Leistung und Gegenleistung** vermutet wird. Hiervon kann nur in begründeten Ausnahmefällen abgewichen werden. Die bloße Möglichkeit eines Verlusteintritts genügt nicht; vielmehr müssen konkrete, objektive Anzeichen eines Verpflichtungsüberschusses vorliegen.

Der Prüfer hat dies mittels Durchsicht der Vertragsunterlagen nachzuvollziehen; zudem muss er überprüfen, ob geänderte Markt- und Wertverhältnisse am Bilanzstichtag einen Verlusteintritt ernstlich erwarten lassen. Das bewusste Eingehen eines Verlustgeschäfts hindert dabei eine Rückstellungsbildung nicht.

Während bei ungewissen Verbindlichkeiten die Verpflichtung in vollem Umfang zu passivieren ist, gilt dies für Drohverluste aus schwebenden Geschäften lediglich für den Verpflichtungsüberschuss als Saldo aus Leistungsverpflichtung und -anspruch. Steht ein schwebendes Geschäft in Zusammenhang mit einem beim Bilanzierenden bereits aktivierten Vermögensgegenstand, so ist vor einer Rückstellungsbildung zunächst dieser erforderlichenfalls bis zur vollen Höhe abzuschreiben.

Zwar resultiert die Pflicht zur Bildung von Drohverlustrückstellungen aus dem **Imparitätsprinzip** (§ 252 Abs. 1 Nr. 4 HGB), demzufolge wirtschaftlich verursachte, aber gleichwohl unrealisierte Verluste im laufenden Geschäftsjahr zu berücksichtigen sind. Dennoch ist für die Bestimmung des Verpflichtungsüberhangs aus einem schwebenden Geschäft ein **weiter Saldierungsbereich** anzuwenden.

Hierzu gehören nicht nur die Hauptleistungen aus dem Vertrag, sondern alle wechselseitigen Leistungen und Vorteile in wirtschaftlicher Betrachtungsweise. Auf die Bilanzierungsfähigkeit der wirtschaftlichen Vorteile kommt es nicht an (z. B. Standortvorteile). Maßgebend ist der sich aus der **gesamten Bewertungseinheit** „schwebendes Geschäft" ergebene Verpflichtungsüberhang, d. h. einschließlich der Zahlungsströme aus Rückgriffsansprüchen oder Deckungsgeschäften (z. B. Devisentermingeschäfte). Somit ist eine Saldierung zulässig und erforderlich, sofern der unstrittige Nachteil aus einem Hauptgeschäft durch ein Gegengeschäft ausgeglichen wird.

Der Große Senat des BFH hat im sog. „**Apotheker-Urteil**" (26.3.1997, GrS 2/93) entschieden, dass ein Vorteil, der sich für den Betrieb einer Apotheke aus der langfristigen Weitervermietung angemieteter Praxisräume an einen Arzt ergibt, der Bildung einer Drohverlustrückstellung (der Mietertrag ist geringer als der eigene Mietaufwand) entgegensteht. Es muss kein aktivierungsfähiges Wirtschaftsgut entstehen, die konkrete Erwartung eines wirtschaftlichen Erfolgs oder anderweitigen Vorteils aus der Gegenleistung genügt (sog. „**wirtschaftliches Synallagma**"). Zudem würde ein fiktiver Erwerber der Apotheke wegen der langfristigen, bei isolierter Betrachtung verlustbringenden Mietverträge keinen Wertabschlag vom Kaufpreis vornehmen, sondern berücksichtigen, dass der Betrieb einer Arztpraxis in unmittelbarer Nähe der Apotheke deren Umsätze voraussichtlich sichert bzw. fördert.

In wirtschaftlicher Betrachtungsweise ist ebenfalls die Bildung einer Rückstellung für **Ausbildungskosten** abzulehnen, sofern diese den Wert der Arbeitsleistung der Auszubildenden übersteigen bzw. ein Überbestand an Auszubildenden beschäftigt wird. In diesem Fall steht den „überhöhten" Ausbildungskosten nicht nur die reine produktive Arbeit gegenüber, die im Rahmen des Ausbildungsverhältnisses geleistet wird, sondern auch der Vorteil aus einem Überbestand an Auszubildenden, aus dem das Unternehmen geeignete Dauerbeschäftigte auswählen kann (BFH-Urteil vom 3.2.1993).

Gleichsam führt die **Verpflichtung zur Gehaltsfortzahlung im Krankheitsfall** an Angestellte weder zur Bildung einer Verbindlichkeit aufgrund eines Erfüllungsrückstands noch zu einem drohenden Verlust aus dem schwebenden Arbeitsverhältnis (BFH-Urteil vom 27.6.2001). Zwar handelt es sich unzweifelhaft um ein schwebendes Geschäft, da beide Seiten ihre vertragsmäßige Leistung noch nicht erbracht haben. Der Anspruch auf künftige Gehaltsfortzahlungen im Krankheitsfall ist in gesetzlichen und arbeitsvertraglichen Bestimmungen begründet und wird nicht durch Arbeitsleistungen vor dem Bilanzstichtag erdient.

Aufgrund der Verkehrsanschauung kann zwar geltend gemacht werden, dass mit steigendem Alter der Arbeitnehmer die Wahrscheinlichkeit der Inanspruchnahme des Arbeitgebers aus Gehaltszahlungen im Krankheitsfall zunimmt. Zugleich sind aber nach Auffassung des BFH die von dem Arbeitnehmer in der Vergangenheit gemachten Berufserfahrungen höher zu bewerten als die Gefahr steigender Sozialleistungen mit fortschreitendem Alter, weswegen bei **Arbeitsverhältnissen** grundsätzlich eine **Ausgeglichenheitsvermutung** greift. Gemäß des Grundsatzes der Einzelbewertung kann allenfalls die Vermutung der Ausgeglichenheit widerlegt werden, wenn z. B. ein Arbeitnehmer überhaupt keinen oder keinen nennenswerten Erfolgsbeitrag mehr erbringt.

Das Bestehen eines Drohverlusts bei **Beschaffungsgeschäften** setzt den Nachweis voraus, dass der Börsen-, Marktpreis oder beizulegende Wert unter dem vereinbarten Kaufpreis liegt. Die Rückstellungsdotierung entspricht somit dem Einkaufsverlust. Bei schwebenden **Absatzgeschäften** droht ein Verlust, sofern der Verkaufspreis die Selbstkosten unterschreitet. Der Prüfer hat zu beachten, dass eine außerordentliche Abschreibung auf den Vorratsbestand Vorrang genießt (IDW RS HFA 4, Tz. 20 ff.).

Im Fall der Drohverlustrückstellungen wird im Übrigen das Maßgeblichkeitsprinzip der Handelsbilanz für die Steuerbilanz durchbrochen, da ihr steuerlicher Ansatz gemäß § 5 Abs. 4a EStG unzulässig ist.

Eine Rückstellung für **unterlassene Instandhaltung** ist zu bilden, wenn

▶ im abgelaufenen Geschäftsjahr Instandhaltungsaufwendungen unterlassen wurden,

▶ diese im folgenden Geschäftsjahr innerhalb von drei Monaten nachgeholt werden (§ 249 Abs. 1 Satz 1 Nr. 1 HGB).

Hierbei handelt es sich um Rückstellungen für Innenverpflichtungen. Sofern sich das Unternehmen zu einer Instandhaltung gegenüber Dritten verpflichtet hat, ist eine Rückstellung für ungewisse Verbindlichkeiten zu bilden.

Die Instandhaltung umfasst alle Maßnahmen der regelmäßigen Instandsetzung, Wartung und Inspektion der Gegenstände des abnutzbaren Anlagevermögens. Im Einzelfall können auch immaterielle Vermögensgegenstände (etwa Software) der Instandhaltung unterworfen sein. Zur Prüfung der Unterlassung muss der Prüfer Einsicht in die betrieblichen Wartungs- und Instandhaltungspläne sowie ggf. Organbeschlüsse und Sitzungsprotokolle nehmen, die die Absicht oder Durchführung von Instandhaltungsmaßnahmen dokumentieren.

Der Prüfer muss beachten, dass vor einer Rückstellungsbildung eine außerplanmäßige Abschreibung auf den niedrigeren beizulegenden Wert des Anlageguts vorzunehmen ist (§ 253 Abs. 3 Satz 3 HGB). Eine Doppelerfassung von Aufwand ist zu unterbinden. Gleichfalls ist eine Rückstellungsbildung nicht zulässig, wenn die Instandhaltung aktivierungspflichtigen Herstellungsaufwand begründet. Dies ist der Fall, wenn der Vermögensgegenstand in seiner Substanz wesentlich vermehrt oder über seinen ursprünglichen Zustand hinaus wesentlich verbessert wird (§ 255 Abs. 2 Satz 1 HGB).

Zur Plausibilitätsprüfung der Instandhaltungs- und Wartungspläne zieht der Prüfer Herstellerempfehlungen und Wartungsverträge heran. In wertmäßig bedeutenden Fällen empfiehlt sich die Einholung eines technischen Sachverständigengutachtens.

Eine Rückstellungspflicht besteht auch für unterlassene **Aufwendungen für Abraumbeseitigung**, die im folgenden Geschäftsjahr nachgeholt werden. Entsprechende Verpflichtungen entstehen i. d. R. für die Beseitigung von Erd- oder Gesteinsmassen im Zuge des Abbaus von Bodenschätzen. Besteht für die Abraumbeseitigung eine rechtliche Verpflichtung, so ist die Rückstellung als Verbindlichkeitsrückstellung auszuweisen. Der Prüfer hat sich zu vergewissern, dass unter den Rückstellungen für Abraumbeseitigung ausschließlich Innenverpflichtungen ausgewiesen werden. Der Rückstellungsbildung steht nicht entgegen, wenn die Aufwendungen nicht im laufenden, sondern in früheren Jahren unterlassen wurden.

§ 249 Abs. 1 Satz 2 Nr. 2 HGB fordert die Bildung von Rückstellungen für **Gewährleistungen, die ohne rechtliche Verpflichtung** erbracht werden. Dies sind sittliche oder wirtschaftliche Verpflichtungen, bei denen der Erfüllungszwang so groß ist, dass ihm die Kaufleute weit überwiegend nachgeben würden, obwohl sie nicht rechtlich zu einer Leistung gezwungen sind. In der Praxis handelt es sich insbesondere um Kulanzleistungen, die nach Ablauf der vertraglich vereinbarten oder gesetzlichen Garantiefrist oder über das vertraglich oder gesetzlich notwendige Maß hinaus erbracht werden.

Der Bilanzierende muss dem Prüfer die tatsächliche Leistungsabsicht des Unternehmens glaubhaft machen. Entsprechende Indizien ergeben sich z. B. aus dem Verhalten des Unternehmens in ähnlichen Fällen der Vergangenheit sowie den branchenüblichen Gepflogenheiten. Bestehen bei wesentlichen Positionen Unsicherheiten, so wird der Prüfer nicht umhinkommen, Sachverständigengutachten einzuholen.

Der Prüfer muss hier strenge Maßstäbe ansetzen. Ein Zusammenhang mit Lieferungen und Leistungen vor dem Bilanzstichtag ist zwingend nachzuweisen. Vorsorglich für das Folgejahr gebildete Rückstellungen, etwa in Zusammenhang mit einer beabsichtigten Produktinnovation, sind nicht zulässig. Auch ist für die Passivierung das Vorhandensein eines Mangels an der eigenen Lieferung oder Leistung Voraussetzung.

Aufwendungen in Zusammenhang mit Mängeln aufgrund gewöhnlichen Gebrauchsverschleißes oder in Folge einer unsachgemäßen Behandlung sind nicht rückstellungsfähig. Vielmehr müssen Mängel vorliegen, die dem Verkäufer angelastet werden können. Aufwendungen für reine „Gefälligkeitsarbeiten" dürfen daher nicht in die Rückstellungsbildung einbezogen werden. Der Prüfer muss insoweit mittels Studium der Geschäfts- und Gewährleistungsbedingungen sicherstellen, dass keine fiktiven Verpflichtungen passiviert werden.

Für andere als die in § 249 Abs. 1 HGB genannten Tatbestände dürfen keine Rückstellungen gebildet werden. Nicht zulässig ist insbesondere die Bildung von Rückstellungen für unterlassene Werbung, Maßnahmen der Forschung und Entwicklung oder der Personalakquisition, da die Unterlassung keinem konkreten Zeitraum in der Vergangenheit zugeordnet werden kann. Für das allgemeine Unternehmerrisiko dürfen ebenfalls keine Rückstellungen gebildet werden. Insbesondere berechtigt das bilanzpolitische Ziel einer zeitlichen Gewinnverlagerung nicht zu einer Rückstellungsbildung. Vor diesem Hintergrund ist bei behaupteten Rückstellungstatbeständen eine Prüfung auf Plausibilität sowie der Einhaltung der Bewertungsstetigkeit im Zeitablauf geboten.

Mit Inkrafttreten des BilMoG wurde die Zulässigkeit einer Rückstellungsbildung **aufgehoben** für

- unterlassene Aufwendungen für Instandhaltung bei Absicht, die Instandhaltung innerhalb des folgenden Geschäftsjahres, nicht aber im 1. Quartal, nachzuholen (§ 249 Abs. 1 Satz 3 HGB),
- für ihrer Eigenart nach genau umschriebene, dem Geschäftsjahr oder einem früheren Geschäftsjahr zuzuordnende Aufwendungen, die am Abschlussstichtag wahrscheinlich oder sicher, aber hinsichtlich ihrer Höhe oder des Zeitpunkts ihres Eintritts unbestimmt sind (§ 249 Abs. 2 HGB a. F.); in der Praxis betraf dies insbesondere Generalüberholungen oder Großreparaturen;

soweit nicht entsprechende öffentlich-rechtliche oder privatrechtliche Verpflichtungen bestehen. Nach Auffassung des Gesetzgebers kamen diese Rückstellungen in wirtschaftlicher Betrachtungsweise einer Rücklage gleich. Darüber hinaus wurde – so die Gesetzesbegründung – auch die Ertragslage verfälscht, da Aufwendungen nicht periodengerecht zugeordnet wurden. Dies konnte eine unsachgemäße Information der Abschlussadressaten implizieren. Auch stellte der unbestimmte Gesetzestext den Prüfer vor erhebliche Probleme hinsichtlich der eindeutigen Abgrenzbarkeit der Maßnahme.

Macht der Bilanzierende von dem in Art. 67 Abs. 1 Satz 2 und Abs. 3 Satz 1 EGHGB vorgesehenen Wahlrecht zur Beibehaltung nunmehr nicht mehr zulässiger Rückstellungen keinen Gebrauch, sind diese Posten aufzulösen. Für diesen Fall schreibt Art. 67 Abs. 1 Satz 3 und Abs. 3 Satz 2 1. Halbsatz EGHGB vor, dass die aus der Auflösung resultierenden Beträge erfolgsneutral in die Gewinnrücklagen einzustellen sind. Ausnahmsweise können Rückstellungen nach § 249 Abs. 1 Satz 3, Abs. 2 HGB a. F. nicht erfolgsneutral aufgelöst werden, wenn sie erst im letzten vor dem 1.1.2010 beginnenden Geschäftsjahr gebildet bzw. zugeführt wurden (Art. 67 Abs. 3 Satz 2 2. Halbsatz EGHGB). Diese zeitnah zum Inkrafttreten des BilMoG gebildeten Rückstellungen sind im Falle der Auflösung stets erfolgswirksam zu erfassen.

7.5 Bewertung

7.5.1 Allgemeine Grundsätze

Rückstellungen sind seit Inkrafttreten des BilMoG i. H. des nach vernünftiger kaufmännischer Beurteilung **notwendigen Erfüllungsbetrags** anzusetzen (§ 253 Abs. 1 Satz 2 HGB). Dies impliziert den zwingenden Einbezug künftiger für die Erfüllung einschlägiger Preis- und Kostenentwicklungen. Ersatz- oder Rückgriffsansprüche gegenüber Dritten (z. B. Versicherungen) sind vom Rückstellungsbetrag in Abzug zu bringen.

Mit der Forderung einer Rückstellungsbewertung zum **Erfüllungsbetrag** nach § 253 Abs. 1 Satz 2 HGB wird ausdrücklich das Erfordernis einer **zukunftsgerichteten Bewertung** klar gestellt. Damit steht die nunmehr IAS 37.48 entsprechende handelsrechtliche Verfahrensvorschrift im Gegensatz zur diesbezüglichen ständigen BFH-Rechtsprechung, die dies unter Hinweis auf das Stichtagsprinzip ablehnt.

Aus der Einschränkung einer „**vernünftigen kaufmännischen Beurteilung**" folgt, dass ausreichende objektive Indizien auf den Eintritt künftiger Preis- und Kostensteigerungen schließen lassen müssen, die vom Prüfer auf Plausibilität und Nachvollziehbarkeit zu begutachten sind. Können besondere Preis- und Kostenentwicklungen für den Einzelfall von Bilanzierenden nicht geltend gemacht werden, werden sich Auf- und Abzinsung weitestgehend neutralisieren.

Von der allgemeinen Preisentwicklung stark abweichende Prognosen wird der Prüfer zumindest einer kritischen Prämissenkritik unterwerfen müssen. Der Mandant wird stichhaltige Gründe wie z. B. Rohstoffpreiserhöhungen oder Tariflohnänderungen anführen und diese anhand von Zeitreihenanalysen oder Expertenszenarien belegen müssen. Theoretisch könnten Preis- und Kostensenkungen den Rückstellungsbetrag auch verringern. Dies widerspricht zwar dem Vorsichtsprinzip, ist aber vom Gesetzgeber aus Gründen der Informationsfunktion des Jahresabschlusses so gewollt.

Anzusetzen ist nicht der Höchstwert i. S. eines *worst case*-Szenarios, sondern der **wahrscheinliche Erfüllungsbetrag** (Schadenserwartungswert). Dieser ergibt sich aus einer Bandbreite möglicher Inanspruchnahmen (Wahrscheinlichkeitsverteilung). Da etwa bei Annahme einer Normalverteilung die tatsächliche Inanspruchnahme in 50 % der Fälle höher ist als der Schadenserwartungswert, wird nach h. M. die Dotierung der Rückstellung mit diesem Wert als nicht vereinbar mit dem Vorsichtsprinzip des § 252 Abs. 1 Nr. 4 HGB angesehen. Nicht einschlägig ist auch der Modalwert.

Somit besteht ein beträchtlicher **Ermessensspielraum** entsprechend der Risikoneigung des Bilanzierenden bei der Wertfindung. Die Rückstellungsdotierung soll mit einer hinreichenden

Wahrscheinlichkeit zur Deckung des tatsächlich anfallenden Schadens ausreichen. Sie ergibt sich damit theoretisch aus der oberen Grenze eines Konfidenzintervalls als eine vom Bilanzierenden vorgegebene Wahrscheinlichkeit. So kann auch eine Wahrscheinlichkeitsgrenze von 90 % (d. h. der Rückstellungsbetrag reicht mit 90 % Wahrscheinlichkeit zur Schadensdeckung aus) nicht beanstandet werden. Der Prüfer muss folglich sicherstellen, dass

- sämtliche verfügbaren externen und internen Informationen in die Beurteilung der Risikohöhe mit einbezogen wurden,
- der Bewertung zugrunde liegenden Annahmen und Erwartungen plausibel und realistisch sind sowie
- der Grundsatz der Bewertungsstetigkeit eingehalten wurde.

Bei Finanzrisiken (Börsenpreis-, Zins- oder Währungsrisiken) können anerkannte statistische Verfahren, insbesondere das *Value at Risk*-Modell, zur Anwendung kommen. Bei sehr unregelmäßig auftretenden Schadensfällen müssen Schätzungen, Wertgutachten oder Kostenvoranschläge zur Rückstellungsbemessung herangezogen werden, ggf. erhöht um einen Risikozuschlag.

Nach § 253 Abs. 2 Satz 1 HGB sind Rückstellungen mit einer Restlaufzeit von mehr als einem Jahr obligatorisch **abzuzinsen**. Auf das Vorliegen eines Zinsanteils der Verpflichtung kommt es seit Einführung des BilMoG nicht mehr an. Hiermit soll im Interesse einer den tatsächlichen Verhältnissen entsprechenden Darstellung der wirtschaftlichen Verhältnisse berücksichtigt werden, dass die jedenfalls in den langfristigen Rückstellungen gebundenen Finanzmittel zwischenzeitlich Ertrag bringend investiert werden können. Im Umkehrschluss wird klargestellt, dass Rückstellungen **mit einer Restlaufzeit von einem Jahr und weniger nicht abzuzinsen** sind.

Die Abzinsung hat auf der Grundlage des **durchschnittlichen Marktzinssatzes** der vergangenen sieben Geschäftsjahre unter Berücksichtigung der Restlaufzeit der Rückstellungen bzw. der diesen zugrunde liegenden Verpflichtungen zu erfolgen. Die Sieben-Jahres-Regel basiert auf der aus Simulationsrechnungen gewonnenen Erkenntnis, dass sich eine hinreichende Glättung von Ertragsschwankungen, die nicht durch die Geschäftstätigkeit der Unternehmen verursacht werden, erst bei Zugrundelegung eines über sieben Geschäftsjahre geglätteten Durchschnittszinssatzes einstellt.

Darüber hinaus hat die Abzinsung nach Maßgabe des Einzelbewertungsgrundsatzes fristenkongruent zur **Restlaufzeit** der der jeweiligen Rückstellung zugrunde liegenden Verpflichtung zu erfolgen. D. h., wird für die Rückstellung ein voraussichtlicher Erfüllungszeitraum von drei Jahren angenommen, so ist ein durchschnittlicher Marktzinssatz für diese Laufzeit anzuwenden.

Die Abzinsungszinssätze werden gemäß der auf Grundlage des § 253 Abs. 2 Satz 4 und 5 HGB erlassenen Verordnung über die Ermittlung und Bekanntgabe der Sätze zur Abzinsung von Rückstellungen (**Rückstellungsabzinsungsverordnung** - RückAbzinsV) vom 18. November 2009 von der Deutschen Bundesbank mit zwei Nachkommastellen ermittelt und bekannt gemacht.

Die Zinssätze werden aus einer um einen Aufschlag erhöhten Null-Kupon-Euro-Zinsswapkurve ermittelt. Die Null-Kupon-Euro-Zinsswapkurve wird auf der Grundlage von Euro-Festzins-Swapsätzen mit den Laufzeiten ein bis zehn Jahre, zwölf, 15, 20, 25, 30, 40 und 50 Jahre berechnet.

Die verwendeten Zeitreihen sind veröffentlichte Vortagsendstände für aus einer Reihe von Swap-Anbietern zusammengesetzte beste Geldkurse mit Verzinsung auf der Basis von 30 zu

360 Zinsberechnungstagen. Die Swapsätze für die ganzjährigen Laufzeiten zwischen den genannten Laufzeiten werden interpoliert. Die Berechnung des Aufschlags erfolgt anhand eines breiten Rendite-Indexes für auf Euro lautende Unternehmensanleihen aller Laufzeiten mit einer hochklassigen Bonitätseinstufung (§ 2 RückAbzinsV).

Auf Basis der Daten des letzten Handelstages des Monats veröffentlicht die Deutsche Bundesbank monatlich die Abzinsungszinssätze für die ganzjährigen Laufzeiten von einem Jahr bis 50 Jahre auf ihrer Internetseite www.bundesbank.de (§ 7 RückAbzinsV).

Somit wird einerseits ausgeschlossen, dass die Ermittlung des Abzinsungszinssatzes für bilanzpolitische Gestaltungen nutzbar ist, andererseits entstehen den Unternehmen keine zusätzlichen Aufwendungen im Zusammenhang mit der Ermittlung des Abzinsungszinssatzes. Auch für den Prüfer ergeben sich hinsichtlich des angewandten Zinssatzes keine besonderen Verifizierungsprobleme.

Aus Vereinfachungsgründen differenziert § 253 Abs. 2 Satz 1 HGB nicht zwischen Rückstellungen für Verpflichtungen, die in Euro oder in fremder Währung zu erfüllen sind. Folglich sind auch Rückstellungen für in **Fremdwährung** zu erfüllende Verpflichtungen nach Maßgabe o. g. Marktzinssätze abzuzinsen.

Mit der Verpflichtung zur Anwendung eines Marktzinssatzes soll vermieden werden, dass stattdessen ein unternehmensindividueller Zinssatz verwendet wird, der vom individuellen Bonitätsrisiko des jeweiligen Unternehmens abhängt. In diesem Fall hätte die sinkende Bonität des Unternehmens einen steigenden Abzinsungszinssatz und folglich eine erfolgswirksam zu berücksichtigende Verminderung des zurückgestellten Betrags bewirkt.

Wenn die Anwendung des durch die Deutsche Bundesbank ermittelten Abzinsungszinssatzes zu einer den tatsächlichen Verhältnissen nicht entsprechenden Darstellung der wirtschaftlichen Lage führt, ist der Abzinsungszinssatz nach den Vorgaben des § 253 Abs. 2 Satz 1 HGB selbst zu ermitteln oder von privaten Anbietern zu beziehen. Dies kann erforderlich sein, wenn im Rahmen von wesentlichen Fremdwährungsverpflichtungen die Zinsverhältnisse in dem Verpflichtungsland nicht mit denen des Euro-Raums vergleichbar sind.

Steuerlich entfaltet die Neufassung des § 253 Abs. 1 Satz 2 HGB keine Auswirkungen. Zum einen sieht § 6a EStG für die Bewertung von Pensionsrückstellungen besondere Vorschriften vor, welche die diesbezügliche steuerliche Neutralität der Änderung des § 253 Abs. 1 Satz 2 HGB sicherstellen und zum anderen wird mit § 6 Abs. 1 Nr. 3a Buchstabe f EStG für Verbindlichkeitsrückstellungen das Stichtagsprinzip festgeschrieben. Der Abzinsungssatz für Zwecke des Steuerrechts beträgt zudem 5,5 % (§ 6 Abs. 1 Nr. 3a Buchstabe e EStG). Aus den Disparitäten werden sich zwangsläufig latente Steuern ergeben.

Erträge und Aufwendungen aus der Abzinsung sind gesondert unter den Posten „Sonstige Zinsen und ähnliche Erträge" (§ 275 Abs. 2 Nr. 11, Abs. 3 Nr. 10 HGB) bzw. „Zinsen und ähnliche Aufwendungen" (§ 275 Abs. 2 Nr. 13, Abs. 3 Nr. 12 HGB) zu verbuchen (§ 277 Abs. 5 HGB). Sie gehen somit in das Finanzergebnis ein, Betriebsergebnis und EBIT bleiben hiervon unberührt. Im Interesse einer hinreichenden Information der Abschlussadressaten wird empfohlen, im Rückstellungsspiegel die Effekte aus der Ab- und Aufzinsung gesondert zu zeigen.

7.5.2 Pensionsrückstellungen

Pensionsrückstellungen beziffern denjenigen Betrag, den das Unternehmen zur Erfüllung der künftigen wahrscheinlichen Versorgungszahlungen aufwenden muss. Sie inkludieren sowohl Aufwendungen für laufende Pensionen als auch für Anwartschaften.

Bei **laufenden Pensionen** ist der Barwert der noch zu erbringenden Leistungen anzusetzen.

Der Rückstellungsbetrag für **Anwartschaften** wird i. d. R. nach dem steuerlich allein zulässigen Teilwertverfahren berechnet. Die Pensionsrückstellung ist dabei vom Jahr der Entstehung des Verpflichtungsgrunds (dem Zeitpunkt des Diensteintritts des Pensionsberechtigten) bis zum Zeitpunkt des Eintritts des vertraglich vorgesehenen Versorgungsfalls zu bilden. Die Ansammlung der Mittel hat somit grundsätzlich im Laufe der Aktivitätsperiode des Begünstigten zu erfolgen. Die Höhe der jährlichen Zuweisungen bemisst sich aus dem Unterschiedsbetrag des Werts der Anwartschaft am Schluss des Geschäftsjahres gegenüber dem Wert am Schluss des vorangegangenen Geschäftsjahres.

Eine Pensionszusage wird meist erst nach einer gewissen Mindestbetriebszugehörigkeitsdauer getätigt. Daher besteht regelmäßig ein nicht unwesentlicher zeitlicher Abstand zwischen dem Diensteintritt (dem Entstehen des Verpflichtungsgrunds) und dem Zeitpunkt der Pensionszusage. Je größer dieser zeitliche Abstand ist, umso höher ist die im Jahr der Zusage zu bildende **Erstrückstellung**.

Steuerrechtlich darf die Erstrückstellung gleichmäßig auf drei Folgejahre verteilt werden. Diese Verteilungsmöglichkeit (§ 6a Abs. 4 EStG) wird grundsätzlich auch handelsrechtlich für zulässig gehalten. Fehlbeträge aus der Unterdotierung der Rückstellung, die sich aus der Anwendung der Drittelung ergeben, sind im Anhang anzugeben.

Das HGB enthält keine Vorgaben bzgl. des anzuwendenden **versicherungsmathematischen Berechnungsverfahrens**, solange dessen Anwendung zur Ermittlung des nach vernünftiger kaufmännischer Beurteilung notwendigen Erfüllungsbetrags führt. Unter Beachtung der Grundsätze ordnungsmäßiger Buchführung muss das angewandte Berechnungsverfahren folgenden Anforderungen genügen:

- ▶ Für die Bewertung von Altersversorgungsverpflichtungen und vergleichbaren langfristig fälligen Verpflichtungen sind die anerkannten Regeln der Versicherungsmathematik anzuwenden.
- ▶ Laufende Rentenverpflichtungen sowie Altersversorgungsverpflichtungen gegenüber ausgeschiedenen Anwärtern sind mit ihrem Barwert anzusetzen.
- ▶ Bei Pensionsanwartschaften der im Unternehmen tätigen Anwärter muss die Mittelansammlung grundsätzlich über die Aktivitätsperiode des einzelnen Versorgungsanwärters erfolgen.

Für die Verteilung der Mittelansammlung kommen verschiedene versicherungsmathematische Verfahren in Betracht, sofern deren Anwendung jeweils zu einer betriebswirtschaftlich angemessenen Darstellung der Belastung des Bilanzierenden führt. Dies ist dann der Fall, wenn in Abhängigkeit von der Versorgungszusage das gewählte Bewertungsverfahren den Pensionsaufwand verursachungsgerecht über den Zeitraum verteilt, in dem der Versorgungsberechtigte seine Gegenleistung erbringt (vgl. IDW RS HFA 30, Tz. 60).

In Deutschland werden Pensionsrückstellungen bislang überwiegend nach dem steuerlichen **Teilwertverfahren** ermittelt (§ 6a EStG). Handelsrechtlich darf jedoch auch das **Gegenwartswertverfahren**, welches auch als **Anwartschaftsbarwertverfahren** oder als sog. *„projected unit credit method"* bezeichnet wird, angewandt werden. Beide Verfahren berechnen die Höhe der Pensionsrückstellung als Differenz zwischen den Barwerten der künftigen Pensionsleistungen zweier aufeinander folgender Bilanzstichtage.

Während aber das Teilwertverfahren die Pensionsrückstellung ab dem Zeitpunkt des Diensteintritts berechnet, geht das Anwartschaftsbarwertverfahren von einer erstmaligen Bildung der Pensionsrückstellung zum Zeitpunkt der Pensionszusage aus. Der Verpflichtungsumfang wird beim Anwartschaftsbarwertverfahren als versicherungsmathematischer Barwert der bis zum Bilanzstichtag erdienten Rentenanwartschaft ermittelt. Folglich wird keine periodisch gleichmäßige, sondern eine im Zeitablauf progressiv zunehmende Rückstellungsdotierung pro Periode unterstellt.

Unabhängig davon, ob das steuerliche Teilwertverfahren oder ein Anwartschaftsbarwertverfahren angewendet wird, sind Pensionsrückstellungen ratierlich so anzusammeln, dass bei Rentenbeginn jeweils der Barwert der versicherungsmathematisch errechneten Rentenzahlungen in die Rückstellung eingestellt worden ist, d. h., beide Verfahren führen zu einem identischen Endwert zum Zeitpunkt der erstmaligen Rentenauszahlung.

Bei der Bewertung der Pensionsrückstellung wird unterstellt, dass der Arbeitnehmer die Pensionsleistung kontinuierlich erdient (durch seine im Zeitraum zwischen Pensionszusage bzw. Diensteintritt und Rentenbeginn zu erbringenden Arbeitsleistungen). Der Ansammlungszeitraum beginnt dabei jeweils mit der Pensionszusage, d. h., die Rückstellung wird erst bei der Pensionszusage gebildet. Im Jahr der Zusage wird beim Teilwertverfahren – im Unterschied zum Gegenwartswertverfahren – eine Einmalrückstellung für den Zeitraum zwischen Diensteintritt und Zusagezeitpunkt gebildet. Somit wird bei Anwendung des Teilwertverfahrens im Zeitraum der Mittelansammlung bis zum Eintritt des Versorgungsfalls stets ein höherer Rückstellungsbestand als beim Gegenwartswertverfahren ausgewiesen. Das Teilwertverfahren ist aus Vorsichtsgründen daher vorzuziehen.

Bei vertraglichen Besonderheiten, die die gleichmäßige Verteilung des Altersversorgungsaufwands über die gesamte aktive Dienstzeit ausschließen, führt das Teilwertverfahren dagegen zu handelsrechtlich unzutreffenden Wertansätzen. Dies ist z. B. der Fall bei Versorgungszusagen, die auf einer einmaligen Entgeltumwandlung des Versorgungsberechtigten beruhen, oder auch bei solchen Zusagen, die Besonderheiten bei der vertraglichen Verteilung der Mittelansammlung aufweisen. Solche liegen etwa vor, wenn aufgrund einer Änderung der ursprünglichen Zusage in den zukünftigen Dienstjahren keine oder nur geringe Anwartschaftszuwächse mehr erworben werden können. Eine gleichmäßige Neuverteilung der bis zur Änderung erworbenen Besitzstände, wie es dem Teilwertverfahren innewohnt, würde dann zu einer wirtschaftlich nicht sachgerechten Teilauflösung der Pensionsrückstellungen führen (vgl. IDW RS HFA 30, Tz. 61).

Hinsichtlich weiterer einschlägiger **Berechnungsparameter** führt der IDW RS HFA 30, Tz. 51 ff., 62 i. V. mit den Neuregelungen des BilMoG aus:

- Die Sterbe- und Invalidisierungswahrscheinlichkeiten müssen unter Verwendung zeitnaher Beobachtungswerte und zulässiger mathematisch-statistischer Methoden erstellt worden sein; sie können allgemein anerkannten Tabellenwerken entnommen werden. In der Praxis verbreitet sind die Richttafeln von Dr. Klaus Heubeck i. d. F. 2005.
- Als weitere Ausscheidewahrscheinlichkeit ist die Fluktuation für die im Unternehmen tätigen Versorgungsberechtigten zu berücksichtigen. Unter der Fluktuation ist die (durchschnittliche) altersabhängige Wahrscheinlichkeit zu verstehen, dass ein Versorgungsberechtigter vorzeitig durch Kündigung das Unternehmen ohne Eintritt des Versorgungsfalls verlässt. Die Heranziehung von Branchenwerten anstatt einer unternehmensindividuellen Ermittlung wird regelmäßig ausreichend sein. Die pauschale Einrechnung der Fluktuation i. S. des § 6a EStG ist handelsrechtlich nicht zulässig.
- Die in die Bewertung eingehende Altersgrenze ist unter Beachtung der vertraglich vorgesehenen Altersgrenze und der voraussichtlichen Pensionierungsgewohnheiten der jeweilgen Versorgungsbestände festzulegen.
- Es sind nicht nur bereits vereinbarte Lohn- und Gehaltssteigerungen – z. B. im Rahmen mehrjähriger Tarifverträge – bei der Berechnung zu berücksichtigen, sondern darüber hinaus auch allgemeine Lohn-, Gehalts- und Karrieretrends in die Kalkulation des seit BilMoG einschlägigen Erfüllungsbetrags einzubeziehen.
- Künftige trendbedingte Wertänderungen (z. B. Renten- und Geldentwertungstrends, Bemessungsgrößen aus der Sozialversicherung) sind ebenfalls in die Wertermittlung einzurechnen.
- Es dürfen nur solche Lohn-, Gehalts- und Rententrends berücksichtigt werden, die auf begründeten Erwartungen und hinreichend objektiven Hinweisen beruhen (z. B. aufgrund von Erfahrungswerten aus der Vergangenheit). Eine Berücksichtigung von Steigerungen der Altersversorgungsverpflichtungen aufgrund externer, singulärer Ereignisse (z. B. durch nach dem Abschlussstichtag verabschiedete gesetzliche Vorschriften) ist nicht zulässig.
- Der Diskontierungszinsfuß wird gemäß der Entwicklungen auf dem Kapitalmarkt nach Maßgabe der entsprechenden Publikationen der Deutschen Bundesbank festgesetzt. Der steuerlich obligatorische Zinssatz von 6 % muss nicht mehr zwangsläufig die Obergrenze bilden; aufgrund differierender Zinssätze in Handels- und Steuerbilanz wird es zwangsläufig zu Steuerlatenzen kommen.

Vor diesem Hintergrund ist die handelsrechtliche Verwendung eines nach Maßgabe der Anforderungen des § 6a oder § 6 EStG ermittelten Verpflichtungswerts regelmäßig nicht zulässig. Unterschreitet der nach den handelsrechtlichen Vorgaben ermittelte Verpflichtungswert den steuerlichen Teilwert, ist es ohne Einschränkung des Beibehaltungswahlrechts des Art. 67 Abs. 1 Satz 2 EGHGB ebenfalls nicht zulässig, in der Handelsbilanz den steuerlichen Teilwert der Verpflichtung als Mindestwert zu passivieren (IDW RS HFA 30, Tz. 63).

Eine nach geeigneten Gruppen von Versorgungsberechtigten differenzierte Bestimmung der Bewertungsparameter und Auswahl der Berechnungsverfahren ist demgegenüber regelmäßig zulässig (IDW RS HFA 30, Tz. 64).

Die Verpflichtung zum **Einbezug künftiger Preis- und Kostenschätzungen** wird künftig auch regelmäßige Anpassungen der zugrunde liegenden biometrischen Daten bedingen. Der Prüfer hat dem nachzugehen und einerseits die Anpassungsrhythmen auf Angemessenheit sowie ggf. erfolgte Anpassungen auf Plausibilität mit den allgemein erwarteten Trends der wirtschaftlichen Entwicklung abzugleichen.

Die übliche Praxis, dass **Pensionsgutachten** in der Praxis regelmäßig zwei bis drei Monate vor, aber mit Blickrichtung auf den Bilanzstichtag erstellt werden, kann grundsätzlich beibehalten werden. Ergeben sich in dem Zeitraum zwischen der Erstellung eines Pensionsgutachtens und dem Bilanzstichtag aber Änderungen beim Mengengerüst oder den einzelnen zugrunde gelegten Bewertungsparametern, die zu wesentlichen Abweichungen führen, so ist dies am Bilanzstichtag zu berücksichtigen.

Die Bewertung hat nach § 253 Abs. 2 Satz 1 HGB wie bei allen langfristigen Rückstellungen zum **Barwert** zu erfolgen, und zwar grundsätzlich einzeln für jede Pensionsverpflichtung auf Basis der jeweils individuellen Daten. Es sind alle künftigen Zahlungen auf den Bewertungsstichtag mit dem von der Deutschen Bundesbank veröffentlichten Marktzinssatz abzuzinsen, d. h. es muss aus den Datenreihen der individuelle, laufzeitadäquate Abzinsungszinssatz ermittelt werden.

Mit der Anwendung des **durchschnittlichen Marktzinssatzes der vergangenen sieben Geschäftsjahre** wird insbesondere bezogen auf die Pensionsrückstellungen bezweckt, Zufallselemente in der Zinsentwicklung auszuschließen und eine Annäherung an internationale Rechnungslegungsstandards zu erreichen.

Für die Bewertung von Rückstellungen für laufende Pensionen und Anwartschaften auf Pensionen (ausschließlich für diese Rückstellungstypen) erlaubt der mit BilMoG eingefügte § 253 Abs. 2 Satz 2 HGB – dem Einzelbewertungsgrundsatz entgegen stehend – alternativ pauschal den **durchschnittlichen Marktzinssatz** anzusetzen, der sich bei einer angenommenen Laufzeit von **15 Jahren** ergibt.

Diese für Bilanzierenden und Abschlussprüfer wesentliche, weil objektivierende Bewertungsvereinfachung muss allerdings für den Bestand als Ganzes erfolgen und ist nach Maßgabe des Grundsatzes der Bewertungsstetigkeit beizubehalten. Bei Pensionsrückstellungen mit wesentlich kürzeren Restlaufzeiten als 15 Jahre ist vom Prüfer zudem kritisch zu würdigen, ob die Vereinfachungsvorschrift im Hinblick auf die Darstellung eines den tatsächlichen Verhältnissen entsprechenden Bildes vereinbar ist.

Die in § 253 Abs. 2 HGB vorgesehene Verpflichtung zur Anwendung eines Durchschnittszinssatzes anstelle eines individualisierten Marktzinssatzes hat für Pensionsrückstellungen lediglich zur Folge, dass der finanzmathematische Vorgang der Abzinsung mit unterschiedlichen Zinssätzen erfolgt. Folglich ist auch kein vollständiges gesondertes Pensionsgutachten erforderlich, sondern braucht der Berechnung in dem vorhandenen Gutachten nur ein modifizierter Zinssatz zugrunde gelegt werden.

Unternehmen, die bisher auch für handelsrechtliche Zwecke die steuerliche Bewertungsvorschrift des § 6a EStG (Zinssatz 6 %) angewandt haben, müssen nunmehr für handelsrechtliche Zwecke die bisherigen Bewertungsgrundlagen modifizieren. Auch in diesen Fällen sind aber keine zwei getrennten Berechnungen für handels- und steuerbilanzielle Zwecke durchzuführen. Vielmehr genügt auch hier eine Modifizierung der für steuerliche Zwecke erstellten Pensionsgutachten.

Wegen § 6 Abs. 1 Nr. 3a Buchstabe f EStG i. V. mit § 6a EStG entfaltet § 253 Abs. 2 HGB auf die steuerliche Bewertung der Pensionsrückstellungen keine Auswirkungen; künftige Preis- und Kostensteigerungen dürfen steuerlich nicht berücksichtigt werden.

Zur Bewertungsprüfung der Pensionsrückstellungen sind die Ergebnisse des versicherungsmathematischen Gutachtens vom Prüfer auf Plausibilität zu würdigen, welches das zu prüfende Unternehmen von einem Sachverständigen einholen muss. Aufgrund der Komplexität der Berechnungsmethoden soll hier auf eine weitergehende Behandlung verzichtet werden. Im Rahmen der Prüfung muss auch sichergestellt werden, dass das Unternehmen alle drei Jahre eine Anpassungsprüfung gemäß § 16 BetrAVG vorgenommen hat bzw. vornimmt.

Eine Besonderheit stellt das in § 246 Abs. 2 Satz 2 HGB kodifizierte **Verrechnungsgebot** dar. Es gilt für **Vermögensgegenstände**, die dem Zugriff aller übrigen Gläubiger entzogen sind und ausschließlich der Erfüllung von Schulden aus **Altersversorgungsverpflichtungen** oder vergleichbaren langfristig fälligen Verpflichtungen gegenüber Arbeitnehmern dienen (Planvermögen), und die entsprechenden Schulden. Gleichfalls sind die aus den Vermögensgegenständen und Schulden resultierenden Aufwendungen und Erträge zu verrechnen. Folglich wird das Verrechnungsgebot auf Treuhandmodelle für Pensionsverpflichtungen (sog. *contractual trust arrangements*, CTAs), verpfändete Rückdeckungsversicherungen ohne Rückkaufsrecht des Arbeitgebers, Sicherungsvermögen für Altersteilzeitverpflichtungen, Verpflichtungen aus Lebensarbeitszeitmodellen und ähnliche langfristige Verpflichtungen gegenüber Arbeitnehmern beschränkt. Für alle übrigen gegenüber Arbeitnehmern bestehenden Verpflichtungen gilt das bisherige Verrechnungsverbot weiter.

Die Vermögensgegenstände müssen dem Zugriff aller Gläubiger entzogen sein und jederzeit zur Erfüllung der Schulden verwertet werden können. Dies gilt nicht nur für die Einzelvollstreckung oder Insolvenz, sondern auch für mögliche Zugriffe der Gläubiger eines von dem bilanzierungspflichtigen Unternehmen unabhängigen Rechtsträgers, auf den die Vermögensgegenstände ggf. übertragen worden sind. Ob dies zutrifft, ist vom Prüfer im Einzelfall auf Basis der vertraglichen Ausgestaltungen nachzuvollziehen.

Die gemäß § 246 Abs. 2 Satz 2 HGB zu verrechnenden o. g. Vermögensgegenstände und Schulden aus gegenüber Arbeitnehmern eingegangenen Altersversorgungs- oder ähnlichen Verpflichtungen sind zum **beizulegenden Zeitwert** zu bewerten (§ 253 Abs. 1 Satz 4 HGB).

Übersteigt der beizulegende Zeitwert der zu verrechnenden Vermögensgegenstände den der Schulden gemäß § 253 Abs. 1 Satz 4 HGB, ist der Saldo als letzter Bilanzposten unter „**E. Aktiver Unterschiedsbetrag aus der Vermögensverrechnung**" zu aktivieren (§ 246 Abs. 2 Satz 3, § 266 Abs. 2 HGB). Dem Gläubigerschutz wird durch eine Ausschüttungssperre i. H. der Differenz zwischen beizulegendem Zeitwert abzüglich passiver latenter Steuern einerseits und Anschaffungskosten andererseits Rechnung getragen (§ 268 Abs. 8 HGB), deren Einhaltung der Prüfer überwachen muss. Zu Einzelfragen vgl. IDW RS HFA 30, Tz. 67 ff.

Eine weitere Besonderheit greift, sofern sich die Höhe von Altersversorgungsverpflichtungen ausschließlich nach dem beizulegenden Zeitwert von Wertpapieren im Sinne des § 266 Abs. 2 A.III.5. HGB (Wertpapiere des Anlagevermögens) bestimmt. Derartige Konstellationen werden als **wertpapiergebundene Versorgungszusagen** bezeichnet (§ 253 Abs. 1 Satz 3 HGB).

Es kommen insbesondere die folgenden Papiere als Wertpapiere des Anlagevermögens i. S. des § 266 Abs. 2 A.III.5 HGB in Betracht: Aktien, Pfandbriefe, Kommunalobligationen, Industrie- bzw.

Bankobligationen, Investmentanteile, Anteile an offenen Immobilienfonds, Genussscheine, Wandelschuldverschreibungen, Optionsscheine, Gewinnschuldverschreibungen und Wertrechte (IDW RS HFA 30, Tz. 73).

Es ist nicht erforderlich, dass der Bilanzierende die betreffenden verpflichtungsdeterminierenden Wertpapiere selbst im Bestand hält.

In diesem Fall sind aus Gründen der Bewertungsvereinfachung die Pensionsrückstellungen zum beizulegenden **Zeitwert** dieser Wertpapiere anzusetzen, soweit jener einen garantierten Mindestbetrag übersteigt. Auf ein Pensionsgutachten kann bei dieser Art von Rückstellungen verzichtet werden, wodurch insbesondere in der Praxis mittelständischer Unternehmen Kosten eingespart werden.

Der **beizulegende Zeitwert** ist der auf einem aktiven Markt ermittelte **Marktpreis** (§ 255 Abs. 4 Satz 1 HGB). Er kann als ermittelt angesehen werden, wenn er an einer Börse, von einem Händler, von einem Broker, von einer Branchengruppe, von einem Preisberechnungsservice oder von einer Aufsichtsbehörde leicht und regelmäßig erhältlich ist und auf aktuellen und regelmäßig auftretenden Markttransaktionen zwischen unabhängigen Dritten beruht. Das Vorhandensein öffentlich notierter Marktpreise ist der bestmögliche objektive Hinweis für den beizulegenden Zeitwert.

Nur wenn ein Marktpreis nicht ermittelt werden kann, können andere Bewertungsmethoden herangezogen werden (§ 255 Abs. 4 Satz 2 HGB), z. B. Vergleichs- oder Kapitalwertverfahren bzw. Optionspreismodelle. Insoweit soll der beizulegende Zeitwert angemessen an den Marktpreis angenähert werden, wie er sich am Bewertungsstichtag zwischen unabhängigen Geschäftspartnern bei Vorliegen normaler Geschäftsbedingungen ergeben hätte. Denkbar ist z. B. der Vergleich mit dem vereinbarten Marktpreis früherer vergleichbarer Geschäftsvorfälle zwischen sachverständigen, vertragswilligen und unabhängigen Geschäftspartnern oder die Verwendung von anerkannten wirtschaftlichen Bewertungsmethoden.

Lässt sich ein Marktpreis und infolgedessen der beizulegende Zeitwert nicht verlässlich ermitteln, haben Zugangs- und Folgebewertung zu Anschaffungs- oder Herstellungskosten zu erfolgen. Eine nicht verlässliche Ermittlung des Marktwerts liegt insbesondere dann vor, wenn die angewandte Bewertungsmethode eine Bandbreite möglicher Werte zulässt, die Abweichung der Werte voneinander signifikant ist und eine Gewichtung der Werte nach Eintrittswahrscheinlichkeiten nicht möglich ist.

War in früheren Perioden ein beizulegender Zeitwert ermittelbar, so bildet der letzte zuverlässig ermittelte Zeitwert die Grundlage für eine nachfolgend gemäß § 253 Abs. 4 HGB vorzunehmende Bewertung (§ 255 Abs. 4 Satz 4 HGB). Dieser wird im Wege der Fiktion zu den maßgebenden Anschaffungs- oder Herstellungskosten erhoben.

Für den Fall, dass die Wertpapiere Deckungsvermögen i. S. d. § 246 Abs. 2 Satz 2 HGB darstellen, sind sie gemäß § 253 Abs. 1 Satz 4 HGB mit dem beizulegenden Zeitwert zu bewerten und gemäß § 246 Abs. 2 Satz 2 Halbsatz 1 HGB mit den sie betreffenden Altersversorgungsverpflichtungen zu verrechnen. Da bei wertpapiergebundenen Versorgungszusagen der Buchwert der passivierten Verpflichtungen an einen evtl. gestiegenen beizulegenden Zeitwert angepasst wird, greift die Ausschüttungssperre des § 268 Abs. 8 Satz 3 HGB insoweit nicht (vgl. IDW RS HFA 30, Tz. 75).

Hält der Bilanzierende die Wertpapiere zwar selbst im Bestand, erfüllen diese aber nicht die Anforderungen an Deckungsvermögen, kann unter den Voraussetzungen des § 254 HGB eine **Bewertungseinheit** vorliegen. Die Altersversorgungsverpflichtungen sind dann aufgrund der Regelung des § 253 Abs. 1 Satz 3 HGB als gesichertes Grundgeschäft und die korrespondierenden Wertpapiere als Sicherungsinstrumente anzusehen.

Bei der Zusammenfassung von Grundgeschäft und Sicherungsinstrumenten zu einer Bewertungseinheit ist die sog. Durchbuchungsmethode anzuwenden, so dass nicht nur die Altersversorgungsverpflichtungen mit dem beizulegenden Zeitwert der korrespondierenden Wertpapiere bewertet werden, sondern – ohne Beschränkung durch das Anschaffungskostenprinzip des § 253 Abs. 1 Satz 1 HGB und das Realisations- bzw. Imparitätsprinzip des § 252 Abs. 1 Nr. 4 HGB – auch die Wertpapiere selbst.

Eine Verrechnung der Wertpapiere und der Verpflichtungen ist gemäß § 246 Abs. 2 Satz 1 HGB nicht zulässig (vgl. IDW RS HFA 30, Tz. 76).

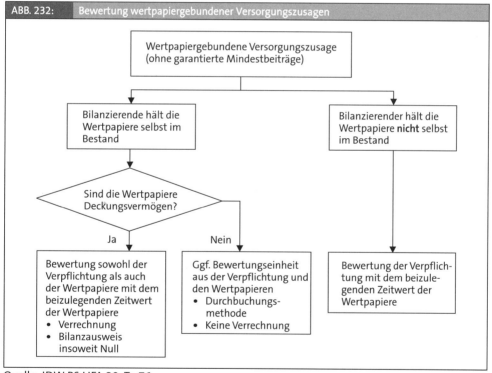

ABB. 232: Bewertung wertpapiergebundener Versorgungszusagen

Quelle: IDW RS HFA 30, Tz. 76.

Nach **Eintritt des Versorgungsfalls** werden die Versorgungszahlungen zu Lasten des Rückstellungskontos gebucht. Zugleich ist der sich am Bilanzstichtag ergebende Rückstellungsbetrag bis zur Höhe des Barwerts aus den Zinsen des verbleibenden Bestands wieder aufzufüllen.

7.5.3 Steuerrückstellungen

Bei der Bewertung der **Steuerrückstellungen** hat der Prüfer – jeweils separat nach Steuerarten – sicherzustellen, ob die Bemessungsgrundlage der Steuerschuld korrekt ermittelt und auf diese der richtige Steuersatz angewandt wurde. Hierbei sind Steuervorauszahlungen sowie eventuell bereits vorliegende Steuerbescheide zu berücksichtigen. Insbesondere bei der GewESt gestaltet sich problematisch, dass die Steuerschuld als abzugsfähige Betriebsausgabe ihre eigene Bemessungsgrundlage mindert. Zum Nachvollzug der Dotierung von Steuerrückstellungen sind die jeweiligen steuerartenbezogenen Gesetze und Richtlinien problemorientiert zu würdigen, was an dieser Stelle unterbleiben soll.

7.5.4 Sonstige Rückstellungen

Rückstellungen für ungewisse Verbindlichkeiten sind nach h. M. zu Vollkosten anzusetzen. Anzusetzen sind alle zur Erfüllung der Verpflichtung notwendigen Aufwendungen, d. h. neben den für Drittleistungen zu zahlenden Beträgen auch interne Aufwendungen (vgl. IDW RH HFA 1.009).

Einzubeziehen sind neben den Einzelkosten auch die notwendigen Gemeinkosten. Es sind die voraussichtlichen Preisverhältnisse zum Zeitpunkt des Anfalls der Aufwendungen relevant. Absehbare Kostensteigerungen, wie mit hinreichender Wahrscheinlichkeit zu erwartende Tariflohn- oder Materialpreiserhöhungen, sind demnach einzubeziehen. Nicht zulässig ist jedoch der Ansatz eines pauschalen Inflationszuschlags.

Bei einer Vielzahl gleichartiger erwarteter Verpflichtungen, z. B. Garantieleistungen, kann der Prüfer die Bildung einer **Pauschalrückstellung** und damit eine Durchbrechung des Grundsatzes der Einzelbewertung akzeptieren. Hierbei muss eine gewisse Wahrscheinlichkeit der Inanspruchnahme bezifferbar sein oder sich aus der branchenüblichen Erfahrung ergeben.

Der Ansatz von **Drohverlustrückstellungen** erfolgt i. H. des überschießenden Saldos der Verpflichtungen über die Ansprüche des Bilanzierenden. Dieser ergibt sich bei **Beschaffungsgeschäften** aus der Differenz zwischen dem zu entrichtenden Einkaufspreis und dem niedrigeren Börsen-, Marktpreis oder beizulegenden Wert bzw. den niedrigeren Wiederbeschaffungskosten. Vorübergehende Wertminderungen sind, soweit Anlagevermögen beschafft wird, unbeachtlich. Bei schwebenden **Absatzgeschäften** bemisst sich der Rückstellungsbetrag aus dem Verlust des Leistungsgeschäfts wie folgt:

ABB. 233:	Berechnungsschema für Drohverlustrückstellungen
	Verlaufserlös
-	Voraussichtliche Erlösschmälerungen
-	Aktivierte Anschaffungs- und Herstellungskosten
-	Voraussichtlich noch anfallende Aufwendungen zu Planpreisen (z. B. ausstehende Produktionsaufwendungen, direkt zurechenbare Lager- und Transportaufwendungen, Sondereinzelkosten des Vertriebs)
-	Voraussichtliche Aufwendungen für Gewährleistungen und Vertragsstrafen (z. B. aufgrund von Überschreitungen der Lieferfrist)
=	**Drohverlust**

Eine Bewertung hat somit grundsätzlich – weitgehend analog zur Bemessung der Herstellungskosten gemäß § 255 Abs. 2 HGB – zu **Vollkosten** zu erfolgen; ein Teilkostenansatz steht dem

Vorsichtsprinzip entgegen und ist vom Prüfer zu unterbinden (vgl. IDW RS HFA 4, Tz. 35). Fixe Gemeinkosten sind allerdings nur insoweit einzubeziehen, als sie auf Basis einer Normalbeschäftigung anfallen. Außer den Leerkosten sind nach h. M. ebenfalls **nicht** einzubeziehen

- allgemeine Verwaltungs- oder Vertriebsgemeinkosten; letztere soweit keine Sondereinzelkosten (vgl. IDW RS HFA 4, Tz. 4; im Fachschrifttum uneinheitlich beurteilt),
- sonstige nicht zurechenbare Kosten der Hilfskostenstellen,
- kalkulatorische Kosten sowie
- ein Gewinnaufschlag, da insoweit kein Verpflichtungsüberhang begründet wird.

Der Prüfer hat sicherzustellen, dass keine exzessive Rückstellungsbildung erfolgt. Die Bewertung der sonstigen Rückstellungen geht im Ergebnis weitgehend konform mit der Definition der Herstellungskosten des IDW RS HFA 31.

Bei **Dauerschuldverhältnissen** resultiert die Rückstellungsbildung aus dem Verpflichtungsüberschuss in Bezug auf die vertragliche Restlaufzeit (Restwertbetrachtung). Die Abzinsungspflicht folgt den generellen Regeln des § 253 Abs. 2 HGB.

Rückstellungen für unterlassene Instandhaltung oder Abraumbeseitigung werden zum Barwert des Erfüllungsbetrags bewertet, der nach vernünftiger kaufmännischer Beurteilung für die Durchführung der Maßnahme unter Beachtung von Preis- und Kostenschwankungen erforderlich ist. Erfahrungswerte können aus Ausfallstatistiken o. Ä. gewonnen werden. Bei einer Durchführung der Maßnahme durch Dritte wird sich der Prüfer auf vorliegende Angebote oder Kostenvoranschläge stützen, während bei Durchführung der Maßnahme durch die Gesellschaft selbst eine aussagefähige Kalkulation anhand der Normalzuschläge und -kosten der Betriebsabrechnung zu prüfen ist.

Die Kalkulation dieses Rückstellungstyps kann sowohl zu Voll- als auch zu Teilkosten erfolgen, im Fachschrifttum besteht hier Uneinigkeit. Eine Bewertung zu Teilkosten dürfte nur bei andauernder Unterauslastung der eigenen Werkstätten in Betracht kommen. Sind die internen Kostenstellen hingegen ausgelastet bzw. werden durch die Eigenleistung sogar andere, absatzmarktbezogene Arbeiten verdrängt, müssen Vollkosten angesetzt werden.

7.5.5 Übergangsregelungen zur Bewertungsanpassung auf BilMoG

Insbesondere bei den Rückstellungen hat der Übergang auf BilMoG zu erheblichen Bewertungsänderungen geführt.

Erhöhte sich aufgrund der geänderten Bewertung von Verpflichtungen der Wertansatz der hierfür zu bildenden Rückstellung (**Unterdeckung**), war der **Zuführungsbetrag sofort aufwandswirksam zu erfassen**. Eine Ausnahme hiervon bestand allein für Pensionsrückstellungen.

Aufgrund der Bewertungsvorgaben des § 253 Abs. 1 Satz 2, Abs. 2 HGB für Rückstellungen (Bewertung zum fristenkongruent abgezinsten Erfüllungsbetrag der zugrunde liegenden Verpflichtung) war der nach dem HGB i. d. F. BilMoG für Pensionsverpflichtungen zu passivierende Rückstellungsbetrag **regelmäßig höher** als nach bisherigem Recht. Insbesondere bislang zulässigerweise nach Maßgabe des § 6a EStG bewertete Pensionsrückstellungen (Abzinsungssatz 6 %) waren in erheblichem Umfang zusätzlich zu dotieren, da der einschlägige Marktzinssatz in einer Bandbreite von zur Zeit 4,5 bis 5 % jedenfalls deutlich unter dem steuerrechtlichen Anhaltewert lag. Hieraus ergab sich ein erforderlicher Zuführungsbetrag von rund 25 % des vorliegenden Bestands.

Nach Art. 67 Abs. 1 Satz 1 EGHGB war es freigestellt, den hieraus resultierenden **Unterdeckungsbetrag** nicht im Umstellungsjahr in einer Summe den Rückstellungen für laufende Pensionen oder Anwartschaften auf Pensionen zuzuführen, sondern bis spätestens zum 31. 12. 2024 in jedem Geschäftsjahr **zu mindestens einem Fünfzehntel anzusammeln.** Der erforderliche gesamte Zuführungsbetrag ist der Differenzbetrag zwischen dem (grundsätzlich) zurückzustellenden Betrag nach dem alten und nach dem neuen Recht.

Soll der Zuführungsbetrag über den Höchstzeitraum von 15 Jahren gleichmäßig verteilt werden, ist zu jedem Abschlussstichtag dieses Anpassungszeitraums die sich aus der Rückstellungsbilanzierung nach §§ 249 Abs. 1 Satz 1, 253 Abs. 1 Satz 2, Abs. 2 HGB i. d. F. BilMoG ergebende Veränderung des Buchwerts der Pensionsrückstellung um ein Fünfzehntel des Zuführungsbetrags nach Art. 67 Abs. 1 Satz 1 EGHGB zu erhöhen.

Die Ansammlung des Betrags der Zuführung zu den Rückstellungen für laufende Pensionen oder Anwartschaften auf Pensionen muss bis spätestens zum 31. 12. 2024 in jedem Geschäftsjahr zu mindestens einem Fünfzehntel vollständig erfolgt sein (Art. 67 Abs. 1 Satz 1 EGHGB). Eine (schnellere) Ansammlung über einen kürzeren Zeitraum ist zulässig. Die Ansammlung muss nicht nach einem im Voraus fixierten Plan vorgenommen werden; der Bilanzierende kann die Jahresraten oberhalb der Mindestgrenze frei festlegen.

Die auf dem Wahlrecht des Art. 67 Abs. 1 Satz 1 EGHGB basierenden ratierlich angesammelten Zuführungsbeträge werden jeweils erfolgswirksam erfasst. Sie sind in der Gewinn- und Verlustrechnung gesondert unter dem Posten „Außerordentliche Aufwendungen" anzugeben (vgl. Art. 67 Abs. 7 EGHGB)

Für den Ausnahmefall der **Überdeckung** besteht gemäß Art. 67 Abs. 1 Satz 2 EGHGB besteht für sämtliche Rückstellungen ein **Beibehaltungswahlrecht,**

- ▶ deren Wertansatz aufgrund der geänderten Bewertung von Verpflichtungen an sich gemindert werden müsste,
- ▶ soweit der Wertminderungsbetrag bis spätestens zum 31. 12. 2024 wieder zugeführt werden müsste (hypothetischer Zuführungsbetrag nach Maßgabe des Einzelbewertungsgrundsatzes).
- ▶ Bei Ansammlungsrückstellungen umfasst der hypothetische Zuführungsbetrag neben Effekten aus der Aufzinsung auch Effekte aus der regulären Ansammlung der Rückstellung.

Voraussetzung für die Beibehaltung ist demnach, dass ein eigentlich aufzulösender Betrag künftig wieder zugeführt werden müsste. Für die Beurteilung, ob diese Voraussetzung gegeben ist, ist eine Gesamtbetrachtung anzustellen. Danach müssen sich Auflösung und spätere Zuführung nicht auf dieselbe einzelne Verpflichtung oder dieselbe Gruppe von Verpflichtungen beziehen.

Wird von dem Beibehaltungswahlrecht **Gebrauch gemacht**, ist der Betrag der **Überdeckung im Anhang anzugeben** (Art. 67 Abs. 1 Satz 4 EGHGB). Die Angabe ist jährlich an den Stand der Überdeckung anzupassen.

Wird von dem Beibehaltungswahlrecht **kein Gebrauch gemacht**, sind die aus der Auflösung resultierenden Beträge unmittelbar in die **Gewinnrücklagen einzustellen** (Art. 67 Abs. 1 Satz 3

EGHGB); eine entsprechende Ausnahmeregelung (Art. 67 Abs. 3 Satz 2 2. Halbsatz EGHGB) gilt ausschließlich für Aufwandsrückstellungen i. S. des § 249 Abs. 1 Satz 3, Abs. 2 HGB a. F.

7.6 Ausbuchung

Wird die Inanspruchnahme aus dem der Rückstellung zugrunde liegenden Sachverhalt sowohl dem Grunde als auch der Höhe nach sicher (z. B. rechtskräftiger Abschluss eines Prozesses), so ist die Rückstellung in eine **Verbindlichkeit umzubuchen**. Hier ist zu unterscheiden, ob die Rückstellung

- ▶ der Höhe nach richtig bemessen wurde, dann ist sie bei Eintritt der Inanspruchnahme erfolgsneutral aufzulösen,
- ▶ zu hoch bemessen wurde, dann ist der zu hoch bemessene Teil als sonstiger betrieblicher Ertrag auszubuchen,
- ▶ zu niedrig bemessen wurde, dann ist die Differenz sonstiger betrieblicher Aufwand.

Rückstellungen sind **aufzulösen**, soweit der Grund hierfür entfallen ist (§ 249 Abs. 2 Satz 2 HGB). Dies ist der Fall, wenn aufgrund geänderter Marktverhältnisse, Rechtslage oder sonstiger Informationen mit einer Inanspruchnahme aus der Rückstellung nicht mehr zu rechnen ist, z. B. bei rechtskräftiger Klageabweisung oder Verzicht.

Im Zuge eines **Rechtsstreits** ist eine Auflösung der Rückstellungen nur dann zulässig, wenn der Kläger keine Rechtsmittel mehr hat oder offensichtlich erkennbar ist, dass das Rechtsmittel des Klägers erfolglos sein wird. Auch erhellt ein nach dem Bilanzstichtag, aber vor dem Tage der Bilanzerstellung erfolgter Verzicht des Prozessgegners auf Rechtsmittel nicht rückwirkend die Verhältnisse am Bilanzstichtag. Insoweit ist eine gebildete Rückstellung für ungewisse Verbindlichkeiten aus schwebenden Prozessen nicht aufzulösen, bevor die Klage rechtskräftig abgewiesen worden ist. Nicht beachtlich ist, wenn der Bilanzierende in einer Instanz gegen den Prozessgegner im abgelaufenen Geschäftsjahr obsiegt, dieser aber gegen diese Entscheidung noch ein Rechtsmittel einlegen kann (BFH-Urteil vom 30. 1. 2002).

Rückstellungen für Instandhaltung und Abraumbeseitigung sind aufzulösen, wenn die gesetzliche Nachholfrist überschritten wurde.

Die Auflösung erfolgt zugunsten der **sonstigen betrieblichen Erträge**. Unzulässig ist eine Verrechnung mit laufendem Aufwand aus der Zuführung zu Rückstellungen (§ 246 Abs. 2 HGB) mit Ausnahme der Steuerrückstellungen, deren Auflösung aufwandsmindernd gegen die Position „Steuern vom Einkommen und Ertrag" erfolgt.

7.7 Anhangangaben

Rückstellungsrelevante allgemeine Angaben bilden die Darstellung der

- ▶ angewandten Bilanzierungs- und Bewertungsmethoden (§ 284 Abs. 2 Nr. 1 HGB),
- ▶ Abweichungen von Bilanzierungs- und Bewertungsmethoden nebst Begründung sowie Darstellung des Einflusses der Abweichungen auf die Vermögens-, Finanz- und Ertragslage (§ 284 Abs. 2 Nr. 3 HGB).

Anzugeben sind insbesondere die **Bewertungsmethoden der Pensionsrückstellungen,** u. a. das angewandte versicherungsmathematische Bewertungsverfahren, die verwendeten biometrischen Rechnungsgrundlagen (Sterbetafeln), die Trendannahmen in Bezug auf Gehalts- und Rentenentwicklung etc. sowie die Höhe des Zinssatzes. Weiter ist in Bezug auf etwaige Altzusagen die Angabe der Ausnutzung der Bilanzierungswahlrechte und ggf. des **Fehlbetrags** gemäß Art. 28 Abs. 2 EGHGB erforderlich.

Bei den **sonstigen Rückstellungen** sind gebildete Pauschalrückstellungen erläuterungsbedürftig (z. B. Rückstellungen für Garantieleistungen), daneben bei Rückstellungen für ungewisse Verbindlichkeiten und drohende Verluste aus schwebenden Geschäften die verwendete Kalkulationsmethode (Voll- oder Teilkosten).

Für alle Rückstellungen sind Angaben über die Ausnutzung der Bilanzierungswahlrechte zum Übergang auf BilMoG erforderlich.

Mittelgroße und große Kapitalgesellschaften i. S. des § 267 Abs. 2 und 3 HGB müssen die unter der Position „**Sonstige Rückstellungen**" ausgewiesenen Beträge erläutern, wenn sie eine nicht unerheblichen Umfang haben (§ 285 Satz 1 Nr. 12 i. V. mit § 288 Abs. 1 HGB). Hierbei ist wenigstens die Art der Rückstellung zu umschreiben; auf Zahlenangaben kann h. M. nach verzichtet werden. Anzugeben sind auch die Wesentlichkeitskriterien als Maßstab der Angabepflicht, auch diesbezüglich wird eine verbale Umschreibung als ausreichend erachtet. Typische Abgrenzungskriterien werden der Anteil der sonstigen Rückstellung am Gesamtbetrag der sonstigen Rückstellung bzw. das Ausmaß der wirtschaftlichen Belastung relativ zum Jahresergebnis darstellen. Weitere rückstellungsbezogene Angabepflichten können wie folgt in Betracht kommen:

▶ die grundlegenden Annahmen der Berechnung der **Pensionsrückstellungen** (§ 285 Satz 1 Nr. 24 HGB, dies wurde schon bislang unter die allgemeine Angabepflicht des § 284 Abs. 2 Nr. 1 HGB subsumiert),

▶ Angaben zu **Bewertungseinheiten** gemäß § 254 HGB, sofern solche bei den wertpapiergebundenen Pensionszusagen existieren (§ 285 Satz 1 Nr. 23 HGB),

▶ im Fall der **Verrechnung** von Vermögensgegenständen und Schulden nach § 246 Abs. 2 Satz 2 HGB die Anschaffungskosten und der beizulegende Zeitwert der verrechneten Vermögensgegenstände, der Erfüllungsbetrag der verrechneten Schulden, die verrechneten Aufwendungen und Erträge sowie die der Berechnung des Zeitwertes zugrunde gelegten Annahmen und Bewertungsmethoden (§ 285 Satz 1 Nr. 25 i. V. mit Nr. 20a HGB),

▶ für nach § 251 unter der Bilanz ausgewiesene **Verbindlichkeiten** und **Haftungsverhältnisse** die Gründe der Einschätzung des Risikos der Inanspruchnahme (§ 285 Satz 1 Nr. 27 HGB),

▶ der Gesamtbetrag der Beträge i. S. des § 268 Abs. 8 HGB (**Ausschüttungssperre**) sowie separat der Betrag aus der Aktivierung von Vermögensgegenständen zum beizulegenden Zeitwert (§ 285 Satz 1 Nr. 28 HGB).

Nach § 285 Satz 1 Nr. 3 HGB sind von mittelgroßen und großen Kapitalgesellschaften Art, Zweck, Risiken und Vorteile von **nicht in der Bilanz enthaltenen Geschäften** darzulegen, soweit die Angaben für die Beurteilung der Finanzlage notwendig sind (z. B. schwebende Geschäfte mit wesentlicher Bedeutung). Schließlich können im Rahmen der Prüfung Sachverhalte offenkundig werden, die zwar keine Rückstellungsbildung erfordern, aber gemäß § 285 Satz 1 Nr. 3a HGB eine Angabepflicht als **sonstige finanzielle Verpflichtung** begründen. Dies sind i. d. R. Verpflichtungen aus langfristigen Abnahme- und Lieferungsverträgen sowie aus Dauerschuldverhältnissen wie Miet- und Leasingverträgen.

Die Angabepflicht besteht unabhängig davon, ob die Ausgeglichenheitsvermutung greift oder ein Verpflichtungsüberschuss zu erwarten ist und geht damit weiter als die Verpflichtung zur Rückstellungsbildung. Anzugeben ist lediglich der (nicht abgezinste) Gesamtbetrag der sonstigen finanziellen Verpflichtungen, wenn dieser wesentlich ist.

8. Prüfung der Verbindlichkeiten

8.1 Risikoanalyse

Verbindlichkeiten sind alle das Vermögen belastende Leistungsverpflichtungen gegenüber Dritten, die am Bilanzstichtag dem Grunde, dem Empfänger und der Höhe nach sicher entstanden und in der Abrechnungsperiode wirtschaftlich verursacht worden sind. Für die Darstellung der Finanzlage im Jahresabschluss und die Beurteilung der Unternehmensbonität sind Verbindlichkeiten von zentraler Bedeutung.

Das **inhärente Risiko** indiziert die Fehleranfälligkeit eines Prüffeldes. Erhöhte inhärente Risiken ergeben sich insbesondere bei hoch verschuldeten Unternehmen bzw. bei Unternehmen mit hohem Investitions- und damit Kapitalbedarf.

ABB. 234:	Checkliste zu den verbindlichkeitsbezogenen inhärenten Risiken
▶	Verschuldungssituation und Kapitalstruktur des Unternehmens, Gefahr der Überschuldung,
▶	Einhalten der Fristenkongruenz, Gefahr des Kapitalabzugs,
▶	Kapitalbedarf durch Investitions- und/oder Wachstumsvorhaben, exzessive Wachstumsraten, insbesondere durch Aufkäufe von Unternehmen,
▶	Verschuldungskonzentration, Vorliegen von Großgläubigern,
▶	Ungewöhnliche Kreditgeber (Konzerngesellschaften, Organmitglieder, nahe stehende Personen),
▶	Einhaltung von Kreditlinien, Überziehungen, Moratorien,
▶	Planmäßigkeit der Leistung des Kapitaldienstes,
▶	Liquiditätssituation, Gefahr der Zahlungsunfähigkeit.

In Bezug auf die Verbindlichkeiten lassen sich insbesondere folgende risikoorientierten **Kennzahlen** bilden und zweckmäßigerweise im Mehr-Jahres-Vergleich analysieren:

ABB. 235:	Verbindlichkeitsbezogene Bilanzkennzahlen	
Kennzahl	Definition	Erläuterung
Statischer Verschuldungsgrad	Fremdkapital / Eigenkapital x 100 %	Gibt das Risiko der Überschuldung durch zu dünne Eigenkapitaldecke an (alternativ: Eigenkapitalquote); (statischer) Indikator für Risiko der Überschuldung
Dynamischer Verschuldungsgrad	Fremdkapital / Cashflow	Gibt die Tilgungsdauer in Jahren an, wenn auflaufende Cashflows ausschließlich zur Schuldentilgung verwendet werden; (dynamischer) Indikator für Risiko der Überschuldung
Anlagendeckungsgrad B	(Eigenkapital + langfristiges Fremdkapital) / Anlagevermögen x 100 %	Gibt das Ausmaß an, in dem langfristig gebundenes Vermögen durch langfristiges Kapital finanziert wird; (statischer) Indikator für Refinanzierungsrisiko

Liquidität 1. Grades	Liquide Mittel / kurzfristige Verbindlichkeiten x 100 %	Gibt das Ausmaß an, in dem kurzfristige Schulden durch liquide Mittel gedeckt sind; (statischer) Indikator für Risiko der Zahlungsunfähigkeit i. e. S.
Liquidität 2. Grades	Finanzumlaufvermögen / kurzfristige Verbindlichkeiten x 100 %	Gibt das Ausmaß an, in dem kurzfristige Schulden durch kurzfristig verfügbare Vermögensgegenstände des Finanzumlaufvermögens gedeckt sind; (statischer) Indikator für Risiko der Zahlungsunfähigkeit i. w. S.
Liquidität 3. Grades (working capital ratio)	Umlaufvermögen / kurzfristige Verbindlichkeiten x 100 %	Gibt das Ausmaß an, in dem kurzfristige Schulden durch Vermögensgegenstände des Umlaufvermögens gedeckt sind; (statischer) Indikator für Risiko der Zahlungsunfähigkeit i. w. S.
Schuldentilgungsfähigkeit	Cashflow / kurzfristige Verbindlichkeiten x 100 %	Gibt an, in welchem Ausmaß kurzfristige Verbindlichkeiten durch laufende Zahlungsmittelüberschüsse gedeckt sind; (dynamischer) Indikator für Risiko der Zahlungsunfähigkeit
Debitorenziel	Verbindlichkeiten aus LuL / Materialaufwand x 360 Tage	Gibt das durchschnittlich gegenüber Lieferanten in Anspruch genommene Zahlungsziel in Tagen an, Indikator für Zahlungsbereitschaft
Innenfinanzierungsgrad	Cashflow / Auszahlungen für Investitionen in Anlagevermögen x 100 %	Gibt das Ausmaß an, in dem Anlageinvestitionen durch Mittel der Innenfinanzierung gedeckt sind; Indikator für aus Finanzierungssicht organisches Wachstum

Neben dem inhärenten muss vom Prüfer das sog. **Kontrollrisiko** beurteilt werden, das die verbindlichkeitsbezogene Wirksamkeit des IKS indiziert. Somit ist abzuschätzen, ob durch Mängel in der Wirksamkeit bzw. Funktionsfähigkeit interner Überwachungsmaßnahmen die Bilanzposition „Verbindlichkeiten" einer erhöhten Fehleranfälligkeit unterworfen sein kann. Eine diesbezügliche Beurteilung durch den Prüfer wird insbesondere folgende Risikofaktoren umfassen:

ABB. 236: Checkliste zu den allgemeinen verbindlichkeitsbezogenen Kontrollrisiken

- ▶ Liegen für die Verbindlichkeiten vollständige und sachgerechte Buchführungs- und Bilanzierungsanweisungen vor und ist ihre durchgängige Beachtung sichergestellt?
- ▶ Besteht ein Verzeichnis (Kreditakte) bezüglich der Gläubiger, über (ursprüngliche) Kreditbeträge, Restschuld, Zinssatz, Zinstermine, Tilgungsraten, Laufzeiten, ggf. rückständige Zins- bzw. Tilgungszahlungen, ggf. ausgereichte Sicherheiten? Ist dies vollständig und wird es in regelmäßigen Abständen aktualisiert?
- ▶ Werden regelmäßige Abstimmungen der Kontostände mit den Bankauszügen vorgenommen? Werden Zahlungen zeitnah und korrekt gebucht (Einklang von Beleg- und Buchungsdatum)?
- ▶ Sind Vollmachten zur Eingehung von Krediten, ggf. differenziert nach Großkrediten, definiert? Erfolgt die Aufnahme von Verbindlichkeiten zu plausiblen und marktgerechten Konditionen (ggf. Nachweis von verschiedenen Angeboten, Abgleich mit Marktzinsen)?
- ▶ Besteht ein funktionsfähiges innerkonzernliches IKS? Werden Lieferungs- und Leistungsgeschäfte sowie Kreditgeschäfte zu marktüblichen Bedingungen abgewickelt?
- ▶ Wird das Vier-Augen-Prinzip bezüglich Ausstellung und Anweisung von Zahlungen, Bankvollmachten und Kassenführung, Auftragsabwicklung, Wareneingang und Zahlungsanweisung, Bestellung von Sicherheiten etc. durchgängig eingehalten?
- ▶ Werden für am Kapitalmarkt aufgenommene Anleihen besondere Verzeichnisse geführt, die u. a. notarielle Urkunden, Verträge, Börsenprospekte, Abrechnungen der Emissionsbanken etc. enthalten?

- ▶ Werden die Angaben in den Verzeichnissen regelmäßig mit den aktuellen Kontoständen abgestimmt und ggf. angepasst?
- ▶ Wird den Ursachen ggf. festgestellter Betragsdifferenzen nachgegangen? Kann die Herkunft aller festgestellten wesentlichen Differenzen geklärt werden?
- ▶ Werden Zins- und Tilgungsleistungen sachgerecht abgegrenzt? Werden darüber hinaus Zinsen und Nebenkosten des Geldverkehrs sachgerecht abgegrenzt?
- ▶ Ist eine Ordnungsmäßigkeit des Belegwesens gegeben und wird dies regelmäßig überprüft?

Die Verbindlichkeiten gegenüber Kreditinstituten sind aufgrund ihrer Geldnähe besonders neuralgisch. Hier besteht die Gefahr doloser Handlungen, indem kreditierte Zahlungsmittel nicht beim Unternehmen bzw. beglichene Schulden nicht beim Kreditgeber „ankommen". In diesem Zusammenhang stellt der Prüfer weitere kontrollrisikobezogene Prüfungshandlungen an:

ABB. 237: Checkliste zu den Kontrollrisiken bei Verbindlichkeiten gegenüber Kreditinstituten

- ▶ Gilt bezüglich Bankvollmachten und Zeichnungsbefugnissen das Vier-Augen-Prinzip (Erfordernis mehrerer Unterschriften)? Wird die Einhaltung von Kreditlinien durchgängig überwacht?
- ▶ Werden Buchhaltung und Kasse regelmäßig abgestimmt? Obliegt dies einer unabhängigen Instanz?
- ▶ Stehen den Verbuchungen von Verbindlichkeiten entsprechende Zahlungseingänge gegenüber? Stimmen die Belegdaten mit den Auszügen der Kreditinstitute überein? Werden Abzüge durch eine unabhängige Stelle überprüft?
- ▶ Stimmen die Verbuchungen von Auszahlungen mit den entsprechenden Belegen (Überweisungsträger, Schecks, Lastschriften, sonstiger Schriftverkehr) überein? Werden die Belege bei Auszahlung durch „Bezahlt"-Stempel entwertet?
- ▶ Werden Ein- und Auszahlungen in zeitlicher Nähe zum Abschlussstichtag besonders kritisch überprüft? Kann ein künstlich erzeugter Beständeausgleich der Konten ausgeschlossen werden?

Bei den Verbindlichkeiten aus Lieferungen und Leistungen besteht
- ▶ zum einen das Begünstigungsrisiko, dass Beschaffungsgeschäfte etwa mit nahe stehenden Personen nicht zu Marktbedingungen abgewickelt werden bzw.
- ▶ zum anderen das Unterschlagungsrisiko, dass die Lieferung nicht ins Unternehmen gelangt.

Diesbezüglich muss sich der Prüfer folgende Sachverhalte vergegenwärtigen:

ABB. 238: Checkliste zu den Kontrollrisiken bei Verbindlichkeiten aus Lieferungen und Leistungen

- ▶ Ist zur Vornahme von Beschaffungsgeschäften die Einholung entsprechender Bewilligungen notwendig? Ist sichergestellt, dass die vertraglich vereinbarten Konditionen marktkonform sind?
- ▶ Werden Bestellkopien, Auftragsbestätigungen, Wareneingangsscheine und Lieferantenrechnungen durchgängig abgestimmt?
- ▶ Werden die Lieferantenrechnungen auf ihre Richtigkeit hin überprüft (Umfang der Lieferung, Rechnungsbetrag, Autorisierung, Warenempfang)?
- ▶ Werden bezahlte Lieferantenrechnungen durch „Bezahlt"-Stempel entwertet?
- ▶ Wird den Ursachen nachträglicher Preiserhöhungen nachgegangen?
- ▶ Werden die den Verbindlichkeiten aus Lieferungen und Leistungen zugrunde liegenden Beschaffungsvorgänge ordnungsmäßig abgewickelt? Ist die Einholung mehrerer Vergleichsangebote vor Bestellung gewährleistet? Existieren entsprechende Verantwortlichkeiten sowie Limitsysteme und ist deren Beachtung sichergestellt?
- ▶ Erfolgt eine laufende Abstimmung von Auftragsbestätigung, Wareneingangsbeleg und Lieferantenrechnung?

> ► Bestehen organisatorische Mechanismen, die eine Doppelzahlung, Überzahlung (z. B. aufgrund von Retouren, Minderungen, Nachlässe, Gutschriften) bzw. Nichtberücksichtigung geleisteter Anzahlungen ausschließen?
> ► Ist gewährleistet, dass Zahlungstermine nicht überschritten werden? Wird die Möglichkeit einer Skontoinanspruchnahme systematisch und nachvollziehbar in Erwägung gezogen? Ist gesichert, dass skontierungsfähige Verbindlichkeiten rechtzeitig angewiesen werden?
> ► Wird die Vorsteuer gesondert erfasst und korrekt verbucht? Werden Nachlässe oder Gutschriften korrekt verbucht?

8.2 Nachweis

Der Nachweis der Verbindlichkeiten erfolgt durch **buchmäßige Inventur** nach Maßgabe des § 240 Abs. 2 HGB. Für Schulden gilt grundsätzlich die Zulässigkeit einer Gruppenbewertung i. S. des § 240 Abs. 4 HGB. Die Festbewertung nach § 240 Abs. 3 HGB sowie die in § 241 HGB kodifizierten Vereinfachungsverfahren sind dem Gesetzeswortlaut nach nur für Vermögensgegenstände anwendbar.

Das Inventar ergibt sich aus den Saldenlisten der jeweiligen Konten. Der Nachweis erfolgt anhand der Belege der den Verbindlichkeiten zugrunde liegenden Geschäftsvorfällen, insbesondere Rechnungen, Zahlungen oder Lieferscheinen. Zusätzlich hat der Prüfer von den jeweiligen Vertragspartnern Saldenbestätigungen einzuholen. Die **allgemeinen Grundsätze** ordnungsmäßiger Inventur der Verbindlichkeiten lauten:

► Die Verbindlichkeiten sind unter Anwendung des Grundsatzes der wirtschaftlichen Betrachtungsweise vollständig zu erfassen (Abgleich mit Vertragsakten).

► Die Erfassung hat nach Menge und Wert richtig zu erfolgen; hier sind insbesondere die restriktiven Regeln bezüglich der Vornahme von Verrechnungen bzw. Aufrechnungen zu beachten.

► Die Inventarisierung muss aus Sicht eines sachverständigen Dritten nachvollziehbar sein und mit der notwendigen Klarheit erfolgen.

► Unbeschadet der möglichen Anwendung der Gruppenbewertung sind Verbindlichkeiten einzeln zu erfassen und zu bewerten.

Relevante **Prüfungsnachweise** in Bezug auf Verbindlichkeiten sind insbesondere

► notarielle Urkunden, Kreditverträge,

► Bankabrechnungen, Kontoauszüge, Zins- und Tilgungspläne,

► Sach- und Personenkonten, Offene Posten-Listen, Geschlossene Posten-Listen, Saldenlisten, Scheckbücher,

► Börsenprospekte, Bankabrechnungen, Organbeschlüsse (bei Anleihen),

► Kontoauszüge, Lastschriften, Saldenbestätigungen der Banken (bei Verbindlichkeiten gegenüber Kreditinstituten),

► Rechnungen, Bestellungen, Lieferscheine (bei Verbindlichkeiten aus Lieferungen und Leistungen),

► Auftragsakten (bei erhaltenen Anzahlungen),

► Wechselkopierbücher, Scheckbücher, Steuerbescheide, sonstige Verzeichnisse.

Eine zentrale Rolle beim Nachweis der Verbindlichkeiten nehmen die **Saldenlisten** sowie die **Saldenbestätigungen** ein. Die Saldenliste wird unmittelbar aus der Bestandserfassung auf Grundlage von Buchführung und Kontenplan entwickelt und stellt daher einen vom zu prüfenden Unternehmen selbst erstellten Prüfungsnachweis dar. Als solcher ist sie damit nur von eingeschränkter Beweiskraft. Die Saldenbestätigungen werden dagegen von Dritten eingeholt und stellen verlässlichere Prüfungsnachweise dar. Dem Prüfer obliegt die Kontrolle von deren Auswahl, Versand sowie Rücklauf.

Im Einzelnen sind die Grundsätze des IDW PS 302 zu beachten (vgl. hierzu im Einzelnen bereits Kapitel V.4. zu den Forderungen). Hinsichtlich der Einholung der Bestätigungen stehen dem Prüfer folgende Gestaltungsmöglichkeiten in Abhängigkeit von

- der Einschätzung der Wesentlichkeit des Prüffelds,
- dem vorgefundenen Zustand des IKS und
- der Auskunftsbereitschaft und Zuverlässigkeit der Befragten

offen (vgl. IDW PS 302, Tz. 6 ff.):

- Wahl der Methode der Anfrage (positive oder negative Methode),
- Vornahme einer bewussten Auswahl oder Zufallsauswahl der Befragten,
- Form der Überprüfung festgestellter Abweichungen zwischen Anfrage und Bestätigung.

In Bezug auf Verbindlichkeiten wird der Prüfer i. d. R. eine **stichprobengestützte Auswahl** vornehmen. Im Einzelfall angewandte Verfahren der bewussten Auswahl können auf Basis der Höhe der einzelnen Verbindlichkeit, des Umfangs des Geschäftsverkehrs, der Überschreitung des Zahlungsziels bzw. der Struktur und Ordnungsmäßigkeit des Kontokorrents erfolgen.

Zur Prüfung der Vollständigkeit der am Bilanzstichtag bestehenden Verbindlichkeiten ist zunächst die Saldenliste mit den Einzelkonten abzustimmen. Dabei sollte die Prüfung der Abwicklung des Saldos in neuer Rechnung stattfinden. Hier kann sich herausstellen, ob es im gegenwärtigen Geschäftsjahr zu Zahlungsverzögerungen gekommen ist, sofern Verbindlichkeiten des Bilanzstichtags immer noch bestehen, und ob ein Kreditor im Nachhinein noch eine Rechnung geändert hat, was eine Saldenkorrektur und damit eine Anpassung des Betrags der Verbindlichkeiten notwendig machen würde.

Bei der Prüfung der vorliegenden Saldenbestätigungen sind besonders kritisch neben Kreditoren mit wesentlichen Salden die **Null-Salden** zu begutachten. Bei diesen ist nachzuvollziehen, wie der Kontenausgleich zustande kam. Außerdem sollte durch eine *Cut-off*-Prüfung die periodengerechte Zuordnung der Verbindlichkeiten überprüft werden. Dafür werden die Buchungen auf Kreditorenkonten im Folgejahr daraufhin untersucht, ob sie Lieferungen und Leistungen vor dem Bilanzstichtag betreffen.

Mitunter werden Verbindlichkeiten erst mit Rechnungseingang gebucht oder Rechnungen von den Gläubigern erst im Folgejahr geschrieben. Bei sehr frühzeitiger Erstellung des Jahresabschlusses kann daher auch akzeptiert werden, wenn das zu prüfende Unternehmen eine Rückstellung für ausstehende Rechnungen bildet. Die *Cut-off*-Prüfung sollte sich daneben auch auf die periodengerechte Verbuchung von mit Verbindlichkeiten in Zusammenhang stehenden Zinsaufwendungen erstrecken.

Eine Einschränkung der Prüfungshandlungen in diesem Bereich kann stattfinden, wenn sich der Prüfer von der Funktionsfähigkeit des IKS im Vorfeld überzeugt hat. In diesem Zusammenhang kommt insbesondere der Vollständigkeitserklärung seitens der Unternehmensleitung große Bedeutung zu.

8.3 Ansatz

In den Jahresabschluss sind gemäß § 246 Abs. 1 Satz 1 HGB sämtliche Schulden und damit Verbindlichkeiten aufzunehmen. Für den Ansatz von Verbindlichkeiten ist der sog. **allgemeine Passivierungsgrundsatz** maßgebend, der die kumulative Erfüllung nachfolgender Kriterien fordert:

- Es muss eine rechtlich begründete wirtschaftlich oder faktisch zwingende Verpflichtung gegenüber einem Dritten vorliegen (Außenverpflichtung). Unerheblich ist, ob es sich um eine privatrechtlich oder öffentlich-rechtlich begründete Verpflichtung handelt.
- Die Verpflichtung muss zu einer künftigen Minderung des Reinvermögens führen.
- Sie muss der Höhe nach quantifizierbar und als solche abgrenzbar und einzeln bewertungsfähig (bilanziell greifbar) sein. Die Möglichkeit nachträglicher Wertänderungen der Verbindlichkeit (z. B. Skonti, Boni, Rabatte, Mängeleinreden) bleibt hiervon unberührt.

Von den Verbindlichkeiten zu unterscheiden sind die sog. **Haftungsverhältnisse**, die nach § 251 HGB unter der Bilanz oder im Anhang anzugeben sind.

Insbesondere vor dem Hintergrund des zunehmenden Aufkommens hybrider Finanzierungsinstrumente wird der Prüfer zunächst die korrekte **Abgrenzung zum Eigenkapital** begutachten. Dies erfolgt unter Anwendung der Stellungnahme IDW HFA 1/1994 zu den Genussrechten. Demnach ist Fremdkapital anzunehmen, wenn

- das hingegebene Kapital im Insolvenzfall nicht als Haftungssubstanz zur Verfügung steht, insbesondere keine nachrangige Rückzahlung gegenüber allen anderen Gläubigern vereinbart wurde,
- die Vergütung für die Kapitalhingabe wenigstens zum Teil erfolgsunabhängig bemessen ist oder
- der Kapitalgeber nicht an etwaigen Verlusten bis zur vollen Höhe des Kapitaleinsatzes beteiligt wird.

Der **Ansatz** von Verbindlichkeiten erfolgt nach Maßgabe des Stichtagsprinzips. Demnach sind Verbindlichkeiten nur dann anzusetzen, wenn sie zum Bilanzstichtag bestanden haben. Insbesondere besteht ein Ansatzverbot für Verbindlichkeiten aus schwebenden Geschäften; hier muss der Prüfer beim Vorliegen eines Verpflichtungsüberhangs auf der Bildung einer Drohverlustrückstellung bestehen (§ 249 Abs. 1 HGB, vgl. auch IDW RS HFA 4).

Für einen Ansatz ist außerdem Voraussetzung, dass die Verbindlichkeit im Namen der Gesellschaft begründet wurde. Privatschulden der Gesellschafter sind nicht bilanzierungsfähig, unabhängig vom Bestehen eines wirtschaftlichen Zusammenhangs zur Betriebstätigkeit.

Kapitalersetzende Gesellschafterdarlehen sind unabhängig von ihrer insolvenzrechtlichen Klassifikation als Eigenkapital grundsätzlich als Verbindlichkeiten zu bilanzieren.

Der Ansatz einer Verbindlichkeit unterbleibt bei wirksamer Einrede der Verjährung durch den Schuldner (§ 222 BGB). Dies gilt nicht, wenn der Bilanzierende die Verbindlichkeit trotz Verjährung zu begleichen beabsichtigt. Das Vorliegen einer faktischen Leistungsverpflichtung aus Sicht des Kaufmanns ist für den Ansatz ausreichend; auf die Einklagbarkeit der Verpflichtung kommt es nicht an.

Hat der Schuldner ein Minderungsrecht wirksam ausgeübt, ist die Verbindlichkeit entsprechend zu reduzieren. Die Anfechtung einer Verbindlichkeit führt erst bei wirksamer Erklärung zur Ausbuchung.

Werden Verbindlichkeiten durch eine aufschiebende Bedingung begründet, so entsteht die Verbindlichkeit erst mit deren Eintritt (§ 158 Abs. 1 BGB). Der Eintritt einer auflösenden Bedingung führt zum Wegfall einer bis dahin bestehenden Verbindlichkeit (§ 158 Abs. 2 BGB).

Der Prüfer muss beachten, dass bei scheinbaren Veräußerungsgeschäften, bei denen es aber dem wirtschaftlichen Gehalt nach nicht zu einem Übergang des wirtschaftlichen Eigentums kommt, der vermeintliche Veräußerer i. H. der erhaltenen Gegenleistung eine Verbindlichkeit einbuchen und im Abschluss ausweisen muss.

Das wirtschaftliche Eigentum umfasst regelmäßig das Verwertungsrecht durch Nutzung oder Veräußerung des Vermögensgegenstands, die Chancen und Risiken aus der laufenden Nutzung und die Chance der Wertsteigerung sowie das Risiko der Wertminderung, des Verlustes und des zufälligen Untergangs (vgl. IDW ERS 13, Tz. 7). Einem Übergang des wirtschaftlichen Eigentums steht damit insbesondere eine Vereinbarung entgegen, dass veräußerte Vermögensgegenstände vom Verkäufer **zurückzuerwerben** sind (IDW ERS HFA 13, Tz. 11), wie u. a. bei

- *sale and buy back*-Transaktionen,
- *sale and lease back*-Transaktionen,
- bestimmten fiduziarischen Treuhandverhältnissen, insbesondere der sog. Vollrechtstreuhand,
- echten Pensionsgeschäften,
- *total return swaps* oder ähnlichen Konstruktionen;

hier muss sich der Prüfer anhand der vertraglichen Ausgestaltung im Einzelfall jeweils davon überzeugen, ob als Gegenbuchung zum Zugang liquider Mittel anstelle der Ausbuchung des Vermögensgegenstands vielmehr eine Verbindlichkeit anzusetzen ist.

Beim Abschluss von Leasingverträgen kann nach Maßgabe der sog. Leasing-Erlasse des BMF in bestimmten Fällen je nach Vertragsausgestaltung (Vollamortisationsvertrag mit „günstiger" Kauf- bzw. Verlängerungsoption) eine Zurechnung des Leasingguts beim Leasingnehmer erfolgen (Auseinanderfallen von rechtlichem und wirtschaftlichem Eigentum). In diesem Fall hat der Leasingnehmer eine Verbindlichkeit i. H. der Anschaffungs- und Herstellungskosten des Leasingguts zu passivieren. Der Prüfer hat sich davon zu überzeugen, dass bei Vornahme des Anlagenleasings eine entsprechende Vertragsklassifikation sachgerecht erfolgt.

Aus der Forderung des vollständigen Ansatzes resultiert insbesondere das in § 246 Abs. 2 Satz 1 HGB kodifizierte **Verrechnungsverbot**. Hiernach ist eine **Saldierung** von Forderungen und Verbindlichkeiten nur zulässig im Fall

- der Personenidentität zwischen Gläubiger und Schuldner,
- der gegenseitigen Aufrechnungsfähigkeit i. S. des § 387 BGB und

- der Identität der Fälligkeitszeitpunkte bei gleichzeitigem Nachweis, dass eine Saldierung beabsichtigt wird und bei analogen Geschäftsvorfällen in der Vergangenheit entsprechend verfahren worden ist,
- bei einer im Außenverhältnis bestehenden Gesamtschuld und einem gleichzeitig im Innenverhältnis bestehenden werthaltigen Rückgriffsanspruch.

Ein **Verrechnungsgebot** besteht ausnahmsweise für die bereits erläuterten Verbindlichkeiten gegenüber Arbeitnehmern (Altersversorgungsverpflichtungen oder vergleichbare langfristig fällige Verpflichtungen; vgl. Kapitel V.7.5.2). Diese müssen seit Einführung des BilMoG mit den ausschließlich ihrer Erfüllung dienenden Vermögensgegenständen verrechnet werden, soweit diese dem Zugriff aller übrigen Gläubiger entzogen sind (§ 246 Abs. 2 Satz 2 HGB). Übersteigt der Zeitwert der Vermögensgegenstände den Betrag der Schulden, so ist dieser Überschuss als gesonderter Posten zu aktivieren (§ 246 Abs. 2 Satz 3 HGB).

Der Prüfer muss eine korrekte **Abgrenzung** der Verbindlichkeiten gegenüber den
- Sonderposten mit Rücklageanteil (§ 273 HGB a. F.), sofern fortgeführt,
- Rückstellungen (§ 249 HGB) sowie
- Haftungsverhältnissen (§ 251 HGB)

sicherstellen. Der **Sonderposten mit Rücklageanteil**, für den gemäß Art. 67 Abs. 3 EGHGB mit Inkrafttreten des BilMoG ein Beibehaltungswahlrecht eingeräumt wurde, hat den Charakter einer unversteuerten Rücklage und ist bilanzanalytisch demnach als Mischposten zu klassifizieren. Der Verbindlichkeitscharakter des Sonderpostens besteht in der in ihm enthaltenen Höhe der ausstehenden Steuerschuld (Höhe des Sonderpostens multipliziert mit dem Ertragsteuersatz). Die Steuerschuld wird beglichen, indem in künftigen Perioden entsprechend der Abnutzung des begünstigten Wirtschaftsguts der Sonderposten ertragswirksam aufgelöst wird und sich der steuerpflichtige Gewinn erhöht. Ausschließlich bei ertragsteuerbefreiten Unternehmen stellt der Sonderposten in voller Höhe Eigenkapital dar.

Resultiert die Bildung des Sonderpostens aus einer mit einer Zweckbindung verbundenen Zuwendung oder einem Zuschuss und besteht im Falle des Nichterfüllens der Zweckbindung eine Rückzahlungspflicht, ist kein Sonderposten, sondern eine Verbindlichkeit zu bilanzieren (vgl. etwa § 5 KHBV).

Die Abgrenzung der Verbindlichkeiten zu den **Rückstellungen** erfolgt über das Kriterium der Ungewissheit ihres Eintritts. Bei Rückstellungen ist die Inanspruchnahme des Unternehmens nicht sicher, aber wahrscheinlich (z. B. bei schwebenden Prozessen). Wird die Inanspruchnahme sicher (z. B. bei einem belastenden rechtskräftigen Urteil), so hat der Prüfer auf eine zeitnahe Umbuchung in die Verbindlichkeiten zu achten.

Haftungsverhältnisse i. S. des § 251 HGB sind Verpflichtungen, aus denen eine Inanspruchnahme unwahrscheinlich ist, d. h. für eine Inanspruchnahme sprechen weniger Gründe als dagegen. Für den Vermerk als Haftungsverhältnis reicht die Möglichkeit der Inanspruchnahme aus. Der Prüfer hat sich zu vergewissern, ob nicht eine Passivierung als Verbindlichkeit im Einzelfall geboten ist. § 251 HGB definiert als Haftungsverhältnisse abschließend
- Verbindlichkeiten aus der Begebung und Übertragung von Wechseln,
- Verbindlichkeiten aus Bürgschaften, Wechsel- und Scheckbürgschaften und aus Gewährleistungsverträgen sowie
- Haftungsverhältnisse aus der Bestellung von Sicherheiten für fremde Verbindlichkeiten.

Verbindlichkeiten aus der Begebung und Übertragung von Wechseln sind auszuweisen, wenn das bilanzierende Unternehmen als Aussteller oder Indossant bei Nichteinlösung des Wechsels im Zuge des Wechselregresses haftet. Falls eine Inanspruchnahme aus dem Wechsel ernstlich droht, ist eine Rückstellung zu bilden.

Eine **Bürgschaft** stellt die vertragliche Verpflichtung eines Bürgen gegenüber dem Gläubiger eines Dritten dar, für die Erfüllung der Verbindlichkeit des Dritten einzustehen. Angabepflichtig ist die aus dem Bürgschaftsverhältnis resultierende sog. Hauptschuld.

Eine **Gewährleistung** umfasst das Einstehen für einen bestimmten Erfolg oder eine bestimmte Leistung. Branchenübliche Gewährleistungspflichten aus Lieferungen und Leistungen entsprechend den allgemeinen Lieferbedingungen des Unternehmens begründen keine Vermerkpflicht unter diesem Posten. Hier sind lediglich branchenunübliche oder ungewöhnlich hohe Haftungszusagen vermerkpflichtig. Beispiele hierfür sind etwa ein Garantieversprechen (Zahlungsgarantie für einen Dritten, dass dieser einer bestimmten Verpflichtung gegenüber einem Gläubiger nachkommt) oder eine sog. kumulierte Schuldübernahme, in deren Rahmen der Schuldmitübernehmer zusätzlich neben dem bisherigen Schuldner als Gesamtschuldner i. S. des §§ 421 ff. BGB in das bestehende Schuldverhältnis eintritt.

An die Angabe von Haftungsverhältnissen sind geringere Anforderungen als an die von Verbindlichkeiten zu stellen; es genügt die Angabe eines Gesamtbetrags. Die Verfügung über gleichwertige Rückgriffsansprüche hemmt die Angabepflicht nicht. Sie erlischt, sobald das Haftungsverhältnis auf der Passivseite der Bilanz erscheint.

Der Prüfer muss beachten, dass bezüglich der rechtlichen Einordnung von Haftungsverhältnissen beträchtliche Ermessensspielräume bestehen, etwa bei den sog. **Patronatserklärungen**. Hierbei handelt es sich um Erklärungen i. d. R. eines Mutterunternehmens gegenüber einem Dritten (Kreditgeber, Geschäftspartner) für ein bestimmtes Wohlverhalten, eine Unterlassung oder die Vornahme bestimmter Maßnahmen seitens eines Tochterunternehmens einzustehen.

Gemäß IDW RH HFA 1.013 erfolgt eine Trennung von „harten" und „weichen" Patronatserklärungen. Demzufolge sind nur „harte" Patronatserklärungen als Gewährleistungsverträge zu würdigen und nach § 251 HGB angabepflichtig; hierzu zählt insbesondere die Zusicherung einer bestimmten Liquiditäts- oder Kapitalausstattung.

8.4 Ausweis

Die Schulden sind gesondert auszuweisen und hinreichend aufzugliedern (§ 247 Abs. 1 HGB). Bei Kapitalgesellschaften erfolgt der Ausweis der Verbindlichkeiten nach § 266 Abs. 3 C. HGB im Rahmen einer **gemischten Gliederung** nach

- den Fristigkeiten (Restlaufzeiten),
- der Art der Sicherung (gesicherte bzw. ungesicherte Verbindlichkeiten),
- dem Empfänger der zu erbringenden Leistung (Kreditinstitute, Lieferanten)

in

- Anleihen (mit „davon"-Vermerk der konvertiblen Anleihen),
- Verbindlichkeiten gegenüber Kreditinstituten,

- erhaltene Anzahlungen auf Bestellungen,
- Verbindlichkeiten aus Lieferungen und Leistungen,
- Verbindlichkeiten aus der Annahme gezogener und Ausstellung eigener Wechsel,
- Verbindlichkeiten gegenüber verbundenen Unternehmen,
- Verbindlichkeiten gegenüber Beteiligungsunternehmen,
- sonstige Verbindlichkeiten (mit „davon"-Vermerken der Steuerverbindlichkeiten sowie der Verbindlichkeiten im Rahmen der sozialen Sicherheit).

Leerpositionen brauchen nicht angegeben zu werden (§ 265 Abs. 8 HGB), Mitzugehörigkeiten zu anderen Bilanzpositionen sind in der Bilanz oder im Anhang anzugeben (§ 265 Abs. 3 Satz 1 HGB).

Anleihen stellen langfristige Kapitalmarktverbindlichkeiten dar, insbesondere **Schuldverschreibungen** (Wandel- und Optionsschuldverschreibungen als konvertible Anleihen sowie Gewinnschuldverschreibungen). Wandelschuldverschreibungen beinhalten ein Umtauschrecht und Optionsschuldverschreibungen ein Bezugsrecht auf Aktien. Gewinnschuldverschreibungen gewähren neben einer festen Verzinsung einen Anspruch auf Gewinnbeteiligung.

Demgegenüber sind **Schuldscheindarlehen** Verbindlichkeiten gegenüber Kreditinstituten. Genussrechtskapital, das nach Maßgabe der Stellungnahme IDW-HFA 1/1994 als Fremdkapital klassifiziert wurde, ist ebenfalls hierunter oder unter den sonstigen Verbindlichkeiten auszuweisen. Bei Wesentlichkeit der Beträge kommt die Hinzufügung eines separaten Postens nach Maßgabe des § 265 Abs. 5 Satz 2 HGB in Betracht.

Die **Verbindlichkeiten gegenüber Kreditinstituten** umfassen alle Bankdarlehen unabhängig von Art und Laufzeit. Hierzu gehören lang- und kurzfristige Darlehen sowie Kontokorrentkredite. Maßgeblich ist der in Anspruch genommene Betrag; der Ansatz bloßer Kreditlinien ist unzulässig. Kontokorrentdarlehen sind stets kurzfristige Kredite (Restlaufzeit unter einem Jahr) unabhängig von der tatsächlichen Inanspruchnahme.

Erhaltene Anzahlungen stellen Vorauszahlungen von Kunden aus schwebenden Geschäften dar; die Gegenbuchung erfolgt als Zugang an liquiden Mitteln. Der Prüfer muss diesbezügliche Verprobungsrechnungen durchführen. Anstelle eines passiven Ausweises ist auch die offene Absetzung der Anzahlungen von dem Posten „Vorräte" gemäß § 268 Abs. 5 Satz 2 HGB zulässig. Der Prüfer hat sich davon zu überzeugen, ob der Bilanzierungs- und Bewertungsstetigkeit durch einheitliche Wahlrechtsausübung Rechnung getragen wurde.

Lieferungen und Leistungen, für die eine Anzahlung erhalten wurde, müssen in Folgeperioden zu Umsatzerlösen führen. Erfolgten die Vorauszahlungen für eine zeitraumbezogene Leistung wie bei Mieten oder Zinsen, muss der Prüfer auf einem Ausweis als passivem Rechnungsabgrenzungsposten bestehen.

Die vor Inkrafttreten des BilMoG alternativ zulässige Bruttomethode, bei der die Anzahlung inklusive der darin enthaltenen Umsatzsteuer angesetzt werden durfte, wurde abgeschafft. Einzig gültiger Ausweis ist die **Nettomethode**, bei der der Ansatz ohne Umsatzsteuer erfolgt. Diese wird in den sonstigen Verbindlichkeiten ausgewiesen.

Verbindlichkeiten aus Lieferungen und Leistungen stellen unabhängig von ihrer Entstehungsursache alle Verbindlichkeiten aufgrund von Liefer-, Werk-, Dienstleistungs-, Miet- und ähnlichen Verträgen dar. Eine Verrechnung mit den Forderungen an Lieferanten muss der Prüfer unterbinden.

Eine aus einer Zahlungsverpflichtung bestehende Verbindlichkeit ist grundsätzlich mit dem Rechnungsbetrag (Erfüllungsbetrag), d. h. einschließlich Mehrwertsteuer, anzusetzen. Fraglich ist allerdings, ob das Skonto Bestandteil des Erfüllungsbetrags der Verbindlichkeit ist. Betriebswirtschaftlich stellt das Skonto einen Entgelt für die Nutzung des Lieferantenkredits und damit Zinsaufwand dar. Daher wird die Auffassung – analog zu den Zero-Bonds – vertreten, dass Verbindlichkeiten aus Lieferungen und Leistungen mit dem Barpreis, d. h. abzüglich Skonto zu buchen sind, der über die Laufzeit des Kredits um die jeweils aufgelaufenen Zinsen erhöht wird.

Sofern gegenüber dem Lieferanten ein Rückzahlungsanspruch entsteht (z. B. aufgrund von Gutschriften oder Überzahlungen) hat ein entsprechender Ausweis unter den sonstigen Vermögensgegenständen zu erfolgen („**debitorische Kreditoren**"). Eine Saldierung der Rückzahlungsansprüche mit den Verbindlichkeiten aus Lieferungen und Leistungen ist unzulässig und vom Prüfer zu beanstanden.

Die **Wechselverbindlichkeiten** umfassen alle als Schuldwechsel gezogene oder eigene Wechsel, und zwar sowohl Waren- als auch Finanzwechsel. Zwar wird durch die Hingabe des Wechsels die ursprüngliche Verbindlichkeit nicht hinfällig, sondern bleibt neben der Wechselverbindlichkeit bestehen (§ 364 Abs. 2 BGB). Jedoch erfolgt in der Bilanz eine Umbuchung der ursprünglichen Verbindlichkeit (i. d. R. Verbindlichkeit aus Lieferungen und Leistungen) in eine Wechselverbindlichkeit. Ein in der Wechselsumme enthaltener Diskont ist aktiv abzugrenzen und pro rata temporis aufzulösen. Betriebswirtschaftlich stellt der Diskont ein Entgelt für die Kreditgewährung über die Wechsellaufzeit dar.

Verbindlichkeiten gegenüber verbundenen und Beteiligungsunternehmen sind nach Maßgabe der Definitionen des § 271 Abs. 1 und 2 HGB auszuweisen. In der Praxis sind dies entweder langfristige Darlehen oder Verbindlichkeiten aus laufendem Verrechnungsverkehr (z. B. Inanspruchnahme von Zentralbereichen, innerkonzernliche Lieferungen und Leistungen).

Die **sonstigen Verbindlichkeiten** bilden eine Sammelposition für nicht unter einem vorstehenden Posten auszuweisende Verbindlichkeiten. Hierunter fallen insbesondere

▶ Lohn- und Gehaltsrückstände,
▶ ausstehende Tantiemen, Gratifikationen, Erstattung von Auslagen und Spesen,
▶ Verbindlichkeiten aus Zusagen im Rahmen der betrieblichen Altersversorgung,
▶ Steuerschulden sowie einbehaltene, aber noch abzuführende Steuern,
▶ antizipative Rechnungsabgrenzungsposten (z. B. Miet- und Zinsabgrenzungen).

In „**davon**"-Vermerken sind Steuerverbindlichkeiten sowie Verbindlichkeiten im Rahmen der sozialen Sicherheit gesondert anzugeben. Hierzu gehören insbesondere Körperschaft-, Gewerbe-, Umsatz- und Grundsteuer sowie Zölle. In einer weiteren Zeile der Vorspalte sind alle Verbindlichkeiten aufzuführen, die im Rahmen der sozialen Sicherheit bestehen. Hierzu gehören Sozialabgaben, Verbindlichkeiten gegenüber der Berufsgenossenschaft, Verbindlichkeiten aus Altersversorgung, soweit nicht als Rückstellung bilanziert, Verpflichtungen gegenüber betrieblichen Unterstützungseinrichtungen sowie Vorruhestandsgelder.

Verbindlichkeiten gegenüber Gesellschaftern i. S. des § 42 Abs. 3 GmbHG sind gesondert auszuweisen oder im Anhang anzugeben.

8.5 Bewertung

Die Bewertung der Verbindlichkeiten erfolgt nach § 253 Abs. 1 Satz 2 HGB zum **Erfüllungsbetrag**. Dieser entspricht i.d.R. dem **Nennwert** der Verbindlichkeit. Beim Vorliegen von Sach- oder Dienstleistungsverpflichtungen ist der Geldwert der für die Leistungserbringung erforderlichen Aufwendungen anzusetzen.

Auf Rentenverpflichtungen beruhende Verbindlichkeiten, für die eine Gegenleistung nicht mehr zu erwarten ist, sind analog zu den Rückstellungen gemäß § 253 Abs. 2 Satz 1 bis 3 HGB

- entweder mit dem ihrer Restlaufzeit entsprechenden durchschnittlichen Marktzinssatz der vergangenen sieben Geschäftsjahre abzuzinsen oder
- pauschal mit dem durchschnittlichen Marktzinssatz abzuzinsen, der sich bei einer angenommenen Restlaufzeit von 15 Jahren ergibt (vgl. die Darlegungen unter Kapitel V.7.5.2).

Hierzu zählen Pensionsverpflichtungen gegenüber Arbeitnehmern, die das Rentenalter erreicht haben und aus dem Unternehmen ausgeschieden sind (eingetretener Versorgungsfall) bzw. gegenüber ehemaligen Arbeitnehmern, bei denen der Versorgungsfall zwar noch nicht eingetreten ist, die aber nach Erreichen einer Unverfallbarkeit der Pensionsansprüche das Unternehmen verlassen haben. Von beiden Gruppen ist eine Gegenleistung (Arbeitsleistung) nicht mehr zu erwarten.

Alle übrigen Verbindlichkeiten sind nur abzuzinsen, wenn sie verdeckte Zinszahlungen enthalten (z. B. bei erhöhten Bezugspreisen).

Im Fall der Vereinbarung von Wertsicherungsklauseln (z. B. auf Basis eines Lebenshaltungskostenindex) ist bei Eintritt der Wertsicherungsbedingungen die Verbindlichkeit auf den gestiegenen Erfüllungsbetrag zu Lasten des laufenden Aufwands anzuheben. Besteht die Verbindlichkeit in einer Sachleistungsverpflichtung im Rahmen eines Tausches, so ist diese i. H. des beizulegenden Werts des zugegangenen Vermögensgegenstands bzw. der erhaltenen Leistung anzusetzen.

Ist der Rückzahlungsbetrag einer Verbindlichkeit höher als der Ausgabebetrag, so gewährt § 250 Abs. 3 HGB das Wahlrecht, den Unterschiedsbetrag (**Disagio**) in den aktiven Rechnungsabgrenzungsposten einzustellen und durch planmäßige Abschreibungen über die gesamte Laufzeit der Verbindlichkeiten zu tilgen. Alternativ darf der Unterschiedsbetrag als sofortiger Aufwand verbucht werden. Unbeschadet der Wahlrechtinanspruchnahme ist die Verbindlichkeit stets zum Rückzahlungsbetrag anzusetzen. Es ist vom Prüfer nicht zu beanstanden, wenn die Abschreibung des Disagios über einen kürzeren Zeitraum als die Laufzeit der Verbindlichkeit erfolgt.

Bei Vorliegen einer **überverzinslichen Verbindlichkeit** (z. B. in Folge von in der Zwischenzeit gesunkenen Marktzinsen) muss der Prüfer auf der Bildung einer Rückstellung für drohende Verluste aus schwebenden Geschäften (Dauerschuldverhältnisse) bestehen. In diesem Fall ist dem Barwert der Zinszahlungen zum vertraglich vereinbarten Zins derjenige bei Diskontierung mit dem niedrigeren Marktzinssatz gegenüberzustellen. Als Rückstellung auszuweisen ist die ermittelte Barwertdifferenz. Beim Auseinanderfallen von Ausgabe- und Rückzahlungsbetrag der Verbindlichkeit muss die Ermittlung der Zinsdifferenz auf Basis von Effektivzinsen vorgenommen werden.

Die Überverzinslichkeit einer Verbindlichkeit als Kompensation eines anderweitigen, dem Schuldner gewährten Vorteils (z. B. Bezugspreise unter Marktniveau) bleibt bilanziell unberücksichtigt, so dass für das Gesamtgeschäft die Ausgeglichenheitsvermutung von Leistung und Gegenleistung greift.

Im Gegensatz zur Steuerbilanz (§ 6 Abs. 1 Nr. 3 EStG, dort Pflicht zur Abzinsung mit 5,5 % p. a.) dürfen in der Handelsbilanz **un- oder unterverzinsliche Verbindlichkeiten** nicht abgezinst werden. Hier kommt es zu unvermeidlichen Diskrepanzen zwischen Handels- und Steuerbilanz und folglich zu Steuerlatenzen.

Im Fachschrifttum wird die Meinung vertreten, bei Finanzverbindlichkeiten mit einem erheblichen Unterschied zwischen Auszahlungs- und Rückzahlungsbetrag die Verbindlichkeit zum Entstehungszeitpunkt abweichend mit dem Auszahlungsbetrag zu bilanzieren und jährlich einen auf das jeweilige Geschäftsjahr entfallenen Anteil am Unterschiedsbetrag zuzuschreiben. Insoweit soll eine erfolgswirksame Verteilung des Unterschiedsbetrags über die Laufzeit der Verbindlichkeit und somit eine den tatsächlichen Verhältnissen entsprechende Darstellung der wirtschaftlichen Lage bewirkt werden.

Dies fordert auch die Stellungnahme IDW HFA 1/1986 zur Bilanzierung der sog. **Zero-Bonds**. Dies sind Anleihen, auf die keine periodischen Zinszahlungen geleistet werden und die somit „auf den ersten Blick" unverzinslich sind. Stattdessen werden die in jeder Periode anfallenden Zinsen aufgestockt und am Ende der Laufzeit zusammen mit dem Auszahlungsbetrag zurückgezahlt. Der Rückzahlungsbetrag umfasst demnach nicht nur den fixen Ausgangsbetrag, sondern auch die während der Laufzeit aufgelaufenen Zinsen und Zinseszinsen; er erhöht sich somit von Periode zu Periode.

Der Ansatz der Verbindlichkeit zum Rückzahlungsbetrag ist in diesem Fall nach Ansicht des IDW nicht statthaft, da dieser Zinsbestandteile enthält, die bei vorzeitiger Tilgung nicht anfallen würden. Vielmehr wird empfohlen, Zero-Bonds erstmals mit dem Auszahlungsbetrag zu verbuchen, da zu diesem Zeitpunkt noch keine Zinsen angefallen sind. Während der Laufzeit soll die Verbindlichkeit um den der jeweiligen Periode zuordnenden Zinsaufwand erhöht werden. Dies geschieht vor dem Hintergrund, dass Ausgabebetrag und Zinsverpflichtung als einheitliche Schuld anzusehen sind.

Durch die ratierliche Zuschreibung der Zinsverpflichtung auf den Ausgabebetrag wird erst zum Laufzeitende der vollständige Rückzahlungsbetrag passiv ausgewiesen. Der Erwerber hat analog die periodische Zinsforderung als sonstigen Vermögensgegenstand zu aktivieren.

Auf **Fremdwährung** lautende Verbindlichkeiten werden bei ihrem Zugang zum Devisenkassamittelkurs in Euro umgerechnet (§ 256a HGB). Dieser ergibt sich aus dem arithmetischen Mittel aus (niedrigerem) Geldkurs und (höherem) Briefkurs.

- **Geldkurs** bezeichnet den Betrag, den eine Bank (oder ein sonstiger Nachfrager nach Euro) für den Ankauf von einem Euro in Fremdwährungseinheiten hingibt.
- **Briefkurs** hingegen bezeichnet den Betrag in Fremdwährungseinheiten, den z. B. eine Bank für den Verkauf von einem Euro verlangt.

Die Folgebewertung richtet sich nach der Restlaufzeit. Grundsätzlich gilt, dass unter Beachtung des Realisations-, Imparitäts- und des Anschaffungskostenprinzips (§ 253 Abs. 1 HGB)
- Kursverluste unmittelbar erfolgswirksam (Imparitätsprinzip), und
- Kursgewinne nur maximal bis zur Höhe des ursprünglichen Erfüllungsbetrags

zu erfassen sind (§ 256a HGB). Dies gilt jedoch nicht für Verbindlichkeiten, deren **Laufzeit ein Jahr nicht überschreitet**. Hier kommt es zu einer Durchbrechung des Anschaffungskosten- sowie des Realisationsprinzips, da laut § 256a Satz 2 HGB ausdrücklich § 253 Abs. 1 Satz 1 HGB und § 252 Abs. 1 Nr. 4 2. Halbsatz HGB nicht zur Geltung kommen. Es sind sämtliche positiven und negativen Umrechnungsdifferenzen aus der Umrechnung zum Stichtagskurs unabhängig von der Höhe der Anschaffungskosten erfolgswirksam zu berücksichtigen (vgl. auch Kapitel V.4.5.2).

Werden Vermögensgegenstände, Schulden, schwebende Geschäfte oder mit hoher Wahrscheinlichkeit erwartete Transaktionen zum Ausgleich gegenläufiger Wertänderungen oder Zahlungsströme aus dem Eintritt vergleichbarer Risiken mit Finanzinstrumenten zusammengefasst (**Bewertungseinheit**), sind § 249 Abs. 1, § 252 Abs. 1 Nr. 3 und 4, § 253 Abs. 1 Satz 1 und § 256a HGB in dem Umfang und für den Zeitraum nicht anzuwenden, in dem die gegenläufigen Wertänderungen oder Zahlungsströme sich ausgleichen; hierzu zählen auch Termingeschäfte über den Erwerb oder die Veräußerung von Waren (vgl. § 254 HGB).

Beim Nachweis einer Bewertungseinheit wird folglich auf die Berücksichtigung nicht realisierter Verluste verzichtet, wenn diesen in gleicher Höhe nicht realisierte Gewinne gegenüber stehen, d. h. sich über einen objektiv abgrenzbaren Zeitraum Wert- oder Zahlungsstromänderungen tatsächlich ausgleichen (vgl. ausführlich Kapitel V.4.5.3).

Nach § 277 Abs. 5 HGB sind sowohl in Bezug auf die **Abzinsung** als auch auf die **Fremdwährungsumrechnung** von Verbindlichkeiten in der Gewinn- und Verlustrechnung

▶ Erträge gesondert unter dem Posten „Sonstige Zinsen und ähnliche Erträge" und

▶ Aufwendungen gesondert unter dem Posten „Zinsen und ähnliche Aufwendungen"

auszuweisen. Im Fall des Vorliegens einer **Bewertungseinheit** ist nur der ggf. durch die Konstruktion nicht kompensierte Verpflichtungsüberhang als Aufwand zu erfassen.

Erforderlichenfalls muss sich der Prüfer mit **Spezialfragen der Bewertung** einzelner Verbindlichkeiten wie folgt auseinandersetzen:

▶ In Bezug auf die Bewertung von Anleihen sowie von Verbindlichkeiten gegenüber Kreditinstituten besteht für den Ansatz eines eventuell vereinbarten Disagios als aktiver Rechnungsabgrenzungsposten ein Wahlrecht (§ 250 Abs. 3 HGB). Für die Steuerbilanz besteht hier Aktivierungspflicht. Liegt aber der Ausgabe- über dem Rückzahlungsbetrag, so muss die Differenz (Agio) in Handels- und Steuerbilanz gleichermaßen als passiver Rechnungsabgrenzungsposten ausgewiesen werden.

▶ Ausnahmsweise ist bei Ausgabe von Wandel- und Optionsschuldverschreibungen das Agio in die Kapitalrücklage gemäß § 272 Abs. 2 Nr. 2 HGB einzustellen.

▶ Bei passiv ausgewiesenen, verzinslichen Anzahlungen auf Bestellungen sind die Zinsen ebenfalls unter den erhaltenen Anzahlungen zu passivieren.

▶ Die bei Liefer- und Leistungsgeschäften in Anspruch genommenen Skonti bedingen eine Minderung des Verbindlichkeitsbetrags. In gleicher Höhe wird eine Minderung der Anschaffungs- und Herstellungskosten der bezogenen Güter verbucht.

▶ Für den Ansatz von Wechselverbindlichkeiten ist stets die Wechselsumme relevant. Ein Wechseldiskont ist entweder als laufender Aufwand zu verbuchen oder in Anwendung der § 250 Abs. 3 HGB aktiv abzugrenzen. Der Prüfer hat überdies auch auf eine ordnungsmäßige Abgrenzung von Zinsen und Gebühren zu achten.

8.6 Ausbuchung

Verbindlichkeiten sind zum **Zeitpunkt ihres Erlöschens** auszubuchen. Dies ist der Fall bei

- Erfüllung,
- Aufrechnung,
- Erlass,
- Schuldumwandlung oder
- befreiender Schuldübernahme.

Wird ein **Forderungsverzicht** bei gleichzeitiger **Besserungsscheinverpflichtung** gewährt, ist die Verbindlichkeit zunächst ertragswirksam auszubuchen. Die Besserungsscheinverpflichtung stellt eine aufschiebend bedingte Verbindlichkeit dar und ist erst bei Eintritt eines Ereignisses, das die Verpflichtung begründet, anzusetzen. Dies ist i. d. R. dann der Fall, wenn die Gesellschaft in künftigen Perioden Gewinne erzielt.

Für eine Ausbuchung infolge eines **Schulderlasses** muss der Prüfer sich eine entsprechende Verzichtserklärung vorlegen lassen.

Bei Vereinbarung einer befreienden **Schuldübernahme** hat sich der Prüfer zu vergewissern, dass alle Voraussetzungen der Schuldübernahme rechtlich unstrittig erfüllt sind. Andernfalls ist eine Ausbuchung der Verbindlichkeit nicht statthaft. Auch führt der Schuldbeitritt eines Dritten nicht zur Ausbuchung beim Schuldner. Der eigene Beitritt zu einer Drittschuld induziert demgegenüber eine Vermerkpflicht nach § 251 HGB.

Vom Unternehmen zurück erworbene eigene Anleihen können erst vom diesbezüglichen passivierten Gesamtbetrag abgesetzt werden, wenn eine Wiederbegebung (z. B. nach Vernichtung der Papiere) ausgeschlossen werden kann. Andernfalls sind die Papiere im Umlaufvermögen (im Einzelfall auch im Anlagevermögen) zu aktivieren.

8.7 Anhangangaben

§ 268 HGB fordert die Angabe

- des Betrags der Verbindlichkeiten mit einer Restlaufzeit von bis zu einem Jahr zu jedem gesondert ausgewiesenen Posten (Abs. 5 Satz 1),
- wesentlicher Verbindlichkeitsbeträge, die rechtlich erst nach dem Abschlussstichtag entstanden sind (Abs. 5 Satz 3),
- eines nach § 250 Abs. 3 HGB als aktiver Rechnungsabgrenzungsposten ausgewiesenen Disagios (Abs. 6),
- gesonderte Angabe der in § 251 HGB bezeichneten Haftungsverhältnisse unter Angabe der gewährten Pfandrechte und sonstigen Sicherheiten, Angabe der Haftungsverhältnisse gegenüber verbundenen Unternehmen in einem davon-Vermerk (Abs. 7).

Der Prüfer hat zu berücksichtigen, dass kleine Kapitalgesellschaften von den Angabepflichten in § 268 Abs. 5 Satz 3 und Abs. 6 HGB befreit sind (§ 274a Nr. 3 und 4 HGB).

Die Angabe der Verbindlichkeitsbeträge mit einer Restlaufzeit von bis zu einem Jahr ist für die Analyse der Liquiditätslage relevant. Auf Basis dieser Angabe wird die Liquidität 1. bis 3. Grades ermittelt. Beim Bestehen revolvierender Kredite kommt es auf den Zeitpunkt an, an dem die Mittel endgültig zurückgezahlt werden müssen.

Die Angabe des Unterschiedsbetrags nach § 268 Abs. 6 HGB ist entbehrlich, wenn das entsprechende Disagio bereits in der Bilanz gesondert ausgewiesen wurde. Der Verpflichtung ist durch Angabe eines „davon"-Vermerks Genüge getan. Insofern ist im Anhang dann allenfalls über die Vornahme außerplanmäßiger Abschreibungen zu berichten, da es sich um eine Änderung der Bilanzierungsmethode i. S. des § 284 Abs. 2 Nr. 3 HGB handelt.

Die in § 251 HGB aufgeführten Formen der Haftungsverhältnisse sind gemäß § 268 Abs. 7 HGB jeweils gesondert anzugeben. Dies sind

- Verbindlichkeiten aus der Begebung und Übertragung von Wechseln,
- Verbindlichkeiten aus Bürgschaften, Wechsel- und Scheckbürgschaften,
- Verbindlichkeiten aus Gewährleistungsverträgen sowie
- Haftungsverhältnisse aus der Bestellung von Sicherheiten für fremde Verbindlichkeiten.

Zudem sind gewährte Pfandrechte und sonstige Sicherheiten in Bezug auf alle Haftungsverhältnisse des § 251 HGB anzugeben. Dies sind insbesondere Grundpfandrechte, Pfandrechte an beweglichen Sachen oder Rechten, Sicherungsübereignungen und -abtretungen sowie Eigentumsvorbehalte. Haftungsverhältnisse gegenüber verbundenen Unternehmen (§ 271 Abs. 2 HGB) sind gesondert anzugeben. Ein „davon"-Vermerk kann dabei vom Prüfer als ausreichend akzeptiert werden.

Zu den sonstigen finanziellen Verpflichtungen gehören auch die sog. **Patronatserklärungen**, bei denen ein Patron – i. d. R. die beherrschende Gesellschaft eines Tochterunternehmens – einem Kreditgeber der Tochtergesellschaft Wohlverhaltensmaßnahmen zusichert, z. B. die

- Beibehaltung des bestehenden Gesellschaftsverhältnisses oder Unternehmensvertrags,
- Zusicherung des Mutterunternehmens, das Tochterunternehmen mit einer bestimmten Liquiditätshöhe bzw. Kapitalausstattung zu versehen.

Gemäß IDW RH HFA 1.013 stellt nur die letztgenannte Form eine sog. „harte Patronatserklärung" dar, die einer Gewährleistungszusage gleich kommt.

§ 285 Satz 1 Nr. 1 HGB fordert die Angabe des Gesamtbetrags der

- Verbindlichkeiten mit einer Restlaufzeit von mehr als fünf Jahren sowie
- Verbindlichkeiten, die durch Pfandrechte oder ähnliche Rechte gesichert sind, unter Angabe der Art und Form der Sicherheiten.

Die Zeitangabe bezieht sich auf die tatsächliche Fälligkeit (Restlaufzeit), nicht auf die Gesamtlaufzeit. Bei Verbindlichkeiten mit gesplitteten Fälligkeiten sind die jeweiligen Teilbeträge anzugeben. Bei Vorliegen besicherter Verbindlichkeiten sind Art und Form der Sicherheiten explizit zu erläutern. Die in § 285 Satz 1 Nr. 1 HGB verlangten Angaben sind gemäß § 285 Satz 1 Nr. 2 HGB für jeden Posten des Bilanzgliederungsschemas außerdem separat zu zeigen.

Die Angaben können gemeinsam mit der Darstellung der kurzfristigen Verbindlichkeiten nach § 268 Abs. 1 HGB zweckmäßigerweise integrierend in einem sog. **Verbindlichkeitenspiegel** dargelegt werden:

ABB. 239:	Aufbau eines Verbindlichkeitenspiegels					
Verbindlichkeit gemäß § 266 Abs. 3 HGB	Gesamt-betrag	Mit einer Restlaufzeit von			Gesicherte Beträge	Art und Form der Sicherheit
		< 1 Jahr	1 – 5 Jahren	> 5 Jahren		
Anleihen Verbindlichkeiten gegenüber Kreditinstituten Erhaltene Anzahlungen auf Bestellungen Verbindlichkeiten aus LuL (…)						

Weitere fakultativ anzuwendende verbindlichkeitsbezogene Angabepflichten im Anhang werden in § 285 HGB wie folgt kodifiziert:

ABB. 240:	Anhangangaben in Bezug auf die Verbindlichkeiten
§ 284 Abs. 2 Nr. 1 HGB	Angabe der angewandten Bilanzierungs- und Bewertungsmethoden, z. B. bezüglich der Abzinsung von Verbindlichkeiten
§ 284 Abs. 2 Nr. 2 HGB	Angaben der Grundlagen der Fremdwährungsumrechnung in Euro bei Fremdwährungspositionen
§ 284 Abs. 2 Nr. 3 HGB	Angabe von Abweichungen von der Bilanzierungs- und Bewertungsstetigkeit und deren Einflüssen auf die Darstellung der Vermögens-, Finanz- und Ertragslage
§ 285 Satz 1 Nr. 3 HGB	Art, Zweck, Risiken und Vorteile von nicht in der Bilanz enthaltenen Geschäften, soweit die Angaben für die Beurteilung der Finanzlage notwendig sind (z. B. Abschluss von Leasing-Verträgen, schwebende Geschäfte mit wesentlicher Bedeutung)
§ 285 Satz 1 Nr. 3a HGB	Angabe des Gesamtbetrags der sonstigen finanziellen Verpflichtungen, die weder in der Bilanz erscheinen noch schon nach § 251 HGB oder unter § 285 Satz 1 Nr. 3 HGB anzugeben sind, sofern diese Angabe für die Beurteilung der Finanzlage von Bedeutung ist, insbesondere solche, die unregelmäßig oder in außergewöhnlicher Höhe auftreten (z. B. Miet-, Pacht- sowie Abnahmeverpflichtungen, Verpflichtungen aus Verlustübernahmen bzw. zur Abführung von Liquiditätsüberschüssen); in einem „davon"-Vermerk sind Verpflichtungen gegenüber verbundenen Unternehmen gesondert aufzuführen. Hinweis: Eine Abzinsung der Verpflichtungen zum Bewertungsstichtag ist nicht zulässig
§ 285 Satz 1 Nr. 5 HGB a. F.	Angabe des Ausmaßes der Beeinflussung des Jahresergebnisses durch vom Bilanzierenden zulässigerweise fortgeführte Sonderposten nach § 273 HGB
§ 285 Satz 1 Nr. 19 HGB	Besondere Angaben für jede Kategorie nicht zum beizulegenden Zeitwert bilanzierter derivativer Finanzinstrumente: Art und Umfang der Finanzinstrumente sowie deren beizulegender Zeitwert, soweit er nach § 255 Abs. 4 HGB verlässlich ermittelbar ist; Angabe der angewandten Bewertungsmethode; Angabe des Buchwerts und der Bilanzposten, in welchem der Buchwert (soweit vorhanden) erfasst ist; Gründe, warum der beizulegende Zeitwert nicht bestimmt werden kann
§ 285 Satz 1 Nr. 21 HGB	Angaben zu Geschäften mit nahe stehenden Unternehmen und Personen, die nicht zu marktüblichen Bedingungen zustande gekommen sind

§ 285 Satz 1 Nr. 23 HGB	Besondere Angaben zu den nach § 254 HGB gebildeten Bewertungseinheiten:
	Betrag, zu dem jeweils Vermögensgegenstände, Schulden, schwebende Geschäfte und mit hoher Wahrscheinlichkeit erwartete Transaktionen zur Absicherung welcher Risiken in welche Arten von Bewertungseinheiten einbezogen sind; die Höhe der mit Bewertungseinheiten abgesicherten Risiken; für die jeweils abgesicherten Risiken, warum, in welchem Umfang und für welchen Zeitraum sich die gegenläufigen Wertänderungen oder Zahlungsströme künftig voraussichtlich ausgleichen einschließlich der Methode ihrer Ermittlung; Erläuterung der mit hoher Wahrscheinlichkeit erwarteten Transaktionen, die in Bewertungseinheiten einbezogen wurden.
	Hinweis: Die Angaben können auch befreiend im Lagebericht gemacht werden
§ 285 Satz 1 Nr. 25 HGB	Besondere Angaben bei Verrechnung von Vermögensgegenständen und Schulden nach § 246 Abs. 2 Satz 2 HGB:
	Anschaffungskosten und der beizulegende Zeitwert der verrechneten Vermögensgegenstände; Erfüllungsbetrag der verrechneten Schulden sowie die verrechneten Aufwendungen und Erträge; Annahmen, die der Bestimmung des beizulegenden Zeitwerts mit Hilfe allgemein anerkannter Bewertungsmethoden zugrunde gelegt wurden
§ 285 Satz 1 Nr. 27 HGB	Besondere Angabe für die nach § 251 HGB unter der Bilanz oder nach § 268 Abs. 7 1. Halbsatz HGB im Anhang ausgewiesenen Verbindlichkeiten und Haftungsverhältnisse:
	Gründe der Einschätzung des Risikos der Inanspruchnahme (insbesondere ist darauf einzugehen, warum die Sachverhalte als Eventualverbindlichkeit und nicht als Rückstellung oder als „normale" Verbindlichkeit passiviert wurden)

Nach § 288 Abs. 1 HGB sind **kleine** Kapitalgesellschaften (§ 267 Abs. 1 HGB) von den o. g. Angaben nach § 285 Satz 1 Nr. 2 bis 5, 19 und 21 HGB befreit.

Mittelgroße Kapitalgesellschaften (§ 267 Abs. 2 HGB) brauchen nach § 288 Abs. 2 HGB bei der Angabe nach § 285 Satz 1 Nr. 3 HGB die Risiken und Vorteile nicht darzustellen; sie brauchen die Angaben nach § 285 Satz 1 Nr. 21 HGB nur zu machen, soweit sie eine AG sind.

9. Prüfung der Rechnungsabgrenzung

9.1 Überblick und Risikoanalyse

Aktive und passive Rechnungsabgrenzungsposten (RAP) sind Bilanzpositionen, die der periodengerechten Verrechnung von Vermögensänderungen dienen. Sie werden vor allem bei gegenseitigen Verträgen gebildet, bei denen Leistungen und Gegenleistungen zeitlich auseinander fallen.

Prüfung der Rechnungsabgrenzung — KAPITEL V

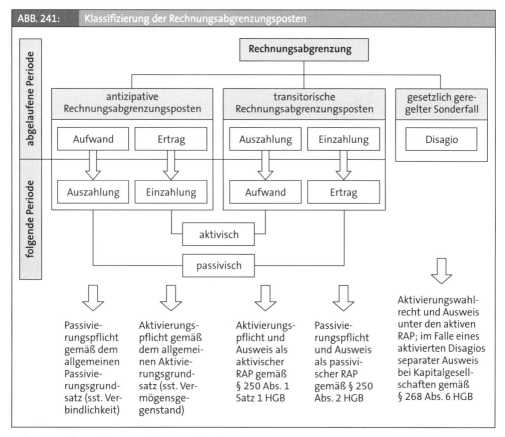

ABB. 241: Klassifizierung der Rechnungsabgrenzungsposten

Es lassen sich somit vier Fälle unterscheiden:

- Aufwand in der abgelaufenen Periode, der erst nach dem Abschlussstichtag zu einer Auszahlung führt (antizipativer, passiver RAP),
- Ertrag in der abgelaufenen Periode, der erst nach dem Abschlussstichtag zu Einzahlungen führt (antizipativer, aktiver RAP),
- Auszahlung in der abgelaufenen Periode, die Aufwand für einen bestimmten Zeitraum nach dem Abschlussstichtag ist (transitorischer, aktiver RAP),
- Einzahlung in der abgelaufenen Periode, die Ertrag für einen bestimmten Zeitraum nach dem Abschlussstichtag darstellt (transitorischer, passiver RAP).

Die in § 250 HGB geregelten Positionen umfassen allein die **transitorischen RAP**; die **antizipativen RAP** werden unter den sonstigen Vermögensgegenständen bzw. sonstigen Verbindlichkeiten bilanziert (vgl. die Ausführungen zu den Forderungen und Verbindlichkeiten). Daneben kommen als gesetzlich geregelter **Sonderfall** nur noch Unterschiedsbeträge zwischen Auszahlungs- und Erfüllungsbeträgen einer Verbindlichkeit (sog. **Disagio**, § 250 Abs. 3 HGB) in Betracht.

Eine Analyse der **inhärenten Risiken** bezogen auf die RAP ist entbehrlich, soweit es sich bei diesen um betragsmäßig nachrangige Positionen mit einem überschaubaren Zeithorizont handelt. Der Prüfer wird das Vertragswesen des Mandanten schon im Zuge der Analyse der Forderungen und Verbindlichkeiten begutachten. Vorsicht ist bei unüblichen Vertragsgestaltungen geboten, insbesondere bei erheblichen Verwerfungen von Leistungen und Gegenleistungen in einzelnen Perioden. Entsprechende Konstellationen begründen die Besorgnis der Vornahme sachverhaltsgestaltender Maßnahmen des stichtagsbezogenen *„window dressings"* oder sogar der Manipulation des sich aus dem Abschluss ergebenden Bildes der Vermögens-, Finanz- und Ertragslage.

Die Analyse der **Kontrollrisiken** wird sich im Wesentlichen konzentrieren auf die Überprüfung

- der ordnungsmäßigen Vertragsschließung in Bezug auf die Vereinbarung marktüblicher Konditionen und das Bestehen einer angemessenen Funktionstrennung von Vertragsanbahnung, -schließung und -erfüllung,
- der Überwachung des ordnungsmäßigen Ein- und Ausgangs von Zahlungen und des Erhalts bzw. der Erbringung der Lieferungen und Leistungen sowie
- deren betragsmäßig korrekter und zeitnaher Verbuchung im Rechnungswesen.

Seit Inkrafttreten des BilMoG ist für

- als Aufwand berücksichtigte Zölle und Verbrauchsteuern auf in der Bilanz auszuweisendes Vorratsvermögen (§ 250 Abs. 1 Satz 2 Nr. 1 HGB a. F.) und
- als Aufwand berücksichtigte Umsatzsteuer auf auszuweisende oder offen von den Vorräten abzusetzende Anzahlungen (§ 250 Abs. 1 Satz 2 Nr. 2 HGB a. F.)

das vormalige Ansatzwahlrecht als aktiver RAP weggefallen. Die aufwandswirksame Erfassung der Zölle und Verbrauchsteuern – regelmäßig nur Ausfuhrzölle und bestimmte Verbrauchsteuern wie z. B. die Biersteuer – kann somit nicht mehr auf den Zeitpunkt der Veräußerung der mit Zöllen oder Verbrauchsteuern belegten Vermögensgegenstände verschoben werden.

Der Prüfer hat somit sicherzustellen, dass diese Positionen nicht mehr wie bisher in der Bilanz „geparkt" und bei Veräußerung der betreffenden Vermögensgegenstände des Vorratsvermögens aufwandswirksam erfasst werden. Ebenfalls muss er sich davon überzeugen, dass sie nicht in die Herstellungskosten miteinbezogen wurden, da sie zu den nicht aktivierungsfähigen Vertriebskosten zählen. Folglich wird sich durch Aufhebung des bisherigen Wahlrechts Aufwand vorverlagern und das Jahresergebnis verringern.

Erhaltene Anzahlungen stellen umsatzsteuerpflichtige Vorleistungen des Bestellers dar, die das bilanzierende Unternehmen zu späteren Leistungen verpflichtet. Gemäß § 268 Abs. 5 Satz 2 HGB sind erhaltene Anzahlungen auf Bestellungen unter den Verbindlichkeiten gesondert auszuweisen, soweit sie nicht von dem jeweiligen Aktivposten offen abgesetzt werden. Kleine Kapitalgesellschaften können passivierte erhaltene Anzahlungen mit den übrigen Posten i. S. des § 266 Abs. 3 C. HGB zusammenfassen (§ 266 Abs. 1 Satz 3 HGB).

Die **Umsatzsteuer** auf erhaltene Anzahlungen ist, wie die erhaltene Anzahlung selbst, erfolgsneutral zu behandeln. Die erhaltenen Anzahlungen werden netto, d. h. ohne Umsatzsteueranteil, ausgewiesen. Die Umsatzsteuer wird wie beim Umsatzgeschäft bis zu ihrer Abführung unter den sonstigen Verbindlichkeiten passiviert (**Nettomethode**). In diesem Fall hat die Umsatzsteuer den Charakter eines durchlaufenden Postens. Ein Ausweis der erhaltenen Anzahlung einschließlich Umsatzsteuer (Bruttomethode) ist nicht mehr zulässig.

9.2 Nachweis und Ansatz

Der Nachweis der RAP erfolgt durch Kontrolle der diesbezüglichen Einzelaufstellungen und Durchsicht der zugehörigen Vertragsunterlagen (Miet-, Leasing-, Kredit- oder Versicherungsverträge). Dem Prüfer obliegt die Kontrolle der Aufstellung auf Vollständigkeit und rechnerische Richtigkeit; dabei ist zu beachten, dass die Einzelaufstellung mit den zugehörigen Vertragsunterlagen kompatibel ist.

Die Prüfung der RAP auf Vollständigkeit erfolgt in progressiver Richtung über eine Auswahl der fraglichen GuV-Konten. Für die Abgrenzung kommen grundsätzlich alle regelmäßig wiederkehrenden Aufwendungen und Erträge (Miete, Leasing, Zinsen, Versicherungen, Beiträge) in Betracht. In diesem Zusammenhang ist auch sicherzustellen, dass der abgegrenzte Aufwand bzw. Ertrag unter dem zutreffenden GuV-Konto gegen gebucht wurde.

Eine Plausibilitätsprüfung kann anhand eines Abgleichs mit den Vorjahreszahlen erfolgen, d. h. unter Zugrundelegung des Kontos „Rechnungsabgrenzung" wird durch Hinzuziehung der entsprechenden Gegenkonten der Vortrag und die Abwicklung der Abgrenzungsposten des Vorjahres nachvollzogen. Schließlich sollte geprüft werden, ob im Vorjahr gebildete Abgrenzungen korrekt aufgelöst wurden.

Voraussetzungen für den Ansatz der RAP sind:
- Es müssen Zahlungsvorgänge i. S. einer Vorleistung vor dem Bilanzstichtag erfolgt sein, die dem Anspruch auf Erhalt einer Gegenleistung gegenüber steht,
- die vertragliche Gegenleistung muss innerhalb einer bestimmten Zeit nach dem Bilanzstichtag erbracht werden.

Das Kriterium der **bestimmten Zeit** gemäß § 250 Abs. 1 und 2 HGB ist grundsätzlich zeitraumbezogen auszulegen, d. h. es müssen Anfangs- und Endpunkt der Zeitspanne bestimmt werden können. Unschädlich sind auch mehrere Leistungszeitpunkte, die in regelmäßigen Abständen wiederkehren und damit einen überschaubaren Zeitraum begrenzen. Der Verrechnungszeitraum für den Aufwand bzw. Ertrag kann bereits in der abzuschließenden Rechnungsperiode begonnen haben, er kann aber auch erst in der nachfolgenden Periode beginnen.

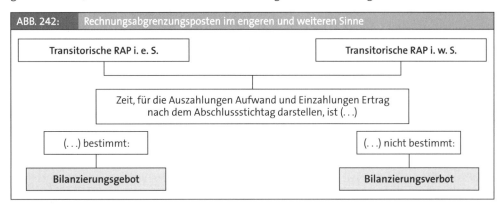

ABB. 242: Rechnungsabgrenzungsposten im engeren und weiteren Sinne

Insoweit soll der Ansatz sog. transitorischer Posten i. w. S. ausgeschlossen werden, z. B. von Werbe- oder Ingangsetzungsaufwendungen. Hingegen können Rechnungsabgrenzungen begründende Verwerfungen z. B. bei regelmäßig wiederkehrenden Inseraten durchaus als solche bilanziert werden. Ein Ausschluss soll nur bei unregelmäßigen Werbefeldzügen oder Imagekampagnen erfolgen, da insoweit die zugrunde liegende Zeitspanne nicht hinreichend bestimmt ist.

Beim Ansatz der passiven RAP wird es nach h. M. als ausreichend angesehen, dass der Abschlussstichtag zwar nicht bestimmt, aber grundsätzlich bestimmbar ist.

Beispiele für aktive und passive RAP stellen dar:

ABB. 243: Beispiele aktiver und passiver Rechnungsabgrenzungsposten	
Aktive RAP	Passive RAP
▶ Abstandszahlungen an Mieter für vorzeitige Vertragsauflösung, ▶ im Voraus gezahlte Beiträge, ▶ Avalprovisionen aus Bürgschaften, ▶ Bürgschaftsgebühren einschließlich Bearbeitungskosten, ▶ Honorarvorauszahlungen für eine bestimmte Zeit, ▶ im Voraus gezahlte Kraftfahrzeugsteuer, ▶ Vorauszahlungen für Lagerkosten, ▶ gezahlte Leasinggebühren, Lizenzgebühren für eine bestimmte Zeit im Voraus, ▶ im Voraus gezahlte Miete, ▶ im Voraus gezahlte Provisionszahlungen an Handelsvertreter (z. B. für schwebende Geschäfte), ▶ im Voraus gezahlte Versicherungsprämien, ▶ im Voraus gezahlte Zinsen, ▶ im Voraus gezahlte Zuschüsse für ein vereinbartes Verhalten innerhalb einer bestimmten Zeit, ▶ Unterschiedsbeträge zwischen Ausgabe- und Rückzahlungsbetrag von Verbindlichkeiten.	▶ erhaltene Vorauszahlungen von Miete oder Pacht, ▶ im Voraus erhaltene Beiträge, ▶ im Voraus erhaltene Zinsen, ▶ im Voraus erhaltene Honorare oder Erbbauzinsen, ▶ im Voraus erhaltenes einmaliges Entgelt für dinglich gesicherte Duldungspflichten, ▶ im Voraus erhaltene Entschädigungen für Unterlassungspflichten wie z. B. zeitlich beschränkte Wettbewerbsunterlassungen, ▶ im Voraus erhaltene öffentliche Zuschüsse für Einrichtungen von Ausbildungsplätzen.

Nach § 250 Abs. 3 HGB darf der Saldo zwischen dem Erfüllungs- und dem Ausgabebetrag einer Verbindlichkeit in den aktiven RAP eingestellt werden. Dieses sog. **Disagio** unterscheidet sich von den Darlehenszinsen insofern, dass bei vorzeitiger Tilgung des Kredits keine anteilige Rückerstattung des Betrags erfolgt. Unbestritten ist dennoch, dass der Unterschiedsbetrag laufzeitabhängig ist, d. h. er muss wirtschaftlich als vorweg gezahlter Zins qualifiziert werden.

Da der Unterschiedsbetrag bereits bei Auszahlung der Verbindlichkeit in der Abrechnungsperiode zahlungswirksam wurde, erfüllt er die Bedingungen eines aktiven transitorischen RAP; der Gesetzgeber hat diesbezüglich ausdrücklich ein Aktivierungswahlrecht (§ 250 Abs. 3 Satz 1 HGB) eingeräumt. Aufgrund der gesetzlichen Formulierung ist außerdem ein vertraglich vereinbartes (Rückzahlungs-)Agio, also eine Rückzahlung über den vereinbarten Nennbetrag hinaus, aktivierungsfähig.

Kreditbeschaffungskosten wie z. B. Abschluss-, Bearbeitungs- oder Verwaltungskosten stellen keinen Unterschiedsbetrag gemäß § 250 Abs. 3 Satz 1 HGB dar, da sie unabhängig von der Laufzeit der Verbindlichkeit anfallen, d. h. sie sind handelsrechtlich als Periodenaufwand zu buchen.

> **BEISPIEL:** Die WBB Waschbrettbauch GmbH nimmt bei der Cash-Bank ein Darlehen i. H. von 1 Mio. € mit einer Laufzeit von acht Jahren auf. Der Auszahlungsbetrag beträgt 96 %, der Rückzahlungsbetrag 100 %.
> - Das Disagio beläuft sich auf 40.000 € (4 % von 1 Mio. €).
> - Es besteht zum einen die Möglichkeit, das Disagio sofort in voller Höhe aufwandswirksam zu verbuchen (Liquide Mittel 960.000 €, Zinsaufwand 40.000 € an Verbindlichkeit 1 Mio. €).
> - Alternativ kann das Disagio in den aktiven RAP eingestellt werden (Liquide Mittel 960.000 €, Aktiver RAP 40.000 € an Verbindlichkeit 1 Mio. €) und jährlich aufwandswirksam aufgelöst werden (acht Jahre: Zinsaufwand an Aktiver RAP 5.000 €)

9.3 Ausweis

§ 246 Abs. 1 HGB führt die RAP neben den Vermögensgegenständen sowie den Schulden auf, ebenso werden diese in § 247 Abs. 1 HGB neben dem Anlage- und Umlaufvermögen, dem Eigenkapital und den Schulden erwähnt. Damit stehen die RAP in der Systematik des HGB außerhalb der Vermögensgegenstände und Schulden.

Das **Saldierungsverbot** gemäß § 246 Abs. 2 HGB gilt auch für die RAP.

Eine weitere Untergliederung der RAP braucht nur bei wesentlichen Beträgen erfolgen, ersatzweise kommt eine entsprechende Angabe im Anhang in Betracht.

Ein nach § 250 Abs. 3 HGB in den aktiven RAP aufgenommener **Unterschiedsbetrag (Disagio)** ist gemäß § 268 Abs. 6 HGB in der Bilanz gesondert auszuweisen oder im Anhang anzugeben. Als Postenbezeichnung kommen „Disagio", „Damnum" oder „Unterschiedsbetrag nach § 250 Abs. 3 HGB" in Betracht. Der gesonderte Ausweis trägt dem Umstand Rechnung, dass das Disagio auch einen Korrekturposten zu der auf der Passivseite mit ihrem Erfüllungsbetrag ausgewiesenen Verbindlichkeit darstellt.

Werden Unterschiedsbeträge für mehrere Verbindlichkeiten abgegrenzt, können sie in der Bilanz zusammengefasst ausgewiesen werden; der Grundsatz des Einzelausweises greift insoweit nicht. Das Wahlrecht der aktiven Abgrenzung des Disagios muss im Jahr der Ausgabe der Verbindlichkeit ausgeübt werden. An Stelle des ganzen Unterschiedsbetrags kann auch nur ein Teil abgegrenzt werden.

Bildung und Auflösung der RAP werden wie folgt verbucht:

ABB. 244:	Verbuchung der Rechnungsabgrenzungsposten		
Rechnungsabgrenzungsposten	Aktive		Passive
Transitorisch (Zahlung altes Jahr, Erfolg neues Jahr)	Aktiver RAP	← Bilanzposition →	Passiver RAP
	Aktiver RAP an Bank	← Buchung altes Jahr →	Bank an Passiver RAP
	Aufwand an Aktiver RAP	← Buchung neues Jahr →	Passiver RAP an Ertrag
Antizipativ (Zahlung neues Jahr, Erfolg altes Jahr)	Sonstige Forderung	← Bilanzposition →	Sonstige Verbindlichkeit
	Sonstige Forderung an Ertrag	← Buchung altes Jahr →	Aufwand an Sonstige Verbindlichkeit
	Bank an Sonstige Forderung	← Buchung neues Jahr →	Sonstige Verbindlichkeit an Bank

9.4 Bewertung

Handelsrechtlich erweist sich die Bewertung der Rechnungsabgrenzungsposten als schwierig, da es sich hierbei weder um Vermögensgegenstände noch um Schulden handelt. Diese Posten sind vielmehr zu jedem Bilanzstichtag neu zu berechnen. Maßgeblich hierfür ist das Verhältnis der noch ausstehenden zur gesamten Gegenleistung.

Die Stellungnahme IDW HFA 1/1989 sieht z. B. für Leasingverträge mit periodisch ungleichmäßig vereinbarten Ratenzahlungen, die nicht zu einem sachgerechten Ausgleich von Leistung und Gegenleistung in den einzelnen Perioden führen, aus Sicht des Leasingnehmers vor:

- ▶ bei progressiver Ratenvereinbarung die Bildung eines aktiven RAP,
- ▶ bei degressiver Ratenvereinbarung die Bildung einer sonstigen Verbindlichkeit.

Eine planmäßige Abschreibung des **Unterschiedsbetrags** ist entsprechend der Kapitalnutzung bzw. der Tilgung über die gesamte Laufzeit der Verbindlichkeit vorzunehmen. Wird die Verbindlichkeit vorzeitig ganz oder teilweise zurückbezahlt bzw. reduziert sich das Zinsniveau gegenüber dem Vertragsbeginn erheblich, so kommt eine außerplanmäßige Abschreibung in Betracht.

Der **Grundsatz der Bewertungsstetigkeit** (§ 252 Abs. 1 Nr. 6 HGB) ist einzuhalten; die im vorhergehenden Jahresabschluss angewandten Methoden sind zwingend beizubehalten (sog. Methodenkontinuität). Wegen der Nähe des Ansatzwahlrechts bei der Bemessung der Herstellkosten ist somit insbesondere auch das Wahlrecht zur Aktivierung der Zölle und Verbrauchsteuern und des Disagios grundsätzlich stetig auszuüben.

9.5 Ausbuchung

Der in einer früheren Rechnungsperiode gebildete Rechnungsabgrenzungsposten ist aufzulösen bzw. zu reduzieren, wenn die noch ausstehende Gegenleistung ganz oder teilweise beglichen wurde. Hat die künftige Gegenleistung für den Vorleistenden keinen oder einen geringeren Wert, ist der RAP ebenfalls aufzulösen, z. B. anlässlich der Beendigung eines Mietverhältnisses, bei dem die Mieten im Voraus bezahlt wurden.

Eine Ausbuchung des **Unterschiedsbetrags** nach § 250 Abs. 3 HGB ist bei vollständiger Rückzahlung der zugrunde liegenden Verbindlichkeit geboten.

9.6 Anhangangaben

Kapital- und diesen gleichstehende Gesellschaften müssen in Bezug auf die RAP folgende Anhangangaben vornehmen:

- ▶ Angabe der angewandten Bilanzierungs- und Bewertungsmethoden (§ 284 Abs. 2 Nr. 1 HGB),
- ▶ Angabe der Grundlagen einer eventuellen Währungsumrechnung (§ 284 Abs. 2 Nr. 2 HGB),
- ▶ Angabe der Abweichungen von Bilanzierungs- und Bewertungsmethoden nebst Begründung sowie Darstellung des Einflusses der Abweichungen auf die Vermögens-, Finanz- und Ertragslage (§ 284 Abs. 2 Nr. 3 HGB),

- bei Vornahme von außerplanmäßigen Abschreibungen auf ein aktiviertes Disagio ggf. deren Erläuterung im Anhang, sofern sie für die Ertragslage nicht von untergeordneter Bedeutung sind (entsprechende Anwendung von § 277 Abs. 4 HGB).

Mittelgroße und **große** Kapitalgesellschaften müssen im Hinblick auf ein abgegrenztes Disagio eine Anhangangabe nach § 268 Abs. 6 HGB tätigen, soweit kein gesonderter Ausweis in der Bilanz erfolgt.

Kleine Kapitalgesellschaften sind nach § 274a Nr. 4 HGB von der Angabe befreit.

10. Prüfung der Steuerabgrenzung

10.1 Überblick und Risikoanalyse

Latente Steuern treten als Aktiv- oder Passivposten auf, sobald sich Differenzen zwischen dem effektiven Ertragsteueraufwand laut Steuerbilanz und dem fiktiven Steueraufwand (entsprechend des handelsrechtlichen Ergebnisses) ergeben. Es handelt sich dabei um Sonderposten eigener Art, die die parallelen Rechenwerke Steuerbilanz und Handelsbilanz in Einklang (Kongruenz) bringen sollen.

Eine Risikoanalyse erübrigt sich, da die Steuerabgrenzung eine **abgeleitete Abschlussposition** darstellt, die sich aus dem Ansatz und der Bewertung aller anderen Aktiva und Passiva in Zusammenhang mit den geltenden Steuervorschriften ergibt. Teilweise kann der Bilanzierende durch sachverhaltsgestaltende Maßnahmen der Bilanzpolitik die Höhe der latenten Steuern beeinflussen (z. B. durch Aktivierung von Entwicklungsaufwendungen oder Festlegung von zu den AfA-Tabellen abweichenden Nutzungsdauern für das abnutzbare Anlagevermögen), teilweise ergeben sie sich zwangsläufig (z. B. bei Passivierung von Drohverlustrückstellungen).

Kleine Kapitalgesellschaften sind von der Anwendung des § 274 HGB befreit, aber nicht ausgeschlossen (§ 274a Nr. 5 HGB). Gleichwohl können auch diese Gesellschaften der Verpflichtung zum Ansatz einer Rückstellung für ungewisse (Steuer-)Verbindlichkeiten unterliegen (§ 249 Abs. 1 Satz 1 HGB, vgl. auch IDW ERS HFA 27, Tz. 3).

Steuerlatenzen sind umso gewichtiger und folglich umso risikobehafteter, je

- konträrer zu steuerbilanziellen Vorschriften im Rahmen der Handelsbilanz bestehende Bilanzierungs- und Bewertungswahlrechte ausgeübt werden,
- bedeutsamer Positionen mit unweigerlichen Bilanzierungs- und Bewertungsabweichungen zwischen Handels- und Steuerbilanz aufgrund des individuellen Geschäftsmodells sind.

10.2 Nachweis und Ansatz

In der Theorie existieren zur Abgrenzung latenter Steuern zwei verschiedene Konzepte, das *temporary*-Konzept sowie das *timing*-Konzept:

- Das *timing*-**Konzept** ist **GuV-orientiert**. Die Steuerabgrenzung orientiert sich an Differenzen, die sich aus einer unterschiedlichen Periodisierung von Aufwendungen und Erträgen bei der Ermittlung des handelsrechtlichen Jahresüberschusses im Verhältnis zur steuerlichen Gewinnermittlung ergeben.

- Das *temporary*-Konzept ist **bilanzorientiert**. Maßgebend sind hier Differenzen, die aus unterschiedlichen Wertansätzen der Vermögensgegenstände, Schulden und Rechnungsabgrenzungsposten in der Handels- und der Steuerbilanz resultieren und sich künftig steuerbe- oder -entlastend umkehren.

Das *timing*-Konzept berücksichtigt also nur erfolgswirksame, jedoch keine erfolgsneutralen Differenzen. Demgegenüber bezieht das *temporary*-Konzept neben den erfolgswirksamen auch erfolgsneutrale Differenzen zwischen Handels- und der Steuerbilanz ein, soweit sie jedenfalls bei ihrer Auflösung zu einem Aufwand oder Ertrag führen. Folglich führt der Übergang vom *timing*- zum *temporary*-Konzept zu einer erweiterten Perspektive von Steuerlatenzen. Dies zeigt sich an dem Umstand, dass neben den sog. temporären auch bestimmte, sog. quasi-permanente Differenzen berücksichtigt werden.

Mit der Neufassung des § 274 HGB wird dessen bisherige konzeptionelle Basis – das GuV-orientierte Konzept (*timing*-Konzept) – zugunsten des international gebräuchlicheren bilanzorientierten Konzepts (*temporary*-Konzept) aufgegeben. Ersteres Berechnungskonzept ist mit Inkrafttreten des BilMoG nicht mehr zulässig.

§ 274 Abs. 1 Satz 1 HGB umfasst alle Differenzen, die zwischen den handelsrechtlichen Wertansätzen von Vermögensgegenständen, Schulden und Rechnungsabgrenzungsposten und ihren steuerlichen Wertansätzen bestehen, die sich in späteren Geschäftsjahren voraussichtlich abbauen, mithin

- sowohl Fälle, in denen der betreffende Bilanzposten sowohl in der Handels- als auch in der Steuerbilanz angesetzt ist („**Bewertungsunterschiede**"),
- als auch solche, in denen der Bilanzposten entweder nur in der Handelsbilanz (z. B. selbst geschaffene immaterielle Vermögensgegenstände des Anlagevermögens, Drohverlustrückstellungen) oder aber nur in der Steuerbilanz (z. B. steuerfreie Rücklagen) angesetzt ist („**Ansatzunterschiede**", vgl. IDW ERS HFA 27, Tz. 4).

Für diese Differenzen müssen bzw. dürfen nur insoweit latente Steuern angesetzt werden, als sie in Folgejahren durch Nutzung oder Abgang der betreffenden Vermögensgegenstände oder Schulden abgebaut werden. Darüber hinaus muss der Abbau zu einer Steuerbe- bzw. -entlastung führen.

Die Steuerlatenzen sind positionsweise zu beziffern und erst abschließend über die Gesamtheit der Positionen zu saldieren. Eine Analyse für jeden einzelnen Geschäftsvorfall ist nicht vertretbar; eine **bilanzpostenbezogene Inventur** der Steuerlatenzen ist ausreichend (IDW ERS HFA 27, Tz. 30). Es sind sämtliche temporären Differenzen auch aus dem **erstmaligen Ansatz** von Vermögensgegenständen und Schulden in die Ermittlung der Steuerlatenzen einzubeziehen (IDW ERS HFA 27, Tz. 18).

Differenzen zwischen handels- und steuerrechtlichen Ergebnissen können nach **zeitlichen Gesichtspunkten** gegliedert

- temporär,
- quasi-permanent oder
- permanent

sein. Die Klassifizierung einer Differenz in eine dieser Kategorien ist ausschlaggebend für ihre Ansatzfähigkeit:

- ▶ **Temporäre** Differenzen ergeben sich, wenn einzelne Aufwendungen oder Erträge in unterschiedlichen Perioden in Handels- und Steuerbilanz gebildet werden, diese sich aber in einem absehbaren Zeitraum wieder ausgleichen bzw. umkehren. Periodenerfolge fallen demnach auseinander, der Totalerfolg jedoch ist identisch.
- ▶ **Quasi-permanente** Differenzen gleichen sich erst nach längerer Zeit aus bzw. kehren sich um. Als Beispiel kann hier der in der Disposition des Unternehmers stehende Verkauf eines der Differenz zugrunde liegenden Vermögenswerts (z. B. Grund und Boden, Beteiligungen) genannt werden. Er kann im Extremfall erst anlässlich der Liquidation des Unternehmens erfolgen. Entsprechend der international üblichen Praxis sind seit Inkrafttreten des BilMoG zusätzlich zu den temporären auch die quasi-permanenten Differenzen in die Ermittlung der abzugrenzenden Steuern einzubeziehen.
- ▶ Bezieht ein Unternehmen jedoch steuerfreie Erträge oder hat nicht steuerpflichtige Aufwendungen, liegt eine **permanente** Differenz vor. Permanenten Differenzen bleibt eine Abgrenzung latenter Steuern verwehrt.

Die Voraussetzung des **voraussichtlichen Ausgleichs** der Steuerbelastung ist anhand von **Wahrscheinlichkeitsüberlegungen** unter Zugrundelegung des handelsrechtlichen Vorsichtsprinzips zu überprüfen. Hierbei sind Umsatz-, Kosten- und Ergebnisplanungen heranzuziehen und diese ggf. anhand von dokumentierten Auftragseingängen und Kalkulationsunterlagen zu plausibilisieren (vgl. IDW ERS HFA 27, Tz. 7).

Aktive latente Steuern (§ 274 Abs. 1 Satz 2 HGB) entstehen, falls der dem Geschäftsjahr und früheren Geschäftsjahren zuzurechnende Steueraufwand aus Sicht des Handelsbilanzergebnisses zu **hoch** ist,

- ▶ weil der nach den steuerrechtlichen Vorschriften zu versteuernde Gewinn höher als das handelsrechtliche Ergebnis ist,
- ▶ sich der zu hohe Steueraufwand des Geschäftsjahres und früherer Geschäftsjahre in späteren Geschäftsjahren voraussichtlich ausgleicht und
- ▶ sich hieraus für das Unternehmen eine künftige Steuerentlastung ergibt,

wenn z. B.

- ▶ die handelsbilanziellen Abschreibungen höher als die steuerbilanziellen sind (z. B. wegen dort kürzerer Nutzungsdauern, etwa beim Geschäfts- oder Firmenwert),
- ▶ in der Handelsbilanz steuerrechtlich nicht zulässige Rückstellungen passiviert werden (z. B. Drohverlustrückstellungen),
- ▶ der Abzinsungssatz für Pensionsrückstellungen handelsrechtlich niedriger ist als steuerrechtlich,
- ▶ abweichend zur Steuerbilanz ein Einbezug künftiger Preis- und Kostensteigerungen rückstellungserhöhend erfolgt,
- ▶ steuerrechtlich eine Abzinsung von Verbindlichkeiten erfolgen muss.

Passive latente Steuern (§ 274 Abs. 1 Satz 1 HGB) entstehen, falls der dem Geschäftsjahr und früheren Geschäftsjahren zuzurechnende Steueraufwand aus Sicht des Handelsbilanzergebnisses zu **niedrig** ist,

- ▶ weil der nach den steuerrechtlichen Vorschriften zu versteuernde Gewinn niedriger als das handelsrechtliche Ergebnis ist,

▶ sich der zu niedrige Steueraufwand des Geschäftsjahres und früherer Geschäftsjahre in späteren Geschäftsjahren voraussichtlich ausgleicht und
▶ sich hieraus für das Unternehmen eine künftige Steuerbelastung ergibt,

wenn z. B.

▶ im handelsrechtlichen Abschluss Entwicklungsaufwendungen aktiviert wurden,
▶ die handelsbilanziellen Abschreibungen höher als die steuerbilanziellen sind (z. B. wegen längerer Nutzungsdauern, etwa beim Geschäfts- oder Firmenwert),
▶ aufgrund höherer Abzinsungssätze in der Handelsbilanz Rückstellungen dort niedriger ausgewiesen werden als in der Steuerbilanz.

Da das Handelsbilanzergebnis meist erheblich niedriger ausfallen wird als das Steuerbilanzergebnis, stellt der Fall **aktiver latenter Steuern** den **Regelfall** dar. Eine passive Steuerlatenz ist dagegen auch nach Inkrafttreten des BilMoG die Ausnahme.

ABB. 245:	Klassifizierung der Abgrenzungsposten für latente Steuern				
	Differenzen zwischen Handelsbilanz (HB) und Steuerbilanz (StB)				
Zeitlich unbegrenzte Differenzen	Zeitlich begrenzte Differenzen				
Keine Steuerabgrenzung zulässig	Tatsächliche Steuerzahlung gegenüber HB zu niedrig = Steuernachverlagerung (passive Steuerabgrenzung; Ansatzpflicht)		Tatsächliche Steuerzahlung gegenüber HB zu hoch = Steuervorverlagerung (aktive Steuerabgrenzung; Ansatzwahlrecht)		
	Erträge in HB früher als Erträge in StB	Aufwendungen in HB später als Aufwendungen in StB	Erträge in HB später als Erträge in StB	Aufwendungen in HB früher als Aufwendungen in StB	
Beispiele:					
▶ Steuerlich nicht anerkannte, aber handelsrechtlich angesetzte Betriebsausgaben ▶ steuerfreie Erträge, Zuschüsse etc.	▶ Ansatz von Entwicklungsaufwendungen in HB ▶ Zeitwertbewertung in HB (§ 246 Abs. 2 Satz 2 HGB)	▶ Fifo-Bewertung bei Vorräten in HB (soweit in StB unzulässig) ▶ Ansatz längerer Nutzungsdauern in HB ▶ Ansatz höherer Abzinsungssätze als 6 % bei Pensionsrückstellungen in HB	▶ Steuerliche Sonderabschreibungen ohne Berücksichtigung in HB ▶ sonstige temporäre steuerfreie Rücklagen, ▶ höherer PWB-Satz in HB als in StB	▶ Ansatz kürzerer Nutzungsdauern in HB (z. B. Gebäude, Geschäfts-/Firmenwert) ▶ Anwendung aufwandsvorverlagernder Abschreibungsmethoden in HB ▶ aufwandswirksame Behandlung des Disagios in HB (§ 250 Abs. 3 HGB) ▶ Ansatz steuerlich unzulässiger Rückstellungen in HB ▶ Berücksichtigung von Preis- und Kostensteigerungen bei Rückstellungen in HB ▶ Ansatz niedrigerer Abzinsungssätze als 6 % bei Pensionsrückstellungen in HB ▶ Abzinsung von Verbindlichkeiten in StB, nicht in HB	

Darüber hinaus sind zur Erzielung einer möglichst vollständigen und realistischen Information der Abschlussadressaten – auch wenn es sich nicht um Differenzen im eigentlichen Sinne handelt – bei den aktiven latenten Steuern **steuerliche Verlustvorträge** i. H. der innerhalb der nächsten fünf Jahre zu erwartenden Verlustverrechnung zu berücksichtigen (§ 274 Abs. 1 Satz 4 HGB).

10.3 Ausweis

Bestehen zwischen den handels- und steuerrechtlichen Wertansätzen von Vermögensgegenständen, Schulden oder Rechnungsabgrenzungsposten Differenzen, die sich in späteren Geschäftsjahren voraussichtlich abbauen, so ist

- eine sich insgesamt, also nach Saldierung, ergebende Steuerbelastung als **passive latente Steuern** (§ 266 Abs. 3 E. HGB) anzusetzen (§ 274 Abs. 1 Satz 1 HGB),
- eine sich insgesamt ergebende Steuerentlastung darf als **aktive latente Steuern** (§ 266 Abs. 2 D. HGB) angesetzt werden, es besteht also ein Ansatzwahlrecht (§ 274 Abs. 1 Satz 2 HGB).
- Ebenfalls dürfen die Beträge für aktive und passive latente Steuern auch **unsaldiert** angegeben werden (§ 274 Abs. 1 Satz 3 HGB).
- **Verlustvorträge** sind bei der Berechnung der Steuerlatenzen in Höhe der in den nächsten fünf Jahren zu erwartenden Verlustverrechnung zu berücksichtigen (§ 274 Abs. 1 Satz 4 HGB).

Bis zum Inkrafttreten des BilMoG wurden passive latente Steuern als **Rückstellung** i. S. von § 249 Abs. 1 Satz 1 HGB ausgewiesen. Dies ist nicht mehr statthaft, da nach Ansicht des Gesetzgebers eine solche rechtssystematische Zuordnung nicht für den Posten in seiner Gesamtheit angenommen werden kann, insbesondere nicht für die quasi-permanenten Differenzen.

Gleicht sich etwa die Differenz aufgrund eines unterschiedlichen Wertansatzes einer Beteiligung in der Handels- und Steuerbilanz nur durch deren Verkauf aus, dürfte eine Rückstellung für künftig zu entrichtende Steuern nach § 249 Abs. 1 Satz 1 HGB nicht gebildet werden, da es sowohl an einer rechtlichen als auch faktischen Verpflichtung zur Steuerzahlung fehlt, da diese den wahrscheinlichen Verkauf der Beteiligung zu einem späteren Zeitpunkt voraussetzt. Es fehlt also an einem für die Annahme einer faktischen Verpflichtung erforderlichen Leistungszwang, dem sich der Kaufmann letztlich nicht entziehen kann.

Eine Aktivierung latenter Steuern und damit zukünftiger Steuerminderungsansprüche kommt dem Grunde nach einem Verstoß gegen das Realisationsprinzip gleich (§ 252 Abs. 1 Nr. 4 HGB); dies wird aber vom Gesetzgeber bewusst in Kauf genommen.

Besonderes Augenmerk muss der Prüfer deshalb auf die **Werthaltigkeit** aktiver latenter Steuern werfen. Werthaltig ist die Position nur, wenn in zukünftigen Perioden wieder mit positiven Ergebnissen zur Kompensation gerechnet werden kann. Der Prüfer wird sich insoweit eine **Steuerplanungsrechnung** für die nächsten fünf Jahre vorlegen lassen und kritisch prüfen müssen.

An den Nachweis der Werthaltigkeit sind erhöhte Anforderungen zu stellen, wenn ein Unternehmen latente Steuern auf **Verlustvorträge** aktivieren will, aber bereits in der Vergangenheit nicht über ausreichende nachhaltige Gewinne verfügte. In diesem Zusammenhang ist ausdrücklich von Seiten des Prüfers die Fünf-Jahres-Prognose anhand einer Ergebnisvorschau dahingehend kritisch zu würdigen, ob eine Verlustverrechnung bei positiven Ergebnissen hinreichend wahrscheinlich ist.

§ 274 Abs. 1 Satz 4 HGB ist implizit analog auf vergleichbare Sachverhalte, also **Steuergutschriften** und **Zinsvorträge** anzuwenden. Damit dürfen auch diese Positionen bei der Berechnung der aktiven latenten Steuern nur berücksichtigt werden, wenn eine hinreichend hohe Wahrscheinlichkeit ihrer Realisierung innerhalb der nächsten fünf Jahre besteht.

Aktive und passive latente Steuern können sowohl saldiert also auch einzeln ausgewiesen werden, mithin besteht ein faktisches Saldierungswahlrecht (§ 274 Abs. 1 Satz 3 HGB). Das IDW empfiehlt aus Transparenzgründen den **unsaldierten Ausweis** (IDW ERS HFA 27, Tz. 29).

Der Prüfer hat insbesondere nachzuvollziehen, ob dem Gebot der **Ausweisstetigkeit** (saldierter oder unsaldierter Ausweis) Rechnung getragen wurde.

Beim Ansatz von aktiven latenten Steuern greift eine **Ausschüttungssperre** nach § 268 Abs. 8 HGB, nachdem Gewinne nur ausgeschüttet werden dürfen, solange die frei verfügbaren Rücklagen mindestens dem Betrag entsprechen, um den die aktiven die passiven latenten Steuern übersteigen. Zusätzlich kodifiziert für die AG § 301 Satz 1 AktG eine **Abführungssperre** für die ausschüttungsgesperrten Gewinne im Rahmen eines bestehenden Ergebnisabführungsvertrags. Diese Regelungen sollen dem Vorsichtsprinzip Rechnung tragen. Hierbei ist zu berücksichtigen, dass – unabhängig von der Inanspruchnahme des Saldierungswahlrechts – nur der Saldo der aktiven über die passiven latenten Steuern ausschüttungs- und abführungsgesperrt ist.

ABB. 246:	Bemessung der Ausschüttungssperre in Zusammenhang mit latenten Steuern
Aktiva	Passiva
Selbst geschaffene immaterielle Vermögensgegenstände des Anlagevermögens (§ 248 Abs. 2 HGB)	
	Passive latente Steuern
Ertrag aus der Bewertung von Vermögensgegenständen zum beizulegenden Zeitwert oberhalb der AHK (§ 246 Abs. 2 Satz 2 HGB)	
	Passive latente Steuern
Aktive latente Steuern (§ 274 Abs. 1 Satz 2 HGB)	
	Sonstige passive latente Steuern

= Ausschüttungsgesperrter Betrag

Quelle: IDW ERS HFA 27, Tz. 34.

10.4 Bewertung

Der Betrag der abzugrenzenden Steuern wird gemäß § 274 Abs. 2 Satz 1 HGB anhand der individuellen, steuersubjektbezogenen **Steuersätze** berechnet, die voraussichtlich zum Zeitpunkt der Umkehrung der zeitlichen Differenzen gültig sind; dies erfordert insoweit eine Zukunftsprognose. Können die zukünftigen Parameter nicht hinreichend verlässlich bestimmt werden, so sind die am Bilanzstichtag gültigen individuellen Steuersätze anzuwenden.

Änderungen der individuellen Steuersätze sind zu berücksichtigen, wenn die maßgebende Körperschaft (i. d. R. der Bundesrat) die Änderung vor oder am Bilanzstichtag verabschiedet hat. Im Ergebnis wird ein zutreffender Ausweis der Vermögenswerte und Schulden zum Bilanzstichtag sowie eine zutreffende Bewertung der Steuerminderungsansprüche, Steuerschulden und des Reinvermögens sichergestellt.

Dem Prüfer obliegt es, die angesetzten Steuersätze auf ihre Korrektheit zu begutachten. Hierbei ist „unternehmensindividuell" nicht gleichbedeutend mit „konzernindividuell". Die bis zum Inkrafttreten des BilMoG gängige Praxis, konzernweite Durchschnittszinssätze anzuwenden, ist nicht statthaft und vom Prüfer zu beanstanden.

Im Hinblick auf den Charakter der aktiven sowie passiven latenten Steuern als Sonderposten eigener Art kommt eine **Abzinsung** gleichermaßen nicht in Betracht. Da die passiven latenten Steuern ggf. Rückstellungselemente aufweisen können, schließt § 274 Abs. 2 Satz 1 HGB die Abzinsung der latenten Steuern aus Klarstellungsgründen ausdrücklich aus.

Die Steuerberechnung für das laufende und für künftige Geschäftsjahre wie auch die Korrektheit der zugrunde gelegten Steuersätze sind vom Prüfer nachzuvollziehen, außerdem ist zu kontrollieren, ob die aus Sicht der Handelsbilanz zu hohe Steuerzahlung durch künftige Minderzahlungen ausgeglichen wird.

Aufwendungen bzw. Erträge des Geschäftsjahres, die aus der Bildung latenter Steuern resultieren, werden in der GuV gesondert unter der Position „**Steuern vom Einkommen und Ertrag**" ausgewiesen (§ 274 Abs. 2 Satz 3 HGB).

10.5 Ausbuchung

Nach § 274 Abs. 2 Satz 2 HGB sind die ausgewiesenen Steuerlatenzen aufzulösen, sobald die Steuerbe- oder -entlastung

- eintritt,
- mit ihr nicht mehr zu rechnen ist oder
- mit einer Steuerbe- oder -entlastung in einer anderen als der ursprünglich ermittelten Höhe zu rechnen ist.

§ 274 Abs. 2 Satz 3 HGB verpflichtet zum Ausweis der Erträge und Aufwendungen aus der Veränderung der latenten Steuern wiederum innerhalb des Postens „Steuern vom Einkommen und vom Ertrag".

10.6 Anhangangaben

In Bezug auf latente Steuern sind im Anhang anzugeben

- der Gesamtbetrag der Beträge i. S. des § 268 Abs. 8 HGB, davon separat die Beträge aus der Aktivierung latenter Steuern (§ 285 Satz 1 Nr. 28 HGB) sowie
- auf welchen Differenzen oder steuerlichen Verlustvorträgen die latenten Steuern beruhen und mit welchen Steuersätzen die Bewertung erfolgt ist (§ 285 Satz 1 Nr. 29 HGB).

Im Rahmen der letztgenannten Anhangangabe ist auch darauf einzugehen, inwieweit Verlustvorträge, Steuergutschriften oder Zinsvorträge bei der Berechnung der abzugrenzenden Steuern berücksichtigt wurden. Ebenfalls ist anzugeben, ob Differenzen aus dem erstmaligen Ansatz von Vermögensgegenständen und Schulden bestehen, die keine Auswirkungen auf die handelsrechtliche und steuerliche Gewinnermittlung entfaltet haben und die daher nicht in die Berechnung der latenten Steuern einbezogen worden sind.

Die Angabe nach § 285 Satz 1 Nr. 29 HGB ist auch bzw. gerade dann zu machen, wenn in der Bilanz **keine** latenten Steuern ausgewiesen wurden, d. h. aufgrund der Anrechnung von Verlustvorträgen aktive latente Steuern vorlagen, auf deren Ansatz aber verzichtet wurde.

Darüber hinaus sollte im Rahmen einer gesonderten Rechnung des **ausgewiesenen** Steueraufwands/-ertrags auf den **erwarteten** Steueraufwand/-ertrag übergeleitet werden, um den Abschlussadressaten ein Verständnis für die in der Bilanz ausgewiesenen Posten zu vermitteln. Eine Verpflichtung zur Darstellung einer derartigen Überleitungsrechnung besteht aber nicht (vgl. IDW ERS HFA 27, Tz. 35).

Kleine Kapitalgesellschaften sind gemäß § 288 Abs. 1 HGB, **mittelgroße** Kapitalgesellschaften gemäß § 288 Abs. 2 Satz 2 HGB von der Angabepflicht nach § 285 Satz 1 Nr. 29 HGB befreit.

Hinweise zur Bearbeitung des Kapitels V:

Sie benötigen für eine sinnvolle Bearbeitung des Kapitels V. die im Text aufgeführten Prüfungsstandards des IDW (Loseblattausgabe). Eine Übersicht über die IDW PS ist unter www.idw.de abrufbar, nicht aber die Standards als solche.

Die Darlegungen können die auf dem Markt verfügbaren Handkommentare zum HGB in Umfang und Detaillierungsgrad nicht ersetzen. Spätestens mit Übernahme einer praktischen Tätigkeit ist der Umgang mit ihnen obligatorisch. Ggf. sollten Sie für die Nacharbeit einen solchen hinzuziehen.

Bitte bearbeiten Sie folgende Fragen und Aufgaben (Hinweis: Bei Verweisen auf Geschäftsberichte können Sie selbstverständlich auch analoge Angaben aktuellerer Jahrgänge verwenden):

1. Erläutern Sie die Abgrenzung zwischen dem zivilrechtlichen und dem wirtschaftlichen Eigentumsbegriff und die in diesem Zusammenhang erforderlichen Prüfungshandlungen (z. B. am Beispiel des Leasing und/oder Factoring).

2. Stellen Sie die Komponenten der Anschaffungs- bzw. Herstellungskosten dar und führen Sie diesbezügliche zentrale Bewertungs- und Ermessensspielräume auf.

3. Erläutern Sie die Systematik der Abschreibungen des Anlagevermögens und stellen Sie diesbezügliche typische Prüfungshandlungen dar.

4. Legen Sie die „Sonderstellung" des Geschäfts- oder Firmenwerts im Rahmen der immateriellen Vermögensgegenstände des Anlagevermögens dar und erörtern Sie diesbezügliche relevante Abgrenzungs- und Bewertungsfragen und deren Prüfung.

5. Legen Sie das prüferseitige Vorgehen bei der Einholung von sog. Saldenbestätigungen dar und differenzieren Sie die hierbei gebräuchlichen Methoden unter Nennung von deren Vor- und Nachteilen.
6. Erläutern Sie die wesentlichen Schritte der Werthaltigkeitsprüfung von Forderungen.
7. Erläutern Sie die wesentlichen Schritte der Prüfung der sog. „verlustfreien Bewertung" im Umlaufvermögen am Beispiel der Fertigerzeugnisse.
8. Stellen Sie die Systematik der Eigenkapitalkomponenten dar und erläutern Sie diesbezügliche wesentliche Prüfungsziele und Prüfungshandlungen.
9. Leiten Sie die wesentlichen inhärenten sowie Kontrollrisiken in Bezug auf die Prüfung der Rückstellungen ab. Welche Auswirkungen induziert die Risikoanalyse auf die Bewertungsprüfung?
10. Mittels welcher Prüfungshandlungen erfolgt ein Nachvollzug des vollständigen Ansatzes der Verbindlichkeiten?

AUFGABEN

1. Ihnen wird im Rahmen des Prüffelds „Sachanlagen" die Prüfung des Anlagespiegels übertragen. Nehmen Sie hierzu einen Anlagespiegel aus dem publizierten Jahresabschluss eines beliebigen, möglichst anlageintensiven Unternehmens als Illustration zur Hand (z. B. Heidelberger Druckmaschinen AG, http://www.heidelberg.com/www/html/de/content/overview1/investor/ir_oerview) und beantworten Sie die folgenden Fragen:

    a) Durch Bildung und Interpretation welcher Kennzahlen trägt die Analyse des Anlagespiegels zur vorläufigen Beurteilung der inhärenten Risiken bei?

    b) Welche Verprobungsrechnungen hinsichtlich der formellen Ordnungsmäßigkeit erlaubt das Zahlenwerk des Anlagespiegels?

    c) Welche materiellen Prüfungshandlungen sind in Bezug auf den Anlagespiegel vorzunehmen?

2. In der Kontengruppe „Gebäude" finden Sie bei einem Logistikdienstleister, große Kapitalgesellschaft i. S. des § 267 HGB, folgende Geschäftsvorfälle:

    Im abgelaufenen Geschäftsjahr wurde ein Gebäude an einem als Warenverteilzentrum auszubauenden Filialstandort erworben. In diesem Zusammenhang wurden in zeitlicher Nähe zum Erwerbszeitpunkt folgende Maßnahmen getätigt:

    a) Erneuerung des bereits an manchen Stellen schadhaften Flachdachs, b) Einbau von Rampen und Lastenaufzügen, c) Einbau von Rolltreppen zum Personentransport.

    Außerdem wurde an dem Standort d) ein Schuppen zu einer Lagerhalle umgebaut sowie e) unmittelbar vor dieser Lagerhalle eine Verladerampe errichtet. f) In einer weiteren gemieteten Lagerhalle hat die Gesellschaft zu Beginn des Mietverhältnisses verschiedene Umbauten getätigt. Sie hat sich zugleich gegenüber dem Vermieter vertraglich verpflichtet, die Umbauten bei Beendigung des Mietverhältnisses wieder rückgängig zu machen (sog. Rückbauklausel).

Stellen Sie die Prüfungshandlungen hinsichtlich Ansatz, Ausweis und Bewertung systematisch dar.

3. Infolge strategischen Wertschöpfungsmanagements, damit verbundenen Auslagerungsentscheidungen sowie steigender Internationalisierung der Geschäftätigkeit wird in den Jahresabschlüssen eine zunehmende Anzahl von Beteiligungen und Anteilen an verbundenen Unternehmen ausgewiesen (nehmen Sie etwa als Illustration die Geschäftsberichte der Fraport AG, vgl. http://www.fraport.de/content/fraport-ag/de/investor_relations.html oder der Paul Hartmann AG, vgl. http://www.hartmann.info/DE/geschaeftsbericht.php). Die Beteiligungs- und verbundenen Unternehmen rekrutieren sich aus unterschiedlichsten Branchen, Rechtsformen und Nationalitäten und sind häufig auch nicht börsennotiert.

Entwickeln Sie vor diesem praktischen Hintergrund einen alle Phasen umfassenden Prüfungsplan für das Prüffeld „Beteiligungen und Anteile an verbundenen Unternehmen". Gehen Sie auf die Generierung einer „hinreichenden Sicherheit der Prüfungsaussagen" in Bezug auf wesentliche Zweifelsfragen wie Langfristigkeit der Halteabsicht oder Prüfung der Wertentwicklung in Folgejahren ein.

Erörtern Sie auch die Frage, welche besonderen Prüfungshandlungen bei wesentlichen Liefer- und Leistungsbeziehungen sowie Kreditbeziehungen zwischen Unternehmen eines Konzerngebildes vor dem Hintergrund welcher Erkenntnisziele geboten sind.

4. Sie stehen bei der Prüfung der umfangreichen Warenvorräte eines Großversandhauses vor dem Problem der Prüfung der Herstellungskosten. Erläutern Sie die Auslegung des unbestimmten Begriffs der „angemessenen Teile der notwendigen Gemeinkosten". Nehmen Sie hierfür einen Betriebsabrechnungsbogen aus einem Lehrbuch zur Kostenrechnung als Illustration zur Hand (z. B. Graumann, M.: Kostenrechnung und Kostenmanagement, Herne, Kapitel V., jeweils aktuelle Auflage).

Erörtern Sie den Prüfungsablauf in Bezug auf die zahlreichen Ermessensspielräume anhand der üblichen Ablaufschritte der Betriebsabrechnung: a) Kostenstellenbildung, b) Trennung von Einzel- und Gemeinkosten, c) Verteilung der primären Gemeinkosten, d) innerbetriebliche Leistungsverrechnung der sekundären Gemeinkosten, e) Ermittlung von Normal- und Ist-Zuschlagssätzen, f) Kalkulation auf Basis der Zuschlagssätze.

Welche Besonderheiten für den Prüfungsablauf und zusätzliche Prüfungshandlungen ergeben sich für den Fall, dass es sich bei den Vorräten nicht um Waren, sondern um eigens gefertigte Erzeugnisse handelt?

5. Bitte nehmen Sie für folgende eine Abschlussmanipulation begründende Sachverhalte in Bezug auf die Anlagenwirtschaft eine umfassende Prüfungsplanung vor, jeweils gegliedert in Prüfungshandlungen der Aufbau- und Funktionsprüfung einerseits sowie analytische Prüfungshandlungen und Einzelfallprüfungen andererseits.

   a) Zur Umgehung der pflichtgemäß vorzunehmenden Abschreibungen erfolgt eine Behandlung von fertig gestellten Anlagen und Gebäuden als „in Bau befindlich". Das Abnahmeprotokoll wird auf die Folgeperiode nachdatiert.

   b) Auf die planmäßige Abschreibung wird verzichtet, indem der Gegenstand aufgrund vorgegebener Verkaufsabsicht in das Umlaufvermögen umgegliedert wird.

c) Eigentlicher Erhaltungsaufwand wird bilanziell als Herstellungsaufwand behandelt. Trotz Wert- und Artgleichheit der ersetzten Teile und bloßer Wartungsmaßnahmen im Rahmen der üblichen Nutzungsdauer wird eine Aktivierung von Aufwand und/oder eine Verlängerung der planmäßigen Nutzungsdauer vorgenommen.

6. Bitte nehmen Sie für folgende eine Abschlussmanipulation begründende Sachverhalte in Bezug auf den Absatz von Waren eine umfassende Prüfungsplanung vor, jeweils gegliedert in Prüfungshandlungen der Aufbau- und Funktionsprüfung einerseits sowie analytische Prüfungshandlungen und Einzelfallprüfungen andererseits.

   a) Umsatzerlöse werden durch bewusste doppelte Einbuchungen vorgezogen und Aktiva erhöht. Es wird die Forderung aus LuL eingebucht, bevor die abgehenden aktivierten Vorräte ausgebucht werden. Dies geschieht naturgemäß bei Geschäften kurz vor Geschäftsjahresende.

   b) Durch Gewährung von Verkaufsanreizen (etwa Boni, Sonderzahlungen) werden Kunden oder Zwischenhändler zum zeitlichen Vorziehen von Bestellungen angeregt. Gleichzeitig wird den Abnehmern ein uneingeschränktes Rückgaberecht ohne Angabe von Gründen mit Geld-zurück-Garantie eingeräumt. Es werden Umsatzerlöse ausgewiesen, obwohl kein Gefahrenübergang erfolgt ist.

   c) Mit Kunden werden geheime Nebenabreden getroffen, in denen Entgelte vereinbart werden, die die (formal gebuchte) Rechnungssumme deutlich unterschreiten. Der Buchumsatz ist demnach zu hoch ausgewiesen. In der Folgeperiode wird die Differenz als „sonstiger betrieblicher Aufwand" ausgebucht.

7. Bitte nehmen Sie für folgende eine Abschlussmanipulation begründende Sachverhalte in Bezug auf die Warenwirtschaft eine umfassende Prüfungsplanung vor, jeweils gegliedert in Prüfungshandlungen der Aufbau- und Funktionsprüfung einerseits sowie analytische Prüfungshandlungen und Einzelfallprüfungen andererseits.

   a) Bei unfertigen Erzeugnissen wird stichtagsorientiert die Anarbeitung von Aufträgen vorgetäuscht und somit ein überhöhter Wert der Herstellungskosten angesetzt.

   b) Trotz Erhalt der Ware und Erfassung in der Inventur im alten Jahr erfolgt die Einbuchung der Kreditorenrechnung erst im neuen Jahr. Gleichzeitig besteht die Gefahr, dass gegen Jahresschluss Waren für private Zwecke entnommen und über das Konto „Materialeinsatz" belastet werden.

   c) Bei Fertigfabrikaten bzw. Handelsware wird aufgrund von Unverwendbarkeit, Ausschuss, Retourenware oder zwischenzeitlichen Rückgängen der Absatzpreise auf gebotene Abwertungen verzichtet.

8. Die von Ihnen zu prüfende EDV Handels-GmbH gewährt üblicherweise leitenden Mitarbeitern ab einer Betriebszugehörigkeit von 15 Jahren eine betriebliche Pensionszusage. Erläutern Sie, wie im Rahmen der Bilanzpolitik die Dotierung von Pensionsrückstellungen beeinflusst werden kann durch a) originäre Sachverhaltsgestaltungen, b) Ansatzwahlrechte, c) Ausweiswahlrechte, d) Bewertungswahlrechte.

   Stellen Sie diesbezügliche Prüfungsziele und daraus abgeleitete Prüfungshandlungen dar.

KAPITEL V — Prüfung des Jahresabschlusses

9. Bei der Bau-AG stoßen Sie im Rahmen des Prüffelds „Rückstellungen" auf folgende Geschäftsvorfälle:

   a) Infolge der anspringenden Baukonjunktur und der milden Witterung hat die Belegschaft den Großteil des auf das abgelaufene Geschäftsjahr entfallenden Urlaubs am Bilanzstichtag noch nicht genommen. Der Urlaub muss laut Arbeitsvertrag im Folgejahr nachgewährt oder in Geld vergütet werden.

   b) Die Miete (ohne Nebenkosten) für eine als Verwaltungsgebäude genutzte Gewerbeimmobilie beträgt pro Jahr für die Jahre 20t0: 0, 20t1 und 20t2: jeweils 1,5 Mio. €, 20t3 bis 20t9: jeweils 3 Mio. €. Der Mietvertrag ist in den ersten 10 Jahren der Laufzeit nur aus wichtigem Grund kündbar; danach wird die Miete neu verhandelt (es soll sich unstrittig nicht um Finanzierungs-Leasing handeln).

   c) Die GmbH bildete eine Rückstellung für rückständige Entsorgung von Sondermüll und nicht zu verarbeitenden Rohstoffen. Sie hat die Abfallbeseitigung einer Drittfirma übertragen und von ihr Abfallbehälter gemietet. Einen konkreten Auftrag zum Abtransport der (nahezu vollen) Behälter hatte sie am maßgebenden Bilanzstichtag noch nicht erteilt.

   Typische Risiken in Zusammenhang mit langfristigen Bauprojekten können z. B. dem Geschäftsbericht der Fraport AG (vgl. http://www.fraport.de/content/fraport-ag/de/investor_relations.html) entnommen werden. Stellen Sie dar, welche Prüfungshandlungen in diesem Zusammenhang vorzunehmen wären.

10. Die Reha-GmbH ist 100 %-ige Tochtergesellschaft i. S. d. § 290 Abs. 1 HGB der börsennotierten Medica AG, Betreiberin einer Kette von Privatkliniken mit Sitz in Koblenz und große Kapitalgesellschaft i. S. d. § 267 HGB. Aufgrund der schlechten Branchenprognosen für den Markt für Gesundheitsleistungen werden der Reha-GmbH nur zu ungünstigen Konditionen Kredite eingeräumt. Die Medica AG sagt deshalb der Cash-Bank, Hausbank der Reha-GmbH, in Form eines Gewährleistungsvertrags zu, „die Tochter finanziell so ausgestattet zu halten, dass diese ihren Verbindlichkeiten aus dem Kreditvertrag jederzeit nachkommen kann". Die Cash-Bank schließt daraufhin mit der Reha-GmbH einen großvolumigen, langfristigen Kreditvertrag ab. Wie ist der Sachverhalt aus Sicht des Prüfers der Medica AG mittels welcher Prüfungshandlungen zu würdigen?

   Stellen Sie auch die mit folgendem Sachverhalt zusammenhängenden Prüfungshandlungen dar: Die AG hält im Betriebsvermögen folgende Anteile: 25.000 Stammaktien der Sana-Pharma AG, gehandelt im Freiverkehr, Buchwert 15,- €, Börsenwert per 31. 12. 20t0: 10,20 €, Börsenwert zum Zeitpunkt der Bilanzerstellung am 10. 2. 20t1: 11,95 €.

VI. Nicht-jahresabschlussbezogene Prüfungsobjekte

1. Prüfung des Lageberichts

1.1 Rechtliche Grundlagen und Aufgaben des Lageberichts

Großen und mittelgroßen Kapitalgesellschaften obliegt nach § 264 Abs. 1, § 289 HGB die Aufstellung eines **Lageberichts**, der kein Element des Jahresabschlusses ist. Diese Pflicht resultiert aus dem BiRiLiG von 1986; zuvor war ein derartiges Berichtsinstrument im deutschen Recht unbekannt.

Umfang und Intensität der Lageberichterstattung wurden mit Inkrafttreten des KonTraG und BilReG immer weiter ausgedehnt. Da im Lagebericht vorwiegend qualitative, subjektive Einschätzungen und Erwartungen der gesetzlichen Vertreter des Unternehmens geäußert werden, ist seine Prüfung mit besonderen Anforderungen verbunden. Im Einzelnen sind gemäß § 289 HGB darzustellen:

- der Geschäftsverlauf einschließlich des Geschäftsergebnisses,
- die Lage unter Einbezug der für die Geschäftstätigkeit bedeutsamsten finanziellen Leistungsindikatoren,
- die voraussichtliche Entwicklung mit ihren wesentlichen Chancen und Risiken sowie den der Beurteilung zugrunde liegenden Annahmen,
- nach Schluss des Geschäftsjahres eingetretene Vorgänge von besonderer Bedeutung,
- Angaben zu bestimmten Risiken, Risikomanagementzielen sowie -methoden in Bezug auf die Verwendung von Finanzinstrumenten,
- den Bereich Forschung und Entwicklung sowie
- bestehende Zweigniederlassungen.

Demnach ist der Lagebericht ein **Wirtschaftsbericht**, welcher der Verdichtung der Jahresabschlussinformationen und der zeitlichen und sachlichen Ergänzung des Jahresabschlusses dient. Des Weiteren ist der Lagebericht dem Grunde nach auch ein

- **Prognose- und Risikobericht**, der Angaben über die voraussichtliche Entwicklung der Gesellschaft und den mit ihr verbundenen Chancen und Risiken liefert, wobei nach h. M. ein Prognosezeitraum von zwei Jahren für sachgerecht erachtet wird,
- **Nachtragsbericht**, der Vorgänge von besonderer Bedeutung, die nach dem Schluss des Geschäftsjahres eingetreten sind, erläutert sowie wertbegründende Informationen zur Korrektur und Aktualisierung des Jahresabschlusses liefert,
- **Forschungs- und Entwicklungsbericht**, der zumindest verbale Erläuterungen der Forschungs- und Entwicklungstätigkeit, ggf. aber auch Kennzahlen zu Umfang und Effizienz der FuE-Einrichtungen wie FuE-Aufwand, FuE-Investitionen oder FuE-Mitarbeiter enthält,
- **Zweigniederlassungsbericht** mit Angaben über Sitz, Tätigkeitsgebiet, abweichende Firmierungen und wesentliche Veränderungen von Zweigniederlassungen.

ABB. 247:	Inhalt des Lageberichts nach § 289 HGB
Darstellung des Geschäftsverlaufs	▶ Entwicklung von Branche und Gesamtwirtschaft ▶ Umsatz- und Auftragsentwicklung, Preis- und Mengenentwicklung ▶ Leistungserstellung und Produktion, Kapazitätsauslastung ▶ Beschaffungsmärkte/-struktur, Preis- und Mengenentwicklung ▶ Wesentliche Investitionen und Investitionsvorhaben, Finanzierungsmaßnahmen bzw. -vorhaben ▶ Personal- und Sozialbereich (Mitarbeiterbestand und -struktur, Personalaufwand, Sozialleistungen, Aus- und Fortbildung) ▶ Wesentliche Umweltschutzmaßnahmen und -auflagen ▶ Sonstige wichtige Vorgänge im Geschäftsjahr
Darstellung der wirtschaftlichen Lage	▶ Vermögenslage ▶ Finanzlage, ggf. unter Erstellung einer Kapitalflussrechnung ▶ Ertragslage, ggf. gegliedert nach Erfolgsklassen (Erfolgsspaltung) ▶ Wesentliche Ergebniseinflüsse, ggf. Ursachen eines Jahresfehlbetrags ▶ Sondereinflüsse durch ungewöhnliche und außerordentliche Ereignisse, z. B. Bildung oder Auflösung von stillen Reserven in wesentlichem Umfang ▶ Nicht bilanzwirksame Transaktionen (z. B. Haftungsverhältnisse) ▶ Höhe und Entwicklung bedeutsamer finanzieller Leistungsindikatoren
Voraussichtliche Entwicklung sowie deren Chancen und Risiken	▶ Prognose der künftigen Geschäftsentwicklung ▶ Darstellung und Abwägung der Chancen bzw. Risiken mit wesentlichem Einfluss auf die Vermögens-, Finanz- und Ertragslage ▶ Gesonderte Erläuterung bestandsgefährdender Risiken ▶ Angabe der der Darstellung zugrunde liegenden Annahmen
Vorgänge von besonderer Bedeutung nach Schluss des Geschäftsjahres	▶ Verbale Erläuterung von Ereignissen, die sich noch nicht im Jahresabschluss niedergeschlagen haben, aber eine abweichende Darstellung der Verhältnisse nach sich ziehen können
Risiken in Bezug auf die Verwendung von Finanzinstrumenten	▶ Risikomanagementziele und -methoden einschließlich Methoden der Absicherung bedeutender Transaktionen ▶ Angabe von Preisänderungs-, Ausfall- und Liquiditätsrisiken sowie Risiken aus Zahlungsstromschwankungen
Forschung und Entwicklung	▶ Darstellung der auf eine Umsetzung in marktfähige Produkte abzielenden Anwendung und Verwertung gewonnener Forschungsergebnisse
Bestehende Zweigniederlassungen	▶ Angabe der dauerhaft bestehenden, räumlich von der Hauptniederlassung getrennten Einrichtungen, die mit personeller und organisatorischer Eigenständigkeit im Rahmen der Unternehmenstätigkeit wie ein selbständiges Unternehmen am Geschäftsverkehr teilnehmen
Besondere Berichtsteile	▶ Für die börsennotierte AG: Darstellung eines Vergütungsberichts (§ 289 Abs. 2 Nr. 5 HGB) ▶ Für große Kapitalgesellschaften: Angabe der bedeutsamen nicht-finanziellen Leistungsindikatoren (§ 289 Abs. 3 HGB) ▶ Für die AG und KGaA, die einen organisierten Markt i. S. des § 2 Abs. 7 des Wertpapiererwerbs- und Übernahmegesetzes durch von ihnen ausgegebene stimmberechtigte Aktien in Anspruch nehmen: übernahmerechtliche Angaben und Erläuterungen (§ 289 Abs. 4 HGB)

	▶ Für kapitalmarktorientierte Kapitalgesellschaften i. S. des § 264d HGB: Angaben zu wesentlichen Merkmalen des internen Kontroll- und des Risikomanagementsystems im Hinblick auf den Rechnungslegungsprozess (§ 289 Abs. 5 HGB) ▶ Für börsennotierte AG sowie AG, die ausschließlich andere Wertpapiere als Aktien zum Handel an einem organisierten Markt i. S. des § 2 Abs. 5 WpHG ausgegeben haben: Abgabe einer Erklärung zur Unternehmensführung (§ 289a HGB), **diese ist nicht Gegenstand der Abschlussprüfung**.

Die gesetzliche Formulierung der „**Soll-Vorschrift**" in § 289 Abs. 2 HGB räumt kein Berichtswahlrecht ein. Die geforderten Angaben dürfen lediglich unterbleiben, wenn die Informationen nach vernünftiger kaufmännischer Beurteilung für die Berichtsempfänger unwesentlich sind oder eine Fehlanzeige vorliegt (etwa bei mangelnder FuE-Tätigkeit).

Die **Aufstellungspflicht** eines Lageberichts betrifft neben Kapitalgesellschaften auch nach PublG rechnungslegungspflichtige Unternehmen (§ 5 Abs. 2 PublG), Genossenschaften (§ 336 HGB), Kreditinstitute (§ 340a Abs. 1 HGB) und Versicherungsunternehmen (§ 341a Abs. 1 HGB). Kleine Kapitalgesellschaften (§ 264 Abs. 1 Satz 1 HGB), kleine Genossenschaften (§ 336 Abs. 2 HGB) sowie publizitätspflichtige Personenhandelsgesellschaften und Einzelkaufleute (§ 5 Abs. 2 PublG) brauchen keinen Lagebericht aufzustellen. Kreditinstitute und Versicherungsunternehmen gelten rechtsformunabhängig als große Kapitalgesellschaften.

1.2 Grundsätze ordnungsmäßiger Lageberichterstattung

Aufgrund seiner besonderen Vertrauenswürdigkeit als Objekt der gesetzlichen Abschlussprüfung nach § 316 Abs. 1 Satz 1 HGB ist der **Lagebericht als solcher zu kennzeichnen**, um ihn von freiwilligen und nicht der Prüfung unterworfenen Angaben abzuheben.

Die Berichterstattung muss in der Weise erfolgen, dass ein den tatsächlichen Verhältnissen entsprechendes Bild vermittelt wird. Hierfür sind im Fachschrifttum sog. Grundsätze ordnungsmäßiger Lageberichterstattung (GoL) entwickelt worden.

Der Katalog des **IDW RS HFA 1** (vgl. FN-IDW 1998 S. 318 ff.) hebt hier die Grundsätze der Vollständigkeit, Richtigkeit, Klarheit und Übersichtlichkeit heraus. Der Rechnungslegungsstandard wurde zwar im Jahr 2005 vom IDW aufgehoben, seine Regelungen haben aber für die bereits zum Inkrafttreten des KonTraG am 1. 5. 1998 kodifizierten Lageberichtsteile weiterhin materiell Gültigkeit, da im Vergleich zur damaligen Gesetzeslage zwischenzeitlich nur zusätzliche Berichtsteile hinzugekommen sind.

Der vom BMJ am 26. 2. 2005 bekannt gemachte **Deutsche Rechnungslegungs Standard Nr. 15 „Lageberichterstattung"** (DRS 15) gilt gemäß § 342 Abs. 1 Nr. 1 i.V. mit Abs. 2 HGB formell nur für Konzernlageberichte (§ 315 HGB). Für den hier vorrangig erörterten Lagebericht nach § 289 HGB wird die Anwendung des DRS 15 lediglich empfohlen (DRS 15, Tz. 5).

Zahlreiche Berichtspflichten des DRS 15 rekurrieren auf Belange des Konzernabschlusses, zudem werden Angaben zu außerbilanziellen Finanzinstrumenten oder Kapitalmarkttransaktionen hervorgehoben, die meist nur bei international tätigen Unternehmen oder in der Finanzdienstleistungsbranche verbreitet sind (so DRS 15, Tz. 38 f., 65 ff., 79 f.). Der IDW RS HFA 1 enthält auch deutlich detailliertere Vorgaben, so dass er weiterhin für die Darstellung der GoL relevant sein dürfte.

Für die Berichterstattung über die Chancen und Risiken der künftigen Entwicklung ist zusätzlich der vom BMJ erstmals am 29.5.2001 bekannt gemachte **Deutsche Rechnungslegungs Standard Nr. 5 „Risikoberichterstattung"** (DRS 5) anwendbar.

Quelle: In Anlehnung an *Baetge/Schulze*, DB 1998 S. 938.

Vollständig ist der Lagebericht, wenn er alle erforderlichen Informationen enthält, die dem Adressaten ein zutreffendes Bild der Lage und des Geschäftsverlaufs des Unternehmens vermitteln (IDW RS HFA 1, Tz. 7; analog DRS 15, Tz. 9 f.). Damit beim Adressaten nicht der Eindruck von Auslassungen entsteht, sind bei nicht einschlägigen oder nicht verfügbaren Angaben Fehlanzeigen erforderlich.

Ein lückenloser Bericht über alle Geschäftsvorfälle ist dabei weder gefordert noch zweckmäßig; es obliegt vielmehr der Geschäftsleitung, eine adressaten- und informationszieladäquate Auswahl zu treffen (IDW RS HFA 1, Tz. 9). Andererseits rechtfertigen tatsächliche oder erwartete Kompensationseffekte (z. B. von Chancen und Risiken) weder den Verzicht auf eine Berichterstattung noch die Darstellung nur eines „Restsaldos"; eine entsprechende Würdigung muss dem Adressaten vorbehalten bleiben (vgl. DRS 15, Tz. 12).

Bei diversifizierten Konzernunternehmen, deren Geschäftsfelder sich in ihren Chancen und Risiken deutlich unterscheiden, ist eine auf Ebene der Segmente differenzierte Berichterstattung bezüglich der Geschäftsvorfälle von besonderer Bedeutung, der Erfolgspotenziale und Risiken geboten (vgl. DRS 15, Tz. 13).

Alle für den Lagebericht geforderten Angaben müssen auch tatsächlich dort erfolgen. Eine Angabe im Anhang entbindet nicht von einer Darstellung im Lagebericht, da dem Adressaten nicht zugemutet werden soll, die Angaben aus anderen Berichten, z. B. dem Geschäftsbericht (der keiner Prüfungspflicht unterliegt und deshalb weniger vertrauenswürdig ist) oder aus Bestandteilen des Jahresabschlusses zusammenzutragen. Ebenso induzieren kapitalmarktrechtlich obligatorische Angabepflichten, wie z. B. aufgrund von § 44b BörsenG oder § 15 WpHG, keine Befreiungswirkung für den Lagebericht (so auch DRS 15, Tz. 11).

Die **Schutzklauseln** des § 286 HGB, insbesondere der nach § 286 Abs. 2 HGB zulässige Verzicht auf die Darstellung der Segmentberichterstattung (§ 285 Satz 1 Nr. 4 HGB), sind nicht auf den Lagebericht anwendbar, sie beziehen sich ausschließlich auf die in § 285 HGB geforderten Angaben im Anhang.

Der Grundsatz der **Richtigkeit** wird in IDW RS HFA 1, Tz. 13 (analog zur „**Verlässlichkeit**" gem. DRS 15, Tz. 14 ff.) dahingehend interpretiert, dass

- Verlaufs- und Zustandsangaben intersubjektiv nachprüfbar sind,
- Annahmen plausibel und nicht in Widerspruch zum Jahresabschluss, anderen Publikationen sowie allgemein bekannten wirtschaftlichen Tatsachen stehen,
- Prämissen und Annahmen angegeben und als solche gekennzeichnet werden müssen,
- Folgerungen aus den zugrunde liegenden Prämissen und Annahmen rechnerisch und sachlich richtig sowie willkürfrei gezogen sein müssen.

Der Grundsatz der **Klarheit** verlangt, dass die Angaben weder weitschweifig noch vage, sondern klar, eindeutig und in verständlicher Form gemacht werden (IDW RS HFA 1, Tz. 14). Der Detaillierungsgrad der Berichtsinhalte hat ihrer Wesentlichkeit zu entsprechen. Aus Sicht der Adressaten wesentliche Angaben dürfen nicht durch eine Anhäufung unwesentlicher Darlegungen verdeckt werden.

Der **Übersichtlichkeit** wird durch einen stetigen Berichtsaufbau Genüge getan. Dies impliziert

- die Gewährleistung einer intertemporalen Vergleichsmöglichkeit z. B. durch Angabe mindestens von Vorjahreswerten, besser von Mehr-Jahres-Vergleichen,
- die einheitliche Verwendung allgemein anerkannter betriebswirtschaftlicher Kennzahlen, z. B. der DVFA oder der Schmalenbach-Gesellschaft,
- im Falle zulässiger Methodenwechsel die Angabe von pro-forma-Rechnungen.

Der **Bezugszeitpunkt** des Lageberichts ist frühestens durch den Zeitpunkt seiner Aufstellung, spätestens durch den Zeitpunkt der Erteilung des Bestätigungsvermerks gegeben (IDW PS 203 n. F., Tz. 9); hierzu existieren konkurrierende Meinungen im Fachschrifttum. Aus Ordnungsmäßigkeitsgründen sollte letztere Variante favorisiert werden.

Jedenfalls werden nicht nur diejenigen Informationen in den Lagebericht eingeschlossen, die vor dem Bilanzstichtag bestanden, aber erst danach bekannt geworden sind, sondern auch diejenigen, die erst nach dem Bilanzstichtag entstanden sind (d. h. Beachtung sowohl des Wertaufhellungs- als auch des Wertbegründungsprinzips). Damit vermittelt der Lagebericht ein umfassenderes Bild als der Jahresabschluss, da der zugrunde liegende Zeithorizont über den für die Bilanzierungsentscheidung maßgebenden hinaus geht und auch zukunftsorientierte Sachverhalte berücksichtigt werden.

Für **Konzernlageberichte** sind zusätzlich kodifiziert
- der Grundsatz der Vermittlung der Sicht der Unternehmensleitung (DRS 15, Tz. 28 f.) und
- der Grundsatz der Konzentration auf die nachhaltige Wertschöpfung (DRS 15, Tz. 30 ff.).

1.3 Darstellung des Geschäftsverlaufs und der Lage

1.3.1 Geschäftsverlauf

Der **Geschäftsverlauf** soll als Überblick über die Unternehmensentwicklung und die hierfür ursächlichen Ereignisse in der Berichtsperiode einschließlich ihrer **Würdigung** durch die Geschäftsleitung dargestellt werden (IDW RS HFA 1, Tz. 23; analog DRS 15, Tz. 43 f.).

Zwischen Geschäftsverlauf und **Lage** besteht ein innerer Zusammenhang derart, dass die den Geschäftsverlauf prägenden Ereignisse den Lagezustand bewirkt haben (Ursache-Wirkungs-Beziehung). Neben Angaben zu den einzelnen Funktionsbereichen und der Umsatzsituation ist auch auf die gesamtwirtschaftliche und die Branchensituation einzugehen, so dass sich dem Leser eine integrierte, risikoorientierte Berichterstattung erschließt.

Im Fachschrifttum wurde ein **Katalog sachlicher Mindestinhalte** für die Schilderung des Geschäftsverlaufs wie folgt entwickelt (vgl. auch IDW RS HFA 1, Tz. 24):

- gesamtwirtschaftliche Entwicklung (volkswirtschaftliche Rahmendaten),
- Branchenentwicklung (Umsätze, Auftragsbestand und -entwicklung),
- Beschaffungssituation (Rohstoffe, Lieferanten, Preis- und Mengenentwicklungen),
- Produktion (Produktionsprogramm, Umfang, Produktionstechniken und -verfahren),
- Absatzbereich (Auftragseingänge, Umsätze, Marktanteile, Segmente),
- Investitionstätigkeit und Finanzierung,
- Tochtergesellschaften und Beteiligungen, rechtliche Verhältnisse,
- Personal- und Sozialwesen (Mitarbeiterzahlen, -struktur, Lohn- und Gehaltszahlungen, Aus- und Weiterbildung, betriebliches Vorschlagswesen),
- Forschung und Entwicklung (Aufwendungen, Investitionen, Mitarbeiter, Schwerpunkte, Ergebnisse, Kooperationen),
- Umweltschutzmaßnahmen (Energiebezug und -verbrauch, Recycling, Erfüllung umweltschutzrechtlicher Auflagen, Rohstoff- und Energiebilanz) und
- sonstige besondere Ereignisse (Prozesse, Streiks, Elementarereignisse).

Über die Angaben zur Lagebeurteilung können wichtige Anhaltspunkte über die gegenwärtige und künftige **Wettbewerbsposition** des Unternehmens abgeleitet werden. Die Anlage zum IDW RS HFA 1 und der Anhang zum IDW PS 230 können in Form der nachstehenden synoptischen Darstellung zu einer Checkliste verdichtet werden, die dem Prüfer wichtige Informationen für das für eine Risikobeurteilung notwendige *„business process understanding"* im Rahmen der risikoorientierten Prüfungsplanung liefert. Sie stellt insoweit den Ausgangspunkt für die pflichtmäßige Einschätzung der **inhärenten Risiken** durch den Abschlussprüfer dar, die sich aus der Geschäftstätigkeit und dem wirtschaftlichen Umfeld des Unternehmens an sich ergeben (vgl. Kapitel III.3.).

ABB. 249:	Lageberichtsinformationen als Grundlage eines *business understanding document*
Gesamtwirtschaftliche Rahmenbedingungen	▶ Konjunkturelle Situation, Inflationsrate, Preis- und Lohnentwicklung ▶ Kapitalmarktsituation (Zinsentwicklung, Wechselkurse) ▶ Wirtschaftspolitische Maßnahmen und Reformen (Geld-, Haushalts-, Steuerpolitik, Subventionen, Arbeitsmarktpolitik)
Branchenentwicklung	▶ Wettbewerbs- und Marktverhältnisse ▶ Besondere Aspekte der Branchenkonjunktur (Branchenumsätze, Preis- und Lohnentwicklung) ▶ Veränderungen der Produktionstechnologie ▶ Auswirkungen auf Unternehmenspolitik und -strategie ▶ Besondere rechtliche Rahmenbedingungen
Umsatz- und Auftragsentwicklung	▶ Umsatz und Umsatzsegmente, Export- und Marktanteile ▶ Entwicklung von Absatzpreisen und -mengen und deren Ursachen ▶ Preis- und Absatzpolitik des Unternehmens ▶ Auftragsbestand, Auftragseingänge, Auftragsreichweite
Absatz	▶ Wesentliche Absatzmärkte, wichtige Markttrends ▶ Verfolgte Normstrategie (Wachstum, Konsolidierung, Schrumpfung) ▶ Phase im Produktlebenszyklus ▶ Wettbewerbsposition des Unternehmens ▶ Hauptabnehmer, bedeutende Abnahmeverträge ▶ Gewinnspannen, Zahlungsbedingungen, Exportanteil ▶ Marketingstrategie und -politik, Image der Produkte
Produktion	▶ Wesentliche Produktgruppen, Marktchancen und Marktposition ▶ Investitionen, davon im Rahmen von Produktinnovationen ▶ Neukonzeptionen und Variationen von Produkten ▶ Grad der Produktdifferenzierung bzw. -standardisierung ▶ Altersstruktur der Leistungspalette, Sortimentsbereinigungen ▶ Wirtschaftlichkeit der Produktion, Entwicklung der Kapazitätsauslastung und der Bestände, Altersstruktur der Anlagen ▶ Auswirkungen von Rationalisierungsmaßnahmen auf die Fertigungskosten ▶ Einführung von Qualitätsmanagementsystemen im Produktionsbereich
Beschaffung	▶ Marktstruktur der wichtigsten Beschaffungsmärkte ▶ Wichtigste Zulieferer und Kontrakte, Preise und Dispositionen ▶ Versorgungslage, Engpässe, Lagerreichweite, Vorratspolitik ▶ Zahlungsbedingungen, Importanteil ▶ Besondere Beschaffungsrisiken, Substitutionsmöglichkeiten ▶ Einführung von Qualitätsmanagementsystemen im Lager- und Logistik-Bereich
Investitionen und Finanzierung	▶ Aufgliederung der Investitionen, wesentliche Investitionsprojekte ▶ Investitionshemmnisse ▶ Finanzierungsmaßnahmen und -vorhaben ▶ Herkunft, Volumen und Fristigkeit des Kapitals ▶ Entwicklung der Kreditpolitik ▶ Wesentliche Leasing-Verpflichtungen ▶ Bestehende oder geplante Platzierungen an Kapitalmärkten ▶ Gewährung oder Abzug von Subventionen ▶ Einsatz derivativer Finanzinstrumente

Personal- und Sozialbereich	▶ Anzahl und Qualifikation der Mitarbeiter, Fluktuation, Altersaufbau ▶ Regelungen zur Arbeitszeit und zum Arbeitsschutz, Mitbestimmung ▶ Struktur des Personalaufwands (z. B. tarifliche/freiwillige Sozialleistungen) ▶ Vergütungssystem (z. B. variable Bestandteile), Versorgungszusagen ▶ Aus- und Weiterbildungssystem ▶ Sonstige betriebliche Sozialleistungen und soziale Einrichtungen
Umweltschutz	▶ Umweltschutzmaßnahmen und Umweltschutzpolitik ▶ Umweltrisiken, Haftungsgefahren, Schadensersatzansprüche ▶ Altlasten, Rekultivierungsverpflichtungen, Verfahren zur Abfallbeseitigung ▶ Luft- und Gewässerschutzmaßnahmen ▶ Demontage, Verwertung, Beseitigung von Anlagen oder Altprodukten ▶ Umweltmanagementsystem, Umweltaudits
Rechtliche Rahmenbedingungen	▶ Gesellschaftsrechtliche Organisationsform, Eigentümerstruktur, Beherrschungsverhältnisse ▶ Organisationsstruktur, Ein- und Ausgliederungen ▶ Konzernierungsgrad, Beteiligungsunternehmen ▶ Besonderheiten des geschäftsführenden Organs und des Aufsichtsorgans (Zusammensetzung, Reputation, Erfahrung, Unabhängigkeit und Kontrolle) ▶ Besonderheiten der nachgeordneten Führungsebenen (Zusammensetzung, Reputation, Erfahrung, Besetzung von Schlüsselpositionen)
Sonstige	▶ Elementarereignisse ▶ Arbeitskampfmaßnahmen, politische Krisen ▶ Durchgreifende Änderungen der rechtlichen Rahmenbedingungen

Sofern aufgrund des Diversifikationsgrads des Unternehmens eine differenzierte Berichterstattung auf Ebene **strategischer Geschäftsfelder** für notwendig erachtet wird, sollte der Lagebericht folgende zusätzlichen Informationen enthalten:

ABB. 250:	Segmentbezogene Informationen im Lagebericht (vgl. IDW RS HFA 1, Anhang)
Kritierien der Segmentierung	**Bereiche** der Segmentierung
▶ Technologiebereiche ▶ Kundengruppen ▶ Weiterverarbeiter ▶ Endverbraucher ▶ Abnehmer (Privatabnehmer, öffentliche Hand, Groß-/Kleinabnehmer)	▶ Mengenmäßige Spezifizierung der Umsatzerlöse, intersegmentäre Umsätze ▶ Segmentergebnisse ▶ Anteil am Unternehmensvermögen ▶ Investitionen, Abschreibungen ▶ Zahl der Beschäftigten

Der Geschäftsverlauf ist von Seiten des Vorstands im Hinblick auf die Zielerreichung mindestens im Wege einer integrierenden Gesamtwürdigung zu beurteilen.

1.3.2 Lage

Die „Lage" des Unternehmens umfasst h. M. nach die Vermögens-, Finanz- und Ertragslage in Anlehnung an die Generalnorm des § 264 Abs. 2 Satz 1 HGB. Ihre Darstellung hat ein den tatsächlichen Verhältnissen entsprechendes Bild zu vermitteln. Dies schließt die Würdigung voraussichtlicher künftiger Entwicklungen und die gesonderte Beschreibung besonderer (außerordentlicher, betriebsfremder) Einflüsse ein. DRS 15, Tz. 50 verlangt überdies, den Einfluss ungewöhnlicher oder nicht wiederkehrender Effekte auf die Lagedarstellung zu quantifizieren.

ABB. 251: Erkenntnisziele der Analyse der Vermögens-, Finanz- und Ertragslage

Vermögenslage	Finanzlage	Ertragslage
▶ Wie stellt sich der Vermögensaufbau dar? ▶ Wie langfristig ist das Vermögen gebunden? ▶ Wie schnell wird das Vermögen umgeschlagen? ▶ Wie modern ist der betriebliche Anlagenpark? ▶ Wird mehr investiert als abgeschrieben, d. h. wie entwickelt sich die betriebliche Substanz? ▶ Sind Fehlinvestitionen erkennbar? ▶ Sind die Kapazitäten hinreichend ausgelastet?	▶ Wie hoch ist der Anteil des haftenden Kapitals (Eigenkapital) am Gesamtkapital? ▶ Aus welchen Quellen stammt das Fremdkapital? ▶ Zu welchen Fristigkeiten wurde das Fremdkapital aufgenommen? ▶ Besteht Fristenkongruenz zwischen der Mittelherkunft (Kapital) und der Mittelverwendung (Vermögen)? ▶ Wurde das Fremdkapital zu marktüblichen Konditionen aufgenommen? ▶ Verfügt das Unternehmen über ausreichende Liquidität?	▶ Ist das Jahresergebnis im Verhältnis zum Geschäftsvolumen bzw. Kapital angemessen? ▶ Wird das Jahresergebnis aus nachhaltigen Quellen gespeist oder resultiert es aus Einmaleffekten? ▶ Weist die Aufwandsstruktur Auffälligkeiten oder Schieflagen auf (Material, Personal, Abschreibungen)? ▶ Ist die Zinslast im Verhältnis zum Ergebnis angemessen? ▶ Sind die Aufwendungen bei sinkender Auslastung abbaubar (Fixkosten)?

Unterstützend wirkt die Angabe von **Kennzahlenwerten**. IDW RS HFA 1, Tz. 26 ff. stuft insbesondere folgende Kennzahlen als relevant ein:

ABB. 252: Kennzahlen zur Darstellung der Vermögens-, Finanz- und Ertragslage

Vermögenslage		
Vermögensstruktur	Vermögensumschlag	Vermögensmodernität
▶ Anlagenintensität (Anlagevermögen / Bilanzsumme x 100 %) ▶ Sachanlagenintensität (Sachanlagevermögen / Bilanzsumme x 100 %) ▶ Vorratsintensität (Vorräte / Bilanzsumme x 100 %) ▶ Forderungsintensität (Forderungen / Bilanzsumme x 100 %)	▶ Umschlagshäufigkeit des Gesamtkapitals (Umsatzerlöse / Bilanzsumme) ▶ Umschlagshäufigkeit der Sachanlagen (Umsatzerlöse / SAV) ▶ Umschlagshäufigkeit der Vorräte (Umsatzerlöse / Vorräte) ▶ Umschlagshäufigkeit der Forderungen (Umsatzerlöse / Forderungen)	▶ Restwertquote (SAV zu Restbuchwerten / SAV zu historischen AHK x 100 %) ▶ Investitionsquote ({Zugänge SAV - Abgänge SAV} / SAV zu historischen AHK x 100 %) ▶ Abschreibungsquote (Abschreibungen SAV / SAV zu historischen AHK x 100 %) ▶ Wachstumsquote ({Zugänge SAV - Abgänge SAV} / Abschreibungen SAV x 100 %)

KAPITEL VI — Nicht-jahresabschlussbezogene Prüfungsobjekte

Finanzlage			
Vertikale Kapitalstruktur	Horizontale Kapitalstruktur	Kapitalkosten	Liquidität
▶ Eigenkapitalquote (Eigenkapital / Bilanzsumme x 100 %) ▶ Rücklagenquote (Rücklagen / Bilanzsumme x 100 %)	▶ Anlagendeckungsgrad A (Eigenkapital / Anlagevermögen x 100 %) ▶ Anlagendeckungsgrad B (Lfr. Kapital / Anlagevermögen x 100 %)	▶ Fremdkapitalzinssatz (Zinsaufwand / Zinstragendes Fremdkapital x 100 %) ▶ Zinsquote (Zinsaufwand / Betriebsergebnis x 100 %)	▶ Liquidität 1. Grades ({Liquide Mittel + Wertpapiere UV} / Kfr. Verbindlichkeiten x 100 %) ▶ Liquidität 2. Grades (Finanzumlaufvermögen / Kfr. Verbindlichkeiten x 100 %) ▶ Liquidität 3. Grades (Umlaufvermögen / Kfr. Verbindlichkeiten x 100 %)
Ertragslage			
Rentabilität	Erfolgsspaltung		Aufwandsstruktur
▶ Gesamtkapitalrentabilität ({JÜ vor Steuern + Zinsaufwand} / Bilanzsumme x 100 %) ▶ Eigenkapitalrentabilität (JÜ vor Steuern / Eigenkapital x 100 %) ▶ Umsatzrentabilität (JÜ vor Steuern / Umsatzerlöse x 100 %)	▶ Betriebsergebnisquote (Betriebsergebnis / Umsatzerlöse x 100 %) ▶ Quote des gewöhnlichen Geschäftsergebnisses (Ergebnis aus gewöhnl. Geschäftstätigkeit / Umsatzerlöse x 100 %)		▶ Materialintensität (Materialaufwand / Gesamtleistung x 100 %) ▶ Personalintensität (Personalaufwand / Gesamtleistung x 100 %) ▶ Abschreibungsintensität (Abschreibungen / Gesamtleistung x 100 %)

Die Darstellung der Liquiditätslage sollte durch Hinzuziehung **Cashflow-basierter Kennzahlen** unterstützt werden, da eine aus dem Jahresabschluss abgeleitete, bestandsorientierte Analyse keine verlässlichen Hinweise auf die künftige Sicherstellung der Zahlungsfähigkeit liefert. Dies liegt darin begründet, dass neben den zum Abschlussstichtag bestehenden Verbindlichkeiten auch unterjährige, laufende Zahlungen geleistet werden müssen, deren Fälligkeit nicht aus der Bilanz hervorgeht. Zudem bezieht sich die Bestandsliquidität nur auf den Bilanzstichtag und kann durch bilanzpolitische Maßnahmen massiv beeinflusst werden (sog. *„window dressing"*).

Verbreitete Cashflow-basierte Kennzahlen sind

▶ der **dynamische Verschuldungsgrad** (Fremdkapital/Cashflow), der die Tilgungsdauer des Fremdkapitals aus erwirtschafteten Zahlungsmitteln in Jahren beziffert,

▶ die **dynamische Schuldentilgungsfähigkeit** (Cashflow/kurzfristige Verbindlichkeiten x 100 %), die das Ausmaß angibt, in dem kurzfristige Verbindlichkeiten durch Einzahlungsüberschüsse gedeckt sind,

▶ die **Innenfinanzierungskraft** (Cashflow/Auszahlungen für Investitionen in Anlagevermögen x 100 %) als den Anteil, in dem Anlageinvestitionen durch aus der laufenden Geschäftstätigkeit generierte Mittel gedeckt sind und eine Finanzierung des Wachstums „auf Pump" vermieden werden kann.

Als Cashflow-Kennzahl wird die Definition der Deutschen Vereinigung für Finanzanalyse und Asset Management/Schmalenbach-Gesellschaft (**Cashflow nach DVFA/SG**) empfohlen, da sich diese auf nachhaltige Komponenten beschränkt und frei von Sondereinflüssen ist (vgl. schon IDW RS HFA 1, Tz. 28). Der Cashflow berechnet sich wie folgt:

ABB. 253:	Definition des Cashflows nach DVFA/SG
	Jahresüberschuss/Jahresfehlbetrag
+/-	Abschreibungen/Zuschreibungen auf Anlagevermögen
+/-	Zuführungen zu/Auflösungen der Pensions- und langfristigen sonstigen Rückstellungen
+/-	sonstige wesentliche nicht zahlungswirksame Aufwendungen/Erträge
=	Cashflow nach DVFA/SG

Demgegenüber enthält der ebenfalls verbreitete Cashflow aus laufender Geschäftstätigkeit gemäß DRS 2 **(operativer Cashflow nach DRS 2)** auch zahlungswirksame Veränderungen im kurzfristigen Vermögens- und Kapitalbereich, deren Saldo die Nettoveränderung des sog. *„working capitals"* (Differenz aus Umlaufvermögen und kurzfristigen Verbindlichkeiten) ist. Diese Komponenten können den Cashflow allerdings nicht nachhaltig beeinflussen.

Das IDW empfiehlt daneben die Darstellung einer **Kapitalflussrechnung**, die Konzernlageberichte ohnehin enthalten müssen (DRS 15, Tz. 71 f.).

Unstrittig ist jedenfalls, dass eine bloße Angabe von Kennzahlen, auch im Zeitvergleich, keinen Bericht darstellt. Vielmehr sind mindestens Kennzahlausprägungen und -entwicklungen risikoorientiert zu würdigen. Außerdem sind konkrete Einflussfaktoren für die Kennzahlen sowie mögliche Strategien und Maßnahmen zu deren Beeinflussung aufzuführen. Hierzu zählen z. B. Investitionsprogramme, Rationalisierungsmaßnahmen im Beschaffungs- und Herstellungsbereich, Auslagerungsentscheidungen, Abschlüsse von Leasing- oder Factoring-Verträgen, Kapital- bzw. Kreditaufnahmepolitik. Im Ergebnis wird eine – wenn auch ggf. mit Kennzahlen unterlegte – qualitative Analyse gefordert, die es dem Berichtsadressaten ermöglicht, eigene Vorstellungen über die gegenwärtige und künftige Lage des Unternehmens abzuleiten.

Die seit BilReG angabepflichtigen **finanziellen Leistungsindikatoren** können gemäß IDW RH 1.007, Tz. 7 bestehen in

► Cashflow-Kennzahlen,

► Rentabilitäten (Eigenkapital-, Umsatzrentabilität, ROI),

► Liquiditäts- oder Verschuldungsgraden oder

► sog. wertorientierten Kennzahlen wie ROCE (*Return on Capital Employed*) oder CFROI.

Insbesondere im Rahmen der Segmentberichterstattung sind sog. *„earnings before"*- **Kennzahlen** verbreitet, z. B.

► *„earnings before interest and taxes"* (**EBIT**), d. h. das um Effekte aus der Kapitalstruktur bereinigte Ergebnis vor Steuern sowie

► *„earnings before interest, taxes, depreciation and amortization"* (**EBITDA**), wobei zusätzlich ergebnisverzerrende Effekte der verfolgten (internen, externen) Wachstumsstrategie sowie der Abschreibungspolitik (z. B. Wahl zwischen linearer oder degressiver Abschreibungsmethode) durch Addition der Abschreibungen auf Sachanlagen sowie auf aktivierte Geschäfts- oder Firmenwerte ausgeschaltet werden.

KAPITEL VI — Nicht-jahresabschlussbezogene Prüfungsobjekte

ABB. 254:	Systematik der sog. „earnings before"-Kennzahlen
1. Steueraufwand	Bereinigung um Effekte aus der **Steuerpolitik** (Rechtsformwahl, Standortwahl, Nutzung steuerlicher Sonderabschreibungen etc.)
2. Zinsaufwand	Bereinigung um Effekte aus der **Finanzierungspolitik** („Privilegierung des Fremdkapitals" durch Anerkennung der Zinsen als abzugsfähige Betriebsausgaben)
3. Abschreibung auf Firmenwerte	Bereinigung um Effekte aus der **Wachstumspolitik** (Internes Wachstum: FuE ist als Aufwand zu verrechnen; externes Wachstum: Aktivierung möglich)
4. Abschreibungen auf SAV	Bereinigung um Effekte aus der **Abschreibungspolitik** (Methodenwahlrecht bei Abschreibungsmethode, Ermessensspielraum bei Schätzung Nutzungsdauer)

Der EBITDA gibt ein synthetisches Ergebnis wieder (sog. **„pro-forma-Kennzahl"**). Gleichwohl ist das Management natürlich auch für zu hohe Zinsen und Abschreibungen verantwortlich, weswegen der EBITDA auch als *„Earnings Before I Tricked the Dumb Auditor"* kritisiert wird (vgl. *Küting/Heiden*, DStR 2003 S. 1546).

Der Prüfer muss darauf achten, dass die angegebenen finanziellen Leistungsindikatoren angemessen definiert und nachvollziehbar aus den Jahresabschlussdaten abgeleitet wurden, zweckmäßigerweise in Form einer Überleitungsrechnung.

1.3.3 Prüfungshandlungen

Die **Prüfung** der Angaben im Lagebericht hat nach den gleichen Grundsätzen und mit der gleichen Sorgfalt wie beim Jahresabschluss zu erfolgen (IDW PS 350, Tz. 13). Einzubeziehen sind alle im Lagebericht gemachten Angaben. Nach § 317 Abs. 2 Satz 1 HGB i.V. mit IDW PS 350, Tz. 6 ff. ist zu untersuchen, ob der Lagebericht

▶ unter Beachtung der GoL aufgestellt wurde,

▶ mit dem Jahresabschluss und den im Rahmen der Prüfung gewonnenen Erkenntnissen in Einklang steht und

▶ insgesamt ein zutreffendes Bild von der Lage des Unternehmens vermittelt, insbesondere die Chancen und Risiken der künftigen Entwicklung zutreffend darstellt.

Außerdem ist zu prüfen, ob die angegebenen Leistungsindikatoren dazu beitragen, ein zutreffendes Bild der Lage zu vermitteln. Sodann ist die Beachtung des Stetigkeitsgrundsatzes bei der Verwendung von Kennzahlen und Indikatoren zu kontrollieren (IDW PS 350, Tz. 11).

Die Prüfung erfolgt auf Basis der zu Beginn der Abschlussprüfung gewonnenen vorläufigen Einschätzung der wirtschaftlichen Lage, welche im Verlauf der Prüfung weiter präzisiert werden muss (IDW PS 350, Tz. 15; vgl. hierzu auch Kapitel III.3.).

Eine besonders kritische Prüfung insbesondere der prognostischen und wertenden Angaben ist beim Vorliegen wirtschaftlicher Schwierigkeiten des Unternehmens geboten; ggf. muss eine **gesonderte Beurteilung der Fortführung der Unternehmenstätigkeit** erfolgen. Ebenso muss der Einhaltung der Darstellungsstetigkeit bei vermuteten oder eingetretenen Unternehmenskrisen verstärkte Beachtung geschenkt werden.

Die Würdigung des Geschäftsverlaufs und der Lage durch den Prüfer kann ggf. die Einschätzung zukunftsorientierter Bilanzierungs- und Bewertungsentscheidungen wie außerordentlicher Abschreibungen oder Rückstellungsbildungen beeinflussen (IDW PS 350, Tz. 16 f.).

Bei Gefahr der **Insolvenz** sind die Darstellung der Finanzlage und die zugrunde liegende Finanzplanung besonders kritisch zu würdigen (IDW PS 350, Tz. 17). Nach der Stellungnahme IDW FAR 1/1996 „Empfehlungen zur Überschuldungsprüfung bei Unternehmen" ist auf Basis des Finanzplans zu beurteilen, ob und ggf. wie das Unternehmen seine fälligen Zahlungsverpflichtungen im Prognosezeitraum erfüllen kann. Der Finanzplan ist daher das maßgebliche Instrument, das auf Grundlage der getroffenen Annahmen und der ggf. erforderlichen Unternehmensteilpläne die Tragfähigkeit des Fortführungskonzepts anhand der erwarteten Zahlungsströme dokumentiert.

Grundlage des Finanzplans ist der Finanzstatus. Dort werden das verfügbare Finanzmittelpotenzial des Unternehmens sowie dessen Verbindlichkeiten erfasst und nach dem Grad der Fälligkeit bzw. dem Grad der Liquidität gegenübergestellt. Der Finanzstatus ist um die verfügbaren Finanzmittelreserven (Möglichkeiten der Kapitalaufnahme oder der Veräußerung nicht betriebsnotwendiger Vermögensgegenstände) sowie um die Darstellung der erwarteten Ein- und Auszahlungen zu ergänzen. In die Finanzplanung gehen überdies auch eingeleitete oder ernstlich beabsichtigte Maßnahmen zur Sicherung des finanziellen Gleichgewichts ein, z. B. Kapitalerhöhungen oder Aufnahme von Sanierungskrediten.

Bei der Einschätzung des Geschäftsverlaufs und der Lage des zu prüfenden Unternehmens sind insbesondere Informationen zu folgenden Bereichen relevant (IDW PS 350, Tz. 18):

▶ zum globalen (gesamtwirtschaftlichen, rechtlich-politischen, wissenschaftlich-technischen sowie ökologischen) Umfeld,

▶ zum Unternehmensumfeld (Branchenentwicklung, Absatz- und Beschaffungsmärkte, Wettbewerbsverhältnisse),

▶ zu den unternehmensinternen Erfolgsfaktoren (Leistungs- und Produktpalette, Beschaffungs- und Absatzpolitik, strategische Ausrichtung, Rationalisierungspotenzial, Finanzierungsstrategie) und

▶ zur Innenorganisation einschließlich der Maßnahmen nach § 91 Abs. 2 AktG bei AG.

▶ zu Beziehungen zu nahe stehenden Personen und Geschäftsvorfällen mit diesen.

Nicht alle diese Informationsquellen stehen in direktem Zusammenhang mit dem Jahresabschluss, sondern stammen vielmehr aus unternehmensinternen Unterlagen (z. B. Planungsunterlagen, Kostenrechnung, Betriebsstatistiken). In diesem Fall muss sich der Prüfer einen Eindruck über die Glaubwürdigkeit der **internen Quellen** verschaffen, z. B. durch Überprüfung des Vorliegens angemessener und durchgängig wirksamer organisatorischer Vorkehrungen zur Gewährleistung einer hinreichend zuverlässigen Datengewinnung und -erfassung. Bei Angaben aus **externen Quellen** ist gegenüber dem Prüfer ein entsprechender Nachweis der Quelle erforderlich (IDW PS 350, Tz. 20).

Im Rahmen der Darstellung des Geschäftsverlaufs sind auch **wertende Angaben** der Geschäftsleitung zur Günstigkeit oder Bedrohlichkeit gefordert (IDW RS HFA 1, Tz. 23). Der Prüfer muss der Frage nachgehen, ob trotz zutreffender Einzelangaben mittels der gewählten Darstellungsform ein falscher Eindruck vermittelt wird, indem z. B.

▶ bestimmte Informationen weggelassen,

▶ wesentliche und unwesentliche Informationen unsachgemäß gewichtet,

▶ Chancen hervorgehoben, aber Risiken nicht angemessen dargestellt oder

▶ irreführende Zusammenhänge hergestellt

wurden (IDW PS 350, Tz. 21).

Freiwillig im Lagebericht aufgeführte Informationen sind gleichfalls und in gleicher Intensität zu prüfen wie der im Katalog des § 289 HGB enthaltene Pflichtkanon. Informationen außerhalb des Lageberichts – etwa in anderen Teilen des Geschäftsberichts – sind grundsätzlich nicht prüfungspflichtig. Dennoch sind die Grundsätze des IDW PS 202 wie folgt anzuwenden:

- Die Informationen sind kritisch zu lesen, um eventuelle Unstimmigkeiten zwischen ihnen und dem geprüften Jahresabschluss oder Lagebericht aufzudecken.
- Wesentliche Unstimmigkeiten können beim Abschlussprüfer Zweifel hinsichtlich der getroffenen Prüfungsaussagen begründen.
- Beim Vorliegen wesentlicher Unstimmigkeiten hat der Abschlussprüfer auf eine Beseitigung durch die gesetzlichen Vertreter hinzuwirken und diesen Sachverhalt dem Aufsichtsorgan mitzuteilen (IDW PS 202, Tz. 6 ff.).

Dies gilt insbesondere auch für die sog. **Erklärung zur Unternehmensführung** nach § 289a HGB, die von börsennotierten AG sowie AG, die ausschließlich andere Wertpapiere als Aktien zum Handel an einem organisierten Markt i. S. des § 2 Abs. 5 WpHG ausgegeben haben und deren ausgegebene Aktien auf eigene Veranlassung über ein multilaterales Handelssystem i. S. des § 2 Abs. 3 Satz 1 Nr. 8 WpHG gehandelt werden, abzugeben ist.

Die Erklärung zur Unternehmensführung ist in den Lagebericht aufzunehmen und bildet dort einen gesonderten Abschnitt; sie kann alternativ auch auf der Internetseite der Gesellschaft öffentlich zugänglich gemacht werden. In diesem Fall ist in den Lagebericht eine Bezugnahme aufzunehmen, welche die Angabe der Internetseite enthält.

Die Erklärung zur Unternehmensführung hat gemäß § 289a Abs. 2 HGB zu umfassen

- die Erklärung gemäß § 161 AktG,
- relevante Angaben zu Unternehmensführungspraktiken, die über die gesetzlichen Anforderungen hinaus angewandt werden, nebst Hinweis, wo sie öffentlich zugänglich sind,
- eine Beschreibung der Arbeitsweise von Vorstand und Aufsichtsrat sowie der Zusammensetzung und Arbeitsweise von deren Ausschüssen.

Zwar bestimmt § 317 Abs. 2 Satz 3 HGB, dass die Angaben nach § 289a HGB **nicht in die Prüfung einzubeziehen sind**. Unbeschadet dessen hat der Abschlussprüfer festzustellen, ob die Erklärung zur Unternehmensführung in den Lagebericht aufgenommen wurde bzw. ob der Lagebericht einen Hinweis auf die Veröffentlichung der Erklärung im Internet enthält und die Erklärung zur Unternehmensführung auf der angegebenen Internetseite tatsächlich öffentlich zugänglich gemacht worden ist. Letzteres gilt auch für den Fall, dass nur die Angaben nach § 289a Abs. 2 Nr. 3 HGB nicht im Lagebericht gemacht werden, sondern dort auf deren Veröffentlichung im Internet hingewiesen wird (IDW PS 350, Tz. 9a).

Sofern die Erklärung in den Lagebericht aufgenommen wird, müssen diese Angaben in einem eigenen Abschnitt, klar von den übrigen prüfungspflichtigen Angaben des Lageberichts getrennt, dargestellt werden. Stellt der Abschlussprüfer bei der Wahrnehmung seiner Aufgaben fest, dass diese zusätzlichen Informationen einen falschen Eindruck von der Situation des Unternehmens vermitteln, so hat er gleichwohl eine Richtigstellung zu veranlassen (IDW PS 350, Tz. 12 i. V. mit IDW PS 202, Tz. 10a).

Jedenfalls hat der Prüfer zu verifizieren, dass der Lagebericht innerhalb eines Geschäftsberichts eindeutig gesondert gekennzeichnet ist (IDW PS 350, Tz. 12).

1.4 Darstellung der voraussichtlichen Entwicklung sowie der Chancen und Risiken

1.4.1 Voraussichtliche Entwicklung

Die **voraussichtliche Entwicklung** muss mindestens in den Bereichen dargestellt werden, über die bei der Berichterstattung zum Geschäftsverlauf und zur Lage berichtet wurde (IDW RS HFA 1, Tz. 41). Da es sich um als solche zu kennzeichnende Prognosen der Geschäftsleitung handelt, sollte der unvermeidlichen Unsicherheit der Aussagen durch zusätzliche verbale Erläuterungen oder Angabe von möglichen Bandbreiten Rechnung getragen werden. Die Geschäftsleitung muss ihrer Prognose eine Wertung in Bezug auf die Geschäftsentwicklung hinzufügen. Der Prognosezeitraum sollte mindestens zwei Jahre umfassen (so auch DRS 15, Tz. 34 und 87).

Die Prognosen erfolgen nach pflichtmäßigem Ermessen der Geschäftsleitung. Dies setzt das Bestehen eines angemessenen Planungs- und Steuerungsinstrumentariums im Unternehmen voraus. Ergänzende Angaben sollen erfolgen

- ▶ zu wesentlichen noch nicht abgeschlossenen Vorgängen (Großaufträge, Umwandlungen, Unternehmensbeteiligungen),
- ▶ zur Umsatz- und Ergebnisentwicklung sowie Investitions- und Finanzplanung und
- ▶ zur Entwicklung einzelner Geschäftsfelder.

1.4.2 Chancen und Risiken

Der **Bericht über die Chancen und Risiken** setzt auf der Darstellung der voraussichtlichen Entwicklung auf. Grundlage der Angabe von Chancen und Risiken ist die zuvor getätigte Entwicklungsprognose. Dennoch fordern DRS 5, Tz. 32 und DRS 15, Tz. 91 jedenfalls für den Konzernlagebericht die strikte Trennung der beiden Berichtsteile.

Ziel des mit KonTraG 1998 eingeführten Risikoberichts war es, den gesetzlichen Vertretern eine verstärkt zukunftsorientierte Berichterstattung abzuverlangen. Seit Inkrafttreten des BilReG ist daher auch zu berichten über

- ▶ die aus der voraussichtlichen Entwicklung der Gesellschaft resultierenden Chancen, welche nunmehr gleichwertig neben den Risiken stehen,
- ▶ die der Darstellung der Chancen und Risiken zugrunde liegenden Annahmen,
- ▶ die Risikomanagementziele und -methoden sowie die Risiken in Bezug auf den Einsatz von Finanzinstrumenten (Preisänderungs-, Ausfall-, Liquiditäts- und Cashflowrisiken).

Die Regelungen bedingen, dass der Risikobericht in einem weiteren Sinne als integrierter Chancen-Risiken-Report aufzufassen und demnach um eine chancenorientierte Komponente zu erweitern ist.

Auf die Risiken beim Einsatz von **Finanzinstrumenten** soll hier nicht weiter eingegangen werden, da diese zur Zeit überwiegend nur bei international tätigen Unternehmen oder Finanzdienstleistern verbreitet sind. Für Einzelheiten hierzu wird auf den IDW RH HFA 1.1005, Tz. 30 ff. verwiesen (vgl. FN-IDW 2010, S. 567 ff.).

Ein **Risiko** stellt die Möglichkeit ungünstiger künftiger Entwicklungen insbesondere in Form von Verlustgefahren dar, die mit einer erheblichen, wenn auch nicht notwendigerweise überwiegenden Wahrscheinlichkeit erwartet werden (IDW RS HFA 1, Tz. 29). Eine **Chance** ergibt sich demnach als Möglichkeit einer positiven (günstigen) Abweichung der tatsächlichen von der erwarteten Entwicklung (DRS 5, Tz. 9).

Die vollständige Darstellung aller unternehmerischer Chancen und Risiken im Lagebericht ist dabei nicht nur illusorisch, sondern auch aufgrund der Grundsätze der Wesentlichkeit und Klarheit abzulehnen, damit wichtige nicht durch unwichtige Informationen überlagert werden. Somit muss eine **Berichtspflichtschwelle** gezogen werden.

ABB. 255:	Risikobegriffe des IDW RS HFA 1 (mit Angabe der jeweiligen Tz.)
Berichtspflichtige Risiken	Zu berichten ist über wesentliche Risiken der künftigen Entwicklung, d. h. bestandsgefährdende Risiken und solche, die einen wesentlichen Einfluss auf die Vermögens-, Finanz- oder Ertragslage des Unternehmens haben können; dies können sowohl (externe) Umweltrisiken als auch (interne) Funktions- und Bereichsrisiken sein (Tz. 29). Die Eintrittswahrscheinlichkeit der Risiken soll erheblich, wenn auch nicht notwendigerweise überwiegend sein (Tz. 29). Sie liegt damit unter dem Schwellenwert für Bilanzierungsentscheidungen.
Bericht über bestandsgefährdende Risiken	Bestandsgefährdend ist ein Risiko, wenn es bewirkt, dass die Unternehmensleitung nicht mehr von der „Going Concern-Prämisse" ausgehen kann, d. h., die Unternehmensfortführung bedroht ist (Tz. 29 ff.). Ein solches Risiko ist in der Lageberichterstattung deutlich und unter Nennung der Gründe bzw. Anhaltspunkte darzustellen (Tz. 32). Auch wenn am Abschlussstichtag vorliegende bestandsgefährdende Tatsachen der Annahme des Unternehmensfortbestands nicht entgegenstehen, muss im Lagebericht durch abwägende Berichterstattung ein Hinweis erfolgen (Tz. 32).
Bericht über sonstige wesentliche Risiken	Ein sonstiges Risiko mit wesentlichem Einfluss steht zwar der Fortbestandsannahme nicht entgegen, wirkt sich aber im Falle seines Eintretens in wesentlichem Umfang nachteilig auf den Geschäftsverlauf bzw. die Lage aus und kann die künftige Entwicklung des Unternehmens beeinträchtigen (Tz. 34). Es ist darzustellen, wie sich identifizierte wesentliche Risiken aus dem Geschäftsverlauf und der Lage des Unternehmens innerhalb eines überschaubaren Zeitraums auf die Vermögens-, Finanz- und Ertragslage voraussichtlich auswirken werden (Tz. 36).
Bezugszeitpunkt	Abgabe einer auf den Verhältnissen des Abschlussstichtags basierenden, zukunftsbezogenen Einschätzung der Existenzfähigkeit des Unternehmens (Tz. 30). Zugleich sind jene Vorgänge darzustellen, die sich aufgrund des Stichtags- und Realisationsprinzips noch nicht im Jahresabschluss des abgelaufenen Geschäftsjahrs niedergeschlagen haben. Somit umfasst die Berichterstattungspflicht auch noch nicht abgeschlossene Entwicklungen, die eine abweichende Darstellung der Lage nach sich ziehen können (§ 289 Abs. 2 Nr. 1 HGB; Tz. 39).
Prognosezeitraum	Zugrunde liegender Prognosezeitraum ist ▶ für bestandsgefährdende Risiken ein Jahr (Tz. 33), ▶ für andere wesentliche Risiken i. d. R. zwei Jahre (Tz. 36), jeweils gerechnet vom Abschlussstichtag an. Für Unternehmen mit längeren Produktionszyklen können längere Prognosezeiträume sachgerecht sein (Tz. 33).

Für die Chancen kann der Katalog von Risikobegriffen analog angewandt werden, mit Ausnahme der bestandsgefährdenden Risiken. In Folge des zusätzlichen Kriteriums der Bestandsgefährdung sind somit Risiken weiter zu differenzieren als Chancen (analog DRS 5, Tz. 15).

Einschlägige Bestandsgefährdungspotenziale ergeben sich insbesondere durch:

ABB. 256:	Bestandsgefährungspotenziale (vgl. IDW RS HFA 1, Anhang)
Wirtschaftliche Bestandsgefährdungspotenziale	**Rechtliche** Bestandsgefährdungspotenziale
▶ Voraussichtliche Entwicklung der Zahlungsunfähigkeit ▶ Langfristig sich abzeichnende Vermögensverluste ▶ Konkrete Überlegungen zur offenen oder stillen Liquidation des Unternehmens (§§ 264 ff. AktG, §§ 60 ff. GmbHG) ▶ Langfristig nicht mehr gegebene Ertragsperspektiven	▶ Überschuldung (§ 92 Abs. 2 AktG, § 64 Abs. 1 GmbHG) ▶ Zahlungsunfähigkeit ▶ Rücknahme von Bestands- oder Ertragsgarantien (Patronatserklärungen, Unternehmensverträge)

Der Grundsatz der **Vollständigkeit** fordert, alle für die Gesamtbeurteilung der Chancen-Risiken-Lage des Unternehmens aus Sicht der Berichtsadressaten notwendigen Angaben im Lagebericht aufzuführen. Dies heißt aber nicht, dass über alle denkbaren Chancen und Risiken lückenlos und umfassend berichtet werden muss, sondern nur über bestandsgefährdende bzw. wesentliche Risiken (vgl. IDW PS 270, Tz. 11):

ABB. 257:	Beispiele für berichtspflichtige Risiken
Bestandsgefährdende Risiken	**Sonstige wesentliche** Risiken
▶ Nachhaltige Verluste mit der Folge einer Aufzehrung des Eigenkapitals ▶ Ausscheiden eines beherrschenden Gesellschafters, akute Nachfolgeprobleme ▶ Kreditkürzung oder -entzug ▶ Mangelnde Kapitaldienstfähigkeit, akute Gefahr der Zahlungsunfähigkeit ▶ Gravierende außenwirtschaftliche Restriktionen bei wesentlichem Auslandsgeschäft (Ein- bzw. Ausfuhrstopp, Prohibitivzölle, Kriegshandlungen) ▶ Rechtliche Restriktionen (Produktions-, Werbe-, Handelsverbote)	▶ Fehlinvestitionen, Überkapazitäten, überalterte Anlagen, Investitionsstaus ▶ Übermäßig kurzfristige Finanzierung langfristig gebundener Vermögenswerte ▶ Auslaufende langfristige Liefer- oder Absatzbeziehungen ▶ Verschärfung des Preiswettbewerbs, Eindringen von Billigwettbewerbern ▶ Produkt- oder Prozessinnovationen der Konkurrenz ▶ Erhebliche Bestandsrisiken im Umlaufvermögen (insbesondere Vorräte, Forderungen) ▶ Bedeutende Haftungsrisiken

Aus Gründen der Berichtsklarheit kommt in Betracht, nicht nur eine Aufstellung der einzelnen Chancen und Risiken i. S. einer „Inventurliste" aufzuführen, sondern die Einzelpositionen zu geeigneten **Risikokategorien** zusammenzufassen. Dies ist wünschenswert, kann aber nicht vom Prüfer erzwungen werden. Eine mögliche Differenzierung der Chancen und Risiken kann z. B. erfolgen in (vgl. DRS 5, Tz. 17):

▶ Umfeld/Branche,

▶ Unternehmensstrategie,

▶ Leistungswirtschaft,

▶ Personal,

▶ Informationstechnologie,

▶ Finanzwirtschaft und

▶ sonstige Bereiche.

Eine **Quantifizierung** wird nicht explizit vorgeschrieben, nach h. M. reicht eine qualitative Berichterstattung etwa in Form von Tendenzaussagen aus. Eine reine Nennung oder Aufzählung ist zu beanstanden, sie stellt keinen „Bericht" dar.

Die einzelnen Chancen und Risiken sind nach Art und Ausmaß zu beschreiben und ihre möglichen Konsequenzen zu erläutern (so auch DRS 5, Tz. 18). Die Formulierungen müssen willkürfrei und eindeutig, jedenfalls hinreichend präzise sein und die Bedeutung der Chancen und Risiken für die wirtschaftliche Lage erkennen lassen.

Grundsätzlich besteht ein **Verrechnungsverbot** zwischen Chancen und Risiken; sie sind separat aufzuführen (so auch DRS 5, Tz. 26 und DRS 15, Tz. 12). Über Risiken, denen bereits durch eingeleitete **Anpassungsmaßnahmen** (z. B. Risikoüberwälzung auf eine Versicherung oder Risikobegrenzung durch Einführung von Limitsystemen) seitens der Geschäftsleitung begegnet wurde, ist zu berichten. Risiken, die ihren Niederschlag schon in der Ausübung von Ansatz- und Bewertungsvorschriften im Jahresabschluss gefunden haben – etwa im Rahmen von Niederstwertabschreibungen oder der Dotierung von Rückstellungen – brauchen dagegen nicht aufgeführt zu werden (analog auch DRS 5, Tz. 22).

Soweit implementierte **Risikobewältigungsmaßnahmen** das Risiko ganz oder teilweise sicher kompensieren können, ist nur das ggf. verbleibende Restrisiko berichtspflichtig (so auch DRS 5, Tz. 21). Entsprechende Konstellationen dürften allenfalls bei einer Überwälzung auf Versicherungen bzw. bei vollständigem Hedging über Termingeschäfte vorliegen. Andernfalls sind die Brutto-Risiken vor Bewältigungsmaßnahmen anzugeben sowie die konkrete Maßnahme zu erläutern.

Risikokonzentrationen und -kompensationen müssen nicht quantifiziert werden. Interdependenzen zwischen einzelnen Risiken sollten erläutert werden, wenn anders die Risiken nicht zutreffend eingeschätzt werden können (vgl. DRS 5, Tz. 25). Das Vorhandensein von Risikokonzentrationen ist im Lagebericht gesondert zu beschreiben (so auch DRS 5, Tz. 13). Hierbei handelt es sich insbesondere um Abhängigkeiten von Kunden, Lieferanten, Produkten oder Patenten.

Da ein enger Zusammenhang zwischen der Darstellung der Risiken im Lagebericht und ihrer Erfassung und Bewertung im Rahmen der Risikofrüherkennung besteht, sollte im Risikobericht auch die Grundstruktur des **Risikofrüherkennungssystems** mit folgenden Berichtsinhalten dargelegt werden:

- ▶ Überblick über risikopolitische Grundsätze der Geschäftsleitung,
- ▶ Hinweise zu Art und Umfang der Absicherung von Risiken,
- ▶ Grundzüge der Organisation des Risikomanagements, z. B. zu Verantwortlichkeiten, zur organisatorischen Verankerung, zum Informations- und Kommunikationssystem sowie zum Risiko-Reporting (Risiko-Handbuch) und
- ▶ Darstellung des Risikomanagementprozesses, insbesondere der Methoden zur Inventarisierung, Messung, Gewichtung und Bewältigung der Risiken.

Eine explizite Berichtspflicht über das Risikofrüherkennungssystem kann nur bei Verwendung von Finanzinstrumenten in einem für die Beurteilung der Vermögens-, Finanz- und Ertragslage bedeutsamem Umfang abgeleitet werden (§ 289 Abs. 2 Nr. 2a HGB; vgl. auch IDW RH HFA 1.1005, Tz. 33 ff.). Jedoch fordert DRS 5, Tz. 28 entsprechende Ausführungen für den Konzernlagebericht obligatorisch.

1.4.3 Prüfungshandlungen

Die **Prüfung** der entsprechenden Angaben im Lagebericht richtet sich u. a. auf

- die Plausibilität und Übereinstimmung der Angaben mit den im Rahmen der Abschlussprüfung gewonnen Erkenntnissen,
- die Zuverlässigkeit und Funktionsfähigkeit des internen Planungssystems,
- die Darstellung von prognostischen oder wertenden Angaben als solchen,
- die Wirklichkeitsnähe und Validität der Prognosen und Wertungen sowie die Kompatibilität mit internen Annahmen,
- die Widerspruchsfreiheit und Vollständigkeit der zugrunde liegenden Annahmen und
- die sachgerechte Anwendung der Schätzmethoden und Bemessung des Zeithorizonts der Schätzung (IDW PS 350, Tz. 10 und 23 f.).

Seinen Prüfungshandlungen wird der Prüfer Unterlagen wie Risiko-Handbücher, Risiko-Inventare, Planungsunterlagen, Soll-Ist-Abgleiche, Protokolle der Organsitzungen sowie Berichte der Internen Revision zugrunde legen. Ebenso wird er seine bei der Prüfung des IKS erlangten Kenntnisse einsetzen. Wurden etwa wesentliche Mängel in der Funktionsfähigkeit des Risikomanagementsystems festgestellt, begründet dies unweigerlich Zweifel an der Vollständigkeit und Richtigkeit des Risikoberichts.

In Bezug auf die Darstellung der voraussichtlichen Entwicklung hat der Prüfer nachzuvollziehen, ob die geplanten Daten realistisch sind und nicht bloße Wunschvorstellungen wiedergeben; eine insgesamt pessimistische Grundhaltung wird aber nicht gefordert (IDW RS HFA 1, Tz. 43).

Bei Vornahme von Schätzungen sind deren Art, ihr Zeithorizont und die vermuteten Ursache-Wirkungs-Zusammenhänge darzulegen und vom Prüfer zu kontrollieren. Der Angabe einwertiger Prognosen sollte vom Prüfer möglichst entgegengewirkt werden, da insoweit vielfach nur eine Scheingenauigkeit dargestellt wird. Zweckmäßiger ist die Angabe von komparativen Tendenzaussagen oder von Bandbreiten.

Sofern vom gesetzlichen Vertreter ein Prognosemodell verwendet wurde, ist dieses auf sachgerechte Anwendungsfähigkeit und richtige Handhabung zu prüfen.

Bei der Beschreibung der Chancen und Risiken muss der Prüfer vage Vermutungen bzw. verschleiernde, weitschweifige oder mehrdeutige Äußerungen beanstanden. Es ist zu prüfen, ob alle berichtspflichtigen Chancen und Risiken der künftigen Entwicklung zutreffend dargestellt worden sind. Insbesondere ist zu überwachen, dass über Risiken, die durch Chancen (über-)kompensiert werden, gleichwohl berichtet wird (IDW PS 350, Tz. 26).

Die Risikoberichterstattung muss in Einklang mit dem im Jahresabschluss vermittelten Bild stehen. So ist es nicht akzeptabel, wenn im Jahresabschluss von der *Going Concern*-Prämisse abgewichen wurde, aber der Risikobericht kein bestandsgefährdendes Risiko aufführt. Falls der Prüfer erhebliche Zweifel an der Unternehmensfortführung hat, sind folgende besonderen Prüfungshandlungen vorzunehmen:

KAPITEL VI
Nicht-jahresabschlussbezogene Prüfungsobjekte

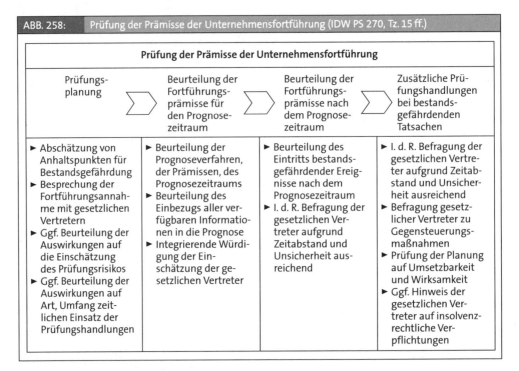

ABB. 258: Prüfung der Prämisse der Unternehmensfortführung (IDW PS 270, Tz. 15 ff.)

Im Falle einer Abkehr von der Prämisse der Unternehmensfortführung ergeben sich die in IDW RS HFA 17 dargestellten Auswirkungen auf den handelsrechtlichen Jahresabschluss und Lagebericht. Bei der Rechnungslegung einer werbenden Gesellschaft werden Bilanzansatz und Bewertung wesentlich durch den Grundsatz der periodengerechten Gewinnermittlung geprägt. Mit dem Wegfall der Fortführungsannahme tritt die Aufwands- und Ertragsperiodisierung in den Hintergrund. Das primäre Ziel der Rechnungslegung besteht nunmehr in der Feststellung des zum Abschlussstichtag vorhandenen Reinvermögens des Unternehmens unter Berücksichtigung des besonderen Umstands, dass die Beendigung des Geschäftsbetriebs absehbar ist.

Für den Bilanzansatz folgt daraus, dass nur noch bis zum Zeitpunkt der Beendigung des Geschäftsbetriebs verwertbare Vermögensgegenstände zu aktivieren und neben den bislang zu passivierenden Schulden auch solche Verpflichtungen zu berücksichtigen sind, die durch die Abkehr von der Prämisse der Unternehmensfortführung verursacht wurden.

Die Bewertung der Vermögensgegenstände hat unter Veräußerungsgesichtspunkten zu erfolgen. Danach sind Vermögensgegenstände des Anlagevermögens wie Umlaufvermögen zu bewerten, soweit ihre Veräußerung innerhalb eines übersehbaren Zeitraums beabsichtigt ist oder diese Vermögensgegenstände nicht mehr dem Geschäftsbetrieb dienen (vgl. IDW RS HFA 17, Tz. 3 f.).

Der Prüfer muss sich anhand von Plausibilitätsüberlegungen und Verprobungen davon überzeugen, dass die Ausführungen im Risikobericht kompatibel mit denjenigen zum Geschäftsverlauf und der Lage sind. Insbesondere ist die Wesentlichkeitsgrenze der Berichtspflicht über Risiken bei bedrohlicher Lage herabzusetzen.

Falls der Eintritt wesentlicher Annahmen nicht mit überwiegender Wahrscheinlichkeit zu erwarten ist, muss auch geprüft werden, ob zusätzlich alternative Betrachtungen und ihre Auswirkungen im Lagebericht darzustellen sind (Szenario-Analyse). Auch muss der Prüfer beanstanden, wenn bei wertenden Aussagen durch Darstellungsform und Wortwahl ein irreführendes Bild vermittelt wird. Dies ist insbesondere bei wirtschaftlichen Schwierigkeiten des Unternehmens geboten. In diesem Fall kommt der Realitätsnähe der kurz- und mittelfristigen Erfolgs- und Finanzplanung eine besondere Bedeutung zu.

Im Ergebnis stellt die Prüfung in weiten Teilen eine Plausibilitätsprüfung dar. Es ist jedenfalls unzweifelhaft nicht Aufgabe des Prüfers, eine eigene Risikoanalyse neben das vom Vorstand gezeichnete Bild zu setzen.

ABB. 259:	Checkliste zur Prüfung des Prognoseberichts
Prüfungskriterium	Prüfungsfrage (Beispiel)
Vollständigkeit	▶ Sind alle bedeutenden externen und internen Einflussfaktoren der voraussichtlichen Entwicklung berücksichtigt und aufgeführt worden? ▶ Wird zwischen Vermögens-, Finanz- und Ertragslage differenziert? ▶ Wird eine wertende Gesamtaussage bezüglich der Günstigkeit der voraussichtlichen Entwicklung für die Unternehmenstätigkeit abgegeben? ▶ Wird die Länge des Prognosezeitraums angegeben? ▶ Ist die Definition der Chancen und Risiken vertretbar? ▶ Erfolgt ihre angemessene Erläuterung und Beurteilung?
Richtigkeit	▶ Ist die Darstellung willkürfrei? Wird auf Aufblähungen/Beschönigungen verzichtet? ▶ Ist die Darstellung der Chancen und Risiken ausgewogen? ▶ Sind die zukunftsbezogenen Aussagen strukturiert, begründet und nachvollziehbar? ▶ Werden die den Aussagen zugrunde liegenden Annahmen verdeutlicht? ▶ Erfolgt die eventuell vorgenommene Quantifizierung von Angaben unter Verwendung anerkannter wissenschaftlicher Methoden und deren sachgerechter Anwendung?
Klarheit	▶ Werden die Chancen und Risiken angemessen kategorisiert? ▶ Wird die Darstellung der Chancen und Risiken klar getrennt; erfolgt insbesondere keine Saldierung? ▶ Wird bei prognostischen Aussagen klar auf deren Prognosecharakter hingewiesen?
Wesentlichkeit	▶ Sind alle wesentlichen Chancen und Risiken dargestellt? ▶ Werden alle entscheidungsrelevanten Informationen angegeben? ▶ Werden wesentliche von unwesentlichen Informationen klar getrennt?
Ausübung des Ermessens/Vorsicht	▶ Erfolgt eine Interessenabwägung zwischen Entscheidungsrelevanz und Erhebungskosten quantitativer Informationen? ▶ Hält sich die Ermessensausübung in vertretbaren Grenzen? ▶ Ist die Festlegung der Länge des Prognosezeitraums angemessen? ▶ Sind die zugrunde liegenden Annahmen plausibel und widerspruchsfrei? ▶ Werden realistische und keine Wunschvorstellungen vermittelt?

Quelle: In Anlehnung an *Kaiser*, DB 2005 S. 2311.

1.5 Sonstige Berichtsgegenstände

1.5.1 Vorgänge von besonderer Bedeutung nach Abschluss des Geschäftsjahres

Im Lagebericht sind **Vorgänge von besonderer Bedeutung** darzulegen, die nach Abschluss des Geschäftsjahres bis zur Aufstellung des Lageberichts bzw. Erteilung des Bestätigungsvermerks eingetreten sind. Unter Vorgängen sind sowohl Entwicklungen und Tendenzen als auch einzelne Geschäftsvorfälle zu subsumieren, die geeignet sind, das im Jahresabschluss gezeichnete Bild der Vermögens-, Finanz- und Ertragslage wesentlich zu verändern. Dies können sowohl günstige wie auch ungünstige Vorgänge sein, wobei den ungünstigen eine größere Bedeutung zukommen dürfte. Beispiele für berichtspflichtige Vorgänge sind etwa

▶ der Abschluss bedeutender Verträge (Verschmelzungs-, Kooperationsverträge),

▶ der Ausgang wesentlicher Prozesse,

▶ außerordentliche Schadensfälle oder

▶ der Eintritt bedeutender Verluste.

Für eine Grenzziehung der Wesentlichkeit gilt der Grundsatz, dass über die Vorgänge berichtet werden soll, die eine andere Lagedarstellung bewirkt hätten, wenn sie vor Abschluss des Geschäftsjahres eingetreten wären (IDW RS HFA 1, Tz. 38; analog DRS 15, Tz. 82). Stichtags- und Realisationsprinzip (§ 252 Abs. 1 Nr. 3 und 4 HGB) sind für die Berichterstattungspflicht unbeachtlich; auch über noch nicht abgeschlossene Vorgänge ist zu berichten.

Aufgrund der unvermeidlichen Unsicherheit der Darlegungen ist eine Quantifizierung der Auswirkungen berichtspflichtiger Vorgänge nicht gefordert, die Darstellung kann sich auf verbale, komparative Angaben beschränken.

1.5.2 Forschung und Entwicklung

Die Angaben zur **Forschung und Entwicklung** sollen die Gesamtheit der systematisch geplanten Aktivitäten umfassen, die auf die Gewinnung neuer wissenschaftlicher oder technischer Erkenntnisse und Erfahrungen gerichtet sind (IDW RS HFA 1, Tz. 45). Berichtet werden soll über die Anwendung und Verwertung der gewonnenen Forschungsergebnisse in Bezug auf eine Umsetzung in neue Produkte oder eine Verbesserung von Werkstoffen, Vorrichtungen, Verfahren, Produkten, Dienstleistungen oder Systemen, so etwa unter Aufführung der

▶ wesentlichen Tätigkeitsschwerpunkte und Ergebnisse der FuE (z. B. Produkt- und Prozessinnovationen),

▶ absoluten und relativen Gesamtaufwendungen für FuE (z. B. in % der Umsatzerlöse, Mehrperiodenvergleich),

▶ Anzahl der in der FuE beschäftigten Mitarbeiter,

▶ von Dritten oder staatlichen Stellen erhaltenen Zuwendungen oder Zuschüsse,

▶ Lizenzeinnahmen, Kooperations- oder überbetriebliche FuE-Projekte.

Hierbei genügt eine integrierende Gesamtdarstellung, eine gesonderte Darstellung auf Basis einzelner FuE-Projekte kann nicht gefordert werden. Außerdem gelten folgende Berichtsgrundsätze (analog DRS 15, Tz. 40 ff.):

▶ Angabepflichtig ist nicht nur die interne FuE, sondern auch die von Seiten Dritter für Zwecke des eigenen Geschäftsbetriebs durchgeführte FuE. Demgegenüber ist eigene Auftragsforschung für Dritte nicht angabepflichtig, nur diejenige für Zwecke des eigenen Geschäftsbetriebs.

- Bei Unterlassung oder Aussetzung gleichwohl branchenüblicher FuE-Tätigkeit ist dies zu vermerken und ggf. als Risiko der künftigen Entwicklung gesondert zu erläutern. Ist eine FuE-Tätigkeit nicht branchenüblich, so genügt die Angabe einer Fehlanzeige.

- Über Geschäfts- und Betriebsgeheimnisse braucht nicht berichtet zu werden, soweit der Gesellschaft durch eine Veröffentlichung erheblicher Schaden zugefügt würde.

1.5.3 Zweigniederlassungen

Eine **Zweigniederlassung** stellt eine dauerhafte, räumlich von der Hauptniederlassung getrennte Einrichtung dar, die mit personeller und organisatorischer Eigenständigkeit im Rahmen der Unternehmenstätigkeit wie ein selbständiges Unternehmen am Geschäftsverkehr teilnimmt (IDW RS HFA 1, Tz. 48). Diesbezüglich sind anzugeben bzw. zu erläutern

- Belegenheitsorte der wesentlichen in- und ausländischen Zweigniederlassungen,
- die Zugehörigkeit zum Stammhaus verdeckende Firmierungen,
- wesentliche Veränderungen gegenüber dem Vorjahr (Neugründungen, Schließungen, Verlegungen),
- wirtschaftliche Eckdaten bedeutender Zweigniederlassungen (z. B. Umsatzerlöse, Auftragseingänge, Mitarbeiter, Investitionen).

1.5.4 Vergütungsbericht

Börsennotierte AGs haben gem. § 289 Abs. 2 Nr. 5 HGB einen sog. **Vergütungsbericht** zu erstatten. Dieser enthält die Grundzüge des Vergütungssystems der Gesellschaft in Bezug auf die in § 285 Satz 1 Nr. 9 HGB genannten Gesamtbezüge, insbesondere

- Grundzüge der Vergütungspolitik und der Vertragsgestaltung mit Organmitgliedern (Dauer, Kündigungsfrist, Abfindungen, Versorgungszusagen),
- Form (Geld-, Sachleistungen), Struktur (variable und fixe Komponenten) und Höhe der Vergütung,
- Parameter der Erfolgsabhängigkeit,
- Bedingungen für Erhalt und Ausübung von Aktienoptionen,
- wesentliche Änderungen gegenüber dem Vorjahr.

Die im Lagebericht nach § 289 Abs. 2 Nr. 5 HGB geforderten Angaben gehen über diejenigen für den Anhang nach § 285 Satz 1 Nr. 9 HGB hinaus. Ziel ist es, den Kapitalmarktteilnehmern eine bessere Transparenz in Bezug auf börsennotierte AG zu verschaffen und sie in die Lage zu versetzen, sich ein Urteil über das Vergütungssystem für den Vorstand zu bilden.

Sofern die Angaben laut § 285 Satz 1 Nr. 9a) HGB ebenfalls in den Vergütungsbericht aufgenommen werden, können sie im Anhang unterbleiben.

1.5.5 Nicht-finanzielle Leistungsindikatoren

Große Kapitalgesellschaften i. S. des § 267 Abs. 3 HGB müssen gemäß § 289 Abs. 3 HGB Angaben zu **nicht-finanziellen Leistungsindikatoren** machen, z. B. zu Umwelt- und Arbeitnehmerbelangen, soweit sie für das Verständnis von Geschäftsverlauf und Lage erforderlich sind. Die amtliche Begründung zum BilReG nennt in diesem Zusammenhang auch die Entwicklung des Kundenstamms und des Humankapitals (analog DRS 15, Tz. 32). Eine Messbarkeit der Indikatoren ist nicht Voraussetzung, maßgebend für die Sinnhaftigkeit ist vielmehr ihre branchenbezogene Vergleichbarkeit.

Inhalte eines **Umweltberichts** können z. B. Umweltschutzstrategien und diesbezügliche konkrete Maßnahmen oder die Darstellung einer Umweltbilanz unter Angabe von Energie-, Material- und Wasserverbrauch, Emissionen bzw. Abfallentsorgung sein. Weiter kann über auf dem Gebiet des Umweltschutzes erzielte Fortschritte berichtet werden.

Im Rahmen eines **Sozialberichts** lassen sich Personalführungs- und -entwicklungsstrategien, Fortbildungssysteme, Arbeits- und Gesundheitsschutz oder soziale Grundsätze aufführen (vgl. *Deussen*, StuB 2007 S. 800).

Außerdem können Informationen über Kunden- und Lieferantenbeziehungen, Organisations- und Verfahrensvorteile sowie Standortfaktoren dargelegt werden (vgl. hierzu Arbeitskreis „Immaterielle Werte im Rechnungswesen" der Schmalenbach-Gesellschaft für Betriebswirtschaft e.V., DB 2001 S. 989 ff.). Je nach Bedeutung für das Geschäftsmodell eignen sich auch Angaben zur gesellschaftlichen Reputation, zum Umfang des Sponsoring oder sonstiger karitativer Zuwendungen für eine Veröffentlichung.

IDW RH HFA 1.1007, Tz. 12 empfiehlt folgende ergänzende Angaben:

ABB. 260:	Nicht-finanzielle Leistungsindikatoren	
Umweltbelange	**Arbeitnehmerbelange**	**Sonstige Angaben**
▶ Emissionswerte ▶ Material- und Energieverbrauch ▶ Entsorgung ▶ Durchführung eines Umwelt-Audit ▶ Sonstige Umweltschutzprogramme	▶ Fluktuation ▶ Betriebszugehörigkeit ▶ Vergütungsstrukturen ▶ Ausbildungsstrukturen ▶ Fortbildungsmaßnahmen ▶ Interne Förderungsmaßnahmen	▶ Kundenkreis und dessen Zusammensetzung ▶ Kundenzufriedenheit ▶ Lieferantenbeziehungen ▶ Patentanmeldungen ▶ Produktqualität

Quelle: IDW RH HFA 1.1007, Tz. 12.

1.5.6 Übernahmerechtliche Angaben und Erläuterungen

AG und KGaA, die einen organisierten Markt i. S. des § 2 Abs. 7 Wertpapiererwerbs- und Übernahmegesetz (WpÜG) durch von ihnen ausgegebene stimmberechtigte Aktien in Anspruch nehmen, haben gemäß § 289 Abs. 4 HGB im Lagebericht anzugeben:

▶ die Zusammensetzung des gezeichneten Kapitals; bei verschiedenen Aktiengattungen sind für jede Gattung die damit verbundenen Rechte und Pflichten und der Anteil am Gesellschaftskapital anzugeben;

- Beschränkungen, die Stimmrechte oder die Übertragung von Aktien betreffen, auch wenn sie sich aus Vereinbarungen zwischen Gesellschaftern ergeben können, soweit sie dem Vorstand der Gesellschaft bekannt sind;
- direkte oder indirekte Beteiligungen am Kapital, die 10 % der Stimmrechte überschreiten;
- die Inhaber von Aktien mit Sonderrechten, die Kontrollbefugnisse verleihen; die Sonderrechte sind zu beschreiben;
- die Art der Stimmrechtskontrolle, wenn Arbeitnehmer am Kapital beteiligt sind und ihre Kontrollrechte nicht unmittelbar ausüben;
- die gesetzlichen Vorschriften und Bestimmungen der Satzung über die Ernennung und Abberufung der Mitglieder des Vorstands und über die Änderung der Satzung;
- die Befugnisse des Vorstands insbesondere hinsichtlich der Möglichkeit, Aktien auszugeben oder zurückzukaufen;
- wesentliche Vereinbarungen der Gesellschaft, die unter der Bedingung eines Kontrollwechsels infolge eines Übernahmeangebots stehen, und die hieraus folgenden Wirkungen; die Angabe kann unterbleiben, soweit sie geeignet ist, der Gesellschaft einen erheblichen Nachteil zuzufügen;
- Entschädigungsvereinbarungen der Gesellschaft, die für den Fall eines Übernahmeangebots mit den Mitgliedern des Vorstands oder Arbeitnehmern getroffen sind,

vgl. hierzu auch den Deutschen Rechnungslegungsstandard DRS 15a.

Die Angaben dienen dazu, die Kapitalmarktteilnehmer über die **Struktur** des Aktienkapitals nach Gattungen und die mit einem Erwerb von Anteilen einer jeglichen Gattung verbundenen **Rechte** in Kenntnis zu setzen. Potenzielle Investoren können aus den Angaben ggf. ein „Ranking" der Anlagen entwickeln, z. B. aufgrund vor- oder nachrangiger Vergütungsansprüche für die Hingabe von Kapital.

Die Angaben zum **Anteilsbesitz** und zu mit ihm ggf. verbundenen **Kontrollrechten** sollen es den Adressaten ermöglichen, die Wahrscheinlichkeit einer Übernahme des Unternehmens und die damit für sie ggf. verbundenen Rechtsfolgen abzuschätzen. Weiterhin sollen konkrete Vereinbarungen für den Fall eines Übernahmeangebots offengelegt werden. Insoweit sollen die Kapitalmarktteilnehmer die mit einem Investment verbundenen Risiken bei einer späteren Übernahme einschätzen können.

Schließlich sind die Befugnisse des Vorstands hinsichtlich einer **Variation** des gezeichneten Kapitals darzulegen. Der Anleger kann insoweit die Gefahren einer Verwässerung bzw. Verdichtung des Absolutwerts seines Anlagekapitals beurteilen.

Im Ergebnis dienen die anzugebenden Informationen sämtlich der Transparenz des Kapitalmarkts und dem Anlegerschutz.

1.5.7 Wesentliche Merkmale des rechnungslegungsbezogenen internen Kontroll- und Risikomanagementsystems

Kapitalmarktorientierte Kapitalgesellschaften i. S. des § 264d HGB haben im Lagebericht die **wesentlichen Merkmale des internen Kontroll- und des Risikomanagementsystems** im Hinblick auf den Rechnungslegungsprozess zu beschreiben (§ 289 Abs. 5 HGB).

In der amtlichen Begründung zum BilMoG wird zwar ausgeführt, dass insoweit weder die Einrichtung noch die inhaltliche Ausgestaltung eines internen Kontrollsystems oder Risikomanagementsystems im Hinblick auf den Rechnungslegungsprozess vorgeschrieben wird. Zu berücksichtigen ist allerdings die verpflichtende und weitergehende Vorschrift des § 91 Abs. 2 AktG. Herrschende Meinung ist, dass die formal nur für Vorstände von AGs geltende Pflicht auf Geschäftsführer anderer Gesellschaftsformen analog anzuwenden ist, wenn Größe und Komplexität des Geschäftsbetriebs dies erfordern. Dies dürfte bei kapitalmarktorientierten Gesellschaften regelmäßig anzunehmen sein, so dass die Anmerkung des Gesetzgebers ins Leere läuft.

Es sind die **wesentlichen Merkmale** des vorhandenen Internen Kontroll- und Risikomanagementsystems – mithin die Strukturen und Prozesse – im Hinblick auf den Rechnungslegungsprozess zu beschreiben. Die Beschreibung muss es den Abschlussadressaten erlauben, eine integrierende Würdigung des Internen Kontroll- und Risikomanagementsystems im Hinblick auf den Rechnungslegungsprozess vornehmen zu können. Dies sind insbesondere die Grundsätze, Verfahren und Maßnahmen zur Sicherung der Wirksamkeit der Rechnungslegung und der Einhaltung der maßgeblichen rechtlichen Vorschriften. In diesem Rahmen sollte auch auf die Grundeinstellung der Geschäftsführung zum Eingehen von Risiken eingegangen werden.

Die amtliche Gesetzesbegründung stellt klar, dass zum IKS im Hinblick auf den Rechnungslegungsprozess auch das Interne Revisionssystem gehört, soweit es auf die Rechnungslegung ausgerichtet ist.

Besteht **kein** Internes Kontroll- und Risikomanagementsystem, ist dies anzugeben. Wie ausgeführt, ist dies formal nur für kapitalmarktorientierte Nicht-AG denkbar, aber materiell selbst dort abzulehnen. Der Gesetzgeber verfolgt offenbar eine zur *Corporate Governance*-Erklärung analoge *Signalling*-Regel i. S. eines *„comply or explain"*. Eine dem Gesetzeswortlaut nach zwar zulässige „Fehlanzeige" dürfte für die betreffenden Unternehmen nachteilige Imagewirkungen bei potenziellen Investoren induzieren.

Ausführungen zur Einschätzung der **Effektivität** des internen Kontroll- und Risikomanagementsystems sind nicht erforderlich. Nach Ansicht des Gesetzgebers zwingt bereits die Systembeschreibung die Geschäftsführung zu einer Auseinandersetzung mit der Frage nach dessen Effektivität. Dies gilt umso mehr, als die unzureichende Einrichtung eines Internen Kontroll- und Risikomanagementsystems die Möglichkeit einer Sorgfaltspflichtverletzung seitens der Geschäftsführungsorgane bergen kann.

Die Beschreibung ist nicht auf das gesamte IKS und das gesamte Interne Risikomanagementsystem auszudehnen, sondern beschränkt sich auf den **Rechnungslegungsprozess**. Die Beschränkung bezweckt, durch Angaben zu dem nicht rechnungslegungsbezogenen Teil des Systems möglicherweise berechtigte schutzwürdige Interessen der Unternehmen nicht zu gefährden.

Nach Ansicht des Gesetzgebers hat das Interne Risikomanagementsystem im Hinblick auf den Rechnungslegungsprozess im Vergleich zu dem IKS eine eher untergeordnete Bedeutung. Die Bedeutung des Internen Risikomanagementsystems kommt im Hinblick auf den Rechnungslegungsprozess aber regelmäßig dann zum Tragen, wenn ein Unternehmen Risikoabsicherungen betreibt, die eine handelsbilanzielle Abbildung finden. Es ist zu erwarten, dass sich die Beschreibung in erster Linie auf das Interne Risikomanagementsystem beschränkt, mit dem die in der Rechnungslegung abzubildenden Bewertungseinheiten überwacht und gesteuert werden.

Hier besteht zunächst die begriffliche Unklarheit in der Weise, dass Kontroll- und Risikomanagementsystem nebeneinander genannt werden. Nach herrschender Meinung bildet das Risikomanagement aber das Obersystem und das Kontrollsystem ein Teilelement dessen (vgl. auch die Ausführungen in Kapitel VI.2.).

Weiter scheint eine Trennung zwischen rechnungslegungsbezogenem und nicht rechnungslegungsbezogenem Kontroll- und Risikomanagementsystem problematisch, da sich auch scheinbar nicht rechnungslegungsbezogene Risiken, etwa leistungswirtschaftliche, wenigstens in nachfolgenden Perioden in der Bilanz als Vermögensminderungen oder/und erhöhte Aufwendungen in Buchführung und Jahresabschluss niederschlagen; insoweit wird das mit dem Risikomanagementsystem verfolgte Ziel einer Frühwarnung ad absurdum geführt.

Um eine doppelte Berichterstattung im Lagebericht zu vermeiden, können die Angaben zum Internen Risikomanagementsystem nach § 289 Abs. 5 HGB – auch ohne dass dies ausdrücklich gesetzlich geregelt wird – mit den Angaben nach § 289 Abs. 2 Nr. 2 HGB zu einem einheitlichen „Risikobericht" zusammengefasst werden (vgl. auch IDW PS 350, Tz. 19b).

1.5.8 Prüfungshandlungen

Die Darstellung der wesentlichen Vorgänge nach dem Abschlussstichtag wird mittels

- Durchsicht von Zwischenberichten (Monats- und Quartalsberichten),
- Durchsicht von Protokollen über Sitzungen der Gesellschaftsorgane,
- Befragungen der Geschäftsführung und anderer Auskunftspersonen,
- Durchsicht von Berichten der Internen Revision,
- Durchsicht der Aufwendungen für Rechtsberatung und andere Sachverständige zwecks Erlangung von Hinweisen auf wichtige Verträge, Prozesse oder sonstige Ereignisse sowie
- Beschaffung von Informationen über den Stand schwebender Geschäfte bzw. den Stand der steuerlichen Außenprüfung

nachvollzogen (IDW PS 350, Tz. 27).

Die Darlegungen zur Forschung und Entwicklung werden anhand von Organigrammen, Abteilungsberichten, Kostenstellenplänen und Betriebsabrechnungsbögen, internen Planungs- und Kontrollrechnungen und sonstigen Auswertungen überprüft. Für die Begutachtung des Zweigniederlassungsberichts werden Handelsregisterauszüge, Satzungen, Gesellschaftsverträge und Organisationspläne herangezogen. Die Kontrolle des Vergütungsberichts erfolgt unter Durchsicht und Analyse der Anstellungsverträge und dazugehöriger schriftlicher Vereinbarungen, Personalakten und sonstiger Unterlagen der Personalabteilung sowie der Gehaltsbuchhaltung.

Hinsichtlich der Darstellung nicht-finanzieller Leistungsindikatoren hat der Prüfer die entsprechenden Primärdaten zu sichten, z. B. Personalbuchhaltung und -statistik, Controllingberichte und -auswertungen, Produktionsstatistiken, Auswertungen zum Materialverbrauch und zum Ausschuss, Abrechnungen des Energieverbrauchs, etc. Die Prüfung stellt in weiten Teilen eine Plausibilitätsprüfung dar, die auf Nachverfolgbarkeit und Konsistenz der Datengewinnung und -aufbereitung sowie eine schlüssige und vertretbare Interpretation der Datenlage durch die gesetzlichen Vertreter gerichtet ist.

In analoger Weise sind bei der Prüfung der Angaben nach § 289 Abs. 4 HGB die Satzung und sie ergänzende Bestimmungen, Handelsregisterauszüge, Protokolle der Haupt- bzw. Gesellschafterversammlung sowie Sitzungsprotokolle des Vorstands und Aufsichtsrats heranzuziehen. Die Prüfungshandlungen werden aufgrund der Identität der Prüfungsnachweise zweckmäßigerweise im Rahmen der Prüfung des Eigenkapitals vorgenommen (vgl. hierzu Kapitel V.6.).

Bei der Prüfung der Angaben zum rechnungslegungsbezogenen Kontroll- und Risikomanagementsystem ist zu beurteilen, ob die Darstellung der wesentlichen Grundsätze, Regelungen und Maßnahmen jedenfalls in integrierender Würdigung ein zutreffendes Bild von den tatsächlichen Verhältnissen im Unternehmen vermittelt. Geeignete Prüfungshandlungen bestehen in der

- Durchsicht der internen Organisationsrichtlinien für das Finanz- und Rechnungswesen,
- Durchsicht von Berichten des Controllings oder Risikomanagements,
- Durchsicht von Prüfungsprogrammen oder Arbeitspapieren der Internen Revision,
- Beobachtung und Nachvollzug der Einhaltung der internen Richtlinien und Kontrollmaßnahmen,
- ggf. zusätzlichen Durchführung stichprobenartiger Einzelfallprüfungen (IDW PS 350, Tz. 31).

Der Abschlussprüfer hat schließlich darauf zu achten, dass sich die von den gesetzlichen Vertretern abzugebende Vollständigkeitserklärung auch auf den Lagebericht und alle hierin eingeschlossenen Angaben einschl. derjenigen zu Vorgängen von besonderer Bedeutung nach dem Abschlussstichtag bezieht (IDW PS 350, Tz. 28).

2. Prüfung des Risikofrüherkennungssystems

2.1 Rechtliche Grundlagen und Aufgaben des Risikofrüherkennungssystems

§ 91 Abs. 2 AktG verpflichtet den Vorstand einer AG zur Einrichtung eines **Überwachungssystems**, damit „den Fortbestand der Gesellschaft gefährdende Entwicklungen früh erkannt werden". Die im Rahmen des KonTraG eingefügte Vorschrift hat **deklaratorischen Charakter** und konkretisiert nur die seit jeher bestehende Obliegenheit des Vorstands zur Einrichtung eines angemessenen Risikomanagements und einer angemessenen Internen Revision im Rahmen seiner Leitungsaufgaben (§§ 76 Abs. 1, 93 Abs. 1 AktG).

Die Neuregelung erfolgte mit dem Ziel der Vermeidung von Unternehmensschieflagen durch Beseitigung von Fehlsteuerungen der Innenorganisation. Ausdrücklich wird in der amtlichen Gesetzesbegründung die Regelung nicht auf die AG beschränkt, sondern auf andere Rechtsformen je nach Größe und Komplexität des Geschäftsbetriebs ausgeweitet. Sie strahlt somit auf den Pflichtenrahmen der Geschäftsführer anderer Gesellschaftsrechtsformen aus (IDW PS 340, Tz. 1). Dies betrifft insbesondere die GmbH (§ 43 Abs. 1 GmbHG) und die Genossenschaft (§ 34 Abs. 1 Satz 1 GenG), da dort die Sorgfaltspflichten der Geschäftsführer analog zur AG kodifiziert sind.

Bei der **Abschlussprüfung einer börsennotierten AG** ist nach § 317 Abs. 4 HGB zu beurteilen, ob der Vorstand die ihm nach § 91 Abs. 2 AktG obliegenden Maßnahmen in geeigneter Weise getroffen hat und das danach einzurichtende Überwachungssystem seine Aufgaben erfüllen kann. Somit sind Prüfungsobjekte sowohl das System als auch dessen Überwachung.

Sofern der Prüfer in diesem Rahmen wesentliche Negativfeststellungen erhebt, dürften sich unmittelbare Rückwirkungen auf die Ordnungsmäßigkeit der **Lageberichterstattung** nach § 289 Abs. 1 Satz 4 HGB ergeben. Bestandsgefährdende Risiken, die dazu führen, dass die Geschäftsleitung nicht mehr von der Prämisse der Unternehmensfortführung ausgehen kann, sind in der Lageberichterstattung gesondert unter Nennung der Gründe bzw. Anhaltspunkte darzustellen.

Im Umkehrschluss besteht über die börsennotierte AG hinaus rechtsformunabhängig eine **mittelbare Prüfungspflicht** des Risikofrüherkennungssystems im Rahmen

▶ der Prüfung der Annahme der Unternehmensfortführungsprämisse (IDW PS 270),
▶ der Darstellung der Chancen und Risiken der künftigen Entwicklung im Lagebericht (IDW PS 350) und
▶ der Berichterstattung über wesentliche Merkmale des (rechnungslegungsbezogenen) Risikomanagementsystems gemäß § 289 Abs. 5 HGB;

da ohne ein solches funktionsfähiges System das Unternehmen nicht in der Lage sein dürfte, berichtspflichtige Risiken vollständig und richtig im Lagebericht zu erfassen.

Das Risikofrüherkennungssystem stellt ein **Instrument ordnungsmäßiger Geschäftsführung** i. S. der §§ 53 HGrG, 53 GenG dar (vgl. IDW PS 720, Tz. 20, Fragenkreis 4) und ist als solches obligatorischer Gegenstand der Abschlussprüfung der öffentlichen Unternehmen und Genossenschaften.

Die Prüfungspflicht in Bezug auf Angaben zu Risiken und zum Risikomanagement wurde im Rahmen jeder in den letzten Jahren umgesetzten HGB-Novellierung erweitert. Im Einzelnen sind zu prüfen:

ABB. 261: Eskalation der Berichterstattung und Prüfung zu Risiken und zum Risikomanagementsystem

Risiko- und risikomanagementbezogene Prüfungsgegenstände			
Mittelgroße und große Kapitalgesellschaften i. S. des § 267 Abs. 2 und 3 HGB	Kapitalmarktorientierte Kapitalgesellschaften i. S. des § 264d HGB	Börsennotierte AG	Genossenschaften und öffentliche Unternehmen
▶ Beurteilung der voraussichtlichen Entwicklung mit ihren wesentlichen Chancen und Risiken (§ 289 Abs. 1 Satz 4 HGB) ▶ Angaben zu Risikomanagementzielen und -methoden; Darstellung der Risiken beim Einsatz von Finanzinstrumenten (§ 289 Abs. 2 Nr. 2a) und b) HGB) i. V. mit § 317 Abs. 2 Satz 2 HGB	▶ Angaben zu wesentlichen Merkmalen des rechnungslegungsbezogenen Kontroll- und Risikomanagementsystems (§ 289 Abs. 5 HGB i. V. mit § 317 Abs. 2 Satz 1 HGB)	▶ Erfüllung der Verpflichtungen nach § 91 Abs. 2 AktG ▶ Feststellung, ob das eingerichtete System seine Aufgaben erfüllen kann (§ 317 Abs. 4 HGB)	▶ Einrichtung eines Risikomanagementsystems einschließlich Reaktion des Leitungsorgans auf festgestellte Risiken (Geschäftsführungsprüfung, § 53 GenG, § 53 HGrG)

2.2 Risikofrüherkennungssystem

2.2.1 Begriff

Ein **Risiko** wird als „Möglichkeit ungünstiger künftiger Entwicklungen, die mit einer erheblichen, wenn auch nicht notwendigerweise überwiegenden Wahrscheinlichkeit erwartet werden", definiert (IDW RS HFA 1, Tz. 29).

Als **Risikofrüherkennungssystem** oder auch **Risikomanagementsystem** wird „die Gesamtheit aller organisatorischen Regelungen und Maßnahmen zur Risikoerkennung und zum Umgang mit den Risiken unternehmerischer Betätigung" bezeichnet (IDW PS 340, Tz. 4). Diese können abzielen auf

► eine Risikobewältigung (z. B. Risikovermeidung, Risikoverminderung, Risikotransfer auf Dritte) oder

► eine Risikoakzeptanz (Inkaufnahme eines Risikos).

Theoretischer Rahmen und praktische Ausgestaltung des Risikomanagements sind nicht neu. Dessen ursprüngliches Ziel bestand vorrangig in der Optimierung des betrieblichen Versicherungsschutzes mit Fokus auf **elementare bzw. versicherbare Risiken** (z. B. Feuer-, Diebstahl- und Haftpflichtrisiken), die nur Verlustgefahren induzieren.

Das Risikomanagement i. w. S. bezieht auch **spekulative oder unternehmerische Risiken** ein, die Verlustmöglichkeiten und Gewinnchancen bergen. Zweck eines derart verstandenen Risikomanagements ist die Erfassung, Analyse und Beeinflussung der Gesamtrisikolage des Unternehmens, damit der Bestand der Unternehmung jederzeit gewährleistet bleibt.

Nach *Lück* (DB 1998 S. 8 ff.) besteht das Risikofrüherkennungssystem aus den drei **Komponenten (Subsystemen)** Frühwarnsystem, Controlling und Internes Überwachungssystem. Hier werden sprachliche Ungenauigkeiten deutlich, denn die Vorschriften des AktG und HGB bezeichnen das Obersystem als „Überwachungssystem", während das IDW und Teile des Fachschrifttums das Überwachungssystem als Subsystem des Risikofrüherkennungssystems auffassen (IDW EPS 261 n. F., Tz. 19 ff.). Auf die hieraus resultierende Inkonsistenz zur Terminologie in Kapitel III.4. wird hingewiesen.

Die Begriffsverwirrung wird durch die mit BilMoG in § 289 Abs. 5 HGB eingeführte Formulierung komplettiert, derzufolge Internes Kontroll- und Risikomanagementsystem nebeneinander aufgeführt werden.

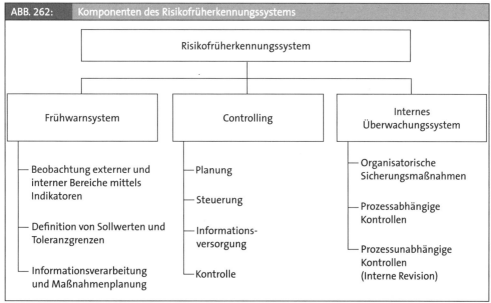

Quelle: *Lück*, DB 1998 S. 9 f.

2.2.2 Komponenten

Ziel der Regelungen nach § 91 Abs. 2 AktG ist die frühzeitige Erkennung bestandsgefährdender Entwicklungen durch die zuständigen Entscheidungsträger und die Ergreifung geeigneter Maßnahmen zur Risikoabwehr. Aus diesem Grund stellt das **Frühwarnsystem** das **wesentliche Element** des Risikofrüherkennungssystems dar.

Frühwarnsystem

Die Frühwarnung dient der Identifikation und Operationalisierung zukünftiger Entwicklungen und Ereignisse, die wesentliche Bedeutung für den Fortbestand eines Unternehmens haben können. Da existenzbedrohende Krisensituationen häufig unvorhersehbar aus Konstellationen entstehen, die in der Vergangenheit als relativ stabil anzusehen waren, kommt es auf die Flexibilität derartiger Systeme an.

Der Aufbau eines Frühwarnsystems erfolgt in den typischen Schritten:

ABB. 263:	Stufen des Aufbaus von Frühwarnsystemen
Stufe	Inhalt
1	Festlegung von Beobachtungsbereichen
2	Bestimmung der Frühwarnindikatoren
3	Ermittlung von Sollwerten und Toleranzgrenzen je Frühwarnindikator
4	Festlegung der Informationsverarbeitung

Quelle: *Lück*, DB 1998 S. 11 f.

Relevante **Beobachtungsbereiche** werden durch den Absatzbereich als Ganzes oder durch einzelne Produktbereiche gebildet, daneben durch die Funktionsbereiche wie Beschaffung, Produktion oder Logistik. Neben den innerbetrieblichen sind auch unternehmensexterne Beobachtungsbereiche zu identifizieren.

Die nähere Spezifikation der Beobachtungsbereiche kann mit Hilfe der bekannten strategischen Planungsmethoden PEST-Analyse und SWOT-Analyse realisiert werden. Die **PEST-Analyse** identifiziert und analysiert für das Unternehmen relevante Umfeldentwicklungen sowie Marktstrukturen und Marktverhalten auf dem Absatzmarkt mit dem Ziel einer Operationalisierung der hieraus resultierenden Chancen und Risiken. Die **SWOT-Analyse** stellt eine Stärken-Schwächen-Analyse in Bezug auf den bedeutendsten Konkurrenten über die gesamte Wertkette und diesbezüglicher kritischer Erfolgsfaktoren dar (auf die Darstellung in Kapitel III.3. wird verwiesen).

Eine mögliche Klassifikation von Beobachtungsbereichen weist folgende Struktur auf:

ABB. 264:	Beobachtungsbereiche der Frühwarnung
Bereiche	Klassifikation
Allgemeine externe	▶ Politische Einflussfaktoren (Wahltermine, Wahlprogramme, Steuerpolitik) ▶ Gesamtwirtschaftliche Einflussfaktoren (Wirtschaftswachstum, Investitionen) ▶ Soziale Einflussfaktoren (Demographie, Wertewandel, Ökologie) ▶ Technologische Einflussfaktoren (Produkt- und Verfahrensinnovationen)
Marktbezogene externe	▶ Beschaffungsmarktbezogene Einflussfaktoren (Rohstoffverfügbarkeit, Preise) ▶ Absatzmarktbezogene Einflussfaktoren (Auftragseingänge, Preise, Export) ▶ Kapitalmarktbezogene Einflussfaktoren (Zinsen, Wechselkurse)
Interne	▶ Geschäftsführungsbezogene Einflussfaktoren (Geschäftsführungsinstrumentarium, Organisations- und Führungssystem, Rechtsform, Standort) ▶ Ressourcenbezogene Einflussfaktoren (Personal, Anlagen, Finanzen, IT) ▶ Funktionsbezogene Einflussfaktoren (Forschung und Entwicklung, Beschaffung, Logistik, Produktion, Vertrieb)

Jedem Beobachtungsbereich sind **Frühwarnindikatoren** – meist Kennzahlen oder Kennzahlsysteme – zuzuordnen, die frühzeitig Gefährdungen signalisieren sollen, z. B.

▶ **Beschaffung/Materialwirtschaft**: Marktstruktur und Konzentration der wichtigsten Beschaffungsmärkte, Versorgungslage, Engpässe, Substitutionsmöglichkeiten, Lagerreichweite, Fehler- bzw. Schwundquote, Termintreue, Zahlungsbedingungen, Stand der Einführung von Qualitätssicherungssystemen in Lager und Logistik;

▶ **Personal**: Altersstruktur, Betriebszugehörigkeitsdauer, Fluktuationsrate, Fehlzeiten, Krankenstand, Qualifikationsstruktur, Weiterbildungsumfang, Zufriedenheitsgrad;

▶ **Produktion**: Altersstruktur der Anlagen, technischer Stand, Wartungsrhythmen, Instandhaltungs- und Ausfallkosten, Ausschussquote, Auslastungsgrad, Durchlaufzeiten, Termintreue;

▶ **Absatz**: Entwicklung von Umsätzen und Marktanteilen, Verteilung der Auftragsgrößen, Umsätze pro Beschäftigten, Lieferbereitschaft, Servicegrad, Reklamationsquote, Wiederkaufrate, Stammkundenquote, Produktinnovationsrate.

Anschließend werden **Sollwerte** und **Toleranzgrenzen** anhand betrieblicher Erfahrungswerte festgelegt, bei deren Überschreitung eine Warnmeldung („Alarmsignal") erfolgt. In diesem Fall sind Informationen weiterzuleiten, um eine weitere Bündelung auf einer höheren Informationsebene oder eine Entscheidung bzw. Reaktion herbeizuführen. Dies erfordert die Festlegung standardisierter Regeln über die Aufnahme, Verarbeitung und Weiterleitung relevanter Informationen und die Überwachung ihrer durchgängigen Einhaltung.

Controlling

Unabdingbare Voraussetzung für eine sachgerechte Erfassung und Beurteilung der Risiken ist ein funktionsfähiges **Controlling**. Es gewährleistet die Fähigkeit zur Reaktion, Anpassung und Koordination des Unternehmens gegenüber auftretenden Risiken.

Das Controlling umfasst die Gesamtheit der Teilaufgaben der Planung, Steuerung, Kontrolle und der koordinierenden Informationsversorgung (sog. „**Aktivitäten-Viereck**") und beinhaltet nicht nur Kontrolle i. e. S. („*to control* = steuern"). Vielmehr handelt es sich um ein Konzept der ziel- und ergebnisorientierten Unternehmensführung mittels Planung, Information, Organisation und Kontrolle.

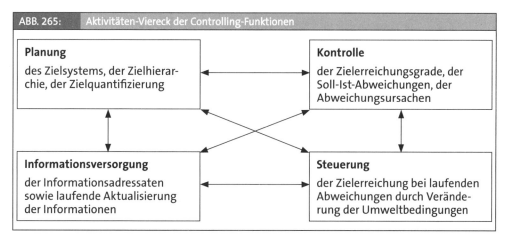

ABB. 265: Aktivitäten-Viereck der Controlling-Funktionen

Für das leitende Management kommt dem Controlling eine unterstützende, aber nicht ersetzende Funktion zu. Ihm obliegt eine Dienstleistungsfunktion mit dem Ziel, die Unternehmensführung bei der Wahrnehmung der planenden, steuernden, koordinierenden und kontrollierenden Aufgaben zu beraten. Insbesondere liefert es betriebswirtschaftliche Informationen sowie periodische und ad hoc-Berichte über Erfolg, Fortschritte und Auswirkungen der implementierten Maßnahmen.

Der Kosten- und Leistungsrechnung als Kernelement des Controllings sind z. B. folgende risikorelevanten Informationen zu entnehmen:

ABB. 266:	Risikorelevante Informationen der Kosten- und Leistungsrechnung
Betriebsabrechnung	▶ Ist- und Normalzuschlagssätze für die Gemeinkosten zur Vor- und Nachkalkulation ▶ Über- bzw. Unterdeckung von Kostenstellenbudgets zur Wirtschaftlichkeitskontrolle ▶ Verrechnungspreise zur Kontrolle der Marktfähigkeit interner Leistungsbereiche
Kostenträgerrechnung	▶ Kostendeckungsgrad bzw. Gewinnspanne am Markt erbrachter Leistungen ▶ Informationen zur Vorteilhaftigkeitsanalyse des Leistungsprogramms
Deckungsbeitragsrechnung	▶ Kosten- und Deckungsbeitragsstruktur durch Kostenauflösung in variable/fixe Kosten ▶ Fixkostendeckungsgrade für einzelne Organisationsbereiche ▶ Break-even-Punkte, Sicherheitsspannen zur risikoorientierten Auslastungsplanung ▶ Kritische Werte zur Fundierung von make-or-buy-Entscheidungen
Plankostenrechnung	▶ Abweichungsanalyse durch Ermittlung von Kosten-, Beschäftigungs- und Verbrauchsabweichung (Mengen- und Preisabweichung) ▶ Ansatzpunkte für die risikoorientierte Ursachenanalyse
Prozesskostenrechnung	▶ Zuordnung von Kosten zu Teil- und Hauptprozessen ▶ Wertmäßige Fundierung der Marktfähigkeit interner Leistungsprozesse ▶ Ansatzpunkte für Reorganisations- bzw. Auslagerungsbedarf

Internes Überwachungssystem (IÜS)

Das IÜS umfasst alle von der Unternehmensleitung eingeführten Grundsätze, Regelungen und Maßnahmen, die der

▶ Sicherung der Wirksamkeit und Wirtschaftlichkeit der Geschäftstätigkeit einschließlich des Schutzes des Vermögens und der

▶ Gewährleistung der Ordnungsmäßigkeit und Verlässlichkeit des externen und internen Rechnungswesens sowie der

▶ Einhaltung der maßgeblichen rechtlichen Vorschriften

dienen (vgl. IDW EPS 261 n. F., Tz. 19). Der Begriff „IÜS" soll hier ausdrücklich synonym zu dem des Internen Kontrollsystems (IKS) verstanden werden (vgl. zur Terminologie Kapitel III.4.).

Aufgabe des IÜS im Rahmen der Risikofrüherkennung ist es, durch Erfassung, Messung und Steuerung der relevanten Risiken und Risikopotenziale die mit der Unternehmenstätigkeit verbundenen Risiken auf ein vorgegebenes, gewünschtes Niveau zu begrenzen. Bestandteile des IÜS sind organisatorische Sicherungsmaßnahmen, (prozessabhängige) Kontrollen und die (prozessunabhängige) Interne Revision. Vgl. hierzu im Einzelnen die Ausführungen in Kapitel III.4.

2.2.3 Regelkreis

Der Ablauf des Risikofrüherkennungssystems lässt sich unter Abgrenzung folgender Prozessstufen als geschlossener **Regelkreis** darstellen (vgl. nachfolgende Abbildung).

Folglich hat das Risikofrüherkennungssystem sicherzustellen, dass bestehende Risiken erfasst, analysiert und bewertet sowie risikobezogene Informationen in systematisch geordneter Weise an die zuständigen Entscheidungsträger weitergeleitet werden (vgl. IDW PS 340, Tz. 4). Es stellt damit im Grunde ein Organisations- und Kommunikationssystem dar. Die Einhaltung der in diesem Rahmen getroffenen Regelungen ist durch ein Überwachungssystem sicherzustellen, welches Teil des Risikofrüherkennungssystems ist.

Ausdrücklich kein Prüfungsgegenstand nach § 317 Abs. 4 HGB ist die **Risikosteuerung**, d. h.

- die Reaktionen des Vorstands auf erkannte und kommunizierte Risiken (insbesondere Auswahl, Realisation und Kontrolle risikopolitischer Maßnahmen) sowie
- die Aktivitäten nachgeordneter Entscheidungsträger bzw. der Verzicht auf solche (IDW PS 340, Tz. 6).

Derartige Prüfungshandlungen sprengen den Rahmen einer Systemprüfung und kommen einer **Geschäftsführungsprüfung** gleich (IDW PS 340, Tz. 19). Somit ist die Kontrolle der Risikosteuerung in die Prüfungen nach § 53 HGrG, § 53 GenG im Umkehrschluss ausdrücklich eingeschlossen.

ABB. 267:	Prozess des Risikomanagements (Regelkreis)	
Stufe	Inhalt	Einzelmaßnahmen
1	Risikokultur/ Risikobewusstsein	▶ Schaffung einer risikoorientierten Unternehmenskultur, von Unternehmens- und Führungsgrundsätzen (u. a. Festlegung des allgemeinen Grades der Risikoneigung, der Bedeutung von Integrität und ethischen Werten) ▶ Schaffung einer risikoorientierten Geschäftsführungsorganisation und von Geschäftsführungsinstrumenten, insbesondere organisatorische Transparenz, Informations-, Kommunikations- und Kontrollsysteme
2	Risikoidentifikation	▶ Risikoorientierte Analyse des wirtschaftlichen Umfelds, der Märkte und Konkurrenten, der Stärken und Schwächen gegenüber relevanten Wettbewerbern (PEST-Analyse, SWOT-Analyse) ▶ Durchführung einer zunächst ungerichteten Risikoinventur ▶ Nachfolgende Risikostrukturierung bzw. -klassifizierung ▶ Ermittlung von Risikointerdependenzen (Dämpfungen, Verstärkungen)
3	Risikobewertung und -analyse	▶ Quantifizierung der Schadenshöhe, der Eintrittswahrscheinlichkeit sowie des Erwartungsschadens der Einzelrisiken ▶ Berücksichtigung von Risikokonzentrationen und -kompensationen ▶ Ermittlung des Gesamtunternehmensrisikos sowie des korrespondierenden Risikodeckungspotenzials
4	Risikosteuerung	▶ Aufstellung eines unternehmensbezogenen Risiko-Portfolios ▶ Planung und Implementierung von Maßnahmen zur Risikobewältigung in Form eines Strategie-Mix aus Risikovermeidung, Risikoverminderung, Risikostreuung, Risikoüberwälzung, Risikotragung
5	Verantwortlichkeiten, Information, Kommunikation	▶ Bestimmung von Risikoverantwortlichen und Verantwortungshierarchien ▶ Gestaltung und Umsetzung eines Risikoberichtswesens, Festlegung von Limitsystemen, Adressaten, Berichtsrhythmen ▶ Festlegung von Weiterleitungspflichten und erforderlichen Reaktionen (turnusmäßig sowie ad hoc) ▶ zeitliche und sachliche Koordination
6	Dokumentation, Überwachung	▶ Aufzeichnung aller Verfahrensobjekte und -abläufe in Beschreibungen, Listen, Formularen einschließlich deren Verdichtung zu einem Risikohandbuch ▶ Turnusmäßige Erfolgskontrolle der implementierten Maßnahmen ▶ Beobachtung und Auswirkungsanalyse laufender Veränderungen der Einzelrisiken/des Gesamtrisikos ▶ Gewährleistung der Erfassung neu entstehender Risiken, ggf. Anpassung der Risikokultur an neue Situationen

2.3 Erkenntnisziele der Prüfung

Nach § 317 Abs. 4 HGB ist zu prüfen, ob

- das System während des gesamten zu prüfenden Zeitraums bestanden hat,
- seine Regelungen wirksam und funktionsfähig sind und
- Maßnahmen zur Verbesserung erforderlich sind.

Die in diesem Rahmen vorgenommenen **Prüfungshandlungen** sind darauf gerichtet, die Maßnahmen des Risikofrüherkennungssystems

- im Rahmen einer **Bestandsaufnahme** festzustellen,
- auf zielgerichtete Eignung zu beurteilen (**Angemessenheit**) und
- ihre durchgängige Einhaltung zu begutachten (**Wirksamkeit**).

ABB. 268: Ablauf der Prüfung nach § 317 Abs. 4 HGB

Bestandsaufnahme	Angemessenheit	Wirksamkeit
▶ Berücksichtigung der Unternehmensziele und -strategie ▶ Regelungen zur Risikopolitik und -inventur ▶ Einbindung des Systems (Planung, Steuerung) ▶ Reporting, Frühwarnindikatoren ▶ Organisation (Aufbau, Ablauf)	▶ Einbezug aller relevanten Risikobereiche ▶ Nachprüfbarkeit der Bewertung ▶ Rechtzeitige Kommunikation (Reporting, Planung) ▶ Angemessene Risikoüberwachung	▶ Aktualität und Eindeutigkeit der Handlungsanweisungen ▶ Vollständige Kenntnis der Mitarbeiter ▶ Kontinuierliche Anwendung ▶ Stichprobentests

Dokumentation und abschließende Würdigung

Quelle: *Eggemann/Konradt*, BB 2000 S. 507.

Die **Feststellung** der Maßnahmen erfolgt anhand einer vom Unternehmen erstellten und dem Prüfer ausgehändigten Systemdokumentation, die z. B. Organigramme, Stellenbeschreibungen, Verfahrensanweisungen, Ablaufpläne und Richtlinien umfasst. Ist eine solche nicht vorhanden oder offenkundig fehlerhaft, sind die getroffenen Maßnahmen vom Prüfer aufzunehmen (IDW PS 340, Tz. 24 f.).

Die Prüfung der **Eignung** geschieht vor dem Hintergrund des Systemzwecks, alle potenziell bestandsgefährdenden Risiken so rechtzeitig zu erfassen und zu kommunizieren, dass die Unternehmensleitung rechtzeitig auf sie reagieren kann und die konsequente Einhaltung der getroffenen Maßnahmen sichergestellt wird (IDW PS 340, Tz. 26 f.). In bestimmten Unternehmensbereichen getroffene Maßnahmen – z. B. zur Abwehr von Umweltrisiken – können vom Prüfer vielfach nur unter Hinzuziehung von Sachverständigengutachten auf Eignung überprüft werden (IDW PS 340, Tz. 30).

Die **Einhaltung** der Maßnahmen wird mittels Funktions- oder stichprobenweiser Einzelfallprüfungen begutachtet (IDW PS 340, Tz. 31).

Aus Sicht der Prüfung bestehen folgende **Anforderungen** an ein Risikofrüherkennungssystem:

ABB. 269:	Anforderungen an ein Risikofrüherkennungssystem
Vollständigkeit	Zumindest die bestandsgefährdenden und wesentlichen Risiken sind vollständig abzubilden. Die Erfassung weiterer Risiken hat unter Berücksichtigung des Grundsatzes der Wirtschaftlichkeit zu erfolgen.
Quantifizierbarkeit	Die Risiken sind nach Höhe des drohenden Vermögensverlusts zu berechnen oder zu schätzen.
Intensität	Die Eintrittswahrscheinlichkeit der Risiken ist zu beurteilen.
Systematik	Die Informationserhebung darf nicht sporadisch erfolgen, sondern muss als routinemäßiger und standardisierter Prozess angelegt werden.
Interdependenzen	Die Informationen über Einzelrisiken sind ggf. zu aggregieren, um Aufschluss über das Gesamtrisiko bzw. Wirkungsketten von Einzelrisiken generieren zu können.
Objektivität	Die Informationen müssen den Entscheidungsträger unbeeinflusst erreichen. Der Erfassung und Bewertung zugrunde liegende Prämissen sind als solche zu kennzeichnen; erforderlichenfalls sind Sensitivitäts- oder Szenarioanalysen durchzuführen.
Flexibilität	Das Risikofrüherkennungssystem muss individuelle Erfordernisse berücksichtigen und laufend an Änderungen der jeweiligen Rahmenbedingungen angepasst werden.
Schnelligkeit	Risikorelevante Informationen müssen den Entscheidungsträgern so rechtzeitig übermittelt werden, dass geeignete Gegensteuerungsmaßnahmen frühzeitig eingeleitet werden können. Die zeitlichen Abstände der Informationserhebung sind in Abhängigkeit von der Risikoart und der Risikobetroffenheit festzulegen.
Dokumentation	Das System ist so zu dokumentieren, dass die Risikoerfassung und -bewertung für die Mitarbeiter des Unternehmens sowie sachverständige Dritte (Aufsichtsrat, Abschlussprüfer) nachvollziehbar werden. Hierbei ist zu berücksichtigen, dass die Geschäftsführung die Beweislast gegenüber der Gesellschaft trifft, dass sie ihre Sorgfaltspflichten erfüllt hat.

Quelle: In Anlehnung an *Brebeck/Herrmann*, WPg 1997 S. 381 f.

Die Prüfung des Risikofrüherkennungssystems sollte der Jahresabschlussprüfung zeitlich vorgelagert sein, da Negativfeststellungen zum Risikofrüherkennungssystem die Planung von Art und Intensität der weiteren Prüfungshandlungen beeinflussen.

2.4 Prüfungsvorbereitung

2.4.1 Risikobewusstsein als Grundlage

Jedes zu prüfende Unternehmen – gleich welcher Branche und Größe – ist Risiken ausgesetzt. Die völlige Vermeidung der Risiken kann nicht Unternehmensziel sein, da damit auch die Nutzung von Chancen entfällt. Somit muss sich der Prüfer zunächst ein vorläufiges Bild vom **Risikobewusstsein** der Geschäftsführung und der mit risikobehafteten Prozessen betrauten Mitarbeiter machen.

Grundlage jedes funktionierenden Risikomanagements ist eine sachgerechte, klar definierte und organisatorisch sowie zeitlich durchgängig praktizierte **Risikokultur**, die sich in den Einstellungen der Mitarbeiter und ihrer Bereitschaft niederschlägt, Risiken bewusst wahrzunehmen, entsprechend zu kommunizieren und zu handeln.

Feststellungen zur vorhandenen Risikokultur sind vom Prüfer ohnehin zu treffen
- im Rahmen der Beurteilung der inhärenten Risiken (IDW PS 230, Tz. 5 ff.) bzw.
- im Rahmen der Aufbauprüfung des IÜS (IDW EPS 261 n. F., Tz. 43 ff.; vgl. hierzu auch die Ausführungen in Kapitel III.4.).

2.4.2 Beurteilung der inhärenten Risiken

Die Prüfung der von der Unternehmensleitung installierten Maßnahmen im Rahmen des § 91 Abs. 2 AktG erfolgt auf Basis der vom Prüfer vor und während der Prüfung erworbenen Kenntnisse der **Geschäftstätigkeit** und des **wirtschaftlichen Umfelds** des Mandanten mit den zentralen Informationen über

- Unternehmenszielsystem und -strategie,
- zentrale Erfolgsfaktoren der Geschäftstätigkeit,
- wesentliche Geschäftsprozesse (IDW PS 230, Tz. 8).

Hieraus ergeben sich Art und Umfang der **inhärenten Risiken**, welche die Risikoanfälligkeit des Unternehmens, Bereichs oder Prüffelds an sich beziffern (IDW EPS 261 n. F., Tz. 6 und 13 f.), z. B. das Risiko

- von Entwicklungsfehlschlägen bei forschenden Unternehmen,
- der Anlagenauslastung, -amortisation und des Anlagenausfalls bei hoher Anlagenintensität,
- der Materialbeschaffung bei verbreiteten Lieferengpässen in der Branche,
- der Werthaltigkeit des Vorratsbestands bei starken Mode- und Nachfrageschwankungen,
- des Forderungsausfalls bei branchenüblichen langen Zahlungszielen,
- von Wechselkursschwankungen bei Unternehmen mit nennenswertem Auslandsgeschäft,
- von Zinsänderungen bei hoch verschuldeten Unternehmen.

Um das Risikofrüherkennungssystem auf Eignung und Wirksamkeit beurteilen zu können, muss der Prüfer zunächst die „Ausgesetztheit" des Mandanten gegenüber inhärenten Risiken („*risk exposure*") beurteilen. Dies geschieht mittels folgender Prüfungshandlungen:

- Gespräche mit der Geschäftsleitung und leitenden Mitarbeitern,
- Besichtigungen und Beobachtungen,
- Durchsicht der Sitzungsprotokolle von Gesellschaftsorganen,
- Analyse finanzwirtschaftlicher Berichte der Gesellschaft (z. B. Geschäftsberichte),
- Analyse sonstiger interner Unterlagen wie Planungsrechnungen, Soll-Ist-Abgleiche,
- Analyse sonstiger externer Unterlagen wie Branchenberichte oder -statistiken;

vgl. ebenso IDW EPS 261 n. F., Tz. 16 ff., sowie die Ausführungen in Kapitel III.3.

2.4.3 Prüfung des Internen Überwachungssystems

Im Anschluss an die allgemeine Risikobeurteilung ist zu prüfen, ob geeignete organisatorische Maßnahmen zur Begrenzung der Risiken eingerichtet wurden (IDW PS 340, Tz. 20). Da das IÜS (synonym IKS) nur einen Teilbereich des Risikofrüherkennungssystems darstellt, werden die Prüfungshandlungen in Bezug auf die Maßnahmen nach § 91 Abs. 2 AktG über den Rahmen der eigentlichen Prüfung des IÜS (vgl. IDW EPS 261 n. F., Tz. 61 ff.) zwangsläufig hinausgehen. Ihren Ausgangspunkt bilden Kenntnisse über

- die Grundeinstellungen der Unternehmensleitung zur Risikosteuerung,
- die eingerichteten Maßnahmen mit dem Ziel, die Mitarbeiter mit ihren Aufgaben vertraut zu machen,
- die Bedeutung der Risikoerfassung und -kommunikation auf allen hierarchischen Ebenen,
- den Zustand der Dokumentation der Maßnahmen nach § 91 Abs. 2 AktG (IDW PS 340, Tz. 22),

die der Prüfer über Befragungen, Dokumentenanalyse und den Nachvollzug von Abläufen erlangt. Der nachfolgenden Aufbauprüfung kann folgende Checkliste dienen:

ABB. 270:	Checkliste zur Prüfung der Ordnungsmäßigkeit des IÜS
▶ Ist das allgemeine Kontrollumfeld als unbedenklich zu würdigen?
▶ Lassen Grundeinstellungen und Verhalten der Unternehmensleitung ein hinreichendes Problembewusstsein erwarten?
▶ Wird angemessen berücksichtigt, dass durch bewusste Umgehung und Ausschaltung, Manipulation, Missbrauch von Verantwortung bzw. durch menschliche Fehlleistungen das IÜS außer Kraft gesetzt werden kann?
▶ Wird durch geeignete Kontrollaktivitäten sichergestellt, dass die Entscheidungen der Unternehmensleitung beachtet werden?
▶ Werden die für die unternehmerischen Entscheidungen und Kontrollhandlungen notwendigen Informationen in geeigneter Form eingeholt?
▶ Liegen den Entscheidungen umfassende und aktuelle Informationen zugrunde? Ist deren Weiterleitung an die zuständigen Stellen im Unternehmen gesichert? Sind die Mitarbeiter über Aufgaben und Zuständigkeiten im IÜS informiert?
▶ Wird die Qualität dieser Informationen durchgängig sichergestellt und wird dies angemessen überprüft? Werden Verprobungs- und Kontrollrechnungen zur hinreichenden Absicherung durchgeführt?
▶ Wird die Validität der Daten durch geeignete Vergleichsrechnungen untermauert?
▶ Verfügt das Unternehmen über ein einheitliches, standardisiertes Formularwesen?
▶ Ist die Ausgestaltung der Belege und Formulare auf dem jeweils neuesten Stand und wird ihre Verwendung gesichert?
▶ Besteht ein geordnetes Ablagesystem, das eine umfassende Dokumentation und Rückverfolgbarkeit zulässt?
▶ Wird durch geeignete Überwachungshandlungen die Angemessenheit und Wirksamkeit des IÜS sichergestellt?
▶ Verfügt die Geschäftsleitung über ein fundiertes Verständnis über die Wirksamkeit des IÜS? Sind bekannt gewordene Unregelmäßigkeiten der Unternehmensleitung und dem Aufsichtsrat in voller Tragweite bewusst?
▶ Werden die Komponenten des IÜS laufend auf Verbesserungsbedarf untersucht? Werden auch Spontanprüfungen durchgeführt?
▶ Führen aufgetretene Unregelmäßigkeiten zu gezielten Verbesserungen im IÜS?

Die Interne Revision muss als Bestandteil des IÜS ohnehin auf Vorhandensein, Zweckmäßigkeit und Wirksamkeit geprüft werden. Zugleich soll sie eigenständige Prüfungen des Risikofrüherkennungssystems durchführen. Sie darf nicht nur pro forma vorhanden, sondern muss durchgängig wirksam sein. Diesbezügliche in der Praxis verbreitete **Negativfeststellungen** stellen etwa dar:

- ▶ häufige Prüfungsabbrüche oder Umlenkungen auf Weisung des Vorstands,
- ▶ Unterstellung der Innenrevision unter eine operative Abteilung (z. B. Finanzen),
- ▶ mangelhafte fachliche Qualifikation bzw. berufliche Erfahrung der Mitarbeiter,
- ▶ ungenügende personelle sowie sachliche Ausstattung (etwa IT-Prüfprogramme),
- ▶ hohe Personalfluktuation z. B. durch turnusmäßig erzwungene Versetzungen.

Zu den Prüfungsnormen hinsichtlich ihrer **Wirksamkeit** vgl. IDW PS 321, Tz. 16 ff. und die Ausführungen in Kapitel III.4.

2.5 Aufbauprüfung

2.5.1 Risikoidentifikation

Risiken treten nicht nur in sämtlichen (internen) betrieblichen Prozessen und Unternehmensteilbereichen auf, sondern ergeben sich auch aus den relevanten (externen) Umwelt- und Marktbedingungen. Somit bietet sich eine grundlegende **Typisierung** in externe und interne Risiken an.

Die vollständige, logisch einwandfreie, systematische und kontinuierliche Erfassung aller die Unternehmung betreffenden Risiken und Risikopotenziale erfolgt im Rahmen der **Risikoidentifizierung** oder **Risikoinventur** (IDW PS 340, Tz. 7 ff.). In diese sind unternehmensweit alle Risiken einzubeziehen, die bis zum Zeitpunkt des Risikoinventars eingetreten oder bekannt geworden sind. Außerdem müssen Vorkehrungen zur Identifizierung solcher Risiken getroffen werden, die keinem vorab bestimmten Erscheinungsbild entsprechen (IDW PS 340, Tz. 9).

Das Inventar muss **vollständig** sein, d. h. Risiken dürfen nicht mit Chancen saldiert werden. Hingegen braucht bei Risiken, denen bereits durch Anpassungsmaßnahmen (z. B. Risikoüberwälzung auf eine Versicherung, Risikobegrenzung durch Einführung von Limitsystemen) begegnet wurde, nur das Restrisiko inventarisiert zu werden.

Aus Gründen der Klarheit sollten nach Abschluss der Inventur die Einzelrisiken zu geeigneten **Risikokategorien** zusammengefasst werden, differenziert nach

- ▶ betrieblichen Funktionsbereichen,
- ▶ Objekten (etwa Umsatzsegmenten) oder Geschäftsprozessen,
- ▶ Art und Ausmaß der Bedrohung sowie
- ▶ nach der Beeinflussbarkeit der Risiken (Risikotypisierung).

Auf dieser Basis kann auch die Risikodarstellung im Lagebericht erfolgen. In der Praxis empfiehlt sich ein Vorgehen von unten nach oben („*bottom-up*"), d. h. die in der operativen Verantwortung stehenden Mitarbeiter identifizieren die aus „ihrem Geschäft" resultierenden Risiken, welche dann nach „oben" verdichtet und gefiltert werden, wobei Doppelnennungen und Risikokorrelationen erkannt werden können. Ein „*top-down*"-Vorgehen von Seiten der Geschäftsleitung ohne Einbezug der Prozessverantwortlichen gewährleistet hingegen nicht eine vollständige Risikoerfassung.

Es empfiehlt sich aus Gründen der Nachvollziehbarkeit, alle Risikomeldungen bei einer zentralen Stelle zu sammeln.

Die Risikoidentifikation auf Basis eines Frühwarnsystems ist ein komplexes Problem und kann letztlich nur unter Berücksichtigung der Verhältnisse im Einzelfall erfolgen. Der Prüfer kann seinen Prüfungshandlungen folgende Checkliste zugrunde legen:

ABB. 271:	Checkliste zur Prüfung der Ordnungsmäßigkeit der Risikoidentifikation
▶ Werden alle risikorelevanten externen sowie internen Beobachtungsbereiche (betriebliche Prozesse und Funktionsbereiche) in die Früherkennung einbezogen?		
▶ Sind die festgelegten Umwelt-Beobachtungsbereiche vollständig und überschneidungsfrei?		
▶ Werden entstehende Risiken laufend zeitnah gemeldet und vollständig erfasst?		
▶ Erfolgt die Risikoerfassung mit zweckmäßigen Methoden (z. B. Interviews, Workshops) sowie Hilfsmitteln (z. B. Prüf- und Checklisten, Fragebögen, Protokolle)?		
▶ Wird außerdem unternehmensweit in angemessenen Zeitabständen eine umfassende (stichtagsbezogene) Risikoinventur durchgeführt?		
▶ Wird die zeitnahe Erfassung auch neu auftretender bzw. erstmals entdeckter Risiken gewährleistet?		
▶ Sind die Prozessverantwortlichen auf den operativen Ebenen in angemessener Weise in den Erfassungsprozess integriert?		
▶ Werden geeignete Messgrößen und Indikatoren zur Operationalisierung der Beobachtungsbereiche festgelegt? Ermöglichen die Messgrößen eine Überwachung der relevanten Entwicklungen und lassen sie Fehlentwicklungen frühzeitig erkennen?		
▶ Liegen den Messgrößen fundierte Ursache-Wirkungs-Beziehungen zugrunde? Sind die Sollwerte und Toleranzgrenzen der Messgrößen und Indikatoren begründet und plausibel?		
▶ Erlaubt es die Feststellung von Soll-Ist-Abweichungen der Messgrößen und Indikatoren, bedrohliche Tendenzen zu erkennen und ggf. Anpassungsmaßnahmen vorzunehmen?		
▶ Wird vermerkt, wenn verschiedene Einzelrisiken die gleiche Ursache haben?		
▶ Werden neben erwarteten Entwicklungen (Erwartungswerten) auch Bandbreiten möglicher Entwicklungen sowie der Einfluss potenzieller Störereignisse im System erfasst?		
▶ Werden auf Basis dieser Erkenntnisse die identifizierten Risiken vollständig und systematisch in Risikokategorien eingeteilt?		

2.5.2 Risikobewertung und Risikoanalyse

Im Rahmen der Risikobewertung erfolgt die Quantifizierung der Auswirkung von Risikoereignissen auf die Zielgrößen der Unternehmung (**Risikomessung**).

Diese wird in Bezug auf **Schadenshöhe** und **Eintrittswahrscheinlichkeit** vorgenommen (IDW PS 340, Tz. 10). Das Produkt dieser Risikokomponenten ergibt das erwartete Ausmaß des Risikos (**Erwartungsschaden**). Beide Komponenten sind zunächst separat zu ermitteln. Denn ein Gefahrenpotenzial mit niedriger Eintrittswahrscheinlichkeit, aber existenzbedrohlicher Schadenshöhe (z. B. Elementarereignis) kann zu einem gleich hohen Schadenserwartungswert führen wie ein Risiko mit niedrigem Vermögensverlust, aber einer hohen Eintrittswahrscheinlichkeit (z. B. Produktschaden). Gleichwohl wird die zu implementierende Risikostrategie nicht identisch sein.

Zur Ermittlung von **Wahrscheinlichkeitsverteilungen** muss entweder auf subjektive Schätzungen oder auf Schadensstatistiken der Vergangenheit zurückgegriffen werden. Gemäß dem „Gesetz der großen Zahl" können zuverlässige Verteilungsverläufe nur bei häufig auftretenden „Routineschäden" wie Ausschuss in der Fertigung, Schwund bzw. Verderb im Lagerbestand oder Zahlungsausfällen bei Kunden ermittelt werden.

Lassen sich verlässliche und anerkannte Methoden (z. B. die *Value at Risk*-Methode bei Finanzmarktrisiken) nicht anwenden, sollte mit qualitativen **Wahrscheinlichkeitskategorien oder -klassen** als Hilfsgrößen gearbeitet werden, z. B.:

ABB. 272: Qualitative Klassen der Risikomessung

Durch Vorgabe von Wesentlichkeitsgrenzen sind mindestens bestandsgefährdende und wesentliche Risiken gesondert zu kennzeichnen und mit Priorität weiter zu verfolgen und andererseits nachrangige Risiken auszugliedern. Außerdem sind die Einzelrisiken zu einem Gesamtrisiko auf Unternehmensebene zu **aggregieren**.

Dies wird jedoch durch die Verstärkungs- oder Ausgleichseffekte zwischen Einzelrisiken erschwert. Eine einfache Addition der Einzelrisiken unterstellt, dass die Einzelrisiken unabhängig voneinander sind. Jedoch treten in der Praxis auch **Wechselwirkungen (Korrelationen)** zwischen den einzelnen Risikofaktoren auf,

- **Risikokonzentrationen**, d. h. Kumulationen einzelner Risiken, die z. B. aus Abhängigkeiten gegenüber marktmächtigen Lieferanten oder Kunden resultieren, sowie
- **Risikokompensationen**, d. h. Dämpfungen zwischen Einzelrisiken,

die ebenfalls zu erfassen und zu quantifizieren sind (IDW PS 340, Tz. 8 und 10).

ABB. 273: Checkliste zur Prüfung der Ordnungsmäßigkeit der Risikobewertung und -analyse

- Erfolgt eine laufende Risikomessung anhand quantitativer Maßgrößen? Werden die Einzelrisiken separat nach Eintrittswahrscheinlichkeit und Schadenshöhe beurteilt?
- Werden geeignete Verteilungsannahmen (z. B. Normalverteilung) getroffen?
- Sind bei Verwendung mathematisch-statistischer Verfahren ihre Anwendungsvoraussetzungen erfüllt (z. B. Größe der Grundgesamtheit und Stichprobe)?
- Falls keine mathematisch-statistischen Verfahren zur Anwendung kommen, werden mindestens näherungsweise qualitative Schadens- und Wahrscheinlichkeitsklassen gebildet?
- Sind die Ergebnisse der Bewertung nachvollziehbar und plausibel?
- Ist gesichert, dass die Entwicklung eines zunächst nicht bestandsgefährdenden und als solchem klassifizierten Risikos zu einem bestandsgefährdenden zeitnah erkannt wird?
- Lässt sich auf Basis der Risikokategorien mindestens eine Überleitung auf die bestandsgefährdenden sowie sonstigen Risiken mit wesentlichem Einfluss auf die Vermögens-, Finanz- und Ertragslage vornehmen?
- Erfolgt eine sachgerechte und nachvollziehbare Verdichtung der Einzelrisiken zum Gesamtunternehmensrisiko unter Einschluss von Wechselwirkungen (Risikokumulationen bzw. -dämpfungen)?
- Wird insbesondere das Bestehen von sog. Klumpenrisiken quantitativ nachvollzogen?
- Wird der Unsicherheit durch Vornahme von Szenario- und Sensitivitätsanalysen sowie Simulationen Rechnung getragen?
- Werden die Bewertungsverfahren zeitlich stetig angewandt?

> ▶ Kommen unternehmens- und ggf. konzernweit einheitliche Verfahren zur Anwendung und wird vorhandener Ermessensspielraum vertretbar und möglichst einheitlich ausgeübt?
> ▶ Werden die Systemparameter (Messgrößen, Indikatoren, Sollwerte und Toleranzgrenzen) in regelmäßigen Abständen überprüft und ggf. angepasst oder erweitert?

An die Identifikation und Bewertung der Risiken schließt sich die **Risikosteuerung** in Form der Reaktion des Vorstands auf erkannte Risiken an, die ausdrücklich nicht Gegenstand der Prüfung nach § 317 Abs. 4 HGB ist (vgl. nachfolgendes Kapitel VI.3.).

2.5.3 Zuordnung von Verantwortlichkeiten und Aufgaben, Information und Kommunikation

Der Unternehmensleitung obliegt die nicht delegierbare **Verantwortung** für die Einrichtung, Funktionsfähigkeit und Aufrechterhaltung eines funktionierenden Risikofrüherkennungssystems. In diesem Rahmen sind insbesondere folgende Aufgaben zu erfüllen:

▶ Schaffung und Fortentwicklung eines angemessenen Risikobewusstseins,
▶ Gewährleistung einer sachgerechten Einbindung des Risikofrüherkennungssystems in die strategische Unternehmensplanung,
▶ Delegation risikorelevanter Kompetenzen auf Abteilungen und Entscheidungsträger, Festlegung von Aufgaben und Verantwortlichkeiten,
▶ Gestaltung eines effizienten internen Risiko-Reportings (Festlegung von Informationskanälen, Intensitäten und Frequenzen der Information und Kommunikation) und Sicherstellung einer angemessenen Dokumentation des Systems.

Von der Geschäftsleitung ist zu entscheiden, welche Abteilungen mit der Bewältigung welcher Risiken zu beauftragen und welche Maßnahmen einzuleiten sind. Die Verantwortlichkeiten müssen eindeutig sein und sind zweckmäßigerweise nach Hierarchieebenen abzustufen. Den jeweiligen Unternehmensbereichen und Organisationseinheiten ist die Verantwortung für die Risikoerfassung, Risikobewältigung bzw. bei Nichtbewältigung alternativ für die Risikoweiterleitung an festgelegte Berichtsempfänger zu übertragen (IDW PS 340, Tz. 14).

Die **Risikokommunikation** umfasst

▶ die Integration in das bestehende Standard-Reporting sowie
▶ den Aufbau eines zusätzlichen Risiko-Reportings.

Ihre Grundlage bildet die **Kommunikationsbereitschaft** der verantwortlichen Stellen, die ggf. durch Schulungsmaßnahmen gefördert werden muss (IDW PS 340, Tz. 11).

Bei nicht bewältigten Risiken ist sicherzustellen, dass Informationen nachweislich an die zuständigen Entscheidungsträger weitergeleitet werden. Der Berichtsempfänger hat seinerseits die ihm zugegangenen Informationen zu analysieren und zu beurteilen, ob sich ggf. bestandsgefährdende Risiken ergeben. Je nach Wesentlichkeit kann eine Informationsdurchleitung bis zum Vorstand erforderlich sein (IDW PS 340, Tz. 11).

Die **Intensität** der Information und Kommunikation nach Berichtsrhythmus und -adressaten richtet sich nach der Vorgabe von **Wesentlichkeitsgrenzen (Schwellenwerten)** der Risiken. Hierbei können Risiken, die für sich genommen die Wesentlichkeitsgrenze nicht erreichen, zusammen mit anderen Unternehmensrisiken durchaus wesentlichen Charakter erlangen. Daher sollte auch eine Erfassung und Weiterleitung von Risiken unterhalb der Wesentlichkeitsgrenze erfolgen. Bei der Festlegung der Kommunikationswege und Weiterleitungspflichten ist außerdem zu beachten:

▶ Rückkopplungen können bei der Risikoerfassung auftreten, die einen Abstimmungsbedarf zwischen den Abteilungen erfordern. Hier ist zu regeln, ob und unter welchen Vorgaben die Einschaltung der Geschäftsleitung erfolgen soll.

▶ Zugleich sollten die Informationen über die Risiken einer weiteren unabhängigen Stelle im Unternehmen gemeldet werden (z. B. Stabsstelle „Risikomanagement", Controlling, Interne Revision). Diese ist für die Risikokoordination im Unternehmen zuständig und muss ggf. Interdependenzen zwischen Einzelrisiken aufdecken.

Bei Eilbedürftigkeit der Information sind für die **ad-hoc-Berichterstattung** Verantwortlichkeiten und Risikoobergrenzen (Limits) zu definieren, die eine Flexibilität der Risikokommunikation sicherstellen (IDW PS 340, Tz. 12).

ABB. 274:	Checkliste zur Prüfung der Ordnungsmäßigkeit der Zuordnung von Verantwortlichkeiten und Aufgaben, Information und Kommunikation
▶ Liegt eine angemessene Grundeinstellung der Unternehmensleitung zur Risikosteuerung und zum Risikobewusstsein vor? Sind sich Leitung und Mitarbeiter des Bestehens besonders risikoanfälliger Bereiche und Funktionen bewusst?	
▶ Kennen die Mitarbeiter aller hierarchischen Ebenen die Bedeutung der Risikoerfassung und -kommunikation? Sind sich die Mitarbeiter ihrer Aufgaben bewusst?	
▶ Werden geeignete Maßnahmen zur Schaffung und Fortentwicklung eines angemessenen Risikobewusstseins der Mitarbeiter getroffen?	
▶ Bestehen eindeutige Verantwortlichkeiten für die Erfassung und Bewältigung von Risiken sowie die Informationsweiterleitung? Werden diese ggf. nach Hierarchieebenen abgestuft?	
▶ Liegt der Kommunikation ein jederzeit aktualisiertes Risikoinventar zugrunde?	
▶ Ist die durchgängige und zeitnahe Berichterstattung über nicht bewältigte Risiken an die jeweiligen Entscheidungsträger gewährleistet?	
▶ Werden für jede Geschäfts- bzw. Organisationseinheit Risikolimits definiert, innerhalb derer eine selbsttätige Risikobewältigung durch die Einheit zulässig ist?	
▶ Werden einheitliche Kommunikationswege für eine vertikale Berichterstattungspflicht ggf. bis zum Vorstand vorgegeben (Festlegung von Weitermeldungspflichten)?	
▶ Ist bei Betroffenheit mehrerer Geschäfts- bzw. Organisationseinheiten von demselben Risiko bzw. von ähnlichen Risiken eine geeignete horizontale Abstimmung gewährleistet?	
▶ Werden Schwellenwerte der Risiken definiert, deren Überschreiten eine Berichtspflicht auslöst?	
▶ Ist die Berichtsperiodizität angemessen? Werden Auslöser, Ablauf und Verteiler einer Ad-hoc-Berichterstattung bei eilbedürftigen Informationen definiert?	

2.5.4 Überwachung und Dokumentation

Die Einhaltung der Maßnahmen des Risikofrüherkennungssystems ist in angemessener Weise zu überwachen, z. B. mittels

▶ in die Prozesse integrierter Kontrollen (Überwachung der Einhaltung von Meldegrenzen und Terminen, IT-gestützte Kontrollen) sowie

▶ Prüfungen der Internen Revision (IDW PS 340, Tz. 15 f.).

Letztere richten sich insbesondere auf

▶ die tatsächliche Umsetzung des Systems und der festgelegten Maßnahmen,

- die vollständige Erfassung aller Risiken und Risikofelder des Unternehmens,
- die Angemessenheit und kontinuierliche Anwendung der Maßnahmen zur Risikoerfassung und -kommunikation und
- die Einhaltung der integrierten Kontrollen (IDW PS 340, Tz. 16).

Die Tätigkeit der Internen Revision kann anhand folgender Checkliste beurteilt werden:

ABB. 275:	Checkliste zur Prüfung der Ordnungsmäßigkeit der Internen Revision
▶ Ist die Interne Revision hinsichtlich ihrer getroffenen Prüfungsfeststellungen hinreichend unabhängig?	
▶ Wird die Funktionstrennung durchgängig eingehalten? Werden Mitarbeiter der Internen Revision nicht gleichzeitig mit prozessbezogenen (operativen) Aufgaben betraut?	
▶ Kann die Interne Revision bei der Wahrnehmung ihrer Aufgaben ein vollständiges, uneingeschränktes Informationsrecht ausüben?	
▶ Besteht für die Tätigkeit der Internen Revision in Bezug auf die Begutachtung des Risikomanagementsystems ein mehrjähriger Prüfungsplan mit Prioritäten?	
▶ Besteht eine angemessene Dokumentation der entsprechenden Tätigkeit der Internen Revision? Werden regelmäßige Prüfungs- und Tätigkeitsberichte gefertigt?	
▶ Kommt die Interne Revision ihrer Beratungsaufgabe wahr, indem Verbesserungsvorschläge zum Risikomanagementsystem unterbreitet werden?	
▶ Wird auf (Negativ-)Feststellungen seitens der Geschäftsleitung angemessen reagiert?	
▶ Wird die Umsetzung der Empfehlungen zeitnah überprüft? Erfolgen Nachschauen (*follow-up's*)?	
▶ Werden Einschränkungen oder Behinderungen der Arbeit der Internen Revision festgestellt?	
▶ Entsprechen die Schlussfolgerungen der Internen Revision denen des Abschlussprüfers? Wurden ungewöhnliche Sachverhalte ordnungsgemäß aufgeklärt?	

Um eine dauerhafte, personenunabhängige Funktionsfähigkeit des Risikofrüherkennungssystems zu gewährleisten, sind sämtliche Maßnahmen in schriftlicher Form in einem **Risiko-Handbuch** zu dokumentieren. Dies trägt zur Erfüllung einer

- Sicherungsfunktion (Sicherstellung einer dauerhaften, personenunabhängigen Funktionsfähigkeit der Maßnahmen),
- Rechenschaftsfunktion (Nachweisführung bei Streitfragen über die Erfüllung der Sorgfaltspflicht der Geschäftsführung) und
- Prüfbarkeitsfunktion (Ausgangspunkt der Prüfungen durch die Interne Revision, den Aufsichtsrat und den Abschlussprüfer)

bei. IDW PS 340, Tz. 17 fordert insbesondere eine Dokumentation von

- Aussagen zur Bedeutung der Früherkennung von Risiken für das Unternehmen,
- Definitionen potenziell zu bestandsgefährdenden Risiken führender Sachverhalte,
- Grundsätzen der Risikoerkennung, -analyse sowie -kommunikation,
- Festlegung von Verantwortlichkeiten und Aufgaben für die o. g. Prozessschritte,
- Regelungen der Berichterstattung über erkannte und nicht bewältigte Risiken an die zuständige Stelle sowie zur Risikoverfolgung,
- wesentlichen integrierten Kontrollen und Aufgaben der Internen Revision.

Pollanz identifiziert als **Mindestinhalt** eines Risiko-Handbuchs:

ABB. 276:	Aufbau und Mindestinhalt eines Risiko-Handbuchs
Ordnungsrahmen des Risikomanagements	▶ Aussagen zu Unternehmenszielen und Zielen des Risikomanagements ▶ Aussagen zur Risikoneigung und Risikopolitik ▶ Übersicht hinsichtlich der Struktur des Risikofrüherkennungssystems
Organisation des Risikomanagements	▶ Darstellung der Subsysteme Frühwarnsystem, Controllingsystem und Internes Kontrollsystem sowie Gesamtsystemdarstellung ▶ Darstellung der Prozesse des Risikomanagements (Ablauforganisation) mit Verantwortlichkeiten, Aufgaben und Terminen ▶ Darstellung der Methoden und Tools zur Systemunterstützung
Risikomanagement-Reporting	▶ Regelung zur Berichterstattung mit Terminen und Adressaten ▶ Darstellung von berichtsauslösenden Schwellenwerten ▶ Darstellung der Formularsätze und Datenerfassungsmasken
Überwachung des Risikomanagements	▶ Prüfungsrichtlinien für die prozessunabhängige Überwachung des Risikofrüherkennungssystems durch die Interne Revision und den Abschlussprüfer
Darstellung spezifischer bestandsgefährdender Risikofelder	▶ Derivatgeschäfte, Umweltrisiken, IT-Risiken, strategische Risiken etc., jeweils unter dem Aspekt der Risikobeschreibung, Risikoabsicherung bestehender bzw. geplanter Risikopositionen sowie des bewussten Eingehens von Risikopositionen

Quelle: *Pollanz*, DB 1999 S. 397 f.

Eine fehlende oder unvollständige Dokumentation des Risikofrüherkennungssystems führt zwangsläufig zu Zweifeln an seiner Funktionsfähigkeit (IDW PS 340, Tz. 18).

So hat das Landgericht München I in seinem Urteil vom 5. 4. 2007 (Az. 5 HK O 15964/06) die **Entlastung eines Vorstands durch die Hauptversammlung für nichtig erklärt**, weil dieser nachweislich eine Dokumentation des Risikofrüherkennungssystems unterlassen hat. Die insoweit gegebene Verletzung der aus § 91 Abs. 2 AktG resultierenden Vorstandspflicht stellte nach Ansicht des Gerichts einen derart schwerwiegenden Gesetzes- oder Satzungsverstoß dar, dass die Vorstandsmitglieder weiterhin dem Unternehmen gegenüber in der Haftung bleiben und zur Verantwortung gezogen werden können (vgl. *Huth*, BB 2007 S. 2167 ff.).

Die Feststellung einer fehlenden oder mangelhaften Dokumentation des Risikofrüherkennungssystems durch den Abschlussprüfer ist somit geeignet, erhebliche haftungsrechtliche Konsequenzen zu induzieren.

2.6 Funktionsprüfung und abschließendes Prüfungsurteil

Die Prüfung der **Wirksamkeit** des Risikofrüherkennungssystems erfolgt

▶ **progressiv**, indem die Behandlung eines risikorelevanten Vorgangs im System ab dem Zeitpunkt seiner erstmaligen Erfassung im Rahmen der Risikoinventur nachvollzogen wird,

▶ **retrograd**, indem rückverfolgt wird, ob nachträglich in der Rechnungslegung abgebildete Risiken (z. B. außerordentliche Abschreibungen, Bildung von Rückstellungen) zeitnah und wertgleich im Risikofrüherkennungssystem erfasst wurden.

Die von der Unternehmensleitung getroffenen Maßnahmen nach § 91 Abs. 2 AktG sind auf ihre Wirksamkeit und kontinuierliche Anwendung im zu prüfenden Geschäftsjahr zu kontrollieren. Der Prüfer muss diesbezüglich folgenden Fragen nachgehen:

- Ist das „auf dem Papier" festgestellte System auch tatsächlich in allen Funktionen und Abläufen umgesetzt worden?
- Ist das umgesetzte System in der täglichen Praxis tatsächlich vor dem Hintergrund seiner Zielsetzung operabel und funktionsfähig?
- Entsprechen die in der Praxis wahrgenommenen Abläufe dem definierten System?
- Werden korrekte Frühwarnsignale generiert und regelgerecht weiterverarbeitet?
- Werden die Maßnahmen den Spezifika des wirtschaftlichen Umfelds und der wesentlichen Geschäftsprozesse des Mandanten gerecht?
- Wird die vollständige und zeitnahe Erfassung mindestens der bestandsgefährdenden und wesentlichen Risiken in allen Unternehmensbereichen gewährleistet?
- Besteht eine hierarchisch abgestufte Zuordnung von Verantwortlichkeiten unter Festlegung diesbezüglicher Wesentlichkeitsgrenzen?
- Sind angemessene Vorkehrungen zur Dokumentation und Überwachung der Maßnahmen getroffen worden?
- Werden die verantwortlichen Stellen in die Lage versetzt, festgestellte Mängel im System zeitnah korrigieren zu können?

Der Prüfung der **Einhaltung der Maßnahmen** dienen folgende Prüfungshandlungen:

- Durchsicht von Unterlagen zur Risikoerfassung und zur Risikokommunikation (Meldebögen, Analyse- und Weiterleitungsformulare),
- Befragungen und Beobachtungen zur Einhaltung der Kontrollmaßnahmen (z. B. Einhaltung der Meldegrenzen),
- eigene Prüfung von abgelaufenen Vorgängen (z. B. Kontrollvorgängen),
- (meist IT-gestützte) Verprobungsrechnungen,
- Durchführung von Testläufen, ggf. unter kontrollierter Fehlereinspeisung und
- Durchsicht von Arbeitspapieren, Prüfungsberichten oder -protokollen der Internen Revision (IDW PS 340, Tz. 31).

3. Prüfung der Geschäftsführung

3.1 Grundlagen

Die Prüfung der Geschäftsführung stellt eine Besonderheit der öffentlichen Unternehmen und Genossenschaften dar. Sie ist kein Bestandteil der Prüfung nach § 317 HGB.

Zuletzt hatte sich im Rahmen der *Corporate Governance*-**Debatte** die gleichnamige Regierungskommission mit der Frage einer Erweiterung der Prüfungsgegenstände um die Ordnungsmäßigkeit der Geschäftsführung befasst. Vor dem Hintergrund zahlreicher Schieflagen von Unternehmen, denen gleichwohl uneingeschränkte Bestätigungsvermerke erteilt wurden, kam die Frage auf, ob der Prüfer im Rahmen der Abschlussprüfung die Situation nicht hätte erkennen und eine öffentlichkeitswirksame Frühwarnfunktion ausüben können und müssen.

Im Ergebnis sprach sich die Kommission gegen eine solche Weiterentwicklung der Abschlussprüfung aus, da die Überprüfung der Geschäftsführung ureigene Aufgabe des **Aufsichtsrats** sei (§ 111 Abs. 1 AktG). Ihre Übertragung auf den Abschlussprüfer könnte vielmehr dazu führen, dass sich der Aufsichtsrat von seiner Überwachungspflicht entlastet oder gar abgedrängt sähe (vgl. *Baums* (Hrsg.), Bericht der Regierungskommission *Corporate Governance* – Unternehmensführung, Unternehmenskontrolle, Modernisierung des Aktienrechts, Köln 2001, Tz. 285). Der Prüfer soll lediglich den Aufsichtsrat bei der Erfüllung seiner Aufgaben durch entsprechende Feststellungen im Prüfungsbericht nach § 321 HGB unterstützen.

Die Geschäftsführungsprüfung wird auch deshalb kritisiert, da sie den Prüfer überfordere und er kein „**Super-Geschäftsführer**" sein könne (vgl. *Loitz*, BB 1997 S. 1835). Außerdem greife sie zu sehr in die Autonomie des zu prüfenden Unternehmens ein. Dem ist allerdings entgegenzuhalten, dass im Fokus der Geschäftsführungsprüfung nicht die Entscheidungen der Geschäftsleitung als solche, sondern vielmehr ihr ordnungsmäßiges Zustandekommen steht.

Diese Ansicht kann durch die allgemein anerkannte Auslegung der sog. **Business Judgement Rule** fundiert werden (vgl. auch Deutscher Corporate Governance Kodex, Tz. 3.8, www.corporate-governance-code.de). Ihr zufolge soll bei unternehmerischen Entscheidungen keine Pflichtverletzung vorliegen, wenn das Organmitglied „**vernünftigerweise annehmen durfte, auf der Grundlage angemessener Information zum Wohle der Gesellschaft zu handeln**".

Entscheidend für das Vorliegen einer Pflichtverletzung ist somit nicht das **Ergebnis** des Managementhandelns, d. h.

▶ ein verlustbringendes Managementhandeln kann gleichwohl ordnungsmäßig sein,

▶ während ein gewinnbringendes Managementhandeln nicht davor schützt, mit einer ahndungswürdigen Pflichtverletzung behaftet zu sein.

Vielmehr ist für die Beurteilung der Ordnungsmäßigkeit des Managementhandelns folgendes **Prüfschema** anzuwenden:

▶ Die Leitungsperson muss vor einer (wesentlichen) unternehmerischen Entscheidung alle für die Entscheidungsfindung relevanten Informationen gewinnen,

▶ diese sind, ggf. unter korrekter Anwendung einschlägiger Methoden zur Informationsverarbeitung (z. B. mathematisch-statistischer Methoden) sachgerecht zu würdigen,

▶ die vollzogene Entscheidung muss in Einklang mit den Ergebnissen der Informationsgewinnung und -verarbeitung stehen.

Für die Feststellung der Ordnungsmäßigkeit sind somit vor allem der Nachvollzug des **Entscheidungsprozesses** und die Würdigung der zugrunde liegenden **Informationsbasis** relevant.

3.2 Prüfungsanlässe

3.2.1 Öffentliche Unternehmen

Die Prüfung öffentlicher Unternehmen regelt § 53 Abs. 1 HGrG wie folgt:

„Gehört einer Gebietskörperschaft die Mehrheit der Anteile eines Unternehmens in einer Rechtsform des privaten Rechts oder gehört ihr mindestens der vierte Teil der Anteile und steht ihr zusammen mit anderen Gebietskörperschaften die Mehrheit der Anteile zu, so kann sie verlangen, dass das Unternehmen

- im Rahmen der Abschlussprüfung auch die Ordnungsmäßigkeit der Geschäftsführung prüfen lässt;
- die Abschlussprüfer beauftragt, in ihrem Bericht auch darzustellen
    - die Entwicklung der Vermögens- und Ertragslage sowie die Liquidität und Rentabilität der Gesellschaft,
    - verlustbringende Geschäfte und die Ursachen der Verluste, wenn diese Geschäfte und die Ursachen für die Vermögens- und Ertragslage von Bedeutung waren,
    - die Ursachen eines in der Gewinn- und Verlustrechnung ausgewiesenen Jahresfehlbetrags;
- ihr den Prüfungsbericht der Abschlussprüfer und, wenn das Unternehmen einen Konzernabschluss aufzustellen hat, auch den Prüfungsbericht der Konzernabschlussprüfer unverzüglich nach Eingang übersendet."

Die Geschäftsführungsprüfung öffentlicher Unternehmen wurde erstmals in das HGrG von 1969 eingefügt. Ursprünglich sollte die Geschäftsführung sogar nach den „Richtlinien der Gebietskörperschaft" geprüft werden, d. h. es war eine uneingeschränkte Geschäftsführungsprüfung vorgesehen, als deren Ergebnis der Prüfer zu beurteilen hatte, ob die Geschäftsführung für eine nachhaltige und wirtschaftliche Erfüllung der dem Unternehmen zugewiesenen öffentlichen Aufgabe gesorgt hat. Als Folge des damaligen Diskussionsprozesses kam es letztlich zu einem Verzicht auf diese weit reichende Prüfung und zu einer gesetzlichen Regelung in der heute bestehenden Tragweite.

§ 53 HGrG schlägt nach § 68 BHO und § 68 LHO auf die Beteiligungsunternehmen des Bundes und der Länder durch, so dass das durch § 53 HGrG eingeräumte Recht bei diesen regelmäßig in Anspruch genommen wird. Auch für die Prüfung kommunaler Unternehmen und Einrichtungen nach landesrechtlichen Vorschriften gelten analoge Regelungen, und zwar sowohl für privatrechtliche als auch öffentlich-rechtliche Organisationsformen (vgl. etwa §§ 106, 108 GO-NRW). Der Geschäftsführungsprüfung sind üblicherweise sowohl die Unternehmen ohne eigene Rechtsperson (Eigenbetriebe) wie auch die rechtsfähigen Anstalten öffentlichen Rechts unterworfen.

Zudem müssen sich auch kommunale Krankenhäuser den Grundsätzen der Geschäftsführungsprüfung unterziehen, soweit das Landesrecht dies bestimmt.

Die Geschäftsführungsprüfung wird aus einem **übergeordneten öffentlichen bzw. gemeinwirtschaftlichen Interesse** motiviert. Dieses liegt in der Verpflichtung der Geschäftsführer von Unternehmen im Anteilsbesitz von Gebietskörperschaften begründet, besonders sorgsam mit den ihnen anvertrauten Mitteln umzugehen und die Funktionsfähigkeit des Unternehmens in öffentlicher Verantwortung nachhaltig aufrecht zu erhalten. Zudem schreiben die Gemeindeordnungen häufig vor, dass

- der öffentliche Zweck das Unternehmen rechtfertigen muss,
- das Unternehmen in einem angemessenen Verhältnis zur Leistungsfähigkeit der Gebietskörperschaft und dem voraussichtlichen Bedarf stehen muss und
- der angestrebte Zweck nicht besser und wirtschaftlicher durch einen anderen Leistungserbringer (privater Rechtsform) erfüllt werden darf.

Das letztgenannte Kriterium erlangt vor dem Hintergrund verbreiteter Privatisierungsbestrebungen der öffentlichen Haushalte besondere Bedeutung.

3.2.2 Genossenschaften

Die **Genossenschaft** ist eine Gesellschaft mit nicht geschlossener Mitgliederzahl, welche die Förderung des Erwerbs oder der Wirtschaft ihrer Mitglieder bzw. deren soziale oder kulturelle Belange mittels gemeinschaftlichen Geschäftsbetriebs bezweckt (§ 1 Abs. 1 Satz 1 GenG). Es handelt sich somit um eine Rechtsform mit gesetzlich vorgegebenem Zweck.

§ 54 GenG regelt die **Pflichtmitgliedschaft** mit dem Grundsatz: „Jede Genossenschaft muss einem Verband angehören, dem das Prüfungsrecht verliehen ist (Prüfungsverband)". Ohne die Mitgliedschaftsbestätigung des Prüfungsverbands darf eine Genossenschaft nicht in das Genossenschaftsregister eingetragen werden. Bei nicht erbrachtem Nachweis der Mitgliedschaft ist die eG von Amts wegen aufzulösen (§ 54a Abs. 2 GenG).

Nach § 55 GenG ist der Verband, bei dem die Genossenschaft Mitglied ist, zugleich **Träger der Prüfung**. Von diesem Prinzip wird lediglich abgewichen, wenn bestimmte beim Verband angestellte Personen zugleich Organträger der Genossenschaft sind, z. B. Mitglieder des Vorstands und des Aufsichtsrats, Angestellte und Mitglieder der zu prüfenden Genossenschaft. In Einzelfällen, z. B. bei Besorgnis der Befangenheit des Prüfungsverbands, kann sich der Verband eines von ihm nicht angestellten Prüfers für die Prüfungsdurchführung bedienen.

Die Pflichtmitgliedschaft der Genossenschaften in Prüfungsverbänden hat eine lange Tradition. Freiwillige Prüfungen der Genossenschaften durch Wanderlehrer erfolgten bereits seit Mitte des 18. Jahrhunderts. Motiv dieser Prüfungen war insbesondere der Schutz der meist wirtschaftlich schwachen und unerfahrenen Genossenschaftsmitglieder vor Verlusten und Fehlleistungen der Geschäftsführungen sowie der Schutz der Genossenschaftsbewegung insgesamt vor Imageverlusten und Kettenreaktionen aus dem Zusammenbruch einzelner Genossenschaften.

Die **genossenschaftliche Pflichtprüfung** (bei seinerzeit noch freier Prüferwahl) war schon Bestandteil der ursprünglichen Fassung des GenG aus dem Jahr 1889; dies stellt die älteste Prüfungsnorm in Deutschland dar. Die Einführung der Pflichtmitgliedschaft in Verbänden erfolgte im Rahmen der GenG-Reform von 1934 vor dem Hintergrund zahlreicher Zusammenbrüche von Genossenschaften im Gefolge der Weltwirtschaftskrise, welche sich auf die „verbandsfreien" Genossenschaften konzentrierten. Diese zeichneten sich durch häufige Prüfer- und Verbandswechsel aus.

§ 53 GenG bestimmt, dass „zwecks Feststellung der wirtschaftlichen Verhältnisse und der Ordnungsmäßigkeit der Geschäftsführung die Einrichtungen, die Vermögenslage sowie die Geschäftsführung der Genossenschaft" in jedem Geschäftsjahr zu prüfen sind. Die genossenschaftliche Pflichtprüfung umfasst somit den weitestgehenden Prüfungsauftrag im deutschen Prüfungswesen überhaupt. Sie schließt – als Teil der Geschäftsführung – analog zum § 317 HGB den Jahresabschluss, die Buchführung und den Lagebericht ein, soweit Bagatellgrenzen überschritten werden (§ 53 Abs. 2 GenG).

Nach § 53 Abs. 1 Satz 2 GenG brauchen Genossenschaften, deren Bilanzsumme 2 Mio. € nicht übersteigt, nur in jedem zweiten Geschäftsjahr geprüft zu werden; eine jährliche Prüfung aufgrund freiwilligen Auftrags bleibt unbenommen.

Die Prüfung soll einen wesentlichen Schutzmechanismus für den langfristigen Fortbestand der Genossenschaft und damit den Erhalt ihrer Förderfähigkeit gegenüber ihren Mitgliedern schaffen. Zwecks Erfüllung dieses übergeordneten Ziels umfasst der Prüfungsauftrag auch die Auswertung der Prüfungsergebnisse sowie die Kontrolle, ob wesentliche Empfehlungen der Prüfung beachtet und festgestellte Mängel behoben wurden (**Prüfungsverfolgung**). Diesbezüglich stehen dem Prüfungsverband weitgehende Rechte aufgrund der §§ 58 ff. GenG zu.

Die genossenschaftliche Pflichtprüfung ist im Ergebnis

▶ eine Geschäftsführungsprüfung und

▶ eine Betreuungsprüfung,

bei der die Jahresabschlussprüfung nach §§ 316 ff. HGB eine Teilmenge bildet.

3.3 Prüfungsgegenstände

3.3.1 Prüfungsgegenstände nach § 53 HGrG

Grundsätze und Gegenstände der Geschäftsführungsprüfung **öffentlicher Unternehmen** hat der IDW ÖFA in seinem Prüfungsstandard „Berichterstattung über die Erweiterung der Abschlussprüfung nach § 53 HGrG" (IDW PS 720) operationalisiert. Der Prüfungsgegenstand „wirtschaftliche Verhältnisse" wird dort untergliedert in die

▶ Vermögens- und Finanzlage sowie

▶ Ertragslage

und der Prüfungsgegenstand „Ordnungsmäßigkeit der Geschäftsführung" in die Teilgebiete Ordnungsmäßigkeit

▶ der Geschäftsführungsorganisation,

▶ des Geschäftsführungsinstrumentariums sowie

▶ der Geschäftsführungstätigkeit.

Die **Ordnungsmäßigkeit der Geschäftsführung** ist nicht nur als Formalbegriff zu verstehen (d. h. Beachtung von Gesetz, Gesellschaftsvertrag, Satzung und sonstiger bindender Bestimmungen), sondern beinhaltet auch die Zweckmäßigkeit und Wirksamkeit der Geschäftsführung nach anerkannten betriebswirtschaftlichen Grundsätzen.

Der Begriff „**wirtschaftliche Verhältnisse**" ist im Gesetz nicht definiert. Nach h. M. sind hierunter alle sich im Berichtszeitraum ereignenden wirtschaftlich bedeutenden Sachverhalte – analog zur Prüfung der Lagedarstellung gemäß § 289 HGB – zu subsumieren. Wichtige Elemente sind insbesondere

- die Entwicklung der Vermögens-, Finanz- und Ertragslage,
- verlustbringende Geschäfte sowie deren Ursachen, soweit die Geschäfte und die Ursachen für die Vermögens-, Finanz- und Ertragslage von Bedeutung waren,
- die Ursachen eines in der GuV ausgewiesenen Jahresfehlbetrags.

ABB. 277:	Prüfungsgegenstände der Vermögens-, Finanz- und Ertragslage nach § 53 HGrG (IDW PS 720, Tz. 22 f.)
Prüffeld	Prüfungsgegenstand (Auswahl)
Vermögenslage	► Existenz nicht betriebsnotwendigen Vermögens in wesentlichem Umfang ► Auffallend hohe bzw. niedrige Bestände ► Ungewöhnliche Kreditaufnahmen nach Art, Umfang und Konditionen ► Existenz wesentlicher stiller Reserven
Finanzlage	► Einhaltung der Fristenkongruenz bei langfristig gebundenem Vermögen ► Längerfristige Bindung formal kurzfristiger Vermögensgegenstände ► Ausreichende Liquidität und Liquiditätsreserven (Kreditlinien, konzerninterner Finanzausgleich) ► Umfang der innenfinanzierten Investitionen ► Zeitnahe und effektive Kreditüberwachung und Mahnwesen ► Marktgerechte Kreditaufnahmen und Geldanlagen ► Angemessene Konditionen bei konzerninternen Kreditbeziehungen ► Bestehen eines zentralen *Cash-Managements* ► Abschluss bemerkenswerter Leasing- oder ähnlicher Verträge ► Haftungsverhältnisse oder sonstige finanzielle Verpflichtungen ► Ausmaß von erhaltenen öffentlichen Finanz- oder Fördermitteln ► Existenz einer angemessenen Eigenkapitalausstattung ► Wirtschaftliche Vertretbarkeit des Gewinnverwendungsvorschlags
Ertragslage	► Zusammensetzung des Betriebsergebnisses nach Erfolgsquellen und Segmenten ► Im Jahresergebnis enthaltene einmalige Vorgänge in wesentlicher Höhe ► Abwicklung der konzerninternen Leistungen zu angemessenen Konditionen ► Wesentliche Änderungen bei Innenumsätzen der Konzernunternehmen ► Nennenswerte Überkapazitäten bzw. Kapazitätsengpässe ► Auflösung stiller Reserven in wesentlichem Umfang ► Existenz verlustbringender Geschäfte ► Analyse der Verlustursachen, Ergreifung von Maßnahmen zur Verlustbegrenzung ► Existenz besonderer Risiken aus schwebenden Geschäften ► Ggf. Analyse eines Jahresfehlbetrags auf inner- bzw. außerbetriebliche Ursachen ► Eingeleitete Maßnahmen zur Verbesserung der Ertragslage ► Erfordernis weiterer Verbesserungsmaßnahmen

Eine Beurteilung der wirtschaftlichen Verhältnisse erfolgt zweckmäßigerweise auf Grundlage jahresabschlussgestützter, allgemein anerkannter Kennzahlen.

Die **Geschäftsführungsorganisation** umfasst u. a.

- die innere Strukturierung des Geschäftsführungsorgans,
- die Aufgabenverteilung, Delegation und Vertretungsregelungen sowie

► die Verfahren der Entscheidungsfindung

nach Maßgabe der diesbezüglichen unternehmensinternen Vorschriften wie Geschäftsordnungen oder Dienstanweisungen.

ABB. 278:	Prüfungsgegenstände der Geschäftsführungsorganisation nach § 53 HGrG (IDW PS 720, Tz. 19)
Prüffeld	Prüfungsgegenstand (Auswahl)
Zusammensetzung und Tätigkeit von Überwachungsorgan und Geschäftsleitung	► Sachgerechte Verteilung der Aufgaben im Geschäftsverteilungsplan ► Zweckmäßige Einbindung des Überwachungsorgans ► Anzahl und Inhalte der Sitzungen der Organe und Ausschüsse ► Teilnahme des Abschlussprüfers an der Bilanzsitzung des Überwachungsorgans
Regelungen für die Organe	► Bedarfsgerechte Geschäftsordnungen und Geschäftsverteilungspläne für Überwachungsorgan und Geschäftsleitung ► Sachgerechte Regelungen zur Konzernleitung (Geschäftsanweisungen) ► Begrenzung der Tätigkeiten in anderen Aufsichtsräten oder Kontrollgremien ► Angemessene Vergütungsregelungen, insbesondere variable Anteile mit langfristiger Anreizwirkung, und deren Publikation ► Vorliegen schriftlicher Dienstverträge und deren ordnungsmäßige Dokumentation

Das **Geschäftsführungsinstrumentarium** stellt die Gesamtheit der Systeme und Rechenwerke dar, die der Unterstützung der Planung, Entscheidungsfindung und Kontrolle durch die Unternehmensleitung dienen, einschließlich der Aufbau- und Ablauforganisation des Unternehmens. Im Rahmen der Planungsinstrumente sind auch die Planabrechnung und Plankontrolle sowie die Abweichungsanalyse zu würdigen.

Das Rechnungswesen ist in einer weiten Definition als dem Informationszweck dienendes, umfassendes *Management Accounting* zu verstehen und geht insoweit über die Finanzbuchführung wesentlich hinaus. Im Einzelnen werden hierunter subsumiert:

ABB. 279:	Prüfungsgegenstände der Geschäftsführungsinstrumente nach § 53 HGrG (IDW PS 720, Tz. 20)
Prüffeld	Prüfungsgegenstand (Auswahl)
Aufbau- und Ablauforganisation	► Bedarfsgerechte Organisationspläne, die Organisationsaufbau, Arbeitsbereiche, Zuständigkeiten und Weisungsbefugnisse enthalten ► Implementierung und Beachtung des Vier-Augen-Prinzips (Funktionstrennung) ► Sachgerechte Arbeitsanweisungen, Arbeitshilfen, Richtlinien ► Geeignete Vorkehrungen zur Korruptionsprävention und deren Dokumentation ► Geeignete Richtlinien für wesentliche Entscheidungsprozesse (Auftragsvergabe, Auftragsabwicklung, Personalwesen, Kreditaufnahme und -gewährung) ► Sicherstellung einer durchgängigen Beachtung des Organisationsplans und sonstiger bindender Richtlinien ► Ordnungsmäßige Dokumentation von Verträgen
Planungswesen	► Angemessenheit des Planungshorizonts und der Planfortschreibung ► Erstellung sachgerechter Planungsrechnungen (Wirtschaftsplan, Ergebnisplanung, Investitions-, Finanz-, Personalplanung) ► Systematische Untersuchung von Planabweichungen ► Erkennbarkeit sachlicher Zusammenhänge zwischen Projekten und Teilplänen

Rechnungswesen, Informationssystem, Controlling	▶ Gesetzmäßige und sachgerechte Organisation der IT (z. B. Zugangsberechtigungen, Befugnis zu Änderungen, Dokumentation, Datensicherheit, Datenschutz) ▶ Beachtung der gesetzlichen Aufbewahrungspflichten ▶ Im Hinblick auf Größe, Komplexität und besonderen Anforderungen des Unternehmens hinreichende Ausgestaltung des Rechnungswesens ▶ Existenz eines funktionsfähigen Finanzmanagements nebst *Cash-Management* ▶ Laufende Liquiditätskontrollen, vollständige und zeitnahe Fakturierung, funktionierendes Mahnwesen ▶ Existenz einer aussagefähigen Kostenrechnung ▶ Zweckmäßiges Controlling auf Unternehmens- und Konzernebene ▶ Zeitnahes internes Informationssystem
Risikofrüherkennungssystem	▶ Definition geeigneter Frühwarnsignale zur rechtzeitigen Identifikation bestandsgefährdender Risiken ▶ Beachtung sowie ausreichende Dokumentation der zur Risikofrüherkennung ergriffenen Maßnahmen ▶ Kontinuierliche und systematische Abstimmung der Frühwarnsignale und Maßnahmen mit aktuellen Geschäftsprozessen und Funktionen
Finanzinstrumente, Derivate	▶ Festlegung des Geschäftsumfangs zum Einsatz von Finanzinstrumenten nach Produkten, Partnern, Bewertungseinheiten ▶ Über die Begrenzung von Zinsrisiken hinaus eingesetzte Zinsderivate ▶ Ausreichendes Instrumentarium zur Erfassung, Beurteilung, Bewertung und Kontrolle der Geschäfte ▶ Angemessene Arbeitsanweisungen und Gewährleistung einer unterjährigen Unterrichtung der Geschäftsführung
Interne Revision	▶ Existenz und organisatorische Anbindung einer Internen Revision im Hinblick auf die Existenz bzw. Vermeidung von Interessenkonflikten ▶ Anforderungsgerechte personelle Besetzung der Internen Revision ▶ Wesentliche Tätigkeitsschwerpunkte und festgestellte bemerkenswerte Mängel ▶ Aus den Feststellungen und Empfehlungen gezogene Konsequenzen ▶ Abstimmung der Tätigkeitsschwerpunkte mit dem Abschlussprüfer
Versicherungsschutz	▶ Versicherung der wesentlichen, üblicherweise gedeckten Risiken ▶ Feststellung einer Un- bzw. Unterversicherung bei aufgetretenen Schadensfällen ▶ Regelmäßige Aktualisierung des Versicherungsschutzes

Unter der **Geschäftsführungstätigkeit** sind alle Aktivitäten im Rahmen der Ausübung der Geschäftsführungsfunktion zu verstehen. Da diese sich üblicherweise einer Prüfung entziehen, wird nach h. M. allenfalls als beurteilbar angesehen, ob

▶ die Aktivitäten in Einklang mit bindenden externen und internen Vorgaben stehen,

▶ die Entscheidungen auf der Grundlage sachgerechter Planungs- und Vorbereitungshandlungen erfolgten und

▶ hierüber jeweils vollständig, zeitnah und regelmäßig an das Überwachungsorgan berichtet wurde,

soweit es die Sorgfalt eines ordentlichen Geschäftsleiters erfordert (§ 93 Abs. 1 AktG).

ABB. 280:	Prüfungsgegenstände der Geschäftsführungstätigkeit nach § 53 HGrG (IDW PS 720, Tz. 21)
Prüffeld	Prüfungsgegenstand (Auswahl)
Zustimmungsbedürftige Rechtsgeschäfte und Maßnahmen	▶ Vorherige Einholung der Zustimmung des Überwachungsorgans zu zustimmungspflichtigen Rechtsgeschäften und Maßnahmen ▶ Entsprechung anderweitiger Regelungen und Vorgaben ▶ Vermeidung einer Zerlegung zustimmungsbedürftiger Maßnahmen in Teilmaßnahmen zur Umgehung der Zustimmungspflicht ▶ Vorlage geeigneter Unterlagen an das Überwachungsorgan zur Entscheidungsfindung, z. B. Darstellung geeigneter Alternativen
Übereinstimmung mit Regelungen	▶ Übereinstimmung mit Gesetz, Satzung, Geschäftsordnung und bindenden Beschlüssen des Überwachungsorgans ▶ Erfüllung der gesetzlichen Offenlegungspflichten
Durchführung von Investitionen	▶ Angemessene Planung von Investitionen und ihre Prüfung auf Rentabilität, Wirtschaftlichkeit, Finanzierbarkeit und Risiken vor Realisierung ▶ Ausreichende Unterlagen zur Preisermittlung und Beurteilung auf Angemessenheit des Preises ▶ Laufende Überwachung der Durchführung, Budgetierung und Veränderung von Investitionen ▶ Vornahme von Abweichungsanalysen, Investitionskontrolle auf Überschreitungen ▶ Beachtung von Auflagen der Zuschussgeber bei bezuschussten Investitionen (z. B. zweckentsprechende Verwendung)
Vergaberegelungen, Lieferverpflichtungen	▶ Vorliegen von Verstößen gegen Vergaberegelungen (z. B. VOB, VOL, VOF, EU-Regelungen) ▶ Angemessene Einholung und Berücksichtigung von Konkurrenzangeboten ▶ Untersuchung wichtiger Liefer- und Abnahmeverträge auf ihre innerbetrieblichen Auswirkungen vor deren Abschluss ▶ Zugrundelegung allgemeiner privatrechtlicher Vertragsbedingungen bzw. öffentlich-rechtlicher Satzungen
Berichterstattung an das Überwachungsorgan	▶ Vorliegen einer regelmäßigen und ausreichenden Berichterstattung ▶ Vermittlung eines zutreffenden Einblicks in die wirtschaftliche Lage ▶ Berücksichtigung von Strukturveränderungen durch Darstellung von Überleitungsrechnungen ▶ Zeitnahe Unterrichtung über wesentliche Vorgänge, insbesondere über ungewöhnliche, risikoreiche bzw. nicht ordnungsmäßig abgewickelte Geschäftsvorfälle ▶ Inanspruchnahme der Berichterstattung auf besonderen Wunsch des Überwachungsorgans (§ 90 Abs. 3 AktG) ▶ Abschluss einer D&O-Versicherung mit angemessenem Selbstbehalt für die Organmitglieder ▶ Angemessene Regelungen zur Vermeidung von Interessenkonflikten und deren Offenlegung

3.3.2 Zusätzliche Prüfungsgegenstände nach § 53 GenG

Die Prüfung der Ordnungsmäßigkeit der Geschäftsführung nach § 53 GenG erstreckt sich analog zu § 53 HGrG auf alle Führungsbereiche und Aufgaben, u. a. Geschäftspolitik, Planung, Entscheidung, Durchführung und Überwachung. Der Prüfer hat der Frage nachzugehen, ob die Geschäftsleitung die erforderlichen personellen und sachlichen Maßnahmen zur Verwirklichung des Unternehmensziels getroffen hat.

Weiter sind alle seitens der Geschäftsführung der Genossenschaft getroffenen wesentlichen Entscheidungen oder Maßnahmen daraufhin zu untersuchen, ob sie mit Gesetz und Satzung sowie mit den Beschlüssen der Organe der Genossenschaft übereinstimmen.

Prüfungsmaßstäbe sind neben der formalen Ordnungsmäßigkeit und der materiellen Zweckmäßigkeit der Geschäftspolitik und betrieblichen Maßnahmen außerdem die **Einhaltung genossenschaftlicher Prinzipien**. Diesbezüglich sind zusätzlich zum § 53 HGrG Feststellungen hinsichtlich

- der Erbringung satzungsmäßiger Förderleistungen und der Verwirklichung des genossenschaftlichen **Förderauftrags**,
- der Gewährleistung der **Gleichbehandlung** aller Genossenschaftsmitglieder,
- der Einhaltung des **Regionalprinzips** (soweit in der Satzung eine geographische Ausdehnung des Geschäftsgebiets festgelegt wurde) sowie
- bei Kreditgenossenschaften der Einhaltung der **Sorgfaltspflichten** nach dem Statut der Sicherungseinrichtung des Bundesverbands der Deutschen Volksbanken und Raiffeisenbanken e.V. (BVR)

zu treffen. Daneben sind die Einrichtungen, Vermögenslage und Geschäftsführung der Genossenschaft zu prüfen:

- Einrichtungen sind alle Vorkehrungen im gesamten Unternehmensbereich zur Erfüllung des Unternehmensziels.
- Die Vermögenslage umfasst die wirtschaftlichen Verhältnisse i.w.S., insbesondere Eigenkapitalausstattung, Finanzierung, Liquidität und Rentabilität sowie Wirtschaftlichkeit.
- Unter die Geschäftsführung ist die Geschäftsführung als Institution und deren Organisation sowie das gesamte Geschäftsführungsinstrumentarium zu subsumieren.

Die Prüfung der **Einrichtungen** bildet eine genossenschaftsrechtliche Besonderheit. Hierbei handelt es sich um einen recht unspezifischen Prüfungsgegenstand, der nicht nur das physische Vermögen in Form der technischen Ausstattung und Anlagen umfasst, sondern auch

- die Innen- und Außenorganisation und alle diesbezügliche Vorkehrungen und
- die ordnungsmäßige Besetzung und Arbeitsweise der Organe wie den Aufsichtsrat und die General- bzw. Vertreterversammlung.

Die **Vermögenslage** beinhaltet analog zu § 53 HGrG nicht nur die Vermögenslage als Teilmenge der wirtschaftlichen Lage i. S. des § 264 Abs. 2 Satz 1 HGB, sondern ihre Gesamtheit einschließlich einer Analyse und Bewertung der Erfüllung bedeutender **Unternehmensziele**, worauf die ausdrückliche Nennung der gebräuchlichen Unternehmensziele „Liquidität" und „Rentabilität" hindeutet.

Die **Geschäftsführung** stellt zunächst wie bei § 53 HGrG die Gesamtheit der Instrumente und Maßnahmen zur Erfüllung der originären Aufgaben Zielsetzung, Planung, Entscheidung, Durchführung und Kontrolle dar. Ausdrücklich im Rahmen der genossenschaftlichen Pflichtprüfung zu beurteilende Geschäftsführungsinstrumente sind

- die **Betriebsanlagen** (technische Planung, Erhaltungszustand, Finanzierung, Investitionsplanung),
- das **Personalwesen** (Aus- und Weiterbildungssystem, Personalentwicklung, Zweckmäßigkeit des Personaleinweisung und der Instruktionen, Überwachungsmechanismen) und
- das **Informationssystem** (IT-Hardware und -Software, Berichtswesen).

Aufgrund der vom Prüfungsverband zu leistenden **Prüfungsnachsorge**, d. h. der Kontrolle, ob wesentliche Empfehlungen der Prüfung beachtet und festgestellte Mängel behoben wurden, übt die genossenschaftliche Pflichtprüfung weit reichende Schutz- und Ordnungsfunktionen sowohl für die Mitglieder der Genossenschaft als auch für deren Gläubiger, Kunden und Lieferanten sowie für die Öffentlichkeit aus.

3.4 Prüfungshandlungen

3.4.1 Grundlagen

Für die Durchführung einer Geschäftsführungsprüfung bedarf es eines **gesonderten Prüfungsauftrags**, jedenfalls soweit entsprechende Erweiterungen der Prüfung nicht Teil der gesetzlichen Abschlussprüfung sind. Der Abschlussprüfer ist weder berechtigt noch verpflichtet, von sich aus eine Erweiterung der Abschlussprüfung gemäß § 53 HGrG vorzunehmen (vgl. IDW PS 720, Tz. 2).

Die Beurteilung der Geschäftsführung durch Externe stellt naturgemäß ein sensibles Thema dar, denn die Leitungspersonen nehmen ihre Aufgaben in eigener Verantwortung und Autonomie wahr. Sie soll demnach dem Ziel der Unterstützung des Aufsichtsrats bzw. der beherrschenden Körperschaft durch die Prüfung bei der Wahrnehmung ihrer Aufsichtsfunktionen und der Ergreifung der erforderlichen Maßnahmen dienen.

Der aufgezeigte Spagat zwischen Prüfung und Aufsicht kann durch Vorgabe möglichst objektiver Prüfungsmaßstäbe wesentlich entschärft werden. Deshalb gibt IDW PS 720 einen umfassenden **Fragenkatalog** vor, der in Fragenkreise gegliedert ist. Für die Prüfungsdurchführung ergeben sich hierzu folgende **Leitlinien** (vgl. IDW PS 720, Tz. 4 ff.):

- Der Katalog ist nicht abschließend zu verstehen. Erforderlichenfalls müssen weitere Prüfungsgebiete je nach Rechtsform, Größe und Branche des Unternehmens berücksichtigt werden.
- Die fehlende Einschlägigkeit einzelner Fragen oder Fragenkreise ist demgegenüber zu begründen; bloße Fehlanzeigen sind nicht statthaft.
- Dem steht die Bildung wechselnder Prüfungsschwerpunkte im Rahmen eines mehrjährigen Prüfungsplans jedoch nicht entgegen, eine Verpflichtung zur jährlichen Vollprüfung aller Fragenkomplexe kann nicht abgeleitet werden.
- Die Auslagerung der erforderlichen Prüfungshandlungen auf Vor- oder Zwischenprüfungen steht im Einklang mit der ordnungsmäßigen Berufsausübung.

▶ Das Risikofrüherkennungssystem gem. § 91 Abs. 2 AktG bildet ein Geschäftsführungsinstrument. Dies gilt unabhängig von der Rechtsform und Größe der dem § 53 HGrG unterliegenden Unternehmen und wird mit dem besonderen Erfordernis eines sorgsamen Umgangs der Geschäftsführung mit den ihr anvertrauten Mitteln und der besonderen öffentlichen Verantwortung begründet.

Somit können auf dessen Prüfung die allgemeinen Grundsätze übertragen werden (vgl. IDW PS 340), mit der Besonderheit, dass die Reaktionen der Geschäftsführung auf erfasste und kommunizierte Risiken und die von den nachgeordneten Entscheidungsträgern eingeleiteten und durchgeführten Handlungen bzw. der Verzicht auf solche in die Prüfung eingeschlossen sind (anders als IDW PS 340, Tz. 6).

Die Erweiterung des Prüfungsauftrags gemäß § 53 GenG, § 53 HGrG erfordert eigenständige, zusätzliche Prüfungshandlungen, sofern sich die Beantwortung der jeweiligen Frage nicht unmittelbar aus der Jahresabschlussprüfung ergibt (IDW PS 720, Tz. 9). Hierbei gelten die allgemeinen Anforderungen an risikoorientierte Beurteilung, Festlegung von Wesentlichkeitsgrenzen sowie Auswahl von Art und Umfang der Prüfungshandlungen.

Die Fragen sind klar und problemorientiert zu beantworten, dies sollte zweckmäßigerweise in einer besonderen Anlage erfolgen (IDW PS 720, Tz. 16).

3.4.2 Wirtschaftliche Lage

Die **Feststellung der wirtschaftlichen Lage** geht über die rein vergangenheitsbezogene Darstellung des abgelaufenen Geschäftsjahres hinaus. Sie erstreckt sich nach h. M. auch auf die künftige Entwicklung.

Dies kommt u. a. darin zum Ausdruck, dass § 53 HGrG eine Stellungnahme des Abschlussprüfers zur **Liquidität** fordert, d. h. der Fähigkeit des Unternehmens, künftig termingerecht und in vollem Umfang seinen Zahlungsverpflichtungen nachkommen zu können. Eine Zahlungsunfähigkeit des Unternehmens in der Vergangenheit wäre nicht besonders nennenswert, da ihr schon im Rahmen einer Abschlussprüfung nach § 317 HGB nachgegangen worden wäre. Somit wird im Rahmen der Prüfung der Liquidität mindestens die kurzfristige Finanzplanung analysiert und beurteilt werden müssen.

In Bezug auf die **Ertragslage** hat der Prüfer zur Angemessenheit der Eigenkapitalausstattung und zur Höhe und Entwicklung der stillen Reserven Stellung zu nehmen. Außerdem ist eine Erfolgsspaltung vorzunehmen, in deren Rahmen auf die Relation von betriebsgewöhnlichem und außerordentlichem Ergebnis einzugehen ist. Zudem sind ihrer Art und Höhe nach bemerkenswerte Aufwendungen und Erträge und ihr Einfluss auf das ausgewiesene Ergebnis darzustellen.

Verlustbringende Geschäfte sind nicht nur aufzuführen, sondern im Rahmen einer Ursache-Wirkungs-Beziehung isoliert zu analysieren; zudem hat der Abschlussprüfer zu der Frage Stellung zu beziehen, ob es sich um von der Geschäftsführung beeinflussbare (Fehlplanung, Missmanagement) oder nicht beeinflussbare (Konjunktureinbruch, Rohstoffpreis- und Wechselkursschocks) Verluste handelt. Erforderlichenfalls ist bei diversifizierten Unternehmen eine Ergebnisrechnung auf Spartenebene zu analysieren.

Wird ein **Jahresfehlbetrag** ausgewiesen, so sind deren Ursachen zu erläutern, etwa außerordentliche Abschreibungen, Forderungsausfälle, Überkapazitäten oder überalterte Anlagen. Der Abschlussprüfer muss würdigen, ob bei einer sorgfältigeren Geschäftsführung die Verluste hätten vermieden werden können. Bei verlustbringenden Großaufträgen wird sich der Abschlussprüfer ggf. eine Nachkalkulation vorlegen lassen müssen.

Während im Rahmen der Prüfung nach § 53 HGrG der Prüfer in seinem Bericht die Entwicklung der Vermögens- und Ertragslage sowie der Liquidität und Rentabilität lediglich **darstellen** muss, fordert § 53 GenG vom Prüfer eine diesbezügliche **Feststellung**. Sie ist deutlich weitgehender, da der Prüfer sich auch mit der Geschäftspolitik und dem Zielsystem der Genossenschaft und der Zielerreichung auseinander setzen muss. Die Prüfung der Vermögenslage schließt ausdrücklich auch Fragen der Finanzierung und der Preisgestaltung ein.

Im Zuge der genossenschaftlichen Pflichtprüfung sind die **Einrichtungen** der Genossenschaft zu prüfen. Dies geschieht auf Vollständigkeit und auf ihren Erhaltungszustand. Ob die Prüfung auch die technische und betriebswirtschaftliche Zweckmäßigkeit einschließt, ist nicht abschließend geklärt. Typische Prüfungsfragen stellen dar:

ABB. 281:	Checkliste zur Feststellung der wirtschaftlichen Lage
▶ Ist die Eigenkapitalausstattung in Bezug auf Branchenmittel und Vermögensstruktur ausreichend?	
▶ Werden in angemessenem Umfang sowohl offene Rücklagen als auch stille Reserven gebildet? Reichen diese für die Abschirmung ggf. plötzlich auftretender Verluste aus?	
▶ Besteht das Eigenkapital zu einem hinreichenden Anteil aus nicht verzinslichen bzw. Dividendenansprüchen unterworfenen Bestandteilen?	
▶ Gewährleistet die Finanzlage, dass entstehende Zahlungsverpflichtungen zeitgerecht erfüllt werden können?	
▶ Entfalten liquiditätsverbessernde Maßnahmen nachhaltige Wirkungen oder sind sie nur auf kurzfristige „window dressing"-Effekte gerichtet?	
▶ Lassen die aus dem Geschäftsbetrieb generierten Überschüsse eine ausreichende Innenfinanzierung zu?	
▶ Reicht die Ertragskraft aus, um alle erkennbaren Risiken abzuschirmen und zugleich einen angemessenen Jahresüberschuss zu erwirtschaften?	
▶ Liegen Verluste vor, die die Fortführung des Geschäftsbetriebs gefährden?	
▶ Waren Verlustquellen und -ursachen vermeidbar?	

Relevante Prüfungsmaßstäbe bezüglich der wirtschaftlichen Lage sind insbesondere

- ▶ deren Beeinflussung durch vorgenommene Maßnahmen der Bilanzpolitik,
- ▶ die Höhe und Veränderung der stillen Reserven,
- ▶ die Höhe der künftigen steuerlichen Be- und Entlastungen,
- ▶ der Zeit- und Branchenvergleich von jahresabschlussbezogenen Kennzahlen und
- ▶ Sollmaßstäbe der internen Unternehmensplanung.

Soweit die **künftige Entwicklung** Gegenstand der Prüfung ist, richtet sich die Beurteilung vorrangig auf

- ▶ die Plausibilität und Widerspruchsfreiheit der Auskünfte der Geschäftsführung sowie der eingeholten Unterlagen und
- ▶ die richtige Handhabung von Prognosemodellen.

3.4.3 Geschäftsführung

Die Ordnungsmäßigkeit der **Geschäftsführung** bezieht sich jeweils nicht nur auf die Konformität zu Gesetz, Gesellschaftsvertrag und Satzung, sondern auch auf ihre **Zweckmäßigkeit und Wirksamkeit**. Letztere Beurteilung erfolgt jedoch nicht derart, dass der vorgefundene Zustand mit einer fiktiven Optimallösung verglichen wird, da hierzu keine objektiven Maßstäbe vorliegen. Vielmehr ist im Zuge einer Plausibilitätskontrolle zu prüfen, ob die Entscheidungen der Geschäftsführung sorgfältig vorbereitet, Alternativen ausgearbeitet und abgewogen, die Realisierung fortlaufend kontrolliert und bei ggf. erkannten Fehlentscheidungen Korrekturen durchgeführt worden sind.

Geschäftsführungsorganisation

In Bezug auf die **Geschäftsführungsorganisation** wird die innere Strukturierung des obersten Leitungs- und Aufsichtsorgans begutachtet. Es ist zu prüfen, wie die Organe ihre Aufgaben verteilt haben und wie die Führungsfunktionen organisiert sind. Die Führungsebenen müssen derart mit Kompetenzen ausgestattet sein, dass eine rasche und praktikable Entscheidungsfindung vollzogen werden kann. Dies bedarf einer zweckmäßigen Gliederung und eindeutigen Abgrenzung der Aufgaben zwischen den einzelnen Hierarchieebenen und Ressorts. Zuständigkeitsüberschneidungen induzieren Kompetenzstreitigkeiten sowie Fehlerzurechnungsprobleme und sind zu vermeiden.

Hinsichtlich der Beurteilung der Vorstandstätigkeit ist vor allem die Existenz einer sachgerechten **Geschäftsordnung und -verteilung** von Bedeutung. Diese schreibt die Aufgabenverteilung und die Entscheidungsbefugnisse der einzelnen Vorstandsmitglieder i. S. eines Ressortprinzips fest. Auch ist die Existenz von Limiten zu begutachten, oberhalb der das Leitungsorgan als Ganzes zu entscheiden hat. Eine Machtkonzentration auf den Vorstandsvorsitzenden ist hierbei grundsätzlich als Krisenindikator zu würdigen. Es sind ebenfalls die Entscheidungsregeln im Vorstand auf Zweckmäßigkeit zu beurteilen. Insbesondere ist zu würdigen, wie bei nicht einstimmiger Stimmenlage oder im Extremfall Patt-Konstellationen verfahren wird.

Weiter sind die im Unternehmen angewandten Verfahrensabläufe hinsichtlich **Besetzung, Struktur und Vergütung** des Leitungsorgans zu evaluieren. Es müssen systematische Mechanismen vorliegen, die auf objektiven und sachlichen Entscheidungskriterien basieren und die durchgängig dokumentiert sind. Ein fallweiser Aushandlungsprozess ist zu vermeiden.

Von besonderer Bedeutung ist auch die Art und Weise, in der **Interessenkonflikte** für die Vorstandsmitglieder ausgeschaltet werden. Diese entstehen insbesondere durch die Besorgnis einer mangelnden Unabhängigkeit gegenüber direkten Konkurrenten oder Geschäftspartnern (persönliche, kapitalmäßige oder finanzielle Beziehungen).

Zu prüfen ist, ob das für den Vorstand gebotene **Wettbewerbsverbot** eingehalten wurde. Es ist wirksam zu verhindern, dass Leitungspersonen in Zusammenhang mit ihrer Tätigkeit für sich bzw. für andere Personen von Dritten Zuwendungen oder sonstige Vorteile fordern oder annehmen oder Dritten ungerechtfertigte Vorteile gewähren. Sicherzustellen ist, dass jedes Vorstandsmitglied Interessenkonflikte dem Aufsichtsrat gegenüber unverzüglich offen legt und die anderen Vorstandsmitglieder informiert.

> **ABB. 282: Checkliste zur Ordnungsmäßigkeit der Geschäftsordnung und Geschäftsverteilung**
>
> ▶ Besteht für den Gesamtvorstand eine Geschäftsordnung, die sachgerechte Regelungen zu Zuständigkeiten, Vollmachten und Aufgabenverteilung enthält?
> ▶ Werden Grundzüge der Aufgabenverteilung und der Entscheidungsfindung geregelt? Werden Ressortverantwortlichkeiten bestimmt, ggf. bis zu welchen Limits? Bestehen angemessene Vertretungsregelungen?
> ▶ Ist der Prozess der Entscheidungsfindung im Gesamtvorstand sachgerecht und ausgewogen? Gelten das Einstimmigkeitsprinzip oder andere Wahlregeln? Findet das Kollegialprinzip Anwendung?
> ▶ Wird eine Machtdominanz des Vorstandsvorsitzenden vermieden (besitzt dieser insbesondere keine Weisungsbefugnisse gegenüber anderen Vorstandsmitgliedern)?
> ▶ Werden Entscheidungen mit wesentlicher Weichenstellung langfristig und transparent vorbereitet (z. B. bedeutende Veränderungen der Unternehmensziele, strategische Neuausrichtungen)?
> ▶ Werden strategische Vorhaben rechtzeitig und transparent unter Abwägung aller Chancen und Risiken präsentiert? Werden Alternativvorschläge oder nur alternativlose Empfehlungen unterbreitet?
> ▶ Wird der Einfluss von Prämissen und deren Robustheit verdeutlicht? Wird für die Diskussion und Entscheidungsfindung genügend zeitlicher Vorlauf eingeräumt?
> ▶ Umfasst die Vergütung des Leitungsorgans in hinreichendem Umfang variable Elemente mit langfristiger Anreizwirkung und Risikocharakter?
> ▶ Wird das Entstehen von Interessenkonflikten der Leitungspersonen (Wettbewerbsverbote, Vorteilsnahme und -gewährung) verhindert und regelmäßig überprüft?

Aufgabe des **Aufsichtsrats** ist es, den Vorstand bei seiner Leitungsaufgabe regelmäßig zu beraten und zu überwachen. In Bezug auf dessen angemessene Besetzung ist vom Prüfer zu analysieren, ob nicht nur hinreichende Branchenkenntnisse und fachliche Qualifikationen, sondern auch die notwendige kritische Distanz zum Vorstand gegeben sind. Zweifel können bei persönlichen Bindungen zu Leitungspersonen oder auch bei Besetzung des Aufsichtsrats mit ehemaligen Vorstandsmitgliedern entstehen.

Der Prüfer wird sodann die **Geschäftsordnung** des Aufsichtsrats einsehen. Anhand der Sitzungsprotokolle, Berichte und Vermerke ist nachzuvollziehen, ob Aufsichtsrat und Vorstand regelmäßigen Kontakt halten und die Strategie, die Geschäftsentwicklung und das Risikomanagement konstruktiv beraten. Es ist zu überprüfen, ob der Aufsichtsrat über wesentliche Ereignisse unverzüglich durch den Vorsitzenden bzw. Sprecher des Vorstands informiert und erforderlichenfalls zeitnah eine außerordentliche Aufsichtsratssitzung einberufen wurde.

Die **Zusammenarbeit von Vorstand und Aufsichtsrat** ist nicht durch eine ausschließliche Bringschuld des Vorstands geprägt, Information und Transparenz sind vielmehr gemeinsame Aufgabe von Vorstand und Aufsichtsrat.

In diesem Zusammenhang ist zu prüfen, ob der Aufsichtsrat die **Berichtspflichten** des Vorstands hinsichtlich Umfang und Inhalten, Frequenzen und formalen Modalitäten angemessen und verbindlich konkretisiert hat. Insbesondere sollte neben der Routineberichterstattung in Fällen der Eilbedürftigkeit auch eine ad hoc-Berichterstattung geregelt sein. Die ordnungsmäßige Einbindung des Überwachungsorgans, etwa bei zustimmungspflichtigen Geschäften i. S. des § 111 Abs. 4 Satz 2 AktG, ist durchgängig zu gewährleisten. Der Prüfer muss die diesbezüglichen Satzungsregelungen hinsichtlich der Ausübung des Zustimmungsvorbehalts des Aufsichtsrats begutachten und ggf. definierte Limite auf Angemessenheit untersuchen.

Im Sinne einer **Ergebniskontrolle** ist anhand der Sitzungsprotokolle, Beschlussvorlagen und Beschlussdokumentationen zu prüfen, ob jedwede bindende gesetzliche und satzungsmäßige Regelungen beachtet wurden. Nachzuvollziehen ist auch die Einhaltung unternehmensinterner Organisationsrichtlinien wie Geschäftsordnungen und Dienstanweisungen. Auch das Fehlen, die Unvollständigkeit oder Missverständlichkeit solcher Regelungen stellt einen Prüfungsnachweis der Geschäftsführungsprüfung dar.

ABB. 283: Checkliste zur Ordnungsmäßigkeit der Zusammenarbeit von Vorstand und Aufsichtsrat

- ▶ Nimmt der Vorstand eine regelmäßige strategische Abstimmung und Erörterung des Stands der Strategieumsetzung mit dem Aufsichtsrat vor?
- ▶ Ist die satzungsmäßig vorgesehene Mindestfrequenz der Sitzungen angemessen und wird sie durchgängig eingehalten?
- ▶ Bestehen für das Eingehen von Geschäften mit grundlegender Bedeutung Zustimmungsvorbehalte zugunsten des Aufsichtsrats (in der Praxis insbesondere bei wesentlichen Investitionen und Kapitalaufnahmen, Rechtsform- und Organisationsänderungen)?
- ▶ Informiert der Vorstand den Aufsichtsrat regelmäßig zeitnah und umfassend über alle relevanten Fragen der Planung, Geschäftsentwicklung, Risikolage und des Risikomanagements?
- ▶ Erfolgt eine sog. *follow up*-Berichterstattung derart, dass insbesondere negative Planabweichungen und deren Ursachen erörtert werden?
- ▶ Sind die Aufsichtsratsmitglieder hinreichend erfahren und unabhängig in der Wahrnehmung ihrer Aufgaben? Steht ihnen genügend Zeit hierfür zur Verfügung (Begrenzung der Gesamtzahl der Mandate)?
- ▶ Bestehen keine persönlichen bzw. anderweitigen Beziehungen zu Mitgliedern des Vorstands?
- ▶ Wird der Wechsel ausscheidender Vorstandsmitglieder in den Aufsichtsrat eng beschränkt oder ganz unterbunden?
- ▶ Besteht im Aufsichtsrat ein systematisches Überwachungsprogramm bezüglich Abfolge und Schwerpunkten der Überwachungsobjekte sowie Sollmaßstäben der Überwachung?
- ▶ Werden im Rahmen des Aufsichtsratshandelns permanente und fallweise Prüfungsfelder bestimmt? Sind Verfahren bei Meinungsverschiedenheiten zwischen Vorstand und Aufsichtsrat getroffen?
- ▶ Sind für die Organmitglieder bei Pflichtverletzungen gegenüber der Gesellschaft angemessene Schadensersatzregelungen getroffen?

Zur **Geschäftspolitik des Vorstands** ist zu überprüfen, ob dieser die ihm zustehenden Obliegenheiten im Rahmen der Führung der Geschäfte in eigener Verantwortung in geeigneter Weise erfüllt hat, insbesondere die nicht delegierbaren Aufgaben wie

- ▶ die Formulierung und fortwährende Aktualisierung eines Unternehmensleitbilds,
- ▶ die Erarbeitung plausibler, strategischer Grundsätze für das Unternehmen, erforderlichenfalls aufgegliedert auf strategische Geschäftseinheiten,
- ▶ die Schaffung eines hinreichenden Kontroll- bzw. Risikobewusstseins.

ABB. 284: Checkliste zur Ordnungsmäßigkeit der Geschäftspolitik

- ▶ Besteht ein Unternehmensleitbild, das unter Berücksichtigung wesentlicher Anspruchsgruppen Mission und langfristige Vision wiedergibt?
- ▶ Werden die im Unternehmensleitbild verankerten Regelungen unternehmensweit angewandt oder bestehen sie nur der Form halber?
- ▶ Werden alle Hierarchiestufen und Funktionsbereiche angemessen an der Entwicklung beteiligt? Wird die Praktizierung in geeigneter Form überprüft?
- ▶ Sind die mittelfristigen Unternehmensziele klar formuliert? Sind sie mit Zweck und Gegenstand des Unternehmens vereinbar?
- ▶ Wird die unternehmenszielbezogene Marktposition der Gesellschaft regelmäßig bestimmt und überprüft? Werden diesbezüglich erkannte Defizite verfolgt?
- ▶ Hat der Vorstand eine plausible strategische Ausrichtung entwickelt, die zeitgerecht umgesetzt und regelmäßig überprüft wird?

> ▶ Erfolgt die Strategiedurchführung und -kontrolle auf Grundlage von Benchmarks, Konkurrenzbeobachtungen, Kunden- und Lieferantenanalysen, Stärken-Schwächen-Profilen?
> ▶ Verfügt die Unternehmensleitung über ein hinreichendes Kontrollbewusstsein, d. h. ein Bewusstsein für die Wirksamkeit eingerichteter Kontrollmaßnahmen und Möglichkeiten von deren Umgehung?
> ▶ Sind die Reaktionen der Unternehmensleitung auf bekannt gewordene Unregelmäßigkeiten angemessen? Bestehen Bedenken hinsichtlich der Risikobereitschaft und Spekulationsneigung des Leitungsorgans?
> ▶ Ist die Unternehmensleitung einem starken Druck ausgesetzt, kurzfristige Ergebniserwartungen zu erfüllen? Bestehen eigene, ggf. veröffentlichte Ergebniserwartungen oder Erwartungen von Analysten, institutionellen oder sonstigen Investoren, die als überaus optimistisch einzuschätzen sind?

Die Geschäftspolitik umfasst auch die **Bilanzpolitik** als unentziehbare Geschäftsführungsaufgabe. In Bezug auf diese ist zu würdigen, ob sie sich im Einklang mit der langfristigen Unternehmensstrategie befindet und zu einer realistischen Abbildung der wirtschaftlichen Lage des Unternehmens führt. Insbesondere muss geprüft werden, ob und in welchem Umfang das bilanzpolitische Instrumentarium vom Vorstand dazu benutzt wird, Erfolgsglättung zu betreiben bzw. Fehlentwicklungen zu kaschieren.

Bei Genossenschaften ist zusätzlich die ordnungsmäßige Führung der **Mitgliederliste** durch den Vorstand (§ 30 Abs. 1 GenG) zu prüfen.

Geschäftsführungsinstrumentarium

Im Rahmen der **Prüfung der organisatorischen Vorkehrungen** ist nicht die Geschäftsführungsorganisation, sondern die Organisation des Unternehmens als Ganzes zu würdigen. Im Fokus stehen die Zweckmäßigkeit und Wirtschaftlichkeit von Aufbau- und Ablauforganisation, ggf. das Vorliegen einer Über- oder Unterorganisation in Teilbereichen sowie die Übereinstimmung von Soll- und Ist-Organisation:

▶ Die (strukturbezogene) **Aufbauorganisation** beinhaltet die hierarchische Verknüpfung organisatorischer Grundelemente zu einer Organisationsstruktur und die Festlegung diesbezüglicher Beziehungszusammenhänge einschließlich der Zuordnung von Personen und Sachmitteln zu organisatorischen Teileinheiten.

▶ Die (prozessbezogene) **Ablauforganisation** umfasst dagegen die Ordnung von Handlungsvorgängen und Arbeitsprozessen nach räumlich-zeitlichen Merkmalen.

Stellenbeschreibungen und Stellenplan sind darauf zu untersuchen, ob sie den betrieblichen Erfordernissen entsprechen, d. h., ob die darin enthaltenen Bereichs- und Abteilungsgliederungen einschließlich etwaiger Stabsstellen sinnvoll erscheinen und sie sachgerecht auf Gesamtbetriebsebene verdichtet werden. Weiter ist zu prüfen, ob Aufgabenbereiche, Kompetenzen und Vollmachten klar geregelt sind. Hierbei ist auch zu würdigen, ob für eine ausreichende Funktionstrennung unter Beachtung des Vier-Augen-Prinzips Sorge getragen wurde.

In Bezug auf die Ablauforganisation sind zu beurteilen

▶ die Organisation der im Betrieb ablaufenden Arbeits- und Informationsprozesse (Arbeitsinhalt, Arbeitszuordnung, Arbeitsverkettung) und

▶ die räumlich-zeitliche Abstimmung der Arbeitsprozesse.

Prüfung der Geschäftsführung KAPITEL VI

ABB. 285: Checkliste zur Ordnungsmäßigkeit der organisatorischen Vorkehrungen

- ▶ Liegt ein auf die Belange des Unternehmens abgestimmter Organisationsplan (Organigramm) vor, der die Organisationseinheiten und deren Struktur sachgerecht widerspiegelt? Werden Über- bzw. Unterstellungsverhältnisse deutlich?
- ▶ Lässt sich die Kontrollspanne zwischen den Hierarchieebenen ermitteln? Ist diese angemessen?
- ▶ Sind Zuständigkeiten, Vollmachten, Stellvertreter- und Vertretungsregelungen klar und eindeutig geregelt (möglichst keine Doppelunterstellungen)? Können Fehler eindeutig rückverfolgt werden?
- ▶ Werden Schnittstellen in Prozessabläufen und notwendige Abstimmungen effizient geregelt?
- ▶ Werden seitens der Geschäftsleitung geeignete Vorkehrungen zur Korruptionsprävention getroffen?
- ▶ Werden unvereinbare Funktionen personell und organisatorisch durchgängig getrennt? Besteht keine Identität zwischen anweisender, vollziehender und kontrollierender Instanz?
- ▶ Liegen für bedeutende und in gleichartiger Chronologie ablaufende Kernprozesse Ablaufbeschreibungen und Bearbeitungsrichtlinien vor (z. B. für Bestellungen, Kreditaufnahmen, Rechnungswesen)?
- ▶ Wird der Organisationsstand in regelmäßigen Abständen einer umfassenden Analyse unterzogen, aus der eine kontinuierliche Organisationsentwicklung folgt?
- ▶ Besteht eine vollständige, ordnungsmäßige, aktuelle und nachvollziehbare Dokumentation der Aufbau- und Ablauforganisation (Organisationshandbuch)? Sind dort alle wesentlichen Instrumente und Richtlinien aufgeführt? Werden geeignete, verbindliche Formularsätze entwickelt?
- ▶ Besteht eine vollständige, ordnungsmäßige Dokumentation von Verträgen?
- ▶ Ist sichergestellt, dass die organisatorischen Regelungen den sie betreffenden Mitarbeitern bekannt sind und erfolgt ihre Anwendung durchgängig?

Im Rahmen der Organisationsbeurteilung sollten auch Feststellungen zum **Personalwesen** und zur **Personalführung** getroffen werden. Die Kommentarliteratur zum § 53 GenG sieht dies jedenfalls ausdrücklich vor.

Zu würdigen sind die hierzu geschaffenen organisatorischen Regelungen sowie die Personalpolitik einschließlich Lohnpolitik und Sozialleistungen. Angemessenheit und Vertretbarkeit sind im Hinblick auf die künftige Ertragslage besonders bei der Altersversorgung kritisch zu untersuchen.

Daneben ist zu überprüfen, ob das Personal den betrieblichen Erfordernissen entsprechend ausgebildet, eingesetzt und überwacht wird sowie in welcher Weise den Leistungsanforderungen durch Aus- und Fortbildung der Mitarbeiter Rechnung getragen wird. Der gesamten Aus- und Fortbildung sollte ein langfristiger Personalentwicklungsplan zugrunde liegen.

ABB. 286: Checkliste zur Ordnungsmäßigkeit des Personalwesens

- ▶ Liegt eine Personalbedarfsplanung vor, die *bottom-up* verdichtet wird? Werden für Vakanzen routinemäßig Anforderungsprofile entwickelt?
- ▶ Kommen systematische Einstellungsverfahren zum Einsatz, die einen bewerberbezogenen Soll-Ist-Vergleich mit den Profilen ermöglichen? Erfolgen Rankings sachbezogen und nachvollziehbar?
- ▶ Sind der praktizierte Führungsstil und das Ausmaß der Delegation der Führungssituation und der Aufgabe angemessen? Sind Motivation und Betriebsklima akzeptabel und produktivitätsförderlich?
- ▶ Werden die Mitarbeiter sachgerecht angeleitet und überwacht? Besteht angemessener Entscheidungsspielraum? Wird eine Überlastung der Leitung durch übermäßige Rückfragen vermieden?
- ▶ Sind Betriebsklima, Fluktuation, Fehlzeiten, Krankenstände im akzeptablen Rahmen? Wird bei Negativentwicklungen Ursachenanalyse betrieben?

▶ Erfolgen mindestens auf mittleren und höheren Führungsebenen prospektive Zielvereinbarungen und nachfolgende Kontrollen von deren Erfüllung? Wird der Zielvereinbarungsprozess kontinuierlich durchgeführt? Werden operable, nachvollziehbare und überprüfbare Zielgrößen vereinbart?
▶ Werden die Vereinbarungen durch ein variables, leistungsorientiertes Vergütungs- bzw. Prämiensystem unterlegt?
▶ Existiert ein funktionsfähiges und zieladäquates betriebliches Vorschlagswesen?
▶ Erfolgt eine durchgängige Überwachung der Personalkosten und Personalproduktivitäten?
▶ Ist das Vergütungssystem angemessen? In welchem Umfang werden übertarifliche Leistungen gewährt? Besteht eine angemessene Besetzung der Tarifgruppen („Stellenkegel")?
▶ Werden Wertschöpfung bzw. Betriebsergebnis je Mitarbeiter laufend ermittelt und überprüft (Zeitvergleich, Soll-Ist-Vergleich, Benchmarking)?
▶ Werden Produktivitätsberechnungen und Prozessanalysen durchgeführt?
▶ Verfügt das Unternehmen über ein zeitgemäßes System der Personalentwicklung und Potenzialplanung? Werden Laufbahnpläne entwickelt und abgestimmt?
▶ Werden kontinuierliche Mitarbeitergespräche durchgeführt? Besteht ein aussagefähiges Beurteilungssystem und wird dieses durchgängig angewandt?
▶ Erfolgt eine auf die Belange des Betriebs und die Fähigkeiten der Mitarbeiter abgestimmte Förderung? Ist ein betriebliches Interesse bei Aus- und Weiterbildungsmaßnahmen stets erkennbar?
▶ Sind die Personalakten aussagefähig und werden sie zeitnah geführt? Werden die Inhalte den weiteren Personalentwicklungsmaßnahmen zugrunde gelegt?

Bei der Evaluation des **Planungswesens** stehen weniger die konkreten Planungsinhalte, sondern die Planungssysteme und -abläufe im Vordergrund. Damit gelten die folgenden Überlegungen unabhängig vom Planungsobjekt, d. h. für alle betrieblichen Teilpläne in analoger Weise. Aufgrund ihrer langfristigen Bindungswirkung und ihrer Bedeutung für die Insolvenzprophylaxe wird indes der Investitions- und Finanzplanung ein besonderer Stellenwert eingeräumt werden müssen. In Bezug auf die erforderliche Plankontrolle ist zu prüfen, ob die Pläne laufend mit der tatsächlichen Entwicklung verglichen und veränderten Gegebenheiten angepasst werden.

Prüfungsnormen in Bezug auf das Planungswesen sind Angemessenheit, Regelmäßigkeit und Zeitnähe. Im Fokus der Analyse steht, ob das sog. Prinzip der rollierenden Planung sachgerecht angewandt wurde, d. h. insbesondere, ob Planungshorizont und Planungsrhythmen angemessen sind, festgestellten Abweichungsursachen nachgegangen und erforderlichenfalls Plankorrekturen vorgenommen wurden.

ABB. 287:	Checkliste zur Ordnungsmäßigkeit des Planungswesens

▶ Ist das Planungssystem vollständig, d. h. erstreckt es sich über alle betrieblichen Bereiche und Funktionen?
▶ Sind die Teilpläne miteinander kompatibel, werden insbesondere Auswirkungen und Rückkopplungen von Änderungen einzelner Teilpläne (z. B. Vertriebsplanung) auf andere Teilpläne (z. B. Finanz- und Beschaffungsplanung) berücksichtigt?
▶ Sind die Parameter der Planung sachgerecht spezifiziert, insbesondere Planungshorizont und Planungsperioden? Erfolgt eine Plausibilitätskontrolle der der Planung zugrunde liegenden Prämissen?
▶ Ist der Planungsprozess angemessen ausgestaltet? Wird die Planung in hinreichend kurzen Rhythmen aktualisiert und fortgeschrieben?
▶ Führen (insbesondere negative) Planabweichungen zeitnah zu Ursachenforschungen und Maßnahmenplanungen? Ist die Weiterleitung der Abweichungsanalysen angemessen geregelt?
▶ Kommen bei langfristigen Investitionen dynamische Planungs- und Kontrollverfahren zur Anwendung? Sind die Cashflow-Schätzungen plausibel? Berücksichtigt der Kalkulationszinsfuß in angemessener Weise das Investitionsrisiko?

- ▶ Werden Wechselwirkungen zwischen Einzelinvestitionen in Investitionsbudgets berücksichtigt?
- ▶ Erfolgt im Rahmen der Liquiditätsplanung eine sachgerechte und nachvollziehbare Periodisierung der Zahlungsvorgänge? Werden voraussichtliche Störungen des finanziellen Gleichgewichts rechtzeitig angezeigt?
- ▶ Wird die Robustheit der Planung durch Berechnung kritischer Werte bzw. durch Vornahme von Sensitivitätsanalysen beurteilt?
- ▶ Wird die Planung durch ein aussagefähiges und nachvollziehbares Berichtswesen unterlegt?
- ▶ Werden angemessene Berichtsstandards und Berichtsrhythmen festgelegt? Sind Datenbanken verfügbar, die laufend aktualisiert werden?
- ▶ Werden Berichtsintensitäten nach Empfängern abgestuft?

Das **Rechnungswesen** stellt die zahlenmäßige Abbildung des Betriebsgeschehens zum Zwecke der Dokumentation, Planung und Kontrolle dar. Die Dokumentationsaufgabe besteht dabei in der Rechenschaftslegung über die wirtschaftliche Lage des Betriebs. Die Planungsaufgabe wird mit der Bereitstellung relevanter Informationen für die Entscheidungen der Geschäftsleitung erfüllt. Die Kontrollaufgabe erstreckt sich auf die Überwachung von Wirtschaftlichkeit, Produktivität, Rentabilität und Liquidität verbunden mit einer Abweichungsanalyse.

In die Beurteilung der Geschäftsführung sind somit auch die (interne) Betriebsbuchhaltung und -statistik einzubeziehen, welche außerhalb der gesetzlichen Mindestanforderungen betrieben werden.

Da anhand der Daten des Rechnungswesens die Entscheidungsvorbereitung der Geschäftsleitung erfolgt, stellen relevante Beurteilungsnormen neben Ordnungsmäßigkeit (Vollständigkeit und Richtigkeit), Beweiskraft und Nachvollziehbarkeit insbesondere die Steuerungsrelevanz, Zeitnähe, Zweckmäßigkeit und Angemessenheit dar.

ABB. 288: Checkliste zur Ordnungsmäßigkeit des Rechnungswesens

- ▶ Bestehen sachgerechte Buchungsanweisungen und Bilanzierungsrichtlinien? Wird der Kontenplan den betriebsindividuellen Erfordernissen angepasst?
- ▶ Sind die für die Buchhaltung verantwortlichen Mitarbeiter hinreichend fachlich qualifiziert? Besteht Funktionstrennung zu den operativen Einheiten?
- ▶ Erfolgt die Lagerbewertung sachgerecht? Werden Gängigkeit, Verderb, Schwund berücksichtigt? Wird den Ursachen festgestellter Bestandsdifferenzen nachgegangen?
- ▶ Erfolgt eine umfassende und zeitnahe Überwachung der Zahlungsmittelbewegungen und Forderungsbestände? Ist die vollständige Fakturierung aller erbrachten Leistungen sichergestellt?
- ▶ Ist das Mahnwesen effizient? Wird Zielüberschreitungen zeitnah nachgegangen?
- ▶ Werden Zahlungseingänge und -ausgänge vollständig, betrags- und zeitgenau erfasst? Ist die jederzeitige Einhaltung des finanziellen Gleichgewichts überprüfbar? Bestehen Datenbanken für langfristige Verträge?
- ▶ Besteht ein zentrales *Cash-Management* und wird jederzeit regelkonform verfahren?
- ▶ Werden die Kosten nachvollziehbar aus der Buchführung abgeleitet? Werden kalkulatorische Kosten unter Opportunitätsgesichtspunkten und dem Aspekt der betrieblichen Substanzerhaltung angesetzt?
- ▶ Besteht ein angemessener Kostenstellenplan? Erfolgt eine aussagefähige innerbetriebliche Leistungsverrechnung? Lassen sich die Kostenstellenkosten hinreichend präzise den betrieblichen Leistungen zurechnen? Werden kostenstellenweise Über- und Unterdeckungen berechnet und wird den entsprechenden Ursachen nachgegangen?
- ▶ Wird die Kostenrechnung zur Planung herangezogen? Werden für die betrieblichen Leistungen Vor- und Nachkalkulationen durchgeführt?

- ▶ Wird eine kostenstellenbezogene Budgetierung mit Planwerten durchgeführt? Erfolgen diesbezügliche zeitnahe Plan-Ist-Abgleiche und Abweichungsanalysen?
- ▶ Werden kurzfristige (i. d. R. monatliche) Erfolgskontrollen vorgenommen? Werden diese unter Berücksichtigung saisonaler Schwankungen ausgewertet?
- ▶ Werden Deckungsbeiträge ermittelt, anhand derer eine Überprüfung der Preis- und Sortimentspolitik erfolgt? Erfolgen risikoorientierte Kostenplanungsrechnungen wie z. B. *Break-even*-Analysen?
- ▶ Werden Kernprozesse mit einer Prozesskostenrechnung unterlegt? Erfolgt eine Optimierung des Leistungsprogramms mittels wertorientierter Controllinginstrumente (Wertanalyse, Zielkostenrechnung)?
- ▶ Wird das Rechnungswesen durch ein aussagefähiges Berichts- und Informationssystem unterlegt? Bestehen unternehmenseinheitliche Berichtsstandards und ein angemessener IT-Support?
- ▶ Werden für wesentliche Steuerungskennzahlen Monatsauswertungen vorgenommen? Wird eine aussagefähige Betriebsstatistik unterhalten?

Eine ordnungsmäßige Geschäftsführung setzt das Vorhandensein funktionsfähiger **IT-Systeme** zwingend voraus. Somit sind auch Feststellungen zu Umfang und Beschaffenheit derartiger Systeme zu treffen (vgl. hierzu auch Kapitel IV.I.).

Hierbei ist die Funktions- und Ausfallsicherheit der IT-Infrastruktur von besonderer Bedeutung. Ein Sicherheitskonzept muss die Datensicherheit und -integrität durch physische und logische Sicherheitsmaßnahmen gewährleisten. Darüber hinaus ist zu prüfen, ob der IT-Betrieb sowohl als geordneter Standardbetrieb als auch als Notbetrieb geregelt ist.

ABB. 289: Checkliste zur Ordnungsmäßigkeit des IT-Systems

- ▶ Werden IT-bezogene Geschäftsrisiken und die Komplexität der IT-gestützten Prozesse auf ein vertretbares Maß begrenzt? Wird eine adäquate IT-Strategie und -planung verfolgt?
- ▶ Verfügt das Unternehmen über angemessene Ressourcen und Sicherheitskonzepte? Stellen einzelne Systemkomponenten Schwachstellen dar? Werden Insellösungen vermieden?
- ▶ Bestehen sachgerechte Richtlinien, Verfahren, Prozessbeschreibungen und Kompetenzen für den IT-Betrieb? Ist dem Grundsatz der Funktionstrennung Genüge getan?
- ▶ Wird eine starke Dominanz der IT-Abteilung vermieden? Verfügen die zuständigen Mitarbeiter über hinreichendes IT-Know-how?
- ▶ Wird wesentlichen Risiken infolge mangelndem Know-how oder Überlastung der Mitarbeiter Rechnung getragen? Ist das Fachwissen stets auf dem aktuellen Stand? Wird der laufenden Systempflege genügend Zeit eingeräumt?
- ▶ Sind die Infrastruktur, Anwendungen und Daten in angemessener Zeit verfügbar? Sind Notfallpläne und physische Sicherungsmaßnahmen eingerichtet, z. B. bauliche, Wasser- und Feuerschutzmaßnahmen, Zugangskontrollen sowie Schutzmaßnahmen bei Stromausfall?
- ▶ Ist die Wartungsstrategie angemessen und wird diese protokolliert?
- ▶ Besteht eine hinreichende Absicherung gegenüber Manipulationen und unerlaubten Zugriffen? Sind wirksame Virenschutzmaßnahmen aktiviert?
- ▶ Ist durch Passwörter und andere logische Schutzmaßnahmen der Zugriff auf Daten und Programmabläufe wirksam beschränkt (Autorisierung)?
- ▶ Kann über Berechtigungsverfahren der Verursacher eines Geschäftsvorfalls eindeutig identifiziert werden (Authentizität)?
- ▶ Werden Vertraulichkeit und Sicherheit der Daten gewährleistet?
- ▶ Wird eine übermäßige Abhängigkeit bezüglich des IT-Systems – insbesondere bei Vernetzung mit Geschäftspartnern oder bei Outsourcing – vermieden?
- ▶ Bestehen bei IT-Vernetzung Firewalls und andere angemessene Schutzmaßnahmen?
- ▶ Bestehen Regelungen für den Notbetrieb sowie Katastrophenfall-Szenarien?
- ▶ Besteht zum IT-System eine lückenlose Verfahrensdokumentation?

Sowohl nach § 53 HGrG wie auch nach § 53 GenG sind weitere Elemente des Geschäftsführungsinstrumentariums
- das Risikofrüherkennungssystem,
- das Interne Überwachungssystem und als deren prozessunabhängiger Bestandteil,
- die Interne Revision (vgl. hierzu die Ausführungen im vorigen Kapitel VI.2.).

Nach IDW PS 720, Tz. 8 und 20 stellt das **Risikofrüherkennungssystem** ein Element des ordnungsmäßigen Geschäftsführungsinstrumentariums dar. Im Rahmen der diesbezüglichen Prüfung ist zusätzlich zur Prüfung nach § 317 Abs. 4 HGB festzustellen, ob
- geeignete Frühwarnsignale definiert wurden, mit deren Hilfe bestandsgefährdende Risiken rechtzeitig erkannt werden können,
- die Maßnahmen ausreichend und geeignet sind, ihren Zweck zu erfüllen,
- die Maßnahmen ausreichend dokumentiert sind und deren Beachtung und Durchführung sichergestellt wird,
- die Frühwarnsignale und Maßnahmen kontinuierlich und systematisch mit den aktuellen Geschäftsprozessen und Funktionen abgestimmt und angepasst werden.

Im Rahmen der Geschäftsführungsprüfung sind auch die von der Geschäftsführung getroffenen Maßnahmen der **Risikosteuerung und -bewältigung** zu beurteilen. Der Prüfer hat hierzu u. a. folgenden Fragen nachzugehen:
- Werden als Ergebnis der Risikobewertung alle Risiken nach Schadenshöhe und Eintrittswahrscheinlichkeit in einem Risiko-Portfolio geordnet?
- Erfolgt auf dieser Basis eine Priorisierung der Maßnahmen zur Risikobewältigung?
- Ist die Planung und Durchführung risikopolitischer Maßnahmen (Vermeidung, Verminderung, Überwälzung und Selbsttragung von Risiken) nachvollziehbar und plausibel?
- Erfolgt die Maßnahmenplanung unter Zugrundelegung eines Abgleichs mit den jeweiligen Chancen sowie dem verfügbaren Risikodeckungspotenzial?

Geschäftsführungstätigkeit

Die Geschäftsführungstätigkeit als **Managementleistung** ist nur schwer prüfbar, da sie sich aus einer Vielzahl von im Einzelnen nicht nachvollziehbaren Entscheidungen und Handlungen zusammensetzt. Somit kann keine vollständige Prüfung der gesamten Geschäftsführungsmaßnahmen des abgelaufenen Geschäftsjahres vorgenommen werden; dies wäre allein aus Wirtschaftlichkeitsaspekten nicht vertretbar.

Daher ist die Tätigkeit nicht in allen Einzelheiten zu prüfen, sondern es wird vornehmlich groben Mängeln, Ermessensmissbräuchen und Fehlentscheidungen nachgegangen. Letztlich wird die zuvor erörterte Ordnungsmäßigkeit der Geschäftsführungsorganisation und des Geschäftsführungsinstrumentariums im Vordergrund der Beurteilung stehen, die im Übrigen auch notwendige Bedingung für eine ordnungsmäßige Geschäftsführungstätigkeit ist.

Die entsprechenden **Prüfungshandlungen** sind gerichtet auf
- die Übereinstimmung des Handelns der Geschäftsführung mit bindenden externen und internen Regelungen,

- die Frage, ob alle Möglichkeiten einer rationalen und nach betriebswirtschaftlichen Erkenntnissen sinnvollen Entscheidungsvorbereitung ausgeschöpft wurden,
- die Angemessenheit der eingesetzten Planungs- und Kontrollinstrumente, der Dokumentation von realisierten Maßnahmen sowie der Einleitung von Korrekturmaßnahmen bei erkannten Fehlentscheidungen.

Separat werden wirtschaftlich bedeutende Sachverhalte und besonders gravierende Geschäftsvorfälle zu untersuchen sein. Relevante **Prüfungsnormen** stellen dar

- Rechtsnormen zur Sorgfalt eines ordentlichen und gewissenhaften Geschäftsführers (vgl. § 93 Abs. 1 Satz 1 AktG, § 43 Abs. 1 GmbHG, § 34 Abs. 1 Satz 1 GenG) sowie deren Auslegung,
- anerkannte wissenschaftliche Erkenntnisse der Betriebswirtschaftslehre wie z. B. zu Grundsätzen der Finanz- oder Investitionsplanung oder zur Angemessenheit der Aufbau- oder Ablauforganisation sowie
- die praktischen Unternehmens- und Branchenerfahrungen des Abschlussprüfers.

ABB. 290:	Checkliste zur Ordnungsmäßigkeit der Geschäftsführungstätigkeit
▶ Wurden ggf. bestehende satzungsmäßige und sonstige bindende Regelungen zum Kreditmanagement eingehalten, insbesondere zur Gewährung von Großkrediten oder Krediten an denselben Schuldner?	
▶ Wurden bedeutsame Investitionsentscheidungen sorgfältig vorbereitet und erforderlichenfalls die nötige Zustimmung des Aufsichtsorgans eingeholt?	
▶ Wurde vor der Investitionsentscheidung das Risiko einer negativen Marktentwicklung hinreichend berücksichtigt?	
▶ Lagen dem Eingehen von Beteiligungen bzw. der Ausgliederung von Geschäftsbereichen ordnungsmäßige Beschlüsse der zuständigen Organe zugrunde? Sind entsprechende Maßnahmen bei Genossenschaften durch den satzungsmäßigen Förderauftrag gedeckt?	
▶ Wurden vor dem Abschluss von bedeutenden Verträgen (z. B. Dienstverträge mit leitenden Angestellten, Kaufverträge oberhalb vorgegebener Wertgrenzen, bedeutende Miet- oder Leasingverträge, langfristige Liefer- und Abnahmeverpflichtungen) entsprechende Zustimmungen eingeholt?	
▶ Wurden die Verträge auf mögliche rechtliche und wirtschaftliche Risiken hin untersucht? Wurde dem Risiko ungünstiger Marktentwicklungen hinreichend Rechnung getragen?	
▶ Wurden die Verträge zu marktüblichen Konditionen abgeschlossen?	
▶ Wurde in Zweifelsfällen einschlägiger Sachverständigenrat eingeholt?	
▶ Wurden Termin- und sonstige Derivatgeschäfte ausschließlich zum Zwecke der Absicherung gegen Geschäftsrisiken und nicht zu spekulativen Zwecken abgeschlossen?	
▶ Genügen die Regelungen der Kompetenzen, Dokumentation und Überwachung den besonderen an diese Geschäfte zu stellenden Anforderungen?	
▶ Erfolgt die Ausübung bilanzpolitischer Maßnahmen und Sachverhaltsgestaltungen angemessen und konsistent?	
▶ Wurde die Bilanzpolitik dazu benutzt, ein möglichst hohes Ergebnis zu generieren und Unternehmenssubstanz an die Anteilseigner auszuschütten?	

Die Geschäftsführungsprüfung stellt mithin keine „Optimalprüfung" dar. So kann ein Geschäftsführer sorgfältig und ordentlich gehandelt haben, gleichwohl ohne Erfolg. Der Prüfer wird nicht beanstanden können, dass die Führung der Geschäfte nicht zu dem maximal möglichen Gewinn geführt hat.

Vielmehr ist die Dokumentation der Planung, Entscheidungsfindung und Umsetzung durch die Geschäftsführung auf Ordnungsmäßigkeit und Nachvollziehbarkeit zu prüfen.

Auf dieser Grundlage ist in Anwendung der zuvor diskutierten *„Business Judgement Rule"* zu beurteilen, ob der tatsächliche Informationsstand der Geschäftsführung zum Zeitpunkt der Entscheidungsfindung demjenigen bei unterstellter ordnungsmäßiger Vorbereitung der Entscheidung entsprach. Schließlich ist zu prüfen, ob auf Basis dieses Informationsstands die Geschäftsführung konsistente Entscheidungen getroffen hat.

Hinweise zur Bearbeitung des Kapitels VI:

Sie benötigen für eine sinnvolle Bearbeitung des Kapitels VI die einschlägigen Prüfungsstandards IDW PS 340, 350 und 720.

Bitte bearbeiten Sie folgende Fragen und Aufgaben.

(Hinweis: Die nachstehend aufgeführten Internetpfade für den Download der jeweiligen Geschäftsberichte können sich kurzfristig ändern. In diesem Fall wird empfohlen, mittels üblicher Suchmaschinen die Nachfolgequelle eigenständig zu recherchieren. Häufig einschlägige Rubriken auf den Unternehmenshomepages lauten „Unser Unternehmen", „Finanzberichte" oder „Investor Relations". Sie können den Lernerfolg erhöhen, indem Sie Dokumente von Unternehmen Ihrer Wahl recherchieren und analysieren.)

1. Stellen Sie die Berichtsgegenstände des Lageberichts nach § 289 HGB dar.
2. Konkretisieren Sie die Grundsätze ordnungsmäßiger Lageberichterstattung (GoL) und leiten Sie hieraus wesentliche Prüfungsziele und -handlungen ab.
3. Welche Aussagen sind im Rahmen der „Lagebeurteilung" des Vorstands zu prüfen?
4. Stellen Sie die Systematik der im Lagebericht anzugebenden finanziellen und nicht-finanziellen Leistungstreiber dar und nennen Sie Beispiele gebräuchlicher Kennzahlen.
5. Mittels welcher Prüfungshandlungen lassen sich qualitative bzw. komparative Prognoseangaben des Vorstands überprüfen?
6. Erläutern Sie die bei der Prüfung der Berichterstattung über die Risiken und Chancen der künftigen Entwicklung anzuwendenden Grundsätze.
7. Stellen Sie Aufbau (Komponenten) und Ablauf (Regelkreis) des Risikofrüherkennungssystems dar.
8. Erläutern Sie die an Organisation, Kommunikation und Dokumentation des Risikofrüherkennungssystems zu stellenden allgemeinen Anforderungen.
9. Stellen Sie die unter das Prüffeld „Geschäftsführungsinstrumente" zu subsumierenden Prüfungsgegenstände systematisch dar.
10. Unter Zugrundelegung welcher Grundsätze ist eine Prüfung der Geschäftsführungstätigkeit vorzunehmen?

KAPITEL VI — Nicht-jahresabschlussbezogene Prüfungsobjekte

AUFGABEN

1. Studieren Sie bitte den Anhang des IDW PS 230 zu den relevanten Aspekten im Zusammenhang mit den Kenntnissen über die Geschäftstätigkeit und das wirtschaftliche und rechtliche Unternehmensumfeld. Versehen Sie die genannten Aspekte mit geeigneten Indikatoren und Maßgrößen.

   Erörtern Sie sodann mit Hilfe von Anmerkungen und Querverweisen, inwieweit die Indikatoren und Maßgrößen Hinweise auf erhöhte inhärente Risiken im Sinne eines vom Abschlussprüfer nutzbaren „business understanding document" liefern können.

2. Vollziehen Sie am Beispiel des Geschäftsberichts der Deutschen Post DHL AG (Lagebericht, Mehrjahresübersicht, Daten auf den Umschlagseiten; vgl. http://www.dp-dhl.com/de/investoren/finanzberichte/geschaeftsberichte.html) die Konstruktion geeigneter finanzieller und nicht-finanzieller Leistungsindikatoren nach (vgl. auch den Berichtsteil zu den nicht-finanziellen Leistungsindikatoren).

   Entwickeln Sie eine geeignete Systematik der Kennzahlen. Grenzen Sie z. B. bei den finanziellen Leistungskennzahlen die Ebenen des Rechnungswesens ab.

3. Systematisieren Sie am Beispiel der Prognoseberichte der Maternus Kliniken AG (vgl. http://www.maternus.de/deu/investor-relations/unternehmensberichte/unternehmensberichte.html) und der IFA Hotel & Touristik AG (vgl. http://www.lopesan.com/de/ifa-hotels/finanzinformationen_010.html) die im Lagebericht vom Vorstand zu treffenden prognostischen Angaben und zeigen Sie mögliche Ansatzpunkte einer Überprüfung auf Plausibilität auf.

4. Zeigen Sie Ansätze zur Prüfung der Angaben im Forschungs- und Entwicklungsbericht am Praxisbeispiel der Darlegungen im Geschäftsbericht der Heidelberger Druckmaschinen AG auf, mit einem Marktanteil von weltweit mehr als 40 % im Bogenoffsetdruck die führende und forschungsintensive Ausrüsterin der Printmedien-Industrie (vgl. http://www.heidelberg.com/wwwbinaries/bin/microsites/dotcom/de/1011_gb/lagebericht/regionen_maerkte_schwerpunkte/forschung.html). Zusätzlich oder alternativ können Sie auch den Forschungsbericht der Daimler Benz AG bearbeiten (vgl. http://www.daimler.com/investor-relations).

5. Stellen Sie anhand des publizierten Risikomanagement-Handbuchs der Sartorius AG (vgl. http://www.sartorius.de/uploads/media/RMH_2004_de_220704_final.pdf) die konzerninterne Organisation und Dokumentation des Risikofrüherkennungssystems dar. Entwickeln Sie eine geeignete Checkliste zu dessen Überprüfung a) auf Zweckmäßigkeit und b) auf Wirksamkeit. Stellen Sie anhand des Dokuments auch dar, auf welche Weise der Abschlussprüfer das mandantenseitige Risikomanagement-Handbuch als Ausgangspunkt seiner Prüfungshandlungen nutzen kann.

6. Entwickeln Sie auf Basis der im Geschäftsbericht der Adidas AG (vgl. http://www.adidas-group.com/de/investorrelations/reports/annualreports.aspx) dargestellten Organisation des Risikofrüherkennungssystems – unter konkreter Bezugnahme auf ausgewählte, dort dargestellte Einzelrisiken – die Schritte der Risikoidentifikation, Risikobewertung und Risiko-

bewältigung praxistauglich unter Aufführung von geeigneten Risikomaßgrößen, Risikobewertungsverfahren und Risikobewältigungsstrategien.

7. Die Geschäftstätigkeit der Heidelberger Druckmaschinen AG ist von erheblichen Konjunktur-, Länder- und Wechselkursrisiken geprägt, da ein Großteil der Geschäfte im Nicht-Euro-Raum getätigt wird. Analysieren Sie hierzu den Risiko- und Chancenbericht der Heidelberger Druckmaschinen AG (vgl. http://www.heidelberg.com/wwwbinaries/bin/microsites/dotcom/de/1011_gb/lagebericht/prognose_chancen_risiken/risiko_chancenbericht.html), insbesondere zu den Liquiditäts-, Zins- und Wechselkursrisiken, und entwickeln Sie eine Checkliste zu diesbezüglichen Prüfungszielen und Prüfungshandlungen.

Beurteilen Sie auch die Angemessenheit der Organisation des Risikofrüherkennungssystems (vgl. http://www.heidelberg.com/wwwbinaries/bin/microsites/dotcom/de/1011_gb/lagebericht/organisation_steuerung/risikomanagementsystem.html).

8. Ein Prüffeld im Rahmen der Geschäftsführungsprüfung bilden die Maßnahmen der Geschäftsführungsorganisation. Entwickeln Sie in Bezug auf die einschlägigen Erkenntnisziele eine stichpunktartige Checkliste. Konkretisieren Sie diese durch Erarbeitung geeigneter Prüfungshandlungen am Beispiel der Ausführungen im Corporate Governance-Kodex der Fraport AG (vgl. http://www.fraport.de/content/fraport-ag/de/investor_relations/corporate_governance.html), insbesondere der Abschnitte „Zusammenwirken von Vorstand und Aufsichtsrat", „Vorstand" und „Aufsichtsrat".

9. Beurteilen Sie die Geschäftsordnung des Vorstands der Heidelberger Druckmaschinen AG (vgl. http://www.heidelberg.com/corp/www/de/binaries/files/investor_relations/rules_of_procedure_vs_10_pdf). Gehen Sie auf Vollständigkeit der Regelungsbereiche, Einklang mit den Grundsätzen ordnungsmäßiger Geschäftsführung und mögliche Regelungslücken bzw. Verbesserungsbedarf ein.

10. Die Prüfung der Ordnungsmäßigkeit der Geschäftsführung umfasst auch die Feststellung der wirtschaftlichen Lage, i. d. R. gegliedert in die Analyseobjekte Vermögens-, Finanz- und Ertragslage. Bilden Sie diese Prüffelder mittels geeigneter jahresabschlussgestützter Kennzahlen ab und berechnen Sie die jeweiligen Kennzahlausprägungen am Beispiel der dem § 53 HGrG unterliegenden Deutschen Bahn AG, deren Anteile sämtlich von der Bundesrepublik Deutschland gehalten werden (vgl. http://www1.deutschebahn.com/ecm2-db-de/gb/). Würdigen Sie die erhaltenen Kennzahlenwerte risikoorientiert separat und insgesamt.

VII. Berichterstattung und Dokumentation der Abschlussprüfung

1. Prüfungsbericht

1.1 Begriff und Aufgabe des Prüfungsberichts

Zweck des Prüfungsberichts ist die Dokumentation aller Prüfungsergebnisse und -feststellungen durch den Prüfer, um insoweit Rechenschaft über die gewissenhafte und ordnungsmäßige Durchführung der Abschlussprüfung gegenüber seinem Auftraggeber abzulegen. Adressaten dieses Berichts sind deshalb diejenigen Organe, die den Prüfungsauftrag erteilt haben. Ihnen soll er als Hilfsmittel bei der Ausübung der Geschäftsführungs- und vor allem Überwachungsfunktionen dienen. Der Prüfungsbericht ist somit ein intern gerichtetes Dokument.

Gesetzliche Grundlagen sind hierfür §§ 321, 321a HGB, ergänzt durch IDW PS 450.

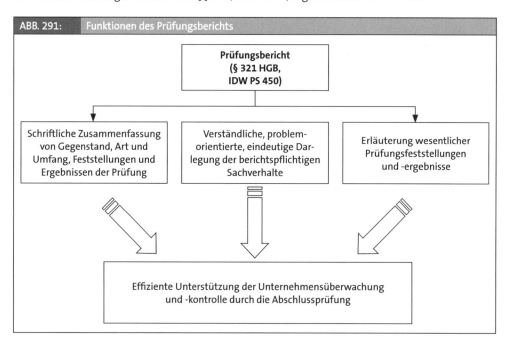

ABB. 291: Funktionen des Prüfungsberichts

Der Prüfungsbericht hat drei Funktionen,

▶ eine Informationsfunktion (gegenüber den Berichtsadressaten),

▶ eine Unterstützungsfunktion (speziell gegenüber dem Aufsichtsorgan) und

▶ eine Nachweisfunktion (für die gesetzlichen Vertreter, aber auch den Abschlussprüfer).

Kern der **Informationsfunktion** ist die sachverständige und objektive Unterrichtung der Berichtsadressaten über die Prüfungsgegenstände, die Durchführung (Art und Umfang) und das Ergebnis der Prüfung.

Die **Unterstützungsfunktion** ergibt sich insbesondere aus der Pflicht des Aufsichtsrats, eigene Prüfungshandlungen in Bezug auf Jahresabschluss und Lagebericht durchzuführen (§ 171 Abs. 1 Satz 1 AktG). Analoges gilt für die Gesellschafter einer GmbH.

Die **Nachweisfunktion** besteht darin, dass für die gesetzlichen Vertreter des geprüften Unternehmens der Prüfungsbericht einen Nachweis darüber liefert, ihre Buchführungs- und Rechnungslegungspflichten entsprechend den gesetzlichen Vorschriften erfüllt und ggf. ein funktionsfähiges Risikofrüherkennungssystem eingerichtet zu haben (§ 91 AktG, § 41 GmbHG). Auch der Abschlussprüfer kann mittels des Prüfungsberichts erforderlichenfalls den Nachweis erbringen, dass er seine Auftrags- und Berufspflichten ordnungsgemäß erfüllt hat.

Die **Zielsetzung** und der Umfang der Berichterstattung kann wie folgt differenziert werden.

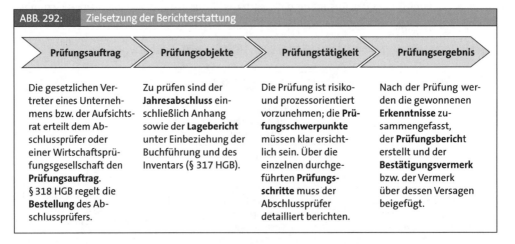

ABB. 292: Zielsetzung der Berichterstattung

Die **Verpflichtung** zur Schriftform des Berichts ergibt sich aus § 321 Abs. 1 Satz 1 HGB; eine mündliche Berichterstattung ist nicht ausreichend.

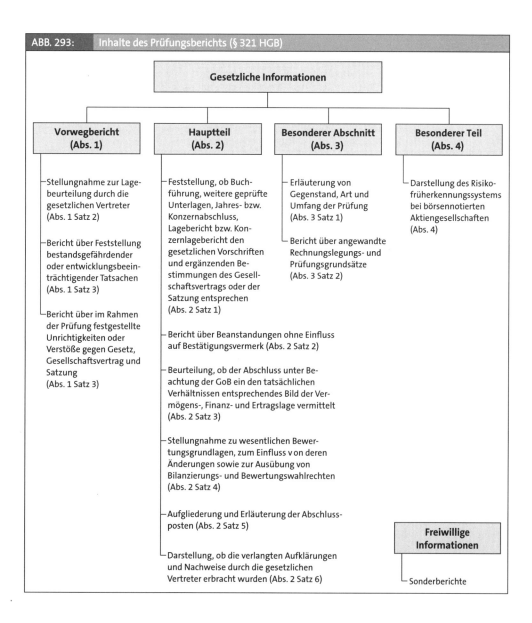

1.2 Allgemeine Berichtsgrundsätze

Aus den Berufspflichten des Abschlussprüfers, insbesondere der Pflicht zur Gewissenhaftigkeit und Unparteilichkeit (§ 17 Abs. 1 Satz 2 WPO) folgen die allgemeinen **Grundsätze ordnungsmäßiger Prüfungsberichterstattung**. Im IDW PS 450 werden diese Prinzipien ausgeführt: Der Bericht muss wahr, vollständig, unparteilich und klar abgefasst sein. Der einzige gesetzlich kodifizierte Grundsatz ist indes der Grundsatz der Klarheit (§ 321 Abs. 1 Satz 1 HGB).

ABB. 294:	Berichtsgrundsätze (IDW PS 450, Tz 8 ff.)
Grundsatz der Wahrheit	Der Bericht muss den **tatsächlichen Gegebenheiten** entsprechen und wahrheitsgetreu sein. Der Prüfer muss von der Richtigkeit der von ihm dargestellten Sachverhalte überzeugt sein, nach Abschluss der Prüfung verbleibende Zweifel oder nicht abschließend beurteilbare Sachverhalte sind darzulegen. Dem Berichtsleser muss deutlich sein, welche Angaben auf geprüften und welche auf ungeprüften Grundlagen beruhen und ob die jeweilige Prüfungshandlung von dem Abschlussprüfer selbst oder von einem Dritten durchgeführt wurde.
Grundsatz der Vollständigkeit	Die gewissenhafte Berichterstattung erfordert, dass der Bericht **vollständig** ist und alle **wesentlichen Feststellungen und Ergebnisse** enthält. Damit soll erreicht werden, dass den Berichtsadressaten ein klares Bild des Prüfungsergebnisses vermittelt wird. Unwesentliche Feststellungen sind wegzulassen. Der Grundsatz der Vollständigkeit wird ergänzt durch den **Grundsatz der Einheitlichkeit**, d. h. der Bericht muss als selbständiges Dokument und ohne Zuhilfenahme weiterer Literatur lesbar sein. In der Praxis ist es üblich, zusätzlich zum Prüfungsbericht einen *Management Letter* zu erstellen. Dieser gibt ergänzend organisatorische oder weitere Hinweise aus Anlass der Prüfung. Wird bei einer **freiwilligen Abschlussprüfung** ein Bestätigungsvermerk erteilt, ist der Prüfungsbericht auch nach den im IDW PS 450 festgelegten Grundsätzen zu erstellen. Dies gilt auch bei Erweiterungen des Prüfungsauftrags.
Grundsatz der Unparteilichkeit	Zu einer **objektiven Berichterstattung** ist der Prüfer nach § 43 Abs. 1 Satz 2 WPO und § 323 Abs. 1 Satz 1 HGB verpflichtet. Die Unparteilichkeit ist gegeben, wenn die Sachverhalte unter Berücksichtigung aller verfügbaren Informationen sachgerecht gewertet werden und auf abweichende Auffassungen der gesetzlichen Vertreter des Unternehmens hingewiesen wird. Beurteilungen negativer oder positiver Art sind zwar zulässig, jedoch hat sich der Prüfer persönlicher oder einseitiger Kritik zu enthalten.
Grundsatz der Klarheit	Um die Klarheit des Berichts zu gewährleisten, muss eine **verständliche, eindeutige und problemorientierte** Darlegung der Sachverhalte erfolgen sowie eine **übersichtliche Gliederung** vorliegen; diese soll bei Folgeprüfungen beibehalten werden (zeitliche Berichtsstetigkeit). Der Bericht muss in einem klaren und sachlichen Stil abgefasst sein, der sich an den Anforderungen des Berichtsadressaten orientiert. Hierbei kann von einem Grundverständnis der Adressaten für die wirtschaftlichen Gegebenheiten des Unternehmens ausgegangen werden. Mehrdeutige und missverständliche Formulierungen sind zu vermeiden. Eine bessere Übersichtlichkeit kann erreicht werden, wenn umfangreiche Darstellungen wie z. B. Tabellen als Berichtsanlage beigefügt werden. Über die gesetzlichen Pflichtfeststellungen im Prüfungsbericht hinausgehende Angaben dürfen erstere nicht überlagern.

1.3 Gliederung des Prüfungsberichts

§ 321 HGB enthält grundlegende Normen zu den Inhalten des Prüfungsberichts. Diese sind jedoch nicht als Ausschließlichkeitsregelung zu verstehen, so dass dem Abschlussprüfer die Möglichkeit einer zweckmäßigen, den Bedürfnissen des Einzelfalls angepassten Berichterstattung offen steht. Das IDW empfiehlt unter Berücksichtigung der gesetzlichen Vorgaben folgende Grobgliederung:

ABB. 295:	Gliederung des Prüfungsberichts (IDW PS 450, Tz. 12)
Gliederung des Prüfungsberichts nach IDW PS 450	
1. Prüfungsauftrag	
2. Grundsätzliche Feststellungen (Vorwegbericht)	
3. Gegenstand, Art und Umfang der Prüfung (besonderer Abschnitt)	
4. Feststellungen und Erläuterungen zur Rechnungslegung (Hauptteil)	
5. Feststellungen zum Risikofrüherkennungssystem (besonderer Abschnitt)	
6. Feststellungen aus Erweiterungen des Prüfungsauftrags	
7. Bestätigungsvermerk	

1.3.1 Prüfungsauftrag

Die Empfänger des Prüfungsberichts ergeben sich schon eindeutig aus der gesetzlichen Regelung des § 321 HGB, daher ist eine Adressierung des Berichts nicht sachgerecht. Lediglich bei freiwilligen Jahresabschlussprüfungen sollte eingangs klargestellt werden, dass der Bericht an das geprüfte Unternehmen gerichtet ist. Zum Prüfungsauftrag sind folgende Angaben zu machen (IDW PS 450, Tz. 22 f.):

- die Firma des geprüften Unternehmens,
- der Abschlussstichtag,
- bei Rumpfgeschäftsjahren das geprüfte Geschäftsjahr,
- der Hinweis, dass es sich um eine Abschlussprüfung handelt,
- weitere Angaben zur Bestellung des Abschlussprüfers,
  - Wahl des Abschlussprüfers durch die Gesellschafter oder zuständigen Organe (§ 318 Abs. 1 Satz 1 und 2 HGB),
  - Erteilung des Prüfungsauftrags durch die gesetzlichen Vertreter bzw. Aufsichtsrat (§ 318 Abs. 1 Satz 4 HGB i.V. mit § 111 Abs. 2 Satz 3 AktG),
  - ggf. gerichtliche Bestellung des Abschlussprüfers (§ 318 Abs. 3 und 4 HGB),
- das Datum der Auftragserteilung.

Es ist ausdrücklich zu betonen, dass der Prüfungsbericht in Einklang mit den Grundsätzen des IDW PS 450 abgefasst wurde. Auf die im Rahmen der Auftragsbestätigung zur Abschlussprüfung zugrunde gelegten Auftragsbedingungen ist hinzuweisen, sie sollten als Anlage angefügt werden.

Auf den einleitenden Berichtsabschnitt kann verzichtet werden, wenn von der sog. **Deckblattlösung** Gebrauch gemacht wird. Die erforderlichen Angaben zum Prüfungsauftrag werden in diesem Fall auf das dem Prüfungsbericht vorangestellte Deckblatt und den Berichtsabschnitt „Gegenstand, Art und Umfang der Prüfung" aufgeteilt (IDW PS 450, Tz. 25). In der Praxis der Prüfungsberichterstattung hat sich die Deckblattlösung bisher nicht durchgesetzt.

Der mit BilMoG neu eingefügte § 321 Abs. 4a HGB fordert, dass der Abschlussprüfer im Prüfungsbericht seine **Unabhängigkeit zu bestätigen** hat. Die Vorschrift soll sicherstellen, dass der Abschlussprüfer während der gesamten Dauer der Abschlussprüfung seine Unabhängigkeit gewährleistet und dies auch überwacht.

Entgegen Art. 42 Abs. 1 Buchstabe a der Abschlussprüferrichtlinie ist die Verpflichtung nicht auf die Abschlussprüfer kapitalmarktorientierter Unternehmen beschränkt, sondern geht darüber hinaus und findet auf alle Abschlussprüfungen Anwendung.

Für börsennotierte Gesellschaften enthält der Deutsche Corporate Governance Kodex i. d. F. vom 26. 5. 2010 (Ziffer 7.2.1) zudem eine Vorschrift, nach der der Aufsichtsrat bzw. Prüfungsausschuss bereits vor Unterbreitung des Vorschlags zur Wahl des Abschlussprüfers von diesem eine Unabhängigkeitserklärung einholen soll.

Von der noch im RegE des BilMoG enthaltenen Formulierung, dies habe in einem **gesonderten Abschnitt** des Prüfungsberichts zu geschehen, wurde abgerückt. Vor diesem Hintergrund scheint es empfehlenswert zu sein, die Unabhängigkeitsbestätigung in inhaltlicher Nähe zu den Angaben zur Beauftragung zu tätigen, d. h.

- entweder im einleitenden Abschnitt,
- oder (bei Verfolgung der Deckblattlösung) eingangs des besonderen Abschnitts gemäß § 321 Abs. 3 HGB.

Gemäß IDW PS 450, Tz. 23a wird folgende Formulierung empfohlen:

„Wir bestätigen gemäß § 321 Abs. 4a HGB, dass wir bei unserer Abschlussprüfung die anwendbaren Vorschriften zur Unabhängigkeit beachtet haben."

1.3.2 Vorwegbericht

Um den Leser auf wichtige Sachverhalte hinzuweisen, sieht der Gesetzgeber die sog. „Vorwegberichterstattung" vor. Hierbei handelt es sich um eine in sich geschlossene Darstellung insbesondere zur Prüfung der Lagebeurteilung der gesetzlichen Vertreter sowie des künftigen Fortbestands des Unternehmens.

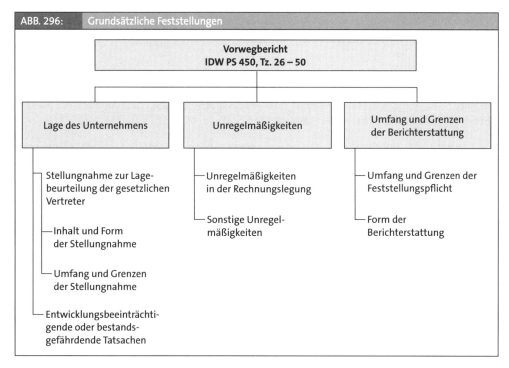

ABB. 296: Grundsätzliche Feststellungen

Der Abschlussprüfer kommt seiner gesetzlichen Berichtspflicht nach durch **Hervorhebung** (*"Highlighten"*) derjenigen Angaben der gesetzlichen Vertreter in Jahresabschluss und Lagebericht, die aus Sicht der Berichtsadressaten zur Beurteilung des geprüften Unternehmens besonders wesentlich sind. Diese Angaben können durch analysierende Darstellungen ergänzt werden. Hierauf basierend nimmt der Prüfer eine **Stellungnahme** zur Lagedarstellung der gesetzlichen Vertreter aufgrund seiner eigenen Einschätzung des Unternehmens vor.

Die Pflicht zur **Hervorhebung** impliziert eine Auswahl und Wiedergabe solcher Angaben des Jahresabschlusses und Lageberichts, die zentrale Veränderungen und Entwicklungslinien aufzeigen. Analysierende Darstellungen umfassen vor allem vertiefende Erläuterungen wesentlicher Angaben, die Beschreibung von Ursachen sowie die kritische Würdigung von Annahmen (IDW PS 450, Tz. 29).

Die **Stellungnahme** des Abschlussprüfers zielt darauf ab, die subjektive Lageeinschätzung der gesetzlichen Vertreter aus dem Blickwinkel eines sachkundigen Dritten zu objektivieren. Für die diesbezügliche Erkenntnisgewinnung des Abschlussprüfers lässt sich z. B. eine zusammenfassende Übersicht über die Struktur der Bilanz oder der Gewinn- und Verlustrechnung, ggf. auf Basis von Mehr-Jahres-Vergleichszahlen als Grundlage heranziehen (IDW PS 450, Tz. 30).

Der Prüfer muss im Rahmen der Stellungnahme zur Lagebeurteilung durch die gesetzlichen Vertreter insbesondere auf die **Angemessenheit der Annahme der Unternehmensfortführung** und der **Darstellung der voraussichtlichen Entwicklung** des Unternehmens eingehen (IDW PS 450, Tz. 28). Auf Basis der von dem Prüfer im Rahmen der Prüfung gewonnenen Erkenntnisse hat er die Lagebeurteilung der gesetzlichen Vertreter zu würdigen, nicht jedoch eigene Prognoserechnungen durchzuführen. Dem Abschlussprüfer kommt nicht die Rolle des „besseren Kaufmanns" zu.

Wird die Lagebeurteilung vom Abschlussprüfer als Ganzes als nicht vertretbar beurteilt, so ist dies im Prüfungsbericht zu erläutern und ggf. der Bestätigungsvermerk einzuschränken. Es ist aber nicht Aufgabe des Prüfers, fehlende oder mangelhafte Angaben anstelle der gesetzlichen Vertreter zu machen oder richtig zu stellen (IDW PS 450, Tz. 33).

Selbst wenn unter Würdigung vorhandener Beurteilungsspielräume die Lagebeurteilung vom Prüfer grundsätzlich noch als vertretbar angesehen wird, ist erforderlichenfalls auf bestehende Unsicherheiten in der Einschätzung hinzuweisen. Es soll in diesem Zusammenhang auch erörtert werden, ob die gesetzlichen Vertreter bei der Lagedarstellung alle verwertbaren Informationen gewürdigt haben, die grundlegenden Annahmen realistisch und in sich widerspruchsfrei sind sowie, ob die Prognoseverfahren richtig gehandhabt wurden.

Wird zulässigerweise kein Lagebericht erstellt, kann der Abschlussprüfer zur Lagebeurteilung der gesetzlichen Vertreter mangels eines Beurteilungsobjekts nicht Stellung nehmen. Unter gewissen Umständen, z. B. wenn die gesetzlichen Vertreter bei der Bilanzierung von der Fortführung der Unternehmenstätigkeit ausgehen und an dieser Annahme aufgrund festgestellter bestandsgefährdender Risiken Zweifel bestehen, kann sich dennoch eine Pflicht zur Berichterstattung ergeben (IDW PS 450, Tz. 34).

Falls der Lagebericht unzulässigerweise nicht aufgestellt wurde, ist dies als wesentlicher Mangel zu Beginn des Berichts zu erwähnen. Auch ist festzustellen, dass daher ein Prüfungshemmnis vorliegt, aufgrund dessen eine Stellungnahme zur Beurteilung der Lage durch die gesetzlichen Vertreter nach § 321 Abs. 1 Satz 2 HGB nicht möglich war. In der Regel zieht dies eine Einschränkung des Bestätigungsvermerks unter entsprechendem Hinweis nach sich (IDW PS 450, Tz. 34).

Unabhängig von der Vertretbarkeit der Lagebeurteilung seitens der gesetzlichen Vertreter muss der Abschlussprüfer als Ausfluss der sog. **„großen Redepflicht"** im Vorwegbericht auf Tatsachen eingehen, die den Bestand des geprüften Unternehmens gefährden oder seine Entwicklung wesentlich beeinträchtigen können (§ 321 Abs. 1 Satz 3 HGB; IDW PS 350, Tz. 33). Aufgrund ihrer besonderen Bedeutung sind diese Sachverhalte somit ausdrücklich auch dann vom Prüfer aufzuführen, wenn die gesetzlichen Vertreter ihrerseits hierüber angemessen berichtet haben.

Entwicklungsbeeinträchtigende und **bestandsgefährdende Tatsachen** sind bereits dann zu nennen, wenn sie eine Beeinträchtigung oder Gefährdung der Fortführung der Unternehmenstätigkeit ernsthaft zur Folge haben können und nicht erst dann, wenn sie eingetreten sind und die Entwicklung bereits wesentlich beeinträchtigt oder der Bestand konkret gefährdet ist (IDW PS 450, Tz. 36).

Eine **Bestandsgefährdung** liegt vor, wenn ernsthaft damit zu rechnen ist, dass das Unternehmen in absehbarer Zeit – i. d. R. bis zum folgenden Abschlussstichtag – seinen Geschäftsbetrieb nicht fortführen kann (z. B. aufgrund von Insolvenz oder Liquidation).

Die Abgrenzung zu berichterstattungspflichtigen Tatsachen, die die Entwicklung des Unternehmens **wesentlich beeinträchtigen** können, ist fließend. Es kommen grundsätzlich die gleichen Tatbestände wie für die Bestandsgefährdung in Betracht, jedoch genügen hier schon weniger folgenreiche Auswirkungen, die jedoch zu mehr als einer nur angespannten Lage des Unternehmens führen. Indikatoren sind etwa

- eine länger anhaltende Dividendenlosigkeit,
- stark rückläufige Auftragseingänge und -bestände,
- eine notwendige Schließung von Teilbereichen oder
- drohende Sanierungsmaßnahmen.

Die Berichtspflicht beschränkt sich zwar grundsätzlich auf die Tatsachen, die der Abschlussprüfer bei ordnungsmäßiger Durchführung der Prüfung festgestellt hat. Es sind aber auch die Informationen mit einzubeziehen, die auf andere, nicht der gesetzlichen Verschwiegenheitspflicht unterliegende Weise bekannt geworden sind. Bei festgestellten berichtspflichtigen Tatsachen muss der betreffende Sachverhalt dargestellt und die sich daraus möglicherweise ergebenden Konsequenzen aufgezeigt werden. Berichtspflichtig sind auch Gegebenheiten, die

- keine Auswirkung auf den Bestätigungsvermerk haben oder
- erst nach dem Abschlussstichtag begründet wurden.

Sofern keine berichtspflichtigen Tatsachen vorliegen, ist eine Negativerklärung nicht erforderlich (IDW PS 450, Tz. 39). Dies dient dem Schutz des Abschlussprüfers vor dem Hintergrund, dass auch bei ordnungsmäßiger Prüfungsdurchführung die Nichtaufdeckung berichtspflichtiger Sachverhalte nicht ausgeschlossen werden kann.

Aus § 321 Abs. 1 Satz 3 HGB folgt die Pflicht des Prüfers, seinem Mandanten bei der Durchführung der Prüfung festgestellte, wesentliche **Unrichtigkeiten** oder **Verstöße** gegen gesetzliche Vorschriften, Gesellschaftsvertrag und Satzung zu berichten.

Der Berichtsumfang über Unrichtigkeiten und Verstöße ist entsprechend der Bedeutung für die Überwachung des geprüften Unternehmens zu wählen. Während der Prüfung bereits behobene Unregelmäßigkeiten brauchen nur dann im Prüfungsbericht erwähnt zu werden, wenn sie für die Wahrnehmung der Überwachungsfunktion der Aufsichtsratsgremien wesentlich sind, insbesondere wenn diese auf Schwächen im rechnungslegungsbezogenen IKS hindeuten, wie z. B. Planungsmängel oder Schwachstellen im Informationssystem (vgl. hierzu Kapitel III.).

Vom Prüfer festgestellte berichtspflichtige Tatsachen sind differenziert nach Verstößen gegen

- Vorschriften zur Rechnungslegung und
- sonstige Vorschriften

in einem gesonderten Unterabschnitt aufzuführen und ggf. hieraus resultierende Konsequenzen für den Bestätigungsvermerk zu erläutern. Betrifft die Berichterstattung zukünftige Sachverhalte oder Entwicklungen, ist auf mögliche bestehende Beurteilungsrisiken einzugehen (IDW PS 450, Tz. 44).

Zu den **sonstigen Unregelmäßigkeiten** gehören schwerwiegende Verstöße der gesetzlichen Vertreter oder der Arbeitnehmer gegen Gesetz, Gesellschaftsvertrag oder Satzung, sofern diese Vorschriften sich nicht unmittelbar auf die Rechnungslegung beziehen. Kriterien der Schwere und damit der Grenzziehung der Berichtspflicht sind z. B.

- das für die Gesellschaft damit verbundene Risiko,
- die Bedeutung der verletzten Rechtsnorm,

- der Grad des Vertrauensbruchs, dessen Kenntnis Bedenken gegen die Eignung der gesetzlichen Vertreter oder der Arbeitnehmer begründen könnte (IDW PS 450, Tz. 49).

Für die Berichtspflicht ist ausreichend, wenn die Sachverhalte schwerwiegende Verstöße „erkennen lassen", d. h. dem Abschlussprüfer wird keine abschließende, oftmals unüberschaubare rechtliche Würdigung im Rahmen der Berichterstattung zugemutet, handelt es sich doch bei den „sonstigen Verstößen" um eine Vielzahl rechtlicher Bestimmungen wie z. B. Vergabe-, Wettbewerbs-, Arbeits- oder Umweltrecht. Insbesondere setzt sich der Prüfer somit keinen Schadensersatzansprüchen aus, wenn sich ein vermeintlicher Verstoß später nicht als ein solcher herausstellt.

Ist eine besondere **Eilbedürftigkeit der Gegenmaßnahmen** anzunehmen, so kann es im Einzelfall als Ausfluss der Treuepflicht des Abschlussprüfers gegenüber seinem Mandanten geboten sein, vorab einen Teilbericht zu erstellen, der später vollständig in den Prüfungsbericht mit aufgenommen wird (IDW PS 450, Tz. 41).

Eine **Negativerklärung** ist wiederum nicht statthaft, da auch bei ordnungsmäßiger Durchführung der Prüfung nicht vollständig auszuschließen ist, dass mit krimineller Energie vorgenommene Unregelmäßigkeiten bestehen und da die Abschlussprüfung nicht den Charakter einer detektivischen Vollprüfung annimmt (IDW PS 450, Tz. 43).

1.3.3 Gegenstand, Art und Umfang der Prüfung

Gemäß § 321 Abs. 3 HGB hat der Abschlussprüfer in seinem Bericht Gegenstand, Art und Umfang der Prüfung und somit die Begründung der Prüfungsfeststellungen in einem besonderen Abschnitt zu erläutern. Dies erfolgt mit dem Ziel, dass die Prüfungstätigkeit von den Berichtsadressaten besser beurteilt werden kann. Das Aufsichtsorgan soll anhand der Darlegungen insbesondere zu einer Einschätzung kommen, ob, auf welchen Gebieten und mit welcher Intensität eigene Prüfungshandlungen angebracht sind.

Um die Übersichtlichkeit dieses Berichtsabschnitts zu gewährleisten, sind nur wesentliche Feststellungen zu treffen. Auch wird empfohlen, eine Übersicht aller erstatteten Teilberichte und deren Inhalte zu geben. Somit sind die Ausführungen nicht als vollständiger Nachweis aller durchgeführten Prüfungshandlungen zu verstehen. Ein solcher ist grundsätzlich mittels der Arbeitspapiere zu erbringen (IDW PS 450, Tz. 51).

Die Prüfungsgegenstände ergeben sich aus § 317 HGB, und zwar Buchführung, Jahresabschluss, Lagebericht und ggf. das nach § 91 Abs. 2 AktG einzurichtende Risikofrüherkennungssystem.

Zur Klarstellung ist eingangs anzugeben, nach welchen Rechnungslegungsgrundsätzen der Jahresabschluss aufgestellt wurde (z. B. HGB, IFRS, sonstige nationale Vorschriften).

Um die Abgrenzung der Verantwortlichkeiten an dieser Stelle zu verdeutlichen, wird der Hinweis empfohlen, dass die gesetzlichen Vertreter für die Rechnungslegung und die Aufstellung des Jahresabschlusses verantwortlich sind. Aufgabe des Abschlussprüfers ist demgegenüber, diese Angaben unter Einbeziehung der Buchführung im Rahmen der Prüfung im Rahmen der berufsüblichen Sorgfalt zu beurteilen (IDW PS 450, Tz. 53).

Ein erläuternder Hinweis ist in den Fällen erforderlich, wenn entweder der Gegenstand der Prüfung aufgrund größenabhängiger, rechtsform- oder wirtschaftszweigspezifischer gesetzlicher

Regelungen bzw. im Rahmen der Auftragserteilung gegenüber § 317 HGB erweitert worden ist oder das Unternehmen größenabhängige Erleichterungen des HGB in Anspruch genommen hat (IDW PS 450, Tz. 54).

Der Abschlussprüfer muss zur Erläuterung von **Art und Umfang der Prüfung** die Prinzipien erläutern, nach denen er die Prüfung durchgeführt hat; dabei ist auf die **Grundsätze ordnungsmäßiger Abschlussprüfung** einzugehen. Auf andere verwendete Grundsätze ist zu verweisen, wenn diese von den deutschen Grundsätzen bzw. den International Standards on Auditing (ISA) abweichen. Entsprechende Gründe dafür sind im Prüfungsbericht anzugeben.

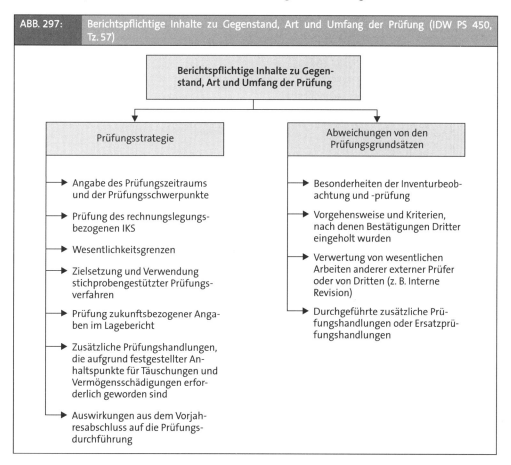

ABB. 297: Berichtspflichtige Inhalte zu Gegenstand, Art und Umfang der Prüfung (IDW PS 450, Tz. 57)

Ergänzende Angaben zur Prüfungsdurchführung sind erforderlich, wenn der Prüfer aufgrund besonderer Umstände geplante Prüfungshandlungen nicht durchführen konnte und sich die notwendigen Nachweise durch alternative Prüfungshandlungen verschaffen musste.

Dies ist insbesondere dann der Fall, wenn die Berichtsadressaten von der Durchführung der üblichen Prüfungshandlungen ausgehen können. Ist eine Beurteilung von pflichtmäßigen Prüfungsgegenständen nicht oder nicht mit hinreichender Sicherheit möglich, muss dies ebenfalls im Bericht hervorgehoben werden.

Nach § 321 Abs. 2 Satz 6 HGB ist im Prüfungsbericht auch anzugeben, ob die gesetzlichen Vertreter die verlangten Aufklärungen und Nachweise gemäß § 320 HGB erbracht haben. Im Positivfall genügt eine diesbezügliche Feststellung.

1.3.4 Feststellungen und Erläuterungen zur Rechnungslegung

Der Hauptteil kann entsprechend § 321 Abs. 2 HGB wie folgt untergliedert werden:

ABB. 298: Gliederung des Hauptteils

1. Prüfungsauftrag
2. Grundsätzliche Feststellungen
3. Gegenstand, Art und Umfang der Prüfung
4. Feststellungen und Erläuterungen zur Rechnungslegung
   - 4.1. Ordnungsmäßigkeit der Rechnungslegung
     - 4.1.1. Buchführung und weitere geprüfte Unterlagen
     - 4.1.2. Jahresabschluss
     - 4.1.3. Lagebericht
   - 4.2. Gesamtaussage des Jahresabschlusses
     - 4.2.1. Feststellung der Gesamtaussage des Jahresabschlusses
     - 4.2.2. Wesentliche Bewertungsgrundlagen
     - 4.2.3. Änderungen in den Bewertungsgrundlagen
     - 4.2.4. Sachverhaltsgestaltende Maßnahmen
     - 4.2.5. Aufgliederungen und Erläuterungen
5. Feststellungen zum Risikofrüherkennungssystem
6. Feststellungen aus Erweiterungen des Prüfungsauftrags
7. Wiedergabe des Bestätigungsvermerks

Wesentliche Aussage dieses Berichtsteils ist die **Fest**stellung (seit Inkrafttreten des TransPuG nicht mehr nur die **Dar**stellung) des Abschlussprüfers, ob die **Buchführung**, der **Jahresabschluss** und die weiteren geprüften Unterlagen sowie der **Lagebericht** den gesetzlichen Vorschriften und den ergänzenden Bestimmungen des Gesellschaftsvertrags oder der Satzung entsprechen. Insbesondere sind Aussagen hinsichtlich der

▶ ordnungsmäßigen Ableitung der Jahresabschlusspositionen aus der Buchführung,

▶ gesetzeskonformen Beachtung der einschlägigen Ansatz-, Ausweis- und Bewertungsvorschriften und

▶ Vollständigkeit der Angaben im Anhang

zu treffen. Es müssen alle Tatbestände, die für die Überwachung der Geschäftsführung und des geprüften Unternehmens von Bedeutung sind, aufgeführt werden. Auch auf zwischenzeitlich behobene Mängel ist im Prüfungsbericht einzugehen, da sich die Berichterstattung zur Rechnungslegung als zentralem Prüfungsgegenstand zeitraumbezogen auf das gesamte abgelaufene Geschäftsjahr bezieht.

Eine Erörterung unwesentlicher oder unproblematischer Teile des Jahresabschlusses ist entbehrlich. Der Abschlussprüfer ist demnach zu einer Schwerpunkte setzenden Berichterstattung verpflichtet. Mit TransPuG wurde hervorgehoben, dass die Sachverhalte nicht wiedergegeben (dargestellt), sondern gewürdigt (festgestellt) werden sollen.

Die Feststellung der Ordnungsmäßigkeit der **Buchführung** setzt auch eine Beurteilung der Sicherheit der rechnungslegungsrelevanten Daten und IT-Systeme voraus. Festgestellte Mängel sind zu erläutern, auch wenn sie nicht zur Einschränkung oder Versagung des Bestätigungsvermerks geführt haben. Als Ausfluss der allgemeinen Treuepflicht gegenüber dem Mandanten soll auch über Mängel in den nicht rechnungslegungsbezogenen Teilen von IKS oder IT-System berichtet werden, soweit sie im Rahmen der Prüfung festgestellt wurden (IDW PS 450, Tz. 66).

Gemäß § 321 Abs. 2 Satz 1 und 2 HGB ist im Prüfungsbericht festzustellen, ob der **Lagebericht** den gesetzlichen Vorschriften und ergänzenden Bestimmungen des Gesellschaftsvertrags oder der Satzung entspricht. Es ist zu erörtern, ob dieser

▶ mit dem Jahresabschluss und den bei der Prüfung gewonnenen Erkenntnissen in Einklang steht,

▶ insgesamt eine zutreffende Vorstellung von der Lage vermittelt und

▶ die wesentlichen Chancen und Risiken der künftigen Entwicklung zutreffend darstellt (IDW PS 450, Tz. 71).

Auf Mängel muss der Prüfer hinweisen, selbst wenn die Beanstandungen keine Einschränkung des Bestätigungsvermerks bedingen (sog. **„kleine Redepflicht"**, IDW PS 450, Tz. 62), um dem Aufsichtsrat insoweit Anhaltspunkte zur Optimierung der unternehmensinternen Überwachungsmechanismen zu liefern.

Nach § 321 Abs. 2 Satz 3 HGB hat der Abschlussprüfer im Rahmen einer **integrierenden Würdigung** weiter festzustellen, ob der Abschluss insgesamt unter Beachtung der GoB oder anderer maßgeblicher Rechnungslegungsgrundsätze ein den tatsächlichen Verhältnissen entsprechendes Bild der **Vermögens-, Finanz- und Ertragslage** des Unternehmens vermittelt. Dabei ist auf das sich aus Bilanz, GuV und Anhang ergebende Gesamtbild abzustellen (IDW PS 450, Tz. 72).

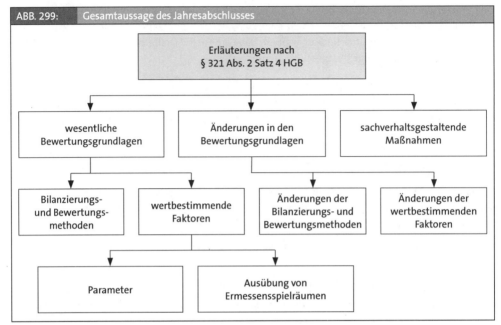

Quelle: IDW PS 450, Tz. 74.

Der Berichtsabschnitt dient weder dazu, die Vermögens-, Finanz- und Ertragslage des Unternehmens im Rahmen einer eigenen Beurteilung des Prüfers darzustellen, noch die diesbezüglichen Einlassungen der gesetzlichen Vertreter zu wiederholen; seine Aufgabe ist vielmehr eine problemorientierte Erörterung aus Sicht des Prüfers. Der Lagebericht ist in diesen Abschnitt nicht einzubeziehen; die Feststellungen zu dessen Prüfung sind gesondert zu treffen. Die geforderte Berichterstattungspflicht bezieht sich ausdrücklich auf den „Jahresabschluss".

Unter dem Begriff **„wesentliche Bewertungsgrundlagen"** sind die Bilanzierungs- und Bewertungswahlrechte sowie die für die Bewertung von Vermögensgegenständen und Schulden maßgeblichen Faktoren (Parameter, Annahmen und Ausübung von Ermessensspielräumen) zu verstehen. Insbesondere durch systematische Ausübung von **Bilanzierungs- und Bewertungswahlrechten** ist es den gesetzlichen Vertretern möglich, die Gesamtaussage des Jahresabschlusses wesentlich zu beeinflussen.

Unter einem **Parameter** versteht man eine charakterisierende Eigenschaft bzw. eine i. d. R. durch Marktpreise oder allgemein akzeptierte Standardwerte generalisierte Maßgröße. **Ermessensspielräume** resultieren aus unbestimmten, im Einzelfall auslegungsbedürftigen Rechtsbegriffen. Der Umfang des Auslegungsspielraums richtet sich nach der Unsicherheit bei der Bestimmung von Schätzgrößen und den zugrunde gelegten Annahmen.

Dargelegt werden müssen lediglich die Bewertungsgrundlagen, die die Gesamtaussage des Jahresabschlusses wesentlich beeinflussen und deren Information für den Berichtsadressaten von Bedeutung ist. Es geht nicht um eine theoretisierende Abhandlung zur Bilanzanalyse. Soweit die dafür benötigten Informationen zur Verfügung stehen, kann der Abschlussprüfer zur Vereinfachung der Darstellung zahlenmäßige Erläuterungen vornehmen (z. B. Überleitungs- oder proforma-Rechnungen).

Bedarf für Anmerkungen im Prüfungsbericht ergibt sich, auch vor dem Hintergrund der aktuellen Wirtschafts- und Finanzmarktkrise, insbesondere bei

- ▶ Vorliegen erheblicher Spielräume und Bandbreiten mit entsprechenden wesentlichen Unsicherheiten,
- ▶ Verlassen der zulässigen Bandbreite der Wertansätze sowie
- ▶ Ausnutzung des Ermessensspielräume zwar innerhalb der zulässigen Bandbreite, aber in einer derart zielgerichteten und einseitigen Weise, dass die Gesamtaussage des Jahresabschlusses wesentlich beeinflusst wird.

ABB. 300: Berichterstattung über wesentliche Bewertungsgrundlagen		
Bilanzierungs- und Bewertungswahlrechte (IDW PS 450, Tz. 79)	Wertbestimmende Parameter (IDW PS 450, Tz. 82)	Ermessensspielräume (IDW PS 450, Tz. 83)
▶ Bewertung eines Geschäfts- oder Firmenwerts, insbesondere Bemessung der Nutzungsdauer ▶ Ansatz und Bewertung selbsterstellter immaterieller Vermögensgegenstände des Anlagevermögens, Aktivierung von Entwicklungskosten ▶ gemildertes Niederstwertprinzip beim Finanzanlagevermögen ▶ Festwert bei Sachanlagen oder bestimmten Vorräten ▶ Gruppenbewertung ▶ „Angemessenheit" des Einbezugs von Herstellungskosten bei Vorräten ▶ Ansatz von aktiven Rechnungsabgrenzungsposten oder aktiven latenten Steuern ▶ Rückstellungen für sog. Altzusagen der Altersvorsorge	▶ Wechselkurse ▶ Börsenkurse ▶ Steuersätze ▶ Zinssätze ▶ biometrische Rechnungsgrundlagen ▶ Vertragslaufzeiten	▶ künftige Auslastung des Unternehmens ▶ Nutzungsdauern ▶ Restwerte und Abbruchkosten ▶ künftige Zahlungsein- oder -ausgänge ▶ Fertigstellungsgrad bei Vorräten ▶ Inflationsraten ▶ Schätzung der künftigen Gehaltsentwicklung ▶ Schätzung der erwarteten Fluktuationsrate ▶ Wahrscheinlichkeit künftiger Inanspruchnahme bei Rückstellungen

Änderungen der Bewertungsgrundlagen umfassen sowohl Änderungen der Bilanzierungs- und Bewertungsmethoden als auch der wertbestimmenden Faktoren, insbesondere Änderungen in der Ausnutzung von Ermessensspielräumen. Hierzu zählen z. B. Auflösungen von Rückstellungen, Verlängerungen der Nutzungsdauern oder der Ansatz von Bilanzierungshilfen. Innerhalb des gesetzlich zulässigen Rahmens vorgenommene Änderungen der Bewertungsgrundlagen (§ 252 Abs. 2 HGB) können wesentliche Auswirkungen auf die Vergleichbarkeit und die Gesamtaussage des Jahresabschlusses haben, insbesondere wenn sie zielgerichtet und einseitig sind (IDW PS 450, Tz. 90). Kritisch ist demnach zu würdigen, wenn Unternehmen plötzlich zu einer gewinnerhöhenden „progressiven" Bilanzpolitik übergehen.

Unter sachverhaltsgestaltenden Maßnahmen versteht man primär auf die Erzeugung eines gewünschten Bilanzbilds gerichtete, nicht der üblichen Praxis entsprechende Handlungen, die sich auf Ansatz bzw. Bewertung von Vermögensgegenständen und Schulden auswirken und die nach Einschätzung des Abschlussprüfers von den Abschlussadressaten voraussichtlich nicht vermutet werden.

Zu berichten ist dabei über solche Gestaltungen, die dazu geeignet sind, die Darstellung der Vermögens-, Finanz- und Ertragslage im Jahresabschluss wesentlich zu beeinflussen, insbesondere zu beschönigen, z. B.

- Forderungsverkäufe im Rahmen von *asset backed securities*-(ABS-)Transaktionen,
- Gestaltungen mit dem Ergebnis der Aktivierung von Forschungskosten oder anderen selbst erstellten immateriellen Vermögensgegenständen (z. B. Auslagerung auf Tochterunternehmen),
- abschlussstichtagsbezogene Beeinflussung der Gesamtaussage des Jahresabschlusses (*window dressing*), z. B. Pensionsgeschäfte bei Wertpapieren,
- Übergang von Kauf zu Leasing im Rahmen der Anschaffung von Vermögensgegenständen (*sale and lease back*-Transaktionen),
- Einsatz von *special purpose entities* (z. B. Leasingobjektgesellschaften),
- Tauschumsätze (*barter*-Transaktionen),
- Ausgestaltung von Aktienoptionsplänen,
- konzerninterne Transaktionen bzw. solche mit nahe stehenden Personen (IDW PS 450, Tz. 95).

Aufgliederungen und Erläuterungen zur Vermögens-, Finanz- und Ertragslage können für die Adressaten des Prüfungsberichts eine wesentliche Unterstützung darstellen. Hierbei handelt es sich meist um Bilanzstrukturübersichten zur Vermögens- und Finanzlage oder Erfolgsquellenanalysen, z. B.

- Aufgliederung der Umsatzerlöse und sonstigen Posten,
- pro forma-Rechnungen zur Eliminierung von Sondermaßnahmen,
- Kennzahlenwerke zur vertikalen oder horizontalen Kapitalstruktur oder zu Liquiditätsgraden (vgl. die Kennzahlenaufstellung in Kapitel VI.1.),
- Kapitalflussrechnungen,
- Cashflow-Analysen sowie
- Gegenüberstellungen zusammengefasster, betriebswirtschaftlich aussagefähiger Zahlen des Geschäftsjahres mit Zahlen aus Vorjahren (IDW PS 450, Tz. 100).

Die Darbietung derartiger Informationen im Prüfungsbericht war früher gängige Praxis. Mit der intensiveren Berichterstattung durch die gesetzlichen Vertreter im Lagebericht hat die Bedeutung der Information durch den Prüfer eingebüßt. Heutzutage kann auf weitergehende Darstellungen im Prüfungsbericht i. d. R. verzichtet werden, da der Jahresabschluss an sich ein hinreichend umfassendes Gesamtbild der wirtschaftlichen Lage vermitteln muss und es nicht Aufgabe des Prüfers ist, einen etwaigen diesbezüglichen Mangel zu heilen.

Weitergehende Aufgliederungen sind nur geboten, wenn entsprechende Angaben im Anhang fehlen und ein besonderer Informationsbedarf der Berichtsadressaten zu unterstellen ist. Der Umfang der Ausführungen richtet sich dann nach der wirtschaftlichen Position des Unternehmens sowie dessen Entwicklung. Je nachteiliger die Lage des Unternehmens, desto detaillierter wird die Berichterstattung ausfallen. Hierbei darf der Prüfer die in den Prüfungsbericht aufgenommenen Aufgliederungen und Erläuterungen nicht ungeprüft aus den Zahlenwerken des Mandanten übernehmen.

Der Prüfungsbericht soll keine Wiederholung der Angaben aus Anhang und Lagebericht beinhalten. Andererseits soll dem Prüfer aber keine kennzahlgestützte Unternehmensanalyse aufgezwungen werden, die zwangsweise eine subjektive Beurteilung beinhaltet.

1.3.5 Feststellungen zum Risikofrüherkennungssystem

Nach § 91 Abs. 2 AktG hat der Vorstand einer AG ein Überwachungssystem (**Risikofrüherkennungssystem**) einzurichten. Dieses ist nach Maßgabe des § 317 Abs. 4 HGB bei börsennotierten AG zu prüfen.

Eine konkrete Ausgestaltung des Überwachungssystems wird gesetzlich nicht vorgeschrieben, sie ist von der Größe, Branche, Struktur oder auch dem Kapitalmarktzugang des jeweiligen Unternehmens abhängig. Das System muss in der Lage sein, negative Entwicklungen frühzeitig zu erkennen, also zu einem Zeitpunkt, in dem noch geeignete Maßnahmen zur Sicherung des Fortbestands der Gesellschaft ergriffen werden können (vgl. hierzu Kapitel VI.2.).

Das Ergebnis der Prüfung nach § 317 Abs. 4 HGB ist in einen **gesonderten Abschnitt** oder in einen getrennt zu erstellenden **Teilbericht** aufzunehmen (§ 321 Abs. 4 HGB).

Eine explizite Darstellung des Systems im Prüfungsbericht ist nicht erforderlich, allenfalls empfiehlt sich bei Erstprüfungen eine Kurzbeschreibung der Systemkomponenten sowie deren Funktionen. Der Abschlussprüfer hat abzuwägen, ob das gewählte System in geeigneter Form eingerichtet ist und ob dieses seine Aufgaben erfüllen kann. Vom Prüfer kann jedoch nicht die Erstellung eines detaillierten Organisationsgutachtens abverlangt werden (IDW PS 450, Tz. 104).

Gelangt der Prüfer zu der Erkenntnis, dass ein funktionsfähiges Risikofrüherkennungssystem eingerichtet worden ist, so kann er sich mit der Abgabe einer formelhaften Erklärung im Prüfungsbericht begnügen, dass „der Vorstand die nach § 91 Abs. 2 AktG geforderten Maßnahmen in geeigneter Weise getroffen hat" (IDW PS 450, Tz. 105).

Ist das eingerichtete System zur Erfüllung seiner gesetzlichen Zwecke ungeeignet oder fehlt ein derartiges System, so hat der Prüfer dies festzustellen und die ggf. verbesserungsbedürftigen Bereiche aufzuführen. Aufgabe des Prüfers ist es aber nicht, konkrete **Verbesserungsvorschläge** zu unterbreiten (IDW PS 450, Tz. 106).

Hat der Vorstand **kein Früherkennungssystem** eingerichtet, ist hierauf hinzuweisen.

Für GmbH und nicht börsennotierte AG besteht zwar keine explizite gesetzliche Regelung, jedoch ist von einer **Ausstrahlungswirkung** auf den Pflichtenrahmen der Geschäftsführer von Gesellschaften anderer Rechtsformen auszugehen.

1.3.6 Feststellungen aus Erweiterungen des Prüfungsauftrags

Wurde der Auftrag zur Abschlussprüfung durch Vereinbarungen im Gesellschaftsvertrag, der Satzung oder mit dem Abschlussprüfer erweitert, so ist dieses Ergebnis in einem gesonderten Abschnitt aufzunehmen, soweit sich die Prüfungen nicht auf Jahresabschluss oder Lagebericht beziehen (IDW PS 450, Tz. 108).

Einen in der Praxis einschlägigen Anwendungsfall stellt die Prüfung der Ordnungsmäßigkeit der Geschäftsführung bei öffentlichen Unternehmen nach § 53 HGrG und bei Genossenschaften nach § 53 GenG dar (vgl. hierzu Kapitel VI.3.). Weder im HGrG noch im GenG sind Regelungen zu Inhalt und Umfang des Prüfungsberichts aufgeführt; vielmehr wird auf § 321 HGB verwiesen. Damit kann sich die Struktur des Prüfungsberichts an den in der Berufspraxis anerkannten Schemata des IDW PS 450 orientieren. Es verbleibt damit ein beachtlicher Ermessensspielraum für den Prüfer.

Die Berichterstattung über die Ordnungsmäßigkeit der Geschäftsführung richtet sich in erster Linie an den **Aufsichtsrat**. Ihre Grundlage bilden Sachverhalte, die üblicherweise an verschiedenen Stellen des Prüfungsberichts behandelt werden, z. B. in den Berichtsabschnitten zur Betriebsorganisation, zur Unternehmenssteuerung sowie zu den rechtlichen und wirtschaftlichen Verhältnissen.

Im gesonderten Berichtsabschnitt zur Geschäftsführungsprüfung müssen die Bezüge auf Einzelfeststellungen, die aus anderen Berichtsteilen entnommen wurden, klar und nachvollziehbar dargestellt werden. Der Berichtsteil zur Geschäftsführungsprüfung soll ohne Rücksicht auf Doppelnennungen in sich geschlossen sein. Dem Berichtsadressaten ist jedenfalls nicht zumutbar, sich das Gesamtergebnis der Prüfung erst durch ein Studium verschiedener Berichtsabschnitte erschließen zu können.

Der Berichtsteil schließt mit einem **zusammengefassten Prüfungsergebnis**. Dieses enthält alle wesentlichen Feststellungen derart, dass sich daraus ein Gesamtbild über das Prüfungsergebnis erschließen lässt. Der Prüfer gibt typischerweise Aussagen zu

- der Organisation der Geschäftsführung,
- den Zustand des Geschäftsführungsinstrumentariums einschließlich des Risikomanagementsystems,
- der Durchführung der Geschäftsführungstätigkeit und
- der Gesamtbeurteilung der Ordnungsmäßigkeit der Geschäftsführung

ab. Letztere muss eine deutliche Wertung von Seiten des Prüfers enthalten, die z. B. in folgenden Abstufungen abgegeben werden kann:

- eine uneingeschränkte Positivbeurteilung (auch in Form einer Negativfeststellung möglich),
- Einwendungen, bei denen aber noch die positive Gesamtbeurteilung überwiegt,
- Einwendungen, die eine Einschränkung der Ordnungsmäßigkeit der Geschäftsführung zur Folge haben und
- eine Versagung der Bestätigung der Ordnungsmäßigkeit der Geschäftsführung bei besonders schwerwiegenden Mängeln.

Hierbei sind bloße Empfehlungen ausdrücklich von Einwendungen zu differenzieren.

Weitere Einzelheiten über die Berichterstattung zur Prüfung öffentlicher Unternehmen sind dem IDW PH 9.450.1 zu entnehmen.

Außerdem können landesrechtliche Vorschriften den Umfang der Pflichtprüfung der Krankenhäuser gegenüber derjenigen nach den Vorschriften des HGB erweitern. Von dieser Möglichkeit haben die Bundesländer Hamburg (§ 29 HmbKHG), Hessen (§ 16 HKHG), Mecklenburg-Vorpommern (§ 42 LKHG M-V), Nordrhein-Westfalen (§ 30 KHGG NRW), Saarland (§ 20 SKHG), Sachsen (§ 35 SächsKHG), Thüringen (§ 30 ThürKHG) Gebrauch gemacht (vgl. auch IDW PS 650, Tz. 1 ff.).

Beispielhaft erstreckt sich der in § 29 Abs. 2 Satz 2 HmbKHG vorgeschriebene erweiterte Prüfungsumfang auch auf
- die Ordnungsmäßigkeit der Geschäftsführung und des Rechnungswesens,
- die wirtschaftlichen Verhältnisse einschließlich der Entwicklung der Vermögens- und Ertragslage sowie der Liquidität und Rentabilität des Krankenhauses und der Ursachen eines in der Gewinn- und Verlustrechnung ausgewiesenen Fehlbetrags,
- die zweckentsprechende, sparsame und wirtschaftliche Verwendung der öffentlichen Fördermittel und
- die zweckentsprechende Verwendung der über die Investitionsverträge nach § 28 HmbKHG erwirtschafteten Mittel.

Über das Ergebnis der Prüfung ist im Prüfungsbericht Stellung zu nehmen, soweit die Vorschrift dies fordert (vgl. IDW PH 9.420.1, Tz. 4).

1.3.7 Sonstige Feststellungen

Bestandteil des Prüfungsberichts ist nach IDW PS 450, Tz. 109 auch der **Bestätigungsvermerk** über die Abschlussprüfung nebst Angabe von Ort, Datum und Namen des unterzeichnenden Wirtschaftsprüfers (§ 322 Abs. 7 Satz 2 HGB).

Als weitere **Anlagen** sind dem Prüfungsbericht der Jahresabschluss, der Lagebericht, die zugrunde gelegten Auftragsbedingungen sowie entsprechend der üblichen Handhabung weitere Unterlagen beizufügen, z. B.
- Darstellung der rechtlichen Verhältnisse bzw. deren Veränderungen,
  - Veränderungen in der Zusammensetzung der Organe des Unternehmens,
  - wesentliche Satzungsänderungen,
  - sonstige rechtserhebliche Tatbestände von wesentlicher Bedeutung (z. B. wesentliche Änderungen des Konzernkreises, bedeutende langfristige Verträge oder schwebende Prozesse),
- Aufgliederungen und Erläuterungen der Posten des Jahresabschlusses gemäß IDW PS 450, Tz. 99 f.,
- weitergehende Analysen der wirtschaftlichen Lage durch den Abschlussprüfer auf Grundlage der bei der Prüfung gewonnenen Erkenntnisse, soweit diese nicht bereits Bestandteil des Prüfungsberichts sind (IDW PS 450, Tz. 111 f.)

1.4 Unterzeichnung und Vorlage des Prüfungsberichts

Im Anschluss an die Abfassung des Prüfungsberichts im Rohentwurf läuft folgende Aktivitätenkette ab:

ABB. 301: Unterzeichnung und Vorlage des Prüfungsberichts

1. Unterzeichnung des Prüfungsberichts mit Angabe von Ort und Datum
2. Vorlage des Prüfungsberichts an die gesetzlichen Vertreter
3. Stellungnahme des Vorstands
4. Vorlage des Prüfungsberichts an den Aufsichtsrat

KAPITEL VII Berichterstattung und Dokumentation der Abschlussprüfung

Vor Zustellung an den Mandanten ist der Entwurf des Prüfungsberichts der **Berichtskritik** (d. h. der auftragsbezogenen Qualitätssicherung; vgl. Kapitel I.5.) zu unterziehen. Hierbei lesen Mitarbeiter mit hinreichender Berufserfahrung, die nicht an der Prüfung mitgewirkt haben, den Bericht kritisch durch. In diesem Stadium muss der Berichtsrohling als solcher durch den Aufdruck „Entwurf" oder „Leseexemplar" gekennzeichnet werden, um eine missbräuchliche Verwendung zu unterbinden.

In der Praxis erhält der Mandant vor der endgültigen Fertigstellung und Auslieferung des Prüfungsberichts vorweg ein Exemplar zur Durchsicht. Von den gesetzlichen Vertretern des geprüften Unternehmens soll die Vollständigkeit und Richtigkeit bestätigt und ihnen die Möglichkeit eingeräumt werden, letzte Zweifelsfragen zu klären. Dieses sog. **Vorweg- oder Leseexemplar** kann auch als Grundlage für die Schlussbesprechung bzw. die Bilanzsitzung des Bilanz- oder Prüfungsausschusses dienen. Die berufsübliche Vorgehensweise wurde im Rahmen des KonTraG in § 321 Abs. 5 Satz 2 HGB festgeschrieben.

Der beauftragte Wirtschaftsprüfer hat den endgültigen Prüfungsbericht – zumindest eines der Exemplare – **eigenhändig** zu unterschreiben und zu siegeln (§ 321 Abs. 5 Satz 1 HGB, § 48 Abs. 1 Satz 1 WPO). Dabei hat dieser seine Berufsbezeichnung „Wirtschaftsprüfer/Wirtschaftsprüferin" ohne Hinzufügen anderer Berufsbezeichnungen zu verwenden (IDW PS 450, Tz. 114).

Wurden mehrere Prüfer beauftragt, haben diese gemeinsam den Prüfungsbericht zu unterzeichnen. Erfolgt die Prüfung durch eine Wirtschaftsprüfungsgesellschaft, so ist der Prüfungsbericht durch vertretungsberechtigte Personen, die zugleich WP sind, zu unterzeichnen. Bei mittelgroßen GmbH und diesen nach § 264a HGB gleichgestellten Gesellschaften ist dies auch vereidigten Buchprüfern gestattet (IDW PS 450, Tz. 114).

Der unterzeichnete Prüfungsbericht wird den Auftraggebern der Prüfung, i. d. R. den **gesetzlichen Vertretern,** vorgelegt. Hat bei einer AG der **Aufsichtsrat** den Prüfungsauftrag erteilt, ist diesem der Prüfungsbericht vorzulegen, nachdem **der Vorstand** zuvor Gelegenheit hatte, Stellung zu nehmen. In Abstimmung mit dem Aufsichtsratsvorsitzenden ist auch dem Vorstand ein endgültiges Exemplar zuzuleiten.

1.5 Sonderfragen der Berichterstattung

1.5.1 Nachtragsprüfung und Nachtragsbericht

Wird ein Jahresabschluss oder Lagebericht nach Vorlage des Prüfungsberichts geändert, hat der Abschlussprüfer eine sog. Nachtragsprüfung vorzunehmen und hierüber zu berichten. Die Berichterstattung muss schriftlich erfolgen, auch wenn der Abschlussprüfer bei der Änderung anwesend ist und dieser mündlich zustimmt. Hat eine Änderung nur in geringem Umfang stattgefunden, ist die Briefform ausreichend.

Ein eigenständiger Nachtragsprüfungsbericht hat zwingend den Hinweis zu enthalten, dass der ursprünglich erstellte Prüfungsbericht und der neue Bericht nur gemeinsam verwendet werden dürfen. Letzterer bezieht sich nur auf die Änderungen und muss auf bereits bekannte Sachverhalte nicht eingehen.

Wird ausnahmsweise die Berichterstattung mittels einer Neufassung des ursprünglichen Prüfungsberichts vorgenommen, hat der Abschlussprüfer sicher zu stellen, dass ihm alle bereits ausgehändigten Exemplare des zuvor erstellten Berichts zurückgegeben werden.

Einleitend sind Angaben zum Auftrag an den Abschlussprüfer zur Prüfung der Änderung zu machen. Vorgenommene Umgestaltungen sind auszuführen und Art und Umfang der Nachtragsprüfung zu erläutern. Unabhängig von der Form der Berichterstattung sind der geänderte Jahresabschluss und der Lagebericht als Anlage beizufügen und in die Berichterstattung über die Nachtragsprüfung aufzunehmen.

1.5.2 Gemeinschaftsprüfung (*Joint Audit*)

Prüfen zwei oder mehr Wirtschaftsprüfer im Rahmen einer Abschlussprüfung gemeinsam, so setzt sich der Prüfungsbericht aus den Prüfungsergebnissen der Gemeinschaftsprüfung zusammen. Auch bei Aufteilung der einzelnen Prüfungsgebiete sind die Feststellungen in einem gemeinsamen, einheitlichen Prüfungsbericht vorzulegen, da die Abschlussprüfer gemeinschaftlich für das Resultat verantwortlich sind (vgl. auch IDW PS 208, Tz. 21 ff.).

Bestehen Meinungsverschiedenheiten zwischen den Abschlussprüfern, sind diese nach Möglichkeit im Vorfeld auszuräumen; bleiben jedoch Differenzen in der Prüfungsfeststellung offen, muss dies in den Prüfungsbericht in einem Zusatzkapitel aufgenommen werden.

Im Rahmen der grundsätzlichen Feststellung sind Beanstandungen aufzunehmen, auch wenn sie nur aus Sicht eines Gemeinschaftsprüfers zu erheben sind.

1.5.3 Kündigung des Abschlussprüfers

Eine ordentliche Kündigung des bestellten Abschlussprüfers bzw. eine einvernehmliche Kündigung sind nicht zulässig, gekündigt werden kann nur aus wichtigem Grund (vgl. hierzu Kapitel II.).

Falls dies ausnahmsweise geschieht, so hat der Abschlussprüfer über das bisherige Ergebnis der Prüfung zu berichten. Insoweit wird sichergestellt, dass die bereits gewonnenen Erkenntnisse des ausscheidenden Prüfers nicht unbeachtet bleiben, sondern dem neuen Abschlussprüfer bekannt werden.

Der Bericht ist schriftlich zu erstatten und vom Abschlussprüfer zu unterzeichnen. Eine Begründung der Kündigung ist in den Bericht aufzunehmen. Die Berichterstattungspflichten erstrecken sich in diesem Fall bis zum kündigungsbedingten Ende der vom dem ausscheidenden Prüfer durchgeführten Prüfungshandlungen. Der Stand der Prüfungsarbeiten ist klar zu dokumentieren und darzustellen, welche Vorgänge nicht vollendet bzw. überhaupt nicht begonnen wurden.

Die Vorlage dieses Berichts erfolgt unter den gleichen Voraussetzungen wie beim Prüfungsbericht über eine vollständig abgeschlossene Prüfung.

1.5.4 Sachverhaltsfehler und Mängel

Der Abschlussprüfer hat den Prüfungsbericht in berufsüblich einwandfreier Form vorzulegen. Treten Sachverhalts- oder fachliche Fehler auf, hat der Auftraggeber Anspruch auf Beseitigung der Mängel. Der Abschlussprüfer hat sämtliche Ausfertigungen des mangelhaften Prüfungsberichts zurückzufordern und gegen berichtigte Exemplare auszutauschen. Der Mängelbeseitigungsanspruch muss schriftlich geltend gemacht werden und verjährt nach Ablauf von zwölf Monaten. Kommt der Abschlussprüfer der Forderung zur Nachbesserung nicht nach oder schlägt diese fehl, kann der Auftraggeber eine Herabsetzung der Vergütung verlangen.

Für aus mangelhaften Prüfungsberichten entstandene Schäden haftet der Abschlussprüfer bis maximal 1 Mio. €, bei der AG bis maximal 4 Mio. €, soweit er fahrlässig gehandelt hat (§ 323 HGB).

1.6 Offenlegung des Prüfungsberichts in besonderen Fällen

In besonderen Fällen kann eine Offenlegung des Prüfungsberichts erwirkt werden. Der im Rahmen des BilReG in das HGB eingefügte § 321a Abs. 1 HGB gewährt für den Fall der Eröffnung des Insolvenzverfahrens bzw. dessen Abweisung mangels Masse einen Rechtsanspruch auf Einsichtnahme für Gläubiger oder Gesellschafter, die ein berechtigtes Interesse an der Kenntnis der Ursachen für die Insolvenzeröffnung haben.

Der Anspruch auf Einsichtnahme richtet sich gegen den Besitzer der Prüfungsberichte, i. d. R. den Insolvenzverwalter. Die gesetzliche Formulierung ist unscharf, da auch der Aufsichtsrat, der Abschlussprüfer oder Dritte im Besitz von Berichtsexemplaren sein dürften, gegen Letztere kann aber kein derartiger Anspruch geltend gemacht werden.

Einsicht genommen werden kann auf die Prüfungsberichte der letzten drei Geschäftsjahre. Das Recht auf Einsichtnahme kann einem Wirtschaftsprüfer oder einer Wirtschaftsprüfungsgesellschaft übertragen werden.

Die Offenlegung erfolgt mit dem Ziel einer Überprüfung, ob der Abschlussprüfer seiner Berichtspflicht ordnungsmäßig nachgekommen ist. Andererseits kann dieser im Rahmen des Verfahrens vom Vorwurf einer unzureichenden Prüfung oder Berichterstattung entlastet werden, da er selbst der Verschwiegenheitspflicht unterliegt und auf Eigeninitiative keine diesbezüglichen Aussagen machen darf.

Bei AG und KGaA, die oftmals Publikumscharakter aufweisen, wurden aus Praktikabilitätsgründen die Bagatellgrenzen i. H. von 1 % des Grundkapitals bzw. eines Börsenwerts von 100.000 € vorgegeben. Erreicht ein einzelner Anteilseigner nicht die vorgeschriebene Grenze der Anteile, können sich mehrere Gesellschafter zusammenschließen. Ausschlaggebend ist der Wert zum Zeitpunkt der Geltendmachung.

Bei Personenhandelsgesellschaften und der GmbH besteht keine Grenzwertregelung.

Die zur Einsichtnahme Berechtigten sind zur Verschwiegenheit über die von ihnen eingesehenen Unterlagen verpflichtet. Dennoch ermöglicht § 321a Abs. 3 Satz 1 HGB dem Insolvenzverwalter oder dem gesetzlichen Vertreter des Schuldners, einer Offenbarung von Betriebs- oder Geschäftsgeheimnissen zu widersprechen, wenn diese geeignet ist, der Gesellschaft einen erheblichen Nachteil zuzufügen.

Nach § 321a Abs. 2 Satz 2 HGB ist dem Abschlussprüfer unbeschadet seiner Verschwiegenheitspflicht eine Erläuterung des Prüfungsberichts gegenüber den berechtigten Personen gestattet. Damit die o. g. Widerspruchsmöglichkeit nicht nur für den Prüfungsbericht, sondern auch für die Erläuterung gilt, ist eine präzise Absprache zwischen dem Abschlussprüfer und dem Insolvenzverwalter darüber erforderlich, welche Sachverhalte Gegenstand der Erläuterung sein dürfen.

Für Konzernabschlussprüfungen gelten gemäß § 321a Abs. 4 HGB analoge Regelungen.

2. Bestätigungsvermerk

2.1 Allgemeine Grundsätze der Erteilung von Bestätigungsvermerken

§ 322 Abs. 1 Satz 1 HGB verpflichtet den Abschlussprüfer zur Erteilung eines **Bestätigungsvermerks** über die Durchführung und das Ergebnis der Abschlussprüfung. Hierbei handelt es sich nach § 2 Abs. 1 WPO um eine Vorbehaltsaufgabe des WP.

Der Bestätigungsvermerk enthält eine formelhafte, klar und schriftlich zu formulierende sowie für einen nicht festgelegten Personenkreis (Öffentlichkeit) bestimmte Gesamtbeurteilung der Prüfungsergebnisse, insbesondere hinsichtlich der Übereinstimmung der Prüfungsobjekte (Buchführung, Jahresabschluss und Lagebericht) mit den für das Unternehmen geltenden rechtlichen Vorschriften (IDW PS 400, Tz. 8 ff.). Ein solcher kann erst nach Abschluss der Prüfung erteilt werden; vor diesem Zeitpunkt erstattete Mitteilungen oder Absichtserklärungen stellen keinen Bestätigungsvermerk dar.

Inhalt des Bestätigungsvermerks ist nach § 322 Abs. 1 Satz 2 HGB i.V. mit IDW PS 400, Tz. 2

- die Beschreibung von Aufgabe und Verantwortung des Abschlussprüfers,
- deren Abgrenzung gegenüber der Verantwortung der gesetzlichen Vertreter zur Aufstellung der Buchführung, des Jahresabschlusses und Lageberichts,
- die Darstellung von Gegenstand, Art und Umfang der Prüfung und
- die Verdichtung der Summe der Einzelfeststellungen über die einzelnen Prüfungsobjekte zu einem abschließenden, die Einzelfeststellungen nach ihrer Wesentlichkeit gewichtenden Gesamturteil.

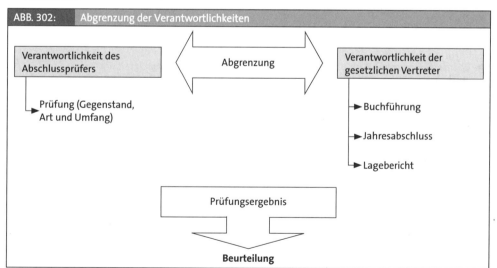

ABB. 302: Abgrenzung der Verantwortlichkeiten

Adressat des Bestätigungsvermerks ist eine nicht näher eingegrenzte **Öffentlichkeit** mit Informationsinteresse über die Rechnungslegung des Unternehmens, so z. B.

▶ Aktionäre/Gesellschafter,

▶ potenzielle Aktienerwerber/potenzielle Gesellschafter,

▶ Gläubiger,

▶ sonstige Marktpartner sowie

▶ andere Interessenten der Öffentlichkeit.

Diesen Interessengruppen sind die Einzelergebnisse der Prüfung, insbesondere in Form des Prüfungsberichts, nicht zugänglich. Der Bestätigungsvermerk liefert ihnen eine zusammengefasste Information, dass die Rechnungslegung den für sie geltenden Vorschriften entspricht.

Die nach § 322 Abs. 3 HGB zu verwendende inhaltliche Formulierung soll klarstellen, dass der Jahresabschluss lediglich innerhalb der Grenzen der Grundsätze ordnungsmäßiger Buchführung ein den tatsächlichen Verhältnissen entsprechendes Bild der Vermögens-, Finanz- und Ertragslage vermitteln kann. Die sog. **Erwartungslücke** in Bezug auf die Interpretation von Bestätigungsvermerken besteht darin, dass im Rahmen der Abschlussprüfung ein Urteil lediglich darüber abgegeben wird, ob der Abschluss einer Gesellschaft in allen wesentlichen Punkten in Übereinstimmung mit den anzuwendenden Rechnungslegungsnormen aufgestellt wurde. Hingegen fasst die Öffentlichkeit als Aufgabe des Abschlussprüfers häufig die Beurteilung auf, ob sich ein Unternehmen in einer wirtschaftlich guten Lage befindet.

ABB. 303: Erwartungslücke bei der Interpretation des Bestätigungsvermerks

Somit wird oftmals übersehen, dass ein Bestätigungsvermerk auch dann uneingeschränkt zu erteilen ist, wenn die Lage des Unternehmens mit wesentlichen oder bestandsgefährdenden Risiken behaftet ist, sofern nur der Jahresabschluss unter Berücksichtigung der zutreffenden Annahme über die Unternehmensfortführung gemäß § 252 Abs. 1 Nr. 2 HGB ordnungsgemäß erstellt wurde und im Lagebericht die wirtschaftliche Lage des Unternehmens und die mit ihr verbundenen Risiken zutreffend dargestellt worden sind.

Zur Verdeutlichung der Begrenztheit seines Urteils hat der Abschlussprüfer im Bestätigungsvermerk darauf hinzuweisen, dass die dort getroffenen Aussagen auf der pflichtmäßigen Beurteilung seiner bei der Prüfung gewonnenen Erkenntnisse basieren.

Zwar wurden mit den Novellierungen des § 322 HGB im Rahmen von KonTraG und BilReG die pflichtmäßigen Formulierungen des Bestätigungsvermerks erweitert; dennoch nehmen sie weiterhin nicht den Charakter eines „Bestätigungsberichts" an.

Dem Prüfer wurde bei der Abfassung des Bestätigungsvermerks mehr Spielraum eingeräumt, indem die Formulierungen ihrem Wesen nach, aber nicht in ihrem Wortlaut vorgegeben und weitere Mindestinhalte ohne zwingende Reihenfolge lediglich inhaltlich umschrieben sind. Nicht standardisierte Formulierungen des Bestätigungsvermerks bergen das Risiko, dass von den Adressaten eine auf ihre jeweiligen Informationsbedürfnisse zugeschnittene Unterrichtung durch den Abschlussprüfer erwartet wird. Daher sieht der IDW PS 400 eine möglichst einheitliche Formulierung des Bestätigungsvermerks vor.

Bei einer **Kündigung aus wichtigem Grund** nach § 318 Abs. 6 HGB wird kein Bestätigungsvermerk erteilt, sondern nur ein Prüfungsbericht erstattet (IDW PS 400, Tz. 10).

Der Bestätigungsvermerk bezieht sich ausschließlich auf die **Rechnungslegung** des Mandanten, es sei denn, Regelungen des Bundes- oder Landesrechts bestimmen weitere im Vermerk aufzuführende Objekte (z. B. nach § 30 KHGG NRW).

Sehen gesetzliche Regelungen eine **Erweiterung der Prüfungsobjekte,** nicht aber deren gleichzeitige Beurteilung im Bestätigungsvermerk vor (z. B. nach § 317 Abs. 4 HGB), so sind die diesbezüglichen Aussagen ausschließlich im Prüfungsbericht zu treffen (IDW PS 400, Tz. 11). Insbesondere beinhaltet der Bestätigungsvermerk kein Urteil über die Ordnungsmäßigkeit der Geschäftsführung i. S. des § 53 HGrG, § 53 GenG, sondern bezieht sich ausschließlich auf Buchführung, Jahresabschluss und Lagebericht.

Vertragliche Erweiterungen des Prüfungsauftrags – auch auf Basis von bindenden Regelungen in Gesellschaftsvertrag und Satzung – sind nur dann im Bestätigungsvermerk zu berücksichtigen, wenn sie zusätzliche Normen für Jahresabschluss und Lagebericht betreffen. Somit ist z. B. ein gesetzlich nicht zwingend aufgestellter Lagebericht in die Bestätigung einzubeziehen. In allen anderen Fällen kommt lediglich die Ausstellung einer gesonderten **Bescheinigung** gegenüber dem Auftraggeber in Betracht (IDW PS 400, Tz. 12 f.).

2.2 Rechtliche Wirkung des Bestätigungsvermerks

Die rechtliche Wirkung des Bestätigungsvermerks ergibt sich aus der **Feststellungssperre**, der zufolge der Jahresabschluss prüfungspflichtiger Kapitalgesellschaften erst nach Durchführung der Abschlussprüfung festgestellt werden kann, d. h. sobald der Prüfungsbericht vorliegt, in den der Bestätigungsvermerk aufgenommen wurde (§ 316 Abs. 1 Satz 2 und Abs. 3, § 321 Abs. 5, § 322 Abs. 7 HGB).

Bei einer nicht uneingeschränkten Erteilung des Bestätigungsvermerks ist der Aufsichtsrat nach § 171 Abs. 2 Satz 3 AktG bzw. § 52 Abs. 1 GmbHG dazu verpflichtet, den Einwänden des Abschlussprüfers nachzugehen und dazu Stellung zu nehmen. Der Aufsichtsrat der AG wird zwar nicht an einer Feststellung des bemängelten Jahresabschlusses gehindert, er muss jedoch begründen, warum er zu einem anderen Urteil als der Abschlussprüfer kommt und deshalb eine Änderung des Jahresabschlusses nicht für notwendig hält (§ 171 Abs. 2 Satz 4 AktG).

Gemäß § 253 AktG hat eine Nichtigkeit des festgestellten Jahresabschlusses der AG Auswirkungen auf den Gewinnverwendungsbeschluss; für die GmbH gilt dies analog. Die Feststellung des Bilanzgewinns ist nichtig, somit kann kein Gewinn verteilt werden.

Für die gesetzlichen Vertreter und ggf. auch für den Aufsichtsrat kann sich aus der nicht uneingeschränkten Erteilung des Bestätigungsvermerks eine Versagung ihrer **Entlastung** ergeben (§§ 119 Abs. 1 Nr. 3, 120 AktG, § 46 Nr. 5 GmbHG).

In den folgenden Fällen hat die Erteilung des Bestätigungsvermerks unmittelbare Konsequenzen für die Wirksamkeit von Beschlüssen der Gesellschaftsorgane (vgl. WP-Handbuch 2006, Band I, 13. Aufl., Düsseldorf 2006, Tz. Q 420):

- Bei einer **Änderung des Jahresabschlusses** durch die Hauptversammlung werden ihre vor Beendigung der dann erforderlichen Nachtragsprüfung gefassten Beschlüsse über die Feststellung des Abschlusses und die Gewinnverwendung nach § 173 Abs. 3 AktG erst wirksam, wenn der Abschlussprüfer binnen zwei Wochen seit der Beschlussfassung einen hinsichtlich der Änderungen uneingeschränkten Bestätigungsvermerk erteilt hat, andernfalls sind sie nichtig.

- Dem Beschluss der Hauptversammlung über eine **Kapitalerhöhung aus Gesellschaftsmitteln** kann gemäß § 209 Abs. 1 AktG die letzte Jahresbilanz nur zugrunde gelegt werden, wenn diese mit dem uneingeschränkten Bestätigungsvermerk des Abschlussprüfers versehen ist. Andernfalls hat das Registergericht die Eintragung der Kapitalerhöhung abzulehnen. Entsprechendes gilt für eine andere dem Kapitalerhöhungsbeschluss zugrunde gelegte Bilanz (§ 209 Abs. 3 Satz 2 AktG).

- Besteht ein **genehmigtes Kapital** und sieht die Satzung vor, dass die neuen Aktien an Arbeitnehmer der Gesellschaft ausgegeben werden können (sog. **Belegschaftsaktien**, § 202 Abs. 4 AktG), so kann die auf diese Aktien zu leistende Einlage in bestimmten Grenzen aus dem Jahresüberschuss gedeckt werden, wenn der betreffende Jahresabschluss mit dem uneingeschränkten Bestätigungsvermerk des Abschlussprüfers versehen ist (§ 204 Abs. 3 AktG).

- Nach § 57e Abs. 1 GmbHG muss bei einer Kapitalerhöhung aus Gesellschaftsmitteln einer GmbH ebenfalls eine mit einem uneingeschränkten Bestätigungsvermerk versehene Jahresbilanz vorgelegt werden.

Trotz der Grenzen in Bezug auf die Aussagefähigkeit ist die rechtliche Bedeutung des Bestätigungsvermerks als einziges öffentliches Urteil über die Rechnungslegung in der Praxis somit erheblich. Die gleichermaßen hohe faktische Bedeutung resultiert aus dem massiven Imageverlust einer Gesellschaft gegenüber ihren Gesellschaftern, Gläubigern und der weiteren Öffentlichkeit, einen nicht uneingeschränkten Bestätigungsvermerk erhalten zu haben.

2.3 Inhalt und Bestandteile des Bestätigungsvermerks

Der Bestätigungsvermerk soll nach IDW PS 400, Tz. 17, folgende Elemente beinhalten:

ABB. 304: Inhalte des Bestätigungsvermerks
Inhalte des Bestätigungsvermerks nach IDW PS 400
1. Überschrift
2. Einleitender Abschnitt
3. Beschreibender Abschnitt
4. Beurteilung durch den Abschlussprüfer
5. Hinweis zur Beurteilung des Prüfungsergebnisses
6. Hinweis auf Bestandsgefährdungen
7. Eigenhändige Unterschrift unter Angabe von Ort und Zeit sowie Siegel

Aufgrund der Öffentlichkeitswirkung sind Form und Inhalt des Bestätigungsvermerks möglichst einheitlich und unmissverständlich zu gestalten. Er ist im Grundsatz weiterhin als standardisiertes „Formeltestat" zu erteilen (IDW PS 400, Tz. 18).

2.3.1 Überschrift

§ 322 HGB verlangt für Vermerke mit positiver Gesamtaussage die Überschrift **„Bestätigungsvermerk"** und demgegenüber bei Versagen **„Versagungsvermerk"**. Es empfiehlt sich, den Abschlussprüfer als unabhängige, vermerkende Instanz zu nennen, um Verwechslungen mit Vermerken zum Jahresabschluss seitens der Organe des Unternehmens oder Dritter auszuschließen (IDW PS 400, Tz. 20).

Im Rahmen gesetzlicher Abschlussprüfungen ist eine **unmittelbare Adressierung** an Organe oder Anteilseigner unzulässig (IDW PS 400, Tz. 22 f.); dies ist allenfalls bei freiwilligen Abschlussprüfungen statthaft, da hier der Bestätigungsvermerk nicht an die anonyme Öffentlichkeit, sondern direkt an das Unternehmen gerichtet ist. Ersichtlich wird dieser Sachverhalt aus der Überschrift, z. B. „Bestätigungsvermerk des Abschlussprüfers – An die ... [Personenhandelsgesellschaft/kleine Kapitalgesellschaft]".

2.3.2 Einleitender Abschnitt

Als **Gegenstände der Prüfung** sind nach § 322 Abs. 1 Satz 2 i.V. mit § 317 Abs. 1 Satz 2 HGB der Jahresabschluss unter Einbeziehung der Buchführung sowie der Lagebericht zu nennen. Erweiterungen der Prüfung

▶ aufgrund von gesetzlichen Vorschriften,
▶ aufgrund von Regelungen des Gesellschaftsvertrags und der Satzung sowie
▶ aufgrund vertraglicher Vereinbarungen mit dem Mandanten,

die letzteren beiden, soweit rechnungslegungsbezogen,

sind explizit aufzuführen. Dies können z. B. Regelungen zur Gewinnverwendung oder Rücklagendotierung sein. Zudem sind das geprüfte Unternehmen und das zugrunde liegende Geschäftsjahr zu bezeichnen (IDW PS 400, Tz. 24).

KAPITEL VII — Berichterstattung und Dokumentation der Abschlussprüfung

Außerdem sind die Verantwortlichkeiten von Abschlussprüfer (Beurteilung) und gesetzlicher Vertreter (Aufstellung) abzugrenzen. Zur Klarstellung sind die dem Jahresabschluss zugrunde liegenden Rechnungslegungsvorschriften (HGB, IFRS, sonstige Vorschriften wie z. B. die US-GAAP) genau zu bezeichnen. Einen Formulierungsvorschlag bietet IDW PS 400, Tz. 27:

> „Ich habe/Wir haben den Jahresabschluss – bestehend aus Bilanz, Gewinn- und Verlustrechnung sowie Anhang – unter Einbeziehung der Buchführung und den Lagebericht der [Gesellschaft] für das Geschäftsjahr vom ... bis ... geprüft.
>
> Die Buchführung und die Aufstellung von Jahresabschluss und Lagebericht nach den deutschen handelsrechtlichen Vorschriften [und den ergänzenden Regelungen im Gesellschaftsvertrag/ in der Satzung] liegen in der Verantwortung der gesetzlichen Vertreter der Gesellschaft.
>
> Meine/Unsere Aufgabe ist es, auf der Grundlage der von mir/uns durchgeführten Prüfung eine Beurteilung über den Jahresabschluss unter Einbeziehung der Buchführung und über den Lagebericht abzugeben."

2.3.3 Beschreibender Abschnitt

Im Rahmen der Beschreibung von Art und Umfang der Prüfung ist eingangs auf die vom Prüfer angewandten **Prüfungsstrategien und -grundsätze** einzugehen. Ergänzend dazu kann auf die International Standards on Auditing (ISA) oder andere Prüfungsgrundsätze verwiesen werden. Aufgrund ihres verbindlichen Charakters ist klarzustellen, dass es sich um eine Jahresabschlussprüfung handelt.

Der Umfang der Prüfung ist gemäß IDW PS 400, Tz. 30 ff. wie folgt zu beschreiben:

- ▶ Hinweis, dass der Abschlussprüfer die Prüfung so geplant und durchgeführt hat, dass mit hinreichender Sicherheit beurteilt werden kann, ob die Rechnungslegung frei von wesentlichen Mängeln ist,
- ▶ die Bedeutung der Berücksichtigung der Kenntnisse über die Geschäftstätigkeit und das wirtschaftliche und rechtliche Umfeld des Unternehmens,
- ▶ Beurteilung der Wirksamkeit des rechnungslegungsbezogenen Kontrollsystems,
- ▶ Beurteilung der bei der Rechnungslegung angewandten Grundsätze und der in diese eingeflossenen Einschätzungen der gesetzlichen Vertreter,
- ▶ Würdigung der Gesamtdarstellung des Jahresabschlusses und Lageberichts durch den Abschlussprüfer,
- ▶ Angabe jahresabschlussbezogener größenabhängiger oder wirtschaftszweigspezifischer Erweiterungen des Prüfungsgegenstands, über die im Bestätigungsvermerk eine Beurteilung abzugeben ist.

Stützt sich der Abschlussprüfer bei der Prüfung auf Prüfungsergebnisse anderer Prüfer, Sachverständiger oder sonstiger Dritter, so ist hierauf nicht zu verweisen, da – unbeschadet einer zulässigen Verwertung von deren Ergebnissen – die Gesamtverantwortung bei ihm verbleibt. Die Öffentlichkeit könnte ansonsten zu dem irrigen Schluss gelangen, den bezeichneten Dritten käme eine Teilverantwortung für das Prüfungsurteil zu. Ebenfalls sind aufgrund ungewöhnlicher Umstände vom Prüfer durchgeführte Ersatz- oder besondere Prüfungshandlungen nicht darzustellen, soweit diese nicht ein wesentliches Prüfungshemmnis begründen (IDW PS 400, Tz. 33 f.). Entsprechende Ausführungen sind nur im Prüfungsbericht zu machen.

Der Abschnitt wird mit der Erklärung beschlossen, dass Art und Umfang der Prüfung nach Meinung des Abschlussprüfers eine hinreichend sichere Grundlage für das Prüfungsurteil bilden (IDW PS 400, Tz. 35).

Einen Formulierungsvorschlag enthält IDW PS 400, Tz. 36:

> „Ich habe meine/Wir haben unsere Jahresabschlussprüfung nach § 317 HGB unter Beachtung der vom Institut der Wirtschaftsprüfer (IDW) festgestellten deutschen Grundsätze ordnungsmäßiger Abschlussprüfung vorgenommen.
>
> Danach ist die Prüfung so zu planen und durchzuführen, dass Unrichtigkeiten und Verstöße, die sich auf die Darstellung des durch den Jahresabschluss unter Beachtung der Grundsätze ordnungsmäßiger Buchführung und durch den Lagebericht vermittelten Bilds der Vermögens-, Finanz- und Ertragslage wesentlich auswirken, mit hinreichender Sicherheit erkannt werden.
>
> Bei der Festlegung der Prüfungshandlungen werden die Kenntnisse über die Geschäftstätigkeit und über das wirtschaftliche und rechtliche Umfeld der Gesellschaft sowie die Erwartungen über mögliche Fehler berücksichtigt. Im Rahmen der Prüfung werden die Wirksamkeit des rechnungslegungsbezogenen internen Kontrollsystems sowie Nachweise für die Angaben in Buchführung, Jahresabschluss und Lagebericht überwiegend auf der Basis von Stichproben beurteilt.
>
> Die Prüfung umfasst die Beurteilung der angewandten Bilanzierungsgrundsätze und der wesentlichen Einschätzung der gesetzlichen Vertreter sowie die Würdigung der Gesamtdarstellung des Jahresabschlusses und des Lageberichts.
>
> Ich bin/Wir sind der Auffassung, dass meine/unsere Prüfung eine hinreichend sichere Grundlage für meine/unsere Beurteilung bildet."

2.3.4 Beurteilung durch den Abschlussprüfer

Das Prüfungsurteil ist nach § 322 Abs. 2 Satz 1 HGB in einer der folgenden Formen zu fällen:
- uneingeschränkt positive Gesamtaussage (**uneingeschränkter Bestätigungsvermerk**),
- eingeschränkt positive Gesamtaussage (**eingeschränkter Bestätigungsvermerk**),
- nicht positive Gesamtaussage (**Versagungsvermerk** aufgrund von Einwendungen bzw. aufgrund von gravierenden Prüfungshemmnissen).

Ein **uneingeschränkter Bestätigungsvermerk** wird erteilt, wenn der Abschlussprüfer keine wesentlichen Beanstandungen gegen die Buchführung, den Jahresabschluss und den Lagebericht erhebt sowie keine gravierenden Prüfungshemmnisse vorliegen, d. h. dass alle erheblichen Teile der Rechnungslegung mit hinreichender Sicherheit beurteilt werden konnten (§ 322 Abs. 3 HGB). Für ein Prüfungsurteil mit uneingeschränkt positiver Gesamtaussage wird gemäß IDW PS 400, Tz. 46 folgende Formulierung empfohlen:

> „Meine/Unsere Prüfung hat zu keinen Einwendungen geführt.
>
> Nach meiner/unserer Beurteilung aufgrund der bei der Prüfung gewonnenen Erkenntnisse entspricht der Jahresabschluss den gesetzlichen Vorschriften [und den ergänzenden Bestimmungen des Gesellschaftsvertrags/der Satzung] und vermittelt unter Beachtung der Grundsätze

ordnungsmäßiger Buchführung ein den tatsächlichen Verhältnissen entsprechendes Bild der Vermögens-, Finanz- und Ertragslage der Gesellschaft. Der Lagebericht steht im Einklang mit dem Jahresabschluss, vermittelt insgesamt ein zutreffendes Bild von der Lage der Gesellschaft und stellt die Chancen und Risiken der zukünftigen Entwicklung zutreffend dar."

Wurde der Vorjahresabschluss nicht geprüft bzw. zu diesem ein Versagensvermerk erteilt, so kann dennoch ein uneingeschränkter Bestätigungsvermerk erteilt werden, wenn der Prüfer sich von der materiellen Richtigkeit (bzw. der zwischenzeitlichen Richtigstellung) des Vorjahresabschlusses überzeugt hat; die Vorjahreszahlen sind Bestandteil des zu prüfenden Abschlusses nach § 265 Abs. 2 Satz 1 HGB.

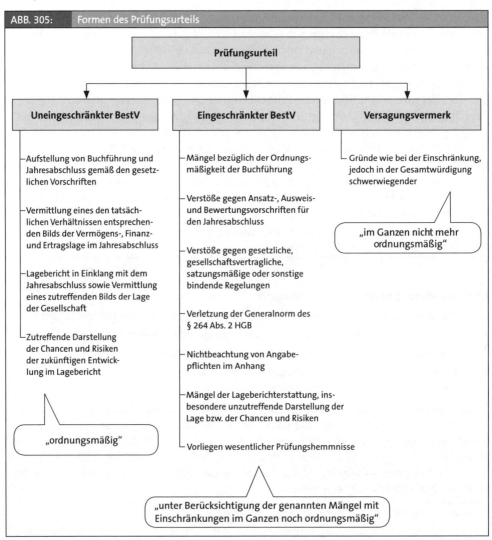

ABB. 305: Formen des Prüfungsurteils

Der Lagebericht muss nach § 322 Abs. 6 HGB ein zutreffendes Bild von der Lage der Gesellschaft vermitteln und die Chancen und Risiken der zukünftigen Entwicklung zutreffend darstellen. Wenn einzelne unwesentliche oder nicht einschlägige Angaben im Lagebericht nicht getätigt wurden (etwa der FuE-Bericht bei nicht forschenden Unternehmen), steht dies einem Positivtestat nicht entgegen (IDW PS 400, Tz. 49).

Falls zulässigerweise – etwa nach § 264 Abs. 1 Satz 3 HGB bei kleinen Kapitalgesellschaften – kein Lagebericht aufgestellt wurde, entfällt die diesbezügliche Aussage im Bestätigungsvermerk (IDW PS 400, Tz. 43).

Nach § 322 Abs. 4 HGB hat der Abschlussprüfer den **Bestätigungsvermerk einzuschränken**, wenn

▶ wesentliche Einwendungen gegen abgrenzbare Teile der Rechnungslegung (Buchführung, Jahresabschluss bzw. Lagebericht) zu erheben sind oder
▶ aufgrund besonderer Umstände abgrenzbare Teile der Rechnungslegung nicht mit hinreichender Sicherheit beurteilbar sind (Prüfungshemmnis),
▶ zu den wesentlichen Teilen der Rechnungslegung jedoch noch ein Positivbefund möglich ist,
▶ d. h. der Abschluss im Wesentlichen noch ein den tatsächlichen Verhältnissen entsprechendes Bild der Vermögens-, Finanz- und Ertragslage vermittelt (IDW PS 400, Tz. 50).

Derartige Einschränkungen können begründet sein in

▶ rechnungslegungsbezogenen Verstößen gegen Gesetz, Gesellschaftsvertrag und Satzung sowie sonstige bindende Vorschriften wie etwa Gesellschafterbeschlüsse,
▶ nicht nur geringfügigen anderweitigen Verstößen gegen Gesetz, Gesellschaftsvertrag und Satzung sowie sonstige bindende Vorschriften wie etwa Gesellschafterbeschlüsse,
▶ der Feststellung, dass der Jahresabschluss der Kapitalgesellschaft unter Beachtung der GoB ein den tatsächlichen Verhältnissen entsprechendes Bild der Vermögens-, Finanz- und Ertragslage nicht vermittelt oder dies nicht beurteilt werden kann (IDW PS 400, Tz. 53 ff.).

Ein zur Einschränkung führendes **Prüfungshemmnis** liegt vor, wenn abgrenzbare Teile der Rechnungslegung nicht mit hinreichender Sicherheit beurteilbar sind. Ein solches ist bereits dann anzunehmen, wenn zwar mittels alternativer Prüfungshandlungen Indizien für oder gegen die Ordnungsmäßigkeit des Prüfungsgegenstands gewonnen werden können, diese aber kein Prüfungsurteil mit hinreichender Sicherheit zulassen.

Es kommt nicht darauf an, ob das Prüfungshemmnis aus dem Verhalten des Unternehmens oder aus sonstigen Umständen resultiert (IDW PS 400, Tz. 50). Beispiele für eine Einschränkung rechtfertigende Prüfungshemmnisse sind (IDW PS 400, Tz. 56):

▶ die Verweigerung einer direkten Kontaktaufnahme mit dem Anwalt des Unternehmens,
▶ Beschränkungen bei der Einholung von Saldenbestätigungen,
▶ die mangelnde Nachprüfbarkeit von Geschäftsvorfällen mit nahe stehenden Personen bzw. Unternehmen,
▶ die unzureichende Erfüllung der Auskunfts- und Nachweispflichten nach § 320 HGB, soweit dies wesentliche Auswirkungen auf die Prüfungsaussagen hat,
▶ die fehlende Verwertbarkeit der Ergebnisse anderer Prüfer sowie
▶ die mangelnde Prüfungssicherheit aufgrund eines hohen Entdeckungsrisikos.

Eine Einschränkung setzt voraus, dass die Unrichtigkeiten oder Verstöße **wesentlich** sind und somit zu einer unzutreffenden Beurteilung der Rechnungslegung führen können. Als Bezugsgrößen der relativ auszulegenden Wesentlichkeit können Eigenkapital, Bilanzsumme, Jahresergebnis oder gesellschaftsrechtliche Grenzen (z. B. nach § 30 GmbHG) herangezogen werden (IDW PS 400, Tz. 51).

Ein zum Zeitpunkt des Abschlusses der Prüfung bereits beseitigter Mangel oder ein beseitigtes Prüfungshemmnis begründet – auch bei ursprünglicher Wesentlichkeit – keine Einschränkung des Bestätigungsvermerks.

Der Einschränkungsgrund und seine Tragweite für die Gesamtaussage des Jahresabschlusses sind zu erläutern. Beruht die Einschränkung auf einem Prüfungshemmnis, ist dieses näher darzulegen und festzustellen, dass eine ordnungsmäßige Prüfungsdurchführung in dem Teilbereich und ein verlässliches Prüfungsurteil nicht möglich war.

Wird im Ganzen durch die Rechnungslegung noch ein den tatsächlichen Verhältnissen entsprechendes Bild der Vermögens-, Finanz- und Ertragslage vermittelt, kann die Formulierung gemäß IDW PS 400, Tz. 59 ff. angewandt werden:

> „Meine/Unsere Prüfung hat **mit Ausnahme der folgenden Einschränkung** zu keinen Einwendungen geführt.
>
> ▶ (bei wesentlicher Beanstandung): Für schwer verkäufliche Vorräte wurden die erforderlichen Abschreibungen nach § 253 Abs. 4 Satz 2 HGB in einer Größenordnung von […] € auf den niedrigeren beizulegenden Wert nicht vorgenommen.
>
> ▶ (bei wesentlichem Prüfungshemmnis): Das Vorhandensein der ausgewiesenen Vorräte i. H. von […] € ist nicht hinreichend nachgewiesen, weil ich/wir nicht an der Inventur teilnehmen konnten und durch alternative Prüfungshandlungen keine hinreichende Sicherheit über den Bestand der Vorräte gewinnen konnte(n). Es kann daher nicht ausgeschlossen werden, dass der Jahresabschluss insoweit fehlerhaft ist.
>
> Nach meiner/unserer Beurteilung aufgrund der bei der Prüfung gewonnenen Erkenntnisse entspricht der Jahresabschluss **mit der genannten Einschränkung** den gesetzlichen Vorschriften [und den ergänzenden Bestimmungen des Gesellschaftsvertrags/der Satzung] und vermittelt unter Beachtung der Grundsätze ordnungsmäßiger Buchführung ein den tatsächlichen Verhältnissen entsprechendes Bild der Vermögens-, Finanz- und Ertragslage der Gesellschaft."

Im Fall des Vorliegens eines Prüfungshemmnisses ist bereits im beschreibenden Abschnitt zu verdeutlichen, dass eine ordnungsmäßige Durchführung der Abschlussprüfung in den betreffenden Teilbereich nicht möglich war. Hierfür empfiehlt IDW PS 400, Tz. 61 folgende Formulierung:

> „**Mit Ausnahme des im folgenden Absatz dargestellten Prüfungshemmnisses** habe ich meine/ haben wir unsere Jahresabschlussprüfung nach § 317 HGB unter Beachtung der vom Institut der Wirtschaftsprüfer (IDW) festgestellten deutschen Grundsätze ordnungsmäßiger Abschlussprüfung vorgenommen. […]
>
> Ich bin/Wir sind der Auffassung, dass meine/unsere Prüfung **mit der im nachfolgenden Absatz dargestellten Ausnahme** eine hinreichend sichere Grundlage für meine/unsere Beurteilung bildet."

Beeinträchtigen die der Einschränkung zugrunde liegenden Sachverhalte die Gesetzmäßigkeit des Jahresabschlusses, so ist dies etwa mit folgender, in IDW PS 400, Tz. 61a empfohlener Formulierung zu verdeutlichen:

> „Nach meiner/unserer Beurteilung aufgrund der bei der Prüfung gewonnenen Erkenntnisse entspricht der Jahresabschluss mit der genannten Einschränkung den gesetzlichen Vorschriften [und den ergänzenden Bestimmungen des Gesellschaftsvertrags/der Satzung]. Der Jahresabschluss vermittelt unter Beachtung der Grundsätze ordnungsmäßiger Buchführung ein den tatsächlichen Verhältnissen entsprechendes Bild der Vermögens-, Finanz- und Ertragslage der Gesellschaft."

Beeinträchtigen die der Einschränkung zugrunde liegenden Sachverhalte neben der Gesetzmäßigkeit des Jahresabschlusses auch die Vermittlung eines den tatsächlichen Verhältnissen entsprechenden Bildes der Vermögens-, Finanz- und Ertragslage durch den Jahresabschluss, so ist dies etwa mit folgender, in IDW PS 400, Tz. 62 empfohlener Formulierung kenntlich zu machen:

> „Mit dieser Einschränkung entspricht der Jahresabschluss nach meiner/unserer Beurteilung aufgrund der bei der Prüfung gewonnenen Erkenntnisse den gesetzlichen Vorschriften [und den ergänzenden Bestimmungen des Gesellschaftsvertrags/der Satzung] und vermittelt unter Beachtung der Grundsätze ordnungsmäßiger Buchführung ein den tatsächlichen Verhältnissen entsprechendes Bild der Vermögens-, Finanz- und Ertragslage der Gesellschaft."

In Bezug auf die Prüfung des **Lageberichts** ist der Bestätigungsvermerk einzuschränken, wenn vom Prüfer wesentliche Einwendungen gegen die Darstellung der Lage sowie der Chancen und Risiken der zukünftigen Entwicklung zu erheben sind, z. B.

▶ einseitige Hervorhebung der Chancen gegenüber den Risiken,
▶ unvollständige Darstellung der Lage des Unternehmens,
▶ Fehlen wesentlicher Berichtsteile,

der Jahresabschluss als Ganzes aber dennoch im Wesentlichen ein den tatsächlichen Verhältnissen entsprechendes Bild vermittelt. In diesem Fall ist der die Einschränkung bedingende Sachverhalt im Bestätigungsvermerk explizit aufzuführen (IDW PS 400, Tz. 63). Wird entgegen der gesetzlichen Vorschrift kein Lagebericht aufgestellt, ist der Betätigungsvermerk ebenfalls einzuschränken (IDW PS 400, Tz. 64).

Einwendungen im Hinblick auf den Lagebericht führen somit i. d. R. zu Einschränkungen des Bestätigungsvermerks (IDW PS 350, Tz. 36). Dies liegt darin begründet, dass der Lagebericht nur einen Teil der Rechnungslegung bildet und ein Versagensvermerk nicht verdeutlicht, ob zum Jahresabschluss noch eine positive Gesamtaussage möglich ist.

Der Bestätigungsvermerk ist stets einzuschränken, wenn entgegen den gesetzlichen Vorschriften kein Lagebericht erstellt wurde; dies ist mit einem expliziten Hinweis hervorzuheben (IDW PS 400, Tz. 64).

Der Bestätigungsvermerk kann **aufgrund von Beanstandungen versagt werden**, wenn diese so zahlreich oder schwerwiegend sind, dass für den Jahresabschluss als Ganzes eine Einschränkung des Bestätigungsvermerks nicht mehr angemessen wäre (§ 322 Abs. 2 Satz 1 HGB i.V. mit IDW PS 400, Tz. 65).

KAPITEL VII Berichterstattung und Dokumentation der Abschlussprüfung

Die wesentlichen Gründe der Versagung sind zu beschreiben und zu erläutern (§ 322 Abs. 4 Satz 3 HGB i.V. mit IDW PS 400, Tz. 67).

Für ein Prüfungsurteil mit negativer Gesamtaussage aufgrund von Einwendungen wird folgende Formulierung entsprechend IDW PS 400, Tz. 68 empfohlen:

> „Meine/Unsere Prüfung hat zu folgender Einwendung geführt: Der Jahresabschluss wurde unzulässigerweise unter der Annahme der Fortführung der Unternehmenstätigkeit aufgestellt, obwohl wegen der ungesicherten Liquiditätsausstattung der Gesellschaft hiervon nicht ausgegangen werden kann.
>
> Aufgrund der Bedeutung dieser Einwendung versage ich/versagen wir den Bestätigungsvermerk.
>
> Nach meiner/unserer Beurteilung aufgrund der bei der Prüfung gewonnenen Erkenntnisse entspricht der Jahresabschluss nicht den gesetzlichen Vorschriften [und den ergänzenden Bestimmungen des Gesellschaftsvertrags/der Satzung] und vermittelt kein unter Beachtung der Grundsätze ordnungsmäßiger Buchführung den tatsächlichen Verhältnissen entsprechendes Bild der Vermögens-, Finanz- und Ertragslage der Gesellschaft. Der Lagebericht steht nicht in Einklang mit einem den gesetzlichen Vorschriften entsprechenden Jahresabschluss, vermittelt insgesamt kein zutreffendes Bild von der Lage der Gesellschaft und stellt die Chancen und Risiken der zukünftigen Entwicklung nicht zutreffend dar."

Aufgrund von Beanstandungen der Berichterstattung im **Lagebericht** kommt ein Versagensvermerk nur in Betracht, wenn die festgestellten Mängel derart gravierende Auswirkungen auf den Jahresabschluss haben, dass dieser als Ganzes der Generalnorm nicht mehr entspricht (IDW PS 400, Tz. 65).

Die Abgabe eines Versagensvermerks ist auch geboten, wenn der Abschlussprüfer **aufgrund von Prüfungshemmnissen** trotz Ausschöpfung aller vertretbaren Möglichkeiten nicht in der Lage ist, mit hinreichender Sicherheit zu einem Prüfungsurteil mit positiver Gesamtaussage zum Jahresabschluss zu gelangen (§ 322 Abs. 5 Satz 1 i.V. mit IDW PS 400, Tz. 68a). Solche können etwa begründet sein in

- nicht behebbaren wesentlichen Mängeln der Buchführung oder
- der Verletzung wesentlicher Vorlage- und Auskunftspflichten nach § 320 HGB.

In diesem Fall sieht IDW PS 400, Tz. 69 folgende Textpassage vor:

> „Ich wurde/Wir wurden beauftragt, den Jahresabschluss – bestehend aus Bilanz, Gewinn- und Verlustrechnung sowie Anhang – unter Einbeziehung der Buchführung und den Lagebericht der ... [Gesellschaft] für das Geschäftsjahr vom ... [Datum] bis ... [Datum] zu prüfen. Die Buchführung und die Aufstellung von Jahresabschluss und Lagebericht nach den deutschen handelsrechtlichen Vorschriften [und den ergänzenden Bestimmungen des Gesellschaftsvertrags/der Satzung] liegen in der Verantwortung der gesetzlichen Vertreter der Gesellschaft.
>
> Als Ergebnis meiner/unserer Prüfung stelle ich/stellen wir fest, dass ich/wir nach Ausschöpfung aller angemessenen Möglichkeiten zur Klärung des Sachverhalts aus folgendem Grund nicht in der Lage war(en), ein Prüfungsurteil abzugeben:
>
> Durch die Unternehmensleitung wurde die Einsichtnahme in die Kalkulationsunterlagen zur Ermittlung der Herstellungskosten der unfertigen und fertigen Erzeugnisse sowie das Einholen von Saldenbestätigungen zu Forderungen aus Lieferungen und Leistungen verweigert. Aus die-

sem Grund war es nicht möglich, eine hinreichende Sicherheit über die tatsächliche Höhe der Vorratsbestände und Forderungen zu erzielen, die im Jahresabschluss i. H. von etwa 80 % der Bilanzsumme ausgewiesen sind. Aufgrund der Bedeutung des dargestellten Prüfungshemmnisses versage ich/versagen wir den Bestätigungsvermerk.

Aussagen darüber, ob der Jahresabschluss den gesetzlichen Vorschriften [und den ergänzenden Bestimmungen des Gesellschaftsvertrags/der Satzung] entspricht und ein unter Beachtung der Grundsätze ordnungsmäßiger Buchführung den tatsächlichen Verhältnissen entsprechendes Bild der Vermögens-, Finanz- und Ertragslage der Gesellschaft vermittelt, sind wegen des dargestellten Prüfungshemmnisses nicht möglich.

Ebenso kann nicht beurteilt werden, ob der Lagebericht in Einklang mit einem den gesetzlichen Vorschriften entsprechenden Jahresabschluss steht, ein zutreffendes Bild von der Lage der Gesellschaft vermittelt und die Chancen und Risiken der zukünftigen Entwicklung zutreffend darstellt."

2.3.5 Ergänzungen des Prüfungsurteils

Wurde der Gegenstand der Abschlussprüfung durch gesetzliche Vorschriften **erweitert**, so ist das diesbezügliche Prüfungsurteil in einem gesonderten Abschnitt aufzunehmen, wenn die rechtliche Regelung dies verlangt (IDW PS 400, Tz. 12 und 70). In diesem Fall ist im einleitenden Abschnitt des Bestätigungsvermerks auf die entsprechende – i. d. R. landesrechtliche – Regelung zu verweisen (IDW PH 9.400.3, Tz. 6).

Beispielhaft sind § 29 HmbKHG und § 30 KHGG NRW für Krankenhäuser aufzuführen (vgl. IDW PH 9.400.1, Tz. 5 f.). Bestehen wesentliche Beanstandungen, ist insoweit eine Einschränkung des Bestätigungsvermerks erforderlich (vgl. auch IDW PS 650, Tz. 24 f.).

Der Wortlaut eines entsprechenden Bestätigungsvermerks könnte sich gemäß IDW PH 9.400.1 wie folgt ergeben:

„Ich habe/Wir haben den Jahresabschluss der Krankenhausträgergesellschaft ..., der zugleich der Jahresabschluss des Krankenhauses ... nach KHG ist, unter Einbeziehung der Buchführung und den Lagebericht der Krankenhausträgergesellschaft, der zugleich die Lage des Krankenhauses darstellt, für das Geschäftsjahr vom ... bis ... geprüft. Durch § 30 KHGG NRW wurde der Prüfungsgegenstand erweitert. Die Prüfung erstreckt sich daher insbesondere auf die zweckentsprechende, sparsame und wirtschaftliche Verwendung der Fördermittel nach § 18 Abs. 1 KHGG NRW.

[...]

Meine/Unsere Aufgabe ist es, auf der Grundlage der von mir/uns durchgeführten Prüfung eine Beurteilung über den Jahresabschluss unter Einbeziehung der Buchführung, über den Lagebericht sowie über den erweiterten Prüfungsgegenstand nach § 30 KHGG NRW abzugeben.

[...]

Die Prüfung der zweckentsprechenden, sparsamen und wirtschaftlichen Verwendung der Fördermittel nach § 18 Abs. 1 KHGG NRW hat keine Einwendungen ergeben."

Das Ergebnis der Prüfung der **Ordnungsmäßigkeit der Geschäftsführung** nach § 53 HGrG, § 53 GenG fließt mangels gesetzlicher Vorgabe nicht in den Bestätigungsvermerk ein, da sowohl die genannten als auch andere einschlägige landesrechtliche Vorschriften dies i. d. R. nicht fordern; es genügt eine Stellungnahme im Prüfungsbericht (vgl. IDW PH 9.400.3, Tz. 4 ff.).

Beispiele für Bestätigungsvermerke aufgrund einer gesetzlichen Abschlussprüfung bei einer Gebietskörperschaft sind dem Anhang des IDW EPS 730 zu entnehmen, so z. B. unter Zugrundelegung des § 101 Abs. 1 GO NRW.

Soll ergänzend zur Jahresabschlussprüfung auch die zutreffende Inanspruchnahme von Offenlegungserleichterungen im zur Offenlegung bestimmten Jahresabschluss geprüft werden, ist dies getrennt vom Bestätigungsvermerk in einer gesonderten Bescheinigung zu bestätigen (IDW PS 400, Tz. 71).

Die Prüfung des **Risikofrüherkennungssystems** nach § 317 Abs. 4 HGB bildet ebenso keinen rechnungslegungsbezogenen Prüfungsbestandteil und begründet demnach keine unmittelbaren Prüfungsaussagen im Bestätigungsvermerk. Festgestellte wesentliche Einwendungen bedingen nur dann eine nicht uneingeschränkte Erteilung des Bestätigungsvermerks, wenn

- diese zugleich die Ordnungsmäßigkeit des Jahresabschlusses und der Buchführung in Frage stellen bzw.
- die unzureichende Erfüllung der Maßnahmen Auswirkungen auf die Ordnungsmäßigkeit der Darstellungen im Lagebericht hat (IDW PS 400, Tz. 72).

Mängel im Risikofrüherkennungssystem dürften regelmäßig Zweifel an der Vollständigkeit und Richtigkeit der Darstellung der Chancen und Risiken im Lagebericht begründen. Daher wird es geboten sein, dass sich der Abschlussprüfer im Rahmen der Prüfung der Lageberichterstattung von der Zweckmäßigkeit und Funktionsfähigkeit des betrieblichen Risikofrüherkennungssystems überzeugt.

2.3.6 Beurteilung des Prüfungsergebnisses

§ 322 Abs. 2 Satz 2 HGB fordert eine allgemeinverständliche und problemorientierte Beurteilung des Prüfungsergebnisses. Hierbei ist zu berücksichtigen, dass die gesetzlichen Vertreter des Unternehmens die Rechnungslegung zu verantworten haben.

Eine Beurteilung erfolgt durch eine der vorgenannten Formen des Bestätigungsvermerks. Bei einer uneingeschränkten Erteilung bedarf es keiner tieferen Begründung. Hat sich der Abschlussprüfer für eine Einschränkung oder Versagung entschieden, so muss die Begründung klar aus dem Bestätigungsvermerk hervorgehen.

Trotz ordnungsmäßiger Darstellung durch die gesetzlichen Vertreter kann es in Einzelfällen sinnvoll sein, die Adressaten mittels eines besonderen, den Bestätigungsvermerk nicht einschränkenden Hinweises auf sich bei der Prüfung ergebende Umstände aufmerksam zu machen (§ 322 Abs. 3 Satz 2 HGB), z. B.

- verbleibende wesentliche Unsicherheiten z. B. im Zusammenhang mit wesentlichen geschätzten Werten,
- laufende Verhandlungen bezüglich wesentlicher Verträge,
- schwebende Prozesse oder
- Risiken aus langfristigen Aufträgen (IDW PS 400, Tz. 75).

Dieser ist im Anschluss an das Prüfungsurteil in einen gesonderten Absatz aufzunehmen.

> „Meine/Unsere Prüfung hat zu keinen Einwendungen geführt.
> [...]
> Ohne diese Beurteilung einzuschränken, weisen wir auf die Ausführungen im Lagebericht hin. Dort wird dargestellt, dass die zukünftige Entwicklung des Konzerns maßgeblich von dem Liquiditätszufluss i. H. des Restkaufpreises der bereits in den Geschäftsjahren 2004 und 2005 veräußerten Immobilien und von der Geschäftsentwicklung im Bereich der Rehabilitationskliniken abhängt."
> (Bestätigungsvermerk des Abschlussprüfers der Maternus Kliniken AG, Langenhagen 2005)

2.3.7 Hinweise auf Bestandsgefährdungen

Unabhängig von dessen Einschränkung oder Versagung ist vom Abschlussprüfer im Bestätigungsvermerk auf **bestandsgefährdende Risiken** gesondert hinzuweisen (§ 322 Abs. 2 Satz 3 HGB). Dies geschieht im Anschluss an das Prüfungsurteil unter Nennung des Risikos und Verweis auf dessen Darstellung im Lagebericht mit einem den Bestätigungsvermerk **nicht einschränkenden, sog. hinweisenden Zusatz** (IDW PS 400, Tz. 77).

ABB. 306: Auswirkungen des Vorliegens bestandsgefährdender Risiken auf den Bestätigungsvermerk

Im Lagebericht müssen sowohl die bestandsgefährdenden Tatsachen als auch die seitens der gesetzlichen Vertreter geplanten Gegensteuerungsmaßnahmen angemessen dargestellt werden. Nur wenn dies unterbleibt, ist der Bestätigungsvermerk einzuschränken (IDW PS 400, Tz. 78).

> „Meine/Unsere Prüfung hat zu keinen Einwendungen geführt.
> [...]
> Ohne diese Beurteilung einzuschränken, weisen wir auf die Ausführungen im Bericht über die Lage der Gesellschaft und des Konzerns hin. Dort ist im Abschnitt „Chancen und Risiken der künftigen Entwicklung" ausgeführt, dass der Fortbestand der Gesellschaft und des Konzerns

> auf Grund der Liquiditätslage sowie der gegenwärtigen Eigenkapitalausstattung gefährdet ist und zur Abwendung der Bestandsgefährdung die erfolgreiche Umsetzung der im Bericht über die Lage der Gesellschaft und des Konzerns beschriebenen Restrukturierungsmaßnahmen erforderlich ist."
>
> (Bestätigungsvermerk des Abschlussprüfers der Dorint AG, Mönchengladbach 2005)

Wendet ein Unternehmen durch angemessene Maßnahmen eine drohende Bestandsgefährdung ab, ist ein hinweisender Zusatz zum Bestätigungsvermerk nach § 322 Abs. 2 Satz 3 HGB entbehrlich.

Wenn die gesetzlichen Vertreter keine angemessene Dokumentation zum Nachweis der Unternehmensfortführung vorlegen bzw. zu einer Einschätzung der Unternehmensfortführung nicht bereit sind, ist abzuwägen, ob hierin ein Prüfungshemmnis liegt, das die Versagung des Bestätigungsvermerks induziert.

Hat die Gesellschaft zulässigerweise keinen Lagebericht erstellt, ist der Abschlussprüfer nicht verpflichtet, auf bestehende bestandsgefährdende Risiken hinzuweisen (IDW PS 400, Tz. 79).

2.4 Unterzeichnung des Bestätigungsvermerks

Der Bestätigungsvermerk ist unabhängig vom Prüfungsbericht, jedoch zeitgleich mit diesem zu erteilen. Er ist auf dem Jahresabschluss anzubringen oder mit diesem und ggf. dem Lagebericht fest zu verbinden (IDW PS 400, Tz. 80).

Der Bestätigungs- oder Versagungsvermerk ist nach § 322 Abs. 7 Satz 1 HGB unter Angabe von Ort und Datum vom Abschlussprüfer eigenhändig zu unterzeichnen. Hat ein Wirtschaftsprüfungsunternehmen die Prüfung durchgeführt, erfolgt die Unterzeichnung durch den beauftragten Wirtschaftsprüfer oder vereidigten Buchprüfer. Die Berufsbezeichnung „Wirtschaftsprüfer" ist ohne Verwendung anderer Berufsbezeichnungen anzuwenden. Der Bestätigungsvermerk ist nach § 48 Abs. 1 WPO mit dem Berufssiegel zu versehen (IDW PS 400, Tz. 81 ff.).

§ 322 Abs. 7 Satz 2 HGB i.V. mit IDW PS 400, Tz. 82 sieht eine Wiedergabe des Bestätigungsvermerks im Prüfungsbericht vor.

Liegt zwischen dem Datum des Bestätigungsvermerks und seiner Auslieferung ein nicht unbeachtlicher Zeitraum oder war auch innerhalb eines kürzeren Zeitraums das Eintreten wesentlicher Ereignisse zu erwarten, so hat der Abschlussprüfer vor Auslieferung mit den gesetzlichen Vertretern zu klären, ob zwischenzeitlich Ereignisse oder Entwicklungen die Aussage des Bestätigungsvermerks beeinflussen (IDW PS 400, Tz. 82).

Die vorgenannten Grundsätze sind entsprechend auf den Versagungsvermerk anzuwenden.

2.5 Sonderfälle bei der Erteilung von Bestätigungsvermerken

2.5.1 Bedingte Erteilung

Eine Erteilung des Bestätigungsvermerks unter Vorbehalt kommt dann in Betracht, wenn Sachverhalte in dem geprüften Jahresabschluss berücksichtigt wurden, die erst nach Abschluss der Prüfung wirksam werden. Dies setzt voraus, dass

- die bis zum Ende der Prüfung noch nicht erfüllte Bedingung in einem formgebundenen Verfahren bereits festgelegt ist und
- es zur rechtlichen Verwirklichung nur noch der Beschlussfassung von Organen oder formeller Akte bedarf und
- der Eintritt der Bedingung mit an Sicherheit grenzender Wahrscheinlichkeit angenommen werden kann (IDW PS 400, Tz. 99),

etwa bei einer vereinbarten, auf den Jahresabschluss zurückwirkenden Kapitelerhöhung, die nur noch formeller Organbeschlüsse oder der Eintragung ins Handelsregister bedarf.

Durch Erteilung eines Bestätigungsvermerks unter aufschiebender Bedingung ist dieser noch nicht erteilt und somit der Jahresabschluss noch nicht geprüft. Erst mit dem Eintritt der Bedingung wird der Bestätigungsvermerk wirksam. Die aufschiebende Bedingung ist unmittelbar vor der Überschrift und dem Wortlaut des Bestätigungsvermerks aufzuführen (vgl. zur Formulierung IDW PS 400, Tz. 101).

Ein Jahresabschluss darf keine Auswirkungen zukünftiger Ereignisse berücksichtigen, die auch nach ihrem Eintritt nicht auf den zu prüfenden Jahresabschluss zurückwirken, etwa indem die Passivierung einer Verbindlichkeit unterlassen wurde, für die erst im Folgejahr ein wirksamer Forderungsverzicht erklärt wurde. In diesen Fällen ist der Bestätigungsvermerk einzuschränken oder zu versagen (IDW PS 400, Tz. 102).

Ist die Fortbestandsannahme von der Vornahme bestimmter Maßnahmen im Folgejahr abhängig (z. B. Forderungsverzichte), so muss diese bis zum Datum des Bestätigungsvermerks erfolgt sein; andernfalls ist der Bestätigungsvermerk einzuschränken oder zu versagen (IDW PS 400, Tz. 103). Die bedingte Erteilung eines Bestätigungsvermerks ist nur zulässig, wenn die Rechtswirksamkeit der ansonsten feststehenden Maßnahme nur noch von der Erfüllung formaler Voraussetzungen abhängt.

2.5.2 Nachtragsprüfung

Werden Jahresabschluss oder Lagebericht nachträglich geändert, hat der Abschlussprüfer die betreffenden Unterlagen gemäß § 316 Abs. 3 HGB erneut zu prüfen, soweit es die Änderung erfordert. Diese Nachtragsprüfung kann nur durch den bestellten Abschlussprüfer ausgeführt werden (IDW PS 400, Tz. 105).

Der Bestätigungsvermerk bleibt trotz Nachtragsprüfung nach § 316 Abs. 3 HGB wirksam; er ist erforderlichenfalls unter Bezeichnung des Gegenstands der Änderung in einem gesonderten Abschnitt zu ergänzen. Die Ergänzung erfolgt in einem gesonderten Abschnitt mit dem Ziel der Verdeutlichung, dass sich der Bestätigungsvermerk auf einen geänderten Jahresabschluss bzw. Lagebericht bezieht.

Werden im Zuge der Nachtragsprüfung ursprüngliche Mängel beseitigt bzw. neue Mängel begründet, so ist das Prüfungsurteil insgesamt neu zu formulieren und um einen gesonderten Hinweis auf die Änderung zu ergänzen (IDW PS 400, Tz. 109). Für den neuformulierten Bestätigungsvermerk sind die allgemeinen Grundsätze des IDW PS 400 anwendbar.

Der Bestätigungsvermerk ist mit den Daten der Beendigung der ursprünglichen Abschlussprüfung und der Beendigung der Nachtragsprüfung (Doppeldatum) zu unterzeichnen (IDW PS 400, Tz. 110).

2.5.3 Widerruf

Nach Auslieferung des Bestätigungsvermerks ist der Abschlussprüfer grundsätzlich nicht verpflichtet, den Abschluss und Lagebericht weiterzuverfolgen. Erkennt er dennoch, dass die Voraussetzungen für die Erteilung nicht vorgelegen haben und ist die Gesellschaft nicht bereit, die notwendigen Schritte für eine Änderung einzuleiten, so folgt eine Verpflichtung zum Widerruf des Bestätigungsvermerks (IDW PS 400, Tz. 111). Gründe hierfür können bestehen in

- der Gewinnung neuer Erkenntnisse seitens des Abschlussprüfers,
- der Täuschung des Abschlussprüfers,
- dem Übersehen von Tatsachen, die der Prüfer bei gewissenhafter Prüfung nicht hätte übersehen dürfen,
- der falschen Würdigung wesentlicher Sachverhalte.

Der Widerruf ist zu begründen und in Schriftform an den Auftraggeber der Prüfung zu richten. Daneben kann eine Unterrichtung der Aufsichtsgremien der Gesellschaft und ggf. des Registergerichts zweckmäßig sein. Beim Vorliegen der Voraussetzungen ist nach erfolgtem Widerruf ein abweichender, neuer Bestätigungsvermerk zu erteilen (IDW PS 400, Tz. 113).

2.5.4 Rechtsfolgen bei Verstößen gegen § 322 HGB

Das Unternehmen hat einen Anspruch gegenüber dem Abschlussprüfer auf einen Bestätigungs- bzw. Versagungsvermerk, der inhaltlich mit dem Prüfungsbericht übereinstimmen muss. Erfolgt die Erteilung durch eine unberechtigte Person, ist der Vermerk unzulässig und somit rechtlich nicht wirksam. Wird die Bestellung eines Abschlussprüfers dagegen erst nachträglich gerichtlich aufgehoben, bleibt der erteilte Bestätigungsvermerk wirksam.

Für die Erteilung eines inhaltlich unrichtigen Bestätigungsvermerks werden der Abschlussprüfer bzw. dessen Gehilfen nach Maßgabe des § 332 HGB strafrechtlich belangt. Bereits bei Fahrlässigkeit ergeben sich Ersatzpflichten aus dem § 323 Abs. 2 HGB.

3. Kommunikation des Abschlussprüfers mit dem Aufsichtsrat

Eine Kommunikation zwischen dem Abschlussprüfer und dem Aufsichtsrat erfolgt, indem

- der Abschlussprüfer den Aufsichtsrat über seine Pflichten bei der Abschlussprüfung unterrichtet und diesem einen Überblick über den geplanten Umfang und die geplante zeitliche Einteilung der Prüfung gibt,
- der Abschlussprüfer prüfungsrelevante Informationen vom Aufsichtsrat erlangt,
- der Aufsichtsrat zeitgerecht über Beobachtungen informiert wird, die aus der Prüfung resultieren und die für die Überwachung des Rechnungslegungsprozesses relevant sind (IDW PS 470, Tz. 1a).

Kommunikation des Abschlussprüfers mit dem Aufsichtsrat — KAPITEL VII

Der Abschlussprüfer hat mit dem Aufsichtsrat zu kommunizieren über:
- während der Prüfung aufgetretene bedeutsame Probleme,
- bedeutsame aus der Prüfung resultierende Sachverhalte, die mit dem Management besprochen wurden oder Gegenstand des Schriftverkehrs mit dem Management waren,
- vom Abschlussprüfer angeforderte schriftliche Erklärungen,
- sonstige aus der Prüfung resultierende Sachverhalte, die der Abschlussprüfer nach pflichtgemäßem Ermessen als bedeutsam für die Aufsicht über den Rechnungslegungsprozess erachtet (IDW PS 470, Tz. 7a).

Diesbezüglich hat sich der Abschlussprüfer mit dem Aufsichtsrat über Form, Zeitpunkt und erwarteten Inhalt der Kommunikation zu verständigen und sicherzustellen, dass die Kommunikation in angemessener Zeit erfolgt. Kommt der Abschlussprüfer zu dem Schluss, dass die Kommunikation mit dem Aufsichtsrat für den Zweck der Prüfung nicht angemessen war, sind die hieraus resultierenden möglichen Auswirkungen auf die Beurteilung der Risiken wesentlicher falscher Angaben und der Angemessenheit und Eignung der erlangten Prüfungsnachweise zu beurteilen (IDW PS 470, Tz. 7b ff.).

Der Abschlussprüfer einer AG hat gemäß § 171 Abs. 1 Satz 2 AktG eine Teilnahmepflicht an der Sitzung des Aufsichtsrats oder der Sitzung des vom Aufsichtsrat eingesetzten Bilanz- oder Prüfungsausschusses, um über wesentliche Ergebnisse der Prüfung zu berichten. In der Praxis nimmt der Abschlussprüfer meist an beiden Sitzungen teil, sofern der Aufsichtsrat dies nicht ausdrücklich ablehnt (IDW PS 470, Tz. 1b).

Der Aufsichtsrat handelt pflichtwidrig, wenn er die Teilnahme des Abschlussprüfers an jeglicher Sitzung ausschließt. Verletzt der Abschlussprüfer seine Teilnahmepflicht, kann die AG einen Schadensersatzanspruch gegenüber diesem geltend machen.

Die mündlichen Berichterstattungspflichten orientieren sich an dem mit § 171 Abs. 1 AktG verfolgten Zweck.

Mit § 171 Abs. 1 Satz 2 AktG i. d. F. BilMoG werden die Berichtsinhalte in der Weise konkretisiert, dass der Abschlussprüfer insbesondere im Rahmen der Prüfung festgestellte wesentliche Schwächen des rechnungslegungsbezogenen internen Kontroll- und Risikofrüherkennungssystems darlegen muss. Er hat weiterhin über Umstände, die seine Befangenheit besorgen lassen und über Leistungen, die er zusätzlich zu den Abschlussprüfungsleistungen erbracht hat, zu informieren.

Delegiert der Aufsichtsrat seine diesbezüglichen Aufgaben an einen Prüfungsausschuss i. S. des § 324 HGB, gelten die vorstehenden Ausführungen entsprechend für die Teilnahme an den Verhandlungen des Ausschusses (vgl. hierzu Kapitel II.6.).

Mögliche Berichtsgegenstände sind gemäß der amtlichen Gesetzesbegründung insbesondere das Management von Risiken in Zusammenhang mit der Bildung von Bewertungseinheiten oder ggf. erforderliche Risikoeinschätzungen, etwa die Frage nach dem Risiko einer Inanspruchnahme aus Eventualverbindlichkeiten.

Im Krisenfall können weitere Berichterstattungspflichten etwa über
- Mängel bei der Erstellung von Planungsrechnungen zur Unterlegung der Fortführungsannahme des Unternehmens,

- Unstimmigkeiten bei der Wertermittlung aktiver latenter Steuern und Geschäfts- oder Firmenwerten sowie
- Unsicherheiten in Zusammenhang mit der Ermittlung von geschätzten Werten

in Betracht kommen. Weiterhin sollte die wirtschaftliche Lage des Unternehmens und einzelner Geschäftsfelder, insbesondere die in diesem Zusammenhang festgestellten entwicklungsbeeinträchtigenden oder bestandsgefährdenden Tatsachen kritisch gewürdigt werden.

Die Verpflichtung einer Berichterstattung über ggf. eine Befangenheit begründende Tatbestände sowie über erbrachte zusätzliche Leistungen soll die Transparenz im Verhältnis zwischen Abschlussprüfer und Aufsichtsrat steigern.

Mit der mündlichen Berichterstattung des Abschlussprüfers wird die generelle Zielsetzung verfolgt, dem Aufsichtsrat bei dessen Prüfung des Jahresabschlusses sowie Lageberichts sachverständige Auskünfte zu erteilen, um ihn bei der Ausübung seiner Überwachungsfunktion gemäß § 111 Abs. 1 AktG zu unterstützen.

Die im Prüfungsbericht getroffenen Feststellungen sollen somit vertieft, erläutert und hinsichtlich der Ziele der Unternehmensüberwachung ergänzt werden. Aus Sicht der Aufsichtsratsmitglieder soll die Darstellung der wirtschaftlichen Lage der Gesellschaft, einzelner Geschäftsfelder und besonderer Risiken unter Berücksichtigung der Stellung der Gesellschaft im Markt und aktueller Branchenentwicklungen kritisch gewürdigt werden (IDW PS 470, Tz. 8). Die mündlichen Aussagen gehen zweckmäßigerweise von den Darlegungen im Prüfungsbericht aus, sie dürfen keinesfalls mit diesen in Widerspruch stehen.

Der Abschlussprüfer kann bei der mündlichen Berichterstattung von einem Verständnis der Aufsichtsratsmitglieder für die wirtschaftlichen Gegebenheiten und die Grundlagen der Rechnungslegung ausgehen (IDW PS 470, Tz. 10).

Wie schon bei der Abfassung des Prüfungsberichts hat sich der Abschlussprüfer eigener Prognosen zu enthalten, sondern stattdessen die Einschätzungen des Vorstands zu bewerten und anhand der bei der Abschlussprüfung gewonnenen Erkenntnisse kritisch zu hinterfragen.

Es ist Aufgabe des Abschlussprüfers, im Einzelfall zu klären, ob bestimmte Themen für den Aufsichtsrat bedeutsam sind und in die mündliche Berichterstattung einfließen. Typische Themenbereiche für die Aufsichtsratssitzung stellen dar:

ABB. 307:	Themenbereiche für die Kommunikation des Abschlussprüfers mit dem Aufsichtsrat
1. Auftrag und Prüfung (IDW PS 470, Tz. 14 – 17)	
▶ Einleitende Hinweise auf den Umfang der Prüfung und die ggf. vereinbarten Prüfungsschwerpunkte ▶ Abgabe einer Unabhängigkeitserklärung vom Abschlussprüfer an den Aufsichtsrat in Bezug auf das Vorhandensein beruflicher, finanzieller oder sonstiger Beziehungen zwischen dem Prüfer und dem Unternehmen, die Zweifel an der Unabhängigkeit des Abschlussprüfers begründen können (vgl. Deutscher Corporate Governance Kodex) ▶ Darstellung des risikoorientierten Prüfungsansatzes und der Bedeutung der Kenntnisse der Geschäftstätigkeit sowie des wirtschaftlichen und rechtlichen Umfelds; Erläuterung der daraus gezogenen Schlussfolgerungen für die Prüfungsplanung (Schwerpunktbildung, Stichprobenverfahren)	
2. Rechtliche und wirtschaftliche Besonderheiten des Geschäftsjahres (IDW PS 470, Tz. 18 – 19)	
▶ Akquisitionen bzw. Unternehmensverkäufe ▶ Umwandlungen bzw. Restrukturierungen ▶ Kapitalerhöhungen oder -herabsetzungen	

- ▶ Umstellung der Rechnungslegung auf IFRS
- ▶ Abschluss oder Änderung wichtiger Unternehmensverträge

Der Abschlussprüfer sollte bei seiner Berichterstattung auch auf rechtliche und wirtschaftliche Besonderheiten eingehen, die erst nach Ablauf des Geschäftsjahres eingetreten sind.

3. Wirtschaftliche Lage des Unternehmens (IDW PS 470, Tz. 20 – 23)

Darstellung des Einflusses auf die Vermögens-, Finanz- und Ertragslage von
- ▶ einzelnen besonders bedeutsamen Geschäftsvorfällen,
- ▶ wesentlichen Bewertungsgrundlagen und ihren Änderungen einschließlich der Ausübung von Bilanzierungs- und Bewertungswahlrechten und der Ausnutzung von Ermessensspielräumen sowie
- ▶ sachverhaltsgestaltenden Maßnahmen.

Ebenso können Rückstellungen, Restrukturierungsaufwendungen, bedeutsame übrige betriebliche Aufwendungen und Erträge oder das außerordentliche Ergebnis erläuterungsbedürftig sein. Wenn möglich, sollte das jeweils um außerordentliche Einflüsse bereinigte Ergebnis angegeben werden.

Auf Besonderheiten im Konzern, z. B. Änderungen des Konsolidierungskreises oder die bilanzielle Behandlung von Geschäfts- oder Firmenwerten, ist einzugehen. Wesentliche Risiken der künftigen Entwicklung sind vor dem Hintergrund des gesamtwirtschaftlichen und Branchenkontexts zu verdeutlichen.

4. Wesentliche Prüfungsaussagen zur Rechnungslegung sowie zum internen Kontrollsystem und Risikofrüherkennungssystem (IDW PS 470, Tz. 24 – 27)

Bei Beanstandungen der Ordnungsmäßigkeit der Rechnungslegung hat der Abschlussprüfer die Ursachen der Unrichtigkeiten und Verstöße sowie ihre Folgen und mögliche Maßnahmen zu ihrer Beseitigung darzustellen.

Bei der Beurteilung des Risikofrüherkennungssystems können zur Beurteilung der Angemessenheit und Wirksamkeit folgende Aspekte erläuterungsbedürftig sein:
- ▶ Erfassung der wesentlichen Risiken,
- ▶ Bewertung und Strukturierung der Risiken,
- ▶ besondere Risiken, z. B. im Rahmen von Finanzierungsaktivitäten,
- ▶ Erfordernis von Verbesserungsmaßnahmen.

Auf kritische Sachverhalte und Systemmängel ist hinzuweisen, auch wenn sich diese erst in künftigen Abschlüssen auswirken.

5. Weitere bedeutsame Feststellungen (IDW PS 470, Tz. 28 – 30)

- ▶ Bericht über Verstöße gegen gesetzliche Vorschriften und schwerwiegende Verstöße der gesetzlichen Vertreter oder von Arbeitnehmern gegen Gesetz, Gesellschaftsvertrag und Satzung
- ▶ Weitere mit dem Aufsichtsrat vereinbarten Berichtspflichten, z. B. festgestellte Unrichtigkeiten der nach § 161 AktG geforderten Entsprechungserklärung zum Deutschen Corporate Governance Kodex oder nicht rechnungslegungsrelevante Organisationsmängel im Internen Kontrollsystem

6. Prüfungsergebnis (IDW PS 470, Tz. 31)

- ▶ Stellungnahme zu dem im Bestätigungsvermerk abgegebenen Prüfungsurteil
- ▶ Ggf. Darlegung der Gründe für die Einschränkung oder Versagung des Bestätigungsvermerks

In den Arbeitspapieren sind zu dokumentieren

- ▶ mündlich kommunizierte Sachverhalte, der Zeitpunkt sowie der Empfänger der Mitteilung mittels Aktenvermerken,

- ▶ schriftlich kommunizierte Sachverhalte mittels Kopien der Mitteilung (IDW PS 470, Tz. 7e).

4. Arbeitspapiere des Abschlussprüfers

Die Arbeitspapiere i. S. des IDW PS 460 n. F., Tz. 1 stellen die Gesamtheit der Aufzeichnungen und Unterlagen dar,

- die der Prüfer im Zusammenhang mit der Abschlussprüfung selbst erstellt oder
- die er von dem geprüften Unternehmen oder von Dritten als Ergänzung seiner eigenen Unterlagen zum Verbleib erhält.

Der Zweck der Arbeitspapiere besteht in der Dokumentation der Prüfungshandlungen

- zum Nachweis einer ordnungsmäßigen Prüfungsdurchführung gegenüber Dritten, soweit entsprechende Angaben nicht im Prüfungsbericht enthalten sind sowie
- für interne Zwecke der Wirtschaftsprüferpraxis (z. B. Qualitätssicherung).

In den Arbeitspapieren sind alle Prüfungsnachweise, die zur Unterstützung der Prüfungsaussagen beigetragen haben, vollständig zu dokumentieren. Dadurch lässt sich erforderlichenfalls der Nachweis führen, dass die Prüfung in Übereinstimmung mit den Grundsätzen ordnungsmäßiger Abschlussprüfung durchgeführt wurde.

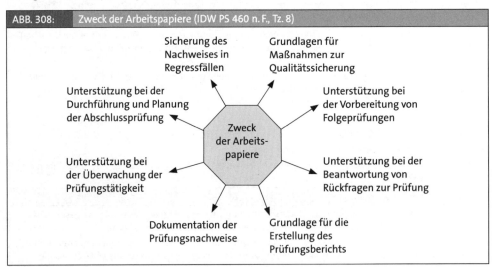

ABB. 308: Zweck der Arbeitspapiere (IDW PS 460 n. F., Tz. 8)

Die Arbeitspapiere sind derart klar und übersichtlich zu führen, dass ein unbeteiligter Prüfer sich in angemessener Zeit ein Bild über die Abwicklung der Prüfung machen, d. h.

- sowohl das Prüfungsergebnis insgesamt
- als auch einzelne ausgewählte Prüfungsfeststellungen

stützen und nachvollziehen kann (IDW PS 460 n. F., Tz. 10 f.).

Die Dokumentation und Aufbewahrung kann neben der Papierform auch anhand geeigneter elektronischer oder sonstiger Medien erfolgen, soweit dokumentiert werden:

- Informationen zur **Planung der Prüfung** einschließlich der im Verlauf der Prüfung vorgenommenen Änderungen,
- **Art, zeitlicher Ablauf und Umfang** der durchgeführten Prüfungshandlungen,
- deren **Ergebnisse**,

- die **Schlussfolgerungen** aus den eingeholten Prüfungsnachweisen sowie
- die Überlegungen des Abschlussprüfers zu allen wichtigen Sachverhalten, denen Ermessungsentscheidungen zugrunde liegen einschließlich der daraus abgeleiteten Folgerungen (IDW PS 460 n. F., Tz. 13 f.).

Nach der Neufassung des § 51b WPO sollen WP in ihren Arbeitspapieren auch alle getroffenen Maßnahmen zur Überprüfung ihrer eigenen **Unabhängigkeit, die diese gefährdenden Umstände sowie ergriffene Schutzmaßnahmen** nachvollziehbar und angemessen schriftlich dokumentieren. Entsprechende Anforderungen enthält bereits §§ 21 und 22 BS WP/vBP.

Form und Inhalt der Arbeitspapiere werden maßgeblich bedingt durch

- die Art des Auftrags,
- die Form des Prüfungsurteils,
- den Inhalt des Prüfungsberichts,
- Art und Komplexität der Geschäftstätigkeit des zu prüfenden Unternehmens,
- Art und Zustand des Internen Kontrollsystems,
- den Umfang der im Einzelfall erforderlichen Anleitung und Überwachung der Mitarbeiter sowie der Durchsicht ihrer Arbeitsergebnisse,
- die angewandten Prüfungsmethoden und -techniken (IDW PS 460 n. F., Tz. 12).

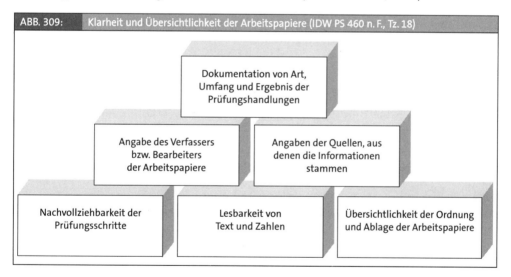

ABB. 309: Klarheit und Übersichtlichkeit der Arbeitspapiere (IDW PS 460 n. F., Tz. 18)

Im IDW PS 460 n. F. wird in Bezug auf die Führung der Arbeitspapiere **zusätzlich klargestellt**, dass

- der Abschlussprüfer die durchgeführte Abschlussprüfung in angemessener Zeit zu dokumentieren hat (Tz. 9),
- Gespräche mit dem Management, dem Aufsichtsorgan oder anderen Personen über bedeutsame Sachverhalte unter Nennung von Gesprächszeitpunkt und -partner sowie der besprochenen Thematik festzuhalten sind (Tz. 15),

- die Würdigung der Berücksichtigung von erlangten Informationen, die im Widerspruch zur prüferischen Beurteilung eines bedeutenden Sachverhalts stehen, zu dokumentieren ist (Tz. 16),

- ggf. im Rahmen der Eigenverantwortlichkeit prüferseitig vorgenommene Abweichungen von Vorgaben der IDW Prüfungsstandards unter Angabe einer Begründung für die Abweichung zu dokumentieren sind; weiter ist nachvollziehbar darzustellen, wie durch alternative Prüfungshandlungen das Prüfungsziel erreicht wurde (Tz. 17),

- anzugeben ist, von wem die Prüfungsarbeiten durchgeführt wurden und zu welchem Datum sie abgeschlossen wurden (Tz. 18),

- die Auftragsdokumentation innerhalb einer angemessenen Frist nach Erteilung des Bestätigungsvermerks abgeschlossen werden muss, i. d. R. binnen 60 Tagen (Tz. 27),

- nach Abschluss der Auftragsdokumentation eine Löschung oder Entfernung von deren Elementen unzulässig ist (Tz. 28).

Gleichzeitig ist es ausdrücklich nicht erforderlich und nicht geboten,

- jede Überlegung oder Entscheidung des Abschlussprüfers zu dokumentieren (IDW PS 460 n. F., Tz. 14) bzw.

- überholte, unvollständige oder vorläufige Dokumentationen aufzubewahren (IDW PS 460 n. F., Tz. 16 und 19),

da durch ein Übermaß an unwesentlichen Informationen die Klarheit und Übersichtlichkeit aus Sicht eines externen Lesers beeinträchtigt wird.

Die **Auftragsdokumentation** wird **abgeschlossen** mit

- der Zusammenstellung, Sortierung und Ordnung der Arbeitspapiere,

- dem Löschen oder Entfernen überholter Dokumente.

Änderungen oder Ergänzungen von Arbeitspapieren nach dem Zeitpunkt des Abschlusses der Dokumentation sind unter Angabe von Datum und Begründung gesondert vom Prüfer nach Maßgabe des IDW PS 460 n. F., Tz. 29 zu dokumentieren.

Die Arbeitspapiere gehören zu den persönlichen Unterlagen des Abschlussprüfers; sie sind dessen Eigentum und unterliegen weder der gesetzlichen Aufbewahrungspflicht noch der Herausgabepflicht gegenüber dem Mandanten (§ 51b Abs. 2 und 3 WPO).

Dies gilt jedoch nur, soweit nicht Arbeitspapiere Bestandteil der sog. **Handakten** sind (§ 51b Abs. 4 Satz 1 WPO). Dies sind insbesondere alle Dokumente, die der Abschlussprüfer vom Auftraggeber überlassen bekommen hat. Handakten sind mit dem Ziel anzulegen, um Dritten gegenüber ein zutreffendes Bild über die vom Abschlussprüfer entfaltete Tätigkeit geben zu können (§ 51b Abs. 1 WPO).

ABB. 310:	Abgrenzung von Arbeitspapieren und Handakten	
Dokument	**Arbeitspapiere (IDW PS 460)**	**Handakten (§ 51b WPO)**
Definition	▶ Gesamtheit der Unterlagen, die der Prüfer in Zusammenhang mit der Abschlussprüfung selbst erstellt, vom geprüften Unternehmen oder von Dritten als Ergänzung seiner eigenen Unterlagen erhält	▶ Gesamtheit der Schriftstücke, die der Abschlussprüfer aus Anlass seiner beruflichen Tätigkeit von dem Auftraggeber oder für ihn erhält (§ 51b Abs. 4 WPO)
Zweck	▶ Dienen internen Zwecken des Abschlussprüfers und sind nicht zur Weitergabe bestimmt	▶ Formell für die Durchführung der Abschlussprüfung zur Verfügung gestellte Unterlagen, die nach Abwicklung und Vergütung des Auftrags dem Auftraggeber auszuhändigen sind
Aufbewahrungspflicht	▶ Keine gesetzliche Aufbewahrungspflicht, soweit nicht Bestandteil der Handakte ▶ Aufbewahrung analog zu den Handakten empfohlen	▶ Gesetzliche Aufbewahrungspflicht von zehn Jahren (§ 51b Abs. 2 WPO)
Herausgabe- und Vorlagepflicht	▶ Zeugnisverweigerungsrecht (§ 53 Abs. 1 Nr. 3 StPO), Auskunftsverweigerungsrecht (§ 55 Abs. 1 StPO) ▶ Vorlagepflicht gegenüber WPK im Rahmen berufsaufsichtlicher Verfahren (§ 62 Abs. 2 und 3 WPO), Herausgabeanspruch des Auftraggebers nur, falls Bestandteil der Handakte	▶ Herausgabeanspruch des Auftraggebers (§ 51b Abs. 3 WPO)

Für die Handakten gilt eine gesetzliche **Aufbewahrungspflicht** von zehn Jahren (§ 51b Abs. 2 Satz 1 WPO). Zur Vermeidung späterer Beweisnot wird für die Arbeitspapiere eine zur gesetzlichen Regelung analoge Lagerungsfrist empfohlen (IDW PS 460, Tz. 32). Vertraulichkeit und sichere Aufbewahrung der Papiere sind während dieser Frist durchgängig zu gewährleisten (vgl. auch Kapitel I.5.).

Durch eine weitgehende **Standardisierung** der Arbeitspapiere (z. B. durch Gliederungsschemata, Musterbriefe, Checklisten) wird die Effizienz der Erstellung und Durchsicht in der Praxis erheblich gefördert. Auch hat es sich im Falle von Folgeprüfungen bewährt, die Akte mit den Arbeitspapieren als **fortlaufende Dauerakte** mit chronologischer Ablage zu führen.

Dies bedeutet eine Aufteilung in Unterlagen

▶ für die laufende Prüfungsdurchführung (laufende Arbeitspapiere) und

▶ solche, die über einen mehrjährigen Prüfungszeitraum bedeutsam sind.

Die Dauerakte stellt dabei den Teil der Arbeitspapiere dar, der über die einzelne Abschlussprüfung hinaus für wiederkehrende Prüfungen relevant ist. Die in der Dauerakte enthaltenen Unterlagen sind grundsätzlich mehrjährig verwendbar, sollten aber nach jeder Prüfung durchgesehen und aktualisiert werden. Für die Dauerakte gelten die gleichen Anforderungen wie für die Arbeitspapiere.

ABB. 311: Inhalt der laufenden Arbeitspapiere

Auftrag	Prüfungsplan	Unterlagen zum Jahresabschluss	Arbeitspapiere zur Prüfung und Darstellung der rechtlichen und wirtschaftlichen Verhältnisse	Arbeitspapiere zu den einzelnen Posten des Jahresabschlusses	Abschließende Feststellungen
▲ Auftrag ▲ Auftragsbestätigung ▲ Auftragsbedingungen	▲ Zeitlicher Ablauf der Prüfung einschließlich Vorprüfungen ▲ Aufteilung des Prüfungsstoffs auf die Prüfer ▲ Notizen über Vorbesprechungen zur Prüfung und Hinweise auf besondere Prüfungsschwerpunkte	▲ Zur Prüfung vorgelegter Jahresabschluss und Lagebericht ▲ Abschlussübersicht ▲ Nach- und Umbuchungslisten (evtl. mit Querverweisen) ▲ Aufzeichnungen über Prüfungsfeststellungen und Besprechungsnotizen ▲ Vollständigkeitserklärung, soweit nicht an anderer Stelle aufbewahrt ▲ Unterlagen über Geschäftsvorgänge nach Bedeutung nach Schluss des Geschäftsjahres	▲ Verträge von Bedeutung, sofern diese Unterlagen nicht Bestandteil der Dauerakte sind ▲ Protokollauszüge über Beschlüsse ▲ Ausarbeitungen des Prüfers über die Analyse des Jahresabschlusses hinsichtlich der Entwicklung der Ertrags- und Vermögenslage, der Kapitalstruktur und der Liquidität ▲ Identifizierte nahe stehende Personen und Unternehmen und die Art der Beziehungen zu ihnen	▲ Darstellung der Zusammensetzung der Posten des Abschlusses und deren Ableitung aus dem Rechnungswesen ▲ Angaben zu Prüfungszeitpunkt und -ort sowie zur Person des Prüfers ▲ Aufzeichnungen über Art und Umfang der durchgeführten Prüfungshandlungen und die Prüfungsergebnisse hinsichtlich Bestandsnachweis, Bewertung und Ausweis ▲ Angaben über die Analysen von Geschäftsvorfällen, Salden, bedeutenden Kennzahlen und Trends ▲ Darstellung der Besonderheiten von zu beurteilenden Sachverhalten (z. B. Art der Bestandsnachweise) ▲ Erläuterung zur Einholung von Bestätigungen Dritter ▲ Aufzeichnungen darüber, inwieweit die Prüfungsfeststellungen auf eigenen Erhebungen des Prüfers, Auskünften der benannten Auskunftspersonen etc. beruhen	▲ Abweichungen vom Prüfungsplan ▲ Angaben zur Beaufsichtigung der Prüfung ▲ Durchsicht der Arbeitspapiere ▲ Anmerkungen bzw. Beanstandungen der Berichtskritik

Zusätzlich:

▲ Unterlagen der Internen Revision
▲ Unterlagen zur Prüfung des IKS
▲ Arbeitspapiere zur Prüfung des Anhangs: Aufzeichnungen über die Prüfung der Vollständigkeit und Richtigkeit der Angaben im Anhang und das Ergebnis dieser Prüfung
▲ Arbeitspapiere zur Prüfung des Lageberichts: Aufzeichnungen über die Beurteilung der Darstellung im Lagebericht

ABB. 312:	Inhalt der Dauerakte			
Rechtsverhältnisse	Geschäftsführungs- und Aufsichtsorgan	Wirtschaftliche Grundlagen	Organisation	Prüfungsdurchführung
▲ Gesellschaftsvertrag ▲ Beteiligungsverhältnisse an der Gesellschaft ▲ Unternehmensverbindungen (Konzernschaubild, Unternehmensverträge) ▲ Beschlüsse von Gesellschaftsorganen mit längerfristiger Gültigkeit ▲ Handelsregisterauszüge ▲ Aufstellung der Zweigniederlassungen und Betriebsstätten ▲ Grundstücksnachweise ▲ Verträge von wesentlicher Bedeutung ▲ Versorgungszusagen ▲ Geltende Betriebsvereinbarungen und Tarifverträge	▲ Zusammensetzung ▲ Amtsdauer ▲ Vertretungs- und Geschäftsführungsbefugnisse ▲ Geschäftsordnung	▲ Geschäftsgebiete und Produktionsprogramm ▲ technische (Produktions-)Kapazitäten ▲ abbaufähige Vorräte (bei Rohstoffgewinnung) ▲ Marktverhältnisse ▲ Zahl der Mitarbeiter	▲ Organisationsplan ▲ Stellen- und Kompetenzbeschreibungen ▲ Risikobeurteilungen ▲ Organisation des Rechnungswesens (z. B. Aufbau, EDV-Einsatz, interne Kontrollen)	▲ Längerfristig gültige Vereinbarungen mit dem Auftraggeber ▲ Risikobeurteilungen ▲ Mehrjähriger Prüfungsplan unter Berücksichtigung des internen Kontrollsystems ▲ Hinweise für Folgeprüfungen ▲ Übergreifende Feststellungen vorhergehender Prüfungen ▲ Ergebnisse steuerlicher Betriebsprüfungen

Quelle: In Anlehnung an *Marten/Quick/Ruhnke*, Wirtschaftsprüfung, 4. Aufl., S. 539.

KAPITEL VII — Berichterstattung und Dokumentation der Abschlussprüfung

KONTROLLFRAGEN

Hinweise zur Bearbeitung des Kapitels VII:

Sie benötigen für eine sinnvolle Bearbeitung des Kapitels VII die einschlägigen Prüfungsstandards IDW PS 400, 450, 460 n. F. und 470. Ggf. ziehen Sie einen Handkommentar zu §§ 321 ff. HGB hinzu.

Liebe Leserin, lieber Leser, Sie sind nun am Ende dieses Lehrbuchs angelangt. Das letzte Kapitel lässt sich sinnvoll nur in der prüferischen Praxis einüben. Wie Sie soeben gelernt haben, sind die Prüfungsberichte nicht öffentlich zugänglich, sondern oftmals das bestgehütete Geheimnis der Unternehmen. Deshalb können an dieser Stelle keine Beispielfälle präsentiert werden. Der öffentlich verfügbare Bestätigungsvermerk ist formelhaft abgefasst und somit dessen Studium wenig instruktiv. Sie müssen also persönlich die Chance bekommen bzw. in die Verlegenheit geraten, an der Abfassung eines Prüfungsberichts mitzuwirken. Daher werden hier keine Übungsaufgaben, sondern nur Kontrollfragen aufgeführt.

Bitte bearbeiten Sie unter Hinzuziehung der o. g. Unterlagen folgende Fragen:

1. Stellen Sie die Unterschiede zwischen Prüfungsbericht und Bestätigungsvermerk hinsichtlich Adressaten, Funktionen und Inhalt heraus.

2. Nennen und erläutern Sie die Grundsätze ordnungsmäßiger Prüfungsberichterstattung.

3. Stellen Sie den Aufbau (Gliederung) des Prüfungsberichts mit den zugehörigen Inhalten dar.

4. Erläutern Sie Zweck und Gegenstände der sog. „Vorweg-Berichterstattung". Stellen Sie auch die Inhalte der sog. „großen" und kleinen" Redepflicht des Prüfers dar.

5. Konkretisieren Sie die Berichterstattungspflichten gemäß § 321 Abs. 2 Satz 4 HGB unter Aufführung von Beispielen.

6. Welche Informationen sind vom Prüfer in Zusammenhang mit der „Aufgliederung und Erläuterung des Jahresabschlusses" nach § 321 Abs. 2 Satz 5 HGB gefordert? Nehmen Sie eine solche anhand der Daten des Konzernabschlusses der Rhön Klinikum AG (http://www.rhoen-klinikum-ag.com/rka/cms/rka_2/deu/27483.html) vor.

7. Stellen Sie den Aufbau und die Erteilungsformen des Bestätigungsvermerks dar. Erarbeiten Sie in diesem Zusammenhang eine Checkliste typischer Einwendungen, die eine eingeschränkte Erteilung bzw. Versagung des Bestätigungsvermerks bedingen können.

8. Erläutern Sie die Wirkung des Bestehens von Prüfungshemmnissen auf die Form der Erteilung des Bestätigungsvermerks.

9. In einem Bestätigungsvermerk ist folgender Passus enthalten: „Ohne diese Beurteilung (den Bestätigungsvermerk) einzuschränken, weisen wir auf die Ausführungen im Lagebericht hin. Dort wird ausgeführt, dass der Fortbestand des Konzerns aufgrund angespannter Liquidität bedroht ist, falls eine Fortführung des in sechs Monaten auslaufenden Bankenkonsortialver-

trags nicht zu Stande kommt oder falls zusätzliche Liquiditätsbelastungen entstehen". Erläutern Sie diesen Passus vor dem Hintergrund seiner rechtlichen Wirkung.
10. Erläutern Sie Zweck und Inhalt der Arbeitspapiere des Prüfers. Entwerfen Sie auch ein „typisches" Inhaltsverzeichnis der Dauerakte eines fiktiven Mandanten.

LITERATURVERZEICHNIS

A

Amling/Bantleon, Handbuch der Internen Revision – Grundlagen, Standards, Berufsstand, Berlin 2007.

Amling/Bantleon, Interne Revision – Grundlagen und Ansätze zur Beurteilung von deren Wirksamkeit, DStR 2008 S. 1300 ff.

Arbeitskreis „Externe und interne Überwachung der Unternehmung" der Schmalenbach-Gesellschaft für Betriebswirtschaft e.V., Probleme der Prognoseprüfung, DB 2003 S. 105 ff.

Arbeitskreis „Externe und interne Überwachung der Unternehmung" der Schmalenbach-Gesellschaft für Betriebswirtschaft e.V., Best Practice für die Interne Revision, DB 2006 S. 225 ff.

Arbeitskreis „Externe und interne Überwachung der Unternehmung" der Schmalenbach-Gesellschaft für Betriebswirtschaft e.V., Aktuelle Herausforderungen im Risikomanagement – Innovationen und Leitlinien, DB 2010 S. 1245 ff.

Arbeitskreis „Externe und interne Überwachung der Unternehmung" der Schmalenbach-Gesellschaft für Betriebswirtschaft e.V., Compliance: 10 Thesen für die Unternehmenspraxis, DB 2010 S. 1509 ff.

Arbeitskreis „Immaterielle Werte im Rechnungswesen" der Schmalenbach-Gesellschaft für Betriebswirtschaft e.V., Kategorisierung und bilanzielle Erfassung immaterieller Werte, DB 2001 S. 989 ff.

Arbeitskreis „Immaterielle Werte im Rechnungswesen" der Schmalenbach-Gesellschaft für Betriebswirtschaft e.V., Leitlinien zur Bilanzierung selbstgeschaffener immaterieller Vermögensgegenstände des Anlagevermögens nach dem Regierungsentwurf des BilMoG, DB 2008 S. 1813 ff.

B

Baetge/Hippel/Sommerhoff, Anforderungen und Praxis der Prognoseberichterstattung, DB 2011 S. 365 ff.

Baetge/Kirsch/Thiele, Bilanzen, 11. Aufl., Düsseldorf 2011.

Baetge/Lienau, Änderungen der Berufsaufsicht der Wirtschaftsprüfer, DB 2004 S. 2277 ff.

Baetge/Schulze, Möglichkeiten der Objektivierung der Lageberichterstattung über „Risiken der künftigen Entwicklung", DB 1998 S. 937 ff.

Bantleon/Siebert, Auswirkungen der Business Judgement Rule auf die Organisation der Entscheidungsprozesse und auf die Interne Revision, ZIR 2007 S. 190 ff. und 242 ff.

Bantleon/Thomann, Grundlegendes zum Thema „Fraud" und dessen Vorbeugung, DStR 2006 S. 1714 ff.

Beckmann, Der Jahresabschluss des Handelsunternehmens, BBK 2002, Fach 12 S. 6585 ff.

Beckmann, Vorratsbilanzierung und -bewertung im Handelsunternehmen, BBK 2003, Fach 30 S. 1459 ff.

Berenz/Voit, Die Geschäftsprozessorientierung in der Abschlussprüfung, WPg 2003 S. 1233 ff.

Bergmoser, Integration von Compliance Management-Systemen, BB 2010, Special Nr. 4 zu Heft 50 S. 2 ff.

Bergmoser/Theusinger/Gushurst, Corporate Compliance, BB 2008, Special Nr. 5 zu Heft 25 S. 1 ff.

Berndt/Jeker, Fraud Detection im Rahmen der Abschlussprüfung, BB 2007 S. 2615 ff.

Bieg, Darstellung des Anlagevermögens durch den Anlagespiegel, BBK 2004, Fach 30 S. 1497 ff.

Bieg, Ermittlung des Periodenerfolgs durch das Umsatzkostenverfahren, BBK 2004, Fach 30 S. 1559 ff.

Bieg, Bilanzierung und Bewertung von Haftungsverhältnissen gem. § 251 HGB, BBK 2005, Fach 12 S. 6805 ff.

Bihr/Kalinowsky, Risikofrüherkennungssystem bei nicht börsennotierten Aktiengesellschaften – Haftungsfalle für Vorstand, Aufsichtsrat und Wirtschaftsprüfer, DStR 2008 S. 620 ff.

Literatur

Boecker/Zwirner, Risiko Accounting Fraud, BC 2010 S. 496 ff.

Böcking et al. (Hrsg.), Beck'sches Handbuch der Rechnungslegung, Loseblattwerk, 36. Aufl., München 2011.

Börstinger, Steuerfreie Rücklagen/Sonderposten mit Rücklageanteil – Fallbeispiele zu Ansatz und Bewertung, BC 2003 S. 265 ff.

Börstinger, Zuschüsse für Anlagegüter – Fallbeispiele zur Bildung einer steuerfreien Rücklage, BC 2004 S. 269 ff.

Boorberg, Werbemittelvorräte im Jahresabschluss nach Handels- und Steuerrecht, DB 2001 S. 497 ff.

Bormann, Unabhängigkeit des Abschlussprüfers – Aufgabe und Chance für den Berufsstand, BB 2002 S. 190 ff.

Briese/Suermann, Sonderposten mit Rücklageanteil und steuerliche Abschreibungen im Jahresabschluss nach BilMoG, DB 2010 S. 121 ff.

Brinkmann/Spieß, Abschlussprüfung nach International Standards on Auditing, KoR 2006 S. 395 ff. und S. 668 ff.

Brösel/Mindermann/Boecker, Rechnungsabgrenzungsposten – Was bringt die „Modernisierung" des § 250 HGB, BRZ 2009 S. 453 ff.

Brösel/Mindermann/Boecker, Zur Vereinfachung der Vorratsbewertung durch BilMoG, BRZ 2009 S. 501 ff.

Brösel/Mindermann/Zwirner, Zur Bewertung der Schulden gemäß BilMoG, StuB 2009 S. 647 ff.

Bruckmeier/Zwirner/Künkele, Die Behandlung eigener Anteile – Das BilMoG kürzt das Steuersubstrat und fördert Investitionen in eigene Aktien, DStR 2010 S. 1640 ff.

Buchholz, Grundzüge des Jahresabschlusses nach HGB und IFRS, 7. Aufl., München 2011.

Büchel, Die Problematik der Verfahrensdokumentation bei der projektbegleitenden Prüfung großer DV-Systeme: ein Lösungsvorschlag, ZIR 2004 S. 153 ff.

Büttner/Lorson/Melcher, Bilanzierung von Pensionsverpflichtungen und Planvermögen nach BilMoG, KoR 2009 S. 461 ff.

C

Christiansen, Zur Passivierung von Verbindlichkeiten: Dem Grunde nach bestehende Verbindlichkeiten – (Nicht-) Anwendung des BFH-Urteils I R 45/97, DStR 2007 S. 127 ff.

Christiansen, Zur Passivierung von Verbindlichkeiten: (Nicht-) Passivierung im Rahmen schwebender Geschäfte, DStR 2007 S. 869 ff.

Claßen/Schulz, Leasingbilanzierung nach HGB und IFRS, StuB 2011 S. 3 ff.

Coenenberg, Jahresabschluss und Jahresabschlussanalyse, 21. Aufl., Landsberg (Lech) 2009.

Cremer, Wertaufholung, BBK 2000, Fach 30 S. 1021 ff.

Cremer, Die ertragsteuerliche Behandlung von Leasingverträgen, BBK 2004, Fach 13 S. 4627 ff.

Cremer, Bilanzielle Behandlung von Zuschüssen, BBK 2005, Fach 30 S. 1735 ff.

D

Dawo/Heiden, Aktuelle Entwicklungen zur Erfassung immaterieller Werte in der externen Berichterstattung, DStR 2001 S. 1716 ff.

Deussen, Der Lagebericht der Kapitalgesellschaft, StuB 2007 S. 795 ff.

Diehl, Risikoorientierte Abschlussprüfung – Gedanken zur Umsetzung in die Praxis, DStR 1993 S. 1114 ff.

Dietsche/Fink, Die Qualität der Lageberichterstattung in Deutschland, KoR 2008 S. 250 ff.

Ditges/Arendt, Bilanzen, 13. Aufl., Ludwigshafen 2010.

Dobler, Die Prüfung des Risikofrüherkennungssystems gemäß § 317 Abs. 4 HGB – Kritische Analyse und empirischer Befund, DStR 2001 S. 2086 ff.

Dobler, Ausbau des Risikomanagement- und Compliance-Systems in besonders schwierigem Unternehmensumfeld, KSI 2011 S. 64 ff.

Dobler/Kurz, Aktivierungspflicht für immaterielle Vermögensgegenstände in der Entstehung nach dem RegE eines BilMoG, KoR 2008 S. 485 ff.

Dobler/Lambert, Compliance-Management in mittelständischen Unternehmen, KSI 2010 S. 202 ff.

Dörner, Zusammenarbeit von Aufsichtsrat und Wirtschaftsprüfer im Lichte des KonTraG, DB 2000 S. 101 ff.

Dörner/Bischof, Zweifelsfragen zur Berichterstattung über die Risiken der künftigen Entwicklung im Lagebericht, WPg 1999 S. 445 ff.

Doll/Pinzinger, Das Risiko als Prüfungsmaßstab und seine Anwendung in der Praxis, BC 2007 S. 70 ff.

E

Eggemann/Konradt, Risikomanagement nach KonTraG aus dem Blickwinkel des Wirtschaftsprüfers, BB 2000 S. 503 ff.

Eggloff/Heß, Aufbau und Aufgaben der Internen Revision, BBK 1997, Fach 28 S. 1037 ff.

Eibelshäuser, Aufsichtsrat und Abschlussprüfer – Kann die erweiterte Prüfung und Berichterstattung des Abschlussprüfers nach § 53 HGrG zu einer Verbesserung der Aufsichtsratsinformation beitragen?, WPK-Mitt. 1997 S. 166 ff.

Eisenhardt/Wader, Vorschläge zur Fortentwicklung der Abschlussprüfung – Das Grünbuch der EU-Kommission, DStR 2010 S. 2532 ff.

Eisolt, Prüfung von Compliance Management-Systemen: erste Überlegungen zu IDW EPS 980, BB 2010 S. 1843 ff.

Ellrott/Förschle/Hoyos/Winkeljohann, (Hrsg.), Beck'scher Bilanz-Kommentar – Handels- und Steuerbilanz, 7. Aufl., München 2010.

Endres/Kaffka, Verfahrensdokumentation beim Einsatz von EDV-Systemen in mittelständischen Unternehmen, BBK 2002, Fach 7 S. 1101 ff.

Engel-Ciric, Bilanzrechtsmodernisierungsgesetz – Die kopernikanische Wende in der deutschen Rechnungslegung, BC 2008 S. 25 ff.

Engel-Ciric, Bilanzrechtsmodernisierungsgesetz: Praxisfragen zur Abgrenzung von Entwicklungs- und Forschungskosten, BC 2008 S. 81 ff.

Engel-Ciric, Bildung und Bewertung sonstiger Rückstellungen nach BilMoG: Praxisleitfaden, BRZ 2009 S. 362 ff.

Engel-Ciric, Bilanzierung des Geschäfts- oder Firmenwerts nach BilMoG, BRZ 2009 S. 445 ff.

Ernst, Die Einheitlichkeit des Wirtschaftsprüferberufes, WPg 2003 S. 18 ff.

Ernst, Gesetz zur Modernisierung des Bilanzrechts nach Verabschiedung durch den Bundestag, BB 2009 S. 766 ff.

F

Färber/Wagner, Adaption des internen Kontrollsystems an die Anforderungen des Sarbanes-Oxley Act, Controlling 2005 S. 155 ff.

Farr, Checkliste zur Erstellung des Anhangs der mittelgroßen GmbH, BC 2007 S. 329 ff. und BC 2008 S. 34 ff.

Farr, Berichtskritik – Berufsrechtliche Anforderungen bei Siegelführung und praktische Lösungsansätze insbesondere bei Kleinpraxen, WPK-Magazin 2008, Nr. 2 S. 33 ff.

Farr/Niemann, Besonderheiten der Abschlussprüfung kleiner und mittelgroßer Unternehmen (KMU), DStR 2007 S. 822 ff.

Fink/Keck, Lageberichterstattung nach BilReG und DRS 15 – Eine kritische Würdigung, KoR 2005 S. 137 ff.

Fink/Kunath, Bilanzpolitisches Potenzial bei der Rückstellungsbildung und -bewertung nach neuem Handelsrecht, DB 2010 S. 2345 ff.

Fischer/Neubeck/Stibi/Thoms-Meyer, HGB-Jahresabschluss – Erstellung, prüferische Durchsicht und Prüfung 2009/10: Mittelständische Unternehmen – Erläuterungen, Checklisten und Materialien, 6. Aufl., Bonn 2010.

Förschle/Peemöller (Hrsg.), Wirtschaftsprüfung und Interne Revision, Heidelberg 2004.

Freidank, Fortentwicklung der Lageberichterstattung nach dem BilReG aus betriebswirtschaftlicher Sicht, BB 2005 S. 2512 ff.

Freidank/Peemöller (Hrsg.): Kompendium der Internen Revision – Internal Auditing in Wissenschaft und Praxis, Berlin 2011.

Fröhlich/Heese, Ordnungsmäßigkeit und Sicherheit der rechnungslegungsbezogenen Informationssysteme im E-Business, WPg 2001 S. 589 ff.

Frye, Ausgewählte Neuerungen bei Ansatz und Bewertung in Handels- und Steuerbilanz, BC 2003 S. 241 ff.

Frye, Abgrenzung von Erhaltungsaufwendungen zu Anschaffungs-/Herstellungskosten, BC 2004 S. 1 ff.

Frye, Wegfall der Halbjahresregelung bei Abschreibungen – Praktische Folgen, BC 2004 S. 29 ff.

Frye, Neue Pflichtangaben in Anhang und Lagebericht einer HGB-Bilanz, BC 2005 S. 10 ff.

Funnemann/Kerssenbrock, Ausschüttungssperren im BilMoG-RegE, BB 2008 S. 2674 ff.

G

Gaillinger, Buchung geringwertiger Wirtschaftsgüter nach der Unternehmensteuerreform 2008 – Auswirkungen auf Handels- und Steuerbilanz, BBK 2007, Fach 13 S. 5021 ff.

Giese, Die Prüfung des Risikomanagementsystems einer Unternehmung durch den Abschlussprüfer gemäß KonTraG, WPg 1998 S. 451 ff.

Glaum/Thomaschewski/Weber, Die Vorschriften zur Einrichtung und Dokumentation eines internen Kontrollsystems nach Section 404 Sarbanes-Oxley Act: Umsetzung durch deutsche Unternehmen, KoR 2006 S. 206 ff.

Göllert, Auswirkungen des Bilanzrechtsmodernisierungsgesetzes (BilMoG) auf die Bilanzpolitik, DB 2008 S. 1165 ff.

Göllert, Problemfelder der Bilanzanalyse: Einflüsse des BilMoG auf die Bilanzanalyse, DB 2009 S. 1773 ff.

Graf, Neue Strafbarkeitsrisiken für den Wirtschaftsprüfer durch das KonTraG, BB 2001 S. 562 ff.

Gräfer, Die Bilanzierung von Forderungen im Jahresabschluss – Ansatz und Bewertung, in: BBK 2005, Fach 12 S. 6727 ff.

Gräfer/Köhler, Die Bilanzierung von Wertpapieren und Unternehmensanteilen, BBK 1997, Fach 12 S. 2041 ff.

Graumann, Die Abschlussprüfung nach KonTraG, WISU 1998 S. 665 ff.

Graumann, Auswirkungen des Internationalisierungsprozesses auf Abschlussprüfung und Abschlussprüfer, StuB 2002 S. 157 ff.

Graumann, Initiativen und Maßnahmen zur Harmonisierung der Abschlussprüfung in der EU, StuB 2002 S. 313 ff.

Graumann, Die Beurteilung der Geschäftsführungsorganisation – Kriterien zur Verbesserung des Ratings und zum Aufbau eines Frühwarnsystems, BBB 2005 S. 93 ff.

Graumann, Die Beurteilung der Geschäftsführungsinstrumente – Kriterien zur Verbesserung des Ratings und zum Aufbau eines Frühwarnsystems, BBB 2005 S. 119 ff.

Graumann, Risikomanagement und Frühaufklärung, in: *Brecht* (Hrsg.), Neue Entwicklungen im Rechnungswesen, Wiesbaden 2005, S. 1 ff.

Graumann, Vorbereitung, Durchführung und Interpretation einer Betriebsabrechnung, BBK 2006, Fach 21 S. 6215 ff.

Graumann, Praxisfall: Produkt- und Sortimentsteuerung auf Voll- und Teilkostenbasis, BBK 2007, Fach 21 S. 6257 ff.

Graumann, Praxisfall: Implementierung und Interpretation einer Teilkostenrechnung, BBK 2008, Fach 21 S. 6283 ff.

Graumann, Die Berücksichtigung von Leerkosten bei der Ermittlung der Herstellungskosten, BBK 2010 S. 166 ff. und 209 ff.

Graumann, Aktivierung von Herstellungskosten – Die neue IDW Stellungnahme RS HFA 31, BBK 2011 S. 121 ff.

Graumann, Projektkalkulation mithilfe der Produktlebenszyklus-Kostenrechnung, BBK 2011 S. 674 ff.

Graumann, Anwendung von Produktkalkulationsverfahren, BBK 2011 S. 872 ff.

Graumann, Controlling – Begriff, Elemente, Methoden und Schnittstellen, 3. Aufl., Düsseldorf 2011.

Graumann/Külshammer, Zweifelsfragen der Darstellung der Risiken im Lagebericht, BBK 2002, Fach 12 S. 6567 ff.

Groß, Erkennen und Bewältigen von Unternehmensschieflagen, WPg-Sonderheft 2003 S. 128 ff.

Groß, Die Wahrung, Einschätzung und Beurteilung des „Going Concern" in den Pflichten- und Verantwortungsrahmen von Unternehmensführung und Abschlussprüfung, WPg 2004 S. 1357 ff. und 1433 ff.

Groß/Amen, Redepflicht zur Unternehmensplanung?, WPg 2003 S. 1161 ff.

Grützner, Die Bilanzierung von Grundstücken und Grundstücksteilen, BBK 2001, Fach 13 S. 4445 ff.

Grützner, Herstellungskosten in Handels- und Steuerrecht, BBK 2005, Fach 13 S. 4713 ff.

Grützner, Gebäudeherstellungskosten, BBK 2005, Fach 13 S. 4735 ff.

Grützner, Anschaffungsnaher Herstellungsaufwand bei Gebäuden, BBK 2005, Fach 13 S. 4799 ff.

Grützner, Die Abzinsung von Verbindlichkeiten und Rückstellungen in der Steuerbilanz, StuB 2011 S. 490 ff.

H

Haas, BilMoG und Bilanzierungswahlrechte als Ratingrisiko, NWB-BB 2010 S. 348 ff.

Haas, Fallbeispiel: Auswirkungen des BilMoG auf das Rating, NWB-BB 2010 S. 367 ff.

Haas/David/Skowronek, Aktuelle Anwendungsfragen bei der Abzinsung von sonstigen Rückstellungen nach BilMoG, KoR 2011 S. 483 ff.

Haase, Die bilanzielle und steuerliche Behandlung von Genussrechten, StuB 2009 S. 495 ff.

Hachmeister, Die gewandelte Rolle des Wirtschaftsprüfers als Partner des Aufsichtsrats nach den Vorschriften des KonTraG, DStR 1999 S. 1453 ff.

Hagemann/Oecking/Wunsch, Pensionsverpflichtungen nach dem BilMoG – und was das IDW dazu zu sagen hat, DB 2010 S. 1021 ff.

Hagemeister, Neue Anforderungen an die Unabhängigkeit des Anschlussprüfers durch IFAC und Europäische Kommission, DB 2002 S. 333 ff.

Hampel/Lueger/Roth, Risikocontrolling aus der Sicht des Abschlussprüfers, ZfCM 2004, Sonderheft 3 S. 108 ff.

Happ/Pott, Auswirkungen des Sarbanes-Oxley Act Section 404: Kosten und Nutzen für europäische Unternehmen, KoR 2007 S. 666 ff.

Happe, Pauschalwertberichtigungen bei der Bewertung der Forderungen, BBK 2005, Fach 13 S. 4703 ff.

Happe, Die Abzinsung von Verbindlichkeiten und Rückstellungen im Steuerrecht, StuB 2005 S. 618 ff.

Happe, Die Abzinsung von Verbindlichkeiten und Rückstellungen im Steuerrecht, BBK 2007, Fach 30 S. 1869 ff.

Heese, Der risiko-, prozess- und systemorientierte Prüfungsansatz, WPg-Sonderheft 2003 S. 223 ff.

Heese/Peemöller, Zusammenarbeit zwischen Interner Revision und Abschlussprüfern, BB 2007 S. 1378 ff.

Heger/Weppler, Anmerkungen zur Bilanzierung betrieblicher Altersversorgung nach dem BilMoG-Gesetzentwurf, DStR 2009 S. 239 ff.

Heidenreich, Geringwertige Wirtschaftsgüter ab 2008 – Abweichungen von Handels- und Steuerbilanz sowie Änderungen durch das Jahressteuergesetz 2008, BBK 2008, Fach 12 S. 7033 ff.

Heininger/Bertram, Neue Anforderungen an Berufsaufsicht und Qualitätskontrolle durch das Abschlussprüferaufsichtsgesetz (APAG), DB 2004 S. 1737 ff.

Heininger/Bertram, Der Referentenentwurf zur 7. WPO-Novelle (BARefG), DB 2006 S. 905 ff.

Henckel/Krenzer, Zurechnung von Vermögensgegenständen anhand des wirtschaftlichen Eigentums gem. § 246 Abs. 1 HGB n. F. (BilMoG), StuB 2009 S. 492 ff.

Henn, Anforderungen an die Ordnungsmäßigkeit der EDV-Buchführung, BBK 2006, Fach 7 S. 1185 ff.

Hennrichs, Immaterielle Vermögensgegenstände nach dem Entwurf des Bilanzrechtsmodernisierungsgesetzes (BilMoG), DB 2008 S. 537 ff.

Herzig/Briesemeister, Das Ende der Einheitsbilanz – Abweichungen zwischen Handels- und Steuerbilanz nach BilMoG-RegE, DB 2009 S. 1 ff.

Heßler/Mosebach, Besonderheiten und Probleme der Jahresabschlussprüfung in Unternehmen der New Economy, DStR 2001 S. 1045 ff.

Hillebrand, Rechnungslegung in der Krise, BBB 2007 S. 52 ff.

Hirsekorn/Heinicke/Kirstan, Aufbau und Prüfung eines Compliance Managemement Systems und die Rolle des Controllings hierbei, Controlling 2010 S. 598 ff.

Höfer/Rhiel/Veit, Die Rechnungslegung für betriebliche Altersversorgung im Bilanzrechtsmodernisierungsgesetz (BilMoG), DB 2009 S. 1605 ff.

Hoffmann, Stille Gesellschaft und Genussrecht als Bilanzierungsobjekt, StuB 2010 S. 481 ff.

Hoffmann/Lorson/Melcher, Wesentliche Auswirkungen der Wirtschaftskrise auf den Lagebericht, DB 2010 S. 233 ff.

Hoffmann/Lüdenbach, Die imparitätische Berichterstattung des Abschlussprüfers nach § 321 Abs. 2 Satz 4 HGB n. F., DB 2003 S. 781 ff.

Hoffmann/Lüdenbach, Inhaltliche Schwerpunkte des BilMoG-Regierungsentwurfs, DStR 2008, Beihefter zu Heft 30/2008 S. 49 ff.

Hoffmann/Lüdenbach, Neues zur voraussichtlich dauernden Wertminderung des abnutzbaren Anlagevermögens, DB 2009 S. 577 ff.

Hofmann, Prüfungs-Handbuch: Praxisorientierter Leitfaden einer umfassenden unternehmerischen Überwachungs- und Revisionskonzeption, 5. Aufl., Berlin 2005.

Hofmann, Handbuch Anti-Fraud-Management. Bilanzbetrug erkennen – vorbeugen – bekämpfen, Berlin 2008.

Hommel/Laas, Währungsumrechnung im Einzelabschluss – die Vorschläge des BilMoG-RegE, BB 2008 S. 1666 ff.

Hommel/Rößler, Komponentenansatz des IDW RH HFA 1.1016 – eine GoB-konforme Konkretisierung der planmäßigen Abschreibungen?, BB 2009 S. 2526 ff.

Hoppe/Prieß, Sicherheit des EDV-gestützten Rechnungswesens, BBK 2003, Fach 7 S. 1165 ff.

Horvath, Anforderungen an ein modernes Internes Kontrollsystem, WPg-Sonderheft 2003 S. 211 ff.

Huth, Grundzüge ordnungsmäßiger Risikoüberwaschung, BB 2007 S. 2167 ff.

I

Institut der Wirtschaftsprüfer (Hrsg.), WP-Handbuch, 2 Bände, 13. Aufl., Düsseldorf 2006 und 2008.

Institut der Wirtschaftsprüfer (Hrsg.), IDW-Rechnungslegungsstandards (RS) und Prüfungsstandards (PS), Loseblattwerk, Düsseldorf o. J.

J

Jacob, Die Transformation der International Standards on Auditing in deutsche Grundsätze ordnungsmäßiger Abschlussprüfung, WPg 2001 S. 237 ff.

Jaspers/Meinor, Kostensenkung durch Stichprobeninventur, WPg 2005 S. 1077 ff.

K

Kämpfer/Kayser/Schmidt, Das Grünbuch der EU-Kommission zur Abschlussprüfung, DB 2010 S. 2457 ff.

Kaiser, Veränderungen beim Berufszugang der Wirtschaftsprüfer durch die 5. WPO-Novelle, DStR 2003 S. 995 ff.

Kaiser, Auswirkungen des Bilanzrechtsreformgesetzes auf die zukunftsorientierte Berichterstattung, WPg 2005 S. 405 ff.

Kaiser, Erweiterung der zukunftsorientierten Lageberichterstattung: Folgen des Bilanzrechtsreformgesetzes für Unternehmen, DB 2005 S. 345 ff.

Kaiser, Jahresabschlussprüfung und prüfungsnahe Beratung bei zukunftsorientierter Lageberichterstattung gemäß dem Bilanzrechtsreformgesetz, DB 2005 S. 2309 ff.

Kajüter, Risikoberichterstattung: Empirische Befunde und der Entwurf des DRS 5, DB 2001 S. 105 ff.

Kajüter, Der Entwurf des DRS 5 zur Risikoberichterstattung, WPg 2001 S. 205 ff.

Kajüter, Prüfung der Risikoberichterstattung im Lagebericht, BB 2002 S. 243 ff.

Kajüter/Winkler, Praxis der Risikoberichterstattung deutscher Konzerne, WPg 2004 S. 249 ff.

Kaya, Verminderung der Aussagekraft des Lageberichts mittelständischer Unternehmen, in: StuB 2010, S. 483 ff.

Kaya/Borgwardt, Ausschüttungssperre nach § 268 Abs. 8 HGB, StuB 2010 S. 727 ff.

Keller/Gütlbauer, Der Komponentenansatz als teilweiser Ersatz für die Abschaffung der Aufwandsrückstellung durch BilMoG, StuB 2011 S. 11 ff.

Keller/Weber, Neudefinition der Herstellungskosten nach BilMoG: Auswirkungen auf die Rechnungslegungspraxis, BC 2008 S. 129 ff.

VERZEICHNIS Literatur

Keller, Einholung von Bestätigungen Dritter bei der Erstellung und Prüfung des Jahresabschlusses, BBK 2006, Fach 4 S. 2083 ff.

Kessler, Der Saldierungsbereich von Drohverlustrückstellungen – eine unendliche Geschichte?, BBK 1997, Fach 13 S. 4119 ff.

Kessler/Leinen/Paulus, Das BilMoG und die latenten Steuern, KoR 2009 S. 716 ff. und KoR 2010 S. 46 ff.

Kessler/Scholz-Görlach, Die Abgrenzung des Saldierungsbereichs bei Drohverlustrückstellungen, PIR 2007 S. 304 ff.

Kessler/Suchan, Das „Lifo-Urteil" des BFH und seine Bedeutung für das Handelsrecht, DStR 2003 S. 345 ff.

Kirsch, Bilanzpolitik des Jahresabschlusses nach den Vorschriften des Bilanzrechtsmodernisierungsgesetzes, BC 2008 S. 1 ff.

Kirsch, Fallstudie zum Übergang auf das geplante Bilanzrechtsmodernisierungsgesetz, BC 2008 S. 105 ff.

Kirsch, Geplante Übergangsvorschriften zum Jahresabschluss nach dem Regierungsentwurf des BilMoG, DStR 2008 S. 1202 ff.

Kirsch, Neue Anhangangabepflichten zum Jahresabschluss nach dem BilMoG-RegE, StuB 2008 S. 878 ff.

Kirsch/Scheele, Neugestaltung von Prognose- und Risikoberichterstattung im Lagebericht durch das Bilanzrechtsreformgesetz, WPg 2005 S. 1149 ff.

Klein/Tielmann, Die Modernisierung der Abschlussprüferrichtlinie, WPg 2004 S. 501 ff.

Kleine-Rosenstein, Bewertung von Vorratsvermögen, BBK 1998, Fach 30 S. 735 ff.

Kleine-Rosenstein, Die retrograde Bewertungsmethode – Von der handelsrechtlichen verlustfreien Bewertung zum steuerlich niedrigeren Teilwert, BBK 2004, Fach 30 S. 1489 ff.

Kleinmanns, Neugestaltung der Unabhängigkeitsanforderungen an Abschlussprüfer nach dem BilReG, BBK 2005, Fach 28 S. 1299 ff.

Klinger/Klinger, Das interne Kontrollsystem (IKS) im Unternehmen: Praxisbeispiele, Checklisten, Organisationsanweisungen und Muster-Prüfberichte für alle Unternehmensbereiche, 2. Aufl., München 2009.

Klöbb, Das interne Kontrollsystem im Rahmen der Jahresabschlussprüfung: IDW PS 260 versus ISA 400, DStR 2002 S. 415 ff.

Knabe/Mika/Müller/Rätsch/Schruff, Zur Berücksichtigung des fraud-Risikos im Rahmen der Abschlussprüfung, WPg 2004 S. 1057 ff.

Köhler, Bilanzpolitik durch die Aktivierung von Fremdkapitalzinsen als Herstellungskosten, BBK 2006, Fach 19 S. 579 ff.

Krommes, Handbuch Jahresabschlussprüfung, 3. Aufl., Wiesbaden 2011.

Kromschröder/Lück, Grundsätze risikoorientierter Unternehmensüberwachung, DB 1998 S. 1573 ff.

Kümpel/Oldewurtel/Wolz, Die Aufdeckung von fraud im Fokus des Wirtschaftsprüfers, StuB 2011 S. 406 ff.

Künkele/Zwirner, Komponentenansatz (component approach): Handelsrechtlicher Ersatz für weggefallene Aufwandsrückstellungen, BRZ 2009 S. 442 ff.

Künkele/Zwirner, Währungsumrechnung im handelsrechtlichen Einzelabschluss: Erstmalige Regelung durch das BilMoG, BRZ 2009 S. 557 ff.

Künkele/Zwirner, Auswirkungen des BilMoG auf die Eigenkapitaldarstellung im handelsrechtlichen Jahresabschluss, BC 2010 S. 450 ff.

Küting, Offene Rücklagen – Ein systematischer Überblick, BBK 2000, Fach 12 S. 6369 ff.

Küting, Der Geschäfts- oder Firmenwert als Schlüsselgröße der Analyse von Bilanzen deutscher Konzerne, DB 2005 S. 2757 ff.

Küting, Geplante Neuregelungen der Bilanzansatzwahlrechte durch das Bilanzrechtsmodernisierungsgesetz, BB 2008 S. 1330 ff.

Küting, Unbestimmte Rechtsbegriffe im HGB und IFRS: Konsequenzen für Bilanzpolitik und Bilanzanalyse, BB 2011 S. 2091 ff.

Küting/Cassel, Bilanzierung von Bewertungseinheiten nach dem Entwurf des BilMoG – Eine Fallstudie zur Anwendung von § 254 HGB-E, KoR 2008 S. 769 ff.

Küting/Cassel, Anschaffungs- und Herstellungskosten nach HGB und IFRS, StuB 2011 S. 283 ff.

Küting/Cassel/Metz, Die Bewertung von Rückstellungen nach neuem Recht, DB 2008 S. 2317 ff.

Küting/Dürr, „Intangibles" in der deutschen Bilanzierungspraxis, StuB 2003 S. 1 ff.

Küting/Ellmann, Die Herstellungskosten von selbst geschaffenen immateriellen Vermögensgegenständen des Anlagevermögens, DStR 2010 S. 1300 ff.

Küting/Koch, Der Goodwill in der deutschen Bilanzierungspraxis, StuB 2003 S. 49 ff.

Küting/Lam/Mojadadr, Entwicklungstendenzen der Bilanzanalyse, DB 2010 S. 2289 ff.

Küting/Mojadadr, Währungsumrechnung im Einzel- und Konzernabschluss nach dem RegE zum BilMoG, DB 2008 S. 1869 ff.

Küting/Pfirmann/Ellmann, Die Bilanzierung von selbsterstellten immateriellen Vermögensgegenständen nach dem RegE des BilMoG, KoR 2008 S. 689 ff.

Küting/Pfirmann/Mojadadr, Einzelfragen der Umrechnung und Bewertung von Fremdwährungsforderungen im Einzelabschluss nach § 256a HGB, StuB 2010 S. 411 ff.

Küting/Reuter, Bilanzierung eigener Anteile nach dem BilMoG-RegE, StuB 2008 S. 495 ff.

Küting/Reuter/Zwirner, Die Erfolgsrechnung nach dem Umsatzkostenverfahren, BBK 2003, Fach 12 S. 6627 ff.

Küting/Weber, Die Bilanzanalyse: Beurteilung von Abschlüssen nach HGB und IFRS, 9. Aufl., Stuttgart 2009.

Kurtz, Verbuchung von Leasinggeschäften, BBK 2002, Fach 30 S. 1269 ff.

Kussmaul/Huwer, Die Widerspruchslosigkeit der bilanziellen Differenzierung zwischen Anlage- und Umlaufvermögen – Ein Widerspruch?, DStR 2010 S. 2471 ff.

Kussmaul/Huwer, Die Bedeutung der Abgrenzung von Anlage- und Umlaufvermögen, StuB 2011 S. 290 ff.

L

Lachnit/Wulf, Auswirkungen des BilMoG auf die Abschlussanalyse, StuB 2010 S. 687 ff.

Lanfermann, Modernisierte EU-Richtlinie zur gesetzlichen Abschlussprüfung, DB 2005 S. 2645 ff.

Lanfermann/Lanfermann, Besorgnis der Befangenheit der Abschlussprüfers, DStR 2003 S. 900 ff.

Lang/Weidmüller/Schaffland (Hrsg.), Genossenschaftsgesetz – Kommentar, 37. Aufl., Berlin/New York 2011.

Lange, Risikoberichterstattung nach KonTraG und KapCoRiLiG, DStR 2001 S. 227 ff.

Langenbeck, Musteranweisung für die Stichtagsinventur, BBB 2006 S. 330 ff.

Lechner, Vermeidung und Aufdeckung von „Top Management Fraud" durch das unternehmerische Überwachungssystem, DStR 2006 S. 1854 ff.

Lengerke, Die Prüfungspflicht des Abschlussprüfers nach § 317 Abs. 4 HGB, WPK-Mitt. 2002 S. 96 ff.

Lenz, Entwurf VO 1/2005 zur Qualitätssicherung in der Wirtschaftsprüfung aus Sicht mittelständischer WP-Praxen, BB 2005 S. 1615 ff.

Loitz, Die Prüfung der Geschäftsführung auf dem Prüfstand, BB 1997 S. 1835 ff.

Loitz/Winnacker, Die dauernde Wertminderung im Umlaufvermögen vor dem Hintergrund der handelsrechtlichen und steuerlichen Bilanzierung, DB 2000 S. 2229 ff.

Lück, Elemente eines Risiko-Managementsystems – Die Notwendigkeit eines Risiko-Managementsystems durch den Entwurf eines Gesetzes zur Kontrolle und Transparenz im Unternehmensbereich (KonTraG), DB 1998 S. 8 ff.

Lück, Quality Control – Maßnahmen zur Qualitätssicherung in der Wirtschaftsprüfer-Praxis, DB 2000 S. 1 ff.

Lück, Überwachung von Maßnahmen der Qualitätssicherung in der Wirtschaftsprüferpraxis, DB 2000 S. 333 ff.

Lück, Anforderungen an die Redepflicht des Abschlussprüfers, BB 2001 S. 404 ff.

Lück/Bungartz, Risikoberichterstattung deutscher Unternehmen, DB 2004 S. 1789 ff.

Ludewig, KonTraG – Aufsichtsrat und Abschlussprüfer, DB 2000 S. 634 ff.

Ludewig, Zur Berufsethik der Wirtschaftsprüfer, WPg 2003 S. 1093 ff.

Lüdenbach, Zulässigkeit des Lifo-Verfahrens bei Autohäusern?, StuB 2009 S. 654 ff.

Lüdenbach, Ausschüttungssperre nach § 268 Abs. 8 HGB, StuB 2010 S. 588 ff.

Lüdenbach, Bilanzierung überverzinslicher Verbindlichkeiten, StuB 2010 S. 875 ff.

Lüdenbach, Abgrenzung zwischen Herstellung von Erzeugnissen und Anschaffung von Waren, StuB 2011 S. 187 ff.

Lüdenbach, Abzinsung verzinslicher Rückstellungen, StuB 2011 S. 674 ff.

Lüdenbach/Hoffmann, Die wichtigsten Änderungen der HGB-Rechnungslegung durch das BilMoG, StuB 2009 S. 287 ff.

M

Madeja/Roos, Zur Bilanzierung immaterieller Vermögenswerte des Anlagevermögens nach BilMoG – Fallbeispiele zur Anwendung geplanter Neuregelungen, KoR 2008 S. 342 ff.

Mäder/Ehret, Bewertung selbst erstellter Software im Rahmen der Eigennutzung – Auswirkungen des BilMoG-E, BRZ 2009 S. 16 ff.

Marten, Externe Qualitätskontrolle im Berufsstand der Wirtschaftsprüfer, DB 1999 S. 1073 ff.

Marten/Köhler, 4. WPO-Novelle – Anstoß zu einer externen Qualitätskontrolle von Wirtschaftsprüfern in Deutschland, BB 2000 S. 867 ff.

Marten/Quick/Ruhnke, Wirtschaftsprüfung: Grundlagen des betriebswirtschaftlichen Prüfungswesens nach nationalen Normen, 4. Aufl., Stuttgart 2011.

Maus, Rücklage für Ersatzbeschaffung, BBK 2000, Fach 13 S. 4289 ff.

Maus, Festwerte in der Handels- und Steuerbilanz, BBK 2003, Fach 12 S. 6659 ff.

Maus, Dauernde Wertminderung börsennotierter Aktien im Anlagevermögen, BBK 2009 S. 485 ff.

Meinel, Die Frage nach der Nutzungsdauer – neue Gestaltungsmöglichkeiten durch die Regelungen des BilMoG, DStR 2011 S. 1724 ff.

Menden/Kralisch, SOX-Compliance Reloaded – außer Spesen nichts gewesen?, ZfCM 2008 S. 235 ff.

Mertin, Zur Fortentwicklung der International Standards on Auditing and Assurance, WPg 2003 S. 1 ff.

Mertin/Schmidt, Internationale Harmonisierung der Anforderungen an die Abschlussprüfung auf der Grundlage der Verlautbarungen der IFAC, WPg 2001 S. 317 ff.

Mertin/Schmidt, Die Aufdeckung von Unregelmäßigkeiten im Rahmen der Abschlussprüfung nach dem überarbeiteten ISA 240, WPg 2001 S. 1303 ff.

Meyer, Gesetz zur weiteren Reform des Aktien- und Bilanzrechts, zu Transparenz und Publizität (TransPuG), BBK 2002, Fach 15 S. 1321 ff.

Meyer, Erweiterung der Angabepflichten im Anhang, BBK 2006, Fach 12 S. 6929 ff.

Meyer, Bilanzrechtsmodernisierungsgesetz (BilMoG) – die wesentlichen Änderungen im Regierungsentwurf, DStR 2008 S. 1153 ff.

Meyer, Gesetz zur Modernisierung des Bilanzrechts (Bilanzrechtsmodernisierungsgesetz – BilMoG) – die wesentlichen Änderungen, DStR 2009 S. 762 ff.

Meyer, Bilanzierung nach Handels- und Steuerrecht, 22. Aufl., Herne 2011.

Mindermann, Der Ansatz immaterieller Vermögensgegenstände des Anlagevermögens, StuB 2010 S. 658 ff.

Mochty/Gorny, Anforderungen an die externe und interne Überwachung in Zeiten organisatorischen Wandels, WPg 2001 S. 537 ff.

Müller/Reinke, Unterstützungspotenzial der Bilanzierung im Rahmen einer Sanierung, KSI 2010 S. 101 ff.

Mujkanovic, Bewertungseinheiten aus gemeinsam genutzten Vermögensgegenständen auch nach dem BilMoG-RegE?, StuB 2008 S. 501 ff.

Mujkanovic, Die Bilanzierung des derivativen Geschäfts- oder Firmenwerts, StuB 2010 S. 167 ff.

N

Niehues, Unabhängigkeit des Abschlussprüfers – Empfehlung der EU-Kommission – Hintergrund und Überblick, WPK-Mitt. 2002 S. 182 ff.

Niehus, Peer Review in der deutschen Abschlussprüfung – Ein Berufsstand kontrolliert sich, DB 2000 S. 1133 ff.

Niehus, Turnusmäßiger Wechsel des Abschlussprüfers – Argumente eines Pro und seine Gestaltungsmöglichkeiten, DB 2003 S. 1637 ff.

Niemann, „Besonderheiten" der Abschlussprüfung kleiner und mittelgroßer Unternehmen – Analyse des IDW PH 9.100.1, DStR 2005 S. 663 ff.

Niemann, Aktuelles für den Wirtschaftsprüfer aus dem Mittelstand, DStR 2008 S. 2176 ff.

Niemann, Aktuelles für den Wirtschaftsprüfer aus dem Mittelstand – Das Grünbuch der EU-Kommission, DStR 2010 S. 2368 ff.

Niemann, Jahresabschlussprüfung, 4. Aufl., München 2011.

O

Odenwald, Die Prüfung der wirtschaftlichen Verhältnisse, BBK 1998, Fach 28 S. 1147 ff.

Odenwald, Die Prüfung der Ordnungsmäßigkeit der Geschäftsführung, BBK 1998, Fach 28 S. 1163 ff.

Odenwald, Eventualverbindlichkeiten und ihre Bedeutung im Jahresabschluss, BBK 1999, Fach 12 S. 6359 ff.

Ortmann-Babel/Bolik, Bilanzierung geringwertiger Wirtschaftsgüter, StuB 2010 S. 56 ff.

Ortmann-Babel/Bolik, Das BMF-Schreiben vom 30. 9. 2010 zur GWG-Bilanzierung, StuB 2010 S. 872 ff.

P

Panitz/Pupke, Umsetzungsempfehlungen zur Vereinfachung und Standardisierung der Prozesse im Finanz- und Rechnungswesen, BC 2006 S. 241 ff.

Patek, Bewertungseinheiten nach dem Regierungsentwurf des Bilanzrechtsmodernisierungsgesetzes – Kritische Würdigung der Änderungen gegenüber dem Referentenentwurf, KoR 2008 S. 524 ff.

Peemöller, Typische Felder von Bilanzdelikten, BBK 2009 S. 1211 ff.

Peemöller, Auswirkungen des BilMoG auf die Bilanzanalyse, NWB-BB 2010 S. 52 ff.

Peemöller/Finsterer/Weller, Vergleich von handelsrechtlichem und genossenschaftlichem Prüfungswesen, WPg 1999 S. 345 ff.

Peemöller/Hofmann, Bilanzskandale – Delikte und Gegenmaßnahmen, Berlin 2005.

Peemöller/Oberste-Padberg, Unabhängigkeit des Abschlussprüfers – Internationale Entwicklungen, DStR 2001 S. 1813 ff.

Peemöller/Oehler, Referentenentwurf eines Bilanzrechtsreformgesetzes – Neue Regelungen zur Unabhängigkeit des Abschlussprüfers, BB 2004 S. 539 ff.

Peemöller/Richter, Entwicklungstendenzen der Internen Revision: Chancen für die unternehmensinterne Überwachung, 2. Aufl., Berlin 2008.

Penné/Schwed/Janßen, Bilanzprüfung: Ausweis, Bilanzierung, Bewertung und Prüfung der Bilanzpositionen, Stuttgart 2000.

Petersen/Zwirner, Die Abschlussprüfung im Lichte des BilMoG – Aktualisierung und Internationalisierung, StuB 2008 S. 50 ff.

Petersen/Zwirner, Neukonzeption der Abgrenzung latenter Steuern durch das BilMoG, StuB 2008 S. 777 ff.

Petersen/Zwirner, Bilanzrechtsmodernisierungsgesetz verabschiedet: Die zentralen Änderungen, BRZ 2009 S. 149 ff.

Petersen/Zwirner, Latente Steuern nach dem BilMoG – Darstellung und Würdigung der Neukonzeption, StuB 2009 S. 416 ff.

Petersen/Zwirner, Checkliste zur Umstellung der Rechnungslegung sowie zur laufenden Anwendung der Neuregelungen im Einzelabschluss, BC 2010 S. 549 ff., BC 2011 S. 27 ff. und S. 67 ff.

Petersen/Zwirner/Busch, Forschung und Entwicklung in der Rechnungslegungspraxis, PIR 2010 S. 7 ff.

Petersen/Zwirner/Froschhammer, Die Bilanzierung von Bewertungseinheiten nach § 254 HGB, StuB 2009 S. 449 ff.

Petersen/Zwirner/Künkele, Rückstellungen nach BilMoG – Grundlagen, offene Fragen und bilanzpolitische Aspekte, StuB 2008 S. 693 ff.

Petersen/Zwirner/Künkele, Bilanzpolitik und -analyse nach neuem Recht, StuB 2009 S. 669 ff. und 794 ff.

Pfitzer/Füser/Mareis/Wulfkühler, Risikomanagement in der WP-Gesellschaft, DB 2002 S. 2005 ff.

Pfitzer/Maxl, Neuordnung der Berufsaufsicht und der Qualitätskontrolle, WPK-Magazin 2009, Nr. 4 S. 49 ff.

Pfitzer/Orth/Hettich, Stärkung der Unabhängigkeit des Abschlussprüfers? Kritische Würdigung des Referentenentwurfs zum Bilanzrechtsreformgesetz, DStR 2004 S. 328 ff.

Pfitzer/Oser/Wader, Der Transparenzbericht gemäß § 55c WPO, WPK-Magazin 2007, Nr. 4 S. 54 ff.

Pielasch, Erkennung und Bewältigung geschäftsschädigender Handlungen in Wirtschaftsunternehmen, Interne Revision 2001 S. 58 ff.

Pöller, Checkliste zur Erstellung und Prüfung des Lageberichts, BC 2007 S. 79 ff.

Pöller, Währungsumrechnung im Einzelabschluss nach BilMoG: Empfehlungen für die Bilanzierungspraxis, BC 2008 S. 193 ff.

Pöller, Checkliste zum Übergang der HGB-Rechnungslegung im Jahresabschluss auf das BilMoG – Teil 1: Bilanz und GuV, BRZ 2009 S. 199 ff.

Pöller, Checkliste zum Übergang der HGB-Rechnungslegung im Jahresabschluss auf das BilMoG – Teil 2: Anhang, BRZ 2009 S. 295 ff.

Pöller, Anwendungsfall zur Bilanzierung latenter Steuern nach dem Bilanzrechtsmodernisierungsgesetz (BilMoG), BC 2009 S. 491 ff.

Pöller, Sonderprobleme und Umsetzung der Neuregelungen zur Bilanzierung latenter Steuern nach BilMoG, BC 2011 S. 10 ff.

Pöller, Checkliste zur Planung der Jahresabschlusserstellung, BC 2011 S. 484 ff.

Poll, Externe Qualitätskontrolle in der Praxis, WPg 2003 S. 151 ff.

Pollanz, Konzeptionelle Überlegungen zur Einrichtung und Prüfung eines Risikomanagementsystems – Droht eine Mega-Erwartungslücke?, DB 1999 S. 393 ff.

Pollanz, Offene Fragen der Prüfung von Risikomanagementsystemen nach KonTraG, DB 2001 S. 1317 ff.

Prinz, Bilanzierung von Rückstellungen nach dem BilMoG – Überblick über die geplanten Änderungen ab 2009, BBK 2008, Fach 12 S. 7049 ff.

Prinz, Der BilMoG-Regierungsentwurf und seine steuerlichen Auswirkungen – Überblick über die Konsequenzen für die Handels- und Steuerbilanz, BBK 2008, Fach 13 S. 5259 ff.

R

Rabeneck/Reichert, Latente Steuern im Einzelabschluss, DStR 2002 S. 1366 ff. und S. 1409 ff.

Rabenhorst, Neue Anforderungen an die Berichterstattung des Abschlussprüfers durch das TransPuG, DStR 2003 S. 436 ff.

Rade, „Angemessene" Herstellungskosten nach BilMoG – Keine Irrelevanz der Abgrenzung von Einzel- und Gemeinkosten, DStR 2011 S. 1334 ff.

Reiche, Prüfung von Forderungen aus Lieferungen und Leistungen, BB 1993 S. 1247 ff.

Rhiel, Der Entwurf des IDW zur Bilanzierung von Altersversorgungsverpflichtungen nach dem BilMoG, StuB 2010 S. 131 ff.

Richter, Harmonisierung der Jahresabschlussprüfung in der Europäischen Union, WPK-Mitt. 2003 S. 78 ff.

Rieg, Projektcontrolling und BilMoG am Beispiel der Forschung und Entwicklung, BC 2010 S. 344 ff.

Ring, Gesetzliche Neuregelungen der Unabhängigkeit des Abschlussprüfers, WPg 2005 S. 197 ff.

Ritzrow, Rückstellungen in der Handels- und Steuerbilanz, BBK 1992, Fach 13 S. 3531 ff.

Ritzrow, ABC der Rückstellungen, BBK 1996, Fach 13 S. 3935 ff.

Röhricht, Beratung und Abschlussprüfung, WPg 1998 S. 153 ff.

Ruhnke, Geschäftsrisikoorientierte Abschlussprüfung – Revolution im Prüfungswesen oder Weiterentwicklung des risikoorientierten Prüfungsansatzes?, DB 2002 S. 437 ff.

Ruhnke/Michel, Geschäftsrisikoorientierte Aufdeckung von Fraud nach internationalen Prüfungsnormen, BB 2010 S. 3074 ff.

Ruhnke/Mielke, Prüfung der Vorräte in einem HGB- und IFRS-Abschluss, BBK 2007, Fach 28 S. 1407 ff.

Ruhnke/Schmidt, Überlegungen zur Prüfung von beizulegenden Zeitwerten, WPg 2003 S. 1037 ff.

Ruhnke/Schwind, Aufdeckung von fraud im Rahmen der Jahresabschlussprüfung, StuB 2006 S. 731 ff.

S

Scharpf/Schaber, Bilanzierung von Bewertungseinheiten nach § 254 HGB-E (BilMoG), KoR 2008 S. 532 ff.

Schartmann/Büchner, Interne Revision heute – ein Eckpfeiler für mehr Compliance, Controlling 2010 S. 605 ff.

Scheffler, Die Berichterstattung des Abschlussprüfers aus der Sicht des Aufsichtsrates, WPg 2002 S. 1289 ff.

Scheffler, Corporate Governance – Auswirkungen auf den Wirtschaftsprüfer, WPg 2005 S. 477 ff.

Scherff/Willeke, Die Beurteilung der Fortführung der Unternehmenstätigkeit im Rahmen der Abschlussprüfung – der verabschiedete IDW PS 270, StuB 2003 S. 872 ff.

Scherff/Willeke, Zur Abschlussprüfung kleiner und mittelgroßer Unternehmen (KMU) – der IDW PH 9.100.1, StuB 2005 S. 61 ff.

Scherff/Willeke, Die Prüfung des Lageberichts – der IDW EPS 350 n. F., StuB 2006 S. 143 ff.

Scherff/Willeke, Zur Abbildung von Patronatserklärungen im handelsrechtlichen Jahresabschluss – der IDW RH HFA 1.013, StuB 2008 S. 740 ff.

Scherff/Willeke, Erklärungen der gesetzlichen Vertreter gegenüber dem Abschlussprüfer – der IDW EPS 303 n. F., StuB 2009 S. 456 ff.

Scherff/Willeke, Ansatz- und Bewertungsstetigkeit im handelsrechtlichen Jahresabschluss nach BilMoG, StuB 2010 S. 769 ff.

Scherff/Willeke, Ansatz und Bewertung von Drohverlustrückstellungen, BBK 2011 S. 259 ff.

Schildbach, Der handelsrechtliche Jahresabschluss, 9. Aufl., Herne 2009.

Schindler/Gärtner, Verantwortung des Abschlussprüfers zur Berücksichtigung von Verstößen (fraud) im Rahmen der Abschlussprüfung, WPg 2004 S. 1233 ff.

Schindler/Rabenhorst, Auswirkungen des KonTraG auf die Abschlussprüfung, BB 1998 S. 1886 ff.

Schlagheck, Wirtschaftliches Eigentum im Bilanzsteuerrecht, BBK 2006, Fach 13 S. 4915 ff.

Schlagheck, Dauernde Wertminderung von Wertpapieren des Anlagevermögens, BBK 2007, Fach 13 S. 5103 ff.

Schmidt, Geschäftsverständnis, Risikobeurteilungen und Prüfungshandlungen des Abschlussprüfers als Reaktion auf erkannte Risiken, WPg 2005 S. 873 ff.

Schmidt, Risikomanagement und Qualitätssicherung in der Wirtschaftsprüferpraxis, WPg 2006 S. 265 ff.

Schmidt, Bilanzierung der aktiven und passiven Rechnungsabgrenzungsposten, BBK 2006, Fach 12 S. 6885 ff.

Schmidt, Handbuch Risikoorientierte Abschlussprüfung: Fachliche Regeln für Auftragsabwicklung und Qualitätssicherung, Düsseldorf 2008.

Schmidt, Einführung des § 256a HGB durch das BilMoG – Währungsumrechnung, BBK 2009, Nr. 3 S. 121 ff.

Schmidt/Kaiser, Die fünfte WPO-Novelle – eine umfassende Reform in schwieriger Zeit, WPK-Mitt. 2003 S. 150 ff.

Schmidt/Wulbrand, Umsetzung der Anforderungen an die Lageberichterstattung nach dem BilReG und DRS 15, KoR 2007 S. 417 ff.

Schneider, Vermeidung unternehmensschädigender Handlungen – Checkpunkte zur Aufdeckung doloser Handlungen, BC 2010 S. 500 ff.

Schoberth/Servatius/Thees, Anforderungen an die Gestaltung von Internen Kontrollsystemen, BB 2006 S. 2571 ff.

Schönrock, Compliance und die Aufgaben der Internen Revision am Beispiel mittelständischer Unternehmen der Immobilienwirtschaft, ZIR 2011 S. 115 ff.

Schoor, Außerplanmäßige Abschreibungen in der Handelsbilanz, BBK 1999, Fach 12 S. 6349 ff.

Schoor, Inventur und Inventar nach §§ 240, 241 HGB, BBK 2002, Fach 9 S. 2161 ff.

Schoor, Bewertung der Steuerrückstellungen, BBK 2002, Fach 13 S. 4469 ff.

Schoor, Handels- und steuerrechtliche Bilanzierung eines Geschäfts- oder Firmenwerts, BBK 2004, Fach 13 S. 4599 ff.

Schoor, Bilanzierung von Mietereinbauten, BBK 2004, Fach 13 S. 4609 ff.

Schoor, Planmäßige Abschreibungen im Handels- und Steuerrecht, BBK 2005, Fach 13 S. 4773 ff. und BBK 2006, Fach 13 S. 4869 ff., S. 4903 ff., S. 4979 ff. und S. 5005 ff.

Schruff, Neue Ansätze zur Aufdeckung von Gesetzesverstößen der Unternehmensorgane im Rahmen der Abschlussprüfung, WPg 2005 S. 207 ff.

Schülke, Zur Aktivierbarkeit selbstgeschaffener immaterieller Vermögensgegenstände, DStR 2010 S. 992 ff.

Schulze-Osterloh, Ausgewählte Änderungen des Jahresabschlusses nach dem Referentenentwurf des Bilanzrechtsmodernisierungsgesetzes, DStR 2008 S. 63 ff.

Schuppenhauer, Grundsätze ordnungsmäßiger Datenverarbeitung im Rechnungswesen (GoDV 2000), WPg 2000 S. 128 ff.

Schwager, Dolose Handlungen als Krisenursachen in KMU – Aufarbeitung und Krisenbewältigung, KSI 2008 S. 258 ff.

Schwandtner, Die Unabhängigkeit des Abschlussprüfers – Europäische und internationale Ansätze im Vergleich, DStR 2002 S. 323 ff.

Siebert, Zur Anwendung der IDW Prüfungsstandards auf die Abschlussprüfung kleiner und mittelgroßer Unternehmen, WPg 2004 S. 973 ff.

Sieglen, Muster einer Inventuranweisung einschließlich kommentierender Hinweise, BBK 2003, Fach 9 S. 2189 ff.

Sieglen, Einholung von Bankbestätigungen für die Jahresabschlusserstellung und -prüfung, BBK 2005, Fach 4 S. 2057 ff.

Sieglen, Die Abschlussprüfung kleiner und mittelgroßer Unternehmen, BBK 2005, Fach 28 S. 1307 ff.

Solfrian, Änderungen in der Lageberichterstattung durch das Bilanzrechtsreformgesetz sowie den DRS 15, StuB 2005 S. 911 ff.

Solfrian/Willeke, Zur Aufdeckung von Unregelmäßigkeiten im Rahmen der Abschlussprüfung – der IDW EPS 210, StuB 2002 S. 1109 ff.

Sommerschuh, Strengere Berufsaufsicht durch die 5. WPO-Novelle: Ein neuer Ansatz zur Kontrolle der Wirtschaftsprüfer, BB 2003 S. 1166 ff.

Sorg, Bildung und Auflösung von Rücklagen für Ersatzbeschaffung gemäß R 6.6 EStR, BBK 2007, Fach 30 S. 1933 ff.

Spindeldreier, Praxis der Abschlussprüfung im Prüfungsfeld „Rückstellungen", BC 2007 S. 76 ff.

Sprick, Analytische Prüfungshandlungen im Rahmen der Jahresabschlussprüfung, StuB 2006 S. 90 ff.

Stahl/Burkhardt, Bilanzpolitik für 2010 im ersten Jahresabschluss nach BilMoG, BBK 2010 S. 1128 ff.

Sultana/Willeke, Die neuen Unabhängigkeitsregeln bei der Abschlussprüfung von kapitalmarktorientierten Unternehmen, StuB 2005 S. 212 ff.

Sultana/Willeke, Die neuen Anhangangaben durch das Bilanzrechtsreformgesetz, StuB 2005 S. 951 ff.

Syska/Weyell, Ordnungsmäßige Buchführung beim Einsatz von Electronic Commerce, BC 2003 S. 145 ff.

T

Tacke, Bilanzierung von Leasingvertragsverhältnissen beim Leasinggeber und Leasingnehmer, BBK 1996, Fach 12 S. 1979 ff.

Theile, Reform des Bilanzrechts durch das Bilanzrechtsmodernisierungsgesetz – Übersicht der wesentlichen Änderungen für den Jahresabschluss, BBK 2007, Fach 2 S. 1321 ff.

Theile, Der Regierungsentwurf zum Bilanzrechtsmodernisierungsgesetz – Überblick über die wichtigsten Änderungen, BBK 2008, Fach 2 S. 1345 ff.

Theile, Der neue Jahresabschluss nach dem BilMoG, DStR 2009, Beihefter zu Heft 18 S. 21 ff.

Theile, Herstellungskosten nach BilMoG, BBK 2009 S. 607 ff.

Theile, Übergang auf BilMoG im Jahresabschluss: Insbesondere Rückstellungen und Sonderposten mit Rücklageanteil, StuB 2009 S. 789 ff.

Theile/Nagafi/Zyczkowski, BilMoG: Analystenschreck oder Weißer Ritter des HGB, BBK 2011 S. 912 ff.

Theile/Stahnke, Bilanzierung sonstiger Rückstellungen nach dem BilMoG-Regierungsentwurf, DB 2008 S. 1757 ff.

Then/Sohre, Die Bilanzierung von Unternehmensbeteiligungen nach Handels- und Steuerrecht, BBK 2004, Fach 13 S. 4657 ff.

Thurnes/Hainz, Auswirkungen des Bilanzrechtsmodernisierungsgesetzes auf Pensionsrückstellungen, BRZ 2009 S. 212 ff.

Tiede, Das Lifo-Verfahren in der Handels- und Steuerbilanz, BBK 2010 S. 544 ff.

V

Veit, Bilanzpolitik mit Verbrauchsfolgeverfahren, BBK 2000, Fach 19 S. 473 ff.

Velte/Sepetauz, BilMoG: Ansatzwahlrecht für selbst geschaffene immaterielle Anlagegüter, BC 2010 S. 349 ff.

Velte/Sepetauz, Das Grünbuch der EU-Kommission zur Abschlussprüfung aus prüfungstheoretischer Sicht, StuB 2010 S. 843 ff.

Vogl, Vorbereitungsmaßnahmen auf die Abschlussprüfung – Praxishinweise zu Sachkonten, Kreditoren- und Debitorenbuchhaltung, BC 2007 S. 65 ff.

Vogl, Unternehmensteuerreform 2008: Neuregelungen bei GWGs, Abschreibungen, Ansparrücklagen, BC 2007 S. 194 ff.

Vogl, Unternehmensteuerreform 2008: Anwendung der Neuregelungen bei Abschreibungen, GWGs und Ansparrücklagen, BC 2007 S. 263 ff.

W

Wall, Kompatibilität des betriebswirtschaftlichen Risikomanagement mit den gesetzlichen Anforderungen? Eine Analyse mit Blick auf die Abschlussprüfung, WPg 2003 S. 457 ff.

Warncke, Zusammenarbeit von Interner Revision und Prüfungsausschuss, ZIR 2005 S. 182 ff.

Weber-Grellet, Der Apotheker-Fall – Anmerkungen und Konsequenzen zum Beschluss des Großen Senats vom 23. 6. 1997 GrS 2/93, DB 1997 S. 2233 ff.

Wehrheim/Rupp, Zum Geltungsbereich der Ausschüttungssperre des § 268 Abs. 8 HGB im Regierungsentwurf des BilMoG, DB 2009 S. 356 ff.

Wehrheim/Rupp, Die Passivierung von Rückstellungen für Innenverpflichtungen nach Inkrafttreten des BilMoG, DStR 2010 S. 821 ff.

Weidenbach-Koschnike, Inventurdifferenzen: Verbuchung – Ursachenanalyse, BC 2005 S. 249 ff.

Weidenbach-Koschnike, Wertberichtigungen von Forderungen – Unterschiede nach HGB und IFRS, BC 2007 S. 129 ff.

Weidmann, Die Siebte WPO-Novelle – Auswirkungen des Berufsaufsichtsreformgesetzes auf den Berufsstand, WPK-Magazin 2007, Nr. 3 S. 55 ff.

Weiland, Zur Vereinbarkeit von Abschlussprüfung und Beratung, BB 1996 S. 1211 ff.

Weinand/Oldewurtel/Wolz, Rückstellungen nach BilMoG – Das Ende der Bilanzpolitik oder Bilanzpolitik ohne Ende?, KoR 2011 S. 161 ff.

Wente, Prüfung von Compliance Management-Systemen, StuB 2011 S. 603 ff.

Wiechers, Gewinnrealisierung bei langfristigen Aufträgen, BBK 1996, Fach 20 S. 541 ff.

Wiechers, Auswirkungen des KonTraG auf Jahresabschluss- und Lageberichtsprüfung, BBK 1999, Fach 28 S. 1153 ff.

Wiechers, Der Anhang als Teil des Jahresabschlusses – Checkliste für die Aufstellung, BBK 2004, Fach 12 S. 6697 ff.

Wiechers, Neue Entwicklungen bei der Lageberichterstattung durch das BilReG und DRS 15, BBK 2005, Fach 12 S. 6735 ff.

Wiechers, Die Bilanzierung von Umsatzerlösen – Aktuelle Abgrenzungsfragen insbesondere zum Übergang des wirtschaftlichen Eigentums, BBK 2005, Fach 12 S. 6795 ff.

Wiechers, Die Beurteilung der Fortführung der Unternehmenstätigkeit, StuB 2005 S. 1003 ff.

Wiechers, Qualitätssicherung in der Wirtschaftsprüferpraxis, BBK 2006, Fach 28 S. 1383 ff.

Wiechers, Übersicht über die Änderungen der 7. WPO-Novelle, StuB 2007 S. 687 ff.

Wiechers, Aktivierung immaterieller Vermögensgegenstände nach BilMoG – Übersicht zu den wesentlichen Änderungen im HGB und ein Vergleich mit den Regelungen des IFRS, BBK 2008, Fach 20 S. 2223 ff.

Wiechers, Das interne Kontrollsystem als Gegenstand der Abschlussprüfung, BBK 2009 S. 82 ff.

Wiechers, Das interne Kontrollsystem im Rechnungswesen, BBK 2009 S. 134 ff. und 693 ff.

Willeke, Zum Regierungsentwurf eines Transparenz- und Publizitätsgesetzes (TransPuG) – Eine Darstellung ausgewählter Gesetzesänderungen mit kritischen Anmerkungen, StuB 2002 S. 227 ff.

Willeke, Zum Gesetz zur Reform des Zulassungs- und Prüfungsverfahrens des Wirtschaftsprüferexamens, StuB 2003 S. 1058 ff.

Willeke, Aktivierung von Herstellungskosten, StuB 2010 S. 88 ff.

Willeke, Zulässigkeit degressiver Abschreibungen in der Handelsbilanz, StuB 2010 S. 458 ff.

Withus, Überwachung der Wirksamkeit von Internen Kontroll- und Risikomanagementsystemen, ZIR 2009 S. 262 ff.

Withus, Neue Anforderungen nach BilMoG zur Beschreibung der wesentlichen Merkmale des Internen Kontroll- und Risikomanagementsystems im Lagebericht kapitalmarktorientierter Unternehmen, KoR 2009 S. 440 ff.

Withus, Sicherstellung der Compliance durch wirksame Managementsysteme, ZIR 2010 S. 99 ff.

Wöhe/Kußmaul, Grundzüge der Buchführung und Bilanztechnik, 7. Aufl., München 2010.

Wöhe/Mock, Die Handels- und Steuerbilanz – Betriebswirtschaftliche, handels- und steuerrechtliche Grundsätze der Bilanzierung, 6. Aufl., München 2010.

Wolf, Erstellung eines Risikomanagementhandbuchs – Ziele und Funktionen, Inhalt und Aufbau, DStR 2002 S. 466 ff.

Wolf, Neuerungen im (Konzern-) Lagebericht durch das Bilanzrechtsreformgesetz (BilReG) – Anforderungen und ihre praktische Umsetzung, DStR 2005 S. 438 ff.

Wolf, Interne Risikoberichterstattung, BBK 2006, Fach 26 S. 1271 ff.

Wolf, Zur Anforderung eines internen Kontroll- und Risikomanagementsystems im Hinblick auf den (Konzern-) Rechnungslegungsprozess gemäß BilMoG, DStR 2009 S. 920 ff.

Wolf, Compliance Management – Hintergründe, Grundlagen und Anforderungen, BBK 2010 S. 114 ff.

Wolf, Compliance Management – Elemente in der Unternehmenspraxis, BBK 2010 S. 421 ff.

Wolf, Aufbau eines rechnungslegungsbezogenen internen Kontrollsystems, BBK 2011 S. 317 ff.

Wolf, Regelprozess für ein rechnungslegungsbezogenes internes Kontrollsystem, BBK 2011 S. 571 ff.

Wollmert/Oser/Orth, Die Prüfungspraxis auf dem Prüfstand, StuB 2010 S. 850 ff.

Wolz/Oldewurtel, Pensionsrückstellungen nach BilMoG, StuB 2009 S. 424 ff.

Wotschofsky/Geissler, Die Übertragung stiller Reserven gem. § 6b EStG, BBK 2002, Fach 13 S. 4503 ff.

Wulf, Auswirkungen des BilMoG auf die Bilanzpolitik und Beurteilung aus Sicht der Abschlussanalyse, StuB 2010 S. 563 ff.

Wysocki, Zur Objektivierbarkeit von Prüfungsurteilen im Bereich der Abschlussprüfung, DStR 2002 S. 370 ff.

Wysocki/Schulze-Osterloh (Hrsg.), Handbuch des Jahresabschlusses in Einzeldarstellungen, Loseblattwerk, Köln o. J.

Z

Zülch/Hoffmann, Bilanzrechtsmodernisierungsgesetz: Wesentliche Änderungen des Regierungsentwurfs gegenüber dem Referentenentwurf, BB 2008 S. 1272 ff.

Zülch/Hoffmann, Die Modernisierung des deutschen Handelsbilanzrechts durch das BilMoG: Wesentliche Alt- und Neuregelungen im Überblick, DB 2009 S. 745 ff.

Zwirner, Übergang auf das BilMoG bei überdotierten Rückstellungen, BB 2010 S. 2747 ff.

Zwirner, Latente Steuern (DRS 18), StuB 2010 S. 570 ff.

Zwirner, Erstellung des handelsrechtlichen Jahresabschlusses ohne going concern-Prämisse, StuB 2010 S. 763 ff.

Zwirner/Froschhammer, Die Bilanzierung von Bewertungseinheiten nach § 254 HGB, BRZ 2010 S. 153 ff.

Zwirner/Künkele, Die entscheidenden Übergangsvorschriften zum BilMoG: Erste Praxishinweise, BRZ 2009 S. 196 ff.

Zwirner/Künkele, Bilanzierung nach dem BilMoG: Aktiva, BRZ 2009 S. 304 ff.

Zwirner/Künkele, Bilanzierung nach dem BilMoG: Passiva, BRZ 2009 S. 358 ff.

Zwirner/Künkele, Auswirkungen des BilMoG auf die Gewinn- und Verlustrechnung, BRZ 2009 S. 417 ff.

Zwirner/Künkele, Latente Steuern nach BilMoG: Zehn zentrale Fragestellungen, BRZ 2009 S. 487 ff.

Zwirner/Künkele, Währungsumrechnung nach HGB: Erstmalige Kodifikation durch das BilMoG, StuB 2009 S. 517 ff.

Zwirner/Künkele, Neue Möglichkeiten der Bilanzpolitik nach BilMoG – Auswirkungen auf die Aktivseite, BC 2010 S. 257 ff.

Zwirner/Künkele, Neue Möglichkeiten der Bilanzpolitik nach BilMoG – Auswirkungen auf die Passivseite, BC 2010 S. 355 ff.

Zwirner/Künkele/Liebscher, Abzinsung von „sonstigen Rückstellungen" nach BilMoG: Praxisprobleme und Lösungen, BB 2011 S. 2155 ff.

STICHWORTVERZEICHNIS

A

Abberufung des WP   129 ff.
- Informationspflicht gegenüber WPK   132 f.
- Kündigung   130 ff.

Abschlussprüfer   110 ff.
- Abberufung   129 ff.
- Auftragsannahme   111
- Ausschlussgründe   111 ff.
- Auswahl   110 f.
- Beauftragung   126 ff., 635
    - Auftragsbestätigungsschreiben   126
    - Prüfungsauftrag   126
    - Prüfungshemmnis   129
- Besorgnis der Befangenheit   113 f., 115
- Bestellung   110 f.
- Haftung   139
- Kündigung durch WP   131 ff.
- Pflichten   137 ff.
- Prüfungsverband   110
- Qualitätskontrolle, Teilnahmebescheinigung   112

Abschlussprüferaufsichtskommission (APAK)   22 f., 72

Abschlussprüfung   7, 91 ff., 333 ff.
- Ausrichtung   161 ff.
- Bestätigungsvermerk   155, 255, 653 ff.
- Buchführung   101 ff., 267 ff., 642
- Erwartungslücke   157
- freiwillige Prüfung   145 f.
- Funktionen   98
- Jahresabschluss   103 ff., 642
- Netzwerke   124 f.
- Pflichten
    - des Abschlussprüfers   137 f.
    - des gesetzlichen Vertreters   133 ff.
- Prüfungsausschuss   145 ff.
- Prüfungsbericht   155, 631 ff.
- Prüfungsobjekte   97 ff.
- Prüfungssubjekte   87 ff.
    - Genossenschaft   96
    - Kapitalgesellschaft   91 f.
    - Krankenhaus   109 f.
    - Kreditinstitut   93
    - öffentliche Unternehmen   96 f.
    - Personengesellschaft   92 f.
    - Versicherungsunternehmen   95
- Risikofrüherkennungssystem   109, 584 ff.
- Sonderuntersuchungen, anlassunabhängig   122
- Transparenzbericht   120
- Verwertung   101
- wirtschaftliche Verhältnisse   99 f., 109
- Ziel der Abschlussprüfung   147 ff.

Abschlussstichtag
- Ereignisse danach   255 ff.

allgemeine Geschäftsbedingungen   146

analytische Prüfungshandlungen   192

Anhang   104
- Finanzanlagevermögen   395 ff.
- Forderungen   452 ff.
- liquide Mittel   464 ff.
- Rechnungsabgrenzung   544 ff.
- Rückstellungen   519 f.
- Sachanlagevermögen   375 ff.
- Steuerabgrenzung   552
- Verbindlichkeiten   535 ff.
- Vorräte   425 f.
- Wertpapiere des Umlaufvermögens   464 ff.

Anlagenkartei   316 f., 338 ff., 379

Anschaffungskosten   357 ff., 391 f., 404, 438

Arbeitspapiere   65, 640, 674 ff.
- Aufbewahrungspflicht   676 ff.
- Dokumentation   674
- Prüfungsnachweis   674

Aufsichtsrat   147, 618 f., 648, 655, 670 f.

Auftragsabwicklung   55 ff., 58 ff.
- Konsultation   59
- laufende Überwachung   60
- Meinungsverschiedenheiten   64 f.
- Prüfungsanweisung   58 f.
- Prüfungsplanung   58
- Qualitätssicherung, auftragsbegleitend   64
    - cooling-off period   64
    - Interne Rotation   64

Auftragsbestätigungsschreiben   126

Auftragsdokumentation   676

Auskunftspflicht   33

Ausrichtung der Abschlussprüfung   161 ff.
- Fraud Triangel   166
- risikoorientierter Prüfungsansatz   161
- Unregelmäßigkeiten, Aufdeckung   164, 168
    - Unrichtigkeiten   164
    - Verstöße   164

- Unterschlagungsprüfung 161 ff.
Ausschlussgründe 111 ff.
- allgemeine Ausschlussgründe 111 ff.
  - Befangenheit 113 f., 116
  - Finanzdienstleistungen 114
  - Interne Revision 115
  - Qualitätskontrolle, Teilnahmebescheinigung 112, 120
  - Selbstprüfungsverbot 114
- besondere Ausschlussgründe 117
  - auftragsbegleitende Qualitätssicherung 120
  - cooling off-period 117
  - Interne Rotation 117, 119
  - Kapitalgesellschaft, kapitalmarktorientiert 118, 120
  - projektbegleitende Prüfungen 119
  - Steuerberatung 7, 118
  - verantwortliche Prüfungspartner 117

B

Befangenheit 113 f., 116
Berichterstattung 631 ff.
- Arbeitspapiere 673 ff.
- Aufsichtsrat 670 f.
- Bestätigungsvermerk 653 ff.
- Prüfungsbericht 631 ff.
Berichterstattungspflichten 670 f.
Berichtskritik 52, 61 ff., 650
berufliche Zusammenarbeit 49 f.
Berufsaufsicht 18
Berufsbild 1, 5
Berufseid 5
Berufsexamen 11 ff.
Berufshaftpflichtversicherung 36
Berufspflichten des WP 27 ff., 37, 53
- allgemeine Berufspflichten 28 ff.
- Berufssatzung 27 f.
- berufswürdiges Verhalten 34 ff.
  - Berufshaftpflichtversicherung 36
  - Niederlassungspflicht 36
  - Redepflicht 35
  - Siegelführung 6, 36
  - Werbung 34
- besondere Berufspflichten 37 ff.
- Besorgnis der Befangenheit 43 ff., 113
  - Informationstechnologie, projektbegleitende Prüfung beim Einsatz 45
  - Interessenvertretung 47
  - Kündigung eines Prüfungsauftrags 48

- persönliche Vertrautheit 47 f.
- rechnungslegungsbezogene Informationssysteme, Mitwirkung 45
- Vergütung 48
- Eigenverantwortlichkeit 34
- Finanzdienstleistungen, Verbot 44
- Gewissenhaftigkeit 29 f., 137
  - Fortbildung 31
- Selbstprüfungsverbot 43
  - Interne Revision 43
- Steuer- und Rechtsberatung 44 f.
- Unabhängigkeit 29 ff., 38
  - Vergütung 29
- Unbefangenheit 37, 41
  - Eigeninteresse 42 f.
  - persönliche Vertrautheit 41
  - Schutzmaßnahmen 42
- Unparteilichkeit 40
- Verschwiegenheit 31 ff.
  - Auskunfts- und Vorlagepflicht 33 f.
  - Verschwiegenheitspflicht 34 f.
  - Verwertungsverbot 33
Berufssatzung 27 f.
Besorgnis der Befangenheit 43 ff., 113 f., 116
- Finanzdienstleistungen 44
- rechnungslegungsbezogene Informationssysteme 45
- Steuer- und Rechtsberatung 44 f.
Bestätigungsvermerk 155, 255, 653 ff.
- bedingte Erteilung 668 f.
- beschreibender Abschnitt 657 f.
- Bestandsgefährdung 667 f.
- Beurteilung des Prüfungsergebnisses 667
- einleitender Abschnitt 657
- Ergänzungen des Prüfungsurteils 665
- Kapitalerhöhung 656
- Kündigung 655
- Nachtragsprüfung 669 f.
- Ordnungsmäßigkeit der Geschäftsführung 655, 665 f.
- Prüfungshemmnis 661, 668
- Prüfungsurteil 659 ff.
- Risikofrüherkennungssystem 666
- Unterzeichnung 668
- Versagung 663
- Widerruf 670
Bestandsgefährdung 160, 571, 638, 667 f.
Bestellung
- Abschlussprüfer 126 ff., 635
- Wirtschaftsprüfer 5, 17
Bewertungseinheit 392, 444 ff., 534
Bewertungsvereinfachungsverfahren 362, 416

Stichwörter **VERZEICHNIS**

- Festbewertung 362, 402, 416
- Gruppenbewertung 362, 416
- Verbrauchsfolgeverfahren 416

Buchführung 101 ff., 267 ff., 642
- aussagebezogene Prüfungshandlungen 282 ff.
- Grundsätze ordnungsmäßiger Buchführung 102 f., 267 f., 654
- Grundsätze ordnungsmäßiger DV-gestützter Buchführungssysteme 102, 268, 282
- IT-gestützte Buchführung 269 ff.

Business Judgement Rule 605, 627

C

Cashflow 371, 566

Compliance Management System 195 f.

Controlling 589

cooling-off period 64, 117

COSO-Rahmenwerk 202

COSO-Würfel 203 f.

D

Deckblattlösung 635

Dokumentation 65, 601 ff., 631 ff., 676
- Arbeitspapiere 674, 676
- Bestätigungsvermerk 653 ff.
- Interne Revision 602
- Kontrolle 601
- Prüfungsbericht 631 ff.

E

Eigeninteresse 42 f.

Eigenkapital 465 ff.
- ausstehende Einlagen 469
- Ergebnisvortrag 484 f.
- Gewinnrücklage 481 ff.
- gezeichnetes Kapital 469 ff.
  - eigene Anteile 469 ff.
  - Kapitalveränderungen 474 ff.
- Jahresergebnis 484 f.
- Kapitalrücklage 480 f.
- Nachweis 467 ff.
- Risikoanalyse 465 ff.
- Sonderposten mit Rücklageanteil 485 ff.

Eigenverantwortlichkeit 34

Entdeckungsrisiko 175, 191

Entwicklungsaufwendungen 347, 360

Erklärung zur Unternehmensführung 108, 559

Erstprüfung 259 f.

Erwartungslücke 157, 654

F

Fédération des Experts Comptables Européens (FEE) 26

Finanzanlagevermögen 378 ff.
- Anhangangaben 395 ff.
- Ansatz 382 ff.
- Ausbuchung 394
- Ausweis 386 ff.
- Bewertung 391 ff.
  - Folgebewertung 392 ff.
  - Zugangsbewertung 391 f.
- Nachweis 381 f.
- Risikoanalyse 378 ff.

Finanzdienstleistungen 44, 115

Finanzinstrumente 571, 574

Firmenwert 354

Forderungen 425 ff.
- Anhangangaben 452 ff.
- Ansatz 433 ff.
- Ausbuchung 452 ff.
- Ausweis 435 ff.
- Bewertung 437 ff.
  - Bewertungseinheiten 444 ff.
  - Fremdwährungsumrechnung 442 ff.
- Nachweis 428 ff.
- Risikoanalyse 425 ff.

Forschungsaufwendungen 349

Fortbildung 24, 32, 57

Fraud Diamond 166

Fraud Triangel 166

Fremdwährungsumrechnung 442 ff.

Frühwarnsystem 587

G

Gemeinschaftsprüfung 651

Genossenschaft 96, 607 f., 612

Geringwertige Wirtschaftsgüter (GWG) 366

Geschäftsbericht 569

Geschäftsführung 604 f.
- Aufsichtsrat 618 f., 648, 655
- Business Judgement Rule 605, 627
- Genossenschaft 607 f., 612
- Geschäftsführungsinstrumentarium 610, 620
- Geschäftsführungsorganisation 609, 617

- Geschäftsführungstätigkeit 611 f., 625
- öffentliche Unternehmen 606 ff., 647
- Ordnungsmäßigkeit der Geschäftsführung 100, 109, 608, 617, 647, 655, 665
- Prüfungshandlungen 614 ff., 625

Geschäftsverlauf 562 ff.

Geschäftswert 354

gesetzliche Vertreter 133
- Einsichts- und Auskunftsrechte 134 f.
- Verantwortung 156 f.
- Vollständigkeitserklärung 135 ff.
- Vorlagepflicht 134

Gewinnrücklage 481 ff.

Gewissenhaftigkeit 30 f., 137, 633

gezeichnetes Kapital 469 ff.

Größenklassen 91

Grundsätze ordnungsmäßiger Abschlussprüfung 23, 154 f., 641, 674

Grundsätze ordnungsmäßiger Buchführung 102 f., 267 f., 654

Grundsätze ordnungsmäßiger DV-gestützer Buchführungssysteme 102, 268, 282

Grundsätze ordnungsmäßiger Lageberichterstattung 559 ff.

Grundsätze ordnungsmäßiger Prüfungsberichterstattung 633

H

Haftung, Abschlussprüfer 139 f.
- allgemeine Geschäftsbedingungen 146
- Redepflicht 140

Handakte 676

Herstellungskosten 316, 404

I

Immaterielle Vermögensgegenstände 335, 346 ff.
- Ausweis 352 ff.
- Entwicklungsaufwendungen 347, 360
- Forschungsaufwendungen 349
- Geschäfts- oder Firmenwert 354

Informationsbeschaffung 182

Informationspflicht gegenüber WPK 132

Informationssystem 209 ff.
- rechnungslegungsbezogen 45, 218

Informationstechnologie, projektbegleitende Prüfung beim Einsatz 45 f.

inhärentes Risiko 175, 178, 185, 313, 562, 595

Insolvenz 158, 569, 652

Institut der Wirtschaftsprüfer 23 ff.
- Fortbildung 24
- Grundsätze ordnungsmäßiger Abschlussprüfung 24
- International Standards on Auditing (ISA) 24
- Prüfungsstandards 23
- Qualitätssicherung 23

Interessenvertretung 47

International Federation of Accountants (IFAC) 26

International Standards on Auditing (ISA) 24, 98

Interne Revision 43, 115, 186 f., 218, 602

Interne Rotation 64, 117, 119

Internes Kontrollsystem 156, 192 ff., 202, 217, 285 f.
- Informations- und Kommunikationssystem 209 ff.
- Interne Revision 200 f.
- Kontrollaktivitäten 208 f.
- Kontrolle 199 f.
- Kontrollumfeld 200 f.
- organisatorische Sicherungsmaßnahmen 198 ff.
- Risikobeurteilung 206 f.
- Ziele 192

Internes Überwachungssystem 590, 595 f.

Inventar 311

Inventur 311 ff.
- Festbewertung 327, 340
- Gruppenbewertung 328, 341
- inhärentes Risiko 313
- Inventurrichtlinien 314
- Inventurverfahren 320 ff.
    - Einlagerungsinventur 325 f.
    - Stichprobeninventur 321 ff.
    - Stichtagsinventur 315
    - systemgestützte Werkstattinventur 326 f.
    - vor- bzw. nachgelagerte Inventur 320 f.
- Prüfungshandlungen 315 ff., 320 ff.
- Prüfungsplanung 311 ff.

IT-Geschäftsprozesse 300 f.

IT-Projekte, rechnungslegungsbezogene 296

IT-Systemprüfung 275

J

Jahresabschluss 103 ff., 642
- Anhang 104
- Generalnorm 104
- Lagebericht 107 ff.

Jahresergebnis 484 f.

K

Kapitalgesellschaft 91 f.
- Größenklassen 91
- kapitalmarktorientiert 92, 112, 117, 119, 147

Kapitalrücklage 480 f.

Kommission für Qualitätskontrolle 21 f., 72

Komponenetenansatz 371

Kontrollaktivitäten 208 f.

Kontrolle 199 f.

Kontrollrisiko 175, 186

Kontrollsystem 581 f.

Kontrollumfeld 205 f.

Krankenhaus 109 f., 648, 665

Kreditinstitute 94

Kündigung eines Prüfungsauftrags 48
- Kündigung durch WP 131 ff., 652

L

Lage, wirtschaftliche 615 ff.

Lagebericht 107 ff., 557 ff., 642
- Chancen und Risiken 571 ff.
  - Bestandsgefährdung 571
  - Finanzinstrumente 571, 574
  - Risikobewältigungsmaßnahmen 574
  - Risikokategorien 573
  - Risikokonzentrationen und -kompensationen 574
  - Verrechnungsverbot 574
  - Wesentlichkeit 572, 577
- Erklärung zur Unternehmensführung 108, 559
- Geschäftsbericht 569
- Geschäftsverlauf 562 ff.
  - Geschäftstätigkeit 562
  - inhärentes Risiko 562
- Grundsätze ordnungsmäßiger Lageberichterstattung 559 ff.
- Kontroll- und Risikomanagementsystem 581 f.
- Lage 564 ff.
- Leistungsindikatoren
  - finanzielle 567
  - nicht-finanzielle 580 f.
- Prüfungshandlungen 568 ff., 575, 583 ff.
  - Insolvenz 569
  - Unternehmensfortführung 575
  - Vollständigkeitserklärung 584

- Wesentlichkeitsgrenze 577
- Risikofrüherkennungssystem 574, 581 f., 584 ff.
- sonstige Berichtsgegenstände 578 f.
  - Wesentlichkeit 578
- voraussichtliche Entwicklung 571

Leasing 343 ff.

liquide Mittel 453
- Anhangangaben 464 ff.
- Ansatz 457 ff.
- Ausweis 459 ff.
- Bewertung 461 ff.
- Nachweis 340 ff.
- Risikoanalyse 453 ff.

M

Meinungsverschiedenheiten 65, 131

Mitarbeiterentwicklung 56

N

Nachtragsprüfung 650 f., 669 f.

Nahe stehende Person 186, 380

Netzwerke 124 f.

Niederlassungspflicht 36

O

öffentliche Unternehmen 96 f., 606 ff., 647

Ordnungsmäßigkeit der Geschäftsführung 100, 109

P

Pensionsrückstellungen 499 f., 509 ff.

persönliche Vertrautheit 47 f.

Personengesellschaft 92 f.

PEST-Analyse 179, 588

Praxisorganisation 52, 79

Prüffelder 333 ff.

Prüfungsansatz, risikoorientierter 161, 175 ff.

Prüfungsanweisung 58 f.

Prüfungsauftrag 126, 631, 635 f.
- Bestellung zum Abschlussprüfer 635
- Deckblattlösung 635
- Vorwegbericht 636 ff.

Prüfungsausschuss 146 ff.
- Aufsichtsrat 147, 670 f.

- Kapitalgesellschaft, kapitalmarktorientiert 147

Prüfungsbericht 155, 631 ff.
- Gemeinschaftsprüfung 651
- Grundsätze ordnungsmäßiger Prüfungsberichterstattung 633
- Nachtragsprüfung 650 f.

Prüfungsergebnis
- Beurteilung 667

Prüfungsfeststellungen 640

Prüfungshandlungen 210 ff., 218
- Aufbauprüfungen 212 f.
- aussagebezogene 222 ff., 282 ff., 315 ff.
  - analytische 222 ff.
  - Einzelfallprüfungen 231 ff.
- Funktionsprüfungen 220 ff.
- Lagebericht 568 ff., 575
- Prüfung der Geschäftsführung 614 ff., 625 f.
- Typologie 290 ff.
- Wesentlichkeit 210 f., 576

Prüfungshemmnis 129, 661, 664, 668

Prüfungsnachweis 210 ff., 232 ff., 674

Prüfungsobjekte 97 ff.

Prüfungsplanung 58, 242

Prüfungsstandards 23

Prüfungssubjekte 87 ff.

Prüfungsurteil 659 ff.
- Ergänzungen des Prüfungsurteils 665

Prüfungsverband 110, 607

Q

Qualitätskontrolle 67, 71 ff., 112
- Abschlussprüferaufsichtskommission 72
- Auflagen zur Beseitigung von Mängeln 83
- Auftragsabwicklung 80 f.
- Auftragsannahme und -planung 73
- Auftragsdurchführung 76 f.
- Kommission für Qualitätskontrolle 21 f., 72
- Nachschau 80 f.
- Prüfer für Qualitätskontrolle 75
- Qualitätskontrollbericht 81 f.
- Satzung für Qualitätskontrolle 72
- Schlussbesprechung 81
- Teilnahmebescheinigung 83, 112, 120
- Verschwiegenheitspflicht 83

Qualitätsrisiko 77 f.

Qualitätssicherung 23, 49 ff.
- allgemeine Berufspflichten 53 f.
- Auftragsabwicklung 58 ff.

- Auftragsannahme und -bearbeitung 55 f.
- auftragsbegleitende Qualitätssicherung 64, 120
- Gesamtplanung aller Aufträge 57 f.
- Mindestanforderungen 50 ff.
- Mitarbeiterentwicklung 56
  - Fortbildung 57
- Nachschau 66 ff.
- Praxisorganisation 52
- Qualitätskontrolle 67
- Qualitätssicherungssystem 50 ff.
  - Dokumentation 52
  - qualitätsgefährdende Risiken 53
  - Regelungsbereiche 52

R

Rechnungsabgrenzung 538 ff.
- Anhangangaben 544 f.
- Ansatz 541 ff.
- Ausbuchung 544
- Ausweis 543
- Bewertung 544
- Nachweis 541 ff.
- Risikoanalyse 538 ff.

Rechtsberatung 9, 44 f.

Redepflicht 35, 140
- große Redepflicht 638
- kleine Redepflicht 643

Risiko 586

Risikoanalyse 335 ff., 381 f., 396 ff., 425 ff., 453 ff., 465 ff., 489 ff., 521 ff., 538 ff., 545, 598

Risikobeurteilung 206 f.

Risikobewältigungsmaßnahmen 574

Risikobewertung 598

Risikofrüherkennungssystem 109, 574, 581 f., 584 ff., 625, 647 f., 666
- Aufbauprüfung 597 ff.
  - Risikoanalyse 598
  - Risikobewertung 598
  - Risikoidentifikation 597
- Controlling 589
- Dokumentation 601 ff.
- Frühwarnsystem 587
- Funktionsprüfung 603 f.
- Geschäftsführung 604 f.
- Information 600 f.
- inhärentes Risiko 595
- Internes Überwachungssystem 590, 595 f.
- Kommunikation 600 f.
- PEST-Analyse 588
- SWOT-Analyse 588

Risikoidentifikation 597
Risikokategorien 573, 597
Risikokompensation 573, 599
Risikokonzentration 574, 599
Risikomanagementsystem (siehe Risikofrüherkennungssystem)
risikoorientierter Prüfungsansatz 161, 175 ff.
- analytische Prüfungshandlungen 192
- Einzelfallprüfungen 192
- Entdeckungsrisiko 175, 191
- Fehlerrisiko 178
- inhärentes Risiko 178, 185
- Kontrollrisiko 178, 186, 202
- Prüfungsaussage 162
- Prüfungsrisiko 178
- Wesentlichkeit 162
Rückstellungen 489 ff.
- Anhangangaben 519 f.
- Ansatz 496 ff.
- Ausbuchung 519
- Ausweis 498 f.
- Bewertung 506 ff.
- Nachweis 493 ff.
- Pensionsrückstellungen 499 f., 509 ff.
- Risikoanalyse 489 ff.
- sonstige Rückstellungen 501 f., 516 f.
- Steuerrückstellungen 500 f., 516

S

Sachanlagevermögen 335 ff.
- Anhangangaben 375 ff.
- Ansatz 341 ff.
- Ausbuchung 374 ff.
- Ausweis 355 ff.
- Bewertung 359
  - Folgebewertung 363 ff.
  - Zugangsbewertung 359 ff.
- Gebäude 357 ff.
- Leasing 343 ff.
- Nachweis 339 ff.
- Risikoanalyse 335 ff.
Sachverständiger 236 ff.
Selbstprüfungsverbot 43, 114
Siegelführung 6, 36
Sonderposten mit Rücklageanteil 485 ff.
Sonderuntersuchungen, anlassunabhängige 122
Steuerabgrenzung 545 ff.
- Anhangangaben 552
- Ansatz 545 ff.
- Ausbuchung 545 f.

- Ausweis 549 ff.
- Bewertung 550
- Nachweis 545 ff.
- Risikoanalyse 545
Steuerberatung 7, 44 f., 118
Steuerrückstellungen 500 f., 516
SWOT-Analyse 180, 588

T

Transparenzbericht 120

U

Unabhängigkeit 29 ff., 38, 635, 675
Unbefangenheit 37, 41
Unparteilichkeit 40, 138, 633
Unrichtigkeit 164, 639
Unternehmensfortführung 158 ff., 575
Unterschlagungsprüfung 161 ff.

V

Verbindlichkeiten 521 ff.
- Anhangangaben 535 ff.
- Ansatz 526 ff.
- Ausbuchung 535
- Ausweis 529 ff.
- Bewertung 532 ff.
- Nachweis 524 ff.
- Risikoanalyse 521 ff.
Vergütung 48
Verschwiegenheit 31 ff., 138
Verschwiegenheitspflicht 33 f.
Versicherungsunternehmen 95
Verstöße 164, 639
Verwertung 101, 658
Verwertungsverbot 33, 139
Vollständigkeitserklärung 584
Vorjahresbeträge 334
Vorlagepflicht 33
Vorräte 396 ff.
- Anhangangaben 425 f.
- Ansatz 399 ff.
- Ausweis 401 ff.
- Bewertung 403 ff.
  - Folgebewertung 421 ff.
  - Zugangsbewertung 403 ff.

- Nachweis 399 ff.
- Risikoanalyse 396 f.

Vorwegbericht 636 ff.

W

Werbung 34

Wertminderungstest 369

Wertpapiere des Umlaufvermögens 453 ff.
- Anhangangaben 464 ff.
- Ansatz 457 ff.
- Ausweis 459 ff.
- Bewertung 461 ff.
- Nachweis 340 ff.
- Risikoanalyse 453 ff.

Wesentlichkeit 162, 210 f., 572, 576, 578, 662

Wesentlichkeitsgrenze 576, 600

Widerruf 670

wirtschaftliche Lage 615 f.

wirtschaftliche Verhältnisse 100, 109, 608

Wirtschaftsprüfer
- Aufgaben 6 ff.
  - Abschlussprüfung 7
  - Rechtsberatung 9
  - Steuerberatung 7 f., 118
- Unternehmensberatung 8
- Berufsbild 1, 5
  - Berufseid 5
  - Bestellung zum WP 5
  - historische Entwicklung 1
  - Niederlassung 5
  - Rahmenbedingungen 2
  - Siegelführung 6, 36
  - Wirtschaftsprüfungsgesellschaft 5
- Berufsexamen 11 ff.
- Bestellung zum WP 17
- Vorbildung 9 ff.

Wirtschaftsprüferkammer 17 ff.
- Berufsaufsicht 18
- Informationspflicht 132
- Kommission für Qualitätskontrolle 21 f.
- Sonderuntersuchungen, anlassunabhängig 19 f.

Wirtschaftsprüfungsgesellschaft 5

Z

Ziel der Abschlussprüfung 153 ff.
- Grundsätze ordnungsmäßiger Abschlussprüfung 154 f.
- Rechnungslegungsgrundsätze 153 ff.